한국불교사참구

저서출판 지원사업 선정도서 021

한국불교사참구

韓國佛教史參究

고영섭 지음

동국대학교출판부

: 서 문 :

한국불교, 물리적 종합의 '비빔 불교'와 화학적 삼투의 '달임 불교'

붓다의 연기적 세계관이 동아시아에 전해지자 한국인들은 불교를 받아들여 지혜의 앎을 알게 되었고 자비의 삶을 살 수 있었다. 한국의 불자들은 이 땅의 토양과 기후, 언어와 문화, 사유와 인식 속에서 불교를 발효시키고 숙성시켜서 한국불교를 형성했다. 한국불교사는 대륙과 반도와 열도에서 이루어진 한국사와 1천 7백여 년을 함께 해왔다.

반만년의 한국사가 한우물이라면 그 역사와 1천 7백여 년을 함께해 온 한국불교사는 마중물이었다. 마중물은 생명수였고 한우물은 생명체였다. 한국불교는 인도의 소승·대승·금강승 불교와 중국의 삼론·열반·구사·성실·지론·섭론·율·밀·법상·천태·화엄·정토·선법의 13종파를 받아들여 물리적으로 종합한 후 '비빔의 불교'를 열었고, 화학적으로 삼투시켜 '달임의 불교'를 열었다. 그리고 그것을 한국불교의 정체성과 인식틀로 삼아왔다.

이 책에서는 우리 역사의 한우물인 한국사와 마중물인 한국불교사의 주제와 인물, 역사와 문화, 사상과 학파 등에 대해 다루어 보았다. 이 책의 '참구'參究는 한국불교사를 화두처럼 '참선하여 화두·공안을 구명하는 것'이란 의미에서 덧붙인 것이다. 그리하여 여태껏 들어왔던 다양한 '의단'을 또렷또렷惺惺하고 고요고요寂寂하게 참구하여 밑바닥까지 사무치고자 하였다. 여러 해의 봄과 가을을 보내며 사무친 결과『한국불교사』의 '연구'硏究, 『한국불교사』의 '탐구'探究, 『한국불교사』의 '궁구'窮究에 이어 『한국불교사』의 '참구'로 이어지는 4부작으로 정리할 수 있었다. 기술 방식은 저자의 시대 구분 방법에 따라 사국시대, 남북국시대, 고려시대, 조선시대, 대한시대로 나누었다.

제1부 사국시대 _ 고구려·백제·신라·가야 불교의 제1장 「한국 고대불교의 토착화와 구심화」는 '융화'와 '교화'의 관점에서 한국 고대불교를 살펴보았다. 이미 오래 전에 이 땅에 토착화해 온 한국불교가 대한시대 이후 서양종교의 공격적 선교 전략으로 주류에서 밀려나면서 역설적이지만 다시 토착화를 고민해야 할 때가 되었다. 한국 고대에 새로운 사회적 현상으로서 전래한 불교는 고유의 토착신앙인 천신신앙과 산신신앙 및 이들 신앙과 융화한 무속신앙과 대립하거나 갈등하였고 융화하면서 교화하였다.

불교는 전래와 수용과 공인의 과정을 통해 천신신앙과 산신신앙 및 무속신앙과 대립하고 융화하면서 교화해 왔고 나아가 도교와 유교와도 갈등하고 대립하면서 서로 융화해 왔다. 불교 전래 이후 사찰의 건축 구조 내에서 산신각(상당)-불단(서낭당, 중당)-장승(솟대, 하당)이 보여주듯이 천신신앙과 산신신앙 및 무속신앙이 전통적 삼재사상三才思想의 구조를 견지해 오고 있다. 비록 불교에게 중심적 지위를 내어주기는 했지만 토착신앙의 기능과 역할이 사라진 것은 아니었다.

이처럼 불교는 토착신앙인 천신신앙과 산신신앙과 무속신앙 뿐만 아니라 도교와 유교와 '융화'融和하며 공존해 왔다. 불교가 한국의 토양에 토착화 할 수 있었던 것은 다른 종교의 문화적 과정을 적대하지 않고 해당 종교의 진리성을 수용하는 불교의 포괄주의적 입장과 태도에 기인한다. 동시에 서로의 차이를 인정하며 받아들이는 불교 특유의 포용성과 관용성에 힘입은 것이었다. 그리하여 토착신앙들과 융화하면서 교화해 올 수 있었고 도교와 불교와 융화하면서 공존해 올 수 있었다. 불교는 이러한 '융화'의 지혜와 '교화'의 자비를 통하여 이 땅에 깊이 뿌리를 내릴 수 있었다.

따라서 불교는 일정한 시간이 지나면서 '지혜'를 통한 '융화'와 '자비'를 통한 '교화'로 고유 신앙과 도교와 유교와 융화하고 공존하였다. 그리하여 한국 고대불교는 때로는 한국의 토착신앙을 물리치거나 융화하면서 때로는 한국의 고유 신앙을 깨우치거나 교화하면서 '한국불교'로 토착화 할 수 있었다. 많은 연구자들이 한국불교의 특성 혹은 성격을 '통합불교' 또는 '종합불교'라고 일컫는 까닭은 '중도'中道 즉 '정도'正道라는 불교 본연의 정신에 서 있기 때문이다.

제2장 「백제불교의 전래 주체와 초전지」는 백제의 불교자산 구축사업의 일환으로 침류왕대 한성백제의 구도읍과 신도읍을 중심으로 살펴본 것이다. 온조왕은 한강 변의 평지에 판축 기법으로 세운 풍납토성을 도성으로 삼았다. 근초고왕은 고대국가를 공고히 하고 왕권을 강화하기 위해 왕성의 천도라는 특단의 조치를 취했다. 이것은 고구려 고국원왕을 잃은 고구려의 침략에 대비하고 기존 정파들의 대립을 잠재우기 위한 그의 마지막 승부수였다. 근초고왕이 천도371한 새로운 왕성은 바로 구릉지에 세운 몽촌토성이었다.

침류왕은 근초고왕과 근구수왕 이래 유교와 도가 사상에 입각한 왕실 주도 세력들을 제압하고 강력한 왕권을 수립하고자 했다. 이를 위해 호승 마라난타가 동진의 수도 건안을 거쳐 연안의 항로로 배를 타고 한강 하류에서 거슬러 올라오자 교외(풍납토성)까지 나아가 왕성(몽촌토성)으로 맞아들여 예경을 하였다. 침류왕은 재위 2년 차에 구도읍(몽촌토성)에서 신도읍(위례성)으로 천도385하고 이곳에 사찰을 창건하고 승려 10여 인을 출가시켜 불교사상을 홍포하였다. 기존의 유교와 도가 사상을 믿던 왕실 주도 세력들을 제압하고 불교사상을 중심으로 왕권을 공고히 하기 위해서였다.

하지만 침류왕이 재위 2년 차에 세상을 떠나자 동생 진사왕이 즉위하면서 불교사상은 배척되고 유교와 도가 사상 중심으로 재편되었다. 진사왕을 척살하고 왕위에 오른 아신왕 또한 불교 홍포라는 부왕의 유지를 잇고 왕권을 강화하기 위해 "불법을 받들어 믿고 복을 구하라"는 교지를 내렸다. 그러나 아신왕은 고구려와의 전쟁에서 연패하면서 불교 홍포에 충실하지 못했다. 대신 왜나라에 볼모로 다녀온 아들 전지왕에 의해 불교사상이 적극적으로 수용되었다. 그 배경에는 전지왕의 비 팔부수인과 해씨계의 적극적인 뒷받침이 있었다.

백제불교의 전래 주체는 호승 즉 천축의 건다라에서 동진의 건안을 거쳐 배를 타고 한강으로 거슬러온 마라난타였다. 한성백제 불교는 호승 마라난타의 신이성과 감통력을 구심으로 깊게 토착화되었다. 그리고 초전지인 구도읍 몽촌토성을 인연처로 하여 신도읍 위례성을 중심으로 넓게 대중화되었다. 그리하여 한성백제 불교는 마라난타와 위례성의 구심을 기반으로 웅진백제와 사비백제를 향해 동심원을 그려나갔다. 그 결과 겸익謙益 등을 통한 인도불교와의 직접 교류와 아직기阿直岐, ?~?와 왕인王仁 등을 통해 가야 제국과 왜나라로 불법과 선진문화를 전할 수 있었다.

제3장 「『삼국유사』 「홍법」편의 '아도기라'阿道基羅 조목」은 신라불교의 초전자의 정체성을 종래의 '아도'阿道에 앞서 신라로 건너온 '아도'我道로 구명해 본 것이다. 일연一然, 1206~1289이 찬술1281한 이 조목은 신라불교의 초전 주체와 전법 과정을 엿볼 수 있는 귀중한 사료라고 할 수 있다. 그런데 일연은 고구려 불교 재전자인 '아도'阿道를 신라불교의 초전자인 '아도'我道로 보고 있으며, 원위元北, 魏魏에서 건너온 담시曇始가 신라불교

초전자인 '아도'我道와 '묵호자'와 백제 불교의 초전자인 '난타' 세 사람과 연대와 사적이 같다며 이들 중 한 명으로 이해하고 있다.

일연은 아도의 행장을 1) 김부식金富軾의 『삼국사기』 권4 「신라본기」 제4 법흥왕 15년조 '조행불법'肇行佛法 기록(金大問 『鷄林雜傳』 所記의 墨胡子 및 阿道의 入羅 사실)과 2) 한나마韓奈麻 김용행金用行이 지은 「아도(화상)본비」를 종합하여 구성하고 이들 자료에 대해 평가한 뒤 3) 혜교慧皎의 『(양)고승전』 「원위담시전」元魏曇始傳을 원용하면서 자신의 '논의'를 덧붙이고 있다. 여기서 일연이 아도 관련 사료를 그 나름대로 '평가'하고 '논의'한 것은 역사가로서 정당한 일이지만 그 평가에 있어서는 문제가 없지 않다. 그는 미추왕대에 신라에 들어온 아도를 인정하지 않으면서도 시대와 상황을 고려하지 않고 단지 이름이 같다고 하여 고구려 불교 재전자인 아도阿道와 신라불교의 초전자인 아도我道를 동일시하여 오히려 그의 정체성을 되묻게 하고 있다.

'아도기라' 조 뒤에 시설된 '원종흥법 염촉멸신'原宗興法 猒觸滅身 조까지 참고하여 신라불교의 초전初傳과 재전再傳 및 삼전三傳과 사전四傳의 기록을 살펴보면 이들 네 갈래의 기록들이 뒤섞여 있다. 이들 기록들의 상호 인용을 다시 비교 검토하여 정리해 보면 미추왕대의 아도我道 – 눌지왕대의 묵호자墨胡子 – 비처소지왕대의 아도화상阿道和尙 – 법흥왕대의 아도阿道를 주체로 하는 네 갈래의 기록으로 요약할 수 있다. 이들 기록을 엄밀하게 검토해 보면 아도我道와 묵호자 및 아도阿道화상과 아도阿道는 시기를 달리하여 신라에 들어온 별개의 전법승이라고 할 수 있다. 따라서 '아도기라'阿道基羅 조목명을 '아도기라'我道基羅 조목명으로 수정해야 한다. 또 미추왕 대에 신라로 건너온 신라불교 초전자 아도我道와 모례의 누이로서 신라 최초로 출가한 비구니 사씨史氏는 실존 인물임이 분명하다.

고구려 역시 순도順道 이전에 이미 불교가 유입되어 있었으며 고구려

불교 재전자인 아도阿道 역시 신라불교 초전자인 아도我道와는 별개의 전법승이라고 보아야 한다. 따라서 미추왕대의 아도我道 전래 이래 눌지왕-소지왕(비처왕) 시대에 이미 신라 관내에는 불교가 이미 널리 유포되어 있었음을 분명히 알 수 있다. 하지만 신라는 천신신앙과 산신신앙과 고목신앙과 정령신앙 등 토속신앙을 기반으로 한 신하들의 반대로 불교 공인이 매우 늦어졌다. 결국 법흥왕原宗의 멸신滅身과 그의 조카이자 근신近臣인 내사사인內史舍人 이차돈猒髑의 순교殉敎를 통해 비로소 불교가 공인될 수 있었다. 그 실마리는 아굴마와 고도령 사이에서 태어나 출가했던 아도我道가 열었다.

제4장 「가야불교 남방전래설의 재검토」는 종래의 북방전래설 이외에 남방전래설에 대한 여러 주장들을 다시 살펴본 것이다. 종래에 학계에서 가야불교는 고구려와 백제를 통해 북방불교가 전래된 것으로 알려져 왔다. 이와 달리 일부에서 가야불교는 남방불교가 전래된 것이라는 주장도 제기되어 왔다.

그런데 가야불교의 남방전래설은 종래의 북방전래설을 넘어서 인정할 수 있는 여지가 충분하다고 할 수 있다. 가야불교는 육가야 중 특히 사료와 고고학적 자료를 남기고 있는 아라가야와 대가야와 금관가야를 분리해서 논의해야 온전히 살필 수 있을 것이다.

이 주장은 고구려와 백제를 통해 북방불교를 수용한 아라가야와 대가야에는 적용될 수 없을 것이다. 하지만 금관가야의 경우는 북방불교의 수용뿐만 아니라 해양 세력과의 결탁 과정 등을 고려할 때 남방불교도 수용하였을 것으로 짐작된다.

금관가야의 경우 북방불교의 수용 이외에도 남방불교도 수용하였을 개연성이 있다. 이 부분에 대한 연구는 앞으로 엄밀한 사료 검토를 통해 좀 더 진행해 볼 생각이다.

제5장 「불교가 한국인의 생사관에 미친 영향」은 전래 이후 불교가 생사 인식을 어떻게 변화시켰는가에 대해 살펴본 것이다. 삶과 죽음에 대한 깊고 넓은 통찰인 생사관은 삶이 죽음의 한 부분이듯 죽음 또한 삶의 한 부분으로 이해되어 왔다. 고대 한국인들은 소박한 천신신앙과 산신신앙 및 무속신앙의 생사관을 견지해 왔다. 이들은 죽음은 끝이 아니라 또 다른 삶의 시작이라는 계세적繼世的 내세관을 지니고 있었다. 이러한 관념은 인간의 유한성을 넘어 영혼의 불멸이라는 무한성의 갈구에서 비롯된 것이었다. 그리하여 이들은 죽은 자가 영원한 안식을 누리기 위해서는 시신을 매장하여 영원히 보존해야 한다고 생각하였다.

불교의 전래는 이러한 계세적 생사관을 보완하고 대체하여 전생적轉生的 생사관으로 전환시켰다. 이것은 하늘을 주재하던 상제 중심의 천신신앙과 산신신앙 및 무속신앙이 인간 중심의 불교사상으로 이동했음을 의미하는 것이었다. 그 결과 한국 고유사상의 사생관 즉 내세관에는 불교의 생사관이 깊이 훈습되어 있다. 불교의 생사관 즉 윤회사상과 해탈사상은 이 땅의 고유 신앙인 천신신앙과 산신신앙 및 청동기시대에 전래해 온 무속사상을 '융화'하고 '교화'하였으며, 이 기반 위에서 도교와 유교의 생사관과 공존해 왔다. 그리하여 한국의 생사관에서 가장 깊은 인식의 기저를 형성한 것은 현세 중심의 유교 생사관이 아니라 삼세 중심의 불교 생사관이라고 할 수 있다.

불교의 장례법을 받아들인 이들은 화장을 통해 죽음에 대해 보다 깊이 이해할 수 있었다. 특히 고려시대의 사대부들과 그들의 부인들은 불교를 깊이 믿어 불교의 임종의례로 죽음을 맞이하였다. 이 사실은 당시 사람들에게 불교의 생사관이 얼마나 큰 영향을 미쳤는지를 잘 보여준다. 불교의 화장은 죽음뿐만 아니라 죽음 이후의 자연적 결과물인 무덤에 대한 이해를 변화시켰다. 무덤은 별도로 만들 필요가 없거나 그 양식이 간소화되어 갔다. 불교의 내세관 즉 무아 윤회를 통한 해탈 열반 사상은 존재에 앞서 행위를 전제함으로써 존재의 무한한 변화가능성을 부여하였다.

이처럼 불교의 생사관은 행위가 존재를 규정함으로써 행위하는 존재를 통하여 세계를 변화시킬 수 있음을 강조하였다. 그리하여 인간은 자기 행위의 질적 제고를 통해 존재로부터 자유로워질 수 있었다. 한국인들은 이러한 불교의 생사관 즉 내세관을 깊이 받아들여 대중적인 아미타신앙과 미륵신앙 및 관음신앙을 적극적으로 신행하였다. 따라서 불교의 전래와 수용 및 공인과 유통은 고대 한국인의 영혼관과 타계관 및 상장례와 무덤 인식 등에 절대적인 영향을 미쳤다고 할 수 있다.

제2부의 남북국시대 _ 통일신라 대발해 불교의 제1장 「문아 원측사상의 재조명」은 서명 문아西明文雅·圓測, 613~696 원측의 최만년작으로 알려진 『인왕경소』의 중심 내용과 주요 특징을 중심으로 그의 사상을 다시 살펴본 것이다. 그의 저술은 19부 80여 권 내지 23부 108여 권에 이른다. 그런데 이들 각 저술들의 '이명 동서'異名同書 여부와 정확한 권 차 등을 확정하기는 어렵다. 현존하는 것은 『성유식론소』(집일본), 『불설반야바라밀다심경찬』, 『무량의경소』, 『해심밀경소』, 『인왕경소』 등 5종이다. 그의 최만년작인 『인왕경소』의 원전이자 호국신앙의 근거가 되었던 『인왕경』은 불법의 내호가 곧 외호임을 보여주는 경전이다. 이 경전은 관공觀空이라는 자리행, 십지十地의 교화라는 이타행, 자리와 이타의 근거로서의 이제二諦의 불이不二를 통한 내호內護의 해석을 보여주며, 이 경전을 독송함으로써 통한 호국護國과 호신護身의 효과를 통한 외호外護의 해석을 보여준다.

원측이 이해한 진제는 '하나의 진여에 의거해서' 삼성을 모두 버리고 삼무성을 세웠다. 그리하여 그는 분별성을 버리고 분별무상성, 의타성을 버리고 의타무생성, 진실성을 버리고 진실무성성을 건립하였다. 그런데 진제와 청변은 삼무성에 의거하면 거의 동일하지만大同, 청변이 건립하면서도 건립된 것을 고수하지 않는데 견주어 진제는 삼무성을 비안립제非安立諦로 보존한다는 점에서 차이가 있다.

또 원측이 인식한 현장은 변계소집성만 버리고 의타기성과 원성실성은 버리지 않는다. 그는 범부의 망정 속에 있는 변계소집성은 버려야 하지만 이치상으로 없고, 의타기성과 원성실성은 이치상으로 있지만 망정 속에 없어서 두 의미가 서로 다르다고 보았다. 이 때문에 삼성에 의거해서 삼무성을 건립한다고 보았다. 원측은 청변과 호법의 입장이 다른 것도 모두 용맹종과 미륵종의 입장에 의거한 해석 때문으로 보았다. 이처럼 원측은 원융적 독법에 입각한 경전관을 보여주었고 회통적 관점에 의거한 학문관을 보여주었다.

원측이 의거한 호법은 용수의 공과 자씨의 유에 대한 두 가지 집착을 모두 논파하고 중도를 건립하여 의타기성은 공도 아니고 유도 아니라고 하였다. 그는 공집과 유집을 버리고 대승의 불이중도不二中道를 깨달아야 한다고 역설하였다. 원측은 이를 뒷받침하기 위해 호법의 『대승광백론석론』을 원용하여 논증을 덧붙였다. 동시에 그는 소승의 살바다종과 경부종, 대승의 용맹종과 미륵종의 주장을 원용하여 인식과 사유의 너비를 넓힌 뒤에 이들 논의를 불설의 핵심인 중도사상으로 통합해 가고 있다. 따라서 원측의 최만년작인 『인왕경소』는 철학자이자 번역가로서의 성숙한 사상과 면모를 보여주는 저작이자 그의 대표작이라고 할 수 있다.

제2장 「분황 원효는 무엇을 깨쳤고 어디에서 깨쳤는가」는 원효의 깨침과 오도처에 대해 살펴본 것이다. 고타마 싯다르타는 중도연기의 깨침을 통해 석가모니 붓다로 탈바꿈하였다. 붓다는 우리 눈앞의 온갖 경계와 유혹을 떨쳐내지 않고 붙들리지 않으면서 모든 존재자의 '치우침 없는 본래마음'인 중도와 모든 존재자의 '치우침 없는 존재 원리'인 연기를

가르쳐주었다. 분황 원효는 붓다의 중도연기를 계승하여 무덤 속에서 감분불이龕墳不二를 통해 중도일심을 깨쳤다.

원효는 중도일심을 깨쳤다. 그러면 그는 어디에서 깨쳤을까? 그가 깨쳤던 무덤은 어디에 있었을까? 「월광산원랑선사비문」에서 언급한 '직산'樴山의 '직'樴은 '말뚝 직'이며 산은 '당(항)성을 알리는 비(피)가 세워진 산'인 구봉산九峯山을 가리키는 것으로 보인다. 여기서 '말뚝'은 '큰 돌로 세운 비'를 가리키며 '산'은 당성이 자리한 구봉산을 일컫는 것일 것이다. 현재 당성과 마도면 백곡리 690 일대가 '입피골'로 불리고 있다는 점을 고려하면 '당성비가 세워진 마을' 즉 '입비立碑골'로 추정해 볼 수 있기 때문이다.

「보원사탄문국사비문」은 향성산 안에 있는 절에서 원효보살과 의상대덕이 함께 쉬던 곳이라 하였다. 여기서 쉬었다는 것을 2차 유학 도중에 잠시 머문 곳이라는 의미일 것이다. 그렇다면 애초에 원효와 의상은 향성산 안의 절을 찾아갔던 것일까? 이들은 해당 사찰로 가던 길에 토감인 듯한 무덤을 만나 두 밤을 잤을 것이다. 그 과정에서 원효는 깨침을 얻었다. 현재 이 남양장성 안에는 지금도 '향기실'이라는 마을이 있다. 그리고 뒷산인 향성산은 경기도 화성시 마도면 백곡리를 감싸고 있으며 거기에는 백제의 대형 고분들이 남아 있다.

원효의 오도처에 대한 2개의 비문 기록은 다른 서지들보다 더 오래된 사료라는 점에서 주목할 수밖에 없다. 두 비문은 모두 원효의 오도처를 '무덤'과 '사찰'로 기술하고 있다. 무덤이 사찰이 되었을 수도 있고 사찰로 나아가는 인근에 무덤이 있을 수도 있을 것이다. 무덤은 현생의 잠을 끝내는 곳이자 내생의 깸을 시작하는 곳이다. 사찰은 뭇삶의 잠을 일깨워 깸의 세계로 이끄는 곳이다. 바로 이런 점에서 원효의 오도처는 화성시 당항성 아래 마도면 일대의 '무덤'이자 향성산 안의 '사찰'이었을 수 있을 것이다. 그러나 더욱더 중요한 것은 바로 이곳에서 원효가 '감분불이'를 통해 '중도일심'을 깨쳤다는 사실이다.

제3장 「부석 의상의 화엄은 성기사상이 아닌가」는 부석 의상浮石義湘, 625~702의 유학로와 화엄학 지형의 형성에 대해 살펴본 것이다. 의상 화엄사상의 성기적 이해에 대한 재검토에 대한 비판적 고찰을 통해 의상 화엄사상이 중도사상 혹은 성기사상임을 재확인할 수 있었다. 유가계 사찰이었던 황복사에서 출가했던 의상은 두 차례의 유학 시도 끝에 원효와 헤어져 서해의 당항진에 다다랐다. 그는 경기도 화성시의 남양만에 자리한 당은포와 산동반도의 등주지방을 잇는 항로를 이용하여 입당하려고 당항진 즉 당은포로 나아갔던 것으로 짐작된다. 당시 신라와 당나라 북쪽 해로의 최단거리는 산동지방의 등주였으며 여기에는 문등현 관내의 성산포成山浦, 산동반도의 용구시에 해당하는 황현포구黃縣浦口, 적산포赤山浦, 유산포乳山浦 등의 좋은 항구들이 있었다. 이곳 등주의 관내에 드나들던 신라의 견당사들은 지금의 산동반도 용구시龍口市에 해당하는 황현포구黃縣浦口를 주로 이용하였다.

현장과의 인연이 어긋난 뒤 여러 곳을 노닐었던 의상은 지상사至相寺의 지엄을 찾아가 그의 문하에서 8년간 화엄을 수학하였다. 이후 그로부터 수학한 의상은 '문장 이해의 뛰어남'이라는 '문지'文持를 받은 법장 643~712과 달리 '의미 파악의 뛰어남'이라는 '의지'義持의 별호를 받았다. '문지'와 '의지'는 단지 두 사람의 개성을 드러내는 별호에 머무르지 않고 당대 화엄과 신라 화엄의 특징을 담고 있다. 붓다의 중도사상은 연기, 무자성, 공성을 넘어 자비로 확장되어 갔으며 대승불교에서는 제일의공으로서의 무분별지로 거듭 강조하였다. 그리하여 붓다의 중도는 법성이며 법성은 성기이며 성기는 법성의 성기화性起化라고 할 수 있다. 그리하여 의상은 법성성기의 개념을 통해 자신의 화엄사상을 구축하였.

의상이 법성과 성기와 법성성기를 주장한 것은 '여래성'과 '현현'과 '여래성의 현현'이 하나임을 역설하기 위해서였다. 법성이 보리심 속에 나타나 있는 '기'起라면 이것은 불기不起의 기起이므로 법성은 역동적인 존재로 이해된다. 바로 이 법성이 성기화되어 법성성기가 되는 것이다. 이러한 법성성기의 사상에 입각하여 의상은 성기취입性起趣入적인 횡진법계관을 제시한 것이다. 이것은 법장의 연기건립緣起建立적인 수진법계관과는 분명히 다른 것이다.

의상은 『일승법계도』와 그의 강론을 기록한 『화엄경문답』 즉 『추동기』에서 중도사상 즉 성기사상의 관점에서 자신이 구축한 화엄사상을 보여주고 있다. 의상의 제자들이 보여준 해석에는 의상과 법장 및 연기계 화엄 해석이 뒤섞여 있을지라도 엄밀하게 분석해 보면 의상계 제자들은 법장 및 연기계 화엄 해석과는 결이 다르다는 사실을 확인할 수 있다. 의상의 화엄사상은 법장 및 연기계의 사사무애 또는 연기사상과 달리 중도사상 혹은 성기사상을 특징으로 하고 있기 때문이다.

제4장 「고운 최치원의 삼교 이해와 풍류 인식」은 고운 최치원857~908?의 「난랑비서」에 근거하여 『선사』仙史 속의 현묘지도玄妙之道인 풍류도風流道가 천신교, 산신교, 무속교임을 신라 10성의 한 명인 안함로安含老의 『삼성기전』三聖紀全을 통해 논증해 본 것이다. 최치원은 풍류도의 이력이 담긴 『선사』를 통해 천신교와 산신교와 무속교를 아우른 풍류도를 잘 알고 있었다. 그래서 그는 풍류도의 기원이 『선사』에 자세히 갖춰져 있다고 했다. 최치원은 『선사』에 기초하여 '포함삼교 접화군생'의 여덟 자를 통하여 풍류의 철학과 사상을 제시하였다. 풍류도는 환국의 천신교와 배달국의 산신교와 조선국의 무속교를 포함하고 있으며, 삼교는 그것으로써 뭇 생명체를 제접하고 교화해 왔다고 보았다.

최치원은 화랑의 정신이 현묘지도인 풍류도에서 나왔으며 불선유 삼교의 정신이 풍류도에 이미 갖춰져 있음을 알고 있었다. 「난랑비서」는 그가 당나라 유학을 마치고 신라로 돌아와 정립한 동인의식과 동문의식의 집대성을 보여준다. 최치원은 서국인 중국에 대응하는 동국 내지 동인東人 즉 동방지인東方之人에 입각해 학문을 하였다. 그는 현묘지도인 풍류도로서 동인의식을 보여주었고, 불선유 삼교의 보편적 가르침으로서 동문의식을 통해 보여주었다. 따라서 「난랑비서」에는 최치원 철학 사상의 두 축인 동인의식과 동문의식이 함께 담겨있다고 할 수 있다.

풍류도의 이론과 실제를 담고 있는 『선사』가 전해지지 않는 지금 우리는 최치원의 「난랑비서」를 통해서 진실을 구명할 수밖에 없다. 이 비문의 서문은 불선유 삼교가 이 땅에 전해지기 이전부터 이미 불선유 삼교의 가르침과 같은 현묘지도인 풍류도가 있어 왔음을 알려 준다. 그러면 풍류도는 무엇이었을까? 그 내용은 신라 선덕여왕 대의 안함 노인의 『삼성기전』을 통해서 천신교, 산신교, 무속교와 불교, 선교, 유교의 연속면과 불연속면을 논증해 볼 수 있었다. 그 결과 풍류도의 주체는 고래의 선인들이었으며 이들 선인의 정신을 계승하고 있는 이들이 '원화'原花와 '화랑'花郞이었다는 사실을 알 수 있었다.

하지만 지금까지 불선유 삼교 이전에 이 땅에 고유한 풍류도가 있었음에도 불구하고 그것의 실체가 구명되지 않았었다. 그리고 그것의 실체를 구명하려는 노력을 기울이지 않았다. 고조선의 역사조차 부정하는 주류 학계의 현실 속에서 배달국과 환국의 역사를 소급해 연구한다는 것은 불가능했다. 그러다 보니 최치원이 불선유 삼교 이전에 분명히 현묘지도인 풍류도가 있었다고 기술하고 있음에도 불구하고 이후의 불선유 삼교로 풍류도를 해명하려고만 해왔다. 남북의 통일을 앞두고 있는 시점에서 강단 사학과 재야 사학의 진영논리를 넘어 우리 역사의 '사실'과 '실제'를 제대로 파악해 보려는 노력이 필요하다. 그 과정에서 현묘지도인 풍류도의 '사실'과 '실제'도 밝혀지리라 생각한다.

제5장 「신라불교와 경주 남산의 의미와 가치」는 한국 문화의 원형 확보와 한국불교의 고향 확립이라는 측면에서 살펴본 것이다. 신라는 고구려와 백제와 가야를 아우르는 삼국 통일을 통해 한국 문화의 주요 무대를 동남한으로 옮겼다. 그리하여 한국 이남의 남한을 한국 문화의 주 무대로 만들었다. 그 무대의 중심은 금성(경주)이었고 남산은 금성(경주)을 진호하는 주산鎭山이었다. 통일신라인들은 불교의 중도 연기적 세계관을 접하면서 이곳 남산에서 출산과 장수, 생사와 구원 등 인생의 주요 문제를 해결하기 위해 석가신앙, 관음신앙, 문수신앙, 화엄신앙, 미륵신앙, 미타신앙, 밀교신앙, 경전신앙 등 다양한 신행을 했다. 경주 남산은 통일신라인 즉 한국인들이 부딪치는 인생의 주요 문제를 해결하는 공간이자 문제를 해소한 성소라고 할 수 있다.

왕성인 월성의 연장이라 할 남산신성의 축성은 왕권 강화와 관련된 정치 일환의 사업이었다. 동시에 남산신성의 완성은 남산에 불교 유적이 성행할 수 있었던 정치적 배경과 문화적 토대가 되었다. 남산신성은 결과적으로 금성(경주) 권역을 확장시켰고, 전통신앙의 불교적 융합을 강화하게 했다. 나아가 남산을 신라불교의 성역화 공간으로 만들어줌으로써 남산을 경주의 중심부로 편입시켰다. 그것은 금성의 확장이자 신라 문화 공간의 확장이었으며 한국 문화의 원형 확보였다.

통일신라인들이 불교사상의 조형적 구현을 통해 경주 남산의 40(60)여 개의 계곡과 능선에 펼쳐낸 불국 정토는 한국인들의 문화적 원형을 형성하였고 남산을 불교적 고향으로 자리매김 하였다. 이러한 자신감을 기초로 이들은 불교의 중도 연기적 세계관에 의거해 과학과 종교와 예술이 어우러진 민족문화의 절창인 석불사(석굴암)와 불국사를 시설하였다. 그리고 한국의 대표적 사상가인 승랑과 혜균의 삼론학, 원측의 유식학, 원효의 기신학, 의상의 화엄학, 경흥의 정토학, 의적의 법화학, 도륜의 유가학, 태현의 비담학의 성취를 통해 한국불교의 고향을 확립할 수 있었다. 나아가 당시 통일신라인들은 이곳 금성의 남산에서 출산과 장수, 생사와 구원 등 인생의 주요 문제를 해결하기 위해 이들 교학에 기초해 석가신앙, 관음신앙, 문수신앙, 화엄신앙, 미륵신앙, 미타신앙, 밀교신앙, 경전신앙 등의 다양한 신행에 매진하였다. 그 결과 금성(경주) 남산이 지닌 가치를 극대화할 수 있었다.

최근 대한불교조계종의 미래본부 불교사회연구소에서 추진하고 있는 '천년을 세우다 _ 경주 남산 열암곡(새갓골) 마애부처님 바로 모시기'의 상징적 불사는 신라불교와 경주 남산의 역사성과 역사적 분위기 그리고 역사적 존재감을 확인시키려는 노력으로 이해된다. 이러한 노력이 성공적인 결과를 이끌어오기 위해서는 '과거 천년' 이래 한국 민족문화의 주축을 형성한 신라불교와 경주 남산을 '미래 천년'에도 한국 문화의 고향으로 다시 세우는 계기로 삼으려는 주도면밀한 기획 아래 다양한 콘텐츠의 확보와 구체적 실천 방안이 요청된다.

제3부의 고려시대 _ 전기 후기 불교의 제1장 「김제 모악산 귀신사의 역사와 인물」은 신라 화엄십찰이었던 김제 모악산 귀신사의 역사와 인물에 대해 살펴본 것이다. 한국불교는 고대의 천신, 산신, 무속 신앙의 원류를 풍류도라는 큰 가슴으로 껴안고 한국 민족정신의 본류가 되어 도교와 유교와 기독교의 지류에 흘려주었다. 이 때문에 한국사가 천지인天地人 삼재三才 사상의 한우물로 이어져 왔다면, 한국불교사는 이 한우물을 불러 깨우는 마중물임이 분명하다. 마찬가지로 한국사상사가 삼재 사상을 아우르는 풍류도의 한우물로 이어져 왔다면 한국불교사상사는 이 한우물을 불러 깨우는 마중물임이 분명하다.

신라와 고려 이래 왕실과 긴밀했던 신라 화엄십찰 김제 모악산 귀신사에 주석하다 고려시대에 국사로 추증된 원교국사 의상義湘, 원명국사 징엄澄儼, 현오국사 종린宗璘 등을 한국사상을 깊게 하고 넓게 한 철학자와 사상가로 본다면 그들의 살림살이와 사고방식을 통해 우리의 삶은 좀 더 깊어지고 넓어질 것이다. 마찬가지로 귀신사를 찾아 교유하면서 시편을 남긴 윤진尹珍, 설잠雪岑, 유홍俞泓, 이기발李起浡 및 산문 기록을 남긴 유세무柳世茂, 이하곤李夏坤 등도 귀신사의 소중한 역사와 인물로 수용해야 할 것이다.

김제 모악산은 선말 한초 이래 풍수지리 도참설과 선천 후천 개벽설과 관련되어 온 공주 계룡산과 함께 신흥종교의 발생지로 주목되어 온 산이다. 완주 위봉사와 김제 금산사와 함께 이 지역의 중심사찰인 귀신사는 중수와 중창 및 개창과 보수를 하면서 오늘의 사격을 유지해 왔다. 이 때문에 귀신사를 존재하게 한 염화와 신허 및 덕기와 도헌, 조열과 태학 및 연한과 두심, 성천과 봉학 및 수일과 정우正愚, 춘봉春峰, 殷德惇과 김보화金宝化, 김만송金萬松과 김강로金江露, 조종화趙鍾和와 정응회鄭應悔, 김시현金時鉉과 송상신宋相信, 추담秋潭, 金容順, 유금성, 혜견慧見(김춘희)의 살림살이가 더 조명되어야 할 것이다.

나아가 신라 화엄십찰 김제 모악산 귀신사의 사격 회복과 중흥 불사에 매진해 오고 있는 용타龍陀와 범현梵玄 및 무여茂如의 살림살이도 귀신사의 역사와 문화 및 인물로서 수렴하고 확장해 나가야 할 것이다. 그리하여 귀신사의 역사와 문화를 토대로 활용과 보존이 좀더 깊게 고민되고 보다 넓게 확장되기를 기대해 본다.

제2장 「『삼국유사』의 원효와 의상」은 한국인의 경전이자 수트라인 『삼국유사』의 분황 원효芬皇元曉, 617~686 상像과 부석 의상浮石義湘, 625~702 상像에 대해 살펴본 것이다. 『삼국유사』에는 한국인들의 유전인자가 새겨져 있다. 찬자인 인각 일연麟角一然, 1206~1289은 전통과 역사에 대한 남다른 인식이 있었다. 그는 청장년 시기를 전란 속에서 보내야 했던 선승으로서 고조선[왕검조선]부터 고려 후기에 이르기까지 이 땅의

신화와 인물, 역사와 문화, 신앙과 수행, 서지와 기록, 민속과 설화, 시가와 향가, 기후와 풍토 등을 『삼국유사』에 담아냈다.

특히 일연은 신라의 대표적인 실천적 지성인이자 지성적 실천가로서의 원효와 의상에 주목하였다. 그는 몽골 침략과 원 간섭기를 살면서 신라 불교의 난숙기를 수놓은 원효와 의상을 민족의 사표로서 내세우고자 하였다. 이 때문에 일연은 요석과의 인연으로 실계하여 설총을 낳았음에도 불구하고 원효를 보살(성사)로 파악하였다. 동시에 투철한 지계의식과 열정적인 후학 양성에 전력투구한 의상을 여래(법사)로 소환하였다.

일연이 『삼국유사』에서 바라본 원효는 '불기不羈 가풍'과 '각승角乘 가풍'을 지닌 성사이다. 그는 '절필'과 '실계'를 통해 대중 속으로 들어간 원효의 삶을 12개 조목에 담아내었다. 일연은 원효의 살림살이를 '불기'와 '성사', '실계생총'과 '소성거사', '종내절필'과 '개식불타지호', '화독화란'과 관음 친견, '분황지진나'와 '각승'과 '회고상'으로 수렴해 내었다. 또 일연이 『삼국유사』에서 바라본 의상은 그의 '십대제자'와 그들에 의해 설립된 '화엄십찰'이다. 그는 화엄 경교를 실천한 '행자'이자 화엄 원교를 전했던 '법사' 의상의 삶을 10개 조목에 담아냈다. 일연은 의상의 살림살이를 '법사'와 '전교', '서도관화'와 '남천저본색', '국(난)내면'과 '정도의 역설', '금산보개화신'과 '관음 친견', '부석지보개'와 '십대제자'와 '화엄십찰'로 수렴해 냈다.

일연은 이들의 호명과 소환을 통해 당시 고려 불교계가 직면한 과제를 해결하기 위한 대안으로 삼고자 하였다. 그는 '절필'과 '실계'를 통해 대중 속으로 들어간 원효의 보살(성사)의 삶에 주목하였다. 그리하여 일연은 원효에게서 '불기 가풍'과 '각승 가풍'을 불러내고자 하였다. 또 일연은 의상에게서 '화엄 행자'와 '원교 법사'의 가풍을 통해 대중 속으로 들어간 의상의 여래의 삶에 주목하였다. 그리하여 의상에게서 '화엄 행자'와 '원교 법사'의 가풍을 불러내고자 하였다. 이를 토대로 하여 일연은 두 사람의 실천적 지성성과 지성적 실천성을 고려불교의 현실에 접목하고자 하였다. 이러한 그의 노력은 이후 원효와 의상 형상의 정립과 유포에 커다란 영향을 미쳤다.

제3장은 「경기도 이천 안흥사와 이천향교의 역사와 인물」은 경기도 이천利涉大川 안흥동과 갈산동의 경계에 있던 절의 역사와 인물에 대해 살펴본 것이다. 통일신라 말 내지 고려 초기에 세워져 고려시대 내내 흥성하다가 고려 말엽 내지 조선 초기에 폐사된 사찰로 추정된다. 이 절터에는 통일신라 말 내지 고려 초기에 세워진 5층 쌍탑이 있었다. 안흥사는 이들 고층 석탑 조성의 상황으로 보아 고려 초기에는 상당한 사격을 지닌 거찰이었음이 분명하다. 이곳에는 고려 초기 불교계를 주도하였던 고승들과 관련된 인물이 주석했을 것으로 추정된다.

고려시대 이래 조선시대에 걸쳐 경기 남부지역의 정치 문화적 기반은 대개 경기 북부지역과의 관계 속에서 이루어져 왔다. 특히 고려 초기 이래 개성과 한양을 아우르고 있는 경기 북부는 양주의 도봉원(영국사, 법안선 惠炬)이 주도적인 역할을 해왔고, 경기 남부는 여주의 고달원(고달사, 봉림산문 璨幽)이 주도적인 역할을 해왔을 것으로 짐작된다. 또 서산 보원사(화엄학 坦文)와 문경 희양원(봉암사, 희양산문 兢讓)은 고려 태조 이래 광종에게 큰 영향을 준 사찰들이었다. 안흥사 또한 당시 고려 불교계의 주축이었던 화엄학과 선학 및 법안선풍을 주도한 고승들과 일정한 관계 속에 있었을 것으로 짐작된다.

이천에는 여러 인물들이 있지만 역사성을 남긴 인물로는 서신일徐神逸, 서필徐弼, 서희徐熙, 942~998, 서눌徐訥, 서원徐遠, 서공徐公 등이 널리 알려져 있다. 서필은 신라시대 서신일의 아들인데 광종光宗 때 활동하였다. 그는 광종 때에 벼슬이 내의령內議令에 이르고 정민貞敏이란 시호를 받았으며 개국공신으로서 성종 13년994에 광종의 묘정에 유신성劉新城

과 함께 배향되었다. 또 서희는 조선 후기에 이관의李寬義와 김안국金安國과 함께 설봉서원에 배향되었다. 불교 성소였던 안흥사터를 고려 창왕 때1389 유교 성소로 탈바꿈시킨 현감 이우李堣는 이곳에 안흥정사를 지어 학생들을 모으고 강학을 시작하였다. 조선 태조 때1401 감무 변인달邊仁達은 이곳 서북부 1리에 이천향교를 지었다. 전의全義 이세관李世琯은 이천에 애련정을 지어 한양 주변의 지식인들을 불러와 이곳을 살롱The Salon으로 만들었다.

경기 남부의 이천 안흥사가 안흥정사安興精舍를 거쳐 이천향교가 된 이래 이 공간은 지금 유교의 성소로 기억되고 있다. 이곳의 당간지주석이 사라지고 오층 석탑이 경복궁과 일본의 오쿠라 슈고칸大倉集古館 정원으로 반출된 이후 이곳이 더 이상 불교의 성소임을 환기시켜 내지 못하고 있다. 1998년 서울대학교 박물관과 2004년 중앙문화재연구원이 이곳을 발굴 조사할 때 '안흥사安興寺'라고 새겨진 기와 명문銘文이 출토되어 여기가 절터임을 확인해 줄 뿐이다. 시절 인연이 도래하여 용산 국립박물관에 반출되어 있는 석탑뿐만 아니라 일본으로 반출된 석탑 모두가 안흥사지로 되돌아와 안흥사의 복원이 이루어질 수 있기를 염원해 본다.

제4장 「국가 비보사상과 한양의 비보사찰」은 국도 한양이 명당화 될 수 있었던 계기는 국가 비보사상에 의거해 창사된 한양의 비보사찰들에 의해서 가능했음에 대해 살펴본 것이다. '부족한 대지에 기운을 보태고 사탑의 공덕을 두텁게 채운다'는 비보裨補사상은 불경의 신토불이身土不二 교설에 연원을 두고 있다. 일부 선사들은 신토불이 교설에다 풍수이론을 원용하였고 이것은 몇몇 고승들에 의해 계승되었다. 그리하여 비보사상은 '육신과 국토가 둘이 아니다'는 신토불이 교설과 지령地靈 신앙 등을 통섭하는 밀교 경론의 제교 이론 포섭의 법용으로 활용되어 왔

다. 신라의 혜철惠哲은 곡성 동리산의 대안사지大安寺地가 밀교의 관지상법觀地相法의 내용에 부합하고 있으며 삼한의 승지가 될 수 있는 지세의 조건을 잘 갖추고 있다고 보았다.

혜철의 제자였던 도선은 선사로서 평소에 늘 선리 참구禪理參究에 몰두했으며 "절을 세우고 탑을 세워 얻어진 국가적 이익과 공덕이 선리禪理의 정밀한 깊이精奧에는 미치지 못한다."고 하였다. 이처럼 신앙적 본질을 선법에 두었던 도선道詵 선사를 비롯하여 고려의 여철, 의천, 태고, 조선의 무학 등 불교의 고승들은 비보사상에 입각하여 개성과 한양의 전도와 천도의 기반을 제시하였다. 이들은 국토 전체를 하나의 완벽한 유기체 또는 만다라曼茶羅로 보고 위치나 방위 및 산천의 지세에 따라 알맞은 곳을 택하여 절·탑·불상·부도당간를 세우고 여러 보살들에게 기원함으로써 개인과 국가의 재난을 물리치고자 국역진호설國域鎭護說을 시설하였다.

조선은 도선의 비보사상을 계승한 무학의 국가 비보사상에 의해 한양을 수도로 전도奠都하였고 개성에서 한양으로 천도遷都하였다. 하지만 인왕산을 주산으로 동향의 궁궐을 짓고 백악을 좌청룡으로 목멱산을 우백호로 제시한 무학과 달리 백악산을 주산으로 한 남면의 궁궐을 짓고 낙타산을 좌청룡으로 인왕산을 우백호로 주장한 정도전의 기획을 태조 이성계가 수용함으로써 이후 정도전의 기획대로 전개되었다. 그러나 왕사 무학은 정도전의 거부로 인한 결핍의 부분을 몇 가지 비보裨補 작업을 통해 보완함으로써 국도의 명당화라는 대의를 버리지 않았다. 그는 한양 내사산의 하나인 인왕산에 인수사, 복세암, 금강굴, 니사尼社, 尼舍, 나한당 등과 외사산의 하나인 관악산/삼성산/호압산에 관악사, 연주암, 염불사, 관음사, 삼막사, 호압사, 사자암 등의 비보사찰을 적극적으로 세움으로써 지기地氣의 결함과 지덕地德의 부족을 보완할 수 있게 하였다.

따라서 현교의 신토불이 교설과 밀교의 제교 포섭 이론의 법용에 의거한 비보사상에 근거해 창사한 이들 사찰들은 수도 한양을 외호할 수 있었다. 당시의 백성들 또한 나라의 위기 상황에서도 이들 비보사찰에 의지해 정신적이고 심리적인 안정감을 얻을 수 있었다. 결국 국도 한양은 국가 비보사상에 의해 창건된 비보사찰들을 통해 명당화 할 수 있었으며 나라의 수도로서 전국을 통솔할 수 있었다.

제5장 「실록 편찬 보관과 오대산 실록의 특징」은 우리 민족이 실록과 의궤 등을 통해 기록 문화의 가치와 보존 문화의 의미를 드높여 왔음에 대해 살펴본 것이다. 왕실은 전란과 화재의 위험 속에서도 역대 왕의 실록을 기록하고 보존함으로써 문화민족으로서의 자긍심과 자부심을 고취해 왔다. 『고려실록』을 비롯하여 『조선실록』이 전국의 명산과 명당에 보존될 수 있었던 것은 그 안에 수호사찰이 있었고 수호사찰에서 생활하는 수직승도와 수호승이 있었기 때문이었다. 고려 고종의 해인사 외사고 설치와 조선 세종과 선조의 외사고 설치에서 알 수 있는 것처럼 외사고로 비정된 해당 사고지에는 수호사찰이라는 든든한 배경이 있었기 때문에 실록과 의궤 등이 보존될 수 있었다. 오대산 외사고의 설치 또한 마찬가지였다.

임진왜란 이후에 설치된 4사고는 해당 지역의 사찰과 직접 연계되어 있다. 이것은 분명 임란 이전 시대의 춘추관사고, 충주사고, 성주사고, 전주사고의 4사고와 달리 그 성격이 바뀐 것으로 볼 수 있다. 임란 이후 정부는 남한산성, 북한산성의 수축과 그 방호를 승도들에게 부여하였으며, 마찬가지로 실록의 보존과 수호 기능을 승도에게 역役으로 부여했다. 이것은 이전과 달리 승도의 존재를 사실상 인정하겠다는 정책 변화로 볼 수 있을 것이다. 이러한 변화는 결국 17세기 이후에 진행된 불교정책의 변화와도 긴밀한 관계가 있는 것으로 이해할 수 있다.

『조선실록』은 유교 편향에 입각하여 사서가 지녀야 할 기본 덕목을 무시한 경우가 적지 않다. 무엇보다도 역사의 승자임을 자임하는 성리학자의 불교 관련 '기록에 대한 왜곡'과 편향에 따른 '고의적인 탈락'이 적지 않아 '세계기록유산으로서 조선왕조실록'이 지니는 일종의 흠결로 지적되고 있다. 한편 오대산 사고본은 임란 이전 왕들의 실록을 저본으로 한 교정쇄본과 임란 이후 새롭게 조성한 완성본 실록을 함께 보존하고 있었다는 점, 『광해군일기』의 정초본은 강화 정족산과 무주 적상산에 보존하고, 중초본은 봉화 태백산에 보존한 것과 달리 강릉^{평창} 오대산에는 『광해군일기』의 정초본의 필사본을 보존하고 있다는 점, 여타의 사고본과 달리 일본에의 반출과 국내로의 환수를 거쳤다는 점, 일본이 탐낼 정도로 우리나라 기록 문화의 수월성과 존엄성을 동시에 보여주고 있다는 점에서 주목되고 있다.

특히 교정쇄본은 실록의 성립 과정을 엿볼 수 있는 자료적 가치와 전주본의 잘못을 교정한 최고본最古本 전주본의 오자를 확인할 수 있는 근거가 된다는 점에서 학술적 가치를 지니고 있다. 무엇보다도 오대산 사고본 등의 실록은 수호사찰의 수직승도와 수호군에 의해 지켜질 수 있었다는 것은 주목해야 할 지점이다.

제4부의 조선시대 _ 전기 후기 불교의 제1장 「조선 세조의 상원사 거동 관련 유적」은 조선 세조의 오대산 상원사 중창의 시말과 거동 관련 유적에 대해 살펴본 것이다. 조선 세조는 계유정난癸酉靖難, 1453을 통해 조카인 단종을 폐위한 뒤 왕위에 오른 군주였다. 그는 겉으로는 강력한 왕권을 행사하는 것처럼 보였지만 재위 기간 내내 대의명분과 정통성 문제에 시달렸다. 세조는 유학을 정학으로 수립한 왕조였음에도 불구하고 세종-문종-단종으로 이어지던 대군시절부터 불교의 연기적 세계관에 대한 이해가 있었다.

세조는 재위 중반에 어머니 소헌왕후昭憲王后와 맏아들 의경세자懿敬世子의 죽음 그리고 자신의 창병瘡病과 같은 삶의 근본 문제에 부딪치면서 인간적 유약함을 이겨내기 위해 불교에 의지해 나가면서 불교 우호 정책을 펼쳐나갔다. 특히 그는 간경도감刊經都監 설치를 통한 불전의 간행과 원각사와 상원사 등 불교 사원 중건중창의 적극적 지원책을 통해 유교 일변과 유자 일색의 정책에서 벗어나 불교 수용과 불자 활용의 정책을 펼쳤다.

오대산은 월정사라는 구심뿐만 아니라 상원사라는 또 하나의 구심을 품어온 산이다. 특히 상원사는 월정사의 부속 암자로 존재했기보다는 오히려 동남중서북의 대臺를 거느리는 또 다른 본찰로서 자리해 왔다. 상원사는 세조의 원찰이 되면서부터 본격적인 사격을 확립할 수 있었다. 나옹의 법손인 신미信眉, 金守省, 1405?~1480?의 주석과 그의 제자 학열學悅의 권유, 왕비 정희왕후貞熹王后의 발의로 이루어진 세조의 상원사 중창과 낙성식 참여, 예종의 강릉도호부의 입안 지시, 성종의 강릉도호부 입안 재확인, 성종의 내수사 입안 지시, 나아가 인수대비의 후원 등에 이르는 일련의 중창과 입안을 통한 제도적 지원책은 상원사의 사격과 위상을 드높였다.

특히 신미의 제자인 학열의 주석과 전대前代에 하사한 전답田畓에 대한 조세租稅의 금지 등과 같은 왕실의 지속적 지원은 세조의 원찰로서 상원사의 지위를 더욱 공고히 하였고, 성종의 원찰인 낙산사에 상응하는 위상을 확립할 수 있었다. 이것은 여러 사찰을 중건(중창)한 세조의 불교 수용 정책과 그것을 계승한 예종과 성종의 지원에 의해서 가능할 수 있었다. 따라서 세조의 거둥 이래 상원사에는 많은 유물과 유적이 만들어져 가히 역사박물관이라고 할 수 있다.

제2장 「청한 설잠의 불교사상」은 유자이자 도자였던 매월당 김시습

이 그의 생평 중 가장 긴 기간 동안 비구 청한 설잠으로 살았음에 대해 살펴본 것이다. 그의 정체성을 유자로 묶어두려는 이들이 여전히 존재하지만 그의 중만년 저술에 보이는 모습은 유자와 도자로서의 모습보다는 불자로서의 모습이 훨씬 강하게 드러나고 있다.

설잠을 유자와 도자보다 불자로 보게 되는 이유는 그가 21세 출가 이후 가장 긴 기간을 승려로서 살았고 그가 살았던 곳이 주로 사찰이었기 때문이다. 또 그의 글에서 '필추' 혹은 '비추' 또는 '산승'이라고 적고 있는 것처럼 그 스스로가 비구임을 분명히 표방하고 있기 때문이다. 나아가 그의 불교 저술이 강사이자 선사로서의 가풍을 강하게 뿜어내고 있기 때문이다.

설잠은 불교의 교학 저술에서 '본분 자리沒巴鼻의 안목과 깨달음'으로『연경별찬』을 지었고, 의상법사가 '한 글자도 말하지 않은 이전의 소식'未吐一字前消息으로『대화엄일승법계도주』를 펴냈다. 또 그는 불교의 선학 저술에서 '갈등을 돌려주려 한 갈등'의 가풍으로『십현담요해』를 지었고, '요체를 밝혀낸 간략한 풀이'로『조동오위요해』를 펴냈다. 이처럼 설잠은 교학과 선학 저술에서 강사의 사고방식과 선사의 살림살이를 아울러 보여주고 있다. 이것이 바로 그를 유자나 도자이기보다는 불자로 볼 수 있는 이유이며 동시에 강사이자 선사로 볼 수 있는 까닭이다.

설잠은 불도유 삼교를 한 그릇 안에 통섭한 회통론자이며 그 궁극의 밑그릇을 불교에 두었다. 그 결과 그는 강사이자 선사이며 선사이자 강사로서 자신의 정체성을 만들어 갔다. 이 글에서 논제의 주체를 '매월당 김시습'이 아니라 '청한 설잠'이라고 붙인 것과 논문의 제목을 '청한 설잠의 불교사상'이라 하고 부제를 '교법 인식과 선법 이해'로 살펴본 것도 바로 이러한 이유 때문이다. 이제부터 불교계에서는 그를 '청한 설잠'이라고 당당히 부를 수 있어야 한다.

제3장 「허응 보우의 불교 중흥」은 문정대비에 의해 발탁된 팔도선교도총섭 허응 보우虛應 普雨, 1509?~1565가 승과 복원, 도첩제 실시 등을 통해 불교 중흥에 헌신했으며, 청허(휴정)와 사명(유정)을 발탁하여 다음 시대를 준비하게 한 과정에 대해 살펴본 것이다. 조선은 유교를 국시國是로 내세운 나라였다. 해서 조선의 유자들은 유교 이외의 사유에 대해서는 배타적이었다. 특히 불교의 사원경제와 사원세력은 유자들의 주요한 공격 대상이 되었다. 조선 전기의 왕들의 불교 시책 역시 고려와의 단절을 의식하면서 이루어졌다. 그 결과 불교 정책은 불교의 존재를 부인하는 방식으로 전개되었다. 하여 이러한 방식은 인간에 대한 왜곡된 이해와 세계에 대한 굴절된 시선을 낳았다. 그리고 조선조 사회를 경직되게 만들었다.

문정대비의 적극적 지원을 받은 보우는 불교의 불씨를 살리기 위해 외롭게 저항했다. 그는 극심한 불교 탄압에 맞서면서 유교의 세계관을 절대적인 가치로 인정하는 '유교적인 불교'와 왕권에 대한 절대적인 충성을 강조하는 '국가주의적인 불교'를 지향했다. 이러한 그의 태도는 당시 왕권의 절대적 영향을 무시할 수 없었기 때문으로 추측된다. 하여 보우는 선교禪敎 양종과 승과僧科 복원을 시도하면서 불교의 존재감을 확보하였고 도승度僧 실시와 도첩度帖 부여를 통해 승려들의 지위 향상을 도모했다. 사상적으로는 선교일체론禪敎一體論과 불유일치론佛儒一致論을 넘어선 불유일체론佛儒一體論을 전개하였다.

보우는 화엄가이자 선사였다. 화엄사상과 선사상은 한국불교의 주축이기도 하다. 보우사상은 교의 정점인 화엄과 선의 정점인 돈오선이 그 기저를 이루고 있다. 그는 현상을 진리로 파악하면서 선과 화엄을 통합하여 선교일체론을 전개하였고, 일정설을 통해 불교와 성리학 나아가 도가를 아우르는 논리를 제시하여 불유일체론을 제시하였다. 하여 보우는 일체론에 의거한 선교일체설과 일정설에 근거한 불유일체론을 통해 자신의 철학을 응축시키고 확산시켰다. 이것은 그가 불교 중흥이 단지 교단의 혁신으로만 이루어질 수 없음을 잘 알고 있었던 철학자였기 때문이다. 하여 그는 교단 수호자의 역할을 넘어 철학자로서의 입지를 확고히 세웠다. 그가 일정설에서 주장한 '인즉천'人卽天의 인간관 이후 그것은 동학의 인내천人乃天 사상으로 더욱 체계화되었다. 보우의 헌신적인 교단 복원과 치밀한 사상 구축 노력으로 약 15년 동안 조선불교는 부흥의 기운을 맞이할 수 있었다. 그 기반 위에서 다음 대를 이어갈 청허 휴정淸虛休靜, 1520~1604과 송운 유정宋雲惟政, 1544~1610이 승과에서 급제하였다.

보우가 회복시킨 불교 교단의 존재감이 결과적으로 팔도선교도총섭과 같은 기구로의 계승과 함께 전국적이고 자발적인 승려들의 거병으로 이어졌다. 나라가 위기 상황에 직면하였던 현실에서 불교의 존재감을 표현할 수 있는 길은 승병 활동과 같은 호국의 길밖에 없었을 것이다. 그리고 그것은 조선 유자들의 과도한 배타성 아래서 불교가 자신의 존재감을 표현할 수 있는 유일한 길이었을 것이다. 따라서 우리는 국난 극복을 위해서 일어난 승병활동을 통해서 이 땅의 불교가 그 존재감을 계승해 왔다는 사실을 부정할 수는 없을 것이다. 그리고 그 단초를 허응 보우가 마련하였다는 점에서 우리는 그가 일으킨 불교중흥의 노력에 대해 거듭 되돌아보아야 할 것이다.

제4장 「청허 휴정의 선심학」은 조선 중기의 대표적 선사였던 청허 휴정淸虛休靜, 1520~1604의 삶과 생각을 선심학의 기호로 살펴본 것이다. 조선은 공식적으로는 유교 성리학을 통치이념으로 한 국가였다. 이 때문에 불교는 찾아보기 어려웠다는 관점이 있다. 하지만 이러한 시각에서 벗어나 역사적 사실과 철학적 논구의 검토 위에서 조선조를 올바르게 파악해야만 한다. 개국 초기와 가까웠던 전기의 유자들 대부분은 아직

까지 '겉으로는 유자이면서도 속으로는 불자였고'陽儒陰佛, '밖으로는 유학을 내세우면서도 안으로는 불학을 갈무리했으며'外儒內佛, '자취는 유자였으나 마음은 불자였다'迹儒心佛고 할 수 있기 때문이다.

조선 중기의 대표적 불교사상가였던 청허 휴정淸虛休靜, 1520~1604은 유자로 출발했으나 불교에 입문하여 모범적인 수행자로서의 삶을 살았다. 그는 교단의 책임자로서 불교계의 위상을 새롭게 건립했으며, 선법을 기초로 한 법통과 법맥을 확고하게 재정립함으로써 한국불교의 정체성을 확립시켰다. 임진왜란 때에는 선조의 교지를 받고 격문을 써서 승병을 일으키게 함으로써 밀리던 전세를 뒤바꾸게 하는 결정적인 역할을 하였다.

휴정은 불선유 '삼교회통'三教會通이라는 매개항을 통해 '일물一物 혹은 선심禪心의 길'과 '널리 살아있는 이들을 제도하기'普濟生靈 위한 독자적인 사상적인 체계를 세웠다. 휴정에게 있어 선심과 일물은 그의 전 사상을 꿰는 키워드이다. 휴정은 이 기호를 통해 자신의 사상적 화두를 풀어나갔다. 그는 또 선사임에도 불구하고 정토淨土 수행을 수용함으로써 여타의 사상가들과 변별되고 있다. 휴정의 선심은 원효元曉의 일심一心과 지눌知訥의 진심眞心에 대응되는 개념이며 일물一物의 다른 표현이다.

그는 선과 교의 회통을 위해 『선가귀감』禪家龜鑑을 지어 사교입선捨教入禪 혹은 차교입선借教入禪의 활로를 제시함으로써 한국불교의 독자성과 특수성을 적출해 내었다. 그것은 선과 교의 병진併進 또는 겸학으로 나타났다. 이러한 선교를 진실과 방편의 구도로 위계 지운 휴정의 사유체계는 이후 한국불교의 주요한 흐름으로 자리 잡았다. 따라서 휴정의 선교禪教 이론이 오늘 여기 한국불교의 근간을 이루고 있다는 점에서 그의 선심학은 새롭게 조명되어야 할 것이다.

제5장 「종봉 유정의 선풍과 송운 유정의 교화」는 선사로서의 종봉 유정의 선풍과 보살로서의 송운 유정의 교화를 종합적으로 살펴본 것이다. 대개 호국대성으로 평가받는 사명 유정은 선사이자 강사였다. 종봉 유정은 청허 휴정이 펼친 선 중심의 선교겸수의 가풍을 계승한 사법제자였다. 동시에 송운 유정은 청허 휴정의 선풍에 입각해 여러 사람들을 교화한 성사였다.

청허의 법맥을 이은 전법제자로서 사명은 자기 일신만을 생각하지 않고 의승군으로서 분연히 일어나 수많은 생령들을 구제하였다. 허균이 그의 시호를 '자비로서 널리 세상을 구한 위인'慈通弘濟尊者이라고 적은 것은 바로 이러한 그의 가풍 때문이었다. 처영은 『사명대사집』의 발문에서 "누가 '도가 아닌 도'不道之道와 '덕이 아닌 덕'不德之德을 알아서 인간 세상에 행할 수 있겠는가"라며 그가 펼쳐 보인 '커다란 도'와 '높다란 덕'을 기리고 있다.

사명 유정에게는 '종봉 유정'이라는 선사의 가풍과 '송운 유정'이라는 보살의 가풍이 어우러져 있다. 그가 선사이자 성사로 평가받는 것은 바로 이러한 살림살이 때문이다. 사명은 자기의 깨침만을 추구하는 선사로 머물지 않고 많은 사람들의 구제를 위해 온몸을 던진 보살의 삶을 보여주었다. 이것은 불자로서의 삶에 대한 투철한 인식에 의해서 가능할 수 있었다.

사명 유정의 삶에서 선사의 가풍과 성사의 가풍을 동시에 볼 때 우리는 비로소 그의 전모를 살펴볼 수 있을 것이다. 그가 보여준 몸체로서의 모습과 몸짓으로의 모습을 함께 볼 때 우리는 비로소 인간 사명 유정의 전체를 볼 수 있을 것이기 때문이다. 특히 우리가 그를 '호국대성'이라고 호명하는 것은 삶의 몸체와 몸짓을 하나의 원 속에 온전히 담아낸 인물이기 때문이다.

제5부의 대한시대 _ 대한제국기 대일항쟁기 분단 시기 불교의 제1장 「경허 성우의 미도선」은 선말 한초의 대표적인 불교사상가인 경허 성우 1846~1912의 살림살이를 살펴본 것이다. 경허의 조심은 원효의 일심, 지눌의 진심, 휴정의 선심을 잇는 사상적 기호라고 할 수 있다. 경허가 생평을 통해서 보여준 조심의 가풍은 『장자』 「추수」 편의 '예미어도중'曳尾於塗中에 근거한 '미도선'尾塗禪 혹은 '예미선'曳尾禪으로 나타나고 있다. 그의 이러한 가풍을 간화선의 관점 속에서 보면 '법화'法化(깨친 진리)와 '행리'行履(밟은 자취)가 마찰하는 듯 보인다.

하지만 미도선의 가풍에서 보면 오히려 법화와 행리는 긴밀하게 윤활하고 있다. 경허의 '깨달은 진리'와 '밟아간 자취'의 마찰과 윤활을 통섭하는 기호인 '조심'照心은 그가 보여준 살림살이의 벼리라고 할 수 있다. 경허의 살림살이를 떠받치는 축은 '반조심원'返照心源과 '이류중행'異類中行이며 이 두 항을 화회시키는 매개항은 '조료전정'照了專精의 논리 방식이었다.

경허는 머리로 헤아리는 앎의 단계와 가슴으로 느끼는 함의 단계를 넘어서서 머리에 인 뿔과 가슴에 뒤집어쓴 털옷을 아우르며 진흙 속에서 꼬리를 끌고 온몸으로 기어가는 이타행의 모습을 보여주었다. 이러한 경허의 가풍은 참다운 불교정신의 회복에 겨냥되어 있었다. 그것은 신라의 정중 무상 이래 마조와 남전 및 백장 등으로부터 계승되어 신라하대 구산선문의 개조 및 개산조들로 이어져 온 보살선풍이었다. 하지만 신라의 도선, 고려의 일연, 조선의 설잠 이래 이러한 가풍은 단절되어 수면 아래에 잠기어 있었다.

하여 조선 전기 이래 단절되어온 불교 정신을 회복하는 것이 경허의 사상적 화두였다. 그는 조선 후기 불교 교단의 '눈이 멀은 방석불교'와 '다리 저는 책상불교'로 진단하고 그것을 넘어서는 활로를 열고자 했다. 그의 조심학은 원효와 지눌 및 휴정 이래 이 땅의 불교가 보여온 본래

면목을 회복하는 것이었으며 그것은 곧 반조심원-조료심원-이류중행의 축으로 드러났다. 따라서 법화와 행리의 마찰과 윤활을 통해 경허가 보여준 조심학은 무상 이래 한국불교의 가풍을 계승하는 것이었다. 나아가 그가 보여준 미도선의 가풍은 한국선의 독자성으로 재 창안될 수 있는 기반을 마련해 주었다.

제2장의 「한암 중원의 일발선」은 한암 중원漢巖重遠, 1876~1951의 살림살이를 일발선풍으로 살펴본 것이다. 그는 평생을 발우 하나만을 들고 맨발로 탁발을 나아가 비구를 상징하는 '일발의 선풍'을 떨쳤다. 한암은 자신의 어록 제목을 '일발록'一鉢錄이라고 붙일 정도로 생평을 비구 수행자로서 절도 있는 삶을 일구어 나갔다. 그에게 있어 '일발'一鉢은 최소한의 소유를 나타내는 기물이자 탁발 즉 걸식이라는 하심의 삶을 상징하고 있다.

한암은 자신의 살림살이를 참여와 침묵, 흉금과 파예의 두 구도를 통해 소유와 집착 및 분별을 넘어서는 일발선풍으로 펼쳐내었다. 나아가 그는 법화法化와 행리行履의 수렴과 장종과 교어의 윤활을 통해 일발선풍으로 전개하였다. 한암은 '비법'非法의 상대로서의 '법'을 넘어 '묘법'妙法으로 열어감으로써 법화와 행리의 소통의 장을 마련하였고 그 스스로 그러한 모습대로 살았다. 그의 살림살이는 흉금胸襟과 파예把拽의 선풍을 넘어 활발발한 일발의 선풍으로 응축되고 확산되었다. 그리고 그것은 한암 자신의 가슴 속에서 우러나오는 흉금의 언어와 고삐를 당길 때를 정확히 아는 파예의 언어를 통해 이루어졌다.

그는 스승 경허와 헤어질 때와 봉은사를 떠나 오대산에 입산할 때를 알았다. 동시에 두 차례의 교정과 종정으로 나아갈 때와 상원사의 소각을 막아낼 때를 알았다. 역사 속에 참여할 때나 침묵할 때에도 한암의 일발 정신은 한 치도 흔들림이 없었다. 그는 그때를 알고 있었고 그때에 맞춰 살았다. 그는 시중時中의 도리를 알았고 그 도리에 자신을 맞출 줄 알았다.

한암은 흥금과 파예의 소식을 알았고 장종과 교어의 마찰을 넘을 줄 알았다. 따라서 '흥금'藏從과 '파예'巧語의 두 기호로 표출되는 한암의 선풍은 평생을 무소유 혹은 불소유 정신을 견지하면서 자연스럽게 우러나온 일발의 살림살이라고 할 수 있다.

제3장 「동고 문성의 교법 인식과 선법 이해」는 계율 수지와 선법 수행을 통해 어지러웠던 불교계의 정신적 리더로서 독보적 지위와 지도적 위상을 확보한 동고 문성東皐汶星, 1897~1997의 교법 인식과 선법 이해를 살펴본 것이다. 그는 대한시대의 대일항쟁기에는 일본 지배를 극복하기 위해 독립운동을 하였고, 대한민국기에는 불교 교단을 재건하기 위한 불교 정화에 헌신하였다. 문성은 계율의 수지에 철저하였고 선법의 이해에 투철하였다. 만년에 이르러 문성은 하루 한 끼만 먹는 일종식一種食의 '밥 살림'과 식후 차 한 잔一杯茶을 마시는 '차 살림'의 가풍을 보여주었다.

문성은 평생을 보현보살의 행원을 사경하고 독송하며 발원하고 서원하였다. 이것은 은사 서응瑞應에게서 영향받은 것이었지만 그에게도 화엄은 보현행원의 실천행으로 다가왔으며 다시 선법의 가풍으로 접목되었다. 문성이 보여준 '토설吐說 가풍'과 '은둔隱遁 가풍'은 이러한 보현행자의 살림과 긴밀하게 연결되어 있었다. 그 결과 그는 화엄과 선법의 통로를 모색한 선학들의 통설 위에서 실천적 화엄행자 즉 보현행자의 살림살이를 보여주었다.

문성은 평지의 파도를 일으킨 임제臨濟의 질문을 옹호하지도 말고 푸른 하늘에 벽력을 일으킨 보화普化의 대답을 옹호하지도 말라며 '자기의 다리 아래를 살펴' '누겁의 시주 은혜를 갚고' '보현행자普賢行者의 길을 가는 것'만 남았을 뿐이라고 하였다. 그가 토설한 '새로운 한 맛'은 아마도 이 세 마디였을 것이다. 이것은 임제가 토해낸 말의 맛이 아닌 자신이 토해낸 말의 새로운 한 맛이었다. 그리하여 '보현행자의 길을 가는 것'은 그의 평생의 가풍이 되었다.

문성이 만년에 들었던 은둔隱遁의 가풍은 달아나 숨는 것을 의미하지 만은 않았다. 오히려 그에게는 철저한 고독을 통해 자신의 내면을 성찰하면서 현실에 또렷이 다가가는 것이었다. 수행자에게 있어 은둔은 고독한 자기와의 대면이자 투철한 성찰 과정이기 때문이다. 문성은 은둔실隱遁室에서 은둔하면서 성태聖胎를 길러내는 수행에 전념했으며 순간순간 자신과의 대면에 전념하였다. 그리하여 그는 중생과 부처 모두가 한 자리에서 평등하다는 것을 정확히 알고 병의 원인을 뿌리 뽑는 '바로 그곳'에 곧바로 들어갈 수 있었다.

제4장 「청담 순호1902~1971의 마음 이해와 정화 인식」은 청담 순호의 탄생 100주년을 맞이하여 『청담대종사전서』전11권를 중심으로 그의 마음 이해와 정화 인식에 대해 살펴본 것이다. 이『전서』는 종래에 그가 법회에서 설법하고 학술지와 잡지에 투고한 글과 및 언론과의 대담 등을 집성한 것이다. 청담의 『전서』에 나타난 청담사상은 마음사상과 정화사상의 두 축으로 구성되어 있다. 청담에게 있어 마음사상은 그의 발심처이고 정화사상은 그의 서원처라고 할 수 있다.

청담의 마음 이해와 정화 인식은 상호의존이다. 그가 펼친 마음 이해는 공 사상 신행으로 구체화되고 정화 인식은 호국참회사상으로 나아가고 있다. 이 때문에 청담이 발원한 교단 정화와 그가 서원한 중생 구제는 상호보완적이라고 할 수 있다. 결국 그의 마음 이해와 정화 인식은 교단 정화의 길과 중생 교화의 길로 이어지고 있다.

살펴본 것처럼 붓다가 설한 "마음이 모든 존재의 근본이며, 마음에 따라 행이 이루어진다"는 가르침은 "인간의 마음은 본래 청정하지만 우연적 요소인 번뇌에 의해 더럽혀졌다"는 교설로 이어졌다. 우리는 중생의 본성은 부처나 여래의 본성과 같이 평등하지만 현실 속에 사는 인간의 본성은 갖가지 번뇌로 뒤덮여 있기에 "번뇌로 물들어 있는 마음을 해맑고 깨끗하게 정화해야 한다"는 수행 목표를 지니게 된다.

청담의 마음사상과 정화사상은 붓다의 가르침과 그대로 접목되고 있다. 마음은 본래 청정하지만 우연적 요소인 번뇌에 의해 더럽혀졌으므로 우리는 번뇌로 물들어 있는 마음을 해맑고 깨끗하게 정화해야 한다. 그러기 위해서 청담은 자신의 한 몸을 던져 일제의 침탈로 비롯된 식민지 불교의 잔재를 척결하고 전통 불교의 복원을 시도했으며 대승불교의 중생교화의 정신을 이어 세계평화의 길에 일조하였다.

제5장 「구산 수련의 살림살이와 사고방식」은 구산 수련九山秀蓮, 1909~1983이 안팎으로 펼친 역사적 살림살이를 고찰하고 앞뒤로 펼친 철학적 사고방식에 대해 살펴본 것이다. 구산은 지눌의 목우가풍과 효봉의 수선가풍을 계승하면서도 자신의 독자적 해석을 가미하였다. 그는 1954년에 '불법에 대처승은 없다'는 기치 아래 종단정화운동이 일어나자 상경하여 서울 선학원에 머물며 여러 비구 도반들과 전국비구승대회를 개최하여 정화불사를 위한 '종단정화위원회'를 결성하였다. 이후 구산은 '단지 혈서' 탄원서 작성을 통해 불교 종단정화의 주도적인 역할을 하였다. 그는 지눌-효봉의 정혜결사를 계승하기 위하여 송광사를 거점으로 제2의 정혜결사운동을 주창하였다.

구산은 대승불교의 보살행인 육바라밀에다 '만행바라밀'을 추가하여 '봉사의 날'로 새롭게 해석한 칠바라밀을 제창하여 생활불교의 길과 대중불교의 길을 열었다. 나아가 그는 1973년 하안거 결제 이래 송광사 내에 불일국제선원을 개원하여 그의 문하로 출가한 비구 비구니 제자들은 전 세계 15개국 53명에게 한국선을 전수하였다. 1980년 이후 입적 전까지는 해외로 몸소 나아가 한국선을 널리 선양하였다. 특히 한국선의 해외 전법을 위한 구산의 선구적 노력을 통해 한국은 국제사회에 부상해가는 위상과 함께 민족의 우수성과 문화의 수월성을 널리 과시하였다. 그리하여 그는 한국불교사에서 정화불사의 주도자, 정혜결사의 계승자, 총림강원의 개설자, 칠바라밀의 제창자, 국제포교의 선구자로서의 지위를 확립하고 있다.

구산은 지눌의 살림살이와 사고방식의 조술자로서 그의 정신과 긴밀하게 연속하고 있다. 동시에 평생 '무자'無字 화두를 들고 수행하였던 그의 스승인 효봉의 살림살이와 사고방식의 조술자로서 그의 정신과 친밀하게 해후하고 있다. 구산은 '참나'眞我 즉 '주인공'主人公 혹은 '진심'眞心 또는 '진성'眞性을 찾기 위해서 화두선을 강조하였고, 간화선 수행의 세 가지 요체를 '대신대분심'大信大憤心, '대용맹심'大勇猛心, '대의심'大疑心으로 새롭게 제시함으로써 간화선 계승자로서의 면모를 잘 보여주었다. 특히 그는 동아시아 불교사상사의 주요한 개념인 '불성'佛性 즉 '진성'眞性의 개념을 환기시키면서 진성은 영원히 신령스러운 존재이며 묘용妙用이 많은 존재라고 강조하고 있다. 구산은 간화선을 닦는 방법으로써 혜능 이래 남종선의 가풍을 이은 지눌의 정혜쌍수 가풍을 원용하여 실천한 수행자였다. 그는 지눌과 같이 돈오-점수-체증의 체계를 또렷하게 제시하지는 않았지만 대체적으로 그의 수증론을 따르고 있다고 할 수 있다. 그 결과 구산은 깨침悟과 닦음修의 두 축에서 볼 때 돈오점수 체계의 지지자였다고 할 수 있을 것이다.

따라서 그는 한국불학사에서 상당법어와 수기설법의 재현자, 지눌과 효봉의 조술자, 간화선법의 계승자, 정혜쌍수의 실천자, 돈오점수의 지지자로서의 위상을 확보하고 있다.

이 책은 동국대학교의 2021년 저서출판 지원사업에 선정되어 간행되었다. 2021년도 연구과제가 예정보다 많이 늦었음에도 불구하고 저자의 원고를 기다려 주시고 이해해 주신 학교 측에 깊은 감사의 마음을 전하고 싶다. 그리고 이 책을 간행해 주신 동국대학교 출판문화원 박기련 대표와 김정은 부장께 감사의 마음을 표하고 싶다. 아울러 이 책의 찾아보기를 만들어 준 강은행 불교학과 박사반생에게 고마움을 전하고 싶다. 이 책이 우리 학계에 널리 유통되기를 기원해 본다.

2025년 4월
동국대학교 만해관 321호 書窟庵에서
환정還淨 거사 고영섭

:차 례:

서문 한국불교, 물리적 종합의 '비빔 불교'와 화학적
     삼투의 '달임 불교' • 5

제1부

사국시대
고구려 · 백제 ·
신라 · 가야 불교

제1장 한국 고대불교의 토착화와 구심화 ─────── 51
   - 융화融和와 교화敎化를 중심으로 -
   Ⅰ. 신앙과 신행 • 53
   Ⅱ. 민간과 왕실의 불교 전래 • 56
   Ⅲ. 고유 신앙의 융화와 교화 • 61
   Ⅳ. 민간과 왕실의 불교 수용과 공인 • 76
   Ⅴ. 토착문화의 교화와 착근 • 83
   Ⅵ. 융화와 교화를 통한 토착화와 구심화 • 87

제2장 백제불교의 전래 주체와 초전지 ─────── 91
   - 침류왕대 한성백제 구도읍과 신도읍과
     관련하여 -
   Ⅰ. 한성 한산성 위례성 • 93
   Ⅱ. 한성백제의 왕성 _ 한성 · 한산성 · 위례성 • 96
   Ⅲ. 불교 전래의 주체와 장소 • 107
   Ⅳ. 초전지의 재검토 • 121
   Ⅴ. 한성백제 초전지 불교의 성격 • 126
   Ⅵ. 풍납토성 몽촌토성 이성산성 • 132

제3장 『삼국유사』「흥법」편 '아도기라'阿道基羅 조목 ──── 137

 Ⅰ. 아도阿道와 아도我道 • 139
 Ⅱ. '아도기라'阿道基羅 조의 구성과 체계 • 141
 Ⅲ. 아도阿道 관련 사료史料의 몇 가지 문제 • 150
 Ⅳ. 「아도본비」阿道本碑와 신라불교 초전자 • 154
 Ⅴ. 모례毛禮 누이 사씨史氏의 출가와 영흥사永興寺 • 161
 Ⅵ. 원종의 멸신滅身과 염촉의 순교殉敎 그리고 공인 • 165

제4장 가야불교 남방전래설의 재검토 ──── 171
 - 아라가야·금관가야·대가야를 중심으로 -

 Ⅰ. 가야불교 남전설 • 173
 Ⅱ. 가야불교 관련 사료의 비판적 검토 • 176
 Ⅲ. 허황옥의 출자와 불교 전래설 분석 • 184
 Ⅳ. 북방 전래와 남방 전래의 두 갈래 • 195
 Ⅴ. 남방전래설의 재해석 • 200
 Ⅵ. 세 가야의 남북불교 수용 • 202

제5장 불교가 한국인의 생사관에 미친 영향 ──── 207

 Ⅰ. 삶과 죽음을 보는 관점 • 209
 Ⅱ. 불교 수용 이전의 사생 인식 • 212
 Ⅲ. 고유사상의 사생관 • 215
 Ⅳ. 불교사상의 생사관 • 232
 Ⅴ. 불교 수용 이후의 생사 이해 • 248
 Ⅵ. 계세적 세계관에서 전생적 생사관으로 • 251

제2부

**남북국시대
통일신라·
대발해 불교**

제1장 문아 원측 사상의 재조명 ──────── 261
  － 최만년작 『인왕경소』의 중심 내용과 주요 특징과
    관련하여

  Ⅰ. 원측의 살림살이와 사고방식 • 263
  Ⅱ. 원측의 전체 저술과 현존 저술 • 265
  Ⅲ. 『인왕경소』의 교체와 종지 • 276
  Ⅳ. 『인왕경소』의 삼성론 인식 • 290
  Ⅴ. 공유 이집과 무유 이상의 중도적 종합 • 302
  Ⅵ. 대승의 불이중도 각성 역설 • 310

제2장 분황 원효는 무엇을 깨쳤고 어디에서 깨쳤을까? ── 315
  － '중도일심'과 경기도 화성시 '당성 인근의
    마도면 일대 무덤' －

  Ⅰ. 깨침과 영장 • 317
  Ⅱ. 중도연기와 중도일심 • 318
  Ⅲ. 원효의 유학길 － 鷄立嶺路 • 322
  Ⅳ. 원효의 오도처 － 靈場處 • 325
  Ⅴ. 깨침 이후 원효의 삶 • 341
  Ⅵ. 중도일심과 화성 당성 인근 무덤 • 342

제3장 부석 의상의 화엄은 성기사상이 아닌가? ──────── 347
  － '의상 화엄사상의 성기적 이해에 대한 재검토'의
    비판적 고찰 －

  Ⅰ. 중도와 성기 • 349
  Ⅱ. 당나라 유학의 시말 • 352
  Ⅲ. 현장 유식에서 지엄 화엄의 수학 • 357
  Ⅳ. 중도사상 즉 성기사상의 확립 • 367
  Ⅴ. 의상 화엄학의 지형과 특징 • 376
  Ⅵ. 법성 성기와 중도사상 • 381

제4장 고운 최치원의 풍류 이해와 삼교 인식 ──────── 387

 Ⅰ. 최치원에 대한 두 시각 • 389
 Ⅱ. 현묘지도 즉 풍류도 • 391
 Ⅲ. 풍류도 삼교의 철학과 사상 • 395
 Ⅳ. 불선유 삼교의 철학과 사상 • 405
 Ⅴ. 풍류도 속의 삼교 사상 • 411
 Ⅵ. 천신 산신 무속의 삼교와 풍류도 • 414

제5장 신라불교와 경주 남산의 의미와 가치 ──────── 419
 - '한국 문화의 원형' 확보와 '한국불교의 고향' 확립 -

 Ⅰ. 한국인의 고향과 신라불교 • 421
 Ⅱ. 한국 문화의 原型 _ 신라와 금성의 역사성과
  장소성 • 425
 Ⅲ. 신라불교와 경주 남산의 유적과 유물 • 432
 Ⅳ. 불교사상의 조형적 구현과 불국 정토의 실현 • 446
 Ⅴ. 한국불교의 고향 _ 경주 남산의 가치와 의미 • 477
 Ⅵ. 신라 문화 공간의 확장과 한국 문화의 원형 확보 • 480

제3부
고려시대
전기·후기 불교

제1장 김제 모악산母岳山 귀신사歸信寺의 역사와 인물 ──────── 487

 Ⅰ. 화엄 십찰 귀신사 • 489
 Ⅱ. 의상의 국신사 창건과 신라 화엄십찰의 지형 • 492
 Ⅲ. 국사들의 불교사상과 고려시대 귀신사의 지위 • 498
 Ⅳ. 여말 선초 이래 조선시대 귀신사의 존속과 폐사 • 506
 Ⅴ. 귀신사의 사격 회복과 중흥 불사 • 525
 Ⅵ. 국사들의 주석처와 귀신사의 위상 제고 • 528

제2장 『삼국유사』의 원효와 의상 ──────── 533
 - 대중 속으로 들어간 '菩薩'(聖師)과 '如來'(法師) -

 Ⅰ. 원효와 의상의 인상 • 535

II. 일연의 원효와 의상 인식 · 538
III. 『삼국유사』의 원효 인식 · 547
IV. 『삼국유사』의 의상 인식 · 564
V. 원효像과 의상像의 정립과 유포 · 574
VI. 일연의 원효와 의상 소환과 고려불교 중흥 · 576

제3장 경기도 이천 安興寺와 利川鄕校의 역사와 인물 —— 581

I. 안흥사와 안흥정사 · 583
II. 불교 성소의 유교 성소로의 전환 · 587
III. 불교 안흥사의 인물과 유적 · 591
IV. 유교 이천향교의 인물과 유적 · 597
V. 불교문화와 유교문화의 공존 · 609
VI. 안흥사지 쌍탑과 이천향교의 인물들 · 612

제4장 국가 비보사상裨補思想과 한양 비보사찰裨補寺刹 —— 617
– 사탑寺塔의 비보裨補를 통한 국도國都의 명당화明堂化 –

I. 지기와 지덕의 보완 · 619
II. 국가 비보사상의 불교 경론적 근거 – 현교의
   신토불이 교설과 밀교의 제교 포섭 · 623
III. 한양 전도와 국가 비보사상의 투영 · 632
IV. 한양 내사산 외사산의 비보사찰 · 641
V. 비보사찰裨補寺刹의 창사와 국역진호國域鎭護의
   배가 · 654
VI. 비보사찰 창건과 수도의 전국 통솔 · 657

제5장 실록 편찬 보존과 오대산 사고본의 특징 —————— 663
– 수호사찰守護寺刹의 수직승도守直僧徒와
   수호군守護軍 운영 및 구본 교정쇄본校正刷本과
   신본 완성본의 공존 –

I. 인문 유산과 자연 유산 · 665
II. 고려와 조선의 실록 편찬과 내외 사고 설치 · 669

Ⅲ. 오대산 사고본의 보존책과 관리법 • 682
Ⅳ. 오대산 사고본의 구성체와 지형도 • 698
Ⅴ. 오대산 사고본의 특징과 이관 역사 • 707
Ⅵ. 수호 사찰의 수직승도와 수호군의 실록 보호 • 712

제4부 조선시대 전기·후기 불교

제1장 조선 세조의 오대산 상원사 중창重創과 거둥 관련 유적遺迹 ──── 719
Ⅰ. 오대산 원찰 상원사의 역사성 • 721
Ⅱ. 상원사 중창 지원과 거둥 행로 • 725
Ⅲ. 상원사의 세조 원찰 확립과 경제 기반 확보 • 744
Ⅳ. 세조의 불교 정책과 예종 성종의 지원 • 753

제2장 청한 설잠의 불교사상 ──── 759
- 교법 인식과 선법 이해 -

Ⅰ. 교법과 선법 • 761
Ⅱ. 출사의 길과 출가의 길 • 766
Ⅲ. 교법에 대한 인식 • 771
Ⅳ. 선법에 대한 이해 • 787
Ⅴ. 교법의 사고방식과 선법의 살림살이 • 798
Ⅵ. 불자 설잠의 선교 이해 • 800

제3장 허응 보우虛應普雨의 불교 중흥 ──── 805
- '일체'一體론과 '일정'一正론의 응축과 확산 -

Ⅰ. 불교 중흥의 과제 • 807
Ⅱ. 명종 이전 불교 상황 • 809
Ⅲ. 선교禪敎 양종兩宗과 승과僧科의 복원 • 815
Ⅳ. 선교禪敎와 불유佛儒의 일체론一體論 • 824
Ⅴ. 국가불교의 성과와 한계 • 831
Ⅵ. 교단 복원과 사상 구축 • 838

제4장 청허 휴정의 선심학禪心學 ──────── 843
　　　- 선심禪心과 일물一物의 응축과 확산 -

　　Ⅰ. 선심과 일물 • 845
　　Ⅱ. 성리학의 변화와 추이 • 846
　　Ⅲ. 출사 시도와 출가 결행 • 848
　　Ⅳ. 선심과 일물의 지형도 • 863
　　Ⅴ. 선법과 염불의 병진 • 879
　　Ⅵ. 사교입선捨敎入禪 혹은 차교입선借敎入禪의 활로
　　　　제시 • 882

제5장 종봉 유정鍾峰惟政의 선풍과 송운 유정松雲惟政의 교화 ── 887
　　　- 호국불교의 전통과 사명泗溟 유정惟政의 의승군 활동 -

　　Ⅰ. 사명 유정의 선풍과 교화 • 889
　　Ⅱ. 호국과 호법 및 고중세의 승군 • 891
　　Ⅲ. 종봉 유정의 출가수행과 선풍 • 901
　　Ⅳ. 송운 유정의 의승군 활동과 교화 • 919
　　Ⅴ. 호국대성 사명 유정의 인식과 평가 • 931
　　Ⅵ. 사명의 살림살이 - '도가 아닌 도'와 '덕이 아닌 덕' • 937

제5부

대한시대
대한제국기·
대일항쟁기·
분단 시기 불교

제1장 경허 성우의 미도선尾塗禪 ──────── 945
　　　- 법화法化와 행리行履의 마찰과 윤활 -

　　Ⅰ. 경허에 대한 두 시선 • 947
　　Ⅱ. 조료照了와 전정專精의 논리 방식 • 959
　　Ⅲ. 피모被毛 대각戴角 예미曳尾의 행화行化 • 964
　　Ⅳ. '조선불교사의 결론'이자 '대한불교사의 서론' • 985

제2장 한암 중원의 일발선一鉢禪 ──────── 991
　　　- 흉금胸襟, 장종藏蹤과 파예把拽, 교어巧語의 응축과 확산 -

　　Ⅰ. 일발의 선풍 • 993
　　Ⅱ. 율사와 선사의 살림살이 • 1008

III. 일발선풍의 지형도 • 1024
IV. 비법과 묘법 및 침묵과 참여 • 1034

제3장 동고 문성東皐汶星의 교선敎禪 이해 ─── 1041

I. 교학과 선법 • 1043
II. 문성의 교학 인식 • 1045
III. 문성의 선법 이해 • 1061
IV. 계율 수지 철저와 선법 이해의 투철 • 1070

제4장 청담 순호의 마음 이해와 정화 인식 ─── 1075
- 『청담대종사전서』(전11권)를 중심으로 -

I. 마음과 정화 • 1077
II. 『청담대종사전서』의 구성과 내용 • 1082
III. 마음 이해와 空 사상 신행 • 1092
IV. 정화 인식과 호국 참회 • 1099
V. 교단 정화와 중생 교화의 길 • 1107
VI. 공 사상의 신행과 호국 참회 사상 • 1112

제5장 구산 수련九山秀蓮의 살림살이와 사고방식 ─── 1117
- 한국불교사적 지위와 한국불학사적 위상 -

I. 전통불교 복원과 정화불사 주도 • 1119
II. 구산 수련의 불교사적 지위 • 1122
III. 구산 수련의 불학사적 위상 • 1150
IV. 정혜결사의 계승과 국제포교의 선구 • 1171

찾아보기 • 1176

일러두기

1. 이 책은 한국불교사를 화두로 삼아 참선하듯 참구해 펴낸 것이다.

2. 이 책은 저자가 바라보는 한국사의 시대구분법에 따라 사국시대, 남북국시대, 고려시대, 조선시대, 대한시대의 5부로 구성하였다.

3. 책의 구성과 체계를 위하여 「한국 고대불교의 토착화와 구심화」는 『불학과 불교학』, [삼국유사 흥법편의 '아도기라' 조목]은 『한국불교사궁구1』, 「허응 보우와 불교 중흥」은 『한국불교사궁구2』에 실었던 것을 재수록하였다.

4. 본문의 한자는 위첨자로 하고 각주에서는 한자를 노출하였으며, 법호와 법명은 한 칸 떼서 표기하였다.

제1부

사국시대 _ 고구려·백제·신라·가야 불교

제1장 _ 한국 고대불교의 토착화와 구심화
제2장 _ 백제불교의 전래 주체와 초전지
제3장 _ 『삼국유사』「흥법」편 '아도기라'阿道基羅 조목
제4장 _ 가야불교 남방전래설의 재검토
제5장 _ 불교가 한국인의 생사관에 미친 영향

제1장

한국 고대불교의 토착화와 구심화
- 융화融和와 교화敎化를 중심으로 -

Ⅰ. 신앙과 신행
Ⅱ. 민간과 왕실의 불교 전래
Ⅲ. 고유 신앙의 융화와 교화
Ⅳ. 민간과 왕실의 불교 수용과 공인
Ⅴ. 토착문화의 교화와 착근
Ⅵ. 융화와 교화를 통한 토착화와 구심화

I. 신앙과 신행

우리는 흔히 믿고 우러르는 행동거지나 섬김행위를 신앙이라고 한다. 반면 믿고 실천하는 실행체계나 수행체계는 신행이라고 한다. 절대자의 힘에 의지하여 구원받으려는 타력교의 신앙과 자신의 힘에 의해 본성을 발견하려는 자력교의 신행을 구분하는 기준은 대상신의 설정 여부에 있다. 한 나라에 하나의 신앙관념 혹은 신행체계가 전래되면 고유 신앙 또는 고유 신행은 대립하고 갈등하게 마련이다. 처음 한국 고대인들은 하늘, 태양, 달, 별, 땅, 산천, 동식물 등의 숭배와 같은 토착신앙인 천신신앙과 산신신앙을 믿었다. 청동기시대에 이르러 새로운 사회적 현상으로서 무속신앙이 전래하자 고대인들은 청동기를 지닌 무격巫覡들과 서로 대립하거나 갈등하다가 일정한 시간이 지나면서 융화[1]하였다. 이러한 사실을 탐구할 자료가 매우 부족하지만 제사의례 관련 자료에 의거한다면 토착신앙의 신들에 대한 이야기인 건국신화와 시조신화가 담겨 있는 천신신앙과 산신신앙의 체계는 어느 정도 복원해 볼 수 있을 것이다.

사국시대에 이르러 새로운 사회적 현상으로 불교가 전래하자 이 땅 고유의 토착신앙인 천신신앙과 산신신앙 및 이들 신앙과 융화한 무속신앙은 사라지지 않고 불교와 융화하면서 불교의 교화[2] 속에서 새로운 형

---

[1] 어떤 하나가 다른 하나와 합쳐 또 다른 하나가 되는 것이 '融合'이라면, 어떤 하나가 다른 하나와 만나 고유의 것은 지키면서 필요한 부분은 수용하는 것을 '融和'라고 할 수 있다. 어떤 곳의 고유신앙 혹은 토착신앙은 새로운 것이 들어왔다고 해서 쉽게 사라지는 것이 아니라는 점에서 본다면 종교 신앙이나 민속 문화에서는 '融和'라는 표현이 더 적확하다고 할 수 있다.

[2] '敎化'는 '敎導感化'의 준말로 '가르쳐 이끎' 즉 고통받는 자를 편히 하고, 의심하는 자를 믿게 하고, 잘못하는 자를 바로잡아 가르쳐 이끄는 것이다. 불교는 그 특유의 '敎化'의 기능을 통하여 토착신앙인 천신신앙과 산신신앙과 무속신앙과 '融和'해 왔을 뿐만 아니라 도교와 유교와도 '融和'해 왔다. 현대 종교학에서는 다른 종교의 문화적 과정을 적대지 않고 해당 종교의 진리성을 수용하는 불교의 태도와 방법을 '비

태로 자리를 잡아갔다. 그런데 단군 이래 우리의 고유 신앙 즉 토착신앙이었던 천신신앙과 산신신앙은 선도仙道신앙으로 대표되어 왔다. 단군왕검의 건국이야기는 부계적 천신인 환인(환웅, 하늘)과 모계적 지모신인 웅녀(땅)가 만나 내적 초월신인 단군(사람)을 낳는 과정을 보여준다. 즉 단군 왕검이야기는 환인(환웅)의 신성성과 웅녀의 동물성이 단군의 인간성 안에서 하나로 융합되는 과정을 담고 있다. 이것은 환인(환웅)의 천天과 웅녀의 지地와 단군의 인人 삼재三才가 결국 하나이며 단군의 인간성 안에서 환인(환웅)의 신성성과 웅녀의 동물성이 하나가 되어 있음을 의미한다. 불교 전래 이후 절의 건축구조 내에서 산신각(상당) – 불단(서낭당, 중당) – 장승(솟대, 하당)이 보여주는 것[3]처럼 천신신앙과 산신신앙 및 무속신앙이 전통적 삼재사상三才思想의 구조를 견지해 오고 있다. 비록 불교에게 중심적 지위를 내어주기는 했지만 토착신앙의 기능과 역할은 여전히 지속되어 오고 있다.

청동기시대에 새로운 사회적 현상으로서 전래한 무속신앙 역시 불교 전래 이전에 토착신앙이었던 천신신앙과 산신신앙과 대립하고 갈등하면서 교화하고 융화해 왔다. 특히 선도仙道신앙으로 대표되는 토착신앙은 무속신앙과 갈등하면서 융화해 왔으며 인간의 자연에 대한 경외심은 신령을 매개하는 주술사인 무당(샤먼)을 매개하여 표현되었다. 그리하여 천신신앙과 산신신앙은 새롭게 전래된 무속신앙과 융화하여 풍류도로 정착하였다.[4] 그리고 천신신앙과 산신신앙을 융화한 무속신앙은 새로운

판적 관용'(자야틸레케) 또는 '포괄주의적 입장'이라고 부르고 있다.
3 종래의 연구에서 사국과 남북국시대 통일신라의 사찰 대부분이 도성에 위치한 평지가람이며 그 구조의 핵심은 '中門 – 塔 – 金堂 – 講堂'이므로 산지가람에 배치되는 산신각은 고려 이후에 시설된 것으로 보고 있다. 하지만 선종이 전래되는 신라 중대 이후 선찰들은 대체적으로 산을 매개하고 있어 산신각의 시설을 고려 이후로 보는 시각은 재고되어야 한다.
4 孤雲 崔致遠(857~?)은 「鸞郎碑序」에서 "나라에 현묘한 도가 있으니[國有玄妙之道] 풍

사회적 현상으로서 전래한 불교를 맞이하여 대립하고 갈등하면서 융화하고 교화되어 왔다. 그런데 최치원의 「난랑비서」鸞郞碑序가 밝히고 있는 것처럼 풍월도에는 불도유 삼교의 전래 이전에 삼교에서 말하는 가르침이 이미 포함되어 있다. 풍월도의 주체인 화랑花郞은 산천을 순례하고 심신을 단련하면서 인위를 배격하고 소요 자재한 삶을 살았다. 그들 무리徒는 생명체를 소중히 여기는 삶과 나라(임금)와 부모를 존중하는 삶, 그리고 무위의 자연을 소요하는 삶을 함께 살았다. 이것은 각기 불도유 삼교에서 강조하는 삶과 상통하는 것이며 불도유 삼교가 전래되기 전에 이 땅에는 이러한 고유한 삶의 방식이 있었다.

종래의 선행연구에서는 불교 세력이 점차 토착신앙 세력보다 우월적 위치에 서게 되었다는 무불巫佛 교대[5] 혹은 우리 고대의 대표적 토착신앙인 선도신앙이 불교와 융화하며 만났다는 선불仙佛 융화[6]로 검토하여 무속신앙이 불교로 교체되었다거나 선도신앙이 불교와 융화해 왔다고 보았다. 불교의 전래와 수용 및 공인을 통해 고대인들은 자신이 한 일이 더 이상 천신과 산신과 무격에 의해 자신의 일이 결정되는 것이 아니라는 사실을 자각해 갔다. 그리하여 내가 이 세상의 주체이고 내 자유의지에 이루어지는 행위가 역사의 동인이라는 업설과 이것을 통한 윤회의

류라고 한다[曰風流]. 그 가르침을 세운 근원[設敎之源]은 『선사』(仙史)에 상세히 갖춰 있다[備詳仙史]"며 "그 실제는 삼교를 포함하고 있으므로[實乃包含三敎] 뭇삶을 제접하고 교화한다[接化群生]고 역설하였다. 또 "집안에 들어와선 부모에게 효도하고[入則孝於家] 집나가 벼슬하여 나라에게 충성함[出則忠於國]은 노나라 공자의 취지요[魯司寇/(孔子)之旨也], 함이 없는 일에 처하고[處無爲之事] 말이 없는 가르침을 행함[行不言之敎]은 주나라 노자의 종지요[周柱史/(老子)之宗也], 모든 나쁜 일들 하지 않고[諸惡莫作] 모든 좋은 일들 높여 함[諸善奉行]은 축건태자의 교화이다[竺乾太子/(釋尊)之化也]"라고 하였다.

5 이기백, 「삼국시대의 불교 전래와 그 사회적 성격」, 『역사학보』 제6집, 역사학회, 1954.
6 최광식, 「토착신앙과 불교의 융화」, 『한국고대의 토착신앙과 불교』(고려대출판부, 2007), pp.261~301.

관념을 점차 수용해 갔다. 이 글에서는 불교가 이 땅의 고유신앙이었던 천신신앙과 산신신앙과 어떻게 대립하고 갈등하며 융화하고 교화해 왔는지, 또 이들 천신신앙과 산신신앙과 대립하고 갈등하며 융화해 온 무속신앙과 불교가 어떻게 융화하고 교화하며 토착화를 해 왔는지에 대해 검토해 보고자 한다.

II. 민간과 왕실의 불교 전래

인도로부터 중국을 거쳐 전해진 불교는 이 땅의 토착신앙이었던 천신신앙과 산신신앙과 갈등하고 융화해 온 무속신앙과 한편으로는 긴장하고 충돌하며 한편으로는 융화하고 교화하며 토착화해 왔다. 이들 세 신앙들과 갈등-융화-교화해 온 불교는 고대 한국에 유입하면서 전래-수용-공인의 과정을 거쳐 유통되었다.[7] 이 때문에 천신신앙-산신신앙-무속신앙과 갈등-융화-교화하면서 이루어진 불교의 수용이야말로 한국사상에서 처음으로 벌어진 이러한 일대 사건이었던 것이며, 이것을 어떻게 이해하는가 하는 것은 한국의 사상사를 다루는 사람들에게 가장 커다란 문제의 하나임에 틀림이 없다.[8]

불교의 전래와 수용은 사회 전체 발전과의 관련 속에서 보다 근본적으로 밝혀져야만 할 과제이다. 우리는 이것의 해명이 곧 한국 고대문화

---

[7] 최광식, 「불교의 전래와 수용 및 공인」, 위의 책, pp.217~218. 저자는 불교의 전입과정은 전해 주는 쪽의 입장에서 불교 전래, 받아들이는 쪽의 입장에서 불교 수용, 국가의 법제적 조치로서 불교 공인으로 나누어 살펴보아야 하며, 아울러 민간에서의 전래와 수용, 왕실에서의 전래와 수용을 나누어 보아야 실체에 접근할 수가 있다고 하였다. 논자 역시 일리가 있는 지적이라고 생각한다.
[8] 이기백, 「삼국시대의 불교 수용과 그 사회적 의의」, 『신라시대의 국가불교와 유교』(한국연구원, 1978). 주6) 『역사학보』의 발표 논문제목을 '수용'과 '의의'로 고쳤다.

의 전모를 우리에게 밝히 드러내 주는 결과를 가져오리라 믿는[9]다. 해서 불교의 전래 배경과 수용 과정을 섬세하게 살펴야 할 것이다. 처음에 불교는 피지배층인 민간으로 전래하였을 뿐만 아니라 지배층인 왕실로도 전래하였다. 고구려와 백제는 국제 정세에 깊은 관심을 표명하면서 북조를 통일한 전진과 남조를 고수하는 동진의 전세와 추이를 지켜보면서 불교를 적극적으로 수용하였다. 이처럼 고구려와 백제의 불교 전래와 왕실의 불교 수용 과정에는 정치적인 맥락이 개입되어 있다.

"고국원왕 40년370에 진秦, 351~394의 왕맹王猛이 연燕을 쳐서 깨뜨리자 연의 태부太傅 모용평慕容評이 고구려로 달려오므로 왕이 그를 잡아 진에 보냈다."[10] 이에 저족氐族 출신으로 5호16국 시대에 대진천왕大秦天王이라 칭하였던 "전진前秦의 3대 황제 부견338~385이 사신과 함께 승려 순도順道를 보내 불상과 불경을 보냈다. 이에 왕이 사신을 보내 답례回辭로 방물方物을 바쳤다."[11] 전진왕 부견이 보낸 불교의 삼보 즉 불상과 불경과 승려는 단순한 종교적 홍포가 아니라 두 나라 사이의 정치 외교적인 의사 표현과 이에 대한 답례로서 전해준 것으로 이해된다.

전진의 왕 부견은 독실한 불자였다. 그는 불교적 세계관에 의해 나라를 경영하고 싶어했다. 그런데 불교경전에는 치국의 원리와 정책에 대한 가르침은 있지만, 정교한 관료제도나 국가 조직에 관한 가르침이 없다고 여겼다. 해서 부견은 국가의 제도화와 관료제도의 정비를 위하여 학교를 세우고 고관의 자제들에게 경학經學을 배우도록 했다. 이것은 불교에서 가르친 이상적인 국가를 실현하기 위한 수단으로 한족의 전통적인 국가 경영 노하우를 이용했던 것으로 이해된다.[12] 고구려에 대한 부견의

---

9 이기백, 위의 글 p.3.
10 金富軾, 『三國史記』 권18, 「高句麗本紀」 제6, 고국원왕 40년.
11 金富軾, 『三國史記』 권18, 「高句麗本紀」 제6, 소수림왕 2년.
12 윤세원, 「불교가 한국인의 국가관에 미친 영향」, 『한국불교사연구』 제7호, 한국불교

답례로 전입된 불교는 지배층인 왕실에 전래되었고 왕실은 불교를 적극적으로 수용하였다.

그런데 이 사건을 전후로 하여 민간에서도 불교의 전래 사실이 보이고 있다. "진나라의 지둔 도림支遁道琳, ?~366이 이름을 알 수 없는亡名 고구려 승려에게 편지를 보냈다."[13] 이 기록은 그가 입적366하기 이전에 이미 이름을 알 수 없는 고구려인 승려가 있었다는 것과 순도가 오기 훨씬 이전에 고구려에 불교가 이미 전래되었다는 사실을 알려준다. 사서에서는 "소수림왕 5년 봄 2월에 처음으로 초문사肖門寺를 창건하여 순도를 있게 하고, 또 이불란사伊弗蘭寺를 지어 아도를 있게 하였으며 이것이 해동 불법의 시작이다"[14]고 기록하였다.

이처럼 왕실에서 사찰을 창건하고 두 승려를 머물게 하였다는 것은 공식적인 수용을 의미하는 것이다. 이렇게 본다면 고구려에 불교가 전래된 것은 소수림왕 2년 이전이지만 민간과 왕실이 불교를 수용한 것은 성문사와 이불란사를 지어 순도와 아도를 머물게 한 때라고 할 수 있다.

백제의 불교 전래와 수용 과정 역시 고구려와 다르지 않다. 중원을 호령하는 전진왕 부견은 세력이 가장 강했던 전연前燕을 복속하고370년 전량前涼과 대국 등을 통합한 뒤376년 5호16국으로 갈려졌던 북조를 통일376년하고 혼일사해混一四海의 기세로 천하를 통일하고자 하였다. 그는 남조와의 대치를 마감하기 위해 100만의 대군을 이끌고 무리하게 동진을 쳐들어갔으나 당시 남조는 환씨와 왕씨와 사씨 가문이 연합전선을 형성하여 전진에 맞서고 있었다. 전진왕 부견은 비수전384년에서 8만의 군사를 지닌 동진에게 대패를 당하며 10만 명을 이끌고 돌아와 재기를 모색하였다. 하지만 북조 통일 이전의 부족들이 후연, 서진, 서연 등이

사연구소, 2015.8.
13 『梁高僧傳』 권4, 「竺潛傳」;『海東高僧傳』 권1, 「釋亡名傳」.
14 金富軾,『三國史記』 권18, 「高句麗本紀」 제6, 小獸林王 5년.

내부 반란을 일으키며 나라를 세우기 시작하면서 전진은 할거정권 수준의 작은 나라로 이어지다가 무너졌다394년. 이렇게 되자 전진에서 불교를 수용한 고구려와 달리 백제는 남조의 동진과 정식 외교를 맺은 뒤에 불교를 수용하였다.

"침류왕 원년 9월에 호승 마라난타摩羅難陀가 진나라로부터 이르자 왕이 그를 맞이하여 궁내에 안치하고 예경하였다. 백제의 불법은 이로부터 시작되었다."15 이것은 불교가 왕실에 전래된 사실을 알려준다. 고구려 장수왕 2년414에 건립된 「광개토왕릉비」에서 '추모왕'을 '천제지자'天帝之子 혹은 '황천지자'皇天之子라고 했거나 「모두루비명」에서 '추모왕'을 '일월지자'日月之子라고 한 것에서 알 수 있는 것처럼 고구려는 불교 공인 이후에도 천강자인 주몽을 모신 시조묘를 정점으로 왕실 차원에서 천신신앙을 강하게 천명하였다. 백제의 시조묘인 '동명묘'(천강자)에 대한 제례는 물론 한성 웅진 도읍기인 동성왕대까지 '제천사지'가 꾸준히 이루어져 불교 공인 이후에도 고유의 토착신앙이 왕실 차원에서 여전히 영향력을 발휘하고 있었다.

한편 백제는 북위와도 문화적인 교류를 계속하고 있었다. 개로왕은 재위 18년472에 북위에 사신을 보내 고구려의 무도함을 알리고 군사적 요청을 하였다.

> 지금 련璉(장수왕)이 죄가 커서 나라가 엉망이 되어魚肉 대신과 힘센 귀족들을 죽이기를 함부로 하고 있어 죄가 차고 악이 쌓여罪盈惡積 백성들은 무너지고 흩어졌다. 이는 멸망할 때가 된 것이니 손 쓸 때假手之秋이다.16

---

15 金富軾,『三國史記』권24「百濟本紀」제2, 枕流王 元年.
16 金富軾,『三國史記』권25「百濟本紀」제3, 蓋鹵王 3년.

이 기록에 의하면 개로왕은 재위 18년에 사신을 북위로 표문을 보내어 정서적 문화적 연대감을 전하고 있다.

"신이 동쪽 끝에 나라를 세워 승냥이와 이리들에게 길이 막히니 비록 대대로 신령하신 교화를 받았으나 번신藩臣의 예를 받들 길이 없었습니다."17

백제는 동진뿐만 아니라 북조의 불교도 수용한 것을 알 수 있다. 이러한 부분은 백제의 국제적이고 정치적인 감각에서 비롯된 것으로 이해할 수 있다. 고구려에 밀리는 백제의 입장에서는 대륙의 강국에 의존해 생존을 모색할 수밖에 없었을 것이다. 이를 위해서는 정서적이고 문화적인 연대로부터 정치적인 연대 관계를 확장할 필요가 있었다. 백제가 남조인 동진과의 교류뿐만 아니라 고구려가 긴밀했던 북조의 북위와도 관계를 유지하고 있었던 점18을 주목하게 된다.

고구려와 백제도 고유 신앙과 불교의 갈등이 없지 않았다. 중국 문화와의 교류가 잦았던 고구려와 백제와 달리 신라는 자료 등이 두 나라보다 풍부한 탓으로 더 부각된 측면이 있었다. 신라의 경우에는 일찍부터 중국 문화와 교류하면서 노출되어 온 고구려와 백제와 달리 고유 신앙의 뿌리가 강하여 새로운 사회적 현상이자 새로운 지도적 관념으로 전래해 온 불교와의 대립과 충돌이 매우 깊었다. 하지만 일정한 시간이 지나면서 신라불교는 '방편'을 통한 '융화'와 '정법'에 입각한 '교화'를 통해 때로는 토착신앙 즉 고유 신앙과 융화하고 때로는 교화하며 토착화를 이루어갔다.

---

17 『三國志』권30, 「魏書」제30, 百濟傳.
18 길기태, 「한성백제의 대외교류와 불교」, 『백제연구』제55집, 충남대학교 마한백제연구소, 2012.

III. 고유 신앙의 융화와 교화

1. 천신신앙의 융화

고유 신앙은 씨족사회 이래 해당 지역에서 본디부터 있어 왔던 신앙을 가리킨다. 고대 사회의 지역들 대부분에서 그랬듯이 천天은 지배권의 확립과 관련되어 있다. 하늘에서 지상에 내려온 환웅桓雄이 천손天孫이라는 것은 천제天帝나 천자天子의 관념과 직결된다. 천에 대한 이해와 관념은 천관天觀으로 나타났으며 천신신앙은 천天 즉 하늘을 숭배하는 신앙으로 자리 잡았다. 사료가 부족한 현실에서 고대의 천신신앙에 대해서는 건국신화나 시조신화 및 제천의례에 나타난 기록을 통해서 짐작할 수밖에 없다.

한국 고대사회는 종교에 대한 관심이 매우 컸다. 이 때문에 종교는 통치자의 정당성 제고와 지배자의 통치이념으로 사용되기도 했다. 특히 천天과 천신天神에 대한 관념은 통치자의 등장과 정치체제의 형성과 맞물려 이루어졌다. 여기에 따라 건국신화 혹은 시조신화와 제천의례가 등장하게 된다. 해서 신들의 이야기인 신화와 신들에 대한 실천 형식인 의례는 유기적인 관계를 맺고 있다. 그리고 이들 신들에 대한 의식을 거행하는 제장祭場 즉 제사장祭祀場은 신들과 교감하는 성소로 나타나고 있다.

종전의 천신신앙이 자연신의 하나로서의 천신天神에 대한 신앙이라면, 삼국시대의 천신신앙은 만물의 주재자로서의 천지신天地神에 대한 신앙이라 할 수 있다. 물론 이것은 중국의 유교적 세계관의 영향이라고도 할 수 있는데, 불교가 전래되기 이전에 이미 사상적 통일이 이루어졌음을 여기에서 알 수 있다. 이것은 위계적 구조를 가진 여러 신앙이 천지신을 정점으로 하여 일원화된 것이다.[19] 이 때문에 신라 신궁神宮의

---

19 최광식, 「고대의 천신신앙」, 앞의 책, p.144.

주신은 천신 즉 국가신인 천지신이고 조묘祖廟의 주신은 조상신임을 알 수 있다.

높은 산, 나무, 솟대, 바위 등은 하늘의 신이 내려오는 길이다. 동시에 이곳들은 땅의 사람들이 하늘의 천신과 교감하는 성소 즉 제장이 된다. 고대사회에서는 일정한 날을 정하여 이곳에서 의식을 거행해 왔다. 제일 祭日 즉 제사일에는 통치자와 제사장이 모여 하늘에 제사를 드림으로써 하늘의 권위를 품부 받을 수 있었다. 이러한 천신신앙은 고조선에서부터 부여와 삼한을 거쳐 고구려와 백제 및 가야와 신라에 이르기까지 지속적으로 이어져 왔다. 불교가 전입된 이후에도 천신신앙이 사라진 것은 아니었다.

『삼국지』「동이전」에는 오환, 선비, 부여, 고구려, 동옥저, 읍루, 예, 마한, 진한, 변한, 왜에 대해 기록되어 있다. 이 중에서도 제천의례가 기록된 곳은 부여, 고구려, 예濊, 한韓 뿐이다. 이들 나라에서는 은정월殷正月에 하늘에 제사를 지냈으며[20], 『후한서』「동이전」에는 음력 12월의 이칭인 '납월'臘月로 기록되어 있다. 제사 이름인 '납'臘은 짐승을 수렵하여 선조를 제사하는 데서 비롯되었다는 점에서 이 제천의례는 수렵과 관련이 있어 보인다. 또 『삼국지』「동이전」'부여'조에 보이는 제천대회인 영고 迎鼓는 대상신인 천신天神을 맞이하기 때문에 '영'迎이라 했고, 제의 중에 북을 치며 의례를 거행했기 때문에 '고'鼓라고 한 것으로 짐작된다.

「울진봉평신라비」의 '살반우'煞斑牛 조에 보이는 제천의 희생의례에서 잘 나타나 있다. 즉 대사大祀에 사용하는 희생물인 대뇌大牢 즉 소를 죽여 그 발굽을 보아 길흉을 점쳐 갈라지면 흉하고 합치면 길하다[21]고 하였다. 이것은 일종의 왕권 강화책으로 마련된 제사의례이며 율령의 반포

---

20 『三國志』권30,「魏書」제30, 烏丸鮮卑東夷傳, 夫餘.
21 「蔚津奉平新羅碑」(524), '煞斑牛'; '迎日冷水里新羅碑', '煞牛' 참고.

520 이후에도 법흥왕이 부명인 탁부의 모즉지매금왕이라 불리고 있으며 사탁부의 사부 지갈문왕 및 제부 간지와 공론의 결정 내용을 하늘天에 의지하고 있는 양상을 보여주고 있어 아직까지 왕권이 신하들에게 초월적이지 못하였음을 시사해 주고 있다. 또 "부여의 옛 풍속에는 수한水旱이 고르지 않아 오곡이 익지 않으면 문득 왕에게 허물을 뒤집어 씌워 그 책임을 물어 갈아치우거나 죽이거나 하였다"[22]고 한다. 부여의 경우에는 왕권이 매우 약하였음을 보여주는 것이기도 하다.

『삼국지』「동이전」에는 동옥저와 읍루의 제천의례에 대한 기록은 보이지 않지만 예濊의 제천의례는 기록되어 있다. "늘 시월의 계절에는 하늘에 제사를 지냈으며 밤낮으로 술을 마시고 노래와 춤을 췄으며 이를 이름하여 무천舞天이라 하였다. 또 범虎을 신으로 삼아 제사를 지냈으며 읍락을 서로 침범하면 생구生口와 우마牛馬로서 벌책을 하였는데 이를 책화責禍라고 하며 살인자를 죽일 때 죽인 자를 포상했다."[23] 그런데 단군이야기에서 사람이 되지 못한 호랑이가 조선의 동쪽 예에 나타나 호신虎神으로 숭배 받고 있는 것은 매우 흥미로운 일이다. 여기서 단군왕검의 사회 형성에 관여하지 않은 호신을 숭배하는 집단은 동쪽으로 갔다고 가정해 볼 수 있[24]는 것이다.

고구려에서도 동맹東盟이라는 제천의례가 행해졌다. 매년 10월에 잡곡 등의 수확의례의 성격을 띤 것으로 이해된다. 하늘과 시조의 친연성을 강조한 건국신화의 맥락을 고려하면 이 동맹은 제천의례만이 아니라 국조신에 대한 제의의 성격도 지녔을 것으로 짐작된다. 동시에 나라 동쪽 수혈隧穴에서 수신隧神을 맞아 제사지내는 수신제隧神祭도 거행했다. 수신은 곧 지신을 말하며 시조신의 모친인 유화柳花를 상징한다. 이처럼

---

22 『三國志』권30, 「魏書」제30, 烏丸鮮卑東夷傳, 夫餘.
23 『三國志』권30, 「魏書」제30, 烏丸鮮卑東夷傳, 濊.
24 최광식, 앞의 글, 앞의 책, p.140.

고구려의 제천의례는 하늘과 땅의 자손인 주몽(동명)을, 지신의례는 수신水神의 딸인 유화를 대상신으로 모셨다.

백제의 천신신앙은 왕이 천지제사를 올렸다는 기록이 여러 곳에서 보인다.[25] 하지만 왕들이 제사를 지낸 해가 신왕新王 즉위 다음 해에 집중되어 있어 천지제사는 하늘의 권위를 빌려 왕권의 확립을 도모하기 위함이었던 것으로 짐작된다. 동시에 천지제사 뒤에는 하늘의 권위를 빌어 왕권을 행사하기 위해 중신重臣을 임명하거나 군신들에게 연회를 베풀었다. 또 정월과 2월 행해진 제사의례는 그 해의 풍년을 기원하는 기풍제祈豊祭적 성격을 지니고 있었다. 반면 10월에 행해진 제사의례는 농경을 마친 뒤의 수확의례收穫儀禮적인 성격이 강하였다. 그런데 신라에는 제천대회에 대한 기록이 없다. 아마도 김부식의 중국에 대한 사대적 관념의 투영으로 삭제한 것으로 짐작된다. 그러나 『삼국사기』「제사지」에는 천신에 대한 제사가 이루어졌음[26]을 엿볼 수 있다.

신라는 산신각의 전신인 신궁神宮에 제사를 지냈다. 신궁의 주신은 천신이었고 조묘의 주신은 조상신이었다. 소지왕479~500 9년 2월에 왕은 천신을 모시는 신궁을 시조가 태어난 나을奈乙에 설치하였다.[27] 이것은 천신신앙에 기반한 시조(인격신)를 모신 것으로 이해된다. 한 달 뒤인 3월에는 사방에 우역郵驛을 설치하고 유사有司에게 관도官道를 설치할 것을 명하였으며, 7월에는 월성月城을 수즙修葺하였다. 이러한 일련의 설치와 수리는 천지신을 모시는 신궁의 설치가 중앙통치력 확대 과정의 일환으로 이루어진 것임을 알 수 있게 한다.[28]

---

25 金富軾, 『三國史記』 권32, 雜志 제1, 祭祀.
26 최광식, 앞의 글, 앞의 책, pp.148
27 金杜珍, 「신라 上古代末 초전불교의 수용」, 『千寬宇還曆紀念 韓國史學論叢』(1985), pp.275~276. 필자는 신궁의 설치 시기를 智證王代(500~514)로 보고 있다.
28 최광식, 앞의 글, 앞의 책, pp.149~150.

이처럼 천신을 모신 신궁의 설치는 대내적으로 국가체제의 정비에 따른 사상적 통일정책이었다. 이것은 불교 공인 이전에 이미 왕실의 노력으로 토착신앙 자체의 사상적 통일이 자주적으로 이루어질 수 있었다. 불교의 공인은 이와 같이 자체적으로 사상적 통일을 이룩할 수 있었던 신라사회의 자신감에서 이룩된 것이지 새로운 통치이념의 필요에 의한 것이 아님을 알 수 있다. 왜냐하면 불교 공인 이후에도 천신을 모신 신궁에 대한 제사는 계속해서 이루어졌기 때문이다.[29]

신라는 명산대천의 제사를 대사大祀·중사中祀·소사小祀로 나누어 기록하고 있다. 그런데 『삼국사기』 「제사지」祭祀志에 실린 대사·중사·소사의 제장은 통일전쟁 이후의 것이며, 나력奈歷을 제외하고는 대개 지방의 제장이다. 당나라의 대사 중사 소사는 종묘와 사직을 포함하였지만 신라의 대사·소사·중사는 종묘와 사직을 제외하고 편제되었다. 그런데 신라는 상고기에는 시조묘를, 중고기에는 신궁을 가장 중요한 국가제사로 하였다.[30]

반면 천신을 비롯한 자연신들에 대한 제장은 '전불시칠처가람지허'前佛時七處伽藍之墟에 보이는 것처럼 일곱 곳에서 이루어졌다. 신라 토착신앙의 성소인 칠처는 삼한지역에서 소도蘇塗로 불리던 것처럼 고대신앙에 있어서 신성지역이었다. 그 일곱 곳 가운데 천경림天鏡林은 천경림天敬林[31]으로도 표기되었다. 천경림은 '하늘을 경배하는 숲'이자 '천신에게 제사를 지내는 제장'祭場 즉 제사장祭祀場이다. 천경림天鏡林의 이름에는 '하늘'과 '거울'의 의미를 지니고 있다. 거울은 상고시대 이래 토착신앙의 의례를 집행하는 중요한 의식 기구儀器이다. 특히 둥근 거울은 '태양'을

---

29 최광식, 앞의 글, 앞의 책, pp.151~152.
30 최광식, 『고대 한국의 국가와 제사』(한길사, 1994).
31 南翊, 「桃李寺阿道和尙事蹟碑」. "阿道曰, 與我天敬林則病可廖, 王問諸臣, 此乃裨補所流傳萬葉, 上下共之, 奚與僧."

상징하는 기물이다.

토착신앙의 신성지역인 천경림은 토착신앙의 성소였다. 그런데 흥법을 적극적으로 주장하던 이차돈은 흥법을 소극적으로 추진하던 법흥왕과의 밀약密約에 의해 천경림에 불교 사찰을 착공하였다. 육부六部의 귀족들은 이차돈을 참칭죄僭稱罪 즉 교명죄矯命罪로 참형시킬 수밖에 없었다. 그 과정에서 이적異蹟[32]이 일어나고 상대등上大等의 설치531라는 정치적 타협이 이루어지면서 법흥왕이 출가하였으며 대왕흥륜사(현 경주공고자리)가 세워졌다.[33] 이러한 일련의 과정을 통해 토착신앙과 불교신앙은 대립과 갈등을 넘어 공존의 길을 열어갈 수 있었다. 그 결과 토착신앙의 성소였던 '칠처가람지허'[34]는 점차 불교 사찰로 대체되어 갔다.

삼천기三天岐는 영흥사永興寺 자리로 모량리와 남천이 합류하는 지점이다. 이곳은 상대인들이 신성시 하였던 강물이 만나는 곳이다. 용궁의 남쪽龍宮南은 황룡사皇龍寺 자리로 용신을 모시는 제장이었으며, 용궁의 북쪽龍宮北은 분황사芬皇寺 자리로 용신을 모시는 제장이었던 것으로 짐작된다. 사천미沙川尾는 영묘사靈妙寺 자리로 사천(남천)이 끝나는 지점이다. 신유림神遊林은 사천왕사四天王寺가 있던 자리로 선덕여왕릉을 중심으로 하는 강선리降仙里 마을 일대이다. 이곳은 신들이 노닐던 숲으로 수목樹木신앙의 제장이었던 것으로 이해된다. 서청전壻請田은 오릉 남쪽에 위치하였던 담엄사曇嚴寺 자리이다. 이곳은 토지신에 대한 제장이었던 것으로 추정된다.

---

32 이차돈 순교설화에서 "목을 베자 흰 젖이 목에서 나왔고 햇빛이 검어지고 妙花가 비내리고 땅이 크게 진동했다"는 구절은 『현우경』에 나와 있다.
33 흥륜사의 창사는 법흥왕 14년(527)년에 시작되었지만 군신들의 반대로 異次頓이 처형되고 7(8)년 동안 공사가 중단되었다가 법흥왕 21년(534)에 완공된 뒤에 법흥왕 22년(535)년에 불교가 공인된 것으로 추정된다.
34 '七處伽藍之墟'를 명칭을 감안해 볼 때 토착신앙 이외의 신앙과 연관시켜 볼 수 있는 지명도 있다. 하지만 여기에서는 토착신앙의 성소로 논의를 전개하였다.

이처럼 이들 일곱 토착신앙의 제장은 법흥왕 대부터 문무왕대에 이르기까지 약 150여 년 동안 천경림→흥륜사(법흥왕 21년, 534; 진흥왕 畢成), 삼천기→영흥사(진흥왕), 용궁남→황룡사(진흥왕), 용궁북→분황사(선덕여왕), 사천미→영묘사(선덕여왕), 신유림→사천왕사(문무왕 19년, 679), 서청전→담엄사라는 국가 사찰로 탈바꿈하게 되었다. 국가 제장이 국가 사찰로 변화해 가는 풍경을 통하여 우리는 토착신앙이 불교신앙으로 융화되고 교화되어 가는 모습을 엿볼 수 있다. 그리하여 '절과 절들이 별자리처럼 벌려서 있고'寺寺星張 '탑과 탑들이 기러기처럼 날아서 간다'塔塔雁行[35]는 서라벌 왕성의 풍경으로 나타나게 되었다.

2. 산신신앙의 융화

토착신앙을 형성하고 있는 주축인 천신신앙과 산신신앙은 무속신앙이 전입하기 이전부터 굳건하게 자리를 잡아오고 있었다. 천신신앙이 하늘 또는 천손 강림에 대한 신앙이었다면 산신신앙은 대지 즉 명산대천에 대한 신앙이었다. 고구려와 백제 역시 마찬가지였다.

천신신앙이 불교와 대립하고 갈등하며 융화해 갔듯이 산신신앙도 불교와 대립하고 갈등하다 점차 융화해 가게 되었다. 물론 이 과정에는 각국이 처하고 있는 정치적 정세와 군사적 상황 등이 맞물려 있었다. 신라는 삼산 오악 이하 명산대천에 대사와 중사와 소사를 설치하여 제사를 지냈다.

〈표 1〉에서 보는 것처럼 대사와 중사는 산(악)을 모두를 대상신으로 삼고 있다. 반면 소사의 경우는 산山과 악岳이 중심이지만 성城의 경우도 있다. 성의 경우라 해도 성 안에는 산이 있다. 이로 미루어 본다면 대

---

[35] 一然, 『三國遺事』 권3, 「興法」 제3, '元宗興法 猒髑滅身'.

〈표 1〉 三山 五岳 이하 名山大川의 祭祀[36]

제사의례	산악 방위	내용
大祀	三山	一 奈歷(習比部), 二 骨火(切也火郡), 三 穴禮(大城郡)
中祀	五岳	東 吐含山(大城郡), 南 地理山(菁州), 西 鷄龍山(熊川州), 北 太白山(奈巳郡), 중 父岳(一云 公山 押督郡)
	四鎭	東 溫沫懃(牙谷停), 南 海恥也里(一云 悉帝 推火郡), 西 加耶岬岳(馬尸山郡), 北 熊谷岳(比烈忽郡)
	四海	東 阿等邊(斤烏兄邊, 退火郡), 南 兄邊(居柒山郡, 未陵邊 屎山郡), 西 未陵邊(屎山郡), 北 非禮山(悉直郡)
	四瀆	東 吐只河(槧浦, 退火郡), 南 黃山河(歃良州), 西 熊川河(熊川州), 北 漢山河(漢山州). 이외에 俗離岳(三年山郡), 推心(大加耶郡), 上助音居西(西林郡), 烏西岳(結己郡), 北兄山城(大城郡), 淸海鎭(助音島)에서도 지낸다.
小祀	二四山岳城	霜岳(高城郡), 雪岳(㳽城郡), 花岳(斤平郡), 鉗岳(七重城), 負兒岳(北漢山州), 月奈岳(月奈郡), 武珍岳(武珍州), 西多山(伯海郡難知家縣), 月兄山(奈吐郡 沙熱伊縣), 道西城(萬弩郡), 冬老岳(進禮郡 丹川縣), 竹旨(及伐山郡), 熊只(屈自郡 熊只縣), 岳髮(一云 髮岳, 于珍也郡), 于火(生西良郡 于火縣), 三岐(大城郡), 卉黃(牟梁), 高墟(沙梁), 嘉阿岳(三年山郡), 波只谷原岳(阿支縣), 非藥岳(退火郡), 加林城(加林縣. 어떤 기록에는 靈嵒山, 虞風山은 들어 있고 加林城은 없다], 加良岳(菁州), 西述(牟梁)에서 지낸다.
四城門祭	四門	大井門, 吐山良門, 習比門, 王后梯門
部庭祭	梁部	
四川上祭		犬首, 文熱林, 靑淵, 樸樹
日月祭		文熱林
五星祭		靈廟寺南行
祈雨祭		惠樹
四大道祭	四道路	東古里, 南 簷幷樹, 西 渚樹, 北 活倂岐
壓丘祭		
辟氣祭		* 대사 중사 소사 이외의 제사는 別途의 制定을 거치거나 水災와 旱災에 의해 거행

사와 중사와 소사는 모두 산악을 대상으로 제사를 지내는 산악신앙의 제사의례라고 할 수 있다. 삼산과 오악을 중심으로 하는 산악신앙의 주변부에서는 산악 이외에 숲과 성문과 도로에도 제사의례를 거행하였다. 이것을 정리하면 삼산에는 대사를 지내고, 다섯 산五岳과 네 진영四鎭, 네 바다四海, 네 도랑四瀆에는 중사를 지내고, 기타의 중요 지역에 대해서는 소사를 지냈음을 알 수 있다.

김유신이 소년 화랑이었을 때 고구려의 세작인 백석白石의 꾀임을 받아 고구려의 적정 탐색에 나섰다. 유신이 길을 가는 도중에 나림奈林, 혈례穴禮, 골화骨火의 호국신이 세 여인으로 현신하여 나타나 백석의 유인책을 알려주었다. 유신은 집에 두고 온 물건이 있다면서 백석을 재유인하여 그를 처형하고 삼신三神에게 백미百味를 갖추어 제사를 지내니 모두 현신하여 흠향하였다. 이 설화에 의하면 삼산의 신은 모두 신라인들에게 숭앙되던 신앙대상이었으며 신격은 여성이었음을 시사해 준다. 신라인들은 삼산과 오악에 산신들이 존재한 것으로 믿었으며 해당 산악에 대한 국가적 제사 또한 산신에 대한 제사[37]였던 것으로 이해된다.

불교가 전래하면서 지신신앙 즉 지신의 중요 역할을 해온 산신신앙은 불교와 자연스럽게 융화하게 된다. 『삼국유사』 「선도성모수희불사」仙桃聖母隨喜佛事 조에서 보이는 것처럼 진평왕579~632 대에 지혜智惠 비구니가 안흥사安興寺에서 불전을 수리하고자 하였지만 힘이 부쳤다. 꿈에 한 선녀가 나타나 자신은 선도산 신모神母라 하면서 불전을 수리하는데 돕겠다며 자기 밑에 있는 금을 취해서 주존 삼상三像을 단장하였다. 벽 위에는 '53불과 6류 성중과 제천신 및 오악신군'을 그림 그리고 봄과 가

---

36 金富軾, 『三國史記』 제32권, 「雜志」 제1, '祭祀'; 金在庚, 『신라 토착신앙과 불교의 융합사상사 연구』(민족사, 2007), pp.72~73. 김재경은 中祀에 포함된 四鎭을 독립시켜 분류하고 四瀆을 생략하였다.
37 이기백, 「신라 五岳의 성립과 그 意義」, 『신라정치사회사연구』(일조각, 1974), p.207.

을 두 계절 10일 날에는 선남선녀를 모아 점찰법회를 베풀어 이것을 매년의 항규恒規로 삼으라고 하였다. 꿈에서 놀라 깨어난 지혜가 신사神祠 자리 아래에 가서 파보니 과연 황금 160냥이 나와 이로써 신모가 지시한 일을 추진하였다고 한다.

선도산신이 계시한 내용이 불신佛神과 신라의 토착 산신들을 함께 벽에 그리고 받들라는 것이었음은 토착신앙과 불교가 타협적으로 평화스럽게 공존한 흔적[38]이라고 할 수 있다. 겸하여 선도산신의 성이 여성이었고 이 분을 모신 신사가 있었던 점을 종합 고려해 보면 지혜가 사찰에 거주한 비구니라 표현되어 있으나 실제로는 선도산신을 모시는 무당巫堂일 가능성도 적지 않다.[39] 이렇게 본다면 이 조목은 산신신앙과 무속신앙의 타협과 공존의 흔적으로 볼 수도 있을 것이다. 여기서 주목되는 것은 불교적 지신신앙으로 간주할 만한 지장신앙의 등장이다. 신모가 매 춘추 두 계절에 개회할 것을 지시한 점찰법회는『점찰경』에 근거한 것인데 같은 경의 주된 신앙 대상이 바로 지장보살이기 때문이다.[40] 또 태조 왕건은 고려를 건국하면서 후손들에게 강조한 훈요십조訓要十條에서 연등회와 팔관회를 거론하고 있다.

> 연등燃燈은 부처를 섬기는 것이요, 팔관八關은 천령天靈 및 오악五嶽 명산대천名山大川과 용신龍神을 섬기는 것이다. 후세에 간신들이 더하고 빼자고 사뢰더라도 일절 금지하라.[41]

여기서 연등과 팔관의 관계에 대해서는 이견이 분분하다. 즉 봉사의

---

38 이기백,「불교의 수용과 고유신앙」,『한국고대사론』(탐구당, 1976), p.96.
39 김재경, 앞의 글, 앞의 책, p.75.
40 손진태,「조선고대 산신의 性에 就하여」,『민속학논고』(대광문화사, 1984), p.202.
41 『高麗史』권2, 世家 太祖 26년 4월, 訓要十條.

대상이 고래의 주신인 천신을 포함하여 산수신을 종합하였지만 불신佛神 봉사가 연등으로 분리되어 나간 것은 결국 토착신앙 쪽의 내핵內核 장악을 확인케 하는 것이다. 즉 호국영령들을 위로하는 불사의식佛事儀式 속에 신라인들의 행위규범을 함께 불교 쪽으로 견인하려던 의도에서 출발하였으나 세월이 지남에 따라 토풍土風의 강인성으로 오히려 토착신앙 쪽으로 다시 견인되어 간 것이 사안의 본질이 아닌가 하며 신불神佛 융합 과정에서 신이 불을 흡수한 대표적 사례의 하나로 보아 좋을 것으로 믿어지는 것이다.[42]

문제는 팔관회가 불교와 산신신앙과의 융화이든 산신신앙과 불교신앙과의 융화이든 간에 둘 사이에는 서로의 존재를 수용하면서 동거하고 있다는 것이다. 고려의 이지백李知白은 "선왕이 행하던 연등燃燈·팔관八關·선랑仙郞 등의 행사를 행하고 다른 곳의 색다른 법을 따르지 아니함으로써 국가를 보존하자"[43]고 성종에게 주청하고 있다. 그는 당시 이 땅의 고유한 세계관으로서 자리잡은 이들 셋을 행함으로써 국가를 보존하자고 제안한 것이다. 이지백이 주청한 것 중 특히 팔관[44][45]과 선랑은

---

[42] 金在庚, 앞의 글, 앞의 책, pp.80~81.
[43] 『高麗史』「世家」권제3, 成宗 丁酉.
[44] 趙明基, 『신라불교의 이념과 역사』(신태양사, 1962), p.31. 光明信仰面에 대해서 "불교도가 홍익과 도의 개념을 구체적으로 안출하여 국민사상을 합리적으로 歸一하는 동시에 일종의 憲法을 작성하고자 한 것이 곧 고구려 승 惠亮대사의 八關會이다. 이것은 우리나라 古來로 내려오던 神聖觀念으로 韓族의 신앙대상인 弗居內(밝의 뉘) 즉 밝간이라는 종교적인 것이 있었던 것을 音相同을 취하여 漢字로 八關이라 쓰고 그 내용을 강화하고 조직화하기 위하여 불교『八關齋經』에 있는 八條目을 그대로 갖다가 붙인 것인가 한다"고 하여 최남선계 학설을 대체적으로 수용하였다.
[45] 安啓賢, 『한국불교사연구』(동화출판공사, 1982), p.51. "천신에 대한 추수감사 등 諸神에 대한 종합적인 축제가 불교의 八關會라는 이름 아래 열리었으니 이는 在來의 민족종교인 '밝안'(光明)敎와 音通된다는 점에서 자연 우리들의 관심을 모으게 하여 주는 것이 있다"고 하였다.

불교의 연등과 함께 이 땅 고유의 세계관이며 이들 셋을 통틀어 우리는 풍류도 세계관이라고 할 수 있다. 신라의 풍류도 세계관은 신라의 문화를 이어간 고려의 국가 의례로 거행되었다.

이들 의례 속에는 하늘을 주재하는 천신天神 뿐만 아니라 산을 주재하는 산신山神 및 물을 주재하는 용신龍神 등이 하나로 어우러져 있었다. 그리하여 고대 이 땅 사람들은 하늘과 땅과 사람을 분리하지 않고 하나로 통섭해 인식해 왔다. 그것은 하늘에서 내려온 환웅과 땅에서 살아온 웅녀 사이에서 새로운 인간이 탄생하는 과정과도 연속된다. 이처럼 씨족사회에서 오랫동안 지켜 내려오던 고유한 신앙 대신에 새로운 사회적 현상으로서 불교의 전래와 수용은 불교를 새로운 지도적인 관념 형태로 받아들였다는 것을 의미하는 것이었다.

따라서 고대인들은 자신이 한 일이 더 이상 천신과 산신과 무격에 의해 자신의 일이 결정되는 것이 아니라는 사실을 자각해 갔다. 그것은 곧 내가 이 세상의 주체이고 나의 자유의지에 이루어지는 행위가 역사의 동인이라는 업설과 이것을 통한 윤회의 관념을 점차 수용해 갔다는 사실을 뜻한다.

3. 무속신앙의 융화와 교화

무속신앙은 무巫 혹은 무당巫堂 또는 무격巫覡과 사제자司祭者에 의해 주도되는 풍속이자 신앙이다. 즉 하늘과 땅과 인간의 의례를 주관하고 신령과 매개하여 인간의 길흉을 예측하는 무당(샤먼)과 그에 의해 주도되는 일련의 의례를 믿는 신앙이다. 무당은 대개 여성으로서 신령과 통하는 신녀神女이며 그에 의해 주도되는 일련의 의례를 통하여 이루어진다. 무 혹은 무교에 대한 정의는 일률적이지 않지만 이를 종교로 보지 않고 미신으로 보는 예가 적지 않다. 이러한 시각은 한국무巫의 올바른 이해를 위해서 실로 불행한 것[46]이라고 연구자들은 역설한다.

고조선 이래 고유 신앙 즉 토착신앙이었던 천신신앙과 산신신앙이 중심이었던 이 땅에 청동기 시대에 이르러 무속신앙이 접목되었다. 시베리아로부터 몽골 만주에 걸쳐있는 '밝'이라는 광명숭배와 하늘숭배 신앙이 범알타이문화권의 공통 요소이기도 하며 한국의 '무당'과 일본의 무녀巫女인 '이다꼬'는 퉁구스어의 '샤만'과 그 어원을 같이한 명칭이다. 즉 한국과 일본의 무교는 북방계 샤머니즘의 일환으로 이해해야 하며 이를 종교의 반열에서 '무교'巫敎라고 부를 수도 있다.[47]

시베리아 무당은 청동거울과 청동칼과 청동구슬이라는 의례 기물儀器을 지니고 의례를 주관한다. 샤먼은 "병자를 고치고 초월적 세계와 의사를 교환할 수 있는 힘을 가졌다고 믿는 비밀한 양태가 샤먼에게 집중되어 있는 종교현상"이라고 정의된다. 그런데 이 샤먼과 무속(무당, 무격)을 다른 것으로 보는 학자들도 적지 않다. 하여튼 이들이 신과 상통하는 영매靈媒임은 분명하며 이들이 미래 예측 기능과 인간의 길흉을 예측하는 힘을 통해 권력을 장악했음은 분명해 보인다. 천신신앙과 산신신앙이 깊게 뿌리내린 이 땅에 전입된 무속신앙은 이들 신앙과 대립하고 갈등하다가 점차 융화하면서 주도적인 자리를 차지해 간다.

원래 무巫를 뜻하던 옛말 차차웅次次雄 또는 자충慈充이란 말에서 나왔다는 것은 잘 알려진 사실이다.[48] 이들은 제정일치 사회에서는 군장의 역할을 하였다. 점제 제정 분리사회가 되면서 왕권과 분화되었으며 이들의 기능은 천관天官 혹은 일관日官으로 기능이 축소되었다. 하지만 지방과 민간에서는 여전히 그 기능을 가지고 일정한 사회적 영향력을 행사하였다.

---

46 조흥윤, 「巫〈샤머니즘〉에 대하여」, 『巫와 민족문화』(민족문화사, 1990), p.95.
47 유동식, 『한국무교의 역사와 구조』(연세대학교출판부, 1986), p.280.
48 鮎貝房之進, 『雜攷』 1(1931), 次次雄條, pp.22~30.

천신신앙과 산신신앙을 융화한 무속신앙과 불교가 충돌한 사례는 적지 않다. 선덕왕德曼이 병을 앓자 흥륜사승 법척法惕이 임금의 부름을 받아 병을 치료하려 했으나 효험이 없자 금곡사의 밀교승 밀본密本이 『약사경』을 읽어 늙은 여우 한 마리와 법척을 뜰 아래로 거꾸러뜨리니 왕의 병이 나았다. 밀본은 늙은 여우와 법척으로 상징되는 무속신앙과 비법 불교를 물리치고 정법 불교로 교화시키고 있다.[49]

승상 김양도金良圖가 어렸을 때 갑자기 입이 붙고 몸이 굳어져 말도 못하고 움직이지도 못하며 큰 귀신과 작은 귀신이 드나드는 것을 보았다. 그의 아버지가 법류사의 승려 망명亡名을 청하여 경을 읽었지만 오히려 작은 귀신에게 쇠몽둥이로 맞아 죽자 밀본을 맞이하여 귀신을 쫓고 병을 고쳤다. 또 밀본은 귀신들과 망명으로 상징되는 무속신앙과 비법 불교를 깨우쳐서 정법 불교로 교화시키고 있다.[50]

또 김유신의 친구가 나쁜 병에 걸리자 한 늙은 거사가 재주로 병을 고치려는 수천秀天의 친구인 승려 인혜仁惠를 땅 속에 거꾸로 박는 기술奇術을 피워 물리치고 있다. 밀본과 거사는 『약사경』 계통의 『관정경』에 의한 주술신앙의 신통력으로 비법 불교를 깨우쳐서 정법불교로 교화시키고 있다.[51]

명랑明朗은 선덕왕 때 당나라에서 돌아오는 길에 용궁龍宮에서 비법을 전해 왔는데 문무왕 때 당나라 장수 이적李勣이 신라를 습격하여 멸망시키려 함을 알고 신라가 군대를 내어 막자 당 고종이 노하여 설방흥薛邦興으로 치게 했지만 문두루비법文豆婁秘法으로 이를 물리쳤다.[52]

혜통惠通은 당나라 무외無畏 삼장에게 인결印訣을 전해 받고 스승을 대

---

49 一然, 『三國遺事』 권5, 「神呪」, '密本摧邪'.
50 一然, 『三國遺事』 권5, 「神呪」, '密本摧邪'.
51 一然, 『三國遺事』 권5, 「神呪」, '密本摧邪'.
52 一然, 『三國遺事』 권5, 「神呪」, '明朗神印'.

신하여 당나라 공주의 병을 흰 콩 한 말과 검은 콩 한 말로 백갑신병白甲神兵 및 흑갑신병黑甲神兵으로 변하게 하여 내쫓아 고쳤더니 그 병귀病鬼를 자기를 내쫓은 것을 원망하여 교룡蛟龍이 되어 신라에 와서 횡포가 심하자 마침내 그 교룡을 찾아 불살계不殺戒를 주어 해독을 막았으며, 또 문무왕의 병을 고쳤고 신문왕의 병도 주술로 고쳤다.[53] 이처럼 혜통 역시 병귀 즉 교룡으로 상징되는 무속신앙을 물리치고 정법 불교로 교화시키고 있다.

　밀본과 명랑과 혜통의 교화와 비구니 지혜의 이야기는 천신신앙과 산신신앙을 융화한 무속신앙과 불교가 융화한 사례라고 할 수 있을 것이다. 그 결과 천신을 모시는 전각에는 부처가 모셔지고 법당 바깥 상단에 선 산신각에는 산신이 모셔지고 법당 아래 바깥에는 장승과 솟대와 같은 지신이 모셔졌다. 이러한 공간적 구조가 재편된 것은 천신신앙과 산신신앙 및 무속신앙과 불교신앙이 대립과 충돌을 거쳐 융화하고 교화한 결과라고 할 수 있다. 그리하여 불교는 '방편'을 통한 '융화'와 '정법'에 입각한 '교화'를 통해 때로는 토착신앙을 물리치거나 융화하면서 때로는 고유 신앙을 깨우치거나 교화하면서 토착화를 이루어 나갔다.

　불교의 전래와 수용 및 공인을 통해 이루어진 불교의 고유 신앙과의 융화와 교화는 자신이 한 일이 더 이상 천신과 산신과 무격에 의해 자신의 일이 결정되는 것이 아니라는 가르침을 주었다는 것을 의미한다. 즉 내가 이 세상의 주체이고 나의 자유의지에 이루어지는 행위가 역사의 동인이라는 업설과 이것을 통한 윤회의 관념을 점차 수용해 갔다는 사실을 뜻한다. 이러한 가르침은 고대 한국인들에게 새로운 윤리 관념과 도덕 관념으로 자리잡아 갔다.

---

[53] 一然, 『三國遺事』 권5, 「神呪」, '惠通降龍'.

IV. 민간과 왕실의 불교 수용과 공인

1. 민간과 왕실의 수용

고구려와 백제의 왕실 전래와 수용 및 공인의 과정과 달리 신라는 민간 전래와 왕실 전래 기록이 공존하고 있다. 신라의 불교 전래 기록은 법흥왕 15년 조목의 '조행불법'肇行佛法이란 표현에 잘 나타나 있다. 여기서 '조'肇는 소수림왕 5년의 '해동불법지시'海東佛法之時, 三國史記 혹은 '고려불법지시'高麗佛法之始, 三國遺事 와 '백제불법지시'百濟佛法之始, 三國遺事 의 '시'始의 용례처럼 전래와 수용을 의미하는 것이다.

백제는 "침류왕 2년 봄 2월에 한산에 불사를 창건하고 10인의 승려를 득도시켰다."[54] 이것은 왕실이 적극적으로 불교를 수용하였음을 의미한다. 그런데 백제 불교의 법제적 공인은 아신阿莘, 阿華왕 즉위년392에 이루어진다. "아신왕은 즉위한 태원 17년 2월[55]에 불법을 높이 믿고 복을 구하라고 교지를 내렸다."[56] 불교가 동진으로부터 전래되자 침류왕은 이를 수용하여 승려를 출가시켰고 아신왕은 즉위를 계기로 불교를 높이 믿고 복을 구하라고 하였다. 이것은 고구려 고국양왕이 교지를 내려 법제적으로 공인한 것과 마찬가지로 백제 아신왕 역시 교지를 내려 법제적 공인을 한 것을 의미한다.

이처럼 고구려와 백제는 민간과 왕실 모두 전래와 수용을 거쳐 최종적으로 왕의 하교를 통해 법제적 공인으로 이어졌다. 이를 통해 불교는 널리 유통될 수 있었다. 하지만 불교가 전래되고 수용 및 공인되었다고

---

54 金富軾,『三國史記』권24,「百濟本紀」제2, 枕流王 2年.
55 『三國遺事』에는 大元 17년(391) 2월로 되어 있지만 진사왕이 11월에 승하하고 아신(화)왕이 그 이후에 즉위하였으므로 2월은 12월의 오기임이 분명하다.
56 一然,『三國遺事』권3,「興法」제3, 難陀闢濟.

해서 고유 신앙이 사라진 것은 아니었다. 오히려 불교가 공식적인 시민권을 얻음으로써 본격적인 대립과 갈등이 예고되어 있었다고 해야 할 것이다. 이 때문에 천신신앙과 산신신앙과 대립하였던 무속신앙이 이들 두 신앙을 융화해 갔듯이 불교 역시 천신신앙과 산신신앙 및 무속신앙과 융화하고 교화해가면서 토착화해 갈 수밖에 없었다.

신라의 민간에는 일찍부터 불교가 전래되었다. 불교는 신라의 변방지대로부터 전래되어 왔다. 일선군은 신라와 고구려 사이의 주교 통로인 조령로(선산-문경-조령-충주)상의 최북단에 위치하였다. 이 때문에 낙동강 중상류에 자리한 일선군은 고구려와 국경이 가까워 고구려의 잦은 침범[57]에 따라 그들의 문화를 쉽게 접할 수 있었다. 무수한 아도阿道와 묵호자墨胡子가 이곳으로 건너와 포교를 할 수 있었던 것도 조령로의 한 거점인 일선(선산)군이 신라와 고구려 사이의 주교 통로였기 때문이었다.

"15년에 불법이 비로소 행해졌다. 처음 눌지왕417~457 때 사문 묵호자가 고구려로부터 일선군이 이르렀다. 군인 모례毛禮가 자기 중 안에 굴실을 파서 있게 하였다. 때마침 양나라가 사신에게 옷가지와 향가지를 보냈는데 임금과 신하들이 그 향의 이름과 그것의 쓰임새를 알지 못했다. 사람을 보내어 재향齋香에 대해 두루 묻게 하였다. 묵호자가 이를 보고 그것의 명목을 일컬어 말하였다. 이것을 태우면 향기가 가득 차게 되니 신성에게 정성을 도달케 하는 까닭입니다. 이른바 신성神聖은 삼보三寶보다 더한 것이 있지 않습니다. 첫째는 불타요, 둘째는 달마요, 셋째는 승가입니다. 만일 이것을 태워 발원하면 반드시 신령한 반응이 있습니다. 때마침 왕녀가 병이 심하였는데 왕이 묵호자로 하여금 향을 사루고

---

57 金富軾, 『三國史記』 권3, 「新羅本紀」 제3, 訥祗麻立干 34년과 38년; 金富軾, 『三國史記』 권3, 「新羅本紀」 제3 慈悲麻立干 11년; 金富軾, 『三國史記』 권3, 「新羅本紀」 제3 炤知麻立干 3년, 6년, 11년, 16년, 18년, 19년에 고구려는 신라를 공격해 왔다.

서원을 표하게 했더니 왕녀의 병이 이윽고 나았다. 왕이 매우 기뻐하며 선물을 내리고 더욱 두텁게 대하였다."[58]

하지만 묵호자는 눌지왕[417~457]이 답례로 준 물품을 모례에게 전하고는 사라져 버렸다. 그 결과 신라 왕실에는 불교가 전래되었지만 자비왕[458~478] 이래 불교는 수용되지 못한 채 더 세월을 필요로 했다. 결국 신라 왕실에 불교가 수용된 것은 소지(비처)왕[479~499] 때에 이르러서였다. 하지만 이때에도 무속신앙은 불교와 대립하고 갈등하였다.

소지왕 10년[488]에 내전 분수승焚修僧과 궁주宮主의 잠통潛通 사건을 기록하고 있는 사금갑射琴甲 설화는 불교와 무속신앙의 갈등을 잘 보여주고 있다. 왕실은 이미 불교를 수용하여 궁궐 안에 내불당을 두고 내전에 분수승 두었지만은 못에서 나와 글을 바친 노옹老翁으로 상징되는 무속신앙과 갈등하고 있었다. 결국 왕은 분수승과 궁주를 주살하였지만 이 사건은 무속신앙과 불교의 대립과 충돌을 극면하게 보여준 사건이었다. 이처럼 왕실에 불교가 수용되기는 했지만 법제적으로 공인된 것은 아직 아니었다.

2. 왕실의 법제적 공인

불교의 공인은 전래와 수용을 거쳐 왕이 교지를 내리는 것을 통해서 최종 공인되고 있다. 왕의 교지가 문서로 남아있는 것은 없다. 불교가 민간과 왕실에 전래되고 일정한 기간이 지나 수용되자 왕실은 최종적으로 공인의 과정을 남겨두고 있었다. 이미 오랫동안 중국문화와의 교류를 통해서 외래문화에 노출되어 있던 고구려와 백제의 민간과 왕실에 불교가 전래되자 비교적 순조롭게 수용되었다.

58　金富軾,『三國史記』권4,「新羅本紀」제4, 法興王 15년.

고구려 왕실로 불교가 전래되자 이를 수용한 왕실은 일정한 시간이 지나자 법제적 조치인 공인에 이르게 된다. "고국양왕 9년 3월에 왕이 불법을 높이 믿고 복을 구하라고 교敎를 내리고 유사有司에게 명하여 국사國社를 세우고 종묘宗廟를 수리하게 하였다."[59] 여기서 교敎 즉 교지는 임금의 명령을 의미할 뿐만 아니라 법제적 조치에 해당하는 것이다. 왕은 불교의 법제적 공인뿐만 아니라 토지신을 모시는 국사國社를 세우고 조상신을 모시는 종묘宗廟를 수리하게 함으로써 국가의 의례제도를 공고히 하였다.

고구려가 불교를 공인을 한 것은 광개토왕 2년이 아니라 고국양왕 말년8년인 391년으로 보아야 할 것이다. 광개토왕은 "재위 2년에 백제가 남변을 침략하자 장수에게 명하여 이를 치게 하고 평양에 9개의 사찰을 창건하였다."[60] 백제의 침략을 불력에 의지하려는 뜻에서 평양에 아홉 개의 사찰을 지었지만 아마도 수도 집안에는 더 많은 사찰을 창건하였을 것으로 짐작된다.

그런데 백제 불교의 법제적 공인은 아신阿莘, 阿華왕 즉위년392에 이루어진다. "아신왕은 즉위한 태원 17년 2[12]월에 불법을 높이 믿고 복을 구하라고 교지를 내렸다."[61] 불교가 동진으로부터 전래되지 침류왕은 이를 수용하여 승려를 출가시켰고 아신왕은 즉위를 계기로 불교를 높이 믿고 복을 구하라고 하였다. 이것은 고구려 고국양왕이 교지를 내려 법제적으로 공인한 것과 마찬가지로 백제 아신왕 역시 교지를 내려 법제적 공인을 한 것을 의미한다.

---

59 金富軾, 『三國史記』 권18, 「高句麗本紀」 제6, 故國壤王 9년. 고국양왕은 7년 동안 재위했으므로 이 조목의 기록은 고국양왕 말년(391)의 기사로 보는 것이 합당할 것이다.
60 金富軾, 『三國史記』 권18, 「高句麗本紀」 제6, 廣開土王 2년.
61 一然, 『三國遺事』 권3, 「興法」 제3, 難陀闢濟.

이처럼 고구려와 백제는 민간과 왕실 모두 전래와 수용을 거쳐 최종적으로 왕의 하교를 통해 법제적 공인으로 이어졌다. 이를 통해 불교는 널리 유통될 수 있었다. 하지만 신라는 민간과 왕실의 전래와 수용은 순조롭지 않았다. 이미 왕실과 민간에 전래는 되었지만 민간과 왕실의 수용에는 많은 대립과 갈등이 있었다. 눌지왕의 수용이 있었으나 자비왕과 소지(비처)왕의 배척이 있었다. 이러한 대립과 갈등을 해소하기 위해서 불교계는 이차돈의 순교와 같은 육부 귀족들과의 정치적인 타협을 치뤄야만 했다.

결국 신라는 이차돈의 순교와 천경림 내 흥륜사의 창사 및 상대등의 설치와 법흥왕의 출가 등의 일련의 정치적 타협을 통해 불교를 공인할 수 있었다. 그 결과 법흥왕의 출가法空와 왕후의 출가妙法 및 진흥왕의 말년 출가法雲와 왕후의 출가妙住에까지 도달할 수 있었다.[62]

3. 도교와 유교와의 공존

백제에는 일찍부터 도교가 전해져 있었다. 도교는 『도덕경』(노자)과 『남화경』(장자)의 전래를 통해 대중 속에 널리 퍼져 있었다. 직접적인 사례는 많지 않지만[63] 불교와의 접목을 통해 도교와 도교문화의 존재감은 상당했음을 알 수 있다. 유교와 유교문화의 존재감도 마찬가지였음을

---

62 『三國遺事』에는 『해동고승전』과 여러 설에서 모두 '法雲'이라고 일컫고 있어 자못 번다하니 아마도 혼효된 것이다고 하였다. 하지만 인용한 『책부원구』와 일연의 按을 통해서 보면 두 왕과 두 내외가 출가한 것이 분명하며 법흥왕 내외의 법명은 法空-妙法, 진흥왕 내외의 법명은 法雲-妙住임을 알 수 있다.
63 金富軾, 『三國史記』 권24, 「百濟本紀」 제2. 근구수왕의 장군이었던 莫古解가 태자 半乞壤에게 "일찍이 道家의 말을 들었던 바 '만족할 줄을 알면 곤욕을 당하지 않을 것이요, 그칠 줄을 알면 위태롭지 않다'"(『노자도덕경』 제44장)고 한 것으로 보아 백제에는 375년 이전에 이미 『도덕경』이 들어와 있었던 것으로 짐작된다.

알 수 있다.

"고구려 말년 무덕武德 정관 연간618~649에 나라사람들이 다투어 오두미교를 신봉하는데 당나라 태종(고조)가 이 소문을 듣고 도사道士와 천존상天尊像(옥황상제)을 보내와서 『도덕경』을 강의하니 왕이 나라 사람들과 함께 청강하였다."[64] 또 "보장왕이 즉위한 때에 이르러 역시 삼교를 한꺼번에 진흥시키고자 하여 당시 신임을 받던 재상 개소문蓋蘇文이 왕에게 권고하여 왕에게 권고하여 유교와 불교는 함께 융성하지만 도교黃冠는 성하지 못하니 당나라에 특사를 보내어 도교를 청하자고 하였다."[65] 영양왕 사후 영류왕 때에 실권을 장악하였던 개소문은 당에 저자세를 보이는 영류왕을 시해하고 조카인 보장을 세운 뒤 당과의 외교를 고려하여 도교를 받들고 도사를 우대하면서도 불교를 내리고 승려를 배타하였다.

이에 당시 보덕화상이 반룡사盤龍寺에 있으면서 "좌도左道가 정통 종교와 병행하는 날에는 나라가 위태롭게 된다고 여러 번 간하였으나 왕이 이 말을 듣지 않자 그만 신통력으로써 거처하던 암자方丈를 날려 완산주完山州의 고대산孤大山으로 옮겨가서 살게 되었다."[66]고 한다. 이 기록은 고구려 말년에 불교와 도교의 대립과 갈등을 보여주는 사건이다. 고구려는 당高나라와의 정치 외교적 관계를 고려하여 도가의 무위정치

---

[64] 一然, 『三國遺事』 권3, 「興法」 제3, 寶藏奉道 普德移庵. 武德 7년이면 625년이므로 高宗(650~684)은 마땅히 太宗이어야 한다. 金富軾, 『三國史記』 권20, 「高句麗本紀」 제8, 營留王 8년. 영류왕 8년에 왕이 당나라에 사신을 보내 佛敎와 老子의 교법을 배우고자 요청했더니 황제가 허락하였다. 金富軾, 『三國史記』 권21, 「高句麗本紀」 제9, 寶藏王 2년. 또 보장왕 2년(643)에 연개소문이 유교와 불교와 달리 도교가 성행하지 못하다고 주청하자 왕이 당 태종에게 表文을 올려 요청하자 황제가 도사 叔達 등 여덟 명을 보내주고 겸하여 노자의 『도덕경』을 내려주었다. 왕이 기뻐하여 승려의 사찰을 빼앗아 그들에게 道觀으로 쓰게 하였다.
[65] 一然, 『三國遺事』 권3, 「興法」 제3, 寶藏奉道 普德移庵.
[66] 一然, 『三國遺事』 권3, 「興法」 제3, 寶藏奉道 普德移庵.

無爲政治 이념과 도교의 불로장생不老長生 학설을 적극 받아들였다. 그러자 불교계는 『열반경』의 평등平等 사상과 『유마경』의 불이不二사상을 통해 고유 사상과 융화하고자 하였다.67 결국 보덕은 암자를 완산주의 고대산 경복사景福寺로 옮겨가서 살게 되고 오래지 않아 고구려는 망하게 되었다. 비록 불교와 도교는 대립과 갈등을 해소하지는 못하고 나라가 망하는 결과로 나타났지만 한편으로는 통일신라로 통합됨으로써 다시 불교와 융화하고 있다.

유교는 중국과의 교류를 통해 일찍부터 전래되어 있었다. 소수림왕은 재위 2년372 전진왕 부견이 보낸 순도를 통해 불교를 받아들였지만 동시에 이 해에 국립대학인 태학太學을 세워 자제들을 교육하였다. 교육기관의 교과과목은 유교의 경經(육경·주석)·사史(역사·지리)·자子(어록·기술서)·집集(시집·문집)이 주요 과목이었을 것이다.68 이렇게 본다면 유교는 이미 이전에 전래되어 수용하고 있었음을 알 수 있다. 또 진덕왕에게 김춘추가 태학에 나아가 석전釋奠과 강론을 참관하고 청하는 기록64869을 통해 유교문화가 통용되고 있었음을 알 수 있다. 따라서 당시 사찰의 교육적 기능을 생각하면 태학의 교육 문화와도 교류가 있었을 것으로 짐작된다.

---

67 高榮燮, 「영탑 보덕의 평등 불이 사상」, 『문학 사학 철학』 제32호, 한국불교사연구소, 2012.
68 처음 도서를 분류하는 방법은 漢나라 劉向과 그의 아들 劉歆이 만든 7분법이었으나 관청의 목록에서 관청의 목록에서 4분법을 채택하자 이후에는 4분법이 주류가 되었다. 4부 분류는 魏나라의 鄭黙이 만든 『中經簿』에서 비롯되었는데 이것을 筍勖이 수정하여 『新簿』로서 甲·乙·丙·丁이라 했을 뿐 명칭도 없었으며 순서도 經·史·子·集 순이었다. 지금의 4분법의 토대는 『隋書』「經籍志」에 이르러 확립되었다. 당시의 상황을 고려했을 때 고구려의 태학에서는 아마도 7부 혹은 4부의 해당 도서들을 교과목으로 채택했을 것으로 짐작된다.
69 金富軾, 『三國史記』 권5, 「新羅本紀」 제5, 眞德王 2년. 釋奠은 예로부터 학교에서 산천과 廟祠 및 先聖과 先師에게 제사를 지낼 때 행하는 예로서 '舍奠'이라고도 한다. 漢代 이후에는 孔子에 대한 祭禮에 한정해 '釋奠'이라고 불렀다.

불교는 전래와 수용 및 공인과 유통의 과정을 거치면서 도교와 도교문화 뿐만 아니라 유교와 유교문화와도 융화하였다. 효제孝悌와 충신忠信을 덕목으로 하는 유교의 세계관으로 볼 때『삼국유사』「효선」편[70]에 나타나 있는 진정법사의 효도와 선행, 김대성金大城의 두 세상 부모에 대한 효도, 향득向得 사지舍知가 다리살에 베어 아버지를 공양함, 손순孫順이 아이를 묻음, 빈녀貧女가 어머니를 봉양하는 이야기에서처럼 유교의 일一 부모를 향한 일효一孝와 불교의 만萬 부모를 향한 대효大孝 즉 만효萬孝의 대비를 통해 효행孝行을 선행善行으로 넓혀나갔다.[71]

이것은 유교가 강조하는 효행이 불교가 강조하는 선행으로 접목됨으로써 유교의 문화가 불교의 문화와 융화되어 간 사례들이라고 할 수 있다. 부모를 모시고 살았던 자신의 집에 부처를 모시고 예배하는 절로 대체해 간 것은 불교가 유교와의 융화를 넘어 교화로 이어졌음을 보여주는 것이다. 이처럼 불교의 교화가 유교의 문화와 융화하고 교화해 간 모습들은 곳곳에 훈습되어 있다. 불교의 문화가 도교의 문화와 융화하고 교화해 간 양상들도 여러 곳에 저장되어 있다.

V. 토착문화의 교화와 착근

고조선과 부여의 역사를 잇는 고구려는 국가제사인 천지신 제사와 시조묘 제사 및 산천제사를 통하여 왕권의 정당성과 왕권의 우월성을 표출해 왔다. 고구려는 자신의 시조가 하늘의 자손임을 강조하기 위해서 천지신에 대한 제사도 꾸준히 지냈으며 국토의 안위와 나라의 안녕

---

70 一然,『三國遺事』권3,「興法」제3, '孝善'. 이 편에는 孝行과 善行이 만나서 통하는 5개의 이야기 가 실려 있다.
71 高榮燮,「불교 孝學의 이론과 실제」,『한국불교학』제48집, 한국불교학회, 2008.

을 비는 산천제사도 지속적으로 이어갔다. 특히 고구려에는 토지신을 모시는 국사國社가 있었으며 이는 건국신화에서 유래한 유화柳花의 존재로 대표되는 지모신 신앙과 연관되어 있다.[72]

고구려는 신화와 제의를 긴밀하게 연결시키고 있었으며 동맹東盟은 천신과 지신에 대한 제사이면서 동명(주몽)과 유화(수신의 딸)에 대한 제사였다는 점에서 종교적인 행사이자 지배이데올로기적인 성격을 지니고 있었다. 동맹은 산 위의 통천동과 국동대혈에서 왕과 귀족들의 제례로부터 시작하여 산 아래의 일반민들이 함께 모여 가무를 즐기는 국중대회國中大會였다.

이처럼 고구려는 국중대회를 통해 종교적 행사와 지배이데올로기적 기능을 동시에 추구할 정도로 신화와 제의를 긴밀하게 연결시킨 나라라고 할 수 있다. 소수림왕 때의 불교의 전래와 수용은 이러한 제사의례와의 접목을 뜻했으며 고국양왕의 불교 공인은 이러한 제사의례와의 융화를 의미하였다. 그 결과 불교는 토착문화를 때로는 물리치거나 융화했으며 때로는 깨우치거나 교화하면서 고구려의 토양에 깊이 뿌리를 내릴 수 있었다.

백제는 부여에서 갈려나온 남부여로서 건국시조에 대한 전승이 동명묘와 우(구)태묘로 분화되어 있다. 시조 비류왕의 어머니 소서노召西奴는 북부여왕 해부루의 서손인 우(구)태優/仇台와 결혼하여 비류와 온조를 낳았다. 그 뒤 그녀는 우태가 죽은 뒤 졸본에 혼자 살다가 훗날에 주몽이 부여에서 견디다 못해 남쪽으로 내려와 졸본에 고구려를 세우자 주몽과 결혼하였다. 주몽은 비류를 후하게 대했지만 태자는 부여에 있을 때 낳은 아들 유리琉璃, 孺留로 삼았다. 이에 소서노와 비류와 온조는 남하하여 미추홀에 거주하였다가 온조는 한성으로 옮겼고 뒤에 비류도

---

72 최광식, 앞의 글, 앞의 책, p.18.

한성으로 합류했다고 전한다.

『백제본기』에는 시조묘 제사로 '동명묘'와 '구태묘'의 제사 기록이 보이고 있다. 이것은 비류시조 전승과 온조 시조 전승과 서로 충돌하고 있다. 중국 사서인 『주서』, 『수서』, 『북사』 등에서도 구태 시조설이 전해지고, 한국 사서에는 동명 시조설로 기록되어 있다. 백제 역시 시조묘 제사와 천지신 제사 및 산천제사로 제천의례를 거행하였다. 시조묘 제사는 동서남북 중의 오제지신五帝之神과 천신과 지신 및 시조묘에 제사를 지냈지만 시조묘는 온조왕 원년에 세운 동명묘와 구태묘 두 갈래로 전승되고 있다.

백제는 초기부터 천지신 제사 즉 천과 지에 대해 제사를 지냈다. 왕은 해마다 하늘과 오제지신과 구태묘에 제사를 지냈다. 그런데 1년에 하늘에 네 번씩 제사를 지냈으므로 천지신 제사는 가장 중요한 제천의례였다. 산천제사는 신라의 삼산처럼 도읍을 둘러싸고 있는 요충지인 일산日山(부여의 금성산 비정), 오산吳山(염창리 오석산), 부산浮山(백마강 맞은편 무산)에 지냈다. 이들 삼산은 실제적으로나 신앙적으로 볼 때 왕성과 국가를 수호하는 역할을 하였다. 침류왕 때의 불교의 전래와 수용을 거쳐 아신莘,華왕의 공인은 불교와 이들 백제의 오제지신, 천지신, 동명묘, 구태묘, 산천 등의 제장 즉 제사장에서 거행되는 제천의례 및 제사들과의 융화로 이어졌다. 그 결과 불교는 백제의 토양에 깊이 뿌리를 내릴 수 있었다.

대가야의 건국신화와 제사의례에 나타난 내세관도 고구려와 백제와 긴밀하게 닿아 있다. 신라 설화에 단적으로 표시된 것처럼 태양숭배 민속인 발계祓禊는 '동쪽으로 흘러가는 맑은 물에 목욕함으로써 모든 맑지 못한 것과 제액을 씻고 복을 맞이하는 푸닥거리'를 가리킨다. 또 농경의 풍요를 기원하는 모습이 새겨진 고령의 암각화는 계절제가 행해졌던 장소로 보인다. 불교의 전래와 수용 및 질지왕의 공인은 이러한 신화와 제의의 융화를 의미하는 것이었다. 이후 대가야에는 국가 사회 문화 전반에 불교문화가 전 분야에 깊이 스며들었다.

신라는 농경생활에 기반한 박혁거세신화, 해양활동에 기반한 석탈해신화, 발달한 제철기술을 반영하고 있는 김알지신화 등 각 신화를 통해 신화의 시기적 발전 과정을 보여주고 있다. 신라는 천신을 모시는 신궁을 설치하여 사상적 통일을 이미 이루었기 때문에 외래 신앙인 불교에 대하여 대립과 갈등이 심했던 것이다.[73] 비록 눌지왕 때의 불교의 전래와 소지왕 때의 수용 그리고 법흥왕 때의 공인을 거쳐 비로소 천신신앙과 산신신앙 및 무속신앙과 대립하고 갈등하며 융화하고 교화할 수 있었다.

이들 신앙은 더러는 길항하고 더러는 융화하였지만 천신신앙과 산신신앙 및 무속신앙이 사라진 것은 아니었다. 토착신앙의 성소였던 '전불시 칠처가람지허'에 사찰이 모두 들어서기는 불교 공인 이후 150여 년의 세월을 더 보내야 했다. 불교는 천신신앙과 산신신앙 및 무속신앙과 대립하면서도 '융화'하고 '교화'할 수 있었던 것은 고대 한국인들이 자신이 한 일이 더 이상 천신과 산신과 무격에 의해 자신의 일이 결정되는 것이 아니라는 사실을 자각해 갔기 때문이다. 그리하여 그들은 내가 이 세상의 주체이고 내 자유의지에 이루어지는 행위가 역사의 동인이라는 업설과 이것을 통한 윤회의 관념을 점차 수용해 갔다.

또한 도교와 유교와 갈등하면서도 '융화'할 수 있었던 것은 다른 종교의 문화적 과정을 적대하지 않고 해당 종교의 진리성을 수용하는 불교의 포괄주의적 입장과 태도에 기인하는 것이다. 동시에 도교와 유교의 가르침과 그 문화를 인정하여 받아들이는 불교 특유의 관용성과 포용성 때문이었다. 그리하여 불교는 고유신앙인 천신신앙과 산신신앙 및 무

---

[73] 최광식, 앞의 글, 앞의 책, p.99; p.233.

속신앙과 융화하면서 교화할 수 있었고, 도교와 유교와도 서로 융화하면서 공존할 수 있었다. 그 결과 불교는 한국의 토양에 깊게 뿌리를 내려 토착화의 과정을 완수할 수 있었다.

VI. 융화와 교화를 통한 토착화와 구심화

한국 고대에 새로운 사회적 현상으로서 전래한 불교는 고유의 토착신앙인 천신신앙과 산신신앙 및 이들 신앙과 융화한 무속신앙과 대립하거나 갈등하였고 융화하면서 교화하였다. 불교는 어떤 하나가 다른 하나와 합쳐 또 다른 하나가 되는 '융합'融合과 달리 어떤 하나가 다른 하나와 만나 고유의 것은 지키면서 필요한 부분은 수용하는 '융화'融和의 태도를 지녀왔다. 그리하여 특유의 '교도감화'敎導感化 즉 '교화'敎化로 고통받는 자를 편히 하고, 의심하는 자를 믿게 하고, 잘못하는 자를 가르쳐 이끌어 나갔다. 이 과정 속에서 토착신앙은 불교 속에서 새로운 형태로 자리를 잡아갔다.

불교는 전래와 수용과 공인의 과정을 통해 천신신앙과 산신신앙 및 무속신앙과 대립하고 융화하면서 교화해 왔고 나아가 도교와 유교와도 갈등하고 대립하면서 서로 융화해 왔다. 불교 전래 이후 사찰의 건축구조 내에서 산신각(상당)-불단(서낭당, 중당)-장승(솟대, 하당)이 보여주듯이 천신신앙과 산신신앙 및 무속신앙이 전통적 삼재사상三才思想의 구조를 견지해 오고 있다. 비록 불교에게 중심적 지위를 내어주기는 했지만 토착신앙의 기능과 역할은 사라진 것은 아니었다.

이처럼 불교는 토착신앙인 천신신앙과 산신신앙과 무속신앙 뿐만 아니라 도교와 유교와 '융화'融和하며 공존해 왔다. 불교가 한국의 토양에 토착화 할 수 있었던 것은 다른 종교의 문화적 과정을 적대하지 않고 해당 종교의 진리성을 수용하는 불교의 포괄주의적 입장과 태도에 기인하는 것이다. 동시에 서로의 차이를 인정하며 받아들이는 불교 특유의 포용성과 관용성에 힘입은 것이었다. 그리하여 토착신앙들과 융화하면서 교화해 올 수 있었고 도교와 불교와 융화하면서 공존해 올 수 있었다. 불교는 이러한 '융화'의 지혜와 교화'의 자비를 통하여 이 땅에 깊이 뿌리를 내릴 수 있었다.

따라서 불교는 일정한 시간이 지나면서 '지혜'를 통한 '융화'와 '자비'를 통한 '교화'로 고유 신앙과 도교와 유교와 융화하고 공존하였다. 그리하여 한국 고대불교는 때로는 한국의 토착신앙을 물리치거나 융화하면서 때로는 한국의 고유 신앙을 깨우치거나 교화하면서 '한국불교'로 토착화 할 수 있었다. 많은 연구자들이 한국불교의 특성 혹은 성격을 '통합불교' 또는 '종합불교'라고 일컫는 까닭은 '중도'中道 즉 '정도'正道라는 불교 본연의 정신에 서 있기 때문이다.

■ 참고문헌

『三國志』 권30, 「魏書」 제30, 烏丸鮮卑東夷傳, 夫餘.
『三國志』 권30, 「魏書」 제30, 百濟傳.
『梁高僧傳』 권4, 「竺潛傳」; 『海東高僧傳』 권1, 「釋亡名傳」.
「蔚津奉平新羅碑」(524), '煞斑牛'; 「迎日冷水里新羅碑」, '煞牛' 참고.
金富軾, 『三國史記』 권18, 「高句麗本紀」 제6, 고국원왕 40년.
金富軾, 『三國史記』 권25, 「百濟本紀」 제3, 蓋鹵王 3년.
一然, 『三國遺事』 권3, 「興法」 제3, '元宗興法 猒髑滅身'.
『高麗史』 권2, 世家 太祖 26년 4월, 訓要十條.

鮎貝房之進, 『雜攷』 1(1931), 次次雄條.
趙明基, 『신라불교의 이념과 역사』(신태양사, 1962).
安啓賢, 『한국불교사연구』(동화출판공사, 1982).
유동식, 『한국무교의 역사와 구조』(연세대학교출판부, 1986).
최광식, 『고대 한국의 국가와 제사』(한길사, 1994).
金在庚, 『신라 토착신앙과 불교의 융합사상사 연구』(민족사, 2007).

이기백, 「삼국시대의 불교 전래와 그 사회적 성격」, 『역사학보』 제6집, 역사학회, 1954.
이기백, 「불교의 수용과 고유신앙」, 『한국고대사론』(탐구당, 1976).
이기백, 「신라 五岳의 성립과 그 意義」, 『신라정치사회사연구』(일조각, 1974).
손진태, 「조선고대 산신의 性에 就하여」, 『민속학논고』(대광문화사, 1984).
金杜珍, 「신라 上古代末 초전불교의 수용」, 『千寬宇還曆紀念 韓國史學論叢』 (1985).

조흥윤, 「巫〈샤머니즘〉에 대하여」, 『巫와 민족문화』(민족문화사, 1990).
최광식, 「토착신앙과 불교의 융화」, 『한국고대의 토착신앙과 불교』(고려대출판부, 2007).
최광식, 「불교의 전래와 수용 및 공인」, 『한국고대의 토착신앙과 불교』(고려대출판부, 2007).
高榮燮, 「불교 孝學의 이론과 실제」, 『한국불교학』 제48집, 한국불교학회, 2008.
高榮燮, 「영탑 보덕의 평등 불이 사상」, 『문학 사학 철학』 제32호, 한국불교사연구소, 2012.
길기태, 「한성백제의 대외교류와 불교」, 『백제연구』 제55집, 충남대학교 마한백제연구소, 2012.
윤세원, 「불교가 한국인의 국가관에 미친 영향」, 『한국불교사연구』 제7호, 한국불교사연구소, 2015.8.

제2장

백제불교의 전래 주체와 초전지
- 침류왕대 한성백제 구도읍과 신도읍과 관련하여 -

Ⅰ. 한성 한산성 위례성

Ⅱ. 한성백제의 왕성 _ 한성·한산성·위례성

Ⅲ. 불교 전래의 주체와 장소

Ⅳ. 초전지의 재검토

Ⅴ. 한성백제 초전지 불교의 성격

Ⅵ. 풍납토성 몽촌토성 이성산성

I. 한성 한산성 위례성

고대 한국의 고구려·백제·신라·가야의 사국 중 특히 백제는 왕성을 세 차례[1]나 옮긴 나라이다. 대개 왕성은 통치자인 왕이 거주하는 곳이자 한 나라의 정치·경제·사회·문화가 집약된 공간이다. 한성시대(기원전 18~475)의 왕들은 한성(풍납토성), 한산성(몽촌토성), 위례성(이성산성) 순으로 도읍을 옮겼다. 5세기 후반에 고구려 장수왕의 밀사인 환속한 승려 도림道琳, 弘珠이 장기와 바둑을 좋아하던 개로왕의 신임을 얻어 토목공사를 크게 일으키게 하고 국가 재정을 어렵게 하여 백성을 곤궁하게 하였다. 이어 장수왕이 3만의 군대로 침입해 오자 개로왕은 위례성에서 7일 7야 동안 결사적으로 항전하였다. 하지만 결국 문주왕이 웅진(공주, 475~538)으로 천도하였고 다시 성왕이 사비(부여, 538~660)로 천도하였다.

이 때문에 많은 이들이 백제 7백여 년의 역사 중 5백 년의 한성백제보다는 63년의 웅진백제와 122년의 사비백제를 백제의 본류로 오해하고 있다. 더욱이 한성백제가 송파구 풍납동의 풍납토성과 가락·방이동의 몽촌토성 그리고 하남의 위례성(이성산성 춘궁동)에 있었다는 사실을 자세히 알지 못한다. 그렇다면 한성백제의 도성 즉 왕성은 어디에 있었으며 어떻게 옮겨갔을까?[2] 그리고 고대 왕성과 함께 하는 고분군은 어디에 있었을까?[3] 현재 몽촌토성의 반경 2킬로미터 안에 자리한 석촌동 고

---

[1] 백제는 한성에서도 풍납토성과 몽촌토성 그리고 위례성(이성산성)으로 세 차례나 왕성을 이주했다. 한성백제 이후에도 웅진(공주)과 사비(부여)로 왕성을 옮겨 한국사에서 백제사를 한성시대, 웅진시대, 사비시대로 나누어 기술하고 있다.
[2] 대개 고고학자들은 고대 도성을 이루는 조건을 크게 4가지로 정리하고 있다. ①고대 도성은 하천변의 평지에 위치한다. ②도성은 장방형 내지는 방형(직사각형)의 형태를 띤다. ③성 내에는 상당수의 저장시설 즉 망루, 수공업 공장, 식수원을 확보해야 한다. ④도성 주변에는 같은 시대에 해당하는 고분이 만들어진다.
[3] 한성백제 인근의 石村洞 古墳群(일제강점기 80기 중 현재 3기만 현존) 주변에는 삼성동토성, 몽촌토성, 풍납토성, 암사동토성, 구산토성, 이성산성이 있다. 마찬가지로 웅진백

분군에는 왕들과 최고지배층의 사후 유택幽宅이 있다. 김부식은 『삼국사기』 권37 「지리地理」 4편에서 왕성에 대해 "삼국의 이름만 전해져 올 뿐 지리 분포는 자세히 알 수 없다"며 지명을 나열하면서 위례성慰禮城을 기록하고 했다.[4] 이어 그는 『삼국사기』 제23권 「백제본기」 제1의 온조왕 조목에서 "한산에 이르러 부아악負兒嶽에 올라 살만한 곳을 바라보았다. 이에 온조전18~28는 하남 위례성慰禮城에 도읍을 정하였다"[5]고 하였다. 아마도 그는 한성백제 최후의 도성이었던 위례성만을 기록한 것으로 이해된다.

또 『신증동국여지승람』에서는 "삼각산三角山은 따로 부르는 이름이 화산華山이라고 하며 신라 때는 부아악이라 일컬었다"[6]고 하였다. 조선조의 도성도都城圖에서도 삼각산 옆에 '부아악'이라고 적고 있다. 삼각산은 도봉산과 함께 북한산의 한 축을 이루고 있다. 또 『삼국사기』 온조왕 13년 조에 의하면 "강역을 확정하였는데 북으로는 패하浿河(예성강)에 이르고, 남으로는 웅천(안성천)에 이르며, 서로는 큰 바다에 이르고, 동으로는 주양走壤(춘천)에 이르렀다"[7]고 하였다. 온조왕 시절에 백제의 강역은 이미 예성강과 춘천에 이르고 있다는 사실을 알 수 있다. 이러한 영토 확장은 한성백제 초기의 강력한 거점인 왕성이 있었기에 가능할 수 있었다. 그러면 한성백제의 초기 왕성은 어디에 있었을까? 근래의 고고학계 발굴 결과에 의하면 왕성의 규모나 입지로 보아 풍납토성과 몽촌

제 주변의 공주 왕성(공산성) 인근에는 금강가에 松山里 古墳群이 있고, 사비백제 인근의 부여 왕성(부소산성) 주변에는 백마강가에 陵山里 古墳群이 있다. 경주 월성 주변에도 大陵園(황남대총 등)의 古墳群이 있다. 대개 왕성 주변에 자리한 무덤인 적석총에서는 절대 권력자들이 사용한 고급 토기와 금제 장신구 등이 출토되었다.

4 金富軾, 『三國史記』 권제37, 地理 4. "三國有名未詳地分."
5 金富軾, 『三國史記』 권제23, 百濟本紀 제1, 溫祚王. "遂至漢山, 登負兒嶽, 望可居之地."
6 『新增東國輿地勝覽』. "三角山. 一名 華山, 新羅稱負兒嶽."
7 金富軾, 『三國史記』 권제23, 百濟本紀 제1, 溫祚王. "遂劃定疆場. 北至浿河, 南限熊川, 東極走壤, 西窮大海"

토성과 이성산성으로 좁혀지고 있다. 몇몇 사료에서 '한성', '한산성', '한산주'로 기록된 것을 검토해 보면 '풍납토성'과 '몽촌토성' 그리고 '이성산성'과의 상호 관계를 짐작해 볼 수 있다.

온조왕이 백제의 초기 왕성인 한성의 풍납토성에 자리를 잡은 이래 근초고왕346~375은 재위 26년에 고구려의 침입에 대비하고 왕권을 공고히 하기 위해 왕성을 몽촌토성으로 옮겼다. 뒤를 이은 근구수왕375~384은 왕권이 약했고 그를 이은 침류왕384~385은 왕권을 강화하기 위해 동진에서 건너온 천축의 승려 마라난타를 적극적으로 환대하였다. 이듬해에는 '새로운 도읍'新都 한산주漢山州에 절을 짓고' 10명[8]의 승려들을 득도시켰다. 근초고왕이 초기 왕성이었던 풍납토성에서 몽촌토성으로 옮긴371 이래 침류왕은 왕권을 강화하기 위해 '옛날의 도읍'舊都이었던 몽촌토성에서 '새로운 도읍'인 한산주로 왕성을 옮겼음385을 알 수 있다. 이 글에서는 고고학계의 발굴 성과를 원용하면서 '신도'인 하남의 위례성으로 옮겨가기 이전의 백제 왕성이 몽촌토성이었는지 그리고 백제불교 전래 주체인 마라난타가 이곳에 도착한 뒤 이듬해 새롭게 도읍한 위례성에 창사하면서 승려 10명을 득도시키며 그곳에 불교를 어떻게 펼쳤는지에 대해 살펴보고자 한다.

---

8 이자랑, 「한국불교의 계맥과 계단 개설」, 『불교평론』 제76호, 2018.9. 『사분율』 등의 율장에 따르면, 승가가 형성된 초기에는 '잘 왔구나. 비구야(ehi bhikkhu)'라는 붓다의 한마디 혹은 불법승 삼보에 대한 귀의의 표명이 입단 허가로 기능했다. 하지만, 점차 제도가 정비되면서 3사7증(三師七證)이라 불리는 승려 10명의 입회하에 백사갈마(白四羯磨)로 진행되는 구족계 의식이 정착하게 되었다. 즉, 구족계 희망자를 포함한 최소 총 11명의 비구가 결계(結界)를 통해 하나의 현전(現前) 승가를 형성하고 이를 기준으로 구족계를 실행하는 것이다. 이 방법으로 계맥 혹은 율맥은 전수되어 갔으며, 인도는 물론이거니와 불교가 전래된 타지에서도 이는 비구·비구니를 배출해내는 가장 기본적이고도 중요한 의식으로 기능하게 되었다. 출처 : 불교평론(http://www.budreview.com). 율장에 의하면 백사갈마 때에 3사는 전계화상아사리, 교수아사리, 갈마아사리이고 7증은 7명의 증인이 되는 법사를 일컫는다. 마라난타는 백제 계단의 시설을 의식하면서 10명의 승려를 득도시켰을 것이다.

Ⅱ. 한성백제의 왕성 _ 한성·한산성·위례성

1. 평지의 풍납토성과 구릉지의 몽촌토성

북부여에서 내려온 온조溫祚는 도읍을 정하기 위해 신하들과 부아악 즉 삼각산에 올라 멀리 한강 주변을 바라보았다. 그러다가 "북으로는 한강 물을 띠처럼 두르고, 동으로는 높은 산을 의지하였으며, 남으로는 비옥한 벌판을 바라보고 있고, 서로는 큰 바다가 멀리 떨어져 있는"[9] 곳에 왕성을 정하였다. 김부식은 한성백제의 최초 왕성을 한성백제 최후의 왕성인 하남 위례성으로 보았다. 하지만 한산주에 있는 위례성은 새롭게 정한 도읍新都이자 한성백제 최후의 왕성이었던 것으로 추정된다. 그렇다면 하남 위례성으로 옮기기 전에 옛날의 도읍舊都은 어디였을까?

근래의 고고학계 발굴 결과에 따르면 한강 인근의 석촌동 고분군 주변에는 풍납토성(송파구 풍납동 일대, 4~3.5킬로미터였으나 현재 2.7~2.2킬로미터만 남음), 몽촌토성(가락동과 방이동 일대, 2,285미터), 삼성동토성, 암사동토성, 구산토성(하남시 망월동, 위례성의 前哨城), 이성산성(하남시 춘궁동 일대) 등 6개의 성터가 자리해 있었다. 현재는 규모나 내용 면으로 보아 풍납토성, 몽촌토성, 이성산성 3곳이 왕성 후보지로 좁혀지고 있다.[10]

---

9 金富軾, 『三國史記』 권제23, 百濟本紀 제1, "溫祚王.··· 十臣溫祚諫曰: 惟此河南之地, 北帶漢水, 東據高岳, 南望沃澤, 西阻大海. 其天險地利, 難得之勢, 作都於斯不亦宜乎. ··· 都河南慰禮城, 以十臣爲輔翼國, 號十濟." 이와 달리 온조의 형 沸流는 신하들의 주청을 물리치고 仁川 즉 彌鄒忽로 거처를 옮겼다.
10 이들 6개의 성 이외에도 한성백제의 유적으로는 1997년에 발굴된 한강 이북의 임진강 남쪽가에 흙으로 쌓은 육계토성이 있다. 이 토성은 몽촌토성보다 앞서 2~3세기에 축조되었으며 그보다 앞서 축조된 풍납토성과도 유사하다. 이 육계토성은 임진강 이남을 지키는 천연 군사 방어선 역할을 하였던 것으로 추정된다. 동시에 한강 이북 지방의 거점 취락이었음을 알 수 있다. 경기도 포천군 자작리 유적과 유물도 이를 증명해 주고 있다.

위례성 이외의 왕성으로 추정되는 몽촌토성과 풍납토성의 공통점은 석촌동 고분과 가까이 있으면서 한강변을 끼고 있다는 점이다. 오래전부터 백제 초기 토성으로 전해져온 몽촌토성은 1980년대 초에 주변 일대가 '1988 서울올림픽 시설지'로 확정되면서 본격적인 발굴이 시작되었다. 몽촌토성은 자연 지형을 이용한 구릉지에 자리한 토성이다. 이 성은 대략 40~50미터 구릉에 위치한 성으로서 낮은 지대만 흙을 쌓아 다지는 판축기법으로 보충해 전체적인 성의 윤곽을 만든 산성에 가까운 토성이다.

성벽 외곽엔 물길을 내어 방어선 역할을 했던 해자垓字를 끼고 있고 성벽 위에는 방어 수단으로 쓰인 목책木柵을 두르고 있다. 북으로부터 침공을 대비한 방어용 성이었음을 짐작된다. 이러한 입지 조건으로 보면 백제 초기 왕성으로서 가장 적격이라 할 수 있다. 이 성안에서 발굴된 중국의 여러 자기편瓷器片들과 3세기 후반의 백제 토기들과 기와들(서울대 박물관 소장)이 발굴되었다.[11]

당시 몽촌토성은 한성백제에서 발굴된 유일한 토성이었기 때문에 학자들 사이에서 한성과 하남 한성백제의 강력한 왕성 후보지로 부각되었다. 한성, 한산성, 하남 위례성 등 기록상에 보이는 이름들의 관계를 의식하면서 평지의 풍납토성, 구릉지의 몽촌토성 그리고 하남 '위례성'을 떠올렸다. 이 때문에 일부 학자들은 몽촌토성을 하남 위례성과 동일시하는 견해를 가졌다.

하지만 1997년에 몽촌토성에서 약 700미터 떨어진 풍납토성 일대에 아파트 공사가 시작되었다. 그런데 이 지역 일대의 약 1천 평에서 나온 유구와 유물의 양은 몽촌토성 전체 13만 평에 이르는 유물과 맞먹는

---

11 몽촌토성의 발굴 초기에는 하남 위례성과 몽촌토성을 동일시하는 견해가 다수 존재했다. 하지만 풍납토성이 발굴되면서 이러한 시각은 수정되었다.

350박스 분량의 엄청난 수량이었다. 그 결과 몽촌토성과 위례성을 동일시하는 견해는 곧바로 수정되었다. 결국 풍납토성이 백제 초기의 왕성이었으며, 풍납토성이 몽촌토성보다 좀 더 오래된 왕성이었음이 분명해졌다.[12] 그리고 풍납토성의 존재는 고이왕古爾王, 234~286 이전 고대 왕국 백제의 존재를 재확인시켜 주었다.

풍납토성은 몽촌토성보다 3세기 이상 연대가 거슬러 올라가는 판축기법으로 쌓은 대규모 토성이다. 성벽은 거대한 판축기법으로 벽돌처럼 차곡차곡 쌓아 올렸다. 지하 4미터 아래 감춰져 있던 풍납토성은 판 안에 강한 점착력을 지닌 서로 다른 성분의 고운 흙을 채로 쳐서 10센치 단위로 부으면서 절구공이로 다져서 쌓은 판축토성이다. 이것은 그 자체의 접착력으로 들러붙기 때문에 콘크리트 효과를 내게 된다고 한다. 이 때문에 비록 흙으로 쌓았지만 오히려 돌로 쌓은 석성보다 견고하다는 평가를 받고 있다.

돌로 쌓은 석성은 그 중의 돌이 하나 빠지면 쉽게 성 전체가 무너질 수 있다. 이와 달리 흙을 일일이 다져가면서 쌓은 판축의 토성은 강한 접착력을 지니기 때문에 어떤 충격에서 거의 무너져 내리지 않는다고 한다. 이러한 사례는 고대의 중앙아시아 등 여러 판축토성에서도 확인되고 있다. 풍납토성에 대한 방사선 탄소연대 측정법에 의한 연구 결과 풍납토성 하부층은 기원전 170~기원 70년과 기원 10년~기원 230년에 형성된 것임을 알 수 있다. 집자리는 기원전 380~기원 90년, 기원전 70~기원 140년, 기원 70년~330년에 형성된 것임을 알 수 있다. 백제 건국을 기점으로 보면 대체적으로 이 연대 측정에 부합하고 있다.

풍납토성에서 나온 유물들 중 학계의 관심을 끈 것은 단연 백제 기와

---

[12] 고고학계에서 몽촌토성을 하남 위례성과 동일시하는 시각은 수정되었지만, 풍납토성을 하남 위례성과 동일시하는 견해가 다시 생겨났다. 하지만 이러한 견해는 다시 생각할 필요가 있어 보인다.

였다. 그런데 이들 기와들의 문양에서 불교의 연화문은 발견되지 않았다. 아직 불교가 전래[384]되기 전이었기 때문일 것이다. 대신 잎사귀, 방사선 등 기하학적인 문양을 한 기와들이 대부분 출토되었다. 『신당서』에서 고구려의 생활을 기록한 부분에 의하면 대부분이 "풀로 집의 지붕을 이는데, 오직 왕궁과 관청과 사찰만 기와를 사용한다"[13]고 하였다. 발굴된 기와는 이곳이 왕성이나 관청이었음을 시사해 주고 있다.

이곳에서 발견된 전돌은 백제에서 처음 나왔다. 이것 또한 이곳이 왕성이었음을 시사해 준다. 전돌은 건물을 짓기 전에 밑바닥에 깔던 돌이다. 이러한 전돌을 간 뒤에 지은 건물은 왕궁의 건물이었을 것이다. 발굴된 경당지구[14] 건물터에서도 건물 위의 장식용 와당瓦當, 흙으로 구워 만든 관管, 제사터로 추정되는 여몸자형 건물지, 그 옆에서는 발견된 제사용 희생물인 말머리 뼈 9개체와 소머리 뼈 1개체[15], 대부大夫라는 토기도 발견되었다.[16] 이를 종합해 볼 때 이 건물지는 임금이 하늘을 향해 기우제나 기청제 등을 지내는 왕궁의 제사터임이 분명해 보인다.

그렇다면 백제에 최초로 불교를 전한 마라난타摩羅難陀는 동진(수도 건

---

13 歐陽修, 『新唐書』. "以草茨屋, 惟王宮宮府佛廬以瓦."
14 한신대 박물관에 의해 이루어진 경당지구 약 1천여 평 정도의 발굴 유물은 약 2만 점 이상으로 알려져 있다. 출토유물 중 가장 많은 것은 토기류이며 항아리와 단지류와 같은 실용적 생활도구들이 많다. 여기에서는 영산강 유역의 토기들과 5세기 당시의 서부 경남의 소가야 외곽(산청/함양)지역의 암갈색 토기들이 발견되고 있다. 소가야 지역이었던 산청의 묵곡리 일대 80여 기의 무덤에서도 백제 토기 20여 점이 출토되고 있다. 풍납토성에서 출토된 식류 토기조각과 본에서도 3세기에 등장하는 식류토기를 통해 두 나라 사이의 교류가 확인되고 있다. 아마도 한성백제가 서부 경남의 소가야를 중간기지로 삼아 바다 건너 왜와 해상무역을 추진했던 것으로 짐작된다.
15 대개 희생물로 쓰이는 동물로 왕은 소, 관리는 양, 백성은 돼지로 했다. 말은 소보다 귀한 동물로 왕이 하늘에 제사를 지낼 때 그 희생물로 썼다.
16 大夫는 한나라 관직명의 예로 보면 왕성을 총괄하는 관리로 알려져 있다. 대부 뒤에 덧붙은 '정'(井)은 부호인 샵(#)과 같이 벽사(辟邪)의 기능을 지니고 있는 것으로 짐작된다.

강)에서 배를 타고 한강을 하류를 거슬러 올라와 한성백제의 어디로 들어왔을까?[17] 동진에서 한성으로 올 수 있는 뱃길은 크게 세 가지이다. 첫 번째는 동진의 수도 건강에서 산동반도를 거쳐 묘도열도-요동 등 연안을 항해하여 한강으로 들어오는 길이다. 두 번째는 산동반도를 거쳐 직접 서해를 횡단하여 한강으로 들어오는 길이다. 세 번째는 동진 건강에서 서남해안 나주 영암 등지로 들어오는 길이다. 위 세 가지 바닷길이 구체적으로 언제 개통되었는지 알려진 바는 없다. 하지만 5세기 후반 동성왕대 내법좌평 사약사沙若思가 남제南齊에 조공을 가려다가 서해바다에서 고구려의 군사를 만나 되돌아온 경우를 생각해 보면[18] 백제의 대중국 항해는 특별한 경우가 아닌 한 연안 항로를 이용한 것으로 생각된다.[19]

당시의 항로를 고려해 보면 마라난타는 연안 항로를 이용해 침류왕 원년인 서기 384년에는 현재의 풍납토성이나 몽촌토성에 이르렀을 것이다. 신도읍인 한산주를 제외하면 구도읍은 평지에 자리한 풍납토성과 한강 주변의 구릉지에 자리한 몽촌토성으로 자연스럽게 모아지게 되기 때문이다. 결국 당시의 왕성인 몽촌토성에서 나온 침류왕이 교외이자 강가에 자리한 풍납토성에 이르러 마라난타를 마중했을 것으로 짐작된다.

---

17 백제와 동진의 교류시기는 한성백제의 발굴 토기로 보아 東晉 말기보다 빠른 동진 초중기(3세기 초 이래 4세기 초)부터 교류를 했을 것으로 보고 있다. 그동안 일본에서 출토된 중국의 금동과대금구를 통해 야마토 정권이 중국과 직접 교류해 왔다는 증거로 삼아왔다. 하지만 우리나라 고고학계에서는 한성백제의 몽촌토성에 이어 풍납토성에서 금동과대금구가 나오면서 중국과 왜를 연결하는 중심에 한성백제가 있었던 것으로 보고 있다.
18 金富軾,『三國史記』권9,「百濟本紀」제1, 東城王 7년.
19 조경철,「백제 한성시대 불교수용과 정치세력의 변화」,『한국사상사학』제18집, 한국사상사학회, 2002, p.244.

a) 「백제본기」에 이른다. 제15대[僧傳에서는 14대라고 했으니 잘못된 것이다.] 침류왕枕流王 즉위 갑신년[東晉 孝武帝 태원 9년]에 호승胡僧 마라난타摩羅難陀가 진晉나라로부터 (백제에) 이르자 (백제왕이) 그를 궁중에 맞이해 두고 예경하였다.[20]

b) 이듬해 을유년385에 새로운 도읍新都 한산주漢山州에 불사佛寺를 창건하여 승려 10인을 득도시켰다. 이것이 백제 불법의 시작이다.[21]

고고학계의 방사선 탄소연대 측정법에 의한 연구 결과 평지의 풍납토성이 좀 더 이른 시기의 성임이 밝혀졌다. 그리고 구릉지의 몽촌토성이 보다 늦은 시기의 성임도 확인되었다. 또 근초고왕 이전에 왕성을 옮겼다는 기록이 보이지 않는다. 따라서 근초고왕 재위 26년(신미, 371)에 도읍을 옮겼다는 기록[22]은 백제 초기의 왕성이었던 풍납토성에서 몽촌토성으로 도읍을 옮겼다는 사실을 확인시켜 주고 있다. 동시에 몽촌토성은 북으로부터 침공을 대비한 방어용 성이었음을 뒷받침해 주고 있다.

이러한 점들을 고려할 때 한성백제의 왕성은 강가의 평지에 자리한 풍납토성에서 점차 내륙의 구릉지에 자리한 몽촌토성으로 이주하였을 것으로 짐작된다. 그렇다면 한성백제의 왕성은 풍납토성→몽촌토성→하남 위례성의 순서로 옮겨간 것으로 이해된다. 그리고 침류왕이 옮긴 새로운 도읍 한산주는 하남 위례성이었을 것으로 짐작된다.

---

20 一然, 『三國遺事』, 「興法」 제3, '難陀闢濟'.
21 一然, 『三國遺事』, 「興法」 제3, '難陀闢濟'.
22 金富軾, 『三國史記』 권24, 「百濟本紀」 제2, 近肖古王 26년.

2. 하남 이성산성 춘궁동 위례성

한성백제의 마지막 왕이었던 개로왕은 위례성에서 고구려 장수왕의 3만의 대군에 맞서 7일 7야 동안 버텼지만 끝내 무너지고 말았다. 결국 개로왕은 아우인 문주를 남쪽의 웅진으로 보내 백제를 이어가게 하였다. 이후 한성백제는 한강 유역에서 사라졌고 금강 유역의 웅진백제(남부여)로 이어졌다.

한성백제 시기 한성 또는 한산으로 추정되는 곳은 풍납토성, 몽촌토성, 남한산, 북한산으로 보는 주장들이 있다. 이와 달리 신라는 553년에 백제로부터 한강 유역을 빼앗아 지방통치를 위해 신주新州를 설치하였고, 이후 경덕왕 때인 757년에는 한산주漢山州로 바꾸었다. 당시 한산주를 다스리는 치소는 이성산성 춘궁동에 자리했던 위례성이었다.

한강 유역의 움직임이 한눈에 들어오는 이성산성(둘레 1,925미터)은 209.8미터의 주봉을 중심으로 자연 지형을 따라 축조한 석성이다. 이 성은 팔당리에서 잠실지역에 이르는 넓은 지역을 관찰할 수 있는 지리적 조건을 갖추고 있다.

조선시대 학자인 홍경보는 『남한지』에서 "이성산은 금암산 북쪽에 있고 온조의 고성이 있다"[23]고 하였다. 정약용은 『여유당전서』에서 "온조의 옛 궁전은 본디 광주의 고읍에 있다"[24]고 하였다. 이들 조선조 유학자들이 한성백제의 왕성으로 추정한 광주의 고읍은 지금의 하남시 춘궁동 일대로 비정된다. 그렇다면 실제로 이곳에 한성백제의 최후 왕성이 있었던 곳일까?

백제의 수도가 하남 위례성에 있었다는 몇몇 기록과 하남시 고골에

---

23 洪景輔, 『南漢誌』. "二城山在金岩山北, 有溫祚古城."
24 丁若鏞, 『與猶堂全書』. "溫祚舊宮, 本在廣州之古邑."

서 나온 약정사藥井寺 명문기와, 천왕사 명문기와, 그리고 『태종실록』의 몇몇 기록들[25]에 의하면 한성백제의 도읍은 풍납토성에서 몽촌토성을 거쳐 위례성으로 이동한 것으로 파악된다.

a) 광주 위유성尉由城의 전지田地를 각 품各品에 도로 주었다.[26]

b) 임금이 상왕을 받들어 광주廣州 위요성慰要城에서 사냥하고, 초 8일에 환궁하였다.[27]

c) 임금이 상왕을 받들고 광진廣津을 건너 위요성에서 매사냥하는 것을 구경하고, 저녁에 석도石島에 머물러 잤다.[28]

이들 기록에서 보이는 '위유성', '위요성'은 경기도 광주지역 즉 지금의 하남시에 있던 백제의 위례성임을 밝히고 있다. 이들 지명은 조선 초기까지도 남아있었으며, 그 당시 검단산 밑에는 강무장講武場이 있어 왕들이 자주 출행出行했다[29]고 한다.[30]

하남시는 한성백제라는 기대를 갖고서 1986년부터 이곳이 한성백제 왕성인지를 알아보기 위해 여러 차례 발굴을 시도했다. 처음으로 이성산성부터 발굴이 시작되었으며 발굴 결과 성안에는 저수지(제1/제2/제3

---

25 성주탁, 「백제사비도성연구」, 『백제연구』 제13집, 충남대 마한백제연구소, 1982.
26 『太宗實錄』 권제28, 14년 8월 28일 戊辰條.
27 『太宗實錄』 권제32, 16년 10월 7일 乙丑條.
28 『太宗實錄』 권제34, 17년 9월 3일 乙卯條.
29 오순제, 「백제 불교에 대한 재고찰 - 마라난타와 초전지를 중심으로-」, 『명지사론』 제13집, 명지대학교, 1992.
30 오순제, 『한성백제사』(서울: 집문당, 1995), pp.45~46. 이 마을에 사는 김종규에 의하면 궁 안의 외수 부근에는 '도장모루'가, 항골에는 '도장골', 가운데 말에는 '도장골'이라는 지명이 남아있어 이 부근에 강무장(講武場)과 위요성이 존재했음을 밝혀주었다.

차)와 건물지터가 복원되어 있다. 이곳에는 지금도 대형 막초석들과 유물 파편들이 즐비하게 늘려 있다. 이들 유물들은 오래전부터 마을의 일부가 되어 있었다. 이곳 춘궁동 주민들의 집 안팎에는 기와나 토기편들이 수집되어 있다. 이들은 이곳을 한성백제의 도읍인 하남 위례성으로 믿고 있다.

그런데 최근의 제3차 발굴 과정에서 발견된 목간에는 "수성도사촌주須城道使村主 전남한산성△△前南漢山城△△ 무진년정월십이일戊辰年正月十二日 붕남한성도사朋南漢城道使"라고 적혀 있다. 여기서 '무진년'戊辰年과 '도사'道使라는 글자가 주목되었다. 무진년608은 신라가 한강 유역을 차지하고 있던 해이다. 도사는 신라의 지방관직명이다. 이 때문에 이 두 가지 글자는 이곳이 신라성임을 결정짓게 했다. 이후 7차까지 발굴이 이어졌지만 인화문병, 연화문와당을 비롯해 대부분의 신라의 유물들만이 출토되었다. 발굴팀이 기대했던 백제의 유물은 단1점도 나오지 않았다.

그런데 제8차 발굴 중 저수지 안에서 나온 또 하나의 목간을 발굴하였다. 발굴된 고구려 목간에는 욕살褥薩이라는 관직명이 희미하게 확인되었다. 욕살은 고구려 각 지역을 담당하는 지방장관의 직명이며 고구려 금석문에서 처음으로 확인되었다. 또 일부가 훼손되고 눈금이 희미한 고구려자麗尺(35.6센치미터)와 요고腰鼓(고구려 장구의 일종), 고구려와 백제의 토기와 기와편이 소량 발굴되었다.

이어 이곳에서 나온 새로운 성벽이 주목을 받았다. 성벽을 절개하자 축성 시기가 다른 1차, 2차, 3차 성벽이 나왔다. 성벽에는 초축의 백제식 토성 - 재축의 고구려식 석성 - 삼축의 신라식 석성의 층위로 확인되었다.[31] 백제가 초축했을 가능성이 크다는 것이 발굴팀의 의견이다. 따라

---

31 이성산성 내의 교산동 건물지에서는 백제의 왕성에 걸맞는 유물이 아직 발견되지 않고 있다.

서 이곳이 삼국의 군사적 요충지였음을 알 수 있다.

그러면 이성산성의 의미는 어디에 있을까? 백제가 초축한 성이었다면 이성산성은 도읍지를 지키는 수도경비사령부와 같다고 할 수 있다. 이곳이 왕성을 지키는 전투성이었다면 '이성'二聖이란 직책은 백제의 위사좌평衛士佐平이란 관직을 가리키며 이것은 왕도를 지키는 장관 벼슬이다. 이 직책은 6좌평[32] 중의 하나로 품은 1품이다. 숙위宿衛 관계의 업무를 관장하면서 이곳에서 왕궁을 지키고 있었을 것으로 추정된다.

그런데 이곳에서 겉면을 다듬지 않은 대형의 주춧돌인 막초석들이 발견되었다. 초기 시절의 건축물은 아직 정제하지 않은 막초석으로 기초를 쌓았을 것으로 추정된다. 하지만 고고학적 발굴의 결과 하남시 교산동의 건물지나 주변에서는 한성백제의 왕성에 걸맞는 유물이나 백제의 일반적 유물도 아직도 나오지 않고 있다. 오히려 통일신라나 고려와 조선시대의 유물들이 발굴되었다. 최초의 축조에 대한 지속적인 발굴을 이어갈 필요가 있어 보인다.

백제본기에 이른다. 제15대[승전에는 14대라고 했지만 잘못이다] 침류왕 즉위 갑신[동진 효무제 태원 9년]에 호승 마라난타가 진나라로부터 오자 궁중에 맞이하여 예경하였다. 이듬해 을유년385에 새로운 도읍新都 한산주漢山州에 불사佛寺를 창건하여 승려 10인을 득도시켰다. 이것이 백제 불법의 시작이다. 또 아신왕 즉위 태원太元 17년392 [1]2[33]월에 '불법을 높여 믿고 복을 구하라'는 교지를 내렸다. 마라난타는 번역하여 동학童學[그의

---

32 백제는 ①內臣佐平(왕명 출납), ②內頭佐平(창고·재정), ③內法佐平(예법·의례), ④衛士佐平(왕궁 수비), ⑤朝廷佐平(형벌·감옥), ⑥兵官佐平(지방 군사) 등 6좌평을 두고 있었다.
33 김영태, 『불교사상사론』(서울: 민족사, 1992), p.281; 조경철, 『백제불교사연구』(서울: 지식산업사, 2015), p.77.

신이한 자취異迹에 대해서는 『해동고승전』에 자세히 보인다.]이라 한다. 찬하여 말한다. 천지가 개벽할 때는/ 대개 재주 부리기가 어려운 것인데/ 차근차근 스스로 알면 노래와 춤 절로 나와/ 옆 사람 끌어들여 보도록 하였네.[34]

불교를 공인한 침류왕은 385년에 새롭게 도읍한 한산주에 불교 사찰을 지어 승려 10명을 득도시켰다. 이것이 백제의 불교 공인 기점이 된다. 동시에 불교 사찰의 기원도 새롭게 도읍한 한산주로 볼 수밖에 없다. 이러한 배경 속에서 진사왕을 거쳐 아신왕은 다시 '불법을 높여 믿고 복을 구하라'는 교지를 내렸다.

일연의 『삼국유사』는 「백제본기」를 인용하고 있는데 그가 『삼국사기』의 기록을 참고했는지 『삼국사기』의 원사료인 『구삼국사』를 참고했는지 확정하기 어렵다. 아래의 아신왕 관련 기록은 『삼국사기』에는 보이지 않기 때문이다.

> 아신왕 원년[392] 즉 동진 효무제[376~395] 17년에 왕은 '불법을 높여 믿고 복을 구하라'崇信佛法求福하라는 교지를 내렸다.[35]

이 때문에 이 기록은 오히려 『구삼국사』를 인용했을 가능성이 있다. 당시 아신왕은 불법이 복을 구하는 종교임을 알고 있었다. 같은 해 고구려 고국양왕은 재위 8년[392][36] 3월에 교지를 내려 '불법을 믿고 복을 구하라'고 하고, 해당 관리에게 명하여 나라의 사직단社稷壇을 세우고 종묘

---

34 一然, 『三國遺事』, 「興法」 제3, '難陀闢濟'.
35 一然, 『三國遺事』, 「興法」 제3, '難陀闢濟'.
36 백제의 진사왕에 의해 붕어한 고국양왕은 391년까지 재위했기에 재위 7년 즉 391년의 오기로 보고 있다.

宗廟를 수리하게 했다.[37]

당시 고구려의 고국양왕은 백성을 위해 토신土神과 곡신穀神을 위해 제사 지내는 제단인 사직단을 세우고 역대 임금과 왕비의 위패를 모시는 왕실의 사당大廟/太廟인 종묘를 수리하게 하였다. 이것은 왕이 종교의 기능을 잘 알고 있었음을 시사해 준다. 고국양왕은 '불법이 복을 주는 종교'임을 분명히 알고 교지를 내렸다. 그 결과 당시 사람들은 사찰이 '복을 닦고 죄를 멸하는 곳'修福滅罪之處임도 알게 되었다.

여기서 '복'은 범어로 '뿐야'puṇya, 빨리어로 '뿐냐'puñña이다. '좋은 일,' '좋은 행위', '그것이 가져다주는 바람직한 보답'이란 뜻이다. 복은 선의 원인과 선의 결과를 의미한다. 고구려 고국양왕의 교지는 백제에도 영향을 미쳤다. 진사왕에 이어 왕위에 오른 아신왕도 재위 원년에 '불법을 높이 받들어 믿고 복을 구하라'는 교지를 내렸기 때문이다.

III. 불교 전래의 주체와 장소

1. 마라난타의 출자

근초고왕과 근구수왕 이래 백제는 동진과 긴밀하게 교류하였다. 당시 근초고왕이 372년에 동진에 사신을 보내 조공을 하자 진나라는 백제왕을 '진동장군 영낙랑태수'로 책봉하였다.

> 함안 2년[372] 봄 정월 신축에 백제왕과 임읍왕林邑王이 각각 사신을 보내 조공하였다. 6월에 사신을 보내 백제왕 여구餘句를 진동장군鎭東將軍

---

37 金富軾, 『三國史記』 권18, 「高句麗本紀」 제6, 故國壤王 8년.

영낙랑태수領樂浪太守로 책봉하였다.[38]

대외교섭 관계에서 힘이 센 제국을 향해서 이웃의 제후국들은 '조공'과 '책봉'을 통해 국제관계를 유지해 온 것은 고금이 동일하다. 백제는 이를 통해 연맹체로서의 마한이라는 제약에서 완전히 벗어나 왕조 국가의 기틀을 다졌다.[39] 이것은 백제가 동진과의 첫 교섭을 통해 동아시아에 그 공식적인 국가적 실체를 드러낸 것이라고 할 수 있다.[40]

당시 동진의 태종 간문제는 유교와 도가를 널리 신봉하고 있었다. 이미 불교도 널리 퍼져 있었지만 간문제는 불교의 유통에 적극적이지 않았다. 이와 달리 효무제는 불교를 적극적으로 믿었다. 이 때문에 사서에서는 동진불교는 효무제로부터 시작되었다고 기술하고 있다. 근초고왕은 동진과의 교섭을 통해 왕권을 공고히 할 수 있는 기반을 다질 수 있었다. 동시에 근초고왕은 대외적으로 영토를 확장하면서 중앙집권을 강화해 나갈 수 있었다.[41] 하지만 근초고왕은 고구려가 전진으로부터 불교를 받아들이고 있었음372에도 불구하고 동진으로부터 불교를 받아들이지 않고 유가와 도가를 널리 신봉하고 있었다.

11월에 한수漢水 남에서 군사를 정열시켜 검열하였는데大閱 깃발旗幟은 모두 황색黃色을 사용하였다.[42]

당시 백제에는 태극과 음양오행을 기본으로 하는 유교가 널리 퍼져

---

38 『晉書』 권9, 「帝紀」 9, 太宗簡文帝.
39 노중국, 『백제정치사연구』(서울: 일조각, 1988), p.108.
40 양기석, 『백제사자료역주집』 한국편1(백제문화사대계 자료집성) 충청남도역사문화연구원, 2008.
41 노중국, 앞의 책, pp.112~122.
42 金富軾, 『三國史記』 권24, 「百濟本紀」 제2, 近肖古王 24년.

있었다. 유교의 세계관을 담고 있는 음양을 표현하는 오행은 군사조직에도 반영되어 동(청), 남(주), 중(황), 서(백), 북(흑) 오색의 깃발로 실현되었다. 그만큼 유교가 일상화되어 있었던 것이다. 도교 역시 마찬가지였다.

그즈음 백제[43]는 개국 이래 정치적[44]으로 온조계[45]로 이어져 오다가 개루왕의 두 아들인 초고(5대)의 계통[46]와 고이(8대)의 계통[47]으로 갈라져 갈등[48]이 깊어져[49] 있었다.[50] 이러한 상황에서 근초고왕은 왕위에 올랐다. 그는 백제의 위상을 공고히 하기 위해서는 왕실의 계보를 뛰어넘은 새로운 사상체계를 절실히 필요로 했다. 그리고 그 일환으로 중국과의 관계 개선을 도모하려 한 것[51]으로 이해된다.

또 『고기』古記의 기록으로 신고 있지만 백제는 박사 고흥高興을 얻어 비로소 『서기』書記를 가지게 되었다.[52] 백제의 역사서인 『서기』를 편찬했

---

43 金富軾, 『三國史記』 권24, 「百濟本紀」 제1, 始祖溫祚王. "其世系與高句麗同出扶餘, 故以解爲氏."
  金富軾, 『三國史記』 권24, 「百濟本紀」 제1, 南扶餘前百濟. "百濟王姓扶氏, 故稱之."
  金富軾, 『三國史記』 권24, 「百濟本紀」 제1, 南扶餘前百濟. "解氏, 其世系與高句麗同出扶餘, 故以解爲氏."
44 千寬宇, 1925~1991), 「삼한의 국가형성」, 『한국학보』 제2, 제3호, 일지사, 1976; 천관우, 『고조선사·삼한사연구』(서울: 일조각, 1989). 천관우는 백제의 왕실 계보를 왕실 교대의 입장에서 고찰하여 크게 優台-沸流-古爾系와 朱夢-溫祚-肖古系로 나누었다. 우태-비류-고이계에 속하는 왕은 고이왕-책계왕-분서왕-계왕이다.
45 여기서 溫祚를 이은 다루-기루-개루의 '婁'자는 解氏인 解夫婁 등의 婁와 통한다.
46 구수왕(6대)-사반왕(7대)계-비류왕(11대)-
47 책계왕(9대)-분서왕(10대)-계왕(12대)-
48 노중국, 「해씨와 부여씨의 왕실교체와 초기백제의 성장」, 『김철준박사화갑기념논총』 (서울: 지식산업사, 1985). 노중국은 백제의 왕성은 扶餘氏와 解氏로 이어지고, 백제의 왕실은 解氏-沸流系와 扶餘氏-溫祚系로 이어졌다고 보았다. 또 해씨의 왕으로는 다루왕-기루왕-개루왕으로 이어졌고, 고이계와 초고계를 모두 부여씨의 방계로 보았다.
49 김두진, 「백제시조 온조신화의 형성과 그 전승」, 『한국학논총』 13, 국민대 한국학연구소, 1990.
50 김기섭, 『백제와 근초고왕』(서울: 학연문화사, 2000), p.70.
51 조경철, 앞의 논문, 앞의 책, p.248.
52 金富軾, 『三國史記』 권24, 「百濟本紀」 제2, 近肖古王 30년. 김부식은 "그러나 高興

던 것은 유교사관에 입각해 민심을 통합하기 위한 통치술의 일환으로 이해된다. 하지만 근초고왕은 백제 왕실의 갈등을 근본적으로 해소하지는 못하였다. 결국 근초고왕의 이러한 노력은 손자인 침류의 과제로 이어진 것[53]으로 이해된다.

근초고왕은 재위 26년 겨울에 태자와 함께 정병 3만을 거느리고 고구려에 침입하여 평양성을 공격하였다. 고구려의 고국원왕이 힘을 다해 막다가 백제군이 쏜 화살에 맞아 목숨을 잃었다. 근초고왕은 군사를 이끌고 물러나 돌아온 뒤 이 해에 왕성의 천도를 밀어붙였다. 백제 왕성의 천도는 왕을 잃은 고구려의 침입에 대비한 조처이자 왕실 내부의 정치 지형에서 특정 왕계를 뛰어넘기 위해서 근초고왕이 던진 마지막 승부수로 보인다.

대개 왕성의 천도는 기득권을 가진 이들의 반대와 저항이 거세기 마련이다. 그렇지만 근초고왕은 고구려의 침입에 대비할 뿐만 아니라 기존 정파들의 대립을 근원적으로 해소시키기 위해 왕성의 천도라는 특단의 조치를 강행하였다. 강가의 평지에 자리한 왕성(풍납토성)을 경사지에 있는 왕성(몽촌토성)으로 옮긴 것은 고구려와 신라의 침입에 대비하기 위한 것으로 이해된다.

하지만 재위 만년에 도읍을 옮긴 근초고왕에 이어 재위에 오른 근구수왕도 왕권을 크게 강화하고자 하였다. 그는 재위 2년에 왕의 장인 진

은 일찍이 他書에는 나타나지 않으므로 어떤 사람인지 모르겠다"고 적고 있다.
53 『日本書紀』권9, 神功記 52년 9월. 근초고왕은 손자인 침류에게 백제에 대한 자부심을 심어주기에 충분했다. "지금 내가 통치하고 있는 해동의 貴國(백제)은 하늘이 열어준 바이다. 이로써 천은을 내리시고 海西(요서백제)를 떼어 내게 주셨다. 이 때문에 國基가 영원히 단단하다. 너도 마땅히 우호를 닦고 토산물을 모아서 봉헌하기를 끊이지 않는다면 죽어도 한이 없다"라고 하였다. 이것을 근초고왕이 손자인 침류왕에게 일본과의 관계 개선을 당부한 내용으로 보아야 하는지는 의문이다. 오히려 산동성, 하북성, 요령성 일대에 걸쳐있었던 遼西百濟의 입장에서 해동의 貴國인 半島百濟를 얘기하고 있는 것처럼 보이기 때문이다.

고도眞高度를 내신좌평으로 삼아 정사를 맡겼다. 외척인 진씨 일가를 통해 왕권을 강화하기 위해서였다. 근구수왕은 재위 5년 3월에는 사신을 동진에 보내어 조공을 하였다. 하지만 그 사신이 해상에서 폭풍을 만나 동진의 건안에 이르지 못하고 돌아왔다. 근구수왕은 태자 때부터 고구려 국강왕인 고국원왕斯由의 침략에 맞서 여러 차례 전쟁에 참여하였다.

태자가 말을 좇아 나아가 고구려군을 좇아 진격하여 크게 적군을 무찌르고 도망치는 것을 뒤따라 북으로 좇아 수곡성新溪 서북에까지 이르렀다. 이에 장군 막고해莫古解가 간하기를 "일찍이 도가의 말을 들으니 '족할 줄 알면 욕스럽지 않고, 그칠 줄 알면 위태롭지 않다'[54]고 하였습니다. 지금 얻은 바가 많으니 구할 것이 무엇 있겠습니까?" 하였다. 태자가 이 말을 좋게 여겨 추격하기를 그만두고 돌을 쌓아 표지를 삼았다. 태자가 그 위에 올라가 좌우를 돌아다보며 "금후에 누가 다시 여기에 이를 수 있을까" 하였다. 그곳에는 마치 말발굽같이 틈이 생긴 암석이 있는데 사람들이 지금도 태자의 말자취馬迹라고 부른다.[55]

이 기록에 의하면 당시 백제는 이미 노장사상이 깊이 뿌리를 내리고 있었음을 알 수 있다. 장군 막고해의 간청에 태자가 군사를 멈출 정도로 귀족 세력의 힘이 강했다. 이것은 당시 백제의 지배 세력이 의지하고 있었던 사상적 기반이 도가였음을 알려주고 있다. 결국 부왕인 근초고왕이 그러했듯이 근구수왕은 왕권을 공고히 하기 위해서는 지배계층이 의지하고 있던 도교와 유교 사상과 다른 불교사상이 필요하다고 인식하고 있었다.

---

54 老子, 『道德經』 제44장. "名與身孰親, 身與貨孰多, 得與亡孰病. 是故甚愛必大費, 多藏必厚亡. 知足不辱, 知止不殆, 可以長久."
55 金富軾, 『三國史記』 권24, 「百濟本紀」 제2, 近仇首王 즉위년.

근구수왕을 이어 384년에 재위에 오른 침류왕은 왕권의 강화가 필수적이었다. 침류왕은 근구수왕의 아들이고 어머니는 아니阿尒[56]부인이었다. 『삼국사기』는 침류왕 대에 마라난타가 불교를 전해온 사실을 적고 있다.

> 가을 7월에 사신을 진나라에 보내 조공하였다. 9월에는 호승 마라난타가 진나라로부터 왔다. 왕이 그를 맞이하여 왕궁 내에 모시고 예경하였으니 불법이 이로부터 시작되었다. 2년 봄 2월에 불교 사찰을 한산에 세우고 10인에게 구족계를 주어 승려를 만들었다. 겨울 11월에 왕이 훙서하였다.[57]

침류왕이 이렇게 짧은 기간에 호승 마라난타를 맞이하고 그를 예경하며, 새로운 도읍인 한산에 불교 사찰을 세우고, 10인에게 구족계를 주어 승려를 만들 수 있었던 동력은 어디에 있었을까? 왕의 어머니 아이阿尒부인은 근초고왕의 며느리이자 근구수왕의 비였다. 그녀는 진씨계[58]였

---

56 침류왕의 모친인 阿尒부인을 阿爾兮(삼국사기 2, 助賁尼師今 원년), 阿尼(삼국유사 王曆 眞德女王)와 같은 말로 보아 여성을 표시하는 우리 古語로 생각된다. 「新羅本紀」와는 달리 母系의 표시가 없는 「百濟本紀」에서 침류왕의 母가 기록되어 있는 것은 주의를 요한다. 범어에서 女僧을 阿尼라고 부른다는데 만일 이 梵語의 借用이라면 이것은 혹 침류왕 때의 불교전래와 관련을 가졌는지도 모르겠다는 이병도(李丙燾, 1896~1989)의 주석은 주목된다. 이것은 침류왕의 적극적 불교 공인과도 연관되어 보이기 때문이다.
57 金富軾,『三國史記』권24,「百濟本紀」제2, 枕流王 즉위년.
58 조경철, 앞의 논문, 앞의 책, p.259. 阿尒부인을 眞氏계가 아닌 解氏계로 보는 시작도 있다. 근초고왕 이후 사라진 고이계를 史書에서 굳이 찾는다면 眞氏, 解氏, 木氏 가운데 하나일 것이다. 진씨는 근초고왕 이전부터 중요 귀족세력이었고 근초고왕대 왕비족이 된 이후 실권을 잡았지만 전지왕대 이후 실각한다. 목씨는 구이신왕대 한동안 실권을 잡았지만 곧 실각하였다. 해씨는 전지왕대 왕비족으로 세력을 잡은 이후 한성시대 계속 실권을 잡았다.

으며 아신왕의 태자인 전지의 비인 팔수부인八須夫人은 해씨였다.[59]

그러면 동진의 수도인 건안(남경)에서 백제로 건너온 호승 마라난타는 어디에서 왔을까? 각훈의 『해동고승전』 「마라난타전」은 이렇게 적고 있다.[60]

승려 마라난타는 호승胡僧이다. 신이와 감통은 정도를 짐작할 수 없다. 여기저기 돌아다니기로 뜻을 굳혀 한곳에 머무르지 않았다. 『고기』古記를 살펴보면 [그는] 원래 [천]축의 건[타라]에서 중국으로 들어와 말뚝을 박아 신身을 전하고附杙傳身, [향의] 연기를 증거로 하여 벗을 불러들였다徵烟召侶. [그는] 위험에 부딪치고 험난한 일을 겪었지만 어려움과 괴로움을 무릅쓰고 인연이 있으면 따라나서, 아무리 먼 곳이라도 밟지 않은 곳이 없었다. 백제 14대 침류왕이 즉위한 원년 9월에 [마라난타가] 진나라에서 들어오니 왕은 교외에까지 나가 그를 맞이하였으며, 궁중에 모시고 공경히 받들어 공양하면서 그의 설법을 들었다. 위 [사람들]도 좋아하고 아래 [사람들]도 교화되어, 불사를 크게 일으켜 함께 찬송하고 봉행하니, [불법의 전파는] 마치 파발을 두어 명을 전하는 것 같았다.[61] 2년385 봄 한산에 절을 창건하고 승려 10명을 출가시키니 [그것은 왕이] 법사를 존경했기 때문이다. 이로 말미암아 백제는 고(구)려 다음으로 불교를 일으켰으니, 거슬러 계산하면 가섭마등摩騰이 후한에 들어온 지 280여 년이 되는 셈이다.[62]

---

59 腆支王 시절에는 왕비인 解氏 八須夫人과 함께 內法佐平 解須, 兵官佐平 解丘였으며 비유왕 3년에는 上佐平이 된 解須도 해씨계를 대표한다. 이렇게 본다면 백제는 불교 전래와 공인 과정에서 解氏가 주요한 역할을 했음을 알 수 있다.
60 覺訓, 『海東高僧傳』 摩羅難陀傳.
61 覺訓, 『海東高僧傳』 摩羅難陀傳. "王出郊迎之, 邀致宮中, 敬奉供養, 稟受其說. 上好下化, 大弘佛事, 共贊奉行, 如置郵而傳命."
62 장휘옥 번역, 『해동고승전 _ 현대적 풀이와 해석』(서울: 민족사, 1991), pp.150~155.

(중간 생략[63])

『송(고)승전』에 이르기를 "난타는 여환삼매를 얻어 물에 들어가도 젖지 않고 불에 들어가도 타지 않았으며, 능히 금이나 돌을 변화시키는 등 그 변화가 무궁하였다"고 했다. 이때는 건중 연간[780~783]에 해당되므로 연대가 서로 어긋나 같지 않으니, 아마 한 사람의 자취는 아닌 듯하다. 찬하여 말한다. 세상의 유민들은 거스르는 성질이 아주 많아 임금의 명령에 복종하지 않는 일도 있고, 나라의 법령에 따르지 않는 일도 있다. [그러나] 일단 들어 보지 못했던 일을 듣고, 보지 못했던 일을 보았을 때는, 곧 지금까지의 잘못된 것을 모두 고쳐 선善으로 옮겨가고 진眞을 닦아 내면으로 향하니, [이것은] 기의機宜(시기와 형편)를 따른 때문이다. 전傳에 이르기를 "무언가를 말했을 때 그것이 좋은 말이라면, 천리 밖의 먼 곳에 있는 사람까지도 그 말에 감동하여 호응한다"고 하였으니, 어찌 이것을 이름이 아니겠는가? 그러나 능력에 알맞게 포섭하는 방법은 반드시 그 때를 잘 타는 데 있으니, 그러기에 일은 옛 사람의 절반만 하고도 공은 반드시 갑절이나 되는 것이다.[64]

호승에서 '호'胡는 대개 중국이 새외塞外 민족을 부르는 말이다. 진한시대에는 주로 흉노匈奴를 일컬었고, 이후에 점차 확대되어 서역의 여러 민족을 부르는 말이 되었다. 마라난타 조목의 '호'는 후자를 가리킨다.[65] 이후에 중화를 중심에 두고 동이東夷, 남만南蠻, 서융西戎, 북적北狄으로 본 것도 이 때문이다. 그러면 천축은 인도와 동일한 지역을 일컫는 것일까? 역사적으로 인도와 천축은 동일시되지 않았다. 인도에 견주어 천축은 훨씬 더 넓은 지역을 일컬어 왔다.

---

63 『耆老記』와 三韓에 대해 언급한 부분은 중간 생략하였다.
64 장휘옥 번역, 앞의 책, pp.150~155.
65 村上四男, 『三國遺事考證』 下之一(塙書房), p.28.

이러한 사실을 잘 보여주는 것이 8세기의 기행문인 혜초의 『왕오천축 국전』往五天竺國傳이다. 역사적으로 시기적으로 인도와 천축은 동일시되지 않아 왔다. 혜초는 동천축, 남천축, 중천축, 서천축, 북천축의 5천축의 38개국을 답사하여 기행문을 남겼다. 여기에 의하면 오늘날의 인도는 남천축과 서천축 일부와 동천축의 일부에 해당할 뿐 중천축과 북천축 및 동천축 일부와 서천축 일부를 담아내지 못하는 권역이다. 이 부분을 놓치면 인도와 천축을 동일시하게 된다.[66]

각훈은 『송고승전』의 마라난타 기록을 인용하면서 이것을 당나라 덕종 연간의 사례로 기록하고 있다. 그러면서 마라난타 한 사람의 일이 아닐 것으로 보고 있다. 아마도 이것은 마라난타의 신이성과 감통력을 강조하기 위한 것으로 보이며 이것은 불교와 승려들의 신이성과 감통력을 강조하기 위한 것으로 이해할 수 있을 것이다.

『송(고)승전』에 이르기를, "난타는 여환삼매如幻三昧를 얻어 물에 들어가도 젖지 않고 불에 들어가도 타지 않았으며, 능히 금이나 돌을 변화

---

66 이주형, 「마라난타의 출신지 축건, 간다라」, 『중앙아시아연구』 제24호 제2권, 중앙 아시아학회, 2019, pp.1~32. 마라난타의 출신지로 기록된 축건을 '천축의 간다라'로 푼 장휘옥의 번역을 '번역상의 실수' 내지 '연구상의 작은-그러나 심각한-실수'(이 주형 지적)라고만 할 수 없을 것이다. 역사적으로 '天竺'은 오늘날의 '印度'만이 아니라 현재의 중국 중서부 상중하 지역에 걸치면서 아시아 전역에 해당되는 넓은 개념으로 써왔기 때문이다. 혜초가 서천축의 끝을 시리아와 아라비아(大寔)로 표기했을 정도로 천축의 범위는 인도(남천축/서천축과 동천축 일부)를 넘어 매우 넓다. 현재 파키스탄 내의 간다라가 있는 지역은 당시 '(서)천축지역의 간다라'로 볼 수 있어 이곳이 1948년 이전에 인도였던 점을 감안하면 각훈이 기록한 '胡僧'의 '胡'의 의미를 '西域' 일대(서천축)로 보아 장휘옥이 '竺乾'을 "[천]축의 건[타라]"로 옮긴 것을 틀렸다고 보기 어렵다. 장휘옥은 '축'을 '천축'으로, '건'을 '건타라'로 보고, '건'을 '축'의 일부로 간주하여 '천축의 간다라'로 옮긴 것으로 이해할 수 있기 때문이다. 다만 이후에 전개된 마라난타의 출생지라는 초타라호르에서 기념 식수하고 명판 제막식을 거행한 것에 대해서는 여기에서 언급하지 않겠다. 이경민, 「마라난타 스님 고향 찾은 조계종 … '불교문화 다시 꽃 피우길'」, 〈불교신문〉 2019년 11월 22일.

시키는 등 그 변화가 무궁하였다"고 했다.[67]

    삼매란 하나의 대상에만 마음을 집중시켜 마음이 어지럽지 않게 한 경지를 일컫는다. 전통적으로 여환삼매, 관불삼매, 보현삼매, 염불삼매가 자주 거론된다. 여환삼매는 대상을 허깨비와 같이 이해하여 마음에 걸림이 없기 때문에 물에도 젖지 않고 불에도 타지 않으며 금과 돌을 변화시킬 수 있는 경지를 일컫는다. 『송(고)승전』에서는 마라난타가 이러한 경지에 도달한 것으로 보았다.

    이처럼 각훈은 마라난타가 신이성과 감통력이 남달랐다고 전하고 있다. 그가 여환삼매를 얻어 물에 젖지 않고 불에 타지 않았으며 금이나 돌을 변화시키는 능력에 끝이 없었다고 한 것도 이러한 맥락에서 이해해야 할 것이다. 이러한 모습은 마라난타가 고구려 불교의 초전자인 순도와 같이 정법을 중심으로 불법을 전하는 승려이기보다는 고구려 불교의 재전자인 아도와 같이 방편을 중심으로 불법을 전하는 승려임을 시사해 주고 있다.

2. 구도읍과 신도읍

    일연의 『삼국유사』 「난타벽제」에서는 구도읍과 신도읍으로 나눠보고 있다. 그는 '난타벽제'에서 '신도' 즉 새로운 도읍으로 한산주를 비정하고 있다. 그리고 이것을 백제 불법의 시작으로 적고 있다.

---

67 覺訓, 『海東高僧傳』 摩羅難陀傳. 각훈은 『송고승전』의 동진의 마라난타와 당나라 덕종 연간의 난타를 다르게 보고 있다. 그런데 여기의 『송(고)승전』은 아마도 혜교의 『(양)고승전』을 인용한 南朝시절의 (劉)宋나라 고승의 기록인데 잘못 이해한 것으로 짐작된다. 하지만 신이성과 감통력이 마라난타 한 사람의 일이 아니었을 것이라며 승려들의 신이성과 감통력을 강조하는 맥락을 원용한 것으로 이해된다.

백제본기에 이른다. 제15대[승전에는 14대라고 했지만 잘못이다] 침류왕 즉위 갑신[동진 효무제 태원 9년]에 호승 마라난타가 진나라로부터 오자 궁중에 맞이하여 예경하였다. 이듬해 을유년385에 새로운 도읍新都 한산주漢山州에 불사佛寺를 창건하여 승려 10인을 득도시켰다. 이것이 백제 불법의 시작이다.[68]

김부식의 『삼국사기』에는 이 기록이 보이지 않는다. 아마도 일연은 『구삼국사』 등을 참고해 기록한 것으로 이해된다. 일연이 기록한 '신도'가 한산주라면 '구도' 또한 있을 것이다. 그렇다면 침류왕 원년 당시 왕성은 어디였을까? 그에 앞서 근초고왕은 재위 26년에 이 고구려 평양성을 공격하여 고국원왕을 죽였다. 이때 근초고왕은 초고왕계와 고이왕계의 대립을 뛰어넘어 왕권을 강화하기 위해서 마지막 승부수를 던졌다. 그것은 왕성의 천도였다. 초기 이래의 왕성을 옮긴 것은 고구려의 강력한 침입에 대비한 조처이자 왕권을 강화하기 위한 특단의 조처였다.

고고학의 연대 측정 방법인 탄소측정에 의해 백제의 초기 왕성은 풍납토성으로 밝혀졌다. 풍납토성의 유적과 유물은 기원전 1세기로부터 기원 3세기 전후까지 확인되고 있다. 이를 통해 한성의 풍납토성은 온조왕이 도읍한 최초의 왕성으로 추정된다. 이곳은 다루왕-이루왕-개루왕을 지나 초고왕-구수왕-사반왕-고이왕-책계왕-분서왕-비류왕-계왕-근초고왕까지 이어지던 왕성이었다.

도성을 한산으로 옮겼다.[69]

---

68 一然, 『三國遺事』, 「興法」 제3, '難陀闢濟'.
69 金富軾, 『三國史記』 권24, 「百濟本紀」 제2, 近肖古王 26년. "移都漢山."

제13대 근초고왕 이전 12명의 선왕대에 도읍을 옮겼다는 기록은 보이지 않는다. 근초고왕은 재위 26년³⁷¹에 도성을 처음으로 한산으로 옮겼다. 고구려의 침략에 대비해 강가의 평지에 자리한 왕성(풍납토성)을 한산으로 옮겼다. 여기에서 한산이 어디인지는 확정하기 어렵다. 근초고왕은 고구려 평양성을 침공하여 고국원왕을 죽인 뒤에 고구려의 대대적인 공격에 대비하고자 했다. 동시에 초고왕계와 고이왕계의 대립을 일신하고 왕권을 공고히 하기 위해 백제 초기 이래의 왕성(풍납토성)을 한산으로 옮긴 것이다.

근초고왕은 근구수왕과 그 손자인 침류왕이 자신이 수립한 고대국가를 잘 이어주기를 바랐을 것이다. 그렇다면 풍납토성을 이은 왕성은 어디였을까? 아마도 3세기 이후의 유적과 유물이 확인되고 있는 구릉지의 몽촌토성이었을 것으로 짐작된다. 몽촌토성은 북쪽으로부터 오는 적을 막기 위한 방어성만이 아니었을 것이다. 강가 평지의 풍납토성에서 맞이할 고구려 대군과 전투를 벌이기보다는 조금 더 구릉지에 자리한 몽촌토성이 더 용이한 입지였을 것이다. 나아가 왕성의 이주는 초고왕계와 고이왕계의 대립을 일신할 절호의 기회였을 것이다. 결국 근초고왕은 마지막 승부수로서 재위 26년³⁷¹에 도성을 한산으로 옮겼던 것이다.

근구수왕의 사후에 침류왕이 재위에 올랐다. 재위에 오른 침류왕은 가을 7월에 긴밀한 관계를 유지했던 동진에 사신을 보내 조공을 하였다. 9월에 왕은 동진의 건안에서 배를 타고 한강으로 거슬러 온 호승 마라난타를 맞이해 왕성에 모시고 예경하였다. 이듬해 봄 2월에 침류왕은 마라난타를 맞은 지 6개월 만에 '새롭게 도읍한' 한산주에 절을 짓고 승려 10명을 출가시켰다.

이 기록에 의거해 추정해 보건대 '신도읍'이 하남 위례성이라면 이곳으로 왕성을 옮기기 전 당시의 도성은 풍납토성에서 700미터 떨어진 몽촌토성이 분명해 보인다. 풍납토성이 백제의 초기 왕성이었음을 고려하면 풍납토성에서 옮긴 도성은 몽촌토성이었음이 자연스러워 보이기 때문이다.

침류왕은 동진의 건안에서 건너온 호승 마라난타를 교외까지 나아가 왕궁에 맞이하고 예경을 드릴 정도로 불교수용에 적극적이었다. 침류왕 2년에 한성백제의 도성은 다시 한산주로 옮겨가게 된다. 하지만 침류왕은 재위 2년째인 겨울 11월에 승하하였다. 침류왕의 때 이른 죽음이 자연사가 아니라면 불교수용에 따른 대립과 갈등에 기인했을 가능성이 높다. 그러한 사정을 반영하듯 다음 왕위는 침류왕의 맏아들 아신으로 곧바로 이어지지 않았다.[70]

a) 진사왕은 근구수왕의 둘째 아들이요 침류의 동생이다. 사람됨이 굳세고 용감하고 총명하고 어질었으며 지략이 많았다. 침류왕이 죽자 태자가 어렸기 때문에 숙부 진사辰斯가 왕위에 올랐다.[71]

b) 침류왕이 죽자 왕자 아화阿花,阿華가 연소하다고 하여 숙부 진사辰斯가 왕위를 빼앗았다.[72]

침류왕의 아들인 아신이 나이가 어리다고 근구수왕의 둘째이자 침류왕의 동생인 진사왕이 왕위에 올랐다. 그런데 침류왕의 아들 아신이 나이가 어리므로 숙부 진사가 왕위에 올랐다는 『삼국사기』의 기록과 달리 『일본서기』의 기록에는 진사왕이 아신의 왕위를 빼앗았다고 했다. 침류왕의 이른 죽음이 불교수용과도 관련이 있다면 진사왕과 그를 옹립한 세력은 반 불교 세력일 가능성이 높다. 그리고 침류왕의 단명은 불교 공

---

70 조경철, 앞의 논문, 앞의 책, p.250.
71 金富軾, 『三國史記』 권25, 「百濟本紀」 제3, 辰斯王 즉위년.
72 『日本書紀』 권9, 神功 65년. "百濟枕流王薨, 王子阿花年少, 叔父辰斯奪位爲王."

인을 둘러싸고 일어난 지배 세력 내의 갈등의 소산일 가능성이 있다.[73] 숙부 진사왕이 조카 아신의 왕위를 빼앗아 즉위한 결과는 그의 죽음에 대한 기록에서도 엿볼 수 있기 때문이다.

a) 진사왕이 구원狗原에 사냥을 나갔는데 10일이 지나도 돌아오지 않았다. 다음 달 11월에 구원행궁狗原行宮에서 죽었다.[74]

b) 이 해 백제 진사왕이 귀국의 천황에게 실례하였다. … 이에 그 무례함을 꾸짖었다. 이로 말미암아 백제국이 진사왕을 죽이고 사죄하였다.[75]

『삼국사기』는 진사왕이 재위 말년에 구원拘原에 사냥을 나갔다가 10일이 지나도 돌아오지 않은 뒤 훙서하였다고 기록하였다. 이와 달리 『일본서기』는 백제국이 진사왕을 살해한 것으로 기록하고 있다. 아마도 침류왕을 따르던 세력이 진사왕을 죽였을 것으로 추정된다. 이렇게 된 이유는 삼촌이자 앞 대의 왕이었던 진사왕의 통치가 원활하지 못했고 동시에 침류왕이 공인한 불교에 대한 부정적인 정서로 왕권이 공고하지 못했기 때문이었던 것으로 보인다.

아신왕은 부왕 침류왕의 불교 정책을 계승하기 위하여 재위 원년392 12월에 '불법을 믿고 복을 구하라'고 교지를 내렸다. 그리고 이듬해 봄 정월에 동명묘에 배알하였다. 또 남쪽 제단에서 천지에 제사를 지냈다. 불교를 재공인하고 '불법을 믿어 복을 구하라'는 교지를 내린 것은 왕위 쟁탈 과정에서 일어난 불안한 민심을 추스르기 위한 조치였다.

또 아신왕은 동명묘에 배알하고 천지에 제사를 지냈다. 이것은 자신

---

73 노중국,『譯註 三國史記』 3, 주석편, 한국정신문화연구원, p.658.
74 金富軾,『三國史記』 권25,「百濟本紀」 제3, 辰斯王 8년.
75 『日本書紀』 권10, 應神 3년. "百濟國殺辰斯王以謝之.".

의 왕위 계승의 정당성을 확고히 하기 위한 조치였다. 이러한 왕의 발빠른 조치는 백제의 불교를 홍포하는데 큰 도움이 되었다. 하지만 아신왕은 고구려와의 전쟁에서 연이어 패배하면서 불교 홍포에 어려움이 적지 않았다.

IV. 초전지의 재검토

1. 가락·방이동 몽촌토성

살펴본 것처럼 백제는 구도읍이었던 몽촌토성에서 마라난타를 맞이하여 불교를 공인했다. 그런데 사찰의 창립과 10인 승려의 득도식은 신도읍인 하남 위례성에서 이루어졌다. 물론 한성백제 불교의 초전지는 마라난타가 건너온 구도읍이었던 몽촌토성이다. 하지만 전래 1년 만에 신도읍으로 옮겨갔기 때문에 한성백제의 불교는 마라난타에 의해 하남 위례성에서 시작되었다. 이 때문에 일연은 이것이 백제불교의 시작이라고 하였던 것이다.

『해동고승전』의 기록처럼 마라난타는 신이성과 감통력이 뛰어난 승려였다. 그는 중도 연기의 불교를 인과설에 의거한 업설을 통해 보다 쉽고 명료하게 대중들에게 전달했던 것으로 추정된다.

서민들은 일반적으로 무지하고 완고하여, 임금의 명령을 거스르기도 하고 국법을 따르지 않을 때도 있다. 그러나 일단 지금까지 한 번도 들어 보지 못했던 기적적인 일에 관해 듣거나, 보지 못했던 신기한 일을 보게 되면, 그들은 곧 개과천선하여 선한 행동을 하고 진실한 마음을 갖게 되는데, … 마라난타 법사는 그 시기를 잘 이용하였기 때문에 옛 사람의 절

반을 일하고도, 그 업적은 갑절을 이루었다.[76]

각훈은 마라난타가 그 시기를 잘 이용하였기 때문에 고구려 등 여타의 불교 전법승들의 노력에 견주어 절반을 일하고도, 그 업적은 갑절을 이루었다고 한다. 그가 여러 곳에 절반의 전법을 했지만 그 성과는 갑절을 이룰 수 있었던 것은 그의 신이성과 감통력에 힘입었다고 해야 한다. 한성백제의 불교는 구도읍인 몽촌토성에서 마라난타와 첫 인연을 맺은 뒤 신도읍인 위례성으로 그 축을 옮겨갔다.

이후 하남 위례성을 거점으로 한 불교는 다시 구도읍인 몽촌토성, 그 전의 도읍이었던 풍납토성 그리고 인근의 삼성토성과 한강 이북으로까지 퍼져나갔다. 뚝섬에서 발견된 작은 금동불, 삼성토성에서 채집된 백제의 고식연화문와, 삼양동에서 발견된 금동보살입상 등은 이 시기 백제시대의 불교와 불사 건축의 일면을 추측하도록[77] 해 주기 때문이다.

2. 하남 위례성

침류왕은 재위 2년에 새롭게 도읍한 위례성으로 옮겨와 절을 짓고 10명의 승려들을 출가시켰다. 그 결과 한성백제의 불사 즉 불교적 제반사는 마지막 왕성인 위례성에서 이루어졌다. 그런데 이곳에서 한성백제 불교의 초전이 이루어졌지만 왕실이 수용한 불교를 뒷받침해 줄 정치적 세력이 있었을 것이다.

근초고왕 대 이후 아신왕 대까지 왕실의 파트너는 왕비족인 진씨眞氏계였다. 왕후의 친척인 조정좌평 진정眞淨, 내신좌평 진고도眞高度 그리

---

76 覺訓, 『海東高僧傳』, 「摩羅難陀」.
77 윤무병, 『백제고고학』(서울: 학연문화사, 1992).

고 왕의 며느리이자 태자 근구수의 태자비인 아이阿尒부인이 모두 진씨였다. 그러나 진씨가 불교와 관련되었다는 증거는 진씨 왕비인 아이부인에서 억측할 수 있는 정도 이상은 보이지 않는다.[78] 그렇다면 진씨 이후에 왕실과 불교를 뒷받침한 파트너는 누구였을까?

a) 394년 봄 2월에 맏아들 전지腆支를 태자로 삼고 크게 사면하였다.[79]

b) 397년 여름 5월에 왕이 왜국과 우호를 맺고 태자 전지腆支를 볼모로 보냈다.[80]

아신왕은 재위 3년에 전지를 태자로 책봉하였다. 곧이어 해씨인 팔수부인을 태자비로 맞이하였다. 이에 근초고왕 이래 왕비족을 독점해 온 진씨계는 큰 타격을 받았다. 그렇지만 고구려와의 전쟁에 총력을 기울이기 위해서는 공개적으로 세력을 확장시키고 있는 해씨를 반대할 수 없었다. 이러한 과정 아래 귀족 세력의 견제를 받은 진씨계는 전지를 왜국에 볼모로 보내게 하였다.[81]

당시에 아신왕은 재위 이후 고구려와의 전쟁에서 연이어 패배하면서 입지가 약화되어 있었다. 왕은 고구려 광개토대왕과 대적하기 위해서 왜국에 청병할 수밖에 없었고 귀족 세력과의 타협과정에서 태자였던 전지(腆支 혹은 直支)와 태자비 팔수부인을 왜국에 인질로 보낼 수밖에 없었다.

---

78 조경철, 앞의 논문, 앞의 책, p.252.
79 金富軾, 『三國史記』 권24, 「百濟本紀」, 阿莘王 3년.
80 金富軾, 『三國史記』 권24, 「百濟本紀」, 阿莘王 6년.
81 조경철, 앞의 논문, 앞의 책, p.255.

전지왕(혹은 直支라고 한다).『양서』梁書에는 이름을 영영(腆의 誤?)이라고 하였다. 아신왕의 원자로 아신왕 3년에 태자가 되었고 동왕 6년에 왜국에 인질로 나갔다. 동왕 14년 9월에 아신왕이 죽자 왕의 중제仲弟인 훈해訓解가 섭정을 하면서 태자가 돌아오기를 기다렸는데, 계제季弟 설례碟禮가 훈해를 죽이고 자립하여 왕이 되었다. 전지가 왜국에 있으면서 왕의 부음을 듣고 귀국하기를 청하자 왜왕이 병사 100인으로 호송케 하였다. 이윽고 국계國界에 이르렀는데 한성인漢城人 해충解忠이 와서 고하기를, "대왕이 세상을 떠나자 왕제 설례가 형을 죽이고 자립하였으니 바라건대 태자는 경솔히 들어오지 마십시오"라고 하였다. 이에 전지는 머물렀고 왜인이 호위하였다. 해도海島에 의지하여 때를 기다렸다. 이윽고 국인國人이 설례를 죽이고 전지를 맞아들였고 이에 즉위하였다. 비妃는 팔수부인八須夫人으로 아들 구이신久爾辛을 낳았다.[82]

아신왕 대까지 진씨는 왕비족으로서 왕실 안팎을 장악해 왔다. 하지만 아신왕 이후 전지왕대부터 진씨 세력은 해씨 세력으로 대체되었다. 아신왕은 고구려 광개토대왕과 대적하기 위해서 왜국에 청병하려고 했다. 이 과정에서 진씨계는 반격을 시작하였다. 이들은 고구려와의 전쟁을 효율적으로 수행하고 전지와 팔수부인을 멀리할 수 있는 절호의 기회[83]로 삼았다. 그리하여 태자 내외를 인질로 삼아 왜국에 보내도록 아신왕을 압박하였다.

왕권이 약했던 아신왕은 왕실 안팎을 주도하고 있는 진씨계의 제안을 무시할 수 없었다. 왕은 진씨 세력들의 주장을 받아들여 태자 부부를 왜국에 보냈다. 그런데 그 사이 아신왕이 붕어하였다. 이에 중숙仲叔

---

82 金富軾,『三國史記』권24,「百濟本紀」, 腆支王 元年.
83 조경철, 앞의 논문, 앞의 책, pp.255~256.

인 훈해가 실권을 잡았고 이어 계숙季叔인 설례가 훈해를 죽이고 스스로 왕을 자처하였다. 결국 전지는 한성인 해충解忠과 국인國人의 도움으로 왕위에 오를 수 있었다.

전지왕은 즉위년에 팔수부인 사이에서 구이신을 낳았다. 전지의 반대편에 선 설례의 후원세력인 진씨[84]와 해씨는 왕위 계승을 둘러싸고 일대 결전을 벌였다. 끝내 진씨는 패하였고 이 과정에서 해씨가 강력히 부각되었다. 전지왕 3년에는 내법좌평에 해수解須, 병관좌평에 해구解丘를 임명하였으며 이들 모두가 왕척王戚이었다. 그 배경에는 전지왕의 비이자 해씨인 팔수부인이 있었다.

이처럼 한성백제의 구도읍 불교는 근구수왕의 비인 아이부인(진씨계)에 의해 씨앗이 뿌려졌다. 그리고 신도읍 불교도 아이부인에 의해 새싹이 피어났다. 하지만 진사왕이 불교를 부정한 이래 아신왕 이후 신도읍의 불교는 해씨 세력에 의해 적극적으로 수용될 수 있었다. 그 중심에는 아신왕의 며느리이자 전지왕의 비인 팔수부인이 있었다. 그리하여 한성백제 최후의 불교는 해씨계에 의해 이성산성 내의 위례성에서부터 주변으로 동심원을 펼쳐갈 수 있었다.

고고학계의 발굴 결과에 의해 이성산성에 둘러싸여 있는 위례성 주변에서 많은 불교 유적과 유물들이 확인되었다. 하남시 교산동 토성을 중심으로 한 고골 일대에서 나온 약정사 명문기와, 천왕사 명문기와, 동사 절터, 금암산 마애불, 자화사 절터, 신복선사 절터, 법화사 절터, 봉수사 절터, 과목산 절터, 호랑이굴 절터, 북쪽 절터, 안샘재 절터, 선법사, 계두사 절터, 검단사 절터[85] 등의 유적과 유물들이 출토되었다.

이들 유적과 유물들이 모두 한성백제의 불교 유적과 유물인지 아니

---

84 노중국, 『백제정치사상사연구』(서울: 일조각, 1988), p.136.
85 오순제, 「백제 불교에 대한 재고찰 – 마라난타와 초전지를 중심으로-」, 『명지사론』 제13집, 2002, pp.5~41.

면 이 지역을 지배한 신라와 고려 및 조선의 유적과 유물인지는 좀 더 살펴야 할 것이다. 이들 유적과 유물이 고대 이래 이 지역의 불교 유적과 유물과 연속된다는 연구에 의하면 한성백제 지역의 불교 유적과 유물과의 상호 관련성을 짐작해 볼 수 있다. 이 부분에 대해서는 앞으로 좀더 구체적인 연구가 필요해 보인다.

V. 한성백제 초전지 불교의 성격

1. 신도읍 사찰들의 불교

고구려는 중국을 통해 인과화복因果禍福의 교설에 입각한 불교의 업설을 수용하였다. 고구려에 불상과 경문을 가지고 온 순도는 '인과로 교시하고示以因果 화복으로 설유誘以禍福 하였으나, '당시 사람들이 질박했기에 그가 교학적인 온축이 깊고 학해가 넓었지만 그 교화를 많이 펴지 못했다'[86]고 하였다.

반면 '위나라에서 온 아도는 신승이어서' 질박한 세인들에게 신이한 현상과 영험의 교화를 적극적으로 폈던 것으로 이해된다. 여기서 고구려 불교는 깊은 온축과 넓은 이해에 기초한 교학을 초전한 순도 계통과 신이한 현상과 영험의 교화에 기반한 신행을 재전한 아도 계통의 두 갈래를 모두 수용한 것으로 짐작된다. 하지만 순도 계통은 잘 받아들이지 못한 반면 아도계통은 잘 받아들여진 것으로 추정된다.[87]

처음에 불교는 피지배층인 민간으로 전래하였을 뿐만 아니라 지배층

---

86 覺訓, 앞의 책, 「釋順道」, p.90중. "示以因果, 誘以禍福."
87 고영섭, 『한국불교사참구』(서울: 동국대학교 출판문화원, 2025).

인 왕실로도 전래하였다. 고구려와 백제는 국제 정세에 깊은 관심을 표명하면서 북조를 통일한 전진과 남조를 고수하는 동진의 전세와 추이를 지켜보면서 불교를 적극적으로 수용하였다. 고구려와 백제의 불교 전래와 왕실의 불교 수용과정에는 모두 정치적인 맥락이 개입되어 있다.

"고국원왕 40년370에 진秦, 351~394의 왕맹王猛이 연燕을 쳐서 깨뜨리자 연의 태부太傅 모용평慕容評이 고구려로 달려오므로 왕이 그를 잡아 진에 보냈다."[88] 이에 저족氐族 출신으로 5호16국 시대에 대진천왕大秦天王이라 칭하였던 "전진前秦의 3대 황제 부견符堅, 338~385이 사신과 함께 승려 순도順道를 보내 불상과 불경을 보냈다. 이에 왕이 사신을 보내 답례回辭로 방물方物을 바쳤다."[89] 전진왕 부견이 보낸 불교의 삼보 즉 불상과 불경과 승려는 단순한 종교적 홍포가 아니라 두 나라 사이의 정치 외교적인 의사 표현과 이에 대한 답례로 전해준 것으로 이해된다.

전진의 왕 부견은 독실한 불자였다. 그는 불교적 세계관에 의해 나라를 경영하고 싶어 하였다. 그런데 불교 경전에는 치국의 원리와 정책에 대한 가르침은 있지만, 정교한 관료제도나 국가의 조직에 관한 가르침이 없다고 여겼다.[90] 해서 부견은 국가의 제도화와 관료제도의 정비를 위하여 학교를 세우고 고관의 자제들에게 경학經學을 배우도록 했다. 이것은 불교에서 가르친 이상적인 국가를 실현하기 위한 수단으로 한족의 전통적인 국가경영 지식 경험know-how을 이용했던 것으로 이해된다.[91] 고구려에 대한 부견의 답례로 전입된 불교는 지배층인 왕실에 전래되었고 왕실은 불교를 적극적으로 수용하였다. 그런데 이 사건을 전후로 하여

---

88 金富軾, 『三國史記』 권18, 「高句麗本紀」 제6, 고국원왕 40년.
89 金富軾, 『三國史記』 권18, 「高句麗本紀」 제6, 소수림왕 2년.
90 高榮燮, 「한국 고대불교의 토착화와 대중화」, 『한국불교학』 제70집, 한국불교학회, 2015.
91 윤세원, 「불교가 한국인의 국가관에 미친 영향」, 『한국불교사연구』 제7호, 한국불교사연구소, 2015.6.

민간에서도 불교의 전래 사실이 보이고 있다.

"진나라의 지둔 도림支遁道琳, ?~366이 이름을 알 수 없는亡名 고구려 승려에게 편지를 보냈다."[92]

그가 입적366하기 이전에 이미 이름을 알 수 없는 고구려인 승려가 있었다는 이 기록은 순도가 오기 훨씬 이전에 고구려에 불교가 이미 전래되었다는 사실을 알려주고 있다.

사서에서는 "소수림왕 5년 봄 2월에 처음으로 초문사肖門寺를 창건하여 순도를 머물게 하고, 또 이불란사伊弗蘭寺를 지어 아도를 머물게 하였으며 이것이 해동 불법의 시작이다"[93]고 기록하였다. 이처럼 왕실에서 사찰을 창건하고 두 승려를 머물게 하였다는 것은 공식적인 수용을 의미하는 것이다. 이렇게 본다면 고구려에 불교가 전래된 것은 소수림왕 2년 이전이지만 민간과 왕실이 불교를 수용한 것은 성문사와 이불란사를 지어 순도와 아도를 머물게 한 때[94]라고 할 수 있다.

백제의 불교 전래와 수용 과정 역시 고구려와 다르지 않다. 중원을 호령하는 전진왕 부견은 세력이 가장 강했던 전연前燕을 복속하고370년 전량前涼과 대국 등을 통합한 뒤376년 5호16국으로 갈려졌던 북조를 통일376년하고 혼일사해混一四海의 기세로 천하를 통일하고자 하였다. 그는 남조와의 대치를 마감하기 위해 100만의 대군을 이끌고 무리하게 동진을 쳐들어갔으나 당시 남조는 환씨와 왕씨와 사씨 가문이 연합전선을 형성하여 전진에 맞서고 있었다.[95]

---

92 『梁高僧傳』권4, 「竺潛傳」; 『海東高僧傳』권1, 「釋亡名傳」.
93 金富軾, 『三國史記』권18, 「高句麗本紀」제6, 小獸林王 5년.
94 高榮燮, 앞의 글, 앞의 책, 한국불교학회, 2015.
95 高榮燮, 앞의 글, 앞의 책, 한국불교학회, 2015.

전진왕 부견은 비수전384년에서 8만의 군사를 지닌 동진에게 대패를 당하였다. 이후 그는 10만 명을 이끌고 돌아와 재기를 모색하였다. 하지만 북조 통일 이전의 부족들이 후연, 서진, 서연 등이 내부 반란을 일으키며 나라를 세우기 시작하였다. 결국 전진은 할거정권 수준의 작은 나라로 이어지다가 무너졌다394년. 이렇게 되자 전진에서 불교를 수용한 고구려와 달리 백제는 남조의 동진과 정식 외교를 맺은 뒤에 불교를 수용하였다.[96] 하지만 백제는 북위와도 문화적인 교류를 계속하고 있었음을 알 수 있다. 개로왕은 재위 18년472에 북위에 사신을 보내 고구려의 무도함을 알리고 군사적 요청을 하였다.

> 지금 련璉(장수왕)이 죄가 커서 나라가 엉망이 되어魚肉 대신과 힘센 귀족들을 죽이기를 함부로 하고 있어 죄가 차고 악이 쌓여罪盈惡積 백성들은 무너지고 흩어졌다. 이는 멸망할 때가 된 것이니 손 쓸 때假手之秋이다.[97]

또 개로왕은 재위 18년에 사신을 북위로 표문을 보내어 정서적 문화적 연대감을 전하고 있음을 알 수 있다.

> "신이 동쪽 끝에 나라를 세워 승냥이와 이리들에게 길이 막히니 비록 대대로 신령하신 교화를 받았으나 번신藩臣의 예를 받들 길이 없었습니다"[98]라는 대목이 있어 북조의 불교도 수용한 것으로 알려지고 있다.

물론 이러한 부분은 국제적이고 정치적인 감각에서 비롯된 것으로

---

96 髙榮燮, 앞의 글, 앞의 책, 한국불교학회, 2015..
97 金富軾, 『三國史記』 권25, 「百濟本紀」 제3, 蓋鹵王 3년.
98 『魏書』 「百濟傳」.

이해할 수도 있다. 고구려에 밀리는 백제의 입장에서는 대륙의 강국에 의존해 생존을 모색할 수밖에 없었을 것이다. 그러기 위해서는 북위와 정서적이고 문화적인 연대로부터 정치적인 연대 관계를 유지할 필요가 있었다. 따라서 백제가 남조의 동진과의 교류뿐만 아니라 고구려와 긴밀했던 북조의 북위와도 연대 관계를 유지하고 있었던 것[99]도 주목해야 할 지점이다.

2. 신이와 감통의 불교

한성백제 시절인 제15대 침류왕枕流王 원년384 9월에 인도의 마라난타 대사가 동진으로부터 들어왔다. 왕은 교외에까지 나아가 그를 맞아 들여王出郊迎之 궁중에 머물게 하고邀致宮中 공경히 받들어 공양하며敬奉供養 그의 가르침을 품수하였다稟受其說. 침류왕이 불교의 교화를 좋아하여上好下化 크게 불사를 일으키고大弘佛事 함께 기리며 받들어 행하자共贊奉行 마치 파발을 두어 명을 전하는 것과 같았다如置郵而傳命.

이듬해 2월에 왕은 새롭게 도읍한 한산주에 절을 짓고 열 명의 승려를 득도시켰다. 『삼국유사』는 이것을 백제불교의 시작이라고 기록하고 있다. 진사왕辰斯王에 이어 왕위에 오른 제17대 아신왕阿莘王은 즉위 원년392 2월에 '불법을 높이 받들어 믿고 복을 구하라'는 교지를 내렸다. 이후 백제불교는 마라난타의 불교 전래와 침류왕의 수용과 공인을 거쳐 유통되면서 한성-공주-부여-익산으로 무대를 옮기며 백제불교의 꽃을 피웠다.

마라난타[100]의 불교는 신이와 감통의 성격을 지니고 있었다. 신이는

---

99 길기태, 「한성백제의 대외교류와 불교」, 『백제연구』 제55집, 충남대 마한백제연구소, 2012, p.86.
100 전남 영광군 불갑면 佛甲山(母岳山) 아래에 있는 佛甲寺는 백제 무왕 때에 幸恩

신이한 현상과 영험의 교화로 나타난다. 감통은 다라니와 의궤 등을 중심으로 하는 주력 수행의 결과로 드러난다.

마라난타는 호승이다. 신이와 감통의 경지를 헤아리기 어려울 정도였다. 여러 지역을 돌아다니며 교화하는 데 뜻을 두어 한 곳에 머물지 않았다. 옛 기록에 따르면, 본래 인도 간다라에서 중국으로 들어와 머물면서 법을 전하고 향의 연기를 증거로 하여 벗을 불러들였다.[101]

마나란타의 불교는 고구려의 초전자인 순도와 달리 재전자인 아도와 상통하는 신이성과 감통력을 지녔던 것으로 보인다. 그는 고구려에 불상과 경문을 가지고 온 순도가 '인과로 교시하고示以因果 화복으로 설유誘以禍福' 하였으나, '당시 사람들이 질박했기에 그가 교학적인 온축이 깊고 학해가 넓었지만 그 교화를 많이 펴지 못했다'[102]는 대목을 알고 있기라도 한 듯 그는 대중들을 의식한 불교를 전법하였다.

한편 '위나라에서 온 아도는 신승이어서' 질박한 세인들에게 신이한 현상과 영험의 교화를 적극적으로 폈던 것으로 이해된다. 그 결과 고구려 불교는 깊은 온축과 넓은 이해에 기초한 교학을 초전한 순도 계통과 신이한 현상과 영험의 교화에 기반한 신행을 재전한 아도 계통의 두 갈래를 모두 수용한 것으로 이해된다. 하지만 순도 계통은 잘 받아들이지 못한 반면 아도 계통은 잘 받아들여진 것으로 추정된다.[103]

이 창건한 사찰이다. 이 절터는 백제 침류왕 원년에 마라난타가 동진을 거쳐 백제로 들어올 때 靈光의 法聖浦에 상륙하여 이 사찰을 창건하였다고 한다. '불갑'이란 '부처님이 제일 먼저 나타나신 곳'이고, '영광'이란 '영혼의 빛인 불법'의 뜻이며, '법성포'란 '성스러운 불법이 다다른 포구'라는 뜻을 지니고 있다고 전한다.

101 覺訓, 『海東高僧傳』, 摩羅難陀.
102 覺訓, 앞의 책, 「釋順道」, p.90중. "示以因果, 誘以禍福."
103 고영섭, 『한국불교사참구』(서울: 동국대학교 출판문화원, 2025).

결과적으로 마라난타는 고구려 재전자인 아도와 같은 살림살이로 불교를 널리 펼쳤던 것으로 이해된다. 그것은 백제 초전 불교의 성격과도 상통한다. 한성백제 초전 불교는 마라난타의 신이성과 감통력을 기반으로 한 불교였을 것이다. 신이성은 신이한 현상과 영험의 교화를 기반으로 한 속성을 지니고 있으며, 감통력은 다라니와 의궤 등을 기반으로 한 주력 수행의 결과로 나타난 힘이기 때문이다.

VI. 풍납토성 몽촌토성 이성산성

온조왕은 한강 변의 평지에 판축 기법으로 세운 풍납토성을 도성으로 삼았다. 근초고왕은 고구려 고국원왕을 잃은 고구려의 침략에 대비하고 기존 정파들의 대립을 잠재우고 왕권을 강화하고자 하였다. 이를 위해 그는 왕성의 천도라는 특단의 조치를 취했다. 이것은 그의 마지막 승부수였다. 근초고왕이 천도[371]한 새로운 왕성은 바로 구릉지에 세운 몽촌토성이었다.

침류왕은 근초고왕과 근구수왕 이래 유교와 도가 사상에 입각한 왕실 주도 세력들을 제압하고 강력한 왕권을 수립하고자 했다. 이를 위해 호승 마라난타가 동진의 수도 건안을 거쳐 연안의 항로로 배를 타고 한강 하류에서 거슬러 올라오자 교외(풍납토성)까지 나아가 왕성(몽촌토성)으로 맞아들여 예경을 하였다. 침류왕은 재위 2년 차에 구도읍(몽촌토성)에서 신도읍(위례성)으로 천도[385]하고 이곳에 사찰을 창건하고 승려 10여 인을 출가시켜 불교사상을 홍포하였다. 기존의 유교와 도가 사상을 믿던 왕실 주도 세력들을 제압하고 불교사상을 중심으로 왕권을 공고히 하기 위해서였다.

하지만 침류왕이 재위 2년 차에 세상을 떠나자 동생 진사왕이 즉위하면서 불교사상은 배척되고 유교와 도가 사상 중심으로 재편되었다. 진사왕을 척살하고 왕위에 오른 아신왕 또한 불교 홍포라는 부왕의 유지를 잇고 왕권을 강화하기 위해 "불법을 받들어 믿고 복을 구하라"는 교지를 내렸다. 그러나 아신왕은 고구려와의 전쟁에서 연패하면서 불교 홍포에 충실하지 못했다. 대신 왜나라에 볼모로 다녀온 아들 전지왕에 의해 불교사상이 적극적으로 수용되었다. 그 배경에는 전지왕의 비 팔부수인과 해씨계의 적극적인 뒷받침이 있었다.

 백제불교의 전래 주체는 호승 즉 천축의 건다라에서 동진의 건안을 거쳐 배를 타고 한강으로 거슬러온 마라난타였다. 한성백제 불교는 호승 마라난타의 신이성과 감통력을 구심으로 깊게 토착화되었다. 그리고 초전지인 구도읍 몽촌토성을 인연처로 하여 신도읍 위례성을 중심으로 넓게 대중화되었다. 그리하여 한성백제 불교는 마라난타와 위례성의 구심을 기반으로 웅진백제와 사비백제를 향해 동심원을 그려나갔다. 그 결과 겸익謙益 등을 통한 인도불교와의 직접 교류와 아직기阿直岐, ?~?와 왕인王仁 등을 통해 가야 제국과 왜나라로 불법과 선진문화를 전할 수 있었다.

■ 참고문헌

老子,『道德經』제44장.
『晉書』권9,「帝紀」9, 太宗簡文帝.
『魏書』「百濟傳」.
慧皎,『梁高僧傳』권4,「竺潛傳」
歐陽修,『新唐書』.
『日本書紀』권9, 神功記 52년 9월.
金富軾,『三國史記』
覺訓,『海東高僧傳』摩羅難陀傳.
一然,『三國遺事』
『太宗實錄』권제28,
『太宗實錄』권제32,
『太宗實錄』권제34,
『新增東國輿地勝覽』.
洪景輔,『南漢誌』.
丁若鏞,『與猶堂全書』.

村上四男,『三國遺事考證』下之一 塙書房,
孫兌鉉, '老鐵山水路航路'『韓國海運史』(1982).
노중국,「해씨와 부여씨의 왕실교체와 초기백제의 성장」,『김철준박사화갑기념논총』(서울: 지식산업사, 1985).
노중국,『譯註 三國史記』3, 주석편, 한국정신문화연구원.
노중국,『백제정치사상사연구』(서울: 일조각, 1988).
천관우,『고조선사·삼한사연구』(서울: 일조각, 1989).

장휘옥 번역, 『해동고승전 _ 현대적 풀이와 해석』(서울: 민족사, 1991),
김영태, 『불교사상사론』(서울: 민족사, 1992).
윤무병, 『백제고고학』(서울: 학연문화사, 1992).
오순제, 『한성백제사』(서울: 집문당, 1995).
申瀅植, 「한국 고대의 西海交涉史」, 『국사관논총』 제2집, 1989. 김기섭, 『백제와 근초고왕』(서울: 학연문화사, 2000),
양기석, 『백제사자료역주집』 한국편1(백제문화사대계 자료집성) 충청남도역사문화연구원, 2008.
조경철, 『백제불교사연구』(서울: 지식산업사, 2015).
고영섭, 『한국불교사참구』(서울: 동국대학교 출판문화원, 2025).

千寬宇, 「삼한의 국가형성」, 『한국학보』 제2, 제3호, 일지사, 1976.
성주탁, 「백제사비도성연구」, 『백제연구』 제13집, 충남대 마한백제연구소, 1982.
金在瑾, 「한국 중국 일본 고대의 선박과 조선술」, 『진단학보』 제68집, 1989,
김두진, 「백제시조 온조신화의 형성과 그 전승」, 『한국학논총』 13, 국민대 한국학연구소, 1990.
오순제, 「백제 불교에 대한 재고찰 - 마라난타와 초진지를 중심으로 -」, 『명지사론』 제13집, 명지대학교, 1992,
조경철, 「백제 한성시대 불교수용과 정치세력의 변화」, 『한국사상사학』 제18집, 한국사상사학회, 2002,
길기태, 「한성백제의 대외교류와 불교」, 『백제연구』 제55집, 충남대 마한백제연구소, 2012,
윤세원, 「불교가 한국인의 국가관에 미친 영향」, 『한국불교사연구』 제7호, 한국불교사연구소, 2015.6,
高榮燮, 「한국 고대불교의 토착화와 대중화」, 『한국불교학』 제70집, 한국불교학회, 2015.
이자랑, 「한국불교의 계맥과 계단 개설」, 『불교평론』 제76호, 2018.9.
이주형, 「마라난타의 출신지 축건, 간다라」, 『중앙아시아연구』 제24호 제2권, 중앙아시아학회, 2019.

백제사 최초의 미스터리: 한성백제의 왕성은 어디인가? (KBS-2002.05.11. 방송)
풍납토성, 백제사 최대의 미스터리를 푼다[역사스페셜] 1부 (KBS-2005. 06.17. 방송)
풍납토성, 백제사 최대의 미스터리를 푼다[역사스페셜] 2부 (KBS-2005. 06.17. 방송)

제3장

『삼국유사』「흥법」편 '아도기라'阿道基羅 조목

Ⅰ. 아도阿道와 아도我道
Ⅱ. '아도기라'阿道基羅 조의 구성과 체계
Ⅲ. 아도阿道 관련 사료史料의 몇 가지 문제
Ⅳ. 「아도본비」阿道本碑와 신라불교 초전자
Ⅴ. 모례毛禮 누이 사씨史氏의 출가와 영흥사永興寺
Ⅵ. 원종의 멸신滅身과 염촉의 순교殉教 그리고 공인

I. 아도阿道와 아도我道

『삼국유사』는 한국 고대의 정치, 경제, 사회, 문화, 과학 및 문학, 역사, 철학, 종교, 예술의 역사 등을 망라해 볼 수 있는 한국의 정신문화와 민족문화의 대백과사전이다. 『삼국유사』는 불교를 비롯한 우리의 정신문화를 총망라하고 있다는 점에서 간행1281 직후부터 불교 거사居士들에게는 고조선을 중심으로 한 민족의 구심사서로 자리를 잡아왔다. 반면 유교 처사處士들 사이에서는 황탄한 불교사서로 평가를 받아 왔다. 이후 20세기에 일본의 침탈을 경험하면서 『삼국유사』(전 5권 9편 138조목)는 『삼국사기』(전50권)와 『해동고승전』(현재 2권, 원래 5권?) 등[1]과 함께 한국학 연구의 주요사료로서 많은 연구자들에게 수지受持 독송讀誦 되어 오고 있다. 그런 점에서 『삼국유사』 「흥법」편의 '아도기라' 조는 신라불교의 초전 주체와 전법 과정을 엿볼 수 있는 귀중한 사료라고 할 수 있다.

「흥법」은 '불법을 일으킨다'는 뜻이며, 이 편목 안에는 고구려와 백제 및 신라 세 나라 불교의 수용과 흥법의 사실이 기술되어 있다. '아도기라' 조목은 고구려승 아도阿道가 신라로 들어와 불교 문명의 터를 잡았다는 사실을 서술하고 있다. 특히 이 조목은 신라불교의 '전래'와 '수용' 및 '공인'과 '유통' 과정을 보여주고 있다. 동시에 전법자인 아도와 수용자인 백성들 및 공인자인 대왕과 유통자인 승려 등의 흥법 주체들에 대해 기술하고 있다. 그런데 이 조목명에 나오는 '아이들처럼 머리카락을 깎고童頭 이상한 옷을 입은異服 승려'[2] '아도'阿道 즉 '아두'阿頭는 신라불

---

[1] 한국 고대 관련 기록이 매우 영성하지만 이들 史料를 통하여 드러난 역사와 감춰진 역사를 꿰어보면 역사적 진실에 보다 가까이 다가갈 수 있다.
[2] 金富軾, 『三國史記』 권4, 「新羅本紀」 제4, 法興王 15년條. "今現僧徒, 童頭異服, 議論奇詭, 而非常道."; 覺訓, 『海東高僧傳』 권1, 「釋法空」조. "童頭毀服." 김부식의 '童頭異服'을 각훈은 '童頭毀服'으로 옮겼다.

교의 초전자로서 주목되고 있다. 하지만 '이 아도'阿道를 '여타의 아도'阿道,阿頭,我道와 엄밀한 구분 없이 동일인으로 이해해 오면서 신라불교 초전자로서의 아도의 정체성은 모호해져 왔다.

아도의 정체성은 일연一然, 1206~1289과 각훈覺訓, ?~1215~? 시대에도 의심되었다. 고구려 불교 초전자인 순도順道, 肖門寺[3]가 전진前秦[4] 혹은 東晉[5]에서 왔는지 의문시된 이래 그를 이은 아도阿道가 위(魏)[6] 혹은 東晉[7]에서 왔는지에 대해서도 일정하지 않다. 심지어는 고구려 불교 재전자인 아도阿道와 백제 불교의 초전자인 (마라)난타 그리고 신라불교의 초전자인 아도阿道 및 묵호자墨胡子[8]와 이명동인異名同人인지 여부에 대해 논란이 있어 왔다. 일연은 고구려 불교 재전자인 '아도'를 신라불교의 초전자인 '아도'로 보고 있으며, 원위元北, 魏魏에서 건너온 담시가 신라불교 초전자인 '아도'와 '묵호(자)'와 백제 불교의 초전자인 '난타' 세 사람과 연대와 사적이 같다며 이들 중 한 명으로 이해하고 있다.

이처럼 '아도기라' 조목은 신라불교 초전자에 대한 복잡한 실타래를 보여주고 있다. 「흥법」편에 근거하여 삼국불교의 초전자 특히 신라불교 초전자에 대한 선행연구들[9]은 적지 않다. 하지만 일반명사阿道로서 '아

---

3 一然은 順道를 '肖門寺에 두었다'고 적어 覺訓의 『해동고승전』에서 '省門寺에 두었다'는 기록을 살피지 않았다.
4 覺訓의 『海東高僧傳』에는 順道에 대해 '혹은 魏나라에서 왔다' 하였다고 기술하였다.
5 覺訓의 『海東高僧傳』에는 順道가 "혹은 본디 天竺人이었다 하고, 혹은 吳나라에서 왔다 하고, 혹은 高句麗에서 魏나라에 들었다가 新羅로 돌아왔다고 하지만 어느 것이 옳은지는 알 수 없다"고 하였다.
6 覺訓은 『海東高僧傳』에서 "그 뒤 4년에는 神僧 阿道가 魏나라로부터 왔다"고 하면서 '옛 문헌에 그 사실이 남아 있다'[存古文]는 割註를 덧붙이고 있다.
7 一然은 『三國遺事』 '順道肇麗'에서 覺訓의 『海東高僧傳』을 인용하면서 아도가 "魏에서 왔다"고 한 것은 잘못이다"고 기술하였다.
8 金富軾의 『三國史記』와 一然의 『三國遺事』에서는 '墨胡子'로 쓰고, 『海東高僧傳』에는 '黑胡子'로 되어 있다.
9 金煐泰, 「新羅 白月山 二聖 說話의 硏究」, 『조명기박사화갑기념 불교사학논총』(동국

도'阿道와 고유명사로서 '아도'我道의 혼재로 인해 '아도'의 출자出自에 대해서는 아직 결론을 내리지 못하고 있다. 뿐만 아니라 시기를 달리하여 등장하는 이들 아도들에 대해서는 사료와 사료 사이의 역사성과 논리와 논리 사이의 정합성을 좀 더 탐구해야만 결론을 이끌어낼 수 있을 것이다. 이 글에서는 선행연구들과 신라불교 공인 전후의 사실을 담고 있는 '원종흥법 염촉 멸신'元宗興法 猒髑滅身 조를 검토하면서 '아도기라'조에 나타난 아도의 정체성과 신라불교 초전 과정에 대해 재검토해 보고자 한다.

II. '아도기라'阿道基羅 조의 구성과 체계

「흥법」편에는 신라불교의 흥법 과정에 대한 7조목의 기사가 실려 있다. 이 중에서도 전반부의 '순도조려'順道肇麗, '난타벽제'難陀闢濟, '아도기라'阿道基羅 세 조목은 고구려와 백제 및 신라불교 흥법 주체자의 행장과 국가의 불교 수용에 대해 기술하고 있다. 반면 후반부의 '원종흥법 염촉

대출판부, 1965), pp.38~39; 金煐泰, 「新羅佛敎 初傳者考」, 『동국대학교논문집』 제17집, 동국대학교 대학원, 1978; 金煐泰, 「三國遺事 興法篇의 三國傳法史實 考」, 『불교학보』 제29집, 동국대 불교문화연구원, 1992; 金煐泰, 「阿道和上의 新舊碑文에 대하여」, 『불교미술』 16, 동국대학교 박물관, 2000; 金煐泰, 「新羅의 女性出家와 僧尼職金 고찰-都維那娘 阿尼를 중심으로」, 『명성스님고희기념논문집』(운문승가대학출판부, 2000), pp. 41~43; 金相鉉, 「신라 초전불교의 여러 문제」, 『신라의 사상과 문화』(일지사, 1999); 辛鍾遠, 『신라초기불교사연구』(민족사, 1992); 金福順, 「『삼국유사』 「흥법」편과 중고기의 설정」, 『경주사학』 제19집, 경주사학회, 2000; 이정훈, 「기원 강박과 삶, 그리고 서사-『삼국사기』, 『해동고승전』 「유통1」과 『삼국유사』 「흥법」 비교」, 『국어문학』 제41집, 국어문학회, 2006; 崔鉛植, 「고려시대 승전의 서술 양상 검토-『殊異傳』『海東高僧傳』『三國遺事』의 阿道와 圓光 傳記 비교」, 『한국사상사학』 제28집, 한국사상사학회, 2007; 김선숙, 「『三國遺事』〈阿道基羅〉條의 女僧 史氏에 대한 一考」, 『동방학』 제16집, 2009.

멸신'原宗興法 猒髑滅身, '법왕금살'法王禁殺, '보장봉로 보덕이암'寶藏奉老 普德移庵, '동경 흥륜사 금당십성'東京興輪寺金堂十聖[10] 네 조목은 각기 삼국의 흥법興法 과정과 불법의 탄압彈壓 결과 및 신라의 십성 등에 대해 개괄하고 있다.

「흥법」편에 실린 이들 일곱 조목들은 각기 독자적인 사실을 통해 각기 삼국의 불교 홍기와 탄압 및 불교의 토착화와 주체화 과정에 대해 보여주고 있다. 무엇보다도 「흥법」이라는 편목 아래 이들 각 조목들이 유기적으로 맞물리면서 삼국의 불법 홍기와 탄압 과정에 대해 알려 주고 있다. 여기서 '아도기라' 조의 구성에 대해 살펴보면 이 조목에서는 신라 불교 초전자인 아도의 행장에 대한 기록을 집중적으로 싣고 있다.

일연은 아도의 행장을 1) 김부식金富軾의『삼국사기』권4「신라본기」제4 법흥왕 15년조 '조행불법'肇行佛法 기록(金大問『鷄林雜傳』所記의 墨胡子 및 阿道의 入羅 사실)과 2) 한나마韓奈麻 김용행金用行[11]이 지은「아도(화상)본비」를 종합하여 구성하고 이들 자료에 대해 평가한 뒤 3) 혜교慧皎의 『(양)고승전』「원위담시전」元魏曇始傳을 원용하면서 자신의 '논의'를 덧붙이고 있다. 때문에 '아도기라' 조에는 이들 세 자료가 서로 맞물려 있어 아도의 정체성을 확립하기가 쉽지 않다. 다음의 내용은 시기적으로 제일 앞선 아도 관련 기록인 신라 중기의 한나마 김용행이 지은「아도본비」의 기록이다.

---

10 일부 연구자들은 이 조목을 「興法」편 뒤의 「塔像」편으로 보고 있으나 논자는 『三國遺事』(正德本, 壬申本)의 편제와 내용으로 볼 때 「興法」편으로 보는 것이 자연스럽다고 생각한다.
11 金富軾,『三國史記』권4,「新羅本紀」권4, 法興王 15년 조 말미의 割註에 적힌 "此據金大問鷄林類事記書之" 뒤에 「韓奈麻金用行所撰「阿道和尙碑」所錄"과 이를 인용한 一然의『三國遺事』권3「興法」편 제3 '原宗興法 猒髑滅身'조 割註 '按金用行撰「阿道碑」'를 통해 김용행이「阿道(本)碑」를 지었음을 알 수 있다.

A. 아도는 고구려인이다. 어머니母는 고도령高道寧인데 정시년간正始年間, 240~248에 사신으로 고구려에 왔다간 조위인曹魏人 아我, 姓이 我임 굴마崛摩와 사통私通하여 그를 낳았다. 5세 때에 그는 어머니에 의하여 출가하였다. 16세에 그는 위魏나라로 가서 굴마崛摩, 그의 父를 뵙고 현창화상玄彰和尙의 강하講下에서 공부하였다. 19세에 아도는 어머니에게로 돌아왔다. 그 어머니는 "이 나라 (고구려)는 지금 불법을 모르지만 이후 삼천三千 여월에는 계림(신라)에 성왕聖王이 나와서 불교를 크게 일으킬 것이다. 그(신라) 경도京都 안에는 일곱 군데의 가람터가 있으니 첫째는 금교 동쪽의 천경림天鏡林(興輪寺 자리), 둘째는 삼천기三川岐(永興寺 자리), 셋째는 용궁남龍宮南(皇龍寺 터), 넷째는 용궁북龍宮北(芬皇寺 터), 다섯째는 사천미沙川尾(靈廟寺 터), 여섯째는 신유림神遊林(四天王寺 터), 일곱째는 서청전(曇嚴寺 터)인데 이곳들은 모두 전불前佛 시의 절터로서 법수法數가 길이 흐를 땅이다. 너는 그리로 가서 대교大敎를 전파 선양하여 그곳의 불교釋祀 초전자東嚮가 되도록 하여라"라고 하였다. 아도는 그의 어머니의 가르침을 따라 계림鷄林에 이르러 왕성의 서쪽 마을(엄장사 자리)에 머물렀으니 그때가 미추왕味鄒王 즉위 2년 계미263였다. 그는 대궐로 가서 교법을 펴게 해 달라고 청하였으나 오히려 죽이려고 하였으므로 몸을 피하여 속림續林,一善郡으로 가서 모록(례)가毛祿/禮家에 숨었다.

B. 그로부터 3년이 되었을 때 성국공주成國公主가 병을 앓게 되어 무의巫醫가 아무 효력이 없었으므로 왕은 사방에 의사醫士를 구하였다. 아도는 거기에 응하여 대궐로 가서 공주의 병을 낫게 해주었다. 왕이 크게 기뻐하여 소원을 물었다. 그는 "빈도貧道는 아무것도 바라는 것이 없습니다. 다만 천경림天鏡林에 불교 사찰佛寺을 세워 불교를 크게 일으켜 나라와 집안邦家의 복을 받들고 싶을 뿐입니다"라고 하였다. 왕이 (불사를) 허락하였으므로 공사를 일으켜 검소하게 띠집茅屋을 짓고 살면서

경교經敎를 강연講演하니 때로 천화天花가 내려왔으며, 절 이름을 흥륜사興輪寺라고 하였다. 모록毛祿[12]의 누이 사씨史氏[13]가 아도에게 득도한 뒤 니승尼僧으로 삼천기三川岐에 절을 지어 살면서 영흥사永興寺라고 하였다. 오래지 않아 미추왕이 세상을 떠나자 나라 사람들이 해치려 하였으므로 아도는 모록의 집으로 돌아가 스스로 무덤을 만들고 들어가 뚜껑을 닫고 자절自絶하여 다시는 나타나지 않았다. 이에 대교大敎가 또한 폐지되었으며 법흥대왕法興大王에 이르러 불법을 일으키자 미추왕 계미년과 간격相距이 252년이니 고도령이 말한 바의 삼천三千 여달이 들어맞은 것이다.[14]

일연은 『삼국사기』에 실린 김대문의 『계림잡전』과 김용행의 「아도본비」를 인용하면서도 해동 승려들의 본격적인 전기를 집성한 각훈의 『해동고승전』은 잘 인용하지 않는다. 다만 여타의 기록에 의거하여 각훈의 기록이 잘못된 것이라 판단되는 곳에서는 날카롭게 비판하면서 해당 기록을 수정하고 있다.[15] 아마도 각훈은 해동 고승들의 위대함을 현창함을 통해 해동 불교의 위대함을 선양하는 것에 초점을 두었을 뿐 각 사료와 사료 사이의 역사성과 논리와 논리 사이의 정합성은 크게 고려하지 않았기 때문인 것으로 짐작된다.

일연은 선행의 『삼국사기』와 『해동고승전』의 기록을 참고하되 그곳의

---

12 覺訓의 『海東高僧傳』에는 '毛禮'로 되어 있다.
13 覺訓의 『海東高僧傳』에는 '史侍'로 되어 있다.
14 一然, 『三國遺事』 「興法」, '阿道基羅'.
15 覺訓의 『海東高僧傳』의 현존 最古 寫本인 미국 캘리포니아 버클리대학 소장 아사미 린타로우(淺見倫太郎)본에는 '三十餘月'로 나와 있다. 그 영인본은 동국대학교 신라문화연구소 간행의 『신라문화』 3·4집에 실려 있다. 하지만 『三國遺事』 正德本에는 분명 '三千 餘月'로 나와 있어 크게 차이가 나고 있다. 『불교』 제24호에 실린 최남선 해제 교감본 『海東高僧傳』에는 '三千 餘月'로 기술되어 있다. 아마도 아사미 린타로우본에서는 '十'자와 '千'자가 자형이 유사하여 일획이 빠진 것으로 짐작된다.

잘못을 지적 비판하면서 그곳에서 인용하지 않은 새로운 자료를 제시하여 이야기 하고자 하였다. 일연은 『해동고승전』의 「유통」(1. 2, 현존)편과 달리 「왕력」王曆, 「기이」紀異, 「흥법」興法, 「탑상」塔像, 「의해」義解, 「신주」神呪, 「감통」感通, 「피은」避隱, 「효선」孝善편 등에 수록된 것처럼 시간적으로 보다 더 길고, 공간적으로 훨씬 더 넓은 시선 위에서 자료를 수집하고 그들 사이의 타당성을 엄격하게 평가하였다. 이러한 그의 찬술 태도로 볼 때 단지 해동 승려들의 행적을 종합적으로 집성한 전기자료집의 성격을 지니고 있는 각훈의 『해동고승전』 작성 방향과는 일치하지 않았기 때문에 비판적 시선을 놓지 않고 지적한 것으로 이해된다.

또 일연은 '아도기라' 조목에서 각훈覺訓, ?~1215~?이 신비롭고 재미있는 설화들을 집성한 박인량朴寅亮, ?~1096 『수이전』 속의 「아도전」 설화를 거의 그대로 원용한 『해동고승전』 「아도전」의 주장도 따르지 않았다. 각훈이 인용한 박인량의 『수이전』 「아도전」이 당나라 말기에 유행하였던 전기문학傳奇文學을 집성한 고승전기로서의 가치를 지니고 있지 않다고 판단했기 때문이었을 것으로 추정된다. 아래 내용은 각훈의 『해동고승전』이 인용하고 있는 박인량 『수이전』의 「아도전」 기록이다.

A. (아도)법사의 아버지는 위나라 사람 굴마崛摩이고 어머니는 고구려 사람 고도령高道寧이다. 굴마는 고구려에 사신으로 왔다가 "(고도령과) 사사롭게 정을 통하고 위나라로 돌아갔다. 이 일로 고도령은 (법사를) 임신하여 낳게 되었다. 법사는 다섯 살이 되자 남다른 형상이 있었다. 어머니는 그에게 말하였다. "(너는) 아비 없는 자식이니 승려가 되는 것이 좋겠다." 법사는 어머니의 가르침을 따라 그날로 머리를 깎았다. 16세에 위나라로 들어가서 굴마를 뵌 다음 현창화상玄彰和尙에게 나아가서 가르침을 받았다. 19세에 어머니께 돌아왔다.

B. 어머니가 타일러 말하였다. "이 나라 (고구려)는 인연이 성숙하지 못해

불법佛法을 행하기 어렵다. 오직 신라는 지금은 비록 가르침이 없으나 앞으로 삼십 여월 뒤에는 불법을 수호할 밝은 임금이 나와 불교를 크게 일으킬 것이다. 또 그 나라 수도 안에 불법이 머무는 일곱 곳이 있으니, 하나는 금교 천경림(지금의 興輪寺)이요, 둘은 삼천기(지금의 永興寺)요, 셋은 용궁남(지금의 皇龍寺)이요, 넷은 용궁북(지금의 芬皇寺)이요, 다섯은 신유림(지금의 天王寺)이요, 여섯은 사천미(지금의 靈廟寺)요, 일곱은 서청전(지금의 曇嚴寺)이다. 이곳은 불법이 불멸하는 전겁前劫의 가람伽藍 터란다. 네가 그곳에 가서 처음으로 현묘한 뜻을 전해 (그 나라) 불교의 시조가 되면 또한 아름답지 않겠느냐?" 자식에게 명하는 음성을 받들고 나서 법사는 국경을 벗어나 신라 왕성 서쪽 마을(지금의 담엄사가 그곳이다.)에 살았다. 때는 미추왕262~284 즉위 2년 계미년263이었다.

C. 법사는 불교를 행하고자 (왕실에) 청하였으나, 이전에 보지 못하던 것이어서 괴이하게 여기고, 죽이려는 자까지 있었다. 이에 속촌續村 모례毛禮의 집으로 물러나 숨었으니, 지금의 선주善州, 善山가 그곳이다. 도망한 지 3년 되는 해에 성국궁주成國宮主가 병이 들었는데 낫지 않자 사방으로 사신을 보내어 치료할 수 있는 이를 구했다. 법사가 대궐로 들어가 그 병을 치료하니, 왕이 크게 기뻐하여 원하는 것이 무엇인지 물었다. 법사가 청하였다. "다만 천경림天鏡林에 절을 세울 수 있기를 바랄 뿐입니다." 왕은 이를 허락하였다. 그러나 풍속이 질박하고 완고하여 백성들이 불법에 귀의하지 못하므로, 여염집으로 절을 삼았다. 7년 뒤에야 비로소 승려가 되고자 하는 자가 있어 (그의) 불법을 전수받았다. 모록毛祿의 누이동생 이름은 사시史侍인데 법사에게 의탁하여 승려가 되었으며 또한 절을 세워 이름을 '영흥사'라 하고 그곳에 머물렀다. 미추왕이 세상을 떠나자 후대 왕은 다시 불교를 존중하지 않고 폐지하려 하였다. 법사는 속촌續村으로 돌아가 스스로 무덤을 만들고

그 속에 들어가 문을 닫고 시멸示滅하였다. 이 때문에 한동안 불교가 사로斯盧, 新羅에서 행해지지 않았다. 200년 뒤에 원종原宗이 과연 상교像敎를 일으켰으니 모두 고도령의 말과 같았다. 미추왕부터 법흥왕까지는 11왕이 있었다.

아도는 왕으로부터 천경림天鏡林에 절을 세우도록 허락은 받았지만 뜻을 이루지 못하고 여염집을 절로 삼았다. 그리고 7년 뒤에야 비로소 승려가 되고자 하는 이가 있어 불법을 전수받을 수 있었다. 이처럼 아도의 신라 전법은 매우 어려웠다. 박인량『수이전』에 실린『아도전』의 A, B, C단락에 의하면 일연은 원위元魏/北魏의 승려「담시전」曇始傳을 근거로 "그가 태원太元 말년에 우리 땅에 왔다가 의희義熙 초년에 관중으로 돌아간 즉, 이곳에 머문 동안이 10여 년이나 될 터인데 어찌하여 우리나라에는 기사가 없었을까? 담시는 황당한 인물로서 아도, 묵호, 난타와 함께 연대와 사적이 서로 같으매 세 사람 중에 한 사람은 반드시 그의 변명變名일 것이다"[16]고 하였다.

이처럼 일연은 '연대'와 '사적'이 서로 같은 세 사람 가운데 한 사람을 담시와 동일인으로 비정하고 있다. 이것은 그가 담시를 백제 불교의 초전자인 마라난타 그리고 신라불교의 초전자인 아도와 묵호(자) 중 한 사람과 동일인으로 인식하고 있음을 보여주고 있다. 여기서 아도나 묵호(자)는 고유명사가 아니라 형용적 호칭 즉 지목지사指目之辭에 의해 후대에 추칭追稱한 이름으로 짐작된다. 그렇다면 담시가 아도나 묵호(자)와 난타 중 한 명 일 수 있을까?

먼저 '아도기라' 조의 체계를 살펴보기로 하자. 이 조목에 등장하는 전법승들의 나라와 시대별 및 전법승과 처소 그리고 입적과 전거에 따

---

16 一然,『三國遺事』,「興法」, '阿道基羅' 條.

라 도표화해 보면 아래와 같다.

〈표 1〉 我道와 阿道/頭(彡麽) 그리고 墨(黑)胡子

나라	時代	傳法僧	處所	入寂	典據
고구려	小獸林王 2년 (372)	順道	肖/省門寺		三國遺事 順道肇麗
고구려	小獸林王 2년 (372)	阿道	伊弗蘭寺		三國遺事 順道肇麗
백제	枕流王 1년 (384)	摩羅難陀	宮中		三國遺事 難陀闢濟
신라	味鄒王 2년 (263)	我道		續村	『海東高僧傳』수록 朴寅亮의 『殊異傳』; 『三國遺事』수록 「阿道本碑」
신라	訥祗王 (417~458)	墨/黑胡子	續林/村 一善郡 毛禮집		『三國史記』『海東高僧傳』『三國遺事』수록 金大問의 『鷄林雜傳』
신라	毗處(炤知)王 (479~499)	阿道和尙/ 侍者3인			『三國遺事』阿道基羅
신라	法興王(527)	正方/ 滅垢玼 阿道/頭 彡麽			『海東高僧傳』수록 『古記』

순도는 고구려 불교의 초전자로 알려져 있으며, 아도는 고구려 불교의 재전자로 알려져 있다. 그런데 일연이 문제시하고 있는 것처럼 담시와 신라의 아도와 묵호자와 백제의 마라난타가 동일인이냐 아니면 다른 인물들이냐가 문제가 된다. 위의 〈표 1〉에 의하면 신라 미추왕 2년263 때의 아도我道와 백제 침류왕 때384의 마라난타摩羅難陀와 눌지왕417~458 때의 묵/흑호자墨/黑胡子 그리고 법흥왕527 때의 아도/두삼마阿道/頭彡麽는 각

기 활동 시대가 달라 동일인이 될 수 없다. 특히 '묵호(자)'를 지목지사指目之辭 즉 형용적 지칭이라고 보게 되면 묵호(자)와 이들 아도阿道는 별개의 인물일 수밖에 없음을 알 수 있다. 따라서 일연이 제기한 북위의 담시와 고구려 불교 재전자 아도와 신라불교 초전자 아도를 동일인으로 볼 수 없게 된다.

법흥왕의 불교 공인 이전에는 전법승들을 허용하지 않고 국법으로 전법을 엄단하였다. 때문에 그들은 겉으로 드러난 전법활동을 하지 못하고 숨어서 은밀히 전법할 수밖에 없었다. 법흥왕 때의 아도에 앞서 고구려에서 온 정방正方과 멸구자滅垢疵는 신라 관인들에게 붙잡혀서 죽임을 당하였다. 이들 말고도 어떠한 흔적도 남기지 않고 발길을 돌린 전법승들도 셀 수 없이 많았을 것이다. 반면 정방과 멸구자가 외모로 일컬어지지 않고 이름으로 알려진 것은 이들이 신라 관인들에게 잡혀 죽임을 당하는 과정에서 그 이름이 밝혀졌기 때문이다.

마찬가지로 신라 관인들에게 붙잡히지 않았던 수많은 아도들은 모두 자신의 이름을 드러낼 수 없었다. 다만 그들 중 몇몇 전법승들은 일선군 모례가에 모여들면서 은밀하게 전법활동을 전개하였다. 이로 인하여 이들은 당시 사람들에게 '아두삼마' 즉 '아두阿頭사미'로 불렸다. 여기서 아도 즉 아두는 '머리카락이 없는 외모'를 일컬으며, '사미' 즉 '삼마'는 '수염이 없는 외모'를 가리키지만 맥락상으로 보면 '아두사미'는 출가 수행자인 '비구'의 별칭으로 볼 수 있을 것이다. 따라서 '아도기라' 조의 '아두삼마'에서 '아도'는 '머리카락이 없는 승려의 외모'를 가리키며, '삼마'는 '수염이 없는 승려의 외모'를 일컫는 말임을 알 수 있다. 당시 신라인들은 외래승들을 이들을 이렇게 불렀던 것이다.

III. 아도阿道 관련 사료史料의 몇 가지 문제

『삼국유사』「흥법」편 '아도기라' 조에는 1) 김부식의 『삼국사기』「신라본기」 법흥왕 15년 조 '조행불법'肇行佛法 기록과 2) 김용행의 「아도(화상)본비」 그리고 3) 혜교慧皎의 『(양)고승전』「원위담시전」 등 아도 관련 기록들이 집성되어 있다. 일연은 '아도기라' 조목에서 신라 김대문金大問이 찬술한 『계림잡전』의 기록을 인용한 고려 중기 김부식金富軾의 『삼국사기』「신라본기」와 신라 중대 한나마 김용행金用行이 지은 「아도본비」 즉 「아도전」처럼 아도에 대한 가장 자세한 전기를 싣고 있는 「아도비문」阿道碑文을 인용하고 있다.

해서 '아도기라' 조는 신라에 불교를 전한 아도 전기의 집성이라고 할 만하다. 이들 아도 사료는 신라시대와 고려시대 사료 이외에 조선시대 남익南翊이 지은 「아도화상사적비」阿道和尙事蹟碑, 1639도 생성되었다. 하지만 아도 관련 사료의 몇몇 착종으로 인해 아도의 정체성 문제가 지금까지도 명확하지 않다.

일연은 김부식의 『삼국사기』에 인용된 김용행의 「아도(화상)본비」와 『해동고승전』의 「아도전」을 참고하여 '아도기라' 조를 찬술하면서 이들 자료들에 대해 찬자 자신의 '평가'를 덧붙이고 나서 「담시전」을 원용하여 자신의 '논의'를 덧붙이고 있다. 이들 전거에 의한 단락을 구분하면 〈표 2〉와 같다.

〈표 2〉에서 볼 수 있는 것처럼 「아도본비」는 『삼국사기』「신라본기」와 「아도본비」, 일연의 평가, 『양고승전』「원위담시전」, 일연의 논의 5단락으로 되어 있다. 일연은 이들 『삼국사기』「신라본기」와 「아도본비」를 대비하면서 두 가지 설이 서로 어긋나서 이처럼 이치가 맞지 않는다고 전제한 뒤 '논평'을 덧붙이고 있다.

"양나라와 당나라의 두 『고승전』과 『삼국본사』에는 모두 고구려와 백

〈표 2〉 '아도기라' 조의 짜임과 전거

단락	짜임 내용	전거	비고
1	제19대 訥祗王 때에 고구려의 墨胡子와 제21대 毗處王 때의 (고구려의) 阿道和尙이 一善郡 사람인 毛禮의 집에 머무르면서 불법을 전하였다.	『三國史記』권4 「新羅本紀」제4 法興王 15년조	肇行佛法
2	1) 曹魏 사신 我崛摩와 고구려 여인 高道寧 사이에서 我道가 출가한 뒤 魏나라로 건너가 玄彰和尙의 講下에서 공부한 뒤 돌아왔다. 2) 我道의 어머니는 고구려는 불교와 인연이 없는 나라이므로 鷄林(新羅)에 가서 7곳의 옛 절터에 사찰을 세우고 불교를 퍼트리도록 하였다. 3) 我道는 신라 대궐로 가서 불교를 전하려 하였으나 '세상 사람들이 전에 보지도 못한 것'이라 의심을 가져 그를 죽이려 하자 續林(一善縣) 毛祿家에 3년간 숨어 들어가 살다가 味鄒王의 여식인 成國公主의 병을 고쳐준 인연으로 불교를 공인하기로 하고 사찰을 창건하였다.	「阿道(화상)本碑」	金用行撰
3	고구려와 백제 두 나라 불교의 시작을 고려해 보면 毗處王 때에 아도가 왔다는 것은 너무 늦고, 味鄒王 대에 아도가 왔다는 것은 너무 이르다. 訥祗王 대가 小獸林王 대와 맞닿아 있으므로 阿道가 신라에 온 것은 응당 눌지왕 대로 보아야 한다. 아도와 墨胡子는 모두 한 사람으로 보아야 한다.	一然의 評價	嘗試論之
4	北魏 즉 元魏의 曇始가 고구려에 불교를 처음 전하였다.	『梁高僧傳』「元魏釋曇始傳」	白足和尙
5	曇始가 우리 땅에 왔음에도 불구하고 전기가 전해지지 않은 것은 연대와 사적이 같은 阿道, 墨胡(子), 難陀 세 사람 중 한 사람이 그의 다른 이름이었기 때문이다.	一然의 論議	議曰

제 두 나라 불교의 시작이 진나라 말년 태원 연간376~396이라고 기재하였고 순도와 아도 두 법사가 소수림왕 갑술374에 고구려에 도착한 것이 명백하므로 이 전기는 틀리지 않았다. 만일 비처왕 때479~499에 처음으로 신라에 왔다고 하면 이것이 아도가 고구려에 머문 지 약 100여 년 만에 온 것이 된다. 비록 위대한 성인의 행동이란 나타나고 없어지는 것이 여느 사람과는 다르다 할지라도 반드시 다 그렇지는 않을 것이요, 더군다나 신라에 불교 전파가 이와 같이 어림없이 늦지는 않았을 것이다."[17] 여기서 일연은 『양고승전』과 『당고승전』 및 『삼국사기』의 순도와 아도 기록은 그대로 인정한다. 그런데 그는 고구려 불교 재전자인 아도가 신라불교의 초전자인 아도와 동일인임을 전제한 뒤 그가 비처왕 때 신라에 왔다면 그가 고구려에 이르러374 머문 지 100여 년 만에 온 것이 된다며 받아들이지 않고 있다.

이어 그는 "또 만일에 미추왕 시대라고 한다면 고구려에 도착하였다는 갑술년보다 도리어 100년이나 앞서게 된다. 이 당시는 계림 땅에 아직 문화라고 할 만한 것이 없어서 나라 이름까지도 미처 정하지 못하였는데 어느 겨를에 아도가 와서 불교를 받들자고 청하였을 것인가? 또한 고구려에도 오지 않고 뛰어넘어 신라에 왔다는 것은 사리에 맞지 않다. 설사 잠시 일어났다가 곧 없어졌다고 하더라도 어찌 그동안에 아무 소리도 없이 잠잠해져서 향의 이름조차 몰랐을 것이랴! 연대가 하나는 너무 뒤지고 하나는 너무 앞섰다. 헤아려보건대 불교가 동방으로 차차 전파해 온 과정은 반드시 고구려와 백제로부터 시작되어 신라에서 끝마쳤을 것이다. 눌지왕 대가 소수림왕 대와 맞닿아 있으므로 아도가 고구려를 떠나 신라에 온 것은 응당 눌지왕 대가 되어야 할 것이다"[18]고 하였

---

17 一然, 『三國遺事』, 「興法」, '阿道基羅'.
18 一然, 『三國遺事』, 「興法」, '阿道基羅'.

다. 여기서도 일연은 고구려 불교 재전자인 아도가 신라불교의 초전자인 아도와 동일인임을 전제한 뒤 그가 고구려(와 백제)를 거쳐 신라에 이른 것은 신라의 눌지왕대가 고구려의 소수림왕 대와 맞닿아 있으므로 마땅히 눌지왕 대가 되어야 한다고 주장한다. 하지만 눌지왕대417~458와 소수림왕대371~384를 서로 맞닿아 있다고 보고 있으나 사실은 짧게는 33년에서 길게는 46년이나 떨어져 있어 설득력이 떨어진다.

나아가 일연은 "또 왕녀의 병을 구원한 일이 모두 아도의 사적으로 전하고 있으니 이른바 묵호墨胡라는 것도 참이름眞名이 아니라 바로 무엇을 '지목하는 말'指目之辭일 것이다. 마치 양나라 사람이 달마達磨를 가리켜 벽안호碧眼胡라고 하고, 진나라 사람이 승려 도안道安을 조롱하여 칠도인漆道人이라고 부르는 따위일 것이다. 즉 아도는 위험한 여행을 하면서 이름을 숨기고 말하지 않았던 까닭이다. 아마도 나라 사람들이 그저 소문에 따라 묵호이니 아도이니 하는 두 가지 이름을 두 사람으로 나누어 전한 것이다. 더군다나 아도의 외모가 묵호와 비슷하였다는 것으로 보더라도 그 이름이 어느 한 사람인 것을 알 수 있을 것이다"[19]라고 하였다. 여기서 일연이 묵호를 참이름이 아니라 외형을 지목하는 말로 본 것은 탁견이라 할 만하다. 하지만 그는 아도를 눌지왕대의 초전자로 전제한 뒤 그가 참이름이 아니라 '지목지사'인 묵호와 한 사람이라고 전제하고 있다. 하지만 '묵호자'라는 이름은 인도 내지 서역 출신의 외모를 일컫는 말임을 고려할 때 아도와 같은 인물로 단정하는 것은 무리가 있다.

일연은 이러한 '평가'를 마친 뒤에 갑자기 원위元魏의 고승인 「담시전」을 인용하여 아도와 연결시키고 있다. 그는 "담시曇始가 진나라 태원太元 말년에 우리 땅에 왔다가 의희義熙 초년에 관중으로 돌아갔지만 이곳

---

19 一然, 『三國遺事』, 「興法」, '阿道基羅'.

에 머문 동안이 10여 년이나 될 터인데 어찌하여 우리나라 역사에는 기사가 없었을까? 담시는 매우 황당한 인물로서 아도阿道, 묵호墨胡, 난타難陀와 함께 연대와 사적이 서로 같으므로 음에도 불구하고 전기가 전해지지 않은 것은 연대와 사적이 같은 아도, 묵호墨胡, 난타難陀 세 사람 중 한 사람이 그의 다른 이름이었기 때문이다"라고 논의하고 있다. 이 대목 역시도 고구려에 10여 년 머문 담시의 기록이 없다고 하여 그를 아도와 묵호와 난타의 한 사람과 연루시키는 것 역시 설득력이 떨어진다.

여기서 일연이 아도 관련 사료를 그 나름대로 '평가'하고 '논의'한 것은 역사가로서 정당한 일이지만 그 평가에 있어서는 문제가 없지 않다. 그는 미추왕대에 신라에 들어온 아도를 인정하지 않으면서도 시대와 상황을 고려하지 않고 단지 이름이 같다고 하여 고구려 불교 재전자인 아도와 신라불교의 초전자인 아도를 동일시하여 오히려 그의 정체성을 되묻게 하고 있다. 그러면 「아도본비」를 통해 신라불교 초전자初傳者인 아도의 정체성에 대해 살펴보기로 하자.

IV. 「아도본비」阿道本碑와 신라불교 초전자

신라불교의 초전 사실을 싣고 있는 '아도기라' 조는 '순도조려' 조와 '난타벽제' 조에 견주어 신라불교의 전래와 수용의 사실 및 주체에 대해 긴 문장으로 기술하고 있다. '아도기라' 조 뒤에 시설된 '원종흥법 염촉멸신'조까지 참고하여 신라불교의 초전初傳과 재전再傳 및 삼전三傳과 사전四傳의 기록을 살펴보면 몇 갈래의 기록들이 혼재되어 있다. 이들 기록들의 상호 인용을 다시 비교 검토하여 정리해 보면 미추왕 대의 아도我道 – 눌지왕 대의 묵호자墨胡子 – 비처(소지)왕 대의 아도화상阿道和尙 – 법흥왕 대의 아도阿道를 주체로 하는 네 갈래의 기록으로 요약할 수 있다.

1) 제13대 미추왕未雛王 2년263에 고구려 승려 아도我道가 신라에 와서 불교를 전하였다. 이것은 『해동고승전』海東高僧傳에 실려 있는 『박인량수이전』朴寅亮殊異傳과 『삼국사기』에 인용되어 있는 한나마 김용행이 쓴 「아도본비」阿道本碑의 기록과 이를 인용한 『삼국유사』 '아도기라' 조에 의거한 것이다.

2) 제19대 눌지왕訥祗王, 417~458 때 사문 묵호자墨胡子가 고구려에서 일선군에 이르러 그곳 사람인 모례毛禮의 집에 머물렀다. 이것은 김대문의 『계림잡전』鷄林雜傳 기록을 『삼국사기』와 『해동고승전』과 『삼국유사』 모두 재인용한 것이다. 아울러 양나라 사신 원표元表의 「고득상영사시」高得相詠史詩의 묵호자 기록까지 덧붙이고 있다.

3) 제21대 비처왕毗處王/炤知王, 479~499 때 아도화상阿道和尙이 시자 3인과 함께 또 모례의 집으로 왔다. 이것은 『삼국유사』의 서술이다.

4) 양나라 대통 원년法興王 14년, 527 3월 11일에 아도阿道가 일선군 모례 집에 왔다. 이것은 『해동고승전』에 인용된 『고기』古記의 서술이다.

이들 네 가지의 기록 중 가장 오래된 것은 미추왕 2년에 고구려 승려 아도我道가 신라에 와서 불교를 전하였다는 김용행이 지은[20] 「아도(화상)본비」阿道舊碑설이다. 여기에는 아도의 출자 즉 성씨와 출가, 유학과 공부, 귀국과 전법, 입적 등에 대해 비교적 상세히 적고 있다. 그의 이름 아도我道는 아버지의 성인 '아我'와 어머니의 이름 '도령'에서 딴 '도道'를 합쳐 지은 것이라고 할 수 있다. 그런데 김용행이 신라시대에 지은 「아도(화상)본비」 즉 「아도비」는 후대의 조선시대에 남익南翊에 의해 「아도화상사적

---

[20] 金富軾, 『삼국사기』 권4, 「신라본기」 제4, 법흥왕 15년條. 마지막의 割註에 적혀 있다.

비_阿道和尙事蹟碑, 阿道新碑_로 새롭게 지어지고 양유인梁有仁이 쓴 비문으로 전승되었다.[21] 이들 비문의 내용을 비교해 보면 〈표 3〉과 같다.

〈표 3〉 아도구비와 아도신비 비교

구분	阿道(和上)本碑 (金用行 撰 阿道舊碑)	阿道和尙事蹟碑 (阿道新碑, 1639) 南翊 撰 梁有仁 書	비고
출자	曹魏人 我崛摩와 어머니 高道寧 사이에서 태어남	東晋의 穆帝 永和 12년 丙辰년(356)에 姙娠하여 이듬해 丁巳년(357) 寅月 19일에 태어남	
성씨	我氏	魏나라에서 아버지 崛磨/摩를 만나 굴마가 왕으로부터 아들의 度牒과 阿度란 법호를 받고 玄彰 화상에게서 我道라고 불림	
출가	5세에 득도	16세에 魏나라 왕에게 허락	
공부처	16세에 魏나라 玄彰和尙 講下 就業	16세인 魏나라 簡文帝 咸安 壬申年(372)에 출국	
귀국	19세에 고구려로 귀국	19세에 高句麗로 귀국	
전법지	어머니 명에 의해 신라 전법	어머니의 명에 의해 신라 전법	
입적	慶北 一善郡 毛禮집	善山 桃李寺 金水窟	

김용행의 「아도구비」에 없는 내용들이 남익의 「아도신비」에는 다수 나타나 있다.(〈표 3〉) 「아도신비」에는 동진東晋 목제穆帝 영화永和 12년 병진丙辰, 356에 아굴마와 고도령 사이에서 아도我道가 임신되어 이듬해 정사丁巳, 357년 인월寅月 19일에 태어났다고 하였다.

---

21 南翊, 「慶尙道善山府冷山桃李寺阿道和尙事蹟碑」, 朝鮮總督府內務部地方局 纂輯, 『朝鮮寺刹史料』(경성인쇄소, 明治 44, 1911) 상권, pp. 423~426 ; 朝鮮總督府 편, 『朝鮮金石總覽』 권하(朝鮮總督府, 大正 8, 1919) 權相老, 『朝鮮寺刹全書』 상권(동국대학교 출판부, 1979, 영인), pp. 313~314).

뿐만 아니라 위魏나라에서 아버지 굴마崛磨/摩를 만났는데 굴마가 왕으로부터 아들의 도첩度牒과 아도阿度²²란 법호를 받았고 현창玄彰화상에게 나아가서 아도我道라고 불렀다고 하였다. 심지어 아굴마가 왕으로부터 "해동에는 불법이 없으므로 승려가 되어 불법을 받들고 전할 것을 원합니다"라고 희원을 표하자 왕이 허락하는 대목까지 나오고 있다.

나아가 "아도가 어머니의 시키는 말을 받아들여 동경東京(경주)까지 가다가 도중에 선주善州, 善山 땅의 냉산冷山 밑 모례毛禮의 집에 이르러 묵호자墨胡子라 이름하고 거기에 머물러 품삯을 받고 소치는牧牛 일을 하였다"고 하였다.

이후에는 "아도 즉 묵호자가 붉은 관冠을 입고 가사袈裟를 입고 불자拂子를 잡고 고요하게 선좌禪坐하여 큰 광명을 놓으니 신령스럽고 상서러운 기운이 감돌아 방안을 비추고 뜰에 가득 차며 천지가 환하게 밝았는데 한겨울 임에도 불구하고 눈 속에서 칡넝쿨이 솟아났다. 모례가 놀라 이상하게 여기고 그 근원을 따라 남령南嶺에 이르니 참으로 기이한 승지라 곧 암자를 지어 바쳤다. 오색의 복숭아꽃이 눈 가운데 활짝 피었으므로 암자를 도리암桃李庵이라 하고 마을을 도개촌桃開村이라 하였다. 그리고 그곳을 떠나갔는데 어디로 갔는지를 알 수가 없었다"라고 적고 있다.

뒷부분에서는 소지왕 때 아도阿道와 근신 이차돈異次頓의 순교殉敎 그리고 7대가람이 일시에 세운 절이며, 그로부터 천사天寺와 만찰萬刹이 곳곳에 세워져 불법佛法은 크게 행해졌다고 하였다. 이것은 역사적 사실과는 일정한 거리가 있으며, 설화적 요소도 급격히 반감시키고 있다. 따라서 남익의 「아도신비」는 김용행의 「아도구비」가 지닌 역사성과 설화성을 온전히 계승하지 못하고 비역사성과 비설화성을 다수 드러내고 있다

---

22 法號인 '阿度'가 法名인 '我道'와 표기가 다르다.

고 할 수 있다.

이 「아도신비」에 대해서는 1) 법호法號 아도阿度와 그 부성父姓이 다른 점 2) 연대가 구비舊碑와 다른 점 3) 신라에 가게 된 연유緣由의 모순점 4) 신라 흥법사실興法史實을 허황되게 꾸며놓은 점을 들어 역사논리와 설화적 사상성이 결여되어 있다고 평가받고 있다.[23] 이 비문은 신라불교 초전자로서 아도의 서사를 선산 도리사와 연결 짓기 위해 지은 것으로 이해된다. 때문에 「아도본비」를 의식하면서 후대에 아도에 대한 역사적 사실을 윤색 내지 각색하였음이 분명해 보인다.

이 「아도신비」는 「아도본비」의 문제점을 나름대로 보완하려고 노력하고 있지만 「아도구비」가 지닌 역사성과 사실성 그리고 사상성을 온전히 계승하지 못하고 오히려 더 많은 문제점을 지니고 있다. 다만 이 「아도신비」는 조선시대 경북 선산 지역에서 아도의 위상과 지위가 어떠하였는지에 대해 알아볼 수 있는 비문이라는 점과 '도리사 창건의 연기설화' 즉 「도리사창건연기사적비」라는 점에서 그 의의가 있다고 할 수 있다.

2)의 눌지왕대의 묵호자 전래설은 아도의 모습이 묵호자와 같고, 아도가 왕녀의 병을 고쳤으며, 아도가 모례의 집에서 생을 마쳤다는 점 등이 묵호자의 그것과 유사하다는 일연의 주장이다. 일연의 주장은 나름대로 설득력이 있으나 문제도 있다. 만일 아도가 묵호자와 동일인이라면 그가 인도나 서역 계통의 호인胡人으로서 고구려와 백제를 거쳐 신라에 들어왔다고 보아야 한다. 하지만 여기에서 아도를 묵호로 보아야 할 근거는 어디에서도 찾아볼 수 없다.

3) 소지왕대에 아도화상이 시자 3인과 함께 모례의 집으로 왔다는 설이다. 소지(비처)왕대에는 신라와 백제가 고구려의 침공에 대응하여 친선관계를 맺고 있었다. 때문에 아도는 백제를 거쳐 접경지인 일선군에

---

23 金暎泰, 앞의 글, 앞의 책, pp. 19~22.

들어올 수 있었다고 볼 수 있으므로[24] 그를 묵호자와 동일인으로만 볼 수는 없다.

이상의 네 가지 기록의 갈래들을 전관해 보면 아도와 묵호(자) 및 아도화상과 아도 관련 몇몇 기록들이 서로 착종錯綜되어 있다. 먼저 법흥왕의 불교 공인 이전에 이미 신라 곳곳에는 불교가 들어와 있었다는 사실, 미추왕 대 이래 250년에 해당되는 3천 개월이라는 숫자와 법흥왕의 불교 공인의 시점이 흡사하다는 것, 그리고 이름을 알 수 없는 많은 외래승阿頭彡麼들이 낙동강 중상류에 자리한 일선군의 모례의 집을 향해 모여 들었다는 것 등이다.

여기서 모례의 집에 모여든 '묵호자'墨胡子 즉 '얼굴이 시커먼 외래 사내'나 '아도'阿道/頭 즉 '애기 머리'兒頭, 童頭처럼 '머리카락이 없어 구릉같은 머리를 가졌으며' '삼마' 즉 터럭彡이 적은麼 '까까수염'彡麼[25] 등은 모두 고유명사가 아니라 그들의 외모나 특징을 가리키는 언표指目之辭라고 할 수 있다. 따라서 이러한 점에서 볼 때 아도-묵호자-아도화상-아도는 불교의 승려 즉 '비구'比丘라는 공통점이 있다. 때문에 이들을 맞이하는 신라인들은 새로운 사상과 문화에 대한 두려움이 있었을 것이다. 동시에 그들의 반발과 도전 역시 적지 않았을 것이다. 『삼국유사』의 '사금갑'射金匣 조는 이러한 사실을 반추해 주고 있다.

소지왕(비처왕) 즉위 10년 무렵에 왕이 천천정天泉亭에 거둥行幸했을 때 까마귀와 쥐가 울었다. 쥐가 사람의 말로서 까마귀가 있는 곳을 찾으라 하였다. 왕이 남쪽 피촌避村에 이르자 노옹老翁이 연못 가운데에서 나와 왕에게 글을 올렸다. 왕이 일관日官을 시켜 그 글의 의미를 파악하게 한 뒤 궁중 안의 금갑을 쏘아 그 안에서 몰래 정을 통하던潛通 분수

---

[24] 이병도, 「新羅佛敎의 浸透科程과 異次頓殉敎問題의 新考察」, 『韓國古代史硏究』 (박영사, 1971), pp. 652~653.
[25] 金煐泰, 「三國遺事 興法篇의 三國傳法史實考」, 앞의 책, p. 573.

승焚修僧과 궁주宮主를 발견하고 이들을 모두 죽였다. 여기서 까마귀와 쥐, 노옹과 일관 등은 기존 신앙세력으로 짐작되며, 천천정은 이들이 숭상하는 토착신앙의 성스러운 곳일 개연성이 있다.[26]

소지왕(비처왕) 시절에 이미 분수승이 궁중에 머물며 종교의례를 하였다는 것은 이미 그 이전에 신라 사회에 불교가 널리 퍼져 있었음을 시사해 준다. 때문에 이 같은 몇 갈래의 기록을 통해 눌지왕 이전 미추왕 시절에 신라에 불교가 유입되지 않았다는 단정 역시 설득력이 떨어지는 주장이다. 아울러 고구려 불교가 공인372되기 이전에 이미 고구려 사회에 불교가 유입되어 있었음을 고려하면 고구려에 불교가 전해지기 이전에 신라에 불교가 유입될 수 없다는 주장 역시 설득력이 떨어지는 주장이다.

고구려 역시 순도 이전에 이미 불교가 유입되어 있었으며 고구려 불교 재전자인 아도 역시 신라불교 초전자인 아도와는 별개의 전법승이라고 보아야 한다. 따라서 미추왕대의 아도我道 이래 눌지왕-소지왕(비처왕) 시대에 이미 신라 관내에는 불교가 이미 널리 유포되어 있었음을 알 수 있다. 하지만 신라는 천신과 산신 신앙과 고목과 정령 신앙 등 토속신앙을 기반으로 한 신하들의 반대로 불교 공인이 매우 늦어졌다. 결국 법흥왕原宗의 멸신滅身과 그의 조카이자 근신近臣인 내사사인內史舍人 이차돈猒髑의 순교殉敎를 통해 비로소 불교가 공인될 수 있었다.

---

26 金在庚,「신라 土着信仰의 分化進展」,『역사학보』제174호, 한국역사학회, 2002, p. 21.

V. 모례毛禮 누이 사씨史氏의 출가와 영흥사永興寺

신라 최초의 여승 즉 비구니는 모례 누이 사씨史氏, 史侍로 알려져 있다. 그는 일선군(현 구미시 선산읍 지역)의 성황당 즉 암자를 지키는 모례(박수[27] 혹은 토착세력가[28])의 여동생이었다. 사씨의 고향 일선군 지역은 낙동강 중상류에 자리하고 있어 고구려 및 백제와 접촉이 가능한 주요 교통로로서 예로부터 인식되어 오고 있었다.[29] 때문에 묵호자 혹은 아도 등의 외래승들은 모두 고구려와 백제를 거쳐 이곳으로 모여들 수 있었다. 더욱이 이곳은 낙동강이 흐르고 있어 육지의 교류뿐만 아니라 강을 이용한 교류도 적지 않았다.

하지만 신라에 의해 삼국이 통일되고 다시 후삼국 분열을 거쳐 고려로 통합된 이래 이러한 사실은 잘 전승되지 않았다. 그 결과 후대의 역사서들도 이 지역 교통로의 역할에 대해 온전히 주목하지 않았다. 고려

---

[27] 高榮燮, 「신라의 불교 공인이 늦어진 까닭은?」, 『삼국유사 인문학 유행 17』, 『현대불교』, 2012년 2월 2일자. 논자는 '毛禮'라는 한자 표기 이전의 우리말 표기인 '털례'는 '테라'와 음이 유사하며, 일본 나라의 '도우다이지'(東大寺)처럼 '큰 절'을 표시하는 '지'(じ)와 달리 인근의 '아스카테라'(飛鳥寺)처럼 '작은 절'을 표시하는 '테라'로 불리고 있는 점을 고려하여 毛禮는 인명이기 이전에 천신신앙과 산신신앙을 숭배하는 성소인 城隍堂(암자 내지 임시법당)이며 毛禮는 이곳을 지키는 남자 즉 巫堂(박수)를 일컫는 것으로 보았다. 그가 머무는 곳인 '테라'(てら) 즉 '털례'를 漢字로 借字表記한 이래 그는 그곳을 거주하며 제사의식을 주관하면서 그의 이름이 자연스럽게 毛禮로 불렸으며 그의 원래 姓氏는 여동생 史氏를 통해 史氏였음을 알 수 있다. 그의 집에 외래승이 끊임없이 몰려들었다는 것은 그곳이 천신(산신)신앙의 성소일 뿐만 아니라 그가 같은 종교인 즉 聖職者라는 동질감 때문이었을 것이며, 외래승들과 인연을 맺었던 오빠와 인연에 의해 그 여동생 史氏도 아도에게 자연스럽게 머리를 깎고 비구니가 되었을 것으로 보았다.

[28] 辛鍾遠, 앞의 책, p.150. 저자는 毛禮가 長者라고 불리며 소와 양 수천마리를 기르고 있었다는 마을 전승 및 '家中에 窟室을 안치했다'는 기사에 근거하여 '집안'을 毛禮家의 領有地內라고 해석하여 모례를 불교 전래기에 불교를 후원한 유력자로서 고구려 문물에 일찍이 접했던 인물로 구명하고 있다.

[29] 서영일, 『신라육상교통로연구』(학연문화사, 1999), p. 319.

후기에 살았던 『삼국유사』의 찬자 일연은 그렇게 볼 수밖에 없었다. 그는 미추왕대 고구려 불교의 재전자인 아도가 전래한 때[374]보다 100년 이전에 신라로 들어왔다는 기록에 대해 당시 신라에는 아직 문물예교文物禮敎도 없었고 국호國號도 정해지지 않았으므로 이치에 맞지 않아 역사적 사실로 받아들일 수 없다고 하였다.[30]

하지만 고구려 왕실이 불교를 공인하기 이전에 이미 민간에는 불교가 들어와 있었으며 문물예교나 국호가 갖추어진 나라에서만 외래 종교가 유입될 수 있는 것은 아니다. 신라가 아직 후대의 발전된 문물 수준은 지니고 있지 못했다 하더라도 부족국가의 연합체로서 국가의 모습은 갖추고 있었기 때문이다. 뿐만 아니라 이미 신라는 '사라'斯羅 혹은 '사로'斯盧 또는 '계림'鷄林이라는 국호를 쓰고 있었으며 미추왕 대에도 국호를 지니고 있었으므로 설득력이 약하다. 당시 신라 미추왕대에 불교가 이미 들어와 있었을 가능성은 충분하다고 할 수 있다.

모례의 여동생 사씨史氏는 아도에게 투신하여 비구니가 된 뒤 삼천기三川岐에 절을 짓고 머물며 영흥사永興寺라고 하였다. 하지만 미추왕 대에 이르러 왕실이 한동안 불교를 믿지 않았다. 해서 나라사람들이 아도를 죽이려 하자 그는 모록의 집으로 돌아와 스스로 굴을 파고 문을 닫아걸고 자절하여 다시 나타나지 않았다. 이로 인하여 불교 또한 폐지되었다[31]고 하였다. 그러다 보니 「아도본비」 이외에서 사씨 비구니에 대해서도 자세히 실을 수 없게 되었다.

이 때문에 학계에서는 사씨니史氏尼는 실존인물이 아니라는 설을 제기하고 있다. 그 근거는 크게 세 가지로 제기되어 있다. 1) 아도의 전법이 여러 갈래로 전해지고 있는 전설들을 묶어서 신라적인 전법성자傳法

30　一然,『三國遺事』 권3, '阿道基羅' 조.
31　一然,『三國遺事』 권3, '阿道基羅' 조.

聖者의 설화를 집성하여 아도라는 흥법개기興法開基의 성자상聖者像을 확립해 놓은 것이라고 할 수 있으므로 최초의 출가비구니 사씨 이야기도 그렇게 등장시킨 것이다. 2) 출가한 사씨에 대한 그 뒤의 일에 관해 전혀 언급이 없기 때문에 출가인으로서의 신분은 지속되지 않았을 것이며 따라서 비구니 대계大戒는 끝내 받지 못했을 것이다. 3) 신라불교의 연원이 오래됨을 나타내고 여성의 출가도 있었다는 것을 사실화하기 위해 사씨니史氏尼의 전설을 꾸며낸 것[32]이란 점을 들고 있다.

하지만 1) 현존하는 『해동고승전』과 『삼국유사』의 사씨 비구니 기록을 설화로만 단정할 수는 없다. 왜냐하면 그와 관련된 인물들의 존재들을 완전히 부정할 근거가 될 수 없다. 이는 오히려 신라 최초로 불교에 귀의한 여승으로서의 사씨史氏가 신라인들에게 존경의 대상이 되면서 설화성이 가미된 이야기로 신라인들에게 전승되다가 후일 법흥왕후가 절을 창건하게 되는 배경으로 작용하였다고 생각된다.[33]

2) 또 미추왕 대에 아도가 모례집으로 숨어들어 자절함과 동시에 사씨 비구니가 머물던 영흥사는 폐사되었던 것으로 짐작된다. 그렇다고 해서 사씨 비구니가 출가인으로서의 신분이 지속되지 않았다고만 단정할 수는 없을 것이다. 이후 신라 법흥왕이 절 역사를 일으키던 을묘년535에 출가하여 법공法空[34]이란 이름으로 흥륜사(현 경주공고)에 머물렀다. 그와 동시에 법흥왕비 파조부인 역시 출가하여 묘법妙法이란 이름으로 사씨 비구니가 머물던 영흥사(현 경주 흥륜사)터에 영흥사를 재창건하여 그곳에 머물게 되었다[35]는 사실을 통해 보면 그러하다. 그리고 진흥왕도

---

32 金暎泰, 「신라의 女性出家와 僧尼職 고찰-都維那娘 阿尼를 중심으로」, 『명성스님 고희기념논문집』(운문승가대학출판부, 2000), pp. 41~43.
33 김선숙, 앞의 글, 앞의 책, p. 246.
34 일연의 『삼국유사』는 법흥왕의 法號를 法雲, 字를 '法空'이라 했으나 실제로 法興王의 법명은 法空이고 眞興王의 법명이 法雲이다.
35 一然, 『三國遺事』 권3, '阿道基羅' 조.『冊府元龜』를 인용하여 논증하고 있다.

말년에 출가하여 법운法雲이란 이름으로 자신이 사액賜額한 대왕사 즉 대왕흥륜사에 머물렀다. 또 진흥왕비 사도부인思刀夫人 박씨 역시 출가하여 묘주妙住란 이름으로 영흥사에 머물렀다.[36] 일연 역시도 묘주 비구니가 영흥사를 창건한 주인공은 아니라고 명시하였다.[37] 그 뒤 "건복建福 11년에 영흥사 소상이 저절로 허물어지고 진흥왕비인 여승이 죽었다"고 전한다.[38] 사씨 비구니가 세운 영흥사는 미추왕대 이후 폐사되었으나 이후 법흥왕비 묘법비구니에 의해 재창건되고 다시 진흥왕비 묘주비구니에 의해 이어지면서 신라불교의 주요한 비구니 사찰로 이어져 왔다.

3) 불교 전래 초기에는 계단에 시설되지 않아 엄밀하게 수계 절차를 거치지 않았을 것으로 짐작된다.[39] 때문에 출가한 사씨에 대한 그 뒤의 일에 관한 언급이 없다는 것을 근거로 아도에게 사씨 비구니가 엄밀하게 비구니 대계大戒를 끝내 받지 못했을 것이며 동시에 이를 근거로 출가인으로서의 신분이 지속되지 않았다고 단정할 수 없다. 다만 출가한 사씨에 대한 그 뒤의 일에 관해 전혀 언급이 없었다는 것은 그녀와 관련된 구전口傳이 오래되면서 일실되었거나 후대의 법흥왕이나 왕후처럼 승려가 되는 과정을 일일이 기술할 필요가 없었다고 볼 수도 있[40]기 때문이다.

이러한 사실을 종합해 본다면 미추왕 대에 신라로 건너온 신라불교 초전자 아도我道와 모례의 누이로서 신라 최초로 출가한 비구니 사씨史氏는 실존 인물임이 분명하다. 그리고 그我道와 눌지왕대의 묵호자墨胡子 및 비처소지왕대의 아도阿道화상과 법흥왕 대의 아도阿道는 각기 별개의

---

36 一然, 『三國遺事』 권3, '阿道基羅' 조.
37 一然, 『三國遺事』 권3, '阿道基羅' 조. 모량리 英失角干의 딸이었다고 기록하고 있다.
38 一然, 『三國遺事』 권3, '阿道基羅' 조. 『國史』를 인용하여 논증하고 있다.
39 慈藏에 의해 通度寺에 金剛戒壇이 시설되면서 비로소 법식에 맞은 授戒得度의 의식이 치루어졌을 것이다.
40 김선숙, 앞의 글, 앞의 책, p. 247.

인물들이다. 동시에 고구려 불교 재전자인 아도阿道와 고구려에서 신라로 건너온 비처왕의 아도阿道화상 그리고 동진에서 백제로 건너온 마라난타摩羅難陀도 각기 별개의 인물임을 알 수 있다. 일연은 지목지사인 묵호자처럼 아도我道와 아도阿道의 구분없이 모두 지목지사처럼 봄으로써 인도승 난타와 중국승 담시까지 아도와 동일인의 맥락에서 이해하려고 하였다. 그 결과 아도의 정체성이 모호해져 버렸던 것이다.

VI. 원종의 멸신滅身과 염촉의 순교殉敎 그리고 공인

일연一然, 1206~1289이 찬술1281한 『삼국유사』 「흥법」편의 '아도기라'阿道基羅 조는 신라불교의 초전 주체와 전법 과정을 엿볼 수 있는 귀중한 사료라고 할 수 있다. 그런데 일연은 고구려 불교 재전자인 '아도'阿道를 신라불교의 초전자인 '아도'我道로 보고 있으며, 원위元北, 魏魏에서 건너온 담시曇始가 신라불교 초전자인 '아도'我道와 '묵호자'와 백제 불교의 초전자인 '난타' 세 사람과 연대와 사적이 같다며 이들 중 한 명으로 이해하고 있다.

일연은 아도의 행장을 1) 김부식金富軾의 『삼국사기』 권4 「신라본기」 제4 법흥왕 15년조 '조행불법'肇行佛法 기록(金大問 『鷄林雜傳』 所記의 墨胡子 및 阿道의 入羅사실)과 2) 한나마韓奈麻 김용행金用行[41]이 지은 「아도(화상)본비」를 종합하여 구성하고 이들 자료에 대해 평가한 뒤 3) 혜교慧皎의 『(양)고승전』 「원위담시전」元魏曇始傳을 원용하면서 자신의 '논의'를

---

[41] 金富軾, 『三國史記』 권4, 「新羅本紀」 권4, 法興王 15년 조 말미의 割註에 적힌 "此據金大問鷄林類事記書之" 뒤에 "韓奈麻金用行所撰 「阿道和尙碑」 所錄"과 이를 인용한 一然의 『三國遺事』 권3 興法편 제3 '原宗興法 猒髑滅身'조 割註 '按金用行撰 「阿道碑」'를 통해 김용행이 「阿道(本)碑」를 지었음을 알 수 있다.

덧붙이고 있다. 여기서 일연이 아도 관련 사료를 그 나름대로 '평가'하고 '논의'한 것은 역사가로서 정당한 일이지만 그 평가에 있어서는 문제가 없지 않다. 그는 미추왕대에 신라에 들어온 아도를 인정하지 않으면서도 시대와 상황을 고려하지 않고 단지 이름이 같다고 하여 고구려 불교 재전자인 아도阿道와 신라불교의 초전자인 아도我道를 동일시하여 오히려 그의 정체성을 되묻게 하고 있다.

'아도기라' 조 뒤에 시설된 '원종흥법 염촉멸신'原宗興法 猒髑滅身 조까지 참고하여 신라불교의 초전初傳과 재전再傳 및 삼전三傳과 사전四傳의 기록을 살펴보면 이들 네 갈래의 기록들이 뒤섞여 있다. 이들 기록들의 상호 인용을 다시 비교 검토하여 정리해 보면 미추왕대의 아도我道 - 눌지왕대의 묵호자墨胡子 - 비처(소지)왕대의 아도화상阿道和尙 - 법흥왕대의 아도阿道를 주체로 하는 네 갈래의 기록으로 요약할 수 있다. 이들 기록을 엄밀하게 검토해 보면 아도我道와 묵호자 및 아도阿道화상과 아도阿道는 시기를 달리하여 신라에 들어온 별개의 전법승이라고 할 수 있다. 따라서 '아도기라'阿道基羅 조목명을 '아도기라'我道基羅 조목명으로 수정해야 한다. 또 미추왕 대에 신라로 건너온 신라불교 초전자 아도我道와 모례의 누이로서 신라 최초로 출가한 비구니 사씨史氏는 실존 인물임이 분명하다.

고구려 역시 순도順道 이전에 이미 불교가 유입되어 있었으며 고구려 불교 재전자인 아도阿道 역시 신라불교 초전자인 아도我道와는 별개의 전법승이라고 보아야 한다. 따라서 미추왕대의 아도我道 전래 이래 눌지왕 - 소지왕(비처왕) 시대에 이미 신라 관내에는 불교가 이미 널리 유포되어 있었음을 분명히 알 수 있다. 하지만 신라는 천신 신앙 및 산신 신앙과 고목 신앙과 정령 신앙 등 토속신앙을 기반으로 한 신하들의 반대로 불교 공인이 매우 늦어졌다. 결국 법흥왕原宗의 멸신滅身과 그의 조카이자 근신近臣인 내사사인內史舍人 이차돈猒髑의 순교殉敎를 통해 비로소 불교가 공인될 수 있었다. 그 실마리는 아굴마와 고도령 사이에서 태어나 출가했던 아도我道가 열었다.

■ 참고문헌

慧皎,『高僧傳』권4,「義解」1 '竺道潛'.
僧佑,『出三藏記集』권12,「與高句麗道人書」支道林.
覺訓,『海東高僧傳』권1,「釋法空」.
金富軾,『三國史記』권4,「新羅本紀」제4, 法興王 15年條.
一然,『三國遺事』,「興法」,'阿道基羅'.
南翊,「慶尙道善山府冷山桃李寺阿道和尙事蹟碑」, 朝鮮總督府內務部地方局 纂輯,『朝鮮寺刹史料』(경성인쇄소, 明治44, 1911) 상권, pp.423~426.
朝鮮總督府편,『朝鮮金石總覽』권하(朝鮮總督府, 大正 8, 1919).
權相老,『朝鮮寺刹全書』상권(동국대학교출판부, 1979, 影印), pp.313~314).
서영일,「신라육상교통로연구」(학연문화사, 1999), p.319.
이병도,「新羅佛敎의 浸透科程과 異次頓殉敎問題의 新考察」,『韓國古代史硏究』(박영사, 1971), pp.652~653.
金煐泰,「新羅 白月山 二聖 說話의 硏究」,『조명기박사화갑기념 불교사학논총』(동국대출판부, 1965), pp.38~39.
金煐泰,「新羅佛敎 初傳者考」,『동국대학교논문집』제17집, 동국대학교 대학원, 1978.
金煐泰,「三國遺事 興法篇의 三國傳法史實 考」,『불교학보』제29집, 동국대 불교문화연구원, 1992.
金煐泰,「阿道和上의 新舊碑文에 대하여」,『불교미술』16, 동국대학교 박물관, 2000.
金煐泰,「新羅의 女性出家와 僧尼職金 고찰-都維那娘 阿尼를 중심으로」,『명성스님고희기념논문집』(운문승가대학출판부, 2000), pp.41~43.
金相鉉,「신라 초전불교의 여러 문제」,『신라의 사상과 문화』(일지사, 1999).

辛鍾遠,『신라초기불교사연구』(민족사, 1992).

金福順,「『삼국유사』「흥법」편과 중고기의 설정」,『경주사학』제19집, 경주사학회, 2000.

金在庚,「신라 土着信仰의 分化進展」,『역사학보』제174호, 한국역사학회, 2002, p.21.

이정훈,「기원 강박과 삶, 그리고 서사-『삼국사기』,『해동고승전』「유통1」과『삼국유사』「흥법」비교」,『국어국문학』제41집, 국어문학회, 2006.

崔鉛植,「고려시대 승전의 서술 양상 검토-『殊異傳』『海東高僧傳』『三國遺事』의 阿道와 圓光傳記 비교」,『한국사상사학』제28집, 한국사상사학회, 2007.

김선숙,「『三國遺事』〈阿道基羅〉條의 女僧 史氏에 대한 一考」,『동방학』제16집, 2009.

高榮燮,「신라의 불교 공인이 늦어진 까닭은?」,『삼국유사 인문학 유행』17 ,〈현대불교〉, 2012년 12월 12일자.

제4장

가야불교 남방전래설의 재검토
- 아라가야·금관가야·대가야를 중심으로 -

Ⅰ. 가야불교 남전설
Ⅱ. 가야불교 관련 사료의 비판적 검토
Ⅲ. 허황옥의 출자와 불교 전래설 분석
Ⅳ. 북방 전래와 남방 전래의 두 갈래
Ⅴ. 남방전래설의 재해석
Ⅵ. 세 가야의 남북불교 수용

I. 가야불교 남전설

한국사에서 가야는 고구려와 백제 및 신라의 삼국에 맞섰던 또 하나의 제국이었다. '삼국의 빠진 이야기를 기록'한 일연은 『삼국유사』 「왕력」편에서 '나'羅·'려'麗·'제'濟의 삼국뿐만 아니라 사국인 '락'洛의 왕력을 적고 있다. 또 「기이」편 말미에 '가락국기'를 축약하여 가락의 역사를 싣고 있다. 가야는 만주대륙에 머물던 부여의 일족이 동해를 따라 내려와 한반도 남부에 정착한 부족연맹체 국가로 알려져 있다. 가야는 가락국駕洛國으로 불렸던 금관가야 이외에 아라가야(함안), 고령가야(함령), 대가야(고령), 성산가야(경산, 벽진), 소가야(고성)의 오가야를 포함하는 육가야 부족의 연합체로 구성되었다.[1]

고대 사국 가운데에서 고구려[2], 백제, 신라와 맞섰던 가야 중 특히 전기 가야를 주도했던 금관가야[3] 본류가 왜가야[4]로 나아간 뒤 그 지류가

---

1 一然, 『三國遺事』 「紀異」, '五伽倻'. 본조 『史略』에는 고려 "태조 天福 5년 경자(940)에 5가야의 이름을 고쳐 첫째는 金官, 둘째는 古寧, 셋째는 非火, 나머지는 阿羅와 星山이다"고 하였다.

2 高榮燮, 『삼국유사 인문학 유행』(박문사, 2015), p.302. 「國岡上廣開土好太王陵碑」(64미터, 4면 1775자)에 의하면 "원래 백제와 신라는 우리들(고구려)의 속민으로서 항상 조공을 바쳐왔는데 이후 辛卯年(391)에 조공을 바치지 않으므로 백제와 왜국, 신라를 쳐서 이겨 신민으로 삼았다"(李進熙, 李亨求 해석)고 적었다. 하지만 일본 메이지정부의 군부는 육군참모본부의 첩보 梗理 가츠라 국장과 첩보원 사코 가게아키(酒句景信) 중위를 시켜 비문 속 '百殘新羅, 舊是屬民, 由來朝貢, 辛卯年來渡海, 破百殘倭國新羅, 以爲臣民'의 주체를 바꾸어 "왜(일본)가 신묘년에 바다를 건너와서[倭以辛卯年, 來渡海] 백제와 신라를 쳐서 신하로 만들었다"[破百殘□□新羅, 以爲臣民]로 조작하게 하였다. 이것이 바로 일본이 경상남도 일대에 설치했다는 任那日本府說이다. 여기서 임나는 섬나라에 세웠던 왜가야를 경영하는 가야본국 즉 임나가야를 일컫는다.

3 서기 400년에 부산 동래구 일대의 鍾鉢城(복천동 일대)에서 고구려-신라 연합군에 맞섰던 백제-왜-가야 연합군은 최후의 전투에서 패해 금관가야의 주류세력이 왜국으로 건너가 왜가야를 경영한 것으로 알려져 있다. 지류로 남았던 반도(임나)의 가야세력은 금관가야를 재건해 이어갔으나 仇衡王 때에 신라 법흥왕에게 복속되어 태자였던 金世宗 이후 金武力-金舒玄-金庾信이 신라장군으로서 금관가야계의 명맥을

신라 법흥왕에 복속^{532}되고, 아라가야도 왜지^{5}로 나아가면서 사국으로서 가야의 존재감이 크게 줄어들었다. 또 금관가야 이후에 반도에 남아 후기 가야를 주도했던 대가야^6 또한 가야 제국의 명맥을 이어갔지만 곧 진흥왕에 복속^{562}되어 신라에 편입됨으로써 가야는 그 정체성이 온전히 구명되지 못해 왔다. 이 때문에 가야 제국과 가야불교에 대한 역사학계와 불교학계의 선행 연구는 개국조인 수로왕과 왕비로 알려진 허황옥의 출자 및 불교 전래 여부를 둘러싸고 팽팽히 대립하고 있다.

일연은 『삼국유사』 「기이」 1에 '오가야'五伽耶 조목을 편입시킨 뒤, 「기이」 2에 고려 문종 30년^{1076}에 금관(김해) 주지사로 있었던 문인 김양일 金良鎰^{7}이 정리한 『가락국기』를 요약해 『삼국유사』 「기이」편의 말미에 한 조목으로서 '가락국기'駕洛國記를 편입시켰다. 나아가 그는 「탑상」편에 '금관성 파사석탑'金官城婆娑石塔과 '어산불영'魚山佛影 조목을 편입시켜 가야 제국과 가야불교의 실체를 보여줄 수 있는 실마리를 제공해 주었다. 일연은 불교의 역사관에 의거해 가야불교의 전래를 역사적 사실로 자리매김 하였다.^{8} 부여계의 일파로서 동해를 거쳐 김해 지역으로 들어온

이어갔다.
4 윤석효, 『신편가야사』(혜안, 1997), p.170. 본가야였던 금관과야는 倭地 정착 중심지역은 九州 동북쪽인 福岡縣 이토시마평야와 佐賀縣 북부 해안 지대와 남서측인 長崎縣 島原반도 高原지대 그리고 동북측인 熊本縣 남부 小年野地帶이었다.
5 윤석효, 「伽倻의 倭地 進出과 定着」, 『가야문화』 제7호, 가야문화연구원, 1994, p.145. 아라가야의 왜지 정착은 길비지방과 부중, 대판 그리고 대화지역을 중심지로 삼아 활동하였다.
6 금관가야의 본류가 왜나라로 건너간 뒤 나머지 가야계는 대가야의 嘉悉/實王-異腦王-道設智/指(月光태자)왕 등을 주맹으로 연맹의 명맥을 유지하다가 진흥왕에게 복속되었다.
7 一然, 『三國遺事』 권2의 「駕洛國記」 제목 아래에서는 고려 "文廟朝 大康 年間 (1075~1084)에 金官知州事 文人이 지은 것이다"고 하였다. 하지만 「駕洛國太祖陵崇善碑」(『朝鮮金石總覽』 권하, 아세아문화사, 1976)에는 撰者가 당시의 지주사였던 金良鎰이라고 적혀 있다.
8 일연의 불교사관에 대해 역사학계 일부에서는 비판적 시각을 견지하고 있다.

수로와 달리 그의 왕비가 된 허황후는 어디에서 건너왔을까? 허황후는 인도에서 바로 가야로 왔을까? 혹은 인도에서 중국을 거쳐서 가야에 왔을까? 또는 왜나라(일본)에서 건너왔을까? 그리고 중국 남조의 불교를 수용한 백제로부터 전해 받은 고령 일대의 대가야와 고구려로부터 불교를 전해 받은 의령-함안 일대의 아라가야와 달리 김해 일대의 금관가야는 어디에서 불교를 전해 받았을까? 만일 북방의 고구려와 서방의 백제와 달리 남방에서 전해 받았을까?

현재 우리나라 역사학계[9]에서는 대체적으로 허황후의 인도 도래와 그의 동생(혹은 오빠)이었다는 장유長遊 화상의 불교 전래를 비판적으로 보고 있다. 반면 불교학계에서는 가야伽耶 제국 중 특히 가락駕洛 즉 금관가야 불교의 인도 전래 가능성을 열어두고 있다. 일부 사학자와 불교학자들은 허황후의 출자와 아유타국阿踰陀國의 이름과 실제 그리고 쌍어문 등을 가야와 인도의 연결고리로 삼고 있다. 이 글에서는 가야 제국과 가야불교 관련 사료들에 대한 역사학계와 불교학계의 연구들[10]을 비

---

9 정중환, 「가락국기의 문헌적 고찰」, 『가야문화』 제3호, 가야문화연구원, 1991; 이영식, 「가야불교의 전래와 문제점」, 『가야문화』 제10호, 가야문화연구원, 1998; 김태식, 「가락국기 소재 허황후 설화의 성격」, 『한국사연구』 제102집, 한국사연구회, 1998; 이광수, 「고대 인도-한국 문화접촉에 관한 연구-가락국 허황후 설화를 중심으로」, 『비교민속학』 제10집, 비교민속학회, 1994; 이광수, 「가락국 허황후 도래설화의 재검토: 부산-경남 지역 불교 사찰 설화를 중심으로」, 『한국고대사연구』 제31집, 한국고대사연구회, 2003; 판카즈 모한, 「대가야의 불교 전래와 수용」, 『제7회 대가야사 국제학술회의: 대가야의 정신세계』, 계명대학교 한국학연구원, 2007.

10 무함마드 깐수(정수일), 「韓國佛敎南來說 試考」, 『사학지』 제22집, 단국대학교사학회, 1989; 김영태(a), 「駕洛佛敎의 전래와 그 전개」, 『불교학보』 제27집, 동국대학교 불교문화연구원, 1990; 홍윤식, 「가야불교에 대한 제문제와 그 사적 위치」, 『가야고고학논총』, 가락국사적개발연구원, 1992; 김영태(b), 「가야의 국명과 불교와의 관계」, 『가야문화』 제6호, 가야문화연구원, 1993; 김영태(c), 「가야불교의 사적 고찰」, 『가야문화』 제10호, 가야문화연구원, 1997; 김복순(a), 「대가야의 불교」, 『가야사연구-대가야의 정치와 문화』(경상북도, 1995); 김복순(b), 「가야불교와 신라불교의 특성과 차이」, 『한국불교사연구』 제12호, 한국불교사학회 한국불교사연구소, 2015; 고영섭(a),

판적으로 검토하면서 허황옥의 출자와 불교전래설, 북방과 남방 두 갈래로 들어왔을 것으로 추정되는 가야불교 남방전래설의 재해석을 통해 그 타당성을 재검토해 보고자 한다.

II. 가야불교 관련 사료의 비판적 검토

가야 제국 중 가락 특히 금관가야 및 금관가야의 불교관련 1차 사료는 크게 『삼국유사』 속의 네 조목으로 대표된다. 물론 '오가야', '가락국기', '금관성 파사석탑', '어산불영' 등의 네 조목의 성립에도 일정한 시차가 존재한다. 그리고 이들 사료에 기초하여 새롭게 탄생한 설화 등이 고려시대와 조선시대를 거치면서 재창안되고 재증광된 몇몇 사료들이 현존하고 있다. 먼저 이것을 도표로 일별하면 〈표 1〉과 같다.

『삼국지』「위지」 '동이전' '한'조나 '변진'조에는 '구야'狗邪/耶라고 적고 있으며 이로부터 가야라는 이름이 유래되었을 것으로 볼 수 있다. 하지만 그 발음의 유사성으로 인해 '축축한(易에서는 艮) 땅'(기울다, 치우치다)을 뜻하는 '구야'는 '가야'의 차자 표기임이 분명해 보인다. 『일본서기』 '흠명천왕'조의 '안라'安羅, '가라'加羅, '다라'多羅, '임나'任那 와 '수인기'垂仁紀의 '가라'加羅, '가라'伽羅, '가라'迦羅, '가라'阿羅, 『삼국사기』의 '임나가량'任那加良, '가라'加羅, '가야'伽耶 와 『삼국유사』의 '가락'駕洛, '가락'伽落 등은 모두 가야제국을 가리키거나 '가락' 즉 '금관국' 가야를 일컫는 표

「부파불교 전래와 한국 전통불교」, 『한국선학』 제24호, 한국선학회, 2009; 석길암, 「가락국의 불교 전래 문제와 성격에 대한 검토」; 황정일, 「가야불교 전래 지역 아유타에 대한 연구」; 한지연, 「고대 해상루트를 통한 불교전파의 가능성과 의미」, 이상 『동아시아불교문화』 제25집, 동아시아불교문화학회, 2016; 고영섭(b), 「'가야'(Gaya) 명칭의 어원과 가야불교의 시원」, 『한국불교사연구』 제12호, 한국불교사학회 한국불교사연구소, 2017.

〈표 1〉 가야 및 駕洛불교 관련 사료

번호	편저자	관련사료	수록지	작성년도
1	陳壽 撰/ 裴松之 注	魏書 東夷傳 韓 狗邪國 魏志 弁辰 狗邪國	三國志	陳壽 (233~297)
2	崔 瀣 찬/ 금강산 보덕암 주지승	金剛山記	選僧序	
3	마 명	楡岾寺 月氏金像文	韓國佛教史話	
4		金剛山 楡岾寺 事蹟記		法喜거사 閔漬
5	長壽王	고구려 廣開土王碑	朝鮮金石總覽 상	414
6	舍人親王	欽明天皇 2년 4월	日本書紀 19	720
7	崔仁滾	신라국사 眞鏡大師塔碑	조선금석총람 상	923
8	金富軾	신라본기 4, 法興王 19년	三國史記 4	1150?
9	金富軾	신라본기 4, 眞興王 23년	삼국사기 4	1150
10	金富軾	신라본기 34, 樂誌 3, 지리 1 金官小京	삼국사기 4	1150
11	金富軾	신라본기 41, 列傳 1, 金庾信 상	삼국사기 4	1150
12	金富軾	신라본기 44, 列傳 4, 斯多含傳	삼국사기 4	1150
13	金富軾	신라본기 46, 列傳 6, 强首傳	삼국사기 4	1150
14	一 然	五伽倻	三國遺事 1	1281
15	一 然	駕洛國記(축약본)	삼국유사 2	1281
16	一 然	金官城 婆娑石塔	삼국유사 3	1281
17	一 然	魚山佛影	삼국유사 3	1281

(표 계속)

번호	편저자	관련사료	수록지	작성년도
18	李荇외 4인	金海古跡 및 佛宇	新增東國興地勝覽	1530
19	金景穆 편	駕洛三王事蹟考 2	首露王開國考 2장 後葉	1800鋟行; 1850重刊
20	許 炡	駕洛國師長遊和尙紀蹟碑	金海邑誌	金海 長遊庵 1915
21	權相老	萬魚寺	韓國寺刹全書	
22	權相老	活川面 西林寺	韓國寺刹史料	
23	權相老	右部面 鳳谷里 興府庵	한국사찰사료	
24	權相老	上東面 白雲洞 白雲庵	한국사찰사료	
25	證 元	明月寺事蹟碑文	金海邑誌	
26		銀河寺 翠雲庵重修記		허황옥 오빠
27		金海市 三芳洞 銀河寺 大雄殿 法堂내 東上壁의 懸板		
28	李能和	金海金氏世譜 金海遺蹟	朝鮮佛敎通史 하	허왕후 동생, 1918
29		하동 七佛庵懸板記		1910
30	金海市	駕洛의 傳說		

현들이다.

　이처럼 일찍부터 중국과 왜국(일본) 등에서 '가야'로 적어왔다는 기록을 통해 가야 제국의 존재감을 확인할 수 있다. 또 국내에서는 임나 왕족의 후손이었던 진경국사 심희審希의 먼 조상遠祖이 새로운 김씨인 흥무대왕金庾信이었다고 하니 임나는 가락 즉 금관가야를 가리켰다는 사실을 알 수 있다. 『삼국사기』 '지리지'에는 '고금관국'古金官國, '가락국'伽落國, '가야'伽耶의 용례가 보이고, '김유신전'에는 '남가야'南加耶, 『삼국유사』에는 '대가락'大駕洛, '가야국'伽倻國의 용례도 보인다.

가야 제국은 그 많은 이름들 중에서 하필 '가야'伽耶를 국명을 삼았을까? '가야'는 어떤 뜻을 지니고 있을까? 가야는 인도 갠지스강의 한 지류인 니련선하 가에 있었던 마가다국의 한 지방城 이름이다. 그곳에 있는 가야象頭산 즉 상두산은 붓다가 성불하기 전의 수도처이자 이후에는 가섭 삼형제를 교화한 설법처였다. 불교의 발생지인 인도의 불교 성지 가야gayā와 어떠한 연속성이 있는 것일까? 하여튼 가야라는 이름은 분명 불교와 어떠한 관계성을 시사해 주고 있다. 그렇다면 불교의 탄생지인 인도와 불교를 받아들인 서역 및 중국 그리고 동남아 국가와는 어떻게 연결될 수 있을까? 과연 가야는 언제부터 불교를 받아들였으며 어디에서 불교를 받아들였을까?

이들 가야 및 금관가야 관련 사료 중 특히 불교 관련 기록을 엿볼 수 있는 1차 사료는 「기이편」의 '오가야'와 '가락국기' 및 「탑상편」의 '금관성 파사석탑'과 '어산불영' 조목이다. 이들 사료를 하나씩 검토해 보기로 하자.

1) … 2년 계묘 봄 정월에 왕이 말하기를, "짐이 서울 자리를 잡아야 하겠다" 하고 곧 임시로 지은 대궐 남쪽 신답평新畓坪으로 거둥하여 사방의 산악을 바라보고 측근자들을 돌아보면서 말하기를, "이 땅이 여뀌잎蓼葉처럼 좁고 작지만 땅이 청수하고 범상치 않으니 열 여섯 분의 나한十六羅漢이 머물 만한 곳이다. 더군다나 하나에서 셋이 생기고 셋에서 일곱이 생기는 원리가 있는지라 일곱 분의 성인七聖이 머물 만한 곳이 원래 여기인가 싶다. 강토를 개척한다면 나중은 참으로 좋겠구나!" 하

고 주위 1,500보 되는 외성羅城에 궁궐 전각과 일반 관사들이며 무기고와 곡식 창고들의 자리를 잡았다.[11]

이 기록에 의하면 가야 즉 가락국은 영토는 여뀌잎처럼 좁고 작지만 땅이 청수하고 범상치 않으니 '열 여섯 분의 나한十六羅漢이 머물 만한 곳'이며, 하나에서 셋이 생기고 셋에서 일곱이 생기는 원리가 있듯이 '일곱 분의 성인七聖이 머물만한 곳'이라고 하였다. 여기서 십육 나한은 오랜 공부 끝에 더 이상 공부할 것이 없는 불교의 최고 수행자를 일컫는다. 칠성 역시 과거의 비바시불-시기불-비사부불-구류손불-구나함모니불-가섭불-석가모니불처럼 일곱 부처를 머물만한 불연이 있는 곳이라는 것이다. 가야에 불교 인연이 깃들기를 기원하는 것으로 이해된다.

2) …… 왕과 왕후가 함께 침전에 들게 되자 왕후가 조용히 왕에게 말하였다. "저는 아유타국阿踰陀國의 공주로서, 성은 허씨이고 이름은 황옥이며, 나이는 열여섯이옵니다. 본국에 있을 때인 금년 5월에 부왕과 왕후께서 저에게 '우리가 어젯밤 꿈에 함께 상제를 보았더니 상제께서는 가락국의 시조 임금 수로는 하늘이 내려 보내어 왕위에 오르게 했으니 신성하고 거룩한 이는 오직 그분일까 한다. 그런데 그가 새로 나라를 세웠으나 아직 배필을 정하지 못했으니, 그대들은 모름지기 공주를 보내어 그의 배필을 삼게 하라 하시고 말을 마치자 하늘로 올라가셨다. 꿈을 깨고 난 후에도 상제의 말씀이 오히려 귀에 쟁쟁할 뿐이다. 너는 여기서 빨리 우리와 작별하고 그에게로 가거라'고 말씀하셨습니다. 그래서 저는 배를 타고 멀리 남해蒸棗[신선이 먹는 대추]로 가서 찾기로 하였고, 방향을 바꾸어 멀리 동해 하늘蟠桃[신선계의 복숭아]로도

---

11 一然, 『三國遺事』 「紀異」, '駕洛國記'.

가보았습니다. 그러다가 이제 보잘 것 없는 얼굴로 외람되게 존귀한 얼굴을 뵙게 되었습니다.[12]

여기서 문제가 되는 것이 바로 아유타국이다. 아유타국이 어느 나라에 있는 소국이냐가 관건이 된다. 선행 연구들에서는 인도의 아요디아나 스리랑카의 아요디아 또는 태국의 아요디아 들으로 비정하고 있다. 그런데 허왕후가 과연 이들 어느 곳에서 왔느냐를 확정하기 어렵다. 허왕후의 부모가 꿈에 상제로부터 가락국의 시조 임금 수로를 소개받고 그곳으로 보냈다고 하는 것도 수긍하기 어렵다.

또 『안자춘추』에 옛날 진나라 무공繆公이 용을 타고 천하를 다스리면서 黃布로 烝棗를 쌌다고 한다. 여기서 증조는 쪄서 익힌 대추이고, 반도는 신선들이 먹는 복숭아를 가리킨다. 증조를 찾고 반도를 좇아왔다는 것은 선계로 신선을 찾아왔다는 뜻으로 수로왕을 찾아왔다는 말을 뜻한다. 이것은 수로왕과 허왕후의 만남을 극적으로 만들기 위한 장치들로 이해된다.

3) … 『고기』에 일렀다.

"만어산은 옛날의 자성산慈成山이니 또 아야사산阿耶斯山이라고도 한다. 그 이웃에는 가라국阿羅國이라는 나라가 있어 옛날 하늘로부터 알이 내려와 사람이 되어 나라를 다스리니 이가 곧 수로왕이다. 이 당시에 나라 안에 옥지玉池라는 못이 있고 못 속에는 악독한 용이 있었다. 만어산에는 다섯 명의 계집 악귀羅刹女가 있어 저마다 내왕하고 교접하기 때문에 때로 번개가 치고 비가 내려 4년 이래 오곡이 잘 되지 않았다. 왕이 주문으로도 이를 금할 수 없어서 공손히 부처에게 설법을 청하였더니 그

---

12 一然, 『三國遺事』「紀異」, '駕洛國記'.

뒤부터는 계집 악귀들이 다섯 가지 계명을 받고 아무런 후폐가 없었으므로 동해의 고기와 용이 이 골짜기 속에 가득 찬 돌로 화하여 저마다 악기 소리를 내었다.[13]

가락 즉 금관가야 지역의 만어산에 다섯 나찰녀가 머물면서 내왕하고 교접하므로 번개가 치고 비가 내려 오곡이 잘 여물지 않았다. 이에 왕이 부처를 청해 설법을 들은 뒤부터는 후폐가 없었으며 동해의 고기와 용이 골짜기 속에 돌로 가득 차서 악기 소리를 내었다. 가락국의 불교 인연을 이야기 하고 있다.

4) … 금관 호계사에 있는 파사 석탑은 옛날 이 고을이 금관국이 되었을 때 시조 임금인 수로왕의 왕비, 이름을 황옥이라고 하는 허황후가 동한 건무 24년 무신(갑신은 오기)에 서방 아유타국에서 배에 싣고 왔다. 애초에 공주가 양친의 명령을 받들고 바다를 건너 동쪽으로 향하려 하다가 큰 풍파를 만나 못 가고 돌아와 아버지 되는 임금에게 아뢰었더니 그가 이 탑을 싣고 가도록 하여 아주 편하게 건너 남쪽 해안에 닿았다. 배는 붉은 비단 돛과 붉은 깃발과 아름다운 주옥을 꾸몄으니 닿은 곳은 주포主浦였다. 처음에 공주가 능직비단 바지를 벗은 둔덕을 능현綾峴이라 하고 붉은 깃발이 처음으로 들어온 해변을 기출변旗出邊이라고 하였다.

수로왕이 그를 아내로 맞아서 함께 나라를 다스린 지 150년이나 되었지만 당시 이 땅에는 아직 절을 세우고 불법을 신봉하는 일이 없었으니 대체로 상교像敎, 佛敎가 들어오지 못하여 이 땅 사람들이 믿지를 않았던 것이다. 그러므로 「본기」에도 절을 세웠다는 기사가 없다. 제8

---

13 一然,『三國遺事』「塔像」, '魚山佛影'.

대 질지왕 2년 임진452에 이르러 이 땅에 절을 시설하고 또 왕후사王
后寺를 세워 지금까지 여기서 복을 빌고 있으며 겸하여 남쪽 왜국까지
진압하였으니 모두 이 나라 「(가락국)본기」에 자세히 적혀 있다.[14]

여기서도 아유타국이 어느 곳에 있는지 문제가 된다. 아울러 수로왕이 허왕후를 만나 재위할 시절에는 아직 불교가 들어오지 않았고 절을 세웠다는 기록이 없었다. 제8대 질지왕이 최초 사찰을 짓고 다시 왕후사를 세워 복을 빌어 왜국까지 진압하였다고 하였다.

5) … 시조왕의 8대손 김질왕金銍王은 정사를 하는데 매우 부지런하고도 간절히 신령을 숭배하였다. 그는 조상 할머니인 허황후의 명복을 빌기 위하여 원가 29년 임진452에 시조왕이 황후와 함께 혼인한 곳에 절을 짓고 왕후사王后寺라는 이름으로 현판을 붙이고 사람을 보내어 근방에 있는 평평한 밭 10결을 측량하여 부처님을 공양하는 비용으로 만들었다. 이 절이 생긴 뒤 500년 뒤에 장유사長遊寺를 세우게 되어 절에 바친 전답이 300결이나 되었다. 여기서 절의 삼강三剛(三綱의 오기)이 왕후사가 그 절의 동남쪽 지경 안에 있다는 이유로 절을 뜯어고쳐 농막으로 만들고 가을에 수확한 것을 겨울 동안에 저장해 두는 고방과 마소를 먹이는 외양간으로 만들었으니 실로 슬픈 일이로다.[15]

질지왕이 왕후사를 세우고 평전 10결을 내려 불전 공양비로 내었으며, 왕후사 창건 이후 이곳에 다시 장유사를 세워 전답이 300결이나 되었다. 하지만 절의 삼강이 절을 뜯어 고쳐 농막으로 만들고 가을에 수

---

[14] 一然, 『三國遺事』「塔像」, '金官城 婆娑石塔'.
[15] 一然, 『三國遺事』「紀異」, '駕洛國記'.

확한 것을 동장하는 고방과 마소의 외양간으로 만들었다는 슬픈 탄식을 덧붙이고 있다. 이들 다섯 가지 1차 사료를 기초로 하여 다시 도표와 같이 많은 2차, 3차 자료들이 생겨났다. 이 때문에 이들 사료가 진실한 자료인지, 아니면 후대에 전설과 설화가 덧붙여진 것인지에 대해, 그리고 아요디아가 어디에 있는 도시(국가)인지 등등에 대해 사료의 역사성과 진실성 여부 논란이 제기되어 왔다.

III. 허황옥의 출자와 불교 전래설 분석

1. 인도 전래설

수로왕의 왕비 허황옥의 출자에 대한 논란이 끊이지 않고 있다. 현재 학계에서는 그가 인도에서 왔느냐에 대해서부터 태국과 중국 및 일본 도래설까지 제시되어 있다. 「가락국기」에 의하면 그는 수로왕에게 아유타국에서 왔다고 하였다. 그러면 아유타국은 어디이며 아유타의 어원은 무엇일까? 아유타의 원어인 아요디아는 인도의 서사시 『라마야나』Ramayana의 주인공이자 힌두교의 이상 군주 라마가 태어난 성도聖都로 알려져 있다.

『라마야나』는 갠지스강 중류 지역을 중심으로 한 16개 국가 중 마가다와 함께 가장 강력했던 코살라 지역에서 만들어진 영웅 서사시이다. 그렇다면 성도 아요디아는 서사시 속의 도시를 넘어 언제부터 현존하는 도시가 되었을까? 아요디아는 기원 5세기 이전에는 역사상에 실재하지 않았던 도시였지만 역사적으로 존재한 사라유 강안의 사께따Sāketa를 모델로 하여 만들어졌다는 주장이 있다.[16]

---

[16] 이광수, 앞의 논문, p.186.

이와 달리 법현의 『불국기』(고승법현전)에서 기술한 사께따는 현장의 『대당서역기』에서는 '아유타'로 개명되었다고 하였다.[17] 이것은 사께따沙計多와 아유타阿踰陀와 비색가鞞索迦를 같은 곳으로 보는 것이다. 한편 『고승법현전』의 사께따는 『대당서역기』의 비색가와 『법원주림』의 비삭가와 동일한 나라로 볼 수 있지만 『대당서역기』와 『법원주림』에서 설명하고 있는 아유타(아수타)와는 다른 나라이며 지역적으로 상당한 거리가 있는 두 나라[18]로 보는 시각도 있다.

그런데 허황옥은 자신의 출자를 아요디아의 음역과 같은 아유타라고 하였다. 이곳이 과연 인도였을까? 아니면 다른 곳이었을까? 그리고 그가 불교 문명을 가야에 전했을까? 현재 아요디아의 이름을 딴 지역들로 추정되는 곳이 5곳이나 된다.

① 인도 타밀라주의 아요디아 꾸빰Ayodhya Kupam
② 스리랑카 북부 타밀인 집단 거주 지역의 아요디야 – 현재 이름은 닐라발라이Nilavalai
③ 네팔의 아요디야나가르Ayodhyanagar
④ 방글라데시의 수도 다카 남쪽에 있는 제3의 도시 쿨나 부근 작은 마을 아요디야(Ayodhya, 벵갈어로는 '아죠타'로 발음)
⑤ 태국 최대 왕조인 아유타야 왕국의 수도로 방콕 부근의 대도시 아유타야Ayuthaya[19]

---

17 赤沼智善 편, 『인도불교고유명사사전』(경도: 법장관, 1967), p.68.
18 황정일, 앞의 논문, pp.161~162.
19 김정남, 「우리 한민족과 타밀족간의 언어 및 풍습의 유사성과 그 기원에 관한 연구」, 『2016년 6월 고대타밀학술대회 발표자료집』, 고대타밀학회, 2010.6, 황정일, 앞의 논문, pp.162~163 재인용. 필자는 이 가운데에서 "허황후의 고향 '아유타'가 인도 남부 타밀나두주의 최대 도시이자 항구도시인 첸나이(영어 이름은 마드라스)의 해변가 마을 아요디아 꾸빰이거나 아니면 스리랑카 북부에 바다가 가까운 아요디아로 보는

역사학계 일부에서는 갑작스럽게 등장한 아요디야에 대해 수용할 수 없다는 입장이다. 허왕후는 박혁거세 신화의 알영과 같은 고대 건국 신화에 나타나는 왕비로서 다산을 숭배하는 지모신이라는 것이다. 알영 신화가 신성족 개념을 도입하여 신화의 원형 상태를 가지고 있음에 반해 허왕후 설화는 불교로 윤색된 채 수로 신화 속에 부수적으로 언급되고 있다[20]고 보고 허왕후 설화의 '아유타'는 원형이 불교로 윤색되는 과정 중에 삽입된 것으로 봐야 한다[21]고 주장한다.

동시에 '아유타'는 「가락국기」의 원전이 형성된 것으로 보이는 7~8세기 이후의 어느 한 시기에 원래의 수신水神 모티프에 '아유타'가 추가되면서 '아유타국에서 온 공주'로 변화한 것으로 추정한다. 나아가 지모신으로서 '물'을 상징하는 다산의 구조는 변하지 않고 다만 '아유타'가 갖는 정치 문화적 상징성만 추가됨으로써 훨씬 더 세련된 형태의 인물로 바뀌게 된 것[22]이라 보고 있다.

허왕후의 출자설과 가야 즉 금관가야 불교의 전래설이 만나는 지점과 충돌하는 지점은 바로 여기다. 허왕후가 인도에서 오지 않았다면 시기적으로나 국가적으로나 그가 불교를 전해왔다는 것도 인정할 수 없게 된다. 가야 즉 금관가야 불교의 공식 기원은 질지왕이 수로왕과 허왕후가 만나 합혼한 곳에 최초 사찰을 짓고 또 왕후사를 지었다는 것에서 출발할 수밖에 없다. 이것은 전법승(관리, 상인)의 전래와 민간의 수용을 거친 뒤 왕실의 수용과 공인이 이루어졌음을 의미한다. 만일 질지왕이 수로왕과 허왕후가 결혼한 곳이 아닌 곳에 절을 지었다면 문제는 달라

것이 훨씬 더 타당하다는 결론을 내렸다'고 하였다.
20 백승충, 「가야의 개국 설화에 대한 검토」, 『역사와 현실』 33, 1999, p.129.
21 이광수, 「가락국 허황후 도래 설화의 재검토」, 『한국고대사연구』 제31호, 한국고대사연구회, 2003. 9, p.188.
22 이광수, 위의 논문, p.189.

질 것이다. 또 본래 그곳에 수로왕과 허왕후의 사당이 있었고 거기에다 절을 지은 것이라고 하면 불교의 전래 역사는 그 이상으로 더 소급될 여지도 있을 것이다.

하지만 허왕후가 인도가 아닌 다른 곳에서 왔다면 가야 즉 금관가야 불교의 전래 근거는 또 다른 곳에서 확보해야 할 것이다. 또 그가 중국에서 왔던, 고구려에서 왔던, 백제에서 왔던, 아니면 일본에서 왔다면 금관가야 불교의 정체성을 확보하기가 쉽지 않을 것이다. '금관성 파사석탑' 조목에서는 질지왕 이전에 가야 즉 금관가야에 불교가 없었다고 적고 있기 때문이다. 물론 여기에는 새로운 문명의 전래-수용-공인-유통의 과정 속에서 파악해야 한다는 전제가 있을 수 있다. 질지왕의 최초 사찰 조성과 왕후사 창설은 가야 즉 금관가야의 공식적 불교 수용과 공인을 의미하기 때문이다. 따라서 새로운 자료가 확보되지 않는 현실에서 허왕후의 출자는 왜라거나 중국이라거나 인도 혹은 타지역에서 왔을 가능성을 열어두고 좀 더 구명해야 할 것이다.

2. 왜倭가야 전래설

야유타국을 중인도에 있던 고대 왕국으로 적고 있는 『대당서역기』(제5권)에 근거하여 이곳은 아륜가왕(아육왕)이 옛 자취를 남긴 도성이므로 불교 동점 신앙이 가락국의 전설과 결부되었을 것으로 파악한 시각도 있다.[23] 또 『승만경』의 주인공인 승만부인이 아유타국의 왕비였다는 것과 관련하여 허왕후가 아유타국의 공주로 표현되었다고 본 시각도 있다.[24] 이들의 시각은 허왕후가 아유타국에서 온 것이 아니라 불교와 관

---

[23] 三品彰英 찬, 『三國遺事考證』 중(일본: 고서방, 1979), p.335.
[24] 정경희, 「삼국시대사회와 불경의 연구」(1988), 『한국고대사회문화연구』(일지사, 1990), pp.321~322.

련해서 인도의 아유타국이란 표현이 들어간 것이라고 보았다.

이와 달리 허왕후가 사실은 아유타국에서 왔다는 주장도 있다. 다만 아유타국이 인도의 아유타국이 아니라 일본에 있던 가락국의 분국으로 보고 있다.[25] 고대 왜국에 대해 좀 더 논구를 진전시킨 이 주장에 의하면 가락국의 허왕후는 인도 아닌 '한반도왜' 출신이라는 것이다.[26] 한반도 왜 즉 왜가야 출신이라는 주장은 김해에 남아있는 수로왕릉 정문의 현판 좌우에 있는 네 개의 장식판에 그려진 쌍어문이 아요디아국의 문장이라는 사실에 근거하여 허왕후의 고대 인도 아요디아국이 태국 메남강 유역에 건설한 식민국 '아유티야' 출신의 왕녀라는 주장[27]에 대한 비판이다.

동시에 허왕후의 후손인 허적許積, 1610~1680이 조선조에 세운 허왕후 능비에 나타나는 '보주태후'普州太后라는 구절에 의거해 허왕후 일행이 쌍어문을 나라의 문장으로 삼았던 인도의 아요디아국에서 난을 피해 중국의 옛 보주 일대와 왔다가 다시 김해의 가락국으로 이주했으며 이로 인해 수로왕릉 정문에 쌍어문이 그려졌고, 허왕후 능비에는 보주태후라는 칭호가 새겨져 있다는 주장[28]에 대한 비판이기도 하다.

---

25 김석형, 『초기조일관계연구』(평양: 사회과학원출판사, 1966).
26 이희근, 「가락국의 허왕후는 인도 아닌 '한반도倭' 출신」, 『월간중앙』 2000년 6월호, 월간중앙사, pp.307~313.
27 이종기, 『가락국탐사』(서울: 일지사, 1977), pp.99~100. 필자는 아요디아 왕가는 서기 20년 경에 크샨(Kussian) 군대에 의해 왕도를 잃고 어디론가 떠났으며, 허왕후가 5월에 배로 출발해서 7월에 도착하였는데 아요디아가 있는 갠지즈강 상류까지는 배가 거슬러 올라갈 수 없으므로 왕녀의 사실상이 출발지는 오늘날의 타이국의 메남 강가에 있는 옛 도시 아유티야로 추정할 수밖에 없으며, 이는 아요디아 왕국이 1세기 전에 건설한 식민국이라고 하였다.
28 김병모, 「가락국 허황옥의 출자 - 아유타국고 I -」(1987), 『삼불김원룡교수정년퇴임기념논총1』(일지사, 1988); 「고대 한국과 서역관계 아유타국고 II -」(1988), 『한국학논집』 제14집; 「가락국 수로왕비탄생지」, 『한국상고사학보』 제9집, 1992; 김병모, 『김수로왕비 허황옥』(서울: 조선일보사, 1994). 필자는 허왕후가 아요디아에서 중국 사천성 安岳縣 (普州)지역으로 집단 이주해 살던 허씨족 중에서 배를 타고 황해를 건너온 소녀라고 하였다.

수로왕과 허왕후는 금관가야의 시조왕과 왕비였다. '가락국기'에 의하면 이들 세력은 제3대 마품왕까지 교혼관계를 통해 세력을 유지한 것으로 짐작된다. 그러다가 질지왕 대에 이르러 건국신화의 신성화 과정에 착수한 것으로 짐작된다. 박석김 삼성으로 이루어진 신라의 건국신화 역시 김씨 왕족에 이르러 본격적인 신성화 작업이 이루어진 것으로 이해된다. 마찬가지로 금관가야의 경우도 이들은 왕족과 왕비족 중심으로 배타적 연합 형태를 유지하면서 나라를 경영하면서 시조인 수로왕 뿐만 아니라 허왕후도 신성화 작업에 착수하였던 것으로 짐작된다.

　하지만 왕족과 왕비족의 관계는 위기에 봉착하게 된다. 좀 더 자세한 것은 더 구명해 보아야 하겠지만 서기 400년에 있었던 백제-왜-금관가야 연합군과 고구려-신라 연합군의 부산 종발성 최후 전투가 그 계기가 된 것으로 추정된다. 「광개토대왕비문」을 통해서도 알 수 있듯이 고구려를 끌어들였던 신라에 맞서 금관가야의 본류는 백제와 왜를 끌어들여 전쟁을 벌였지만 결국 이 전쟁의 패배 이후 왜가야로 건너갔다. 본디 가야의 주맹이었던 가락국 즉 금관가야세력의 본류가 열도로 넘어가게 되면서 왜가야는 주도적 역할을 할 수 없었.

　한편 수로왕42~199-거등왕199~255-마품왕259~291-것미왕291~346-잇품왕346~407 이후 가야왕실은 6대 좌지왕에 이르러 위기에 직면하였다. 5대 잇품왕과 6대 좌지왕(김질)에 걸쳐 있었던 동아시아 최초의 국제전쟁에서 패한 가야 연합군은 주류가 왜가야로 넘어간 뒤 반도의 금관가야 즉 임나가야는 국가적 위기에 봉착하였다. 금관가야의 지류는 국가적 재정비를 통해 국제관계에서 살아남아야 했다. 하지만 가야 연맹의 주도권은 대가야로 넘어갔고 금관가야는 재정비를 통해 재기를 모색해야 했다. 이 과정에서 왕족과 왕비족의 재타협이 이루어진 것으로 이해된다.

　　(좌지왕은) 용녀傭女에게 장가들어 그 여당女黨을 관리로 등용해 나라

가 소란스러웠다. 계림국(신라)이 (이 틈을 타) 정벌하려 하였다. … 복사 卜士가 점을 쳐 해解 괘를 얻었는데 그 설명에 이르기를 소인을 없애면 군자가 와서 도울 것이라고 하니, 왕께서는 주역의 괘를 살피십시오라고 하였다. 왕이 옳다고 여겨 사과하고 용녀를 쳐서 하산도荷山島로 귀양보내고 정치를 개혁하여 오랫동안 백성을 편안하게 다스렸다.[29]

허황후 집단은 좌지왕 때 새로 등장한 용녀 세력에 의해 그동안의 전통적인 기득권을 위협받게 되었다. 그러자 좌지왕은 신라의 침략이라는 국가적 위기에 봉착하자 이를 극복하기 위해서는 개국 이래 강력한 세력을 유지해왔던 허황후 집단의 도움을 다시 절실하게 필요로 했던 것이다. 그 결과 새로운 왕비족으로 등장했던 용녀 집단을 다시 제거하게 된 것이다. 그 후 금관가야의 주도집단인 허황후 세력은 예전의 영향력을 회복하고 왕실 내에서 보다 강한 주도권을 행사한 것으로 보인다. 8대 질지왕이 동왕 2년에 허황후를 기리기 위해 왕후사를 창건한 사실은 그 단적인 사례로 볼 수 있다.[30] 이것은 질지왕이 나라의 안정을 위해서 당시 왕실 내에서 일정한 세력을 지니고 있던 허황후 집단의 권위를 대내외적으로 천명해 줄 필요에 의해서 왕후사를 창건한 것이다. 그리하여 왕족과 왕비족이 금관가야의 주도 세력임을 천하에 공표함으로써 왕실의 권위를 높일 수 있었다.

그런데 '금관성 파사석탑' 말미에 "제8대 질지왕 2년 임신452년에 … 왕후사를 세워 지금에 이르기까지 복을 빌고 있으며 아울러 남쪽의 왜까지 진압시켰으니 모두 이 나라 본기에 적혀 있다"는 구절에 대한 의미로부터 허황후의 출자를 엿볼 수 있다. 허황후의 8대손인 질지왕은 허

---

[29] 이희근, 앞의 글, 앞의 책, p.313.
[30] 이희근, 앞의 글, p.311.

왕후의 명복을 빌기 위해 왕후사를 세웠다. 이후 허황후 신령의 도움을 받아 당시 적대세력이었던 왜가야 세력을 진압할 수 있었다.

반도 즉 임나에 남았던 금관가야 지류세력들은 국가의 재정립을 통해 왜가야에 휘둘리지 않으려 했다. 이 과정에서 왕실의 권위를 높여야 했다. 최초 사찰과 왕후사는 시조왕과 허왕후 신령의 도움을 받기 위해 창건한 것으로 보인다. 하지만 금관가야의 주류 세력들은 「광개토대왕비문」의 기록처럼 서기 400년의 가야연합군 전쟁에서 패한 뒤에 가야지역을 포함한 한반도 서남부 지역에서 패권을 완전히 상실하였다. 이것은 『후한서』 등의 5세기 이전의 중국 사서들에서는 왜의 중심지를 한반도 서남부로 기록하고 있음에 견주어, 『송서』 등 5세기 이후의 사서들에서는 왜의 중심지를 일본 열도로 기록하고 있는 것에 의해서도 확인할 수 있다.[31]

결국 질지왕은 왕후사를 창건함으로써 반도 즉 임나가야 지역 내에 잔존해 있던 왜가야 세력을 하나로 통합하려고 하였다. 그가 왕후사를 세운 이유는 반도 내의 임나가야와 왜가야 두 집단의 일체감을 상징할 수 있는 인물이 허황후였기 때문이다. 수로왕과 허황후의 결혼은 단순한 결혼이 아니라 나라를 건국할 정도의 세력을 지닌 두 집단의 결합을 의미한다고 볼 수 있다. 이렇게 볼 때 허왕후의 출신지는 인도가 아니라 왜국일 가능성이 있다는 것이다. 왕후사를 세우자 왜가 복속했다는 본기의 기록은 그의 출신지가 왜국이었기에 가능할 수 있었다는 것이다.

따라서 왕후사의 건립은 단순히 그의 명복을 빌기 위해서가 아니라 그로 대변되는 가야지역의 왜 집단을 무마하기 위한 상징적 조치로 봐야 할 것이라는 것이다. 이렇게 볼 때 허왕후 세력은 한반도 서남해의 해양세력이었으며 수로왕 집단은 그 인접세력인 왜와 연합했을 가능성

---

31 이희근, 앞의 글, p.312.

은 충분하다는 것이다.³² 이러한 주장은 나름대로의 설득력을 지니고 있다. 다만 이렇게 되면 허왕후의 불교 전래설은 타당하지 않게 된다.³³

그리고 그가 왔다는 아유타국도 인도의 아유타국이 아니어야 하거나 아유타국은 불교 전래 이후 후대에 불교국인 인도의 아유타의 지명을 부가한 것으로 보아야 할 것이다. 이렇게 되면 금관가야의 불교 전래와 허황후와는 별도로 논의해야 하는 주제가 될 것이다.

3. 금관가야의 국가 사찰 – 최초 사찰과 왕후사

『삼국유사』「탑상」 '파사석탑' 조목에서 "그 곳에 절을 세우고置寺於其地, 또 왕후사를 지었다又創王后寺"는 기록에 근거해서 추정해 보자. 수로왕의 8대 손자인 질지왕이 수로왕과 허왕후가 함께 결혼한 땅에 왕후사를 세우기 이전에 먼저 그곳에 절을 세웠다면 이 절은 마땅히 수로왕을 위한 절이었을 가능성이 크다. 이 절의 이름은 알 수는 없으나³⁴ 시조모인 허왕후를 위해 지은 절을 '왕후사'라 했다면, 시조始祖 즉 세조世祖인 수로왕을 위해 지은 절은 최초 사찰은 마땅히 '대왕사'大王寺라고 했을 가능성이 있지 않을까 한다. 신라의 이차돈이 하늘에 제사를 지내는 천경림에 신라 최초의 절을 착공하였고 진흥왕이 법흥왕을 위해 '대왕사' 혹은 '대왕흥륜사'³⁵

---

32 이희근, 앞의 글, pp.312~313.
33 반도 즉 임나가야에 남았던 금관가야 지류였던 6대 좌지왕-7대 취희왕-8대 질지왕-9대 겸지왕-10대 구형왕의 자손 세종/솔우(무력)-서운(서현)-유신/흠순/보희/문희 등으로 이어졌다.
34 金煐泰, 앞의 글, p.55. 여기서 필자는 "其地의 置寺를 合婚地(王后寺 자리)로 가기 전에 처음 허후와 수로왕이 만나서 머물렀던 장소인 명월산에 세운 절을 가리키는 것으로 볼 수가 있고, 그 다음에 합혼지였던 長遊山에 王后寺가 세워진 것"으로 추정하고 있다. 아울러 "月明寺나 興國·鎭國·新國寺 등의 소위 明月山에 세워진 절들을 '又創王后寺'의 앞에 나오는 '置寺於其地'에 해당시켜도 무방하리라"고 보고 있다.
35 지난 2008년에 신라의 七處伽藍之墟의 하나인 '天鏡林'이 있었던 경주시 경주공고

로 명명한 것처럼 가야 역시 최초의 절을 '대왕사'로 지었을 것으로 미루어 볼 수 있을 것이다.[36]

신라는 제13대 미추왕 2년[263]에 아도가 불교를 전해온 것으로 알려져 있다. 또 19대 눌지왕 대[417~458]와 제21대 비처왕 대[479~499] 및 제23대 법흥왕 14년[527]에 승려 아도와 묵호자가 불교를 전해왔다고 기록하고 있다. 일반적으로 종교가 새로운 지역에 전해질 때는 전래-수용-공인-유통의 과정을 거치는 것처럼 신라 역시 전래와 수용의 오랜 과정을 거치면서 불교를 공인하고 유통하면서 불교국가가 되었다.

불교의 전래 과정은 신라의 왕권이 강화되는 과정과 맞물려 있다. 불교 공인 이전까지 원종原宗 즉 '법흥'은 왕으로서의 초월적 지위를 확보하지 못하고 신료들과 동렬에 머물러 있었다. 그는 어렵게 병부를 설치[517]하고 율령을 반포[520]한 뒤 백관의 공복을 제정差等하고 불교의 공인[527]을 통해서 왕권의 강화를 모색하였다. 불교 공인 이전에는 법흥왕이었지만 불교 공인 이후에는 '모즉지태왕'兒卽智太王[37] 혹은 '대성법왕'大聖法王 또는 '성법흥대왕'聖法興大王[38]으로 불렸다. 이제 법흥왕은 더 이상 신료들과 동렬에 있는 '모즉지매금왕'이 아니라 그들 위에서 초월적 지위를 확보한 '법흥대왕'으로 불리기 시작했다. 신라의 왕이 '대왕'이란 호칭으로 금석문 위에 처음 나타나는 갑인년[534년]이 되면 법흥왕은 명실공히 신하 위에 군림하는 지위에 서게 된다.[39] 이 과정은 가야의 질지왕

자리에서 발견된 기와조각에서는 '大王寺' 내지 '大王興輪寺'라고 적힌 명문이 발견되었다.

36 고구려의 최초사찰은 성문사이며 2년 뒤에는 이불란사를 창건하였다. 근초고왕에 의해 풍납토성에서 몽촌토성으로 천도(371)한 한성백제는 침류왕 때 마라난타를 맞이하면서 불교를 공인(384)한 뒤 이듬해에 새롭게 도읍한(385) 한산주에 創寺한 백제의 최초 사찰 이름은 알 수 없다.
37 「川前里書石 乙未銘」.
38 「川前里書石 乙卯題記」.
39 고영섭, 앞의 책, p.353.

에게도 적용해 볼 수 있으며 그가 추존하는 수로왕에게도 적용해 볼 수 있을 것이다.

이렇게 되면 가야에도 질지왕이 불교를 수용 혹은 공인452할 때는 종래의 '수로왕'을 '수로대왕'으로 추존했을 가능성은 미루어 짐작해 볼 수 있다. 시조모인 허왕후의 명복을 봉자奉資하기 위해 지은 '왕후사'라고 했다면 적어도 452년 그 해 혹은 그 이전에 그 곳에 지었던 또 하나의 절 이름은 수로왕의 명복을 봉자하기 위해 지은 '대왕사'였을 가능성이 있지 않을까 한다. 즉 왕후사가 시조모의 도래를 기념하고 명복을 비는 조상숭배의 정신과 삼보를 공양하는 불법숭신의 신앙성격을 가지고 세워졌다[40]면, 왕후사를 짓기 이전이 최초 사찰 역시 그러한 맥락 위에서 세워졌을 것으로 짐작해 볼 수 있기 때문이다.

이렇게 본다면 금관가야 최초 사찰과 왕후사는 가야의 시조와 시조모의 명복을 위해 지은 절이자 불법을 받들어 믿기 위해 지었으며, '파사석탑' 조목은 허왕후를 중심으로 기록했기 때문에 '최초 사찰'에 대한 구체적인 언급은 하지 않았던 것으로 짐작할 수 있다. 따라서 왕후사가 수로왕과 허왕후를 위해 지은 절[41]이라면 '왕후사' 이전의 최초 사찰은 '대왕사'로 명명하였을 개연성은 있지 않을까 한다.

---

40 김영태(a), 앞의 글, p.50.
41 권주현, 「王后寺와 가야의 불교전래 문제-加耶社會의 信仰體系와 관련하여」, 『대구사학』 제95호, 대구사학회, 2009, pp.54~55. 필자는 왕후사 건립기사도 불교보다는 재래종교에 기반을 두고 있는 것으로 보아야 한다며 질지왕이 수로왕과 허황옥이 합혼한 곳에 이 절을 세운 것은 신화 속에 나오는 남녀의 결합이 생산을 상징하는 고대인의 일반적인 인식에 근거하며, 생산의 상징인 여성이 숭배의 대상이었으므로 왕이 아닌 왕후가 대표성을 띠게 된 것이라고 하였다. 왕후사는 지속적으로 제사의례가 행해진 곳이었기 때문에 질지왕이 세운 것은 절이 아니라 이전부터 존재했던 首露王夫人祠가 절로 모습을 바꾼 것이고, 首露王의 부인이 여전히 신앙대상의 하나로 절 안에 자리잡았다고 보이며, 이는 '神佛習合'의 하나의 사례이기도 하다. 따라서 왕후사는 왕후의 제사를 위한 祠 혹은 神社였다고 보는 것이 타당하다고 하였다.

IV. 북방 전래와 남방 전래의 두 갈래

1. 아라가야의 고구려 불교 수용

안라 즉 아라가야는 경상남도 의령과 함안 일대에 자리했던 가야 일국이다. 이 지역은 백제와 신라와 접해 있으면서도 고구려와도 비교적 근거리에 있었다. 안라가야는 함안 도항리 8호분 출토 연화문장식 금동판과 함안 도항리 암각화 고분 출토 금동제대금구에 보이는 측시側示연화문 등을 통해 불교를 받아들였을 것으로 추정된다.[42] 6세기 전반 경 안라국은 가야제국의 대표자들을 불러 모아 백제와의 외교 교섭을 벌이고 있었다.[43] 이때에 백제는 미온적인 가야제국을 회유하고자 안라국에 모여 있는 대표자들에게 '오나라의 재물'을 보냈다.[44]

오나라의 재물은 백제가 중국 남조와의 외교 교섭에서 얻은 선진문물이었으며 불교 경전을 포함한 관련 문물들도 포함되어 있었다. 이들 문물에는 중국 남조의 불교 관련 경전과 불구들도 있었다.[45] 백제는 이들 문물들을 가야 제국에 분배하였던 것이다. 백제는 왜국에도 처음으로 불교를 전하였다. 이것은 가야불교가 백제로부터 수용되었음을 보여주는 전거들이다. 그런데 아라가야는 고구려로부터도 불교를 전해 받은 것으로 짐작된다.

널리 알려진 연가칠년명금동여래입상이 발견된 함안은 안라국 즉 아라가야의 옛터이다. 『일본서기』에 의하면 백제 성왕은 5세기 말에서 6세기 중엽에 안라국이 고구려와 내통하였다고 비난하고 있다. 임나가 고구

---

42 이영식, 앞의 논문, pp. 107~114.
43 이영식, 「6세기 안라국사 연구」, 『국사관논총』 제62호, 국사편찬위원회, 1995 참조.
44 『일본서기』 권19, 흠명 2년 4월.
45 『일본서기』 권하, 『일본고전문학대계』(암파서점, 1965), p.92.

려와 내통하여 고구려와 백제의 변경에서 백제의 변장을 살해하고 백제의 후방보급로를 차단하였다고 한다. 이에 백제왕이 크게 노하여 영군領軍 고이해古爾解와 내두內頭 막고해莫古解 등을 파견하여 무리를 이끌고 대산帶山을 공략하게 했다고 한다.[46] 또 『일본서기』에 의하면 백제의 성왕은 고구려가 백제의 마진성-독산성을 공략하였던 것은 안라국과 일본부의 권유가 있었다고 보고 있다.[47] 따라서 안라국 출토의 연가칠년명 금동여래입상의 발견이나 안라국 최고지배층 분묘 출토의 유물로 미루어 볼 때 안라가야의 기원은 고구려일 가능성이 크다고 할 수 있다.

대가야는 경상북도 고령과 경상남도 합천 일대에 자리했던 가야의 일국으로서 금관가야 이후 후기 가야연맹을 주도한 곳이다. 신라 진흥왕이 대가야가 배반하자 이사부 장군에게 명하여 가야를 치게 했을 때 화랑 사다함이 부장이 되어 가야의 성문인 전단량旃檀梁으로 들어갔다는 기록을 통해서 불교와의 연관성을 짐작해 볼 수 있다. 대가야 왕성의 성문 하나가 전단량이었다는 것은 전단이 불교 용어이므로 불교와의 관련성이 있다[48]는 것이다. 아마도 가야는 대가야 왕성의 여러 성문 중 불교의 전래와 수용을 기념하여 전단문旃檀門 즉 전단량이라고 붙인 것으로 이해된다.

2. 금관가야의 남방 및 해양 불교 수용

당시 동아시아의 정치적 변화는 급변하였다. 만주의 하얼빈을 중심으로 대륙을 통할하던 고조선은 제후였던 요서와 요동을 다스렸던 불(번)

---

46 『일본서기』 권19, 현종 3년 2년 4월; 이영식, 「백제의 가야진출과정」, 『한국고대사논총』 62, 1995.
47 『일본서기』 권19, 흠명 9년 4월.
48 김영태, 앞의 논문, p.36.

한조선의 도전을 받아 만주 동북부의 신(진)한조선과 압록강 이남의 말(마)한조선의 세 조선으로 분화하였다. 때마침 한나라와 흉노의 발호로 고조선의 분열이 가속화되어 동이족의 반도로 이주가 본격화되었다. 그 결과 고조선 이후 한반도의 정치 지형에도 일정한 변화가 일어났다. 말한조선은 임진강 이남의 낙동강 동부 100리에 진한(12국)과 낙동강 남부에 변한(12국)의 이주를 허용하여 남삼한 즉 신삼한이 형성되었다.

가야의 6개 소국은 금관가야의 '왕'王을 중심으로 오가야의 '주主' 체제로 통치되고 있었다. 오가야는 함창의 고녕가야, 경산의 성산(벽진)가야, 함안의 아라가야, 고령의 대가야, 고성의 소가야였다. 이들 중 아라가야와 대가야와 마찬가지로 금관가야 불교는 북방불교를 받아들였을 것으로 짐작된다. 하지만 금관가야는 지리적 배경이나 철기문물을 통한 활발한 교역관계로 미루어 보아 남방불교 및 해양불교의 영향을 받았을 가능성도 있었을 것으로 예측된다.

남방불교는 항구도시를 중심으로 한 해양불교로 이어졌다. 배가 출항하고 입항하는 도시는 새로운 사상이었던 불교가 들어오는 길목이자 해양불교의 거점이었다. 말레이시아의 팔렘방, 베트남의 교지, 광동성의 광저우 등처럼 김해도 일종의 해양불교의 거점이었다. 이러한 맥락에서 보면 국제무역이 성했던 가야의 김해는 외래의 무역선이 들어오는 창구였음을 알 수 있다.

그렇다면 가야불교가 인도 벵갈만의 계절풍을 이용해 미얀마-말레이시아-태국-인도네시아-베트남을 거쳐 올라온 것일까. 아니면 중국에서 비롯되어 서해를 거쳐 한반도 남방으로 전해진 것일까. 이 문제에 대해서는 좀 더 검토해 볼 필요가 있다. 남방불교 전래설은 당시의 정치적 지형과 경제적 지형, 사회적 지형과 문화적 지형까지 고려해 보아야만 그 시말이 밝혀질 것으로 예상되기 때문이다.

3. 대가야의 백제 불교 수용 - 거덕사와 월광사

대가야의 사찰인 거덕사擧德寺는 해인사 서쪽 5리에 있으며 최치원이 지은 『석순응전』釋順應傳에는 '대가야국 태자 월광이 결연한 곳'[49]이라고 적고 있다. 그렇다면 거덕사는 월광태자가 불교와 인연을 맺기 전부터 대가야를 대표한 절이었음을 알 수 있다. 당시 대가야는 백제와 신라 사이에서 국제관계에서 고민하다가 신라와 동맹을 맺기로 하였다. 대가야 이뇌왕은 법흥왕과 혼인동맹을 약속[522]하고 신라의 이찬 비조부의 누이동생과 혼인하였다. 월광은 이들 사이에서 태어났다.[50]

하지만 대가야와 신라의 혼인동맹은 시작도 하기 전에 파탄에 이르렀다. 신라가 가야의 시종자 100명을 여러 현에 안치하면서 신라의 의관으로 바꿔 입도록 하였다. 그러자 아리사阿利斯 등의 신라 시종자들이 변복變服에 대해 화를 내면서 사신을 거둬들이려 하였다. 이에 신라가 크게 부끄러워하여 여자를 돌려보내기를 청한 뒤에 지나는 길에 가야의 도가刀伽, 고파古破, 포나모라布那牟羅 세 성을 공략하고 다시 북쪽 국경의 다섯 성을 공략하였다. 이러한 분쟁을 목도한 월광태자는 거덕사에서 불연을 맺고 출가하였다.

또 월광사月光寺는 합천군 야로현 북쪽 5리에 있으며 세간에 전하기를 '대가야 태자 월광이 창건한 곳'이라 전하고 있다. 월광태자는 대가야가 망한[562] 뒤에 대가야민의 신라 복속을 위해 가야 최후의 왕으로 옹립되었다가 복속이 마무리되자 퇴출되면서 재출가하며 세운 절로 추정된다. 월광사는 현재에도 통일신라의 삼층석탑 두 기가 남아 있어 역사적 사실로 확인되고 있다. 비록 대가야가 망한 뒤에 창건한 절이지만 월광

---

49 『新增東國輿地勝覽』 권30, 합천군 古蹟, 擧德寺.
50 金富軾, 『삼국사기』 권4, 신라본기 4, 법흥왕 9년 춘3월.

사를 신라의 절로 보기보다는 대가야의 절로 보아야 할 것이다. 해인사를 창건한 이정利貞과 순응順應의 경우도 이들이 대가야의 태자였던 점을 고려해 보면 해인사는 대가야의 사찰은 아니지만 대가야의 산신인 정견모주正見母主 즉 정견천왕을 모신 국사단局司壇을 시설해 두고 있다[51]는 점에서 대가야와의 연계성을 생각할 수 있다.

대가야 지역의 일원이었던 고령군 고아동벽화고분에서 발견된 8엽겹의 연화문 10여 개를 통해 대가야 불교의 실체를 확인할 수 있다. 횡혈식 석실묘 안에 남은 벽화고분은 대가야 전통적인 수혈식 석실묘와는 전혀 다른 분묘형식이지만 대가야를 비롯한 가야지역의 횡혈식 석실묘는 북부가야의 경우에는 백제에서 전파되었을 것[52]으로 짐작된다. 벽화고분의 연화문 역시 고구려와 백제의 벽화고분에서 보이는 것과 비슷해 보이지만 6세기 무렵의 백제 연화문과 직접적인 계통 관계를 갖는 것으로 이해되고 있다.[53]

특히 고고학적 자료 중에서 백제의 와당, 무녕왕릉 출토의 탁잔托盞, 왕비두침王妃頭枕, 능산리 2호분 벽화 등에서 보이는 연화문과 가장 근사하여, 고아동벽화고분의 연화문과 직접적인 영향관계가 상정되는 것은 백제의 연화문이라고 할 수 있다.[54] 이처럼 대가야 불교는 내용과 양식 모두에 있어 백제로부터 수용되었음이 분명해 보인다.

51　高榮燮, 앞의 책, p.309.
52　이영식, 앞의 논문, p.100.
53　이영식, 앞의 논문, p.101.
54　전호태, 「가야고분벽화에 관한 일고찰」, 『한국고대사논총』 제4호, 1992, pp.173~192.

V. 남방전래설의 재해석

우리는 육부를 통합한 신라의 경우처럼 가야를 하나의 국가로 보려고 한다. 하지만 가야는 신라의 경우처럼 통합된 나라가 아니라 연합체의 나라로 보아야 한다. 물론 여섯 가야 전체를 따로 따로 구분해 보자는 얘기는 아니다. 하지만 현존하는 기록과 고고학적 자료에 의하는 한 아라가야와 금관가야 및 대가야로 나누어 보아야 한다. 그리고 육가야 중 실제로 그 존재감을 역사 기록 속에 보이고 있는 가야는 상주 함창의 고녕가야와 이들 세 가야라고 할 수 있다. 전기 가야를 주도했던 금관가야와 후기 가야를 주도했던 대가야가 중심이지만 사료나 고고학적 자료로 볼 때 아라가야도 금관가야와의 관계 속에서 독립적으로 파악해야만 할 것이다.

가야불교 역시 크게 아라가야와 금관가야 및 대가야 불교를 구분해서 보아야 한다. 아라가야는 고구려와 백제의 불교의 영향 속에 있었던 것으로 보이지만 비교적 고구려 불교의 영향을 더 받은 것으로 확인된다. 아라가야는 백제가 중국 남조로부터 수용한 대승불교를 전해 받기도 하였다. 하지만 현존하는 사료와 고고학적 자료에 의할 때 아라가야는 고구려 불교의 영향을 더 받은 것으로 보인다. 특히 연가칠연명금동여래입상이 발견된 의령 지역이 대가야와 가깝지만 의령-함안의 일대로 볼 때 고구려와의 연관성이 더 있어 보이기 때문이다.

대가야 불교는 비교적 백제가 중국 남조로부터 수용한 대승불교를 전해 받은 것으로 보인다. 신라 화랑 사다함이 이사부의 명에 의해 대가야를 습격하면서 불교의 전래 및 수용을 기념하는 의미에서 붙였을 대가야 왕성의 전량문 즉 전단량[55]을 돌파해 나갔던 데서 알 수 있는 것

---

[55] 고구려 최초의 사찰인 성문사 역시 고구려 왕성이었던 集安의 성문에 있었던 사찰

처럼 대가야는 이미 불교를 수용하고 있었다. 고아동 벽화고분의 분묘형식인 횡혈식 석실묘는 백제로부터 전파되었으며 벽화고분의 연화문 역시 고구려와 백제의 고분에서도 확인된다. 이것은 6세기 무렵의 백제 연화문과 동일한 계통을 보이고 있어 백제로부터 불교를 수용했던 것임을 알 수 있다. 특히 거덕사와 월광사는 대가야의 대표적인 사찰이라고 할 수 있다. 이렇게 볼 때 아라가야와 대가야는 모두 북방불교 즉 고구려와 백제로부터 불교를 수용했다고 볼 수 있다.

반면 금관가야는 허왕후와의 출자나 아유타국 나아가 파사석탑 등의 기록으로 볼 때 북방불교뿐만 아니라 남방불교와 해양불교를 수용했을 가능성이 있다. 허왕후의 출자를 인도로 볼 것인가, 태국으로 볼 것인가, 아니면 한반도왜 즉 왜가야로 볼 것인가에 따라 해석이 달라질 수 있을 것이다. 하지만 허왕후가 바다를 건너왔다는 대목에 주목하게 되면 그가 인도에서 왔던, 태국에서 왔던, 왜가야에서 왔던 간에 가야는 해양세력과 접목되었을 가능성이 매우 크기 때문이다.

더욱이 불교의 수용 문제에 있어서 볼 때도 질지왕이 시조왕인 수로왕과 시조모인 허왕후를 기념해 세운 최초 사찰과 왕후사가 여전히 해양세력과의 결합 속에서 이루어진 것으로 볼 수 있다는 점에서 금관가야 불교는 북방불교뿐만 아니라 남방불교와 해양불교와의 접목 가능성을 엿볼 수 있다. 특히 8대의 질지왕이 세운 최초 사찰과 왕후사는 대표적인 사찰이라고 할 수 있을 것이다. 금관가야는 지리적으로 한반도 남동부에 자리하면서 일찍부터 국제적인 철기무역과 배 건조술이 뛰어났었다는 점을 고려하면 인도와 서역을 거쳐 중국으로 들어온 불교와 인도와 스리랑카 및 미얀마와 태국 등 동남아일대의 불교와의 접목했을 가능성이 충분하기 때문이다.

이라 할 수 있다.

VI. 세 가야의 남북불교 수용

살펴본 것처럼 종래에 학계에서 가야불교는 고구려와 백제를 통해 북방불교가 전래된 것으로 해명해 왔다. 이와 달리 일부에서 가야불교는 남방불교가 건래된 것이라는 주장도 제기해 왔다.

그런데 가야불교의 남방전래설은 종래의 북방전래설을 넘어서 인정할 수 있는 여지가 충분하다고 할 수 있다. 가야불교는 육가야 중 특히 사료와 고고학적 자료를 남기고 있는 아라가야와 대가야와 금관가야를 분리해서 논의해야 온전히 살필 수 있을 것이다.

이 주장은 북방불교를 수용한 고구려와 백제를 통해 불교를 수용한 아라가야와 대가야에는 적용될 수 없을 것이다. 하지만 금관가야의 경우에는 북방불교의 수용뿐만 아니라 해양세력과의 결탁 과정 등을 고려할 때 남방불교도 수용하였을 것으로 짐작된다.

금관가야의 경우 북방불교의 수용 이외에도 남방불교도 수용하였을 개연성이 있다. 이 부분에 대한 연구는 앞으로 엄밀한 사료 검토를 통해 좀 더 진행해 볼 생각이다.

■ 참고문헌

「川前里書石 乙未銘」.
「川前里書石 乙卯題記」.
『일본서기』 권19, 현종 3년 2년 4월.
『일본서기』 권19, 흠명 9년 4월.
『일본서기』 권하, 『일본고전문학대계』(암파서점, 1965), p.92.

一然, 『三國遺事』「紀異」, '五伽倻'.
一然, 『三國遺事』 권2의「駕洛國記」.
一然, 『三國遺事』「塔像」, '魚山佛影'.
一然, 『三國遺事』「塔像」, '金官城 婆娑石塔'.
『新增東國輿地勝覽』 권30, 합천군 古蹟, 擧德寺.
「駕洛國太祖陵崇善碑」(『朝鮮金石總覽』 권하, 아세아문화사, 1976).
김석형, 『초기조일관계연구』(평양: 사회과학원출판사, 1966).
赤沼智善 편, 『인도불교고유명사사전』(경도: 법장관, 1967), p.68.
三品彰英 찬, 『三國遺事考證』 중(일본: 고서방, 1979), p.335.
이종기, 『가락국탐사』(서울: 일지사, 1977), pp.99~100.
윤석효, 『신편가야사』(혜안, 1997), p.170.
김병모, 『김수로왕비 허황옥』(서울: 조선일보사, 1994).
高榮燮, 『삼국유사 인문학 유행』(박문사, 2015), p.302.

김병모, 「가락국 허황옥의 출자 - 아유타국고 I -」(1987), 『삼불김원룡교수정년퇴
임기념논총1』(일지사, 1988).
김병모, 「고대 한국과 서역관계 아유타국고 II -」(1988), 『한국학논집』 제14집; 「가

락국 수로왕비탄생지」,『한국상고사학보』제9집, 1992.

무함마드 깐수(정수일),「韓國佛敎南來說 試考」,『사학지』제22집, 단국대학교사학회, 1989.

정경희,「삼국시대사회와 불경의 연구」(1988),『한국고대사회문화연구』(일지사, 1990), pp.321~322.

윤석효,「伽倻의 倭地 進出과 定着」,『가야문화』제7호, 가야문화연구원, 1994, p.145.

김영태(a),「駕洛佛敎의 전래와 그 전개」,『불교학보』제27집, 동국대학교 불교문화연구원, 1990.

김영태(b),「가야의 국명과 불교와의 관계」,『가야문화』제6호, 가야문화연구원, 1993.

김영태(c),「가야불교의 사적 고찰」,『가야문화』제10호, 가야문화연구원, 1997.

정중환,「가락국기의 문헌적 고찰」,『가야문화』제3호, 가야문화연구원, 1991.

전호태,「가야고분벽화에 관한 일고찰」,『한국고대사논총』제4호, 1992, pp.173~192.

홍윤식,「가야불교에 대한 제문제와 그 사적 위치」,『가야고고학논총』, 가락국사적개발연구원, 1992.

이광수(a),「고대 인도-한국 문화접촉에 관한 연구-가락국 허황후 설화를 중심으로」,『비교민속학』제10집, 비교민속학회, 1994.

이광수(b),「가락국 허황후 도래설화의 재검토: 부산-경남 지역 불교 사찰 설화를 중심으로」,『한국고대사연구』제31집, 한국고대사연구회, 2003.

김복순(a),「대가야의 불교」,『가야사연구-대가야의 정치와 문화』(경상북도, 1995).

김복순(b),「가야불교와 신라불교의 특성과 차이」,『한국불교사연구』제12호, 한국불교사학회 한국불교사연구소, 2015.

이영식(a),「백제의 가야진출과정」,『한국고대사논총』62, 1995.

이영식(b),「가야불교의 전래와 문제점」,『가야문화』제10호, 가야문화연구원, 1998.

이영식(c), 「6세기 안라국사 연구」, 『국사관논총』 제62호, 국사편찬위원회, 1995.

김태식, 「가락국기 소재 허황후 설화의 성격」, 『한국사연구』 제102호, 한국사연구회, 1998.

이희근, 「가락국의 허왕후는 인도 아닌 '한반도倭' 출신」, 『월간중앙』 2000년 6월호, 월간중앙사, pp.307~313.

백승충, 「가야의 개국 설화에 대한 검토」, 『역사와 현실』 33, 1999, p.129.

판카즈 모한, 「대가야의 불교 전래와 수용」, 『제7회 대가야사 국제학술회의: 대가야의 정신세계』, 계명대학교 한국학연구원, 2007.

권주현, 「王后寺와 가야의 불교전래 문제-加耶社會의 信仰體系와 관련하여」, 『대구사학』 제95호, 대구사학회, 2009, pp.54~55.

김정남, 「우리 한민족과 타밀족간의 언어 및 풍습의 유사성과 그 기원에 관한 연구」, 『2016년 6월 고대타밀학학술대회 발표자료집』, 고대타밀학회, 2010.6.

고영섭(a), 「부파불교 전래와 한국 전통불교」, 『한국선학』 제24호, 한국선학회, 2009.

고영섭(b), 「'가야'(Gaya) 명칭의 어원과 가야불교의 시원」, 『한국불교사연구』 제12호, 한국불교사학회 한국불교사연구소, 2017.

석길암, 「가락국의 불교 전래 문제와 성격에 대한 검토」, 『동아시아불교문화』 제25집, 동아시아불교문화학회, 2016.

황정일, 「가야불교 전래 지역 아유타에 대한 연구」, 『동아시아불교문화』 제25집, 동아시아불교문화학회, 2016.

한지연, 「고대 해상루트를 통한 불교전파의 가능성과 의미」, 『동아시아불교문화』 제25집, 동아시아불교문화학회, 2016.

제5장

불교가 한국인의 생사관에 미친 영향

Ⅰ. 삶과 죽음을 보는 관점
Ⅱ. 불교 수용 이전의 사생 인식
Ⅲ. 고유사상의 사생관
Ⅳ. 불교사상의 생사관
Ⅴ. 불교 수용 이후의 생사 이해
Ⅵ. 계세적 세계관에서 전생적 생사관으로

I. 삶과 죽음을 보는 관점

인간은 평등하면서도 평등하지 않다. 모두가 부모의 몸을 빌려 태어나 늙고 병들고 죽어가는 일생을 보낸다. 그런데 제각기 이목구비가 다르고 저마다 내면 심성이 다르다. 인간은 외면의 생김생김이 다르고 내면의 마음가짐이 다를 뿐만 아니라 앎의 질이 다르고 삶의 질이 다르다. 정치적 지위와 경제적 소유 및 사회적 역할과 문화적 누림이 다르다. 그러나 인간은 실체가 아니라는 점에서 평등하고, 저마다 인권을 지녔다는 점에서 동등하며, 모두가 죽는다는 점에서 대등한 존재이다. 따라서 우리는 비실체성과 인권론과 생사관을 통해 인간의 평등성과 동등성과 대등성을 확인할 수 있다.

인간은 붓다가 되지 않는 한 생사윤회를 벗어날 수 없다. 태어난 존재는 모두 죽음을 벗어날 수 없다. 탄생은 삶의 시작이지만 죽음은 삶의 끝이 아니다. 삶의 끝은 죽음의 시작이지만 죽음의 끝은 삶의 시작이다. 죽음은 새로운 탄생으로 이어지고, 삶은 또 다른 죽음으로 이어진다. 그러므로 태어나고 늙어가고 병들어가고 죽어가는 것은 생명체가 경험하는 실존적 사실이다. 그리고 죽음이란 '낡아버린 옷을 갈아입는 것'과 같으며, 삶이란 '새로 사온 옷을 갈아입는 것'과 같은 것이다. 이 땅에 전래된 불교는 삶과 죽음에 대한 깊고 넓은 통찰을 통해 소박한 천신신앙과 산신신앙 및 무속신앙의 생사관을 보완하고 대체하였다. 또 도교와 유교의 생사관과 공존하면서 불교 고유의 생사관을 견지해 오고 있다. 이 때문에 고중세를 거쳐 근현대를 경험해 온 한국인들은 불교의 오랜 역사와 깊은 문화를 통하여 불교적 앎의 양식과 삶의 도리에 깊은 영향을 받아오고 있다. 특히 고유 사상의 사생관 즉 내세관을 아울러온 불교의 생사관에 깊이 훈습되어 오고 있다.

인간은 미래의 나의 부모가 될 부친(정자)과 모친(난자)의 '성교' 및 '임신 주기'와 이들과 향기 코드를 맞춘 나의 '업식'(간달바)의 세 가지 화합으로부터 이루어졌다. 인간은 모체로부터 분리되어 태어나는 생유生有로부터 근본적인 존재인 본유本有 그리고 죽음의 순간인 사유死有와 죽음 이후인 중유中有로 이어져가며 삶의 네 매듭을 만들어간다. 이러한 생사관 즉 사생관은 인간의 죽음에 대해 깊은 인식과 넓은 이해를 가능하게 하였다. 한국의 생사관은 고대 한국인들로부터 현대 한국인들에 이르기까지 무속-불교-도교-유교의 영향 속에서 형성된 것이다. 특히 불교의 생사관 즉 윤회사상과 해탈사상은 이 땅의 고유 신앙은 천신신앙과 산신신앙 및 청동기시대에 전래해 온 무속사상을 '융화'하고 '교화'였으며, 이 기반 위에서 도교와 유교의 생사관과 공존해 왔다. 그리하여 한국의 생사관에서 가장 깊은 인식의 기저를 형성한 것은 현세 중심의 유교의 생사관이 아니라 삼세 중심의 불교의 생사관[1]이라고 할 수 있다.

한국 고대의 생사관 즉 죽음과 상장례 등에 대한 종래의 연구는 다양하다. 죽음에 대한 공포와 영혼 불멸의 사상에 입각한 사후 세계와 영혼 인식에 투영된 고대 사람들의 의식의 분석[2], 무속사상 속의 죽음 인식[3],

---

[1] 高榮燮,「조선 전기 불자와 유자의 시공관-연기설과 생생설의 소원과 소통」,『동양철학』제21집, 한국동양철학회, 2004; 高榮燮,「조선 전기 불자와 유자의 생사관-윤회론과 귀신론의 긴장과 탄력」,「교불련논집」제12집, 한국교수불자연합회, 2006; 高榮燮,「漢巖과 呑虛의 불교관: 해탈관과 생사관의 同處와 不同處」,『종교교육학연구』제26집, 한국종교교육학회, 2008; 강윤곤,「涅槃을 통해 본 불교의 생사관」,『종교연구』제55집, 한국종교학회, 2009.6; 高榮燮,「한국 고대 불교의 토착화와 구심화」,『한국불교학』제75집, 한국불교학회, 2015.9.

[2] 채미하,「한국 고대의 죽음과 喪葬禮」,『한국고대사연구』제65호, 한국고대사연구회, 2012.3.

[3] 方善珠,「古新羅의 靈魂 및 他界觀念; 宗敎 文化史的 考察」,『합동논문집』제1집, 계명·대전·서울여자·숭실대, 1964; 玄容駿,「고대 한민족의 海洋他界」,『한국민속연구논문집』제1집, 일조각, 1982; 玄容駿,「신라인의 타계관」,『민족과 문화』, 정음사, 1988; 張明洙,「岩刻畵를 통해 본 고인돌 社會의 信仰意識: 고인돌 암각화에 비쳐진 죽음관을 중심으로」,『중앙사론』제8집, 1995.

후대의 무가에 나타난 죽음 인식[4], 불교 수용 이후의 무속과 불교의 습합[5], 신화에 보이는 생사관[6], 왕릉 및 고분벽화에 나타난 내세관[7], 『삼국사기』와 『삼국유사』 중심의 신라불교의 신체관과 영혼관[8], 불교와 유교의 생사관에 대한 고찰[9], 한국불교와 미국불교의 생사관의 연구[10] 등처럼 산발적으로 이루어져 왔을 뿐 한국인들의 생사관의 변화에 대한 온전한 연구는 드문 편이다. 이 글에서는 생사관에 대한 선행연구들[11]을 참고하면서 불교의 전래와 수용 및 공인과 유통이 한국인들의 생사관에 어떠한 영향을 미쳤는가에 대해 살펴볼 것이다.

---

[4] 김영민, 「한국 巫俗信仰에 나타난 死靈觀 考察」, 『조선대인문과학연구』 제15집, 조선대 인문대학, 1996.
[5] 김영미, 「불교의 수용과 신라인의 죽음관의 변화」, 『한국고대사연구』 제20호, 한국고대사연구회, 2000.12.
[6] 나희라, 「西王母神話에 보이는 고대중국인의 生死觀」, 『종교학연구』 제15집, 서울대종교학연구회, 1996.
[7] 전호태, 「5세기 고구려 고분벽화에 나타난 불교적 내세관」, 『한국사론』 제21집, 서울대 국사학과, 1999; 전호태, 「고구려 후기 사신계 고분벽화에 보이는 仙·佛混合의 來世觀」, 『울산사학』 제7집; 전호태, 「고구려 감신총벽화의 서왕모」, 『한국고대사연구』 제11호, 한국고대사학회, 1997.
[8] 윤종갑, 「신라불교의 신체관과 영혼관」, 『한국철학논집』 제15집, 동아대학교 석당전통문화연구원, 2004.
[9] 이덕진, 「유교와 불교의 생사관에 대한 일고찰」, 『보조사상』 제15집, 보조사상연구원, 2001.2; 김명숙, 「한국인의 죽음에 대한 인식과 태도에 관한 철학적 고찰 II」, 『철학논총』 제64집, 2011; 김근호, 「성리학의 이단 비판론에 나타난 죽음의 문제」, 『유교사상문화연구』 제59집, 유교사상연구원, 2015.3.
[10] 허일범, 「21세기 미국과 한국불교의 가치 - 생사관의 문제」, 『회당학보』 제18집, 회당학회, 2013.10.
[11] 이은봉, 『한국인의 죽음관』(서울대출판부, 2000); 강정원 외, 『동아시아의 기층문화에 나타난 죽음과 삶』(민속원, 2001); 나희라, 『고대 한국인의 생사관』(지식산업사, 2008); 유초하 외, 『한국인의 생사관』(태학사, 2008); 양승이, 『한국의 상례』(한길사, 2010); 구미래, 『출생에서 죽음까지 한국불교의 일생의례』(민족사, 2012).

II. 불교 수용 이전의 사생 인식

불교가 전래되기 이전 동아시아 사회를 지배한 것은 천신신앙과 산신신앙 및 무당(샤먼)이 주재하는 무속신앙이었다. 고대인들은 자신의 유한성을 자각하면서 죽음에 대한 공포를 가졌다. 그들은 죽음이란 병으로부터 시작되며 병은 곧 영혼을 잃어버렸기 때문에 생기는 것으로 인식하였다. 이 때문에 그들은 육체를 떠난 영혼이 다시 돌아오지 못하거나 악령이 몸 안에 들어와 병에 걸려 죽는 것이라고 보았다. 해서 천신신앙과 산신(지신)신앙을 융화시킨 무속신앙은 영혼을 잃은 병자의 혼을 되찾아주는 역할을 함으로써 지배자의 지위를 차지할 수 있었다. 그리고 무당은 인간의 혼을 탈취하는 악령과 소통하여 탈취한 혼을 되돌려 주는 권능을 가진 존재로 이해되었다.

고대 한국인들은 죽음은 끝이 아니라 또 다른 삶의 시작이라는 계세적繼世的 내세관을 지니고 있었다. 현실세계를 사후세계로 계승해 간다는 계세사상繼世思想은 죽음을 피할 수 없는 것으로 인정하면서도 삶에 대한 강한 집착을 통하여 죽음 이후 세계의 삶을 이어간다는 관념체계이다. 이것은 죽은 자의 다음 세상을 위한 것으로 사람의 영혼이 사후에 재생하더라도 그의 신분과 지위를 다시 누린다는 생각에서 비롯된 것이었다. 이러한 관념은 인간의 유한성을 넘어 영혼의 불멸이라는 무한성의 갈구에서 비롯된 것이었다. 그리하여 죽은 자가 영원한 안식을 누리기 위해서는 시신을 매장하여 영원히 보존해야 한다고 생각하였다.[12]

이러한 인식은 상장례와 무덤에도 커다란 영향을 미쳤다. 고대 한국인들은 사후에도 매장된 지하세계에서 현세와 같은 정신적·물질적 생

---

12 邊太燮, 「韓國古代의 繼世思想과 祖上崇拜信仰」(상·하), 『역사교육』 제3·4집, 한국역사교육학회, pp.53~69; pp. 73~95.

활을 계속함으로써 사후와 현세가 큰 차이가 없다고 인식하였다. 이것은 산 자들이 죽은 자를 위해 거행하는 장송의례葬送儀禮에도 잘 나타나 있다. 동시에 영혼에 대한 믿음과 사후세계의 설정, 후장厚葬이나 순장殉葬, 지장遲葬(부여)과 세골장洗骨葬(동옥저), 곽장槨葬(삼한), 당일장當日葬(읍루·숙신)과 같은 장례풍속에 잘 반영되어 있다.[13] 우리는 이러한 상장례를 통해서 고대 한국인들은 삶과 죽음을 또렷하게 구분하지 않았다는 사실을 알 수 있다.

삼국시대의 신앙과 사상은 상장례 제도에도 변화를 가져왔다. 4, 5세기에 중국에서 불교와 유교가, 7세기에는 도교가 들어오자 그 영향으로 복차장複次葬, 순장, 동굴장, 수장, 화장 등 장례의 종류도 다양해졌다. 특히 삼국을 통일한 신라가 숭불, 숭유 정책을 펼친 까닭에 장례식도 유교식 매장과 불교식 다비 방식을 함께 사용하였다. 그러나 신라 말기에 이르러서는 시체를 땅에 매장하는 풍습이 성행하였다. 이것은 풍수지리설과 도참설의 영향 때문이었다.[14]

이러한 장례법의 변화는 조선 말기에 서학, 특히 천주교가 들어오면서 상례와 제례의 관념에 큰 변화가 생겨난 경우와 대일항쟁기1912에 화장취체규칙火葬取締規則이 발표되면서 도회지에 화장장과 공동묘지가 마련된 경우, 그리고 대한민국 정부 수립 이후에 여러 차례 발표된 장례 정책 및 의례준칙1934; 1961 그리고 가정의례준칙1969에 따라 상례의 절차와 복제의 간소화, 나아가 장의사가 장례 절차를 담당하고 공동묘지에 묘를 쓰거나 화장을 하는 경우로 나타났다.[15] 1998년에 개정하여 발표한 가정의례법은 사설묘지허가제를 유지하되 개인 묘지는 24평에서 9평으로, 집단묘지는 9평에서 3평으로 그 규모를 줄였다. 그 대신 화장장과

---

13 나희라, 앞의 책, p.69; 양승이, 앞의 책, pp.11~12..
14 양승이, 앞의 책, p.12.
15 양승이, 앞의 책, p.17.

납골당에 대한 규제는 완화했으며, 설치허가제였던 것을 신고제로 바꾸고 장소의 제한도 폐지하였다.[16]

최근에는 묘지가 늘어나면서 전국토가 공동묘지화가 되자 국가 차원에서 국토의 효율적 이용을 위해 매장 후 일정한 기간이 지나면 화장하여 가족 납골당에 안치하는 법안을 추진하고 있다. 이러한 법안이 추진될 수 있게 된 것은 최근에 명사들이 죽으면서 화장을 해달라는 유언이 국민적 호응을 얻어 유교사회의 조상숭배 정신에 따라 시신을 땅에 묻는 토장土葬 대신에 불교사상의 신토불이身土不二 정신에 따라 화장火葬으로 확산되고 있는 것이라고 할 수 있다. 이러한 정서는 아마도 한국인의 유전인자 속에 계승되어 오고 있는 불교의 생사관 즉 내세관의 영향이라고 볼 수 있을 것이다.

불교의 내세관은 죽음이 삶의 끝이 아니라 또 다른 삶의 시작이라는 계세적 내세관과 서로 통한다. 다만 불교의 내세관은 업설에 기초한 인과응보의 원리를 적용하여 생과 사를 순환 관계로 파악한다는 점에서 서로 다르다. 불교의 업설은 자신이 전생에 지은 업에 따라 지옥·아귀·축생·수라·인간·천상의 6도로 윤회 환생한다는 해명한다. 이것은 금생의 삶이 끝나더라도 내생에서 전생의 삶의 모습이 그대로 이어진다는 계세사상과는 상통한다. 반면 계세적 세계관은 자신의 자유의지에 의해 삶의 질적 변화를 인정하는 불교의 윤회사상과는 상이한 것이다.

불교의 내세관 즉 윤회사상은 존재에 앞서 행위를 전제함으로써 존재의 무한한 변화가능성을 부여한 것이었다. 즉 행위가 존재를 규정함으로써 행위하는 존재를 통하여 세계를 변화시킬 수 있음을 강조한 것이었다. 이 같은 불교의 내세관은 삶의 질적 변화를 수용하지 못하는 천신신앙 및 산신신앙 및 무속의 계세적 내세관이 지니고 있는 단순 소박한

---

16 양승이, 앞의 책, p.17.

이론 체계를 보완해 주었다. 통일신라 이래 고려를 거치는 동안 불교의 내세관이 점차 확산되어 갔지만 천신신앙과 산신신앙 및 무속의 계세적 내세관은 불교에 묻어 한동안 유지되어 갔다.

조선시대에는 조상숭배 정신에 의해 한동안 매장이 성행했지만 대한시대에는 신토불이 정신에 의해 다시 화장이 확산되면서 불교적 생사관 즉 내세관이 다시 주목되고 있다. 따라서 한국인의 생사관에 영향을 미친 여러 종교의 장례법 중에서 고중세에 이어 근대의 유교의 장례법에 이어 현대에는 경제적 사회적 요인에 의해 불교의 장례법이 보편화되고 있는 것이다. 불교의 장례법이 보편화되고 있다는 것은 몸과 마음이 실체가 아니라는 체인 속에서 삶과 죽음을 하나로 파악하는 불교의 생사관 즉 내세관이 확산되고 있는 것으로 보아도 무리가 없을 것이다.

III. 고유사상의 사생관

한국인의 사유 체계는 고조선의 건국 이래 '하늘님 신앙' 즉 천신신앙과 산신신앙 및 '무교巫敎적 사유' 위에 기반을 두었다. 이들 천신신앙과 무속신앙은 점차 불교의 전래 이후 도교와 유교적 사유와도 만나게 되었다. 단군왕검의 고조선 건국은 부계적 천신인 환인(하늘)과 모계적 지모신인 웅녀(땅)가 만나 내적 초월신인 단군(사람)을 낳는 과정을 보여주고 있다. 고조선의 역사 자체는 환인(환웅)의 신성성과 웅녀의 동물성이 단군의 인간성 안에서 하나로 융합되는 과정을 담고 있다. 이것은 환인(환웅)의 천天과 웅녀의 지地와 단군의 인人 삼재三才가 결국 하나이며 단군의 인간성 안에서 환인(환웅)의 신성성과 웅녀의 동물성이 하나가 되어 있음을 의미한다.

또 자연에 대한 경외심은 천신신앙과 산신신앙 및 신령을 매개하는 주술사인 무당(샤먼)을 통해 무속신앙으로 이어졌다. 그는 하늘의 신이 내려오는 길인 나무와 산을 주관하였고 고목신앙과 토템신앙은 천신사상과 산신신앙 및 무속신앙과 융합되어 풍월도風月道로 토착화하였다. 나라의 현묘한 도로 자리한 풍월적 세계관은 고조선 이래 천신신앙과 산신신앙 내지 고목신앙과 토템신앙과 깊이 접목되어 자리를 잡아왔다.[17]

이처럼 풍월도에는 '막악'莫惡과 '봉선'奉善을 통한 마음의 정화를 역설하는 불교, '무위'無爲와 '불언'不言을 통한 근본의 숭상을 주장하는 도교, '효가'孝家와 '충국'忠國을 통한 출사를 강조하는 유교의 가르침이 이미 포함되어 있었다. 풍월도의 주체인 화랑花郞은 산천을 순례하고 심신을 단련하면서 인위를 배격하고 소요 자재한 삶을 살았다. 그들 무리徒는 생명체를 소중히 여기는 불교적 삶과 나라(임금)와 무위의 자연을 소요하는 도교적 삶 그리고 부모를 존중하는 유교적 삶을 함께 살았다.[18] 그러면 이들이 지녀왔던 불교 수용 이전 영혼 관념과 타계 관념에 대해 살펴보기로 하자.

---

17 고운(孤雲) 최치원(崔致遠, 857~?)은 「난랑비서」(鸞郞碑序)에서 "나라에 현묘한 도가 있으니[國有玄妙之道] 풍류라고 한다[曰風流]. 그 가르침을 세운 근원은[設教之源] 『선사』(仙史)에 상세히 갖춰있다[備詳仙史]"며 "그 실제는 삼교를 포함하고 있으므로[實乃包含三教] 뭇삶을 제접하고 교화한다[接化群生]고 역설하였다. 또 "집안에 들어와선 부모에게 효도하고[入則孝於家] 집나가 벼슬하여 나라에 충성함[出則忠於國]은 노나라 공자의 취지요[魯司寇/(孔子)之旨也], 함이 없는 일에 처하고[處無爲之事] 말이 없는 가르침을 행함[行不言之敎]은 주나라 노자의 종지요[周柱史/(老子)之宗也], 모든 나쁜 일들 하지 않고[諸惡莫作] 모든 좋은 일들 높여 함[諸善奉行]은 축건태자의 교화이다[竺乾太子/(釋尊)之化也]"라고 하였다.
18 고영섭, 「풍류도를 불교적으로 통섭한 『삼국유사』」, 『삼국유사 인문학유행』(박문사, 2015).

1. 영혼과 타계 관념

1) 영혼관

고대인들은 삶과 죽음을 통해 인간과 세계를 보다 깊이 이해할 수 있었다. 그들은 삶을 깊이 살면서 동시에 죽음도 깊이 인식하였다. 또 그들은 삶과 죽음을 가르는 기준은 무엇이며, 인간의 생명은 무엇으로 유지되며, 죽음은 무엇 때문에 일어나는지 등등에 대해 깊이 묻게 되었다. 그리하여 그들은 시간과 공간에 갇힌 인간 삶의 일회성 즉 유한성과 물리적 한계의 벽을 넘어서려 하였다.

그들은 삶의 일회성이라는 육체의 한계를 넘어서는 사후死後의 존재를 점차 갈망하였다. 그 결과 육체와 분리된 정신의 주체인 '영혼'靈魂의 관념을 시설하였다. 처음 영혼 관념은 아주 소박하고 단순하였다. 하지만 점차 인지가 발달하고 사회가 다기해지면서 영혼은 인체의 육체와 활동을 담당할 뿐만 아니라 육체의 활동이 멈춘 뒤에도 어떤 방식으로든 활동하는 존재로 이해하였다. 결국 그들은 유한한 삶을 지속시키기 위해 육체와 영혼을 분리시켜 인식하였다.

이 때문에 그들은 육체는 삶이 다하면 사라지지만 영혼은 삶이 다하더라도 사라지지 않고 죽음 이후의 삶으로 계승된다고 파악하였다. 이로부터 육신과 정신을 둘로 나눠보는 심신이원론心身二元論이 제시되었다. 그들은 인간의 영혼은 유한한 육체와 달리 무한한 삶을 존속시키는 존재로 이해하였다. 이러한 인식으로부터 영혼에 대한 관념인 영혼관이 나왔다.

이들의 영혼관은 인간의 존재 조건과 죽음의 존재 상태를 해명하고 있으며 죽음 이후의 영혼의 상태에 대해서도 해명하고 있다. 이 때문에 인간의 영혼에 대한 이해는 인간의 생사에 대한 이해로 이어진다고 할 수 있다. 그리고 삶과 죽음에 대한 인식은 곧 생사관에 대한 이해로 이어지며, 죽음 이후의 삶의 양태를 보여주는 내세관은 현세적 삶의 가치와 의미를 보여주고 있다.

고대인들이 파악하였던 영혼관에는 내세관이 담겨있을 뿐만 아니라 현세적 삶의 가치와 의미를 담아내고 있다. 또 그들의 영혼관은 곧 생사관일 뿐만 아니라 내세관 즉 타계에 대한 이해인 타계관에 대한 인식으로 이어지고 있다. 이러한 점에서 영혼관은 인간을 둘러싼 여러 관념과 인식을 두루 머금고 있는 것이라고 할 수 있다. 이처럼 고대인들의 영혼관과 타계관은 이후 중세인들과 근대인들의 유전인자로 이어져왔고 현대인들의 유전인자로도 이어지고 있다.

고대[19] 중국인들도 혼과 백이라는 이원적 영혼 관념을 통해 인간의 영혼이 복수複數임을 보여주고 있다. 선진先秦 시대의 자산子産은 인간의 영혼과 사후 운명에 대해 "인간이 죽어서 귀鬼가 되는데, 귀를 이루는 것은 혼백魂魄이며, 백魄이 먼저 생기고 혼魂이 나중에 생긴다"[20]고 풀이하였다. 또 『예기』禮記의 「예운」禮運에서는 사람이 죽으면 "육체의 백魄은 내려가고, 지기知氣 곧 혼魂은 위로 간다"[21]고 하였고, 「교특생」郊特牲에서

---

19 고대 그리스인들은 육체의 장애가 없고 개성을 가진 자유혼인 푸쉬케(psuchē)와 육체에 생명과 의식을 주는 육체혼인 투모스(thumos)라는 관념의 복수(複數)의 영혼관을 지닌 경우도 있었다. Jan Bremmer, "Soul-Greek and Hellenistic Concepts", The Encyclopedia of Religion (Mircea Eliade editor in chief), New York: Macmillan Publishing Company, 1987, pp.434~438. 나희라, 앞의 책, pp.21~22. 재인용. 시베리아의 여러 민족들도 복수의 영혼관을 지니고 있었다. 즉 새의 모습을 한 아이의 영혼이며 씨족에게 생명을 가져다 주는 영혼인 오미야(omiya), 사람이 죽으면 육체혼인 욱수키(uksuki)는 육신과 함께 무덤 속에 묻히고, 사람이 잠들었을 때나 몸을 떠날 수도 있는 그림자혼인 팡야(fanya)가 죽은 자들의 세계로 데려간다고 한다. A.V. Smojiak, 「나나이족의 영혼관」, 최길성 옮김, 『시베리아의 샤마니즘』(민음사, 1988) 참조. 퉁구스인들도 인간의 영혼을 관장하는 에르가와 그림자혼이라 할 수 있는 자유혼인 하르가로 나뉜다고 보았다. 강정원, 「시베리아 소수민족의 생사관-사하인들을 중심으로」, 『동아시아의 기층 문화에 나타난 죽음과 삶』(민속원, 2001), p.253.
20 『左傳』昭公 七年.
21 『禮記』의 「禮運」.

는 "혼기魂氣는 하늘로 돌아가고, 형백形魄은 땅으로 돌아간다"[22]고 하면서 이원적 영혼관을 완성하였다. 당나라 시대의 공영달孔穎達은 혼백魂魄에 대한 가장 정연한 논리를 세워 "신체의 성질身體之質은 형형인데 형의 정신形之靈이 백魄이 되고, 호흡의 움직임呼吸之動은 기氣인데 기의 정신氣之神이 혼魂이 된다"[23]고 하였다.

이처럼 고대인들은 영혼관을 육체혼과 자유혼 혹은 내부혼과 외부혼으로 분류하였다. 육체혼은 육체에 속박된 영혼을, 자유혼(혹은 유리혼)은 육체를 벗어날 수 있는 영혼을 뜻한다.[24] 그러면 문헌과 기록을 통해 고대 한국인들의 영혼관에 대해 살펴보기로 하자. 이들은 인간은 육체와 영혼으로 이루어졌으며 인간의 육체적 활동과 영혼의 정신적 활동에 대해서도 다양하게 기록하고 있다. 이들이 남긴 인간의 영혼에 관한 기록들은 '신'神, '령'靈, '신령'神靈, '혼'魂, '유혼'幽魂, '혼백'魂魄, '영신'靈神, '성령'聖靈, '귀'鬼 등이 대부분이며 이들은 살아있는 정신인 '생령'生靈에 대응하여 죽은 이의 영혼인 '사령'死靈으로 대부분 표현되었다.[25]

한편 살아있는 생명과 활동을 나타내는 생령生靈에 대한 표현은 『삼국유사』 '사금갑'조에서 사람의 말을 하는 쥐와 까마귀가 나쁜 일로부터 왕의 목숨을 구해주는 기록[26]으로 나온다. 또 병사의 복장을 한 수십 명이 김유신의 집에서 떠나자 김유신이 병이 들어 죽었다는 기록[27]이 대표적이다. 반면 영혼에 대한 표현은 자세히 드러나 있지는 않지만 구

---

22 『禮記』의 「郊特牲」.
23 『左傳』昭公 七年 孔穎達 疏.
24 김열규, 「한국 신화 원류 탐색을 위한 시베리아 샤머니즘 및 신화」, 『한국 민족의 기원과 형성』(하)(소화, 1996), pp.266~271.
25 나희라, 앞의 논문, p.24.
26 一然, 『三國遺事』 권제1, 「紀異」 제1, '射琴匣'; 金富軾, 『三國史記』 권제32, 「雜誌」 제1, 樂.
27 金富軾, 『三國史記』 권제43, 「列傳」 제3, 金庾信下.

체적인 형상으로 나타나는 경우와 구체적인 모습을 드러내지는 않지만 죽어서도 그 남은 의지를 목소리로 전달하는 경우로 나타나고 있다.[28]

장춘랑長春郎과 파랑罷郎은 죽어서도 나라를 근심하여 태종 무열왕 앞에 사람의 모습으로 나타나 미래의 일을 알려주고 홀연히 사라진다.[29] 또 김유신은 후손이 부당한 대우를 받자 그 억울함을 호소하기 위해 미추왕릉으로 들어가 생전의 장군의 위용을 갖춰 말을 타고 호위병까지 거느린 모습으로 나타났다.[30] 이것은 구체적인 형상으로 나타내는 경우에 해당한다.

한편 김후직金后稷은 진평왕이 사냥을 좋아하는 것을 고쳐주기 위해 죽어서도 무덤 안에서 소리를 내어 진평왕의 사냥을 막았다.[31] 또 죽은 신충信忠의 원한으로 병이 난 신문왕이 신충을 위해 절을 짓고 명복을 빌자 공중에서 신충이 소리를 내어 원한이 풀렸다.[32] 다시 또 죽은 김유신이 미추왕릉 안에 들어가서 억울함을 호소하니 이를 전해들은 혜공왕이 놀라 사람을 보내어 김유신의 무덤에 가서 사과했다.[33] 이것은 남은 의지를 목소리로 전달하는 경우에 해당한다.

반면 죽은 이의 영혼死靈이 구름이나 안개와 같이 흩어지기 쉬운 물질의 형태로 드러나는 경우도 있다. 『삼국유사』는 같은 김유신의 사건을 생전과 같은 모습으로 기술하였지만, 『삼국사기』에서는 사람의 형태가 아닌 바람과 안개 및 소리만으로 김유신의 영혼을 표현하고 있다.[34] 이것은 당시 사람들이 영혼에 대한 인식이 다양했으며, 구비전승 즉 입

---

28 나희라, 앞의 논문, p.32. 그는 죽은 이의 영혼의 형상을 두 가지로 구분하고 있다.
29 金富軾, 『三國史記』 권제43, 「新羅本紀」 제5, 太宗武烈王 6年 10月.
30 一然, 『三國遺事』 권제1, 「紀異」 제1, '味鄒王 竹葉軍'.
31 金富軾, 『三國史記』 권제45, 「列傳」 제5, 金后稷.
32 一然, 『三國遺事』 권제5, 「神呪」 제6, '惠通降龍'.
33 一然, 『三國遺事』 권제1, 「紀異」 제1, '味鄒王 竹葉軍'.
34 金富軾, 『三國史記』 권제43, 「列傳」 제3, 金庾信下.

에서 입으로 내려오는 일반인들의 설화와 문자를 사용해 기록을 남기던 지식인들의 영혼관의 차이가 있었음을 말해주는 것[35]이라고 할 수 있다.

이처럼 사령 즉 죽은 이의 영혼은 살아있을 때의 인간성을 지니면서도 그것을 초월하는 면도 갖추고 있다. 이미 김후직, 김유신, 신충의 경우에서 보았지만 살아서 사랑했던 여인에게 죽어서도 아이를 갖게 했던 진지왕[36]이나 자신보다 나중에 죽은 부인 우씨于氏의 영혼이 산상왕에게 돌아가는 것을 보고 분을 참지 못하고 싸웠던 고국천왕의 기록[37]은 모두 죽은 사람의 영혼이 살아있는 사람과 같은 감정을 지니고 있다고 믿었음을 시사해 주고 있다.

이처럼 살아있는 사람들이 죽은 영혼에 관심을 가지게 되는 것은 그들의 활동 때문이다. 살아있는 사람들은 이들 영혼들의 활동에 대해 두 가지 태도를 보인다. 즉 죽은 영혼들이 살아있는 사람들을 보호한다는 생각에서 애정(고마움)을 보이기도 하지만, 한편으로는 죽은 영혼들이 살아있는 사람들의 질병과 죽음을 초래한다는 측면에서는 공포(두려움)를 보이기도 한다. 이 두 가지 중 어느 것이 먼저이고 더 일반적인지에 대해서는 단정하기가 어렵다.

죽어서도 나라를 근심하여 사람의 모습으로 나타나 미래의 일을 알려주고 사라진 장춘랑과 파랑, 죽어서도 나라를 지키겠다고 한 문무왕[38], 죽어서 천신이 되어 나라를 보호하는 김유신[39], 외적이 침입했을 때 조용히 도왔던 陰助 미추왕[40], 생전의 은혜를 죽어서도 갚았던 괴유怪

---

35 나희라, 앞의 책, p.34.
36 一然,『三國遺事』권제1,「紀異」제1, '桃花女 鼻荊郎'.
37 金富軾,『三國史記』권제17,「高句麗本紀」제5, 東川王.
38 一然,『三國遺事』권제2,「紀異」제2, '文武王 法敏'.
39 一然,『三國遺事』권제2,「紀異」제2, '萬波息笛'.
40 金富軾,『三國史記』권제2,「新羅本紀」제2, 儒禮尼師今 14년 春正月.

出[41] 등의 기록은 전자의 경우에 해당한다. 반면 죽은 이의 원한이 산 사람의 질병이나 죽음을 초래한다[42]는 기록은 후자에 해당한다.

죽음에 대한 인간의 두 가지 태도는 피할 수 없는 죽음을 받아들이면서도 죽음을 넘어서는 어떠한 통로의 시설에 대한 기대가 묻어 있다. 즉 고대 한국인들은 불교가 이 땅에 전래되기 이전에도 영혼의 윤회에 대한 믿음이 있었다. 죽은 이 혹은 죽은 이의 영혼의 운명에 대한 관념은 매우 다양하게 전개되었다. 영혼의 윤회에 대한 믿음은 인간이 생과 사를 통해 존재를 탈바꿈시킬 수 있다는 믿음에 기반하고 있다.

이처럼 무언가로부터 생을 얻고 죽어서 다시 무언가로의 삶을 계속한다는 이야기는 고대인들이 죽음이라는 현상을 극복하기 위해 마련한, 생명을 바라보는 하나의 관점으로서 생명의 연대성과 통일의 원리를 보여준다.[43] 이 때문에 영혼의 윤회나 부활에 대한 믿음으로 죽음을 극복하려는 태도는 윤회나 부활의 결과를 눈으로 보고 직접 느낄 수 있을 때 지속될 수 있다. 그러나 실제로 이러한 일에 대한 경험적 인식이 축적되는 것은 불가능한 일이었다. 그리하여 아예 죽음 이후를 우리가 정확히 인식할 수 없는 어떠한 상태로 추정하게 되었다. 그 결과 죽은 이의 영혼이 현실세계와는 다른 곳에서 삶을 지속한다는 타계에 대한 관념이 널리 퍼졌다.[44]

이러한 타계관은 상장례법과 무덤 인식에도 커다란 영향을 미쳤다. 불교가 전래되고 수용되면서 그리고 공인되고 유통되면서 영혼관은 업식

---

41 金富軾, 『三國史記』 권제14, 「高句麗本紀」 제2, 大武神王.
42 金富軾, 『三國史記』 권제10, 「新羅本紀」 제10, 神武王 卽位年.
43 Ernst Cassirer, An Essay on Man-An Introduction to a Philosophy of Human Culture-, New Haven: Yale Univ. Press, 1955; 康韻梅, 『中國古代死生觀之探究』(국립대만대학교출판위원회, 1944), p.74. 나희라, 앞의 책, p.73 재인용; 최명관 역, 『인간이란 무엇인가-문화철학서설』(서광사, 1988), pp.132~139.
44 나희라, 앞의 논문, p.39.

관으로 대체되었고 타계관 역시 삼계육도관 즉 불교적 우주관으로 대체되었다.

2) 타계관

고대인들의 다양한 생사관은 죽음 이후의 내세관의 발전을 가져왔다. 동시에 내세관은 다시 죽음 이후의 다른 세계에서 계속해서 살고자 하는 타계관으로 발전되었다. 죽음과 연결되어 있는 타계는 죽은 자들이 가서 죽음 이후의 삶을 시작하는 타방세계를 가리킨다. 현실세계의 대척점에 있는 타방세계는 인간이 현실을 극복하거나 부정하기 위해 설정한 이상세계이자 사후세계이다.

현실세계를 넘어 타방으로 이어지는 사후세계는 죽음을 앞둔 인간의 마음을 움직여 위로를 해 주기도 하였다. 타방세계는 현실에서 못다 이룬 꿈과 이상을 다음 세상으로 이어가고 싶은 열망이 뒷받침되면서 둘 사이의 경계가 모호해지기도 했다. 타방세계가 비록 '인간을 넘어선 신들의 세계', '현실세계를 뛰어넘은 이상세계', '현실의 삶을 버린 죽은 이의 세계', '죽음의 한계가 없는 영원한 생명의 세계'로도 불리기는 했지만, 고대인들에게 현실세계와 타방세계는 엄밀한 경계가 없이 중복되거나 혼동되어 왔다.

중국인들에게 타방세계는 신들의 거처인 곤륜산이 설정되어 왔다. 중국인들은 서역에 가까이 닿아있는 곤륜산을 창조와 파괴, 질서와 혼돈, 삶과 죽음을 그 자체로 구현하여 영원한 우주 생명의 원천이 있는 우주수宇宙樹가 함께 나타나는 우주산宇宙山으로 여겼기 때문이다.[45] 거기에는 영원한 생명이 있는 불사不死의 낙원樂園이자 죽은 이들의 귀향처歸鄕處이기도 했다.[46]

---

[45] 御手洗勝, 『古代中國の神들』(창문사, 1984), pp.691~696.
[46] 나희라, 「西王母神話를 통해 본 古代中國人의 生死觀」, 『종교학연구』 15, 종교학연구회, 1996, pp.151~152.

천상과 지상을 잇는 우주수는 환인의 아들인 환웅이 태백산과 신단수를 통해 인간 세상에 내려와 지상에 질서와 조화라는 새로운 창조를 가져왔다는 기록[47]도 맥락을 같이 한다. 또 시베리아 나나이족 역시 모든 씨족이 각자의 생명의 나무를 가지고 있으며, 이 나뭇가지에는 새의 모습을 한 생명혼들이 살고 있고, 그 뿌리는 죽은 자들의 영혼들이 살고 있는 지하세계로 연결된다고 믿었다.[48] 그런데 고대인들은 타계를 갈망하면서 초기의 수평적 타계관에서 점차 수직적 타계관으로 발전시켜 나갔던 것으로 이해된다.

시베리아 샤머니즘의 세계관에서는 신계와 인간계와 사후세계를 수직적으로 구성한 우주관을 보여주고 있다. 아마도 고조선의 우주관 역시 그러했을 것으로 짐작된다. 반면 대부분의 알타이족에서는 사후세계를 천상과 지하로 표현함과 동시에 '저세상'과 같이 수평적 의미에서 표현하는 방식도 발전했다고 한다.[49] 이러한 사실에 비추어 보면 북방 시베리아의 여러 종족에게서 수평적인 타계의 공간관이 존재했음을 시사해 주고 있다.

또 한국 무가巫歌에 나타난 신계와 저승은 인간계에서 오랫동안 걸어서 도달하는 곳으로 설정되어 있다[50]는 점에서, 그리고 무속의 영혼을 저승으로 보내는 의례에서도 이승과 저승은 평면적인 공간으로 이동함으로써 왕래가 가능한 곳으로 나타난다[51]는 점에서 수평적 공간관을 확인할 수 있다. 시베리아 샤머니즘의 세계관과 한국 무속의 세

---

47 一然, 『三國遺事』 권제1, 「紀異」 제1, '古朝鮮'.
48 A. F. Anisimov, op.cit., 1963, pp.206~207; 나희라, 앞의 논문, p.72 재인용.
49 강정원, 앞의 논문, 2001, pp.254~256.
50 장덕순·조동일·서대석·조희웅, 『구비문학개설 - 구미전승의 한국문학적 고찰』(일조각, 1971), pp.141~143.
51 황루시, 「공간 민속으로 본 한국인의 상상체계」, 『기층문화를 통해 본 한국인의 상상체계』(상)(민속원, 1998, pp.149~150.

계관이 고조선의 무속적 세계관과 접점이 있다는 전제에서 본다면 고대 한국인들에게 수평적 타계관의 존재가 있었을 것으로 짐작해 볼 수 있다.

다시 또 인간의 현실세계 너머 존재하는 타방세계계로서 이상세계에 가까운 해양타계관이 있다.[52] 수로부인의 용궁왕래 설화에 설정된 비인간계이자 타계인 바다 속 세계는 칠보七寶로 장식된 궁전과 온갖 맛난 음식과 향기가 나는 곳으로 묘사되어 있다.[53] 또 허황후는 바다 저편에서 많은 사람들과 함께 금은보화 등을 가지고 왔고[54], 석탈해는 칠보와 노비와 함께 상자 속에 실려 바다를 건너 왔다.[55] 또한 바닷가에 밀려온 나무함 속에서 나온 푸른 옷의 세 처녀가 송아지와 망아지, 그리고 오곡五穀 종자를 가지고 왔다는 제주도 삼성시조 설화[56]에서처럼 육지를 떠나 건너온 바다는 이상세계이자 해양타계였다. 바다는 하늘의 다른 표현이었으며 이국으로 들어가는 관문이었다.

또 고대 한국인들에게 하늘과 산은 신들의 세계이자 이상세계였다. 즉 신의 자손이었던 단군과 탈해 및 주몽과 혁거세와 같은 통치자들이 인간으로서의 삶을 다하고 돌아간 사후세계였다. 이 때문에 산과 하늘은 수직적 타계관인 천상天上타계관이자 산상山上타계관이었다. 환웅은 하늘에서 산의 나무를 통해 지상으로 내려왔고, 부여의 해부루解夫婁는 산천에 빌어 얻은 자식인 금와金蛙를 하늘이 내려주었다.[57] 또 후세 사람들은 천신이었다가 인간이 되고 다시 죽어서 천신天神이 되었

---

52 玄容駿,「古代 韓國民族의 海洋他界」,『문화인류학』5, 1972; 현용준,『韓國民俗研究論文選』1(일조각, 1982) 재수록.
53 一然,『三國遺事』권제2,「紀異」제2, '水路夫人'.
54 一然,『三國遺事』권제2,「紀異」제2, '駕洛國記'.
55 一然,『三國遺事』권제1,「紀異」제1, '第四 脫解王'.
56 『高麗史』권57, 志, 권제11, 地理2, 耽羅縣, 부록〈이야기〉6) 참조.
57 一然,『三國遺事』권제1,「紀異」제1, '東夫餘'.

다[58]는 김유신을 산신山神으로 믿었다.[59]

이처럼 수평적 타계관에 이어 제시된 수직적 타계관은 사회가 분화되면서 수직적인 사회질서가 타계관념에 영향을 미치면서 수직적 질서를 띠게 된 것으로 파악된다. 그런데 수직적 타계관은 수직적 사회질서의 정점에 있는 상층의 사람들만이 수직적 타계의 상층에 갈수 있다는 점에서 사회의 계층적 질서화에 따라 타계관념 또한 분화 발전하게 된 것이다.[60]

지하를 타계로 설정한 것은 구석기시대 이래로 행해졌던 매장埋葬이나 동굴장洞窟葬 같은 장법과 관련이 있다고 한다. 아마도 지하세계로 유명한 황천黃泉은 묘실을 파다가 일정한 깊이로 내려가면 땅속에서 솟아나는 지하수를 만나게 된 데에서 나온 말로써 나중에 고고학에서는 묘실墓室을 일컫는 말이 되고 나아가 사후세계를 가리키는 말로 쓰이게 되었을 것[61]이다. 이처럼 매장의 경우에 죽은 자는 무덤에 있게 된다. 이 때문에 고대인들은 무덤이 죽은 이의 사후 거주처라고 인식되었다. 고구려인들은 사후 거주처가 무덤이며 또 그곳은 지하라고 여겼다. 그러므로 천상타계와 같은 수직적 질서의 정점에 있는 타계가 계급질서의 산물로서 더욱 분화된 사회 아래에서 발전한 타계관이라고 볼 때, 타계관의 분화 이전부터 오랫동안 사람들을 지배해 온 타계관념인 대지大地로의 귀환이라는 일종의 지하타계관이 존재했던 것[62]으로 파악된다. 이러한 타계관은 불교가 전래되면서 점차 중간세계 즉 중유中有사상과 결합하여

---

58 一然, 『三國遺事』 권제2, 「紀異」 제2, '萬波息笛'.
59 許筠, 『惺所覆瓿藁』 권14, 文部 11.
60 松前建, 『神들の思想: 講座 日本の古代信仰』 vol.1(學生社, 1980), pp.178~184; 나희라, 앞의 책, p.76 재인용.
61 蒲慕州, 『墓葬如生死 - 中國古代宗敎之省思』(臺北: 연경출판사, 1993), p.207. 나희라, 앞의 책, p.78. 재인용.
62 나희라, 앞의 책, p.80.

고유의 조상숭배신앙과 결합한 칠칠재 즉 삼계육도관에 근거한 사십구재를 비롯한 천도재의 의식으로 정착되었다.[63]

2. 상장례와 무덤 인식

1) 상장례 이해

관혼상제에는 인간의 삶이 깊이 투영되어 있다.[64] 성년을 알리는 관례, 결혼을 알리는 혼례, 사람의 죽음을 치르는 상(장)례, 돌아간 날에 치르는 제례의 네 가지 의례 중 특히 상례는 현실세계를 떠나는 인간의 마지막 통과의례이다. 상(장)례는 죽음을 둘러싸고 진행되는 의례는 존재의 소멸이라는 불가항력의 운명을 합리적으로 받아들이고 해석하기 위한 문화적 장치였다. 이 때문에 의례를 치르지 않는다면 물리적으로 숨을 거두었더라도 사회적 관념적으로는 제대로 죽지 못한 존재가 되어 죽은 자와 남은 자는 혼란에 빠질 수 있다고 여겼다.[65] 고대인들은 순장, 지장, 세골장, 곽장, 당일장 등의 여러 방식으로 상례를 치렀다. 이중에서도 특히 상례는 무당이 주관하는 무속의례로 치렀다.

고대 한국인들은 한 집단의 지배층 계급(왕/신하)에 속하는 사람이 죽었을 때 그 사람의 뒤를 따라 자진하거나 혹은 강제로 산 사람(첩/신하/종 등)을 함께 묻는 장례법인 순장殉葬을 하였다. 또 경비를 많이 들이는 두터운 성의로 그 사회의 중요한 자산을 무덤에 함께 묻는 장례법인 후장厚葬을 하였다. 이러한 매장은 불교와 유교가 전래되면서 점차 축소되거나 간소화되어 후장厚葬에서 박장薄葬으로, 무덤의 구조는 적석총에

---

63 이것은 불교의 우주관인 사계 즉 욕계(6천) 색계(18천) 무색계(4천)계의 삼계(三界)와 불계(佛界)의 구조로 재편되었다.
64 여기에는 喪禮 즉 죽음의 예는 있지만 生禮 즉 탄생례가 빠져 있다.
65 구미래, 앞의 책, p.233.

서 봉토로, 적석목곽분에서 횡혈식 석실분으로 변하였다.[66] 이러한 장례법의 큰 변화를 가져온 것은 특히 불교라고 할 수 있다.

유교의 성전인 『예기』에 의하면 죽음에도 일정한 위계가 있다. 즉 황제의 죽음을 '붕'崩, 황제나 제후의 죽음을 '훙'薨, 대부大夫의 죽음을 '불록'不綠, 사士의 죽음을 '졸'卒, 서인庶人의 죽음을 '사'死라고 하였다. 유자들은 이 위계에 따라 상장례를 치렀다. 유교의 상장례는 상복제喪服制와 빈장殯葬으로 대표된다. 상례는 죽은 자의 영혼은 물론 죽은 자와 관계가 있었던 산 자가 시신의 처리 과정 전후에 가져야 할 태도에 대한 규정 등을 연속된 절차로 시행하는 장례법[67]이다. 빈장은 사정상 장사를 속히 치르지 못하여 시신을 방안에 둘 수 없을 때 한데寒處나 의지간倚支間에 관을 놓고 이엉 따위로 그 위를 이어 눈비를 가릴 수 있도록 덮어두는 장례법이다.

중국의 빈장은 고구려, 백제, 신라에 영향을 주었다. 중국은 복상에 의해 3년 상을 치렀지만, 고구려와 백제는 부모와 남편상을 3년상의 빈장으로 치렀고, 형제상의 상복은 3개월(1개월)의 빈장이었다. 신라 또한 왕과 부모 및 처자상은 1년 상의 빈장으로 치렀다. 이처럼 중국의 상장례는 한국 고대 상장례의 정비에 큰 영향을 주었으며 특히 중국의 가묘제는 왕실뿐만 아니라 귀족들의 직계조상에 대한 제사에도 큰 영향을 미쳤다.

한 존재의 사망을 기점으로 전개되는 죽음의례는 상례喪禮의 큰 테두리 속에서 주검을 떠나보내는 장례葬禮와 영혼을 떠나보내는 탈상의례脫喪儀禮로 죽음이라는 사건을 마무리해 왔다. 매장이나 화장으로 망자의 몸을 떠나보낸 뒤에도 죽음을 애도하고 근신하는 일정 기간을 둠으

---

66 채미하, 앞의 글, pp.71~72.
67 한국민족문화대백과사전편찬위원회, 『한국민족문화대백과사전』(한국정신문화연구원, 1992), '상례'조.

로써 남은 자의 도리를 지켰던 것이다. 아울러 몸은 떠났지만 영혼은 이 기간 동안 남은 자들과 함께 머문다는 영육靈肉이 분리된 세계관을 지니고 있어, 영적 존재를 대상으로 주기적인 의식을 치르는 가운데 상喪에서 벗어났다. 따라서 상례란 일생의 마지막 의례이자, 남은 자들에 의해 망자의 주검과 영혼을 떠나보내는 전 기간의 의례를 말한다.[68]

임종에서부터 탈상에 이르기까지 이루어지는 상례 즉 죽음의례는 주로 종교적 관념 아래 치러져왔다. 고대인들은 천신신앙과 산신신앙 및 무속신앙에 의해 상례를 치르면서도 불교와 도교와 유교적 관념이 스며들면서 의례 방식이 변화되어 왔다. '임종'에서부터 망자의 영혼이 저승에 통합되기까지의 '거상'居喪은 남은 자들이 망자를 위해 치르는 종례 의례 기간이었다. 이 때문에 이 기간은 죽은 자와 산 자가 지녔던 해당 종교의 내세관을 반영하는 동시에 죽은 자의 영혼을 구제하는 시기라는 의미도 지니게 되었다. 이 때문에 과거와 현재와 미래의 삼세의 시간관 위에서 이루어지는 불교적 예제는 거상의 의미를 가장 잘 담아낼 수 있었다.

2) 무덤 이해

무덤은 이승을 떠난 이가 저승에서 머무르는 집이다. 현실세계의 거주지가 빛이 드는 집인 양택이라면 사후세계의 거주지는 빛이 들지 않는 집인 음택이다. 고대인들은 죽은 사람의 영혼이 살아있는 사람에게 무서운 영향력을 미칠 수 있다고 생각하였다. 이 때문에 경비를 많이 들이는 두터운 성의로 그 사회의 중요한 자산을 무덤에 함께 묻는 장례법인 후장을 하였다. 또 죽음이란 영혼이 육체에서 탈출하여 일어나는 현상이므로 정령이 사람 몸으로 들어오면 깨어나 살 수 있다고 믿어 순장을

---

68 구미래, 앞의 책, pp.233~234.

하였다.⁶⁹

또 고대인들은 죽은 이를 보내는 절차에 있어 온갖 정성과 힘을 기울였다. 이 때문에 무덤의 형태는 장법과 긴밀한 관계가 있었다. 신석기 유물인 석기나 고인들은 신석기시대부터 금석병용시대에 걸쳐 만들어진 거석 분묘이다. 축조 형식에 따라 한강 남쪽의 남방식과 한강 북쪽의 북방식으로 구분되었다. 평안도 대동강 유역을 필두로 하여 전국 일대에 널리 퍼져 있다. 남방식 고인돌은 바둑판 같이 생겨 기반식碁盤式이라 하고 북방식 고인돌은 널판같이 평평하게 생겨 탁상식 혹은 탁자식이라고 한다.

고인돌 무덤의 장법에는 토사土砂에 그대로 묻는 방법인 토사장土砂葬과 흙 대신 돌무지로 덮는 방법인 적석장積石葬, 그리고 장방형의 석관으로 처리하는 방법인 석관장石棺葬이 있다. 철기시대에는 널무덤인 토광목곽묘와 독무덤인 옹관묘에 유해를 안치하는 방법이 유행하였다.

삼국시대의 장법은 나라마다 다양하였다. 고구려는 "죽은 사람을 위해 집안에 빈소를 만들었다가 3년이 지난 뒤 길일을 택해 장사를 지낸다. 부모나 남편이 죽었을 때는 3년 동안, 형제간에는 3달 동안 상복을 입었다"⁷⁰고 하였다. 또 "남자와 여자가 혼인하면 미리 수의를 장만한다. 장사는 금, 은, 돈, 폐백과 같은 것을 후하게 써서 지낸다. 돌을 쌓아 봉분을 만들고 봉분 앞에는 소나무와 잣나무를 심는다."⁷¹ 이처럼 고구려는 3세기 중엽까지 순장을 유지하고 빈장을 치렀으며 장례를 위해 살아생전에 미리 무덤과 관을 준비하였다.

백제의 상례제도는 고구려와 같았다. "부모와 남편이 죽으면 3년 동안 상복을 입는다. 나머지 친족들의 경우에는 장사를 치르며 이내 상복을

---

69 양승이, 앞의 책, p.139.
70 『隋書』권81, 「東夷傳 高句麗」; 『北史』권94, 「高句麗」.
71 『後漢書』권85, 「東夷列傳」.

벗는다."[72] 백제 역시 고구려와 마찬가지로 "부모와 남편이 죽으면 3년 동안 상복을 입었다"[73]는 사실을 알 수 있다. 신라의 상례는 『삼국유사』에 잘 나타나 있다. 시조 박혁거세왕이 죽었을 때는 시체를 나무위에 올려놓았다가 살이 썩어 뼈가 땅에 떨어진 뒤 그 뼈를 모아 매장埋葬 즉 풍장風葬을 하였다. 탈해왕은 시신을 가장假葬 했다가 탈육한 뒤에 동악에 묻었다. 이것은 박혁거세와 같이 재장再葬을 한 것이라고 할 수 있다.

문무왕은 화장 이후에 수장한 대표적인 경우이며, 제34대 효성왕, 제51대 진성여왕, 제52대 효공왕, 제53대 신덕왕, 제54대 경명왕 모두 절에서 화장하고 그 뼈를 서쪽으로 뿌리거나 잠현 남쪽에 뼈를 묻었다. 이와 같은 신라의 상복제도는 지증왕 5년[504]에 상복법을 제정하여 왕, 부모, 처, 남편, 아들을 위하여 1년 동안 상복을 입었다.[74] 또 왕을 비롯하여 부모와 아내가 죽으면 관을 사용하고 염습한 다음 장사를 지내는데 1년 복을 입었다고 한다. 이로 미루어 보면 국가적 차원에서 상례제도에 대한 정비가 있었을 것으로 이해된다.

무덤은 상장례를 통해 사체를 처리하는 과정에서 남겨진 자연적 결과물이다. 그리고 무덤의 조성은 죽음을 처리하는 여러 문화적 장치들 가운데 하나이다. 그러므로 무덤에는 죽은 자의 입장뿐 아니라 살아남은 자의 입장이 반영된다. 그것은 기본적으로 삶과 죽음에 대한 사고방식 즉 생사관을 통해 형성된다. 그러나 무덤은 사회적 결과물이기도 하기 때문에 생사관뿐 아니라 당대의 죽은 자와 산 자 사이, 삶과 죽음 사이의 정치사회적 관계도 포함하고 있다.[75] 그리고 고구려 사신도와 같은 무덤 속의 벽화의 조성은 현세에서 분리된 내세에 대한 진전된 관념의

---

72 『隋書』 권81, 「百濟」.
73 『周書』 권81, 「百濟」.
74 『隋書』 권81, 「新羅」.
75 나희라, 앞의 책, p.132.

결과[76]라고 할 수 있다.[77]

따라서 무덤은 영혼 관념과 타계 관념이 상장례를 통해 드러낸 구체적 결과물이라고 할 수 있다. 상장례 즉 죽음의 의례가 사회적 문화적 장치이듯이 무덤과 무덤의 벽화 역시 이러한 문화적 인식 아래 생겨난 결과물이라고 할 수 있다.

IV. 불교사상의 생사관

고대 한국인들은 천신신앙과 산신신앙 및 무속적 세계관에 입각하여 하늘(상제)이 인간의 생사를 지배한다고 믿어왔다. 하늘을 주관하는 상제는 생명의 탄생과 남녀의 성별 나아가 국가의 운명까지도 관장하는 초월적인 존재로 군림해 왔다. 이러한 사실은 고대 한국의 여러 기록에서 확인되고 있다. 늙도록 아들이 없었던 부여왕 해부루가 산천에 아들 낳기를 기도한 끝에 큰 돌 밑에서 아이를 얻고 나서는 '이 아이는 하늘이 주신 내게 주신 맏아들이구나'라며 감격스러워 하고 있다.[78]

또 고구려의 상산왕 역시 아들을 얻고 나서 '이 아이는 하늘이 내게 주신 나를 이을 맏아들이구나'라고 감격스러워 한다.[79] 백제의 개로왕 또한 '목숨은 자연의 운명에 의탁하는 것'이라고 고백하고 있다.[80] 고구

---

[76] 전호태, 「중국 장의미술의 동북아시아로의 파급」, 『고구려 고분벽화의 세계』(서울대학교출판부, 2004), p.67.
[77] 초기에는 생활풍속도가 주로 그려졌으나 점차 비현실적 상상의 동물이 무덤 벽을 가득 채웠다. 이것은 내세가 단지 현세의 연장이 아니라 물질적, 사회적 조건을 뛰어넘는 어떠한 추상적인 상태로 생각되었고, 현실적 감각을 넘어서는 상상의 존재가 내세를 표현하는 대상으로 선택된 것이다. 나희라, 앞의 책, p.159.
[78] 金富軾, 『三國史記』 권제13, 「高句麗本紀」 제1, '東明聖王'.
[79] 金富軾, 『三國史記』 권제13, 「高句麗本紀」 제4, '山上王'.
[80] 金富軾, 『三國史記』 권제25, 「百濟本紀」 제3, '蓋婁王'.

려 유리명왕은 하늘에 제사할 희생 돼지가 달아나자 이를 잡아 칼로 그 다리 힘줄을 자른 탁리託利와 사비斯卑 두 사람을 구렁 속에 던져 죽일 정도로 하늘에 대한 절대적 공경을 표하고 있다.[81] 또 하늘이 인간의 생사를 관장하고 있는 것으로 생각한 고대 한국 왕들은 '큰 제단을 설치하고 천지신명께 몸소 제사를 지냈다.[82]

이처럼 하늘의 자손으로 자신을 인식한 한국 고대의 왕들은 하늘 즉 상제 중심의 세계관으로 나라를 다스렸다. 이러한 하늘 즉 상제 중심의 천신신앙과 산신신앙 및 무속 세계관은 불교가 전래되면서 혼재하여 과도기적 현상인 무속적 요소와 불교적 요소가 뒤섞인 무속적 불교의 성격으로 나타나게 된다. 하지만 불교적 세계관이 무속적 세계관을 제압하기 시작하는 8세기 이후에 가면 점차 불교적 세계관 중심으로 재편되어 갔다. 고려 전기와 중기를 거쳐 후기에 이르게 되면 다시 성리학의 전래를 통해 유교적 세계관이 생사관을 주도해 갔다.

하지만 조선 전기와 중기를 거쳐 후기와 대한시대에 이르게 되면 유교적 생사관에 입각한 매장 뿐만 아니라 다시 불교적 생사관에 입각한 화장이 병행되어 오고 있다. 특히 최근에는 국토의 효율적 이용에 따라 다시 불교적 생사관이 저변화 되어 가고 있다. 그러면 불교의 업식관과 삼계육도관에 대해 살펴보기로 하자.

1. 업식業識과 삼계육도三界六道 이해

1) 업식業識 이해

불교의 생사관은 주체인 업식과 세계인 욕계 색계 무색계의 '삼계'와

---

81 金富軾, 『三國史記』 권제13, 「高句麗本紀」 제1, '瑠璃明王'.
82 金富軾, 『三國史記』 권제23, 「百濟本紀」 제1, '溫祚王'.

'불계'를 더한 사계로 해명할 수 있다. 업은 말과 동작과 생각하는 것과 그 세력, 즉 움직이는 동작이나 행위를 뜻한다. 업식은 진여의 일심이 무명의 힘에 의하여 처음으로 일어나는起動 것이다. 때문에 업식은 근본불각의 망심에 의하여 진여의 일념이 처음 기동하여 생기는 최초의 상태인 업상業相을 가리킨다.

인간의 자유의지로 표현되는 업식은 윤회의 주체이자 해탈의 주체이다. 붓다의 생사관 즉 불교의 사생관은 이러한 업식을 지니고 태어난 존재는 모두 죽는다는 사실에서 출발한다. 다만 죽더라도 그는 영원히 죽지 않고 환생하는 존재이다. 하나 밖에 없는 자식의 죽음으로 괴로워하고 있는 키사 고타미라는 여인에게 '누구도 죽지 않은 집안에서 가져온 겨자씨'로 아이를 살릴 수 있는 약을 가지고 있다며 죽음에 대한 올바른 인식을 일깨워주는 이야기[83]는 불교의 생사관을 극명하게 보여주고 있다.

인간은 1) 아버지와 어머니의 성관계와 2) 어머니의 임신주기가 맞는 후보군들 중에서 나와 향기가 맞는 부부를 찾아 3) 나의 간다바業識가 강림(전개)하여 생겨난다. 이 셋의 화합에 의해 인간이라는 생명체가 탄생하는 것이다.[84] 또 살아있다는 것은 수명命[호흡]과 의식壽과 체온火의 세 가지三事가 화합和合해 있는 상태를 일컫는다. 여기에서 수명(호흡)과 의식과 체온의 세 가지가 균형이 깨어져 어느 하나라도 부족하게 되면 죽음에 이르게 된다.

불교에서는 죽음을 삶의 한 부분으로 해명하고 있다. 즉 삶은 모체로부터 분리되는 태어나는 순간인 생유, 근본적인 존재인 본유, 호흡이 멈추는 사유, 죽음 이후의 세계인 중유로 이루어진다. 이 가운데에서 죽음

---

83 Mrs. Rhys Davids(tr.), *Psalms of the Early Buddhists*, I. Psalms of the Sisters, (The Pali Text Society, 1909), p.107.
84 高榮燮, 「불교의 낙태관」, 『한국불교학』 제45집, 2006년 하계, 한국불교학회.

은 이렇게 정의된다.

어떤 것이 죽음인가? 저러저러한 중생들이 저러저러한 종류로부터 결락沒, 분리遷, 소멸移身, 사멸壞, 의식의 다함壽盡, 체온의 분리火離, 목숨(수명)의 소멸命滅, 오온五陰의 해체捨陰, 형해의 폐기時到 이것을 죽음이라고 부른다.[85]

이처럼 죽음은 저러저러한 종류로부터 결락, 분리, 소멸, 사멸, 의식의 다함, 체온의 분리, 목숨의 소멸, 오온의 해체, 형해의 폐기로 표현된다. 즉 호흡(수명)과 체온과 의식의 결락, 분리, 소멸, 사멸로 인해 의식의 다함, 체온의 분리, 목숨(수명)의 소멸, 오온의 해체, 형해의 폐기를 가리킨다. 여기서 생명체를 이루는 의식의 다함, 체온의 분리, 호흡의 소멸은 죽음과 직결된다. 경전에서는 죽는 방법에 대해서도 정의하고 있다.

(질다라 장자가) 다시 가마존자에게 (사람이 죽은 것에는) 몇 가지 법이 있는지 물었다:
만일 사람이 육신을 버릴 때/
그 육신이 주검이 되어 땅에 누우면/
언덕의 무덤에 버려져/
나무나 돌 같이 마음이 없어집니까.//
(가마 비구가 질다라) 장자에게 답하였다:
수명과 체온과 의식은/
육신이 사라질 때 함께 사라지며/

---

[85] 『雜阿含經』 권제12(『大正藏』 제2책, p.85중). "云何爲死? 彼彼衆生, 彼彼種類, 沒遷移身壞壽盡, 火離命滅, 捨陰時到, 是名爲死."

그 육신이 무덤 속에 버려지면/
나무나 돌같이 마음이 없어집니다.//
(질다라 장자가) 다시 가마 존자에게 물었다:
만일 죽거나 만일 멸진滅盡에 들 때에 정수正受에는 차별이 있습니까? 없습니까? ……
(가마 비구가) 답하였다:
수명과 체온이 없어지면 모든 기관이 다 무너지고 육신과 생명이 분리되니 이것을 죽음이라 합니다.[86]

육신이 사라질 때 수명(호흡)과 체온과 의식이 사라지며 육신이 무덤 속에 버려질 때 마음도 사라진다고 하였다. 또 수명(호흡)과 체온이 없어질 때 모든 기관이 다 무너져 육신과 생명이 분리된다고 한다. 이러한 인식은 무아 윤회설의 생사관에서 비롯되는 것이다. 인간은 구성하고 있는 형색色, 감수受, 표상想, 작행行, 인식識 등의 다섯 가지 요소의 만남으로 이루어지고 해체로 소멸한다. 다만 남는 것은 그가 살아서 지은 행위인 업, 즉 업식이다.

업에는 선한 것, 악한 것, 선한 것도 악한 것도 아닌無記 것이 있다. 이들 업 가운데에서도 의도적이고 윤리적인 업들이 과보를 낳는다. 때문에 업설은 연기설 즉 인과설 위에서 구축되는 것이다. 이 때문에 인과에 대한 무지인 미혹으로 업을 짓게 되고 과보를 받게 된다. 사물의 이치에 대해 의혹하는 번뇌 혹은 미혹에는 탐냄, 성냄, 어리석음의 삼독심과 게으름, 의혹, 악견을 더한 6종의 번뇌에다 악견인 신견, 변견, 사

---

[86] 『雜阿含經』 권제21, 568경(『大正藏』 제2책, p.150중). "復問尊者有機法? 若人捨身時, 彼身屍臥地, 棄於丘塚間, 無心如木石. 答言長者: 壽暖與及識, 捨身時俱捨. 彼身棄塚間, 無心如木石. 復問尊者: 若死若入滅, 盡正受有差別不? …… 答: 捨於壽暖, 諸根悉壞, 身命分離, 是名爲死."

견, 견취견, 계금취견의 5견을 더한 것을 10가지 번뇌十使를 근본번뇌라고 하며, 처음의 5번뇌를 5가지 둔한 번뇌, 뒤의 5번뇌를 5가지 날랜 번뇌라고 한다..

　이 때문에 중생은 미혹惑으로 나쁜 업業을 짓고 악업으로 괴로움苦을 받으므로 이것을 삼도三道라고 한다. 윤회는 이 세 가지 길을 쉬지 않고 되풀이하는 것이다. 그리하여 중생은 삼세에 걸쳐 욕계, 색계, 무색계의 삼계三界와 하늘, 사람, 아수라, 아귀, 축생, 지옥의 육도六道를 윤회하는 것이다. 불교의 윤회설은 힌두교의 유아 윤회설과 달리 무아 윤회설 위에 기초해 있다. 윤회에 대한 대표적인 비유들인 강물의 비유, 촛불의 비유, 성장의 비유에서 알 수 있는 것처럼 행위는 있으나有業報 작자는 없는無作者 것이다.

　본디 강이라는 실체는 없지만 물이라는 업보는 연속되는 것처럼, 초라는 실체는 없지만 불이라는 업보는 상속되는 것처럼, 초등학교 때의 나와 지금의 나는 실체가 아니지만 나의 의식은 이어지는 것처럼 주체는 불연속 되지만 업보는 연속되는 것이다. 이처럼 무아설은 나라고 할 만한 주체가 없기 때문에 윤회할 수 있다는 사실을 잘 보여주고 있다. 다만 윤회하는 주체는 업식 즉 아뢰야식 속에서 상속하는 습기, 습관, 기억들인 것이다.

　초기의 무아 윤회의 가르침은 점차 대승의 열반 해탈설로 확산되었다. 즉 윤회하는 주체는 무명에 의하여 움직이는 즉 불각에 의하여 마음이 움직이는 업상業相, 업상에 의하여 점차 능연을 이루는 전상轉相, 전상에 의하여 경계를 나타내는 현상現相과 같은 '세 가지 미세한 번뇌상'三細相과 경계에 의하여 마음이 일어나 좋아하고 좋아하지 않음을 분별하는 지상智相, 지상에 의하기 때문에 그 고락을 내어서 각심覺心으로 망념을 일으켜 상응하여 끊어지지 않는 상속상相續相, 상속에 의하여 경계를 반연하여 생각해서 고락을 주지住持하여 마음이 집착을 일으키는 집취상執取相, 잘못된 집착에 의하여 거짓된 명상과 언설의 상을 분별하는 계명자상計名字相, 명자에 의하여 이름을 따라가면서 집착하여 여러 가지의 행동을 짓는 기업상起業識, 업에 의하여 과보를 받아서 자재하지 못하는 업계고상業繫苦相과 같은 '여섯 가지 거친 번뇌상'六麤相의 일부이지만 이들도 실체는 아닌 것이다. 이러한 생사관은 고유 신앙의 계세적 세계관이 불교의 전생적 세계관으로의 전환을 의미한다. 따라서 불교 수용 이전의 고유 신앙의 단선적 계세사상은 불교 수용 이후의 불교신행의 중층적 전세轉世사상으로 변화해 갔다고 할 수 있다.

2) 삼계육도三界六道 이해

불교는 현실세계를 욕계와 색계와 무색계의 삼계로 해명하고 있다. 즉 생사로 유전하는 미혹의 세계를 셋으로 분류한 것이다. 탐욕으로 이루어진 욕계는 식욕, 음욕, 수면욕이 치성한 세계이다. 색계는 욕계와 같은 탐욕은 없으나 미묘한 형체가 있는 세계이다. 무색계는 색계와 같은 미묘한 형체도 없고, 순전한 정신적 존재만이 머무는 세계이다. 이 삼계를 육도六道, 이십오유二十五有, 구지九地로 나누기도 한다.

육도는 중생의 업인業因에 따라 윤회하는 길을 지옥도, 아귀도, 축생도, 아수라도, 인간도, 천상도로 여섯 갈래로 나눈 것이다. 이십오유는 중생이 태어나서 변화하고 죽어서 변화하는 미혹의 존재를 4악취(지옥, 아귀, 축생, 아수라), 4주(동-불바제, 남-염부주, 서-구야니, 북-울단월), 6욕천(사왕천, 도리천, 야마천, 도솔천, 화락천, 타화자재천), 색계(초선천, 범왕천, 제2선천, 제3선천, 제4선천, 무상천, 5나함천), 무색계(공무변처천, 식무변처천, 무수유처천, 비상비비상처천)을 가리킨다. 이것을 줄여서 3계와 6도라고도 한다.

구지는 삼계를 9지로 나눈 것이다. 욕계 안에 있는 지옥, 아귀, 축생, 인간, 천상의 5취를 합하여 욕계오취지, 욕계를 떠남으로 말미암아 희락의 느낌을 내는 색계의 초선천인 이생희락지離生喜樂地, 선정에서 즐거움을 내는 색계의 이선천인 정생희락지定生喜樂地, 이선천의 희락을 여의고 마음이 안정하여 묘한 즐거움이 있는 색계의 삼선천인 이희묘락지離喜妙樂地, 이전의 즐거움을 여의고 청정하고 평등한 사수捨受의 생각에 안주하는 색계의 사선천인 사념청정지捨念淸淨地, 무색계에서 색色의 속박을 버리고 한없는 허공을 반연하는 선정을 닦는 공무변처지空無邊處地, 다시 공空인 생각을 버리고 심식心識이 끝없이 확대되는 관상觀想에 머물러 선정을 닦는 식무변처지識無邊處地, 다시 한 걸음 나아가 식상識想을 버리고 심소유心所有라고 하는 선정을 닦는 무유소처지無所有處地, 식이 한없이 확대됨을 관하는 식무변처지의 유상有想을 버리므로 비상非想이라 하고, 식의 비존재를 관하는 무소유처지의 무상無想을 버림으로 비비상非非想이라 하는 비상비비상처지非想非非想處地를 가리킨다.

이상세계인 불세계는 이들 이생희락지로부터 비상비비상처지까지의 삼계의 현실세계를 넘어선 곳에 자리한다. 이전 생의 업식은 임종을 넘어 자신의 삶의 성적표에 따라 불계로 나아가기도 하지만 부처로 탈바꿈하지 못하는 인간들은 모두 이 삼계 속에서 다시 윤회 환생한다. 이러한 육도, 이십오유, 구지는 물리적인 세계이기도 하지만 심리적인 세계이기도 하다. 고유 신앙의 타계관은 불교의 수용 이후 불교의 타계관으로 대체되어 갔다. 불교의 타계관은 이전 생의 업식이 자신의 삶의 성적표에 따라 각기 삼계의 어느 지점으로 환생하는 것이다. 그러면 부처의 세계인 불계의 이상세계는 현실세계와 완전히 분리된 어떤 공간에 설정되는 것일까. 그렇지 않다. 불세계는 현실세계에 즉하여 존재한다.

생유로부터 현생이 시작되면 본유로서 삶을 산 뒤에 호흡이 멈추는 사유를 거쳐 중간 단계의 존재인 중유로 나아간다. 중유로 들어간 업식은 부처로 탈바꿈하는 존재가 아닌 한 모두 초기 중음(1~3일), 중기 중음(4~21일), 후기 중음(22~49일)에 모두 새로운 생명체로 환생하게 된다.

이들은 지옥, 아귀, 축생, 수라, 인간, 천상의 세계로 진입하기 위해 안간힘을 쓰게 된다. 이처럼 탄생에서 임종을 맞이하기까지의 한 생명체의 일생은 길고도 험난하다.

그러므로 생로병사의 의례를 소홀히 하게 되면 인간의 삶을 황폐화하고 그 역사와 문화를 소홀히 하게 된다. 고유 신앙 즉 천신신앙과 산신신앙 및 무속신앙의 계세적繼世的 타계관과 불교의 전생적轉生的 타계관은 동거-혼재-습합-대체의 과정을 거치며 불교의 보편적 세계관으로 자리하였다. 동시에 불교의 타계관은 도교와 유교의 타계관과도 일정한 동거-혼재-습합-대체의 과정을 거쳐 불교의 전생적 타계관으로 정착해갔다. 불교의 타계관 즉 삼계육도관은 중생이 다시 태어나는 윤회관의 다른 표현이며 이러한 공간 인식은 상장례와 무덤 이해로 이어지고 있다.

불교 수용 이후 한국사회는 종래의 무의식적 살생에서 의식적 불살생으로 이동하게 되며 매장 위주의 상장례에서 화장 수용의 상장례로 점차 이동하게 된다. 이것은 계세적 세계관에서 전생적 세계관으로의 변화[87]라고 할 수 있다. 따라서 불교의 내세관 즉 무아 윤회를 통한 해탈 열반 사상은 존재에 앞서 행위를 전제함으로써 존재의 무한한 변화가능성을 부여하였다. 그것은 행위가 존재를 규정함으로써 행위하는 존재를 통하여 세계를 변화시킬 수 있음을 강조한 것이었다. 그 결과 인간은 자기 행위의 질적 제고를 통해 존재로부터 자유로워질 수 있었다. 한국인들은 이러한 불교의 생사관 즉 내세관을 깊이 받아들여 아미타신앙과 미륵신앙 및 관음신앙을 적극적으로 신행하였다.

---

[87] 이덕진, 앞의 글, 앞의 책, p.108

2. 상장례와 무덤 이해

1) 상장례 이해

상장례는 죽음이 죽은 자의 영역일 뿐만 아니라 산 자의 영역이란 사실을 잘 보여주고 있다. 상장례는 죽은 이를 보내는 의례이기도 하지만 동시에 살아있는 이들이 맞이하는 축제이기도 하기 때문이다. 임종-빈소-장지-탈상으로 이어지는 상장례는 의례의 단계뿐만 아니라 그것이 지니고 있는 역사성까지 보여주고 있다. 나아가 상장례는 탈상의례로 이어지면서 무덤의 조성과도 긴밀한 관계를 형성하고 있다.

불교가 이땅에 전래되기 이전에도 화장이 있었던 흔적이 보이고 있다. 근래에 진주 상촌리 신석기 시대 주거지 안의 옹관에서 화장골이 발견되었다.[88] 뿐만 아니라 청동기시대 요녕성의 강상묘崗上墓와 누상묘樓上墓에서도 화장의 흔적을 찾아냈다고 한다.[89] 그런데 진주 상촌리 유적의 화장 흔적은 옥외에서 화장을 하고 남은 뼈를 다시 옹관에 넣어 옥내에 매장하고 있어 복장服裝이라는 또다른 장법과 연관되어 있다는 점에서 일반적 화장과는 달리 보아야 한다.

고대 한국에서 복장은 빈번히 행해져 왔으며 현재 전라도 일대의 초분草墳의 장례법으로 이어지고 있다.[90] 복장은 죽은 이와 살아있는 사람 사이의 긴밀한 관계를 유지하려는 태도에서 비롯된 것이다. 즉 죽은 뒤에 뼈와 치아를 빻아서 상을 만들고 그것을 동악에 모셔 동악신으로

---

[88] 김재현, 「인골로 본 남강 대평사람들」, 『청동기시대의 大坪·大坪人舟』(국립진주발물관, 2002), p.134.

[89] 朝中合同考古學發掘隊, 『崗上·樓上』(1963~1965 中國東北地方遺跡發掘報告一)(六興出版, 1986), pp.86~104; 윤세영, 「新羅 火葬王考」, 『韓國史學報』제6호, 고려사학회, 1999, pp.12~14.

[90] 李杜鉉, 「韓國古代の葬禮」, 『日本古代史講座』 9, 1982; 이두현, 『韓國民俗學論考』(學研社, 1984) 재수록.

숭앙하였다는 탈해의 경우에서처럼 복장은 뼈骨숭배와 밀접한 관련이 있다.[91]

고려시대의 많은 거사들과 부인들은 불교적 죽음의식을 받아들이며 임종을 하였다. 묘비명은 돌, 금속, 자기 등의 재료로 만들어 묘지 앞에 세우는 기념물이다. 무덤 안에 매장하는 묘지명墓誌銘과 무덤 밖에 세우는 묘갈墓碣과 묘비墓碑와는 구분된다. 묘지명은 뒷날 무덤의 이장이나 형태가 바뀌어 무덤 주인의 정체를 알지 못할 것을 염려하여 광중壙中에 넣어둔 인식표라고 할 수 있다. 여기에는 주인공의 가계와 혼인 관계, 벼슬과 행적 등 해당 인물의 일생을 기록하고 있어 그의 역정을 살펴볼 수 있는 주요한 행장이 된다.

이 묘비명에는 특히 임종 무렵의 날짜와 임종 장소와 및 빈소를 기록하고 있다. 우리는 이를 통하여 임종을 맞이하는 당사자의 상장례 의식뿐만 아니라 다음 세상을 맞이하는 자세를 읽어낼 수 있다. 고려시대 묘비명을 판독한 「고려묘지명집성」[92]을 통하여 불교적 임종을 맞이한 불자, 사찰에서 임종한 불자, 사찰에 빈소를 모신 이들까지 엿볼 수 있다. 이 책에는 325명의 묘지명이 연대순으로 기록되어 있다. 여기에는 당시에 묘비명을 쓴 사람의 주관적 판단이 작용하여 임종이나 빈소에 대한 정보를 적지 않은 경우도 적지 않다. 더불어 오랜 세월이 흐르면서 묘비명이 깨어져 임종 관련 내용을 판독할 수 없는 이들도 적지 않다.

전체 325명 중 임종 관련 기록을 파악할 수 있는 인물은 모두 47인 정도이다. 실제로 불교의 임종의례를 수용한 이들은 이들보다 훨씬 많을

---

91 一然, 『三國遺事』 권제1, 「紀異」 제1, '第四脫解王'. 이러한 장례법은 元曉가 입적한 뒤에 설총이 화장하여 그 뼈를 빻아서 흙으로 소상을 만들어 분황사에 모셔놓고 아침 저녁에 예를 갖추었다는 것과도 상통한다.
92 김용선, 『고려묘지명집성』(한림대출판부, 1994); 김용선, 『역주 고려 묘지집성(상하)』(한림대출판부, 2012).

것이다. 이들 중 사찰에서 임종한 이들은 21명이며, 특별히 임종 무렵에 염불과 불공 및 수계 등으로 불교적 죽음을 맞은 행적을 적어 놓은 경우는 15건이다. 이들의 남은 행적을 통해서 미루어 짐작해 보면 평소에 이들은 신앙심이 깊은 이들이었을 것을 짐작된다.

특히 문종의 장인이었던 이자연李子淵의 집안은 독실한 불교신자였다. 인주 이씨의 대표적 인물로 널리 알려진 그는 임종 직전에 정신이 맑아져 자신의 장례를 모두 불교의 다비법으로 따르도록 유언하였다.[93] 그의 아들인 이정李頲 또한 아버지를 본받아 임종하는 날 손발을 씻고 의관을 단정히 갖추고 앉아 아미타불을 염한 뒤 스스로 보살계를 받고 숨을 거두었다.[94] 또 고려 당시 유자(거사)들 뿐만 아니라 부인들도 임종을 앞두고 불교적 상장례를 받아들이며 염불하고 경을 외웠다.

이보여李輔予의 처인 이씨부인李氏夫人, 1099~1157은 평소 불교를 잘 받들어 불경을 즐겨 암송하였다. 말년에 그는 병이 무거워지자 세수를 한 뒤 불보살의 명호를 부르며 임종하였다.[95] 최씨부인崔氏夫人, ?~1186은 임종 무렵에 부처를 받들면서 단정히 앉아 염불하고 경을 외우며 생을 마감하였다.[96] 김유신金有信의 처 이씨李一娘, ?~1192는 목욕재계하고 옷을 갈아입고 아미타불을 외우며 세상을 떠났다.[97]

고려 중기의 실력자였던 조인규趙仁規, 1237~1308는 임종하는 날 저녁이 되자 목욕재계한 뒤 서쪽을 향해 무릎을 꿇은 채 찬불하고 게송을 외우다가 단정히 앉은 채 임종하였다.[98] 김태현金台鉉의 처인 왕씨王氏, ~1356는 평소 불교신앙이 깊어 늘 염불을 해왔는데 임종 시에도 염불하

---

[93] 김용선, 앞의 책, p.22.
[94] 김용선, 앞의 책, p.34.
[95] 김용선, 앞의 책, p.247
[96] 김용선, 앞의 책, p.402.
[97] 김용선, 앞의 책, p.424.
[98] 김용선, 앞의 책, pp.1121~1122.

면 눈을 감았다.[99]

임종이 가까워지자 머리를 깎고 불문에 들어 법명을 받고 비구니가 된 이들도 적지 않았다. 김구金圻의 처인 최씨崔氏, 1227~1309는 83세에 노환으로 임종하기 전날 머리를 깎고 향진向眞이라는 비구니가 되었다. 이덕손李德孫의 처인 유씨兪氏, 1247~1326는 80세에 임종이 다가오자 목욕재계하고 옷을 갈아입은 뒤에 승려를 청하여 머리를 깎고 목진目眞이라는 비구니가 되었다. 최서崔瑞의 처인 박씨朴氏, 1249~1318는 죽음을 면하기 어렵다는 사실을 알고 묘련사妙蓮寺 주지를 청하여 머리를 깎고 법복을 갖추어 계를 받고 성공省空이라는 비구니가 되었다.

특히 박씨부인은 임종 날 오시午時가 되자 목욕을 하고 옷을 갈아입고 자녀 등을 불러 뒷일을 부탁한 뒤 합장한 채 오로지 아미타불을 염하였다. 저녁나절이 되어 숨이 끊어질 때까지 염불하는 입술이 멈추지 않았고 기운이 다한 뒤에야 합장한 손이 흐트러졌다. 이미 신라의 법흥왕 내외의 출가法空/妙法[100]와 진흥왕 내외의 출가法雲/妙住[101] 사실에서 알 수 있지만 유자(거사)와 부인들의 출가 사실은 적지 않았음을 알 수 있다.

사대부들이나 그들의 부인들이 이처럼 불교를 깊이 믿어 불교의 임종의례로 죽음을 맞이했다는 사실은 고려시대에 불교의 생사관이 얼마나 큰 영향을 미쳤는지를 잘 보여주고 있다. 이들은 죽음이 가까웠음을 알고 삭발하여 승려가 됨으로써 일상의 세속적 삶에서 벗어나 오로지 염불수행으로 임종을 맞으려 하였다. 자신의 삶을 돌아보는 가운데 생사의 무상함을 깊이 느끼며 불교적 가르침으로 수행하여 이러한 심사와 번뇌에서 벗어나길 원했고, 또한 삭발 입문함으로써 붓다의 제자로 죽

---

99 김용선, 앞의 책, p.974.
100 一然, 『삼국유사』 권3 興法 제3, '元宗興法 猒髑滅身'
101 一然, 『삼국유사』 권3 興法 제3, '元宗興法 猒髑滅身'

음을 맞는다면 그 공덕이 더욱 클 것임을 기대할 수 있었을 것이다.[102]

 헌사憲司에서 상소하였다: "장葬은 감추는 것이니 죽은 자의 해골을 감추고서 드러내지 않기 때문입니다. 근래에 불교도의 화장이 성행하여 사람이 죽으면 곧 불꽃 속에서 장사를 지내니 머리카락과 피부가 모두 타버리고 다만 해골만 남습니다. 심한 자는 뼈를 태워 가루를 날려 물고기와 새들에게 줍니다. 그러고서는 이렇게 해야만 하늘에 태어나고 서방세계에 갈 수 있다고 말합니다."[103]

 사헌부에서 불교의 장례법에 대해 비판하는 글이다. 이것은 사헌부에서조차 상소를 올릴 정도로 고려 이래까지만 해도 불교의 화장법이 유행하고 있었음을 보여주고 기록이다. 심지어 뼈를 태운 이후에는 가루를 새들에게 뿌려주는 조장과 물고기에게 뿌려주는 수장으로까지 확장되고 있다.

 따라서 고유 신앙의 상장례는 고중세 이래 존속해 오면서 불교의 상장례와 동거-혼재-습합하면서 대체되었고 도교의 상장례와 유교의 상장례와도 동거-혼재-습합하면서 대체되어 오늘에 이르고 있다고 할 수 있다.

2) 무덤 이해

 불교가 수용된 이후에 불교적 상장례법이 정착하기 시작하고 무덤에 대한 인식도 변화하기 시작하였다. 하지만 아직도 고유사상에 입각한 상장례법이 사라진 것은 아니었다. 불교를 먼저 수용한 고구려와 백제

---

102 구미래, 앞의 책, p.264.
103 『高麗史』 권85, 「志」 제39, '刑法 2' 禁令.

역시 이보다 먼저 화장을 시작하였을 것으로 짐작된다. 가야지역이었던 합천 삼가고분군三嘉古墳群 제3호분 J유구 역시 화장묘로 추정되며, 그 안에서 화장 유골을 담은 장골 용기의 토기가 출토되었다. 이로 미루어 보아 학계에서는 화장 발생을 6세기 중엽에서 6세기 말엽으로 추정하고 있다.[104] 신라의 선덕여왕632~646과 진덕여왕647~653 때 활약하였던 자장은 현존하는 기록상 우리나라 최초로 화장을 한 고승이다.[105]

문무왕은 불교의 업보설에 기반한 윤회설을 거부하고 죽어서 신神적인 존재로 다시 태어나서 공동체를 수호한다는 관념을 버리지 않고 있었다. 당시에 문무왕은 위대한 왕이 한갓 용으로 다시 태어나는 것은 말도 안 된다고 만류하는 승려의 충고를 듣고도 자신은 축생인 용으로 다시 태어나 나라를 수호하겠다고 다짐하였다. 이것은 용의 전생 이야기가 지배층에게 불교가 확산되고 있던 현실에서 볼 때 매우 특징적인 것이라고 할 수 있다.

문무왕 이외에도 많은 왕들과 승려들이 화장을 하였다. 『삼국사기』와 『삼국유사』에 의하면 유언에 의해 화장한 왕은 제30대 문무왕, 제34대 효성왕, 제37대 선덕왕, 제38대 원성왕 등 4명이고, 유언이 문헌자료에 나와 있지는 않지만 화장한 왕은 제51대 진성여왕, 제52대 효공왕, 제53대 신덕왕, 제54대 경명왕 4명이다. 또 동해에 산골散骨, 장골藏骨한 왕은 문무왕, 효성왕, 선덕왕 3명이고, 화장은 하였지만 능을 만든 왕은 문무왕(대왕암), 원성왕(괘릉), 효공왕(원형봉토분) 3명이며, 화장 후 토장土葬한 왕은 진성여왕, 신덕왕, 경명왕 3명이다. 이 밖에 화장의 가능성이 짙은 왕이 7명, 가능성이 있는 왕이 6명 등이다. 또 이들 중 화장의 기록이 분명하지 않은 경우에도 장지가 사찰 근처인 경우 화장의 가능성이

---

104 정길자, 「高麗時代 火葬에 대한 考察」, 『부산사학』 7, 부산사학회, 1983, p.62.
105 一然, 『삼국유사』 권4, 「의해」 제5, '慈藏定律'.

높다.[106]

신라를 이은 고려 역시 불교를 국시로 여겨 화장제가 성행하였다. 화장제는 주로 상류 귀족층과 승려들에 한정되었지만 불교의 생활화와 함께 일반인들도 점차 화장으로 장례를 치르는 사례가 많아졌다. 7세기 초 중엽부터 유행하였다 다비장법은 아마도 12세기 전까지는 전통적인 장법과 병행되었을 것으로 짐작된다. 하지만 12세기가 되면 다비장법은 완전히 정착하게 되었고 12세기 이후 조선시대에 이르면 불승의 장법이 한결같이 다비장법이었다는 사실을 알 수 있다.[107]

고려시대 이전 불자들의 장묘에서 묘지가 출토된 적이 없다. 이 때문에 이전에 어떻게 화장이 진행되었는지에 대해서는 자세히 알 수가 없다. 반면 고려시대에는 출가한 승려의 탑비를 제외한 일반인들의 묘지만도 250여 점이 수습되었고 『고려사』나 문집 등에도 화장 사실이 보인다. 불승의 탑비를 제외한 일반인의 묘지 250여 점 가운데에서 화장 사실이 밝혀진 인물은 26명이다. 그밖에 『고려사』에 나타난 화장 인물이 8명, 그리고 문집에 나타난 화장 인물이 1명을 모두 합쳐서 35명이다. 이들 자료를 통해 이들의 신분과 성별, 화장 장소, 장례기간, 장골 용기, 화장 절차 등을 엿볼 수 있다.[108]

고려 후기와 조선 전기에 들어서면서 불교식 다비장법이 퇴조를 이루었다. 정도전1337~1392 등은 불교 자체를 윤리를 멸하고 나라를 해치는 滅倫害國의 도라고 하여 극력 배격하였다. 그 결과 왕실과 귀족들 및 일반인들의 다비장법은 쇠퇴했지만 승려들은 여전히 다비장법을 이어갔다.

---

106 윤세영, 「新羅 火葬王考」, 『한국사학보』 제6호, 고려사학회, pp.9~45.
107 정길자, 「한국고승의 전통장법 연구」, 『숭실사학』 제4집, 숭전대학교사학회, 1986, p.153.
108 정길자, 「고려시대 화장에 대한 고찰」, 앞의 책, pp.41~41; p.30. 이덕진, 앞의 글, p.115.

하지만 조선말기와 대한초기에 이르러 유교이념이 쇠퇴하면서 유교의 매장도 점차 해체되어 갔고 다비장법이 점차 영향력을 회복해 가고 있다. 최근에는 우리나라 장묘문화의 개선 방안과 국토의 효율적인 이용을 위한 방안 모색에 의해 다비장법과 이에 따른 수장과 수목장이 확산되고 있다. 이 때문에 무덤 조성의 필요성이 약화되고 있다.

불교의 장례법을 받아들인 이들은 화장을 통해 죽음을 보다 깊이 이해할 수 있었다. 화장은 죽음뿐만 아니라 죽음 이후의 자연적 결과물인 무덤에 대한 이해를 변화시켰다. 무덤은 별도로 만들 필요가 없거나 간소화되어 갔다. 이것은 고대인들의 고유 신앙의 무덤 인식이 불교 이후 불교식 상장례를 수용하는 과정에서 자연스럽게 변화된 결과로 보인다. 망자는 새롭게 환생했으므로 더 이상 무덤에 집착하지 않았다. 하지만 아직도 유교의 장례법이 온전히 사라진 것은 아니어서 불교식 화장과 유교식 매장을 결합한 납골묘 등의 방안이 제기되고 있다. 따라서 불교 수용 이후 장례법의 변화와 무덤 인식의 변화에 따라 불교에 대한 영향은 점차 확대되어 가고 있다.

V. 불교 수용 이후의 생사 이해

붓다는 까르마業와 다르마法로 이 세계를 해명했다. 인간의 자유의지를 나타내는 까르마 설은 자신의 능동적인 의지로 세계를 변화시킬 수 있게 해 주었다. 또 존재와 존재의 법칙을 나타내는 다르마 설은 모든 것은 원인과 조건에 의해 생겨난 결과임을 일깨워 주었다. 연기설의 다른 이름인 업설을 받아들인 불자들은 점차 불교의 본령에 대해 알기 시작했다. '인연에 의해 생겨난 존재는 모두 변화한다'는 가르침과 '서로의 관계를 떠나 홀로 존재하는 것은 없다'는 가르침은 '오온은 실체가 아니다'

는 공성의 가르침으로 이해되었고 '서로 함께 나누는' 자비행으로 실천되었다. 때문에 상호의존의 연기성에 의한 무상과 무아와 공성의 가르침은 상호존중의 자비행으로 드러나야 했다.[109]

동아시아에 전래한 불교는 종래의 사상에 깊은 자극을 주었다. 불교는 도가·도교 및 유교사상에 영향을 주어 중국의 철학을 새롭게 했을 뿐만 아니라 개인과 사회 윤리의 전개에 많은 영향을 끼쳤다. 또 불교는 소박한 자연신 신앙 즉 천신신앙과 산신신앙 및 무교 신앙을 믿었던 동아시아인들의 종교적 심성을 확장시켰다. 나아가 그들로 하여금 인간의 삶의 가치와 의미에 눈을 뜨게 하였다. 불교는 동아시아인들에게 자기 행위의 주체는 자기 자신임을 역설하면서 주체적인 인격 완성을 강조하였다. 불교적 세계관을 받아들인 사람들은 주체적 인격 완성을 통해 개인을 넘어 국가와 사회까지 성찰하는 공동체 의식을 확립하였다. 특히 불교의 생사관은 삶뿐만 아니라 죽음과 죽음 이후 세계의 존재에 대한 인식의 지평을 열어주었다. 육체는 소멸해도 정신은 소멸하지 않고 다시 태어난다는 불교의 내세관은 내세 관념이 결여되었던 동아시아인으로 하여금 내세의 안심을 꾀하고 생사의 도리를 깨닫게 하는 역할을 하였다. 이같은 내세관의 확장은 현실의 삶에 대한 긍정과 이타적 베풂의 논리적 근거를 제공하였다.

또 불교에서 제시한 연기설과 업설에 기초한 자유 의지는 동아시아인들이 주체적 인격을 완성하는 데 이바지하였으며, 불교의 윤리 사상은 개인의 윤리적 단련뿐만 아니라 타인과의 관계 형성에도 큰 영향을 미쳤다. 동아시아 지역에 널리 전파된 대승 불교는 자연 및 초월적 세계에 대한 이해뿐만 아니라, 정치적 시사점과 같은 인간의 삶의 밀접한 영역

---

[109] 高榮燮, 「불교의 전래가 이땅에 미친 영향은?」(16회), 『삼국유사 인문학 유행』(박문사, 2015).

에 이르기까지 중요한 역할을 하였다. 동아시아 대승 불교의 이러한 모습은 불교의 인간관뿐만 아니라 사회관 및 자연관에도 깊이 스며들어 있다. 불교 수양론의 핵심인 "악행을 하지 말고 선행을 하라"는 가르침은 스스로 '자기 마음을 밝히는' 능동성과 주체성을 강조한 것이다. 이러한 능동성과 주체성은 동아시아 사회의 인간 이해와 세계 인식에 많은 영향을 주었다.[110]

다시 또 불교의 전래는 육식肉食에 대한 반성이 없던 사람들에게 생명체에 대한 새로운 인식을 일깨워주었다. 인도의 불교 교단에서 처음부터 식육을 금지한 것은 아니었다. 이것은 어떠한 사건(문제)이 발생했을 때에 그 문제(사건)를 해소시키기 위해 계목을 제정하는隨犯隨制 방식을 통해서도 알 수 있다. 현존 남전의 『범망경』 소계小戒 중에는 불살생계는 보이지만 불식육계는 보이지 않는다. 그러나 육식이 문제가 되기 시작하자 붓다는 몇 가지 제한사항을 두었다. 즉 1) 자기 눈으로 죽이는 것을 보지 않고不故見-不見爲我故殺 2) 자기를 위하여 죽였다는 말을 듣지 않고 不故聞-不聞爲我故殺 3) 자기를 위하여 죽인 것이 아닌가 하는 의심이 가지 않은不故疑-不疑爲我故殺 '세 가지 청정한 고기'三種淨肉는 먹어도 무방하다고 설했다. 하지만 이것도 모두에게 허용한 것이 아니라 병에 걸린 수행자가 자기를 위해서 먹을 때만 용납하였다. 이후 동아시아 불교계에서는 종래의 『범망경』 일변도의 계율 인식을 넘어 『유가계』로 점차 이동하였다.

그리하여 불교를 적극적으로 신행한 백제 법왕과 신라 법흥왕은 불교에 대한 이해가 깊어지면서 살생 금령의 교지를 내렸다. 원광은 세속오계 속에 살생유택을 시설하여 시기를 가리고 대상을 가려서 보다 많은

---

110 高榮燮, 「불교의 전래가 이땅에 미친 영향은?」(16회), 『삼국유사 인문학 유행』(박문사, 2015).

생명체들을 살려주고자 하였다. 또 자장과 문무왕 등은 화장을 통해 종래의 영혼과 타계에 대한 관념을 불교의 업식과 삼계육도에 대한 관념으로 바꾸어 주었다. 그 결과 한국불교는 토착화와 구심화 과정에서 불교의 지혜를 발휘하여 의식주뿐만 아니라 우주관과 세계관 및 인간관과 자연관 그리고 내세관과 수행관 등에 이르기까지 커다란 변화를 가져다주었다.[111]

그러면 불교 수용 이전의 고유 사상에 입각한 사생관이 불교 수용 이후에 생사관은 어떻게 변화하였을까. 두드러진 특징은 하늘을 주재하던 상제 중심의 무속사상의 축이 인간 중심의 불교사상의 축으로 이동을 시작했음을 의미하였다. 또 그것은 고유 사상의 계세적 세계관이 불교사상의 전생적 세계관으로 변화하였음을 뜻하는 것이기도 하였다. 따라서 고대 한국인들의 생사관은 천신신앙과 산신신앙 및 무속신앙의 생사관을 융화하고 교화해간 불교의 생사관이 가장 큰 영향을 끼쳤으며 이후 도교와 불교의 생사관과도 공존해 왔음을 알 수 있다.

VI. 계세적 세계관에서 전생적 생사관으로

우리는 삶과 죽음에 대한 깊고 넓은 통찰을 세계관 혹은 생사관이라고 명명한다. 우리의 삶이 죽음과 떨어질 수 없는 것이듯 죽음 또한 삶의 한 부분일 수밖에 없다. 고대 한국인들은 소박한 천신신앙과 산신신앙 및 무속신앙의 생사관을 견지해 왔다. 이들은 죽음은 끝이 아니라 또 다른 삶의 시작이라는 계세적繼世的 내세관을 지니고 있었다. 이러한

---

[111] 고영섭, 「'홍법'을 어떻게 이해할 것인가?」(20회), 『삼국유사 인문학 유행』(박문사, 2015).

관념은 인간의 유한성을 넘어 영혼의 불멸이라는 무한성의 갈구에서 비롯된 것이었다. 그리하여 이들은 죽은 자가 영원한 안식을 누리기 위해서는 시신을 매장하여 영원히 보존해야 한다고 생각하였다.

불교의 전래는 이러한 계세적 생사관을 보완하고 대체하여 전생적轉生的 생사관으로 전환시켰다. 이것은 하늘을 주재하던 상제 중심의 천신신앙과 산신신앙 및 무속사상이 인간 중심의 불교사상으로 이동을 시작했음을 의미하는 것이었다. 그 결과 한국 고유사상의 사생관 즉 내세관에는 불교의 생사관이 깊이 훈습되어 있다. 불교의 생사관 즉 윤회사상과 해탈사상은 이 땅의 고유 신앙인 천신신앙과 산신신앙 및 청동기시대에 전래해 온 무속사상을 '융화'하고 '교화'하였으며, 이 기반 위에서 도교와 유교의 생사관과 공존해 왔다. 그리하여 한국의 생사관에서 가장 깊은 인식의 기저를 형성한 것은 현세 중심의 유교 생사관이 아니라 삼세 중심의 불교 생사관이라고 할 수 있다.

불교의 장례법을 받아들인 이들은 화장을 통해 죽음에 대해 보다 깊이 이해할 수 있었다. 특히 고려시대의 사대부들과 그들의 부인들은 불교를 깊이 믿어 불교의 임종의례로 죽음을 맞이하였다. 이 사실은 당시 사람들에게 불교의 생사관이 얼마나 큰 영향을 미쳤는지를 잘 보여준다. 불교의 화장은 죽음뿐만 아니라 죽음 이후의 자연적 결과물인 무덤에 대한 이해를 변화시켰다. 무덤은 별도로 만들 필요가 없거나 그 양식이 간소화되어 갔다. 불교의 내세관 즉 무아 윤회를 통한 해탈 열반 사상은 존재에 앞서 행위를 전제함으로써 존재의 무한한 변화가능성을 부여하였다.

이처럼 불교의 생사관은 행위가 존재를 규정함으로써 행위하는 존재를 통하여 세계를 변화시킬 수 있음을 강조하였다. 그리하여 인간은 자기 행위의 질적 제고를 통해 존재로부터 자유로워질 수 있었다. 한국인들은 이러한 불교의 생사관 즉 내세관을 깊이 받아들여 대중적인 아미타신앙과 미륵신앙 및 관음신앙을 적극적으로 신행하였다. 따라서 불교의 전래와 수용 및 공인과 유통은 고대 한국인의 영혼관과 타계관 및 상장례와 무덤 인식 등에 절대적인 영향을 미쳤다고 할 수 있다.

■ 참고문헌

『左傳』昭公 七年.

『左傳』昭公 七年 孔穎達 疏.

『禮記』의「禮運」.

『禮記』의「郊特牲」.

『雜阿含經』권제12(『大正藏』제2책, p.85중).

『後漢書』권85,「東夷列傳」.

『隋書』권81,「百濟」.

『周書』권81,「百濟」.

『隋書』권81,「東夷傳 高句麗」

『北史』권94,「高句麗」.

金富軾,『三國史記』권제13,「高句麗本紀」; 권 제23「百濟本紀」.

一然,『三國遺事』권제1,「紀異」; 권 제3 興法 제3, '元宗興法 猒髑滅身'; 권제4, 「義解」.

『高麗史』권57, 志, 권제11, 地理2; 권제39, '刑法 2'

許筠,『惺所覆瓿稿』권14, 文部 11.

Mrs. Rhys Davids(tr.), *Psalms of the Early Buddhists*, I. Psalms of the Sisters, (The Pali Text Society, 1909), p.107.

康韻梅,『中國古代死生觀之探究』(국립대만대학교출판위원회, 1944), p.74.

Ernst Cassirer, An Essay on Man-An Introduction to a Philosophy of Human Culture-, New Haven: Yale Univ. Press, 1955.

Jan Bremmer, "Soul-Greek and Hellenistic Concepts", The Encyclopedia of Religion (Mircea Eliade editor in chief), New York: Macmillan Publishing

Company, 1987, pp.434~438.
A.V. Smojiak, 「나나이족의 영혼관」, 최길성 옮김, 『시베리아의 샤마니즘』(민음사, 1988).
松前建, 『神들の思想: 講座 日本の古代信仰』 vol.1(學生社, 1980), pp.178~184.
御手洗勝, 『古代中國の神들』(창문사, 1984), pp.691~696.
蒲慕州, 『墓葬如生死 - 中國古代宗敎之省思』(臺北: 연경출판사, 1993), p.207.

장덕순·조동일·서대석·조희웅, 『구비문학개설 - 구미전승의 한국문학적 고찰』(일조각, 1971), pp.141~143.
李杜鉉, 「韓國古代の葬禮」, 『日本古代史講座』 9, 1982.
이두현, 『韓國民俗學論考』(學研社, 1984).
朝中合同考古學發掘隊, 『崗上·樓上』(1963~1965 中國東北地方遺跡發掘報告一)(六興出版, 1986), pp.86~104.
玄容駿, 「고대 한민족의 海洋他界」, 『한국민속연구논문집』 제1집, 일조각, 1982.
玄容駿, 「신라인의 타계관」, 『민족과 문화』(정음사, 1988).

최명관 역, 『인간이란 무엇인가 - 문화철학서설』(서광사, 1988), pp.132~139.

김열규, 「한국 신화 원류 탐색을 위한 시베리아 샤머니즘 및 신화」, 『한국 민족의 기원과 형성』(하)(소화, 1996), pp.266~271.
황루시, 「공간 민속으로 본 한국인의 상상체계」, 『기층문화를 통해 본 한국인의 상상체계』(상)(민속원, 1998, pp.149~150.
김용선, 『고려묘지명집성』(한림대출판부, 1994).
김용선, 『역주 고려 묘지집성(상하)』(한림대출판부, 2012).
이은봉, 『한국인의 죽음관』(서울대출판부, 2000).
강정원 외, 『동아시아의 기층문화에 나타난 죽음과 삶』(민속원, 2001).
김재현, 「인골로 본 남강 대평사람들」, 『청동기시대의 大坪·大坪人舟』(국립진주발물관, 2002), p.134.

전호태, 「중국 장의미술의 동북아시아로의 파급」, 『고구려 고분벽화의 세계』(서울대학교출판부, 2004), p.67.
나희라, 『고대 한국인의 생사관』(지식산업사, 2008).
유초하 외, 『한국인의 생사관』(태학사, 2008).
양승이, 『한국의 상례』(한길사, 2010).
구미래, 『출생에서 죽음까지 한국불교의 일생의례』(민족사, 2012).
고영섭, 「풍류도를 불교적으로 통섭한 『삼국유사』」, 『삼국유사 인문학유행』(박문사, 2015).
高榮燮, 「불교의 전래가 이땅에 미친 영향은 ?」(16회), 『삼국유사 인문학 유행』(박문사, 2015).

方善珠, 「古新羅의 靈魂 및 他界觀念; 宗敎 文化史的 考察」, 『합동논문집』 제1집, 계명·대전·서울여자·숭실대, 1964.
玄容駿, 「古代 韓國民族의 海洋他界」, 『문화인류학』 5, 1972.
李杜鉉, 「韓國古代の葬禮」, 『日本古代史講座』 9, 1982.
정길자, 「高麗時代 火葬에 대한 考察」, 『부산사학』 7, 부산사학회, 1983, p.62.
윤세영, 「新羅 火葬王考」, 『한국사학보』 제6호, 고려사학회, pp.9~45.
邊太燮, 「韓國古代의 繼世思想과 祖上崇拜信仰」(상·하), 『역사교육』 제3·4집, 한국역사교육학회, pp.53~69, pp. 73~95.
張明洙, 「岩刻畵를 통해 본 고인돌 社會의 信仰意識: 고인돌 암각화에 비쳐진 죽음관을 중심으로」, 『중앙사론』 제8집, 1995.
김영민, 「한국 巫俗信仰에 나타난 死靈觀 考察」, 『조선대인문과학연구』 제15집, 조선대 인문대학, 1996.
나희라, 「西王母神話에 보이는 고대중국인의 生死觀」, 『종교학연구』 제15집, 서울대 종교학연구회, 1996.
전호태, 「고구려 후기 사신계 고분벽화에 보이는 仙·佛混合의 來世觀」, 『울산사학』 제7집.
전호태, 「고구려 감신총벽화의 서왕모」, 『한국고대사연구』 제11호, 한국고대사학회, 1997.

전호태, 「5세기 고구려 고분벽화에 나타난 불교적 내세관」, 『한국사론』 제21집, 서울대 국사학과, 1999.

김영미, 「불교의 수용과 신라인의 죽음관의 변화」, 『한국고대사연구』 제20호, 한국고대사연구회, 2000.12.

이덕진, 「유교와 불교의 생사관에 대한 일고찰」, 『보조사상』 제15집, 보조사상연구원, 2001.2.

김재현, 「인골로 본 남강 대평사람들」, 『청동기시대의 大坪·大坪人舟』(국립진주박물관, 2002), p.134.

강윤곤, 「涅槃을 통해 본 불교의 생사관」, 『종교연구』 제55집, 한국종교학회, 2009.6.

高榮燮, 「조선 전기 불자와 유자의 시공관-연기설과 생생설의 소원과 소통」, 『동양철학』 제21집, 한국동양철학회, 2004.

高榮燮, 「조선 전기 불자와 유자의 생사관-윤회론과 귀신론의 긴장과 탄력」, 『교불련논집』 제12집, 한국교수불자연합회, 2006.

高榮燮, 「불교의 낙태관」, 『한국불교학』 제45집, 2006년 하계, 한국불교학회.

高榮燮, 「漢巖과 呑虛의 불교관: 해탈관과 생사관의 同處와 不同處」, 『종교교육학연구』 제26집, 한국종교교육학회, 2008.

高榮燮, 「한국 고대 불교의 토착화와 구심화」, 『한국불교학』 제75집, 한국불교학회, 2015.9.

김명숙, 「한국인의 죽음에 대한 인식과 태도에 관한 철학적 고찰 II」, 『철학논총』 제64집, 2011.

채미하, 「한국 고대의 죽음과 喪葬禮」, 『한국고대사연구』 제65호, 한국고대사연구회, 2012.3.

허일범, 「21세기 미국과 한국불교의 가치-생사관의 문제」, 『회당학보』 제18집, 회당학회, 2013.10.

김근호, 「성리학의 이단 비판론에 나타난 죽음의 문제」, 『유교사상문화연구』 제59집, 유교사상연구원, 2015.3.

한국민족문화대백과사전편찬위원회, 『한국민족문화대백과사전』(한국정신문화연구원, 1992), '상례'조.

제2부

남북국시대 _ 통일신라·대발해 불교

제1장 _ 문아 원측 사상의 재조명

제2장 _ 분황 원효는 무엇을 깨쳤고 어디에서 깨쳤을까?

제3장 _ 부석 의상의 화엄은 성기사상이 아닌가?

제4장 _ 고운 최치원의 풍류 이해와 삼교 인식

제5장 _ 신라불교와 경주 남산의 의미와 가치

제1장

문아 원측 사상의 재조명
- 최만년작『인왕경소』의 중심 내용과 주요 특징과 관련하여 -

Ⅰ. 원측의 살림살이와 사고방식
Ⅱ. 원측의 전체 저술과 현존 저술
Ⅲ.『인왕경소』의 교체와 종지
Ⅳ.『인왕경소』의 삼성론 인식
Ⅴ. 공유 이집과 무유 이상의 중도적 종합
Ⅵ. 대승의 불이중도 각성 역설

I. 원측의 살림살이와 사고방식

서명 문아 원측圓測[1], 613~696은 신라계 동아시아 불교사상가였다. 그는 신라 제26대 진평왕579~632 시대에 왕손으로 태어나 3세에 출가하였다. 15세가 되자 문아 원측은 당나라에 들어가 수학하였다. 처음에 그는 수도인 경사京師, 長安 즉 서안鎬京의 원/현법사元/玄[2]法寺에 머무르면서 경사의 보광사普光寺에 주석하는 법상法常, 567~645과 홍복사弘福寺에 주석하는 승변僧辯, 568~642에게서 구사학과 섭론학을 배웠다.[3]

원측이 수학한 법상은 담연曇延의 제자로서 『열반경』에 밝았으며, 담천曇遷에게서 『섭대승론』, 도악道岳에게서 진제 번역의 『구사론』을 배운 섭론학의 대가였다. 또 승변은 지론종 남도파의 정숭靖嵩의 제자인 지응智凝에게서 『섭대승론』, 지론종 북도파의 도악道岳에게서 진제 번역 『구사론』을 배운 섭론학의 대가였다. 원측은 이들에게서 『구사론』과 『섭대승론』을 수학하였다. 이후 그는 인도 유학을 마치고 17년 만에 당나라로 돌아온[645] 사형 현장玄奘, 602~664[4]을 만났다. 그리고 그의 번역장에서

---

1 '西明'은 문아대사가 주석한 사찰 西明寺이며 이 때문에 서명은 그의 法號로 불려 왔다. '文雅'는 그의 法名이며 당나라 太宗이 649년에 승하해 高宗에게서 '文皇'이란 廟號가 내려지자 이후부터 避諱하여 법명인 文雅 대신 그의 字인 '圓測'을 쓰기 시작했다.
2 「塔銘幷序」에 나와 있는 '元法寺'는 본디 '玄法寺'였는데 당 玄宗의 廟號를 避諱해 '玄'을 元으로 쓴 것이다. 현법사는 장안의 동남방에 자리 잡은 사찰이다.
3 원측에 대한 행장은 崔致遠(857~?)의 「故譯經證義大德圓測和諱日文」(이하 휘일문), 贊寧(919~1001)의 『송고승전』(982~988) 「唐京師西明寺圓測法師傳」(이하 원측전), 宋復(?~1115)의 「大周西明寺大德圓測法師佛舍利塔銘幷書」(이하 탑명)의 기록이 대표적이다. 이들 중 「원측전」은 「규기전」을 참고해 지은 것으로 파악된다.
4 현장은 『瑜伽師地論』「攝決擇分」(51~80권)의 제1의 五識身相應地意地로부터 제4의 부분에 해당하는 삼승의 근본 聲聞地 17地에 대해 번역한 구역으로 해결되지 않는 미진함을 산스크리트 원본을 통해 확인하고, 붓다의 성지 순례를 위해 태종에게 여러 차례 유학을 허락해 달라고 주청했으나 태종은 직전에 형인 태자를 독살하고 태자 자리를 차지한 뒤 황제에 올랐기에 그에 의해 자신의 황위 찬탈 소식이 이웃 나라

많은 경론을 접하고 증의證義 소임을 보았다.

문아 원측은 전 생애 동안 19부 80여 권[5] 내지 23종 108여 권[6]의 저술을 지었다.[7] 이들 저술은 반야중관 계통(4종), 법화천태 계통(1종), 정토 계통(2종), 미륵 계통(1종), 구사 계통(3종), 유식 인명 계통(12종) 등 불교의 전 분야에 걸친 것이었다. 현존하는 것은 『성유식론소』(집일본[8]), 『불설반야바라밀다심경찬』[9], 『무량의경소』[10], 『해심밀경소』, 『인왕경소』 등 5종이다. 이 때문에 그의 사상을 알아보기 위해서는 이들 저술들을 중심으로 살펴볼 수밖에 없다.

지금까지 원측사상에 대해서는 대개 교체론, 교판론, 심식론, 불성론, 수행론 등을 중심으로 조명해 왔다. 교체론은 교체와 종지 및 삼성론의 체계, 교판론은 삼시 교판 및 요의와 불요의, 심식론은 이치 구명의 시각과 8식설, 불성론은 불설 본연의 시각 및 일성개성설, 수행론은 식론과 유가행과 삼성론을 중심으로 구명해 왔다. 그런데 지금까지 개별 저술

에 널리 알려질까 봐 이웃 나라가 아직 안정되지 않았다며 그의 서역 유학에 반대하였다. 이에 현장은 황제의 명을 어긴 이는 2년 간의 감옥 생활을 해야 함에도 불구하고 황제 몰래 유학을 떠났다. 태종은 17년 만에 138개국(12개국은 傳聞)을 순례하고 돌아온 현장을 감옥에 가둘 수 없었기에 2년간 현장을 만나주지 않았다고 전한다. 현장은 제자 辯機에게 구술하여 『대당서역기』(12권)을 남겼다.

5 동국대학교 불교문화연구소, 『한국불교찬술문헌목록』(서울: 동국대학교출판부, 1976), pp.9~13.
6 趙明基, 『신라불교의 이념과 역사』(서울: 경서원, 1962; 1982), p.165.
7 高榮燮, 『한국 불교 서명 문아(원측) 연구: 문아대사』(서울: 불교춘추, 1999), pp.97~101.
8 원측의 『성유식론소』(상하10권)는 1938년에 중화민국의 유식학자인 韓清淨이 여러 논서에 흩어진 산일본이 집일하여 10권의 소로 집록하였다.
9 義天 찬, 『新編諸宗教藏總錄』 제1권(『대정장』 제55책, p.1170중; 1175중)에는 『般若心經疏』로 기록되어 있다. 그의 저술목록에 의하면 『반야심경소』와 『불설반야바라밀다심경찬』이 함께 있어 현존본 『반야바라밀다심경찬』과 『반야심경소』가 동일본인지는 확정하기 어렵다.
10 원측의 『무량의경소』는 근래에 일본에서 발견된 이래 최근에 『한국불교전서』 제15책 보유편 제5책에 수록되었다.

에 대한 연구는 이루어졌지만 최만년까지의 원측사상을 종합적으로 살펴본 연구는 제대로 이루어지지 않았다고 판단된다. 여기에서는 원측의 현존 저술을 함께 살펴보되 특히 그의 최만년 작인 『인왕경소』를 중심으로 그의 사상을 재조명해 보고자 한다.

II. 원측의 전체 저술과 현존 저술

1. 현존 저술 목록

원측의 전체 저술은 19부 80여권 내지 23부 108여 권에 이른다. 하지만 그의 저술 중 '이명 동서'異名同書 여부와 정확한 권 차 등을 확정하기 어렵다. 원측의 저술 중 현전하는 것은 집일본을 포함해 5종에 지나지 않는다. 먼저 그의 전체 저술을 목록화하면 〈표 1〉과 같다.

〈표 1〉 문아 원측의 저술 목록

번호	저술 목록	비고
1	『반야심경소』(1권) 실	
2	『불설반야바라밀다심경찬』(1권) 存 *	永超, 『東域傳燈目錄』 권1(대정장 55, 1148중); 義天, 『新編諸宗教藏總錄』 권1(대정장 55, 1170중; 1175중)
3	『인왕반야경소』(상중하 3권) 存 *	; 義天, 『新編諸宗教藏總錄』 권1(대정장 55, 1170중; 1175중)永超, 『東域傳燈目錄』 권1(대정장 55, 1148중)
4	『무량의경소』(3권)[11] 存	義天, 『新編諸宗教藏總錄』 권1(대정장 55, 1170중; 1175중) 永超, 『東域傳燈目錄』 권1(대정장 55, 1148중)

(표 계속)

---

[11] 김도욱(도욱), 「문아 원측의 無量義經疏 연구」, 동국대학교 대학원 불교학과 박사논문, 2024.2.

번호	저술 목록	비고
5	『무량수경소』(3권) 실	
6	『아미타경소』(1권) 실	永超, 『東域傳燈目錄』 권1(대정장 55, 1148중); 義天, 『新編諸宗敎藏總錄』 권1(대정장 55, 1170중; 1175중)
7	『미륵상생경약찬』(2권) 실	
8	『해심밀경소』(10권) 存 *12	
9	『구사론석송』(3권) 실	
10	『광백론소』(10권) 실	永超, 『東域傳燈目錄』 권1(대정장 55, 1148중); 義天, 『新編諸宗敎藏總錄』 권1(대정장 55, 1170중; 1175중)
11	『성유식론소』(상하 10권), 실, 輯逸本 存	永超, 『東域傳燈目錄』 권1(대정장 55, 1148중); 義天, 『新編諸宗敎藏總錄』 권1(대정장 55, 1170중; 1175중)
12	『성유식론별장』(3권) 실	永超, 『東域傳燈目錄』 권1(대정장 55, 1148중); 義天, 『新編諸宗敎藏總錄』 권1(대정장 55, 1170중; 1175중)
13	『이십유식론소』(2권) 실	永超, 『東域傳燈目錄』 권1(대정장 55, 1148중); 義天, 『新編諸宗敎藏總錄』 권1(대정장 55, 1170중; 1175중)
14	『육십이견장』(1권) 실	永超, 『東域傳燈目錄』 권1(대정장 55, 1148중); 義天, 『新編諸宗敎藏總錄』 권1(대정장 55, 1170중; 1175중)
15	『백법론소』(1권) 실	永超, 『東域傳燈目錄』 권1(대정장 55, 1148중); 義天, 『新編諸宗敎藏總錄』 권1(대정장 55, 1170중; 1175중)
16	『관소연연론소』(2권) 실	永超, 『東域傳燈目錄』 권1(대정장 55, 1148중); 義天, 『新編諸宗敎藏總錄』 권1(대정장 55, 1170중; 1175중)
17	『대인명론소』(2권) 실	永超, 『東域傳燈目錄』 권1(대정장 55, 1148중); 義天, 『新編諸宗敎藏總錄』 권1(대정장 55, 1170중; 1175중)

(표 계속)

---

12 *『인왕경소』, 『반야바라밀다심경찬』, 『해심밀경소』 등 3종은 『한국불교전서』 제1책에, 『무량의경소』는 제15책에 수록되어 있다.

번호	저술 목록	비고
18	『인명정리문론소』(2권) 실	
19	『유가론소』(권수 미상)[13] 실	
20	『성유식론찬요』[14] 실	義忠, 『成唯識論纂要』와 혼동, 원측 저술
21	『성유식론응초』[15] 실	
22	『성유식론광초』[16] 실	
23	『금강반야경소』[17] 실	
계	23부 108여권	

이들 저술들을 각 계열별로 분류해 보면 크게 반야중관, 법화천태, 정토, 미륵, 구사, 유식-인명 계통으로 나눠볼 수 있다.

①반야중관 계통(4종)
『반야심경소』(1권) 실, 『불설반야바라밀다심경찬』(1권) 存, 『인왕반야경소』(상하 3권) 存, 『금강반야경소』 실

②법화천태 계통(1종)
『무량의경소』(3권) 存 – 최근 일본 발견

---

13 신현숙, 「新羅唯識學の典籍章疏」, 김지견·채인환 편, 『新羅佛教研究』(경도: 山喜房佛書林, 1980), pp.189~198.
14 신현숙, 위의 글, 위의 책, pp.160~165.
15 신현숙, 앞의 글, 앞의 책, p.164.
16 신현숙, 앞의 글, 앞의 책, p.165.
17 鎌田茂雄, 『中國佛教史』, 정순일 역(서울: 경서원, 1985), p.208.

③ 정토 계통(2종)

『무량수경소』(3권) 실,『아미타경소』(1권) 실

④ 미륵 계통(1종)

『미륵상생경약찬』(2권) 실

⑤ 구사 계통(3종)

『구사론석송초』(3권) 실,『광백론소』(10권) 실,『육십이견장』(1권) 실

⑥ 유식 - 인명 계통(12종)

『해심밀경소』(10권) 存,『성유식론소』(상하 10권) 실, 輯逸本 存

『성유식론별장』(3권) 실,『이십유식론소』(2권) 실,『백법론소』(1권) 실,

『관소연연론소』(2권) 실,『대인명론소』(2권) 실,『인명정리문론소』(2권)

실,『유가론소』(2권) 실,『성유식론찬요』실,『성유식론응초』실,『성유식론광초』실

원측의 전체 저술은 크게 6종의 계열로 나눠볼 수 있다. 그의 저술들은 불교의 전 분야에 걸쳐 있지만 반야중관 계통 4종과 구사 계통 3종 이외에 특히 12종의 유식-인명 계통이 압도적으로 많다는 점을 알 수 있다. 그중에서도『성유식론』에 관한 주석서는 5종이나 된다. 이것은 원측이 자신의 학문적 역정 중에서 신유식학의 소의 논서인『성유식론』을 얼마나 중요시했는가를 보여주는 대목이다. 또 대승불교의 두 축인 반야-유식 계통의 저술이 유독 많은 것에서 인도 불교의 공유 논쟁空有論爭에 대한 그의 깊은 관심을 엿볼 수 있다.[18]

---

18 고영섭, 앞의 글, 앞의 책, p.101.

원측의 반야 계통과 유식 계통의 저서를 살펴보면, 그는 무상無相유식의 입장을 취하고 있음을 알 수 있다. 원측은 인식의 대상이 되는 마음속의 형상을 실재하지 않는 허위로 파악하고 그 허위의 근저에 있는 무상(진여)에 도달하고자 하는 무상유식학의 입장을 수용하고 있다. 이것은 받아들이는 것[인식 주체]과 받아들여지는 것[인식 대상]의 이원성이 있는 한 인간의 경험적인 인식은 꿈과 같이 허망한 것이라 여기고, 그 꿈으로부터 각성되는 초세간적인 인식을 얻는 것을 목적으로 하는 입장이다.

이같이 오염된 인식의 종교적 전환을 강조하는 무상유식의 흐름은 수정과 같이 밝게 빛나는 마음을 강조하며, 진여眞如 내지 여래장如來藏을 중요시하는 자세로 나타나게 된다.[19] 원측이 유식가이면서도 반야중관의 입장을 수용하는 무상유식의 입장을 취한 것은 바로 이러한 인식이 있었기 때문이다. 이들 중 현존 저술은 『성유식론소』(집일본), 『반야바라밀다심경찬』, 『무량의경소』, 『해심밀경소』, 『인왕경소』[20] 5종에 지나지 않는다. 이 때문에 원측사상의 재조명도 이들 저술들을 중심으로 진행해 볼 수밖에 없다.

2. 성립 연대 추정

원측의 현존 저술의 목록과 이들 저술들의 성립 연대는 선행 연구에

---

19 三枝充德, 『세친의 삶과 사상』, 송인숙 역(서울: 불교시대사, 1993), pp.250~253.
20 『仁王經』에는 舊譯으로 ①晋나라 秦時 원년(265)에 竺法護가 번역한 『인왕반야경』, ②秦나라 弘始 3년(401)에 鳩摩羅什이 번역한 『호국인왕반야바라밀경』, ③梁나라 承聖 3년(554)에 眞諦가 번역한 『인왕반야경』이 있다. 新譯으로 ④唐나라 永泰 원년(765)에 不空이 왕명을 받고 다시 번역한 『인왕호국반야바라밀경』이 있다. 이들 4종 역본 가운데에서 현존하는 것은 ②의 구마라집 역과 ④의 불공 역뿐이다. 원측이 주석한 『인왕경소』의 底本은 구역인 구마라집 번역본이다.

의해 어느 정도 알려져 있다.[21] 많은 연구자에 의해 밝혀졌듯이 『송고승전』의 도청설은 규기의 제자 언저리에서 날조된 견강부회牽强附會[22]로 알려져 있다.[23] 그는 현장의 요청을 받고 번역장에 참여한 이후 신역 경론의 주석을 펴내기 시작했다. 현장이 659년에 옥화사(현 興敎寺)에서 『성유식론』을 번역하자 원측은 이 논서에 대한 최초의 주석인 『성유식론소』를 662년~664년에 펴냈다.[24] 「원측전」에 의하면 이때까지 현장은 생

---

21 楊廷福, 『玄奘年譜』(북경: 중화서국, 1988); 남무희, 『신라 원측의 유식사상 연구』(서울: 민족사, 2009); 이종철, 「원측의 저술순서의 성립연대」, 『한국학』 제176호, 한국학중앙연구원, 2024.9.

22 窺基, 『成唯識論掌中樞要』(『대정장』 제43책); 湯用彤, 『隋唐佛敎史考』(湯用彤論著集之二)(북경: 중화서국, 1982)-1931년 鉛印本, p.151. 탕용동은 첫째, 인명론 곧 『人明入正理論』과 『因明正理門論』은 각각 647년과 649년에 번역이 완성되므로 불교 논리학에 대한 지식이 窺基만의 전유물이 결코 될 수는 없다. 둘째, 유식사상은 玄奘이 당시 사상계에 널리 알리고자 애썼으며 심지어 647년에는 현장이 당 太宗에게 『유가사지론』 대의를 강연하기까지 하였으므로 이를 규기에게만 祕傳한다고 하는 말은 가소로운 낭설이다. 셋째, 당나라 때 沈玄明의 「成唯識論後序」에서는 『성유식론』의 합糅과정을 언급하면서 원측의 '도청'에 관한 그 어떤 언급도 없고, 게다가 「成唯識論後序」에 현장이 『성유식론』을 번역한 뒤 규기가 『성유식론』의 綱領과 品題를 정하고 義疏를 지었다는 기술이 있는 것을 보면, 『성유식론』에 대한 최초의 소를 지은 자는 원측이 아니라 규기일 가능성도 있다며 이상의 세 가지 논거를 들어 도청설을 牽强附會로 비판하고 있다. .

23 陳景富, 『中韓佛敎關係一千年』(북경: 종교문화출판사, 1999), p.208. 진경부 또한 첫째 『유가사지론』은 弘福寺에서 646~648년에 걸쳐 번역이 이루어지는데, 이때는 西明寺가 낙성되는 658년보다 10년 이전의 일이다. 둘째, 『성유식론』은 659년 윤10월 옥화사(현 興敎寺)에서 번역이 이루어지고, 이때 원측은 장안의 서명사에 거주하고 있었는데, 당시 坊主에 있던 옥화사는 장안에서 이삼 백리 먼 곳이라 당일 내 도청이 가능한 거리가 아니다. 셋째, 현장은 『유가사지론』을 『성유식론』보다 10년 이전에 번역했는데, 『송고승전』의 기술은 이 순서마저 거꾸로 하고 있으니 날조한 흔적이 분명하다고 하였다. 이어 그는 『송고승전』의 도청설이 자은학계의 승려들 곧 窺基의 제자 언저리에서 만들어낸 말이며, 그 목적은 慈恩學系가 현장 유식사상의 正系이며 원측의 西明學系는 비정통적인 傍系에 지나지 않는다는 점을 강조하기 위한 것이었다고 하였다.

24 沈玄明, 「成唯識論後序」, "현장이 『성유식론』을 번역하자 규기가 『성유식론』의 綱領과 品題를 정하고 義疏를 지었다." 이에 근거하면 「원측전」에서 慧沼-智周 이래의

존하고 있었다.[25]

원측의 『불설반야바라밀다심경찬』(반야심경찬으로 약칭)은 그가 종남산 운제사에서 8년간 은거하고 있던 시절에 지은 것으로 보인다. 이미 구마라집의 『반야심경』이 널리 알려져 있었지만 인도를 다녀온 현장이 649년에 취미궁에서 『반야심경』을 다시 번역하였다. 그 결과 구마라집의 번역본을 제치고 현장의 재역본이 지식사회에 널리 애독되기 시작하였다. 이에 원측은 현장의 『반야심경』에 대한 주석 작업에 착수하였다.

원측의 『반야심경찬』에는 저자인 원측의 이름 앞에 '사문'(沙門)이란 칭호만 붙어있을 뿐 다른 저술에 '서명사 사문'이란 칭호가 붙어있는 것과는 매우 다르다. 이러한 차이는 『반야심경찬』이 종남산에 은거하던 시절에 쓰였다는 방증이다. 또 원측은 칙명에 따라 역경관에 들어가 중요한 역경 작업을 수행했기 때문에 후기의 저작에는 이 당시 번역한 경론이 거의 예외가 없이 인용되었지만 『반야심경찬』에는 후기의 역경 텍스트들이 전혀 거론되지 않는다는 면에서 이 저술은 종남산 은거 기간에 지어졌을 것[26]으로 추정한다. 앞뒤 맥락을 고려하면 공감할 수 있는 추정이라 할 수 있다.

여기에 더하여 지금 전해지는 현장역 반야심경의 원문의 "조견오온개공"照見五蘊皆空과 "수상행식역부여시"受想行識亦復如是와 달리 원측은 『반야심경찬』에서 현장의 또 다른 번역 판본의 "조견오온개공'등'"等과 "수

제자들이 원측이 먼저 『성유식론』을 주석하여 강론하자 "규기는 원측이 사람들의 마음을 빼앗는 것을 보고 찐덥지 아니했지만[基慊其有奪人之心] 마침내 원측의 강연을 양해하였다[遂讓測講訓]"든가, "현장이 『유가사지론』을 강연할 때[奘講瑜伽] 다시 이전처럼 훔쳐 듣고는 주석서를 짓고 강연하였는데[還同前盜聽受之] 또한 규기보다 늦지 않았다"[而亦不後基也]는 기록을 재고해 볼 수 있게 한다.

25 당 태종은 『유가사지론』(646~648)이 번역될 때까지 살아서 647년에 이 논서에 대한 현장의 대의 강연을 들을 수 있었다. 「원측전」에 의하면 원측의 『瑜伽師地論疏』 또한 현장이 살아있을 때 간행한 것임을 알 수 있다.
26 남무희, 앞의 책, pp.118~119.

상행식'등'等 역부여시"를 소개하면서 '등'等이 붙어있는 편이 범본과 대조해 볼 때 바른 번역 판본이라고 판단을 내린다.27 현존하는『반야심경』의 번역본 중 '오온' 뒤와 '수상행식' 뒤에 "등"이 붙어있는 번역본은 의정 義淨, 635~713의 이름으로 전해지는 판본밖에 없고, 의정이 역경 작업에 참여하는 것은 25년간의 인도 유학을 마치고 돌아온 뒤 695년 5월부터『신화엄경』(80권본)의 역경 작업에 원측과 함께 참여하면서부터이다.28

그런데 규기의 저술 중『반야바라밀다심경유찬』(『반야심경유찬』으로 약칭)에는 주석의 저본이 되는 현장역『반야심경』에 "등"이 들어가 있다. 따라서 원측이 언급한 "등"이 붙어있는 '제2의 현장 번역본'은 규기가 사용했던 저본이었을 것이고, 원측은 규기의『반야심경유찬』을 읽고 '제2의 현장 번역본'의 존재를 알았을 것으로 보인다. 더 나아가 규기가 저본으로 사용했던 '제2의 현장 번역본'은 이후 의정의 이름에 가탁되어 전해졌을 것이다.29 이것도 타당한 추정으로 보인다.

또 현장 역『반야심경』원문은 "원리전도몽상"遠離轉倒夢想으로 되어 있어 '원리'와 '전도몽상' 사이에 "일체"一切가 없다. "원리일체一切전도몽상"으로 나와 있는 판본은 규기의『반야심경유찬』뿐이다. 따라서 이 경우에도 원측이 인용한 '유본'有本은 규기의『반야심경유찬』을 가리키는 것이 틀림없으며, 원측의『반야심경찬』은 규기의『반야심경유찬』이후에 쓰여진 저술임이 분명하다. 그렇다면 유식사상의 입문서 성격이 강한 규기의『반야심경유찬』은 두 차례 오대산을 오갈 무렵인 675년경에 저술된 것으로 보고, 원측의『반야심경찬』은 676년에서 679년 사이에 저술된 것으로 볼 수 있을 것이다.30 이러한 추정은 어느 정도 타당한 것

---

27 이종철, 앞의 글, 앞의 책, p.161.
28 이종철, 앞의 글, 앞의 책, p.161.
29 이종철, 앞의 글, 앞의 책, pp.161~162.
30 이종철, 앞의 글, 앞의 책, p.162.

으로 보인다.

원측의 『무량의경소』는 근래에 일본의 사찰에서 발견되어 영인본으로 동국대 출판부에서 출판2018되었다. 『무량의경소』에는 북위 시대의 역경가인 보리류지菩提流志의 이름이 보리유지菩提留志로 표기되어 있다. "사문 보리류지의 본명은 달마유지達摩流志이며 당나라말로 법희法希이다. 측천무후가 고쳐서 보리류지라 했는데 당나라 말로는 각애覺愛이다. 남인도 사람으로 바라문 종성이고 성씨는 가섭이었다."[31] 측천무후는 북위北魏 때의 역경가 보리유지가 낙양에서 훌륭한 역경사업을 완수한 것처럼, 달마류지達磨流支가 새롭게 도읍한 대주大周의 수도 낙양洛陽에서 자신을 보좌하며 역경 사업에 혁혁한 공을 세워주기를 바라며 그의 이름을 보리유지菩提留志로 달리 표기하였을 것으로 짐작된다.

또 현장을 '대당 삼장'大唐三藏, 혹은 三藏으로 존호를 쓰고 있음과 달리 원측의 최만년작[32]인 『인왕경소』에서는 현장을 '자은삼장'慈恩三藏이라 쓰고 있다. 『인왕경소』에서 '대당삼장'을 쓰지 않고 '자은삼장'이라고 쓴 것은 690년 9월 측천무후가 대주大周를 건국한 뒤에 이 저술을 지었기 때문이다. 나아가 『무량의경소』2018에 있는 "해심밀경記卷"이란 표기에서 협주夾註의 '기'記는 『해심밀경소』를 일컫는다. 원측은 유식의 소의경전인 『해심밀경』에 대한 주석인 『해심밀경소』를 쓰고자 기획하고 있었지만 아직 쓰지 못한 상태인지라 정확하게 몇 권인지를 명기하지 못한 채 남겨둔 것이라는 저술 상황을 짐작하게 한다.[33] 이러한 짐작은 일리 있는 것이라고 할 수 있다.

---

31 唐 智昇 『開元釋教錄』(730년, 『대정장』 제55책). "沙門菩提流志, 本名達磨流支, 唐言法希. 天后改爲菩提流志, 唐云覺愛. 南印度人, 婆羅門種, 姓迦葉氏."
32 吉田道興, 「西明寺圓測の教學」, 『印度學佛教學研究』 25-1, 인도학불교학회, 1976, p.268.
33 이종철, 앞의 글, 앞의 책, pp.168~169.

그 외 특이사항으로 지적할 수 있는 것은 원측의 『무량의경소』에는 지바하라日照, 614~688가 번역한 텍스트를 인용한 흔적이 없다는 점이다. 이와 달리 그의 『해심밀경소』에는 지바하라가 685년 번역장에서 마지막으로 번역한 『대승광오온론』이 인용된다. 이러한 정황을 종합해 보면 『무량의경소』는 686(74세)에서 687(75세) 사이에 장안에서 완성되었을 개연성이 높다.[34] 이러한 선행연구의 세 가지 특징을 통해 『무량의경소』의 저술 연대를 추정해 볼 수 있게 된다.

원측의 대표작으로 알려진 『해심밀경소』는 681년 이후 690년 이전으로 보거나[35] 684년 9월 6일에 측천무후가 '동도'東都(낙양)를 신도神都로 개명한 것을 근거로 684년으로 보기도 한다.[36] 690년 9월 9일에 측천무후가 혁명을 일으켜 주周를 세우고 도읍을 낙양으로 옮긴 이후에 지은 것으로 추정되고 있다. 이후 원측의 저술에서 현장에 대한 칭호가 '대당삼장'三藏에서 '자은삼장'으로 바뀐다는 점을 고려해서다. 그리고 『해심밀경소』에는 지바하라 삼장이 마지막으로 번역한 『대승광오온론』이 인용될 뿐만 아니라 우전 삼장 즉 689년~691년간 낙양에서 역경 작업을 한 제운반야提雲般若, 天智, ?~692를 언급하고 있다.

제운반야가 689년에 위국동사魏國東寺에서 처음으로 번역한 것은 자신이 우전于闐에서 가져온 텍스트 중의 하나인 『대방광불화엄경부사의불경계분』大方廣佛華嚴經不思議佛境界分이다. 이후 우전국 출신의 실차난타는 이것을 다시 번역해서 『부사의경계경』不思議境界經을 펴냈다. 이렇게 본다면 원측의 『해심밀경소』는 689년(77세)에서 690년(78세) 9월 사이에 저술된 것[37]

---

34 이종철, 앞의 글, 앞의 책, p.169.
35 남무희, 앞의 책, p.120.
36 조경철, 「원측의 승의제에 대한 이해와 동아시아 여왕시대의 성불론」, 『원측 해심밀경소의 승의제상품 연구』(성남: 한국학중앙연구원출판부, 2013), p.168.
37 이종철, 앞의 글, 앞의 책, p.172.

으로 볼 수 있을 것 같다.

요시다는 원측의 『인왕호국반야바라밀경소』(이하 인왕경소로 약칭)에 실차난타喜學, 652~720 삼장이 번역한 『신역화엄』(80권본)이 인용되어 있다는 사실에 주목하여 『인왕경소』를 원측의 최만년의 저술[38]이라고 주장하였다. 또 남무희는 원측의 『인왕경소』의 저술 연대를 1차 번역이 완료된 695년 이후, 입적하게 되는 696년 7월 이전으로 설정[39]하고 있다. 이 저술은 원측이 『신역화엄』을 번역하던 불수기사에 머무르면서 완수한 저술이다.

원측은 『인왕경소』의 "시시(지)육종진동"是時(至)六種震動에 대한 주석 부분에서 『신역화엄』을 인용하고 있다. 그는 육종진동의 예로 "진震, 동動, 용涌, 운運, 후吼, 격擊"을 들고 있다. 이 부분은 현존 『신역화엄』의 번역어와는 다르지만 「여래출현품」의 다음 구절과 부합한다. 원측의 『인왕경소』의 "진震, 동動, 용涌, 운運, 후吼, 격擊"은 『화엄경』 현존본에는 "동動, 기起, 용涌, 진震, 후吼, 격擊"으로 바뀌어 있다.

이렇게 볼 때 원측이 『인왕경소』에서 인용한 부분은 아마도 695년에 이루어진 1차 『화엄경』 번역임을 알 수 있다. 그가 불수기사에서 『신역화엄』을 강연하고 번역하다講譯 가 입적하였다는 「불사리탑명」의 기록 또한 695년의 1차 번역을 일컫는 것임을 알 수 있다. 원측의 『인왕경소』에서 현장을 '대당삼장'이 아니라 '자은삼장'으로 언급한 점, 693년에 낙양 천궁사에서 『수구즉득대자재다라니경』隨求卽得大自在陀羅尼經을 번역하고 그해 7월 불수기사에서 『불공견색다라니자재왕주경』不空羂索陀羅尼自在王呪經을 번역한 아르진나阿儞眞那 즉 보사유寶思惟 삼장을 언급한 점, '해심밀경제일권기'解深密經第一卷記, '광여심밀기'廣如深密記, '약광분별여심밀

---

38 吉田道興, 앞의 글, 앞의 책, p.268.
39 남무희, 앞의 책, p.124.

기'若廣分別如深密記 등과 같이 『해심밀경소』를 언급한 점, 의정이 695년 5월에 『신역화엄』의 결정판 작업에 합류한다는 점 등으로 보아 『인왕경소』는 695년 5월 이후 696년 7월 이전 불수기사에서 저술되었다고 확정할 수 있을 것[40]이다. 이러한 추론은 타당한 것으로 판단된다.

이렇게 본다면 원측의 현존 저술은 『성유식론소』, 『불설반야바라밀다심경찬』, 『무량의경소』, 『해심밀경소』, 『인왕경소』의 순으로 지어졌음을 알 수 있다. 물론 이들 저술 사이에는 다른 저술들도 지어졌을 것이다. 앞에서 언급한 『송고승전』 「원측전」 인용의 『유가사지론소』는 『성유식론소』에 앞서 지은 것으로 추정된다. 여기에서는 원측의 최만년작인 『인왕경소』를 중심으로 그의 사상을 재조명해 보고자 한다. 이 저술에는 그의 만년의 사상이 집중되어 있기 때문이다.

III. 『인왕경소』의 교체와 종지

1. 『인왕경』 역본과 주석서들

원측은 예로부터 위경으로 전해지는 『인왕경』과 8부 반야경설에 대해 비판적으로 검토하였다. 그는 이 경전이 반야부에 속함에도 불구하고 『대반야경』 600권 4처 16회의 설법 안에 포함되지 않는다는 점과 이 경전의 범본을 찾을 수 없다는 점을 지적하였다. 원측은 이 경전이 여래가 설하기 전에 '성도 후 29년간 『마하반야경』, 『금강반야경』, 『천왕문반야경』, 『광찬반야경』 등 4부를 설했다'는 『인왕경』 경문 자체에 기록된 모순점을 지적하였다.

---

40 이종철, 앞의 글, 앞의 책, p.176.

원측은 진제眞諦, 499~569 삼장이 제시한 것처럼 앞서 말한 『인왕경』 경문에 의거해 볼 때 본래 5부 반야일 수도 있다고 하였다. 그는 일조日照, Divākara, 613~687 삼장과 우전于闐, Śikṣānanda, 652~710 삼장에게 직접 물어보았더니 '서방에서 8부의 이름을 들어 본 적이 없다'고 하였고, 자은慈恩, 602~664 삼장은 '서방에서는 8부로 한정하지 않았다'는 전거를 들면서 8부 반야의 체제에 대해 섣부르게 단정하지 않고 유연한 해석의 길[41]을 제시한다.

그리하여 원측은 "우선 이 경도 『대반야경』 4처 16회의 순서에 따라 설해진 것이므로 이 경을 설하기 전에 '성도 후 29[42]년간 『마하반야경』, 『금강반야경』, 『천왕문반야경』, 『광찬반야경』 등 부를 설했다'고 했던 문구를 '성도 후 29년간 『마하반야경』, 『금강반야경』, 『천왕문반야경』, 『광찬반야경』 등 부와 나머지 부를 설했다'고 했어야 한다. 그런데 역자의 실수로 단지 4부의 이름만 나열했을 수도 있다. 또 4처 16회의 설법은 부처님이 근기에 맞춰 설한 것이라서 그중에 이질적인 내용은 『대반야경』 안에 포함시키지 않을 수도 있다"[43]고 보았다. 이 지점에서 우리는 대승경전에 대해 절대적 믿음을 지니고 있었던 원측 등 옛 주석가들의 연구 방법과 학문 태도를 살펴볼 수 있다.[44]

---

41 백진순, 「원측의 『인왕경소』 해제」, 『한글본 한국불교전서 신라1: 인왕경소』(서울: 동국대출판부, 2010), p.11.
42 天台 智顗(538~597)의 교판에서는 세존이 『반야경』을 21년 혹은 22년간 설하였다고 하였다.
43 백진순, 「원측의 『인왕경소』 해제」, p.12.
44 圓測, 『仁王經疏』(『한불전』 제1책, p.19상). 이 경전의 판본과 번역에는 다음과 같은 4종이 있었다. ①晋나라 秦始 원년(265)에 竺法護가 번역한 『仁王般若經』, ②秦나라 弘始 3년(401)에 鳩摩羅什이 번역한 『仁王護國般若波羅蜜經』, ③梁나라 承聖 3년(554)에 眞諦가 번역한 『仁王般若經』 등 3종의 舊譯이 있다. 이외에 ④唐나라 永泰 원년(765)에 不空이 왕명을 받고 다시 번역한 新譯 『仁王護國般若波羅蜜多經』이 있다. 이들 4종 중 鳩摩羅什 번역과 不空 번역만이 전해지고 있다.

구마라집 삼장이 번역한 『인왕호국반야바라밀다경』(이하 '仁王般若經'으로 약칭)에 대해 진제 삼장은 『인왕반야경소』(이하 '本記'로 약칭)를 지었다. 하지만 진제의 주석서는 원본이 오래 전에 유실되어 전해지지 않았다. 길장의 『인왕반야경소』, 원측의 『인왕경소』, 천태 지의가 설하고 관정이 기록한 『인왕호국반야경소』 등 세 종류는 모두 구마라집역을 저본으로 해서 지은 것이다.

길장과 원측과 관정 기록의 3종소에서는 모두 진제의 『본기』를 참고로 했다고 적고 있다. 그렇다면 당시에 진제의 『본기』는 『인왕경』 해석에 일정한 길라잡이 역할을 한 것은 분명해 보인다. 원측은 진제 삼장의 『본기』와 자은(현장) 삼장의 해석을 직접 대조해 가며 그 견해를 낱낱이 검토하고 있다. 그는 대개 본기의 해석을 먼저 소개한 뒤 '지금의 해석'今解이라는 문구와 함께 자신의 견해를 기술하고 있다.

원측은 위의 3종소에서 『본기』를 인용하면서 그것을 ①정의正義로서 계승하거나 ②부정의不正義로 비판하거나 ③단순히 소개하는 형식을 취하고 있다. 주목되는 것은 뒤의 두 경우인 부정의로 비판하거나 단순히 소개하는 대목이 앞의 처음 경우보다 현저히 많다는 점이다. 원측은 이를 통해 신구 유식을 비판적으로 종합하고자 했던 자신의 의도를 잘 보여주고 있다.

원측은 『인왕경』을 해석하면서 네 문으로 분별하고 있다. 첫째는 경을 설한 뜻을 밝히고 경의 제목을 해석한다說經之意及釋題目. 둘째는 소전의 종지와 능전의 교체를 설명한다辨所詮宗能詮敎體. 셋째는 교의 근거와 교화되는 유정을 나타낸다顯敎所依所爲有情. 넷째는 번역시대를 밝히고 경문을 따라가며 해석한다翻譯時代依文正釋.[45] 여기에서는 둘째의 소전의 종지와 능전의 교체를 중심으로 원측의 『인왕경소』를 살펴보고자 한다.

---

45 圓測, 『仁王經疏』(『한불전』 제1책, p.15중).

원측은 먼저 능전의 교체를 밝힌 뒤 뒤에 소전의 종지를 펼친다. 그는 불교사상사에서 강력한 존재였던 살바다종(설일체유부), 경부종(경량부), 용맹종(중관학), 미륵종(유가학)의 네 개의 주요 학설을 소개하면서 자신의 회통적 사유를 보여주고 있다. 살바다종의 학설은 『대비바사론』, 『구사론』, 『순정리론』 등에서, 경부종의 학설은 『성실론』에서 인용한다. 용맹종의 학설은 『대지도론』에서, 미륵종의 학설은 『유가사지론』, 『현양성교론』, 『집론』, 『잡집론』, 『변중변론』(『중변분별론』의 이역본), 5종 『섭론』, 『성유식론』, 『광백론석론』에서 주로 인용한다.

또 원측은 이들 네 개의 학설이 의거하는 논서 이외에 학파를 떠나 해석의 다양성과 타당성이 요청될 때는 대소승의 주요 경론들이나 당시 유행하던 문헌에서 유실된 경론의 문장을 재인용하기도 한다. 이 때에 그가 자주 인용하는 대표적 경론은 『해심밀경』, 『보살영락본업경』, 『불지경론』 등이다.[46] 이들은 모두 대승의 경론들이다.

원측은 『인왕경』의 8품 구조를 크게 교기인연분教起因緣分(「서품」(證信序, 發起序), 성교소설분聖教所說分(「관공품」, 「교화품」, 「이제품」/內護, 「호국품」/外護, 「산화품」/散華供養), 의교봉행분依教奉行分(「수지품」/勸學(受持)流通, 「촉루품」/附囑流通)으로 삼분한다. 그는 교기인연분에서는 '종체'宗體, 성교소설분에서는 '이호'二護, 의교봉행분에서는 '유통'流通에 대해 해설하고 있다.

원측은 『인왕경소』에서 이러한 구조와 내용을 중심으로 해석해 가면서 불교사상사에서 또렷한 자취를 남긴 소승의 살바다종과 경부종, 대승의 용맹종과 미륵종의 다양한 해석들을 총망라하여 교리와 개념들에 함축된 의미와 쟁점들을 낱낱이 분석하고 있다. 그는 자신이 재구성한 질문에 대한 해답과 함께 여러 경론을 원용하여 경증과 논증을 덧붙이

---

[46] 백진순, 「원측의 『인왕경소』 해제」, p.16.

면서 자신의 회통적 사유를 제시하고 있다.

2. 능전의 교체 _ 언어적 수단

원측은 불교의 본질인 교체에 대해 살바다종의 『비담구사』와 구역 『비바사론』에서 첫째, '음성音聲을 교체'라고 설하고, 둘째, '명구문名句文[47]을 교체'라고 설한다고 제시한다. 이어 그는 신역 『구사론』 제1권과 『순정리론』 제3권의 "석가모니께서 설하신 법온은/ 그 수가 8만 송이 있으니/ 그 체는 말語이나 명名이고/ 이는 색온이나 행온에 포함되네"[48]라는 게송을 인용한 뒤 논의를 시작한다.

어떤 이는 다음과 같이 말한다. "부처님의 가르침은 말을 자성으로 삼는다. 그분이 설하신 법온은 모두 색온에 속하니, 말은 음성을 자성으로 삼기 때문이다."[49] 이 주장은 말씀의 본질이 음성이며 이것은 색법이므로 오온 중에서 색온에 포함된다고 본 것이다.

어떤 이는 다음과 같이 말한다. "부처님의 가르침은 '명'을 자성으로 삼는다. 그분이 설하신 법온은 모두 행온에 속하니, 명은 불상응행법을 자성으로 삼기 때문이다."[50] 이 주장은 말씀의 본질이 명구문이고 이것은 색법도 심법도 아닌 불상응행법이므로 오온 중에서 행온에 포함된다고 본 것이다.

질문: 말씀語이란 교敎의 다른 이름이니 교가 바로 말씀임을 인정하지

---

[47] '文'은 최소의 음운적 단위인 音素이다. 이 음소가 모여 하나의 의미를 가질 때 그것은 '名'(이름, 단어)이 된다. 이 '名'(이름/단어)을 쪼개면 音素가 되고, 조합하면 文句가 되기 때문에 '명이 구와 문을 포괄한다'고 하는 것이다.

[48] 圓測, 『仁王經疏』(『한불전』 제1책, p.15하).

[49] 圓測, 『仁王經疏』(『한불전』 제1책, p.16상).

[50] 圓測, 『仁王經疏』(『한불전』 제1책, p.16상).

만, 명과 교는 체가 다른데 교가 어째서 명이겠는가?

대답: 그것은 이렇게 해석할 수 있다. 반드시 명이 있어야만 이를 '교'라고 한다. 그러므로 부처님 가르침佛敎의 본질은 바로 명이다. 그 이유는 무엇인가? 의미를 여실하게 나타내기詮 때문에 '부처님의 가르침'이라 하는데, 명이 의미를 나타낼 수 있으므로 교가 바로 명이다. 그러므로 부처님 가르침은 반드시 명을 교체로 삼는다. 명名을 먼저 쓴 것은 그것이 구句와 문文을 포괄하기 때문이다.[51]

명은 최소의 음운적 단위인 음소이므로 이 음소 자체는 아무것도 나타내지 못한다. 그러나 이 음소가 모이면 구문이 되기 때문에 명이 구와 문을 포괄한다고 한 것이다. 원측은 중현의 『순정리론』 제3권을 인용하여 이것을 논증하고 있다.[52]

원측은 『현종론』 제3권의 설도 『순정리론』과 동일하다며 자신의 '해설'解에서 "중생들을 기쁘게 하는 데는 음성音聲이 뛰어나고, 법을 나타내는 데는 명·구·문名句文이 강력하기 때문이다. 따라서 대응되는 경우마다 각기 근거가 있음을 알 수 있다며 여기에 따르면 두 가지 설이 모두 정의正義다"[53]라고 하였다. 이러한 부분도 두 가지 설 모두를 회통하는 모습을 보여주고 대목이다.

다시 그는 가슴미라국迦濕彌羅國 가니색가迦膩色迦 왕 통치 시절에 오백 아라한이 결집하여 『발지론』發智論을 평석한 『대비바사론』 제126권에서 두 가지 설을 모두 진술하는 부분을 원용한다. 여기에서 비바사 4대 논사인 '평가정의'評家正義, 法救, 妙音, 世友, 覺天는 '음성을 교체로 삼는다'며 부처님의 가르침은 어업과 명구문 중 어떤 것을 체로 삼는지 논의

---

51 圓測, 『仁王經疏』(『한불전』 제1책, p.16상).
52 衆賢, 『順正理論』 권3(『대정장』 제29책, p.346하).
53 圓測, 『仁王經疏』(『한불전』 제1책, p.16상).

를 전개한다.

질문: 이와 같은 부처님 가르침은 어떤 것을 체로 삼는가? 어업인가, 아니면 명구문인가?

대답: '어업을 교체로 삼는다'고 해야 할 것이다.

질문: 그렇다면 그 뒤에 설해진 『발지론』의 문답과 어떻게 회통시키겠는가? 예를 들어 "부처님 가르침이란 어떤 법을 일컫는가? 답하자면, 명구문들이 차례로 항렬行列하고 차례로 안포安布되고 차례로 건립建立된 것이다"라고 설하였다.

대답: 뒤에 나오는 『발지론』의 본문은 부처님 가르침의 작용用을 나타내려는 것이지, 부처님 가르침의 자체自體를 보여주고자 했던 것은 아니다. 즉 차례로 항렬하고 안포되며 건립되는 명구문들이란 부처님 가르침의 작용을 말한다.

어떤 이는 '부처님 가르침은 명구문을 체로 삼는다'고 한다.

질문: 그렇다면 이 『발지론』의 본문에서 설한 것과는 어떻게 회통시킬 수 있는가? 예를 들어 "부처님 가르침이란 어떤 것인가? 답하자면, 부처님의 어언語言·창사唱詞·평론評論·어음語音·어로語路·어업語業·어표語表를 부처님 가르침이라고 일컫는다"라고 설하였다.

대답: '끊임없는 원인'展轉因에 의거해야 이렇게 설한 것이다. 마치 대대로 자손들이 연속적으로 생겨나는 법과 같으니, 말하자면 말이 명을 일으키고 명이 의미를 나타낼 수 있는 것이다. 평가들은 다음과 같이 해석한다. "이와 같이 설하는 자들은 어업을 교체로 여긴다. 부처님이 마음속으로 설하려 했던 것을 다른 이가 들은 것이기 때문이다." 이처럼 원측은 『대비바사론』 126권 이하의 문답들에서 발췌하여 부처님의 가르침 즉 교체를 어언·창사·평론·어음·어로·

어업·어표를 통해 논증하고 있다.[54]

자세한 것은 그 논에서 설한 것과 같다.
질문: 「순정리론」은 평가정의에 의거한 것이 아니겠는가?
대답: 『순정리론』 논사의 뜻은 더 우수한 이치를 정의로 삼으려는 것이다. 따라서 별도로 이치를 내서 명구문을 정의로 삼은 것이다.
해설: 또한 중현은 두 학파의 문답을 구체적으로 진술한 것이지 자기가 우열을 판정한 것은 아닐 수도 있다. 그러므로 평가정의와 어긋나는 것은 아니다.[55]

세친은 살바다종에 몰래 숨어들어가 들어가 가다연니자迦多衍尼子가 지은 『아비달마발지론』阿毗達磨發智論(20권)을 오백 아라한이 평석하여 편찬한 『대비바사론』(200권)을 배운 뒤에 이 논서의 핵심을 요약한 『구사론』(30권)을 지었다. 중현은 이것을 12년간 연구한 뒤 『순정리론』(80권)을 지어 그를 반박하였다.

당시 중현은 법구·묘음·세우·각천 등 종래 4대 비바사 논사의 평가 정의를 반드시 따르지 않고 논리적으로 우수한 것을 취하여 정의로 삼았다理長爲宗. 원측은 이 부분은 종파와 상관없이 도리가 우수한 것을 취하여 논지를 세우는 중현이 두 학파의 문답을 구체적으로 진술한 것으로 보고 그를 지지하면서 법구·묘음·세우·각천 등의 4대 비바사 논사의 평가 정의와 어긋나지 않는다고 회통하고 있다. 또 원측은 경부經部에 의하면 '음성이 교체다'라며 세 논사의 설을 제시한다. 첫째는 12처 중에 성처聲處를 자성으로 삼는다고 하니, 음성을 떠나서는 별도로 명

---

54 오백 아라한(法救·妙音·世友·覺天), 『大毘婆沙論』 권126(『대정장』 제29책, p.659상).
55 圓測, 『仁王經疏』(『한불전』 제1책, p.16중).

名·구句·자字가 없기 때문이다. 둘째는 법처法處 소속의 '상속하는 가짜 소리'(명구문)를 자성으로 삼으니, 그것은 오직 의식의 대상이기 때문이다. 셋째는 가짜 소리와 실재 소리 두 가지를 모두 교체로 삼는다니, 앞에서 말한 두 가지 의미 때문이다.[56]

여기서 법처 소속의 가짜 소리는 명구문을 일컫는다. 경부종에서는 음성만이 실재이고 명구문은 그 위에 가립된 것일 뿐 별도의 실재성을 갖지 않는다고 보기 때문이다. 이들은 명구문은 가립된 것으로서 심과도 색과도 상응하지 않는 불상응법이므로 '법처'에 소속된다고 보았다. 이 때문에 원측은 경부의 세 논사의 주장을 각기 '음성을 떠나서는 단어字, 名와 구절句과 음소文가 없기 때문'이며, '음성은 귀로 인식하지만 명구문은 오직 의식으로 인식되며', 이들 '앞의 두 가지 의미 때문에 가짜 소리 실재 소리 모두 교체로 삼는다'며 회통하고 있다.

원측은 대승에 의하면 여러 교설이 다르다. 그는 먼저 '오직 음성이 교체'라는 경증을 "부처님은 일음一音으로 법을 설하시지만 중생들은 부류마다 제각각 이해한다"는 『유마경』과 "여래께서 한 마디의 설법 중에서 한량없는 경전을 설하신다"는 『대계경』을 예시로 든다. 이어 '명구문만을 교체로 삼는다'는 논증을 "명구문이 음성과 다르지 않다면 법무애와 사무애의 경계는 구별되지 않을 것이다"는 『성유식론』으로, '음성과 명구문을 합해서 자성으로 삼는다'는 경증을 "혹은 음성과 언어와 문자로 불사를 짓는다"는 『설무구칭경』을 예로 든다.

다시 '능전과 소전을 합해서 교체라고 설한다'는 논증을 "계경의 체는 대략 두 종류가 있으니, 첫째는 문이고 둘째는 의다. 문은 소의이고 의는 능의다. 이와 같은 두 종류를 '알아야 할 모든 경계'라고 총칭하였다"는 미륵의 『유가사지론』 제81권을 논증으로 든다. 원측은 이 논서의 핵심을

56　圓測, 『仁王經疏』(『한불전』 제1책, p.16중).

요약한 무착의 『현양성교론』(20권)도 동일하게 설한다고 덧붙인다.

이처럼 원측은 음성 교체설을 주장하는 반야계 경전(유마경, 대계경)과 명구문 교체설을 주장하는 유가계 논서(성유식론), 음성과 명구문 모두 자성으로 삼는 경전(설무구칭경), 능전과 소전을 합해서 교체라고 설하는 유가계 논서(유가사지론, 현양성교론)의 주장을 제시한다. 그런 뒤에 그는 이와 같이 여러 교설이 다른 까닭에 현장 삼장이 "실제로는 명구문들, 음성, 그리고 문·의文義를 모두 합해서 교체로 삼는 것이다. 그런데 여러 성스런 가르침들은 각기 하나의 의미에 의거한 것이므로 서로 어긋나는 것은 아니다. 그 이유는 무엇인가?"[57]라고 말한 구절을 인용한다.

원측은 현장 삼장이 "실제로는 명·구·문들, 음성, 그리고 문文,所依·의義,能依를 모두 합해서 교체로 삼는 것이다"라며 ①가짜(명구문)를 실재(음성)에 귀속시키는 경우以假從實 ②체를 용에 따르게 하는 경우以體從用 ③가짜와 실재가 서로 의지한다는 점二所依故 ④이해가 완결되기 위해서는 문의가 필수적이므로生解究竟必由文義 모든 설들이 서로 위배되는 것이 아니다[58]고 말한 부분을 들어 회통한다.

마지막으로 원측은 『인왕경』의 문장에 의거해 첫째, 법수로 나타내는 문法數門에서는 명구문과 음성의 네 가지 법을 교체로 삼는다며 뒤에 나오는 경문에서 "이 경의 명·미·구名味句[59]는 [중간 생략] 천 부처님, 만 부처님이 설하신 명·미·구名味句라고 하였고, 또 그 뒤의 경문에서는 "이 명·미·구名味句라는 음성과音聲果의 문자로 된 글귀[60]는 일체가 여여

---

57 圓測, 『仁王經疏』(『한불전』 제1책, p.16하).
58 圓測, 『仁王經疏』(『한불전』 제1책, p.16하).
59 名味句는 名句文의 舊譯이다. 여기에서 '味'는 '文'을 의미한다. '문'은 단어[名]와 구절[句]이 의지하는 최소한의 음운적 단위인 '음소' 즉 '음절'을 일컫는다.
60 圓測, 『仁王經疏』, 「二諦品」(『한불전』 제1책, p.88상). 이 부분에 원측의 해석이 자세히 나온다.

하다"⁶¹고 하였다. 둘째, 진실에 귀결시킨 문歸眞門에서는 진여를 교체로 삼는다며 뒤에 나오는 경문에서는 "법본法本도 여여하고 중송重頌도 여여하여 [중간 생략] 논의도 여여하다"⁶²라고 하였다. 자세하게 분별하면 『해심밀경』 제1권의 기記와 같다'며 그의 『해심밀경소』에서 찾아볼 것을 권하고 있다. 이 대목을 통하여 『인왕경소』가 『해심밀경소』보다 뒤에 저술되었음을 알 수 있다.

이처럼 원측은 살바다종(비담구사, 구역 구사론, 순정리론, 현종론, 대비바사론), 경부종(성실론), 대승(용맹종: 유마경, 대계경, 설무구칭경; 미륵종: 유가사지론, 현양성교론, 성유식론)의 주장 경론을 원용하여 『인왕경』의 언어적 수단인 능전의 교체를 정리해 내고 있다.

3. 소전의 종지 _ 궁극적 이치

원측은 궁극적 이치인 『인왕경』의 종지를 삼종 반야를 설한 것, 이제의 이치를 설한 것, 삼종 법륜을 설한 것의 세 가지로 보았다. 그리고 그는 마지막의 삼종 법륜을 설한 것 중에서 무상을 종지로 삼는 부분을 중심으로 논의를 전개하고 있다.

소전의 종지에서는 여러 설들이 다르지만 대략 세 가지 해석이 있다. 한 편에서는 다음과 같이 말한다. "이 경에서는 반야를 종지로 삼았다. 말하자면 관조되는 공의 이치는 실상實相 반야이고, 증득하는 지혜는 관조觀照 반야이며, 능전의 성스런 가르침은 문자文字 반야이다. 그러므로 「관공품」(제2품)에서는 세 가지 반야를 설한 것이다.⁶³

---

61 『仁王般若波羅蜜經』(『대정장』 제8책, p.826상).
62 『仁王般若波羅蜜經』(『대정장』 제8책, p.829중).
63 圓測, 『仁王經疏』(『한불전』 제1책, p.16하).

한편에서는 다음과 같이 말한다. "이 경의 종지는 이제를 밝히는 것이다. 그 이유는 무엇인가? 「관공품」에서는 자리행을 밝히고, 「교화품」(제3품)에서는 이타행을 밝힌다. 공空의 이치인 진제眞諦에서 보면 수호하는 자와 수호되는 대상이 없고, 유有의 교문인 세제世諦에서 보면 수호하는 자와 수호되는 대상이 있으므로 자리행과 이타행이 성립한다. 보살의 관문은 이 두 가지 행을 벗어나지 않기 때문이다. 진제에서 보면 수호하는 자와 수호되는 대상은 없고, 세제에서 보면 수호하는 자와 수호되는 대상 두 가지가 있으므로, 자리행과 이타행이 성립한다. 이제란 첫 번째의 공의 이치이고 두 번째의 속제는 유의 문이니, 「이제품」(제4품)에서 자세히 설명된다."[64]

한편에서는 다음과 같이 말한다. "이 『인왕경』에 대해 세존께서 스스로 판정하시기를 세 가지 법륜 중에 무상無相을 종지로 삼는다"고 하셨다. 따라서 『해심밀경』에서 다음과 같이 설한다. '처음에는 성문승으로 발심하여 나아가는 자를 위해 사제四諦를 설하였고[이를테면 4부 『아함경』이다], 다음에는 보살승으로 발심하여 나아가는 자를 위해 무상無相의 법륜을 설하였으며[모든 『반야경』 등이다], 마지막에는 일체승으로 발심하는 나아가는 자를 위해 요의了義의 가르침을 설하였다.' 구체적인 것은 그 경에서 설한 것과 같다."[65]

원측은 이렇게 세 가지의 해석을 통해 소전의 종지를 밝히고 있다. 그는 세 가지 해석 중 특히 마지막의 무상의 법륜에 대해 문답의 형식을 빌어 해설을 덧붙이고 있다. 여기서 그는 반야의 무상無相과 공空의 의미를 유식의 삼성三性과 삼무성三無性과 연관시켜 구체적으로 풀이하고 있다.

---

64 圓測, 『仁王經疏』(『한불전』 제1책, p.16하~p.17상).
65 圓測, 『仁王經疏』(『한불전』 제1책, p.17상).

질문: 이 무상의 법륜은 삼성 중에서는 어떤 자성을 버린 것이고, 삼무성 중에서는 어떤 자성 없음에 의거해 설해진 것인가?[66] 원측은 이 질문에 대한 답을 호법의 『광백론석론』에서 별도로 재구성하지 않고 곧바로 자신의 해설을 통해 질문에 대응하고 있다.

해설: 서방 여러 논사들의 해석은 두 가지로 나뉜다. 첫째, 청변은 삼성을 모두 버리는 것을 '공'이라 건립하고 곧 '공의 이치가 무상이다'라고 설했다. 구체적인 것은 『장진론』에서 설한 것과 같다. 둘째, 호법은 변계소집성만을 버리는 것을 무상이라 했으니, 이를테면 『해심밀경』 등의 설과 같다. 삼무성 중에서는 청변과 호법은 모두 세 종류 자성 없음에 의거해서 무상이라 하기도 한다.[67]

원측은 청변은 삼성을 모두 버리는 것을 공이라 하고 공의 이치가 무상이라고 하였다고 보았다. 그는 청변과 호법이 삼성 중에 어떤 자성을 버리는가에 대한 질문에 대해 『해심밀경』을 원용해 경증으로 삼았다. 또 원측은 호법은 변계소집성만을 버리는 것을 무상無相이라고 했다고 보았다. 이와 달리 그는 청변과 호법이 삼무성 중에 어떤 자성에 의거하는가에 대한 질문에 답변하고 있다. 원측은 청변과 호법은 모두 삼무성에 의거해 무상이라고 하였다고 보았다. 이어서 그는 청변과 호법의 논의를 진제 삼장과 자은 삼장과 연결시켜 논의를 전개하고 있다.

질문: 이 『인왕경』에서 세 종류 자성 없음을 갖추어 설했는지 어떻게 알 수 있는가?

해설: 이를테면 『해심밀경』에서는 다음과 같이 말한다. 혹은 경에서는

---

66 圓測, 『仁王經疏』(『한불전』 제1책, p.17상).
67 圓測, 『仁王經疏』(『한불전』 제1책, p.17상).

'모든 법은 다 자성이 없으니, 생함도 없고 멸함도 없으며 본래 적정하여 자성열반이다'라고 한 것은 어떤 밀의密意에 의한 것인가? [이 물음에 대해] 세존께서 스스로 말씀하셨다. "'모든 법이 다 자성이 없다'고 설한 것이다. '생함도 없고 멸함도 없으며…'라고 한 것은 오직 '상相의 무자성성'에 의거해서 설했다고 할 수도 있고, 혹은 '상의 무자성성' 및 '승의의 무자성성'[68]에 의거해서 설했다고 할 수도 있다."[69]

원측은 『인왕경』에서 삼무성을 갖추어 설했는지를 어떻게 알 수 있는가를 자문한 뒤 해설을 통해 자신의 견해를 밝힌다. 그는 『해심밀경』에서 설한 세존의 말씀인 삼무성성에 의거해 설했다는 경설을 원용하여 경증經證을 덧붙이고 있다.

질문: 그렇다면 [『해심밀경』에서는] 어째서 두 번째 무상의 법륜을 불요의不了義라고 했는가?
해설: 실제로는 [무상 법륜]도 세 가지 무자성성無自性性을 갖추어 설하였으니, 이치상으로는 얕고 깊음이 없는 것이다. [무상 법륜에서는] 은밀한 모습隱密相으로 '모든 법은 자성이 없다…'고 설하면서도 구별해서 삼무성에 배당시키지는 않았던 반면, 『해심밀경』 등은 세 가지 무자성성을 자세한 모습顯了相으로 나타냈다. 그러므로 세 번째 법륜의 문에서는 '무자성성'이라는 네 글자를 더한 것이니, 그 의도는 삼무성의 이치가 별도로 있음을 나타내려는 것이다. 이에 따라서 요의와 불요의라고 한 것이지, 이치의 얕고 깊음을 요의와 불

---

68 圓測, 『仁王經疏』(『한불전』 제1책, p.17중). 여기에서 '勝義無自性'은 '勝義無自性性'의 오기로 보인다. 『해심밀경』의 삼무성론에 의거해 알 수 있다.
69 圓測, 『仁王經疏』(『한불전』 제1책, p.17중).

요의라고 한 것은 아니다.[70]

원측은 『반야경』 등의 무상 법륜을 불요의라고 한 것은 제법의 공함에 대해 아직 분명하게 드러내지 않은 은밀문隱密門의 측면에서 설했기 때문으로 보았다. 이와 달리 『해심밀경』 등을 요의라고 한 것은 '공'의 의미를 이미 분명하게 드러낸 현료문顯了門의 측면에서 설했기 때문으로 보았다. 여기서 『해심밀경』 등의 '무자성성'이란 '공성 혹은 삼무성의 이치를 지니고 있음'을 나타낸다. 원측은 이와 같이 답변한 뒤 삼성론에 대한 자신의 입장을 보다 구체적으로 개진하고 있다.

IV. 『인왕경소』의 삼성론 인식

1. 식론과 유가행 및 삼성론

불교 유식에서는 존재에 대해 식론과 유가행과 삼성론의 세 가지 사고방식을 보여준다. 아뢰야식을 중심으로 하는 식론은 범부의 마음과 미혹한 현실세계에 대한 이론적 분석에 치중하고 있다. 요가 수행을 통해 체험한 내용을 이론화한 유가행瑜伽行은 깨달음으로의 실천적 전환에 집중하고 있다. 이와 달리 삼성론三性論은 식론과 유가행을 통일적으로 파악하는 사고방식이라 할 수 있다.[71]

유식에서는 존재를 의타기성依他起性과 변계소집성遍計所執性과 원성실

---

70 圓測, 『仁王經疏』(『한불전』제1책, p.17중).
71 고영섭, 「동아시아불교에서 유식 법상의 지형도 - 원측 유식(圓測唯識)과 규기 유식(窺基唯識)의 동처와 부동처 - 」, 『불교학보』제70집, 동국대학교 불교문화연구원, 2011.

성圓成實性의 세 가지 속성(상태)으로 해명하고 있다. 의타기성은 여러 인연에 의지해서 생겨나고 타자에 의거해서 생겨나는 존재의 특성을 가리킨다. 이 때문에 이 의타기성은 모든 존재의 기반 자체이므로 이것을 부정하고는 논의를 진행할 수 없게 된다.

반면 변계소집성은 실재하지 않는 존재의 성질이다. 우리에게 존재하는 것은 모두 명칭에 의해 세워진 것이자 분별에 의해 생겨나는 성질을 일컫는다. 이를테면 거북이의 털龜毛이나 토끼의 뿔兎角 및 허공의 꽃虛空華과 석녀의 아이石女兒처럼 실재하지 않는 비존재를 존재하는 것으로 계탁하는 것이다. 원성실성은 본래부터 원만히 성취되어 있는 진실한 자성이며 있는 그대로의 진여이자 현상의 본체를 일컫는다. 이 때문에 있는 그대로의 진여는 인연으로 성립된 허망한 존재가 아니고, 있지 아니한 데가 없으며, 생하고 멸하는 변화가 없는 것이다. 이처럼 삼성론은 우리의 사유 대상인 존재에 대한 세 가지 인식방법이자 인식 주체가 지니고 있는 마음의 세 가지 존재방식이라고 할 수 있다.[72]

따라서 존재의 세 가지 본성三性論의 하나인 변계소집遍計所執의 세계를 의타기依他起로서 인식하는 이론적 측면이 식론이라면, 변계소집에서 원성실성圓成實性으로 전환하는 실천적 측면은 유가행으로 볼 수 있으며, 바로 이런 점에서 식론과 유가행을 통일적으로 파악하는 삼성론은 불교 유식의 체계를 총체적으로 드러내는 것이라고 할 수 있다.[73]

원측은 번뇌가 없는 지혜만이 아공我空과 법공法空의 경지를 증득할 수 있으며, 이러한 이치에 의하여 진정한 공성을 증득할 수 있다고 했다. 이러한 관점은 미혹의 세계로부터 깨침의 세계로 나아가려는 실천적 기반에 의해서 성립된 것이다. 해서 원측은 구역 유식의 삼성론에 입각하

---

72 고영섭, 위의 글, 위의 책.
73 上山春平 외, 『佛敎の思想』, 박태원·이영근, 『불교의 역사와 기본사상』(대원정사, 1989), p.234.

여 자신의 유식사상을 취입趣入하고 있다. 반면 규기는 신역 유식이 치중했던 식론을 중심으로 자신의 유식사상을 건립建立하고 있다. 그는 호법의 주장을 중심으로 합유合糅 편역한 『성유식론』을 아뢰야식 중심의 식識 전변설로 해명해 가고 있다.

여기서 거론하는 아뢰야식은 우리의 인식과 경험을 간직하는 저장의 식이다. 동시에 다음 생에 윤회하는 주체가 머무르는 심층의식이다. 이 때문에 아뢰야식을 중심으로 파악하는 식론은 미혹한 현상세계의 모습에 대한 이론적 해명이 덧붙여져야 설득력을 확보할 수 있게 된다. 규기는 현상세계를 설명하기 위해 다양한 비유와 실례 등을 동원하고 있다. 그리고 그는 이 식론에 의거하여 미혹한 현상세계의 모습에 대한 논리적 설명에 치중하고 있다.[74]

이와 달리 원측은 자신의 저술에서 이 식론과 요가 수행을 통해 체험한 내용을 이론화한 유가행瑜伽行을 통일적으로 파악하는 삼성론의 사고방식을 제시하고 있다. 그는 깨달음으로의 실천적 전환에 집중하는 유가행과 미혹한 현상세계의 모습에 대한 이론적 해명에 집중하는 식론을 통섭한 삼성론에 의거하여 미혹의 세계에서 깨침의 세계로 나가는 실천적 통로의 제시에 집중하고 있다. 이같은 삼성론에 입각해 원측은 자신의 유식관을 입론하고 있다. 그는 『성유식론소』(집일본)에서 현장 삼장의 풀이를 인용하면서 청변과 호법의 공유空有 논변에 대한 자신의 견해를 덧붙이고 있다.[75]

원측은 『해심밀경』에서 두 번째의 무상의 법륜을 불요의라고 한 까닭에 대한 질문에 자세히 분별하고 있다. 그는 성천聖天의 『광백론』에 대한 상세한 주석서인 호법의 『대승광백론석론』 제10권을 인용하여 세 논사

---

74 고영섭, 앞의 글, 앞의 책.
75 고영섭, 앞의 글, 앞의 책.

의 해석을 제시하고 있다. 호법의 『대승광백석론』에는 대론자들이 분명하지 않지만 원측은 유가학도와 청변 사이의 논쟁으로 재구성하여 해설하고 있다. 여기서 유가학도는 미륵-무착/세친의 유가학설을 따르는 이들로 추정된다.

2. 의타기의 유와 의타기의 공의 논변

원측은 유가학도와 청변 사이의 논쟁을 서로 주고받는 문답의 방식으로 재구성하여 진행하고 있다. 이 과정에서 그는 변계소집성의 무無와 의타기의 유有의 증명을 위해 경증과 논증을 자유롭게 활용하고 있다.

첫 번째, 유가학도들은 다음과 같은 논리로 주장을 표명한다. "분별에 의해 집착된 것은 법체가 무이고, 인연으로 생긴 것은 법체가 유이다. 이에 따라서 과를 받고 삼유三有에서 윤회하거나, 혹은 가행을 닦아서 삼보리를 증득하는 것이다[중간생략乃至廣說]. 이 주장을 증명하기 위해 경의 게송을 인용하겠다. '변계소집성은 무이고/ 의타기성은 유이니/ 허망한 분별(識을 뜻함)이 상실되면/ 증익·손감의 두 극단에 떨어지네'" 이들은 미륵-무착/세친의 유가학설에 입각해 의타기성의 유에 대해 이렇게 주장하였다.[76]

호법의 『대승광백론석론』에 의거하면 유가학도들은 '의타기의 허망분별은 있다'고 주장한다. 설령 경계가 있다고 해도 분별하는 마음이 없으며 세간에 속박된다거나 혹은 그것을 싫어하여 무아無我의 공을 닦는 등의 일은 있을 수 없다. 그러므로 허망분별의 식 자체는 '의타기로서 유'

---

76 圓測, 『仁王經疏』(『한불전』 제1책, p.17하).

이다. 이와 달리 그 분별에 의해 집착된 대상은 '변계소집으로서 무'이다.[77] 허망분별의 식 자체는 의타기의 유이지만 그것의 분별에 의해 집착된 대상은 변계소집의 무로 보는 것이다.

두 번째, 청변 보살은 이 경의 게송을 다음과 같이 해석한다. "명언<sup>名</sup>은 변계소집이고/ 대상<sup>義</sup>은 의타기성이다./ 명언은 그 대상에는 있는 것이 아니므로 무無이고,/ 대상은 세간을 따르면 없는 것이 아니므로 유有이다. 따라서 이 게송을 인용하여 의타기가 유임을 증명할 수는 없다."[78]

여기서 청변은 '변계소집은 무이고 의타기는 유이다'는 경전의 구절에 대해 명名과 의義의 관계로 풀이하였다. 명名은 색色 수受 등의 모든 법에 부여된 이름인 능전能詮의 언어이고, 의義는 그러한 이름들에 의해 지시되는 소전所詮의 체사體事이기 때문이다. 그래서 청변은 경전에서 '변계소집의 무'라고 하는 것은 '명언의 무'를 의미한다고 보았다. 명언은 '색' 등이라는 이름은 무엇인가를 지칭하기 위해서 가립되었지만, 그 이름에 의해 지시되는 대상義의 세계에는 실제로 그것에 해당되는 것은 존재하지 않는다. 그러므로 '이름은 대상에는 있지 않다'고 주장하였다. 그는 또 '의타기의 유'라고 하는 것은 '대상義의 유'를 의미한다고 보았다. 명언과 완전히 일치하는 대응물은 없지만 그것에 의해 지시되는 대상들의 세계가 전혀 존재하지 않는다는 것은 세상의 상식과 어긋난다. 그러므로 '세속을 따르면 없는 것이 아니다'고 주장하였다.[79]

한편 청변은 '명'이 변계소집이고 '의'는 의타기라고 주장했지만, 유가학도는 '명은 의타기이다'고 주장하면서 그의 논리를 반박하고 있다. '명'

---

77 護法,『大乘廣百論釋論』권10(『대정장』제30책, p.247중).
78 圓測,『仁王經疏』(『한불전』제1책, p.17하).
79 圓測,『仁王經疏』(『한불전』제1책, p.17하).

에 대한 유가학도와 청변의 인식이 서로 다른 것이다.

다음에는 유가학도가 경에 대한 그의 해석을 논파하는데, 문장에 세 개의 절이 있다. 처음에는 '이치에 맞지 않다'고 총괄해서 표명했고, 다음에는 '네 가지 과실을 따로따로 나타냈으며', 마지막에는 결론지어 '경과는 어긋난다'고 논파했다. 처음에 총괄적으로 논파하면서 "이 해석은 맞지 않으니, 뜻이 모순되기 때문이다"라고 하였다. 다음에 네 가지 과실이란 다음과 같다. "첫째, 만일 명언이 대상에는 있는 것이 아니기 때문에 무라고 한다면, 대상도 명언에는 없는 것인데 어째서 유라고 하겠는가. 둘째, 또 그 대상에 대해 건립된 명언은 이미 인연으로 생긴 것이므로 대상과 마찬가지로 유일 것이다. 셋째, 만일 허망하게 집착된 능전 名의 자성이 무라면, 허망하게 집찬된 소전義의 그 자성이 어찌 유이겠는가. 넷째, 명언은 세속을 따르자면 전표詮表하는 기능이 있는데도 그대는 그것이 의타기성이라는 것을 인정하지 않는다. 그런데 대상도 세속을 따라서 가립해서 '기능이 있다'고 설한 것인데 어째서 그것을 변계소집이라고는 인정하지 않는가." 마지막으로 결론지어 논파한다. "세속에서 가립한 능전과 소전이 무라면 마땅히 다 같이 무여야 하고 유라면 마땅히 똑같이 유여야 한다. 어째서 경에서 하나는 유이고 하나는 무라고 설하겠는가. 그러므로 그대가 말한 것은 경의 뜻과는 부합되지 않는다."[80]

유가학도는 경전에 대한 청변의 문장 해석에 대해 '이치에 맞지 않다', '네 가지 과실을 따로 따로 나타냈다', '경전과는 어긋난다'는 세 개의 절로 논파하고 있다. 청변은 '명'은 변계소집이고 '의'는 의타기라고 했다.

---

[80] 圓測, 『仁王經疏』(『한불전』 제1책, p.17하).

하지만 이것에 대해 유가학도는 '명名은 의타기이다'고 반박하였다. 그런데 둘째의 '그 대상에 의해 건립된 명언은 이미 인연으로 생긴 것이므로 대상과 마찬가지로 유有일 것이다'는 과실에 대해서도 이론이 있다. 여기서도 '언어'에 대한 유가학도와 청변의 인식 차이가 극명하게 드러나고 있다.

유식학 내에도 '명名'이 의타기이고 '의義'는 변계소집이라는 견해가 있다. 여기서 '명'은 분별하는 식에 내재된 언어적 세력을 일컫는다. 이 때문에 의타기의 식에 내재된 이런 '명언종자' 즉 '언어적 힘들'로 인해서 언어의 대상들이 현현하는 이것을 '의'라고 하는 것이다.[81] 이것은 명名을 변계소집으로 보는 청변의 주장과 닿는 부분이다.

넷째의 '명언은 세속을 따르자면 전표詮表하는 기능이 있는데도 그대는 그것이 의타기성이라는 것은 인정하지 않는다'는 과실에 대해서도 이론이 있다. 의義가 세속적 관점에서 보면 전혀 없는 것이 아니기 때문에 '유'라고 했다면, 같은 논리로 '명'도 세속적 관점에서 보면 어떤 기능을 하고 있기 때문에 '의타기의 유'라고 인정해야 하지 않는가라고 반문하고 있다.

이것은 '세속적 관점에서 보면 의미의 세계 즉 언어로 지시되는 대상들은 어떤 기능이 있다는 의미에서 의타기라고 했는데 그렇다면 바로 그 이유에서 그것을 변계소집으로 볼 수는 없는가'라는 반문이라고 할 수 있다. 이처럼 원측은 세친의 『섭대승론석』을 원용하여 논의를 풍부하게 하고 있다. 그리하여 원측은 중관파인 청변의 주장에 대응하여 유가파인 세친과 호법 등의 주장을 원용해 논의를 확장시킬 뿐만 아니라 두 주장을 회통시키려 시도하고 있다.

---

81 世親, 『攝大乘論釋』 권5(『대정장』 제31책, p.343중).

다음에는 청변이 자기의 주장을 증명하기 위해 다시 경전의 말을 인용한다. "이러이러한 이름을 건립함에 따라서 저러저러한 법을 나타낸다. 저것은 모두 자성이 있지 않으니 법성이 모두 그러하기 때문이네."[82]

유가학도의 반론에 대해 청변은 자기의 주장을 증명하려고 다시 경전의 말을 원용하였다. 이것에 대해 유가학도는 다시 비판한다.

다음에는 유가학도가 경을 [인용한 것에 대해] 논파한다. "경의 의도는 명언이 대상에는 없음을 설하려는 것이 아니라 '소전의 법성'所詮法性은 '유'가 아님을 설하려는 것이다. 모든 법성에 대해 말하자면, 모두 [명언으로] 나타낼 수 없는 것이다. 명언에 의해 나타나는 것은 모두 공상共相이고, 제법의 자상自相은 모두 명언이 끊어진 것이니, 자상은 무가 아니고 공상은 유가 아니다. 이 게송은 소전의 자성이 없음을 간략히 설한 것이지, 능전의 그 자성이 실유함을 말하는 것은 아니다. 따라서 게송에서는 다만 '저것(소전의 법성)의 자성은 유가 아니다'라는 말도 했어야 한다."[83]

우리가 만나는 모든 이름은 사물의 공상인 보편상에 의해 가립된 것이다. 보편상은 하나의 이름에 의해 우리의 의식에 알려지는 것이다. 이와 달리 사물의 자상인 특수상은 언어를 매개로 하지 않는 직접 지각現量에 의해 알려진다. 이 때문에 유가학도들은 보편상은 마음에 의해 관념으로 구성된 '허구'이고, 특수상은 사물 그 자체의 모습인 '실재'라고 본다. 동시에 유가학도는 '자상은 무가 아니고 공상은 유가 아니다'고 보는 것이다. 이러한 유가학도의 관점에 대해 청변은 다시 반론을 제기한다.

---

82 圓測, 『仁王經疏』(『한불전』 제1책, p.17하).
83 圓測, 『仁王經疏』(『한불전』 제1책, p.17하).

다음에는 청변이 의타기성은 무無라는 것을 증명하기 위해서 다시 경에서 설한 간략한 게송을 인용한다. "생하는 법은 조금도 없고/ 멸하는 법은 조금도 없으니/ 깨끗한 견見으로 제법을 관하면/ 유有도 아니고 무도 아니네."[84]

이에 대해 유가학도가 또 이 설을 논파한다. "이 게송의 의도는 변계소집성의 자성과 차별, 능전과 소전은 그 체가 다 공하여 생함도 없고 멸함도 없으며, 집착을 떠난 깨끗한 견見으로 모든 세간을 관하면 인연으로 생긴 것은 무도 아니고 유도 아님을 나타내려는 것이다. 따라서 이 게송은 의타기가 무無임을 증명하는 것은 아니다."[85]

유가학도의 '인연으로 생긴 것은 무도 아니고 유도 아니다'는 이러한 주장에 대해 청변은 다시 반박한다.

다음에는 청변 보살이 경을 인용하여 의타기성이 공空함을 증명한다. "따라서 계경에서는 다음과 같이 말했다. '제법은 연을 따라 일어나지만 연緣과 법法이 둘 다 없는 것이다. 이와 같이 바르게 아는 것을 일컬어 연기에 통달했다고 한다. 법이 연을 따라 생긴 것이라면 이 법은 모두 자성이 없고, 법이 모두 자성이 없다면 이 법은 연으로 생긴 것도 아니다."[86]

다시 유가학도가 그 경을 다음과 같이 회통시킨다. "이와 같이 두 경은 연생법緣生法을 설하는데, 비록 자성이 없다고 해도 서로 어긋나는

---

84 圓測, 『仁王經疏』(『한불전』 제1책, p.17하).
85 圓測, 『仁王經疏』(『한불전』 제1책, p.18상).
86 圓測, 『仁王經疏』(『한불전』 제1책, p.18상).

것은 아니다. 연을 따라 생기는 법에는 두 종류가 있다. 첫째는 변계소집성이고, 둘째는 의타기성이다. 이 경의 의도는 변계소집자성이 유가 아님을 밝히려는 것이지, 의타기성이 [유가 아님을] 설하려는 것은 아니다. 만일 의타기를 자성이 전혀 없다고 설했다면 바로 염법染法·정법淨法 두 가지를 모두 무無라고 부정한 것이다. 이것을 악취공惡取空이라고 하니, 자기와 남을 모두 해치는 것이다."[87]

유가학도가 처음에 사용했던 변계소집의 무와 의타기의 유를 증명하기 위해 인용했던 경전의 한 구절인 '허망한 분별'妄分別은 허망분별 즉 식識 자체를 일컫는다. 이처럼 유가학도는 허망한 분별인 식 자체를 긍정함으로써 의타기의 유를 정당화하고 있다. 삼성론을 지지하는 원측도 의타기의 유를 긍정하고 있다.

다음에는 청변이 말한다. "이 허망한 분별을 누가 차단할 수 있겠는가. 정견正見을 얻을 때 저절로 제거된다는 말인가."[88]

청변은 허망한 분별을 팔정도의 정견을 얻을 때 저절로 제거된다고 보고 있다. 이와 달리 유가학도는 바른 세계관은 결국 망분별妄分別 즉 허망한 분별인 식 자체의 긍정에서 이뤄진다고 보고 있다. 이처럼 원측은 유가학도와 청변의 논변을 재구성하여 의타기의 유성과 의타기의 공성에 대해 논변한 뒤 호법의 학설을 원용하여 유가학도와 청변 학설을 비판적으로 종합하고 있다.

---

[87] 圓測, 『仁王經疏』(『한불전』 제1책, p.18상).
[88] 圓測, 『仁王經疏』(『한불전』 제1책, p.18상).

3. 호법의 유가학도와 청변의 비판 – 대승의 불이중도 깨닫기

위에서 미륵-무착/세친-호법-진제의 사상을 잇는 유가학도와 중관논사인 성천聖天-청변의 논변을 소개하였다. 여기에서는 논주인 호법이 유가학도와 중관논사의 주장을 모두 논파하면서 자신의 주장을 보여주고 있다. 원측은 유가학도와 청변의 논변을 재구성하면서 호법의 공유 비판을 원용하여 불설의 핵심인 중도를 건립하여 이들의 논의를 회통하고 있다.

호법 보살은 공空과 유有에 대한 두 가지 집착을 짝지어 논파하고 중도中道를 건립하고서, 의타기성은 공도 아니고 유도 아니라고 하였다. 따라서 그는 다음과 같이 덧붙인다. "이와 같은 부류들은 견해가 달라짐에 따라서 성인의 말씀과는 괴리된 채 여러 분파를 이루게 되었으니, 서로 쟁론을 일으켜서 각기 한 극단에 집착한다. 이미 악견의 객진번뇌塵垢를 제거할 수 없는데, 어찌 모든 불세존께서 설하신 대승의 청정한 묘지妙旨에 계합할 수 있겠는가. 아직 진리를 이해하지 못하고 자기의 집착執情을 따라 자기는 옳고 남은 그르다고 하니 매우 두려워할 만하다. 마땅히 공과 유의 양극단에 대한 집착을 버리고 대승의 불이중도不二中道를 깨달아야 할 것이다.[89]

호법은 공과 유에 대한 두 가지 집착을 모두 논파하고 중도를 건립하여 의타기성은 공도 아니고 유도 아니라고 하였다. 그리하여 공집과 유집을 버리고 대승의 불이중도를 깨달아야 한다고 역설하였다. 원측은 이를 뒷받침하기 위해 호법의 『광백론석론』을 원용하여 논증을 덧붙인다.

---

[89] 圓測, 『仁王經疏』(『한불전』 제1책, p.18중).

자세하게 설하면 저 『광백론석론』과 같다.

질문: 호법종은 이를테면 『성유식론』처럼 의타기를 버리지는 않는데 어째서 이 논에서는 의타기는 공도 아니고 유도 아니라고 했는가?

해설: 호법의 바른 종지는 『성유식론』과 마찬가지로 의타기를 버리지 않는 것이다. 그런데 호법은 지금 성천聖天이 논한 뜻을 성립시키려 했기 때문에 중도를 건립한 것이니, 서로 어긋나는 것은 아니다. 한편에서는 다음과 같이 말한다. "호법의 바른 종지는 중도의 뜻을 세우는 것이지만 『성유식론』은 유가종을 서술한 것이므로 또한 서로 어긋나는 것은 아니다."[90]

호법은 의타기를 버리지는 않는데 어째서 의타기는 공도 아니고 유도 아니라고 했는가?라고 묻는다. 여기에 대해 원측은 호법이 성천(제바)의 논지를 성립시키기 위해 공집과 유집을 지양한 중도를 건립하였고 그 중도의 자리에 '의타기'를 배정했다고 보았다. 그가 중도의 자리에 의타기를 배정했다고 본 것은 결국 호법은 『성유식론』을 집성한 유가종의 일원이었기 때문이며 그가 유가종의 이론을 세우기 위해서였다고 본 것이다. 이처럼 원측은 원융적 독법에 입각한 경전관을 보여주었고 회통적 관점에 의거한 학문관을 보여주었다.

---

[90] 圓測, 『仁王經疏』(『한불전』 제1책, p.18중).

V. 공유 이집과 무유 이상의 중도적 종합

1. 청변과 호법의 원융적 독법 _ 용맹/제바/라후와 자씨/무착/세친의 대비

원측은 용맹(용수)을 계승한 청변을 호법과 대비하면서 불설의 핵심인 중도의 입장에서 공집과 유집을 비판적으로 통섭하였다. 그는 『성유식론소』(집일본)에서 현장 삼장의 해석을 인용하면서 청변과 호법의 공유空有 논변에 대한 자신의 견해를 덧붙이고 있다.

> 붓다가 멸도한 뒤 삼백 여년에 이르러 용맹勇猛이라는 대보살이 남인도에서 세상에 출현하여 『중론』등과 같은 여러 논서를 널리 지어 소승을 논파하고 대승 학종의 무상無相의 이치를 현양하였다. 때마침 제바提婆라는 보살이 세상에 출현하여 라후羅侯 법사 등과 함께 용맹보살의 설을 공부하여 저 소승의 '법은 결정코 존재한다는 집착'執法定有을 논파하자 대승의 무상의 이치가 세상에 성행하였다. 구백 년이 지났을 무렵, 다시 무착無著 보살과 세친世親 보살이 동시에 출현하여 『해심밀경』과 『유가사지론』등에 의거하여 널리 여러 논서를 지어 팔식八識과 삼성三性의 제법을 갖추어 밝히고 일체법이 오직 무성無性이지만은 않음을 밝혔다. 그때가 되자 대승 학종의 유종有宗이 바야흐로 유포되었다. 비록 이렇게 공유空有의 두 설이 있기는 하지만, 불법은 일미一味여서 논쟁이 있은 적이 없었다.[91]

원측은 『성유식론소』의 '현종顯宗 단[92]에서 현장의 주장을 인용하면서

---

91 圓測, 『成唯識論測疏』(支那內學院, 민국 24년 편집, 민국 27년 간행); 高榮燮, 『한국불교 서명 문아(원측)학통 연구: 문아대사』(서울: 불교춘추사, 1998), p.259.
92 圓測은 『成唯識論測疏』에서 '顯宗', '出體', '題名', '釋文'의 네 문으로 分科하고 있다.

공유 논쟁의 시원이 결국 삼성설에 대한 이해 차이에서 비롯되었다. 즉 그는 먼저 소승의 '삼세실유三世實有'와 '법체항유法體恒有'의 주장을 비판하고 대승 무상無相의 이치를 세운 반야가인 용맹 보살과 제바 보살과 라후 법사 등을 소개한다. 그 뒤 다시 팔식八識과 삼성三性의 제법을 갖추어 밝히고 일체법이 오직 무성無性이지만은 않음을 분명히 한 유가행가인 무착 보살과 세친 보살의 등장에 대해 언급하고 있다. 이것은 대승 무상의 이치를 주장한 반야 중관학에 이어 나타난 대승 유종有宗의 이치를 역설한 유가행 유식학의 등장을 소개하는 것이자 정당화하는 대목이라고 할 수 있다.[93]

원측은 공유空有 이집의 설이 제기되었지만 '불법은 일미'여서 붓다의 입멸 직후 천년 이래 논쟁이 있은 적이 없었음을 역설한다.

> 천 백년이 되자 청변淸辯 보살이 여러 『반야경』과 용맹勇猛 보살의 주장에 의거하여 『반야등론』과 『대승장진론』을 지어 무착 등의 유상대승有相大乘을 논파하였다. 그 무렵 호법護法은 『해심밀경』과 『유가사지론』 등에 의거하여 유종有宗을 수립하고는 공의空義를 논파하였다. 그러므로 『불지론』에서는 '불멸 후 천년 이전에는 불법이 일미였다'고 하였다.
> 질문: 자씨慈氏와 용맹의 공에 차이가 있는데 어째서 '천 년 이전에는 불법이 일미였다고 말하는가?'
> 대답: 용맹이 공을 설명할 때는 변계소집성과 의타기성을 구분하지 않아서 천년 이전에는 논쟁이 없었고, 천년 이후에는 호법과 청변이 각기 자기 학종學宗에 의거하여 그 교의敎意를 풀이하였다. 호법보살은 『대승광백론석』을 지어 그 교의를 풀이하면서 '변계소집에 의거해서만 공하다'라고 하였고, 청변보살은 『대승장진론』을 지어 그 교

---

[93] 고영섭, 앞의 글, 앞의 책.

의를 해석하면서 '변계소집 뿐만 아니라 나머지 (의타기와 원성실) 둘도 공하다'고 하였다. 이러한 교의들을 한꺼번에 표시하였기 때문에 '이때 대승이 비로소 공유에 대해서 논쟁하였다'고 하였다.[94]

붓다 당시에는 '불법이 일미'임에도 불구하고 공유 논변이 일어나게 된 이유는 존재의 세 가지 본성인 삼성에 대한 이해 차이에서 비롯되었다 즉 중관가인 청변이 무착 등의 유상대승을 논파하자 유식가인 호법은 유종有宗을 수립하고 공의空義를 논파하면서 비로소 공유 논변이 이루어졌다.[95] 존재에 대한 가유假/有의 시각에서 이루어진 삼성설과 공무空/無의 시각에서 이루어진 삼무성설의 입장 차이에서 시작되었다.

그리하여 청변보살은 변계소집과 의타기와 원성실성의 삼성 모두가 공하다고 밝힌 반면 호법보살은 변계소집에 의해서만 공하다는 밝힘으로써 비로소 공유 논변이 시작되었다. 결국 존재의 세 가지 본성에 대한 관점의 차이에서 비롯된 삼성설과 삼무성설로 이어지는 이 논변은 유식가들에 의해 삼성론의 담론으로 마무리되었다. 원측 역시 유식가의 삼성론에 입각하여 자신의 유식사상을 건립[96]하였다. 그리하여 청변과 호법 사상의 원융적 독법에 입각한 원측의 사상은 용맹/제바/라후의 사상과 자씨/무착/세친의 사상과의 동처와 부동처 사이에서 독자적인 면모를 보여주고 있다.

2. 진제와 현장의 회통적 관점 _ 원측과 규기의 대비

용맹(용수)과 미륵(자씨)의 사상을 이은 청변과 호법의 공집과 유집의

---

94 圓測, 『成唯識論測疏』; 高榮燮, 위의 책(서울: 불교춘추사, 1998), p.259.
95 고영섭, 앞의 글, 앞의 책.
96 고영섭, 앞의 글, 앞의 책.

논변은 원측에 의해서 철학적 수사학으로 활용되었다. 이들 두 논사의 논변을 번역한 진제와 현장 또한 원측에 의해 적극적으로 소환되었다. 원측은 『인왕경소』에서 청변과 호법을 대비하면서도 진제와 현장을 호명하면서 논의를 전개하였다. 이러한 소환과 호명은 다시 원측과 규기의 유식 이해의 차이로 이어졌다.

같은 유식가임에도 불구하고 공관空觀을 적극적으로 원용하는 원측과 달리 규기는 유관有觀에 입각하여 유식의 절대적 우월성을 주장한다. 또 원측은 구역 유식의 입장에서 신역 유식을 받아들인 반면 규기는 구역 유식의 관점을 배제한 채 오직 신역 유식의 입장에서만 자종의 논리를 전개한다.[97]

> 자씨보살은 진眞과 속俗의 도리를 말하면서 모두를 긍정竝存했고, 용맹대사는 공空과 유有의 도리를 말하면서 모두를 부정雙遣했다. 그러므로 부정遣과 긍정存이 위배되지 않으므로 유식唯識의 뜻이 더욱 빛나고, 부정과 긍정이 위배되지 않으므로 무상無相의 뜻이 늘 수립된다. 공이기도 하고 유이기도 하니 이제二諦의 종지가 순순히 이뤄지며順成, 유가 아니기도 하고 공이 아니기도 하니 중도中道의 이치에 계합하여 모아진다契會. 그러므로 미혹한 사람迷謬者은 공을 말하면서도 유에 집착하지만, 현명한 사람悟解者은 유를 말하면서도 공에 통달함을 알아야 할지니 불법의 깊은 근원이 어찌 이것이 아니겠는가? 다만 제접하고 유인하는 데에는 여러 방법이 있어 이치에 들어가는 길은 하나가 아니기 때문에 법왕께서는 세 가지 법륜을 설하셨다.[98]

---

97 고영섭, 앞의 글, 앞의 책.
98 圓測, 『解深密經疏』 권1(『한불전』 제1책, p.123중).

반야가인 용맹보살은 공空과 유有를 말하면서도 모두를 부정하고雙遣, 유가행가인 자씨보살은 진眞과 속俗을 말하면서도 모두를 긍정했다竝存. 이들은 불법의 근본인 중도中道와 이제二諦의 관점에 서서 긍정과 부정이 어긋나지 않으므로 유식의 뜻이 더욱 빛나고, 부정과 긍정이 어긋나지 않으므로 무상의 뜻이 항시 수립된다고 강조하였다. 이 때문에 미혹한 사람은 공空을 말하면서도 유有에 집착하지만, 현명한 사람은 유有를 말하면서도 공空에 통달할 수 있다고 역설한다. 다만 그 제접提接 유인誘引 방법에는 여러 가지가 있기 때문에 유식의 세 가지 법륜이 설해졌다고 말한다. 이 대목에서 원측은 삼시 교판의 정당성을 지지하고 있다.

붓다가 열반에 드시고 나서 일천 년이 지난 뒤 두 보살이 한 시대에 세상에 나왔으니 하나는 청변淸辨이었고 하나는 호법護法이었다. 이들은 각기 유정有情으로 하여금 붓다의 가르침을 깨달아 들게 하기 위하여 각기 공종空宗과 유종有宗을 세워 모두 붓다의 뜻을 완성하였다. 청변보살은 공空을 취하고 유有를 버림으로써 유有에 대한 집착을 없애게 하였고, 호법보살은 공空을 세우고 유有를 버림으로써 공에 대한 집착을 없애게 하였다. 그러므로 (청변이 세운) 공空은 곧 유有에 위배되지 않고, (호법이 세운 有인) 비무非無는 공空이 곧 색色이라는 교설에 위배되지 않았다. 본디 공空이면서도 또한 유有를 이루면 이제二諦를 수순하여 이루고順成, 비공非空이면서도 또한 비유非有를 이루면 중도中道와 계합하여 만나니契會 불법의 근본이 이것이 아니고 무엇이겠는가. … 하물며 두 보살이 서로 영향을 주어 중생들에게 이해시키려고 한 것이니 어찌 붓다의 뜻과 어긋나겠는가?[99]

---

[99] 圓測,『般若波羅密多心經贊』권1(『韓佛全』제1책, p.3상).

중관가인 청변은 공관空觀에 입각하여 유관有觀에 대한 집착을 버리게 하였고, 유식가인 호법은 유관에 의거하여 공관에 대한 집착을 버리게 하였다. 이들은 불법의 근본인 중도中道와 이제二諦의 관점에 서서 본디 공이면서 또한 유를 이루면 이제와 수순하여 이루고, 비공이면서 또한 비유를 이루면 중도와 계합하여 만난다고 역설한다. 이들의 관점들은 모두 중생들을 이해시키기 위하여 시설된 것이다.[100]

태현의 『성유식론학기』에 인용된 원효의 언급에 의하면 "호법은 공空과 유有 이성의 묘유二性妙有를 주장했고, 청변은 공空과 유有 이성의 묘무二性妙無를 주장했으며, 불공不空이 존재하므로 공空도 또한 존재하며, 유有를 버리면 무無도 또한 버리게 된다"고 했다.[101] 이들 대승불교의 주요 쟁점이었던 공유空有 논변은 다시 실크로드를 넘어 동아시아로 넘어왔다.

이러한 이들의 논의를 이어 진제 삼장은 섭론종의 개조가 되었고 자은 삼장도 법상종의 개조가 되었다. 이들은 각기 유가종에 의거했지만 안립제安立諦와 비안립제非安立諦에 대한 인식 차이를 보였다.

[첫째,] 진제 삼장은 그 순서대로 삼성을 모두 버리고 삼무성을 건립한다. ①분별성을 버리고 분별무상성分別無相性을 건립하고 ②의타성을 버리고 의타무생성依他無生性을 건립하며 ③진실성을 버리고 진실무성성眞實無性性을 건립한다. 하나의 진여에 의거해서 삼성을 버리기 때문에 삼무성을 세운 것이다. 구체적인 것은 『삼무성론』의 설과 같다. 그러므로 진제는 청변과 거의 동일하게大同 설한 셈이다. 그런데 차이점은, 청변 보살이 건립하면서도 [건립된 것을] 고수하지 않는데 비해, 진제 논사의 뜻

---

100 고영섭, 앞의 글, 앞의 책.
101 太賢, 『成唯識論學記』(『한불전』 제3책, p.484상).

은 삼무성을 비안립제非安立諦 [모든 상대적 차별을 넘어서 언어와 개념 등으로 표시될 수 없는 것]로 보존한다는 것이다.[102]

진제는 '하나의 진여에 의거해서' 삼성을 모두 버리고 삼무성을 세웠다. 그리하여 그는 분별성을 버리고 분별무상성, 의타성을 버리고 의타무생성, 진실성을 버리고 진실무성성을 건립하였다. 그런데 진제와 청변은 삼무성에 의거하면 거의 동일하지만, 청변이 건립하면서도 건립된 것을 고수하지 않는데 견주어 진제는 삼무성을 비안립제로 보존한다는 점에서 차이가 있다.

진제는 삼성의 차별적 의미들이 안립의 차원에서 시설된 것이라면, 삼무성은 그런 차별을 넘어서 있는 비안립의 세계를 드러낸 것이라고 보았다. 안립제가 언어나 개념 등을 사용하여 여러 가지 차별적 상들을 시설하는 것이라면, 비안립제는 모든 상대적 차별을 넘어서 있고 언어와 개념 등으로 표시될 수 없는 것이다. 이 대목에서 중관론자인 청변과 유식론자인 진제의 차이를 읽어낼 수 있다.

둘째, 자은 삼장은 변계소집성만 버리고 두 가지 자성은 버리지 않는다. [변계소집성은 범부의] 망정 속에는 있지만 이치상으로는 없고 [나머지 두 자성은] 이치상으로 있지만 망정 속에는 없다는, 두 가지 의미가 다르기 때문이다. 또 삼무성이란 그 순서대로 삼성에 대해 삼무성을 설한 것이다. 따라서 『삼십유식』에서는 "이 삼성에 의거해서 저 삼무성을 건립한다"[103]라고 하였다. 구체적인 것은 『성유식론』과 『해심밀경』 등의 설과 같다. 그러므로 청변과 호법 두 보살은 각기 자종自宗에 의거해서 이 경

---

102 圓測, 『仁王經疏』(『한불전』 제1책, p.17상중).
103 世親, 『唯識三十論頌』 권1(『대정장』 제31책, p.61상).

을 해석한 것이다.[104]

현장은 변계소집성만 버리고 의타기성과 원성실성은 버리지 않는다. 그는 범부의 망정 속에 있는 변계소집성은 버려야 하지만 이치상으로 없고, 의타기성과 원성실성은 이치상으로 있지만 망정 속에 없어서 두 의미가 서로 다르다고 보았다. 이 때문에 삼성에 의거해서 삼무성을 건립한다고 보았다. 청변과 호법의 입장이 다른 것도 모두 용맹종과 미륵종의 입장에 의거한 해석이라 할 수 있다.

원측과 원효와 태현으로 이어지는 신라계 사상가들은 청변과 호법의 공유 논변을 엄밀히 검토하여 불설의 핵심인 중도의 관점에 서서 화회시켜 내었다. 이들 모두는 중생들을 깨우치기 위해 동일한 지향과 의지를 지니고 있었다. 특히 유식가였던 원측은 반야의 공空性관을 수용하여 중관과 유식의 통로를 열어둠으로써 무상無相 유식을 지향하였다. 반면 같은 유식가였던 규기는 유식의 유假有관에 치중하여 중관과 유식의 통로를 닫아버림으로써 유상有相 유식을 지향하였다.[105]

원측이 유식가이면서도 반야중관사상을 받아들인 것은 인간의 구원을 중시하는 그의 종교적 관점 때문인 것으로 보인다. 원측의 이러한 관점은 중생을 평등한 존재일 뿐만 아니라 무한한 가능성을 지닌 존재로 파악하고 있었기 때문이었다. 원측의 일성개성一性皆成설은 여기에 기초한 것이었다.[106]

반면 규기의 오성각별五性各別설은 중생을 차별적 존재일 뿐만 아니라 유한한 한계성을 지닌 존재로 파악하고 있음을 보여주고 있다. 이러한 관점은 인간 이해와 세계 인식의 차이에서 비롯된 것으로 짐작된다. 원

---

104 圓測, 『仁王經疏』(『한불전』 제1책, p.17상중).
105 고영섭, 앞의 글, 앞의 책.
106 고영섭, 앞의 글, 앞의 책.

측이 규기의 유상 유식의 관점과 달리 무상 유식의 관점에 선 것 역시 이러한 측면에서 이해할 수 있다.[107] 이처럼 진제와 현장 사상의 회통적 관점에 의거한 원측의 사상은 호법-현장의 설에만 충실했던 규기의 사상과 크게 대비된다.

VI. 대승의 불이중도 각성 역설

서명 문아西明圓測/文雅, 613~696 원측의 저술은 19부 80여 권 내지 23부 108여 권에 이른다. 그런데 이들 각 저술들의 '이명 동서'異名同書 여부와 정확한 권차 등을 확정하기는 어렵다. 현존하는 것은 『성유식론소』(집일본), 『불설반야바라밀다심경찬』, 『무량의경소』, 『해심밀경소』, 『인왕경소』 등 5종이다. 그의 최만년작인 『인왕경소』의 원전이자 호국 신앙의 근거가 되었던 『인왕경』은 불법의 내호가 곧 외호임을 보여주는 경전이다. 이 경전은 관공觀空이라는 자리행, 십지十地의 교화라는 이타행, 자리와 이타의 근거로서의 이제二諦의 불이不二를 통한 내호內護의 해석을 보여주며, 이 경전의 독송을 통한 호국護國과 호신護身의 효과를 통한 외호外護의 해석을 보여준다.

원측이 이해한 진제는 '하나의 진여에 의거해서' 삼성을 모두 버리고 삼무성을 세웠다. 그리하여 그는 분별성을 버리고 분별무상성, 의타성을 버리고 의타무생성, 진실성을 버리고 진실무성성을 건립하였다. 그런데 진제와 청변은 삼무성에 의거하면 거의 동일하지만大同, 청변이 건립하면서도 건립된 것을 고수하지 않는데 견주어 진제는 삼무성을 비안립제로 보존한다는 점에서 차이가 있다.

---

107 고영섭, 앞의 글, 앞의 책.

또 원측이 인식한 현장은 변계소집성만 버리고 의타기성과 원성실성은 버리지 않는다. 그는 범부의 망정 속에 있는 변계소집성은 버려야 하지만 이치상으로 없고, 의타기성과 원성실성은 이치상으로 있지만 망정 속에 없어서 두 의미가 서로 다르다고 보았다. 이 때문에 삼성에 의거해서 삼무성을 건립한다고 보았다. 원측은 청변과 호법의 입장이 다른 것도 모두 용맹종과 미륵종의 입장에 의거한 해석 때문으로 보았다. 이처럼 원측은 원융적 독법에 입각한 경전관을 보여주었고 회통적 관점에 의거한 학문관을 보여주었다.

원측이 의거한 호법은 용수의 공과 자씨의 유에 대한 두 가지 집착을 모두 논파하고 중도를 건립하여 의타기성은 공도 아니고 유도 아니라고 하였다. 그는 공집과 유집을 버리고 대승의 불이중도不二中道를 깨달아야 한다고 역설하였다. 원측은 이를 뒷받침하기 위해 호법의 『대승광백론석론』을 원용하여 논증을 덧붙였다. 동시에 그는 소승의 살바다종과 경부종, 대승의 용맹종과 미륵종의 주장을 원용하여 인식과 사유의 너비를 넓힌 뒤에 이들 논의를 불설의 핵심인 중도사상으로 통합해 가고 있다. 따라서 원측의 최만년작인 『인왕경소』는 철학자이자 번역가로서의 성숙한 사상과 면모를 보여주는 저작이자 그의 대표작이라고 할 수 있다.

■ 참고문헌

오백 아라한(法救·妙音·世友·覺天), 『大毘婆沙論』 권126(『대정장』 제29책).

衆賢, 『順正理論』 권3(『대정장』 제29책).

世親, 『唯識三十論頌』 권1(『대정장』 제31책).

世親, 『攝大乘論釋』 권5(『대정장』 제31책).

護法, 『大乘廣百論釋論』 권10(『대정장』 제30책).

원측, 『般若婆羅般若密多心經讚』(『한불전』 제1책).

원측, 『無量義經疏』(『한불전』 제15책).

원측, 『解深密經疏』(『한불전』 제1책).

원측, 『仁王經疏』(『한불전』 제1책).

沈玄明, 「成唯識論後序」.

太賢, 『成唯識論學記』(『한불전』 제3책).

唐 智昇 『開元釋敎錄』(730년, 『대정장』 제55책).

崔致遠(857~?)의 「故譯經證義大德圓測和尙諱日文」(이하 휘일문).

贊寧(919~1001)의 「송고승전』(982~988)「唐京師西明寺圓測法師傳」(이하 원측전).

宋復(?~1115)의 「大周西明寺大德圓測法師佛舍利塔銘幷書」(이하 탑명).

韓淸淨 편, 『成唯識論測疏』(支那內學院, 민국 24년 편집, 민국 27년 간행).

趙明基, 『신라불교의 이념과 역사』(서울: 경서원, 1962; 1982).

동국대학교 불교문화연구소, 『한국불교찬술문헌목록』(서울: 동국대학교출판부, 1976).

신현숙, 「新羅唯識學の典籍章疏」, 김지견·채인환 편, 『新羅佛敎硏究』(경도: 山喜房佛書林, 1980), pp.189~198.

湯用彤, 『隋唐佛教史考』(북경: 중화서국, 1982) - 1931년 鉛印本.

鎌田茂雄, 『中國佛敎史』, 정순일 역(서울: 경서원, 1985).

楊廷福, 『玄奘年譜』(북경: 중화서국, 1988).

上山春平 외, 『佛敎の思想』, 박태원· 이영근, 『불교의 역사와 기본사상』(대원정사, 1989).

三枝充德, 『세친의 삶과 사상』, 송인숙 역(서울: 불교시대사, 1993).

陳景富, 『中韓佛敎關係一千年』(북경: 종교문화출판사, 1999).

남무희, 『신라 원측의 유식사상 연구』(서울: 민족사, 2009).

백진순, 「원측의 『인왕경소』 해제」, 『한글본 한국불교전서 신라1: 인왕경소』(서울: 동국대출판부, 2010).

高榮燮, 『한국불교 서명 문아(원측)학통 연구: 문아대사』(서울: 불교춘추사, 1998).

高榮燮 외, 『동아시아 속 한국 불교사상가』(서울: 동국대학교출판부, 2014).

吉田道興, 「西明寺圓測の敎學」, 『印度學佛敎學硏究』 25 - 1, 인도학불교학회, 1976.

高榮燮, 「문아 원측의 『성유식론소』의 연구」, 『문학 사학 철학』 제14호, 대발해동양학한국학연구원 한국불교사연구소, 2008 가을.

高榮燮, 「동아시아 불교에서 유식 법상의 지형도: 원측 유식과 규기 유식의 동처와 부동처」, 『불교학보』 제61집, 동국대학교 불교문화연구원, 2012.

조경철, 「원측의 승의제에 대한 이해와 동아시아 여왕시대의 성불론」, 『원측 해심밀경소의 승제제상품 연구』(성남: 한국학중앙연구원출판부, 2013).

김도욱(도욱), 「문아 원측의 無量義經疏 연구」, 동국대학교 대학원 불교학과 박사논문, 2024.2.

이종철, 「원측의 저술순서의 성립연대」, 『한국학』 제176호, 한국학중앙연구원, 2024.9.

제2장

분황 원효는 무엇을 깨쳤고 어디에서 깨쳤을까?
- '중도일심'과 경기도 화성시 '당성 인근의 마도면 일대 무덤' -

Ⅰ. 깨침과 영장

Ⅱ. 중도연기와 중도일심

Ⅲ. 원효의 유학길 - 鷄立嶺路

Ⅳ. 원효의 오도처 - 靈場處

Ⅴ. 깨침 이후 원효의 삶

Ⅵ. 중도일심과 화성 당성 인근 무덤

I. 깨침과 영장

 깨침[1] 혹은 깨달음[2]이란 무엇일까? '깨침'이 무명의 껍질을 깨고 즉각적으로 '눈을 뜨고 체득하는 것'이라면, '깨달음'은 어둠의 각질에 대해 점차적으로 '눈을 뜨고 이해하는 것'으로 볼 수 있다. 온몸으로 살게 되는 '체득'體得과 머리와 가슴으로 알게 하는 '이해'理解는 엄밀하게 구별되는 것이다.
 여기서 '증험證驗적 깨침'은 어떻게 살게 하고 '이해理解적 깨달음'은 어떻게 알게 하는 것일까? 고타마 싯다르타기원전 624~544는 '감각적 쾌락에 대한 욕망이나 악하고 불건전한 상태와는 관계없는 즐거움에 대해 두려워하지 않고'[3] 숙명통과 천안통과 누진통의 삼명三明 신통을 얻었다.[4] 고타

---

1 高榮燮(c),「깨침 혹은 깨달음이란 무엇인가-고타마 싯다르타의 중도(中道) 연기(緣起)와 분황 원효의 일심(一心) 일각(一覺)-」,『불교철학』제3집, 동국대학교 세계불교학연구소, 2018. 우리말 두 음절의 '깨침'이 궁극적 깨달음인 '證悟적 측면'이라면, 우리말 세 음절의 '깨달음'은 점차적 깨달음인 '解悟적 측면'이라 할 수 있을 것이다. 음절의 차이에서도 차이가 나듯이 '깨침'이 卽刻적인 頓悟적 깨침이라면, '깨달음'은 漸次적인 漸修적 깨달음이라고 볼 수 있을 것이다. 빠알리 문헌 속의 '깨침'을 표현하는 용어는 '보디'(bodhi), '삼보디'(sambodhi)가 있고, 벽지불과 아라한의 깨달음과 구별되는 붓다의 깨침을 일컫는 '아비삼보디'(abhi-sambodhi)와 '삼마삼보디'(sammā-sambodhi)도 사용되고 있다. 또 위없이 바르고 원만한 깨달음을 가리키는 '아눗따라삼마삼보디'(anuttara-sammā-sambodhi)가 있으며, 나아가 '위뭇띠냐나'(vimuttiñāṇa) 등이 있다. 반면 漢譯에서는 '覺' 계열의 一覺, 本覺, 始覺, 不覺 등과 '悟' 계열의 頓悟/證悟, 漸悟/解悟, 등이 있으며, 경우에 따라서는 '道'로 의역되었다. 영어로는 '인라이튼먼트'(enlightenment)와 '어웨이크닝'(awakening)으로 번역되고 있다.
2 Rhys Davids & William Stede, *Pali-English Dictionary*, PTS, 1986, p.491. 이 사전에서 '깨달음'은 '궁극적 체득/이해'(supreme knowledge), '깨침/깨달음'(enlightenment), '붓다에 의해 성취된 체득/이해'(the knowledge possessed by Buddha) 등으로 풀이하고 있다.
3 전재성 역,『쌋짜까에 대한 큰 경』(Mahāsaccakasutta, M1: 237),『맛지마 니까야』(한국빠알리성전협회, 2009), pp.451~454; 대림 역,『맛지마 니까야』(초기불전연구원, 2012), pp.179~181.
4 高榮燮(c), 앞의 글, 앞의 책.

마 싯다르타는 중도연기의 깨침을 통해 석가모니 붓다로 탈바꿈하였다.

대승불전인 『금강경』은 고타마 싯다르타는 우리가 지닌 인간의 눈^{肉眼}, 천인의 눈^{天眼}, 이승의 눈^{慧眼}, 보살의 눈^{法眼}을 넘어 붓다의 눈^{佛眼}을 얻은 존재가 되었음을 보여주고 있다.[5] 그는 인간의 눈, 천인의 눈, 이승의 눈, 보살의 눈을 거쳐 붓다의 눈을 얻어 '모든 존재를 있는 그대로 볼 수 있었으며' '차원 높은 인간의 길'을 보여주었다. 그리하여 붓다는 우리 눈앞의 온갖 경계와 유혹에 붙들리지 않으면서[6] 모든 존재자의 '치우침이 없는 본래마음'인 중도와 모든 존재자의 '치우침이 없는 존재원리'인 연기를 가르쳐주었다.[7]

원효617~686는 의상義湘, 625~702과 함께 두 차례 유학을 떠났다. 그는 661년에 두 번째 유학의 도중 경기도 화성 당항성의 인근 마도면의 한 무덤 속에서 감분불이龕墳不二의 도리를 깨쳐 중도일심을 펼쳐내었다. 원효는 어젯밤의 땅막龕에서 극락같이 달콤한 잠을 잤던 일과 오늘밤의 무덤墳에서 지옥같이 괴로운 잠을 잤던 일이 둘이 아니라不二는 인식의 전회를 통해 깨침을 얻고 '일심'과 '일각'을 전하였다. 이 글에서는 그가 무엇을 깨쳤고 어디에서 깨쳤을까에 대해 살펴보고자 한다.

II. 중도연기와 중도일심

붓다는 '중도'를 깨쳐 각자覺者가 되었고 '연기'를 발견해 견자見者가 되었다. 이 때문에 붓다의 깨침은 '중도연기'라고 할 수 있다. 중도는 모

---

5 鳩摩羅什 역, 『金剛般若波羅密經』 제18분 '一體同觀分'.
6 高榮燮(c), 앞의 글, 앞의 책.
7 高榮燮(f), 「분황 원효의 중도일심과 퇴옹 성철의 중도무심」, 『불교철학』 제13집, 동국대학교 세계불교학연구소, 2023.10.

든 존재자의 '치우침이 없는 본래마음'이며, 연기는 모든 존재자의 '치우침이 없는 존재원리'이다. 처음에 싯다르타는 이 세상의 창조주인 브라흐만의 전변설에 입각해 정신적 수양을 강조하는 바라문의 수정주의를 비판하였다. 이어서 그는 허공 중에 독립해 상주하는 원자 요소들의 적취설에 입각해 육체의 세력을 약화시키고 정신의 자유로움을 추구하는 고행주의를 부정하였다.[8]

싯다르타는 알라라 깔라마의 무소유처정과 웃타카 라마뿟따의 비상비비상처정에 순식간에 도달한 뒤 이들 요가 수행자들의 후계자 제안을 뿌리치고 떠났다. 그는 보리수 아래 앉아 색계의 초선, 이선, 삼선, 사선을 거쳐 무색계의 공무변처, 식무변처, 무소유처, 비상비비상처를 넘어 중도를 깨치고 연기를 발견했다. 싯다르타는 밤의 초야初夜에 도달한 첫 번째 앎에서 전생의 여러 가지 삶의 형태를 구체적으로 상세히 기억했다. 그는 밤의 중야中夜에 도달한 두 번째 앎에서는 인간을 뛰어넘는 청정한 하늘눈으로 뭇삶들을 관찰하여, 죽거나 다시 태어나거나 천하거나 귀하거나 아름답거나 추하거나 행복하거나 불행하거나 업보에 따라서 등장하는 뭇 삶들에 관하여 분명히 알았다. 그리고 싯다르타는 밤의 후야後夜에 도달한 세 번째 앎에서는 사성제를 있는 그대로 알고 나서 감각적 쾌락에 대한 욕망에 의한 번뇌慾愛, kāmataṇhā, 존재에 의한 번뇌有愛, bhataṇhā, 무명에 의한 번뇌無明愛, avijjtaṇhā에서 마음이 해탈되었으며, 해탈되었을 때에 나에게 '해탈되었다'는 앎이 생겨났다.[9]

그리하여 싯다르타는 '스스로 태어남은 부서지고, 청정한 삶은 이루어졌으며, 해야 할 일은 다 마치고, 더 이상 윤회하지 않는다'[10]고 분명히

---

8 高榮燮(c).
9 Pps.II. 285. 전재성, 역, 위의 책, p.439의 주석 645) 참조.
10 『雜阿含經』(『대정장』제2책). 한역에서는 "我生已盡, 梵行已立, 所作已作, 自知不受後有."로 적고 있다.

알았다'고 하였다. 그리고 나서 그는 '참으로 방일하지 않고 열심히 정진하고 스스로 노력하는 자에게 그것이 나타나듯, 무명이 사라지자 명지明智가 생겨났고 어둠이 사라지자 광명光明이 생겨났다'고 하였다. 하지만 '나의 안에서 생겨난 즐거운 느낌은 나의 마음을 사로잡지 않았다'고 고백하고 있다. 이어서 싯다르타는 대화가 끝나면 언제나 항상 닦는 이전과 같은 '삼매의 인상'으로서 사념처 즉 네 가지 새김念의 토대가 되는 '공空의 경지의 성취空果等持, suññstaphalasamāpatti를 닦는다고 언표하였다[11]고 알려져 있다. 이처럼 싯다르타는 출가 이후 알라라 깔라마와 웃따까 라마뿟따를 통해 고행 수행을 거치고 이어 선정 수행을 통해 초선, 이선, 삼선, 사선을 거치고 다시 공무변처, 식무변처, 무소유처, 비상비비상처를 거쳐 중도와 연기 즉 팔정도와 십이연기를 깨달았다.[12]

원효 사상의 핵심은 대개 일심, 화쟁, 무애, 부주열반, 무이중도 등의 기호로 이해되어 왔다. 최근에는 '통섭' 개념을 원효 철학의 핵심으로 보려고도 한다.[13] 논자는 원효 철학의 핵어는 일심一心이지만[14] 일심(지원)으로 붓다의 중도 개념을 달리 표현했다는 점에서 원효 사상의 핵심 개념을 '중도일심'中道一心으로 파악[15]해 볼 수 있다고 생각한다.

원효는 자신의 저술에서 붓다의 '중도연기'를 다양하게 변주해 사용하고 있다. 그는 경전을 풀이하며 일심(지원)을 자신의 철학적 기반으로 사

---

11 Pps.II. 285. 전재성, 역, 위의 책, p.439의 주석 645) 참조. 譯者는 싯다르타는 몸의 수행을 관찰하는 것은 위빠싸나로, 마음의 수행을 멈추는 것은 사마타로 주석하고 있다. 이것을 身受心法의 四念處를 적용하면 몸의 수행은 위빠싸나로, 마음의 수행은 사마타로 보는 것이 된다. 여기에서 受는 身의 염처에, 法은 心의 염처에 속하는지 혹은 속하지 않는지 분명하지 않다.

12 高榮燮(c).

13 박태원, 『원효의 통섭철학: 치유철학으로서의 독법』(서울: 세광출판사, 2021).

14 高榮燮(e), 「분황 원효의 일심사상과 인공지능은 어떻게 만날 수 있는가」, 『문학 사학 철학』 제74호, 대발해동양학한국학연구원 한국불교사연구소, 2023.9.

15 高榮燮(c)

용하였다. 그런데 그의 일심(지원)은 양 극단의 치우침이 없는 존재자의 본래마음(일심지원)이며 이 본래마음은 중도의 다른 표현이었다. 따라서 원효 철학의 핵어는 '중도일심'으로 부를 수 있을 것이다.

원효는 7세기 중엽에 신라에서 성립된 『금강삼매경』에 대해 그의 대표 저작으로 평가받는 『금강삼매경론』[16]을 펴냈다. 여기에서 그는 『경』을 풀어낸 『론』에서 중도 개념을 다양해서 변용해 사용하고 있다. 원효는 중도 개념을 풀어내면서 '일중도관', '중도제일의제', '중도제일의제관', '중도일미', '무이중도', '중도법', '중도일실', '중도정혜명' 등 다양한 용어를 사용하고 있다. 그 중에서도 그는 「입실제품」에서 자신의 중도관의 구조를 잘 보여주고 있다.

원효는 『금강삼매경』에서 세 가지 공三空을 밝히는 대목에서 '공상도 공하다'空相亦空, '공공도 공이다'空空亦空, '소공도 공이다'所空亦空을 제시하면서 속제, 진제, 속제중도, 진제중도, 비진비속무변무중의 중도를 전개하고 있다. 그는 '진금을 녹여서 장엄구를 만들고'(속제, 진제), '장엄구를 녹여서 금단지를 만들며'(속제중도), 이제를 녹여 일법계/일심을 나타내는(진제중도) 일련의 비유를 통해 속제(소집상), 진제(시각의 원성실성), 속제중도(의타상), 진제중도(본각의 원성실성)를 아우르면서 비진비속무변무중지중도 즉 무이 중도를 제시하고 있다.[17]

이외에도 원효는 '중도실상'中道實相(『중변분별론소』), '중도지의'中道之義(『열반종요』), '중도무상'中道無相(『본업경소』)과 같은 개념을 사용하고 있다. 여기서 그는 유무의 중도, 비유비무의 중도, 공과 불공을 모두 보는 중도, 비진비속의 중도로 풀어내고 있다.

---

16   高榮燮(d), 「분황 원효 『금강삼매경론』의 주요 내용과 특징」, 『불교철학』 제7집, 동국대학교 세계불교학연구소, 2020.10. 논자는 신라 왕실의 요청에 의해 『금강삼매경』이 편찬하는 과정에 혜공-대안-원효 등이 주역으로 개입했다고 보았다.

17   高榮燮(c).

원효가 보여주는 중도는 양극단에 치우침이 없는 존재자의 본래마음인 일심의 다른 표현이었다. 그리고 이것은 반야 중관의 이제설과 유가 유식의 삼성설의 무이적 통섭이라고 할 수 있다. 이러한 통섭은 일법계 즉 일심을 나타낸 것이며 이 일심을 중도와 아울러서 '중도일심'이라고 할 수 있을 것이다. 그런데 당시 원효와 의상은 어느 길로 2차 유학을 떠났을까? 논자는 선행연구에서 이들이 당시 견당사들과 상인들 및 유학승들이 상용한 계립령로[18]를 이용해 떠났을 것으로 보았다.

III. 원효의 유학길 - 鷄立嶺路

초기의 신라인들은 동남해안의 울산만과 낙동강 하구의 황산진 등의 항구를 주로 이용하였다. 또 삼국이 병립되었을 때에는 소백산맥의 고갯길인 죽령과 계립령 중 신라의 동북방과 통하는 풍기-단양-영주-안동-의성-군위-경주로 이어지는 죽령로를 이용하였다. 진흥왕 대 이래 서해 연안 항구가 확보되면서 서해 연안 항구의 이용이 늘어났다. 특히 6세기 이후의 나당인들은 서해안 항구를 주로 이용하였던 것으로 추정된다.

경주에서 당항진 즉 당은포에 이르는 행로는 군사로와 통행로로 구분되었던 것으로 짐작된다. 일반적인 통행로는 화성 당은포-여주/죽산-충주-연풍-문경-함창-상주-선산-경주가 유력한 행로였을 것으로 생각된다. 이 길은 조선시대 영남대로의 일부이기도 하다.[19] 반면 전

---

[18] 高榮燮(b), 「분황 원효의 오도처와 화성 당항성」, 『신라문화』 제48집, 동국대학교 신라문화연구소, 2017.

[19] 崔永俊, 「朝鮮時代의 嶺南路 硏究: 서울-尙州의 경우」, 『지리학』 제11집, 한국지리학회, 1975, pp.56~57.

략적인 군사로는 당은포-공주-청주-상주-선산-대구-경주로 이어졌을 것으로 추정된다.[20] 이 계립령로를 거쳐 이르는 당항진 즉 당은포는 신라 중고기로부터 하대에 이르기까지 가장 많이 이용한 서해의 대표적인 항구였다.

원효와 의상의 제2차 유학 또한 교통로인 이곳의 당은포로[21]를 향해 갔을 것으로 추정된다. 신라의 견당사들이 주로 이용한 것처럼 이들도 경주-선산-상주-함창-문경-연풍-충주-죽산(육로)를 거쳐 당은포로 갔을 것이다. 이들이 충주에서 수로를 이용해 여주를 거쳐 당은포로 갔는지, 아니면 충주에서 육로를 이용해 죽산을 거쳐 당은포로 나아갔는지는 확정하기 어렵다. 만일 이들이 충주에서 죽산의 육로를 이용해 당은포로 나아갔다면 안성 죽산 혹은 지금의 천안 직산 인근에서 머물렀을 수도 있다. 그렇다면 이들이 이틀을 묵었던 무덤이 직산에 있었을 가능성도 있다.[22]

반면 이들이 충주에서 여주의 수로를 이용해 당은포로 나아갔다면 이들이 이틀을 묵었던 무덤은 화성에 있었을 가능성이 크다. 현재는 원효와 의상이 두 지역의 어느 한 지역의 무덤에서 머물렀다고 확정하기는 어렵다. 다만 남양만의 당은포를 관할하는 당항성 즉 당성이 현재 경기도 수원 화성에 있다는 점을 고려하면 죽산의 육로를 거쳐 돌아가는 길 보다는 여주의 수로를 거쳐 질러가는 길을 이용했을 가능성이 크다고 보인다. 수로는 육로보다 보행자의 인체에 가해지는 물리적인 부담이 적기 때문이다.

---

20 井上秀雄,『新羅史基礎研究』「新羅王畿の構成」(1974), pp.399~405.
21 井上秀雄, 위의 책. 저자는 경주-당은포 사이의 견당사 통과지점인 상주-계립령-충주 등지를 잇는 길을 '唐恩浦路'라고 하였다. 이에 준하면 경주-회진 사이의 견당사 통과지점인 대구-남원-광주 등지를 잇는 길을 '會津路'라고 할 수 있을 것이다.
22 高榮燮(c).

죽산 인근의 유적지에서 원효와 의상과 관련된 유물과 유적은 발견되지 않는다. 현재의 수도사와 옛 수도암터로 알려진 한국가스공사가 들어설 때 발굴된 유물과 유적에서도 원효와 의상과 관련된 유적은 발견되지 않았다.[23] 이런 점을 고려해 보면 원효와 의상은 충주의 서남 지역에 있는 죽산의 육로를 거쳐 갔다기보다는 충주에서 서북지역에 있는 여주의 수로를 이용해 남양만의 당은포를 향해 나갔을 가능성이 크다. 왜냐하면 경주에서 당은포까지 이르는 지름길 즉 직선길을 향해 나아가는 계립령로의 성격을 고려해 보면 여주의 수로를 이용했을 가능성이 큰 것으로 보이기 때문이다. 이러한 출경로 뿐만 아니라 입경로의 경우 또한 역코스였을 가능성이 크다.[24]

668년 유인궤劉仁軌가 이끄는 당의 고구려 정벌 수군 또한 산동반도를 출항하여 당항진에 도착하였다.[25] 또 『신당서』(권43) 지리지 말미에 실린 가탐賈耽의 지리서 내용에 따르면, "당나라에서 신라로 들어가는 길은 등주를 출발하여 요동반도 서남단의 노철산을 지나 서해안을 따라 남하하여 초도椒島·마전도麻田島·덕물도德物島 등을 거쳐 당은포에 이르며 육로를 따라 동남쪽으로 700리쯤 가면 신라 서울에 이른다"고 하였다.[26] 이후 선종의 선사들 대부분도 신라의 입국과 출국의 관문인 북로의 당항진 즉 당은포에서 출항하고 입항하였다.

경덕왕 23년 일본의 입당 학승이었던 계융戒融의 일본국 귀국 여부를 알기 위해 발해를 거쳐 신라에 온 당나라 사신 한조채韓朝采가 자기 나

---

23 단국대학교 매장문화연구소 편, 「원효의 오도성지 수도암지와 수도사의 불적」, 『평택 원효대사 오도성지 학술 조사 보고서』(2006).
24 高榮燮(c)
25 金富軾, 『三國史記』 권6, 문무왕 8년 6월 12일 조.
26 賈耽, 『皇華四達記』(일명 『道里記』). 內藤儁輔, 「朝鮮支那間の航路及び其推移に就いて」, 『朝鮮史研究』, 동양사연구회, 1961, pp.369~370. 권덕영, 앞의 논문, p.4 재인용.

라로 돌아가던 중 신라의 '서진'西津에 잠시 머물렀다고 하였는데[27] 서진은 곧 신라 서해 연안의 어느 항구로 추정된다.

장경長慶 2년822 즉 헌덕왕 14년에 낭혜朗慧 화상 무염無染은 당은포에서 출발하는 조정朝正 왕자王子 김흔金昕의 배를 타고 입당하였다.[28] 이들이 당나라에서 황해도 서단을 이용해 신라로 들어올 때도 등주에서 해로를 이용하여 최종 기착지인 당항진으로 들어왔다.[29]

이렇게 본다면 원효와 의상은 당은포와 등주로 가는 항로로 당나라 유학을 떠나려고 했을 가능성이 있다. 결국 원효는 경기도 화성 당항성 인근 어느 무덤에서 오도한 뒤 서라벌로 돌아갔고 의상은 이 항로를 이용해 당나라로 건너갔을 것으로 추정된다.

IV. 원효의 오도처 – 靈場處

원효의 행장은 일연이 『삼국유사』에서 거론한 「효사본전」曉師本傳 내지 「효사행장」曉師行狀이 대표적이다. 하지만 이들 전기와 행장은 모두 전해지지 않는다. 대신 원효의 행장을 알 수 있는 비문 중 네 조각이 난 「고선사 서당화상비문」[30]과 서첩으로 전해지는 「분황사화쟁국사비」(『대동금석서』[31]), 『송고승전』「신라국황룡사사문 원효전」, 「신라국 의상전」이 전해지고 있어 이들 자료를 통해서 그의 행장을 어느 정도 재구할 수 있다. 이 글에서는 원효의 오도처에 대해 비교적 원전성을 지니고 있는

---

27 『續日本記』 권25, 天平寶字 8년 7월 甲寅 조.
28 崔致遠, 「聖住寺朗慧和尙碑銘」; 閑靜·筠 집성, 『祖堂集』 「兩朝國師無染傳」.
29 高榮燮(a)
30 김상현, 『원효연구』(서울: 민족사, 2000), p.29.
31 조선시대 이우(李俁)가 1668년에 쓴 서첩이 한국학중앙연구원 장서각에 보관되어 있으며 이 저술에 실려 있다.

『송고승전』「원효전」과 「의상전」 및 『종경록』과 『임간록』 그리고 『신수과분육학승전』과 『지월록』을 중심으로 살펴보고자 한다.

1. 『송고승전』 전기류

1) 「신라국황룡사사문 원효전」

(원효는) 일찍이 의상대사와 함께 당나라에 들어가고자 했다. (그는) 현장 삼장玄奘三藏, 602~664의 자은사 문중을 사모하였다. 그러나 입당入唐의 인연이 어긋났기에 마음을 내려놓고 여러 곳을 돌아다녔다.[32]

원효는 의상의 적극적인 유학 권유에 힘입어 발심을 하게 되었다. 때마침 인도로 유학을 떠났던[629] 현장이 17년 만에 돌아와[645] 대자은사에 머물며 신역 경론을 번역하고 있다는 소식을 접하였다. 종래의 구역 경론에 대비되는 새로운 신역 경론 번역 소식이 견당사와 상인들 및 유학승을 통해 동아시아 전역에 알려지면서 현장의 문하로 유학하고자 하는 이들이 적지 않았다.

의상은 이러한 소문을 전해 듣고 막역했던 원효에게 유학을 권유했다. 유학을 결정한 이들은 제1차 유학 때에 고구려의 영토를 가로질러 압록강을 건너 요동으로 가다가 변방의 수라군에게 잡혀 수십 일간을 감옥에 갇혀있다 가까스로 석방되어 신라로 되돌아왔던 기억을 떠올렸다.[33]

---

32 贊寧, 『宋高僧傳』 권4, 義解편, 「唐新羅國黃龍寺沙門元曉傳」 상하(中華書局, 1995). "嘗與湘法師入唐, 慕奘三藏慈恩之門, 厥緣旣差, 息心遊往."

33 一然, 『三國遺事』 권4, 義解편, 「義湘傳敎」. "未幾西圖觀化, 遂與元曉道出遼東, 邊戍羅之爲諜者, 囚閉者累旬, 僅免而還[事在崔侯本傳, 及曉師行狀等], 永徽初, 會唐使船有西還者, 寓載入中國."

이전부터 중국과의 교역이 이루어지던 한강 유역은 고구려 백제 신라 삼국의 각축지였다. 하지만 선덕왕 12년643에 백제는 고구려와 연합하여 이곳 당항성을 빼앗아 신라新羅의 대당 조공로朝貢路를 막으려 하였다. 이에 선덕왕은 급히 당나라에 사신을 보내어 구원을 요청하여 이곳을 사수하였다. 중국 남북의 여러 왕조가 각축하고 있을 즈음에 신라는 진흥왕 14년 11월553에 고구려와 백제와의 각축 속에서 중국으로 나아가는 당항성을 자국의 영토로 삼고 서해 관문을 관장하게 하였다. 이후 신라는 당항성이 관할하는 당은포(현 마산포) 즉 당(항)진을 중국과 교통하는 북쪽 관문으로 삼았다.

제1차 유학의 시도 이후 11년이 지났지만 원효와 의상은 유학의 꿈을 포기하지 않았다. 이들은 다시 현장의 문하로 유학하기 위해 경주-선산-상주-함창-문경-연풍-충주-죽산/여주-당은포로 이어지는 계립령로를 따라 제2차 유학의 길을 떠났다. 하지만 원효는 무덤 속에서의 오도를 계기로 입당 유학의 인연이 어긋나 마음을 내려놓고 여러 곳을 돌아다녔다.

2) 「신라국 의상전」

(의상은) 나이 약관에 이르러 당나라에 교종이 솥발처럼 융성하다는 소식을 듣고, 원효법사와 뜻을 같이하여 서쪽으로 유행하고자 하여 길을 떠났다. 본국 신라의 해문海門 마을[34]인 당나라로 나아가는 경계唐州界

---

[34] 17세기 후반(1682)에 제작된 지도인 『東輿備考』는 『동국여지승람(東國輿地勝覽)』에서 동(東)자와 『여지승람』의 여(輿)자를 취하고 『동국여지승람』을 이용하는데 참고가 되는 지도'라는 뜻에서 '備考'를 붙인 것으로 추정된다. 이 지도에 의하면 조선 후기 당시 인근의 水原에는 同化馹, 安山에는 重林馹, 南陽에는 '海門馹'이라는 驛站이 있었고, 당시까지 물길이 들어오던 '海門馹'이라는 역참이 있었으며, 지금도 '海門里'라는 지명이 있는 것으로 보아 '本國 海門'은 '본국의 바다로 나아가는 문이 있는 마을'인 海門里로 보아야 할 것이다.

에 도착하여 장차 큰 배를 구해서 푸르른 파도滄波를 건너려고 했다. 중도에서 심한 폭우를 만났다. 이에 길옆의 흙굴土龕 사이에 몸을 숨겨 회오리바람의 습기를 피했다. 다음날 날이 밝아 바라보니 그곳은 해골이 있는 옛 무덤이었다. 하늘에서는 궂은 비가 계속 내리고, 땅은 질척해서 한 발자국도 앞으로 나아갈 수가 없었다. 또 무덤 속에 머물다가 밤이 깊기 전에 갑자기 귀신이 나타나 놀라게 했다. 원효법사는 탄식하여 말했다. "전날 밤에는 땅막이라 일컬어서 또한 편안했는데, 오늘 밤에는 무덤 속에 의탁하니 매우 뒤숭숭하구나. 마음이 일어나므로 갖가지 것들이 일어나고, 마음이 사라지므로 땅막과 무덤이 둘이 아님을 알겠구나. 또한 삼계는 오직 마음일 뿐이고, 만법은 오직 인식일 뿐이니 마음 밖에 어떤 법이 없는데 어디에서 따로 구하리오, 나는 당나라에 들지 않겠다."[35] 원효는 물러나 바랑을 메고 본국으로 돌아가 버렸다. 이에 의상은 외로운 그림자처럼隻影 홀로 나아가 죽기를 맹세코 물러나지 않았다. 총장總章 2년669에 상선에 의탁하여 (당나라의) 등주 해안에 다다랐다.[36]

「신라국 의상전」에는 원효의 오도과정에 대해 자세히 기술하고 있다. 여기의 당주계는 그들이 당주 밖에서 당주에 이르렀으므로 사실은 당주의 안쪽을 가리킨다. 해문리 즉 해문마을은 지금도 있듯이 바다로 나

---

35 贊寧,『宋高僧傳』권4, 義解편,「新羅國義湘傳」상하(中華書局, 1995). "前之寓宿, 謂土龕而且安, 此夜留宵, 託鬼鄉而多祟. 則知心生故種種法生, 心滅故龕墳不二. 三界唯心, 萬法唯識. 心外無法, 胡用別求. 我不入唐, 却携囊返國." 여기서 總章 2년(669)은 옳지 않고 제1차 유학에 대해 기술한 崔致遠의「浮石本碑」의 永徽 元年 庚戌(650)이 합당하다. 다만 이 기록은 고구려 요동으로 건너갔던 제1차 유학과 경기도 화성 당항성 인근의 무덤에서 오도한 제2차 유학을 동일시하고 있다.
36 贊寧,『宋高僧傳』권4, 義解편,「新羅國義湘傳」상하(中華書局, 1995). 여기서 總章 2년(669)은 옳지 않고 제1차 유학에 대해 기술한 崔致遠의「浮石本碑」의 永徽 元年 庚戌(650)이 합당하다. 다만 이 기록은 고구려 요동으로 건너갔던 제1차 유학과 경기도 화성 당항성 인근의 무덤에서 오도한 제2차 유학을 동일시하고 있다.

아가는 마을이라 할 수 있다. 원효는 어젯밤 '토감'으로 알고 들어가 하루를 잔 뒤 아침에 일어나 보니 '무덤'이었음을 알았지만 궂은 비가 계속 내리고 땅은 질척해 한 발자국도 나아갈 수 없었다.

원효는 할 수 없이 다시 무덤 속에서 하루를 더 자다가 '삼계는 오직 마음일 뿐이고, 만법은 오직 인식일 뿐이다. 마음 밖에 어떤 법이 없는데 어디에서 따로 구하리오. 나는 당나라에 들지 않겠다'고 깨친 뒤 바랑을 메고 본국으로 돌아가 버렸다고 하였다.[37]

2. 문집 기록

1) 『종경록』

옛날에 동국에는 원효법사와 의상법사가 있었는데 두 사람이 함께 스승을 찾아 당나라로 왔다가 밤이 되어 황폐한 무덤 속에서 잤다. 원효법사가 갈증으로 물 생각이 났는데, 마침 그의 곁에 고여있는 물이 있어 손으로 움켜 마셨는데 맛이 좋았다. 다음날 보니 그것은 시체가 썩은 물이었다. 그때 마음이 불편하고 그것을 토할 것 같았는데 활연히 깨달았다. 그리고는 말했다. "내 듣건대 부처님께서는 삼계는 오직 마음일 뿐이요三界唯心, 만법은 오직 인식일 뿐이다萬法唯識고 하셨다. 그러기에 아름다움과 나쁜 것이 나에게 있지 진실로 물에 있지 않음을 알겠구나." 마침내 그는 물러나 고향으로 돌아가 지극한 가르침을 두루 홍포하였다.[38]

영명 연수永明延壽, 904~975는 남종선과 정토사상을 결합한 선사로서 원효를 흠모했던 선사이다. 그는 자신의 저술에서 원효의 일심관을 적

---

37 高榮燮(b), 「분황 원효의 오도처와 화성 당항성」, 『신라문화』 제48집, 동국대학교 신라문화연구소, 2017.
38 延壽, 『宗鏡錄』 권11(『大正藏』 제48책).

극적으로 원용하고 있다. 연수의 『종경록』은 제1차와 제2차 유학의 구분 없이 황폐한 무덤 속에서 일어난 원효의 오도 과정에 대해 기술하고 있다.[39] 주목되는 것은 10세기를 살았던 연수 역시 이미 원효가 무덤 속의 시체가 썩은 물을 마시고 깨달았다고 각색한 부분이다.

2) 『임간록』

당대의 원효는 해동사람海東人이다. 처음 바다를 건너 중국에 와서 명산의 도인을 찾아 황량한 산길을 홀로 걷다가 밤이 깊어 무덤 사이에서 자게 되었다. 이때 몹시 목이 말라 굴속에서 손으로 물을 떠 마셨는데 매우 달고 시원하였다. 그러나 새벽녘에 일어나 보니 그것은 다음 아닌 해골 속에 고인 물이었다. 몹시 극악하여 토해 버리려고 하다가 문득 크게 깨닫고 탄식하며 말하였다. "마음이 생겨나면 온갖 법이 생겨나고 마음이 사라지면 해골이 둘이 아니다. 여래대사가 '삼계는 오직 마음일 뿐이라고 하셨는데 어찌 나를 속이는 말이겠는가?' 마침내 다시는 스승을 구하지 않고 그날 해동으로 돌아가 『화엄경』을 주석하여 원돈지교圓頓之敎를 널리 홍포하였다. 내가 법사의 전기를 읽다가 여기에 이르러 옛날 악광樂廣의 술잔에 뱀 그림자가 비쳤던 이야기를 더듬어 생각하면서 게송을 지었다.

어두운 무덤 속의 해골에 고인 물은 원래 물이요
손님의 술잔에 비친 활 그림자는 필경 뱀이 아니다.
이 가운데 생멸을 용납할 곳이 없으니
미소 지으며 옛 책을 들어 몇 글자를 적어 본다.[40]

---

39 高榮燮(b), 「분황 원효의 오도처와 화성 당항성」, 『신라문화』 제48집, 동국대학교 신라문화연구소, 2017.
40 宋代 石門 慧/德洪 (覺範) 撰, 『林間錄』 卷上 (『卍續藏』 第貳編乙, 21套 4冊 295左上 (影印本 148책, p.590上),

자칭 적음존자寂音尊者라고 하였던 송나라 혜홍 즉 덕홍慧/德洪覺範, 1071~1128이 기담경어집紀譚警語集으로 찬술한 『임간록』은 원효가 홀로 중국으로 건너가 길을 가다가 무덤 속에서 해골물에 담긴 물을 마시고 깨달았다고 하였다. 이 기록은 다른 사료들과 달리 원효의 오도처가 경기도 화성의 남양만 당은포 인근의 무덤이 아니라 그가 중국으로 건너간 뒤 그곳의 무덤에서 깨친 것으로 기술되어 있다. 그러다 보니 깨치고 난 뒤 그날 해동으로 돌아가 『화엄경』을 주석하여 원돈의 가르침을 널리 홍포하였다고 적고 있다.

또 『송고승전』「의상전」처럼 『대승기신론』의 '심생즉종종법생, 심멸즉종종법멸'의 구절에서 후자의 '종종법멸'種種法滅을 원효처럼 '감분불이'龕墳不二로 패러디해 내지 못하고 있다. 즉 '불이'가 되려면 땅막과 무덤처럼 둘이 전제되어야 함에도 불구하고 둘로 나눌 수 없는 해골髑髏을 둘이 아니라不二고 적고 있다.[41] 따라서 혜(덕)홍은 원효의 오도 내용을 온전히 이해하지 못했음을 보여주고 있다.

3) 『신수과분육학승전』

(1) 당대의 원효는 신라국 상주湘州 설씨薛氏의 아들이다. 십세 미만에 불도에 들어 스승을 따라 배움에 노닐었으나 고정된 (스승의) 처소가 없었다. 때마침 삼장 현장공玄奘公이 왕이 머무는 중원에서 함께 교화하며 또 경론을 번역하는 일을 의상법사에게 전해 들었으나 인연이 틀어져 방향을 마침내 돌렸다.[42]

41　高榮燮(b), 「분황 원효의 오도처와 화성 당항성」, 『신라문화』 제48집, 동국대학교 신라문화연구소, 2017.
42　元代 浙東沙門 曇噩 撰, 『新修科分六學僧傳』 권28, 定學 證悟果(『日本續藏』 第貳編 乙 6套 5冊; 影印本 제33책, p.464 前面)

(2) 당대의 의상은 신라국 계림부 사람이다. 나이 약관에 중국의 교법이 무성하다는 말을 전해 듣고 동지 원효법사와 함께 바랑을 지고 서쪽으로 가 당주唐州라고 하는 바닷가로 좇아갔다. 비가 매우 심하고 길이 질어 갈대 묶음을 더욱 기대하며 나아갔으나 돌아갈 곳이 없었다. 밤에 조금 마른 땅을 얻어 자려고 잠자리로 삼았는데 새벽에 보니 옛 무덤이었다. 해골이 효연皢然하여 두려운 마음이 없을 수 없었으나 마침내 무덤 속에서 겨우 누웠다. 귀신들이 우는 소리가 저녁까지 들리자 효공皢公이 탄식하며 말하기를 지난밤에는 내가 볼 수 없었는데 (오늘 아침에) 보고나니 두려워 아니본 것만 못함에 이르렀으니 어찌 경에서 '마음이 생겨나면 갖가지 법이 생겨나고, 마음이 사라지면 갖가지 법이 사라진다'고 이르지 않았겠는가. 또 '삼계는 오직 마음일 뿐이고, 만법은 오직 인식일 뿐이니, 마음 밖에 법이 없는데, 어디서 따로 구하겠는가', 곧 의상과 헤어져 돌아갔다.[43]

『원승전』 즉 『신수과분육학승전』 '증오과'證悟科의 기록에서는 원효와 의상의 전기를 모두 적고 있다. 앞에서는 『송고승전』「원효전」의 내용을 문장을 좀 다듬어 거의 그대로 기록하고 있다.[44] 뒤에서는 『송고승전』「의상전」의 내용을 자기 방식대로 다듬어 기록하고 있다. 이것을 통해 원효는 『송고승전』「의상전」처럼 『대승기신론』의 핵심 구절을 통해 깨달았고 그의 오도처는 무덤 속이었음을 알 수 있다.[45] 결국 그 무덤이 어디에 있었느냐가 문제가 된다.

---

43 元代 浙東沙門 曇噩 찬, 위의 책, 권4, 傳宗科.
44 元代 浙東沙門 曇噩 찬, 앞의 책 권28, 定學 證悟果(『日本續藏』第貳編乙 6套 5冊; 영인본 제33책, p.464 前面).
45 高榮燮(b), 「분황 원효의 오도처와 화성 당항성」, 『신라문화』 제48집, 동국대학교 신라문화연구소, 2017.

3) 『지월록』

　당대의 (신라국) 승려 원효는 해동사람이다. (원효는) 처음에 바다에 배를 띄워 (중국에) 이르러 도를 찾으러 이름있는 산으로 나아갔다. (어느 날) 홀로 길을 가다가 무덤 속에서 야숙하였는데 갈증이 심하였다. 무덤 속에서 샘을 찾아 손을 오므려 달고 시원히 마셨다. 날이 밝아 샘이라 생각했던 것을 해골髑髏이었다. 극도로 놀라서 토하고자 하다가 홀연히 성찰하고 크게 탄식하였다. '마음이 생겨나면 갖가지 법이 생겨나고, 마음이 사라지면 해골이 둘이 아니다.' 여래대사가 말하시기를 '삼계는 오직 마음일 뿐이니 어찌 나를 속이리오.' 마침내 다시 스승을 구하지 않고 해동으로 돌아가『화엄경』을 주석하였다.[46]

　명나라 나라연굴那羅延窟 학인인 구여직이 만력 임인년에 집성1602한 『지월록』의 기록 또한『임간록』과 크게 다르지 않다. 그 역시 원효가 중국으로 홀로 유학을 가서 무덤 속에서 해골의 물을 마시고 깨달음을 얻고 해동으로 돌아갔다고 적고 있다. 구여직 또한 원효의 오도처를 중국의 무덤으로 기술하였다. 하지만 원효 관련 주요 사료 3가지에서 확인한 것처럼 원효는 중국으로 건너가기 전에 깨달음을 얻고 서라벌로 돌아왔다. 그럼에도 불구하고 중국으로 건너간 의상과 원효를 일치시키여 깨친 원효로 적고 있다.[47] 이것은 기록자들이 의상과 원효를 혼동混同해 기록했기 때문으로 짐작된다.

46　明代 瞿汝稷 集,『指月錄』권7, 未詳法嗣(『卍續藏』第貳編乙, 16套 4冊(影印本 143책), 78左上.
47　高榮燮(b),「분황 원효의 오도처와 화성 당항성」,『신라문화』제48집, 동국대학교 신라문화연구소, 2017.

3. 『삼국유사』의 전기류

1) 「원효불기」

(원효는) 태어날 때부터 총명이 남달라 (일정한) 스승을 따라서 배우지 않았다. 그가 사방으로 다니며 수행한 시말과 널리 교화를 펼쳤던 크나큰 업적은 『당전』과 『행장』에 자세히 실려 있다. 여기서는 자세히 기록하지 않고, 다만 『향전』에 실린 한두 가지 특이한 사적을 쓴다.[48]

원효의 행장에 대한 기록은 『송고승전』「원효전」과 「의상전」에 비교적 자세히 전하고 있다. 이들 이외에도 「원효행장」이 있었던 것으로 추정되지만 현존하지는 않는다. 아마도 『향전』에는 원효에 관한 자세한 기록이 있었을 것이다. 하지만 일연은 일반적으로 알고 있는 원효 기록은 적지 않고 한 두 가지 특이한 사적 중심으로 「원효불기」에 수록하고 있다.

특히 원효가 '스승을 따라서 배우지 않았다'學不[49]從師 는 것은 일본 「제사제자목록」의 삼론종과 화엄종 조목의 원효 제목 아래에 기록된 신라 최초의 사찰인 흥륜(복)사에 주석하였던 법장(혜인)의 제자라는 기록을 인정하지 않는 것처럼 보인다. 이들 이외의 자료에서 원효가 법장 혜인의 제자라는 기록을 볼 수 없기 때문이다.

또 원효는 최종적으로 유학을 떠나지 않았기 때문에 중국에 스승이 있을 수는 없다. 다만 원효의 역정에서 일정한 영향을 끼친 낭지朗智, 혜공惠空, 대안大安, 보덕普德과 같은 길라잡이들은 있었다. 그렇지만 「원효불기」의 '학부종사'라는 표현처럼 이들을 원효의 '일정한' 스승이라고 할 수는 없을 것이다.

---

48 一然, 『三國遺事』 권4, 義解편, 「元曉不羈」.
49 「高仙寺 誓幢和上碑」에서의 "生知因心自悟, 學□從師"에서 '결락자'는 『삼국유사』에서의 "生而穎異, 學不從師"로 미루어 이해할 수 있다.

2) 「의상전교」

얼마 있지 않아 중국의 불교를 보기를 도모하여 드디어 원효와 함께 길을 나섰다. 변방의 수라군에게 첩자로 잡혀 갇힌 지 수십 일 만에 간신히 면하여 돌아왔다. 영휘永徽 초년650에 마침 당나라 사신으로서 돌아가는 사람이 있어서 그 배편으로 중국에 들어갔다.[50]

「의상전교」의 기록은 고구려 요동으로 갔다가 변방의 수라군에게 잡혀 감옥에 갇힌 뒤 수십일 만에 간신히 빠져 나온 제1차 유학의 실패 과정을 기술하고 있다. 아울러 유학의 뜻을 포기하지 않고 당나라로 돌아가는 사람과 함께 배편으로 중국에 들어간 의상의 제2차 유학 사실을 적고 있다. 주목되는 것은 1차 유학과 2차 유학을 구분하지 않고 통합해 기술하고 있는 점이다.

3) 「전후소장사리」

의상은 영휘永徽 원년 경술650에 원효와 동반하여 서방으로 들어가려 하였다. 고구려까지 갔다가 어려움이 있어 되돌아 왔다. 용삭龍朔 원년 신유661에 당나라로 들어가 지엄의 문하에서 배웠다.[51]

「전후소장사리」 조목의 기록 역시 영휘 원년에 의상이 원효와 함께 제1차 유학을 떠났다가 되돌아온 사실을 적고 있다. 이어 용삭 원년에 의상이 제2차 유학을 떠나 당나라로 들어가 지엄의 문하에서 배웠다고 기술하고 있다. 이어서 원효의 오도처 관련 비문류의 기록을 살펴보기로 하자.

50 　一然, 『三國遺事』 권4, 義解편, 「義湘傳敎」.
51 　一然, 『三國遺事』 권4, 塔像편, 「前後所將舍利」.

4. 비문류

1) 제천 월광산 원랑선사 대보선광탑비 비문 - 橵山

자인慈忍선사는 선사의 품은 뜻을 살펴보고 자신이 가르칠 수 없음을 알자 이에 달리는 말에 채찍을 가하듯 격려하여 용과 코끼리와 같은 마음을 내도록 자극하였다. 이에 선사는 곧 꼭 배우고자 하는 마음을 조용히 간직하고 그윽하고 미묘한 이치를 공부하고자 하였다. 대통大通은 직산橵山에 이르러 ···· (4자 결락)에 우거하였다. (이곳은) 곧 신승 원효가 성도한 곳이니 삼 개월 동안 선정을 익힌 뒤에 광종대사에게 의지하였다. 광종대사가 그를 보고[52]

김영金穎이 찬술한 「월광산원랑선사대보선광탑비」에는 신승 원효의 성도처가 직산橵山이라고 적고 있다. 비문에는 원랑 대통816~883이 단엄사에서 정진하고 있을 때 그의 사형師兄 자인慈忍이 당나라에서 돌아오자 그에게서 강한 자극을 받고 분발하여 원효가 성도한 곳이라는 직산에 이르러 □□□□에서 삼 개월 동안 선정을 익히며 우거하였다고 하였다. 이 기록에 의하면 원랑 대통은 원효의 오도처인 '무덤 속' 혹은 '무덤이 있던 자리'에서 삼 개월 동안 선정을 익혔다는 것이다.

이 대목에서 문제가 되는 것은 '직산'이라는 지명이다. 직산의 '직'橵은 '말뚝 직'이며 산은 '당(항)성을 알리는 비(피)가 세워진 산'인 구봉산九峯山을 가리키는 것으로 볼 수가 있지 않을까 한다. 여기서 '말뚝'은 소나 말의 고삐를 묶어두는 것이 아니라 '큰 돌로 세운 비'를 가리키며, '산'은 향성산이 아니라 당성이 자리한 구봉산을 일컫는 것일 것이다. 현재 당

---

52 金穎, 「月光寺圓朗禪師大寶禪光塔碑」(890), , 조선총독부편, 『조선금석총람』 제1책 (서울: 아세아문화사, 1976). "大通抵橵山寓□□□□, 乃神僧元曉, 成道之所也. 習定三月, 後依廣宗大師. 大師見…."

성과 마도면 백곡리 690 일대가 '입피골'로 불리고 있다는 점을 고려하면 '입피골'은 '당성비가 세워진 마을' 즉 '입비立碑골'로 추정해 볼 수 있기 때문이다.

그리고 당시 무염無染은 신라 문성왕 9년경에 왕자 김흔金昕, 山中宰相의 청으로 웅주 오합사烏合寺(昕의 祖가 受封한 곳)를 중수하여 머물자 문도가 구름처럼 모여들었다. 문성대왕이 '성주사'聖住寺로 개칭하고 경주의 대흥륜사大興輪寺에 편록編錄시켰으며, 문성, 헌안, 경문, 헌강, 정강, 역대 왕의 부름과 자문에 의하여 선법을 홍포하는 기회로 삼았다. 헌강왕은 그를 '광종'廣宗이라 존칭하였고[53] 그는 '양조국사'兩朝國師로 불렸다. 그렇다면 여러 기록 상의 '성주(무)염'과 '보리(광)종'의 관계는 동격이거나 역사적 사실 그대로 '성주사 무염'을 이은 '보리사 여엄'으로 보아야 할 것이다.[54] 아마도 광종廣宗 대사는 보리사의 여엄으로 보아야 하지 않을까 한다. 그렇다면 원랑 대통은 원효의 오도처에서 3개월 수행을 한 뒤 이후에 광종대사에 의지하여 정진하였던 것으로 추정된다.

2) 서산 법인국사 탄문 비문 – 香城山

대사는 바야흐로 스님 중에 참된 선지식과 오래된 사적事跡을 빼놓지 않고 반드시 심방尋訪하리라 하고 떠나려 인사를 드리는데 대덕화상大德和尙이 말씀하기를, "옛 노인들 사이에 전해오는 말에 따르면, 향성산鄕城山 안에 절터가 있는데 옛날 원효보살元曉菩薩과 의상대덕義想大德이 함께 머무르며 쉬던 곳이라 한다."하였다. 대사大師가 '이미 성적聖跡에 대하여

---

[53] 신라 경애왕은 스승 楊孚의 주처인 康州 伯嚴寺에 머무는 兢讓의 명성이 널리 떨쳐지자 '奉宗大師'라 賜號하였다. 고려 광종도 璨幽에게도 '證眞大師'라 賜號하고 國師의 禮를 다했으며 '元宗'이라는 諡號를 내렸다.

[54] 高榮燮,「신라 중대 선법 전래와 나말여초 구산선문」,『신라문화』제20집, 동국대학교 신라문화연구소, 2013.

들었으니 내 어찌 그곳 현기玄基에 나아가서 수도하지 않으랴.'하고, 마침내 그 옛터舊墟에 풀집을 짓고, 원숭이 같은 마음을 우리 속에 가두어 놓고, 고삐 없는 말과 다름없는 의식은 말뚝에 붙잡아 매고는 여기에 발을 멈추고 마음을 가지런히 하여 수년을 지냈다. 당시 부근 사람들이 성사미聖沙彌라고 일컬었다고 한다.[55]

탄문坦文, 900~975은 경기도 광주 출신으로, 5세 때 출가할 뜻을 품었다. 그는 출가 이후 원효元曉가 살던 향성산鄕城山의 옛 절터에 암자를 지어 수년간 수행하였다. 북한산 장의사莊義寺 신엄信嚴에게서『화엄경華嚴經』등을 배운 후 914년(신덕왕 3) 15세에 구족계具足戒를 받고 교단에 입문하였다. 계법을 잘 실천하고 수행 능력이 뛰어나 고려 태조로부터 별화상別和尙으로 불렸다. 926년(태조 9) 왕후 유씨劉氏가 잉태하였을 때 왕의 부탁으로 아들을 낳게 해 달라고 기도를 하였다. 왕자[후에 광종]가 태어나자 태조는 법력을 빌려 아들을 낳았다며 탄문을 더욱 총애하게 되었다.

탄문이 구룡산사九龍山寺에 머물면서『화엄경』을 강의할 때 새가 날아들고 범이 뜰에 와서 엎드렸다고 하여 별대덕別大德이라는 별칭이 붙었다. 942년(태조 25) 염주와 배주 지역에 메뚜기 떼가 창궐하여 들판의 곡식을 해치자『대반야경大般若經』을 외우니 벌레가 사라져 풍년이 들었다. 혜종과 정종 또한 법문을 극진히 공경하여 스승으로 예우하였고, 광종은 968년에 국사·왕사 제도를 마련하여 탄문을 왕사로 삼아 귀법사歸法寺에 머무르게 하였다. 탄문은 광종과 특히 가까이 지냈는데, 임금의

---

55 金廷彦,「迦耶山普願寺故國師制贈諡法印三重大師之碑」,"大師方欲僧之眞者必訪跡之古者必尋會歸覲日古老相傳鄕城山內有佛寺之墟昔元曉菩薩義想大德俱麽居所 憇 大師旣聞斯聖跡盍詣彼玄基以習善遂茇于其舊墟檻心猿柳意馬于以休足于以齋心經歷數年時號之聖沙彌."

총애 속에 고려 불교계를 이끌면서 교종과 선종의 융합을 주창하였다. 975년(광종 26)에 국사가 되어 당시 중요한 사찰 중 하나였던 서산 보원사로 옮겨 와 그해 3월에 입적하였다.[56]

여기서 탄문이 찾아간 향성산은 어디에 있는 산일까? 그리고 그 산 안의 절터白寺[57]는 어디에 있을까? 비문은 향성산 안에 있는 절에서 원효보살과 의상대덕이 함께 쉬던 곳이라 하였다. 여기서 쉬었다는 것을 2차 유학 도중에 잠시 머문 곳이라는 의미일 것이다. 그렇다면 애초에 원효와 의상은 향성산 안의 절을 찾아갔던 것일까? 이들은 해당 사찰로 가던 길에 비가 너무 많이 내리자 토감인 듯한 무덤을 찾아 그곳에서 두 밤을 잤을 것으로 추정된다. 이틀째 무덤에서 잠을 자다가 홀연히 일어난 원효는 깨침을 얻었다. 이 남양장성[58] 안에는 지금도 '향기실'이라는 마을이 있다. 그리고 그 뒷산인 향성산은 경기도 화성시 마도면(?) 백곡리를 감싸고 있으며 거기에는 백제의 대형고분들이 남아 있다. 하지만 당시의 무덤은 아직도 인근지역에서 발굴되지 않는 신라형 적석목곽분이어야 두 사람이 무너진 무덤 속으로 자연스럽게 들어가 몸을 누일 수 있었을 것이다.

원효의 오도 관련 기록이 「원효전」이 아니라 「의상전」에 나온다는 사실은 우리가 주목해야 할 부분이다. 「원효전」에는 그가 관여한 것으로

---

[56] 金廷彦, 「迦耶山普願寺故國師制贈諡法印三重大師之碑」; 한국학중앙연구원, 『향토문화대사전』.
[57] 황보 경, 「향성산 백사의 고고학적 연구」, 『화성지역학연구』 제4집, 화성지역학연구소, 2023.
[58] 남양장성은 화성시 서신면 광평리 성밖마을의 북쪽 구릉에서부터 봉화산(염불산)과 당성이 있는 구봉산의 정상부를 지나 송산면 육일리, 마도면 해문리, 금당리, 석교리 등을 거쳐 지금의 남양읍 남양동토성까지 약 15킬로미터에 걸쳐 남북을 가르며 동서 방향으로 길게 축조된 장성이다.

추정되는 『금강삼매경』 연기 설화와 『금강삼매경론』 주석 작업의 내용이 대부분을 차지하고 있다. 「의상전」에 의하면 원효와 의상은 당나라 교종이 솥발처럼 무성하다는 소식을 듣고 유학을 시도하였다. 이미 제1차 유학[650]은 실패한 적이 있었다. 「의상전」의 기록은 제1차와 제2차 유학 과정을 구분 없이 적고 있지만 내용상 제2차 유학[661] 과정임을 알 수 있다.

원효와 의상의 제2차 유학은 아마도 당시 신라의 견당사들이 자주 이용하였던 교통로인 경주-선산-상주-함창-문경-연풍-충주-당은포로 이어지는 계립령로로 갔을 것으로 추정된다. 당시에는 교통로 이외에 산성을 잇는 군사로도 있었지만 군사로는 일반인들이 이용할 수 없는 길이었다. 이 때문에 이들은 소백산맥의 고갯길인 죽령과 계립령 중 신라의 동북방과 통하는 풍기-단양-영주-안동-의성-군위-경주로 이어지는 죽령로보다는 당은포-여주(수로)/직산(육로)-충주-연풍-문경-함창-상주-선산-경주로 이어지는 계립령로를 이용했던 것으로 추정된다.

그런데 원효의 오도처가 무덤이라는 사실은 매우 상징적이다. 무덤이란 삶이 끝나는 자리이자 새로운 삶으로 나아가는 생사의 경계이기 때문이다. 태어난 존재는 모두 윤회 환생한다는 불교의 세계관에 의할 때 자신이 지은 금생의 인과 즉 살림살이에 따라 금생을 마감하고 다음 생을 맞이하기 때문이다. 무덤은 금생의 잠의 현실을 마감하는 공간이자 내생의 깸의 이상을 시작하는 상징적 공간이라고 할 수 있다. 잠과 깸이 분리되는 공간이 무덤이라는 점에서 원효의 오도처가 지닌 의미가 매우 깊고 넓다.

V. 깨침 이후 원효의 삶

무덤 속에서 깨침을 얻은 이후의 원효의 삶은 걸림이 없었다. 일연은 그의 가풍을 '불기' 즉 '걸림없는 살림살이'로 표현하였다. 원효는 분황사 골방에서 『화엄경』「십회향품」을 주석하면서 중생을 향한 보살의 회향은 문자향과 서권기가 가득한 골방에서 이뤄질 수 없다는 깨침을 얻고 붓을 끊고 거리로 나아가 대중 교화에 나섰다. 하지만 그는 절필 이후에도 재충전을 통해 103부 210여권의 많은 저술을 남겼다.

일연은 『삼국유사』의 12개 조목 속에서 원효의 70년 생평 기록을 압축해 싣고 있다. 그는 이 전기 속에서 원효의 생평을 '불기'와 '성사', '실계생총'과 '소성거사', '종내절필'과 '개식불타지호', '화독화란'과 '관음 친견', '분황지진나'와 '각승'과 '회고상'으로 수렴해 내고 있다. 이처럼 일연은 원효의 살림살이와 사고방식을 12폭의 일대기로 촬요해 내었고, 이것은 이후 원효 이해의 기본 정보로 자리를 잡아왔다.[59]

일연은 원효가 실계를 하여 설총이 태어난 것과 『화엄경』에서 말한 "일체의 무애인이 한 번에 생사의 길에서 벗어난다"는 뜻을 취하여 그가 이름을 '무애'로 짓고, 노래를 만들어 세상에 유포했던 것도 모두 '불기'의 가풍에서 펼쳐낸 것으로 보았다. 원효의 '불기 가풍'에서 보면 '재가'다 '출가'다, '거사'다 '대사'다 하는 분별과 경계는 의미가 없다. 일연은 그런 분별과 경계 너머에서 원효를 '성사'로 표현한 것이다.[60]

이처럼 깨침은 이전과 이후를 가르는 전환의 길이다. 원효는 화성의 당성 아래 무덤에서 깨침을 얻어 걸림없는 살림살이를 펼쳤다. 집필 성지인 분황사에서 절필을 통해 또 다른 깨침을 얻고 그의 대중교화는 더

---

[59] 高榮燮(g), 「『삼국유사』의 원효와 의상」, 『한국불교사연구』 제23호, 한국불교사학회 한국불교사연구소, 2023.6.
[60] 高榮燮(g), 위의 글, 위의 책.

욱 깊어지고 넓어졌다. 이러한 삶이 가능할 수 있었던 것은 모두 붓다의 중도연기를 중도일심으로 계승한 결과였다. 그의 감분불이를 통한 중도일심의 깨침은 그의 살림살이를 넓게 하고 사고방식을 깊게 하였다.

VI. 중도일심과 화성 당성 인근 무덤

고타마 싯다르타는 중도연기의 깨침을 통해 석가모니 붓다로 탈바꿈하였다. 붓다는 우리 눈앞의 온갖 경계와 유혹을 떨쳐내지 않고 붙들리지 않으면서 모든 존재자의 '치우침이 없는 본래마음'인 중도와 모든 존재자의 '치우침이 없는 존재원리'인 연기를 가르쳐주었다. 분황 원효는 붓다의 중도연기를 계승하여 무덤 속에서 감분불이를 통해 중도일심을 깨쳤다.

원효는 중도일심을 깨쳤다. 그러면 그는 어디에서 깨쳤을까? 그가 깨쳤던 무덤은 어디에 있었을까? 「월광산원랑선사비문」에서 언급한 '직산樴山'의 '직樴'은 '말뚝 직'이며 산은 '당(항)성을 알리는 비(피)가 세워진 산'인 구봉산九峯山을 가리키는 것으로 보인다. 여기서 '말뚝'은 '큰 돌로 세운 비'를 가리키며 '산'은 당성이 자리한 구봉산을 일컫는 것일 것이다. 현재 당성과 마도면 백곡리 690 일대가 '입피골'로 불리고 있다는 점을 고려하면 '당성비가 세워진 마을' 즉 '입비立碑골'로 추정해 볼 수 있기 때문이다.

「보원사탄문국사비문」은 향성산 안에 있는 절에서 원효보살과 의상대덕이 함께 쉬던 곳이라 하였다. 여기서 쉬었다는 것을 2차 유학 도중에 잠시 머문 곳이라는 의미일 것이다. 그렇다면 애초에 원효와 의상은 향성산 안의 절을 찾아갔던 것일까? 이들은 해당 사찰로 가던 길에 토감인 듯한 무덤을 만나 두 밤을 잤을 것이다. 그 과정에서 원효는 깨침을 얻었다. 현재 이 남양장성 안에는 지금도 '향기실'이라는 마을이 있다. 그리고 뒷산인 향성산은 경기도 화성시 마도면 백곡리를 감싸고 있으며 거기에는 백제의 대형고분들이 남아 있다. 하지만 당시의 무덤은 아직도 인근지역에서 발굴되지 않는 신라형 적석목곽분이어야 두 사람이 무너진 무덤 속으로 자연스럽게 들어가 몸을 누일 수 있었을 것이다.

원효의 오도처에 대한 2개의 비문 기록은 다른 서지들보다 더 오래된 사료라는 점에서 주목할 수밖에 없다. 두 비문은 모두 원효의 오도처를 '무덤'과 '사찰'로 기술하고 있다. 무덤이 사찰이 되었을 수도 있고 사찰로 나아가는 인근에 무덤이 있을 수도 있을 것이다. 무덤은 현생의 잠을 끝내는 곳이자 내생의 깸을 시작하는 곳이다. 사찰은 뭇삶의 잠을 일깨워 깸의 세계로 이끄는 곳이다. 바로 이런 점에서 원효의 오도처는 화성시 당항성 아래의 마도면(?) 일대의 신라형 적석목곽분 '무덤'이자 향성산 안의 '사찰'이었을 수 있을 것이다. 그러나 더욱더 중요한 것은 바로 이곳에서 원효가 '감분불이'를 통해 '중도일심'을 깨쳤다는 사실이다.

■ 참고문헌

『雜阿含經』(『대정장』 제2책).

鳩摩羅什 역, 『金剛般若波羅密經』 제18분 '一體同觀分'.

崔致遠, 「聖住寺朗慧和尚碑銘」.

閑靜·筠 집성, 『祖堂集』 「兩朝國師無染傳」.

金廷彦, 「迦耶山普願寺故國師制贈諡法印三重大師之碑」; 한국학중앙연구원, 『향토문화대사전』.

金穎, 「月光寺圓朗禪師大寶禪光塔碑」(890), 조선총독부편, 『조선금석총람』 제1책 (서울: 아세아문화사, 1976).

贊寧, 『宋高僧傳』 권4, 義解편, 「唐新羅國黃龍寺沙門元曉傳」 상하(中華書局, 1995).

贊寧, 『宋高僧傳』 권4, 義解편, 「新羅國義湘傳」 상하(中華書局, 1995).

延壽, 『宗鏡錄』 권11(『大正藏』 제48책).

金富軾, 『三國史記』 권6, 문무왕 8년 6월 12일 조.

一然, 『三國遺事』 권4, 塔像편, 「前後所將舍利」.

一然, 『三國遺事』 권4, 義解편, 「元曉不羈」.

一然, 『三國遺事』 권4, 義解편, 「義湘傳敎」.

賈耽, 『皇華四達記』(일명 『道里記』).

『續日本記』 권25, 天平寶字 8년 7월 甲寅 조.

Rhys Davids & William Stede, *Pali-English Dictionary*, PTS, 1986, p.491.

전재성 역, 『쌋짜까에 대한 큰 경』(Mahāsaccakasutta, M1: 237), 『맛지마 니까야』(한국빠알리성전협회, 2009), pp.451~454.

대림 역, 『맛지마 니까야』(초기불전연구원, 2012), pp.179~181.

김상현, 『원효연구』(서울: 민족사, 2000), p.29.

內藤儁輔, 「朝鮮支那間の航路及び其推移に就いて」, 『朝鮮史研究』, 동양사연구회, 1961

井上秀雄, 『新羅史基礎研究』「新羅王畿の構成」(1974), pp.399~405.

崔永俊, 「朝鮮時代의 嶺南路 硏究: 서울-尙州의 경우」, 『지리학』 제11집, 한국지리학회, 1975, pp.56~57.

단국대학교 매장문화연구소 편, 「원효의 오도성지 수도암지와 수도사의 불적」, 『평택 원효대사 오도성지 학술 조사 보고서』(2006).

박태원, 『원효의 통섭철학: 치유철학으로서의 독법』(서울: 세광출판사, 2021).

高榮燮(a), 「신라 중대 선법 전래와 나말여초 구산선문의 형성」, 『신라문화』 제20집, 동국대학교 신라문화연구소, 2013.

高榮燮(b), 「분황 원효의 오도처와 화성 당항성」, 『신라문화』 제48집, 동국대학교 신라문화연구소, 2017.

高榮燮(c), 「깨침 혹은 깨달음이란 무엇인가 - 고타마 싯다르타의 중도(中道) 연기(緣起)와 분황 원효의 일심(一心) 일각(一覺) -」, 『불교철학』 제3집, 동국대학교 세계불교학연구소, 2018.

高榮燮(d), 「분황 원효 『금강삼매경론』의 주요 내용과 특징」, 『불교철학』 제7집, 동국대학교 세계불교학연구소, 2020.10.

高榮燮(e), 「분황 원효의 일심사상과 인공지능은 어떻게 만날 수 있는가」, 『문학 사학 철학』 제74호, 대발해동양학한국학연구원 한국불교사연구소, 2023.9.

高榮燮(f), 「분황 원효의 중도일심과 퇴옹 성철의 중도무심」, 『불교철학』 제13집, 동국대학교 세계불교학연구소, 2023.10.

高榮燮(g), 「『삼국유사』의 원효와 의상」, 『한국불교사연구』 제23호, 한국불교사학회 한국불교사연구소, 2023.6.

황보 경, 「향성산 백사의 고고학적 연구」, 『화성지역학연구』 제4집, 화성지역학연구소, 2023.

제3장

부석 의상의 화엄은 성기사상이 아닌가?
-'의상 화엄사상의 성기적 이해에 대한 재검토'의 비판적 고찰-

Ⅰ. 중도와 성기

Ⅱ. 당나라 유학의 시말

Ⅲ. 현장 유식에서 지엄 화엄의 수학

Ⅳ. 중도사상 즉 성기사상의 확립

Ⅴ. 의상 화엄학의 지형과 특징

Ⅵ. 법성 성기와 중도사상

I. 중도와 성기

부석 의상浮石義湘, 625~702과 분황 원효芬皇元曉, 617~686는 한국의 대표적 철학자이자 사상가이다. 이들은 당시 인도 서역의 여러 나라를 거쳐 가져온 불교 경론을 번역하던 자은 현장慈恩玄奘, 602~664 삼장의 문중을 흠모하여 두 차례나 당나라 유학을 시도하였다. 원효의 오도 이후 그와 헤어진 의상은 배를 타고 서해를 가로질러 당시 산동성 등주登州 해안의 문등文登현을 관할하는 양주揚州[1] 자사 유지인劉至仁(여식 善妙)의 집에 잠시 유숙하였다. 이어 그는 장안長安 지상사의 지엄602~668을 찾아가 그의 문하에서 8년 남짓 동안 구역 화엄을 수학하여 스승을 능가하는 성취를 얻었다. 때마침 백제 옛 땅에 대한 통할 주체문제로 나당연합군과의 관계가 틀어졌다. 의상은 당나라가 신라 침입을 준비하고 있다는 첩보를 김인문에게 전해 받고 신라로 돌아와 문무왕에게 대비하게 하였다. 이어 그는 영주 봉황산 부석사와 소백산에 들어가 독자적 성취를 얻어 해동海東 화엄의 비조가 되었다.

종래 선학들은 『화엄일승법계도』에 나타난 의상 화엄사상의 특징은 진리의 본래 모습인 성기性起의 세계를 드러내고 있으며, 이후 한국 화엄은 이러한 성기적 세계관을 그대로 계승하여 왔다고 보았다. 그리하여 이들은 의상 화엄사상의 핵심을 '중도실제사상', '성기사상', '오척법신사상' 등으로 구명해 왔다.[2] 특히 김지견은 의상의 『화엄일승법계도』에

---

[1] 一然, 『三國遺事』제5, 「義解」, '義相傳敎'. 당나라 고종 때의 登州는 文登현과 觀陽현을 관할하면서 하남도(河南道) 즉 강소성의 성도인 揚州에 소속되었기 때문이다. 758년 숙종 이후에는 蓬萊, 黃縣, 문등, 牟平 4현을 관할하였다.

[2] 金知見(1988), 「華嚴과 禪의 세계」, 『大華嚴一乘法界圖幷序: 김시습의 선과 화엄』(서울: 대한전통불교연구원), pp.261~262; 김두진(1992), 「의상의 횡진법계관」, 『의상, 그 생애와 사상』, 『擇窩許善道先生停年紀念 한국사학논총』(서울: 일조각); 김두진(1993), 「의상의 中道實際思想」, 『역사학보』제139집(서울: 역사학회), pp.1~34; 김두진, 『의

나타나는 법성法性, 구래성불舊來成佛, 해인삼매海印三昧 등은 성기사상을 보다 분명하게 드러낸 것이라고 주장하였다.³ 전해주는 의상의 『일승법계도』와 명효의 『해인삼매도』를 비교하면서 전자가 성기사상에 입각해 있는 반면 후자는 연기사상에 입각해 있다고 주장하였다.⁴ 이들의 주장은 교판론, 이리상즉설理理相卽說, 수십전법數十錢法, 십현十玄, 육상六相의 법계연기설 등의 검토를 통해 의상 화엄사상의 특징을 찾으려는 판본행남坂本幸男의 것⁵과는 다른 시각이라고 할 수 있다.

그런데 근래에 최연식은 의상 화엄사상의 성기적 이해에 대한 재검토를 통해 의상의 화엄사상은 연기사상이지 성기사상이 아니라는 주장을 제시하였다.⁶ 논자는 의상의 입당로 추적과 함께 화엄사상의 핵심이 성기사상이라는 주장이 의상과 그 문도들의 화엄사상 검토를 통해서 이루어진 것이 아니라 이통현과 지눌에 의해서 규정된 것이며 후학들은 이들 두 사람의 주장을 반복하고 있다는 최연식의 주장을 비판적으로

상: 그 생애와 사상』(서울: 민음사, 1995); 全海住(1990), 「신라 의상의 화엄교학 연구」, 동국대학교대학원 박사학위논문; 전해주(1993), 『의상화엄사상사연구』(서울: 민족사); 丁永根(1998), 「의상 화엄학의 실천적 지향」, 『종교연구』 제16집(서울: 한국종교학회), pp.176~183; 朴太源(1996), 「의상의 성기사상」, 『철학』 제49집(서울: 한국철학회, pp.5~31; 高榮燮(1999), 「의상의 二起學: 性起(理·橫)와 緣起(事·竪)의 긴장과 탄력」, 『한국불학사: 신라·고려시대편』(서울: 연기사), pp.197~206; 金天鶴(2012), 「동아시아 화엄사상에서 의상과 법장의 위상」, 『불교학보』 제61집(서울: 동국대학교 불교문화연구원), pp.65~87.
3 김지견(1988), p.96.
4 전해주(1993), pp.136~154.
5 坂本幸男(1956), 『華嚴教學の研究』(경도: 평락사서점), pp.421~449.
6 최연식(2016), 「한국불교에서의 성기와 연기: 의상 화엄사상의 성기적 이해에 대한 재검토」, 『불교학보』 제74집(서울: 동국대학교), pp.245~269. "이통현(李通玄, 635~730)의 『신화엄경 론』에 의거하여 모든 존재의 동질적 본체인 근본보광명지의 증득을 『화엄경』의 궁극적 진리인 성기로 파악하고 그와 달리 사물들의 사사무애적 모습의 증득을 중시하는 기존 화엄교학을 연기에 그친 것으로 비판한 지눌(知訥, 1158~1210)의 견해에 근거한 것으로서, 실제 의상 및 그 문도들의 화엄사상을 제대로 파악하였다고 보기 힘들다."

고찰할 것이다. 근래에 법장의 저술로 명기되어온 『화엄경문답』 즉 『추동기』[7]가 의상이 추동에서 90일간 『화엄경』을 강론한 내용을 제자 지통智通이 적은 노트라는 사실이 확인되었다. 이 저술의 확인에 의해 의상 화엄사상의 성기적 측면이 잘 드러나 있지 않았던 『화엄일승법계도』 중심의 검토와 한계를 넘어설 수 있는 계기가 마련되었다.

이 글은 의상의 성기사상을 이해할 수 있는 새로운 텍스트인 『화엄경문답』 즉 『추동기』의 확보[8]라는 상황을 염두에 두면서 『화엄일승법계도』[9]와 『화엄경문답』을 통해 의상 화엄사상의 근간이 중도사상 즉 성기사상에 근거하고 있음을 구명해 보고자 한다. 이것은 의상 화엄사상의 핵심이 성기사상이 아니라 연기사상이라는 주장에 대한 비판적 검토의 의미를 지니는 것이기도 하다.

---

[7] 義天,「新編諸宗敎藏總錄」권1(『한불전』 제4책, p.682상). "但以當時集者, 未善文體遂致章句鄙野, 雜以方言, 或是大敎濫觴務在隨機耳, 將來君子宜加潤色."『高麗史』권 102, 列傳 제15의 「李藏用傳」. 이장용(1201~1272)이 『화엄추동기』를 윤색하였다는 기록이 있으며 이로 미루어볼 때 13세기까지 이 저술이 유통되었음을 알 수 있다. 동시에 문체가 거칠고 장구가 촌스러우며 방언이 뒤섞여 있어 더러는 화엄대교가 어지럽게 되었기에 마침내 자신(이장용)이 근기에 따라 고쳐 썼으니, 장래에 군자가 마땅히 윤색을 더해야 한다고 덧붙이고 있다.

[8] 吉津宜英(1983), 「舊來成佛について」, 『印度學佛敎學硏究』 32-1, p.243; 石井公成(1985), 「華嚴經問答の著者」, 『印度學佛敎學硏究』 33-2; 石井公成(1996), 『華嚴思想の硏究』(동경: 춘추사); 金相鉉(1996), 『『錐洞記』와 그 異本 『華嚴經問答』」, 『韓國學報』 제84집, 가을호, pp.28~45.

[9] 종래에는 이 저술뿐만 아니라 「백화도량발원문」도 검토의 대상이 되어 왔다.

II. 당나라 유학의 시말

1. 원효와의 유학 시도

원효와 의상은 평소에 잘 알고 지내던 도반이었다. 이들은 때마침 인도에서 돌아온 당나라의 현장602~664이 제자들과 많은 경론을 번역하고 있다는 소문을 전해 들었다. 두 사람은 그의 신역 경론을 통해 신역 유식을 공부하고자 했다. 두 차례의 시도 끝에 도중에 깨침을 얻은 원효는 서라벌로 돌아가 독자적 길을 걸어갔고, 호학심이 강했던 의상은 초지일관 유학의 길을 걸어갔다.

당시 국찰이었던 황룡사는 진흥왕에 의해 창건되어 태사인 동륜계銅輪系에 의해 장악되었을 가능성이 있다. 이와 달리 의상이 당시에 실질적인 주도세력이었던 사륜계舍輪系 왕실이 경영하였던 유가계 사찰인 황복사[10]로 출가하였다는 점과 초지일관 유학의 길을 포기하지 않았던 것으로 미루어보아 원효와의 유학은 그의 적극적인 권유에 의해 이루어진 것으로 짐작된다.『송고승전』「원효전」과「의상전」및『삼국유사』'원효불기'와 '의상전교' 그리고 일부 금석문의 전기류들[11]마다 약간[12]의 출입과

---

[10] 신라의 국찰이었던 황룡사, 분황사, 황복사 등에 안함, 자장, 원효 등이 주석하였고, 원광, 안함, 자장 등이 중국에 유학하여 전해온 경론들이 여래장 및 유가계 전적이었음을 고려해 보면 황복사 또한 유가계 사찰이었음을 짐작해 볼 수 있다.

[11] 贊寧(1995),『宋高僧傳』권4,「義解」,「唐新羅國黃龍寺沙門元曉傳」상하(북경: 中華書局), p.78. "嘗與湘法師入唐, 慕奘三藏慈恩之門, 厥緣旣差, 息心遊往." (원효는) 일찍이 의상대사와 함께 당나라에 들어가고자 했다. (그는) 현장 삼장(玄奘三藏, 602~664)의 자은사 문중을 흠모하였다. 그러나 당나라로 건너온[入唐]의 인연이 어긋났기에 마음을 내려놓고 여러 곳을 돌아다녔다."

[12] 贊寧(1995),『宋高僧傳』권4,「義解」,「新羅國義湘傳」상하(북경: 中華書局), p.75 "(의상은) 나이 약관에 이르러 당나라에 교종이 솥발처럼 융성하다는 소식을 듣고, 원효법사와 뜻을 같이하여 서쪽으로 유행하고자 하여 길을 떠났다. 본국 신라의 해문(海門)마을인 당나라로 나아가는 경계[唐州界]에 도착하여 장차 큰 배를 구해서 푸

중복이 있다.[13]

두 사람의 유학 기록을 담고 있는 「원효전」과 「의상전」은 당시 상황을 서로 보완해 준다. 원효와 의상 두 사람의 1차 유학[650]로는 당시 고구려 행의 주요 루트였던 죽령로를 거쳐간 것으로 이해된다. 이들은 반도내의 고구려 영토를 가로질러 대륙의 요하 가까이의 요서까지 간 것으로 추정된다.

이들은 이곳에서 고구려 수라군戍羅軍에게 세작細作 혐의로 잡혀 수십 일을 갇혔다. 그 뒤에 가까스로 풀려남으로써 1차 유학은 실패하였다. 새 것에 대한 호기심을 넘어 진리에 대한 호학심이 강했던 두 사람은 11년 뒤[661]에 다시 2차 유학의 길에 들었다. 이들은 백제가 무너진

르른 파도[滄波]를 건너려고 했으나 중도에서 심한 폭우를 만났다. 이에 길옆의 흙굴[土龕] 사이에 몸을 숨겨 회오리바람의 습기를 피했다. 다음날 날이 밝아 바라보니 그곳은 해골이 있는 옛 무덤이었다. 하늘에서는 궂은비가 계속 내리고, 땅은 질척해서 한 발자국도 앞으로 나아갈 수가 없었다. 또 무덤 속에 머물다가 밤이 깊기 전에 갑자기 귀신이 나타나 놀라게 했다. 원효법사는 탄식하여 말했다. "전날 밤에는 땅막이라 일컬어서 또한 편안했는데, 오늘 밤에는 무덤 속에 의탁하니 매우 뒤숭숭하구나. 마음이 일어나므로 갖가지 것들이 일어나고, 마음이 사라지므로 땅막과 무덤이 둘이 아님을 알겠구나. 또한 삼계는 오직 마음일 뿐이고, 만법은 오직 인식일 뿐이니 마음 밖에 어떤 법이 없는데 어디에서 따로 구하리오, 나는 당나라에 들지 않겠다." 원효는 물러나 바랑을 메고 본국으로 돌아가 버렸다. 이에 의상은 외로운 그림자처럼[隻影] 홀로 나아가 죽기를 맹세코 물러나지 않았다. 총장(總章) 2년(669)에 상선에 의탁하여 (당나라의) 등주 해안에 다다랐다." 여기서 總章 2년(669)은 옳지 않고 제1차 유학에 대해 기술한 崔致遠의 『浮石本碑』의 永徽 元年 庚戌(650)이 합당하다. 다만 이 기록은 고구려 요동으로 건너갔던 제1차 유학과 경기도 화성 당항성 인근의 무덤에서 오도한 제2차 유학을 동일시하고 있다.

13 17세기 후반(1682)에 제작된 지도인 『東輿備考』는 『동국여지승람(東國輿地勝覽)』에서 동(東)자와 『여지승람』의 여(輿)자를 취하고 『동국여지승람』을 이용하는데 참고가 되는 지도라는 뜻에서 '備考'를 붙인 것으로 추정된다. 이 지도에 의하면 조선후기 당시 인근의 水原에는 同化驛, 安山에는 重林驛, 南陽에는 '海門驛'이라는 驛站이 있었고, 당시까지 물길이 들어오던 '海門驛'이라는 역참이 있었으며, 지금도 '海門里'라는 지명이 있는 것으로 보아 '本國 海門'은 '본국의 바다로 나아가는 문이 있는 마을'인 海門里로 보아야 할 것이다.

다음해661[14]에 제2차 유학의 길을 떠났다. 이들은 신라로 편입된 백제의 옛 땅을 가로질러 계립령으로 나아가 화성 당항성을 지나 당은포를 향해 갔다. 때마침 장마철이라 비가 내리고 날이 어두워지자 더 이상 나아갈 수가 없었다. 할 수 없이 두 사람은 주위의 땅막土龕 속에 들어가 하루를 잤다. 이들이 아침에 일어나보니 그곳은 무덤鬼鄕이었다.

아침에 일어나 바깥을 내다보니 날은 칠흑漆黑같이 어둡고 비는 그치지 않았다. 이들은 그곳에서 머물며 하루를 더 자고 가기로 했다. 한동안 잠을 자던 원효가 강력한 동티動土 즉 지신의 노여움을 만나 벌떡 일어났다. 그 순간 그는 『대승기신론』의 핵심구절을 "마음이 생겨나므로 갖가지 현상이 생겨나고, 마음이 사라지므로 땅막과 무덤이 둘이 아니다"라고 자리바꿈 하며, "삼계는 오직 마음에 있을 뿐이고, 만법은 오직 인식에 있을 뿐이다. 마음 밖에 현상이 없는데, 어찌 따로 구하려 하는가"라며 노래를 불렀다. 원효는 일심을 발견한 유학을 떠날 필요가 없다며 서라벌로 돌아가겠다고 했다.

의상은 등주지방의 항구를 향해 출항하는 당은포를 향해 나아가다가 무덤 속에서 오도한 원효와 헤어졌다. 당시 신라와 당나라 사이의 바닷길에는 북부연안항로와 중부연안항로의 두 항로가 있었다. 북부연안항로는 등주에서 묘도열도廟島列島와 요동반도遼東半島 남단을 거쳐 황해 연안을 따라 남하하여 당은포에 다다르며, 중부연안항로는 산동반도 끝에서 황해를 횡단하여 황해도 서단을 거쳐 덕물도와 당은포에 이르게 된다.[15] 초기의 신라 견당사들은 북부 연안항로를 주로 이용하였

---

14 백제의 부흥군은 복신과 도침, 왕자풍(주류성), 흑치상지(임존성) 등과 왜에서 건너온 3만 명과 함께 복국을 시도했으나 백강전투에 패하고 부흥을 시도했으나 663년에 실패하였다.

15 孫兌鉉(1982), '老鐵山水路航路' 『韓國海運史』, pp.29~30. 반면 申瀅植은 '高麗渤海航路'라고 하였다. 申瀅植(1989), 「한국 고대의 西海交涉史」, 『국사관논총』 제2집, pp.2~120. 이와 달리 尹明哲은 '북부연안항로'라고 일컫는다. 윤명철(1993), 「고구려

다.[16] 하지만 고구려와 신라 사이의 국제관계가 악화되면 신라는 이 항로 대신에 중부횡단항로와 새로운 항로로 개척된 남부사단항로[17]를 이용하였다.

이들 항로 중에서 중국의 산동반도와 황해도 대흥만大興灣 혹은 해주만海州灣→교동도→덕물도→당은포를 잇는 중부 횡단항로는 산동반도와 황해도 서단을 잇는 최단거리 직선 코스로서 고구려와 발해의 영향권에서 벗어남과 동시에 보다 신속하게 나당羅唐 사이를 왕래할 수 있었다.[18] 경기도 화성시의 남양만에 자리한 당은포와 산동반도의 등주지방을 잇는 새로운 뱃길이 바로 중부횡단항로였다고 할 수 있다. 의상은 이 항로를 이용하여 입당하려고 당항진 즉 당은포로 나아갔던 것으로 추정된다.[19]

당은포를 떠난 배들은 등주지방의 항구로 도착하였다. 당시 등주지방에는 문등현 관내의 성산포成山浦, 산동반도의 용구시에 해당하는 황현포구黃縣浦口, 적산포赤山浦, 유산포乳山浦 등의 좋은 항구들이 있었다. 신라의 견당사들이 당은포와 회진에서 서해 연안의 해로를 나아갔다. 그리고 남쪽 해로의 최단거리인 회수와 장강 하구의 초주와 양주 및 절강 하구 지역의 항주와 명주에 도착하거나 북쪽 해로의 최단거리는 산동지방의 등주에 도착하였다.

등주는 한반도와 가장 가까운 중국 땅이며 황해와 튀어나온 산동반

해양교섭사 연구」, 성균관대 박사논문, pp.163~170.

16 金富軾, 『三國史記』 권4, 眞平王 17년 11월 조; 『新唐書』 권43, 地理志.
17 金在瑾(1989), 「한국 중국 일본 고대의 선박과 조선술」, 『진단학보』 제68집, p.194. 필자는 '동중국해사단항로'라고 일컫고 있으나 종래의 '東中國海'(East China Sea, 북태평양 연해에 대한 명칭)과 혼동되므로 '南部斜斷航路'로 명명하는 것이 적절할 것 같다. 권덕영, 앞의 논문, p.14, 각주 45) 참조.
18 권덕영, 앞의 논문, p.15.
19 高榮燮(2017), 「원효의 오도처와 화성 당항성」, 『신라문화』 제48집, 동국대학교 신라문화연구소.

도의 동북부에 자리한 항구이다. 등주는 삼면이 바다에 접해 있고 각처에 좋은 항구들이 발달해 있었으며 나당 왕래의 관문이었다는 여러 기록들이 있다. 신라의 견당사들은 등주의 관내에 드나들면서 지금의 산동반도 용구시龍口市에 해당하는 황현포구黃縣 浦口를 주로 이용하였다. 황현포구는 예로부터 중국에서 신라와 발해를 왕래하는 선박들의 발착지였다.[20] 또 현의 치소縣治 북쪽 20리 지점에 사마선왕司馬宣王이 요동을 정벌할 때 쌓은 대인고성大人古城이 있는데 신라와 백제를 왕래할 때는 항상 이곳을 통한다고 하였다.[21]

가탐의 『황화사달기』에서는 당나라에서 신라로 들어갈 때의 출발지점을 등주로 잡아 자세한 행정을 적고 있다.[22] 특히 나당 사이를 왕래하던 신라 사신들이 묵었던 산동 지역의 신라관이 등주에 있었다는 사실은 등주가 출발 지점이자 도착 지점임을 증명해 주고 있다. 당시 산동반도의 등주지방은 많은 양항良港들을 거느린 해로의 출발 지점이자 도착 지점이었다. 의상은 신라의 당은포를 떠나 최단 거리의 해로를 넘어 산동 등주에 기착했다. 소정방 또한 660년에 당나라의 백제 침략군을 이끌고 등주의 문등현 관내의 성산포成山浦에서 발진하였다.[23]

당시 강소성의 양주 및 절강성의 항주 등에는 신라방 혹은 고려방이 있을 정도로 국제적인 도시들이 넘쳐났다.[24] 이후 고구려 장군이었던 이

---

20 『太平寰宇記』 권20, 登州. "大海在縣北三里, 又縣西至海四里, 當中國往新羅渤海大路由此."
21 李吉甫, 『元和郡縣圖誌』 권11, 登州. "大人古城在縣北二十里, 司馬宣王伐遼東造此, 運糧船從此入, 今新羅百濟往還常由於此."
22 『新唐書』 권43, 地理志 7(下).
23 金富軾, 『三國史記』 권28, 義慈王 18년 조; 一然, 『三國遺事』 권1, 「太宗春秋公」 조; 『舊唐書』 권83, 列傳, 「蘇定方傳」; 『新唐書』 권111, 列傳 「蘇烈傳」; 『新唐書』 권220, 「百濟傳」.
24 일본 구법승이었던 圓仁의 『입당구법순례행기』는 당시의 상황을 자세히 기록하고 있다.

정기가 세운 제濟 시대에는 산동성 등주에도 신라방이 생겨났다. 의상은 처음의 뜻을 굽히지 않고 혼자서 신라의 견당선 내지 당나라로 돌아가는 사람들의 배편을 탔다. 처음으로 배를 탄 의상은 가까스로 등주지역의 항구에 기착했다. 그는 서해의 파도가 일으키는 배 멀미가 심해 몸이 좋지 않게 되자 결국 등주의 문등현을 관할하는 양주자사揚州刺史 유지인劉至仁 집에 유숙했던 것으로 추정된다.[25]

III. 현장 유식에서 지엄 화엄의 수학

1. 유식과 화엄의 만남

의상은 7세기 초반 불교 교단의 주류이자 사륜계의 원찰이었던 유가계 사찰인 황복사皇福寺[26]로 출가하였다. 그는 29세 혹은 관세丱歲, 8~9세에 출가했다고 알려져 있지만 원효와의 유학 시도를 고려하면 관세 출가설이 설득력이 있다. 진골 출신이었던 부친 김한신金韓信은 당시 불교 교단의 주류였던 유가계와 긴밀한 관계를 가지고 있었을 것이다. 의상이 원효와 함께 신유식을 공부하기 위해 당나라 현장 문하로 두 차례나 유학을 시도한 것은 이러한 배경에 의거한 것이다. 의상은 유학승과 견당

---

25 贊寧, 『宋高僧傳』 「義湘傳」. 一然의 『三國遺事』에서는 배를 얻어 타고 중국에 들어가 처음에 揚州에 머물렀는데 州將 劉至仁이 官衙에 머물기를 청했다고 했다. 그런데 당시 당나라 고종 때의 登州는 文登현과 觀陽현을 관할하면서 하남도(河南道) 즉 강소성의 성도인 揚州에 소속되었기 때문에 이러한 기록상의 차이가 있는 것으로 추정된다.

26 皇龍寺, 芬皇寺, 皇福寺 등과 같이 皇福寺는 '皇'자가 들어간 절 이름으로 미루어 보아 당시의 실질적인 주도세력이었던 舍輪系 왕실과 긴밀한 관계가 있었을 것으로 추정된다. 의상이 이곳에서 출가를 했고 이후 景文王이 崩御(875)하자 이곳 황복사에서 화장하였다.

사 및 상인들을 통해 현장 삼장이 당나라 수도 장안의 대자은사에 돌아와 신역 경론을 번역하고 있다는 얘기를 들었을 것이다.

당시 동아시아 불교는 정영사 혜원의 지론, 진제의 섭론 등 구역의 유가 경론 중심으로 마음 즉 심의식心意識의 철학을 이해하고 있었다. 법상法常과 승변僧辯은 구사학과 섭론학의 대가들이었다. 현장은 이들의 문하에서 공부하다가 구역『유가사지론』(17품, 17권)의 미진한 부분을 알고 싶어 인도 유학을 결심하였다. 결국 그는 범본 경론을 구하고 불적 순례를 위해 인도로 유학을 떠났다. 현장은 17년 만에 138개국(126국 踏査+12국 傳聞)을 유행한 뒤 돌아와 제자 변기辯機에게 구술하여『대당서역기』(12권)를 남겼다.[27]

인도에서 돌아온 현장은 태종 황제의 명을 받고 제자들과 함께 번경원에서 신역 경론을 번역하고 있었다. 태종 승하 이후에는 고종649 재위 황실의 강력한 지원을 받으며 번경원을 이끌었다. 이 때문에 당시 현장은 해동 신라에서 건너온 의상을 제접提接 교화教化하기가 어려웠을 것이다. 이때의 역경장에 대해서는『송고승전』「역경편」을 통해서 가늠해 볼 수 있다. 여기에는 역장譯場과 경관經館에 관을 시설하고 직을 나누어設官分職 불경 번역의 임무를 아래와 같이 적고 있다.

"이 업무를 맡은 직책은 먼저 역주譯主를 우두머리로 하니 곧 범어 원전을 가지고 온 삼장이며 현교와 밀교 두 가르침에 밝게 숙련된 자로 채워 맡게 했다. 다음은 필수筆受이니 반드시 말이 중국의 학문과 인도의 학문에 통달해야 하니 …(중략)… 또는 철문綴文이라고도 한다. …(중략)… 다음은 도어度語이니 바르게 말하면 역어譯語이며 전어傳語라고도

---

27 현장은 138개국 중 126개국은 직접 답사하였고 나머지 12개국은 자료들과 인근에서 전해들은 것으로『대당서역기』(12권)를 제자 辯機와 함께 편찬해 내었다.

했다. …(중략)… 다음은 증범본證梵本이니 설명하는 말의 잘못이 없게 하고 설명되는 뜻의 오류가 없게 했으며 …(중략)… 인도어의 득실을 살펴서 중국어가 범어의 뜻을 잃지 않도록 귀하게 하는 것이다. …(중략)… 다음은 윤문潤文이니 …(중략)… 불교와 불교 이외의 학문에 통달한 자로 채워 맡게 했다. …(중략)… 다음은 증의證義이니 대개 번역을 끝낸 문장이 설명하는 뜻을 증명하는 것이다. …(중략)… 다음은 범패梵唄이니 법연을 열 때 범패로 앞선 홍前興을 일으켜 몸가짐을 짓게 하고 무리를 선하게 살게 하는 것이다. …(중략)… 다음은 교감校勘이니 이미 번역된 문장을 대조하여 교정하는 것이다. …(중략)… 다음은 감호대사監護大使이니 번역 관련 일을 관장하고 감독하였다. …(중략)… 또 정자正字를 두었으니 자학字學과 현응玄應이 일찍이 이 직책을 담당하였다."[28]

당시의 역장과 경관에는 역주를 좌장으로 하여 필수–철문–도어(역어, 전어)–증범본–윤문–증의–범패–교감–감호대사–정자(자학, 현응) 등으로 관을 시설하고 직을 나누었다. 이러한 관직을 통하여 당시 번역장의 구성과 문아 원측文雅圓測, 613~686이 맡았던 증의證義의 역할을 엿볼 수 있다. 경론의 증의는 '번역을 마친 경전의 문장을 바르게 고증하는' 직책이었다. 증의를 하기 위해서는 해당 경전에 대한 해박한 이해가 있어야만 가능한 일이었다.[29] 당시 현장의 역장에는 신라 출신의 신방과 원측이 참여하고 있었다.

원효와 헤어진 의상은 유지인의 집에서 몸을 추스른 뒤 자은사의 현장 삼장을 찾아간 것으로 추정된다. 당시 현장은 제자들과 함께 『반야심경』(645년 역출)을 필두로 하여 『유가사지론』, 『성유식론』(659년 역출)

---

28 贊寧, 『宋高僧傳』 「譯經」篇 1~3(『大正藏』 제50책, p.724중하).
29 高榮燮(2019), 「한국불교가 중국불교에 미친 영향: 철학자의 길과 번역자의 길」, 『문학 사학 철학』 제56호, 대발해동양학한국학연구원 한국불교사연구소.

등의 주요한 경론을 번역해 내었다.[30] 의상은 이미 신라 황복사에서 앞 시대의 원광, 안함, 자장 등이 전해온 불교의 구역의 여래장 및 유가계 경론을 접하였을 것이다. 특히 지적 호기심과 학문적 호학심이 강했던 의상은 구역 경론을 접했으며 또한 현장이 주도해 펴내는 신역 경론에 대한 소문은 깊은 관심을 불러 일으켰던 것으로 추정된다.

하지만 당시 현장은 수많은 경론을 번역하고 있어 신라에서 온 의상을 제접하고 교화할 여건이 되지 않았을 것이다. 이렇게 되자 의상은 현장의 유식학에서 지엄의 화엄학 공부로 옮겨간 것으로 짐작된다. 이것은 사상적 전향이기보다는 시절 인연이 어긋났기 때문으로 이해된다. 그 결과 당시 당나라 불교계의 주요 사상적 지형을 형성한 유식 법상을 '껴안고抱 화엄 법성으로 넘어가(越) 마음의 철학을 더욱 깊게 하고 보다 넓게 할 수 있었다.[31] 이것은 구역의 유가계 경론을 접한 의상이 신역의 유식계 경론을 껴안고 구역의 화엄계 경론으로 나아갔다는 의미로 이해할 수 있다.

2. 지엄 화엄의 수학

지엄은 초조인 두순杜順의 문하에서 화엄을 수학한 이래 『화엄경』과 『십지론』 등을 중심으로 자신의 화엄사상을 구축하였다. 그는 연성이기緣性二起 즉 연기론과 성기론을 아우르면서도 특히 성기론의 입장에서 연기론을 해명하려 하였다. 즉 가로橫에서 세로竪로 올라가는 연기문과 세로竪에서 가로橫로 나아가는 성기문은 날실을 세우는 날줄의 건립문

---

30 현장은 제자들과 번역장에 머무르며 모두 73종 1,350여권의 경론 번역을 완수하였다.
31 법상가인 규기의 3교 8종 교판을 원용하고 보완하여 유식가인 법장이 5교 10종 교판을 시설한 것도 같은 맥락에서 이해할 수 있다.

과 씨실을 펼치는 씨줄의 취입문으로 구성된다. 다시 말해서 연기문은 레고 블록을 켜켜이 쌓아가는重重 것처럼 건립建立 적이지만 성기문은 우리 두 발을 끝없이 걸어가는無盡 것처럼 취입趣入 적이기 때문이다.

지엄은 『수현기』에서 「십지품」의 제6현전지의 "삼계는 오직 마음일 뿐이며 단지 이 마음이 짓는 것이다"[32]를 해석하는 대목에서 법계연기를 논하고 있으며 연기와 성기와의 관계를 밝히고 있다. 그는 법계연기를 범부의 염법凡夫染法과 보리의 정분菩提淨分 측면으로 나눈다. 지엄은 정분인 보리정분을 본유本有, 본유수생本有修生, 수생修生, 수생본유修生本有로 세분한다. 그리고 뒤의 수생과 수생본유는 「십지품」에 있지만, 앞의 본유와 본유수생은 『화엄경』의 「보현품」과 「성기품」에 있다면서 유정唯淨 연기를 별도로 시설한다.

여기서 본유는 「여래성기품」에서 '미진경권'微塵經卷과 '보리대수'菩提大樹로 비유하는 것처럼 중생의 깨달음은 본래부터 완성되어 있는 것이며, 본유를 따라서 동성同性에서 일어남이 본유수생이며 보리심을 일컬어 성기性起라고 한다. 이렇게 그는 본유와 본유수생을 성기와 연결시켜 해명하고 있다.[33] 지엄은 본유와 본유수생, 수생과 수생본유의 두 그룹으로 구분하면서 본유와 수생의 관계에서 본유를 '성'性, 수생을 '기'起로 보아 본유와 수생을 '성'과 '기'의 관계로 해명해 가고 있다.

"성性이란 것은 몸체이고, 기起라는 것은 마음자리心地에 드러남이다. 이것은 기상起相을 모아 실다움에 들어가는 것이다."[34]

여기서 성기는 '성'과 '기'의 결합을 뜻한다. 그런데 이 '기'는 마음자

---

32 『大方廣佛華嚴經』(『대정장』 제9책, p.568하), "三界唯心 但是心作."
33 智儼, 『華嚴經搜玄記』(『대정장』 제35책, pp.62하~63하).
34 智儼, 위의 책, p.63중.

리에 드러남이다. 지엄은 기상을 모아 실다움에 들어가는 것이라고 하였다.

"성기란 일승법계를 밝히는 것이니 연기의 구극이다. 본래의 궁극적 경지이니 닦아서 이룬다는 것이 아니다. 어찌하여 그러한가? 상을 여의었기 때문이다. 기起라는 것은 대해大解와 대행大行에 있는 것이니, 분별을 떠난 보리심 안에 있음을 '기'起라 부른다. 연기성으로 말미암아 '기'起라는 말을 붙이지만, '기'起는 곧 '불기'不起이며, '불기'不起는 곧 '성기'性起이다."[35]

지엄의 연성이기緣性二起설에 근거해 보면 그는 법계연기의 극치를 성기로 보면서도, 성기는 법계연기의 보리정분에 속하기에 연기와 성기의 관계에서 성기를 연기에 포섭시키고 있음을 알 수 있다.[36] 그러면서도 지엄은 기가 대해大解와 대행大行에 있는 것이라고 하여 분별을 떠난 보리심 안에 있음을 '기'라고 한다고 하였다. 이것은 연기라는 상위 개념 속에서 성기를 거론하고 있는 것으로 볼 수 있지만, 궁극적으로 성기는 중도 혹은 여래성의 상위 개념으로 사용하고 있음을 알 수 있다.

지엄은 스스로 법계연기를 정문淨門과 염문染門으로 구성하면서 정문의 본유와 본유수생에 상응하는 개념으로 성기를 제시하고 있다. 그는 성기 즉 여래성의 현현을 본유와 본유수생의 관계로 해명하고 있는 것이다. 본래의 진실성을 뜻하는 본유는 '성'으로, 본유수생은 '기'로 보아 자신의 성기론을 입론하고 있다. 이것은 『화엄경』이 강조하는 보현보살의 원력 수행 즉 원행에 겨냥되어 있음에 유념해야 한다.

---

35 智儼, 『華嚴經孔目章』(『대정장』 제45책, p.580하).
36 전해주(2002), 「의상의 법성과 법계관 – 일승법계도를 중심으로」, 한국불교학결집대회 조직위원회, 『한국불교학결집대회논문집』 제1집 상권, p.369.

지상사의 지엄을 찾아간 의상은 그의 문하에서 8년간 화엄을 수학하였다. 이후 그로부터 수학한 의상은 '문장 이해의 뛰어남'이라는 '문지'文持를 받은 법장과 달리 '의미 파악의 뛰어남'이라는 '의지'義持의 별호를 받았다. 이 두 별호는 단지 두 사람의 개성을 드러내는 별호에 머무르지 않고 당대 화엄과 신라 화엄의 특징을 담고 있다. 철학이 앎과 삶의 일치를 지향하고 있듯이 붓다의 가르침이 지향하는 궁극적인 의미 파악은 삶의 문제로 귀결되기 때문이다.

의상 화엄이 앎의 문제보다도 삶의 문제에 집중한 것은 붓다의 가르침이 지향하는 '실제'에 집중하였기 때문이다. 그가 두 발을 뚜벅뚜벅 딛고 앞으로 나아가는 성기 취입적인 측면에 집중하여 횡진법계관을 수립한 것도 이러한 맥락에서 이해할 수 있다. 반면 법장 화엄이 삶의 문제보다는 앎의 문제에 치중한 것은 붓다의 가르침이 드러내는 '이론'에 집중하였기 때문이다. 그가 레고 블록을 켜켜이 쌓아가는 연기 건립적인 측면에 집중하여 수진법계관을 수립한 것도 이러한 맥락에서 이해할 수 있다.

당시 법장은 아직 출가전의 재가자로서 함께 수학하였다. 지엄은 평생을 지론학과 화엄학을 연구하면서 화엄 일종의 교과서를 쓰고 싶어 했다.[37] 때마침 해동에서 건너온 의상의 총명함을 눈여겨 본 그는 의상에게 그 과제를 부여하였다. 그는 의상에게 일종의 졸업 논문격으로 『화엄경』(60권, 418년~420)의 요지를 간추려 오게 하였다. 의상은 화엄대경을 간추려서 『대승장』(大乘章, 10권)이라고 이름을 붙인 서책을 가져왔다.

---

[37] 대개 예로부터 주요 학자들은 20대는 어학을, 30대는 번역을, 40대는 논문을, 50대는 저서를, 60대는 교과서를, 70대는 그 증보판을 내는 것을 학문적 지형으로 생각해 왔다. 당시 지엄이 의상을 만난 때는 이미 50대 후반에서 60대에 들어서고 있었다.

이것을 본 지엄은 흡족해 하지 않고 그에게 더 줄여올 것을 명하였다. 의상은 다시 이것을 간추려서 『입의숭현장』立義崇玄章(4권)이라고 이름을 붙인 서책을 가져 왔다. 지엄은 "글(문장)을 줄이느라 오히려 뜻(의미)이 옹색하다"며 이 서책을 가지고 나오게 한 뒤 불을 붙이라 하였다. 의상은 불 속에서 타지 않고 남은 7언 30구 210자의 '법성게'를 간추려 내었다. 이것을 본 지엄이 감격의 눈물을 흘리며 '쪽에서 나온 물감이 쪽보다 더 푸르다'青出於藍며 자신을 넘어섰다고 인정하였다.

의상은 이것을 다시 54각의 반시에 담아 『화엄일승법계도』로 완성시켜 냈다. 이 법계도는 원도인 법계도인法界圖印과 법성게法性偈와 법계도기法界圖記로 이루어져 있다. 그런데 여기에는 저자의 이름이 적혀 있지 않다. 다만 발문을 통해 저자를 확인할 수 있을 뿐이다.[38]

> "일승법계도합시일인은 『화엄경』 및 『십지론』을 의지하여 원교의 중요를 나타낸 것이다. 총장 원년 7월 15일에 적는다. 질문: 무슨 까닭에 집성자의 이름이 보이지 않는가? 대답: 인연으로 생겨난 제법은 작자가 없기 때문이다. 질문: 어째서 연, 월, 일은 있는가? 대답: 일체의 제법은 인연에 의지하여 생겨남을 보이기 때문이다.[39]

의상은 『법계도』 첫머리에서 이 글을 짓게 된 동기를, "무릇 큰 성인의 빼어난 가르침은 근기에 따라 병을 다스려 일정한 처방이 없으나; 미혹한 자의 얽매인 자취는 본체를 잃는 줄을 몰라 부지런하더라도 근본에

---

[38] 이 때문에 이 저술의 저자에 대해 한중일 3국의 학자들간의 논쟁이 있었다. 한편 현대문학사에서 롤랑 바르트의 '저자의 죽음'이나 보르헤스의 '저자의 부재'처럼 저자의 붓을 떠난 작품은 이미 독자의 해석을 통해 만들어지고 읽혀지므로 '저자'는 문제가 되지 않는다.
[39] 義湘, 『一乘法界圖』(『한불전』 제2책, p.8중).

돌아갈 기일이 없다. 그러므로 이치理에 의하고 교법敎에 근거하여 간략히 반시槃詩를 만들어 '이름에만 집착하는 무리들'로 하여금 '이름마저 없는 참된 근원'無名眞源으로 돌아가게 하고자 한다"고 하였다.

큰 성인의 빼어난 가르침과 미혹한 자의 얽매인 자취는 이렇게 다르다. 반시槃詩란 타이포그래피 즉 빙빙 돌아가는 그림시라고 할 수 있다. '법'자에서 시작하여 '불'에서 끝나는 7언 30구 210자의 그림시는 실제적인 수행과 실제적인 체증을 간간하고 절절하게 권하고 있다. 의상은 이 『법계도』 원문을 크게 자서自敍, 합시일인合詩一印, 法界圖印, 槃詩, 석문釋文, 발문跋文으로 구성하였다.

석문은 다시 총석인의總釋印意와 별해인상別解印相로 나눠진다. 별해인상은 ①설인문상說印文相 ②명자상明字相 ③석문의釋文意로 되어 있다. 이 중 「석문의」는 『법계도』를 구성하는 칠언 삼십구七言三十句를 풀이하고 있다. 석문의에서는 자리행(證分①~④)과 연기분緣起分⑤~⑱에 의거하는 것과 이타행(⑲~㉒) 그리고 수행자의 방편을 밝힘(㉓~㉖)과 이익 얻음(㉗~㉚)에 대해 변론하고 있다. 「총석인의」에서는 인印이라는 형식을 취하여 법계도를 짓게 된 까닭을 밝혔다.

지엄의 과제로 이루어진 「법성게」는 『화엄일승법계도』로 집성되면서 의상 화엄사상의 이론적 기반이 되었다. 그렇지만 의상은 지엄의 화엄사상을 계승하면서도 자신의 체계 속에서 새롭게 나아가고 있다. 바로 이 점이 그의 '의지'義持 즉 '의미 파악의 뛰어남'을 보여주는 것이다. 먼저 지엄 교판론을 계승하고 재해석해 가는 대목에서도 잘 드러나고 있다. "의상의 교판은 잘 드러나 있지 않지만 대체로 지엄의 소·시·점·돈·원 5교판과 동별 이교판을 계승했다."[40] 또 "의상은 지엄의 돈·점·원 삼교판을 계승하였으며, 동별이교판 가운데서 별교일승원교

---

40 坂本幸男(1956), pp.428~431.

를 더 중시하고 있다."[41]

"의상이 지엄의 삼교판설을 계승하기는 하였으나 표제에 '일승'이라고 붙인 것처럼 소승·삼승에 대해서 일승을, 점교·돈교에 대해서 원교를 중시하며, 지엄의 동별 이교 병존의 원교로부터 별교일승 독존의 원교에 역점을 두고 있으며, 이 점이 지엄과 다른 의상의 특징적인 교판사상"[42]이라고 할 수 있다.

또 지엄의 연기론의 해석에 있어서도 의상은 십현, 수십전법, 육상설을 계승하면서도 이것을 성기론으로 해명해 가고 있다. 지엄의 연기론 해석에 대한 의상의 관점은 최연식의 비판과 달리 의상은 자신의 화엄을 성기사상으로 분명히 드러내고 있다.

"『법계도』에 나타나 보이는 의상의 화엄성기사상은 그의 법성관·구래부동설·해인삼매론 등과 긴밀히 연관되어 있다."[43] 『법계도』의 중심인 '법성게'는 처음을 '법' 즉 '법성'에서 시작하고 있다. 물론 '법성'은 불설의 가장 기준이 되는 개념이다. 이 법성 Dharmadhātu은 어원적으로 보면 '본연으로서 자연'과 '법계로서 자연'으로 해명된다. 의상은 전자 즉 본연으로서 자연으로 법성을 해명해 가고 있다. 바로 이 점에서도 그는 자신의 정체성이 성기에 있음을 분명히 보여준다.

지엄과 달리 의상은 『법계도』에서 연기와 성기를 종속의 관계가 아니라 병렬의 관계로 해명하고 있다. 그는 증분의 법성을 진성의 연기분으로 분류하지 않고, 증분과 연기분을 자리행의 두 측면으로 포함시키고 있다.[44] 그럼에도 불구하고 아직 『법계도』에서는 법성을 성기라고 표현한 용례는 발견되지 않는다. 하지만 그가 소백산 추동에서 『화엄경』을

41　吉津宜英(1986),『華嚴禪の思想史的研究』(동경: 대동출판사), p.82.
42　전해주(1993), pp.126~127.
43　전해주(1993), p.136.
44　의상,『華嚴一乘法界圖』(『한불전』제2책, pp.2하~3상).

강론한 것을 제자 지통이 기록한 『추동기』 즉 『화엄경문답』에 의하면 의상은 '법성'이 '성기'이며 법성과 성기를 결합한 '법성성기'의 사상을 논하고 있다. 이처럼 의상이 지엄에게 수학한 화엄사상은 연기화엄을 넘어 독자적인 법성사상 즉 성기화엄으로 심화되고 확대되어 있다.

Ⅳ. 중도사상 즉 성기사상의 확립

1. 법성과 성기

붓다는 공성의 무아와 생사의 윤회로부터 해탈의 자유와 열반의 행복을 실현해온 실천적 지성이었다. 일생을 무아와 윤회를 넘어 자유의 해탈과 행복의 열반을 제시하였던 붓다가 열반에 직면하면서 제자들에게 마지막 가르침을 전했다. 그는 자신이 가르친 경과 율을 스승으로 삼아 수행할 것을 역설하였다.[45]

"아난이여! 내가 열반에 든 뒤에 그대들은 다시 보호해 줄 것이 없고 지녀야 할 것을 잃었겠느냐? 이렇게 보아서는 아니 된다. 내가 부처가 된 이래로 설했던 경전과 계율 바로 이것이 그대를 보호할 것이니 이것이 받아 지녀야 할 것이다."[46]

붓다는 자신이 열반한 뒤에는 자신이 설한 경전과 계율이 그대들을

---

[45] 高榮燮(2019), 「퇴옹 성철의 실천성과 지성성」, 『한국불교사연구』 제15호, 한국불교사학회 한국불교사연구소.
[46] 『長阿含經』 「遊行經」(『대정장』 제1책, p.26상); 南傳 『대반열반경』(Mahāparinibbāna Sutta, DN16,6,1); 『디가니까야』 2, 각묵 역(2003), (울산: 초기불교연구원), p.283.

호지護持할 것이니 이것들을 잘 보호保護 임지任持하여야 함을 역설하였다.

"아난다여! 비구들은 경經을 의지처로 삼는 이가 되어야지 사람人을 의지처로 삼는 이가 되어서는 안 된다."[47]

이 경론의 주장은 유한한 사람의 주장에 의지해서는 아니 되고 무한한 붓다의 경전에 의해야 된다는 것이다. 주석서에 의하면 붓다가 말한 법과 율은 『대반열반경』이며 거기의 네 가지 대교법Mahāpadeśa이라고 할 수 있다. 붓다는 이 네 가지 교법을 통해 불설의 기준을 제시하였다.

"어떤 비구가 어떤 법문(경·율·교법)을 ①불타로부터 직접들은 것이라고 말할 경우, ②대다수 박식한 (혹은 율장에 밝은) 장로로 구성된 승가로부터 직접들은 것이라고 말할 경우, ③경과 율과 논모論母를 지닌 다수의 장로비구로부터 혹은 그러한 한 명이 장로비구로부터 직접 들은 것이라고 말할 경우, ④그의 말을 잘 듣고 단어와 문장을 잘 파악한 다음 경經, sūtra에 포함되어 있는지 율律, vinaya: 煩惱調伏을 드러내는지, 법성dharmatā에 어긋나지 않는지를 검토하여, 만약 그렇지 않다면 비불설非佛說로 판단하여 버려야 하고, 그러하다면 불설佛說로 취해야 한다."[48]

붓다로부터 들은 말이든, 내지는 한 명의 장로로부터 들은 말이든, 그들에 대한 믿음信 때문이 아니라 불설 정의에 어긋나지 않기 때문

---

47 『根本說一切有部毘奈耶雜事』 권37(『대정장』 제24책, p.384중), "始終今日, 當依經敎, 不依語人."
48 『디가니까야』 2, p.243, 주267); 권오민(2015), 「불교 지성의 전통과 역사」, 『동아시아불교문화』 제23집, 동아시아불교문화학회, p.9 재인용.

에 불설佛說로 수지하는 것을 [경에서] "①법法, dharma에 의지하고 사람人, pudgala에 의지하지 말라"고 총괄하여 설하였지만, '경修多羅에 포함되어 있다'고 함은 요의경了義經 중에 포함된 것을 말하고, 요의경이라 함은 경설의 뜻이 법상法相 즉 法性에 위배되지 않는 것을 말하며, 법상이란 [번뇌의] 멸滅인 율毘尼, vinaya에 수순하는 것을 말하는 것으로, 말하자면 무상無常·고苦·공空·무아無我이다. 그리고 5온[의 法相]은 다만 인식認識이 아니라 여실如實히 통달通達하여 알아야 하기 때문에 다시 "②요의경了義經, nītārtha sūtra에 의지하고, 불요의경neyārtha에 의지하지 말 것이며 ③뜻義, artha에 의지하고 말에 의지하지 말 것이며 ④지智, jñāna에 의지하고 식에 의지하지 말라"고 설한 것이라고 이해하기도 하였다.[49] 이것이 여래 입멸 뒤에 제자들이 의지해야 할 사의四依, pratisaraṇa설이다.[50]

이 네 가지 대교법에 대해서는 『유가사지론』, 『유마경』, 『대지도론』, 『성실론』 등 각 경론마다 다르지만 가장 정형화된 것은 『성실론』의 법法, 요의경了義經, 의義, 지智의 순서라고 할 수 있다.[51] 결국 불설이란 법성에 위배되지 않아야 한다는 것이다. 그러면 초기불교나 아비달마불교의 법성과 화엄의 법성은 연속되는 개념일까? 불설이 법성에 의거한다는 것은 화엄이 불설이라는 것과 불설이 법성에 위배되지 않는다는 것이다. 이 점을 고려하면 논자는 초기불교와 부파불교의 법성과 화엄의 법성이 만날 수 있다고 생각한다.

근래에 의상이 소백산 추동에서 강설한 『화엄경』 법문을 기록한 『추동기』錐洞記의 이본이 『화엄경문답』이다는 주장이 통설로 확정되었다.[52]

---

49 訶梨跋摩, 『成實論』(『대정장』 제32책, p.250상).
50 권오민(2012), 「다양성과 유연성의 불교②법성: 성전의 기준과 불설 정의」, 『문학 사학 철학』 제31·32호, 대발해동양학한국학연구원 한국불교사연구소, 2012.
51 권오민(2012), 주12) 참고 재인용.
52 장진영(진수, 2013)), 「화엄경문답의 연구」, 동국대학교 대학원 불교학과 박사논문.

이미 10세기 중반 헤이안平安 시대부터 이 저작이 법장의 저술이 아닌 위작설이 제기되어 왔다. 근래에 요시즈 요시히데는 이 저작이 지엄교학의 강한 영향 아래 신라에서 편집되었을 것[53]이라고 추정하였고, 이시이 코우세이는 이 저작의 문체나 인용 및 사상 등을 검토하여 이 책은 법장의 저작이 아니라 현존하는 『도신장』道身章과 『추동기』처럼 의상의 강론을 제자가 받아 적은筆錄 것 중의 하나이거나 그것들을 편집하여 찬술했을 것[54]으로 추정하였다. 『추동기』 즉 『화엄경문답』의 내용상으로 보나 텍스트의 전승상으로 보나 의상의 강론을 지통이 받아 적은 것이 분명해 보인다.

의상은 『화엄일승법계도』에서 법성과 성기와 법성성기의 관계를 잘 보여주어 왔다. 법성이 본연으로서 자연을 일컫는 것이라면, 성기는 여래성의 현현, 즉 진성의 연기라고 할 수 있다. 법성성기는 법성과 성기의 결합이자 법성 즉 여래성인 '성'과 '기'의 결합으로 이해할 수 있다. 다시 말해서 여래성의 현현이란 여래성의 발현으로 이해할 수 있으며 이것은 법성의 성기화라고 할 수 있을 것이다. 법성은 '본연으로서 자연'과 '법계로서 자연'의 의미를 모두 갖고 있다. 전자인 본연으로서 자연을 법성이라고 한다면, 후자인 법계로서 자연은 법계라고 할 수 있을 것이다.

『법계도』에서의 법계는 증분의 법성과 연기분의 진성을 모두 포섭한다. 이 때문에 법계가 법계연기만을 의미하거나 법계연기 내에 정분으로서 성기가 포함되는 것이 아니다. 진성의 법계연기와 법성의 성기세계를 함께 포섭한 세계가 화엄법계 곧 일승법계로 나타나고 있는 것이다. 그것은 54각의 굴곡으로 이루어진 「법계도인」이 한 줄로 연결되어 하나의 인印을 이루어서 지정각세간을 상정하고 있는 것과도 같다. 한 줄의 도

---

53 吉津宜英(1983), p.243.
54 石井公成(1996), pp. 593~596; pp.270~289.

인인 일승이 굴곡으로 표현되어진 삼승을 포섭하면서도 굴곡 자체가 곧 도인인 것은 삼승이 곧 일승임을 뜻하기 때문이다. 『법계도인』은 육상원융의 연기세계를 의미하는 것이면서 동시에 지정각 세간의 불보살경계를 보인 것이다. 이 또한 연기와 성기의 두 세계가 함께 아울러서 일승의 법계로 그려지고 있는 것이다.[55]

붓다의 중도사상은 양극단을 넘어서는 지혜의 활로로서 전해져 왔다. 중도는 연기, 무자성, 공성을 넘어 자비로 확장되어 왔으며 대승불교에서는 제일의공으로서의 무분별지로 거듭 강조하였다. 그리하여 붓다의 중도는 법성이며 법성은 성기이며 성기는 법성의 성기화性起化라고 할 수 있다. 의상은 성기의 개념을 통해 자신의 화엄사상을 구축하였다.

2. 성기사상의 확립

'법성'은 지엄의 성기설에서는 보이지 않는 개념이다. 물론 『법계도』에서 '성기'의 개념은 보이지 않는다. 하지만 개념은 보이지 않으나 여래성의 현현인 '성기'의 내용이 나타나 있다. 의상에게 법성은 성기의 다른 표현이며 성기는 법성의 다른 표현이다. 의상의 성기관은 법성의 현현으로서 법성성기이며, 그의 이러한 법성성기설은 이후 법장을 위시한 중국 화엄조사들이 성기를 이해하는데 많은 영향을 주었다.[56]

> "법성法性은 무엇으로써 상相을 삼는가? 무분별로써 상으로 삼는다. 그러므로 일체의 심상尋常은 중도中道에 있으며 무분별 아님이 없다."[57]

---

55 전해주(2002), pp.370~372.
56 전해주(1993), p.136.
57 義湘, 『一乘法界圖』(『한불전』 제2책, p.8중).

의상의 "법성은 무분별로 상을 삼으며 일체의 심상은 중도에 있다"는 주장은 자신의 사상이 법성사상 혹은 중도사상임을 드러내는 것이다. 또 일체의 심상은 무분별이며 법성과 중도에 있음을 표방하는 것이다.

"무슨 까닭에 처음法과 끝佛의 두 글자가 가운데에 위치하는가? 원인과 결과 두 자리가 법성 집안의 진실한 덕용이며, 성性이 중도中道에 있기 때문에 글자의 모양이 이와 같은 것이다."[58]

의상이 말하는 '중도' 즉 '성'性은 무분별이지만 사물들과 관계를 맺기에 '기'起라는 것이다. 이 때문에 법성 즉 여래성이 현현하는 것이다.

"일체의 연생법은 한 법도 정해진 상으로서 성이 있는 것이 아니다. 자성이 없으므로 자재하지 아니하니, 곧 생하지만 생하지 않는 생이다. 생하지 않는 생은 머물지 않는다는 뜻이며, 머물지 않는 것이 곧 중도이다. …(중략)… 중도의 뜻은 곧 분별이 없다는 것이며, 분별이 없는 법은 자성을 고수하지 않으므로 인연을 다룸이 끝이 없으니 또한 머물지 않는 것이다."[59]

원인과 조건에 의해 생겨나는 연생법은 정해진 상으로서 성이 있지 않다. 자성이 없기에 자재하지 않으며, 생하지만 생하지 않는 생이다. 그러므로 생하지 않는 생은 머물지 않기에 중도인 것이다.

"법성이란 미진법성·수미산법성·일척법성·오척법성을 말한다. 만일 오

---

58 義湘, 『一乘法界圖』(『한불전』 제2책, p.1중).
59 義湘, 『一乘法界圖』(『한불전』 제2책, p.6중하).

늘 오척법성을 가지고 논한다면 미진법성·수미산법성 등이 자기 자리를 움직이지 않고 오척이라고 일컫게 될 것이다. … 제법諸法이란 앞의 '법'을 가리키고 부동不動은 앞의 '성'을 가리키니, 성은 무주법성이다. 그러므로 (의상)화상이 이르기를, '오늘 오척신의 부동함을 무주라 한다'고 하였다. 본래적이란 '무이상'을 가리키니 다만 오척법성 외에 나머지 사물이 없으므로 본래의 공적本來寂이라고 한다."[60]

법성은 그 자체의 의미뿐만 아니라 미진, 수미산, 일척, 오척과 결합하여 새로운 법성의 용례로 사용되었다. '법성원융무이상'과 '제법부동본래적'에서 보여지는 것처럼 제법은 '법'이고 부동은 '성'이다. 그런데 이 성은 무주법성 즉 '머무르지 않는 법'이자 '성'이다. 의상은 오척신의 부동함을 무주라 했고, 본래적은 무이상이라고 했다. 머무름이 없고, 두 모습이 없는 것이 본래의 공적인 것이다. 이처럼 의상은 법성과 성기 각각의 의미와 상호 관계를 분명히 보여주고 있다.

"성기는 곧 법성이니 무기無記로써 성을 삼는 까닭이다. 즉 (법성은 다) 불기不起로써 기起라 한다."[61]

의상은 『추동기』 즉 『화엄경문답』에서 성기가 곧 법성이며 무기로써 성을 삼기 때문이라고 했다. 그런데 이 법성은 모두 '불기'로써 '기'라고

---

60 體元?/天其?, 『法界圖記叢髓錄』(『한불전』 제6책, p.775중). 金知見(1973), 「해동화엄학의 계보와 사상」, 『학술원논문집』 제12집, p.12; 채인환(1982), 「의상화엄교학의 특성」, 『한국화엄사상연구』(서울: 동국대출판부), p.95; 김상현(1984), 「신라화엄학승의 계보와 그 활동」, 『신라문화』 제1집, 동국대학교 신라문화연구소, pp.37~38. 이 저서의 편자를 선행연구에서는 '體元'(김지견, 채인환)이라고 보기도 하고, '天其'(김상현)로 보기도 한다.
61 義湘/智通, 『華嚴經問答』 하(『대정장』 제45책, p.10중).

한다고 했다.

"기起란 법성法性이 분별을 떠난 보리심 중에 나타나 있기에 기起라고 한다. 이는 곧 불기不起로써 기起라 함이다."[62]

의상은 법성이 분별을 떠난 보리심 속에 있기에 기起라고 한다고 했다. 그런데 이 '기'를 '불기'의 '기'로 봄으로써 법성의 의미를 분명히 드러내려고 했다.

"기起란 크게 이해하고大解 크게 실행하여大行 분별을 떠난 보리심 중에 있음을 기起라고 한다. 연기緣起를 말미암기에 기起라고 하나 기起는 불기不起이다. 불기不起는 성기性起이니 경문에서 설하는 것과 같다."[63]

의상이 법성과 성기와 법성성기를 주장한 것은 '여래성'과 '현현'과 '여래성의 현현'이 하나임을 역설하기 위해서였다. 법성이 보리심 속에 나타나 있는 '기'라면 이것은 '불기의 기'이므로 법성은 역동적인 존재로 이해된다. 바로 이 법성이 성기화 되어 법성성기가 되는 것이다. 이러한 법성성기의 사상에 입각하여 의상은 성기취입적인 횡진법계관을 제시한 것이다. 이것은 법장의 연기건립적인 수진법계관과는 분명히 다른 것이다. 이렇게 본다면 "의상 화엄사상은 지눌의 화엄이해에 근거한 것"이라며 "의상 및 그 문도들의 화엄사상을 제대로 파악하였다고 보기 힘들다"[64]

---

62 義湘/智通, 『華嚴經問答』 하(『대정장』 제45책, p.10중).
63 智儼, 『孔目章』 권4(『대정장』 제45책, p.580하).
64 최연식(2016), p.264. "의상의 화엄사상을 부처가 증득한 진리 그 자체의 체험에 중점을 두는 성기사상으로 보면서 이를 현상세계의 사사무애적 모습을 설명하는데 중점을 둔 법장이나 징관 등의 연기적 사상과 구별하는 이해는 이통현의 『신화엄경론』에 의거하여 모든 존재의 동질적 본체인 근본보광명지의 증득을 『화엄경』의 궁

는 최연식의 비판은 재고되어야 한다. 또 "법장과 의상 양사 모두 화엄사상의 궁극적 원점을 성기사상에 두고 있다"[65]는 김천학의 주장도 재고의 여지가 있다.

의상의 화엄성기사상이 지눌의 화엄사상 형성에 미친 영향을 비판하기 위해 거꾸로 이통현 사상을 원용한 지눌이 의상의 성기사상을 수용한 것이 아니라는 맥락에서 의상 화엄사상이 성기사상이 아니라고 한 것인지는 모르겠다. 최연식은 "지눌은 선승으로서, 기존의 화엄학 중에서 선종의 일종의 일상의 행위가 곧 도道의 실천이라는 주장 및 모든 중생이 공적영지空寂靈知를 공유하고 있다는 주장 등과 상통하는 이통현의 이해에 공감하는 한편, 심성의 체득보다 현상세계의 사물들의 상즉상입을 중시하는 당시 고려 화엄학자들의 이해를 비판하기 위하여 양자를 성기(문)과 연기(문)으로 구별하였던 것으로 생각된다"[66]고 하였다.

이러한 최연식의 지적과 달리 의상은 『일승법계도』와 그의 강론을 기록한 『화엄경문답』 즉 『추동기』에서 중도사상 즉 성기사상적 관점에서 자신이 구축한 화엄사상을 보여주고 있다. 그런데 최연식은 '의상 화엄의 성기적 이해에 대한 재검토'라고 스스로 비판하면서도 의상 화엄사상에 대해 곧바로 파고드는 것이 아니라 이통현의 화엄관을 비판적으로 수용한 지눌의 화엄 이해의 관점 아래에서 의상의 화엄사상을 파악[67]하

극적 진리인 성기로 파악하고 그와 달리 사물들의 사사무애적 모습의 증득을 중시하는 기존 화엄교학은 연기에 그친 것이라고 비판한 지눌(知訥, 1158~1210)의 견해에 근거한 것으로서, 실제 의상 및 그 문도들의 화엄사상을 제대로 파악하였다고 보기 힘들다."

65 김천학(2012), pp.65~87. "의상과 법장은 서로의 강조점이 다르지만 둘 다 실천적이라는 데서는 차이가 없다. 화엄사상의 궁극적 원점을 양 사 모두 성기사상에 두고 있다."
66 최연식(2016), p.264
67 최연식(2016), pp.264~265. "의상의 사상을 계승한 신라와 고려의 화엄학자들은 성기와 연기에 대해 독자적인 이해를 가지고 있었다. 그들은 일승의 진리를 증득하기 위

고 있어 아쉽다.
　하지만 의상의 제자들이 보여준 해석에 의상과 법장 및 연기계 화엄해석이 뒤섞여 있을지라도 엄밀하게 분석해 보면 의상계 제자들은 법장 및 연기계 화엄해석과는 결이 다르다는 사실도 확인할 수 있다. 의상의 화엄사상은 법장 및 연기계의 사사무애와 연기사상과 달리 중도사상과 성기사상에 입각해 구축되어 있기 때문이다.

V. 의상 화엄학의 지형과 특징

　의상 화엄학을 이해하기 위해서 종래에는 그의 『화엄일승법계도』 등에 의지해야만 했다. 그런데 이제는 의상이 태백산 추동에서 강론한 『화엄경』 강의를 기록한 『추동기』 즉 『화엄경문답』을 통해서도 그의 화엄사상을 탐구할 수 있게 되었다. 물론 『일승법계도』가 분량이 매우 소략하여 의상의 화엄사상이 온전히 드러나 있지 않다고 볼 수도 있을 것이다. 하지만 이 저술은 대단히 집약적인 저술이라는 점에서 분량이 적을 뿐 내용은 어느 저술보다도 촘촘하고 풍부하다고 할 수 있다.
　여기에는 법성사상이 잘 드러나 있다. 반면 성기의 개념뿐만 아니라 성기사상에 대한 본격적인 의미는 후자의 저술보다는 상대적으로 소략하다. 하지만 법성이 곧 성기라는 면을 고려해서 본다면 성기라는 말을 사용하지 않았을 뿐 내용은 이미 성기의 의미를 담고 있음을 알 수 있

한 수행법으로서 사물들의 상즉상입적 관계를 파악하는 계기적 인식으로 인연관, 연기관, 성기관 등을 제시하였고, 이에 의거한 진리의 증득을 위한 (점차적인) 수행을 실천하였다. 이들은 사물들의 상즉상입적 관계에 대한 인식이야말로 일승의 증득을 위한 수행의 요체라고 생각하였고, 이런 점에서 이통현이나 지눌의 수행법과는 대척적인 위치에 있었다고 할 수 있다."

다. 이 때문에 의상의 성기사상이 그의 저술에서 보이지 않고 뒷날의 이통현이나 지눌의 견해에 근거한 것이라는 비판은 정당한 지적이 아니다.

의상의 제자인 표훈과 진정 등의 십여 명의 대덕들이 그에게 이 도인을 배울 때에 "움직이지 않는 범부의 몸이 곧 법신 자체라는 의미를 어떻게 알 수 있느냐"고 물었다. 이에 의상은 문도들의 질문에 대해 4구게로 답하였다.

> "여러 인연이 근본적인 나이니
> 일체 법은 마음에 근원하도다
> 언어가 커다란 종요이므로
> 진실을 잘 알아야 하나니."[68]

여러 원인과 조건에 의해 내가 존재하듯이 일체의 존재는 마음에 근원을 두는 것이다. 하지만 언어는 의미와 가치의 기반이 되므로 진실을 잘 알아야 한다. 4구의 게송을 읊은 의상은 너희들은 마땅히 마음을 잘 써야 할 뿐汝等當善用心耳이라고 하였다. '마음을 잘 써야 한다는 것'은 자신의 의도와 맥락을 잘 이해해야 한다는 것이다. 그의 사구게의 의미를 잘못 이해하게 되면 그의 중도사상 즉 성기사상을 연기사상으로 오해하게 될 것이기 때문이다.

이 4구게에 대해 의상의 만년제자인 표훈은 실상관, 무주관, 성기관, 연기관, 인연관의 오관석五觀釋으로 풀이하고 있다.[69] 표훈은 향하문으로

---

68 義湘, 「四句偈」, 體元?/天其?, 『法界圖記叢髓錄』 卷下之二(『대정장』 제45책, p.721상중). "諸緣根本我, 一切法源心, 語言大要宗, 眞實善知識."
69 體元?/天其?, 『法界圖記叢髓錄』 卷下之二(『대정장』 제45책, p.721상중); 均如, 『법계도원통기』 권하(『한불전』 제4책, p.32중하). 이들 五觀釋에다 변계관과 의타관을 더하여 七觀釋으로 해석을 추가한 예도 있다.

보아 성기관을 세 번째에 두고 있다. 표훈이 이를 실상관, 무주관, 성기관, 연기관, 인연관 등 5관으로 풀이하자 의상이 이것을 옳다고 인정하고 그 5관으로 법계도시 30구를 해석하였다고 한다.[70] 이렇게 의상은 표훈의 향하관에 대해 긍정의 답변을 주었던 것이다. 반면 해인사에 머무르다 남악의 화엄사로 이주한 관혜觀惠는 의상의 4구게에 대해 인연관, 연기관, 성기관, 무주관, 실상관의 오관석五觀釋으로 풀이하고 있다. 여기서 관혜는 향상문으로 보아 성기관을 세 번째에 두고 있다.

"나는 여러 인연으로 이루어진 존재이고, 여러 인연은 나로 인하여 인연이 된다는 것이 곧 인연관因緣觀이다. 인연이 나를 이루므로 나는 몸체가 없고, 내가 인연을 이루므로 인연은 본성이 없다는 것이 곧 연기관緣起觀이다. 여러 존재들의 있고 없음이 원래 하나이고, 있고 없는 여러 존재가 본래 둘이 아닌 것이 곧 성기관性起觀이다. 있을 때에 있는 것이 아니어서 도리어 없는 것과 같고, 없을 때에 없는 것이 아니어서 도리어 있는 것과 같은 것이 곧 무주관無住觀이다. 여러 존재가 본래 움직이지 않으며, 바라보는 마음도 또한 일어나지 않는 것이 곧 실상관實相觀이다."[71]

표훈의 후배인 진정은 어떠한 사물이라도 모두 여러 요소들의 결합으로 이루어졌다는 인연관, 여러 요소들의 결합으로 이루어진 것이기에 각 요소들의 실체가 없다는 연기관, 실체가 없는 사물은 공과 유의 두 측면을 동시에 갖는다는 성기관, 부분과 전체, 전체와 부분의 두 측면이 전체를 드러낸다는 무주관, 사물과 사물의 구별, 인식주체와 인식대상의 구별이 없는 경지 자체인 실상관으로 분류해 해명하고 있다. 여기서

---

70 體元?/天其?, 『法界圖記叢髓錄』 卷下之二(『대정장』 제45책, p.721상).
71 體元?/天其?, 『法界圖記叢髓錄』 卷下之二(『대정장』 제45책, p.721상).

오관석 중 세 번째에 성기관이 자리하고 있다.

살펴본 것처럼 표훈의 향하관/문과 관혜의 향상관/문은 상호 대비된다. 향상문의 일즉일체, 일중일체와 향하문의 일체즉일과 일체중일은 이렇게 대비된다. 이것은 향하문에 입각한 북악의 표훈(희랑)과 향상문에 입각한 남악의 연기(관혜) 화엄관의 차이인 것이다. 이외에 의상의 제자인 표훈과 견훤의 복전이 된 관혜의 오관석과 달리 인연전, 연기전, 성기관의 3관석이 제시되기도 했다. 여기에서는 '인연전'과 '연기전'의 '전錢'은 '관觀'의 오기로 보인다. 아마도 필사본을 풀어 읽는 과정에서 '관'을 '전'으로 해독解讀했기 때문으로 보인다.

"일승에서 이 인연에 친소가 없음을 밝혔기 때문에 인연전因緣錢이라고 한다. … 이 문에서는 단지 연기가 현전할 때의 유력생과有力生果의 뜻을 밝혔을 뿐이다. 다음 문에서는 연기가 무성공평등無性空平等의 뜻을 나타냈기에 연기전緣起錢이라고 한다. … 다음으로 공과 유가 둘이 아니어서 혼연히 일체가 되는 자체 공의 뜻을 밝혔기에 성기전性起錢이라 한다. 무주를 논할 때에는 공이라고 말하면 충분해 말을 더 하지 않으며, 유라고 말할 때에도 마찬가지이다. 한 척一尺을 말하면 곧 존재를 만족시켜서 나머지 말을 더 할 필요가 없다. 의거하는 것마다 곧 만족하게 되고, 성품과 성품이 모두 원만하게 된다. 본래의 지위를 고치지 않고도 만족하게 하고, 이전의 이름을 바꾸지 않고도 원만하게 한다. 좁은 것을 늘이지 않고도 넓게 하고, 낮은 것을 높이지 않고도 높게 한다. 그래서 옛 사람이 "무주無住는 부동不動의 다른 이름이다"고 하였다. 실상實相이란 이름 없는 진리의 근원에 처음 들어가는 교문이고, 연기를 모두 없애는 구경의 실제이다. 이해解를 마쳐 실행行에 들어가고 실행行이 이루어져서 체증證에 들어간다."[72]

---

[72] 體元?/天其?, 『法界圖記叢髓錄』卷下之二(『대정장』 제45책, p.762상중).

표훈과 관혜의 오관석과 달리 인연관, 연기관, 성기관 등 삼관석으로 풀이한 제자는 이를 각기 가명생－공不生－중도에 대응시켜 해석[73]하기도 하였다. 이것은 용수『중론』의 '삼시게' 즉 "중인연생법衆因緣生法, 아설즉시공我說卽是空, 역위시가명亦爲是假名, 역시중도의亦是中道義"를 원용한 해석으로 이해할 수도 있다. 또 인연관에 불자생불타생不自生不他生, 연기관에 불공생不共生, 성기관에 비무인생非無因生을 배대하여 설명하기도 하였다.[74]

나아가 6상을 각 3관에 상응시켜 동·이상을 인연관, 성·괴상을 연기관, 총·별상을 성기관에 대응시키기도 하였다.[75] 또 상입相入, 力義을 인연관, 상즉相卽, 體義을 연기관, 양자를 종합한 성기관으로 보기도 하였다.[76] 이렇게 본다면 오관석 혹은 삼관석 중의 성기관은 하위의 성기관임에 틀림없다. 이 때문에 이것에 근거해 의상의 화엄사상이 성기사상이 아니라고 단정할 수는 없다.[77] 의상의 화엄은 오히려 중도사상 혹은 성기사상으로 명명할 수 있기 때문이다.

의상 화엄사상의 특징을 규정하는 데에 더 이상 이통현과 지눌과 같은 후대 사상가에 의존할 필요는 없다. 우리는 곧바로 의상 화엄 텍스트의 직접적인 대면을 통해서 그의 사상적 기호와 논리 및 체계를 수립할 수 있기 때문이다. 우리가 곧바로 그의『화엄일승법계도』등과『추동기』즉『화엄경문답』을 통해서 구명해 보면 의상 화엄의 특징은 중도사상 혹은 성기사상임을 확인할 수 있기 때문이다.

---

73 體元?/天其?,『法界圖記叢髓錄』卷下之二(『대정장』제45책, p.762상중).
74 體元?/天其?,『法界圖記叢髓錄』卷上之二(『대정장』제45책, p.735중).
75 體元?/天其?,『法界圖記叢髓錄』卷下之二(『대정장』제45책, p.762상중).
76 均如,『華嚴敎分記圓通鈔』권4(『한불전』제4, p.439상); 均如,『華嚴敎分記圓通』권4(『한불전』제4, p439중).
77 최연식(2016), p.265. "성기와 연기에 대한 차별적 파악은 본래 일승의 증득을 위한 동질적이고 계기적인 수행방법으로서의 연기(관)과 성기(관)을 근기에 따른 차별적 수행으로 본 고려 화엄학계 일부의 속류적 이해로부터도 영향받은 것이다."

VI. 법성 성기와 중도사상

부석 의상625~702은 유가계 사찰이었던 황복사에서 출가했다. 그는 두 차례의 유학 시도 끝에 원효와 헤어져 서해의 당항진에 다다랐다. 당시 의상은 경기도 화성시의 남양만에 자리한 당은포와 산동반도의 등주지방을 잇는 항로를 이용하여 입당하려고 당항진 즉 당은포로 나아갔다. 당시 신라와 당나라 북쪽 해로의 최단거리는 산동지방의 등주였다. 여기에는 문등현 관내의 성산포成山浦, 산동반도의 용구시에 해당하는 황현포구黃縣浦口, 적산포赤山浦, 유산포乳山浦 등의 좋은 항구들이 있었다. 당시 신라의 견당사들은 이곳 등주의 관내에 드나들면서 지금의 산동반도 용구시龍口市에 해당하는 황현포구黃縣浦口를 주로 이용하였다.

의상은 현장과의 인연이 어긋난 뒤 여러 곳을 노닐었다. 이어 그는 지상사至相寺의 지엄을 찾아가 그의 문하에서 8년간 화엄을 수학하였다. 의상은 지엄으로부터 수학한 뒤 '문장 이해의 뛰어남'이라는 '문지'文持를 받은 법장643~712과 달리 의미 파악의 뛰어남'이라는 '의지'義持의 별호를 받았다. 이들 두 별호에는 당대 화엄과 신라 화엄의 특징이 담겨 있다. 붓다의 중도사상은 연기, 무자성, 공성을 넘어 자비로 확장되어 갔으며 대승불교에서는 제일의공으로서의 무분별지로 거듭 강조하였다. 이 때문에 붓다의 중도는 법성이며 법성은 성기이며 성기는 법성의 성기화性起化라고 할 수 있다. 의상은 법성성기의 개념을 통해 자신의 화엄사상을 구축하였다.

의상이 법성과 성기와 법성성기를 주장한 것은 여래성과 현현과 여래성의 현현이 하나임을 역설하기 위해서였다. 법성이 보리심 속에 나타나 있는 '기'起라면 이것은 불기不起의 기起이므로 법성은 역동적인 존재로 이해된다. 바로 이 법성이 성기화 되어 법성성기가 되는 것이다. 이러한 법성성기의 사상에 입각하여 의상은 성기취입性起趣入적인 횡진법계관을 제시한 것이다. 이것은 법장의 연기건립緣起建立적인 수진법계관과는 분명히 다른 것이다.

의상은 『일승법계도』와 그의 강론을 기록한 『화엄경문답』 즉 『추동기』에서 중도사상 즉 성기사상의 관점에서 자신이 구축한 화엄사상을 보여주고 있다. 의상의 제자들이 보여준 해석에는 의상과 법장 및 연기계 화엄해석이 뒤섞여 있을지라도 엄밀하게 분석해 보면 의상계 제자들은 법장 및 연기계 화엄 해석과는 결이 다르다는 사실을 확인할 수 있다. 의상의 화엄은 중도사상 혹은 성기사상을 특징으로 하고 있다. 이것은 법장 및 연기계의 사사무애 또는 연기사상과 변별되는 것이다.

■ 참고문헌

『長阿含經』「遊行經」(『대정장』 제1책, p.26상).
『디가니까야』 2, p.243.
南傳 『대반열반경』(Mahāparinibbāna Sutta, DN16.6.1).
『디가니까야』 2, 각묵 역(울산: 초기불교연구원, 2003), p.283.
『根本說一切有部毘奈耶雜事』 권37(『대정장』 제24책, p.384중),
『大方廣佛華嚴經』(『대정장』 제9책, p.568하).
智儼, 『華嚴經孔目章』(『대정장』 제45책, p.580하).
智儼, 『華嚴經搜玄記』(『대정장』 제35책, pp.62하~63하).
義湘, 『華嚴一乘法界圖』(『한불전』 제2책, PP.2하~3상).
『舊唐書』 권83, 列傳, 「蘇定方傳」.
『新唐書』 권111, 列傳 「蘇烈傳」.
『新唐書』 권220, 「百濟傳」.
『太平寰宇記』 권20, 登州.

義湘/智通, 『華嚴經問答』 하(『대정장』 제45책, p.10중).
均如, 『華嚴教分記圓通鈔』 권4(『한불전』 제4, p.439상).
均如, 『華嚴教分記圓通』 권4(『한불전』 제4, p.439중).
義天, 「新編諸宗教藏總錄」 권1(『한불전』 제4책, p.682상).
贊寧, 『宋高僧傳』 권4, 「義解」, 「唐新羅國黃龍寺沙門元曉傳」 상하(中華書局, 1995),
    p.78.
贊寧, 『宋高僧傳』 권4, 「義解」, 「新羅國義湘傳」 상하(中華書局, 1995), p.75
金富軾, 『三國史記』 권4, 眞平王 17년 11월 조; 『新唐書』 권43, 地理志.
金富軾, 『三國史記』 권28, 義慈王 18년 조.

一然, 『三國遺事』 권1, 「太宗春秋公」 조.
體元?/天其?, 『法界圖記叢髓錄』 卷下之二(『대정장』 제45책, p.762상중).

坂本幸男(1956), 『華嚴敎學の硏究』(경도: 평락사서점), pp.421~449.
吉津宜英(1986), 『華嚴禪の思想史的硏究』(동경: 대동출판사), p.82.
전해주(1993), 「의상화엄사상사연구」(서울: 민족사).
의상 강의·지통 기, 『화엄경문답』, 김상현 교감번역(2013), 『교감번역 화엄경문답』 (서울: 씨아이알).

吉津宜英(1983), 「舊來成佛について」, 『印度學佛敎學硏究』 32-1, p.243.
石井公成(1985), 「華嚴經問答の著者」, 『印度學佛敎學硏究』 33-2.
石井公成(1996), 『華嚴思想の硏究』(동경: 춘추사).
孫兌鉉(1982), '老鐵山水路航路' 『韓國海運史』, pp.29~30.
金知見(1988), 「華嚴과 禪의 세계」, 『大華嚴一乘法界圖幷序: 김시습의 선과 화엄』(서울: 대한전통불교연구원), pp.261~262.
金在瑾(1989), 「한국 중국 일본 고대의 선박과 조선술」, 『진단학보』 제68집, p.194.
金知見(1973), 「해동화엄학의 계보와 사상」, 『학술원논문집』 제12집, p.12.
채인환(1982), 「의상화엄교학의 특성」, 『한국화엄사상연구』(서울: 동국대출판부), p.95.
김상현(1984), 「신라화엄학승의 계보와 그 활동」, 『신라문화』 제1집, 동국대학교 신라문화연구소, pp.37~38.
申瀅植(1989), 「한국 고대의 西海交涉史」, 『국사관논총』 제2집, pp.2~120.
윤명철(1993), 「고구려 해양교섭사 연구」, 성균관대 박사논문, pp.163~170.
金杜珍(1992), 「의상의 횡진법계관」, 『의상, 그 생애와 사상』, 『擇窩許善道先生停年紀念 한국사학논총』(서울: 일조각).
金杜珍(1993), 「의상의 中道實際思想」, 『역사학보』 제139집(서울: 역사학회), pp.1~34.
金杜珍(1995), 『의상: 그 생애와 사상』(서울: 민음사)

全海住(1990), 「신라 의상의 화엄교학 연구」, 동국대학교대학원 박사학위논문.
全海住(2002), 「의상의 법성과 법계관 - 일승법계도를 중심으로」, 한국불교학결집대회 조직위원회, 『한국불교학결집대회논문집』 제1집 상권, p.369.
金相鉉(1996), 「『錐洞記』와 그 異本『華嚴經問答』」, 『韓國學報』 제84집, 가을호, pp.28~45.
丁永根(1998), 「의상 화엄학의 실천적 지향」, 『종교연구』 제16집(서울: 한국종교학회), pp.176~183.
朴太源(1996), 「의상의 성기사상」, 『철학』 제49집(서울: 한국철학회), pp.5~31.
권오민(2012), 「다양성과 유연성의 불교②법성: 성전의 기준과 불설 정의」, 『문학 사학 철학』 제31·32호, 대발해동양학한국학연구원 한국불교사연구소.
권오민(2015), 「불교 지성의 전통과 역사」, 『동아시아불교문화』 제23집, 동아시아불교문화학회, p.9 재인용.
高榮燮(1999), 「의상의 二起學: 性起(理·橫)와 緣起(事·豎)의 긴장과 탄력」, 『한국불학사: 신라·고려시대편』(서울: 연기사), pp.197~206.
高榮燮(2017), 「원효의 오도처와 화성 당항성」, 『신라문화』 제48집, 동국대학교 신라문화연구소.
高榮燮(2019), 「한국불교가 중국불교에 미친 영향: 철학자의 길과 번역자의 길」, 『문학 사학 철학』 제56호, 대발해동양학한국학연구원 한국불교사연구소.
高榮燮(2019), 「퇴옹 성철의 실천성과 지성성」, 『한국불교사연구』 제15호, 한국불교사학회 한국불교사연구소.
金天鶴(2012), 「동아시아 화엄사상에서 의상과 법장의 위상」, 『불교학보』 제61집(서울: 동국대학교 불교문화연구원), pp.65~87.
장진영(진수, 2013), 「화엄경문답의 연구」, 동국대학교 대학원 불교학과 박사논문.
최연식(2016), 「한국불교에서의 성기와 연기: 의상 화엄사상의 성기적 이해에 대한 재검토」, 『불교학보』 제74집(서울: 동국대학교), pp.245~269.

제4장

고운 최치원의 풍류 이해와 삼교 인식

I. 최치원에 대한 두 시각
II. 현묘지도 즉 풍류도
III. 풍류도 삼교의 철학과 사상
IV. 불선유 삼교의 철학과 사상
V. 풍류도 속의 삼교 사상
VI. 천신 산신 무속의 삼교와 풍류도

I. 최치원에 대한 두 시각

산업화와 민주화를 거쳐 정보화와 기계화가 고도화되면서 국제화 세계화 시대가 가속되고 있다. 이미 양의 동서와 시의 고금이 우리의 손바닥 안에서 공유된 지 오래다. 서로 만나지 않았을 때는 저마다의 기준과 원칙에 따라 살면 되었다. 그때만 해도 서로 간에 '자'度와 '되'量와 '저울'衡을 재는 도량형度量衡이 필요가 없었다.

하지만 비행기와 컴퓨터, 인터넷과 스마트폰이 일상화되면서 과거의 해석을 넘어 새로운 해석이 필요한 시대가 되었다. 그때는 그때의 상황이 있었고 지금은 지금의 상황이 있는 것이다. 그때는 그럴 수밖에 없었지만 지금은 다를 수밖에 없는 것이다. 종래의 국가와 민족 개념에 대한 이해가 달라지고 영토 개념에 대한 해석도 달라져 왔기 때문이다. 이제는 언어를 공유하는 언어영토와 경제를 공유하는 경제영토가 새롭게 자리 잡아가고 있다. 언어영토는 문화영토가 되어가고 있으며, 경제영토는 정치영토가 되어가고 있다.

고운 최치원857~908?이 살았던 시대에도 그 시대의 영토들이 있었다. 그는 12세에 입당하여 16년간 당나라에 살다가 28세에 돌아왔다. 이후 최치원이 보여준 동인東人의식[1]과 동문同文의식[2]은 종래의 국가와 민족 인식에 의한 단재 신채호1880~1936의 강력한 비판[3]을 받았다. 하지만 그

---

1 류승국, 「최치원의 동인의식」; 최영성, 「고운 최치원의 동인의식」, 고운 국제교류사업회 편찬, 『최치원 연구총서 1, 고운 최치원의 철학·종교사상』(서울: 문사철, 2010).
2 최영성, 「최치원 사상에서의 보편성과 특수성의 문제」, 『동양문화연구』 제4집, 동양문화연구소, 2009. 필자는 여기서 보편성으로서 '동문의식'을, 특수성으로서 '동인의식'을 제시하고 있다.
3 신채호(申采浩, 1880~1936), 『조선상고사』; 『단재 신채호 전집』(개정판) 상권(서울: 형설출판사, 1995), p.72. 그는 김춘추, 최치원, 김부식을 事大慕華의 화신으로 단죄하였다. 특히 "최치원의 그 사상은 漢이나 唐에만 있는 줄 알고 신라에 있는 줄을 모르며, 학식은 儒書나 佛典을 관통하였으나 본국의 古記 한편도 보지 못하였으니, 그 主義는 조

의 동이東夷[4] 즉 동인東人의 자의식인 동이東夷[5] 의식은 서국西國 즉 중국中國과 대등한 '동국東國 의식'으로 이해해야 한다. 최치원은 '세방화'世方化의 선구자이자 '글로컬리티'Glocality, Globle+Local의 선각자였다. 다행스럽게도 근래에 들어 그에 대한 역사인식[6]과 철학사상[7]은 국제화 세계화 시대의 국가 이해와 민족 인식에 따라 새로운 조명을 받고 있다.

우리는 나라와 나라 사이의 국제國際와 시간과 공간 사이의 세계世界에 살고 있다. 오늘과 지금을 살고 있는 우리에게 최치원의 역사인식과 사상체계에 대해 과거의 비판적 시각을 넘어 미래의 긍적적 시선을 열어갈 것인가? 아니면 여전히 과거의 비판적 고찰에만 머물 것인가? 이 글에서는 최치원의 「난랑비서」에 나타난 삼교는 이 땅의 고유한 천신교 산신교 무속교였으며, 이들 삼교의 가르침은 불선유 삼교의 전래 이전부

선을 가져다가 純支那化하려는 것뿐이고, 그 예술을 靑天으로 白日을 대하며 黃花로 綠竹을 대하는 四六文에 능할 뿐이었다." 또 그는 최치원의 문장이 "당나라 말기의 浮華한 것을 모방했을 뿐 인격적 自性의 표현이 없"음을 지적하여, 최치원을 "小刀細工의 下品才子類"에 비유하기도 하였다. (p.73)

[4] 『後漢書』 「光武帝記」 20년 秋條. '東夷는 韓國人'이라고 적고 있다.

[5] 勞榦, 『중국문화논집』 제2권(대만: 중화대전편인회, 1965), p.364. "우리들은 동방 사람들을 항상 '東夷'라고 부른다. '夷'자와 '仁'자는 통용된다. '仁'자와 '人'자는 한 근원에서 나왔다. 그러므로 漢語에서 '人'이라 일컫는 덕승 그 근원이 동방에서 나왔다. …… 만일 夷人들이 문화적으로 先進이고 먼저 '人'자를 사용하였다고 하면, 후대에 와서 西方에서 기원한 부족들이 이를 차용하여 전인류를 가리키는 名詞로 쓰게 되었다고 할 수 있다." 저자는 '人'이 '人' → '夷' → '仁'으로 발전되었다고 본 것이다. 중국의 갑골학자 董作賓도 그의 저서 『甲骨文斷代研究例』에서 "仁方이 곧 夷方이며 이방은 東夷이며 '夷'는 곧 東方之人이라"고 하였다.

[6] 조인성, 「최치원의 역사서술」, 『역사학보』 94·95합집, 1982; 이현혜, 「최치원의 역사인식」, 『명지사론』 창간호, 1983; 이재운, 『최치원 연구』, 1999; 최경숙, 「최치원의 역사인식」, 『고운의 사상과 문학』, 1997; 최영성, 「고운 최치원의 역사의식 연구」, 『한국사상사학』 11, 1998; 장일규, 「최치원의 신라전통 인식과 『제왕연대력』의 찬술」, 『한국사학사학보』 6, 2006; 김복순, 「최치원의 역사인식 연구」, 『민족문화』 제34집, 고려대학교 민족문화연구원, 2009.

[7] 고운국제사업회 편찬, 『최치원의 철학·종교사상』(서울: 문사철, 2009); 최영성, 『최치원의 철학사상』(서울: 아세아문화사, 2001); 최영성, 『고운사상의 맥』(서울: 심산, 2008).

터 이 땅에 있어 왔던 '한민족 고유의 원초적 사유'인 현묘지도 즉 풍류도였음을 밝혀 보고자 한다.

II. 현묘지도 즉 풍류도

최치원은 신라 경문왕 8년868에 최견일崔肩逸의 아들로 태어났다. 그는 12세의 나이로 당나라에 유학하면서 아버지로부터 "10년 안에 과거에 급제하지 못하면 내 아들이 아니니 가서 힘써 공부하라"는 말을 들었다. 최치원은 '남이 백 번 하면 나는 천 번을 하여'人百己千[8] 18세에 과거에 급제하였다. 그 결과 그는 선주宣州 율수현위溧水縣尉가 되고 승무랑承務郎 시어사侍御史 내공봉內供奉에 올라 자금어대紫金魚袋를 하사받았다. 때마침 최치원은 황소黃巢의 반란875~884이 일어나자 병마도통兵馬都統 고변高騈의 종사관으로 임명을 받았다. 그는 25살 되던 881년(唐 廣明2, 辛丑) 7월에 「토황소격문」討黃巢檄文을 지어 격서檄書 한 장으로 난적亂賊을 항복시켰다.[9] 이 공로로 그의 이름과 문장은 당나라 천하에 널리 알려지게 되었다.

최치원이 신라로 돌아오기 직전 14년간 재위하였던 경문왕膺廉이 874년에 승하하였다. 이어 헌강왕이 11년간 재위하였다. 최치원은 16년간

---

[8] 崔致遠, 『桂苑筆耕』, 「自序」. "아버님의 그 엄격하신 훈계를 마음에 새겨, 감히 잊지 않고 쉴 새 없이 또렷이 깨어서[懸刺] 허둥거리지 않고[無遑] 오로지 아버님의 뜻을 받들기 위했던 바, 실로 '남이 백 번을 하면 나는 천 번을 노력하여' 여러 지방을 다닌[觀光] 지 6년 만에 [과거에 급제하여] 금방(金榜)에 [이름을] 걸게 되었다."[臣佩服嚴訓, 不敢弭忘, 懸刺無遑, 冀諧養志, 實得人百己千之, 觀光六年, 金名牓尾].
[9] 李奎報, 「白雲小說」 제3則. 황소는 "천하 사람이 모두 너를 죽이려고 생각할 뿐만 아니라, 아마 땅 속의 귀신까지도 가만히 베어 죽이려고 의론하리라"는 대목에 이르러 혼비백산하여 자기도 모르게 평상에 내려 앉았다고 한다. 황소의 마음 깊은 속[肺腑]을 찌른 최치원의 글 힘과 말 힘을 보여주는 대목이다.

당나라에 머물다가 28세 때인 헌강왕 10년884에 신라로 돌아왔다. 당시 신라는 이미 형세가 기울어져 가고 있었다. 정강왕이 재위 1년 만에 승하하자 이어 진성여왕이 즉위887~896하였다. 왕위에 오른 진성여왕은 재위 10년 동안 각간 위홍魏弘과 대구大矩 화상에게 신라의 상중하대 안목(절목, 요목)을 담은 『삼대목』三代目 편찬을 명하는 등 신라 고유의 전통문화를 계승하기 위해 노력했다.

이러한 분위기 속에서 전 시대 이래 대표적 화랑이었던 국선 응렴膺廉과 효종랑孝宗郞이 소환되었다. 헌강왕대에 귀국한 최치원은 진성여왕 재위 시절에 펼쳤던 전통문화의 선양 정책에 힘입어 진력하였다. 그가 응렴 즉 화랑 출신의 경문왕을 기리는 「난랑비서」를 쓴 시기도 이때로 추정된다. 하지만 당시 신라 정국은 왕거인王巨人의 정치적 탄압888, 원종元宗 애노哀奴의 난亂, 889, 견훤의 후백제 건국892 등으로 문란하였다. 이 시기의 최치원은 중앙의 관직을 받아 활동하였다. 894년에는 그는 진성여왕에게 상서장上書莊에서 시무십여조時務十餘條를 건의10하여 신라 정계를 개혁하려 하였다. 하지만 신라 귀족들은 변화를 싫어하였고 신라 사회는 피폐해져 갔다. 당시의 비참한 모습을 최치원은 "악 중의 악이 없는 곳이 없으며, 굶어서 죽고 전쟁으로 죽은 시체가 들판에 별처럼 흩어져 있다"[11]고 표현하였다.

결국 최치원은 기울어가는 신라의 정세를 개탄하면서 외직을 청하여 태산군太山郡(전북 태안), 부성군富城郡(충남 서산), 천령군天嶺郡(경남 함양) 등의 고을 태수를 지냈다. 하지만 난세가 계속되자 결국 그는 벼슬을 버리고 유랑하였다. 만년에 최치원은 가야산 해인사에서 친형인 정현定玄 법사와 도우道友를 맺고 기거를 함께 하다 여생을 마쳤다.

---

10 崔致遠, 「孤雲先生事蹟」, 『崔文昌侯全集』, p.424.
11 崔致遠, 「海印寺妙吉祥塔記」, 『崔文昌侯全集』, p.212. "惡中惡者, 無處無也. 餓莩戰骸, 原野星排."

1. 교원과 선사

최치원은 비문에서 "풍류도의 가르침을 시설한 근원은 『선사』仙史에 자세히 갖춰져 있다"고 하였다. 그렇다면 당시까지 전해지고 있던 『선사』는 고조선의 역사서였을까, 아니면 고조선 통치자仙人들의 수행서였을까? 대개 선인이 고조선의 통치자들인 단군을 가리켰던 맥락을 고려해 보면 『선사』는 고조선의 역사서이자 통치자들의 수행서로 이해된다. 고조선은 18명의 천황이 다스린 배달국을 계승한 나라였으며 배달국은 7명의 환인이 다스린 환국을 계승한 나라였기 때문이다.

일연1206~1289은 탁월한 이야기꾼으로서 『삼국유사』 「기이」편 〈고조선〉조에서 환인-환웅-단군 왕조를 조부-부-자 3대의 가계로 기술해 두었다. 하지만 이들 3인은 3대의 가계이기보다는 환국의 (7)환인-배달국의 (18)환웅-고조선(부여)의 (25+22)단군으로 이어지는 3개의 왕조를 가리킨다. 이렇게 보면 이들 세 왕조의 통치자인 환인-환웅-단군의 왕조는 상호 긴밀하게 이어졌으며 이들 세 왕조는 같은 계통의 계보를 이어왔음을 알 수 있다.

환국은 천신天인 환인을 숭배했던 나라이고, 배달국은 산신山/地神인 환웅을 숭배했던 나라였다. 조선은 천신사상과 산신사상을 포용하면서 통치자 즉 샤먼인 무속人을 숭배했던 나라였다. 이들 천신교, 산신교, 무속교는 고유사상 즉 토착사상으로 자리를 잡았다. 조선은 이들 세 사상의 주체인 천지인 삼재를 섬겼으며 『선사』에는 천신교와 산신교와 무속교의 주체인 삼재에 대한 자세한 기록이 남아있었을 것이다.

최치원은 이러한 천지인天地人 삼재를 아우른 현묘지도를 풍류도라고 명명하였다. 이것은 온전히 그의 사상이라고 할 수는 없지만 그가 풍류도를 정리한 체계라는 점에서 그의 사상이 아니라고 할 수도 없다. 최치원은 당시 『선사』라는 고조선 이래의 사서를 보고, 현묘지도의 내용을 풍류도로 보았다. 그리고 그는 풍류도의 핵심을 '포함삼교'와 '접화군생'의 철학과 사상으로 파악하였다.

2. 삼교와 화생

최치원은 풍류도의 두 축을 '포함삼교'包含三敎의 철학과 '접화군생'接化群生[12]의 사상으로 정리하였다. 그는 풍류도의 의미와 내용을 이렇게 이해하고 비문에 간략히 적었다. 여기의 '포함삼교'에서 삼교는 불선유 삼교 이전에 이 땅에 있어 왔던 천신교, 산신교, 무속교의 삼교로 이해된다. '접화군생'은 '널리 뭇삶을 이롭게 한다'는 홍익인간弘益人間과 '이 땅에 머물며 이치로 교화한다'는 재세이화在世理化로 볼 수 있다.

천신교는 이 땅을 다스리는 하늘신을 숭배하는 환국 이래의 철학체계로 볼 수 있다. 산신교는 하늘에서 신이 내려오는 길인 산을 숭배하는 배달국 이래의 철학체계로 볼 수 있다. 무속교는 청동기시대에 청동거울과 청동칼과 청동구슬과 같은 무구巫具를 들고 이주해 온 샤먼들을 숭배하는 고조선 이래의 철학체계로 볼 수 있다. 샤먼들은 동북아시아로 이주해 온 뒤 이곳에 살던 이들이 숭배해온 천신교天와 산신교地를 수용하면서 무속교人를 펼쳐나갔다.

'접화군생'에서 '접화'는 제접提接과 교화敎化의 줄임말이다. '제접'이란 맞이해 사귀고 이끌어 나아간다는 것이다. '교화'란 '교도감화'敎導感化를 가리키니 '가르치고 이끌어서 올바른 방향으로 나아가게 하는 것'이다. '군생' 즉 중생衆生은 살아있는 모든 생명체이며 뭇삶의 다른 표현이다.

---

12 金富軾, 『三國史記』卷第4, 「新羅本紀」第4, 眞興王 三十七年. "崔致遠 鸞郎碑序曰 國有玄妙之道 曰風流 設敎之源 備詳仙史 實乃包含三敎 接化群生 且如 入則孝於家 出則忠於國 魯司寇之旨也 處無爲之事 行不言之敎 周柱史之宗也 諸惡莫作 諸善奉行 竺乾太子之化也."

'접화군생'은 천지인 삼재三才를 갖추고 있는 풍류도로 뭇삶을 제접하고 교화하는 것이다.

이 '포함삼교'와 '접화군생' 여덟 글자는 풍류도의 이론과 실제를 보여주는 구절이다. 여기서 삼교는 태고-상고-중고 이래 이 땅 고유의 사상인 천지인 삼재三才[13]를 가리킨다. 하늘天 땅地 사람人을 일컫는 삼재는 천신교, 산신교, 무속교의 신앙 대상인 환인, 환웅, 단군을 가리킨다. 이들 환인과 환웅과 단군이 삼교의 주체이자 그의 대상이었다. 이 땅 고유의 현묘한 도인 풍류도는 이들 삼교의 사상을 포함하고 있으며 그것으로 뭇삶을 제접하고 교화했다. 당시 최치원은 풍류도를 이렇게 파악하고 있었다.

III. 풍류도 삼교의 철학과 사상

1. 천신교, 사백력의 하늘 철학

풍류도는 태고의 천신교와 상고의 산신교와 중고의 무속교를 아우르는 현묘한 도로 파악된다. 환국의 통치자인 환인의 가르침인 천신교, 배달국의 통치자인 환웅의 가르침인 산신교, 조선의 통치자인 단군의 가르침인 무속교는 천지인 삼재사상을 형성하였다. 이러한 삼재사상은 풍류도로 전해졌다.

풍류도에서 '풍'은 '우리' 혹은 '우리의 것' 또는 '우리 의식'을 일컫는 표현이다. 고운은 이것을 '동인'東人 즉 '동방지인'東方之人의 '동인의식'東人意識이라 하였다. 도안의 서신에 의하면 '풍'과 '류'의 결합인 '풍류'는 '유

---

[13] 三才는 삼극(三極), 삼령(三靈), 삼원(三元), 삼의(三儀)를 일컫기도 한다. 관상에서 三才는 이마, 코, 턱을 가리킨다.

풍' 즉 '이 땅에서 내려오는 가풍'遺風과 '여류' 즉 '그 나머지의 흐름'餘流이라고 할 수 있다.[14]

이렇게 본다면 '유풍'은 태고의 천신교와 상고의 산신교와 중고의 무속교 삼교의 풍습을 가리킨다. '여류'는 이러한 유풍 그 나머지의 흐름이라고 할 수 있다. '풍류'는 천지인 삼재사상을 담고 있는 삼교의 유풍과 그 나머지의 흐름을 일컫는다고 할 수 있다.

천신교는 사백력(시베리아)의 하늘에 머무르며 스스로 난 환인(안파견)이 지극한 기운을 타고 움직이며 보여준 모습이다. 환인의 철학과 사상은 '묘계자연妙契自然 즉 절묘하게 자연과 합치되어서, 무형이현無形而見 즉 드러냄이 없으면서 드러내고, 무위이작無爲而作 즉 의도함이 없으면서 움직이며, 무언이행無言而行 즉 말을 함이 없으면서 모든 것을 이루었다.'는 것으로 표현된다.

천신교	철학과 사상	비고
환인	妙契自然 無形而見 無爲而作 無言而行 절묘하게 자연과 합치되어, 드러냄이 없으면서 드러내고, 의도함이 없으면서 움직이며, 말을 함이 없으면서 모든 것을 이루었다.	

이처럼 천신교의 철학과 사상은 "지극한 기운을 타고 움직이는 환인이, 절묘하게 자연과 합치되어, 드러냄이 없으면서 드러내고, 의도함이 없으면서 움직이며, 말을 함이 없으면서 모든 것을 이루었다"로 요약된

---

14 道安,「二敎論」,歸宗顯本 제1(『廣弘明集』 8권(ABC, K1081 v33, p.344a05-a07). "有東都逸俊童子,問於西京通方先生曰:僕聞風流傾墜,六經所以緝脩;誇尙滋彰,二篇所以述作." 풍류의 용례는 여기에서 확인된다. 동도(東都)의 일준동자(逸俊童子)가 서경(西京)의 통방(通方)선생에게 다음과 같이 물었다. "제가 듣자오니, 풍화(風化)의 흐름[流]이 기우는지라 6경(經)이 이로써 찬술되었으며, 헛된 숭상이 늘어나매 2편(篇)이 이로써 지어졌다 합니다."

다. 여기서 환인의 '묘계자연'과 '무형이현'은 통치자의 통치 철학과 사상을 잘 보여주고 있으며, '무위이작'과 '무언이행'은 최치원이 노자의 가르침을 '처무위지사'와 '행불언지교'로 표현한 것과 상통한다. 환인의 '의도함이 없이 움직이며, 말을 함이 없으면서 모든 것을 이루었다'는 말은 노자의 '함이 없는 일에 처하고 말이 없는 가르침을 행하라'는 것과 다르지 않음을 알 수 있다.

화랑 출신의 경문대왕을 기리는 비문「鸞郎碑序」의 '현묘지도'玄妙之道에서 '현'은 '가믈하다'(그윽하다)는 뜻이며, '묘'는 절묘하다(미묘하다)는 뜻이다. '도'道의 형용인 '현'은 보려고 해도 볼 수가 없고夷, 들으려고 해도 들을 수 없고希, 잡으려고 해도 잡을 수 없는 것微[15]이며, '덕'德의 형용인 '묘'는 교묘巧妙, 기묘奇妙, 미묘微妙, 승묘勝妙, 신묘神妙, 영묘靈妙, 오묘奧妙, 절묘絶妙, 정묘精妙, 중묘衆妙, 지묘至妙, 현묘처럼 묘한 것이다. '현도'玄道와 '묘덕'妙德이 결합된 것이 풍류도인 현묘지도인 것이다.

천신교와 산신교와 무속교의 삼교는 불교 도교 유교가 전래되기 이전에 환국-배달국-조선으로 이어진 이 땅 사람들의 고유한 가르침이다. 천재-지재-인재를 기반으로 한 삼교는 소박한 토착사상이 아니었다. 오히려 '홍익인간'弘益人間 즉 널리 인간들을 이롭게 하고 '재세이화'在世理

---

15 老子,『道德經』제14장. "視之不見[눈으로 보려고 해도 볼 수 없는 것을], 名曰夷[이름하여 이라 하고], 聽之不聞[귀로 들으려 해도 들을 수 없는 것을] 名曰希[이름하여 희라 하고] 搏之不得[손으로 잡으로 해도 잡을 수 없는 것을] 名曰微[이름하여 미라 한다]. 此三者[이세 가지(이, 희, 미)는] 不可致詰[묻고 따질 수가 없으니] 故混而爲一[혼연일체가 된다]. 其上不皦[더 이상 밝을 수도 없고] 其下不昧[더 이상 어두울 수도 없다]. 繩繩不可名[끝없이 이어지니 무어라 이름을 붙일 수도 없으며] 復歸於無物[결국은 무의 세계로 돌아간다]. 是謂無狀之狀[이것을 일컬어 모양은 있으되 형용할 수가 없고] 無物之象[형체는 있으되 나타낼 수가 없으니] 是謂惚恍[이것을 일컬어 황홀이라 한다]. 迎之不見其首[앞에서 살펴봐도 그 머리를 볼 수 없고] 隨之不見其後[뒤따르면서 봐도 그 꽁지를 볼 수 없다]. 執古之道[태고의 도를 가지고] 以御今之有[오늘의 일을 살피면] 能知古始[태고의 시초를 알 수 있으니] 是謂道紀[이를 일러 도의 실마리라 한다]."

化 즉 세상에 살면서 이치로서 교화하는 높고 깊은 철학이자 사상이었다고 할 수 있다.

이처럼 태고인들과 상고인들과 중고인들의 철학과 사상이라고 해서 소박하고 나약한 것이라고만 할 수는 없다. 살펴본 것처럼 환인(안파견~지위리)-환웅(거발한~거불단)-단군(왕검~고열가)이 다스렸던 이들 세 왕조의 천신교와 산신교와 무속교 삼교에는 깊은 인간 이해와 넓은 세계 인식이 투영되어 있었다.

2. 산신교, 천지인 삼재와 원화 화랑

풍류도의 이론과 실제를 담고 있는 『선사』가 전해지지 않는 지금 우리는 최치원의 「난랑비서」를 통해서 진실을 구명할 수밖에 없다. 이 비문의 서문은 불선유 삼교가 이 땅에 전해지기 이전부터 이미 불선유 삼교의 가르침과 같은 현묘지도인 풍류도가 있어 왔음을 알려 준다. 그러면 풍류도는 무엇일까? 주목되는 것은 풍류도의 주체는 고래의 선인들이었으며 이들 선인의 정신을 계승하고 있는 이들이 '원화'原花와 '화랑'花郞이었다는 사실이다.

천지인 삼재는 하늘, 땅, 사람을 가리키며 이들 세 곳의 천신, 산신, 무당을 가리킨다. 천신교는 천재인 환인, 산신교는 지재인 환웅, 무속교는 인재인 단군(당골)이다. 제정일치 시대였던 태고, 상고, 중고 시대에 이들은 통치자이자 신앙의 대상이었다. 그 결과 천신교의 환인, 산신교의 환웅, 무속교의 단군(당골)은 이들 세 왕조의 지배자이자 통치자였다. 7인의 환인[16], 18인의 환웅, 47인의 단군은 각기 천지인을 대표하는 인물들

---

16 양태진 번역 주해, 『환단고기』(서울: 예나루, 2009; 2013 2쇄), p.17; p.51. 『환국본기』는 발해의 備藏書인 『朝代記』와 『三聖密記』의 내용을 바탕으로 桓因國 또는 桓國이라고 부르는 나라가 7세 3301년에 걸쳐 후기 환국(전기 환국 63182년)을 통치했다는

이며 이들은 모두 홍익인간하고 재세이화 한 통치자이자 지배자였다.

천신인 환인의 명을 받은 환웅 천왕은 하늘에서 백산白山(백두산)과 흑수黑水(흑룡강) 사이에 내려올 때[17] 청동검·청동거울·청동방울을 가지고 왔다. 그가 가져온 청동거울에는 천부天符라는 명문이 새겨져 있었다. 천부인天符印은 하늘에 부합되는 도장이며 하늘에 부합되는 도장을 찍는다는 것은 하늘에 부합되는 방식으로 처리한다는 것이다. 이것은 사람의 마음이 하늘마음을 회복할 때 가능한 것이다. 하늘마음을 회복하여 남과 하나가 되는 방식으로 일을 처리하면 모든 것이 근본적으로 해결된다. 거울에 천부라는 글을 새긴 것은 거울을 볼 때마다 하늘마음으로 살아가고 있는지를 반성하기 위한 것일 것이다.[18]

그리고 다섯 일을 주재하는 이들은 농사를 담당하는 우가牛加, 왕명을 담당하는 마가馬加, 형벌을 담당하는 구가狗加, 질병을 담당하는 저가豬加, 선악을 담당하는 양가羊加이다.[19] 18세 동안 유지된 배달국의 환웅시대에는 천부인天符印을 가지고 다섯 일五事을 주관하며, 환웅은 세상에 있으면서 사람들에게 본래의 모습을 회복하도록 감화시켜在世理化, 널리 인간 세상을 이롭게 만들었다弘益人間.[20]

역사의 기록이다. 영토의 넓이가 남북으로 5만 리, 동서로 2만 리였는데, 그 경내에 卑離國, 養雲國, 寇莫汗國, 句茶川國, 一羣國, 虞婁國(일명 畢那國), 句牟額國, 賣句餘國(일명 稷臼多國), 客賢汗國, 斯納阿國, 鮮裨國(일명 시위국, 통고사국), 須密爾國 등 12소국을 거느리고 이들을 五訓과 五事로 다스렸다고 한다.

17 환국의 7세 桓因의 아들 桓雄이 무리 3천을 거느리고 太白山 아래 도읍을 정하고 神市라고 하였다. 그는 風伯 雨師 雲師로 직책을 나누고 그를 따르는 무리들에게 天皇으로 받들어져 나라를 세우고 국호를 倍達國이라고 하였다. 배달국은 환웅 천황 즉 居發桓 천황에서 居弗檀 환웅까지 18대 1565년간 지속되었다.
18 이기동·정창건 역해, 『桓檀古記』(서울: 행촌, 2019), p.28.
19 李陌 編纂, 「太白逸史」, 이기동·정창건 역해, 『桓檀古記』, p.282. 『삼국유사』 「기이」의 〈고조선〉 조에서는 곡식(농사), 수명(왕명), 형벌, 질병, 선악을 담당하였다고 한다.
20 安含老 撰, 「三聖紀全」 상편, 이기동·정창건 역해, pp.26~27. 여기서 '三聖'이란 환국의 환인(7인), 배달국의 환웅(10인), 조선(+부여)의 단군(47인)을 일컬으며 '기'란 이들

산신교	철학과 사상	비고
환웅	持天符印 主五事 在世理化 弘益人間 천부인을 가지고 다섯 일을 주관하며, 세상에 있으면서 사람들의 본래 모습을 회복시켜, 널리 인간을 이롭게 만들었다.	

여기서 리理는 원래 옥돌의 무늬를 의미하는 말이다. 옥돌의 무늬가 헝클어진 데 없이 질서정연한 것처럼 이 세상도 원래 질서정연했다. 그러던 것이 사람의 욕심으로 인해 헝클어졌기 때문에 사람으로 하여금 본래 마음을 회복하게 하고 이 세상을 본래 모습으로 회복하게 해야 한다. 그렇게 하는 것이 이화理化이다.[21]

이화란 옥돌의 무늬처럼 질서정연한 모습으로 바꾸는 것을 말한다. 이 세상에서 이화하는 노력을 통해 세상이 질서정연한 본래의 모습을 회복한 상태가 홍익인간이다. 홍익인간이란 모든 사람이 불만이 없이 만족하는 세상을 말한다. 그런 세상은 모든 사람이 한마음을 회복할 때에야 가능하다. 이들이 한마음을 회복하는 21일 기간 동안 천신에게 제사를 지내고, 근신하고, 문을 닫고 수양에 몰입하고, 주문을 외우는 것이 수양에 포함되어 있었다.[22]

환웅의 '지천부인'과 '주오사'는 통치자의 통치 철학과 사상을 보여주고 있으며 '재세이화'와 '홍익인간'은 최치원이 공자의 가르침을 '입즉효어가'와 '출즉충어국'으로 표현한 것과 상통한다. 즉 환웅의 '세상에 있으면서 사람들에게 본래의 모습을 회복하려고 감화시켜 인간세상을 이롭게 만들었다'는 말은 공자의 '집안에 들어와 부모에게 효도하고 집밖을 나아가 나라에게 충성함'의 가르침과 다르지 않음을 알 수 있다.

에 대한 연대기를 일컫는다.
21 이기동·정창건 역해, 위의 책, p.29.
22 이기동·정창건 역해, 위의 책, p.29.

이러한 천부인의 정신적 전통은 오랫동안 이어져 오다가 한동안 물밑으로 잠겨 있다가 신라의 진흥왕 때에 풍월도로 재현되었다. 신라의 진흥왕 때에 청소년 수양집단의 대표로서 귀족 출신의 미소녀를 임명해 효도, 우애, 충성, 신의를 가르치는 원화原花제를 운영하였다. 얼마 되지 않아 남모南毛와 준정俊貞, ?~?의 갈등으로 2인의 원화제를 폐지하고 다시 미소년을 임명해 효도, 우애, 충성, 신의를 가르치는 화랑花郞제를 운영하였다. 화랑들은 '산천을 유람하며'遊娛山水, '먼 지방까지 가서'無遠不至, '가악으로써 즐기며'相悅以歌樂, '도의로써 연마하여'相磨以道義, '그 사람의 옳고 그름을 알아'知其人邪正 그 중 착실한 자만을 뽑아 조정에 천거하였다. 그 결과 "어진 재상, 충성스런 신하가 여기서 나왔고 뛰어난 장수, 날쌘 군사도 여기서 나왔다"[23].

여기서 '유오산수' 즉 '산천을 유람한다'는 것은 화랑의 가장 주요한 일상을 가리킨다. 화랑들은 '무원부지' 즉 '먼 지방까지 가서' 심신을 닦고 민심을 살폈다. 또 '상마의도의' 즉 '도의로써 서로 힘써 배우고 닦았다. 그래서 '지기인사정' 즉 '그 사람의 옳고 그름을 알아' 사리를 판단하였고 그 중에서 착실한 자만을 뽑아 조정에 천거하였다. 이것은 당시 나라를 이끌었던 국왕을 비롯한 화랑의 지도자들의 정체성이 화랑의 정신과 임무와 연결되어 있었음을 잘 보여주고 있다. 신라는 이러한 과정을 통해 국가의 동량들을 길러내고 선발하여 배치하였다.

3. 무속교, 국선도 즉 풍류도의 실제

천신인 환인의 명을 받은 환웅 천황 즉 거불한 환웅은 백두산과 흑

---

[23] 金富軾, 『三國史記』 卷第4, 「新羅本紀」 第4, 眞興王 三十七年. "或相磨以道義, 或相悅以歌樂, 遊娛山水, 無遠不至, 知其人邪正." 金大問의 『花郞世記』를 인용해 기록하였다.

룡강 사이에 내려오면서 독특한 철학과 사상을 가지고 왔다. 이것은 천신교의 '무위이작 무언이행'을 계승한 산신교의 '재세이화 홍익인간'의 철학과 사상이었다. 이러한 철학과 사상은 점차 무속교의 '현묘득도 접화군생'의 사상으로 구체화 되었다.

신인인 왕검은 불함산^{不咸山} 단목檀木이 있는 곳에 내려왔다. 그는 지극히 신통한 덕至神之德과 성인을 겸한 어진 마음兼聖之仁으로 천신의 명을 받들고 하늘의 뜻을 이어 삶의 방도를 세우자 우뚝하고 왕성하여 공이 빛났다. 단군檀君은 단정하고 공손하게 있으면서 무위의 정치를 하여 端拱無爲 가만히 앉아 세상을 안정시켰다坐定世界. 그는 심오하고 묘한 경지로 득도하고는玄妙得道 여러 생명들을 접하여 참된 모습으로 바꾸었다接化群生.[24] 이러한 단군의 철학과 사상은 신라 하대까지 이어졌다.

무속교	철학과 사상	비고
단군	端拱無爲 坐定世界 玄妙得道 接化群生 단정하게 두 손을 마주 잡고 좌정해 있으면서도 현묘한 도를 통해 뭇 생령들을 한결같이 교화하였다.	

살펴본 것처럼 단군의 '단공무위'와 '좌정세계'는 통치자의 통치 철학과 사상을 보여주고 있다. 즉 '단정하게 두 손을 마주 잡고 좌정해 있으면서도 현묘한 도를 통해 뭇 생령들을 한결같이 교화하였다'는 철학과 사상은 '나쁜 일들 짓지 말고 좋은 일들 높여 하라는 가르침은 석존의 가르침'과 다르지 않음을 알 수 있다. 환인의 '무위이작'과 '무언이행' 및 환웅의 '재세이화'와 '홍익인간' 또한 최치원이 석존의 가르침을 '제악막작'과 '중선봉행'으로 표현한 것과 상통한다.

---

24 安舎老 撰,「三聖紀全」상편, 이기동·정창건 역해,『桓檀古記』(서울: 행촌, 2019), pp.30~31.

최치원은 진성여왕 7년893에 쓴 「지증대사적조탑비」에서 "옛날에 우리나라가 셋으로 나뉘어 솥의 발과 같이 서로 대치했을 때 백제에 소도蘇塗가 있었다. 그리고 감천궁甘泉宮에서 금인金人에게 제사를 지낸 것과 같다"[25]고 하였다. 소도는 삼한시대 이래 천신에게 제사를 지내던 성소였다. 각 고을에서는 소도에 신단神壇을 설치하고 그 앞의 나무에 큰 나무를 세워 제사를 지냈다. 이처럼 그는 삼한을 이은 신라 고구려 백제를 역사적 연속성과 문화적 동질성에 기초하여 논하고 있다.

진성여왕은 신라의 전통문화에 대한 강한 자부심을 표현하였다. 왕은 당시의 화랑을 소환하여 '효'를 정치사상의 전면에 내세웠다. 먼저 효종랑을 중심으로 하는 화랑세력이 소환되었다. 동시에 '난랑' 즉 경문대왕도 소환되었다. 이 과정에서 최치원은 왕의 명을 받아 「난랑비서」를 쓴 것으로 짐작된다. 풍류도는 『선사』에 자세히 갖추어져 있다는 기록처럼 여기에는 선인들의 도인 선도仙道에 대한 내용들을 담고 있었을 것이다. 이러한 선도는 '국선도'로 불렸고 국선도는 풍류도를 계승하고 있다. 그런데 진성여왕 대에 풍류도 사상이 다시 구현되었다. 하지만 이후 신라에서는 재현되지 못하였다. 대신 풍류도는 고려시대의 팔관회와 선랑제도로 이어졌다.

선도사상이 자리를 잡으면서 전국에 삼산三山 오악五岳이 시설되었다. 신라 때에는 오악으로 동 토함산, 남 지리산, 서 계룡산, 북 태백산, 중 중부악(팔공산)이 비정되었다. 신라인들에겐 매년 3월 봄과 8월 가을의 10일에는 선남 선녀들이 수풀에 모여 일체 함령들을 위해 점찰법회를 시설하는 것이 변치 않는 규범이었다.[26] 조선 초1394에는 구월산에 상악단, 계룡산에 중악단(신원사), 지리산에 하악단 등의 삼악단을 설치하

---

25 崔致遠, 「智證大師寂照塔碑」, 『崔文昌侯全集』, p.170.
26 一然, 『三國遺事』, 「感通」, 〈仙桃聖母 隨喜佛事〉.

였다. 신라의 오악은 고려의 오악과 조선의 오악을 거쳐 대한의 오악으로서 백두산, 금강산, 묘향산, 지리산, 삼각산(북한산)이 비정되었다. 이들 산악은 선도 수행의 주요 무대였다.

고려의 이지백李知白은 "선왕이 행하던 연등燃燈·팔관八關·선랑仙郎 등의 행사를 행하고 다른 곳의 색다른 법을 따르지 아니함으로써 국가를 보존하자"[27]고 성종에게 주청하고 있다. 그는 당시 이 땅의 고유한 세계관으로서 자리 잡은 이들 셋을 행함으로써 국가를 보존하자고 제안했다. 이지백이 주청한 것 중 특히 팔관[28][29]과 선랑은 불교의 연등과 함께 이 땅 고유의 세계관이며 이들 셋을 통틀어 우리는 풍류도 세계관이라고 할 수 있다. 신라의 풍류도 세계관은 신라의 문화를 이어간 고려의 국가 의례로 거행되었다.[30] 이지백의 주청에서 확인할 수 있는 것처럼 선풍 즉 풍류도는 연등제와 함께 팔관회와 선랑제도를 통해 이 땅의 고유한 전통문화로서 계승되어왔음을 알 수 있다.

---

27 『高麗史』「世家」권제3, 成宗 丁酉.
28 趙明基, 『신라불교의 이념과 역사』(신태양사, 1962), p.31. 光明信仰面에 대해서 "불교도가 홍익과 도의 개념을 구체적으로 안출하여 국민사상을 합리적으로 歸一하는 동시에 일종의 憲法을 작성하고자 한 것이 곧 고구려 승 惠亮대사의 八關會이다. 이것은 우리나라 古來로 내려오던 神聖觀念으로 韓族의 신앙대상인 弗居內(밝의 뉘) 즉 밝간이라는 종교적인 것이 있었던 것을 音相同을 취하여 漢字로 八關이라 쓰고 그 내용을 강화하고 조직화하기 위하여 불교『八關齋經』에 있는 八條目을 그대로 갖다가 붙인 것인가 한다"고 하여 최남선계 학설을 대체적으로 수용하였다.
29 安啓賢, 『한국불교사연구』(동화출판공사, 1982), p.51. "천신에 대한 추수감사 등 諸神에 대한 종합적인 축제가 불교의 八關會라는 이름 아래 열리었으니 이는 在來의 민족종교인 '밝안'(光明)교와 音通된다는 점에서 자연 우리들의 관심을 모으게 하여 주는 것이 있다"고 하였다.
30 高榮燮, 「한국불교의 토착화 과정」, 『한국불교학』 제70집, 한국불교학회, 2016.

Ⅳ. 불선유 삼교의 철학과 사상

불선유는 개조의 생년 순서와 개조가 지향하는 세계를 기준으로 한 표현이다. 유교는 인간계(지옥-아귀-축생-수라 세계 위의 5계)의 이상을 성인과 군자로 하고, 도교는 천상계(그 위의 6계)의 이상을 지인과 신인으로 하지만 불교는 그 위의 성문계(7계) 연각계(8계) 보살계(9계) 불계(10계)를 이상으로 하기 때문이다. 「난랑비서」의 주체인 '난랑'은 젊은 시절 경문왕의 화랑 이름이었으며 경문왕은 진성여왕의 아버지였다. 당시 그의 갖춘 이름이 '□난랑'이었는지 알 수 없으나 현재는 '난랑'으로만 전해지고 있다. 김부식은 최치원의 비문을 모두 인용하지 않고 서문만을 인용해 『삼국사기』 「신라본기」 진흥왕 37년 조에 「난랑비서」(76자 현전)를 실었다.

고운 최치원857~?은 「난랑비서」에서 "우리나라에 현묘한 도가 있으니 풍류風流라고 한다國有玄妙之道 曰風流. 그 가르침을 세운 근원은 『선사』仙史에 상세히 갖춰져 있다設敎之源 備詳仙史. 그 실제는 곧 삼교를 포함하고 있으므로實乃包含三敎 뭇삶을 제접하고 교화한다接化群生. 이를테면且如 집 안에 들어와선 부모에게 효도하고入則孝於家, 집 나가 벼슬하여 나라에게 충성함出則忠於國은 노나라 공자의 취지요魯司寇(孔子)之旨也, 함이 없는 일에 처하고處無爲之事 말이 없는 가르침을 행함行不言之敎은 주나라 노자의 종지요周柱史老子之宗也, 모든 나쁜 일들 하지 않고諸惡莫作 모든 좋은 일들 높여 함諸善奉行은 축건태자의 교화다竺乾太子(釋尊)之化也"고 하였다.

최치원은 "나라에 현묘한 도가 있다"國有玄妙之道고 서문을 시작하고 있다. 그리고 그는 '현묘지도'가 다름 아닌 '풍류도'風流道라고 선언하고 있다. 그런데 최치원은 풍류도를 시설한 가르침의 근원이 『선사』仙史에 자세히 갖춰져 있다고 하였다. 그런 뒤에 그는 유교 선교 불교 순으로 삼교의 핵심을 적출해 적고 있다. 이러한 유선불의 순서는 최치원이 삼교를 접한 순서이자 삼교에 대한 친연성의 순서라고 이해된다.

1. 효가와 충국

선진시대 이래 인문주의를 표방해온 유교는 효제충신孝悌忠信을 강조해 왔다. 효제와 충신은 부모와 군신 사이의 상호윤리를 언급한 표현이다. 자식이 부모에게 '효'로서 봉양하면 부모는 자식에게 '제'로서 받아들여 주었다. 신하가 임금에게 '충'으로서 따르면 임금은 신하에게 '신'으로서 섭수하여 하였다. 이처럼 효제충신은 쌍무적 윤리이며 수평적 윤리였다. 하지만 한나라에 이르러 유교가 전통문화로 채택되면서 '효'와 '충' 개념 중심으로 재편되면서 일방적인 윤리와 수직적인 윤리로 자리하였다.

유교	철학과 사상	비고
공자	入則孝於家 出則忠於國 집 안에 들어와 부모에게 효도하고, 집안을 나아가 임금에게 충성함은 노나라 사구(공자)의 취지이다.[31]	

최치원이 기술한 유교의 효충은 바깥에 나갔다 들어와서는 부모에게 효도하고, 집 안에 있다가 나아가서는 임금에게 충성하는 것으로 의미가 확정되었다. 이것은 부모와 임금 중심의 수직적이고 일방적인 윤리관이다. 선진유학에서는 불교에서 말하는 쌍무적 윤리와 수평적 윤리가 어느 정도 유지되었다. 하지만 한대 유학에서는 쌍무적 윤리와 수평적 윤리는 사라지고 일방적 윤리와 수직적 윤리로 바뀌었다.

---

31 崔致遠, 「鸞郞碑序」, 『三國史記』 卷第4, 「新羅本紀」 第4, 眞興王 三十七年.

유교는 인仁 사상을 역설해 왔다. '인'仁은 '인'人[32]이며 '인하다는 것'仁也者도 '인'人[33]이다. 이 때문에 '인'人이 '인'仁보다 선행하며 '인'仁은 '인방문화'仁方文化에서 원류한다. 최치원은 정치사상 즉 치국治國을 통해 유교사상을 주로 표현해 왔다. "반드시 요순堯舜을 따르고 우탕禹湯의 정치를 펴면 천하가 창성하고 아름다워진다."[34] "만이蠻夷를 바르게 하여 우순虞舜의 풍으로 돌아오게 한다."[35] "어진 신하는 그 임금이 요순처럼 되는 것을 우선으로 삼는다."[36]

이러한 인식 아래 최치원은 동방을 가리켜 '인향'仁鄕 또는 군자지향君子之鄕 혹은 '동방세계'라고 하였다. 우리나라를 인방仁方의 동인東人 의식 즉 동이東夷 의식을 강조한 그는 한대 유학의 입장에 서서 효와 충을 유교의 핵심 가르침으로서 입론하고 있다. 최치원이 「난랑비서」에서 공자의 가르침으로 이 구절을 내세운 것도 이러한 바른 인식에 의해서였다.

2. 무위와 불언

자연주의 사상을 표방하는 도가는 무욕, 무지, 무위, 무명의 상태에 이르러 파악되는 자연을 그 본질로 한다. 따라서 부정의 논리, 초월의 철학이 성립된다.[37] 박樸을 품으면 만사가 제자리를 잡게 되고 도가의 유순柔順과 겸하謙下의 삼보가 발견된다.[38] 이 박실자연樸實自然의 '박'은 노장사상의 중핵이며, 이 '박'의 원천이 동부족同部族에 있음을 알 수 있

---

[32] 『中庸』제10장. "仁者人也."
[33] 『孟子』「盡心」하. "仁也者人也."
[34] 崔致遠, 『桂苑筆耕』권1, 「賀通和南蠻表」.
[35] 崔致遠, 『桂苑筆耕』권7, 「鄭畋相公」제1.
[36] 崔致遠, 『桂苑筆耕』권19, 「歲實須才」.
[37] 류승국, 앞의 글, 앞의 책, p.30.
[38] 『老子』제32장, 제67장.

다.[39]

『산해경』에 의하면 여기서 동부족 즉 같은 부족이란 '유박柔樸한 백성이 사는 영토嬴土의 나라'[40]인 동이족 즉 우리나라 사람들을 가리킨다. 한나라 때 춘추春秋학자 복건服虔은 "청구국은 해동 3백리에 있다"고 고증하였다. 당시의 노나라 지도 위에서 볼 때 동쪽 3백 리에는 요동반도의 나라를 가리킨다. 갑골복사甲骨卜辭에서도 『산해경』의 「대황동경」大荒東經 조의 사방풍명四方風名이 갑골에서 고증되었다. 같은 조목의 '왕해'王亥도 갑골문에서 나와 그 신빙도를 높였다.

도교	철학과 사상	비고
노자	處無爲之事 行不言之敎 함이 없는 일에 처하고, 말이 없는 가르침을 행함은 주나라 주사(노자)의 종지이다.[41]	

노자의 무위철학은 유위에 의거한 인위를 부정한다. 동시에 유위에 의거한 유언을 부정한다. 인과에 의거한 유위 즉 인위는 저절로 그러함이라는 자연 즉 무위와 달리 파격적인 발상에 의거한다. 함이 없는無爲 정치, 함이 없음을 하는爲無爲 정치의 지향은 당시의 정치에 대해 대단히 반어적이며 전복적이다.

무위지치와 무용지용을 역설한 노자의 철학을 최치원은 무위지사에 처하고, 불언지교를 행하는 것이라고 이해했다. 그가 「난랑비서」에서 노자의 가르침으로 이 구절을 내세운 것도 바른 이러한 인식에 의해서였다.

---

39 류승국, 앞의 글, 앞의 책, p.30.
40 『山海經』제14, 「大荒東經」. "有靑邱之國, 有狐九尾, 有柔樸民, 是維嬴土之國."
41 崔致遠, 「鸞郎碑序」, 『三國史記』卷第4, 「新羅本紀」第4, 眞興王 三十七年.

3. 막악과 봉선

최치원은 유교와 도교를 접한 이후 불교를 접한 것으로 이해된다. 「난랑비서」의 불선유 삼교 기술 순서인 유선불은 그가 이들을 접한 순서이자 그가 느끼는 친연성의 순서로 이해된다.

최치원은 유자로서 출발하여 도자와 불자를 거치며 현묘지도인 풍류도를 자기화한 것으로 이해된다. 그가 불교에 접한 뒤 『열반경』과 『법구경』[42]에서 이 구절을 뽑아낸 것은 불교에 대한 인식의 깊이에서 나온 것으로 이해할 수 있다. 이 구절은 불교 윤리의 실마리라고 할 수 있다.

불교	철학과 사상	비고
석존	諸惡莫作 衆善奉行 악한 일들 하지 않고 좋은 일들 높여 함은 축건태자(붓다)의 교화이다.[43]	

불교는 업설에 근거한 인과설을 철학의 근간으로 삼는다. 업설은 행위의 주체인 업을 세계 변화의 원동력으로 보는 관점이다. 좋은 종자가 좋은 열매를 맺듯이 좋은 행위가 좋은 결과를 가져온다. 그런데 인과설은 단선적인 인과설과 상호적인 인과설이 있다. 이 때문에 인과설에 기초한 업설은 쌍무적이고 수평적일 때 좋은 결과를 이끌어 낼 수 있다.

유교의 효제충신이 한대 이후 일방적이고 수직적인 효충 개념으로 좁

---

42 『법구경』 등의 경전에 나오는 "諸惡莫作, 衆善奉行, 自淨其意, 是諸佛敎"의 게송은 과거 莊嚴劫의 비바시불-시기불-비사부불, 현재 賢劫의 구류손불-구나함모니불-가섭불-석가모니불이 공통적으로 일깨워준 게송이라 하여 七佛通戒偈라고 부른다. 그리고 현재 이후에는 미래 星宿劫의 미륵불이 있다.
43 崔致遠, 「鸞郞碑序」, 『三國史記』 卷第4, 「新羅本紀」 第4, 眞興王 三十七年.

혀진 것과 달리 불교는 처음부터 쌍무적이고 수평적인 인과설을 제시했다. 자식이 부모를 봉양하면 부모도 자식을 돌봐야 하는 것이다. 부모가 자식을 낳았다는 유교적 관점과 달리 불교적 관점은 내가 부모를 선택했다는 것이다. 나의 이전 생의 업식이 미래의 부모의 몸을 빌려 태어난 것이다. 이 때문에 자식과 부모는 쌍무적이고 수평적인 관계 속에 있게 되는 것이다.

자식이 부모에게
첫째, 살림살이를 할 생각을 하는 것이요,
둘째, 일찍 일어나 식사를 맡은 사람에게 지시하여 제 때에 식사를 하게 하는 것이요,
셋째, 부모의 걱정을 끼쳐 드리지 않는 것이요,
넷째, 언제나 부모의 은혜를 생각하는 것이요,
다섯째, 부모가 병환이 나시면 곧 염려하여 의사를 불러서 치료하는 것이다.

위의 다섯 가지는 부모의 은혜에 대해 자식이 갚아야 될 의무들이다. 자식이라고 해서 일방적으로 부모에게 갚아야 할 의무만 있는 것은 아니다. 부모 또한 자식을 돌보아 할 의무가 있다. 아래의 다섯 가지는 자식의 봉양에 대해 부모가 살펴야 될 의무들이다.

부모가 자식에게
첫째, 언제나 나쁜 것을 버리고 좋은 것을 하도록 하는 것이요,
둘째, 학업을 가르쳐 닦게 하는 것이요,
셋째, 경전과 계율을 지니게 하는 것이요,
넷째, 일찍 장가들이는 것이요,

다섯째, 재산을 말해주는 것이다.[44]

부모라고 해서 일방적으로 자식에게 봉양을 받을 권리만 있는 것은 아니다. 자식이 부모에게 해 주듯이 부모 또한 자식에게 해 주어야 한다. 이러한 상호 의무와 상호 권리는 인과설에 입각해 볼 때 매우 자연스러운 것이다. 이 때문에 최치원은 나쁜 일들 짓지 말고 좋은 일들 높여하라는 이 경설을 축건태자 즉 석가모니 붓다의 핵심 교화로 파악하였다.

그가「난랑비」를 쓰면서 서문에 이러한 구절을 넣었던 것은 화랑의 정신이 현묘지도인 풍류도에서 나왔으며 불선유 삼교의 정신이 풍류도에 이미 갖춰져 있음을 알았기 때문이다.「난랑비서」는 그가 당나라 유학을 마치고 신라로 돌아와 정립한 동인의식과 동문의식의 집대성을 보여준다. 그는 현묘지도인 풍류도로서 동인의식을 보여주었고, 불선유 삼교의 보편적 가르침으로서 동문의식을 통해 보여주었다. 따라서「난랑비서」에는 최치원 철학 사상의 두 축인 동인의식과 동문의식이 함께 담겨있다고 할 수 있다.

V. 풍류도 속의 삼교 사상

1. 풍류도의 실제와 지향

'풍류도는 우리 민족의 고유한 가풍으로 알려져 왔다. 이것은 다른 지역과 다른 이 땅 고유의 가풍이자 흐름이라고 할 수 있다. 풍류도에서 '풍'은 '우리' 혹은 '우리의 것' 또는 '우리 의식'을 가리킨다. 최치원은 이

---

[44] 『佛說尸迦羅越六方禮經』(『대정장』 제1책, p.251중).

것을 '동인'東人 즉 '동방지인'東方之人의 '동인의식'東人意識이라 하였다. 해가 뜨는 동방 즉 인방仁方의 독자적인 유풍이자 여류라고 할 수 있다.

풍'과 '류'의 결합인 '풍류'는 '유풍' 즉 '이 땅에서 내려오는 가풍'遺風과 '여류' 즉 '그 나머지의 흐름'餘流으로 알려져 왔다.[45] '유풍'은 태고 이래 환국의 천신교와 상고 이래 배달국의 산신교와 중고 이래의 조선국의 무속교 삼교의 풍습을 가리킨다. 그리고 '여류'는 이러한 유풍 그 나머지의 흐름이라고 할 수 있다. 따라서 풍류는 천지인 삼재사상을 담고 있는 삼교의 유풍과 그 나머지의 흐름이며, 동시에 환족과 배달족과 동이족으로 이어져 온 가풍과 그것의 흐름이라고 할 수 있다.

최치원은 풍류도의 이력이 담긴 『선사』를 통해 풍류도를 잘 알고 있었다. 풍류도는 예로부터 이 땅에 있어 왔던 현묘지도였다. 그는 풍류도의 기원이 『선사』에 자세히 갖춰져 있다고 했다. 그리고 그 내용은 환국의 천신교와 배달국의 산신교와 조선국의 무속교를 포함하고 있다는 것과 그것으로써 뭇 생명체를 제접하고 교화했다는 것이다. 이처럼 이 땅에 불선유 삼교가 전해지기 이전에 이 땅에 고유한 풍류도가 있었음을 분명히 알 수 있다. 불선유 삼교 이전에 이 땅에 고유한 풍류도가 있었음에도 불구하고 지금까지 풍류도의 실체가 구명되지 않았었다. 그리고 풍류도의 실체를 구명하려는 노력을 본격적으로 기울이지 않았다.

하지만 고조선의 역사조차 부정하는 역사학계의 현실 속에서 배달국과 환국의 역사까지 소급해서 연구한다는 것은 불가능했다. 그러다 보니 최치원이 불선유 삼교 이전에 분명히 현묘지도인 풍류도가 있었다

---

45 道安,「二教論」, 歸宗顯本 제1('『광홍명집』 8권(ABC, K1081 v33, p.344a05-a07). "有東都逸俊童子, 問於西京通方先生曰:僕聞風流傾墮, 六經所以緝脩;誇尚滋彰, 二篇所以述作." 풍류의 용례는 여기에서 확인된다. 동도(東都)의 일준동자(逸俊童子)가 서경(西京)의 통방(通方)선생에게 다음과 같이 물었다. "제가 듣자오니, 풍화(風化)의 흐름[流]이 기우는지라 6경(經)이 이로써 찬술되었으며, 헛된 숭상이 늘어나매 2편(篇)이 이로써 지어졌다 합니다."

고 기술하고 있음에도 불구하고 이후의 불선유 삼교로 풍류도를 해명하려고만 해 왔다. 남북의 통일을 앞두고 있는 시점에서 강단사학과 재야사학의 진영논리를 벗어나 역사의 실제를 있는 그대로 파악하려는 노력이 필요하다. 그 과정에서 현묘지도인 풍류도의 실제도 밝혀지리라 생각한다.

2. 불도유 삼교의 실제와 지향

최치원은 경주에 자리한 「대숭복사비문」大崇福寺碑文에서 "뭇 미묘한 것 중 미묘한 것을 무슨 말로써 부를 수 있으랴"衆妙之妙, 何名可名고 했다. 이 때문에 풍류사상을 '역'易에 견주어 보면, '포함삼교'包含三敎는 '적막하게 움직이지 않고 있다가'寂然不動, '접화군생'接化群生은 '느끼게 되면 마침내 천하의 일에 통하게 된다'感而遂通天下之故에 대응시킬 수 있을 것이다.

최치원은 「진감선사비문」에서 "도는 사람에게서 멀리 떨어져 있지 않으므로 누구에게나 도가 있으며, 따라서 이방인도 따로 없는 것이다. 그러므로 동인東人이 불교도 할 수 있고 유교도 할 수 있다"[46]고 하였다. 이처럼 그는 '동인東人은 위석위유'爲釋爲儒라고 하였다. 불자도 되고 유자도 된다는 것이다. 이것은 선교仙敎의 입장에서 불교와 유교를 수용할 수 있다는 것이다. 이처럼 고운은 삼교사상의 기반 위에서 삼교가 궁극적으로 하나로 만나는 '삼교회극'三敎會極과 삼교사상의 거푸집鑄型을 가지고 우리 고유사상인 풍류도를 파악하였.

최치원은 『선사』에 기초하여 '포함삼교 접화군생'의 여덟 자를 통하여

---

46 崔致遠, 「眞鑑禪師碑銘」, 『崔文昌侯全集』, p.123. "夫道不遠之人, 人無異國, 是以東人之子, 爲釋爲儒, 必也."

풍류의 내용과 실천을 제시하였다. 그는 당시만 해도 존재했던 『선사』에 실려 있는 우리 고유사상인 풍류도의 핵심 강령이 불선유 삼교의 가르침과 다르지 않다고 보았다. 최치원은 '비문'을 통해 풍류도의 핵심 강령이 불교의 '막악'과 '봉선', 도가의 '처무위사'와 '행불언교', 유교의 '효어가'와 '충어국'이 결국 풍류도의 가르침과 같다고 하였다.

풍류도의 이론과 실제를 담고 있는 『선사』가 전해지지 않는 지금 우리는 최치원의 「난랑비서」를 통해서 진실을 구명할 수밖에 없다. 이 비문의 서문은 불선유 삼교가 이 땅에 전해지기 이전부터 이미 불선유 삼교의 가르침과 같은 현묘지도인 풍류도가 있어 왔음을 알려 준다. 그러면 풍류도는 무엇이었을까? 주목되는 것은 풍류도의 주체는 고래의 선인들이었으며 이들 선인의 정신을 계승하고 있는 이들이 '원화'原花 와 '화랑'花郞이었다는 사실이다.

VI. 천신 산신 무속의 삼교와 풍류도

고운 최치원은 풍류도의 이력이 담긴 『선사』를 통해 천신교와 산신교와 무속교를 아우른 풍류도를 잘 알고 있었다. 풍류도는 예로부터 이 땅에 있어 왔던 현묘지도였다. 그는 풍류도의 기원이 『선사』에 자세히 갖춰져 있다고 했다. 최치원은 『선사』에 기초하여 '포함삼교 접화군생'의 여덟 자를 통하여 풍류의 철학과 사상을 제시하였다. 풍류도는 환국의 천신교와 배달국의 산신교와 조선국의 무속교를 포함하고 있으며, 삼교는 그것으로써 뭇 생명체를 제접하고 교화해 왔다고 보았다.

최치원은 화랑의 정신이 현묘지도인 풍류도에서 나왔으며 불선유 삼교의 정신이 풍류도에 이미 갖춰져 있음을 알고 있었다. 「난랑비서」는 그가 당나라 유학을 마치고 신라로 돌아와 정립한 동인의식과 동문의식의 집대성을 보여준다. 최치원은 서국인 중국에 대응하는 동국 내지 동인東人 즉 동방지인東方之人에 입각해 학문을 하였다. 그는 현묘지도인 풍류도로서 동인의식을 보여주었고, 불선유 삼교의 보편적 가르침으로서 동문의식을 통해 보여주었다. 따라서 「난랑비서」에는 최치원 철학 사상의 두 축인 동인의식과 동문의식이 함께 담겨있다고 할 수 있다.

풍류도의 이론과 실제를 담고 있는 『선사』가 전해지지 않는 지금 우리는 최치원의 「난랑비서」를 통해서 진실을 구명할 수밖에 없다. 이 비문의 서문은 불선유 삼교가 이 땅에 전해지기 이전부터 이미 불선유 삼교의 가르침과 같은 현묘지도인 풍류도가 있어 왔음을 알려 준다. 그러면 풍류도는 무엇이었을까? 그 내용은 신라 선덕여왕 대의 안함 노인의 『삼성기전』을 통해서 천신교, 산신교, 무속교와 불교, 선교, 유교의 연속면과 불연속면을 논증해 볼 수 있었다. 그 결과 풍류도의 주체는 고래의 선인들이었으며 이들 선인의 정신을 계승하고 있는 이들이 '원화'原花와 '화랑'花郞이었다는 사실을 알 수 있었다.

하지만 지금까지 불선유 삼교 이전에 이 땅에 고유한 풍류도가 있었음에도 불구하고 그것의 실체가 구명되지 않았었다. 그리고 그것의 실체를 구명하려고 노력을 기울이지 않았다. 고조선의 역사조차 부정하는 주류학계의 현실 속에서 배달국과 환국의 역사를 소급해 연구한다는 것은 불가능했다. 그러다 보니 최치원이 불선유 삼교 이전에 분명히 현묘지도인 풍류도가 있었다고 기술하고 있음에도 불구하고 이후의 불선유 삼교로 풍류도를 해명하려고만 해 왔다. 남북의 통일을 앞두고 있는 시점에서 강단사학과 재야사학의 진영논리를 넘어 우리 역사의 '사실'과 '실제'를 제대로 파악해 보려는 노력이 필요하다. 그 과정에서 현묘지도인 풍류도의 '사실'과 '실제'도 밝혀지리라 생각한다.

■ 참고문헌

『佛說尸迦羅越六方禮經』(『대정장』 제1책, p.251중).
『老子』 제14장, 제32장, 제67장.
『山海經』 제14장, 「大荒東經」.
『中庸』 제10장.
『孟子』 「盡心」하.
『後漢書』 「光武帝記」 20년 秋條.
道安, 「二敎論」, 歸宗顯本 제1(『廣弘明集』 8권(ABC, K1081 v33, p.344a05-a07).
崔致遠, 「鸞郞碑序」, 『三國史記』 卷第4, 「新羅本紀」 第4, 眞興王 三十七年.
崔致遠, 「孤雲先生事蹟」, 『崔文昌侯全集』, p.424.
崔致遠, 「智證大師寂照塔碑」, 『崔文昌侯全集』, p.170.
崔致遠, 「海印寺妙吉祥塔記」, 『崔文昌侯全集』, p.212.
崔致遠, 「眞鑑禪師碑銘」, 『崔文昌侯全集』, p.123.
金富軾, 『三國史記』 卷第4, 「新羅本紀」 第4, 眞興王 三十七年.
一然, 『三國遺事』, 「感通」, 〈仙桃聖母 隨喜佛事〉.
『高麗史』 「世家」 권제3, 成宗 丁酉.

양태진 번역 주해, 『환단고기』(서울: 예나루, 2009; 2013 2쇄), p.17.
이기동·정창건 역해, 『桓檀古記』(서울: 행촌, 2019), p.28.
趙明基, 『신라불교의 이념과 역사』(신태양사, 1962), p.31.
安啓賢, 『한국불교사연구』(동화출판공사, 1982), p.51.
勞榦, 『중국문화논집』 제2권(대만: 중화대전편인회, 1965), p.364.
고운국제사업회 편찬, 『최치원의 철학·종교사상』(서울: 문사철, 2009).
최영성, 『최치원의 철학사상』(서울: 아세아문화사, 2001).

최영성, 『고운사상의 맥』(서울: 심산, 2008).

조인성, 「최치원의 역사서술」, 『역사학보』 94·95합집, 1982.
이현혜, 「최치원의 역사인식」, 『명지사론』 창간호, 1983.
이재운, 『최치원 연구』, 1999; 최경숙, 「최치원의 역사인식」, 『고운의 사상과 문학』, 1997.
최영성, 「고운 최치원의 역사의식 연구」, 『한국사상사학』 11, 1998.
장일규, 「최치원의 신라전통 인식과 『제왕연대력』의 찬술」, 『한국사학사학보』 6, 2006.
김복순, 「최치원의 역사인식 연구」, 『민족문화』 제34집, 고려대학교 민족문화연구원, 2009.
류승국, 「최치원의 동인의식」, 고운 국제교류사업회 편찬, 『최치원 연구총서 1, 고운 최치원의 철학·종교사상』(서울: 문사철, 2010).
최영성, 「최치원 사상에서의 보편성과 특수성의 문제」, 『동양문화연구』 제4집, 동양문화연구소, 2009.
최영성, 「고운 최치원의 동인의식」, 고운 국제교류사업회 편찬, 『최치원 연구총서 1, 고운 최치원의 철학·종교사상』(서울: 문사철, 2010).
高榮燮, 「한국 고대불교의 토착화와 구심화」, 『한국불교학』 제70집, 한국불교학회, 2016.

제5장

신라불교와 경주 남산의 의미와 가치
- '한국 문화의 원형' 확보와 '한국불교의 고향' 확립 -

Ⅰ. 한국인의 고향과 신라불교
Ⅱ. 한국 문화의 原型 _ 신라와 금성의 역사성과 장소성
Ⅲ. 신라불교와 경주 남산의 유적과 유물
Ⅳ. 불교사상의 조형적 구현과 불국 정토의 실현
Ⅴ. 한국불교의 고향 _ 경주 남산의 가치와 의미
Ⅵ. 신라 문화 공간의 확장과 한국 문화의 원형 확보

I. 한국인의 고향과 신라불교

한국인의 '고향'은 어디일까? 고향이란 '자기가 태어나 자란 곳'이자 '조상 대대로 살던 곳'이다. 동시에 '마음속 깊이 간직한 그립고 정다운 곳'이자 '어떤 사물이나 현상이 처음 생기거나 시작된 곳'이다. 고향은 조상이 대대로 살던 곳이자 내 부모가 계신 곳이다. 그렇다면 한국인은 누구이며 그 고향은 어디에 있을까? 한국인은 대륙과 반도와 열도에 살아온 배달족과 동이족으로 이뤄져 있다. 이후 배달족이 동이족에 흡수되면서 한국인은 동이족의 유전인자를 이어오고 있다. 이렇게 본다면 우리의 첫 고향은 동이족의 첫나라인 고(원)조선(기원전 2333~108)의 단군왕검이 머물렀던 수도 신시神市 아사달阿斯達이 고향이 될 것이다. 그렇다면 1왕 2후 체제의 고조선이 삼한조선으로 나뉜 뒤[1] 신辰, 眞한 조선왕朝鮮王이 머물던 하얼빈忽本일까? 번番(불)한 조선후朝鮮侯가 머물던 안시성일까? 말莫, 馬한 조선후朝鮮侯가 머물던 평양일까?

이들 삼한조선은 지금의 흑룡강성과 길림성 두 성 및 지금의 연해주 남단을 다스렸던 '신조선'(수도 하얼빈, 解氏)과 지금의 요동성 개평현 동북의 안시성과 개원 이남 홍경 이동을 다스렸던 '번(불)조선'(수도 안시성, 箕氏) 그리고 압록강 이남을 다스렸던 '말(마)조선'(수도 평양, 韓氏)의 영토를 중심으로 수축과 팽창을 거듭하였다.[2] 고조선이 삼조선[3]으로 분립

---

1 朝鮮侯였던 箕氏가 안시성을 거점으로 '신'(辰)왕을 참칭하면서 신한-불한-말한조선의 3조선으로 분화되었다.
2 申采浩(1880~1936) 원저, 『조선상고사』, 박기봉 옮김(서울: 비봉출판사, 2006), pp.116~131. 고조선은 三京制를 중심으로 1王 2后 즉 新/辰韓조선의 조선왕과 불/番한조선의 조선후와 莫/馬韓조선의 조선후로 유지되어 왔다. 이들 불한과 말한은 신한을 보좌하는 左輔, 右輔의 두 副王이었다.
3 申采浩, 위의 책, pp.122~123. 신조선은 성이 解氏이니 대단군 왕검의 자손이라 불리는 자이며, 불조선은 성이 箕氏이니 기자의 자손이라 불리는 자이며, 말조선은 성이 韓氏이니 그 선대의 연원은 알 수 없으나 王符가 쓴 『潛夫論』에 "한서 역시 그 성은

한 이래 기원전 108년에 고조선이 해체되자 종래의 전삼한(구삼한)은 후삼한(남삼한)으로 분화되어 점차 원삼국으로 정립되어 갔다. 고조선의 분화와 삼한조선의 해체 이후 그 유민들은 한족漢族과 흉노의 난을 피하여 남진하였다.

압록강 이남을 다스렸던 마한(54소국)도 불(번)조선의 왕 기준箕準에게 무너진 뒤 남진하여 멀리 떨어진 남방의 월지국(공주)으로 천도하였다.[4] 그리고 옛날에 왕호로 쓰던 '말한'을 국호로 쓰면서 이를 이두자로 '마한'馬韓이라 쓰고 새로 쓰는 왕호인 '신한'(12소국)은 이두자로 '진왕'辰王으로 써서 '마한국馬韓國 진왕辰王'이라 칭하였다. 그리하여 동일한 '한'이란 명사를 하나는 음을 취하여 '한'韓이라는 국호를 쓰고, 다른 하나는 뜻을 취하여 왕호王號를 씀으로써 문자상 국호와 왕호의 혼동을 피하였다. 기준箕準은 왕위를 탈취한 뒤에 국민들의 불평을 무마하기 위해 자신의 본래 성인 기씨箕氏를 버리고 한씨韓氏로 성을 바꾸었다.[5]

그즈음 옛 말한의 수도였던 평양에서 최숭崔崇이 일어나 그 부근의 25개국을 복속시켜 하나의 대국 낙랑국(남낙랑국)을 세웠다.[6] 최씨 낙랑이 이렇게 분리해 나가자 마한은 지금의 임진강 이북을 잃었지만 그래도 여전히 임진강 이남을 다스리고 있었다.[7] 계속해서 북방에서 한족漢族과 흉노의 난을 피하여 마한으로 들어오는 신한 조선[8] 및 불한 조선

한씨인데, 위만의 侵伐을 받아서 바다 가운데로 옮겨가 살았다"[韓西亦姓韓, 爲衛滿所伐, 遷居海中]라고 하였는바, '韓西는 대개 '말조선'의 족속이니, '말조선'은 성씨가 韓氏인가 한다."고 하였다.

4 高榮燮, 「경북 상주의 고대국가 사량벌국과 고녕가야국의 역사 인물과 유적 유물」, 『한국불교사연구』 제22호, 한국불교사학회 한국불교사연구소, 2022.12.
5 申采浩, 앞의 책, p.137.
6 申采浩, 앞의 책, p.139. 이 나라는 평양 일대에 자리를 잡았던 '崔氏 樂浪'으로 알려져 있다.
7 申采浩, 앞의 책, p.140.
8 당시 조선상(朝鮮相) 역계경(歷谿卿)은 주민 1만여 명을 이끌고 辰國 쪽으로 이동하

의 유민들이 날로 많아졌다. 이에 마한은 지금의 낙동강 연안 오른편의 1백여 리의 땅을 신眞한조선 유민들에게 주어 자치계自治稧를 세우게 하고 진한부辰韓部라 하였다. 그리고 낙동강 연안 오른편에 다소의 지방을 갈라서 불番한조선의 유민들에게 주어 자치계自治稧를 세우게 하고 변한부卞韓部(12소국)라 하였다. 마한이 구태여 진·변 양한을 세운 것은 삼신三神 사상에 의거하여 삼한三韓의 수를 채운 것이다.[9]

이렇게 본다면 '한국인'에 대한 정의에 따라 한국인의 '고향'은 전(구)삼한을 계승한 후(남)삼한 중 마한계 고구려의 수도인 집안과 천도 수도인 평양, 마한계 백제의 수도인 한성/위례와 천도 수도인 웅진(공주), 진한계 사로국(신라)의 수도인 금성(경주), 변한계 금관가야의 수도인 김해(금관주)일 수도 있을 것이다. 이렇게 많은 수도 중 어느 곳이 과연 한국인들이 체감하는 도읍이자 고향일까? 고조선의 분열과 해체 이후 진행된 전(구)삼한과 후(남)삼한을 계승한 원삼국의 고구려와 백제와 신라와 가야 중 어디가 한국 문화의 원형이며 한국 정신의 고향일까?

고고학자인 김원룡은 신라는 "한국 최초의 통일왕국이며 각 지역 문화권들을 한데 뭉쳐서 통일체로서의 한국문화의 전통을 세웠을 뿐만 아니라 한국문화의 주무대를 서북, 중서부 한국으로부터 동남한東南韓으로 옮겼고, 결과적으로 한국 이남의 남한을 이후 한국 문화의 주무대로 만들었으며, 이것은 선사시대에 한반도로 남하해 온 예맥족濊貊族의 농경민화農耕民化 과정의 마무리를 뜻하는 것이며, 그럼으로써 중국·일본과 함께 동아시아의 세 문화권 가운데 하나로 발전해 갔다"[10]고 했다. 사학자인 진성규는 "한국의 불교는 신라에서 꽃이 피어 신라에서 결실을 맺었"으며 "정치精緻한 교학불교의 논리는 신라에서 완성되었기 때

---

9 신채호, 앞의 책, pp.139~140.
10 김원룡, 「총론」, 『역사도시 경주』(서울: 열화당, 1984), p.37.

문"¹¹이라고 했다.

여기서 신라의 교학불교는 신라 원측의 유식학과 원효의 기신학, 의상의 화엄학과 경흥의 정토학, 통일신라의 의적의 법화학과 승장의 계율학, 도륜의 유가학과 태현의 비담학 등등의 사상가들이 이룬 성취를 언급한 것이라고 할 수 있다. 그리고 당시 신라인들은 이곳 금성의 남산에서 출산과 장수, 생사와 구원 등 인생의 주요 문제를 해결하기 위해 이들 교학에 기초해 석가신앙, 관음신앙, 문수신앙, 화엄신앙, 미륵신앙, 미타신앙, 밀교신앙, 경전 신앙 등의 다양한 신행에 매진하였다. 그리하여 불교의 중도 연기적 세계관에 힘입어 석불사(석굴암)와 불국사와 같이 과학과 종교와 예술이 만나 민족문화의 절창이 이루어질 수 있었다.¹² 이처럼 신라불교는 고구려와 백제 불교에 견주어 150여 년이나 국가의 공인이 늦었음에도 불구하고 불교의 선진문명을 자양분 삼아 일연一然, 1206~1289이 "절과 절들이 별자리처럼 벌려서 있고寺寺星張, 탑과 탑들이 기러기처럼 날아서 간다塔塔雁行¹³"고 기술한 것처럼 수도 금성(경주)을 현실화하였다.

따라서 한국인의 고향은 신라와 불교를 민족문화와 정신문화의 근간에 두고 신라불교의 진산인 금성(경주)의 남산을 품은 천년 수도 금성(경주)으로 볼 수 있지 않을까? 신라의 수도 금성(경주)의 문화적 기반이 된 남산은 2000년 12월에 유네스코 세계문화유산(경주역사유적지구)으

---

11 진성규,「머리말」,『신라의 불교사원』(서울: 백산자료원, 2001), p.i.
12 물론 경주와 신라문화에 대한 재인식은 나라를 일본에 빼앗겼던 당시의 한국인들 마음에서 우러나왔다. 한국인들에게 신라문화는 자랑스러운 민족의 문화요, 경주는 그 민족문화의 고향이었다. 그리하여 신라문화와 경주는 우울하고 답답한 가슴에 위안과 희망과 자신을 주는 민족의 뿌리 같은 존재로 되어 갔다. 안타깝게도 한국인들은 20세기에 들어와서야 타자인 일제를 통해 신라문화와 경주를 발견하고 재발견하였다.
13 一然,『三國遺事』권제3,「興法」제4,〈原宗興法 猒髑滅身〉.

로 인정받았다. 이 글에서는 신라불교와 금성(경주) 남산의 유적과 유물에 대한 선행연구를 검토하고 참고하면서 신라불교와 금성(경주) 남산의 가치와 의미에 대해 살펴보고자 한다. 그리하여 최근 대한불교조계종의 미래본부 불교사회연구소에서 추진하고 있는 '천년을 세우다 _ 경주 남산 열암곡(새갓골) 마애부처님 바로 모시기'의 상징적 불사를 통해 '과거 천년' 이래 한국 민족문화의 주축을 형성한 신라불교와 경주 남산을 '미래 천년'에도 한국 문화의 고향으로 다시 세우는 계기로 삼자고 제안해 본다.

II. 한국 문화의 原型 _ 신라와 금성의 역사성과 장소성

신한 불한 말한으로 분화된 전삼한(구삼한)의 유민이 한반도 내로 이주하면서 마한 진한 변한의 후삼한(남삼한)이 반도 내에 자리를 잡았다. 이어 후삼한을 이은 원삼국에서 태동한 고구려 백제 신라 가야 사국 중 신라는 고조선 이후 한국 최초의 통일을 통해 한국 문화의 원형을 형성하였다. 그 원형의 형성 무대는 평양과 웅진(공주)과 김해(금관주)가 아니라 금성(경주)이었다. 신라는 삼국 통일을 통해 한국 문화의 주요 무대를 동남한으로 옮겼고 그 결과 한국 이남의 남한을 한국 문화의 주무대로 만들었다. 그 무대의 중심은 금성(경주)이었고 남산은 금성(경주)을 진호하는 주산鎭山이었다.

고조선계와 중국계의 이주민들이 남쪽으로 내려온 이래 금성(경주) 지역에 자리를 잡은 진한계의 사로국은 진한 12국[14] 중의 하나였다. 사로

---

14 辰韓 12소국은 이서국(伊西國, 청도), 음즙벌국(音汁伐國, 안강), 실직국(悉直國, 삼척), 압독국(押督國, 경산), 비지국(比只國, 창녕), 다벌국(多伐國, 대구), 초팔국(草八國, 합천 초계), 소문국(召文國, 의성), 감문국(甘文國, 김천), 골벌국(骨伐國, 영천), 사벌국(沙伐國,

국은 우시산국于尸山國(울산), 거칠산국居漆山國(울주군?), 이서국伊西國(청도), 골벌국骨伐國(영천) 등의 소국들과 경계를 접하고 있었다. 기원전 2세기 말에서부터 이웃 소국을 정복하기 시작하여 기원후 1세기 중엽에 이르러 사로국은 진한 12국의 맹주국으로 등장하기 시작하였다. 삼한 소국들 중의 한 나라였던 사로국은 추장사회의 육촌六村을 기반으로 형성되었다. 육촌장의 추대를 받아 사로국의 군주가 되었던 혁거세赫居世도 이주민 집단의 한 사람이었다. 이후 혁거세 집단은 탈해脫解, 알지閼智 등의 이주민 세력과 힘을 합하여 신라의 지배 세력이 되었다. 혁거세는 박씨朴氏족의 시조가 되었고, 탈해는 석씨昔氏족의 시조가 되었으며, 알지는 김씨金氏족의 시조가 되었다.

이후 사로국의 왕위는 천신天神의 자손을 자칭하는 무사장巫師長으로서의 박씨와 야철治鐵을 기반으로 하는 석씨, 그리고 금 기술을 배경으로 하는 김씨金氏의 세 씨족 중에서 선출되었다. 박씨와 석씨로 교체되던 왕위는 4세기 중엽부터는 김씨에 의해 독점 세습되었다. 경주의 고분들이 많은 순금제품 부장품을 지니게 되는 것이 이때, 즉 4세기 후반경부터인 것은 그러한 이유라고 믿어진다.[15]

여기서 이들 신라 초기의 왕실 세력이 되었던 3씨족이 정착한 장소를 살펴보기로 하자. 박씨족은 오릉五陵 및 나정蘿井 부근에 있던 금성金城(쇠울) 지역에, 석씨족은 월성月城에, 김씨족은 계림鷄林 지역에 자리 잡았다. 이렇게 보면 토착 육촌장 세력과 이주민계 3씨족은 서로 그 계통을 달리하고 있었음을 알 수 있다. 처음 사로국이 형성되었을 때 이주민 계통의 왕실 세력은 사로 육촌六村의 토착 세력들의 지배권을 인정할 수밖에 없었다. 그것은 이주민 계통의 왕실 세력의 힘이 미약하였기 때문

상주), 사로국(斯盧國, 경주)이다. 상주의 沙(梁)伐國은 경주의 사로국에 마지막까지 맞섰던 소국이다.
15 김원룡, 앞의 글, p.58.

이다. 그런데 시간이 지나며 사로국의 국력이 강화되어 나가게 되었다.[16]

3대 유리왕 때에는 추장사회 시대부터 있어 온 육촌에 대한 효과적인 통치를 위하여 육부六部를 설치하게 되었다. 이때 6부는 종래의 6촌을 모체로 하여 편성된 것이었다. 결국 알천 양산촌(이씨 시조 알평공)은 양부梁部가 되고, 돌산 고허촌(최씨 시조 소벌도리공)은 사량부沙梁部가 되다. 그밖에 무산 대수촌(손씨 시조 구례미공)은 모량부牟梁部, 취산 진지촌(정씨 시조 지백호공)은 본피부本彼部, 금산 가리촌(배씨 시조 지타공)은 한기부漢岐部, 그리고 명활산 고야촌(설씨 시조 호진공)은 습비부習比部가 되었다. 한편 박씨족의 거주지였던 금성은 사량부에 속하게 되었고, 석씨족의 거주지였던 월성과 김씨족의 거주지인 계림은 양부에 속하게 되었다. 그리고 금성이나 월성 안에는 궁실을 축조하여 위와 같은 3씨족 중에도 왕실 직계에 해당하는 가문의 사람들이 살았다.[17]

이처럼 박·석·김 3씨족의 이주민계 지배 세력은 사로국을 형성하여 발전시켜 나갔다. 이후 신라의 지배 세력을 구성하였던 박(10왕)·석(8왕)·김(38왕)씨족의 성원수는 점차 늘어났다. 그 결과 그들이 정착하였던 금성, 월성, 계림 지역의 인구는 증가하였다. 점차 이들 지역을 한데 묶어 하나의 읍락邑落을 형성해 간 것으로 짐작된다. 이후 사로국은 이웃 소국을 점령해 나갔고 금성(경주)은 왕경의 중심으로 자리를 잡아 신라 천년의 수도로 이어졌다.

종래의 추장사회를 넘어 새로운 왕권 국가로 자리 잡는 데에는 전래와 수용 및 공인과 유통을 통해 통치이념으로 원용된 불교의 힘이 매우 컸다. 그 과정에서 금성(경주)은 신라의 구심으로 확고하게 자리를 굳혔다. 이것은 계림(현재의 교동 11-2)을 근거지로 삼았던 김씨(38인)왕들

---

16 이종욱, 「역사적 맥락」, 『역사도시 경주』(서울: 열화당, 1984), pp.76~77.
17 이종욱, 위의 글, p.77.

이 월성을 근거지로 삼았던 석씨 왕들과 금성을 근거지로 삼았던 박씨 왕들의 정치적 기반을 흡수하여 신라의 수도인 서라벌(경주)로 확장시켜 갔다는 것을 의미한다. 진평왕이 주도한 남산신성의 축성은 바로 이러한 측면을 반영하는 사례로 볼 수 있다.

신라에 불교가 전해진 기록은 상호 인용을 통해 정리해 보면 크게 네 갈래로 요약된다.

① 제13대 미추왕未雛王 2년263에 고구려 승려 아도阿道가 신라에 와서 불교를 전하였다는 기록이다. 이것은 『해동고승전』海東高僧傳에 실려 있는 『박인량수이전』朴寅亮殊異傳과 『삼국유사』에 인용되어 있는 「아도본비」阿道本碑의 기록에 의거한 것이다. 비문은 대략 이러하다. 조위曹魏 사람인 아굴마我堀摩가 고구려에 사신으로 왔다가 고구려 여인인 고도령高道寧과 정을 통하고 돌아간 뒤 아도를 낳았다. 고도령은 아도가 5세가 되자 출가를 시켰으며 16세가 되자 위魏나라로 가서 아버지 아굴마를 만난 뒤 현창玄彰 화상 강하에서 공부를 한 뒤 19세가 되어 돌아왔다. 고도령이 "이 나라는 지금 불법을 모르지만 이후 삼천 개월이 지나면 계림鷄林에 성왕이 나와 불교를 크게 일으킬 것"이다. "그 서울 안에 있는 일곱 가람 터가 모두 전불시前佛時의 절터이니 그곳에 가서 큰 교리를 전파하면 마땅히 그 땅의 불교의 초석이 될 것이다"라고 하였다. 아도가 가르침을 받고 계림의 왕성 서리西里에 우거하니 그곳이 지금의 엄장사이다. 그때는 미추왕 2년 계미년263이다. 아도가 대궐로 나아가 교법을 유행시킬 수 있도록 청하니 일찍이 들어보지 못한 것이라 여겨 싫어하여 장차 그를 죽이려는 자까지도 있었다. 이에 도망하여 속림續林,一善郡의 집에 3년을 숨어 있었다.

② 제19대 눌지왕417~458 때 사문 묵호자가 고구려에서 일선군에 이르러 그곳 사람인 모례毛禮의 집에 머물렀다는 기록이다. 이것은 김대문의

『계림잡전』 기록을 『삼국사기』와 『해동고승전』과 『삼국유사』 모두 재인용한 것이다. 묵호자는 일선군 모례 집안의 굴속에 숨어 살다가 때마침 양梁나라 사신 원표元表, 高得相詠史詩가 가져온 향의 이름과 쓰임새를 알려주고 왕녀의 병까지 고쳐주고는 갑자기 사라져 버렸다.

③ 제21대 비처왕479~499 때 아도화상이 시자 3인과 함께 또 모례의 집으로 왔다는 기록이다. 이것은 『삼국유사』의 기록이다. 그의 모습儀表은 묵호자墨胡子와 비슷했는데 몇 년을 머물다가 병이 없이 입적했다. 시자 3인은 머무르면서 경율經律을 강독했는데 이따금씩 믿는 자가 있었다.

④ 양梁나라 대통 원년(법흥왕 14년)527 3월 11일에 아도가 일선군一善郡 모례 집에 왔다는 것이다. 이것은 『해동고승전』에 인용된 『고기』古記의 기록이다. 아도를 본 모례가 놀라 '전에 고구려 승려 정방正方과 멸구자滅垢玭가 왔다가 죽임을 당했다'면서 아도를 남의 눈에 띄지 않게 집안 밀실에 숨겨두었다. 때마침 외국 사신이 가져온 향의 이름과 쓰임새를 알아맞힌 것을 계기로 대궐로 이끌려 갔으며 거기에서 만난 외국 사신이 아도에게 예배하는 것을 보고 왕은 이로 말미암아王因此 불승을 공경해야 하는 것知佛僧可敬임을 알고 불법을 펴고 따르는 것을 허락하였다勅許班行.

이상의 몇 가지 기록의 갈래들을 전관해 보면 몇몇 정보들이 착종되어 있다는 사실을 알 수 있다. 공인 이전에 이미 사적으로 불교가 들어와 있었다는 사실, 250년에 해당되는 3천 개월이라는 숫자와 불교 공인의 거리 등이 무관하지 않다는 것, 그리고 이름을 알 수 없는 전법승阿頭彡麼들이 낙동강 중상류인 일선군의 모례의 집을 향해 모여들었다는 것은 많은 것을 시사하고 있다. '얼굴이 시커먼 외래 사내' 정도로 풀이되는 '묵/흑호자'墨/黑胡子나 '머리카락이 없어 구릉 같은 머리를 가진' 정도로 풀이되는 '아도'我道/頭 등은 모두 고유명사가 아니라 그들의 외모나 특징을 가리키는 언표指目之辭라 할 수 있다.

이 같은 몇 갈래의 기록을 통해 신라 관내에는 불교가 이미 널리 유포되어 있었음을 알 수 있다. 하지만 신라불교는 토속신앙을 기반으로 한 신하들의 반대로 불교 공인이 매우 늦어졌다. 미추왕 262~284 대 이래 이미 불교가 널리 퍼져 있었으나 전법을 허락받지 못하였다. 눌지왕 417~458과 소지/비처 479~499왕 대를 거쳐 법흥왕 14년 527에 이르러 조카인 이차돈의 순교를 통해 불교가 비로소 공인되었다. 이후 법흥왕과 조카인 진흥왕의 적극적인 흥법에 힘입어 신라불교는 민족불교를 향한 튼실한 반석을 놓을 수 있었다.[18]

신라에 전래된 불교는 단순한 종교의 범주를 넘어서서, 종교로서의 교리敎理나 의식儀式만을 가져온 것이 아니라 음악·미술·공예·건축·의학 등의 선진문화를 전달하였고, 중국 문화뿐만 아니라 인도나 중앙아시아의 문화까지도 소개하여 줌으로써, 신라의 고대문화를 성립시키는 데 절대적인 공헌을 하였다. 그리하여 부족전통적인 생활의 전분야를 그대로 인정하고 포섭한 토대 위에서, 새롭고도 다양한 국제문화를 접목시키는 구실을 함으로써 불교는 신라 고대문화 건설의 주역을 담당하게 되었다.[19]

따라서 고대 신라불교의 전래와 수용 및 공인과 유통을 통한 일련의 과정은 토착신앙인 천신신앙과 산신신앙과 무속신앙의 원류를 풍류도라는 큰 가슴으로 통섭해 본류로 자리한 불교에 의해 비로소 민족문화가 형성될 수 있었다. 불교는 다시 이 본류를 도교와 유교의 지류에 흘러내려 줌으로써 한국 문화의 원형原型으로서 역할을 다하였다. 그리하여 신라불교는 한국 문화의 고향 중의 고향으로 자리하였다. 신라와 불교는 한국 문화의 고향으로 자리하는 마중물 역할을 다하였다.

---

18 고영섭, 『한국불교사』(서울: 동국대학교 출판문화원, 2024).
19 최병헌, 「신라 불교사상의 전개」, 앞의 책, p.368.

한편 삼국 통일676 이후 통일신라의 금성(서라벌)은 한반도 전체의 수도이자 중심지가 되었고 당나라와의 긴밀한 문화 교류를 통해 국제적 도시로서의 면모를 새롭게 하게 되었다. 정치 경제 사회 문화 과학과 문학 역사 철학 종교 예술의 무대는 자연스럽게 금성 중심으로 통합되었다. 석불사와 불국사도 미술 통일신라의 전성기를 열었던 경덕왕742~765과 혜공왕 대에 완성되었다. 그런데 경덕왕은 신라적인 전국의 지명을 중국식 이름으로 고쳤다. 그리하여 원성왕 이후 통일신라는 전통적인 혈통신분제도가 붕괴되기 시작했고 전국 곳곳에서 세력자들의 반란이 일어났다.

그 결과 통일신라가 한반도 전체의 지도자 역할을 하지 못하게 되면서 새로운 정치 경제 사회 문화 과학과 문학 역사 철학 종교 예술의 중심지와 영향력의 발원지를 필요로 하게 되었다. 이러한 시대적 요구에 의해 일어난 것이 중부 한국의 고려 정권이었고, 고려의 출현으로 한반도의 중심지는 동남부의 금성(경주)에서 중부의 개성開城으로 옮겨지게 되었다.[20]

이후 고려 정부는 지금까지 '금성'金城이라고 불리던 신라의 옛 도읍을 '경주'慶州라고 개명하였다. 그리고 투항한 경순왕을 새로운 수도로 데려가 고려의 공주와 결혼해 정착시키고 명목상 경주의 관리자로 임명하였다. 그러나 고려는 신라왕조의 합법적인 계승자라는 입장에서 신라를 격하하거나 적국으로 여기지 않았다. 오히려 고구려의 옛 도읍인 평양을 서경西京이라고 명명하는 한편, 신라의 금성金城(경주)을 동경東京이라고 명명하여 옛 왕도로서의 격을 기념하는 방안을 취했다.[21]

이것은 고려 정부가 신라 천년 고도로서의 금성의 역사성과 장소성

---

20 김원룡, 앞의 글, 앞의 책, p.64.
21 김원룡, 앞의 글, 앞의 책, p.64.

즉 유적 유물이 보여주고 있는 자연스런 세월성, 그리고 금성의 자연환경이 합쳐져서 만들어내는 역사적 분위기와 그 역사적 존재감을 인정한 것이라고 할 수 있다.

III. 신라불교와 경주 남산의 유적과 유물

1. 경주 남산 – 금성의 주산에 펼쳐진 불국 정토

고대인들에게 산은 천상과 지상을 이어주는 성소였다. 산은 천상의 하늘님이 내려오는 길이자 지상의 인간이 천상의 하늘님과 만나는 처소였다. 이 때문에 산은 성스러운 존재와 속스러운 존재가 만나는 신성한 무대이자 공간이었다. 신라의 수도에 자리한 금성(경주) 남산[22]도 그러한 곳이었다.

신라의 천년은 금성(경주) 남산과 함께 하였다. 신라 시조 박혁거세의 탄생 설화가 있는 서쪽의 나정蘿井, 신라 최초의 궁궐터인 창림사 터, 그리고 제55대 경애왕이 남산 동쪽에 자리한 성남이궁城南離宮인 포석정鮑石亭에서 유흥에 빠져 놀다가 견훤甄萱에게 치욕을 당하며 신라가 무너지기 시작한 곳이 모두 남산이었다.

나정과 포석정은 겨우 1Km 이내의 거리에 있지만 이 사이에는 천여 년의 역사가 간직되어 있다. 금성(경주) 남산은 신라의 시작(나정)과 신라의 맨 끝(포석정)을 지켜보았다. 이 사이에는 여러 왕릉을 비롯한 고분,

---

22 경주 남산은 1971년에 경주국립공원 남산지구로 지정되었다. 1985년에는 사적 제311호로 지정되었다. 2000년 12월에 유네스코 세계문화유산(경주역사유적지구)으로 등재되었다.

사지, 불상, 석탑, 무덤들과 산성터가 자리해 있다.[23] 이처럼 이곳에는 신라의 주요 유적과 유물이 집약되어 있다. 이 때문에 남산을 좋아하는 사람들은 '남산에 오르지 않고서는 경주를 보았다고 말할 수 없다'고 한다.

금성(경주)에는 초기부터 도당산토성都堂山土城, 남산토성南山土城[24], 월성月城이 축성되어 있었다. 이어 월성의 확장이랄 수 있는 남산신성南山新城(둘레 약4Km)이 진평왕(13년)[591] 때 남산의 북쪽 봉우리인 해목령蟹目嶺을 중심으로 형성되었다. 해목령은 대궐인 월성을 마주 보고 있으며 서쪽 국경에서 일어난 일은 봉화를 통해 서형산성西兄山城으로 전해지고, 동쪽 국경에서 일어난 일은 봉화를 통해 명활산성明活山城으로 전해졌다. 이 두 산성에서 수집된 정보를 남산신성에서 받아 월성으로 전하면 신라 임금은 왕성에 앉아서 국경에서 생긴 일을 알 수 있었다. 이렇게 금성(경주) 남산은 신라 국방에 있어서도 중요한 산[25]이었고 신라 천년의 주요 무대였다고 할 수 있다.

그리고 남산신성의 축성은 왕권 강화와 관련된 정치 일환의 사업이고, 남산신성의 완성은 남산에 불교 유적이 성행할 수 있었던 정치적 배경이 되었다[26]고 할 수 있다. 남산신성의 축성은 결과적으로 금성(경주) 권역을 확장시켰고, 전통신앙의 불교적 융합을 강화하게 했으며, 나아가

---

[23] 경주남산연구소, 「경주 남산의 유적 유물 현황」, 『경주남산 구경하기』(경주: 경주남산연구소, 2016), pp.1~2. 여기에 의하면 경순왕릉, 지마왕릉, 일성왕릉, 헌강왕릉, 정강왕릉 등이 있으며, 왕릉은 모두 13곳, 고분은 37곳이 있으며, 이외에 일반인의 무덤은 더욱 많다. 사지는 150곳, 불상이 129기, 석탑이 99기가 발견되었다고 한다.
[24] 남산에는 이외에도 古壚城(606년 축성된 石城) 등이 있다. 남산토성은 남산신성이 축조되기 전까지 남산성이라 불렸으며, 월성과 도당산 토성 '밖에서 겹으로 성을 둘러싸고 궁성을 지키던 羅城 즉 外城 역할을 했던 토성이다.
[25] 一然, 『三國遺事』 권제2, 「紀異」 제2, 〈文虎王 法敏〉. 문무왕은 처음 즉위하여 길이가 50보, 너비가 15보의 長倉(右倉)을 설치하여 米穀과 兵器를 쌓아두었다.
[26] 김구석, 「경주남산 불교유적의 시대별 형성과정과 특징」, 경주대학교 일반대학원 문화재학과 석사논문, 2016, p.97.

남산을 신라불교의 성역화 공간으로 만들어줌으로써 남산을 신라(경주)의 중심부로 편입시켰다.

지리적으로 살펴보면 금성(경주) 남산은 금성(서라벌)의 남쪽에 자리 잡은 낮은 구릉성 산지라고 할 수 있다. 형산강과 남천 사이의 침식 사면 사이에 동남쪽에 자리한 고위산(494m)과 서남쪽에 자리한 금오산(468m)[27]으로 이루어져 있다. 남북 8킬로미터, 동서 4킬로미터의 타원형의 권역을 취하면서 정상을 꼭지점으로 직삼각형의 모습을 취하고 있다. 동남쪽 산은 가파르고 짧지만 서남쪽 산은 완만하고 길다. 남산은 이들 두 봉우리에서 흘러내리는 40여 개의 계곡과 산줄기들로 이루어져 있다. 이들 계곡에는 유적과 유물 및 전설이 없는 계곡이 거의 없다. 계곡과 능선에 자리한 150여 개의 절터에는 문화재가 없는 곳이 거의 없다. 문화재들은 주로 서남산 쪽에 집중되어 있으며 이들을 정리해 보면 아래와 같다.

〈표 1〉 경주 남산의 문화재[28]

번호	보물	사적	지방 유형문화재	중요 민속자료
1	남산동 삼층석탑, 보물 제124호	포석정터, 사적1호	삼릉골 마애관음보살상, 제19호	탑동 월암종택 (月菴宗宅[29]), 국가민속문화재 제34호

(표 계속)

---

27 강우방, 「慶州 南山論」, 『원융과 조화』(서울: 열화당, 1990), p.392. 필자는 "흔히 고위산과 금오산을 합쳐 남산이라고 하나, 필자는 磨石山의 西麓 즉 金鰲山 北麓과 인접하여 있는 계곡의 佛蹟들도 모두 통틀어 남산 유적에 포함되어야 한다고 생각한다. 더구나 磨石山의 다른 계곡에는 불적이 없으므로, 한 지역에 집중된 불적을 염두에 둘 때 구태여 구분하여 제외시킬 필요가 없다고 본다. 따라서 이 글에서는 마석산의 白雲谷 磨崖如來立像을 함께 다룬다. 高位山에는 남아있는 불상이 없다"고 주장한다.
28 한국문화유산답사회 편, 『답사여행의 길잡이 2: 경주』(서울: 돌베개, 1994; 2014), p.158 참조.
29 임진왜란 때 큰 공을 세운 釜山僉使 金虎 장군의 생가로 전해지고 있다.

번호	보물	사적	지방 유형문화재	중요 민속자료
2	미륵골(보리사) 석불좌상, 보물 제136호	남산신성, 사적 제22호	삼릉골 마애선각육존불상, 제21호	
3	용장사터 삼층석탑, 보물 제186호	서출지, 사적 제138호	입골석불, 제94호	
4	용장사터 석불좌상, 보물 제187호	오릉, 사적 제172호	상선암 마애석가여래좌상, 제158호	
5	부처골 석불좌상, 보물 제198호	일성왕릉, 사적 제173호	삼릉골 선각여래좌상, 제159호	
6	신선암 마애보살반가상, 보물 제199호	정강왕릉, 사적 제186호	침식골(심수골) 석불좌상, 제112호	
7	칠불암 마애불상군, 국보 제312호	헌강왕릉, 사적 제187호	열암(새갓골) 석불좌상, 제113호	
8	탑골 마애불상군 (부처바위), 보물 제201호	삼릉, 사적 제219호	약수골 마애입상, 제114호	
9	삼릉골 석불좌상, 보물 제666호	지마왕릉, 사적 제221호	백운대 마애불입상, 제206호	
10	용장사터 마애여래좌상, 보물 제913호	경애왕릉, 사적 제222호		
11	배동 삼존석불입상, 보물 제63호	나정, 사적 제245호		
12	남간사터 당간지주, 보물 제909호	남산 일원, 제311호		

〈표 1〉이 보여주듯이 경주 남산에 있는 보물(12점)과 지방 유형문화재(9점)의 대부분은 불교 문화재이다. 사적(12점)과 중요 민속자료(1점)도 불교 문화재와 직간접적으로 연결되어 있다.

남산에서 발견된 절터는 150개소, 현존 사찰은 19개소[30], 불상 120기, 석탑 96기, 석등 22기, 부도 8기, 기타 석조물 73기 등[31]이다. 이들을 통해 알 수 있는 것은 신라인들이 이곳에다 불국 정토를 실현하고자 했다는 사실이다. 그리고 거기에는 사찰, 불상, 석탑, 석등, 부도, 석조물 등에 투영된 불교사상의 조형적 구현이 뒤따랐다. 그리고 이곳에서 출산과 장수, 생사와 구원 등 인생의 주요 문제를 해결하기 위해 불교의 주요 교학에 기초해 석가신앙, 관음신앙, 문수신앙, 화엄신앙, 미륵신앙, 미타신앙, 밀교신앙, 경전 신앙 등의 다양한 신행에 매진하였다.

　　경주 남산에 형성된 불교 유적은 대개 삼국 통일 전후의 7세기에서 나라가 망하는 10세기에 집중적으로 형성되었다. 이후의 고려와 조선의 유적과 유물도 있다. 이들이 조성된 시기는 『삼국유사』의 시대구분인 상고(혁거세전57~지증왕513)-중고(법흥왕514-진덕여왕653)-하고(무열왕654~경순왕935)기 중 중고기와 하고기에 해당하며, 또 『삼국사기』의 시대구분인 상대-중대-하대 중 중대와 하대에 집중된다.[32]

　　신라인들은 삼국 통일676 전후인 7세기 중후반에 경주 남산에 불교의 중도 연기적 세계관에 입각해 불국 정토를 실현해 갔음을 알 수 있다. 조성의 주체는 왕과 왕비로부터 신하와 서민에 이르기까지 다양하다. 이들은 이곳에다 자신이 믿고 우러르는 신행의 대상을 조성하여 이곳에다 불국 정토를 만들고자 하였다. 이들은 불교의 중도 연기적 세계관을

30　국립경주문화재연구소, 『경주 남산』, 2004, p.39. 최근 일부 연구에서는 20개소로 보기도 한다.
31　국립경주문화재연구소, 『경주 남산』, 2002, p.12. 남산의 유적 유물 현황 참고.
32　최병헌, 「신라하대 선종구산파의 성립」, 『한국사연구』 제7집, 한국사연구회, 1972. 최치원은 신라불교사를 3기로 구분하고, 제1기는 불교가 공인된 법흥왕대(法興王代, 514~539)부터 삼국통일 전인 진덕여왕대(眞德女王代, 647~653), 제2기는 삼국통일기인 무열왕대(武烈王代, 654~660)부터 신라 하대인 헌덕왕대(憲德王代, 809~825)까지, 그리고 제3기는 최치원 자신의 시대인 헌덕왕대 이후로 나누어 보고 있다.

접하면서 출산과 장수, 생사와 구원 등 인생의 주요 문제를 해결하고자 했다. 그 결과의 흔적들이 지금도 경주 남산 곳곳에 남아있다.

2. 불교 유적과 유물 – 화강암으로 조성한 부처의 세계

금성(경주) 남산에 조성된 불교 유적은 7세기에서 10세기에 이르는 시대별 불교양식이 펼쳐져 있다. 유적들은 남산이라는 야외의 자연조건에 어울리도록 특유의 조형으로 자리하고 있다. 남산에는 인도와 중국과 같이 사암砂巖과 석회석石灰石이 거의 없다. 대신 남산에는 화강암이 주된 석재이다.

화강암은 분홍빛을 띠는 장석, 흰색 혹은 회색을 띠는 석영, 반짝반짝 빛나는 검은 반점을 지닌 흑운모, 회색과 녹색의 철성분이 기미를 띠는 흑운모와 각섬석 등으로 되어 있다. 이들의 주된 성분은 장석이 70퍼센트, 석영이 25퍼센트로 되어 있어 이들이 서로 혼합될 때 매우 아름다운 흰색을 보인다.[33]

화강암은 매우 단단하고 견고해 풍화에 잘 견디지만 다루기에는 쉽지 않은 석재이다. 남산에 남아 있는 불탑들은 이같은 화강암의 성격을 잘 보여주고 있다. 이러한 화강암의 특성 때문에 불상을 조성하기는 쉽지 않았을 것이다. 경주 남산의 불상이 마애불이 대부분인 것은 이러한 조건 때문이다. 다수의 마애불 이외에 원각불, 선각불도 있으며 불상, 보살상, 승상, 동물상 등과 같이 다양한 성격과 특징을 보여주고 있다.

경주 남산의 불교 유적 현황은 40여 개의 계溪와 곡谷별로 유적과 유물 및 시기가 다양하다. 대략 34개의 계곡별로 조사한 국립경주문화재

---

33 강우방, 앞의 글, 앞의 책, p.425 참조.

연구소 간행의 『경주 남산』』2000[34]을 참고해 보자. 하나의 계와 곡에는 여러 개의 사지가 형성된 곳도 적지 않다.

〈표 2〉 경주 남산의 불교 유적 현황

계곡	유적	유물	시기 (세기)	비고
長倉谷	傳金光寺址 (제1사지)	석조여래좌상	9후반	경박
		석조보살입상편	8	경박
		기단갑석	9후반	경박
		불상상대석, 안상문대석	9	
	傳昌林寺址 (제3사지)	석조비로자나불상(2구)	9후반	경박
		삼층석탑	8후반	
		귀부	8후반	경박
		석등하대석	9후반	
		법화경 경석편, 기타 편	800년 전후	일부 경박
	傳南澗寺址 (제6사지)	당간지주, 팔각대석	8	
		석등 부재, 팔각대석	9	
	傳天恩寺址 (제9사지)	석등 부재, 토제소형탑편	9	경박
		'天恩'銘 와편, 와범	9	경박
		범종	13초	경박
	삼화령출토 사지 (제10사지)	미륵삼존불상	644	경박

(표 계속)

---

34 김구석, 앞의 글, 2016, pp.108~112 재인용.

계곡	유적	유물	시기 (세기)	비고
識慧谷	傳疊嚴寺址 (제3사지)	탑재, 당간지주	9	
		석조, 기단면석	8	경박(탑재)
	傳天官寺址 (제4사지)	금동여래입상	8후반	
		탑재, 석등부재	8말 / 8후반 / 8중후반	경박(탑재)
		연당초문와편, '習比'명문와편	8~9	
	傳四祭寺址 (제7사지)	탑재(팔부중), 석등부재	9 / 통신 하대	경박(탑재)
		서조문평와, 右官명와 四祭寺, 司祭	통신, 8~9 고려	
王井谷	傳仁容寺址 (제1사지)	동서삼층석탑	9전반 / 8말 / 8말 ~9초	최영식 (불상대좌)
		금동여래입상	9	
	왕정곡사지 (제2사지)	석조여래입상	8전반	경박
		탑재	8	
佛谷	제2사지	감실여래좌상	삼국말 / 7중 엽 / 7초반	경박
		니불, 석조여래좌상	9	경박
	인왕동 발견	석조여래좌상	7전반	경박
塔谷	탑곡입구사지 (제1사지)	마애불상군2	9 / 7	
		마애탑1	10	
	傳神印寺址 (제2사지)	마애불상군1	7중엽 / 7중반 7~8 / 9	玉龍庵
		석조여래입상	8말~9초	
		마애탑2	7말	
		삼층석탑2	9후기 / 9중~ 후반	

(표 계속)

계곡	유적	유물	시기 (세기)	비고
彌勒谷	傳菩提寺址	석조여래좌상 뒷면 약사여래좌상	8후반	
		마애여래좌상	9 / 8후반	
		탑재(천인상), 삼층석탑	9후반	
鐵瓦谷	제2사지	석조불두	9	경박
國師谷	제4사지	삼층탑1, 석등부재	9후반	경박(석등)
		불상대좌(추정)	9초~중반	경박
鰲山溪 鰲山谷	讓避寺址 (제1사지)	탑2	9전기 / 8말~9초	
		석등하대석	9	
		飡之碑片1, 이수편1	9~10	경박
	開善寺址 (제2사지)	마애여래좌상	9후반	
		판석 약사여래입상	9	경박
鰲山溪 地岩谷	제2사지	탑재	9중~후반	연구소발굴
	제3사지	탑재	9	연구소발굴
蓬丘谷	念佛寺址 (제1사지)	탑2	7말~8초 / 8초	남리사지
僧燒谷	제1사지	3층석탑	9전반	경박(탑)
烽火谷	七佛庵址 (제1사지)	삼존불, 사방불	7말 / 8중엽 8 / 8전기	
		경석편(금강반야바라밀경)	9전반~	동국대
	神仙庵 (제1사지)	마애보살좌상	8후반	
別天龍谷	제1사지	탑2	9 / 8후반~9초	
白雲溪 陽朝庵谷	제1사지	불상편, 광배, 중대석	통신 / 9이후 (간혹 8중엽이후)	

(표 계속)

계곡	유적	유물	시기 (세기)	비고
白雲溪 深水谷	石水庵寺址 (제1사지)	석조여래좌상	9(중~후반)	
列岩谷	열암곡사지	석조여래좌상	8후반 / 8후반 ~9전반	
		마애대불	8후반~9전반	
天龍谷	제1사지	석등부재	9중~후반	
		운암당, 한월당 부도	17말~18초	臥龍寺
	天龍寺址	삼층석탑 석등부재	9전반 8말~9초	
		팔면감실소석불 금동여래입상3	통신 / 9 9	
		은제관음보살좌상, 청동불입상, 청동소탑상륜부편	나말여초 / 15 고려	
		가정명(嘉靖銘) 암막새	조선16(1548)	
茸長溪 法堂谷	제1사시	약사여래좌상	8말~9초 / 8후기	경박
茸長溪 寺谷	제1사지	약사여래좌상, 불두 금동여래좌상	8후반 / 8 9	경박 (불두, 금동상)
茸長溪 塔上谷	茸長寺址 (제1사지)	삼륜대좌불 마애여래좌상	8후반 / 8중엽 8중엽 / 8후반/ 8	경박(용장사銘瓦)
		삼층석탑	9전반	
		복판연화문수막새	8~9	
茸長溪 蓮花臺谷	제3사지	연화대좌, 비석대좌	8중엽	
茸長溪 池谷	제3사지	모전석탑	9후반 / 9이후	연구소발굴
		四月一/上명와편, 연화문와편 백자고족배	통신 조선	

(표 계속)

계곡	유적	유물	시기 (세기)	비고
琵琶谷	제2사지	탑2(단층/ 자연괴석기단) '龍'명와편, '大定'銘평와	9후반 12후반	경박
	釋迦寺址 (제3사지)	탑2기(단층, 자연괴석)	9후반	
藥水谷	제4사지	석조여래좌상(대좌)	8후기 8후반	
	제5사지	마애여래입상(마애대불)	9 / 9~10	
배동	배동출토	석조여래입상	8	경박
		석조여래입상	8	경박
		석조여래입상	8	경박
笠谷	제1사지	석조여래입상	8중엽	유형94
三陵溪	제1사지	약사여래좌상	근세	
		석조여래입상 (동인회발견)	8	
	제2사지	석조여래좌상	8후기 / 8	
		마애관음보살입상	8후반 / 8후반~9초	유형19
	제3사지	마애선각육존불	8후반 / 9	
	제5사지	마애여래좌상	10 / 고려 13~14	
	제6사지	석조여래좌상	8후반	
		마애선각여래(좌)상	9 / 10	
		석조약사여래좌상	8말~9초	중박
		삼층석탑, 석등부재(결실)	9후반	경박
	上禪庵 (제9사지)	마애여래좌상	9 / 8후반~9초	유형158
		마애선각보살입상	9	

(표 계속)

계곡	유적	유물	시기 (세기)	비고
禪房谷	禪房寺址 (제1사지)	석조삼존불입상 석조보살입상(?)	7전반 8	보물63
		탑3	9	
		금동장신구, 철정 등	고려 11~12	경박
		太魯院명 와편 연화문/인동귀목문암막세	11~12	경박
	제2사지 (선방사남편)	탑	9~10	
	제4사지	마애선각여래입상	9	
鮑石溪 碁岩谷	長鼓寺址 (제1사지)	석조여래좌상	9	경박(탑재)
	제2사지	탑2	9중엽이후	연구소(일부)
鮑石溪 鮑石谷	제1사지~입구	옥개석1 하층기단면석	9~10이후 8~9	
	제5사지	마애여래좌상	9후반~10 / 고려	
	제6사지	오층석탑(복원)	9말	
		사리탑	조선후기	
	제9사지	소석불	9~10	
鮑石溪 潤乙谷	제1사지	마애삼불상	835년	
	제2사지	탑재~기단갑석, 옥개석	9	

〈표 2〉에 의하면 남산의 유적과 유물이 남아 있는 계곡은 대략 34개에 이른다. 이들 계곡에 있는 유적과 유물을 살펴보면 다음과 같다.

먼저 문무왕이 설치한 장창과 금광사지(석조여래좌상, 석조보살입상편, 기단갑석, 불상상대석, 안상문대석), 창림사지(석조비로자나불상2구, 삼층석탑, 귀부, 석등하대석, 법화경 경석편 등), 남간사지(당간지주, 팔각대석, 석등부재, 탑재), 천은사지(석등부재, 토제소형탑편, '天恩'명 와편, 와범, 범종), 삼화령출토사지(제10사지, 미륵삼존불상)가 자리하는 장창골, 담엄사(제3사지, 탑재, 당간지주, 석조, 기단면석)와 천관사(제4사지, 금동여래입상, 탑재, 석등부재, 연화초문와편, '習比'명문 와편)로 전하는 사지와 사제사(제7사지, 팔부중탑재, 석등부재, '서조문' 평와 '右官' 명와 등)로 전하는 사지가 자리하는 신라시대 식혜識慧라는 도승이 머물렀다는 식혜곡이 있다.

이어 월성 앞 골짜기로 대궐에서 사용하던 우물이 있으며 인용사로 전하는 사지(동서삼층석탑, 금동여래입상)와 왕정곡사지(제2사지, 석조여래입상, 탑재)가 있는 왕정골, 제2사지(감실여래좌상, 니불, 석조여래좌상)와 인왕동 발견 석조여래좌상이 있는 불곡, 탑곡입구사지(제1사지, 마애불상군2, 마애탑1)와 신인사(마애불상군1, 석조여래입상, 마애탑2, 삼층석탑2)[35]로 전하는 사지 및 옥룡암玉龍庵 사찰이 자리한 탑곡, 신라시대 보리사(제1사지, 석조여래좌상, 뒷면 약사여래좌상, 마애여래좌상, 천인상 탑재, 삼층석탑)로 전해지는 사지가 자리하는 미륵골, 통일신라 후기 조성으로 추정되는 대형 석조불두가 발견된 철와곡, 제4사지(삼층탑1, 석등부재, 불상대좌)가 있고 국사들이 배출되었으며 삼층탑이 발견된 국사곡이 있다.

또 양피사지(제1사지, 탑2, 석등하대석, 湌之碑片2, 이수편1)와 개선사지(제2사지, 마애여래좌상, 판석 약사여래입상)가 있으며 길가 먼 거리에 마애불이 자리한 오산계 오산곡, 제2사지(탑재)와 제3사지(탑재)가 자리한 오산계 지암곡, 염불사지(탑2)가 자리한 봉구곡, 제1사지(3층석탑)가 자리한 승소곡, 칠불암지(제1사지, 삼존불, 사방불, 금강경석편)와 신선암(제2사지, 마애보살좌상)이 자리한 봉화곡, 제1사지가 자리한 별천룡곡, 제1사지가 자리한 백운계 양조암곡, 석수암사지(석조여래좌상)가 자리한 백운계

---

35 오사카 긴타로(大阪金太郞)가 이곳에 '神印寺'라는 명문이 새겨진 기와를 발견하였다고 하여 '神印寺址'로 불리고 있지만 기와의 행방이 묘연하여 단정하기 어렵다. 현재의 '옥룡암'이 신인사의 후신이라고 확정하기도 어렵다.

심수곡, 열암곡사지(석조여래좌상, 마애대불)가 자리한 열암곡, 제1사지(석등부재, 운암당, 한월당 부도)와 천룡사지(제2사지, 삼층석탑, 석등부재, 팔면감실소석불, 금동여래입상3, 은제관음보살좌상, 청동불입상, 청동소탑상륜부편, '嘉靖'명 암막새)가 자리한 천룡곡이 있다.

다시 제1사지(약사여래좌상)가 자리한 용장계 법당곡, 제1사지(약사여래좌상, 불두, 금동여래좌상)가 자리한 용장계 사곡, 용장사지(제1사지, 삼륜대좌, 마애여래좌상, 삼층석탑, 복판연화문수막새)가 자리한 용장계 탑상곡, 제3사지(연화대좌, 비석대좌)가 자리한 용장계 연화대곡, 제3사지(모전석탑, '四月一/上'명 와편, 연화문 와편, 백자고족배)가 자리한 용장계 지곡, 제2사지(탑2, 단층자연괴석기단, '龍'명 와편, '大定'명 와편)와 석가사지(제3사지, 탑3기 단층, 자연괴석)가 자리한 비파곡, 제4사지(석조여래좌상, 대좌)와 제5사지(마애여래입상, 마애대불)가 자리한 약수곡, 석조여래입상과 석조여래좌상 및 석조보살입상이 출토된 배동, 제1사지(석조여래입상)가 자리한 입곡, 제1사지(약사여래좌상, 석조여래입상)와 제2사지(석조여래좌상, 마애관음보살입상) 및 제3사지(마애선각육존불)와 제5사지(마애여래좌상) 그리고 제6사지(석조여래좌상, 마애선각여래좌상, 석조약사여래좌상, 삼층석탑, 석등부재)와 상선암(제9사지, 마애여래좌상, 마애선각보살입상)이 자리한 삼릉계, 선방사지(제1사지, 석조삼존불입상, 탑3, 금동장신구, 청정 등, '太魯院'명 와편, 연화문/인동귀목문 암막새)와 제2사지(선방사 남편, 탑) 및 제4사지(마애선각여래입상)가 자리한 선방곡, 장고사지(제1사지, 석조여래좌상)와 제2사지(탑2)가 자리한 포석계 기암곡, 제1사지-입구(옥개석1, 하층기단면석)와 제5사지(마애여래좌상) 및 제6사지(복원오층석탑, 사리탑) 그리고 제9사지(소석불)가 자리한 포석계 포석곡, 제1사지(마애삼불상)와 제2사지(탑재-기단 갑석, 옥개석)가 자리한 포석계 윤을곡이 있다.

이들 계곡들에 산재해 있거나 국립중앙박물관과 국립경주박물관, 동국대와 연구소 등에 있는 유적과 유물들의 공통점은 각 사지를 대표하는 불탑과 불상이라는 점이다. 7세기부터 10세기에 이르는 시대양식을 따랐기에 미학적 완성도는 매우 다양하다. 섬세한 조형이 있는가 하면 거치른 조형이 있다. 구체적인 조형이 있는가 하면 투박한 조형도 있다. 사상적으로는 불교의 교학에 기반한 석가신앙과 문수신앙, 관음신앙과 미타신앙, 약사신앙과 경전신앙을 담은 조형과 경석편이 있다.

이들을 통해 알 수 있는 것은 신라인들 즉 한국인들이 이곳 남산에서 출산과 장수, 생사와 구원 등 인생의 주요 문제를 해결하고자 했다는 점이다. 금성(경주) 남산은 통일신라인 즉 한국인들이 부딪치는 인생의 주요 문제를 해결하는 공간이자 문제를 해소한 성소라고 할 수 있다.

IV. 불교사상의 조형적 구현과 불국 정토의 실현

경주 남산을 흔히 남산 종주길을 중심에 두고 서남산과 동남산으로 나누어 보곤 한다. 경사가 완만하고 긴 서남산은 불교 유적이 집약되어 있으나, 가파르고 짧은 동남산에는 비교적 불교 유적이 소략하다. 여기서는 남산을 서남산과 동남산으로 나누어 살펴보기로 한다. 서남산은 경주 시내의 오릉에서 울산의 언양 가는 국도 쪽에 늘어서 있다.

서남산과 동남산에 자리한 여러 사지의 유적과 유물은 통일신라불교의 교학적 성취에 기초해 현실적인 신앙으로 전개되었다. 여기서는 전해지는 문헌 사료와 남아 있는 유적 유물에 의거해 각 사암의 신앙 유형에 대해 살펴보려고 한다.

1. 서남산의 사지와 유적 유물

1) 창림사(궁궐터)와 담엄사 _ 화엄사상과 밀교신앙

창림사는 남산 서쪽 기슭에 세운 궁실에 지은 절이다. 이곳은 신라 최초의 궁궐이 있던 곳이라는 점에서 일찍부터 주목받아 왔다. 법흥왕 때 불교가 공인된 뒤 이후 창림사는 통일신라 때에 창건되어 고려 때까지 있다가 조선 초기에 폐사되고 탑만 남아 있다.

> 진한辰韓 땅에는 옛날에 여섯 촌이 있었다. 하나는 알천 양산촌이니 그 남쪽은 지금의 담엄사이다. … 전한前漢 지절地節 원년 임자(전69) 3월 초하루에 육부의 조상들이 자제들을 거느리고 알천閼川의 언덕 위에 모여 의논했다. … 이에 그들이 산에 올라 남쪽을 바라보니 양산 아래 나정蘿井 옆에서 번개 같은 이상한 기운이 땅에 닿고 백마 한 마리가 무릎 꿇고 절하는 듯한지라 그곳을 찾아가 보니 자주색 알[푸르고 큰 알이라고도 한다] 하나가 있었다. … [36]

이 기록은 신라의 칠처가람지허의 하나인 담엄사가 알천 양산촌의 남쪽에 있었다는 사실을 보여준다.

남산 서쪽 기슭[지금의 창림사]에 궁실을 세우고 성스러운 두 아이를 받들어 길렀다. 사내아이는 알에서 나왔고, 그 알은 박처럼 생겼다. 방언에 바가지를 박朴이라 했으므로 곧 박으로 성을 삼았으며, 계집아이는 태어난 우물 이름을 따서 이름을 지었다. … 박혁거세가 나라를 다스린 지 61년 만에 하늘로 올라갔다가 7일 만에 남은 뼈가 땅으로 흩어져 버렸고,

---

36 　一然, 『三國遺事』 권제1, 「紀異」 제1, 〈新羅始祖赫居世王〉.

왕후도 죽었다. 나라 사람들이 한데 모아 장사지내려 하자 큰 뱀이 따라다니며 막으므로, 머리와 사지五體를 각각 묻어서 5릉으로 만들었다. 이 능을 사릉蛇陵이라고도 하며, 담엄사 북릉이 바로 그것이다.[37]

남산의 서쪽 기슭에는 신라 최초의 궁실이 있었다. 시조왕이 붕어하자 그곳에 오릉을 만들었는데 담엄사 북릉이었다. 이후에 이곳의 궁실터에는 창림사가 지어졌다. 창림사지는 남산에 전해지는 150여 개의 절터 중 이름이 밝혀진 몇몇 사찰 중의 대표적인 곳이다. 창림사 삼층석탑은 조선 순조 24년1824에 묘석墓石의 공정을 줄이려던 석공에 의해 무너졌다. 사리함은 1824년에 『무구정광대다라니경』의 사경문寫經文과 함께 발견된 것이었다. 이때 「창림사무구정탑원기」昌林寺無垢淨塔願記를 모사해 놓은 글이 남아 있다. 이것은 당시 금석학에 조예가 깊던 추사 김정희金正喜, 1786년~1856년가 국왕이 탑을 세우고 축원한 뜻을 동판에 새긴 글을 그대로 모사模寫해 두었고 그것이 『경주 남산의 불적』慶州南山の佛蹟, 1940년에 수록되어 존재가 알려졌다. 이 사리함은 이천 영원사靈源寺에서 1968년에 대웅전을 해체하던 중 기단에서 출토된 뒤, 2011년에 수원 용주사龍珠寺의 효행박물관孝行博物館에 기탁되었다고 한다. 영원사는 안동 김씨의 원찰願刹로, 1827년 김조순金祖淳의 시주로 중건되었다. 당시 김정희가 김조순의 아들 김유근金逌根과 친근한 사이였던 점을 미루어, 1824년 출토된 사리함이 김조순 일가로 들어갔고, 영원사를 중건하면서 대웅전의 진단구鎭壇具로 이용된 것으로 여겨진다.[38]

『무구정광대다라니경』은 석가탑 봉안의 경우처럼 조탑공덕사상을 설법한 경전이며 통일신라시대에 널리 유행하던 경전이다. 이 경전이 '다

---

37 一然, 『三國遺事』 권제1, 「紀異」 제1, 〈新羅始祖赫居世王〉.
38 곽승훈, 「창림사 무구정탑원기」, 『한국민족문화대백과사전』(2023-08-11 검색).

라니경'이라는 성격을 지니고 있다는 점에서 밀교사상을 반영하고 있다고 볼 수도 있다. 이 경전은 특히 국가나 왕실의 불사 활동에서 많은 사례가 발견되는데, 본 탑은 대표적인 사례 가운데 하나이다. 「창림사무구정탑원기」는 문성왕이 855년에 『무구정광대다라니경』無垢淨光大多羅尼經의 내용에 따라 무구정탑을 만들며 발원한 내용과 참여자의 명단을 적어 놓은 기록이다. 왕실의 안녕과 번영을 기원한 것으로 여겨지는 이 불사 활동에는 왕족 여러 명이 참여하였다. 발원문은 문한관인 한림랑翰林郎 김립지金立之가 왕명을 받아 지었으며, 글씨는 왕희지체를 집자한 것으로, 글자의 윤곽을 따라 그리는 쌍구법雙鉤法으로 새겨 놓았다.[39]

'국왕 경응조 무구정탑원기'國王慶應造無垢淨塔願記로 시작되는 동판은 30×24센티미터이며 이 탑의 사리공은 지름 33.3센티미터의 둥글게 패인 구멍이다. 따라서 직사각형으로 된 이 원기를 둥근 사리공에 넣으면 네 모서리가 각각 2.5센티미터 정도 걸리기 때문에 넣을 수가 없다. 그런데 창림사에는 팔부신중이 새겨진 또 하나의 탑이 있었다. 그 석재들은 박물관으로 옮겨 진열되어 있는데, 조각 솜씨도 하대로 떨어지는 9세기 중엽의 것으로 봐도 좋을 것이다. 따라서 추사 선생이 묘사한 「창림사무구정탑원기」는 박물관으로 옮겨진 탑의 것으로 봐야 할 것이다.[40]

박물관에 있는 탑재의 기단 면석은 높이가 88센티미터, 너비 92센티미터, 우주 너비 18센티미터인데 지금 창림사 터에 서 있는 탑의 기단 면석은 높이 110센티미터, 너비 110센티미터, 우주 너비 28센티미터로 규모가 크다. 법당 앞에 있는 비석에는 신라 명필인 김생金生, 711~807의 글씨가 새겨져 있어 멀리 당나라까지 알려졌다고 전한다. 순조 당시까지 이 절터에는 신라의 명필가 김생이 쓴 「창림사비」가 있었으나 지금은 비

---

[39] 곽승훈, 위의 글.
[40] 윤경열, 『경주 남산』(서울: 대원사, 1991), p.116.

신이 없어지고 쌍귀부와 수많은 주초석만 남아 있다.[41]

원나라의 학자 조자앙趙子昻이 「창림사비발」昌林寺碑跋에서 김생의 글씨를 평한 글의 일부가 『동국여지승람』의 21권 경주부에 전한다. "……이 글은 신라의 승려 김생金生, 711~807이 쓴 「창림사비」인데, 자획이 깊고 법도가 있어 비록 당나라의 이름난 조각가라도 그보다 더 나을 수는 없다. 옛말에 '어느 곳엔들 재주 있는 사람이 나지 않으랴' 하였더니 진실로 그러하구나."[42]

이 석탑의 건립 연대와 이 절의 창건 연대는 신라 명필 김생金生이 쓴 「창림사비」를 근거로 볼 때 신라 원성왕 7년[791] 이전에 창건된 것으로 추정된다. 예서, 행서, 초서에 모두 뛰어난 신필神筆이라고 불렸던 김생이 80세가 넘도록 붓을 놓지 않았던 점을 고려하면 창림사 탑의 연대도 신라 예술의 전성기인 8세기 초쯤으로 볼 수 있을 것이다.

그런데 1979년에 복원된 삼층탑 1층의 탑신석에 마련된 원형 사리공의 크기와는 일치하지 않는다. 하층 기단에는 통상의 십이지신상이 새겨져 있지 않지만, 상층 기단에는 팔부중상이 새겨져 있다. 현재는 천, 마후라, 아수라, 건달바 상만이 남아 있다. 이와 관련하여 생각할 수 있는 것은 절터 정면에서 1938년에 발견되어 현재 국립 경주박물관에 전시 중인 팔부중상야차, 마후라가, 가루라상을 새긴 상층 기단 면석 3구이다. 이로 보아 다른 석탑재가 있었던 그 탑을 말하는 듯하다.[43] 현재는 천, 마후라, 아수라, 건달바 상만이 남아 있다. 따라서 현재 복원된 삼층석탑은 8세기 말[791년 이전]에서 9세기 초에 조성된 것으로 추정된다. 복원된 탑으로 볼 때 남산에서 가장 큰 규모이다. 석조비로자나불상 2구가 발견된 것으로 보아 화엄사상에 입각한 사찰이었음을 알 수 있다.

---

41 윤경열, 위의 책, p.116.
42 『동국여지승람』 권제21 慶州府.
43 김환대, 『신라인들이 불국정토를 이룬 산, 경주 남산』(파주: 한국학술정보, 2008), p.115.

남산의 서쪽에 창림사가 있었다면 그 옆의 담엄사는 신문왕 때에 양산촌의 남쪽에 있는 알천의 언덕 위에 지어졌던 것으로 추정된다. 『삼국사기』와 『삼국유사』 등의 기록에 따르면 지금의 오릉五陵 남쪽으로 비정된다. 알천의 언덕 위인 서청전은 '사위 맞아들인 밭'이라는 뜻을 지닌다.

담엄사는 신라의 일곱 성소가 불교의 사찰로 바뀐 칠처가람지허에 들어 있다. 칠처는 금교 동쪽 천경림(흥륜사), 삼천기(영흥사), 용궁 남쪽(황룡사), 용궁 북쪽(분황사), 사천미(영묘사), 신유림(사천왕사), 서청전(담엄사)이다. 법흥왕 때 시작된 일곱 성소의 불사가 신문왕 때에 마무리되기까지 약 150여 년이 걸렸다.

이처럼 신라의 성소에 사찰이 건립되었다는 것은 담엄사가 국가사찰이었음을 알 수 있다. 담엄사는 고려 중기까지 7대 사찰의 하나로서 중시되어 오다가 차차 퇴락하여 조선시대에 이르러 폐사가 되었다. 사지에는 삼층석탑 1기와 당간지주·초석 등이 남아 있었는데, 민족 항일기에 사지 중앙을 관통하는 길을 내면서 이 절터는 거의 파괴되었다.

사지에 있던 당간지주와 초석 등은 박혁거세朴赫居世의 제전인 숭덕전崇德殿을 건립할 때 사용하였다. 파손된 탑의 팔부신중八部神衆은 국립경주박물관에 옮겨 보관하고 있다. 현재 절터 주변은 모두 농경지로 변하여 있으나 옛 6촌 시절에는 이곳에 알영 양산촌閼英楊山村이 있었다고 한다.[44]

이처럼 오릉 인근의 담엄사와 포석정 인근의 창림사는 경주 남산의 대표적인 사찰이었다. 칠처가람지허의 하나였던 국가사찰 담엄사나 신라 최초의 궁궐터에 세워진 창림사 역시 왕실과 긴밀한 관계 속에 있던 사찰이었다는 점과 경주 남산의 대표적 사찰이었다는 점에서 공통점을

---

44 김위석, 「曇嚴寺」, 『한국민족문화대백과사전』(2023-08-11 검색).

지니고 있다. 따라서 이들 사찰은 화엄사상과 밀교신앙에 기반한 도량이었음을 알 수 있다.

2) 남간사와 도중사 및 생의사 – 혜통과 일념 및 생의와 충담
  _ 밀교신앙과 미륵신앙

남간사는 남산 서쪽 기슭인 은천동 어귀 동리에 있었다. 혜통은 출가 전에 이 마을에 살았다.

> 승려 혜통惠通은 씨족은 자세하지 않다. 그가 재가白衣에 있을 때 그의 집은 남산 서쪽 기슭인 은천동銀川洞 어귀지금의 남간사 同村에 있었다. 하루는 동쪽 시내에서 놀다가 수달 한 마리를 잡아 죽이고 뼈를 동산에 버렸다. 그 이튿날 아침에 보니 뼈가 어디로 갔는지 없어졌다. 그래서 핏자국을 따라 찾아가니, 그 뼈는 전에 살던 굴로 들어가 새끼 다섯 마리를 안고 있었다. 혜통이 그것을 보고 놀라 이상히 여겨 탄식하고 주저하다가 마침내 출가하여 이름을 혜통이라 고쳤다.[45]

혜통은 뼈로 된 수달이 새끼 다섯 마리를 안고 있는 모습을 보고 모골이 송연해지는 충격을 받았다. 그는 도저히 상상할 수 없는 수달의 모성애를 보고 놀라 이상히 여겨 탄식하고 주저하다가 출가를 하였다. 이후 혜통은 당나라의 무외無畏 삼장의 문하에서 공부한 뒤 돌아와 밀교사상을 기반으로 한 대표적인 고승이 되었다.

또 9세기 초 헌덕왕806~821 때에는 남간사에 일념一念이라는 승려가 있었다. 그는 신라 땅에 불교를 공인시키기 위해 스스로 목숨을 바쳤던

---

45 一然, 『三國遺事』 권제5, 「神呪」 제6, 〈惠通降龍〉.

이차돈獸髑의 순교 사실을 기리는 「촉향분예불결사문」髑香墳禮佛結社文을 지어 만방에 알렸다.

원화元和, 806~821 년간에 남간사의 사문 일념一念이 「촉향분예불결사문」을 지었는데 이 사실이 자세히 실려 있으니 그 대략은 이러하다.[46]

옛날 법흥대왕이 자극전紫極殿에서 등극할 때 동방의 국토를 굽어살피며 좌우에게 말하였다. "옛적에 한나라 명제가 꿈에 감응해 불법이 동쪽으로부터 왔는데, 과인이 즉위하면 백성을 위해 복을 빌고 죄를 없앨 곳을 만들 것이다." 이에 신하[향전에는 工目 謁恭 등이라 하였다]들이 대왕의 깊은 뜻을 알지 못하고, 오직 나라를 다스리는 대의만을 준수하고 절을 세우려는 신성한 생각은 좇지 않았다. 대왕은 탄식하며 말했다. "슬프다, 과인이 부덕하여 대업을 크게 이어받아 위로는 음양의 조화를 이루지 못하고 아래로는 뭇 백성들의 즐거움이 없으니, 정무를 보는 틈틈이 석가의 교화에 마음을 두고자 하나 누구와 더불어 일을 하리요?"

이에 마음을 수양한 자가 있어 성은 박씨요, 이름은 염촉[異次 혹은 伊處라 함은 방언음이 달라진 것이고, 번역하면 싫다猒가 된다. 觸, 頓, 道, 覩, 髑 등은 모두 쓰는 이의 편의에 따른 것이니 조사이다. 이제 윗 자만 번역하고 아랫자는 번역하지 않았기 때문에 염촉 또는 염도 등으로 쓴다]이다. 그의 아버지는 누구인지 미상이다. 조부는 아진종이니 습보갈문왕[신라의 벼슬이 17등급이니, 그 네 번째가 파진찬 또는 아진찬이라고도 쓴다. 宗과 習寶는 그 이름이다. 신라 사람들은 추존된 왕을 모두 葛文王이라 하는데, 이러한 사실은 사관들도 상세히 모른다고 하였다. 또 김용행이 지은 「아도비문」을 보면, "舍人의 이때 나이 26세이고, 아버지는 吉升, 조부는 功漢, 증조부는 乞解大王이다"라고 하였다.]의 아들이다.

46　一然, 『三國遺事』 권제3, 「興法」 제3, 〈原宗興法 獸髑滅身〉.

…… 사인이 아뢰었다. "버리기 어려운 중에 목숨보다 더한 것이 없습니다. 그러하오나 소신이 저녁에 죽어 아침에 교리가 행해진다면, 부처님해가 다시 밝고, 성군께서는 길이 편안할 것입니다." 왕이 말하였다. "난새나 봉황 새끼는 어려서부터 하늘을 능가하는 높은 뜻을 두고, 큰 기러기와 고니 새끼는 나면서부터 파도를 헤쳐 나갈 기세를 품는다 하더니, 네가 그같이 한다면, 가히 보살의 행동이라 할 것이다."

…… "과인이 절을 지으려 하는데 경들이 고의로 늦추는 이유가 무엇인가?" [향전에 말하되 염촉이 거짓 왕명으로 절을 지으라는 명령이 있다고 전하니 신하들이 와서 간하는지라, 왕이 노하여 염촉이 왕명을 거짓으로 전한 것을 꾸짖고 처형하였다고 한다.] 이에 신하들이 전전긍긍하며 그런 일이 없다고 황급히 손가락으로 동서를 가리키며 거짓이 아님을 맹세하였다. 왕이 사인을 불러 꾸짖으니, 사인은 실색하여 말이 없었다. 대왕이 분노하여 목을 베라 칙령이 떨어지니 유사가 포박하여 관아 아래로 데려갔다. 사인이 맹세하고 옥리가 목을 베니 흰 젖이 한 길이나 솟구쳤다. [향전에는 舍人이 맹세하여 가로되 "大聖法王이시여, 불교를 일으키고자 하여 목숨을 돌보지 않고 모든 맺은 인연을 버리오니 하늘은 상서로움을 내리시어 사람들에게 보여주십시오"하였다. 목을 베니 머리가 날아서 금강산 꼭대기에 떨어졌다고 한다.]

"개자추介子推가 허벅살을 벤 것도 이 염촉의 뼈아픈 절개에 비할 수 없고, 홍연弘演이 배를 가른 것도 어찌 이 장렬함에 견주랴? 그는 법흥왕의 믿음을 잡았고, 아도의 본심을 이루어 준 성자이다."

드디어 북망산 서쪽 재에 장사지냈다.[곧 金剛山이니, 향전에 "머리가 날아 떨어진 곳에다 장사지냈다고 하였는데 어디인지 여기에 밝히지 않은 것은 무슨 까닭인가?"] 나인(아내)이 이를 슬퍼하여 좋은 땅을 가려서 절을 짓고 이름을 자추사刺楸寺라 하였으니, 이에 집집마다 이 절에서 예를 하면 반드시 대대로 영화를 누리고, 사람마다 도를 닦으면 불법이 이로움을 깨달

게 되었다.[47]

이처럼 일념은 이차돈의 순교에 대해 장중한 예불결사문을 썼다. 신라불교의 공인은 고구려와 백제처럼 수월하지 않았다. 법흥왕과 이차돈의 밀약神略에 의한 일련의 노력들이 있었다. 결국 이차돈은 순교하여 성인으로 인정되었고, 신라 최초의 사찰인 흥륜사의 금당에 십성의 하나로 봉안되었다. 이때 흥륜사의 주불은 미륵불이었던 것으로 짐작된다.

선덕왕 때에 생의生義는 항상 도중사에 살고 있었다. 어느 날 꿈에 한 승려가 그를 데리고 남산으로 올라가서 풀어 매어 표를 해놓게 하고는 산 남쪽 골짜기에 와서 말을 했다. "내가 이곳에 묻혀 있으니 청컨대 스님은 (나를) 파내어 고개 위에 안치하여 주시오." 꿈을 깨어 친구들과 표한 곳을 찾아 골짜기에 이르러 땅을 파보니 돌미륵이 있었다. 가져다 삼화령三花嶺 위에 모셨다. 선덕왕 13년 갑진년644에 절을 세우고 머물렀는데, 뒤에 생의사生義寺라고 하였다[지금은 잘못 전해져 性義寺라고 한다. 충담사가 매년 3월 3일과 9월 9일에 차를 달여 공양한다는 분이 바로 이 부처이다.].[48]

생의사生義寺는 장창골 삼화령에서 발굴한 삼화령 미륵삼존불로 널리 알려져 있다. 경주 남산을 떠나 경주박물관에 옮겨진 이래 '삼화령 애기부처'라는 별명이 붙어있는 이 불상은 삼화령에 있을 때 삼진날이나 중양절이면 충담사에게 차를 공양받았다. 경덕왕의 부름에 나아가 이 사실을 고하며 왕의 요청에 의해 향가인 「안민가」를 지어 받쳤다.

---

47 一然, 『三國遺事』 권제3, 「興法」 제3, 〈原宗興法 猒髑滅身〉.
48 一然, 『三國遺事』 권제3, 「塔像」 제4, 〈生義寺 石彌勒〉.

생의가 꿈에 만난 승려의 부탁을 받고 돌미륵을 캐어내어 삼화령에 모시고 공양하였던 것은 그도 미륵사상에 입각해 신행하고 있음을 상징적으로 보여주고 있다. 이 생의사에는 삼화령 미륵삼존불이 모셔져 있었다. 삼국 통일 이전에 보편적으로 나타나는 미륵사상은 통일 이후에는 미타사상으로 대부분 대체된다. 신라 최초의 사찰인 대왕흥륜사의 주불이 미륵불에서 아미타불로 바뀐 것[49]도 이러한 이유에서라고 할 수 있다.

경덕왕이 나라를 다스린 지 24년에 오악五岳 삼산三山의 신들이 때때로 궁전 뜰에 나타나 왕을 모셨다. 3월 3일에 왕이 귀정문歸正門 누각에 올라서 주변 신하들에게 물었다. "누가 길에서 위의 있는 승려 한 사람을 데리고 올 수 있겠소?" 이때 마침 위엄있고 깨끗하게 차려입은 고승이 이리저리 거닐고 지나가고 있었다. 신하들이 이를 보고 곧 데리고 와서 왕을 뵙게 하니, 왕은 "내가 말한 잘 차려입은 스님이 아니다"고 하면서 물러가게 하였다. 다시 한 승려가 납의를 입고 앵통櫻筒을 메고[혹은 삼태기를 졌다고도 한다] 남쪽에서부터 오고 있었다. 왕은 스님을 보고 기뻐하며 맞이하여 누대 위로 올라오게 하였다. 그 통 속을 들여다 보니 차를 달이는 도구들로 가득하였다. "그대는 누구인가?" 왕이 묻자 충담이 대답하였다. "충담이옵니다." "어디서부터 오는 길인가?" "소승은 매년 3월 3일과 9월 9일이면 차를 달여서 남산 삼화령三花嶺 미륵 세존께 올립니다. 지금도 차를 올리고 돌아오는 길입니다." 왕이 말하였다. "과인에게도 차 한 잔을 나누어 줄 수 있겠소?" 충담이 곧 차를 달여 올렸다. 차의 맛이 특이하였고 찻잔에서도 특이한 향이 진하게 풍겼다. 왕이 말하였다. "짐이 일찍이 들으니 기파랑耆婆郞을 찬미한 사뇌가詞腦歌가 그 뜻이 매우 높다고 하였

---

49 一然,『三國遺事』권제3,「興法」제3,〈東京 興輪寺 金堂 十聖〉.

소. 정말 그러하오?" "그렇습니다." 왕이 말하기를 "그렇다면 짐을 위하여 백성을 편안히 다스릴 수 있는 노래를 지어 주시오." 충담은 왕명을 받들어 노래를 지어 바쳤다. 왕이 아름답게 여겨 왕사에 봉하였지만, 충담은 두 번 절하고 굳이 사양하면서 받지 않았다.[50]

살펴본 것처럼 혜통은 밀교사상에 입각해 수행했으며 이와 달리 일념과 생의와 충담은 미륵불을 봉안하고 공양을 드렸던 것으로 짐작된다. 이러한 관점에서 보면 이들 사찰은 밀교신앙과 미륵신앙의 도량이었음을 알 수 있다.

3) 인용사와 왕정곡사 및 천은사 _ 관음신앙과 미타신앙 및 석가신앙

인용사가 어디에 있는지는 자세히 알 수 없다. 다만 언제부터인가 인용사를 경주시 인왕동에 있는 절이라고 소개하는 책들이 더러 보인다.[51] 이들 책에서는 월성 남쪽의 월정교 건너편에 있는 도당산 옆 왕정골의 석탑지를 인용사로 여겨오고 있다.

무열왕의 둘째 아들인 김인문金仁問이 당나라에 볼모로 오랫동안 잡혀있다가 신라로 돌아오게 되었다. 당시 당나라는 인문을 세워 왕을 삼고 귀국하여 형(문무왕)을 대신하도록 함과 동시에 계림대도독鷄林大都督으로 봉하였다.[52] 그런 그가 선상에서 갑자기 죽었다는 것은 이해하기 어렵다. 신라 사람들은 그를 위해 남산에 인용사仁容寺를 지어 관음도량

---

50 一然,『三國遺事』 권제2,「紀異」 제2,〈景德王 忠談師 表訓大德〉.
51 윤경열,『경주 남산 고적순례』(경주: 경주시, 1979), p.36; 한국불교연구원,『신라의 폐사 I』(서울: 일지사, 1982), p.70; 李民樹 역,『삼국유사』(서울: 을유문화사, 1987), p.117.
52 金富軾,『三國史記』 권제44, 列傳4, 金仁問.

을 열었다. 그런데 그가 돌아오다가 바다 위에서 죽었다. 이 때문에 남산의 관음도량은 미타도량으로 바뀌었다.

총장總章 무진戊辰, 668에 왕은 군사를 거느리고 인문과 흠순 등과 함께 평양에 이르러 당나라 군사와 합세하여 고구려를 멸망시켰다. …… 이때 당나라 유병遊兵과 여러 장병들이 진鎭에 머물러 있으면서 장차 우리 신라를 치려고 했으므로 왕이 알고 군사를 내어 쳤다. 이듬해에 당나라 고종이 인문 등을 불러서 꾸짖었다. "너희가 우리 군사를 청해다가 고구려를 멸망시키고 나서 이제 우리를 침해하는 것은 무슨 까닭이냐?" 하고 이내 감옥圓扉에 가두고 군사 50만을 훈련하여 설방薛邦으로 하여금 장수를 삼아 신라를 치려고 했다.[53]

… 인문仁問이 옥중에 있을 때 신라 사람들은 그를 위해 절을 지어 인용사仁容寺라 하고 관음도량觀音道場을 열었다. 인문이 돌아오다가 바다 위에서 죽었기 때문에 미타도량彌陀道場으로 고쳤다. 지금까지도 그 절이 남아 있다. …[54]

인용사는 김인문의 극락왕생을 기원하여 지은 절이라는 점에서 미타신앙을 기반으로 한 절임을 알 수 있다.

문무왕이 처음 즉위했을 때 남산에 장창長倉을 설치하니, 길이가 50보, 너비가 15보로 미곡과 병기를 여기에 쌓아두니 이것이 우창右倉이다. 천

---

[53] 一然,『三國遺事』권제2,「紀異」제2,〈文虎王 法敏〉. 김인문의 행적에 관한『삼국사기』와『삼국유사』의 기록에는 상당한 출입이 있다. 이 기록은『삼국사기』에는 보이지 않는다. 아마도 사서 편찬자의 편찬 의지에 따른 것으로 이해된다.
[54] 一然,『三國遺事』권제2,「紀異」제2,〈文虎王 法敏〉.

은사天恩寺 북쪽 산 위에 있는 것은 좌창左倉이다. 다른 책에는 "건복 8년 신해591에 남산성을 쌓았는데 그 둘레가 2,850보이다"라고 했다.[55]

문무왕은 즉위 후에 남산에 장창右倉을 설치하였고, 이어 천은사 북쪽 산 위에다 좌창左倉을 설치하였다. 장창골의 천은사天恩寺로 전傳하는 사지에서 발견된 유물 중 '천은天恩명 와편이 이 사실을 증명해 주고 있다. 천은사는 통일기에 이전에 세워진 사찰로 추정되며 같은 골에 자리한 인용사지와 왕정곡사지에 금동여래입상과 석조여래입상이 취하고 있는 항마촉지인降魔觸地印으로 미루어 보아 천은사 또한 석가신앙에 기반한 사찰이었을 것으로 추정된다. 『법구경』 등에 나오는 것처럼 석가신앙은 '제악막작諸惡莫作 중선봉행重善奉行'이 시사하는 것처럼 '막악'莫惡과 '봉선'奉善에 기초한 십선계를 기반으로 한 현실 중심의 신행이다.

4) 천룡사와 천관사 – 관음신앙과 미타신앙

천룡사는 남산 남쪽에 있는 절이었다. 남산의 제일 높은 봉우리를 고위산이라고 하고, 산 남쪽의 절 이름을 '고사'高寺 혹은 천룡사天龍寺라고 불렀다. 1996년부터 1997년까지 국립경주문화재연구소의 발굴조사 결과 7개소의 건물터를 확인하였다. 현재는 삼층석탑과 귀부, 대형맷돌, 돌절구, 석조, 초석, 부도군 등이 남아 있다. 1990년 동국대학교 경주캠퍼스 박물관에 의해 탑 주변을 발굴 조사하여 단층 기단의 삼층탑임을 확인하고 1991년 9월에 현재의 모습으로 다시 세웠다. 저수지 아래에 있는 2개의 승탑은 조선 후기의 경선당웅대사탑慶禪堂雄大師塔, 월화당지원대사탑月華堂知圓大師塔이다.

---

55 一然, 『三國遺事』 권제2, 「紀異」 제2, 〈文虎王 法敏〉.

동도東都(경주)의 남산 남쪽에 봉우리 하나가 우뚝 솟아 있는데 세속에서는 고위산高位山이라 한다. 산의 남쪽에 절이 있는데 속칭 고사高寺 또는 천룡사天龍寺라고 한다. 『토론삼한집』討論三韓集에는 이렇게 말했다. "계림에는 두 줄기의 객수客水와 한 줄기의 역수逆水가 있는데 그 역수와 객수의 두 근원이 천재를 진압하지 못하면 천룡사가 뒤집어 무너지는 재앙에 이른다," 속전에는 이렇게 말했다. "역수는 이 주州의 남쪽 마등오촌馬等烏村의 남쪽을 흐르는 내川가 이것이다.

또 이 물의 근원이 천룡사에서 시작되는데, 중국에서 온 사자 악붕구樂鵬龜가 와서 보고 말했다고 한다. "이 절이 파하면 곧 나라가 망할 것이다." 또 서로 전하는 말에는 "옛날 단월(시주)에게 딸이 둘이 있어서 이름을 천녀天女, 용녀龍女라고 하였는데 부모가 두 딸을 위해서 절을 세우고 딸들의 이름으로 천룡사라고 지은 것은 여기에 연유한다." 이곳은 경지가 이상하고 불도를 돕는 도량이었는데 신라 말년에 파괴되어 이미 오래되었다. 중생사의 관음보살이 젖을 먹여 키운 최은함崔殷諴, ?~?의 아들이 승로承魯, 승로는 숙肅을 낳고, 숙은 시중 제안齊顔을 낳았는데, 제안이 이 절을 중수하여 없어졌던 절을 일으켰다. 이에 석가만일도량釋迦萬日道場을 설치하고 조정의 명을 받았으며, 다시 신서信書와 원문까지 절에 남겨두었다. …

동경 고위산高位山의 천룡사는 쇠잔하고 파괴된 지 여러 해가 되었다. 이에 제자 최제안崔齊顔, ?~1046은 특히 성수聖壽가 무강天長하시고 민국이 안태安泰하기를 원해서 전당殿堂, 낭각廊閣과 방사房舍, 주고廚庫를 모두 이룩하고, 또 석조불과 니소불상泥塑佛像 몇 구를 만들어 석가만일도량을 설치했다. 이미 국가를 위해서 수리하여 세웠으니 관가에서 절의 주지住持를 정해 보내는 것이 옳은 일이다. 하지만 주지를 교대할 때에는 도량의 승려들이 안심하고 지낼 수가 없다.

희사한 토지를 가지고 사원을 충족하게 하는 사원을 보면, 팔공산의 지장사와 … 차례로 주지를 삼아 분향하고 수도하게 하는 것을 상례로 삼았다. 제자 제안은 이 풍습을 듣고 기뻐하여 "우리 천룡사에서도 역시 모든 절 가운데에서 재주와 덕이 높은 대덕으로 동량이 될 사람을 가려 주지로 정하여 향을 피워 수도하게 하고자 한다. 이에 글로 자세히 기록하여 강사剛司에게 부쳐 두노라. 지금의 주지부터 시작해서 유수관留守官의 공문을 받아서 도량 모든 승려들에게 보이노니 각각 자세히 살피라. 중희重熙 9년 6월 일에 관직을 갖추어 앞의 일과 같이 서명했다. 상고해 보면 중희는 거란 흥종興宗의 연호이며, 본조(고려) 정종靖宗 7년인 경진년1040이다.[56]

이처럼 시중 최제안은 중생사 관음보살이 젖을 먹여 키운 최은함의 아들인 최승로의 손자로서 파괴된 지 여러 해인 남산(고위산)의 천룡사의 시주가 되었다. 그는 이 절을 중수하여 다시 일으키고 곧 석가만일도량을 설치하고 조정의 뜻을 받아 신서信書와 발원문을 남기고 있다. 그는 죽어서 절을 수호하는 신이 되어 자못 영험이 많았다. 천룡사 또한 중생사 관음보살과의 인연을 이어간 사찰이라는 점에서 관음도량으로 이해할 수 있다.

천관사 절터는 재매정과 인접해 있다. 도당산 서쪽 기슭과 오릉 동쪽 논 가운데에 있다. 종전에는 폐탑 1기의 기단석이 절터에 있었고 탑의 부재 일부가 논둑에 노출되어 있었다. 2001년 국립경주문화재연구소의 발굴조사를 통해 다수의 석탑지와 석등지 및 다수의 건물지, 축대, 담장, 우물 등 사찰 관련 시설이 확인되었다. 여기에서 소형 금동여래입상을 비롯하여 520여 점에 달하는 다양한 유물이 출토되었다. 국립경주박

---

56 一然,『三國遺事』권제3,「塔像」제4,〈天龍寺〉.

물관 미술관 전시실에는 천관사지에서 출토된 팔부중상 중 가루라상이 전시되어 있다.

청년 시절의 김유신이 천관이란 기생神女?집에 자주 왕래하였다. 이 사실을 안 김유신의 어머니가 여러 가지로 타이르며 훈계하였다. 이 때문에 김유신은 천관과 왕래를 끊었다. 하루는 술에 취한 김유신의 말이 그의 결심을 아랑곳하지 않고 천관의 집까지 태워 갔다. 김유신은 그의 애마愛馬가 김유신의 결심을 헛되게 하였다 하여 말을 목을 베고 뒤도 돌아보지 않고 집으로 돌아갔다. 이후 천관은 그런 유신을 사모하다 못해 끝내 목숨을 끊었다. 훗날 김유신은 그녀를 위하여 천관의 집터에 절을 세우고 천관사라 부르며 그의 명복을 빌어 주었다고 한다. 사적 340호로 지정되어 있지만 발굴 이후에도 절터 주변은 경작지로 이용되고 있다.

> 이찬伊湌 김주원金周元이 맨 처음에 상재上宰가 되고 왕金敬信은 각간角干,伊伐湌으로서 다음 자리에 있었다. 꿈에 복두幞頭를 벗고 흰 갓을 쓰고 열두 줄 현금玄琴을 들고 천관사天官寺 우물 속으로 들어갔다. … 천관사天官寺 우물에 들어간 것은 궁궐로 들어갈 상서로운 조짐입니다.[57]

경덕왕의 아들 혜공왕이 아들이 없이 죽자 이찬(이벌찬)이었던 김주원金周元이 후계자로 결정되었다. 그런데 각간 김경신이 복두를 벗고 흰 갓을 쓰고 열 두 줄 현금玄琴을 들고 천관사 우물로 들어가는 꿈을 꾸었다. 우물에 들어간다는 것은 궁궐로 들어가 왕이 될 상서로운 조짐이었다. 다음날 비가 내려 알천의 물이 넘치자 김주원은 왕성에 들어가지 못하였다. 이에 경쟁자였던 김경신金敬信이 왕성에 들어가 원성왕이 되었

---

57 一然,『三國遺事』권제2,「紀異」제2,〈元聖大王〉.

다. 이를 통해 보면 천관사는 천관의 극락왕생을 기원하는 원찰이라는 점에서 미타신앙을 기반으로 한 사찰이라고 할 수 있다.

5) 금광사와 용장사 - 명랑과 태현 _ 밀교신앙과 미륵신앙

신인종의 조사 명랑이 새롭게 금강(광?)사를 창건하고 낙성법회를 열었다. 하지만 고승 혜공 이 오지 않았다. 이에 명랑이 향을 피우고 정성껏 기도하자 잠시 뒤에 혜공이 왔다. 하지만 혜공은 많은 비가 내렸는데도 옷이 젖지 않고 신발에 진흙도 묻지 않았다. 혜공은 중국 불학의 초석을 놓은 승조僧肇의 후신이자 신라 성립의 『금강삼매경』의 편찬[58]을 주도한 것으로 알려져 있으며 그의 법력은 이 정도였다.

> … 또 신인종의 조사 명랑明朗이 새로 금강사金剛寺, 金光寺의 오기?를 창건하고 낙성회를 열었다. 고승들이 모두 모였지만 혜공만은 오지 않았다. 명랑은 곧 향을 피우고 정성껏 기도하였는데, 잠시 후 혜공이 왔다. 당시에 많은 비가 내렸는데도 불구하고 혜공의 옷은 젖지 않았고 신발에는 진흙도 묻지 않았다. 혜공이 명랑에게 말하였다. "하도 간절하게 불러서 왔소이다.!"

「금광사본기」를 살펴보면 이러한 기록이 있다. "법사가 신라에서 태어나 당나라로 들어와 도를 배우고 돌아오는 길에, 바다 용의 청에 따라 용궁에 들어가 비법을 전하고 황금 1,000냥[1,000근이라고도 한다]을 시주받아 땅 밑으로 몰래 와서 자기 집 우물 밑에서 솟아 나왔다. 자기 집을 희사하여 절을 만들었고 용왕이 시주한 황금으로 탑과 불상을 장식

---

[58] 高榮燮, 「분황 원효 『금강삼매경론』의 중심 내용과 특징」, 『불교철학』 제7집, 동국대학교 세계불교학연구소, 2020.10.

하자 광채가 유달리 특이하였다. 그래서 절을 금광사金光寺라 하였다."僧傳에서는 金羽寺라 했지만 잘못된 것이다.

법사의 이름은 명랑明朗이고 자는 국육國育이며, 신라의 사간沙干 재량才良의 아들이다. 어머니는 남간부인南澗夫人인데 법승랑法乘娘이라고도 하며 소판 무림武林의 딸 김씨이니 즉 자장慈藏의 누이동생이다. 재량에게는 아들 셋이 있었는데, 맏아들은 국교대덕國教大德이고, 다음은 의안대덕義安大德이며 법사는 막내아들이다. 처음에 어머니가 꿈에 푸른 색 구슬을 삼키고 임신을 하였다.

선덕왕善德王 원년632에 당나라에 들어갔다가 정관貞觀 9년 을미635에 돌아왔다. 총장 원년 무진668에 당나라 장수 이적이 대군을 거느리고 신라군과 합세하여 고구려를 멸망시켰다. 그 후 남은 군사가 백제에 머물면서 신라를 습격해 멸망시키려고 하였다. 신라 사람들이 이를 알아채고 군사를 내어 막았다. 당나라 고종이 이 말을 듣고는 크게 화를 내며 설방薛邦에게 명하여 군사를 일으켜 신라를 치려고 하였다. 문무왕이 이 소식을 듣고 걱정하며 법사를 청해 비법으로 이들을 물리치게 하였다. [이 일은 文武王傳에 실려 있다.] 명랑은 신인종의 시조가 되었다. … [59]

명랑은 나당 연합군이 백제를 멸한 뒤에 백제 고토에 6개의 도독을 세우는 문제로 관계가 틀어졌다. 또 고구려를 멸한 뒤에도 고구려 고토에 9개의 도독을 세우는 문제로 관계가 소원하였다. 이 때문에 당나라는 50만 대군을 이끌고 신라로 쳐들어오게 되었다. 김인문의 첩보와 의상의 전문을 통해 대비한 신라는 명랑의 문두루비법을 통해 당나라 군대를 물리쳤다. 명랑의 밀교신앙에 힘입어 물리친 것이었다.

---

59 一然, 『三國遺事』 권제5, 「神呪」 제6, 〈明朗神印〉.

유가종의 시조인 고승 대현은 남산 용장사茸長寺에 머물렀다. 이 절에는 돌로 된 미륵불 장육상이 있었다. 대현은 항상 이 장육상을 돌았는데, 불상도 대현을 따라 얼굴을 돌렸다. … 무릇 법상종法相宗의 경론은 뜻과 이치가 그윽하고 깊어서 해석하기가 어려웠으니, 중국의 명사 백거이白居易도 일찍이 이것을 연구하다가 하지 못하고 이렇게 말하였다. "유식唯識(심리학)은 그 뜻이 그윽하여 깨닫기 어렵고, 인명因明(논리학)은 분석해도 열리지 않는다."[60]

처음 태현은 남산의 용장사에 머물며 미륵불에게 예를 올렸다. 그는 늘 장육상을 돌았는데 불상도 그를 따라 얼굴을 돌렸다. 이후 태현은 화엄가에서 유식가로 전향하여 신라 유가계의 초조가 되었다. 유가계는 미륵의 가르침을 기본으로 하듯이 그는 삼륜대좌불이 남아있는 용장사에서 미륵신앙에 입각해 신행하였다.

6) 기원사와 실제사 및 남악암 – 석가신앙과 미타신앙

기원사와 실제사의 위치는 명확히 알 수 없다. 다만 『삼국사』에 "진흥왕 27년 춘2월에 두 절이 이루어졌으니 곧 황룡사 공사를 마치던 해였다"[61]는 것으로 보아 진흥왕 시절에 낙성된 절임을 알 수 있다. 이후 경덕왕 대에 국사로 추존된 영여대사가 머문 절로 알려져 있다.

실제사의 승려 영여迎如의 속성은 알 수 없으나, 인덕과 품행이 모두 높았다. 경덕왕이 맞아들여 공양하려고 사자를 시켜 부르니, 영여가 대궐에 나와서 재를 마치고 돌아갈 때 사자를 시켜 절까지 모시고 가게 하였

---

60 一然, 『三國遺事』 권제4, 「義解」 제5, 〈賢瑜伽明朗神 海華嚴〉.
61 경주시사편찬위원회, 『慶州市誌』(경주: 경주시, 1971), p.634.

다. 절 문에 들어서면서 홀연히 사라져 간 곳을 알 수 없었다. 사자가 돌아와 아뢰니 왕이 이상히 여겨 영여를 국사國師로 삼았으나, 다시 세상에 나타나지 않고 지금까지도 국사방國師房이라고 일컫는다.[62]

이 기록에 의하면 실제사는 국사방으로 불렸다는 사실을 알 수 있다. 포석정지의 동북쪽에 국사방이라고 부르는 데가 있다. 실제사는 조선 후기 안정복의 『동사강목』에 수록된 '포석정 주악사'鮑石亭 奏樂詞, 崔匡裕에도 포석정 주변에 자리한 것으로 묘사되고 있어 이 주변임을 알 수 있다.

> 기원 실제 두 절은 동서로 있고
> 소나무 잣나무 서로 얽혀 있네
> 머리 돌려 한번 보니 진달래 가득 차고
> 실안개는 구름인 양 흐릿하게 비껴 있네[63]

이 시에 의하면 포석정은 동서로 나란히 있는 기원사와 실제사 사이에 자리한 것으로 짐작된다. 그렇다면 포석정 서쪽에는 기원사가 있었고 동쪽에는 실제사가 있었을 것으로 이해된다. 실제사는 영여대사가 머문 곳으로 알려져 있지만 기원사의 주승은 알 수 없다. 또 실제사에서 사라진 영여대사가 기원사로 주석처를 옮겼는지는 알 수 없다. 자신의 이름이라는 아상을 지니지 않으려 했던 영여대사가 감추고자 했던 국사의 공간이다. 이들 사찰은 석가신앙에 기반한 도량이었을 것으로 추정된다.

---

62 一然, 『三國遺事』 권제5, 「避隱」 제8, 〈迎如師〉.
63 崔匡裕, 「鮑石亭 奏樂詞」, 安鼎福, 『東史綱目』. "祇園實際兮, 二寺東西, 松柏相倚兮, 蘿洞中, 回首一望兮, 塢花滿, 細霧輕雲兮, 並朦朧."

문무왕 대에 남악암南岳庵에서 수행했던 엄장의 처소 위치에 대해서는 자세히 알 수 없다. 다만 〈광덕엄장〉 조목의 기록에 근거해 보면 엄장의 남악은 분황사의 남쪽에 위치한 월성 맞은편의 남산으로 비정된다.

문무왕 대에 사문이 있었는데 이름은 광덕과 엄장이다. 두 사람은 서로 우애가 깊어 밤낮으로 약속하기를 "먼저 안양으로 돌아가는 사람은 모름지기 서로 알리자"고 하였다. 그 후 광덕은 분황사 서촌[혹은 황룡사의 西去房에 살고 있다 하니 어느 말이 옳은지 알 수 없다]에 은거하여 신 삼는 것을 업으로 삼고 처자를 데리고 살았다. 엄장은 남악에 암자를 짓고 살면서 농사일에 힘썼다. 하루는 석양이 붉은 빛을 띠고 소나무 그늘에 어둠이 깔릴 무렵, 엄장의 창 밖에서 소리가 났다. "나는 벌써 서방으로 가니 그대는 잘 있다가 속히 나를 따라오라."
…… 장사를 다 마치고 엄장이 광덕의 부인에게 말하였다. "남편이 이미 죽었으니 이제 나와 같이 사는 것이 어떻겠소?" 광덕의 아내가 이를 허락하고 엄장의 집에 머물렀다. 밤이 되어 정을 통하려 하자 그의 아내가 듣지 않으면서 이렇게 말하였다. "스님이 서방정토를 구하는 것은 마치 나무에 올라가 물고기를 구하는 것과 같습니다." …… 남편(광덕)은 나와 함께 10년을 살아도 …… 다만 밤마다 앉아서 한결같은 목소리로 아미타불을 불렀습니다." (광덕이 뉘우쳐) 한마음으로 도를 닦으니 역시 서방정토로 가게 되었다. "(광덕과 엄장의 수행을 도왔던 부인은) 바로 분황사의 비妃이니 대개 관음보살의 십구 응신의 하나이다."[64]

엄장이 살던 남악암은 그 자신이 수행을 위해 지었던 암자로 보인다. 엄장의 거처를 남악이라고 한 것은 분황사를 기준으로 해서 남쪽산이

---

64 一然, 『三國遺事』 권제5, 「感通」 제7, 〈廣德嚴莊〉.

거나 또는 남악이라는 고유 산명일 것이다. 신라의 산이름에서 남악은 경주 남산 이외에 남쪽의 지리산地理山이 있다.[65] 그런데 엄장의 남악은 분황사의 남쪽에 차리한 월성 맞은편의 남산으로 볼 수밖에 없다. 그리고 이들이 이 사찰에서 수행한 신앙은 아미타불신앙 즉 『관무량수경』에 입각한 미타신앙이다.

7) 열암곡(새갓골)사와 사제사 - 석가신앙

양조암의 남쪽 골짜기가 열암곡 즉 새갓골이다. 봉화대에서 흐르는 물이 백운계곡과 합쳐 별내星川로 흘러드는 긴 계곡이다. 또 열암곡의 상징적 불상은 대형 마애불상이다. 국립경주문화재연구서 보고서에 의하면 이 불상은 2007년 5월 22일에 발견하였다. 통일신라 때 조성된 것으로 추정되는 것으로 약 70톤에 이르는 암석 중 한 면에 약 5미터 높이의 여래 입상을 돋을새김하였다. 현재는 암석이 넘어진 상태이며 부조된 부분이 땅이 맞닿아 형태가 가려져 있다. 그동안 30~40센티미터 땅속에 묻혀 있었다.

이 마애불상은 천년 이상을 땅속에 묻혀 있었기에 풍화의 영향을 받지 않아 보존상태가 매우 양호하다. 목의 삼도, 가슴에 얹은 왼손의 엄지손톱 부분이 생생하게 남아 있으며, 배 아래로 떨어지는 U자형의 평행 옷주름이 뚜렷하다. 발과 대좌 부분 그리고 발을 가로로 조각하고 발톱이 생략된 점 등으로 보아 8세기 후반에서 9세의 초의 불상으로 추정되고 있다.

최근 대한불교조계종의 미래본부 불교사회연구소에서 추진하고 있는 '천년을 세우다 _ 경주 남산 열암곡(새갓골) 마애부처님 바로 모시기'의

---

[65] 金富軾, 『三國史記』 권제32, 雜志, 祭祀. "中祀五岳, 東吐含山, 南地理山, 西鷄龍山, 北太白山, 中父岳."

상징적 불사도 바로 이 열암곡 즉 새갓골 마애불상을 바로 세우기 위한 것이다. 불교계는 이를 통해 '과거 천년' 이래 한국 민족문화의 주축을 형성한 신라불교와 경주 남산을 '미래 천년'에도 한국 문화의 고향으로 다시 세우는 계기로 삼고자 한다.

이 마애불상을 발견하기 2년 전인 2005년 10월 23일에는 이 절터에 자리한 석불좌상 아래쪽 40미터 지점에서 불상의 머리가 발견되었다. 당시 불두는 나발이 표현된 뒷머리 일부가 바위틈에 노출된 채 상호는 땅바닥을 향하고 있었다. 불두의 크기는 잔존 높이 62센티미터, 너비 42센티미터, 목 지름 33센티미터이며 코와 왼쪽 턱 일부 및 목 뒤쪽 일부가 결실된 상태이다.

전체 조각수법과 3단의 대좌 등으로 미루어 신라 통일기인 8세기 초 혹은 9세기 초에 조성된 것으로 짐작된다. 현재 경상북도 유형문화재 제113호로 지정되어 있으며 2008년 5월에 국립경주문화재연구소에서 주변 지역을 발굴조사 하였다. 발견된 마애불상과 석불좌상 모두 항마촉지인을 한 석가불이어서 석가신앙에 입각한 조형물임을 알 수 있다.

사제사지는 사제사명 암막새의 출토로 인해 사제사로 불리게 되었다. 이곳에서는 팔부중상이 새겨진 석탑의 기단면석이 출토되어 현재 국립경주박물관에 소장되어 있다. 긴나라와 마후라가 상 2구가 1면석으로 석탑 면석에 조성되어 있다. 이들 상의 다리 형식은 1면 2구 상의 공통적인 특징인 다리의 교차가 보여 주목되고 있다. 또한 아수라상으로 추정되는 상이 이화여자대학교 박물관에 소장되어 있다.[66] 사제사지 또한 석가신앙에 기반한 사찰로 추정된다.

---

66 김환대, 『신라인들이 불국정토를 이룬 산: 경주 남산』(파주: 한국학술정보, 2008), p.102.

이러한 서남산의 사찰 이외에도 배리 선방곡 선방사지의 삼존석불, 마애관음보살, 머리 없는 석불좌상, 마애선각 육존불상, 석불좌상, 마애 석가여래 대불좌상, 선각여래좌상, 상선암, 상사암, 약수골 마애여래대불 등 다수가 있다. 그러면 동남산 사지의 유적과 유물에 대해서도 살펴보기로 하자.

2. 동남산 사지의 유적과 유물 - 경주 시가지를 마주보는 남산 북쪽의 미륵골 - 탑골과 부처골 일대

대개 경주 남산은 서남산과 동남산으로 나누어 보곤 한다. 경사가 완만하고 긴 서남산은 불교 유적이 집약되어 있으나, 가파르고 짧은 동남산에는 비교적 불교 유적이 소략하다. 동남산은 경주 시가지 마주 보는 남산의 북쪽의 미륵골에서 탑골과 부처골 일대에서 화랑교육원을 지나 통일전과 서출지 너머의 봉화골까지를 일컫는다.

1) 피리사(염불사)와 양피사 및 개선사 - 염불사 _ 미타신앙과 약사신앙

염불사는 현재의 봉구곡에 자리하였던 절이다. 이곳에는 동서로 쌍탑지가 남아 있었다. 서탑은 무너져 있었고, 동탑의 일부 부재들은 1967년에 옮겨져 불국사역 앞 구정로터리 앞에 복원하였다. 2003년 경주문화재연구소 발굴조사를 통해 동탑지에서 1층 옥개석이 깨진 상태로 발견되었다. 2008년 1월 27일에 불국사역 앞에 복원된 동탑을 해체하여 다시 본래의 자리인 염불사지에 옮겨 놓고 서탑과 함께 2008년에 복원되었다.

남산 동쪽 기슭에 피리촌避里村이 있고 그 마을에 절이 있었는데 절 이름을 동리 이름을 따서 피리사避里寺라고 하였다. 그 절에는 기이한 승려가 있었는데 이름을 말하지 않고 늘 아미타불을 염송하였다. 그 소리가 성안까지 들려 1천 3백 60방(리), 17만 호에서 그 소리를 듣지 못한 이가 없다. 염불 소리가 높고 낮음이 없이 한결같았다. 이에 그를 기이하게 여겨 공경하지 않는 이가 없었고, 모두 그를 염불사念佛師라고 불렀다. 그가 입적한 뒤에 흙으로 진상塑像을 빚어 민장사敏藏寺에 모시고 본래 있던 피리사의 이름을 염불사念佛寺로 불렀다.[67]

염불사의 염불 소리는 신라 성안까지 전해져 큰 영향을 미친 것으로 이해된다. 당시 많은 신라인들이 염불사의 염불소리를 통한 아미타신앙에 깊이 경도되었던 것으로 짐작된다. 17만호는 당시 서라벌 내의 불교 신행의 경향을 시사해 주고 있다. 이 사찰은 미타신앙의 도량이었음을 알 수 있다.

이 절 옆에 또 있는 절 이름을 양피사讓避寺라 한 것도 마을 이름을 따서 얻은 이름이다.[68]

'피리사'의 절 이름이 '마을을 피해 있는 절'이듯이 '양피사' 또한 절 이름이 '마을을 물러나 피한 절'이라는 뜻이다. 불경에서 사찰은 마을 안이 아니라 마을로부터 조금 떨어져 있는 산기슭이 좋은 자리라고 권하고 있다. 양피사 또한 마을 이름을 따서 얻은 이름이라는 점에서 불경의 가르침에 잘 부합하는 절이라고 할 수 있다. 양피사는 오산계곡의 오산곡, 피리사는 봉구곡(쑥두덤골)에 자리하고 있다. 피리사와 마찬가지로

---

67 一然, 『三國遺事』 권제5, 「避隱」 제8, 〈念佛寺〉. 여기에서는 360방이지만 〈진한〉 조에는 1,360방으로 되어 있다.
68 一然, 『三國遺事』 권제5, 「避隱」 제8, 〈念佛寺〉.

양피사 또한 염불사와 인연이 있는 절로 보이며 미타신앙에 입각한 사찰로 짐작된다.

개선사는 오산계곡에 있는 양피사와 같은 계곡에 자리하였다. 1930년대에 개선사로 전해지는 일대에서 판석 석조약사여래입상이 경주박물관으로 불교조각실로 옮겨져 있다. 이 사찰은 석조약사여래입상을 통해 약사신앙의 터전이었음을 알 수 있다.

2) 망덕사와 비파암 _ 경전신앙과 미타신앙
망덕사에서 불경 불사를 진행하던 선율이 뜻을 이루지 못하고 저승사자에게 잡혀갔다. 염라대왕에게 자초지종을 말하고 돌아오다가 길 위에서 우는 여인을 만나 불사를 완수할 수 있는 인연을 맞이했다.

망덕사 승려 선율善律이 돈을 시주받아 『육백반야경』을 만들려다가 뜻을 이루지 못하고 홀연히 음부陰部(저승) 사자에게 잡혀 염라대왕에게 들어가니 염라대왕이 물었다. "너는 인간 세상에서 무슨 업을 지었느냐?" 선율이 말하였다. "빈도는 모년에 『대품반야경』을 만들고자 했으나 이루지 못하고 왔습니다." 염라대왕이 말하였다. "너의 수명은 이미 다하였으나, 그 훌륭한 소원을 마치지 못했으니 인간 세상에 다시 돌아가 보배로운 불전을 마저 끝마치는 것이 마땅하다." 그리고는 선율을 인간 세상으로 다시 돌려보냈다.

돌아오는 도중인데 어떤 여자가 울면서 선율 앞에 와서 절하며 말하였다. "나 또한 남염부(인간세상) 신라 사람입니다. 부모가 몰래 금강사 논 한 이랑畝를 취한 것에 연루되어 저승에 잡혀 와 오래도록 무거운 고통을 받고 있습니다. 이제 법사께서 고향으로 돌아가시거든 제 부모님께 이 일을 말씀드려 속히 그 땅을 돌려주라 하십시오. 또 제가 세상에 있을 때 참기름을 상 밑에 두었고, 또한 꼼꼼하게 짠 베를 이불 속에 감추어 두었으니, 원컨대 법사께서 그 기름을 가져다가 부처님께 등을 켜 드리고, 베는 팔아서 불경 만드는 비용으로 쓰십시오. 그리 해 주신다면 황천에서라도 은공이 되어 고뇌에서 벗어날 수 있을 것입니다." 선율이 물었다. "그대의 집이 어디에 있소?" "우리 집은 사량부沙梁部 구원사久遠寺의 서남쪽 마을입니다." 선율이 그 말을 듣고 걸어나오다가 깨어났다.

그때는 죽은 지 10일, 남산의 동쪽 기슭에 이미 장사지낸 후였다. 선율은 무덤 속에서 3일을 살려달라고 부르짖었다. 목동이 그 소리를 듣고 절에 와서 알리니 절의 승려들이 가서 무덤을 파 꺼내 주었다. 선율은 지난 일을 상세히 말하고, 또 그 여인의 집을 찾아갔다. 여인은 죽은 지 이미 15년이었다. 그러나 기름과 베가 완연하게 있는지라 선율이 그 말에 따라 명복을 빌어 주었더니, 여인의 혼이 선율에게 와서 말하였다. "스님의 은덕으로 저는 이미 고뇌에서 벗어나 해탈을 얻었습니다." 당시 사람들이 이를 듣고 놀라며 감탄하지 않은 이가 없었다. 선율을 서로 도와 불경을 완성시켰다. 그 불경 전질이 지금도 경주 승사僧司 서고에 있으며, 매년 봄·가을에 그것을 읽어 재앙을 예방하였다.[69]

결국 선율은 여인이 남긴 참기름과 베를 찾아 그의 명복을 빌어주어 여인을 해탈시켰다. 선율 또한 여러 사람들의 도움을 받아 『대품반야경』 간행을 완수하였다. 선율은 이들 사찰에서 경전불사를 통한 경전신앙과 미타신앙을 통해 이곳 남산이 명부세계와 연결되어 있는 공간임을 잘 보여주고 있다.

---

[69] 一然, 『三國遺事』 권제5, 「感通」 제7, 〈善律還生〉.

3) 석가사와 불무사 _ 석가신앙

망덕사의 낙성법회에 참가한 효소왕이 진신석가의 화신인 비파암의 누추한 비구를 몰라보고 아상을 일으켰다. 이에 석가의 화신인 비구는 왕이라는 아상我相을 지닌 효소왕을 일깨워 주고 스스로 자취를 감춤으로써 인상人相의 무의미까지 일깨워 주고 있다.

> 장수長壽 원년 임진년692에 효소왕이 즉위하고 … 8년 정유에 망덕사의 낙성회를 열고 왕이 친히 가서 공양하였다. 때마침 한 비구가 몹시 누추한 모양을 하고 몸을 움츠리고 뜰에 서서 청했다. "빈도貧道도 또한 이 재에 참석할 수 있도록 해 주십시오." 왕은 이를 허락하여 말석에 참여하게 하였다. 재가 끝나 왕은 그를 희롱하였다. "그대는 어디에 사는가?" 비구승이 말하였다. "비파암입니다. 왕이 또 말했다. "이제 가거든 다른 사람들에게 국왕이 친히 불공하는 재에 참석했다고 말하지 말라." 비구가 웃으며 말하였다. "폐하께서도 다른 사람들에게 진신석가眞身釋迦를 공양했다고 말하지 마십시오." 말을 마치자 몸을 솟구쳐 하늘로 올라가 남쪽을 향하여 갔다.70

대개 우리는 일상에서 외형과 지위가 진신이 아님에도 불구하고 우리는 그것에 휘둘리고 멈추고 붙들려 허상과 진신을 동일시한다. 나라를 다스리는 왕도 마찬가지이다. 왕이라는 아상을 지닌 효소왕은 진신석가를 앞에 두고도 알아보지 못하였다. 비구는 이러한 진실을 일깨워 주고 자취를 감추었다.

> … (비구는) 남산 삼성곡三星谷 혹은 대적천원大磧川源의 돌 위에 이르러

---

70 一然, 『三國遺事』 권제5, 「感通」 제7, 〈眞身受供〉.

지팡이와 바리때를 놓고 숨어버렸다. 사자使者가 와서 복명復命하자 왕은 드디어 석가사釋迦寺를 비파암 밑에 세우게 하고, 또 자취가 없어진 곳에 불무사佛無寺를 세워 지팡이와 바리때는 두 곳에 나누어 두었다. 두 절은 지금도 있으니 지팡이와 바리때는 없어졌다.[71]

사라진 진신석가의 화신은 자취를 찾았으나 찾지 못했다. 그래서 왕은 그가 왔다는 비파암 밑에는 석가사를 세웠다. 또 남산 삼성곡 혹은 대적천원의 돌 위에 불무사를 세워 그의 지팡이와 바리때를 두었다. 두 절은 지금도 있지만 지팡이와 바리때는 없어졌다는 사실을 통해 비구는 효소왕의 아상과 인상을 일깨워 주고 있다. 이들 사찰은 『금강경』의 사상이 보여주는 것처럼 석가신앙의 체계 속에서 이해할 수 있다.

4) 보리사와 문수사 _ 석가신앙과 문수신앙

보리사는 『삼국사기』에서 헌강왕릉과 정강왕릉의 위치를 '보리사의 동남쪽'이라고 한 것으로 보면 신라 하대에 존재했던 유서가 깊은 사찰임을 알 수 있다. 사천왕사 맞은편 화랑교육원 가는 길로 들어서서 화랑교를 넘으면 탑골 입구 못미처 갯마을이 나선다. 그 마을 앞쪽으로는 남천이 흐르고 마을 뒤로는 임업시험장이 있다. 임업시험장의 뒷산은 넓은 대나무숲인데 그 대숲 북쪽 계곡이 미륵골이다.

대숲 옆길로 약 250미터 가량 산등성이로 올라가면 정상 가까운 아늑한 곳에 비구니들이 수도하는 보리사가 자리잡고 있다. 근래에 지은 대웅전과 건물이 몇 채 있다. 남산에 있는 절 가운데 가장 규모가 크다. 경내에는 통일신라 후반의 석불상을 대표하는 수려한 석가여래좌상이 있다. 보리사 앞에서 남쪽으로 오솔길을 따라 산비탈로 150미터쯤 가면

---

71 一然, 『三國遺事』 권제5, 「感通」 제7, 〈眞身受供〉.

경사가 급한 산허리에 마애불이 있다. 이것으로 미루어 보면 이 절은 석가신앙을 기반으로 하는 사찰임을 알 수 있다.

> 신문왕 때 고승 경흥의 성은 수씨水氏이며 웅천주 사람이다. … 하루는 경흥이 왕궁에 들어가려고 하여 시종들이 동문 밖에서 준비하였다. 말과 안장이 매우 화려하고 신과 갓도 매우 성대하였으므로, 길가는 자들이 두려워하여 피하였다. 이때 한 거사(사문이라고 함)가 손에 지팡이를 짚고 등에는 광주리를 지고 하마대下馬臺 위에서 쉬고 있는데, 광주리 속을 보니 마른 물고기가 들어 있었다. 시종자들이 꾸짖었다. "당신은 장삼을 입고서 어찌 계율에 어긋나는 것을 지고 다니는가?" 거사가 말하였다. "두 다리 사이에 산 고기[馬]를 끼고 다니는 데 비하면, 등에 마른 물고기를 진 것이 무엇이 흠이 되겠소?" 말을 마치고 일어나서 가버렸다. 경흥이 문간을 나오다가 그 말을 듣고 사람을 시켜 그를 따라가 보라 하였다. 남산 문수사文殊寺의 문밖에 이르러 광주리를 버리고 사라졌다. (그가) 짚었던 지팡이는 문수보살상 앞에 있고 마른고기는 소나무 껍질이었다. 심부름 갔던 자가 돌아와 그대로 말하니 경흥이 듣고 탄식하였다. "문수보살이 오셔서 내가 말 타는 것을 경계하심이라." 그 뒤로 종신토록 다시는 말을 타지 않았다.[72]

원효와 태현과 함께 신라의 삼대 저술가 중 하나였던 경흥과 인연이 된 사찰이다. 말을 타고 출근하는 국사 경흥을 일깨워 주기 위해 나타난 거사는 문수보살의 화신이었다. 『보현장경』에서 미륵보살은 이렇게 말하고 있다. "내가 내세에 염부제(인도)에 출생하면 석가모니불의 말법(말세, 불법이 쇠퇴한 시기) 제자를 제도할 것이다. 다만 말 탄 비구는 제외

---

[72] 一然, 『三國遺事』 권제5, 「感通」 제7, 〈憬興遇聖〉.

하여 그들이 부처를 보지 못하게 할 것이다." 경흥은 이 경전의 구절을 떠올리며 말을 타지 않았다고 한다. 문수보살의 화신인 거사가 사라진 문수사는 문수신앙에 기반한 사찰임에 틀림없다.

이러한 동남산의 사지와 유적 유물 이외에도 부처골 감실석불좌상, 부처바위, 칠불암 마애석불, 신선암 마애석불 등의 유적 유물이 있다. 이들 사지와 유적 유물을 통해 알 수 있는 것은 통일신라인들 즉 한국인들이 금성(경주) 남산에 불교사상의 조형적 구현을 통해 이곳을 불국 정토로 구현하려고 했다는 사실이다. 이들은 불교의 중도 연기적 세계관을 접하면서 이곳 남산에서 출산과 장수, 생사와 구원 등 인생의 주요 문제를 해결하고자 했다.

V. 한국불교의 고향 _ 경주 남산의 가치와 의미

1. 경주 남산의 가치

신라의 수도 금성 즉 경주는 통일신라 이후 한국인의 도읍이 되었다. 이곳은 더 이상 신라의 수도가 아니라 고구려와 백제의 에너지까지 아우른 통일신라 즉 한국인의 서울이 되었다. 신라의 삼국 통일 이후 한국인의 수도는 고조선의 수도였던 하얼빈, 불한조선의 수도였던 안시성, 말한조선의 수도였던 평양을 넘어 후삼한(남삼한)의 원삼국을 이은 고구려의 수도인 집안과 천도 수도인 평양, 백제의 수도인 한성/위례와 웅진(공주), 가야의 수도 김해(금관주)를 통합한 금성(경주)이 되었다.

신라는 삼국 통일을 통해 한국 문화의 주요 무대를 동남한으로 옮겼고 그 결과 한국 이남의 남한을 한국 문화의 주무대로 만들었다. 그 무대의 중심은 금성(경주)이었고 남산은 금성(경주)을 진호하는 주산鎭山이었다. 이러한 계기를 만든 것은 삼국 통일이었지만 실질적인 계기는 진평왕13년, 591 때 왕성인 월성月城의 확장이랄 수 있는 남산신성南山新城(둘레 약4Km)의 축성이었다. 남산신성의 축성은 수도의 확장이자 금성을 진호하는 주산의 확보였으며, 나아가서는 통일신라 즉 한국 수도로서의 금성의 기반을 확고하게 해 주었다.

남산신성은 남산의 북쪽 봉우리인 해목령蟹目嶺을 중심으로 형성되었다. 해목령은 대궐인 월성을 마주 보고 있으며 서쪽 국경에서 일어난 일은 봉화를 통해 서형산성西兄山城(문무왕 13년673)으로 전해지고, 동쪽 국경에서 일어난 일은 봉화를 통해 명활산성明活山城으로 전해졌다. 신라 임금은 두 산성에서 수집된 정보를 왕성에 앉아서 받으면서 국경에서 생긴 일을 알 수 있었다. 이렇게 남산은 신라 국방에 있어서도 중요한 산[73]이었고 신라 천년의 주요 무대로서의 가치를 지녔다고 할 수 있다.

따라서 남산신성의 축성은 왕권 강화와 관련된 정치 일환의 사업이었고, 남산신성의 완성은 남산에 불교 유적이 성행할 수 있었던 정치적 배경과 문화적 토대가 되었다. 남산신성의 축성은 결과적으로 금성(경주) 권역을 확장시켰고, 전통신앙의 불교적 융합을 강화하게 했다. 나아가 남산을 신라불교의 성역화 공간으로 만들어줌으로써 남산을 경주의 중심부로 편입시켰다. 그것은 금성의 확장이자 신라 문화 공간의 확장이었으며 한국 문화의 원형 확보였다.

2. 경주 남산의 의미

금성(경주) 남산의 확장은 단순한 공간의 확장만이 아니었다. 대륙을

---

73 一然, 『三國遺事』 권제2, 「紀異」 제2, 〈文虎王 法敏〉. 문무왕은 처음 즉위하여 길이가 50보, 너비가 15보의 長倉(右倉)을 설치하여 米穀과 兵器를 쌓아두었다.

무대로 꽃을 피운 고구려 승랑과 요서백제 혜균의 삼론학, 장안에서 꽃을 피운 원측의 유식학, 원효의 기신학, 의상의 화엄학, 경흥의 정토학, 도륜의 유가학, 승장의 계율학, 의적의 법화학, 태현의 비담학 등등의 한국의 사상가들이 이룬 성취는 한국불교의 성취를 드높였으며 불교사상을 통한 조형적 구현은 경주 남산의 의미를 극대화하였다.

이처럼 통일신라인 즉 한국인들은 7세기 이래 10세기까지 금성(경주) 남산을 불교사상의 조형적 구현을 통해 불국 정토를 만들어 나갔다. 문화는 양식을 통해서만 이루어지는 것이 아니다. 거기에 사상이 반영될 때 심층화되고 고도화될 수 있다. 승랑, 혜균, 원측, 원효, 의상, 경흥, 도륜, 승장, 의적, 태현 등등의 사상가들이 펼친 사상적 개화는 통일신라 문화의 열매를 맺어졌다. 불교사상의 조형적 구현을 통해 경주 남산의 40(60)여 개의 계곡과 능선에 펼쳐진 불국 정토는 한국인들의 문화적 원형을 형성하였고 불교적 고향으로 자리매김 되었다.

그리하여 불교의 중도 연기적 세계관에 힘입어 과학과 종교와 예술이 어우러진 민족문화의 절창인 석불사(석굴암)와 불국사가 시설될 수 있었다. 이렇게 금성(경주)과 남산이 지닌 의미가 극대화될 수 있었던 것은 승랑과 혜균의 삼론학, 원측의 유식학, 원효의 기신학, 의상의 화엄학, 경흥의 정토학, 도륜의 유가학, 승장의 계율학, 의적의 법화학, 태현의 비담학을 통한 한국불교의 고향 확립이었다.

이같은 인연들의 연쇄를 통해 신라 문화와 경주의 역사성이 확보될 수 있었다. 다시 말해서 신라 천년 고도로서의 금성의 역사성 및 유적 유물이 보여주고 있는 풍화와 탈색, 그리고 금성의 자연환경이 합쳐져 만들어내는 역사적 분위기와 그 역사적 존재감을 확보할 수 있었다. 따라서 경주 남산의 의미는 신라 수도의 확장과 불교 정신의 확충에 있으며 나아가 한국불교의 고향 확립에 있다고 할 수 있다.

VI. 신라 문화 공간의 확장과 한국 문화의 원형 확보

신라는 고구려와 백제와 가야를 아우르는 삼국 통일을 통해 한국 문화의 주요 무대를 동남한으로 옮겼다. 그리하여 한국 이남의 남한을 한국 문화의 주무대로 만들었다. 그 무대의 중심은 금성(경주)이었고 남산은 금성(경주)을 진호하는 주산鎭山이었다. 통일신라인들은 불교의 중도 연기적 세계관을 접하면서 이곳 남산에서 출산과 장수, 생사와 구원 등 인생의 주요 문제를 해결하기 위해 석가신앙, 관음신앙, 문수신앙, 화엄신앙, 미륵신앙, 미타신앙, 밀교신앙, 경전 신앙 등 다양한 신행을 했다. 경주 남산은 통일신라인 즉 한국인들이 부딪치는 인생의 주요 문제를 해결하는 공간이자 문제를 해소한 성소라고 할 수 있다.

왕성인 월성의 연장이라 할 남산신성의 축성은 왕권 강화와 관련된 정치 일환의 사업이었다. 동시에 남산신성의 완성은 남산에 불교 유적이 성행할 수 있었던 정치적 배경과 문화적 토대가 되었다. 남산신성은 결과적으로 금성(경주) 권역을 확장시켰고, 전통신앙의 불교적 융합을 강화하게 했다. 나아가 남산을 신라불교의 성역화 공간으로 만들어줌으로써 남산을 경주의 중심부로 편입시켰다. 그것은 금성의 확장이자 신라 문화 공간의 확장이었으며 한국 문화의 원형 확보였다.

통일신라인들이 불교사상의 조형적 구현을 통해 경주 남산의 40(60)여 개의 계곡과 능선에 펼쳐낸 불국 정토는 한국인들의 문화적 원형을 형성하였고 남산을 불교적 고향으로 자리매김 하였다. 이러한 자신감을 기초로 이들은 불교의 중도 연기적 세계관에 의거해 과학과 종교와 예술이 어우러진 민족문화의 절창인 석불사(석굴암)와 불국사를 시설하였다. 그리고 한국의 대표적 사상가인 승랑과 혜균의 삼론학, 원측의 유식학, 원효의 기신학, 의상의 화엄학, 경흥의 정토학, 의적의 법화학, 도륜의 유가학, 태현의 비담학의 성취를 통해 한국불교의 고향을 확립할 수 있었다. 나아가 당시 통일신라인들은 이곳 금성의 남산에서 출산과 장수, 생사와 구원 등 인생의 주요 문제를 해결하기 위해 이들 교학에 기초해 석가신앙, 관음신앙, 문수신앙, 화엄신앙, 미륵신앙, 미타신앙, 밀교신앙, 경전 신앙 등의 다양한 신행에 매진하였다. 그 결과 금성(경주) 남산이 지닌 가치를 극대화할 수 있었다.

  최근 대한불교조계종의 미래본부 불교사회연구소에서 추진하고 있는 '천년을 세우다 _ 경주 남산 열암곡(새갓골) 마애부처님 바로 모시기'의 상징적 불사는 신라불교와 경주 남산의 역사성과 역사적 분위기 그리고 역사적 존재감을 확인시키려는 노력으로 이해된다. 이러한 노력이 성공적인 결과를 이끌어오기 위해서는 '과거 천년' 이래 한국 민족문화의 주축을 형성한 신라불교와 경주 남산을 '미래 천년'에도 한국 문화의 고향으로 다시 세우는 계기로 삼으려는 주도면밀한 기획 아래 다양한 콘텐츠의 확보와 구체적 실천 방안이 요청된다.

■ 참고문헌

金富軾,『三國史記』권제44, 列傳4, 金仁問.
一然,『三國遺事』권제2,「紀異」제2,〈文虎王 法敏〉.
崔匡裕,「鮑石亭 奏樂詞」, 安鼎福,『東史綱目』.
『동국여지승람』권제21 慶州府.
申采浩(1880~1936) 원저,『조선상고사』, 박기봉 옮김(서울: 비봉출판사, 2006).
경주시사편찬위원회,『慶州市誌』(경주: 경주시, 1971).

윤경열,『경주 남산 고적순례』(경주: 경주시, 1979).
한국불교연구원,『신라의 폐사 I』(서울: 일지사, 1982).
李民樹 역,『삼국유사』(서울: 을유문화사, 1987).
김원룡,「총론」,『역사도시 경주』(서울: 열화당, 1984).
이종욱,「역사적 맥락」,『역사도시 경주』(서울: 열화당, 1984).
강우방,「慶州 南山論」,『원융과 조화』(서울: 열화당, 1990).
윤경열,『경주 남산』(서울: 대원사, 1991).
진성규,「머리말」,『신라의 불교사원』(서울: 백산자료원, 2001).
국립경주문화재연구소,『경주 남산』(경주: 문화재연구소, 2002; 2004).
김환대,『신라인들이 불국정토를 이룬 산, 경주 남산』(파주: 한국학술정보, 2008).
한국문화유산답사회 편,『답사여행의 길잡이 2: 경주』(서울: 돌베개, 1994; 2014).
경주남산연구소,「경주 남산의 유적 유물 현황」,『경주남산 구경하기』(경주: 경주
    남산연구소, 2016).
고영섭,『한국불교사참구』(서울: 동국대학교 출판문화원, 2025).

최병헌,「신라하대 선종구산파의 성립」,『한국사연구』제7집, 한국사연구회, 1972.

김구석, 「경주남산 불교유적의 시대별 형성과정과 특징」, 경주대학교 일반대학원 문화재학과 석사논문, 2016.

高榮燮, 「분황 원효『금강삼매경론』의 중심 내용과 특징」, 『불교철학』 제7집, 동국대학교 세계불교학연구소, 2020.10.

高榮燮, 「경북 상주의 고대국가 사량벌국과 고녕가야국의 역사 인물과 유적 유물」, 『한국불교사연구』 제22호, 한국불교사학회 한국불교사연구소, 2022.12.

곽승훈, 「창림사 무구정탑원기」, 『한국민족문화대백과사전』(2023-08-11 검색).

김위석, 「曇嚴寺」, 『한국민족문화대백과사전』(2023-08-11 검색).

제3부

고려시대_ 전기·후기 불교

제1장_ 김제 모악산母岳山 귀신사歸信寺의 역사와 인물

제2장_ 『삼국유사』의 원효와 의상

제3장_ 경기도 이천 安興寺와 利川鄕校의 역사와 인물

제4장_ 국가 비보사상裨補思想과 한양 비보사찰裨補寺刹

제5장_ 실록 편찬 보존과 오대산 사고본의 특징

제1장

김제 모악산母岳山 귀신사歸信寺의 역사와 인물

Ⅰ. 화엄 십찰 귀신사
Ⅱ. 의상의 국신사 창건과 신라 화엄십찰의 지형
Ⅲ. 국사들의 불교사상과 고려시대 귀신사의 지위
Ⅳ. 여말 선초 이래 조선시대 귀신사의 존속과 폐사
Ⅴ. 귀신사의 사격 회복과 중흥 불사
Ⅵ. 국사들의 주석처와 귀신사의 위상 제고

I. 화엄 십찰 귀신사

선말 한초 이래 대한시대1897~남북한 통일의 김제 모악산[1]은 풍수지리 도참설과 선천 후천 개벽설과 관련되어온 공주 계룡산과 함께 신흥종교의 발생지로서 주목되어온 산이다. 인근의 완주 위봉사와 김제 금산사와 함께 이 지역의 중심사찰인 모악산 귀신사는 중수와 중창 및 개창과 보수를 하면서 오늘의 사격을 유지해 왔다. '귀신사'는 신라 문무왕 16년676에 의상625~702에 의해 '국신사'國信寺로 창건되었다. 국신사는 의상의 창사 이래 의상과 그 문도들이 조성한 신라 화엄십찰의 하나이자 호남 유일의 화엄성지였다. 이후 이 절은 천 삼백 여년의 역사를 거치며 국신사國信寺, 國神寺 → '귀신사'歸信寺[2] → '구순사'口/狗脣寺[3] → '귀신사'歸信寺 → '국신사'國信寺 → '귀신사'歸信寺의 이름으로 새로운 역사와 문화를 일구어 왔다.[4]

---

1 전라북도 김제시 금산면 청도리 81번지에 자리한 귀신사를 품고 있는 '母岳山'은 산세가 부드럽고 온화하여 '엄뫼' 즉 '어머니뫼'이라고 불려온 반면, 순창의 '回文山'은 '아버지산'이라고 불려져 왔다.

2 2002년에 이뤄진 전북대학교 박물관의 『김제 귀신사』(전주: 전북대, 2002), p.11과 이경미, 「Ⅱ. 귀신사의 발자취」, 『김제 귀신사 대적광전 해체·수리보고서』(서울: 문화재청, 2005), p.74와 p.77에서는 조사당시 발견된 기와 조각에 "鬼神寺 金堂草"와 "鬼神寺"라는 명문이 발견되어 있어 귀신사는 국신사에서 귀신사로 바뀐 9세기에 '鬼神寺'로 속칭되고 있었던 것 같다고 보고 있다. 그렇다면 최치원(857~?)의 『법장화상전』에 실린 국신사가 귀신사로 받아들여진 것은 통일신라 말엽인 것으로 추정된다. 하지만 신라 九山禪門의 하나인 師子山門의 개조인 雙峯和尙 道允이 출가한 鬼神寺는 황해도에 소재한 사찰로 알려져 있다.

3 풍수지리설에서 이 절 주위의 지형이 '口脣穴形' 즉 입과 입술의 형태를 닮았다고 해서 이렇게 불렀다. 여성의 음부 혹은 암캐의 음부와 닮았다는 의미이다. 1884년에 시왕전 중수를 위해 적은 시주질 「全州母岳山狗脣寺十王殿重修募緣文」에도 '구순사'의 용례가 보인다. 권상로의 『한국사찰전서』에는 당시 化主를 맡았던 春峰奉旨가 절 이름을 '구순사'로 개칭했다고 적었다.

4 창사 이래 호남지역 본사급 사찰이었던 '國信/神寺' 즉 '歸信寺'는 한때 전주 위봉사의 말사로 등록되기도 했으나 현재는 대한불교조계종 제17교구 본사인 金山寺의 말

국신사의 개창자인 의상은 원효617~686와 두 차례의 유학 시도 끝에 당나라에 유학하였다. 그는 자은사의 현장玄奘, 602~664과 사제의 인연을 맺지 못하고 지상사의 지엄智儼, 602~668과 사제의 관계를 맺었다. 의상은 그의 문하에서 8년간 화엄사상을 공부하고 청출어람青出於藍을 인정받은 뒤 돌아와 소백산 일대와 부석사에서 실천적 화엄사상을 펼쳤다. 그리하여 의상은 문하에 10철과 3천문도를 양성하였고 한국 불교사상의 기반을 닦았다. 그의 제자들이 전국에 창건한 화엄십찰은 의상의 사상적 위상과 지위를 잘 보여주고 있다. 최치원857~? 또한 이곳에 머물며 화엄십찰을 기록한『법장화상전』904을 편찬한 것으로 알려져 있다.[5]

그런데 일부 연구자는 국신사를 당시 신라가 삼국을 통일한 후 정복지를 교화하고 회유하기 위해 각 지방의 중심지에 세웠던 화엄십찰 중 하나로서 전주 일대를 관할하던 큰 절[6]로 보기도 한다. 하지만 화엄십찰을 이러한 정치적 혹은 군사적 입장에서만 볼 것이 아니라 오히려 붓다의 가르침을 대중화시킨 관음, 미륵, 미타, 정토 사상 등이 지니고 있는 더 넓은 자비의 마음과 더 깊은 지혜의 마음으로 섭수한 것으로 볼 수 있지 않을까. 의상의 국신사 창건과 신라 화엄십찰의 지형에 대해 기술한 최치원의『법장화상전』[7]과 일연의『삼국유사』'의상전교' 조목의 절

사로 등록되어 있다. 이 절은 소설가 양귀자의 이상문학상 수상작인 단편소설 「숨은 꽃」의 무대이기도 하다.
[5] 권상로,『한국사찰전서』상권(서울: 동국대학교출판부, 1979), pp.193~194; 이정 편,『한국불교사찰사전』(서울: 불교시대사, 1996), p.293; 李九義,「최치원의『法藏和尚傳』攷」,『韓民族語文學』제19호, 한민족어문학회, 1991, p.133. 이 글에 의하면「법장화상전」은 최치원이 47세에 관직에서 물러나 가야산에 은거한 뒤 지은 것으로 보고 있어 앞의 글과 상충되고 있다. 퇴경(권상로)이 어떤 근거에 의해 최치원이 이곳에서『법장화상전』을 썼다고 했는지에 대한 좀더 면밀한 검토가 필요하다.
[6] 신정일,「새로운 세상의 열망이 머물던 역사의 길: 김제 귀신사에서 원평까지」,『국토』2015.9, p.65. 이것은 종교의 사회적 문화적 기능을 무시한 채 정치적 측면에서만 바라보는 것이다.
[7] 崔致遠,「唐大薦福寺故寺主翻經大德法藏和尚傳(법장화상전)」(『한불전』제3책, 1980,

이름은 동일하지 않다. 국신사에는 화엄십찰의 사격에 걸맞게 고려 숙종이 추존한 원교국사 의상義湘의 화엄사상, 의종이 추증한 고려시대 원명국사 징엄澄儼, 1090~1141의 화엄학과 천태학 및 명종이 내린 고려시대 현오국사 종린宗璘, 1127~1179의 화엄학이 형성 무대가 된 곳이기도 하다. 조선후기의 「귀신사 중수기」1823에 의하면 이 절은 "금당 아홉 채, 종루 여덟 채, 요사 아흔 칸, 부속 암자가 아흔 아홉 칸이었다"고 한다. 이들 "아홉 채 금당 중 한 채만 남은 것이 귀신사이며 이후에 여러 차례 보수가 이루어졌다"고 한다.

여말 선초 이래 조선시대의 귀신사와 관련된 역사와 인물들은 자세히 알려져 있지 않다. '귀신사'를 방문하고 관련 시를 지은 윤진과 설잠, 유홍, 이기발 및 귀신사 관련 산문 기록을 남긴 유세무, 이하곤이 있다. 또 인조 11년1633년 작성된 「낙성문」(시주기)에 실린 염화와 신허, 덕기德奇와 도헌道軒, 「중수기」1823, 「대법당성조연화질」1823과 「상량문」1823에 실린 정우와 의륜 등이 이 절에 머물며 중건과 중수 및 중창을 주도하였다. 이외에도 「모악산 귀신사 팔상전기」母岳山 歸信寺 八相殿記[8], 1738와 「모악산 귀신사 사적사인」母岳山 歸信寺 事蹟詞引[9], 1738을 남긴 무경 자수가 있다. 이후 선말 한초 이래 대한시대1897~남북통일에 주지 소임을 맡았던 춘봉(은덕돈), 김보화, 김만송, 김강로, 조종화, 정응회, 김시현, 송상신, 추담(김용순), 유금성, 혜견(김춘희), 동사섭 수행을 이끌고 있는 용타[10]와 귀신

---

pp.767~777). 최치원이 법장(643~712)화상의 생애를 1권 1책으로 지은 것이다. 大安8년 고려 大興王寺에서 조판하였다. 법장화상 입적 약 200년 뒤에 당나라 승려 千里가 지은 『藏公別錄』의 편문을 참조하여 쓴 전기이다. 고려 의종 3년(1149)에 義和가 쓴 발문이 덧붙여 있다.

8 無竟 子秀, 『無竟集』 권2(『한불전』 제9책, pp.385~386).
9 無竟 子秀, 『無竟集』 권2(『한불전』 제9책, pp.398~399).
10 용타, 『용타스님의 행복노트』(서울: 행복마을, 2016). 귀신사 회주이자 1980년부터 동사섭 수련 프로그램을 시작하여 현재까지 300여회에 달하는 법회를 열어 수행을 지도하고 있다.

사의 중흥불사를 시작한 범현[11] 및 귀신사의 역사와 문화를 발굴하고 이를 토대로 이 절의 보존과 활용을 고민하는 무여[12] 등이 있다. 이 글에서는 천 삼 백 여 년의 역사를 지닌 귀신사의 역사와 인물의 살림살이와 사고방식을 통해 귀신사의 어제와 오늘을 돌아보고자 한다.

II. 의상의 국신사 창건과 신라 화엄십찰의 지형

1. 최치원의 「법장화상전」 소재 화엄십찰

귀신사는 호남지역의 화엄성지이자 신라 화엄십찰의 하나로 널리 알려져 왔다. 신라시대에 창건된 화엄십찰은 의상과 의상의 제자 및 법손들[13]이 의상의 화엄사상 즉 의상의 화엄종지를 널리 전달하기 위해 전국에 세운 전교사찰傳敎寺刹들이다. 이들 사찰에는 각기 의상의 문도들이 머물며 불자들을 화엄사상으로 교화하였다. 최치원은 『당대천복사고사번경대덕법장화상전』(이하 법장화상전, 904)에서 처음으로 화엄십찰에 대해 언급하고 있다.

최치원은 그의 『법장화상전』 제9과의 할주割註에서 "해동에 화엄의 큰 배움터大學로 10산이 있으니, 중악 (팔)공산 미리사, 남악 지리산 화

---

11 범현 편저, 『천 삼백년 고찰 호남의 화엄성지 귀신사』(김제: 귀신사, 1998). 범현은 귀신사 용타 회주의 상좌이다.
12 무여는 현 주지이자 한국불교사학회 한국불교사연구소와 「신라 화엄십찰 김제 귀신사의 역사와 문화」 학술대회(2020.05.23)를 개최하였다.
13 김상현, 「新羅 華嚴學僧의 系譜와 그 活動」, 『신라문화』 제1호, 동국대학교 신라문화연구소, 1984; 김상현, 『신라화엄사상사연구』(서울: 민족사, 1991); 김복순, 『한국 고대불교사 연구』(서울: 민족사, 2002); 정병삼, 「8세기 화엄교학과 화엄사찰」, 『한국사상과문화』 제64집, 한국사상문화학회, 2011.

엄사, 북악 부석사, 경주 가야산 해인사·보광사, 웅주 가야협 보원사, 계룡산 갑사, 『괄지지』에 이르기를 계람산 삭주 화산사, 양주 금정산 범어사, 비슬산 옥천사, 전주 모(악)산 국신사, 한주 부아산 청담사 등 이들 십여 곳이다"[14]고 하였다. 이것을 도표로 그려 일연의 『삼국유사』 '의상전교'조목의 화엄십찰과 대비해 보기로 하자.

	崔致遠 『法藏和尙傳』 화엄십찰			一然 『삼국유사』 권4 '義湘傳敎' 화엄십찰		
사찰명	소재지	창건연도/창건주	사찰명	소재지	창건연도/창건주
갑사	공주 계룡산	420/556/679/아도/혜명/의상	부석사	영주 태백산	676/의상
옥천사	고성 비슬산 (연화산)	670/의상	비마라사	원주(단양) 비마라산	676?/의상
부석사	영풍 북악 (태백산 봉황산)	676/의상	해인사	합천 가야산	802/순응/이정
국신사 現귀신사	전주(김제) 모(악)산	676/의상	옥천사	고성 비슬산	670/의상
범어사	양주(부산) 금정산	678/의상	범어사	부산 금정산	678/의상

(표 계속)

---

14 崔致遠,『唐大薦福寺故寺主飜經大德法藏和尙傳』(『한국불교전서』제3책, p.775하). "第九科曰: …… 斯實闍燭, 龍之眼頓, 放光明織, 火鼠之毛, 盆彰奇特, 誘令一國, 學徧十山, [海東華嚴大學之所有十山焉. 中岳公山美理寺, 南岳智異山華嚴寺, 北岳浮石寺, 康州伽耶山海印寺 普光寺 熊州迦耶峽普願寺, 鷄龍山岬寺.『括地志』所云鷄藍山是朔州華山寺, 良州金井山梵[語]魚寺, 毗瑟山玉泉寺, 全州母(岳)山國神寺, 更有如漢州負兒山靑潭寺也. 此十如所."; 崔致遠, 『唐大薦福寺故寺主飜經大德法藏和尙傳』, 『崔文昌候全集』續集 傳, 성균관대 대동문화연구원(影印), 1972, pp.242~283.

	崔致遠 『法藏和尙傳』 화엄십찰			一然 『삼국유사』 권4 '義湘傳敎' 화엄십찰		
사찰명	소재지	창건연도/창건주	사찰명	소재지	창건연도/창건주
화엄사	구례 남악 (지리산)	742-765/연기	화엄사	구례 남악 (지리산)	677/742~765/연기
해인사	강주(합천) 가야산	802/순응/이정			
보원사 現강당사	웅주(서산) 가야협				
청담사	한주 부아산 (은평구 진관내동 일대 뉴타운 예정지[15])	신라			
화산사	삭주 계람산	신라			
보광사	강주(합천) 가야산	신라			
미리사	대구 중악 (팔)공산	신라			

---

[15] 배재훈, 「서울 은평뉴타운 '青潭寺' 명문 기와 출토 건물지의 성격 검토 - 나말여초 화엄 십찰 한주 부아산 '青潭寺' 특정 문제와 관련하여 - 」, 『서울과 역사』 101호, 서울역사편찬원, 2019.2. 현존 발굴결과 청담사의 '사찰 규모가 너무 작다'(정병삼, 앞의 글, p.145)는 지적과 2018년 고양 벽제 목암지구 도시개발사업부지 내 문화유적에 대한 발굴조사 과정에서 '청담사'명 기와가 또다시 확인되어 과연 이곳이 청담사인가에 대한 비판적 글도 제기되었다. 하지만 도로와 인접해 있는 청담사의 성격상 驛院사찰 혹은 院館일 가능성도 있어 파주 지역의 '惠陰院'과 대비해 연구해야할 필요성이 있다. 최연식, 「고려시대 院館 사찰의 출현과 변천과정」, 『이화사학연구』 제52호, 2016 참조. 〈뉴시스〉 2008년 5월 2일자. (2020년 5월 18일 검색). 근래에 은평구 진관내동 일대 뉴타운 예정지에서 '청담사'라고 쓴 銘文 평기와 5점을 발견했다.

최치원이 제시한 해동화엄 대학의 10산에는 10산이 아니라 12산이 기술되어 있다. 그리고 여기의 '산'은 '화엄업'(화엄전문수업집단)과 '십산'(십산문)으로 해석될 여지가 있다. 10산에서 화엄사상을 강조하면 화엄업으로 보게 되고, 10산을 강조하면 군사적 거점으로서 사찰의 기능에 주목하게 된다. 고운(최치원)이 해동 화엄의 '대학' 즉 해동 화엄의 '큰 배움터'로서 10산을 기술하고 있다는 점을 고려하면 여기의 십산은 화엄업의 큰 배움터로 보아야 할 것이다. 그래야 화엄사상으로 결집한 사찰이라는 의미가 잘 드러난다. 최치원의 기록은 이러한 사회적 분위기를 반영한 결과로 이해된다.[16]

그리고 여기서 '십찰'의 '십'은 『화엄경』의 10현연기에서 진리의 모습을 10개로 해석하고 있는 것과 관련시켜 볼 수 있을 것이다. 그리고 '십'은 만수滿數로서 많다는 것을 의미하는 것이지 반드시 10개를 가리키는 것은 아닐 것이다. 이 때문에 화엄십찰의 '십'은 숫자 '십'十이라기보다는 복수의 '다'多를 일컫는 것으로 볼 수 있을 것이다. 고운의 기록에 의하면 최치원 시대에는 10개의 사찰이 아니라 10여 개(즉 12개)의 사찰이 존재하고 있었던 것으로 짐작되기 때문이다.

강주(합천)의 해인사와 보광사가 함께 있지만 이 두 절은 모두 가야산에 병기되어 있다. 또 웅주(서산) 가야협에서 '협'峽은 육지를 양쪽에 둔 골짜기를 말하지만 사실은 가야산의 골짜기를 가리킨다. 그리고 북악은 부석사가 있는 태백산의 한 줄기인 봉황산으로 보아야 할 것이다. 이렇게 본다면 12개 절 중에 산 이름은 11곳이다. 한편 권상로는 청담사는 '갱유'更有라는 문맥의 표현 때문에, 해인사는 시기적으로 의상에 의한 창사가 아니므로 의상 당시에는 십찰에 들지 않았을 것[17]이

---

16 이광우, 「화엄십찰연기설화연구」, 『불교어문논집』 제1호, 한국불교문학사연구회, 1996, p.120.
17 權相老, 『新撰朝鮮佛敎史』, 퇴경당전서간행위원회, 『퇴경당전서』 제8책, 1980년,

라고 하였다. 이렇게 보면 청담사와 해인사 이들 2곳을 제외한 10산이 된다. 하지만 이러한 그의 지적은 학계에서 쟁점으로 크게 부각되지 않았다.

최치원의 『법장화상전』은 일연의 『삼국유사』 '의상전교'(6곳 제시)보다 기록이 앞서고 화엄십찰(12곳 제시)에 대한 언급이 자세하다. 일연 역시 최치원의 저술을 참고하였을 것으로 짐작된다. 하지만 일연은 신라 당시의 화엄사찰과 달리 고려 후기의 화엄사찰에 일정한 변화가 있었음을 알았기 때문에 최치원이 기록한 10찰을 모두 적지 않았다. 그는 신라 당시의 화엄사찰과 달리 고려 후기의 화엄사찰에 일정한 변화를 알고 있었을 것이다. 이 때문에 일연은 당시에 일정한 사격을 지니고 있던 사찰 중심으로 기록한 것으로 짐작된다. 이와 달리 최치원은 화엄십찰을 10곳이 아니라 12곳으로 비정하고 있다.

2. 일연의 『삼국유사』 '의상전교' 소재 화엄십찰

일연의 『삼국유사』 '의상전교'에는 『법장화상전』의 화엄십찰을 요약해 둔 것처럼 6개만 거론하고 있다. 이와 달리 『법장화상전』에서 기술한 사찰 중 현존 사찰은 7곳, 절터만 남은 곳은 5곳이며 의상이 창건한 것으로 짐작되는 사찰은 옥천사, 부석사, 국신사, 범어사 4곳이다. 갑사는 아도의 창사와 혜명과 의상의 중창으로 짐작된다. 보원사의 기존 절터에는 이 절의 복원을 위한 작은 강당사가 자리해 있다. 나머지 5곳은 의상의 문도들이 세운 것으로 짐작된다. 그리고 아도 혹은 혜명 또는 의상에 의해 중창되었다는 계룡산 갑사와 의상 이후에 순응과 이정에 의해 세워진 가야산 해인사[802]가 있다. 나머지 부아산 청담사, 계람산

---

p.960.

화산사, 가야산 보광사, 팔공산 미리사는 모두 의상 혹은 의상 이전의 선배 혹은 의상의 문도들 또는 후대의 추종자들에 의해 세워진 것으로 이해된다.

일연이 제시한 6사찰 중 원주(단양) 비마라사는 그가 영주 부석사 다음으로 꼽고 있을 정도로 신라 화엄업의 중심도량으로 매우 주요한 위치를 지니고 있었을 것으로 짐작된다. 그런데 최치원은 『법장화상전』904에서 비마라사만은 거론하지 않고 있는 점이 주목된다. 아마도 고운 당시의 비마라사는 존재하지 않았기 때문일 것이다. 영조 때 1724~1776에 편찬된 『여지도서』에는 "이 절이 '화적'火賊으로 인해서 불타서 소실되었으며, 이어 승려 사언師彦이 중창했으나 지금은 폐지되었다"[18]고 하였다.

1978년에 단국대학교 학술조사단은 이 절터를 조사한 뒤 이곳을 신라 때의 절이 아니라 고려시대의 절로 추정하고 있다.[19] 그렇다면 비마라사는 고려시대에 의상 계보의 문도들이 이곳에 절을 짓고 화엄사상의 정체성을 부여하면서 화엄사찰이 되었을 것으로 이해된다. 그리고 일연은 이러한 맥락을 고려하여 화엄십찰로 기술한 것은 아닐까 한다. 하여튼 최치원이 유일하게 기술하지 않은 비마라사는 일연에 의해 화엄십찰로 기술되면서 이후 화엄계 사찰로 자리매김한 것으로 짐작된다. 이렇게 본다면 일연의 '의상전교' 조목 기술 화엄십찰 중 6사는 당시 화엄종 계통 사찰들이었을 것이다. 고려 후기까지 11(12[20])종이 있었다는 조선 태조시절의 기록으로 보아 이들 6사들은 모두 신라 이래 고려 왕실과 긴밀했던 화엄종 사찰에 속한 거찰들이었을 것이다. 이들 화엄사찰은 유가

---

18 『新增東國輿地圖書』 제33권, 全羅道 全州府, 佛宇.
19 이정 편, 『한국불교사찰사전』(서울: 불교시대사, 1996), p.293.
20 12종의 기록에서 논자는 이 1종이 원효의 가풍을 따르던 '芬皇宗' 즉 '海東宗'이 아니었을까 생각해 보고 있다.

계 혹은 천태계 또는 선종계 사찰과 경쟁하면서 사세를 유지했을 것으로 추정된다. 후대에 국사[21]로 추증을 받은 의상, 징엄, 종린이 젊은 시절에 이곳 국신사 즉 귀신사에 머물렀던 것은 이 절과 왕실과의 긴밀했던 관계를 상징적으로 보여주고 있다.

III. 국사들의 불교사상과 고려시대 귀신사의 지위

1. 신라 원교국사 의상의 화엄사상 강설처

국신사 즉 귀신사는 의상이 문무왕 16년676에 창건한 이래 화엄십찰의 하나이자 호남의 화엄성지로서 굳건하게 자리 잡았다. 의상은 그 즈음 영주 북악인 태백산(봉황산)에 부석사도 창건하였다. 그는 특히 소백산 추동에서 『화엄경』을 강론하면서 10철과 3천문도를 양성하였다. 당나라 유학을 마치고 돌아온 의상이 귀신사를 창건하면서 이곳에 얼마 동안 주석하였는지는 알 수 없다. 다만 의상이 국신사를 화엄사찰로서 창사한 이래 이 절은 한동안 대찰로서의 사격을 갖추어 갔던 것으로 보인다.

의상의 화엄사상은 성기사상으로 인식되어 오고 있다. 성기사상은 연기의 구극인 성기를 통해 진성眞性 즉 법성法性을 구현하는 사상이다. 의상은 지엄에게서 성기性起사상의 의미를 깊게 체득하였다. 지엄은 『수현기』에서 「십지품」의 제6현전지의 "삼계는 오직 마음일 뿐이며 단지 이 마음이 짓는 것이다"[22]를 해석하는 대목에서 법계연기를 논하고 있으며

---

21 대개 나라의 스승인 국사는 왕의 스승인 왕사를 역임했던 이들 중에서 책봉하였다. 이 때문에 이들이 주석한 사찰은 왕실과 긴밀한 관계를 유지하였다.
22 佛陀跋陀羅 譯, 『大方廣佛華嚴經』(『대정장』 제9책, p.568하). "三界唯心 但是心作."

연기와 성기와의 관계를 밝히고 있다. 그는 법계연기를 범부의 염법凡夫
染法과 보리의 정분菩提淨分의 측면으로 나눈다. 그리고 정분인 보리정분
을 본유本有, 본유수생本有修生, 수생修生, 수생본유修生本有로 세분한다.
뒤의 수생과 수생본유는 「십지품」에 있지만, 앞의 본유와 본유수생은
『화엄경』의 「보현품」과 「성기품」에 있다면서 유정唯淨연기를 별도로 시설
한다.

여기서 본유는 「여래성기품」에서 '미진경권'微塵經卷과 '보리대수'菩提大
樹로 비유하는 것처럼 중생의 깨달음은 본래부터 완성되어 있는 것이며,
본유를 따라서 동성同性에서 일어남이 본유수생이며 보리심을 일컬어
성기性起라고 한다. 그는 본유와 본유수생을 성기와 연결시켜 해명하고
있다.[23] 지엄은 본유와 본유수생, 수생과 수생본유의 두 그룹으로 구분
하면서 본유와 수생의 관계에서 본유를 '성'性, 수생을 '기'起로 보아 본
유와 수생을 '성'과 '기'의 관계로 해명해 가고 있다.

> "성性이란 것은 몸체이고, 기起라는 것은 마음자리心地에 드러남이다.
> 이것은 기상起相을 모아 실다움에 들어가는 것이다."[24]

여기서 성기는 성과 기의 결합을 뜻한다. 그런데 이 '기'는 마음자리에
드러남이다. 이처럼 지엄은 성기를 기상을 모아 실다움에 들어가는 것이
라고 하였다.

> "성기란 일승법계를 밝히는 것이니 연기의 구극이다. 본래의 궁극적 경
> 지이니 닦아서 이룬다는 것이 아니다. 어찌하여 그러한가? 상을 여의었기

---

23 智儼, 『華嚴經搜玄記』(『대정장』 제35책, pp.62하~63하).
24 智儼, 위의 책, p.63중.

때문이다. 기起라는 것은 대해와 대행에 있는 것이니, 분별을 떠난 보리심 안에 있음을 기起라 부른다. 연기성으로 말미암아 기起라는 말을 붙이지만, 기起는 곧 불기不起이며, 불기不起는 곧 성기性起이다."[25]

지엄의 연성이기緣性二起설에 근거해 보면 그는 법계연기의 극치를 성기로 보면서도, 성기는 법계연기의 보리정분에 속하기에 연기와 성기의 관계에서 성기를 연기에 포섭시키고 있음을 알 수 있다.[26] 그러면서도 지엄은 기가 대해大解와 대행大行에 있는 것이다고 하여 분별을 떠난 보리심 안에 있음을 '기起'라고 한다고 하였다. 이것은 연기라는 상위 개념 속에서 성기를 거론하고 있는 것으로 볼 수 있지만 궁극적으로 성기는 중도 혹은 여래성의 상위개념으로 사용하고 있음을 알 수 있다.

지엄은 스스로 법계연기를 정문淨門과 염문染門으로 구성하면서 정문의 본유와 본유수생에 상응하는 개념으로 성기를 제시하고 있다. 그는 성기 즉 여래성의 현현을 본유와 본유수생의 관계로 해명하고 있는 것이다. 본래의 진실성을 뜻하는 본유는 '성'으로, 본유수생은 '기'로 보아 자신의 성기론을 입론하고 있다. 이것은 『화엄경』이 강조하는 보현보살의 원력 수행 즉 원행願行에 겨냥되어 있음에 유념해야 한다. 의상은 이러한 연기의 구극인 성기사상을 보다 체계화하고 더욱 실천적으로 해석하였다. 그는 이러한 성기사상을 이곳 귀신사에서 그의 문도들에게 강설하였던 것으로 짐작된다.

이후 국신사 즉 귀신사는 나말여초까지는 의상계 화엄사찰이었을 것으로 이해된다. 그런데 통일신라와 고려시대의 전환기에 이르러 '국신'國信 즉 '나라의 믿음' 혹은 '국가에 대한 절대적 신뢰'를 드러내는 절 이름

---

25 智儼, 『華嚴經孔目章』, 『대정장』 제45책, p.580하).
26 全海住, 「의상의 법성과 법계관-일승법계도를 중심으로」, 한국불교학결집대회 조직위원회, 『한국불교학결집대회논문집』 제1집 상권, 2002, p.369.

을 '귀신'歸信 즉 '믿음으로 돌아간다'로 바꾸었다. 귀신사에서 '귀신'은 『화엄경』에서 "믿음은 공덕의 어머니"라고 역설하는 것처럼 '진리에 대한 절대적 신뢰'를 드러내는 표현이기 때문이다. 그런데 귀신사는 고려 중기 이래에 들어서면서 왕실사찰이 되면서 의천계 화엄사찰로 변모한 것으로 추정된다.

2. 고려 원명국사 징엄의 화엄학과 천태학 형성 무대

고려 중기에 귀신사에 주석했던 원명 징엄圓明澄儼, 1090~1141은 화엄학과 천태학에 밝았던 고승이다. 그는 귀신사에 머무는 동안 이 절을 크게 중창한 것으로 알려져 있다. 그는 숙종의 넷째 아들로 태어나 초명은 징질澄吉로 불렸다. 어머니는 명의태후明懿太后 유柳 씨이다. 징엄은 숙종 2년1097에 8세의 나이로 흥왕사興王寺에서 대각국사 의천義天, 1055~1101에게 출가하여 이듬해 머리를 깎고 불일사佛日寺에서 구족계를 받고 학문에 정진하였다. 숙종 10년1105에 그는 왕으로부터 승통과 아울러 '복세'福世라는 호를 받았다. 이후 징엄은 이름이 널리 알려진 개경의 흥왕사興王寺, 홍원사弘圓寺, 연기의 중광사重光寺, 논산의 개태사開泰寺, 김제의 귀신사, 충주의 숭선사崇善寺 등 사찰의 주지를 역임하였다.

인종 즉위 원년1122에 왕명에 의해 징엄은 오교도승통五教都僧統이 되었으나 이자겸李資謙의 횡포를 보고 귀신사로 은퇴하였다. 아마도 이 때 그는 귀신사를 크게 중창하였던 것으로 짐작된다. 조선 후기 무경 자수가 지은 「전주 모악산 귀신사 사적사인」1738에는 "이 절은 또한 옛 신라시대부터 시작되었다. 원명圓明대사 징엄이 명산을 두루 돌아다니시면서 기특한 터를 살피셨는데, 곤륜산의 정맥이 모악산에 이르고 영취산의 신령한 근원이 굴령崛嶺에 사사로움이 없어서 경계마다 팔백八百의 비보처가 될 뿐만 아니라 넓은 터가 삼천三千의 안거가 될 만하였다"27고 적고 있다.

이처럼 국신사는 의상이 초창은 했지만 통일신라 하대를 거치면서 쇠락을 면하지 못하였다. 고려 중기에 이르러 원명 징엄은 이곳 모악산 자락의 '기특한 터'를 확장해 오늘날의 귀신사까지 확장했던 것으로 짐작된다. 당시 귀신사는 현재의 북원뿐만 아니라 건너편의 남원, 내지 동쪽의 동원과 서쪽의 서원으로 구성된 대가람으로 자리했을 것으로 추정된다.28 징엄은 이때 국신사의 사명을 이 절의 지형이 '구순혈형'狗脣穴形이라는 풍수지리설을 받아들여 '구순사'狗脣寺로 바꾸었다. 그리고 그는 이 절을 대대적으로 개창하였다.

당시 이 절의 중심 권역은 정확히 비정할 수 없으나 현재의 귀신사 남쪽 400미터 떨어진 곳에 청도리 마을 들판에 서있는 귀신사 부도 1기와 귀신사 서쪽의 대나무숲 너머 모악산으로 넘어가는 길 가의 경사지에 자리한 청도리 3층석탑 등은 당시 이 지역까지 귀신사의 권역이었음을 암시해 준다. 당시 징엄은 귀신사에 머물다가 다시 왕명을 받고 흥왕사로 옮겨가 종풍을 크게 떨쳤다. 의천의 제자였던 그는 화엄학 뿐만 아니라 천태교학에도 학문이 깊었다.29

13세에 우세승통祐世僧通이 되었던 스승 의천은 화엄가였다. 그러면서

---

27 無竟 子秀,「全州 母岳山 歸信寺 事蹟詞引」,『無竟集』(『한불전』 제9책, p.398중).
28 여러 원으로 구획된 사찰은 개경의 흥왕사와 김제의 금산사가 대표적이다. 당시 귀신사가 동남서북의 4원으로 구획된 사찰이었는지 확정할 수는 없다. 다만 조선시대 문인들의 시에 나타난 북원과 무경 자수의「全州 母岳山 歸信寺 事蹟詞引」에 1592년 임진왜란으로 불탄 사찰을 2년 뒤인 1594년에 "옛터를 옮기고 새 자리를 잡으니 산세가 첩첩하여 기상이 훨씬 빼어나고"라는 표현과「대법당성조연화질」(1823)에서 현재의 귀신사로 절터를 옮긴 대적광전 등을 통해 현재의 북원 이외에 이전의 남원 등 2원 이상의 구획으로 배치된 사찰이었음을 추정해 볼 수 있다.
29 조선총독부 편,『朝鮮金石總覽』권상(서울: 아세아문화사, 1976);『고려사』; 劉燕庭 편,『海東金石苑』.

도 그는 중국 송나라에 들어가 당시 법장계 화엄의 대가였던 진수 정원晋水淨源과 교유하면서도 천태 지자대사의 탑비를 참배하고 해동으로 돌아가 천태종 창종을 발원하였다. 의천은 또 천태학의 대가였던 자변 종간慈辯從諫 등을 만나 천태학을 공부하고 천태학이 지닌 의미와 가치를 흡수하였다. 고려로 돌아온 의천이 분황사에서 분황 원효617~686의 제문을 쓰면서 강조한 '통방학'通方學 즉 '모든 학문의 방면에 환하게 깨달아 알고자 했던 것'처럼 말이다.

의천의 제자였던 징엄 또한 스승의 학풍을 이어 화엄학과 천태학을 함께 수학한 것으로 추정된다. 그리하여 그는 화엄학 뿐만 아니라 천태학까지 아우를 수 있는 학문적 지평을 확보하였던 것으로 이해된다. 징엄이 이러한 화엄학과 천태학을 함께 수학했던 무대가 바로 왕실로부터 떨어져 공부에 몰입할 수 있는 이곳 구순사 즉 귀신사였던 것으로 짐작된다. 그는 인종 19년1141 4월 21일에 나이 52세, 법랍 44년으로 입적하였다. 왕은 그를 국사로 추증하고 시호를 원명圓明이라 했다.[30]

고려 중후기의 익재 이제현1287~1367은 중서시랑평장사 김부식1075~1151이 지은 "귀신사歸信寺와 각화사覺華寺의 비문은 겉치레를 꾸민 것이 아니라 스스로 일가를 이루고 있다"[31]는 평가를 남기고 있어 당시 귀신사가 왕실과 긴밀한 사찰이었음을 시사해 주고 있다.

살펴본 것처럼 구순사 즉 귀신사의 사격이 본격화되어 현재의 터까지 확장된 것은 국신사 즉 귀신사에 주석하면서 이 절을 중창하였던 징엄에 의해서라고 할 수 있을 것이다. 징엄의 주석에 의해 구순사 즉 귀신사는 의천계 화엄사찰로 자리매김되었고 왕실과 깊은 관계를 형성하였다.

---

[30] 李智冠P ü, 「開城興王寺圓明國師墓誌銘」, 『역대고승비문 - 고려편』 3(서울: 가산불교문화연구원, 1996), pp.225~234.

[31] 李齊賢, 『益齋集』, 「櫟敎漸說」, 後集 2. 경북 봉화군의 覺華寺는 신라의 원효가 인근의 '南華寺'를 옮겨 '남화사'를 생각한다는 의미에서 '覺華寺'라 했다고 한다.

3. 고려 현오국사 종린의 화엄학 형성 무대

고려 중기에는 원명국사 징엄의 국신사 즉 구순사 주석에 이어 현오국사 종린玄悟宗璘이 이 절에 머물렀다. 당시 인종은 대각국사 의천의 화엄종을 계승할 인물이 없을까를 염려하였다. 종린은 왕족으로서 인종 17년1139에 인종의 명으로 13세에 의천의 제자인 원명국사 징엄에게 출가하여 불일사에서 2년 뒤에 구족계를 받았다. 그는 의종 즉위 원년1146에 수좌가 되어 귀법사와 부석사 등의 주지를 역임하였다. 종린은 항상 청빈한 생활로 종풍을 선양하여 일대의 신망을 받았다. 뒤에 그는 승통이 되고 의종의 초청으로 내전에 들어가 의종의 아우 충희冲曦(뒷날 元敬국사)를 출가시켰다.

스승 징엄에 이어 구순사 즉 귀신사의 주지를 맡은 그는 이 절의 사격을 드높인 것으로 추정된다. 뒷날의 「귀신사 중수기」1823에서 "이 절은 거대한 사찰로서 한 나라에 울리게 되었으니, 금당 아홉 채, 종루 여덟 채, 요사 아흔 칸, 부속 암자 아흔 아홉 곳이다"는 표현은 종린이 주지 소임 때에 확립한 사격에 근거한 표현으로 짐작된다. 아마도 왕실의 후원과 입적 후에 국사로 추증될 정도로 그의 종풍과 신망은 이 절의 사격을 드높였을 것으로 이해된다. 「중수기」는 이후 여러 차례의 중수를 거치면서 "옛날 금당 아홉 채 가운데 한 채만 남아 있으니 그 하나가 곧 귀신사다"고 하였다.

살펴본 것처럼 국신사 즉 귀신사는 창사 이래 고려 중기에 이르러 추존된 원교국사 의상, 원명국사 징엄, 현오국사 종린 등이 한 때에 주석하던 사찰이었다. 특히 왕자 혹은 왕손 출신이자 뒷날 국사로 추증될 정도의 존재감을 지닌 징엄과 종린이 머물던 사찰이었다. 바로 이 점에서 구순사 즉 귀신사는 왕실과 긴밀한 사찰이었음을 알 수 있다. 징엄에 이은 종린은 금당 아홉 채, 종루 여덟 채, 요사 아흔 칸, 부속 암자 아흔 아홉 곳에 이를 정도의 대찰로 발전시켜 구순사 즉 귀신사의 사격을 높였던 사실을 반추해 준다.

명종은 즉위 이후 종린을 존경하여 내전에 청하여 만수滿繡가사와 함께 '좌세'佐世라는 호를 내렸다. 그는 화엄에 밝았으며 명종 9년1179에 나이 53세, 법랍 40년으로 입적하였다. 이후 명종에 의해 현오국사라는 시호가 내려졌다. 이지명李知明이 글을 지어 명종 15년1185에 세운 비가 경기도 용인군 서봉사瑞峰寺 옛터에 남아 있다.[32]

"금당 아홉 채, 종루 여덟 채, 요사 아흔 칸, 부속 암자 아흔 아홉 곳이었다"는 「귀신사 중수기」1823에서 언급한 것처럼 고려 중기 이래 이 절에는 건물과 암자가 즐비하였다고 전한다. 하지만 고려 말에 이르러 왜병의 주둔을 계기로 귀신사는 사격이 현저히 쇠락하였던 것으로 짐작된다.

> 왜병 300여 기騎가 또 고차古車와 태산泰山 등 고을에 침입하여 관사를 불태웠다. (병마사) 유실柳實이 이들을 추격하다가 부령 김현백金玄伯, 사인舍人 민중죽閔中竹이 전사하였다. 유실이 물러나와 진을 치니 적이 밤을 타서 포위하였다. 고려 군사들이 놀라 무너지고 유실은 겨우 몸만 탈주하니 적이 드디어 전주全州를 함락하였다. 유실이 이들과 더불어 싸우자 불리하다고 생각한 적이 물러나 귀신사에 진을 치자 유실이 이들을 쳐서 물리쳤다.[33]

『고려사』의 기록처럼 고려 말 우왕 2년1376 무렵에 왜병 3백여 기騎가 고차와 태산 고을을 침입하여 관사를 불태운 뒤 이곳을 관할하는 전주

---

32 朝鮮總督府 편, 『朝鮮金石總覽』 권상(서울: 아세아문화사, 1976); 『고려사』; 李智冠 P îu, 「龍仁瑞峯寺玄悟國師碑文」, 『歷代高僧碑文-高麗編』 3(서울: 가산불교문화연구원, 1996), pp.469~486, 참조.
33 『高麗史』 제112권, 「열전」 25, 諸臣 柳實.

성까지 함락하였다. 병마사 유실이 공격하자 전세가 불리했던 왜군은 귀신사에 진을 치고 한동안 주둔하였다. 이에 병마사 유실柳實이 군대를 이끌고 와서 이들을 격퇴하였다.[34]

당시 귀신사는 왜병 300여 기가 머물 정도로 일정한 사격을 유지했던 것으로 보인다. 하지만 고려군과 왜병의 전투가 이뤄지면서 사세가 급격히 기울었던 것으로 보인다. 더욱이 여말선초를 거치면서 불교지식인들 대부분이 유교지식인들로 탈바꿈하면서 구순사 즉 귀신사의 사격도 더욱더 쇠락한 것으로 이해된다.

IV. 여말 선초 이래 조선시대 귀신사의 존속과 폐사

1. 유자 문인들의 방문 기록

창사 이래 의상계 화엄의 전교사찰이었던 국신사는 고려로 들어서면서 의천계 화엄사찰이 되었다. 고려 중기 이래 뒷날 국사가 된 왕자 출신의 고승들이 구순사 즉 귀신사에 머물렀듯이 이 절은 왕실과 긴밀했던 사찰이었다. 살펴본 것처럼 국신사를 창사했던 의상의 원교국사 추증에 이어 구순사 즉 귀신사의 사격을 드높였던 징엄의 원명국사 추증 그리고 스승 징엄에 이어 이 절에 주석했던 종린의 현오국사 추증은 이 절의 위상을 드높여 주었다.

이처럼 왕실의 지원과 후광을 받은 구순사 즉 귀신사는 고려 중후기까지 여러 채의 건물과 암자를 거느린 대찰로서 존재해 왔다. 하지만 고려 말에 이르러 이 절은 점차 퇴락하여 사격이 미미해졌던 것으로 추

---

34 『東國輿地勝覽』金堤篇. 禑王 2년(1376)

정된다. 전통적으로 사찰을 창건하고 불사를 주도한 것은 승려였다. 그런데 여말 선초 이래 성리학을 통치이념으로 삼았던 조선시대에 관련된 귀신사의 중요 연혁은 사료가 부족하여 재구하기가 쉽지 않다. 특히 15~16세기 귀신사의 존속과 폐사 시기의 흐름과 역사적 맥락을 드러내기가 여의치 않다.

이 때문에 조선 전기의 귀신사 승려들에 대한 기록을 확보하기 어려워 이 시기는 귀신사를 방문한 이들을 중심으로 서술할 수밖에 없다. 연산군과 성종조에 귀신사를 방문한 설잠(김시습)과 명종 조에 귀신사에 주석한 능조 상인을 제외하고 구체적으로 드러나는 불교 인물이 확인되지 않고 있다. 다만 귀신사 관련 시편을 남긴 윤진, 설잠(김시습), 유홍, 이기발 및 산문 기록을 남긴 유세무, 이하곤 등은 당시 이 절의 사격과 모습을 부분적으로나마 전해주고 있다.

1) 귀신사 관련 시
(1) 윤진

고려 말의 문인이었던 윤진은 어느 날 귀신사를 방문하여 다음과 같은 시를 남겼다. 이 시에 나오는 대밭은 귀신사가 관리하는 곳이었다. 여기서 '북원'이라면 '북쪽 사원'으로 이해되며 드넓은 사찰 권역 중 당시 귀신사는 지형상 가장 북쪽에 있었던 절로 짐작된다. 그렇다면 현재의 귀신사 아래 마을 청도리의 들판에 서있는 부도 1기나 모악산으로 넘어가는 서쪽 길가 너머의 청도리 3층석탑 등은 당시 이 일대가 모두 동원-남원-서원-북원의 귀신사를 포함한 아홉 개의 사찰이 펼쳐져 있던 절터였던 것으로 추정된다.

북원의 대밭에 바람이 솔솔 불어
남창을 바라보니 만 겹 산이 아득하네

솔나무 돌길 지나 절 내로 들어가니
우연히 고승에게 한가함을 얻었네.[35]

— 윤진尹珍, 「귀신사」歸信寺

고려 후기의 문신이었던 윤진은 우왕 8년1382년 판후덕부사判厚德府事로서 동지공거同知貢擧가 되어 유량柳亮 등 33인의 진사를 선발하였다. 1386년에 그는 찬성사로서 밀직부사 이희번李希蕃과 함께 명나라 사신으로 파견되어 세공歲貢을 감소시켜준 데 대해 사례하였다. 1388년에 윤진은 문화찬성사文化贊成事가 되었다.[36] 그는 북원인 귀신사를 방문하여 귀신사의 고승에게서 차를 얻어 마시고 모처럼 한담을 나누고 시 「귀신사」를 지은 것으로 보인다. 고려 말까지만 해도 귀신사에는 문신 윤진과 겨량할 수 있는 고승이 상주한 사찰이었음을 알 수 있다.

(2) 설잠 (김시습)

유교 성리학을 정학으로 삼았던 조선시대에 불교의 위상과 지위는 전 시대와 확연히 달라졌다. 태조와 정종 이래 왕위에 오른 태조는 고려 이래 11종을 7종으로 조정하였다. 세종 또한 7종을 선교 양종으로 통합하였다. 청한 설잠1435~1493 즉 매월당 김시습은 5세에 세종을 만나 시를 읊었고 세조의 찬탈에 직면하여 생육신으로서 출가와 재가를 넘나드는 삶을 살았다. 그가 귀신사를 찾았을 때는 이미 이 절은 '옛 터'墟만 남아 있었던 것 같다. 설잠은 '귀신사'에 들러 시 한 편을 남기고 있다.

가을 풀 가득한 곳 석양 중에 와보니

---

35 尹珍, 「歸信寺」, 『新增東國輿地勝覽』, 全州府, 歸信寺. "北院颼颼百竿竹, 南窓縹渺萬重山, 松關石路過溪入, 偶對高僧暫得閑."
36 한국정신문화연구원 편, 『한국민족문화대백과사전』 인물 '尹珍'.

> 홀로 선 빈산에서 생각은 끝없어라
> 돌탑은 무너진 채 꽃비만이 내리고
> 깨진 비석 들풀에 엉켜있는 듯하네
> 얼마간의 성패야 흘러가는 물 같은 것
> 옛날에도 관하에서 기러기를 보냈지
> 세상의 흥망이 모두 이와 같을까
> 기다리지 못하고 천공에게 물어보네.[37]
>
> — 청한 설잠, 「귀신사허」歸信寺墟

설잠은 세종으로부터 5세 신동으로 평가받았지만 수양대군의 찬탈을 맞아 출사 대신 출가를 거듭하며 자유분방하게 살았다. 이후 그는 효령대군의 요청을 받아 불전의 편찬에도 참석하였다. 설잠은 불도유 삼교뿐만 아니라 한문학과 한의 및 풍수 등에도 조예가 깊었다. 그는 결혼과 환속을 두 차례 했으나 '설잠'이라는 법명으로 가장 긴 생평을 살았기에 유자 문인으로 한정하기는 어렵다. 설잠은 수많은 시편과 저술 등을 남겼으나 생육신으로서의 그의 생은 불행하였다.

그가 전국을 '거칠게 떠돌며'宕遊 남긴 사유록四遊錄인 「탕유관동록」, 「탕유관서록」, 「탕유호남록」, 「유금오록」 중 「탕유호남록」에 실린 이 시는 완성도가 높은 시라고 할 수 있다. 설잠은 어느 날 귀신사 언덕에 올라 홀로된 빈 산을 체감한다. 무너진 돌탑에 꽃비가 내리고 들풀에 엉켜있는 깨어진 비석을 본다. 폐사된 절터에서 설잠은 흘러가는 불교의 흥망성쇠를 바라보면서 기다리지 못하고 하늘에게 물어본다. 이처럼 설잠 당시 귀신사는 이미 폐사가 되어있었던 것으로 보인다.

---

37 雪岑, 「宕遊湖南錄」, 『梅月堂集』 제11권. '歸信寺墟'. "煙埋秋草夕陽中, 獨立空山思不窮, 壞塔已無花雨瑞, 斷碑猶帶薜蘿叢. 幾年成敗隨流水, 千古觀河送去鴻, 世上興亡皆若此, 不須懷糈問天公."

(3) 유홍

연산군의 선교 양종 폐지와 중종의 법전 위의 '도승'조 삭제 등으로 불교는 법적 근거를 잃은 채 무종무파의 시대가 되었다. 명종 때 중종의 계비인 문정대비가 15년간 수렴청정을 하며 발탁한 허응 보우1506?~ 1565에 의해 승과 복원을 시도하여 불교의 존재감을 확보하였고, 도승度僧 실시와 도첩度牒 부여를 통해 승려들의 지위 향상을 도모했다.[38] 이 과정에서 청허 휴정1520~1604과 사명 유정1544~1610이 승과를 통해 허응 보우 이후 불교를 대표하게 되었다.

조선 중기의 유홍兪泓, 1524~1594[39]은 선조 때 전라도 관찰사都事로 근무하였다. 그는 어느 날 귀신사를 방문하여 능조能祖 상인과 시로 대작하였다. 상인은 지혜와 복덕을 갖춘 승려를 높여 부른 말이다. 당시 귀

---

38 高榮燮, 「허응 보우와 불교 중흥」, 『한국불교사궁구』 2(서울: 씨아이알, 2019), p.36.
39 한국정신문화연구원 편, 『한국민족문화대백과사전』, 인물 '兪泓'. 유홍은 1549년(명종 4) 사마시에 합격하고 1553년 별시 문과에 급제, 승문원 정자·典籍·지제교·持平·掌令·집의 등 문관 요직을 역임하였다. 1557년 강원도 암행어사로 나가 민심을 수습하고, 1563년 권신 李樑의 횡포를 탄핵하였다. 이듬해 試官으로 李珥를 뽑았으며, 1565년 文定王后 喪事 때에는 山陵都監으로 治山의 일을 맡았고, 춘천부사가 되어서는 선정을 베풀어 선정비가 세워졌다. 1573년(선조 6) 함경도병마절도사로 회령부사를 겸했고, 그 뒤 개성부유수를 거쳐 충청·전라·경상·함경·평안도의 관찰사와 한성판윤 등을 역임했다. 1587년 명나라에 사신으로 가서 이성계가 고려의 권신 이인임(李仁任)의 아들로 잘못된 것을 바로잡았으며, 1589년 좌찬성으로서 판의금부사를 겸해 정여립(鄭汝立)의 역옥(逆獄)을 다스렸다. 이러한 공으로 1590년 宗系辨誣 1등, 討逆 2등에 策勳되어, 平難功臣 호를 하사받고 輔國崇錄大夫·(杞城府院君에 봉해졌으며, 이조판서·우의정에 올랐다. 1592년 임진왜란 때 선조를 호종했고, 평양에서 세자(뒤의 광해군)와 함께 종묘사직의 신위를 모시고 동북방면으로 가 도체찰사를 겸임하였다. 그리고 伊川에서 격문을 여러 도로 보내 각 도의 의병들을 격려, 지휘해 방어태세를 갖추었다. 이듬해 왜적이 서울에서 물러나자, 먼저 서울에 들어와서 불탄 도성을 정리하고 전재민을 구호하는 데 힘을 기울였다. 1594년 좌의정으로서 해주에 있는 왕비를 扈從하다가 客死하였다. 성품이 중후관대하고, 의리를 위해 기개를 굽히지 않았으며, 시문에 뛰어났고 장서가 많았다. 유저로는 『송당집』 4권이 있다. 시호는 忠穆이다.

신사에는 유홍과 대작할 수 있는 능조 상인이 주석하고 있을 정도로 일정한 사격을 갖추고 있었던 것으로 짐작된다.

> 걸음 옮긴 내가 운을 떼어
> 능조 상인과 나누었네
> 가는 비는 숲 기슭을 품고
> 선창禪窓은 그림자를 세우네
> 새는 산 울린 뒤 고요하고
> 향불은 다 타고 온기만 남았네
> 몸은 다생의 업을 벗어나고
> 마음은 불이문을 넘어서네
> 호계에서 한번 웃음을 멈추니
> 귀거래사의 시혼이 떠오르네.[40]
>
> — 유홍, 「귀신사」歸信寺

유자였던 유홍은 비오는 어느날 귀신사를 방문하여 능조 상인과 대작하였다. 이 자리에서 그는 중국 여산의 동림사에서 두문불출하던 불교의 선사 여산 혜원廬山慧遠이 친한 벗인 도가의 도연명陶淵明과 유가의 육수정陸修靜을 배웅하다 절 앞의 실개천인 호계를 넘어서 버린 호계삼소虎溪三笑를 연상하고 도잠의 「귀거래사」를 떠올린다. 유홍의 이 시에는 불이문이 등장하고 있다. 불이문이 있었다는 것은 당시 귀신사에는 사찰의 일주문 - 천왕문 - 불이문(해탈문) - 대웅전으로 이어지는 일정한 사격을 지니고 있었던 것으로 보인다.

---

40 兪泓, 『松塘集』卷之一, 歸信寺 "步都事呼韻 別能祖上人 小雨藏林麓 禪窓樹影昏 鳥鳴山更寂 香盡火猶溫 身脫多生累 心參不二門 虎溪留一笑 歸去惱詩魂"

조선 전기의 설잠의 시가 묘사한 폐허의 귀신사와 달리 16세기 전후반기를 살았던 유홍의 시에는 불이문이 있었다고 쓰고 있다. 그렇다면 설잠 이후 임란 이전 명종조 전후에 귀신사에는 중창불사가 있었을 것이며 당시의 사격도 상당했을 것으로 추정된다. 1999년에 이곳 명부전 건립지에서 '가정'嘉靖 연호1528~1566가 새겨진 막새기와 조각이 발견된 것은 이를 뒷받침 해준다. 이들 기와는 신라시대의 복엽단판 연화문수막새편, 고려시대로 추정되는 당초문암막새편, 조선시대 연화문수막새편[41]이어서 이 시기에 귀신사가 한차례 중창된 것으로 추정된다.

(4) 이기발

귀신사는 1592년의 임진왜란 때 불탄 뒤 1594년에 중창을 하였지만 다시 세월이 흘러 퇴락하였다. 병자호란1636 때에 의병을 일으켰던 이기발李起浡, 1602~1662은 어느 날 저녁에 귀신사를 방문하고 하루를 자면서 「모숙귀신사」라는 시를 남겼다.

　　시냇물길 돌고 돌아 동네 어귀 깊고
　　옥소리 푸른 옥돌 성긴 숲 비추네
　　삼층 전각 하늘을 흔들며 위협하고
　　백척 섬돌 위태로워 땅에 멀리 닿았네
　　풍탑 한 등 저 멀리 그림자 흔들고
　　달빛 마당 소나무 대나무 그늘 홑네

---

41 전북대학교박물관·김제시, 『김제 귀신사』(전주: 전북대, 2002) 참조; 이경미, 앞의 글, pp.76~77 재인용. 귀신사 중창불사에 왕궁이나 대찰에서 사용하는 '막새'를 사용했을 정도로 일정한 위상이 있었던 것으로 추정된다. 이 시기는 중종의 계비이자 명종의 모후인 文定大妃의 垂簾聽政期와 겹쳐 귀신사가 왕실의 후원으로 중창되었을 가능성을 추정해 볼 수 있다.

가슴 속의 인간 망념 모두다 씻어내니
경쇠가 비로소 예불 소리 전하네.

— 이기발, 「모숙귀신사」暮宿歸信寺」

이 시에 의하면 이기발이 본 전각은 3층으로 묘사되어 있다. 당시 귀신사의 전각은 다른 전각이 없었고 오직 중층의 대적광전이 있었던 것일까? 아니면 3층의 미륵불전이 있었던 것일까? 몇몇 기록들을 통해 당시의 상황을 유추해 보면 그는 중층의 불전을 삼층의 불전으로 잘못 인식한 것으로 짐작된다.[42]

무경 자수의 「전주 모악산 귀신사 사적사인」1738은 임진왜란 이후 "국운이 바뀌고 천도가 돌아오자 우리 원종元宗 대왕께서는 천지의 큰 덕을 품으시고 일월의 서기를 여셨으며, 정도를 회복하고 자리를 잡으시어 폐단을 혁신하고 새롭게 일으키셨다. 공맹鄒魯의 유풍을 거듭 진작하시니 문물이 성대하였고, 문무의 자취와 사업을 따르니 명성이 하늘을 진동하여 모든 백성이 마땅함을 얻고 만물이 제자리를 잡았다. 팔도에 어명芝檢을 날려 일시에 청정 사찰을 보수하였다"[43]고 하였다. 여기서 원종대왕은 선조의 다섯 째 아들이자 인조의 생부인 정원군定遠君을 추존한 명칭이다.[44]

또 무경은 "순치 정유년1657에 선량한 사람善人이 간간히 나와서 여러 건물을 다투어 꾸미고, 큰 뜻을 품은 사람志士이 뒤를 이어 보전寶殿을 중수하였다. 이미 여러 일을 이루고 나자 여러 세대에 걱정이 없으리라

---

42 李起浡, 『西歸遺藁』卷之四, 暮宿歸信寺. "溪路回回洞口深, 玲瓏丹碧暎疎林, 三層構壯天遙逼, 百尺階危地逈臨。風榻一燈搖遠影, 月庭雙樹散淸陰, 胸中滌盡人間念, 磬子初傳禮佛音。"
43 無竟 子秀, 앞의 글, 앞의 책, p.398중하.
44 仁祖는 자신의 생모 啓運宮 具氏는 仁獻王后로 추존하였다.

여겼다. 뜻밖에도 사찰의 운이 어렵고 산문이 위태로워 청정한 곳이 날로 쇠퇴하고 재물이 해가 갈수록 남음이 없었다. 모든 일이 어긋나 황폐할 날이 닥치고 아무리 생각해 보아도 보존할 계책이 없었다"[45]고 당시의 상황을 적고 있다. 이처럼 귀신사는 거듭 중수가 이루어졌으나 여전히 사찰이 퇴락해 유지가 쉽지 않음을 보여주고 있다.

2) 귀신사 관련 산문
(1) 유세무

조선 명종 때에 유세무柳世茂가 귀신사를 방문해 행패를 부린 기록이 실록에 남아 있다. 이 기록은 유자인 유세무가 불교 예법을 존중하지 않고 절 앞에서 말을 먹이고 절에 들어가 쉬려할 정도로 행패를 부렸던 것으로 보인다.

"유세무가 전주 귀신사 앞에서 말을 먹이고 절에 들어가 쉬려 하였더니, 지음승持音僧이 몽둥이를 든 백여 명의 무리를 거느리고 나와서 유세무의 멱살을 잡고 풀갓草笠을 찢으며 구타하려 하였다."[46]

여기서 지음승은 의례를 이끄는 범패승들이다. 아마도 당시 귀신사는 지음승 백여 명을 수용해 의례를 거행할 정도로 일정한 사격을 갖추고 있었던 것으로 보인다. 그런데 1561년명종 16에는 승려 지영志永이 상언하여 귀신사에 주지住持를 둘 것을 요청하였으나 왕은 추고하여 죄를 다스리라는 신하들의 의견을 따랐다[47]고 전하고 있다.

---

45 無竟 子秀, 앞의 글, 앞의 책, p.398하.
46 『명종실록』 권14, 명종8년(1553) 3월 14일 기사. 뒤의 24일자에는 柳世茂를 때린 승려는 學錄이며 뒤에 허물을 推考당했다고 적혀 있다.
47 『명종실록』 권27, 명종16년 10월 22일.

고려 이래 왕실이 귀신사 주지를 임명해 주던 관례에 따라 명종 때 승려 지영이 주지를 왕에게 둘 것을 요청한 것일까? 문정대비의 섭정 이후 허응 보우의 제주도 순교 이후 새롭게 전개된 불교 정책에 의해 주지 발령이 멈춰진 것일까? 아니면 유세무를 때린 승려 학록學錄의 일로 귀신사 주지 또한 추고 당했기 때문이었을까? 하여튼 당시 귀신사에는 주지가 부재하였던 것으로 보인다.

무경 자수의 「전주 모악산 귀신사 사적사인」1738에 의하면 "만력 임진년1592에 왜구가 날뛰어 나라를 위태롭게 하고, 위아래로 포학하게 죽이고 해치며, 산림을 노략질하고 분탕焚蕩이 더욱 심하였다. 청정한 사찰이 연기와 재가 되고 불에 덴 승려들은 뿔뿔이 흩어졌다"[48]고 적고 있다. 기록에 의하면 당시 귀신사는 임진왜란을 맞아 폐사의 위기를 맞았던 것이다. 무경은 이후의 불사에 대해 다음과 같이 기술하고 있다.

"갑오년1594에 인연 있는 무리가 함께 와서 옛터를 옮기고 새 자리를 잡으니, 산세가 첩첩하여 기상이 훨씬 배어나고 시냇물이 콸콸 흘러 정신을 더욱 일깨웠다. 오늘을 헤아려 옛날을 견주니 안개와 노을煙霞의 기이함이 넉넉하고, 옛것을 끌어 새것을 증거하니 신룡神龍이 기뻐하였다. 곧바로 덤불을 베고 암벽을 자르며 흙을 쌓고 섬돌을 높였다. 먼저 부처님을 모시는 법당을 세우고 그 다음 승려들이 머무르는 요사채를 세웠다. 수놓은 서까래와 조각된 상인방은 난새와 학이 발돋움하여 날아오르는 듯하고, 중첩한 가름대欒木와 기둥은 천상의 옥빛 궁궐처럼 상쾌하였다. 그러나 세월이 오래 흘러 불전鷲殿의 들보와 서까래가 무너지고 풍우가 몰아쳐서 벌집蜂房난 들보와 기둥이 기울었다."[49]

---

48 無竟 子秀, 앞의 글, 앞의 책, p.398하.
49 無竟 子秀, 앞의 글, 앞의 책, p.398중하.

이 기록에 의하면 선조 25년 임진왜란이 일어나 불탄 사찰을 이년 뒤의 갑오년1594에 다시 '옛 터를 옮기고 새 자리를 잡아' 북원으로 절의 중심을 옮겨 중창하였다는 사실을 알 수 있다. 그렇다면 현재의 북원에 해당하는 귀신사 저 아래의 청도리 들판 일대의 동원-남원(부도 1기)-서원(청도리 3층석탑) 일대도 절의 권역이었음이 분명해 보인다.

(2) 이하곤

경종 때의 문인이자 화가였던 담헌 이하곤李夏坤, 1674~1724은 경종 2년 1722 11월 2일에 귀신사를 방문하여 이 절에 대한 기록을 남기고 있다.

"이르러보니 거찰이다. 다만 거처하는 승려는 적고 황락荒落함이 매우 심하다. 불전에 대적광전이라는 편액이 걸려있고 다섯 금부처를 봉안했는데 지극히 웅장하고 크다. 동쪽에 향로전이 있는데…"[50]

경종 당시 귀신사는 거찰이었지만 승려는 적고 퇴락함이 매우 심했음

---

50 李夏坤, 『頭陀草』 冊17, 雜著 南遊錄 壬寅; 한국정신문화연구원 편, 『한국민족문화대백과사전』, 인물 '李夏坤'. 이하곤은 1708년(숙종 34) 진사에 올라 정7품직인 세자익위사세마(世子翊衛司洗馬)와 세자익위사부수(世子翊衛司副率)에 제수되었으나 나가지 않고, 고향인 진천에 내려가 학문과 서화에 힘썼으며 장서가 1만권을 헤아렸다. 성격이 곧아 아첨하기 싫어하고 여행을 좋아하여 전국 방방곡곡을 두루 여행하였으며 불교에도 관심을 두어 각 사찰과 암자를 찾아다녔다. 그의 교유관계 중 당대의 유명한 시인이었던 이병연(李秉淵)과 서예와 문장으로 유명한 윤순(尹淳), 화가였던 정선(鄭敾)과 윤두서(尹斗緖)와의 교유는 특히 주목된다. 특히 그의 문집 중에 윤두서의 「자화상」과 『공재화첩』에 대한 기록, 정선의 여러 그림에 대한 화평, 당대 및 중국의 화가들에 대한 평 등이 있어 평론가로서도 중요한 위치를 차지한다. 유작 중 「춘경산수도」(간송미술관 소장)는 복사꽃이 핀 봄풍경을 연두와 분홍의 담채를 써서 묘사한 것으로, 필치는 세련되지 않으나 남종문인화풍(南宗文人畵風)을 보이며 정선의 초기 작품과 연관을 보여준다. 이밖에 「산수도」(국립중앙박물관 소장) 등이 전한다. 문집으로는 『두타초(頭陀草)』 18권이 있다.

을 알 수 있다. 또 대적광전이라는 불전과 금불 5구 그리고 향로전이 있었던 사실을 알려주고 있다. 비록 짧은 기록이지만 규모와 승려 숫자와 주요 불전 및 불상과 여타 전각에 대해 시사해 주고 있다.

이처럼 여말 선초 이래 조선시대 귀신사는 중수와 중창 및 보수와 개창을 겪으며 상당한 변모를 겪었음을 알 수 있다. 특히 임진왜란의 전화로 인해 폐사가 되었고 몇 차례의 중수와 중창 및 개창을 거쳐 사세를 회복하기에 이르렀음을 짐작해 볼 수 있다. 이러한 중수의 노력은 정부나 유자 문인들에 의해서가 아니라 모두 불자 승려들에 의해 가능했다.

그러면 귀신사의 명맥을 끊지 않고 이어준 불자 승려들에 의한 불사에 대해 살펴보기로 하자.

2. 불자 승려들의 중수와 중창

1) 염화拈花, 신허信虛, 덕기德奇, 도헌道軒의 중수

귀신사에 관한 현존 기록 중 가장 오래된 것은 「낙성문」1633이다. 이 글이 어느 전각의 '낙성문'인지는 정확히 알 수 없으나 시주질의 아난대시주 지호智浩비구부터 인등引燈시주 김봉수金鳳壽양주까지 29명, 서원질의 증명 처명處明부터 서원 학첨學沾까지 14명, 연화질의 반두 법찬法餐비구부터 화주 도헌道軒까지 13명에 이르는 명단에 근거해 보면 나한전의 낙성문으로 추정된다.

이 글은 전반부가 산일되어 자세히 알 수 없으나 현존하는 서두에는 염화와 신허의 중수에 대해 기술하고 있다. 뒤이어 덕기와 도헌의 중수도 거론하고 있다. 염화와 신허는 임진왜란의 전화로 폐사된 전각의 복원을 주도하였고, 나한전의 낙성 뒤에는 덕기와 도헌이 시주질과 서원질과 연화질을 마련하여 낙성문을 쓰게 한 것으로 추정된다.

증명證明의 처명處明을 비롯해 서원書員의 인균印均과 처심處心 등은 임진왜란과 병자호란 이후 불사를 주도하였던 부휴 선수계의 정계인 벽암 각성碧巖覺性을 따르던 이들로 추정된다. 낙성문의 후반부는 화주였던 도헌으로 끝맺고 있다. 이 「낙성문」은 임진왜란 이후 병자호란 직전 귀신사의 염화와 신허 및 덕기와 도헌 등의 화주에 의해 나한전이 복원되었음을 알려준다. 이 글이 나한전 것이 분명하다면 당시 귀신사의 중심 불전인 대적광전, 명부전, 나한전 등은 엄존했을 것으로 짐작된다.

2) 조열祖悅, 태학太學, 연한演閑, 두심斗璡의 중창

「영산전 결연문」1711은 1988년 10월에 영산전을 복원하면서 기존의 나한을 옮기던 중 부수어진 옛 나한전의 아난존자 복장에서 나온 것이다. 당시 주지 범현이 발견한 이 「결연문」은 아난존자상이 토조로 만들어진 것이며 영산전의 중수가 1711년에 이루어졌음[51]을 알려 준다. 여기에는 강희 51년(50년의 오기) 신묘년(임진년의 오기, 1711)에 중수를 시작하여 그 해에 완수한 것으로 보인다.

「결연문」에는 중수대시주 통정대부 견감牽鑑 비구, 중수대시주통정대부 각해覺海비구와 계한戒閑비구를 필두로 해서 공양주질의 혜연慧衍비구 외 3인, 서원질에 조열祖悅비구 외 4인, 대화주에 태학太學비구, 교학과 선리에 밝았던 증명에 연한演閑비구, 산중대덕에 혜종惠宗비구와 묘현妙玄비구, 노덕에 인화印和, 삼학三學, 삼강시임주지 희감希鑑, 수승 해관海寬, 삼포 인상仁祥, 지사 성능性能, 기료 선각先覺 등이 적혀 있다.

이 불사는 아마도 당시 서원질이었던 조열祖悅비구와 대화주인 태학太學비구가 주도하였던 것으로 짐작된다. 아울러 중창불사를 증명한 연한과 인화에 이어 팔상전 불사를 주도한 두심이 대표적인 인물이다. 한편 무경 자수는 「모악산 귀신사 팔상전기」1738에서 당시 귀신사에 머물러

---

51 범현, 앞의 책, p.117.

있던 두심에 대해 이렇게 평가하고 있다.

"두심은 실로 선림 가운데 학문과 덕행이 빼어난 선비秀士로 강원에서 가르치면 어두운 자의 눈과 귀가 열리고, 선원에서 말을 여의면 마음이 명경지수와 같았다. 사람을 인도할 때는 산속에서 나무를 재는 듯하였고, 사물의 이치를 깨칠 때는 수부싯돌에서 불을 얻은 듯하였으며, 덕은 맹수를 순종시키고 수행의 공은 오묘하였다. 일찍이 범왕의 집을 훌륭하게 짓고 다듬어 사람의 이목을 놀라게 했는데 그런 곳이 한두 군데가 아니었으나 오직 이 절에 더욱 힘을 쏟았다."[52]

또 "두심대사는 법문의 큰 공로자요 승단의 빼어난 분으로, 어려서부터 기개가 뛰어나고 자라서는 훌륭한 능력을 지녔다. 보방寶坊의 쇠잔함을 차마 보지 못하고 절 대중의 간청을 어기기 어려워 석장을 짚고 골짜기를 나섰다. 교화의 힘을 바람처럼 일으켜 사방 멀리 모연募緣하니 보시의 마음이 샘처럼 솟아 비단을 바치기도 하고 곡식을 시주하기도 하여 빈부를 헤아리지 않고 앞을 다투었으며, 소에 싣기도 하고 수레로 옮기기도 했는데 헌납이 뒤늦을까 저어하였다. 여러 일을 마칠 무렵 많은 장인工人이 다투어 와서 전각과 승방에 단청을 하고 그림과 불상을 그렸는데 이때가 강희康熙 정해년1707이었다."[53]

당시 두심은 학문과 덕행, 강학과 선수, 사람과 사물, 덕과 공을 아우르는 살림살이를 펼쳤던 것으로 보인다. 또 무경은 두심斗瑂은 "정해년 1707에 보방寶坊을 장엄하고 아울러 부처님의 모습을 꾸미니, 화려한 당

---

52 무경 자수, 앞의 글, 앞의 책, p.349.
53 무경 자수, 앞의 글, 앞의 책, pp.349~350.

과 그림의 모습이 모두 지극히 정미하여 옥찰玉刹과 금전金田을 화려하게 비추었다. 산과 시내도 빛을 더하여 성대하게 화성化城 가운데 머무는 듯하였는데 다만 빠진 것이 팔상八相이었다. 대사는 이에 개연히 다시 나와서 을미년1715 여름에 전각을 짓고 병신년1716 가을에 팔상을 만들었으니 청정한 곳이 이 때문에 더욱 아름다움을 다투어 하늘 그물帝網의 구슬 빛이 하늘 대궐天闕에서 상호 비추는 듯하였다"[54]고 적고 있다.

기록과 같이 두심은 정해년1707에 보방을 장엄하고 부처님의 모습을 꾸몄다. 을미년1715에는 여름에 팔상전을 짓고 가을에 팔상을 만들었다. 이 때 지은 팔상전이 곧 영산전이 아닐까 생각된다. 두심은 이전의 여러 차례 중수와 세월에 따른 타락을 보면서 중수하고 장엄하여 귀신사의 사격을 드높였다. 무경 자수의 두 기록은 두심의 학덕과 인품 및 그의 중창 불사를 알려주고 있다.

3) 성천性天, 봉학奉學, 수일受日, 정우正愚의 중창

「대법당성조연화질」1823은 종래 2층 7칸이던 중층법당을 단층 5칸으로 재건하면서 작성한 것이다. 당시 산중대덕 정암당 성천性天비구와 봉학奉學비구 및 수일受日/一비구가 중심이 되고 도감에 태임太妊비구, 별좌에 의륜義輪비구, 화주에 정우正愚비구, 근우謹宇비구, 의인義仁비구, 쾌우夬祐비구, 인정王仁玎비구가 맡았다. 특히 산중대덕인 성천, 봉학, 수일과 화주를 맡은 정우가 주도적으로 중창불사를 이끌었던 것으로 보인다.

편수질에는 도편수로 이동량李東良, 부편수로 승려 경해景海 외 출재가자 15명이 맡았다. 여기서 도편수都片手 즉 우두머리 목수였던 이동량은 당시에 귀신사 일대에서 전각을 도맡았던 민간 목수라는 점에서 주목

---

54 무경 자수, 「모악산 귀신사 팔상전기」(『한불전』 제9책, p.350)

된다. 병조판서司馬 김재풍[55]은 「귀신사 중수기」1823에서 신축년1712에 처음 중수사업을 벌여 옹정 갑인년1734에 끝냈다고 하였다. 그는 당시 옛날 금당 아홉 채 가운데 한 채만 남아 있었는데 그 하나가 곧 귀신사라고 하였다. 그 뒤 김재풍은 보수는 한 두 번에 그치지 않았다면서 강희 19년1680, 건륭 2년1734에 보수가 있었다고 기록하고 있다. 그러면서 그는 당시의 귀신사 상황에 대해 이렇게 묘사하고 있다.

"사찰은 날로 허물어지고, 승려는 날로 흩어져 떠나니 남아있는 것은 오직 이층 법우法宇 뿐이다. … 금일과 같이 중수하였다."

당시에는 종래의 2층 7칸의 전각이 이층 법우 즉 중층 법당으로 남아 있었다는 것이다. 그 사이에 절이 퇴락하면서 단층 5칸의 법당으로 줄인 대적광전이 남아 있었던 것이다. 장대했던 이층 법우가 단층 법우로 축소되었던 것은 당시 낡은 전각을 보수할 경제적 여건이 없었기 때문임을 시사해 주고 있다. 결국 귀신사의 사격은 급격히 쇠락해 갔던 것으로 보인다.

3. 선말 한초 이래 대한시대 주지들의 개창과 중수

1) 춘봉春峰, 殷德惇, 김보화金宝化, 김만송金萬松, 김강로金江露 의 개창

은덕돈은 21년간 귀신사의 주지1865~1886를 역임하였다. 그런데 이 소임 기간은 춘봉春峰이 고종 10년1873에 이 절을 중창하고 명부전을 중수

---

[55] 〈한국역대인물종합정보시스템〉, (2020년 5월 18일 검색). 「귀신사중수기」를 지은 金載豊(1771년~?)은 경주김씨 출신의 幼學으로서 35세 때인 1805년에 전주에 거주하며 '증광시 진사3등'으로 합격한 사람이다.

1884한 뒤 당시의 '구순사'를 지금의 귀신사로 이름을 바꾼 기간과 중복된다. 그의 주지 소임기간과 개창불사 과정으로 볼 때 춘봉의 본명은 은덕돈으로 추정되며 당시 장시간의 주지 소임을 통해 개창불사를 주도한 것으로 짐작된다.

은덕돈을 이은 김보화는 5년간 귀신사 주지1887~1902를 역임하면서 주석하였다. 김보화를 이은 김만송은 9년간 귀신사 주지1903~1914를 역임하면서 주석하였다. 김만송을 이은 김강로는 10년간 귀신사 주지1915~1925를 역임하면서 이 절에 주석하였다. 이들은 각기 선말 한초 이래 대한시대의 급변하는 국제정세 속에서 불교재산을 관리하고 불교신행을 이끌어가면서 간난과 노고가 적지 않았을 것으로 짐작된다.

특히 조선의 대한제국으로의 개명과 대한제국의 멸망 및 일본 총독부의 사찰령과 사찰령시행규칙에 따른 재산권과 인사권의 통제는 불교의 지형을 크게 압박했을 것이다. 이러한 상황 속에서도 이들은 불사를 이어갔다. 이들은 현재 법명을 알 수 없어 그 정체성을 자세히 알 수 없지만 출가 승려로서 사찰을 지키고 수행과 포교를 병행했을 것으로 추정된다.

2) 조종화趙鍾和, 정응회鄭應悔, 김시현金時鉉, 송상신宋相信의 중수

조종화는 2년간 귀신사 주지1926~1928를 역임하면서 주석하였다. 그는 주지 소임을 마치고 1937년소화12년에 조선총독부의 사찰령시행규칙에 따른 사찰재산목록을 제출하기 위해 「김제군 금산면 청도리 귀신사 인계목록」을 작성하였다.[56] 하지만 정작 이 목록은 6년 뒤인 1943년소화18년에 제출하였던 것[57]으로 추정된다. 이 목록을 통해 당시 귀신사의 지

---

56 1937년 이 시기는 김시현이 주지로 있을 때이다. 그렇다면 조종화는 김시현의 주시 시절에도 귀신사에 머물렀을 가능성이 있다.
57 1943년 이 시기는 송상신이 주지로 있을 때이다. 그렇다면 조종화는 송상신의 주지 시절에도 귀신사에 머물렀을 가능성이 있다.

형과 내용을 짐작해 볼 수 있다. 한글로 적은 그 목록은 아래와 같다.

건물부

1. 대적광전 : 조선식 목조 2. 명부전 3. 나한전 4. 요사

귀중품부

1. 비로자나불 1위-목조(좌형) 2. 약사여래 1위-목조(좌형) 3. 아미타불 1위-목조(좌형) 4. 석가여래 1위-목조(좌형) 5. 지장보살 1위-토조(좌형) 6. 도명존자 1위-토조(입형) 7. 무독귀왕 1위-토조(입형) 8. 판관 4위-토조(입형) 9. 귀왕 1위-토조(입형) 10. 동자 8위-토조(입형) 11. 녹사 2위-토조(입형) 12. 나한 6위-토조(좌형) 12. 사자 2위-토조(입형) 14. 시왕 10위-토조(좌형) 15. 칠성탱 1축-(괘안) 16. 신성탱 1축-(괘안) 17. 진안탑 1합-석조 18. 부도 1합-석조 18. 부도 1합-석조 19. 진압탑 2합-석조 20. 가섭존자 1위-토조도형(입형) 21. 아난존자 1위-토조도형(입형) 22. 석견 1합-석조(좌형)

비품부

1. 불기 4개 2. 향로 2개 3. 다기 2개 4. 柿합-2개 5. 식정 1개 6. 광금 1개 7. 요령 1개 8. 중종 1개 9. 법고 1개-우피 10. 목탁 1개-목재 11. 수술다라니판 1개-목재 12. 석학 1개-석조 13. 시계 1대-목재 14. 두야 1개-목재 15, 사인 1개-목재

소화18년¹⁹⁴³ 4월 12일
인계자 春田寬 인수자 國東孝一 입회자서기 金澤樂鍾[58]

---

58 범현, 앞의 글, 앞의 책, pp.120~122. pp.123~125에는 조종화가 사찰령시행규칙에

조종화가 작성한 「김제군 금선면 청도리 귀신사 인계목록」(1937년 작성, 1943년 제출)은 조선총독부가 시행한 사찰령과 사찰령시행규칙에 따라 총독부 앞으로 보내기 위해 작성되었다. 비록 조선총독부의 요구에 의해 작성한 사찰재산목록 작성이었지만 결과적으로 이 목록을 통해 당시 귀신사의 살림살이를 엿볼 수 있다.

조종화를 이은 정응회는 7년간 주지 1929~1936를 역임하면서 이 절에 주석하였다. 정응회를 이은 김시현은 3년간 주지 1937~1940를 역임하면서 이 절에 주석하였다. 그리고 정응회를 이은 송상신은 20년간 주지 1941~1961를 역임하면서 이 절에 주석하였다.

이들 모두는 일제 식민지 시절의 사찰령과 해방 공간의 적산의 처리 문제와 토지 개혁 그리고 6.25 전쟁과 분단시대 및 자유당 시절의 기독교 일변도의 정책 아래에서 시행된 불교 정책을 감내하면서 사찰을 지키고 불사를 이어왔던 주지들이다.

3) 추담秋潭, 金容順, 유금성, 혜견慧見(김춘희)의 불사

추담(김용순)은 25년간 귀신사 주지 1962~1987를 역임하면서 주석하였다. 그는 1915년 3월 27일에 태어나 익산군 웅포국민학교를 졸업하였다. 그는 1970년에 대적광전을 수리하였으며, 1978년에는 삼존불 개금불사를 시행하고 독성탱을 조성하여 봉안하였다. 1983년에는 대적광전을 해체 수리하였고 후불탱화를 조성하여 봉안하였다. 1987년에는 명부전을 보수하였다. 만년에는 경기도 소요산 자재암에서 머물다 입적하였다.

추담을 이은 유금성 주지의 임기를 알 수 없어 추담이 몇 년간 주지 소임을 맡았는지는 정확히 알 수 없다. 유금성은 추담을 이어 몇 년간

따른 「김제군 금선면 청도리 귀신사 인계목록」을 조선총독부 앞으로 제출하기 위해 소화 12년(1937) 5월 15일에 작성한 목록도표가 실려 있다.

귀신사 주지를 역임하면서 주석하였다. 그는 만년에 환속하였기에 귀신사 관련 기록이 자세히 남아있지 않다.

혜견(김춘희)은 4년간 귀신사 주지1988~1992를 역임하면서 주석하였다. 1992년에는 대적광전을 수리한 뒤 용타에게 귀신사를 인계하였다. 용타로의 인계는 종래 귀신사가 의상계-의천계-부휴계에 이어 금타-청화-용타-범현-무여로 이어지는 금타문중의 사찰이 되었음을 의미한다.

V. 귀신사의 사격 회복과 중흥 불사

1. 용타龍陀, 범현梵玄, 무여茂如의 중흥 불사

금타 문중을 이어가는 용타는 전남대 철학과 3학년 재학 중이던 1964년에 청화선사를 은사로 출가하였다. 그는 승려 신분으로 1966년부터 1974년까지 10여 년간 고등학교 독일어 교사를 하였다. 1974년부터 용타는 1983년까지 20안거를 성만했으며 1980년부터 동사섭 수련프로그램을 창안하여 현재까지 300여회에 달하는 법회를 열어 수행을 지도하고 있다.[59] 그는 1992년부터 회주로서 이 절에 주석하면서 동사섭 프로그램을 전국에 널리 보급하고 있다.[60]

용타의 제자인 범현은 경남 함양 용추사에서 용타를 은사로 출가하여 해인사와 태안사 및 실상사 백장암 등에서 정진하였다. 1992년 5월부터 주지를 맡아 귀신사의 복원에 힘썼다. 그는 귀신사의 이름이 부르

---

[59] 용타, 『용타스님의 행복노트』(서울: 행복마을, 2016). 앞날개 저자 소개. 현재 (재)행복마을 이사장, 성륜불교문화재단 이사장, 귀신사 회주 등을 맡고 있다. 주요저서는 『마음 알기 다루기 나누기』, 『10분 해탈』, 『공』 등이 있다.
[60] 근래에는 대한불교조계종의 공식 이수 프로그램으로 자리를 잡아 가고 있다.

기 좋지 않다고 하여 한동안 옛 이름인 '국신사'로 고쳐 불렀다. 그 뒤 다시 귀신사로 고쳐 현재에 이르고 있다. 범현은 1995년에 대적광전 뒤의 삼층석탑이 쓰러지자 완전 해체한 뒤에 복원하였다. 그는 1998년에 현재 요사 왼쪽 본래의 건물터에 영산전(나한전)을 새로 복원하였다. 범현은 귀신사의 복원을 위해 1998년에 『천 삼백년 고찰 호남의 화엄성지 귀신사』를 펴냈다. 또 그는 1999년에 대적광전을 수리하였고, 원광대학교 박물관에 명부전 건립지역 시굴조사를 의뢰하여 간략한 보고서를 작성하였다.[61]

무여는 2000년에 주지로 취임하면서 귀신사의 역사와 문화를 복원해오고 있다. 그는 먼저 대대적인 복원불사에 착수하여 대적광전을 중심으로 두고 2001년에 해우소를 신축하였다. 무여는 2002년 명부전 부지 384평 일부를 매입한 뒤 2003년에 명부전을 이전 신축하고 지장보살과 십대명왕 등 권속 일괄을 개금하고 개채하였다. 그는 2003~2005년에 대적광전의 전체를 해체하여 보수하였고, 2004년에 대휴당(요사채) 전체를 해체 복원하였다. 무여는 2007년에 귀신사 진입로를 정비하였으며, 소조비로자나 삼불좌상이 보물로 지정되었다. 그는 2009년에 설법전을 신축하였고, 2015년~2016년에는 소조비로자나 삼불좌상의 개금과 복장불사를 하였다.

무여는 2018년에 귀신사 종합정비계획을 수립한 뒤 2020년 5월 23일에는 한국불교사학회 한국불교사연구소와 「신라 화엄십찰 김제 귀신사의 역사와 문화」 집중세미나를 통해 귀신사의 사격을 회복하고 문화사찰로서의 정체성을 수립하기 위해 정진하고 있다. 그는 귀신사의 역사와 문화의 복원에 이어 그 보존과 활용을 위해서도 매진하고 있다.

---

61 원광대학교박물관, 「김제 귀신사 명부전 건립지역 시굴조사 약보고서」, 1999.

2. 역사와 문화의 복원과 계승

고중세에 왕실과 긴밀했던 귀신사의 역사와 문화의 복원을 위해서는 먼저 대대적인 발굴조사를 통해 귀신사의 권역을 확인하는 작업이 선행되어야 할 것이다. 종래 원광대학교 박물관의 명부전 건립지역 시굴조사1999와 전북대학교 박물관의 김제 귀신사 지표 및 시굴보고서에 따른 전각배치도2002를 참고하면서 각 권역과 권역, 건물과 건물 사이의 유기적인 관계를 조사해야할 것이다.

이러한 발굴조사를 토대로 귀신사의 권역이 확인되면 단계적으로 복원 불사에 착수하는 것이 순서일 것이다. 복원을 위한 재정은 국가의 지원을 비롯한 종단과 사찰의 화주로 이뤄질 수밖에 없을 것이다. 귀신사가 전북지역의 국민사찰로 자리매김 될 수 있다면, 나아가 우리나라 전역의 국민사찰로 자리매김 될 수 있다면 국민들의 후원으로 사찰의 복원이 이루어질 수도 있을 것이다. 그렇게 된다면 현존하는 화엄십찰과 각 교구본사의 사격에 걸맞는 복원이 이루어질 것으로 기대해 볼 수 있다. 역사와 문화의 복원과 계승은 역사와 문화의 가치와 의미에 대한 발견이 선행되어야 한다. 무릇 발견이란 새 것을 처음 찾아내는 것뿐만 아니라 옛 것이 지닌 가치와 의미를 재인식하는 것이기도 하다. 우리의 역사를 과거의 역사로만 볼 것이 아니라 현재와 미래의 역사로 확장해 본다면 역사는 늘 새롭게 써갈 수 있을 것이다.

역사와 문화의 중심인 인물은 역사의 주체이자 사상의 주체이다. 역사의 주체를 인물로 보는 한 역사는 끊임없이 계승되고 해석되어질 수 있다. 과거의 인물을 현재와 미래의 인물로 소환하기 위해서는 가치중립적 태도가 요청된다. 그러기 위해서는 과거의 한국사상을 수립한 철학자와 사상가를 오늘의 종교개념에 입각해 특정 종교인으로 가두지 않아야 한다.

VI. 국사들의 주석처와 귀신사의 위상 제고

한국불교 역사는 한국 역사와 함께 이루어져 왔다. 고대의 천신, 산신, 무속 신앙의 원류를 풍류도라는 큰 가슴으로 껴안은 불교가 한국 민족 정신의 본류가 되어 도교와 유교와 기독교의 지류에 흘려주어 왔다. 이 때문에 한국사가 천지인 삼재三才사상의 한우물로 이어져 왔다면, 한국불교사는 이 한우물을 불러 깨우는 마중물임이 분명하다. 마찬가지로 한국사상사가 삼재사상을 아우르는 풍류도風流道의 한우물로 이어져 왔다면 한국불교사상사는 이 한우물을 불러 깨우는 마중물임이 분명하다.

원교국사 의상, 원명국사 징엄, 현오국사 종린 등은 신라와 고려 이래 왕실과 긴밀했던 신라 화엄십찰 김제 모악산 귀신사에 주석하다 고려시대에 국사로 추증된 이들이다. 이들을 한국사상을 깊게 하고 넓게 한 철학자와 사상가로 본다면 이들의 살림살이와 사고방식을 통해 우리의 삶은 좀더 깊어지고 넓어질 것이다. 마찬가지로 귀신사를 찾아 교유하면서 시편을 남긴 윤진, 설잠, 유홍, 이기발 및 산문 기록을 남긴 유세무, 이하곤 등도 귀신사의 소중한 역사와 인물로 수용해야 할 것이다.

김제 모악산은 선말 한초 이래 풍수지리 도참설과 선천 후천 개벽설과 관련되어온 공주 계룡산과 함께 신흥종교의 발생지로서 주목되어온 산이다. 완주 위봉사와 김제 금산사와 함께 이 지역의 중심사찰인 귀신사는 중수와 중창 및 개창과 보수를 하면서 오늘의 사격을 유지해 왔다. 이 때문에 귀신사를 존재하게 한 염화와 신허 및 덕기와 도헌, 조열과 태학 및 연한과 두심, 성천과 봉학 및 수일과 정우正愚, 춘봉春峰, 殷德惇와 김보화金宝化, 김만송金萬松과 김강로金江露, 조종화趙鍾和와 정응회鄭應悔, 김시현金時鉉과 송상신宋相信, 추담秋潭, 金容順, 유금성, 혜견慧見(김춘희)의 살림살이가 더 조명되어야 할 것이다.

나아가 신라 화엄십찰 김제 모악산 귀신사의 사격 회복과 중흥 불사에 매진해 오고 있는 용타龍陀와 범현梵玄 및 무여茂如의 살림살이도 귀신사의 역사와 문화 및 인물로서 수렴하고 확장해 나가야 할 것이다. 그리하여 귀신사의 역사와 문화를 토대로 활용과 보존이 좀더 깊게 고민되고 보다 넓게 확장되기를 기대해 본다.

■ 참고문헌

佛陀跋陀羅 譯, 『大方廣佛華嚴經』(『대정장』 제9책, p.568하).
智儼, 『華嚴經搜玄記』(『대정장』 제35책, pp.62하~63하).
智儼, 『華嚴經孔目章』(『대정장』 제45책, p.580하).
崔致遠, 『唐大薦福寺故寺主翻經大德法藏和尙傳』(『한국불교전서』 제3책, p.775하).
崔致遠, 『唐大薦福寺故寺主翻經大德法藏和尙傳』, 『崔文昌候全集』 續集 傳, 성균관대 대동문화연구원(影印), 1972, pp.242~283.
『高麗史』 제112권, 「열전」 25, 諸臣 柳實.
無竟 子秀, 『無竟集』 권2(『한불전』 제9책, pp.385~386).

朝鮮總督府 편, 『朝鮮金石總覽』 권상(서울: 아세아문화사, 1976):
劉燕庭 편, 『海東金石苑』.
李智冠 교감역주,, 「開城興王寺圓明國師墓誌銘」, 『역대고승비문-고려편』 3(서울: 가산불교문화연구원, 1996), pp.225~234.
李智冠 교감역주, 「龍仁瑞峯寺玄悟國師碑文」, 『역대고승비문-고려편』 3(서울: 가산불교문화연구원, 1996), pp.469~486, 참조.
李齊賢, 『益齋集』, 「櫟敎漸說」, 後集 2.
雪岑, 「歸信寺墟」.
『東國輿地勝覽』 金堤篇. 우왕 2년(1376).
尹珍, 「歸信寺」, 『新增東國輿地勝覽』, 全州府, 歸信寺.
兪泓, 『松塘集』 卷之一, 歸信寺
李夏坤, 『頭陀草』 冊17, 雜著 南遊錄 壬寅; 한국정신문화연구원 편, 『한국민족문화대백과사전』, 인물 '李夏坤'.
李起浡, 『西歸遺藁』 卷之四, 暮宿歸信寺.

『명종실록』 권14, 명종8년(1553) 3월 14일 기사.
『명종실록』 권27, 명종16년 10월 22일.

권상로, 『한국사찰전서』상권(서울: 동국대학교출판부, 1979), pp.193~194.
權相老, 『新撰朝鮮佛教史』, 퇴경당전서간행위원회, 『퇴경당전서』 제8책, 1980년, p.960.
한국정신문화연구원 편, 『한국민족문화대백과사전』 인물 '尹珍'.
이정 편, 『한국불교사찰사전』(서울: 불교시대사, 1996), p.293.
범현 편저, 『천 삼백년 고찰 호남의 화엄성지 귀신사』(김제: 귀신사, 1998).
원광대학교박물관, 「김제 귀신사 명부전 건립지역 시굴조사 약보고서」, 1999.
전북대학교 박물관의 『김제 귀신사』(전주: 전북대, 2002), p.11.
김상현, 「新羅 華嚴學僧의 系譜와 그 活動」, 『신라문화』 제1호, 동국대학교 신라문화연구소, 1984.
김상현, 『신라화엄사상사연구』(서울: 민족사, 1991).
김복순, 『한국 고대불교사 연구』(서울: 민족사, 2002).
정병삼, 「8세기 화엄교학과 화엄사찰」, 『한국사상과문화』 제64집, 한국사상문화학회, 2011.
최연식, 「고려시대 院館 사찰의 출현과 변천과정」, 『이화사학연구』 제52호, 2016.
이경미, 『김제 귀신사 대적광전 해체·수리보고서』(서울: 문화재청, 2005), p.74, p.77.
용타, 『용타스님의 행복노트』(서울: 행복마을, 2016).

李九義, 「최치원의 『法藏和尙傳』 攷」, 『韓民族語文學』 제19호, 한민족어문학회, 1991, p.133.
이광우, 「화엄십찰연기설화연구」, 『불교어문논집』 제1호, 한국불교문학사연구회, 1996, p.120.
全海住, 「의상의 법성과 법계관 - 일승법계도를 중심으로」, 한국불교학결집대회 조직위원회, 『한국불교학결집대회논문집』 제1집 상권, 2002, p.369.
신정일, 「새로운 세상의 열망이 머물던 역사의 길: 김제 귀신사에서 원평까지」,

『국토』 2015.9, p.65.

배재훈, 「서울 은평뉴타운 '靑潭寺' 명문 기와 출토 건물지의 성격 검토-나말여초 화엄 십찰 한주 부아산 '靑潭寺' 특정 문제와 관련하여-」, 『서울과 역사』 101호, 서울역사편찬원, 2019.2.

高榮燮, 「허응 보우와 불교 중흥」, 『한국불교사궁구』 2(서울: 씨아이알, 2019), p.36.

〈뉴시스〉 2008년 5월 2일자. (2020년 5월 18일 검색).

〈한국역대인물종합정보시스템〉. 金載豊. (2020년 5월 18일 검색).

제2장

『삼국유사』의 원효와 의상
- 대중 속으로 들어간 '菩薩'(聖師)과 '如來'(法師) -

Ⅰ. 원효와 의상의 인상

Ⅱ. 일연의 원효와 의상 인식

Ⅲ. 『삼국유사』의 원효 인식

Ⅳ. 『삼국유사』의 의상 인식

Ⅴ. 원효像과 의상像의 정립과 유포

Ⅵ. 일연의 원효와 의상 소환과 고려불교 중흥

I. 원효와 의상의 인상

『삼국유사』1281~1283[1]는 한국인의 경전이자 수트라이다. 이 책에는 한국인들의 유전인자가 새겨져 있다. 찬자인 인각 일연麟角一然, 1206~1289은 전통과 역사에 대한 남다른 인식이 있었다. 그는 고조선[왕검조선]부터 고려 후기에 이르기까지 이 땅의 신화와 인물, 역사와 문화, 신앙과 수행, 서지와 기록, 민속과 설화, 시가와 향가, 기후와 풍토 등을 『삼국유사』에 담아내었다.[2] 일연은 우리 민족의 고전인 『삼국유사』에 고승과 성사, 왕과 왕비, 귀족과 서민, 관리와 노비 등 당대 역사의 주체들에 대해 섬세하고 폭이 넓게 담아내었다. 그리고 그가 담아낸 것들은 이후 한국인들의 정체성과 인식틀이 되었다.[3]

일연은 이 나라의 대표적 철학자이자 사상가인 분황 원효芬皇元曉,

---

[1] 권상로,「『삼국유사』를 읽는 이들에게」, 一然·권상로 역해, 『삼국유사』(서울: 동서문화사, 1978; 2010), p.18. 퇴경은 "『사기』의 상징적인 수정과 『유사』의 원형대로의 기록에는 커다란 탄력의 차이가 있어, 앞의 것이 뜨거운 물에서 건져낸 나물과 같은 데 비해, 뒤의 것은 논에 있는 미나리처럼 싱싱하다. 西述聖母와 正明國母, 政見母主 중 '성모 신앙'만 하더라도 『사기』는 이를 모른 체하고 지나갔는데, 『유사』는 이를 거두어 두고 있는 것이다. 우리 고대사의 신화학상, 성모의 지위가 얼마나 무겁고 크다는 것을 아는 사람이면 이것을 눈물겹게 고마워하지 않을 수 없을 것이다." "한 마디로 말해서, 옛 역사를 원형대로 보고 싶어한다면 『삼국유사』의 고마움을 깊이 느끼지 않을 수 없을 것이며, 고마워한다면, 그 까닭이 바로 괴탄하고 헛된 것에 있다는 것을 생각하지 않으면 안될 것이다. 『삼국유사』가 괴탄하지 않았다면 거기에 무슨 독특한 것이 있겠는가. 실로 괴탄하고 뒤섞여 어수선하다는 평을 듣게 되는 것이야말로 바로 『유사』로 하여금 고대사 연구에 독보적 위치를 차지하게 만든 점이 아닐 수 없다."

[2] 최남선,「삼국유사해제」, 『新訂三國遺事』(서울: 삼중당, 1943·1946). 필자는 『삼국유사』를 "우리 고대사를 혼자 감당하는 사서"로 평가하였다. 이후 『삼국유사』는 한국정신문화대백과사전이며 국학 혹은 한국학의 소의경전으로 평가받고 있다.

[3] 『삼국유사』와 『삼국사기』는 도쿠가와 이에야스[德川家康]의 요청에 의해 일본에 전래된 이래 1903년에 간행된 일본 동경대학 文科大學史誌 총서의 1번과 2번을 차지하고 있다.

617~686와 부석 의상浮石義湘, 625~702에 대해 주목하였다. 이들은 앞 시대의 원광圓光, 안함安含[4], 자장慈藏에 이어 신라불교가 무르익은 시기에 활동한 대표적 고승들이다.[5] 일연은 『삼국유사』의 5권 9편 138 조목[6] 중 12 조목에서 원효, 10 조목에서 의상에 대해 기술하였다.[7] 대개 원효와 의상은 한국의 '대표적 고승' 혹은 '역사의 라이벌'이라는 이름으로 사람들의 입에 널리 오르내려 왔다. 전국 유명 산악에는 원효봉과 의상봉이 있으며, 유명 사찰에는 분황사와 부석사, 유명 암자에는 원효암과 의상암, 유명 동네에는 원효리와 의상리 등이 있다. 이러한 명명은 원효와 의상의 살림살이와 사고방식이 넓었기 때문이다. 동시에 이들이 대중적인 인물이자 전국적인 인물이기 때문에 붙여진 이름이다.

원효와 의상은 8년 차이의 도반이다. 도반이란 진리의 길을 함께 가는 짝이다. 붓다는 일찍이 진리의 길을 가는 데에 '도반은 절반이 아니라 전부'라고 했다. 이것은 불교의 궁극인 성불의 길에서 도반이 절대적으로 중요하다는 뜻이다. 원효에게 의상은 진리의 길을 걷는 아우이자 스승이었다. 의상에게 원효는 구도의 길을 걷는 형님이자 스승이었다. 대개 이들 사이를 세간에서는 선배와 후배, 형님과 아우라고 부르지만 출세간에서는 한 스승 밑에서 공부하는 사형師兄과 사제師弟라고 부른다. 원효와 의상은 출가 당시 은사는 알 수 없지만 붓다라는 스승 밑에서

---

4 안함은 安弘과 異名 同人으로 추정된다.
5 文雅 圓測(613~696)은 3세에 출가하고 15세에 신라를 떠나 당나라를 무대로 활동하고 있었다.
6 138개 조목 이름의 命名은 일연 자신이 시인의 안목과 학자의 안목으로 명명한 것으로 이해된다.
7 一然이 元曉와 義湘 이외에 주목한 가장 많이 다룬 조목은 '皇龍寺'(3개, 皇龍寺 丈六, 皇龍寺 九層塔, 皇龍寺鐘 芬皇寺 藥師 奉德寺 鐘)와 '五臺山'(4개, 臺山 五萬眞身, 溟州 五臺山 寶叱徒太子 傳記, 臺山 月精寺 五類聖衆, 五臺山 文殊寺 石塔記)이다. 이런 점에서 일연은 원효와 의상 이외에 皇龍寺와 五臺山을 무대로 활동했던 慈藏(條目 이름 이외 11개 조목)에 대해서도 주목했다는 사실을 알 수 있다.

공부했던 사형이자 사제로서 서로를 상승시켜 준 도반이었다.[8]

지금까지 원효[9]와 의상[10]에 대한 개별 연구들은 적지 않았다. 학자들은 저마다 원효와 의상의 전모에 대해서 깊고 넓게 연찬하였다. 최근에는 이들에 대한 상호 관계를 조명하려는 시도들이 이루어지고 있다. 하지만 정작 일연『삼국유사』에 실린 원효와 의상을 함께 살펴본 연구[11]는 본격적으로 이루어지지 않았다. 이 글에서는『삼국유사』의 원효와 의상 관련 기록의 전수조사[12]를 통해 찬자 일연이 붓다의 중도(자비) 연기(지혜)를 자내화한 '실천적 지성인' 혹은 '지성적 실천가'였던 원효와 의상을 어떻게 이해하고 인식하였는지에 대해 구명해 보고자 한다.

---

8 국내에서 출가한 원효와 의상의 스승이 누구인지에 대해서는 잘 드러나 있지 않다. 元曉는 皇龍寺에서 卅채之年에 출가할 때 스승이 누구였는지 자세하지 않다. 일본 자료에 의하면 그가 진흥왕을 수행했던 '法藏'의 제자라는 기록이 보이지만 확실하지 않다. 義湘도 유가사찰이었던 皇福寺에서 卅歲로 출가할 때 스승이 누구였는지에 대해서 자세히 알 수 없다.
9 金煐泰,「전기와 설화를 통해 본 원효의 생애」,『불교학보』제22집, 동국대 불교문화연구원, 1978; 최병헌,「고려 불교계에서의 원효 이해 – 의천과 일연을 중심으로」,『원효연구논총』, 국토통일원조사연구실, 1987; 金相鉉,「고려시대의 원효 인식」,『정신문화연구』, 한국정신문화연구원, 1993; 진성규,「조선시대의 원효 인식」,『중앙사학』제10집, 중앙대 사학연구소, 1995); 석길암,「史實의 記述과 이미지의 記述 – '元曉不羈'조 읽기의 한 방법」,『신라문화제학술논문집』제33집, 경주시·신라문화선양회; 동국대학교 신라문화연구소, 2012.
10 高翊晉,「의상의 화엄사상」,『한국의 불교사상』(서울: 동국대출판부, 1987); 김두진,「의상, 그 생애와 사상」,『의상』(서울: 민음사, 1998); 정병삼,「의상, 시대적 삶과 실천」; 高榮燮(b),「의상 화엄은 성기사상이 아닌가」,『동아시아불교문화』제38집, 동아시아불교문화학회, 2021.12.
11 高榮燮(d),「분황 원효와 인각 일연의 화엄학과 선학 이해: '角乘 가풍'과 '莖草 선풍'을 중심으로」,『불교철학』제12집, 동국대학교 세계불교학연구소, 2023.4.
12 어느 심사위원은 고려전기 현종대부터 문종대까지의 시기에 최치원과 원효 및 의상이 어떻게 재평가되고 있는가라는 문제는 검토되지 않은 것으로 보인다며 이러한 부분에 대한 검토가 다음 연구에서 이루어졌으면 하는 바람을 가져본다고 하였다. 감사드린다. 이 연구는『삼국유사』를 중심으로 이루었졌지만 다음 연구에서는 이 문제에 대해서 다뤄볼 생각이다.

II. 일연의 원효와 의상 인식

『삼국유사』의 원효와 의상 관련 기록의 전수조사에 의하면 원효는 12개 조목, 의상은 10개 조목에서 관계 기사를 확인할 수 있다.[13] 이 숫자는 목차 속의 '원효불기'元曉不羈와 '의상전교'義湘傳敎 및 조목 이름의 '원효불기'와 '의상전교'를 뺀 통계이다.

여기서 주의할 것은 하나의 조목 안에는 1개뿐만 아니라 2개 내지 3개 등의 이야기가 있는 경우도 있다는 점이다. 그리고 원효와 의상 관련 기사 부분은 한 조목 안에서도 여러 군데에서 확인되고 있다. 이러한 점에 주목해 『삼국유사』를 보게 되면 원효와 의상에 대해 달리 보게 된다.

일연이 『삼국유사』의 전체 138개 조목에서 신라불교의 난숙기에 활동했던 원효(12개)와 의상(10개)에 대해 여러 차례 기술한 까닭은 어디에 있을까? 그가 1) 이들 인물이 보여준 인간 이해와 세계 인식에 깊이에 탄복해서였을까? 2) 원효와 의상이 남긴 저술의 세계와 수행의 깊이에 대한 높깊은 이해와 남다른 존경 때문일까? 3) 두 인물이 화쟁국사和靜國師)와 원교국사圓敎國師로 추존될 정도로 신라의 대표적 국사로서 보여준 면모 때문일까? 4) 이들이 고려 후기의 불교계가 직면한 현실을 극복하기 위해 불교 대중화의 역할 모델로서 호명하고 소환했기 때문일까? 이 두 사람은 불자들에 의해 각기 '보살의 후신'과 '여래의 화신'으로 호명되었다.

여기서 논자는 먼저 『삼국유사』의 원효 관련 기록의 전수조사를 통해 그 이유와 내용에 대해 살펴보기로 한다.

---

13 一然, 『三國遺事』(중종 임신본; 『한불전』 제6책; 『大正藏』 제49책, 史傳部1). 동경대 SAT DB(u-tokyo.ac.jp). 원효와 의상은 도반이다 보니 같은 조목에서 함께 거론되고 있는 경우가 있지만 두 사람 관련 기록 통계에서는 각기 분리해서 집계하였다.

〈표 1〉 원효 관련 기록 전수 조사

번호	권차와 편차 및 조목명	원효	기타
1	제1권 紀異 제2 太宗春秋公	(T2039)_49.0969c02-0971c17: 庾信先遣然起兵川等一人問其會期, 唐帥蘇定方紙畫鸞犢二物廻之, 國人未解其意, 使問於元曉法師, 解之曰, 速還其兵, 謂畫犢畫鸞二切也.	
2	제3권 興法 제3 原宗興法 猒髑滅身	(T2039)_49.0987c23-0988a01: 大淸之初。梁使沈湖將舍利。天壽六年。陳使劉思幷僧明觀奉內經幷次。寺寺星張塔塔雁行。竪法幢。懸梵鏡。龍象釋徒。爲寰中之福田。大小乘法。爲京國之慈雲。他方菩薩。出現於世[謂芬皇之陳那浮石寶蓋以至洛中五臺等是也.]。西域名僧。降臨於境。由是倂三韓而爲邦。掩四海而爲家。故書德名於天10鎮之樹。影神迹於星河之水。豈非三聖威之所致也[謂我道法興猒髑也]。	
3	제3권 興法 제3 寶藏奉老 普德移庵	(T2039)_49.0989a02-0989a09: 大安八年辛未, 祐世僧統, 到孤大山景福寺飛來方丈禮普聖師之眞. 有詩云. 涅槃方等敎, 傳受自吾師云云. 至可惜飛房後, 東明古國危. 跋云, 高麗藏王感於道敎, 不信佛法. 師乃飛房南至此山. 後有神人, 現於高麗馬嶺, 告人云, 汝國敗亡無日矣. 具如國史, 餘具載本傳與僧傳.	
4	제3권 興法 제3 東京 興輪寺 金堂 十聖	(T2039)_49.0989a19-0989a19: 西壁坐甲向泥塑 表訓 蛇巴 元曉 惠空 慈藏.	
5	제3권 塔像 제4 前後所將舍利	(T2039)_49.0994b26-0994c18: 浮石本碑. 湘武德八年生, 卯歲出家. 永徽元年, 庚戌與元曉同伴欲西入, 至高麗有難而廻.	
6	제3권 塔像 제4 洛山 二大聖 觀音 正聚 調信[14]	(T2039)_49.0996c03-0997c08: 後有元曉法師, 繼踵而來, 欲求瞻禮.	

(표 계속)

---

14 논자는 이 조목을 '十聖의 塑像'이라는 측면에서 「塔像」편 속의 조목으로 보지 않고,

번호	권차와 편차 및 조목명	원효	기타
7	제4권 義解 제5 二惠同塵	(T2039)_49.1004c05-1005a10: 今迎日縣吾魚寺. 諺云, 恒沙人出世, 故名恒沙洞 時元曉撰諸經疏, 每就師質疑, 或相調戲, 一日二公, 沿溪掇魚蝦而啖之, 放便於石上, 公指之戲曰, 汝屎吾魚, 故因名吾魚寺, 或人以此爲曉師之語濫也. 鄕俗訛呼其溪曰芼矣川.	
8	제4권 義解 제5 元曉不羈	(T2039)_49.1006a08-1006b27: 聖師元曉, 俗姓薛氏. 祖仍皮公, 亦云赤大公. 今赤大淵側, 有仍皮公廟. 父談捺乃末, 初示生于押梁郡南, 今章山郡. 佛地村北栗谷娑羅樹下, 村名佛地, 或作發智村, 俚云佛等乙村.	
9	제4권 義解 제5 義相傳敎	(T2039)_49.1006c03-1007a25: 法師義湘 …… 年二十九歲, 依京師皇福寺落髮, 未幾西圖觀化. 遂與元曉道出遼東, 邊戍邏之爲諜者, 囚閉者累旬, 僅免而還. 事在崔侯本傳及曉師行狀等.	
10	제4권 義解 제5 蛇福不言	(T2039)_49.1007a29-1007b15: 京師萬善北里有寡婦女, …… 因乎蛇童, 下或作蛇福 又巴(又)福等皆言童也. 一日其母死. 時元曉住高仙寺, 曉見之迎禮. 福不答配而曰, 君我昔日馱經牸牛, 今已亡矣 偕藏何如. 曉曰諾. 遂與到家, 令曉布薩授戒, 臨尸祝曰, 莫生兮其死也苦, 莫死兮其生也苦. 福曰詞煩, 更之曰, 死生苦兮, 二公輿歸活里山東麓, 曉曰, 葬智惠虎於智惠林中, 不亦宜乎. …… 曉乃還.	
11	제5권 感通 제7 廣德 嚴莊	(T2039)_49.1012b26-1012c17: 莊愧赧而退, 便詣元曉法師處, 懇求津要. 曉作錚[淨]觀法誘之, 莊於是潔己悔責, 一意修觀, 亦得西昇. 錚[淨]觀在曉師本傳, 海東僧傳中. 其婦乃芬皇寺之婢, 蓋十九應身之一德.	

(표 계속)

오히려 신라 불법 흥기의 주역들이라는 점에서 「興法」편 속의 조목으로 보고 있다.

번호	권차와 편차 및 조목명	원효	기타
12	제5권 避隱 제8 朗智乘雲 普賢樹	(T2039)_49.1015b01 - 1015c16: 元曉住磻高寺時, 常往謁智, 令著初章觀文及安身事論, 曉撰訖, 師隱士文善奉書馳達, 其篇尾述偈云. 西谷沙彌稽首禮, 東岳上德高巖前. 磻高在靈鷲之西北, 故西谷沙彌乃自謂也. 吹以細塵補鷲岳, 飛以微滴投龍淵. 云云.	
통계	12개 조목		

위의 전수조사에서 알 수 있는 것처럼 화쟁국사 원효는 『삼국유사』의 12개 조목에서 존재감을 보여주고 있다. 「기이」편 1개, 「흥법」편 3개, 「탑상」편 2개, 「의해」편 4개, 「감통」편 1, 「피은」편 1개에 그에 대한 관련 기록이 실려 있다. 이들 12개 조목의 내용을 간단히 정리해 보면 아래와 같다.

1) 태종 춘추공 – 김유신의 군사고문으로서 암호를 풀이해 매복에서 벗어나게 하였다.
2) 원종흥법 염촉멸신 – 여러 곳의 보살이 세상에 나타나기도 하였는데 분황사의 진나, 부석사의 보개, 낙산사의 오대 등이다.[15]
3) 보장봉로 보덕이암 – 고구려 보장왕이 도교를 받들자 보덕이 방장을 날려 완주 고달산으로 옮겨오자 원효가 의상과 그에게 와서 열반교와 방등교를 배웠다는 의천義天의 시가 실려 있다.[16]

---

15 이 조목에서 원효와 의상이라고 직접 표기하지는 않았으나 '芬皇寺'는 원효의 주석 사찰, '浮石寺'는 의상의 주석 사찰이라는 점과 이들을 일컫는 '陳那' 보살의 후신과 '寶蓋' 여래의 화신이라는 점에서 포함시켰다.
16 원효와 의상이 완주 고달산으로 옮겨온 보덕을 찾아와 열반교와 방등교를 배웠다는 사실은 의천의 시 「到孤大山景福寺飛來方丈禮普聖師之眞」에서 확인되고 있다.

4) 동경 흥륜사 금당 십성 – 흥륜사 금당의 서쪽 벽에 앉아 동쪽으로 향한 소상塑像은 표훈 사파 원효 혜공 자장이다.
5) 전후소장사리 – 원효는 의상과 도반이 되어 서쪽의 당나라를 향해 유학을 떠났다.
6) 낙산 이대성 관음 정취 조신 – 원효는 낙산의 관음보살의 자취를 밟아 예배하였다.
7) 이혜동진 – 원효는 매양 오어사의 혜공법사를 찾아가 질의하고 교유했다.
8) 원효불기 – 원효는 일정한 격식과 형식에 걸림이 없었다.
9) 의상전교 – 도반 의상과 요동으로 건너가다 변경 수라에게 잡혔다 겨우 벗어나 돌아왔다.
10) 사복불언 – 사복 모친의 명복을 빌기 위해 포살 수계하고 돌아왔다.
11) 광덕엄장 – 광덕의 왕생 이후 그 부인과 살았던 엄장에게 청정관을 가르쳐 주었다.
12) 낭지승운 보현수 – 반고사에 머물 때 낭지의 권유를 받고 책 두 권을 써서 은자인 문선에게 시와 함께 전하게 했다.

일연은 12개 조목에서 원효의 출자와 수학 및 수행과 교화에 대해 기술하고 있다. 이들 조목들은 원효와 원효와 관련된 인물들 사이에서 일연이 주목한 부분이 무엇이었는지를 보여주고 있다. 일연은 '실계'와 '절

원효의 사교판에서 볼 때 一乘分敎와 一乘滿敎에 분류되지 않고 三乘別敎와 三乘通敎로 분류되는 열반교와 방등교를 배우기 위해 이들이 이곳까지 찾아왔는지에 대해서는 재론의 여지가 있다. 하지만 一然은 義天의 시를 인용해 실음으로써 이 기록을 사실로 인정하고 있음을 알 수 있다. 일연은 의천의 시 1구의 '涅槃方等敎'와 2구의 '傳受自吾師'에서처럼 원효와 의상이 우리 보덕성사로부터 열반교와 방등교를 전수받았다고 쓰고 있다.

필'을 통해 대중 속으로 나아간 원효의 보살적 삶에 주목하였다. 그는 당시 고려 불교계가 직면한 과제를 해결하기 위한 대안으로 신라불교와 원효의 삶을 눈여겨 보았다. 그리하여 일연은 원효에게서 '불기 가풍'과 '각승 가풍'을 불러내고자 하였다.

일연은 원효의 살림살이와 사고방식을 고려 불교계의 현실에 접목하고자 하였다. 이러한 그의 노력은 이후 원효 형상의 정립과 유포에 커다란 영향을 미쳤다. 오늘 우리가 알고 있는 원효 관련 '사실'과 그에 관한 '기억'은 대부분이 일연에 의해 정립되고 유포된 것으로 파악되기 때문이다.

논자는 원효에 이어 『삼국유사』의 의상 관련 기록에 대해 전수조사를 해 보았다. 의상 관련 이야기는 모두 10개 조목에서 확인되었다. 일연이 『삼국유사』의 전체 138개 조목에서 의상(10개)에 대해 여러 차례 기술한 까닭은 어디에 있을까? 1) 의상이 보여준 인간 이해와 세계 인식에 깊이 탄복해서였을까? 2) 의상이 남긴 저술의 세계와 수행의 깊이에 대한 높깊은 이해와 남다른 존경 때문일까? 3) 원효와 달리 엄격한 지계와 열정적인 후학 지도에 깊이 감명 받은 탓에서일까? 4) 고려 후기의 불교계가 직면한 현실을 극복하기 위해 역할 모델로서 의상을 호명하고 소환한 탓일까? 아마도 여러 기록을 종합적으로 살펴볼 때 일연은 '서도 관화'와 '전교'를 통해 대중 속으로 나아간 의상의 여래의 삶에 주목하였던 것으로 짐작된다.

〈표 2〉의 전수조사에서 알 수 있는 것처럼 의상 관련 조목은 10개 조목이다. 이들은 각기 「기이」편 1개, 「흥법」편 3개, 「탑상」편 2개, 「의해」편 2개, 「피은」편 1, 「효선」편 1개이다. 이들 조목의 내용을 간단히 정리해 보면 다음과 같다.

〈표 2〉 의상 관련 기록 전수조사

번호	권차와 편차 및 조목명	의상	기타
1	제2권 紀異 제2 文虎王 法敏	(T2039)_49.0972a08-0973a17: 以薛邦爲帥欲伐新羅. 時義相師西學入唐來見仁問, 仁問以事諭之. 相乃東還上聞, 王甚憚之. 會群臣問防禦策, 角干金天存奏曰, 近有明朗法師入龍宮, 傳秘法而來, 請詔問之. 朗奏曰, 狼山之南有神遊林, 創四天王寺於其地, 開設道場則可矣. …… 又欲築京師城郭, 旣令眞[具]吏. 時義相法師聞之. 致書報云, 王之政敎明則雖草丘盡[畫]地而爲城, 民不敢踰, 可以潔災進福. 政敎苟不明, 則雖有長城, 災害未消, 王於是正罷其役.	
2	제3권 興法 제3 原宗興法 猒髑滅身	(T2039)_49.0987c23-0988a01: 大淸之初. 梁使沈湖將舍利. 天壽六年. 陳使劉思幷僧明觀奉內經幷次. 寺寺星張塔塔雁行. 竪法幢. 懸梵鏡. 龍象釋徒. 爲寰中之福田. 大小乘法. 爲京國之慈雲. 他方菩薩. 出現於世[謂芬皇之陳那浮石寶蓋以至洛山五臺等是也.]. 西域名僧. 降臨於境. 由是幷三韓而爲邦. 掩四海而爲家. 故書德名於天10鎭之樹. 影神迹於星河之水. 豈非三聖威之所致也[謂我道法興厭髑也].	
3	제3권 興法 제3 寶藏奉老 普德移庵	(T2039)_49.0989a02-0989a09: 大安八年辛未, 祐世僧統, 到孤大山景福寺飛來方丈禮普聖師之眞. 有詩云. 涅槃方等敎, 傳受自吾師云云. 至可惜飛房後, 東明古國危. 跋云, 高麗藏王感於道敎, 不信佛法. 師乃飛房南至此山. 後有神人, 現於高麗馬嶺, 告人云, 汝國敗亡無日矣. 具如國史, 餘具載本傳與僧傳.	
4	제3권 興法 제3 東京 興輪寺 金堂 十聖	(T2039)_49.0989a19-0989a19: 西 壁坐甲向泥塑 表訓 蛇巴 元曉 惠空 慈藏.	

(표 계속)

번호	권차와 편차 및 조목명	의상	기타
5	제3권 塔像 제4 前後所將舍利	(T2039)_49.0993b29-0994b23: 相傳云昔義湘法師入唐到終南山至相寺智儼尊者處. 隣有宣律士, 常受天供, 每齋時天廚送食. …… 湘公致敬訖. (T2039)_49.0994b26-0994c18: 按此錄義湘傳云永徽初入唐謁智儼然據浮石本碑. 湘武德八年生, 卅歲出家. 永徽元年庚戌, 與元曉同伴欲西入, 至高麗有難而廻, 至龍朔元年辛酉入唐, 就學於智儼. ……	1조목 내 두 기록
6	제3권 塔像 제4 洛山 二大聖 觀音 正聚 調信	(T2039)_49.0996c03-0997c08: 昔義湘法師始自唐來還, 聞大悲眞身住此海邊崛內故. 故因名洛山, 蓋西域寶陀洛伽山, 此云小白華, 乃白衣大士眞身住處, 故借此名之. …… 師以所受二珠, 鎭安于聖殿而去.	
7	제4권 義解 제5 義相傳敎	(T2039)_49.1006c03-1007a25: 法師義湘, 考曰韓信金氏. 年二十九依京師皇福寺落髮, 未幾西圖觀化. …… 湘乃之, 殊禮迎際, 從容謂曰, 吾昨者之夢, 子來投我之兆, 許爲入室. 雜花妙旨, 剖析幽微儼喜, 逢郢賈克發新致, 可謂鉤深索隱, 藍茜沮本色. 旣而本國丞相金欽純[一作仁問]良圖等, 往囚於唐, 高宗將擧東征, 欽純等密遣湘誘而先之. …… 世傳湘乃金山寶蓋之幻有也. …… 湘乃顧謂曰, 世人見此, 必以爲怪, 不可以訓世, 餘如崔後所撰本傳.	
8	제4권 義解 제5 勝詮髑髏	(T2039)_49.1009a08-1009b02: 始賢首與義湘同學, 俱禀儼和尚慈訓, 首就於師說, 演述義科, 因詮法師還鄕示, 湘仍寓書. 云云別幅云. …… 師旣還, 寄信于義湘, 湘乃目閱覽文, 如耳聆儼訓, 探討數旬, 而授門弟子, 廣演斯文, 於在湘傳.	
9	제5권 避隱 제8 朗智乘雲 普賢樹	(T2039)_49.1015b01-1015c16: 通曰, 法師住此其已久. 如曰法興王 通後丁未之歲, 始寓足焉, 不知今幾. 通到山之始, 乃文武王卽位元年辛酉歲也, 計已一百三十五年矣. 通後詣義湘之室, 升堂覩奧, 頗資玄化, 寔爲錐洞記主也.	

(표 계속)

번호	권차와 편차 및 조목명	의상	기타
10	제5권 孝善 제9 眞定師 孝善雙美	(T2039)_49.1017c02-1018a02: 法師眞定羅人也. …… 嘗在行伍間 聞人說義湘法師在太伯山說法利人, 即有嚮慕之志, 告於母曰, 畢孝之後, 當投於湘法師, 落髮學道矣. …… 三辭三勸之, 定重違其志, 進途宵征, 三日達于太白山, 投湘公剃染爲弟子, 名眞定. 居三年, 母之訃音至, 定跏趺入定, 七日乃起. …… 既出定以後, 事告於湘, 湘率門徒歸于小伯山之錐洞, 結草爲廬, 會徒三千, 約九十日, 講華嚴大典, 門人智通隨講, 撮其樞要成兩卷, 名錐洞記, 流通於世, 講畢, 其母現於夢曰, 我已生天矣.	
통계	10개 조목		

1) 문호왕 법민 – 의상은 김인문의 첩보를 듣고 문무왕에게 알려주었고 경사의 성곽 축성을 정도의 역설로 중단시켰다.
2) 원종흥법 염촉멸신 – 여러 곳의 보살이 세상에 나타나기도 하였는데 분황사의 진나, 부석사의 보개, 낙산사의 오대 등이다.
3) 보장봉로 보덕이암 – 고구려 보장왕이 도교를 받들자 보덕이 자신이 머물던 암자(방장)을 날려 완주 고달산으로 옮겨오자 의상이 원효와 그에게 와서 열반교와 방등교를 배웠다는 시가 실려 있다.[17]
4) 동경 흥륜사 금당 십성 - 흥륜사 금당의 동쪽 벽에 앉아 서쪽으로 향한 소상塑像은 아도 염촉 혜숙 안함 의상이다.
5) 전후소장사리 – 도반 원효와 함께 유학을 시도해 종남산 지상사

---

17 두 사람이 함께 두 차례의 유학을 시도했기 때문에 의상 관련 기록 또한 원효와 다르지 않다. 일연은 義天의 시를 인용해 실음으로써 이 기록을 사실로 인정하고 있는 지점에 주목하여 '寶藏奉老 普德移庵' 조목을 원효와 의상 관련 기록에 포함시켰다.

의 지엄화상에게 공부했다.
6) 낙산 이대성 관음 정취 조신 - 의상이 낙산에서 관음보살에게 구슬 두 꾸러미를 받아 관음성전에 진안鎭安,奉安한 뒤 떠났다.
7) 의상전교 - 황복사에서 출가하고 당나라 유학을 다녀왔으며 금산보개여래의 화신으로 불렸다.
8) 승전촉루 - 의상과 함께 수학한 법장이 제자 승전에게 자신의 『화엄주소』를 보내 감수를 요청했다.
9) 낭지승운 보현수 - 낭지의 제자였던 지통이 의상에게 나아가 깊은 뜻을 얻고『지통기』를 지었다.
10) 진정사 효선쌍미 - 홀어머니를 모시던 진정이 의상 문하로 출가하여 수행한 뒤 의상의『화엄대전』강론을 듣고 어머니가 천상에 태어남으로써 효행과 선행을 나란히 빛냈다.

일연의 원효 관련 기록과 마찬가지로 의상 관련 기록도 적지 않다. 그는 10개 조목에서 의상의 출자와 수학 및 수행과 교화에 대해 기술하고 있다. 당시에 씌어졌던 원효행장과 의상전기(부석본비 일부 수록)가 온전히 남아있지 않은 현실에서 일연이 남긴『삼국유사』의 이들 조목의 기록은 의상 형상의 정립과 유포에 일정한 영향을 미쳤음을 알 수 있다. 오늘 우리가 알고 있는 대부분의 의상 형상이 일연에 의해 정립되고 유포된 것임을 알 수 있기 때문이다.

III.『삼국유사』의 원효 인식

일연은「원효불기」와 나머지 11개 조목 속에서 원효의 70년 생평 기록을 압축해 싣고 있다. 그는 이 전기 속에서 원효의 생평을 '불기'와 '성사', '실계생총'과 '소성거사', '종내절필'과 '개식불타지호', '화독화란'과 '관음 친견', '분황지진나'와 '각승'과 '회고상'으로 수렴해 내고 있다. 이처럼 일연은 원효의 살림살이와 사고방식을 12폭의 일대기로 촬요해 내었고, 이것은 이후 원효 이해의 기본 정보로 자리를 잡아왔다.

1. '무애가풍과 소성거사'

1) '불기'와 '성사'

일연은 『삼국유사』를 찬술하면서 특히 「의해」편(14조목) 집필에 심혈을 기울였다. 그는 먼저 양나라 혜교의 『고승전』, 당나라 도선의 『속고승전』, 송나라 찬녕의 『송고승전』의 편명과 각훈의 『해동고승전』 및 송나라 지반의 『불조통기』의 편명을 면밀히 살폈다.

그런 뒤에 일연은 해당 인물의 여러 전승들을 종합하여 같은 이야기를 재수록 하지 않았다. 그는 기존 사서에서 빠진 부분과 그와 다른 이야기를 담아내어 이야기꾼으로서 발군의 역량을 발휘하고 있다. 특히 일연은 「의해」 편이 이전의 「흥법」 편과 「탑상」 편의 인물들과도 긴밀하고 「의해」 편에서 수록하지 못한 인물들은 「신주」「감통」「피은」「효선」 편에 담아냄으로써 『삼국유사』 전체에 수록된 인물들과도 밀접한 연관을 맺게 하였다.[18]

「의해」 편에 수록된 이들 모두가 극성했던 신라불교의 대표적인 종장들이며 신라불교의 드높은 성취를 남긴 인물이라는 점에서 이 편명의 주요 특징을 잘 보여주고 있다. 일연이 중국의 삼대 고승전들을 참고하였다는 것은 그 또한 삼대 고승전들을 의식하면서 『신라고승전』을 쓰고

---

[18] 高榮燮(d), 「일연『삼국유사』「의해」편의 중심 내용과 주요 특징 – '鄕歌' 계승 의지와 '讚詩' 창작 수록과 관련하여 – 」, 『문학 사학 철학』 제73호, 대발해동양학한국학연구원 한국불교사연구소, 2023.6.

자 했음을 시사해 주고 있다. 「의해」편은 『삼국유사』의 중심 편목으로서 민족의 사표 발굴과 선양에 힘쓴 편목이며, 『삼국유사』의 찬술 이유를 가장 잘 담아낸 편명이라고 할 수 있다.[19]

신라의 고승열전 편찬, 개성적인 기술 태도 견지, 찬시 창작 수록을 통해 역사의 주역인 인물에 대해 집중적으로 다루고 있는 점, 그리고 이들이 모두 신라불교를 대표하는 주요한 고승인 점, 나아가 이들이 동아시아에서 펼친 불교적 영향이 오늘날 한국불교의 지형도를 형성하고 있는 점에서 그 의미와 가치가 매우 크다고 할 수 있다. 종래 선행연구에서는 『삼국유사』의 편목이 이들 고승전들의 편목과 다르다는 것만을 강조했을 뿐 정작 이러한 고승전들을 의식하고 참고하면서 일연 또한 『신라고승전』을 쓰고자 했다는 지점에 대해서는 크게 주목하지 않았다. 논자는 일연이 삼대 고승전을 의식하면서 이와 다른 고승전 편찬을 기획했다는 지점에 주목하였다.[20]

일연은 신라의 전기에 해당하는 「의해」편에서 원효의 가풍을 '불기'不羈 즉 '도덕이나 관습 따위에 구속을 받지 않다'는 언표로 부각시키고 있다. 그는 각 조목에서 '불기' 즉 '거리낌이 없음'의 의미로 그의 가풍과 선풍을 평가하였다. 이것은 일정한 격식이나 형식에 구애받지 않았던 원효의 걸림 없는 가풍을 표현한 것이다.[21] 일연은 이 같은 그의 대중교화 방식을 대개 '막히거나 거리낄 것이 없다'는 뜻에서 '무애행'이라고 불렀다.

원효의 소상이 그가 주석했던 분황사, 고선사, 흥륜사의 세 곳에 봉안되어 있었다는 사실은 그의 위상을 반영하는 것으로 이해된다. 분황사의 소상은 아들 설총이 조성한 것으로 고려 후기까지 봉안되어 있었다.

---

19 高榮燮(d), 2023.6.
20 高榮燮(d), 2023.6.
21 高榮燮(c), 2023.4.

8세기 중반 이후 어느 때에 흥륜사 금당에 10성의 소상이 봉안되어 고려 후기까지도 전해지고 있었는데, 이 중에는 원효의 상도 포함되어 있었다. 고선사에 봉안했던 소상은 거사 모습의 소상이었고, 원효의 입적 100여 년이 지난 9세기 초에 조성된 것이었다.[22]

그런데 대중을 교화하기 위해서는 일정한 방편이 필요하다. 불교에서는 이것을 선교방편이라고 한다. 선교는 중생을 교화하는 수단과 방법이 훌륭함을 일컫는다. 방편은 어떠한 목적을 이루기 위한 수단과 방법을 가리킨다. 일연은 이러한 원효의 자유자재한 선교방편의 가풍을 '불기不羈 가풍'이라고 명명했다.

대개 학덕이 높고 지위가 높은 이를 고승이라고 한다. 학덕은 학문과 덕행을 가리키고, 지위는 있는 자리나 처지(계급)를 가리킨다. 일연은 원효를 '고승'이자 '성사'聖師로 드높여 호명하고 있다. 성사는 한 방면에서 더할 수 없이 뛰어난 스승을 일컫는 표현이다. 이 때문에 성사는 오랜 세월 동안 백성들 속에서 덕화가 온축되어온 만세의 사표를 가리키는 칭호이다.[23]

불교의 전래와 수용 및 공인과 유통 이후에는 '성'聖 관념의 변화가 이루어졌다. 신라 전통에서 '성'聖 관념은 다양하게 전개되어 왔다. 이미 시조인 박혁거세와 황후인 알영에 대해서도 '이성'二聖이라 기술하고 있다.[24] 혁거세는 하늘의 사자인 백마의 호위를 받고 자주색 알에서 태어났으며 알영(아리영)은 계룡의 왼쪽 옆구리에서 태어났기에 '두 성스런 아이'二聖兒라 불렸다. 제7대 벌휴伐休 니사금의 경우 "왕은 바람과 구름

---

22 金相鉉, 「고려시대의 원효 인식」, 『정신문화연구』 제54집, 한국정신문화연구원, 1994.3; 金相鉉, 『원효연구』(서울: 민족사, 2000).
23 高榮燮(b), 「『삼국유사』의 고승과 성사 이해」, 『한국불교사연구』 제13호, 한국불교사학회 한국불교사연구소, 2018; 高榮燮(c), 「분황 원효와 인각 일연의 화엄학과 선학 이해」, 『불교철학』 제12집, 동국대학교 세계불교학연구소, 2023.4.
24 一然, 『三國遺事』, 「紀異」, '新羅始祖 朴赫居世'.

을 점쳐 홍수와 가뭄, 그 해의 풍년과 흉년을 미리 알았다. 또한 사람의 사악함과 정직함을 알았으므로 사람들은 그를 '성인'聖人이라 불렀다." 즉 왕의 미래 예측 능력과 사람 성정의 통찰 능력 등을 '성인'이라 부른 근거였다고 할 수 있다. 이처럼 신라 상대 초기의 '성' 관념은 천지자연과의 신령스런 소통 능력이나 그런 능력의 소지자를 '성' 혹은 '성인'으로 기렸다.[25]

이러한 인식 속에서 중고기에 골품제가 확립되면서 '성'聖 개념은 다양하게 변주되었다. 왕실은 샤카무니 붓다의 종족과의 관련성을 통해 형성된 골품제를 통해 '성' 관념을 새롭게 정착시켰다. 상고기와 중고기 이전까지만 해도 나라를 건국한 성골聖骨들만이 왕위 계승을 하였다. 이것은 처음으로 시호諡號를 쓴 제22대 지증왕 이래 불교식 연호와 왕명을 쓴 법흥왕부터 진덕여왕까지는 '성' 관념을 독점할 수 있었고 '성골'이 될 수 있었음을 의미한다.[26] 일연이 원효를 '불기'의 가풍을 지닌 '성사'로 표현한 것은 이러한 측면에 대한 깊은 이해에서 나온 호칭이라고 생각된다.

이렇게 본다면 우리는 일연이 원효를 '거사'가 아니라 '성사'로 호명한 이유에 대해 짐작해 볼 수 있을 것이다. 성사는 한 방면에서 더할 나위 없이 뛰어난 만인의 사표를 일컫는 표현인 것이다. 일연은 『삼국유사』에서 원효뿐만 아니라 많은 성사를 찾아내어 높이 기리고 있다. 그에게 성사는 고려 당대의 불교 현실을 극복해갈 역할 모델이자 그 시대를 이끌고 갈 문화영웅이었다. 그 대표적 인물로 일연은 원효를 내세웠다.

---

25 高榮燮(b), 2018.
26 高榮燮(b), 2018.

2) '실계생총'과 '소성거사'

원효가 스스로 소성거사라고 한 것은 과부 공주인 요석과 인연을 맺음으로써 비구의 계율을 깨뜨리고 설총을 낳았기 때문이다. 이것은 출가자 원효가 스스로 비구계를 반납하고 환계하여 거사가 되었음을 공식화한 것이다.

원효가 이미 계를 잃고 설총은 낳은 뒤로는 속인의 의복으로 갈아입고 스스로 소성거사라 했다. 우연히 광대들이 춤추며 놀리는 큰 뒤웅박을 얻으니, 그 모양이 기괴하므로 그 모양대로 도구를 만들어 『화엄경』에 말한 "일체의 무애인이 한 번에 생사의 길에서 벗어난다"는 뜻을 취하여 무애無㝵라 하고, 노래를 지어 세상에 유행시켰다.[27]

불교의 율장에 의하면 독신을 지향하는 출가 수행자가 이성과 관계를 맺는다는 것은 파계를 의미했다. 원효는 스스로 불음계를 범했기에 계를 반납하고還戒 거사가 된 것이다. 그는 출가 이전 결혼한 것이 아니라 출가 이후에 음계를 범했기 때문에 더 이상 비구라고 할 수 없게 된 것이다. 결국 그는 거사가 되었고 설총의 아버지가 되었다. 이것을 일연은 "요석궁 달밤에 봄잠 자고 갔는데"[28]라는 싯구로 형상화 하였다.

일연은 당대 최고의 고승 원효가 계를 잃고 설총을 낳은 뒤 스스로 소성거사라고 한 것에 대해 분명하게 기록하였다. 또 그에 앞서 고려시대 이규보1168~1241는 소성거사 원효를 기리는 「소성거사小性居士 찬贊 병서幷序」를 남겼다.

---

27 一然, 『三國遺事』, 「義解」, '元曉不羈'.
28 一然, 『三國遺事』, 「義解」, '元曉不羈'. "月明瑤石春眠去."

내가 종령 수좌宗聆首座[29]의 족암足庵에서	予於聆首座足庵：
소성거사小性居士의 진영을 보고	見小性居士眞
삼가 두 번 절하고 나서 찬贊을 짓는다	敢再拜作贊云.

머리털을 깎아 삭발을 하면 원효대사요	剃而髡則元曉大師
머리털을 길러 두건을 쓰면 소성거사로다	髮而巾則小性居士
비록 몸이 천 개나 백 개로 나타난다 해도	雖現身千百
손가락과 손바닥처럼 식별하기 쉬우니	如指掌耳
이 두 가지 형상을 한 것은	此兩段作形
한바탕 희롱일 뿐이네	但一場戲.

–「소성거사찬병서」小性居士贊幷序 – 이규보李奎報

이규보는 종령 수좌 즉 이인로가 머무는 개성 송악산의 왕륜사 서편에 있는 족암을 방문하여 소성거사의 진영을 보고 삼가 두 번 절하고 찬贊을 지었다. 왕륜사는 태조 왕건이 개경에 창건한 10대 사찰 중의 하나로서 왕실과 긴밀한 관련을 지닌 사찰이었다. 불전에는 비로자나장육존상이 봉안되었으며, 화엄석경華嚴石經이 조성되어 있었다. 교종선教宗選이 주로 실시되기도 했던 대가람이었다. 당시 이 절에는 고려 당시 원효의 유법을 계승하는 종파인 분황종의 고승 광천光闡이 머물고 있었다.

평소 이인로는『파한집』에서 분황종의 고승 광천에 대해 언급하면서 그에게 주는 시를 쓰기도 했다.[30] 그러다가 잠시 출가한 이인로 즉 종령

---

29 李奎報,『동국이상국집』권19. 1170년에 무신난이 일어나자 李仁老는 출가하여 '宗聆首座'로 불린 적이 있었다. 이 무렵 足庵에 머물던 그는 小性居士眞影을 봉안하고 있었고 이것을 본 李奎報가 贊을 지었던 것이다. 그는 1175년에 다시 환속하였다.
30 林椿,『西河集』권5.

수좌는 왕륜사王輪寺의 서쪽 암자였던 족암에 머물며 원효진영을 모시고 있었다. 이규보는 종령수좌를 찾아와 그가 모시고 있던 원효진영을 보고 시를 지었던 것이다.

"머리털을 깎아 삭발을 하면 원효대사剃而髮則元曉大師요, 머리털을 길러 두건을 쓰면 소성거사로다髮而巾則小性居士고 하였다. 이 구절은 머리털을 깎아 삭발을 하였던 원효대사가 머리털을 길러 두건을 쓰고 있었던 소성거사가 된 모습을 보았기에 이렇게 표현한 것으로 이해된다.

이규보는 '대사'와 '거사'의 차이는 "비록 몸이 천 개나 백 개로 나타난다 해도/ 손가락과 손바닥처럼 식별하기 쉬우며/ 이 두 가지 형상을 한 것은/ 한바탕 희롱일 뿐이다"고 하였다. 이처럼 머리를 깎으면 원효대사요, 머리를 기르면 소성거사라는 것이다. 화엄의 십지 중 초지보살에 이른 원효보살元曉菩薩[31]이 '분구어백송'分軀於百松, '분백신'分百身, '백처현형'百處現形, '수처현형'數處現形하더라도 손가락과 손바닥처럼 식별하기 쉽다는 것이다.

그런데 이규보는 '원효대사찬'이 아니라 '소성거사찬'이라고 제명을 붙였다. 원효 진영 또한 머리털을 기른 거사의 형상을 하고 있다. 대개 세상 사람들은 머리를 기르면 거사라고 부르지 대사라고 부르지는 않는다. 하지만 이규보 이후에 살았던 일연은 원효를 '거사'가 아니라 '성사'라고 호명하고 있으며 그의 가풍을 '불기'라고 명명하였다.

일연은 원효가 실계를 하여 설총이 태어난 것과 『화엄경』에서 말한 "일체의 무애인無碍人이 한 번에 생사의 길에서 벗어난다"는 뜻을 취하여 그 스스로 이름을 '무애'無㝵로 짓고, 노래를 만들어 세상에 유행시켰

---

31 '元曉菩薩'이라는 표현이 처음으로 보이는 곳은 金廷彦이 경종 3년(978)에 쓴 「普願寺法印國師碑文」이다. 이후 의천은 「新創國淸寺啓講辭」, 「祭芬皇寺曉聖文」 및 「芬皇寺禮曉聖像」 등의 글에서 원효를 '菩薩'과 '聖人'으로 기리고 있다. 이후의 李奎報, 李仁老, 普幻, 天頙, 一然 등도 '大聖', '聖師', '曉聖' 등으로 존칭했다.

던 것도 모두 '불기'의 가풍에서 이루어진 것으로 보았다.

따라서 '불기'의 가풍에서는 이미 '재가'다 '출가'다, '거사'다 '대사'다 하는 분별과 경계는 있을 수 없다. 일연은 그런 분별과 경계 너머에서 원효를 '성사'로 표현한 것이다. 일연은 고려 당시의 불교 현실에서 대중 속으로 들어가 보살의 삶을 보여준 성사의 출현을 염원하였던 것으로 짐작된다. 신라불교의 절정기를 살았던 원효는 일연의 이러한 염원에 걸 맞는 인물이었다.

2. 끝내 절필과 현실 참여

1) '종내절필'과 '개식불타지호'

요석과의 인연을 맺고 실계한 원효는 중생 교화의 현장에 뛰어들었다. 그의 '실계 이후' 종래에 대상화했던 교화와 '절필 이후' 새롭게 주체화했던 교화는 달랐다.

원효가 일찍이 분황사에 머물면서 『화엄경소』를 짓다가 제4「십회향품」에 이르러 마침내 붓을 놓았다終乃絶筆. 또 일찍이 송사訟事로 인해서 몸을 백 개의 소나무로 나누었으므로 모두 성사의 법위法位가 초지에 이른 것이다고 한다.[32]

원효의 법위는 십지보살의 초지인 환희지(혹은 팔지인 부동지)에 이르러 있었다. 그는 문자향과 서권기가 가득한 분황사 골방에서 『화엄경소』를 짓다가 제4[33]「십회향품」에 이르러 끝내 붓을 꺾었다. 금강당보살이

---

32 一然, 『三國遺事』, 「義解」, '元曉不羈'.
33 현재 유통되는 구역 『화엄경』(60권)에서는 7처 8회 34품 중 제21품에 「십회향품」이 편입되어 있다.

중생에 대해 펼치는 열 가지 회향을 풀이하는 대목에서 문향과 서기가 가득한 서굴암書窟庵에서의 회향은 무의미하다는 판단에서였다. 이것은 무덤에서의 개인적 깨달음에 이은 골방에서의 사회적 깨달음이었다.[34]

일연이 원효의 삶에서 주목한 것은 '절필'과 '실계'였으며 그는 종래의 원효에서 새로운 원효로 탈바꿈하는 계기를 이들 두 기호의 호명으로 보여주었다.

원효는 중생을 교화하기 위해 속인의 의복으로 갈아입고 스스로 '소성거사'라고 했다. 우연히 광대들이 춤추며 놀리는 큰 뒤웅박을 얻어 '무애박'이라 이름 짓고 노래를 지어 '무애가'를 세상에 유행시켰다. 그는 중생을 교화하기 위해 기괴한 모양의 무애박을 가지고 수많은 부락을 돌며 노래하고 춤추며 교화를 시키고 돌아왔다. 뽕나무를 키우는 노인이나 옹기장이, 무지한 무리들도 모두 불타의 이름을 알게 하였다. '나무불타'를 부르게 된 것은 실로 원효의 공이었다.[35]

일연은 이러한 원효의 가풍을 "춤추는 박은 마침내 온 거리의 풍습이 되었네"라는 싯구로 형상화 하였다.[36] 원효 당시 무호舞壺 즉 춤추는 병(박)은 대중교화의 상징으로 자리를 잡았다. 당시 원광, 안함, 자장, 명랑, 의상 등의 귀족 불교계와 달리 서민 불교계에서는 혜공, 혜숙, 대안, 사복 등의 주역들이 걸림 없는 가풍으로 대중을 교화하였다. 특히 원효

---

34 高榮燮(a), 「원효의 화엄학: 광엄과 보법의 긴장과 탄력」, 『원효학연구』 제5집, 원효학연구원, 2000; 高榮燮, 『원효탐색』(서울: 연기사, 2002; 2005); 高榮燮, 『분황 원효의 생애와 사상』(서울: 운주사, 2016); 高榮燮, 『붓다와 원효의 철학』(서울: 동국대학교출판문화원, 2021); 高榮燮, 『한국의 불교사상』(서울: 박이정, 2022).
35 一然, 『三國遺事』, 「義解」, '元曉不羈'.
36 一然, 『三國遺事』, 「義解」, '元曉不羈'. "舞壺終掛滿街風."

의 대중교화는 당시 사람들로 하여금 모두 불타의 이름을 알 수 있게 하였다.

일연이 주목한 것은 바로 수행의 깊이와 교화의 넓이를 아우른 원효의 깊고 넓은 살림살이였다. 그는 당시 전란으로 고통을 받는 고려 백성들의 마음을 어루만져 줄 수 있는 걸림 없는 대중교화의 가풍을 소환하였다. 그러한 살림살이가 당시 고려 불교계의 현실에 절실히 필요하다는 판단에서였다.

2) '화독화란'과 관음 친견

원효는 문무왕 2년662에 동서 사이[37]인 김유신의 군사 자문 역할을 한 일이 있었다. 그는 삼국이 각축하는 전란의 현실을 피하지 않고 동서 김유신의 군사고문으로서 참여하였다. 여기서 그는 '화독화란'[38]이란 암호를 풀이해 당대의 현실에도 끼어들었다.

총장 원년 무진년668[만일 총장總章 무진戊辰이리면 곧 이적李勣의 일인데 아래에서 소정방蘇定方이라 한 것은 잘못이다. 만일 소정방이라면 연호가 당연히 용삭龍朔 2년662 임술壬戌에 평양성을 포위하던 때의 일이다.]에 청병한 당

---

37 무열왕은 김유신의 여동생 文姬와의 사이에서 7남 5녀를 두었다. 첫째 딸은 金品釋과 결혼했으며 그녀는 선덕여왕 11년(642)에 백제와의 大耶城 전투에서 부부가 함께 전사하였다. 둘째 딸은 金欽運(歆雲)과 결혼했으며 김흠운은 태종무열왕 2년(655) 2월에 백제와의 전투에서 전사하였다. 셋째 딸은 무열왕 2년(655) 10월에 61세의 金庾信과 결혼하였다. 당시 무열왕은 상대등을 중심으로 한 귀족세력을 견제하면서 왕권의 강화를 추구했기에 대중교화의 중심에 있었던 원효와 寡婦가 된 딸인 瑤石을 결혼시킨 것은 정략결혼의 일환으로 이해할 수 있다. 그 외의 나머지 두 딸의 행적은 자세히 알 수 없다.
38 우리말에서 'ㅎ'(형)과 'ㅅ'(성)은 서로 발음이 상통하듯이 여기서 '화독'은 半切법으로 '速'으로, '화란'은 반절법으로 '還'으로 읽어야 速還 즉 '빨리 (군사를) 되돌리라'는 암호가 된다.

나라 군사가 평양 교외에 진을 치고 글을 전하여 "급히 군량을 실어 보내라"고 하였다. 신라 문무왕이 군신을 모아 놓고 물었다. "적국(고구려)을 통하여 당군이 있는 곳까지 가자면 형세가 자못 위태롭고 청병한 당군의 양식이 모자란다 하니 보내지 않는 것도 도리가 아니니 어찌하면 좋겠소?" 유신공이 말하였다. "신들이 군량을 수송할 수 있으니 염려하지 마십시오." 김유신과 김인문 등이 수만 명을 이끌고 고구려의 국경에 들어가 양식 2만 곡을 수송하고 돌아왔다.

왕이 크게 기뻐하여 다시 군대를 일으켜 당나라 군사와 합세하려 하니, 유신이 연기然起와 병천兵川 등 두 사람을 보내 만날 날짜를 물었다. 이에 당나라 장수 소정방蘇定方이 종이에 난새와 송아지를 그려 보냈으나 紙畵鸞犢二物廻之 아무도 그 뜻을 알지 못하였다國人未解其意. 원효법사에게 물으니使問於元曉法師 이렇게 해석하였다解之曰. "속히 군사를 되돌리라速還其兵는 뜻입니다. 난새와 송아지를 그린 것은 둘이 끊어짐을 의미합니다謂畵犢畵鸞二切也." 이에 유신공이 군사를 되돌려 패강을 건너게 하면서 군령을 내렸다. "뒤에 건너는 자는 베겠다." 군사들이 다투어 먼저 가려 했다. 반쯤 건넜을 때, 고구려 군사가 들이닥쳐 미처 건너지 못한 자들을 죽였다. 다음날 유신공은 고구려 군사를 뒤쫓아 수만 명을 죽였다.[39]

이처럼 원효는 당나라 장수 소정방이 보낸 암호 해독을 통해 위급한 신라군들의 목숨을 건졌다. 출가자인 원효가 국가와 백성들의 현실 문제에도 깊이 관여하였던 것은 보살계를 설하는 『범망경보살계본』에 대한 그의 해석私記을 통해서도 알 수 있다. 그는 제1중계重戒인 불살생不殺生을 풀이하면서 ①복이 되는 경우 ②죄도 아니고 복도 아닌 경우 ③죄가 가벼운 경우 ④무거운 죄가 되는 경우로 설정하여 '살생이 복이 되는

---

39 一然, 『三國遺事』 제1권, 「紀異」 제1, '太宗 春秋公'.

경우가 있다'고 적극적으로 해석하였다.[40]

'살생이 복이 되는 경우가 있다'는 원효의 해석은 몽골 침략과 원 간섭기를 살았던 일연에게도 커다란 울림이 있었던 것으로 이해된다. 불살생을 제1계로 여기는 수행자로서 침략자를 죽이지 않을 수 없을 때는 계율을 어떻게 해석할 것인가? 원효는 네 가지의 경우를 통해 살생이 복이 되는 경우를 제시하였다. 일연이 주목한 것도 바로 이 지점이었을 것으로 짐작된다.

> 원효법사가 보살진신의 발자취를 찾아 참배하고자 하였다. 남쪽 교외의 논에 이르자 어떤 흰 옷 입은 여인이 벼를 베고 있었다. 원효법사가 장난삼아 벼를 얻고자 하자 여인도 장난으로 벼가 잘 영글지 않았다고 대답하였다. 또 가다가 다리 밑에 이르러 한 여인이 월수백月水帛(여성의 서답)을 빨고 있었다. 법사가 먹을 물을 청하니 여인은 더러운 물을 떠서 주었다. 법사가 그 물을 쏟아 버리고 다시 냇물을 떠서 마셨다. 그때 소나무 위에서 파랑새 한 마리가 '진리의 물醍醐을 버리는休 화상和尙아' 하고 홀연히 보이지 않았다. 소나무 밑에는 벗어진 신발 한 짝만이 있었다. 그래서 당시 사람들이 그 소나무를 관음송[의상대 옆 소나무]이라 하였다. 법사가 성굴聖崛에 들어가 진신의 모습을 뵈려 하니 풍랑이 크게 일어 들어가지 못하고 떠났다.[41]

일연은 원효가 관음보살을 만나고도 알아보지 못했다고 기록하였다. 원효가 빨래하는 여인이 건네준 붉은 물을 버리고 맑은 물을 마시려는 순간 파랑새 한 마리가 등장하여 '제호미'醍醐味 즉 진리의 물을 버리는

---

40 元曉, 『梵網經菩薩戒本私記』(『한불전』 제1책, p.584중).
41 一然, 『三國遺事』, 「義解」, '元曉不羈'.

'휴제호화상'休醍醐和尙 원효에 대해 타박하고 있다. 의상 또한 관음을 친견하러 왔지만 재계를 한 지 일주일 뒤에 만나보지 못하고 다시 일주일의 재계 끝에 관음을 친견했다[42]는 기록도 있다.

이후 원효는 성굴에 들어가 다시 관음 진신을 친견하려 했지만 풍랑이 크게 일어 들어가지 못하고 떠났다[43]고 하였다. 이 기록만 본다면 원효는 관음을 친견하지 못했지만 의상은 관음을 친견했다는 것으로 이해할 수 있다. 이와 달리 고려시대의 문인이었던 서하 임춘[1149~1182]의 『서하집』에는 두 법사가 동시에 관음을 친견했다[44]고 하였다.

하지만 어떤 곳에서는 관음대성이 굴 안에서 팔을 뻗어 수정염주를 주면서, '내 몸은 친견할 수 없다. 다만 굴 위에 가다가 쌍죽이 솟아나는 곳이 내 머리이니 이곳에 불전을 짓고 불상을 봉안하면 좋을 것이다'고 하였다. 용이 또 여의보주와 옥을 바치므로 법사가 받아오니 쌍죽이 솟아났다. 그곳에 불전을 짓고 용이 바친 옥으로 불상을 만들어 봉안하였으니 곧 이 절이다. … 수정염주와 여의주는 이 절에 간직하여 보배로 전하도록 하였다[45]는 기록이 보일 뿐이다. 이렇게 본다면 의상도 관음대성을 친견하지 못했음을 알 수 있다.

또 조선시대 초기에 편찬된 『동국여지승람』에는 의상과 원효가 냉천의 물을 함께 마셨지만 관음의 화신과 농담을 나눈 것은 오히려 원효였다[46]는 기록도 보인다. 이러한 기록들을 종합해 보면 단순히 의상의 도

---

42 一然, 『三國遺事』, 「塔像」, '臺山二大聖 觀音 正聚 調信'. "齋戒七日, 淨坐具晨水上, …… 更齋七日, 乃見眞容."
43 一然, 『三國遺事』, 「塔像」, '臺山二大聖 觀音 正聚 調信'. "師欲入聖崛, 更覩眞容, 風浪大作, 不得入而去."
44 林椿, 『西河集』. "新羅元曉義湘二法師, 覩眄觀音於仙窟中."
45 李荇 등, 『新增東國輿地勝覽』(1530) 권44. 襄陽. 佛宇, 洛山條. "我身未可親覩. 但從窟上, 行至雙竹湧出處, 是吾頂上, 於此可營一殿, 安排像設也."
46 李荇 등, 『新增東國輿地勝覽』(1530). "義湘元曉因取飮冷泉, 與之戲□."

력이 더 높고 원효의 도력이 더 낮았다는 것만으로 이해하기는 어렵다. 그보다 관음보살을 친견한 무대인 낙산사가 의상이 창건한 곳이라는 점에서 주연인 의상에 대한 배려 때문에 원효가 조연으로 기술된 것으로 이해할 수도 있기 때문이다.

3. 분황사와 회고상

1) '분황지진나'

일연은 신라 법흥왕原宗의 불교 공인興法과 이차돈猒髑의 몸바침滅身에 대해 기술하는 대목에서 원효를 '분황사의 디그나가Dignaga 즉 인도 논리학의 대가인 진나陳那의 후신後身으로 평가하고 있다.

그는 먼저 태청太淸 초547에 양나라 사신 심호沈湖가 석가의 사리를 가져왔고, 천가天嘉 6년565에는 진陳나라 사신 유사劉思와 승려 명관明觀이 불경을 가지고 왔다고 적고 있다. 이어 일연은 절들이 별자리처럼 늘어서고寺寺星張, 탑들이 기러기처럼 날아가며塔塔雁行, 불법의 깃발法幢을 세우고, 불교의 거울梵鏡을 달자 이름 높은 승려들龍象釋徒이 천하의 복밭이 되고, 대승과 소승의 불법大小乘法이 서울의 자비로운 구름이 되어 온나라를 덮었다고 하였다.

또 일연은 여러 곳의 보살他方菩薩이 세상에 나타나기도 하였고[芬皇사의 陳那, 浮石사의 寶蓋, 洛山사의 五臺[47] 등을 말한다], 서역의 이름 있는 승려들西域名僧이 이 땅에 오니, 이로 말미암아 삼한을 병합하여 한 나라를 이루고 온 세상을 합해 한 집안이 되었다. 그런 까닭에 그의 공덕

---

[47] 국내의 여타 번역본에서는 이 부분을 '洛山'과 '五臺'로 풀이하고 있다. 앞의 '他方菩薩, 出現於世'라는 전제와 이것을 설명하는 '割註'라는 측면을 고려하면 '芬皇之陳那, 浮石(之)寶蓋를 가리키며 대개 洛山(의 관음보살)과 五臺(의 문수보살) 등에 이르기까지도 이들이다'라고 해석하는 것이 자연스럽다.

을 하늘 길의 나무에 쓰고, 신성한 행적을 은하수에 비추었으니 어찌 삼성阿道, 法興, 猒髑의 위덕이 이루어진 것이 아니겠는가?라고 하였다.

일연은 '원종흥법 염촉멸신' 조목에서 원효, 의상, 자장이라는 표현하지 않고 그들의 주석 사찰인 '분황', '부석', '낙산'이라 기술하였다. 그러나 이 호명은 분황 원효, 부석 의상, 낙산 오대(자장)을 일컫는 것임을 알 수 있다. 이처럼 일연은 신라불교의 무성함이 신라 분황사의 진나, 부석사의 보개, 낙산사의 오대 등으로 인해 이루어져 서역의 이름 높은 고승들이 이 땅에 왔으며, 이러한 위덕은 아도, 법흥, 염촉으로 인해 이루어졌다고 기술하고 있다. 그는 여기서 분황사의 진나 즉 원효를 인도의 불교논리학 대가인 디그나가$^{Dignāga\ ca.480~540}$ 즉 진나의 화신으로 드높이고 있다. 이러한 그의 드높임은 이후 원효에 대한 평가의 기준이 되었다.[48]

2) '각승'과 '회고상'

원효의 만년작인 『금강삼매경론』의 등장은 신라에서 성립한 『금강삼매경』에 대한 연기 과정이 전제되어야 한다. 신라왕의 왕비 머리에 악성 종양이 나서 서해 바다를 건너가 약을 구하려고 사신이 풍랑을 만났다. 때마침 용궁으로 인도되었는데 검해鈐海 용왕에게서 건네받은 『금강삼매경』을 대안이 편집하고 원효가 주석하고 강론하여 왕비의 병이 나았다고 널리 알려지게 된다.[49]

---

48 高榮燮, 『분황 원효의 생애와 사상』(서울: 운주사, 2016). 원효는 인도 고유의 五支作法(宗-因-喩-合-結)을 三支作法(宗-因-喩)으로 정리한 진나의 불교 논리학(인명학)에 입각하여 여러 저술에서 지각(現量)과 추론(非量)을 활용해 논의를 전개하고 있다. 그는 『因明論疏』, 『因明入正理論記』, 『正理記』, 『判比量論』 등을 통해 인명 논리의 깊이를 보여주었으며 현재는 『판비량론』 단간본 만이 남아 있다.
49 高榮燮(e), 「분황 원효 『금강삼매경론』의 주요 내용과 특징」, 『불교철학』 제6집, 동국대학교 세계불교학연구소, 2020.4. 여기서 논자는 鈐海 용왕을 가야계인 惠空으로 논증하였다.

또 해룡의 권유로 조서詔書를 받들고 길에서 『삼매경소』를 지으며, 붓과 벼루를 소의 두 뿔 사이에 두고 다녔기 때문에 각승角乘이라고도 한다. 또한 본각本覺과 시각始覺의 미묘한 뜻을 나타낸 것이며, 대안大安법사가 배열하여 종이를 붙였으니 음音을 알고 화답한 것이라고 한다.⁵⁰

일연은 찬녕의 『송고승전』 「원효전」에 실린 『금강삼매경』의 연기 설화에 기초하여 원효가 『금강삼매경소』를 쓰게 된 과정의 핵심 내용들을 추려내어 밀도 있게 기술하고 있다. 원효는 왕의 부름을 받고 붓과 벼루를 소의 두 뿔 사이에 두고 주석을 마쳤다. 이 때문에 일연은 원효의 가풍을 '각승'角乘이라고 했다.

일연은 '각승'이란 본각과 시각의 미묘한 뜻을 나타낸 것이며, 대안이 배열하여 종이를 붙였던 것은 그가 음을 알고 화답한 것이라고 보았다. 이처럼 일연은 "각승은 처음으로 『삼매경』의 주축을 폈다"⁵¹는 싯구로 형상화하여 원효의 살림살이를 '각승'이라 호명하였다.

성사가 입적하니, 설총이 유해를 잘게 갈아 생긴 그대로의 모습眞容을 빚어 분황사에 봉안하고 죽을 때까지 경도하는 뜻을 표하였다. 언젠가 설총이 옆에서 절을 하니 소상이 홀연히 돌아보았는데 지금까지도 돌아본 채 있다고 한다. 원효가 거처하던 곁에 설총의 집터가 있다고 한다.⁵²

일연은 성사 원효가 입적하자 설총이 부친 원효의 유해를 잘게 갈아 진용을 빚어 분황사에 봉안하고 죽을 때까지 경도하는 뜻을 표하였다고 하였다. 언젠가 설총이 살아있을 때처럼 경도하는 뜻을 표하자 당시

---

50 一然, 『三國遺事』, 「義解」, '元曉不羈'.
51 一然, 『三國遺事』, 「義解」, '元曉不羈'. "角乘初開三昧軸."
52 一然, 『三國遺事』, 「義解」, '元曉不羈'.

까지 돌아본 채 있었다고 하였다. 이러한 정황을 일연은 "분황사 문 닫으니 돌아보는 영상도 비었구나"[53]라는 싯구로 형상화하였다.

　이처럼 일연은 원효의 살림살이의 호명과 소환을 통해 고려 당시 불교계의 현실을 극복하고자 하였다. 그는 몽골의 침략과 원 간섭기를 살면서 원효의 '불기 가풍'과 '각승 가풍'의 호명을 통해 고려 불교계의 각성을 촉구하였다. 그가 편집한 『중편조동오위』에서 '피모대각被毛戴角의 이류중행異類中行'을 거듭 반복(32회)해 호명한 것 또한 이러한 대목과 연결시켜 이해할 수 있을 것이다.

IV. 『삼국유사』의 의상 인식

　일연은 「의상전교」와 나머지 9개 조목 속에서 의상 78년의 생평을 압축해 싣고 있다. 그는 이 전기 속에서 의상의 생평을 '법사'와 '전교', '서도관화'와 '남천저본색', '부석지보개', '국내면'과 '정도의 역설', '금산보개 화신'과 '관음 친견', '십대제자'와 '화엄십찰'로 수렴해 8폭의 일대기로 촬요해 내고 있다. 이들 8폭은 이후 의상 형상 이해의 기본 정보로 자리를 잡아왔다.

1. 서쪽 유학과 원교 법사

1) '법사'와 '전교'
　일연은 원효에게 붙인 성사와 달리 의상에게는 '법사'로 호명하고 있다. 물론 원효의 경우도 법사로 호명한 경우도 찾아볼 수 있다.

53　一然, 『三國遺事』, 「義解」, '元曉不羈'. "門掩芬皇顧影空."

법사 의상은 아버지가 한신이고 성은 김씨이다. 29세 서울(경주) 황복사에서 머리를 깎고 승려가 되었다.[54]

의상은 당시 유가계의 대표 사찰인 황복사에서 머리를 깎고 승려가 되었다. 당시 국찰이었던 황룡사는 진흥왕에 의해 창건되어 태자인 동륜계銅輪系에 의해 장악되었을 가능성이 있다. 이와 달리 의상이 당시에 실질적인 주도세력이었던 사륜계舍輪系 왕실이 경영하였던 유가계 사찰인 황복사[55]로 출가하였다는 점과 초지일관 유학의 길을 포기하지 않았던 것으로 미루어보아 원효와의 유학은 그의 적극적인 권유에 의해 이루어진 것으로 짐작된다.[56]

일연은 의상의 전기 제목을 '의상전교'로 붙였다. 여기서 '교' 혹은 '법'은 교학의 집대성인 화엄 원교이다. 의상은 처음 유가계의 대표사찰인 황복사로 출가하였듯이 유가학을 접했다. 원효와 함께 당나라 유학을 두 차례 시도했으며 현장玄奘, 602~664과의 인연이 어긋난 뒤로는 지상사의 지엄智儼, 602~668과 인연을 맺어 화엄학을 접했다. 이후 그는 화엄가로서 확고한 위상을 확보하였다. 여기서 일연의 '전교'는 전법을 위해 생평을 바친 의상의 일생에 대한 찬贊으로 읽을 수 있다.

2) '서도관화'와 '남천저본색'

의상은 호기심을 넘어 호학심이 강했다. 그는 견당사와 유학승과 상인들을 통해 인도에서 돌아온 현장의 귀국 소식과 자은사에서 이루어

---

54 一然, 『三國遺事』, 「義解」, '義相傳敎'.
55 신라의 국찰이었던 皇龍寺, 芬皇寺, 皇福寺 등에 안함, 자장, 원효 등이 주석하였고, 원광, 안함, 자장 등이 중국에 유학하여 전해온 경론들이 여래장 및 유가계 전적이었음을 고려해 보면 황복사 또한 유가계 사찰이었을 것으로 추정된다.
56 高榮燮, 「부석 의상의 화엄은 성기사상이 아닌가?」, 『동아시아불교문화』 제40집, 동아시아불교문화학회, 2021.12.

지는 신유식의 번역과 강론에 대해 듣고 있었다. 그리하여 그는 도반인 원효와 함께 당나라 유학을 시도하였다.

얼마 뒤 서쪽으로 유학을 하고자 생각하여 마침 원효와 함께 요동으로 가다가 변방의 수졸들에게 첩자로 의심받아 수십 일을 닫혔다가 간신히 죽음을 면하고 돌아왔다. [이 사실은 최치원이 지은 의상의 본전과 원효대사의 행장 중에 있다.]⁵⁷

여기서 '서도관화' 즉 '서쪽으로 유학을 가고자 했다'는 것은 의상의 강한 호학심을 시사해 주는 표현이다. 의상은 원효와 함께 1차 유학을 시도했으나 실패하였다. 그는 다시 11년 뒤에 원효와 2차 유학을 시도하였다. 두 번 모두 그가 주도한 것이었다. 이번에는 경기도 화성 당항성 관할의 당은포를 향해 유학을 시도하였다. 도중에서 원효는 깨침을 얻고 돌아온 반면 의상은 초지일관 당나라로 건너가 유학을 했다. 그는 장안 자은사의 현장 삼장을 찾아갔지만 인연이 어긋나 다시 지상사의 지엄 삼장을 찾아가 문하에 들었다.

지엄이 전날 꿈에 큰 나무가 해동에 나서 그 가지와 잎이 널리 퍼져 중국神州까지 와서 덮였다. 그 위에는 봉황 둥지鳳巢가 있는데 올라가 찾아보니 마니보주摩尼寶珠가 하나 있어 빛이 멀리까지 미쳤다. 그 꿈을 깨고는 이상하여 청소를 깨끗이 하고 기다렸더니 의상이 왔다. 지엄이 극진한 예로 맞아들이며 조용히 일러 말하기를 "나의 어제 꿈이 그대가 올 징조였다"고 하고 의상의 입실을 허락하였다.
의상이 『화엄경』의 오묘한 뜻을 깊게까지 분석하니剖析幽微 지엄은 영

---

57 一然, 『三國遺事』, 「義解」, '義相傳敎'.

특한 재질睪質을 만난 것을 기뻐하며 새로운 이치를 가르쳤다克發新致. 가히 깊은 것을 끌어내고 숨은 것을 찾아내어可謂鉤深索隱 스승을 뛰어넘는 경지에 이르렀다藍茜沮本色. 의상은 『화엄경』(60권)을 『대승장』(10권)으로 줄이고 이것을 다시 『입의숭현장』(4권)으로 줄인 뒤 이를 다시 210자의 법성게로 줄여내었다.

이에 대해 일연은 "가마솥의 국 맛은 한 점의 고기로 족하다"[58]고 한 지엄의 말을 대신해 적었다. 이것은 『화엄일승법계도』(법성게)의 '하나 속에 일체 있고 일체 속에 하나 있어'一中一切多中一, '하나가 곧 일체요 일체가 곧 하나이네'一卽一切多卽一, '하나의 티끌 속에 시방 세계 머금었고'一微塵中含時方, '온갖 티끌 가운데도 또한 이와 다름없네'一切塵中亦如是의 가르침을 일컬은 것이다. 나아가 일연은 "연기와 먼지를 무릅쓰고 산 넘고 바다 건너/ 지상사 문 앞에서 보배를 맞았네"[59]라는 싯구로 의상의 살림살이를 기렸다.

2. 국난 극복과 현실 참여

1) '국(난)내면'과 '정도의 역설'

'나라의 위기를 면하였다'國(難)乃免는 사실에 대해 「의상전교」에는 다음과 같이 기록하고 있다.

> 그때 신라의 승상 김흠순金欽純 [딴 책에는 金仁問이라고 함]과 김양도金良圖 등이 당나라에 갇혀 있었다. 당나라 고종이 크게 군사를 일으켜 신라를 치려 하였다. 김흠순 등이 은밀히 의상에게 사람을 보내 먼저 신라로

---

58 一然, 『三國遺事』, 「義解」, '義相傳敎'. "嘗鼎味一臠足矣."
59 一然, 『三國遺事』, 「義解」, '義相傳敎'. "披榛跨海冒煙塵, 至相門開接瑞珍."

가라 권유하였으므로, 함형 원년 경오년670에 환국하여 그 사실을 조정에 알렸다. 조정에서는 신인종神印宗의 대덕 명랑明朗에게 명하여 비밀단법秘密壇法을 세우고 법령을 내어 기도하니 나라의 위기를 면하였다.[60]

한편 '나라의 위기를 면하였다國(難)乃免'는 사실에 대해 「문호왕 법민」에는 다음과 같이 기록하고 있다.

> 이때 의상대사가 당나라에 유학하고 있다가 김인문을 찾아가 만났다. 김인문이 이 사실을 알려 주니, 의상이 곧 신라로 돌아와 왕에게 아뢰었다. 왕이 매우 걱정되어 군신을 모아놓고 방비책을 물었다. 각간 김천존金天存이 아뢰었다. "요사이 명랑법사가 용궁에 가서 비법을 전수받고 왔으니 청컨대 조서로 물으십시오. 명랑법사가 아뢰었다. "낭산 남쪽에 신유림神遊林이 있으니 거기에 사천왕사四天王寺를 창건하고 도량을 열면 됩니다. ......"[61]

이들 둘 사이의 기록에는 조금 출입이 있지만 큰 차이는 없다. 「의상전교」에는 비교적 주어진 분량 속에서 당시 의상의 동선에 대해 압축해 기술하고 있다. 이와 달리 「문호왕 법민」에는 각간 김천존金天存이 등장하며 명랑법사의 활약에 대해 자세히 기술하고 있다. 그러나 그 결과는 모두 '국내면' 즉 '나라의 위기를 면하였다'는 점에서 상통하고 있다.

의상은 당나라로부터 귀국 이후 부석사의 창사와 함께 국왕의 정책 시행에의 자문에 응하기도 하였다.

---

60 一然, 『三國遺事』, 「義解」, '義相傳教'.
61 一然, 『三國遺事』, 「紀異」, '文虎王 法敏'.

이때 의상법사가 이 소식을 듣고 상서하였다. "왕의 정치와 교화가 밝으면 비록 풀밭 언덕에 선을 그어 놓고 성이라 하여도 백성이 감히 넘나들지 못하여, 재앙을 없애고 복이 오게 할 수 있습니다. 그러나 정교가 밝지 못하면 비록 장성이 있다 하더라도 재해가 사라지지 않을 것입니다."[62]

의상은 경사 즉 수도에 성을 쌓으려는 문무왕에게 정치와 교화가 밝으면 풀밭 언덕에 선을 그어놓아도 백성이 감히 넘어서지 못하지만 정교가 밝지 못하면不明 장성이 있다 하더라도 재해가 사라지지 않을 것이라고 역설하여 축성을 중단케 하였다. 의상이 역설한 정도正道는 이후 신라의 정치와 교화에 큰 기준이 되었다.

일연은 정교 즉 정치와 교화의 밝음에 대해 역설하여 축성 중지를 건의한 의상의 살림살이에 대해 주목하였다. 그것은 그가 살았던 고려 당대에 의상과 같이 바른 말을 하는 실천적 지성인이 요청되는 시대였기 때문으로 이해된다. 의상은 원효와 함께 이러한 실천적 지성인 혹은 지성적 실천가로서 일연에 의해 소환된 것으로 짐작된다.

2) '금산보개화신'과 관음 친견

평생 동안 계율을 잘 지키며 수행하고 강학한 의상은 금산 보개여래의 화신으로 널리 알려졌다.

세상에 전하기로 의상은 금산 보개여래의 화신이라고 한다.[63]

예전에 의상법사가 처음 당나라에서 돌아와 관음보살 진신이 바닷가

---

62 一然, 『三國遺事』, 「紀異」, '文虎王 法敏'.
63 一然, 『三國遺事』, 「義解」, '義相傳敎'.

동굴 속에 머물고 있다는 말을 듣고, 낙가산洛迦山이라고 했다는 말을 들었다. 아마 서역에 보타락가산寶陁洛迦山이 있는데 우리말로 번역하면 소백화小白華라는 뜻이니 백의대사白衣大士, 觀世音菩薩의 진신이 머무르는 곳이므로 그 이름을 빌려 지은 것이다. 의상대사가 7일을 재계하고 다리를 펴 물 위에 띄웠더니 용천팔부龍天八部의 시종들이 그를 동굴 안으로 인도하여 들어가 공중에 참례하니 수정염주水晶念珠 한 벌을 주므로 받아가지고 물러나오는 데 동해 용왕이 또 여의주如意珠 한 개를 주었다. 대사가 받아가지고 나와 다시 7일을 재계하고야 진신을 모습을 뵈니 진신이 말하였다.

"이 자리 위의 산꼭대기에 대나무 한 쌍이 솟아날 것이니 바로 그 자리에 불전을 짓는 것이 좋으리라." 법사가 듣고 동굴에서 나와 보니 과연 대나무가 솟아난지라, 이에 금당을 짓고 관음존상을 모시니 원만한 모습과 아름다운 형상이 엄연하여 하늘이 내려준 듯하였다. 대나무는 곧 없어졌으니, 바로 보살의 진신이 머무른 곳임을 알겠다. 이 때문에 그 절 이름을 낙산사洛山寺라 하고, 법사가 얻은 두 가지 구슬은 성전에 모셔 놓고 떠났다.[64]

일연은 이 대목에서 의상과 원효를 비교하여 의상은 두 차례 재계한 결과 관음진신을 친견하고 수정 염주 한 벌을 받고, 동해 용왕에게 또 여의주 한 개를 받았다고 기술하고 있다. 이와 달리 원효는 눈앞에 나타난 관음보살을 알아보지 못하였고, 다시 성굴에 들어가 진신의 보습을 뵈려 했으나 풍랑이 크게 일어 들어가지 못하고 떠났다고 기술하고 있다. 이 대목에서 일연은 의상과 원효에 대해 기술하는 방식이 달랐던 것으로 짐작된다.

---

64 一然, 『三國遺事』, 「塔像」, '臺山二大聖 觀音 正聚 調信'.

의상이 끝내 관음보살을 친견하고 동해 용왕에게 여의주 한 개를 받았다고 기록한 것은 이곳이 의상이 창건한 낙산사라는 점을 고려했던 것으로 이해된다. 반면 원효가 관음보살을 알아보지 못하고 다시 성굴에 들어가 관음 진신의 모습을 보지 못하고 떠나갔다는 것은 의상에 대한 조연으로서 원효를 보여주는 대목으로 이해된다. 하여튼 일연은 세상에서 의상을 금산 보개여래의 화신으로 일컬었다는 사실을 소개하고 있다.

3. 부석사와 화엄 십찰

1) '부석지보개'

일연은 신라 법흥왕의 불교 공인과 이차돈의 몸바침에 대해 기술하는 대목에서 의상을 '부석사의 보개여래' 즉 보개여래의 화신으로 평가하고 있다. 그는 먼저 태청 초547에 양나라 사신 심호沈湖가 석가의 사리를 가져왔고, 천가天嘉 6년565에는 진陳나라 사신 유사劉思와 승려 명관明觀이 불경을 가지고 왔다고 적고 있다. 이어 일연은 '절들이 별자리처럼 늘어서고', '탑들이 기러기처럼 날아가며', '불법의 깃발을 세우고', '불교의 거울을 달자' '이름 높은 승려들이 천하의 복밭이 되고', '대승과 소승의 불법이 서울의 자비로운 구름이 되어 온나라를 덮었다.'고 하였다.

또 '여러 곳의 보살이 세상에 나타나기도 하였으며'[분황사의 진나, 부석사의 보개, 낙산사의 오대 등을 말한다], '서역의 이름 있는 승려들이 이 땅에 오니,' 이로 말미암아 삼한을 병합하여 한 나라를 이루고 온 세상을 합해 한 집안이 되었다. 그런 까닭에 그의 공덕을 하늘 길의 나무에 쓰고, 신성한 행적을 은하수에 비추었으니 어찌 삼성[아도, 법흥, 염촉]의 위덕이 이루어진 것이 아니겠는가?라고 하였다.

이처럼 일연은 신라불교의 무성함이 안으로는 분황사의 진나, 부석사의 보개, 낙산사의 오대 등으로 인해 이루어져 서역의 이름 높은 고승들이 이 땅에 왔으며, 이러한 위덕은 아도, 법흥, 염촉으로 인해 이루어졌다고 기술하고 있다. 여기서 그는 부석사의 보개 즉 의상을 보개여래의 화신으로 드높이고 있다. 이러한 일연의 드높임은 이후 의상에 대한 평가의 주요 기준이 되었다.

2) 십대 제자와 화엄 십찰

의상은 10대 제자와 3천 제자를 배출하여 육성하였다는 사실은 잘 알려져 있다. 그의 십대 제자에 대해서 「의상전교」에서는 각각의 인명들을 밝히고 있다.

> 제자로는 오진 지통, 표훈, 진정, 진장, 도융, 양원, 상원, 능인, 의적 등 10대덕이 우두머리가 되니 모두 아성[성인 다음 가는 현인]이었고 각각 전기가 있다.[65]

그러면서도 일연은 특히 밤마다 부석사의 등불을 켠 오진, 의상에게 추동에서 『화엄대전』의 가르침을 직접 받고 매우 조예 있는 문사와 오묘한 의미를 담은 『추동기』를 정리한 지통, 불국사에 머물면서 천궁에 왕래한 표훈에 대해 거론하고 있다.

의상의 화엄 원교를 배운 제자들은 다시 그의 가르침을 널리 펴기 위해 전국에 화엄 10찰을 세웠다.

의상은 이에 10개의 가르침을 전하였다. 태백산의 부석사, 원주의 비마라사, 가야산의 해인사, 비슬산의 옥천사, 금정산의 범어사, 남악[지리

---

65 一然, 『三國遺事』, 「義解」, '義相傳敎'.

산]의 화엄사 등이 그곳이다.[66]

　화엄 십찰의 숫자에 대해서는 일정하지 않지만 여러 기록을 종합해 보면 대개 12개 사찰의 이름을 알 수 있다. 최치원은 『당대천복사고사번경대덕법장화상전』(이하 法藏和尙傳, 904)에서 처음으로 화엄 십찰에 대해 언급하고 있다.
　그는 『법장화상전』 제9과의 할주割註에서 "해동에 화엄의 큰 배움터大學로 10산이 있으니, 중악 (팔)공산 미리사, 남악 지리산 화엄사, 북악 부석사, 경주 가야산 해인사·보광사, 웅주 가야협 보원사, 계룡산 갑사, 『괄지지』에 이르기를 삭주 계람산 화산사, 양주 금정산 범어사, 비슬산 옥천사, 전주 모(악)산 국신사, 한주 부아산 청담사 등 이들 십여 곳이다"[67]고 하였다.[68]

66　一然, 『三國遺事』, 「義解」, '義相傳敎'.
67　崔致遠, 『唐大薦福寺故寺主飜經大德法藏和尙傳』(『한국불교전서』 제3책, p.775하). "第九科曰: ······斯實闍燭, 龍之眼頓, 放光明織, 火鼠之毛, 益彰奇特, 誘令一國, 學徧十山, [海東華嚴大學之所有十山焉. 中岳公山美理寺, 南岳智異山華嚴寺, 北岳浮石寺, 康州伽耶山海印寺 普光寺 熊州迦耶峽普願寺, 鷄龍山岬寺. 『括地志』所云鷄藍山是朔州華山寺, 良州金井山梵[語]魚寺, 毗瑟山玉泉寺, 全州母(岳)山國神寺, 更有如漢州負兒山靑潭寺也. 此十如所."
　; 崔致遠, 『唐大薦福寺故寺主飜經大德法藏和尙傳』, 『崔文昌候全集』 續集 傳, 성균관대 대동문화연구원(影印), 1972, pp.242~283.
68　高榮燮, 「원효의 화엄학: 광엄과 보법의 긴장과 탄력」, 『원효학연구』 제5집, 원효학연구원, 2000; 高榮燮, 『원효탐색』(서울: 연기사, 2002; 2005); 高榮燮, 『분황 원효의 생애와 사상』(서울: 운주사, 2016); 高榮燮, 『붓다와 원효의 철학』(서울: 동국대학교출판문화원, 2021); 高榮燮, 『한국의 불교사상』(서울: 박이정, 2022). 현존 발굴결과 청담사의 '사찰 규모가 너무 작다'(정병삼, 앞의 글, p.145)는 지적과 2018년 고양 벽제 목암지구 도시개발사업부지 내 문화유적에 대한 발굴조사 과정에서 '청담사'명 기와가 또다시 확인되어 과연 이곳이 청담사인가에 대한 비판적 글도 제기되었다. 하지만 도로와 인접해 있는 청담사의 성격상 驛院 사찰 혹은 院館일 가능성도 있어 파주 지역의 '惠陰院'과 대비해 연구해야 할 필요성이 있다. 최연식, 「고려시대 院館 사찰의 출현과 변천과정」, 『이화사학연구』 제52호, 2016 참조; 〈뉴시스〉 2008년 5월 2일자.

일연은 화엄 10찰 중 6개의 사찰만 거론하고 있으나 다른 기록에 의하면 나머지 6개의 사찰 이름도 확인할 수 있다. 화엄 10찰 중 나머지 6개의 찰은 삭주 계람산 화산사, 비슬산 옥천사, 전주 모(악)산 국신사, 김제 귀신사, 공주 갑사, 한주(서울) 부아산 청담사 등이다.[69]

일연은 "잡화(화엄)를 캐어내 고국에 심으니/ 종남산(당)과 태백산(신라)이 같은 봄이로다"[70]는 싯구로 의상의 살림살이를 기리고 있다. 이처럼 그는 의상의 살림살이를 '법사'와 '전교', '서도관화'와 '남천저본색', '부석지보개', '국내면'과 '정도의 역설', '금산보개화신'과 '관음 친견', '십대제자'와 '화엄십찰'로 수렴해 내고 있다. 이처럼 의상의 살림살이에 대한 일연의 수렴은 이후 의상 형상 정립과 유포에 일정한 기준으로 자리했다.

V. 원효像과 의상像의 정립과 유포

원효 행장과 의상 본기가 온전한 전기가 전해지지 않는 지금 우리가 알고 있는 대부분의 형상은 일연에 의해 기술된 『삼국유사』의 원효상과 의상상이라고 할 수 있다. 일연에 의해 정립된 원효상과 의상상은 한국인들의 의식 속에 깊이 각인되어 있다. 그리고 일연에 의해 정립된 이들의 형상은 오늘날 동아시아에 원효상과 의상상으로 유포되고 있다는 점에서 『삼국유사』의 원효 형상과 의상 형상은 여전히 주목되고 있다.

(2020년 5월 18일 검색). 근래에 은평구 진관내동 일대 뉴타운 예정지에서 '청담사'라고 쓴 銘文 평기와 5점을 발견했다.
69 高榮燮, 「김제 모악산 귀신사의 역사와 인물」, 『한국불교사연구』 제17호, 한국불교사학회 한국불교사연구소, 2020년 제17호.
70 一然, 『三國遺事』, 「義解」, '義相傳教'. "采采雜華栽故國, 終南太伯一般春."

일연은 원효의 살림살이를 크게 1) 무애가풍과 소성거사 ①'불기'와 '성사' ②'실계생총'과 '소성거사' 2) 끝내 절필과 현실 참여 ①'종내절필' 과 '개식불타지호' ②'화독화란'과 관음 친견 3) 분황사와 회고상 ①'분황지진나' ②'각승'과 '회고상'으로 수렴해 12폭의 일대기로 촬요해 내고 있다. 이들 12폭은 이후 원효 이해의 기본 정보로 자리를 잡아왔다.

일연은 의상의 살림살이를 크게 1) 서쪽 유학과 원교 법사 ①'법사'와 '전교' ②'서도관화'와 '남천저본색' 2) 국난 극복과 현실 참여 ①'국(난) 내면'과 '정도의 역설' ②'금산보개화신'과 '관음 친견' 3) 부석사와 화엄 십찰 ①'부석지보개' ②'십대제자'와 '화엄십찰'로 수렴해 10폭의 일대기로 수렴해 내고 있다. 이들 10폭은 이후 의상 이해의 기본 정보로 자리를 잡아왔다.

이처럼 일연은 『삼국유사』의 원효와 의상에 대한 인식을 원효상과 의상상으로 정립하고 유포하였다. 오늘날 우리가 알고 있는 원효와 의상에 관한 사실과 기억은 대부분 일연에 의해서 기술되고 표현된 것이라고 할 수 있다.

일연은 국사이면서 선사로서 당시의 백성들에 대한 따뜻한 보살의 마음이 있었다. 그가 이 책에서 원효와 의상에 주목한 것도 신라불교의 난숙기를 일구어낸 이들의 인간적인 면모에 주목한 까닭이었다. 요석과 육체적 인연을 맺은 원효와 선묘와 정신적 인연을 맺은 의상은 한국의 대표적 철학자이자 사상가로서 자리를 잡았다. 그리고 이들이 보여준 살림살이와 사고방식은 이후의 불자들에게도 깊은 영향을 미쳤다.

일연은 원효가 실계를 하여 설총이 태어난 것과 『화엄경』에서 말한 "일체의 무애인이 한 번에 생사의 길에서 벗어난다"는 뜻을 취하여 그가 이름을 '무애'로 짓고, 노래를 만들어 세상에 유포했던 것도 모두 '불기'의 가풍에서 펼쳐낸 것으로 보았다. 이처럼 일연은 원효의 살림살이를 '불기'와 '성사', '실계생총'과 '소성거사', '종내절필'과 '개식불타지호', '화독화란'과 관음 친견, '분황지진나'와 '각승'과 '회고상'으로 수렴해 내었다.
　원효의 '불기 가풍'에서 보면 '재가'다 '출가'다, '거사'다 '대사'다 하는 분별과 경계는 의미가 없다. 일연은 그런 분별과 경계 너머에서 원효를 '성사'로 표현한 것이다. 일연은 고대 당시의 불교 현실에서 원효와 같은 성사의 출현을 염원하였던 것으로 짐작된다. 그것은 대몽항쟁기와 몽골 간섭기의 고려 불교 현실을 통해서도 짐작해 볼 수 있다.
　또 일연은 의상의 살림살이를 '법사'와 '전교', '서도관화'와 '남천저본색', '국(난)내면'과 '정도의 역설', '금산보개화신'과 '관음 친견', '부석지보개'와 '십대제자'와 '화엄십찰'로 수렴해 내었다. 그는 의상의 투철한 지계의식과 열정적인 제자 육성에 주목하였다. 일연은 당시 고려의 참담한 현실에 직면하면서 한국불교의 정체성과 인식틀을 수립한 신라불교의 난숙기를 일궈낸 의상을 소환했던 것으로 이해된다. 일연의 의상의 살림살이에 대한 수렴은 이후 의상상 정립과 유포에 일정한 기준으로 자리했다.

VI. 일연의 원효와 의상 소환과 고려불교 중흥

　한국인의 경전이자 수트라인 『삼국유사』에는 한국인들의 유전인자가 새겨져 있다. 찬자인 인각 일연麟角一然, 1206~1289은 전통과 역사에 대한 남다른 인식이 있었다. 그는 고조선[왕검조선]부터 고려 후기에 이르기까지 이 땅의 신화와 인물, 역사와 문화, 신앙과 수행, 서지와 기록, 민속과 설화, 시가와 향가, 기후와 풍토 등을 『삼국유사』에 담아내었다. 이 때문에 『삼국유사』는 한국정신문화대백과사전이며 국학 혹은 한국학의 소의경전이라고 할 수 있다.
　일연은 신라의 대표적인 실천적 지성인이자 지성적 실천가로서의 원효와 의상에 주목하였다. 그는 몽골 침략과 원 간섭기를 살면서 신라불교의 난숙기를 수놓은 원효와 의상을 민족의 사표로서 내세우고자 하였다. 이 때문에 일연은 요석과의 인연으로 실계하여 설총을 낳았음에도 불구하고 원효를 '성사' 혹은 '보살의 후신'으로 파악하였다. 동시에 투철한 지계의식과 열정적인 후학 양성에 전력투구한 의상을 '원교법사' 혹은 '여래의 화신'으로 소환하였다.

일연이 『삼국유사』에서 바라본 원효는 '불기不羈 가풍'과 '각승角乘 가풍'을 지닌 성사이다. 그는 '절필'과 '실계'를 통해 대중 속으로 들어간 원효의 삶을 12개 조목에 담아내었다. 일연은 원효의 살림살이를 '불기'와 '성사', '실계생총'과 '소성거사', '종내절필'과 '개식불타지호', '화독화란'과 관음 친견, '분황지진나'와 '각승'과 '회고상'으로 수렴해 내었다. 또 일연이 『삼국유사』에서 바라본 의상은 그의 십대제자와 그들에 의해 설립된 '화엄십찰'이다. 그는 화엄 경교를 실천한 '행자'이자 화엄 원교를 전했던 '법사' 의상의 삶을 10개 조목에 담아내었다. 일연은 의상의 살림살이를 '법사'와 '전교', '서도관화'와 '남천저본색', '국(난)내면'과 '정도의 역설', '금산보개화신'과 '관음 친견', '부석지보개'와 '십대제자'와 '화엄십찰'로 수렴해 내었다.

이처럼 일연은 이들의 호명과 소환을 통해 당시 고려 불교계가 직면한 과제를 해결하기 위한 대안으로 삼고자 하였다. 그는 '절필'과 '실계'를 통해 대중 속으로 들어간 원효의 보살髻師의 삶에 주목하였다. 그리하여 일연은 원효에게서 '불기 가풍'과 '각승 가풍'을 불러내고자 하였다. 또 일연은 의상에게서 '화엄 행자'와 '원교 법사'의 가풍을 통해 대중 속으로 들어간 의상의 여래의 삶에 주목하였다. 그리하여 의상에게서 '화엄 행자'와 '원교 법사'의 가풍을 불러내고자 하였다. 그의 이러한 일련의 노력은 이들이 일연 당시 불교계가 직면한 과제를 해결하기 위한 대안으로 보았기 때문이다. 이를 토대로 하여 일연은 두 사람의 실천적 지성성과 지성적 실천성을 고려 불교의 현실에 접목하고자 하였다. 이러한 그의 노력은 이후 원효와 의상 형상의 정립과 유포에 커다란 영향을 미쳤다.

■ 참고문헌

元曉,『梵網經菩薩戒本私記』(『한불전』제1책, p.584중).
金富軾,『三國史記』50권.
李奎報,『동국이상국집』권19.
一然,『三國遺事』,「紀異」,'新羅始祖 朴赫居世'.
林椿,『西河集』.
李荇 등,『新增東國輿地勝覽』(1530).
최남선,「삼국유사해제」,『新訂三國遺事』(서울: 삼중당, 1943·1946).
권상로,「『삼국유사』를 읽는 이들에게」, 一然·권상로 역해,『삼국유사』(서울: 동서
 문화사, 1978; 2010).
高翊晉,「의상의 화엄사상」,『한국의 불교사상』(서울: 동국대출판부, 1987).
김두진,「의상, 그 생애와 사상」,『의상』(서울: 민음사, 1998).
채상식,『일연, 그의 생애와 사상』(서울: 혜안, 2019).
高榮燮,『원효탐색』(서울: 연기사, 2002; 2005).
高榮燮,『분황 원효의 생애와 사상』(서울: 운주사, 2016).
高榮燮,『붓다와 원효의 철학』(서울: 동국대학교출판문화원, 2021).
高榮燮,『한국의 불교사상』(서울: 박이정, 2022).

金煐泰,「전기와 설화를 통해 본 원효의 생애」,『불교학보』제22집, 동국대 불교
 문화연구원, 1978.
최병헌,「고려 불교계에서의 원효 이해 – 의천과 일연을 중심으로」,『원효연구논
 총』, 국토통일원조사연구실, 1987.
金相鉉,「고려시대의 원효 인식」,『정신문화연구』, 한국학중앙연구원, 1993.
진성규,「조선시대의 원효 인식」,『중앙사학』제10집, 중앙대 사학연구소, 1995).

정병삼, 「의상, 시대적 삶과 실천」, 『철학사상』 제31집, 서울대 철학사상연구소, 2009.

高榮燮(a), 「원효의 화엄학: 광엄과 보법의 긴장과 탄력」, 『원효학연구』 제5집, 원효학연구원, 2000.

高榮燮(b), 「의상 화엄은 성기사상이 아닌가」, 『동아시아불교문화』 제38집, 동아시아불교문화학회, 2021.12.

高榮燮(c), 「분황 원효와 인각 일연의 화엄학과 선학 이해: '角乘 가풍'과 '莖草 선풍'을 중심으로」, 『불교철학』 제12집, 동국대학교 세계불교학연구소, 2023.4.

高榮燮(d), 「일연 『삼국유사』「의해」편의 중심 내용과 주요 특징 - '鄕歌' 계승 의지와 '讚詩' 창작 수록과 관련하여 - 」, 『문학 사학 철학』 제73호, 대발해동양학한국학연구원 한국불교사연구소, 2023.6.

高榮燮(e), 「분황 원효 『금강삼매경론』의 주요 내용과 특징」, 『불교철학』 제6집, 동국대학교 세계불교학연구소, 2020.4.

석길암, 「史實의 記述과 이미지의 記述 - '元曉不羈'조 읽기의 한 방법」, 『신라문화제학술논문집』 제33집, 경주시·신라문화선양회; 동국대학교 신라문화연구소, 2012.

제3장

경기도 이천 安興寺와 利川鄕校의 역사와 인물

I. 안흥사와 안흥정사
II. 불교 성소의 유교 성소로의 전환
III. 불교 안흥사의 인물과 유적
IV. 유교 이천향교의 인물과 유적
V. 불교문화와 유교문화의 공존
VI. 안흥사지 쌍탑과 이천향교의 인물들

I. 안흥사와 안흥정사

무릇 성소聖所는 신행 혹은 신앙이 이루어지는 성스럽고 거룩한 공간이다. 상고시대 내지 고대시대 이래 천신 산신 무속 신앙이 이뤄진 성소는 모두 신과 인간이 만나는 장소였다. 고古조선 즉 원原조선의 신시神市 즉 아사달阿斯達, 朝陽[1] 또한 성소였다. 또 원原삼국으로 불리는 고대 삼한시대에 신에게 제사를 지내던 소도蘇塗에는 신단을 설치하고 그 앞에 나무를 심어 제사를 드렸다. 성황수는 신이 내려오는 길목에 심어졌고, 성황당은 하늘의 신이 땅의 꼭대기인 산으로 내려오는 길목에 지어졌다. 이곳을 관장하며 미래 예측기능을 지녔던 샤먼 즉 무당은 청동거울과 청동방울 및 청동검과 같은 무구를 사용하며 통치력을 발휘하였다.

부여의 영고, 고구려의 동맹, 동예의 무천, 마한의 제천(시월제), 고려의 팔관재는 한 해의 농사가 무사無事하게 끝나고 긴 겨울을 무탈無頉하게 보내기 위해 하늘에 감사드린 노래와 무용과 의례로 이루어진 연희이자 하늘의 신과 땅의 인간이 만나는 축제였으며 고유신앙의 종교적 의례였다. 반면 신라의 수도 서라벌 곳곳에는 신라불연국토설新羅佛緣國土說에 입각해 과거 붓다 시절의 일곱 곳 절터前佛時七處伽藍之墟로서 비정된 천신신앙을 관장하는 곳이 시설되었다. 하늘을 경배하던 숲이자 천신에게 제사를 지내는 제(사)장인 천경림天鏡林→大王興輪寺, 모량리와 남천이 합류하는 지점인 삼천기三川岐→永興寺, 용신을 모시는 제사장인 용궁의 남쪽龍宮南→皇龍寺, 용신을 모시던 제사장인 용궁의 북쪽龍宮北→芬皇寺, 사천 즉 남천이 끝나는 지점인 사천미沙川尾→靈妙寺, 신들이 노니는

---

[1] 지금의 滿洲 遼寧省 營州 즉 朝陽(차오양)은 고구려의 장수 대걸중상(大乞仲像/乞乞仲象)이 고구려 유민을 이끌고 震國을 세우기 위해 탈출했던 곳이며, 震國에 이어 天門嶺 전투에서 거란족 출신의 당나라 장수인 李楷固 군대의 추격을 물리친 그의 아들 大祚榮이 東牟山 敦化로 옮겨 후고구려인 大渤海를 세웠다.

숲으로 수목신앙의 제사장인 신유림神遊林→四天王寺, 토지신에 대한 제
(사)장이었던 오릉 남쪽에 자리한 서청전壻請田→曇嚴寺 등은 법흥왕 이
전부터 대표적인 제(사)장으로서 자리해 오고 있었다. 불교 공인 이후
이들 제(사)장은 법흥왕 대에서 문무왕 대에 이르는 150년 동안 모두 국
가사찰로 탈바꿈하였다.²

경기도 이천利涉大川³의 안흥사는 안흥동과 갈산동의 경계에 있던 절
이었다. 이 절은 통일신라 말 내지 고려 초기에 세워져 고려 내내 흥성
하다가 고려 말엽 내지 조선 초기에 폐사된 것으로 짐작된다. 권근이
쓴 「이천신향교기」에는 안흥사가 "(이천)도호부의 동쪽 4리 되는 곳에 있
다"⁴고 하였다. 안흥사의 법당 앞에 나란히 서 있던 안흥사지 오층석탑
두 기는 이천 지역 관내에서 가장 좋은 석탑이었다.⁵ 그런데 일제는 1913

---

2 高榮燮, 「고대 한국불교의 토착화와 구심화」, 『한국불교학』 제75집, 한국불교학회, 2015; 高榮燮, 『불학과 불교학』(서울: 씨아이알, 2016), pp.153~154.
3 任元濬, 「愛蓮亭記」. 여기서는 "고려 태조(王太祖)가 남으로 정벌할 때에 대군을 거느리고 군에 이르니, 徐氏이란 이가 인도하여 南川을 무사히 건넜다. 태조가 기뻐하여 지금의 칭호를 주었다. 우리나라에 들어와서 徐氏로서 현달한 관원은 모두 穆의 후손이요, 利川이란 말 또한 (『周易』의) '利涉大川'이라는 뜻을 취한 것이다. 世宗 莊憲大王께서 이 고을이 京畿 여러 고을 중에서 땅이 광대하고 백성이 조밀하다 하여 승격시켜 도호부를 만들었다"고 하였다.
4 權近, 「利川新置鄕校記」, 『陽村集』.
5 안흥사에 있던 5층 석탑 두 기는 경복궁으로 반출되어 한 기는 현재 용산 국립박물관으로 옮겨져 있고 나머지 한 기는 일본으로 반출되어 있다. 미술사학계에서는 이 탑이 일본 반출탑보다 오래된 탑으로 보아 안흥사에 나란히 있던 쌍탑이 아니고 시대를 달리해 다른 권역에 조성된 탑으로 보고 있다. 하지만 논자는 두 탑의 양식과 규모와 형식이 거의 유사해 동시대에 조성된 탑으로 보아야하지 않을까 생각한다. 이 마니시류의 『조선고적조사 보고서』(1917)에는 안흥사에서 반출된 석탑 두 기 중 하나는 향교 앞 석탑과 관고리 3층 석탑(?)으로 보고 있다. 하지만 고려 당시 안흥사에 5층 석탑과 3층 석탑이 나란히 혹은 다른 권역에 서있다는 근거는 확인되지 않는다. 왜냐하면 하남 동사지의 쌍탑인 3층 석탑의 경우 발굴 조사된 대좌 자리의 축선에서 벗어나 있으며, 오히려 오층석탑이 축선과 맞는 점을 고려한다면 삼층 석탑은 다른 곳에서 이전되어 왔을 가능성도 있어 보인다. 한 사찰의 권역 안에서 일정한 거리를 두고 삼층석탑과 오층석탑이 건립된 사례는 봉업사지에서도 찾아볼 수는 있다.

년 가을에 경복궁의 남문인 광화문 안쪽에 총독부신청사 건축을 결정한 뒤 이곳을 자신들의 행사와 유흥을 위한 장소로 활용하였다. 그들은 1915년 9월 11일부터 10월 30일까지 '시정 5년 기념'施政五年紀念으로 총독부의 정치업적을 선전하고 권위를 과시하기 위해 조선물산공진회朝鮮物産共進會를 마련하고 행사를 장식한다는 구실을 달아 이들 석탑 두 기[6]를 공진회장[7]인 경복궁 조선총독부 청사 옆으로 옮겨갔다.[8] 이 중 한 기[9]는 1919년 1월 27일 총독부의 기증형식으로 일본의 오쿠라 슈고칸大

하지만 이마니시류의 『조선고적조사보고서』의 몇몇 부정확성을 고려한다면 고려시대 안홍사는 5층 쌍탑 가람으로 조성된 것으로 볼 수 있지 않을까 한다.
6 조선고적연구회 편, 『大正5年度 朝鮮古蹟調査報告書』(1917), p.104. 당시 고적조사위원인 이마니시 류(今西龍)가 조선총독부 고적조사위원장에게 제출한 이 보고서에는 1916년 이천군 지역 조사 당시 이미 이 석탑이 향교전 5층 석탑과 함께 총독부 박물관으로 이전된 상태였다고 보고하였다. 보고서에는 이 밖에도 송정리 5층 석탑이 있다고 했는데 지금은 그 행방을 알 수 없다. 그는 또 안홍사 5층 석탑의 건립연대는 고려초기로 추정되며, 안홍사지에는 당시 높이 5척의 幢竿支柱石이 있다고 보고하였으나 이 지주석 역시 현재는 행방을 알 수 없다. 그가 파악한 이천의 석탑은 이천향교 앞 석탑 2기, 안홍사지석탑, 진리석탑, 관고동석탑, 송정리석탑 등 6기였으며 향교 앞 석탑 중 1기와 안홍사 5층석탑은 총독부박물관으로 이건되었다고 하였다. 기술 상 이천향교 앞 석탑 2기가 나란히 적혀 있지만 이 탑들이 5층석탑과 3층석탑으로 확정할 수 있을까? 결과적으로 옮겨진 것은 향교앞 5층석탑과 안홍사지 5층 석탑이었으니 말이다.
7 조선총독부는 경복궁의 資善堂이 있던 동궁 영역 및 여러 영역의 건물을 철거 및 훼손하고 그곳에 미술관을 짓고 임시 건물을 세웠다. 공진회는 새로 지은 미술관과 임시 건물 안에 조선과 일본의 생산품을 전시하고 조선의 문화재까지 수집하여 전시한 박람회라고 할 수 있다. 『한국민족문화대백과사전』(http://encykorea.aks.ac.kr 참조 (2021.06.01).
8 오쿠라 기하치로(大倉喜八郞)는 테라우치 조선총독부 초대 총독의 하수인으로서 재벌이 된 인물이다. 그는 자신의 권력을 이용하여 수많은 한국의 문화재들을 약탈해 갔으며 심지어는 경복궁에 있던 資善堂 건물을 통째로 뜯어다가 자신의 저택에 다시 짓기도 하였다. 오쿠라 저택에는 현재에도 많은 한국 문화재들이 자리하고 있다.
9 김희경 편, 『한국탑파연구자료』(서울: 고고미술동호인회, 1968), pp.275~285. 여기에는 이 탑을 안홍사에서 官衙와 안홍정사를 거쳐 이천향교로 탈바꿈한 이곳의 마당에 서 있던 '향교앞 5층석탑'이라고 명명하고 있다.

倉集古館 정원으로 옮겨져[10] 우리의 다른 문화재들과 함께 방치되다가 근래에 탑 전체가 해체되어 수장고에 보관되어 있다.[11] 나머지 한 기는 우리나라 정부가 조선총독부 청사를 대한민국 정부 청사(중앙청)로 사용하다가 경복궁 앞에 정부종합청사를 새로 지어 옮겨가면서 그곳에 개관한 국립중앙박물관의 정원에 있다가 지금의 용산 국립중앙박물관 석조물 정원으로 옮겨져 있다.[12] 이 탑의 세부 수법은 석탑의 양식을 띠며, 균형 잡힌 비례로 보아 통일신라시대의 석탑 내지 고려시대 초기의 석탑으로 추정된다.[13] 이러한 맥락에서 본다면 일본으로 반출된 오층석탑을 이 탑보다 나중에 조성한 탑으로 확정할 수 있을까 생각해 보게 된다.

통일신라 혹은 고려시대에 개창된 안흥사는 고려 말엽 또는 조선 전기에 폐사가 된 것으로 알려져 있다. 이곳에 5층의 고층 석탑 두 기와 5

---

10 『조선고적조사위원회 회의자료』, 1919년 10월 4일자. 여기에 의하면 오쿠라 기하티로가 처음에는 평양 정차창 앞에 있는 칠층석탑을 옮겨 가려고 신청했으나, 이 탑은 평양 주민들에게 널리 알려져서 옮겨가기가 부적당하자 결국 이천에서 경복궁으로 옮겨다 놓은 향교 앞 오층석탑을 대신 옮겨가도록 허락해 주었다는 기록이 자세하게 적혀 있다.
11 이천오층식탑환수위원회는 지난 16년간 이천오층석탑환수운동을 벌여왔으나 아직도 환수해 오지 못하고 있다. 대신 근래에는 시민들의 뜻을 모아 일본으로 반출된 탑과 동일한 석탑을 만들어 이천 시내 공원에 세웠다.
12 서울시 용산구 용산동 6가 168-6번지 국립중앙박물관의 석조물 정원에 옮겨져 있다. 높이 584 cm, 전체 너비 270 cm이다. 상륜부는 노반만 남아있고 나머지는 유실되었다.
13 서울시 용산구에 자리한 국립박물관 석조물 정원에 옮겨진 이 탑은 일본으로 반출된 탑(탑신 1층이 2매석으로 구성)과 類似한 모양의 탑이다. 이 탑은 2층의 기단 위에 5층의 탑신과 상륜부가 있는 일반적인 형태의 탑이다. 탑신 높이는 2층부터 급격히 줄어들며 처마 밑 층단받침은 네 단인 5층을 제외하고는 모두 다섯 단을 이루고 있다. 상륜부에는 네모난 지붕 모양의 장식[露盤]만 남아 있다. 경기도 이천시 오층석탑 환수위원회에서는 16년 동안 일본 오쿠라 재단에게 이 탑을 돌려받기 위해 노력했지만 성사되지 않고 있다. 이에 이천 시민과 단체들의 모금을 통해 국립박물관에 보관중인 이 탑과 같은 탑을 조성하여 2020년 10월 16일에 이천시청 아트홀 앞마당에 세우고 '환수 염원탑'이라 부르고 있다.

척의 당간지주석이 있었다는 사실을 미루어 보아 안흥사는 유수한 절이었음을 알 수 있다. 하지만 두 탑이 1915년에 반출되면서 이곳이 안흥사였다는 사실은 제대로 알려지지 않고 있다.[14] 그 대신 조선 중기에 이곳 인흥사지에서 서북부 1리 쪽에 유생들을 가르치는 안흥정사安興精舍가 들어서면서 이천향교로 탈바꿈했고 이 때문에 이 지역은 유교의 성소로 알려져 오고 있다. 1998년 서울대학교 박물관과 2004년 중앙문화재연구원이 이곳을 발굴 조사할 때 '안흥사'安興寺라고 새겨진 기와 명문銘文이 출토되어 여기가 절터임이 확인되었다. 하지만 현재는 불교의 흔적이 거의 남아있지 않다. 그렇다면 고려시대의 불교 사찰에서 조선시대의 유교 향교로 탈바꿈한 이곳의 역사를 어떻게 복원하고 이곳의 인물을 어떻게 소환하여야 할까? 이 글에서는 이천 안흥사와 안흥정사 관련 자료를 자세히 살펴 안흥사와 이천향교와 관련된 역사와 인물을 궁구해 보고자 한다.

II. 불교 성소의 유교 성소로의 전환

고중세와 근현대 이래 불교 성소와 유교 성소의 자리바꿈은 적지 않았다.[15] 대개 성소의 전환은 국가의 통치이념에 기반한 종교적 주도권의 자리바꿈과 밀접한 관계가 있어 왔다. 천신신앙의 성소였던 경주의 칠처가람지허七處伽藍地墟가 불교 공인 이후 150여년에 걸쳐 국가사찰로 전환한 것이나 불교의 성소였던 사찰이 유교의 향교나 서원으로 자리바꿈한 경우도 마찬가지이다. 또 불교의 성소였던 사찰이 도교의

---

14 안흥사지는 현재의 향교 앞에서부터 현재의 양정여중과 그 주변의 아파트 권역 일대로 추정된다.
15 물론 경우에 따라 유교 성소가 불교 성소로 바뀐 곳도 없지는 않았다.

도관¹⁶이나 기독교 신앙의 교회로 바뀐 예도 있다.¹⁷ 이러한 종교적 성소의 전환 사례를 찾아보면 적지 않게 발견할 수 있다.

신라시대에 인도승 광유光有가 경주에 임정사林井寺를 창건했다. 그 뒤에 원효가 이 절을 중창하여 기림사祇林寺로 바꾸었다. 이후 이 절은 폐사되어 조선시대에 서악서원西嶽書院으로 바뀌었다. 또 신라시대에 경주 밀곡사密谷寺가 있던 사찰터는 조선시대에 이르러 운곡서원雲谷書院으로 바뀌었다. 이어 통일신라 때에 창건한 밀양 재약산 영정사靈井寺는 조선시대에 사명대사를 기리는 사당인 표충사表忠祠와 표충서원表忠書院으로 탈바꿈했다. 이후 이 서원은 대원군의 서원철폐1870 때 폐원이 된 뒤 다시 표충사表忠寺라는 불교 사찰이 되었다.

신라시대 영주의 숙수사宿水寺는 고려시대를 거쳐 조선 초기까지만 해도 유수한 사찰로서 존속해 왔다. 하지만 조선 세조 때에 세조의 넷째동생이었던 금성대군을 중심으로 순흥지역에서 시도했던 단종복위 사건과 연루되어 폐사된 것으로 추정된다.¹⁸ 조선 명종 때에 주세붕周世

---

16 서울시 용산구 보광동의 꼭대기에 자리한 보광사에는 무후(武后, 諸葛孔明)묘를 함께 모시고 있다. 불교와 도교의 공존 공간이라고 할 수 있다. 남산 산책길에 있는 臥龍廟에는 와룡선생인 제갈공명을 모신 도교사원이지만 단군성상과 약사여래 및 위태천(비슈뉴)상도 모시고 있다.
17 서울시 중구 남산동의 남산공원을 오르다 보면 서울예대 건너편에 자리한 한양교회는 일본 교토의 동본원사 포교당이 있던 곳이다.
18 王融,「산청 지곡사(智谷寺) 진관선사오공탑비문(眞觀禪師悟空塔碑文)」,『조선금석총람』卷上(서울: 아세아문화사, 1976),. 현재 신라시대에 관련된 宿水寺 기록은 찾을 수 없다. 대신 고려시대 관련 기록은 진관선사비문에서 살펴볼 수 있다. 진관선사는 신라 말에 태어나 신덕왕 1년(912) 출생하여 고려 광종 15년(964) 입적까지 많은 행적을 남겼음을 알 수 있다. 그는 태조 23년(940) 봄에 중국 유학길에 올라 절강성(浙江省) 서쪽에 있었던 용책사(龍冊寺) 도부(道怤)선사를 찾아가 수행한 뒤 순례하였다. 그 뒤 정종 1년(946) 귀국하여 정종 문명대왕의 명에 따라 흥주(興州) 숙수선원(宿水禪院)의 주지로 임명되어 광종 1년(949)까지 약 4년 동안 머물며 주석했다. 이것으로 미루어 보아 숙수사는 고려 초기 왕의 명으로 주지가 임명되는 국가 사찰의 지위를 지니고 있었음을 알 수 있다.("…正宗文明王徵住興州宿水禪院莫不施四生之樂石盡絶沉

鵬이 이곳 출신 유학자인 안향安珦을 배향하기 위해 이곳에다 최초의 사액서원인 백운동서원白雲洞書院(현재 紹修書院)을 세웠다. 또 고려 왕조가 사라지자 조선 태조 때1397에 고려 태조의 원찰이었던 경기도 연천의 앙암사仰巖寺에 개성에 있던 고려 태조 왕건을 비롯한 혜종, 성종, 현종, 문종, 원종(충경왕), 충렬왕 공민왕 등 8왕과 16현[19]의 일부 위패를 임시로 모셨다. 이후 세종 7년1425 때는 조선의 종묘에 5왕을 제사하는데 고려의 사당에 8왕을 모시는 것은 합당하지 않다고 하여 문종 1년1451에 태조, 성종, 문종, 원종 4왕으로 줄이고 16현을 배향한 뒤 앙암사를 숭의전崇義殿이라고 하였다.

안흥사는 통일신라 말기 내지 고려시대 초에 창건되어 고려시대 말기에 폐사된 것으로 추정된다. 조선 태조 때에 이천현으로 승격하고 세종 때에 인근에 이천도호부가 들어선 이후 절터 안에 이천향교가 세워졌다. 그 이후 옛 도호부 관아에 존재했던 누각을 1965년경에 설봉산 북악사(영월암)로 옮겨와 대웅전을 복원한 경우도 있다. 이러한 예들은 불교 성소의 유교 성소로의 전환뿐만 아니라 유교 성소의 불교 성소로의 재전환이라고 할 수 있다.

또 고려 명종 때에 창건된 서울시 도봉산 영국사寧國寺는 이웃하는 천축사를 부속암자로 삼았을 정도로 사격을 갖춘 대찰이었으나 조선조에 이르러 폐사되었다. 16세기에 이르러 지방유림의 공의로 조광조趙光祖의 학문과 덕행을 추모하기 위해 세워 그의 위패를 모셨다. 중종 때에 개원과 동시에 '도봉'道峯'이라고 사액되었으며, 1696년에는 조광조 옆에 송

痾架六路之津梁咸歸正道…") 현재에도 당간지주와 석등 및 광배 조각과 불상 좌대석 등을 확인할 수 있다.
19 동쪽에는 태조 왕건의 四太師로 불리는 卜智謙, 洪儒, 申崇謙, 庚黔弼과 裵玄慶, 徐熙, 姜邯贊, 尹瓘, 동쪽에는 金富軾, 金就礪, 趙沖, 金方慶, 安祐, 李芳實, 金得培, 鄭夢周 등 8인을 배향하였다.

시열宋時烈을 추가 배향하였다. 현재 서울에 존재하는 유일한 서원인 도봉서원의 사당祠宇의 오른쪽에는 조광조의 위패가, 왼쪽에는 송시열의 위패가 봉안되어 있다. 근래에 이곳에서 발견된 길이 62cm, 폭 52cm의 「견주 도봉산 영국사 혜거국사비」見州 道峯山 寧國寺慧炬國師碑 조각에는 모두 281자字가 새겨졌으며, 256자의 판독 가능한 글자를 통해 이곳이 고려시대의 영국사 터임이 확인되었다.[20]

조선 영조 때 문정謚號 외암巍巖 이간李柬, 1677~1727의 지기이자 경연관을 지낸 천서泉西 윤혼尹焜, 1676~1725과 학문을 강론하던 충남 아산시 송악면 광덕산 강당리의 외암정사觀善齋 즉 외암서사(원)는 대표적인 서원이었다. 이후 이곳은 조선 영조 때 경연관을 지낸 윤혼을 위해 제향을 올리던 문천사文泉祠였다가 1868년 대원군의 서원 철폐령1870이 있자 이를 모면하기 위해 마곡사에서 불상 한 구를 모셔다 봉안하여 사찰의 시원이 되었다. 그 뒤 그 명맥을 겨우 유지하면서 오다가 1995년 조계종 비구니 월해, 종민 두 법사가 광덕산(해발 699미터) 강당사江堂寺(강법사)와 인연이 닿아 1999년에 대웅전을 중창하고 2002년 쌍계사 고산杲山 대종사의 증명으로 삼존불과 후불탱화를 모시어 사찰의 면모를 갖추게 되었다.[21]

이처럼 고유 신앙인 천신 산신 무속의 성소가 불교 사찰로 바뀌거나 불교 사찰이 도교 도관 혹은 유교 서원으로 바뀐 예들은 적지 않았다. 이들 성소는 기존의 신앙이 새로운 시대를 주도하지 못할 때 새롭게 등장한 신앙의 성소로 대체된 것으로 이해할 수 있다. 이 땅에서 종교적

---

20 근래에 이곳에서 '견주(見州, 양주의 옛 이름) 영국사 혜거국사비'가 발견되어 이곳이 고려 초기의 법안종의 주요사찰이었음이 확인되었으며 조선 전기까지 대찰을 유지했던 것으로 추정된다. 조선 전기에 이 절을 중창할 때 孝寧大君이 시주를 했으며 이후 다시 폐사되었다.
21 현재 충남 아산의 외암마을에 자리한 30여 채의 한옥에서는 한옥스테이를 실행하고 있으며 이 마을 안의 일부 권역에 강당사(강법사)가 자리하고 있다.

성소의 전환은 고유신앙인 천신 산신 무속신앙에서 불교→도교→유교→기독교 순으로 이루어져 왔으며 그것은 해당 시대의 주도권과 영향력과 맞물려 왔다. 이러한 주도권 내지 영향력에 따른 변모의 현상은 오늘날에도 지속되고 있다는 점에서 해당 종교 신앙의 정치적 역할과 해당 종교 문화의 사회적 기능을 되묻게 된다.

Ⅲ. 불교 안흥사의 인물과 유적

고대 삼국의 격전지였던 경기 남부의 이천에는 역사 문화 유적이 적지 않다. 이천 지역의 대표적 호족집단의 인물인 이천 서씨의 시조인 신라 아간 서신일徐神逸을 필두로 하여 그 동생인 서신통徐神通과 고려 왕실과의 관련성에 주목하게 된다. 서신통은 사냥꾼에게 쫓기는 사슴을 살려준 은공으로 이천 효양산 산신령으로부터 계시를 받아 나이 팔십 세에 아들 서필徐弼을 낳았다. 서필의 아들 서목徐穆이 고려 태조의 군사들이 무사히 냇물을 건널 수 있게 안내했다는 사실은 '이섭대천'利涉大川 즉 남천이라는 '큰 강을 건너 이로움을 얻는다'는 이천의 지명 유래로 이어지고 있다. 이후 이천은 조선 태조 때 이천현, 세종 때 이천도호부로 승격된 이래 경기 남부의 주요 도시로 자리해 왔다.

고구려 백제 신라 가야 사국시대와 고려시대의 불교와 조선시대의 유교는 이 지역의 문화적 기반이 되어 왔다. 고려 태조 이래 고려의 국가 기반을 공고히 했던 4대 광종 시절에 불교계는 신라 하대의 사상적 지형을 이어오면서 왕실의 정계 왕족을 중심으로 한 화엄학과 방계 왕족 및 지방 호족을 중심으로 한 선학이 대립하고 있었다. 수미산문의 경우처럼 일부 산문에서는 왕실의 정계 왕족과 긴밀한 관계를 유지하기도 하였다.

『균여전』의 기록에서 보듯이 신라 하대에 이르게 되면 후삼국인 신라 태봉(마진) 후백제의 각축 속에서 왕건의 복전이었던 희랑希朗 대사와 견훤의 복전이었던 관혜觀惠 대사의 문도들이 해인사와 화엄사를 중심으로 대립하고 있었다. 이에 광종은 국사 겸신謙信에게 균여均如, 932~982를 천거 받아 남악과 북악 화엄학의 대립을 해소시키고자 했다. 균여에 의해 남악과 북악 화엄학의 통합이 이루어지자 이제는 화엄학과 선학의 대립이 이어졌다. 이에 광종은 탄문坦文, 900~975 국사 주도의 화엄학과 긍양兢讓 선사 주도의 선학에 대응하여 혜거惠炬 왕사를 천거하여 법안선풍을 적극 수용함으로써 화엄학과 선학의 대립을 완충시키려고 하였다.

그런데 태조 왕건과 인연이 있었던 탄문坦文은 화엄가였지만 여타의 종파에 대해서도 매우 유연했던 것으로 보인다. 이 때문에 화엄가였던 그의 선법에 대한 이해도 상당히 깊었던 것[22]으로 추정된다.

> 부처의 삼장에는 여섯 가지 뜻이 있는데, 안으로는 계정혜이니 선의 근본이고, 밖으로는 경율론이니 교의 본원이 되는 것이다. 이 여섯 가지를 모두 갖추신 분이 있으니 실로 대사가 그분이라 하겠다.[23]
>
> 법사의 일행이 가야산사伽倻山寺(충남 서산군 운산면 가야산 보원사)에 당도하니 그 절의 승려들이 부처님을 맞이하는 것과 같이 선약仙藥을 갖추었다. 이때 번개가 구름처럼 날리고 방울과 바라가 우레와 같이 진동하였다. 선법과 교법의 승려 1,000명이 맞이하여 절로 들어갔다.[24]

---

22 高榮燮, 「고려 광종대 불교교단의 통합과 법안선의 도입」, 『한국선학』 제10집, 한국선학회; 高榮燮, 『한국불학사: 고려시대편』(서울: 연기사, 2005), p.75.
23 金廷彦, 「海美 普願寺 法印國師 寶乘塔碑文」, 『朝鮮金石總覽』 권상(서울: 아세아문화사, 1976), p.224.
24 金廷彦, 위의 글, 위의 책, p.230.

이처럼 선교에 대한 탄문의 유연한 가풍은 광종과의 긴밀한 관계를 유지하는 배경이 되었을 것이다. 그는 광종 19년에 국사로 발탁된 법안선의 혜거慧炬와 함께 왕사에 발탁된다. 종래 왕사와 국사의 발탁의 예를 볼 때 법안선의 혜거와 화엄 교단의 탄문의 등장은 광종 후기의 정치적 구도를 엿볼 수 있게 한다. 탄문 주도의 화엄 교단은 균여 주도의 화엄 교단과 달리 화엄 일종만을 강조하지 않았던 것으로 보인다. 이러한 탄문의 유연한 가풍이 광종의 정책에 부응한 것으로 보인다.[25]

광종은 971년 원화전에서 대장경을 개독할 때 여주 고달원高達寺, 문경 희양원鳳巖寺, 양주 도봉원寧國寺 등 삼원의 주지는 반드시 각기 그의 문하제자들이 주지를 상속하도록 교지를 내렸다. 당시 이들 삼사는 모두 선사들이 머무는 선찰이었다. 여주 고달원은 신라 경덕왕 때에 초창된 이래 고려조에 들어서 광종에게 주목받던 사찰이었다. 이곳에는 봉림산문의 개조인 봉림 현욱玄昱을 이은 진경 심희審希의 제자인 원종 찬유璨幽가 주석하면서 왕실과 긴밀한 관계를 유지하였고, 문경 희양원에는 희양산문의 개조인 도헌을 이은 양부의 제자인 정진 긍양兢讓이 주석하였으며, 양주 영국사에는 혜거惠炬 국사가 주석하였다.

당나라 5가 7종의 하나로서 법안 문익法眼文益에 의해 형성된 법안선풍은 그의 제자인 천태 덕소天台德韶와 영명 연수永明延壽, 904~975에 의해 활짝 꽃피워졌다. 도봉 혜거 또한 법안 문익의 문하에서 법안 선풍을 이어와 적연 영준寂然英俊에게 전했다. 지종智宗은 희양원의 긍양의 제자였던 형초逈超를 찾아가 그 밑에서 실참하여 심인을 전해 받은 여주 고달원 찬유의 권유로 오나라에 건너가 천태 덕소와 영명 연수로 이어지는 법안선풍을 전해 받아 고려로 돌아왔다. 이후 그는 원주 거돈사에 머무르며 법안선풍을 펼쳤다.

---

25 高榮燮, 앞의 글, 앞의 책, p.76.

이처럼 고려 광종이 주목하였던 여주 고달원, 문경 희양원, 양주 도봉원(영국사)에 주석하였던 이들 대사들은 모두 고려 초기의 불교계를 주도하였던 인물들이었다. 이 때문에 경기 남부의 이천 불교 지형 또한 이들과 긴밀한 영향 속에서 이루어졌을 것으로 이해된다. 이천의 안흥사 5층 쌍탑 또한 왕실과 긴밀했던 이들 사찰과도 일정한 관계를 유지했을 것으로 짐작된다. 경주 감은사의 쌍탑, 불국사의 쌍탑, 개성 흥왕사의 쌍탑, 하남 동사 등지의 쌍탑 가람은 왕실과의 긴밀한 관계 속에서 조성되었다. 마찬가지로 이천 안흥사 5층 쌍탑의 조성은 왕실과 호족의 경제적 뒷받침 속에서 가능할 수 있기 때문이다.

　현재 경기도 이천의 안흥동과 갈산동 경계 일대에 세워진 대찰 안흥사 절터에서 불교의 흔적을 찾기란 쉽지 않다. 기록에 의하면 이천도호부에서 동쪽으로 4리里에 있던[26] 이 절[27]은 이들 기록이 남겨지던 당시에 이미 '지금은 없어졌다'고 적고 있다.[28] 안흥사는 현재 갈산동 미륵사 일대의 주택과 아파트 단지 안에 있었던 것으로 보인다. 현재도 절의 영역寺域으로 추정되는 갈산동 미륵사와 안흥동 주공아파트 사이에 있는 넓은 밭에서는 기와편과 자기편 등이 수습되고 있다. 여기서 수습된 유물과 1915년 경복궁으로 반출된 석탑의 양식으로 보아 안흥사는 통일신라 후기 내지 고려 초기에 건립되어 고려시대 말기까지 번성했던 사찰로 추정된다.

　1915년에 안흥사의 두 석탑이 경복궁으로 반출된 이후 이곳은 사찰의 흔적보다 향교의 흔적이 더 강하게 남아있다. 그런데 1998년 서울대학교 박물관과 2004년 중앙문화재연구원이 여기에서 '안흥사安興寺'라고

---

26 『新增東國輿地勝覽』제8권, 利川 佛宇 安興寺.
27 『輿地圖書』利川 寺刹 安興寺. 여기에서는 1757(영조 23)년 이전에 폐사된 것으로 기록하고 있다.
28 『梵宇攷』利川 寺刹 安興寺.

새겨진 기와 명문銘文을 발견하여 이곳이 안흥사 옛 터임을 알 수 있었다. 당시에는 갈산동 미륵사 경내에 갈산리 석불입상[29]이 있었지만 현재 이곳에는 불교의 흔적이 거의 남아있지 않다. 그나마 안흥동 마을 입구에 남아있던 당간지주석幢竿支柱石 한 구軀조차 사라져 그 행방을 알 수 없으며[30] 안흥사지의 불교적 원적성을 찾아보기 어렵다. 그렇다면 이곳에 세워졌던 통일신라 후기 내지 고려 초기 석탑양식을 통해 안흥사의 불교 지형을 추정해 볼 수밖에 없을 것이다.

경기 남부지역 도시로는 현재 광주, 여주, 양평, 이천, 성남, 용인, 안성, 안산 등이 있다. 이들 도시들은 대체로 전통사찰을 품고 있으며 이들 사찰들은 해당 지역 문화의 구심으로 자리해 오고 있다. 이를테면 남한산성 내 광주의 장경사長慶寺, 여주의 신륵사神勒寺, 양평의 용문사龍門寺, 이천의 북악사(영월암), 성남의 청계사淸溪寺, 용인의 와우정사臥牛精舍, 안성의 칠장사七長寺, 안산의 쌍계사雙溪寺 등이 대표적인 사찰이다.[31]

이천지역의 사찰에 남은 문화 유적들은 통일신라 이래 고려시대에 극성한 불교문화의 흔적을 잘 보여주고 있다. 마장면의 태평흥국 6년 명 마애보살반가상(보물 제982호), 호법면의 동산리 마애여래상, 모가면 소고리의 마애여래좌상과 마애삼존불상, 관고동 법왕사 경내의 입상석불, 안흥동의 석불입상, 장호원읍 선읍리 신흥사 입국의 입상석불, 대포동의 석조여래입상, 나말 여초에 조성된 것으로 보이는 관고동 북악사 즉 영

---

29 이인수·홍순석, 『이천의 문화재』(이천, 이천문화원, 2006), p.216. 고려 중기에 조성된 것으로 추정되는 갈산리 석불입상은 조성 당시 상하 두 부분으로 나뉘어 허리 부분에서 연결하도록 되어 있었으나 오래전 넘어뜨리거나 무너뜨려져[倒壞] 몸과 몸체 및 허리부위 등이 떨어진 채 방치되어 있던 것을 1980년 경에 시멘트로 보강하여 현재의 위치인 이천시 갈산동과 안흥동 경계지점이 되는 도로변 10미터 가량 떨어진 부락 안의 미륵사 보호각에 복원해 놓았다.
30 『이천군 향토문화자료총람』 제1집(이천: 이천문화원, 1982).
31 高榮燮, 「이천 설봉산 북악사(영월암)의 역사와 인물」, 『한국불교학』 제54집, 한국불교학회, 2014.

월암의 석조광배와 연화좌대(향토유적 제3호) 및 고려 중기에 조성된 마애보살입상(보물 제822호) 등의 불교 유물이 대표적인 것들이다.[32]

고려 초기 불교 교단의 지형은 종래 신라 왕실 주변의 화엄학과 지방 선문 중심의 선학과 달리 이 지역 불상을 기초로 보면 미륵신앙 벨트로 연결되어 있었던 것으로 추정된다. 그렇다면 이 지역에 남아 있는 불탑들도 미륵신앙과 연관해 살펴볼 수 있을까? 대개 미륵 혹은 미륵불 또는 미륵불상은 통일 전쟁을 전후하여 등장하고 있다. 통일신라시대에 조성된 쌍탑 가람 형식은 문무왕 시절에 조성된 동일한 형태의 경주 감은사 쌍탑과 경덕왕 시절에 조성된 불국사의 석가탑과 다보탑과 같은 다른 형태의 쌍탑에서 찾아볼 수 있다. 고려시대의 쌍탑 가람은 개성 홍왕사[33], 하남 동사가 대표적이다.

그렇다면 이천의 안흥사 쌍탑의 규모와 양식으로 볼 때 고려 초기 지방 호족들을 축출하면서 전제정치를 모색하던 광종 시대 전후와 연관시켜 볼 수 있지 않을까 한다. 전제정치는 '왕즉불'王卽佛 사상 혹은 '왕즉미륵'王卽彌勒으로 표출되며, '거석' 혹은 '거탑'은 미륵사상과도 접목되기 때문이다. 우선 안흥사의 사격은 이곳에 세워졌던 두 거대 석탑과 관련시켜 짐작해 볼 수 있을 것 같다. 이들 석탑의 높이는 높이 584cm, 전체 너비 270cm로 비정되고 있다. 안흥사에 이 정도 규모의 쌍탑을 조성하려면 국가나 지역 호족의 지원 없이는 어려웠을 것이다.

그리고 이천 지역과 멀지 않고[34] 고려 초기의 법안선법을 지원했던 광

---

32 高榮燮, 위의 글, 위의 책.
33 장경호, 『한국의 전통건축』(문예출판사, 1996), pp.226~227. 개성 홍왕사지의 쌍탑은 선행연구에서 목탑으로 추정하고 있다.
34 이천은 삼국시대에는 백제의 영토였다가 475년에는 고구려에 귀속되면서 지금의 마장면을 중심으로 '南川縣'이 되었다. 신라 24대 진흥왕 때에는 '南川州'로 승격되어 郡主를 두었고, 경덕왕 16년에는 '黃武縣'으로 개칭되어 지금의 廣州인 漢州에 속하게 되었다. 후삼국을 통일한 태조 王建은 남천을 무사히 건너게 한 공로를 표창

종과 양주 도봉원(영국사)의 혜거惠炬 – 적연 영준寂然英俊 – 천수千手/낭미朗微와도 관련지어 볼 수가 있지 않을까 한다. 또 조금 거리가 떨어진 문경 희양원(봉암사)의 긍양 – 형초逈超 – 지종智宗, 원주 거돈사과 서산 보원사의 탄문坦文도 광종과 관련한 주요 인물이었을 것으로 짐작해 볼 수 있다.

이렇게 본다면 고려 초기 불교계의 주도적 인물이었던 탄문의 화엄학과 긍양의 선학의 대립을 넘어 불교사상의 균형과 완충을 모색했던 광종과 혜거의 법안선법이 이곳 안흥사에까지 영향을 미쳤을 것으로 추정된다. 왜냐하면 혜거의 법안선풍이 경기 일대에 큰 영향을 미쳤던 것으로 보이기 때문이다. 따라서 경기도 이천에 쌍탑 가람 안흥사가 창사된 것은 통일신라 후기 내지 고려 초기의 불교적 지형과 일부 왕실과 관련된 인물들과의 관계 속에서 이루어진 것으로 짐작된다.

Ⅳ. 유교 이천향교의 인물과 유적

고대 삼국 이래 격전지였던 경기도 남부의 이천은 고대뿐만 아니라 고려시대와 조선시대에 들어서도 주요한 위상을 지녔다. 조선 태조는 2년에 다른 현에 견주어 이천은 작지만 이천현으로 만들어 감무監撫를 두었고, 태종은 13년에 이곳에 현감縣監을 두었다. 세종은 13년에 지현사知縣事로 고쳤다가 26년1444 이후에는 이곳이 천호千戶 이상의 현이 되자 이천도호부로 승격하였다. 『신증동국여지승람』의 경기편 이천도호부

하고자 이 고을의 이름을 '利涉大川'이라는 주괘의 점괘에서 첫 글자 '이'와 끝 글자 '천'을 따와 '이천'이라는 명칭을 하사하였다. 고려 이전에는 '南川', '南買', '黃武' 현 등으로 불렀다. 왕건이 하사한 '利川' 이후 '永昌縣'으로 개칭하였다가 공양왕 8년에 '南川郡'으로 승격되었다. 그 뒤 조선시대에 들어서 '利川縣'으로 고쳤다가 세종 때 이천도호부로 승격되어 府司가 상주하였고 관아도 현재의 이천시로 이전하였다.

의 건치연혁에 대해 이렇게 적고 있다.

> 동쪽으로 여주驪州 경계까지 22리 이고, 남쪽으로 음죽현陰竹縣 경계까지 40리 이다. 서쪽으로 양지현陽智縣 경계까지 37리 이고, 북쪽으로 광주廣州 경계까지 21리 이며, 서울까지 1백 41리 이다. 본래 고구려 남천현南川縣(南買라고도 한다)인데, 신라 진흥왕眞興王이 승격시켜 군주軍主를 두었으며, 경덕왕景德王이 황무黃武로 고쳐, 한주漢州의 영현領縣으로 만들었다. 고려 태조太祖가 남으로 정벌할 때에, 고을 사람 서목徐穆이 인도하여 물을 잘 건넜기 때문에 지금의 이름을 주어서 군郡을 만들고 광주廣州에 예속시켰다. 인종仁宗이 비로소 감무監務를 두었고, 고종高宗은 44년에 영창永昌이라 일컬었으며, 공양왕恭讓王은 조비祖妣 신씨申氏의 고향인 까닭에 (이곳을) 승격시켜 남천군南川郡으로 만들었다. 본조 태조는 2년에 다시 이천현으로 만들어 감무를 두었고, 태종은 13년에는 예例에 의하여 현감縣監을 두었으며, 세종은 13년에 지현사知縣事를 두었다가 26년에 천호千戶 이상이므로 예에 의하여 도호부都護府로 승격시켰다.[35]

이천이 천호千戶 이상이어서 이천도호부로 승격되었다는 것은 유교를 통치이념으로 표방한 조선정부의 직할행정 기구가 된다는 것을 의미한다. 이렇게 되면 향교 즉 유교의 시조인 공자 등 5성과 공문 10철 및 송조 6현을 비롯한 동국 18현을 배향하는 지방 국립 교육기관인 대학이 들어서게 된다는 것을 의미한다. 대학에는 강학 공간인 명륜당과 배향 공간인 대성전을 시설하였다. 대성전 안쪽 가운데에는 5성위를 배향하고 동서 종향에는 중국의 명현 13위를 배향하였다. 동무와 서무에는 우리나라의 동국 18현을 배향하였다.

---

35 『新增東國輿地勝覽』 제8권, 京畿 [3], 利川都護府 建置沿革.

대개 대성전의 크기는 음양의 원리에 따라 3칸·5칸 등 기수基數를 취한다. 정면에 개방된 툇간을 만들어 의례를 거행할 때 편리하게 하는 것이 전형이다. 서울 문묘 대성전의 경우 동문과 서문이 설치된 대전大殿 안에는 대성지성문선왕大成至聖文宣王인 공자를 정위正位로 하여 동쪽에는 안자顔子·자사子史를, 서쪽에는 증자曾子·맹자孟子 등 5성을 배향하였다. 이외에 4성 뒷줄 동쪽의 민손閔損·염경冉耕·염옹冉雍·재여宰予·단목사端木賜 5철과 서쪽의 염구冉求·중유仲由·언언言偃·복상卜商·전손사顓孫師 5철의 공문 10철, 동쪽의 주돈이周敦頤·정이程頤·장재張載의 3현과 서쪽의 정호程顥·소옹邵雍·주희朱熹 3현의 송조 6현, 그리고 동쪽의 설총薛聰·안향安珦·김굉필金宏弼·조광조趙光祖·이황李滉·이이李珥·김장생金長生·김집金集·송준길宋浚吉 9현과 서쪽의 최치원崔致遠·정몽주鄭夢周·정여창鄭汝昌·이언적李彦迪·김인후金麟厚·성혼成渾·조헌趙憲·송시열宋時烈·박세채朴世采 9현 등을 비롯한 우리나라 성현 18현의 위패를 봉안하여 종향하고 있다. 모두 중앙의 공자를 정위로 하고 동서의 좌우 균형으로 배향하여 봄·가을로 석전釋奠을 봉행하고 있다.

이렇게 공자를 포함한 5성과 공문 10철 및 송조 6현을 포함하여 동국 18현을 모신 대성전 주위에는 정방형 또는 장방형으로 담장을 둘러 엄숙한 참례의 공간을 만들며, 대성전 앞면과 옆면에는 관수대盥手坮와 축문을 태울 수 있는 망료대望燎坮 그리고 뜰을 밝히는 정료대庭燎坮가 놓여 있다. 이처럼 대성전에 모신 이들은 모두 중국과 한국 유교의 성현들이다. 그리고 전국의 서원과 향교 모두 이렇게 배향되어 있다. 본래의 위치인 관고동 안흥지安興池에서 설봉호수 입구 우측으로 이건한 뒤 폐원되었다가 2005년 창전동에 복원된 설봉서원[36]과 그 인근의 안흥사지

---

36 설봉서원은 명종 19년(1564)에 당시 이천부사로 있던 鄭礥을 중심으로 한 지방유림의 공의로 徐熙, 李寬義, 金安國의 학문과 덕행을 추모하기 위해 창건되었다. 이천 유림들에 의해 선현 배향과 지방교육의 일익을 담당해 오다가 대원군의 서원철

에 설립된 이천향교의 대성전에도 이와 같이 배향되어 있다. 서원과 향교는 모두 유교의 성현들을 모시고 있는 유교 성소라고 할 수 있다.

대찰 안흥사가 폐사된 뒤 이곳은 안흥정사를 거쳐 이천향교가 되어 유교의 공간으로 탈바꿈하였다. 안흥사가 이천도호부에서 서북부로 4리 떨어진 곳이라 했지만 현재 이천향교는 창전동 336번지 아리산 밑에 자리하고 있다. 향교는 조선 태종 2년1402에 감무 변인달邊仁達이 신축하였다. 신축 과정에 대해서는 양촌 권근이 지은 「이천신치향교기」利川新置鄕校記에 그 연혁이 자세히 실려 있다.

기사년(창왕 원년, 1389)에 현감 이우李堣가 은혜로운 정사를 펴서 거처 없이 떠돌아다니던 백성들流氓을 모으고, 아마도蓋然 학교를 일으키는 데 뜻을 두었다. 비로소 안흥정사安興精舍에 생도를 모으고 학장學長을 두어 가르치고 날마다 부지런히 양성하였다. 기명器皿과 물자, 양식을 모두 넉넉히 하도록 힘쓰며, 장차 터를 보아 학사學舍를 세우려하였으나 때가 백성들을 불러 모아 치세治世하는 시기이므로 미처 공사를 시작하지도 못하고 (현감에서) 교체되었다. 이에 곡식과 베 약간을 학장에게 주어 밑천으로 삼고 이자를 취하여 후임자를 기다리게 하였다. 그러던 중 신사년 1401(태종 원년) 봄에 감무監務 변인달邊仁達이 부임하자마자 말하기를, "승려의 집을 학교로 만들 수는 없다" 하여 곧 읍내 서북부 1리쯤 되는 곳에 친히 좋은 땅을 골라서 두 물 줄기가 합류合流하는 경내에다 정하였는데, 여러 산으로 둘러싸여 형세가 그림과 같았다. 공무의 여가에 백성의 힘은 빌리지 않고 아전과 군졸을 역사시켰으되, 산에 나가 재목을 베어서 향화香火·회도會徒 등을 달래어 모아서, 떼를 나누어 운수하게 하고 또

폐령으로 고종 7년(1870)에 훼철되었다. 2005년 10월에 창전동으로 이건하여 복원되었다.

승려를 불러서 날마다 자신이 공사를 감독하니, 임오년태종 2년, 1402 7월에 시작하여 한 달을 지나지 않아 완성되었으므로, 8월 상정일上丁日, 上旬의 丁日에 그곳에 나아가 석전釋奠의 예를 행하였다. 선성의 사상은 가운데 있고 재실과 낭무廊廡는 날개 벌리듯 하였으며, 동쪽에는 다락을 지어 여름에 시원하게 하였으니, 수십 년 성취 못한 일이 하루에 돌연히 이루어졌다.[37]

양촌 권근의 기록에 의하면 고려 창왕 때1389 현감 이우는 안흥사지에 안흥정사安興精舍라는 학교를 만들고 생도를 양성하였다. 조선 태종 때1401 감무 변인달邊仁達은 안흥사지 서북부 1리쯤 되는 곳에 친히 좋은 땅을 골라서 두 물줄기가 합류하는 경내에다 이천향교를 지었다고 하였다. 그리고 안흥사는 안흥동과 갈산동 경계에 있던 절이었다고 전한다. 그렇다면 지금의 창전동 향교 앞에 서 있던 안흥사 탑을 '향교앞 5층석탑'이라 부른 것으로 볼 때 감무 변인달이 '승려의 집을 학교로 만들 수 없다'고 하였다고 하지만 읍내 북부 1리 떨어진 곳조차 결국 안흥사 경내 땅이었던 것은 아니었을까.

대개 1리라 하면 420(현 397.727m)미터 정도의 거리로 알려지고 있다.[38] 그렇다면 안흥사 권역이 이천향교 권역에 닿아 있었거나 아니면 안흥사의 권역이 향교까지 포함할 정도의 사격을 가지고 있었는지 생각해 볼 수 있을 것이다. 아마도 안흥사 고층석탑인 두 오층석탑의 규모가 이러한 의문을 해소시켜 주는 것은 아닐까.

---

37 權近, 「利川新置鄉校記」, 『陽村集』.
38 전통적인 우리나라 단위로서의 "里"는 420m이며, 대개 10리를 4km로 보는 것도 이렇게 나온 것이다. 일제 시대 이후부터 공적인 문서에 사용된 "里"는 3.92727km 즉 법정 계량 단위 환산표에 따르면 1리 = 392.727m가 된다. 일반적으로 통용되는 거리는 전통적인 단위로서의 里이다.

이천은 태조 때에 이천현을 거쳐 세종 26년1444에 이천도호부로 승격하였다. 그 직후에 설립된 이천향교에는 관헌官憲이 교수敎授 21인을 두었으며 교생校生의 정원은 90명이었다. 이후 이곳에서는 강학講學과 선현先賢 봉사의 본래 사업을 꾸준히 지속해 왔다. 하지만 조선 후기에 이르러 강학의 기능은 사라지고 선현 봉사의 기능만 이어왔다. 그리고 1949년 6월 12일에 개최한 전국유림대회에서 중국 명현 중 주자와 정자 이외에는 폐향廢享하고 동국 명현은 동서 종향하기로 결정하였다. 이에 따라 이천향교에서도 그와 같이 배향하였다.

대성전 정면 중앙에는 공자를 배향하고, 전열 동쪽에는 안자와 자사, 서쪽에는 증자와 맹자의 위패를 모셨다. 동쪽 후열에는 정호程子, 설총, 안유安裕/安珦, 김굉필, 조광조, 이황, 이이, 김장생, 김집, 송준길을, 서쪽 후열에는 주희朱子, 최치원, 정몽주, 정여창, 이언적, 김인후, 성혼, 조헌, 송시열, 박세채 순을 배향하였다. 그런데 6,25가 일어나면서 대성전 안에 봉안한 위패와 동무와 서무가 전부 소실되었다. 이에 1954년 8월 27일 공자탄일을 맞이하여 현재는 5성위만 봉안하였다. 이후에 여러 차례 중건하여 향교로서의 일반적인 형식을 갖추고 있다.[39]

또 임원준任元濬은 「애련정기」愛蓮亭記[40]에서 이천의 역사와 이천의 객관 동쪽에 있는 정자 애련정에 대해 자세히 적고 있다.

> 이천利川 고을이 고구려 때에는 남천현으로 되었었는데, 뒤에 신라의 영지領地로 되어 남매군南買郡이라 이름하여 군주軍主를 두어 다스렸으며, 또 황무군黃武郡으로 고치어 주위에 있는 여러 현縣을 관령管領하였다. 왕태조王太祖가 남으로 정벌할 때에 대군을 거느리고 군에 이르니, 서목徐穆

---

39 이인수·홍순석, 앞의 책, p.121.
40 任元濬, 「愛蓮亭記」.

이란 이가 인도하여 남천南川을 무사히 건넜다. 태조가 기뻐하여 지금의 칭호를 주었다. 우리나라에 들어와서 서씨徐氏로서 현달한 관원은 모두 서목徐穆의 후손이요, 이천利川이란 말 또한 이섭대천利涉大川이라는 뜻을 취한 것이다. 세종 장헌대왕世宗莊憲大王께서 이 고을이 경기京畿 여러 고을 중에서 땅이 광대하고 백성이 조밀하다 하여, 승격시켜 도호부를 만들었다. 동쪽이나 서쪽으로 가는 자는 반드시 말을 세우고 부로父老들에게 묻기를, '어떤 것이 남천이며 누가 서목의 자손인가.' 하고, 가끔 옛일을 슬퍼하고 감회하여 감개한 생각으로 지나간다. 객사客舍 남쪽에 전부터 정자가 있는데, 낮고 작으며 좁은데다가 부사 8~9차례 바뀌도록 수리하지 않아서, 뜰이 기울어지고 기둥이 기울어 사신王人의 바쁜 것을 위로할 수가 없으므로, 부중府中 사람들이 민망하게 여기었다. 전의全義 이세관李世琯이 통훈대부通訓大夫로 부府를 다스린 지 2년 만에 정사가 공평하고 송사가 다스려져서, 백성들이 그 생업을 편안히 하였고, 마침 그 해에 크게 풍년이 들었다. 이 군李君은 곡식을 팔고 사고 거두고 분산시키기 위해 틈을 타서 사람들을 역사시키고, 옛 제도를 인습하여 넓히고 새롭게 하니, 높지도 않고 낮지도 않고 사치하지도 않고 누추하지도 않았다. 일을 마치고 그 위에서 바라보니 동남쪽에는 효양孝養 제봉諸峯이 궤와 책상 앞에 벌여 있고, 가까이는 아름다운 나무가 서로 비쳐 둘러 있다. 이 군은 한가한 때에는 천천히 그 옆을 거닐다가, 그 습한 것을 보고 정자 아래에 모난 못을 파서 그 가운데에 연꽃을 심고는 정자 이름을 영의정領議政 고령高靈 신 상공申相公에게 청하니, '애련愛蓮'이란 두 글자로 회답回答하였다. 이 군이 그 정자의 이름을 얻은 것을 영광으로 여기어 나에게 글을 지어서 기록할 것을 부탁하였다. 옛날에 선유先儒가 용릉舂陵 주부자周夫子(송나라의 주돈이)의 덕을 찬양하여 말하기를, '풍월風月은 가이 없고 뜰 풀은 서로 푸르도다.' 하였는데, 대개 그는 전해오지 아니한 도통을 이어, 사도斯道의 묘妙함을 얻어 후학後學을 무궁하게 열어 준 것을 말한 것이다. 주 부자는 일찍이 「애련설」愛蓮說을 지어서 그 뜻을 붙였는데, 그 말에 이르기를, '모란牡丹은 꽃 중의 부귀富貴한 것이고, 연꽃은 꽃 중의 군자다.' 하였다. 군자의 도道로써 몸을 닦고 사람을 다스리는 것보다 더 큰 것이 무엇이겠는가. 몸을 닦는 요법은 경敬보다 더 큰 것이 없고, 사람을 다스리는 도는 또한 인仁보다 더 큰 것이 없으니, 인하고 경하다면 닦고 다스리는 도는, 각각 사람과 자기에게 다하여서 성인聖人의 도를 점점 배울 수 있을 것이다. 그렇다면, 군자의 도가 이렇게 커서 한 꽃과 한 풀에 짝할 것이 아닌데, 연꽃을 일러 군자라 하였으니 그 뜻이 무엇인가. 아, 진흙 속에 있으면서 때 묻지 않는 것은, 군자의 화和하고도 흐리지 않는 기상을 볼 수 있는 것이요, 멀리 볼 수는 있어도 친압하게 할 수 없는 것은, 군자의 덕성德性을 높이고 고명高明을 극極한 덕스러운 얼굴을 볼 수 있는 것이며, 향기가 멀수록 더욱 맑은 것은 군자의 명예와 덕망과 아름다운 소문이 멀리 전파되는 것을 볼 수 있는 것이다. 연꽃에 이 세 가지가 있는 것을 거슬러 올라서 그 실상을 구한다면, 이른바 인仁을 하고 경敬을 하여 몸을 닦고 사람을 다스리는 도도 그렇게 해서 이를 수 있으니, 연꽃의 군자는 곧 사람의 군자이니, 이 군이 이 정자에 심은 것과 고령 상공이 특별히 애련愛蓮을 들어서 이 정자를 이름 지은 뜻이 거의 헛되지 않을 것이다. 혹시라도 뒤에 이 군을 이어서 이 고을을 다스리는 자는, 한갓 옛날 일만 관람하여 이 정자에 머물러 구경할 것이 아니라, 주자周子의 애련에 대한 말을 찾아보고 이 군이 용심用心한 것을 궁구한다면, 우리 백성들이 비록 오래되더라도 오히려 그 혜택을 입을 것이요, 이 정자 또한 의탁하여 썩지 않을 것이다." 하였다.

 서거정徐居正의 시에는 "누가 염옹濂翁 周敦頤을 이어서 애련을 말하였는가. 정자 이름 지은 것이 단연코 옛사람의 어진 데 합한다. 그대는 응당 덕이 같아서 평생을 좋아하리라. 나도 또한 마음을 비게 하여 죽을 때까지 사랑하리라. 맺은 열매는 둥글기가 말斗 같다는 말을 이미 들었고, 편꽃은 크기가 배船 같음을 일찍이 보았노라. 다시 모름지기 재배하는 데 힘쓰라. 풍월風月 앞에 흥이 저절로 미치리라." 하였다.

풍월정風月亭 시에는 "새 못을 파고 또 연꽃을 심었으니, 풍류風流로운 주인의 어진 것이 사랑스럽네. 맑은 향기가 솔솔 퍼지니 뉘 능히 감상할까. 짙게 고운 것이 한들한들하니 내가 홀로 사랑하네. 푸른 산과 붉은 단장은 밤 달을 맞이하고, 푸른 물결과 맑은 물결에는 그림배를 띄우네. 이 사이에서 술을 대하니 흥을 일으킬 만하고, 시를 읊어 기쁨에 미치고자 하네."라고 하였다.

신증 조위曺偉의 시에는 "정자를 짓고 못을 파고 붉은 연꽃을 심으니, 사람들이 당시의 태수太守의 어짊을 이르리라. 국색國色, 傾國之色이 사람을 움직이려 스스로 아양 부리는 것 같고, 새벽 단장이 물에 비치니 유독 사랑스럽네. 마음에 걸리는 것은 염계濂溪의 말을 이으려 하고, 꿈에 들어오는 것은 자주 태을선太乙船을 찾네. 푸른 통筒을 기울여 실컷 마시니, 술 가운데 미친 사람이라 부르게 하려 하노라." 하였다.[41]

임원정의 기록은 이천의 지명 유래와 역사 및 꽃 중의 군자인 연꽃의 특징과 문화를 소개하고 있다. 그리고 통훈대부인 전의 이세관이 정자가 습한 것을 보고 정자 아래에 모난 못을 파서 그 가운데에 연꽃을 심었다는 사실과 영의정인 고령 신 상공에게 정자 이름을 요청하자 지어준 '애련정'이 주렴계周濂溪의 「애련설」에서 따왔음을 밝히고 있다. 연꽃에 대한 주렴계의 극찬을 원용하여 정자 이름에 붙인 신 상공이나 정자의 이름에 깊이 빠진 이세관 그리고 시를 쓴 사가정 서거정과 신증 조위 나아가 이를 기록한 임원정 모두가 이천의 애련정에 모인 연꽃 찬자들이다. 이렇게 본다면 이들은 한양에서 멀지 않은 경기 남부의 이천으로

---

41 任元濬, 「愛蓮亭記」.

몰려온 지식인들이었으며 애련정은 이들의 살롱The Salon이었다.

이천에는 여러 인물들이 있지만 역사성을 남긴 인물로는 서신일徐神逸, 서필徐弼, 서희徐熙, 942~998, 서눌徐訥, 서원徐遠, 서공徐公 등이 널리 알려져 있다. 서필은 신라시대 서신일의 아들인데 광종光宗 때 사람이다. 벼슬이 내의령內議令에 이르고 시호는 정민貞敏이다. 일찍이 신라 말년에 태어난 신일이 성 밖에서 살았는데, 사슴이 화살을 맞고 뛰어 들어 왔으므로 신일이 그 화살을 뽑고 숨겨 주었더니, 사냥하는 자가 와서 찾지 못하고 돌아갔다.

꿈에 한 신인神人이 치사하기를, "사슴은 내 자식인데 그대의 덕택으로 죽지 않았으니 마땅히 그대의 자손으로 하여금 대대로 재상이 되게 하겠다." 하였다. 신일은 80세에 필弼을 낳았다. 고려 광종은 틈만 있으면 바른 말로 자신을 일깨워 바로 잡아준 내사령內史令 서필이 별세965하자 삼중대광 태사내사령을 추증하고 정민貞敏을 시호로 내려 주었다. 이후 그는 개국공신으로서 성종 13년994에 광종의 묘정에 배향되었다. 광종 묘정에 배향된 개국공신은 서필과 유신성劉新城 두 사람 뿐이었다.

서희는 서필의 아들인데 나이 18세에 갑과甲科에 뽑혔다. 성종 12년에 거란의 장수 소항덕蘇恒德(遜寧은 字)이 침노하여 오자 서희熙는 국서國書를 받들고 거란 진영으로 갔다. 손녕이 말하기를, "너희 나라는 신라 땅에서 일어났고, 고구려의 땅은 우리 소유인데 침식侵蝕하였으며, 또 바다를 건너 송宋 나라를 섬기므로, 오늘날 군사를 동원하게 된 것이다." 하였다.

당시 대부분의 신하들은 거란의 위세에 겁을 먹고 서경 이북의 땅을 떼어주고 화친을 맺는 것이 좋겠다며 할지론割地論을 주장하였다. 성종도 할지론을 따르려고 하였다. 하지만 서희는 굴욕적인 화친을 앞장서서 반대하고 나서며 "적들과 한번 싸워 본 뒤에 화친을 의논해도 늦지 않다"고 성종을 설득한 뒤 단신으로 적진을 찾아가 적장 소항덕과 담판을 지었다.

　서희는 "우리나라는 곧 고구려의 옛 나라이므로 이름을 고려高麗라 하였으니, 만일 땅의 경계를 의논한다면 귀국의 동경東京도 모두 우리 지경에 있는 것이다. 어째서 우리더러 침식하였다고 말하는가. 또 압록강 안팎이 또한 우리의 경내인데, 지금 여진女眞이 도둑질하여 웅거하고 있어 길이 막혔으니, 조공과 빙문聘問을 통하지 못하는 것은 여진 때문이다. 만일 여진을 쫓고 우리의 옛 땅을 돌려준다면, 감히 조정에서 불러들이지朝聘 않겠는가."라고 하였다. 이에 소손녕은 서희의 말과 기개가 강개하여서 강제로 하지 못하고 드디어 군사를 파하였었다. 이처럼 서희의 기개와 지혜로 피 한 방울 흘리지 않고 거란의 대군을 물러가게 하였다. 성종은 뒤에 서희에게 태보내사太保內史를 제수하였고 장위章威라는 시호를 내렸다.

　서눌徐訥은 서희의 아들인데 정종靖宗 때 사람이다. 벼슬이 시중에 이르고 시호는 원숙元肅이다. 서눌訥 이상 삼세三世가 모두 공로를 인정받아 태실太室에 배향되었다. 서원徐遠은 충선왕忠宣王 때 사람이다. 서공徐恭은 서희의 현손玄孫이다. 말 타고 활쏘기를 잘하여 여섯 번 양계병마사兩界兵馬使가 되었는데 사졸들이 즐겨 따랐다. 서선徐選은 서원의 아들로서 벼슬이 판한성부사判漢城府事에 이르렀다. 신증 서강徐岡은 과거에 올라 벼슬이 대사성大司成에 이르렀으며 성품이 강하고 곧았다.

　이처럼 이들 이천 서씨 가문은 서희 이래 이천을 대표하는 성씨로 자리를 잡아 왔다. 특히 서희는 조선 건국 이후 문종 1년1451에 고려 태조를 비롯한 8왕을 모신 경기도 연천의 앙암사崇義殿에 고려조의 대표적인 충신 16인 중 하나로 배향되었다. 서희는 또 명종 10년1564에는 이관의와 김안국과 함께 이천 설봉서원에 제향祭享되었다. 서희는 고려조의 대표적인 충신이자 조선조의 설봉서원에 제향됨으로써 이천의 대표적인 인물로 자리매김되었다.

설봉서원에 배향된 우거 이관의李寬義는 경술經術에 밝고 행실이 수양되었으나 여러 번 과거에 응하여도 급제하지 못하고, 물러가 시골에 살다가 죽었다. 그가 제목을 붙인 시題詠 '계류혼진마제진'溪流渾盡馬蹄塵에 대해 이첨李詹은, "시내의 흐름이 온통 말굽의 티끌로 흐려졌으니, 북으로 가고 남으로 오는 것이 묻노니 몇 사람인고."라고 시를 지었다. 또 이관의가 제목을 붙인 시 '적요공관우최춘'寂寥公館雨催春에 대해 권제權踶는, "적적하고 고요한 공관에 비가 봄을 재촉하니, 깊이 붉던 것은 감하여지고 푸른 것이 이미 새롭네. 다만 밭두덕에 장차 씨를 뿌리게 된 것을 기뻐하여, 시절을 알지 못하고 좋은 때를 저버렸네"라는 시를 지었다.

모재 김안국은 1501년 진사과 장원을 시작으로 생원과 2등을 거쳐 별시에 합격하여 관직 생활을 시작한다. 이후 문과에 정식 합격하였으며, 이후에는 승진을 거듭하여 예조참의, 대사간, 공조판서를 거쳐 경상도 관찰사가 되었다. 이후 1519년 기묘사화로 인해 동문 조광조가 숙청되었고, 조광조를 두둔하던 김안국도 파직되어 이천으로 낙향하게 된다. 다만, 조광조와 같은 강경파 사림세력은 아니었기 때문에 그 이외의 죄는 묻지 않았던 것으로 보인다. 이후 김안국은 1532년에 다시 등용되어 예조판서, 대사헌, 병조판서, 좌참찬 등을 역임하였다. 1543년에 사망하였다. 여주의 기천서원沂川書院과 이천의 설봉서원雪峰書院 및 의성의 빙계서원氷溪書院 등에 제향되었다. 그는 인종의 배향신配享臣이 되기도 했다.[42]

경기도 이천은 고려 태조 이래 조선시대에 이르기까지 수도 개성과 한양에 인접해 있는 도시로서 주요한 역할을 해 왔다. 안흥사가 있던 곳은 이천의 중심부였으며 이곳의 권역 안팎에 이천도호부 안흥정사 이천향교 설봉서원 등이 들어섬으로써 이천의 심장부로서 존재해 오고 있

---

42 나무위키, 김안국 (2021년 6월 7일 검색)

다. 태조 왕건과 광종을 비롯한 고려 왕실과 탄문, 긍양, 찬유, 혜거 등의 불교 고승 및 서신일, 서희, 서목 등의 인물들, 태조와 태종 및 세종에 이르는 조선 왕실과 이세관, 신 상공, 권근, 서거정, 조위, 임원정, 이관의, 김안국 등의 유교 인물은 이천의 역사와 긴밀했던 이들이다. 이들은 고려와 조선 왕실과 긴밀하게 소통하였던 불교계와 유교계의 대표적인 인물들이었다.

V. 불교문화와 유교문화의 공존

고중세 이래 고유신앙의 성소가 불교 사찰이 되거나 근세 이래 불교의 사찰이 유교의 서원 또는 향교 혹은 기독교의 교회가 되는 일은 시절인연에 따른 결과일 것이다. 해당 시대를 이끌어간 종교의 주도권 내지 영향력에 따라 성소의 전환은 지금도 계속되고 있다. 서울 성동구 하왕십리에 자리했던 태고종 안정사(청련사)와 서울 용산구 효창공원 앞에 자리했던 조동선종 원효사[43]라는 절은 후손들의 관리 불능 혹은 유지 거부로 매각되어 아파트와 빌라로 탈바꿈하였다. 다른 성소로의 전환과 달리 다른 공간으로의 탈바꿈은 해당 종교 신앙의 정치적 역할과 해당 종교 문화의 사회적 기능을 새롭게 인식시켜 주고 있다.

우리나라 지역 대부분이 그렇지만 경기도 이천 또한 불교문화와 유교문화가 공존하는 곳이다. 경북 경주와 상주 및 안동과 영주 등이 불교와 유교의 역사 문화가 혼재하는 것처럼 이천 또한 마찬가지이다. 이천은 고대 삼국이 이 지역을 차지하려고 했던 각축지라는 점, 경상 충청 강원 등으로 진출하는 경기 남부의 대표적인 지역이라는 점, 불교와 유

---

[43] 서울시 용산구 효창공원 앞에 있던 원효사는 2018년에 신축빌라로 대체되었다.

교가 번성했던 지역이라는 점 등에서 주목받아 왔다. 불교 사찰과 유교 서원 혹은 향교는 불교문화와 유교문화의 성소라는 점에서 공존의 지혜가 특별히 요청된다.

경기도 이천시의 안흥사 가까이 자리한 설봉산 북악사(영월암)는 의상의 초창 이래 고려의 산악과 나옹, 조선의 영월(낭규)과 보은 등이 주석하면서 사격을 크게 확장하였다.[44] 반면 통일신라 내지 고려 초에 창사한 것으로 추정되는 안흥사는 고층의 5층 쌍탑이 조성된 곳이라는 점에서 이 지역의 대표적인 사찰로 추정되지만 어떠한 인물이 주석하였는지를 추정하기는 쉽지 않다. 안흥사의 법당 앞에 나란히 서 있던 안흥사지 오층석탑 두 기가 5층의 고층 석탑이라는 점을 고려하면 이 사찰에도 고려 초기 불교계를 주도하였던 화엄학坦文/謙信/均如과 선학兢讓-逈超-智宗 혹은 법안선풍惠炬-寂然英俊과 연관된 고승이 머물렀을 가능성은 충분하다.

조선 중기의 일이지만 경기 남부 권역인 이천 설봉산 북악사(영월암)의 영월(낭규)가 도봉산 일대의 사암과 긴밀한 관계를 맺었다는 사실을 근거로 소급해 보면 경기 북부 지역의 권역 또한 고려 광종과 긴밀했던 도봉산의 영국사에 주석한 혜거의 법안선풍과 관련된 고승이 머물렀을 것으로 추정해 볼 수 있다. 수도 한양 남부의 대표 도시 이천과 북부의 대표 도시 양주는 고려 초기 불교사상의 지형으로 볼 때 긴밀한 친연성이 보이기 때문이다. 고려 광종이 여주 고달원(찬유)과 문경 희양원(긍양) 그리고 양주 영국사(혜거)를 주목했다는 대목은 이러한 관계를 보여주는 증좌로 이해할 수 있을 것이다.

안국사지에 조선 태조와 태종 때에 이천현이 들어서고 세종 때에 이천도호부가 들어섰으며 이어서 안흥정사와 이천향교가 들어선 사실을

---

44 高榮燮, 앞의 글, 앞의 책.

감안할 때 불교 성소의 유교 성소로의 전환은 자연스러운 일이었을 것이다. 불교 사찰이 유교 향교로 바뀌었다는 것은 이곳과 관계되었던 불교 인물들이 유교 인물들로 대체되었음을 의미한다. 안흥사 5층 석탑 두 기와 당간지주 그리고 발견된 안흥사지 기와조각들이 이곳이 절터였음을 알려주지만 조선 초기 이래 이곳은 유교 성소로 탈바꿈해서 오늘까지 이어지고 있다는 사실을 알 수 있다.

그나마 안흥사지에 방치되어 있던 당간지주석은 사라져 행방조차 알 수 없게 되었다. 또 안흥사지에 서 있던 5층 석탑 두 기마저 조선총독부가 1915년 9월 11일부터 10월 30일까지 '시정 5년 기념施政五年紀念'으로 총독부의 정치업적을 선전하고 권위를 과시하기 위해 조선물산공진회朝鮮物産共進會를 마련하고 행사를 장식한다는 구실을 달아 공진회장인 경복궁 조선총독부 청사 옆으로 옮겨갔다.

두 탑 중 한 기는 우리나라 정부가 조선총독부 청사를 대한민국 정부 청사(중앙청)로 사용하다가 경복궁 앞에 정부종합청사를 새로 지어 옮겨가면서 그곳에 개관한 국립중앙박물관의 정원에 있다가 지금의 용산 국립중앙박물관 석조물 정원으로 옮겨져 있다. 나머지 한 기는 1919년 1월 27일 총독부의 기증형식으로 일본의 오쿠라 슈고칸大倉集古館 정원으로 옮겨져 우리의 다른 문화재들과 함께 방치되다가 근래에 탑 전체가 해체되어 수장고에 보관되어 있다.

지금까지 일본으로 반출된 '향교앞 석탑'은 환수되지 않고 있다. 최근 (2020.10.16.)에 이천 시민들은 오층석탑 환수의 염원을 담아 반출된 탑과 똑같은 이천 오층탑을 조성하여 이천시청 아트홀 앞마당에 세우고 '환수 염원탑'으로 명명한 뒤 이천의 상징으로 만들어가고 있다. 논자 또한 용산 국립박물관에 반출되어 있는 석탑뿐만 아니라 일본으로 반출된 석탑 모두가 안흥사지 본래 자리로 되돌아와 안흥사의 복원이 이루어질 수 있기를 염원해 본다.

VI. 안흥사지 쌍탑과 이천향교의 인물들

안흥사는 경기도 이천利涉大川의 안흥동과 갈산동의 경계에 있던 절이다. 통일신라 말 내지 고려 초기에 세워져 고려시대 내내 흥성하다가 고려 말엽 내지 조선 초기에 폐사된 사찰로 추정된다. 이 절터에는 통일신라 말 내지 고려 초기에 세워진 5층 쌍탑이 있었다. 안흥사는 이들 고층 석탑 조성의 상황으로 보아 고려 초기에는 상당한 사격을 지닌 거찰이었음이 분명하다. 이곳에는 고려 초기 불교계를 주도하였던 고승들과 관련된 인물이 주석했을 것으로 추정된다.

고려시대 이래 조선시대에 걸쳐 경기 남부지역의 정치 문화적 기반은 대개 경기 북부 지역과 관계 속에서 이루어져 왔다. 특히 고려 초기 이래 개성과 한양을 아우르고 있는 경기 북부는 양주의 도봉원(영국사, 법안선 惠炬)이 주도적인 역할을 해 왔고, 경기 남부는 여주의 고달원(고달사, 봉림산문 璨幽)이 주도적인 역할을 해 왔을 것으로 짐작된다. 또 서산 보원사(화엄학 坦文)와 문경 희양원(봉암사, 희양산문 兢讓)은 고려 태조 이래 광종에게 큰 영향을 준 사찰들이었다. 안흥사 또한 당시 고려 불교계의 주축이었던 화엄학과 선학 및 법안선풍을 주도한 고승들과 일정한 관계 속에 있었을 것으로 짐작된다.

이천에는 여러 인물들이 있었지만 역사성을 남긴 인물로는 서신일徐神逸, 서필徐弼, 서희徐熙, 942~998, 서눌徐訥, 서원徐遠, 서공徐公 등이 널리 알려져 있다. 서필은 신라시대 서신일의 아들인데 광종光宗 때 활동하였다. 그는 광종 때에 벼슬이 내의령內議令에 이르고 정민貞敏이란 시호를 받았으며 개국공신으로서 성종 13년994에 광종의 묘정에 유신성劉新城과 함께 배향되었다. 또 서희는 조선후기에 이관의와 김안국과 함께 설봉서원에 배향되었다. 불교 성소였던 안흥사터를 고려 창왕 때1389 유교 성소로 탈바꿈시킨 현감 이우李塪는 이곳에 안흥정사安興精舍를 지어 학생들을 모으고 강학을 시작하였다. 조선 태조 때1401 감무監務 변인달邊 仁達은 이곳 서북부 1리에 이천향교를 지었다. 전의全義 이세관李世琯은 이천에 애련정愛蓮亭을 지어 한양 주변의 지식인들을 불러 모으며 이곳을 살롱The Salon으로 만들었다.

경기 남부의 이천 안흥사가 안흥정사를 거쳐 이천향교가 된 이래 이 공간은 지금 유교의 성소로 기억되고 있다. 이곳의 당간지주석이 사라지고 오층 석탑이 경복궁과 일본의 오쿠라 슈고칸大倉集古館 정원으로 반출된 이후 이곳이 더 이상 불교의 성소임을 환기시켜내지 못하고 있다. 1998년 서울대학교 박물관과 2004년 중앙문화재연구원이 이곳을 발굴 조사할 때 '안흥사'安興寺라고 새겨진 기와 명문銘文이 출토되어 여기가 절터임을 확인해 줄 뿐이다. 시절 인연이 도래하여 용산 국립박물관에 반출되어 있는 석탑뿐만 아니라 일본으로 반출된 석탑 모두가 안흥사지로 되돌아와 안흥사의 복원이 이루어질 수 있기를 염원해 본다.

■ 참고문헌

金廷彦,「海美 普願寺 法印國師 寶乘塔碑文」,『朝鮮金石總覽』권상(서울: 아세아문화사, 1976), p.224.
王融,「산청 지곡사(智谷寺) 진관선사오공탑비문(眞觀禪師悟空塔碑文)」(서울: 아세아문화사, 1976),
權近,「利川新置鄕校記」,『陽村集』.
任元濬,「愛蓮亭記」.
『新增東國輿地勝覽』제8권, 京畿 [3], 利川都護府 建置沿革.
『新增東國輿地勝覽』제8권, 利川 佛宇 安興寺.
『輿地圖書』利川 寺刹 安興寺.
『梵宇攷』利川 寺刹 安興寺.
조선고적연구회 편,『大正5年度 조선고적조사 보고서』(1917).

김희경 편,『한국탑파연구자료』(서울: 고고미술동호인회, 1968), pp.275~285.
경기도 이천시,『이천군 향토문화자료총람』제1집(이천: 이천문화원, 1982).
장경호,『한국의 전통건축』(문예출판사, 1996), pp.226~227.
이인수·홍순석,『이천의 문화재』(이천, 이천문화원, 2006), p.216.
高榮燮,『한국불학사: 고려시대편』(서울: 연기사, 2005), p.75.
高榮燮,『불학과 불교학』(서울: 씨아이알, 2016), pp.153~154.

高榮燮,「고려 광종대 불교교단의 통합과 법안선의 도입」,『한국선학』제10집, 한국선학회, 2002.
高榮燮,「고대 한국불교의 토착화와 구심화」,『한국불교학』제75집, 한국불교학회, 2015.

高榮燮,「이천 설봉산 북악사(영월암)의 역사와 인물」,『한국불교학』제54집, 한국불교학회, 2014.

제4장

국가 비보사상裨補思想과 한양 비보사찰裨補寺刹
– 사탑寺塔의 비보裨補를 통한 국도國都의 명당화明堂化 –

Ⅰ. 지기와 지덕의 보완
Ⅱ. 국가 비보사상의 불교 경론적 근거
Ⅲ. 한양 전도와 국가 비보사상의 투영
Ⅳ. 한양 내사산 외사산의 비보사찰
Ⅴ. 비보사찰裨補寺刹의 창사와 국역진호國域鎭護의 배가
Ⅵ. 비보사찰 창건과 수도의 전국 통솔

I. 지기와 지덕의 보완

한 나라의 도읍國都 전도奠都는 국가의 대사 중의 대사가 된다. 수도首都는 나라의 과거와 현재를 담아내는 공간일 뿐만 아니라 미래를 결정하는 공간이어서 전도와 천도遷都는 중대사가 된다. 고조선의 왕검성阿斯達[1] → 험독王險城 → 요양遼陽[2] 천도, 부여의 가섭원迦葉原(하섭원) 전도, 고구려의 비류수 위→졸본성(환인, 오녀산성)→집안(국내성)→평양의 전도와 천도가 그랬고, 백제의 미추홀(인천)/한성[3](잠실)→위례(하남)→공주(웅진)→부여(사비)→익산別都의 전도와 천도도 그러했다. 신라의 도읍 서라벌金城(쇠울, 경주)은 신문왕 때689 달구벌(대구)로의 천도에 실패한 뒤 천년의 수도로 자리매김했다. 금관가야의 김해와 고녕가야의 상주(함창) 및 대가야의 고령 또한 도읍으로 정해진 뒤 오랜 수도로 자리매김 하였다. 발해의 상경용천부(돈화/훈춘, 동경성)의 전도와 후고구려(마진/태봉) 즉 고려의 철원→개경의 전도 그리고 묘청의 서경(평양) 천도 시도도 그러했고, 조선의 개성[4]→한성(한양[5])→개성→한성(한양)의 전도와 천도도 그러했다. 대개 역대 왕조에서는 국가의 중대사인 수도라

---

1 신채호, 『조선상고사』(서울: 비봉출판사, 2006). 저자는 고조선의 수도였던 아사달을 하얼빈으로 비정하고 있다.
2 김영수, 『한국불교사상논고』(익산: 원광대출판부, 1983).
3 백제의 溫祚王이 처음 한성(잠실)에 도읍한 이래 고구려의 平原王이 한양을 확보하고 한때 이곳에 別都 즉 임시 도읍을 삼았다고 전해진다.
4 조선의 太祖는 국명을 바꾸기에 앞서 開城에서 즉위하고 왕사인 無學 自超(1327~1405)의 권유에 의해 漢陽으로 천도하였다. 제2대 定宗 때 일시 개성으로 환도했다가 다시 내려왔다.
5 漢陽은 '한강의 이북'인 강북을 일컫는다. 한양을 지키는 주산은 청와대 뒤의 백악산이고, 한양을 진호하는 鎭山 즉 後山은 북한산이다. 이 때문에 엄밀하게 말하면 溫祚百濟의 첫 도읍지인 漢城(잠실)은 '한강의 이남'을 뜻하므로 동일한 공간이라고 할 수는 없다. 하지만 오늘날의 강북과 강남을 아우르는 서울의 강역을 염두에 두면 한성을 한양이라고 보아도 크게 무리가 없을 것이다.

는 명당明堂을 결정하기 위해서 반드시 고승들과 지관들의 자문을 받았다. 그리하여 명당에서 부족한 부분을 '절'과 '탑', '불상'과 '부도'(당간) 등의 시설로 지기地氣를 북돋우는 '비보'裨補와 '산'과 '물' 및 '햇빛이 잘 드는 방위'와 '문화'의 조건을 갖춘 '풍수'風水를 고려하였다.

붓다의 입멸을 경험한 제자들은 두 가지 방향으로 붓다의 숭배를 전개하였다. 하나는 석존을 대신하는 붓다의 탐구였다. 다른 하나는 붓다의 몸의 영원성을 구하여 그 속에서 석존의 위치를 생각하는 것이었다. 이것은 곧 부처佛 중심으로 붓다를 보느냐, 아니면 진리法 중심으로 붓다를 보느냐의 문제였다. 불멸의 진리, 보편인 법 그 자체를 붓다의 실신實身이라고 생각하는 법신dharma-kāya이 성립되고, 이에 대해 입멸한 현실신現實身인 석존은 색신rūpa-kāya이라고 불리게 되었다.[6] 불교의 불신佛身론에 의하면 붓다의 몸은 역사적 붓다인 변화신(응/화신), 비역사적 붓다이자 진리의 육화인 자성신(법신), 역사적 붓다와 비역사적 붓다를 아우른 수용신(보신)으로 전개되었다. 그리고 주체인 정보正報와 환경인 의보依報는 서로 분리될 수 없는 불이不二의 관계로 해명되어 왔다. 이처럼 불신론은 육신과 국토의 불이, 신체와 영토의 연기로부터 비롯된 것이다.[7] 나아가 불신론은 신체의 국토화 내지 사유의 영토화와 긴밀하게 연결되었다.[8]

---

6 다께우찌 쇼고오, 「불타관의 변천」, 히라가와 아끼라 외, 『대승불교개설』, 정승석(서울: 김영사, 1986), p.184.
7 高榮燮, 「불교의 자연관」, 『연기와 자비의 생태학』(서울: 연기사, 2001), p.34.
8 질 들뢰즈·펠릭스 가타리, 『철학이란 무엇인가』, 이정임·윤정임(서울: 현대미학사, 1995), pp.125~165. 여기서 저자들은 '대지'와 '영토'를 통해 사유의 영토들을 설명한다. 이들은 영토에서 대지로의 탈영토화와 대지에서 영토로의 재영토화를 통해 철학의 영토화 철학의 대지를 묻고 있다. 이들에 의하면 재영토화 없는 탈영토화는 있을 수 없으며, 철학은 개념을 재영토화한다. 개념이란 대상이 아니라 영토이며 그것은 대상을 소유하는 것이 아니라 하나의 영토를 소유하는 것이다. 이러한 사유는 신체를 국토화하거나 국토를 신체화하는 신토불이의 사유화도 밀접하게 관련된다.

현로顯露불교 즉 현교 경론과 달리 비밀秘密불교 즉 밀교 경론에서 우리 국토를 우리 몸에 비유해 아픈 곳에 뜸을 떠서 치유하듯이 '부족한 대지에 기운을 보태고 사탑의 공덕을 두텁게 채운다'는 '비보'裨補 사상을 제시해 왔다. 종래 동아시아에서는 일찍부터 정해진 명당明堂[9]이 아님에도 불구하고 지기地氣가 부족한 그곳에다 지기를 북돋아서 명당화하려는 노력이 있었다. 신라의 구산선문 중 동리산문銅裏山門의 선사이자 고려 때에 국사로 추존된 도선道詵, 827~898은 우리나라 국토 전체를 하나의 완벽한 유기체 또는 만다라曼茶羅로 보고 위치나 방위 및 산천의 지세에 따라 알맞은 곳을 택하여 절·탑·불상·부도(당간)를 세우고 여러 보살들에게 기원함으로써 개인과 국가의 재난을 물리치고자 국역진호설國域鎭護說을 시설하였다. 도선의 비보사상은 밀교신앙을 연원으로 하여 창안된 도선 특유의 한 법용法用임과 동시에 나라의 위기를 구하고 백성을 이롭게 하는救國利民 하나의 방법이자 통일이념이었다.[10] 그의 비보사상은 균형과 조화를 이룬 명당만을 찾아서 쓰는 중국의 '이론풍수' 대신에 땅의 결점을 보충하여 이용하는 한국적 '비보풍수'로 탈바꿈시킨 것이었다. 이것은 지모신地母神격인 땅이 명당으로서의 자격이 부족하더라도 그곳을 보완하여 명당터로 삼는 방식이다.[11]

---

9 풍수는 天地가 萬象을 잘 지탱하며 신고 있는 것으로서 堪輿(乾坤), 地理, 地術이라고도 한다. 하늘보다는 땅의 조화에 치중하기에 지리와 지술과 같은 의미를 지닌다. 풍수학의 소의경전인 진나라 곽박(郭璞)의 『금낭경』(金囊經)에 의하면 명당은 '장풍득수'(藏風得數) 즉 장풍과 득수의 입지조건을 갖추어 한다. 장풍은 '바람이 쉬거나 자는 곳'이고, 득수는 '물을 가까이 얻을 수 있는 곳'이다. 이 때문에 우리 조상들은 '비보'와 '풍수'설을 원용하여 지세의 약점이나 흠결을 보충 보완하여 기운이 일어날 수 있도록 다독거리는 '소응책'(所應策)과 지나친 기운을 눌러서 조화를 이루게 하는 '압승책'(壓勝策) 혹은 '염승책'(厭勝策)을 활용하였다.
10 서윤길, 「道詵 裨補思想의 淵源」, 『불교학보』 제12호, 동국대학교 불교문화연구원, 1976, p.172.
11 김의숙, 「裨補風水 연구」, 『강원민속학』 제17집, 아시아강원민속학회, 2003.9, pp.105~106.

조선의 수도가 된 남경 즉 양주인 권역이었던 한성(한양)은 풍수도참 사상의 비조로 불리는 선각국사 도선道詵의 국가 비보사상에 의해 처음으로 소환되었다. 이어 이곳은 도선의 문도였던 고려 초의 여철如哲과 문종의 넷째 아들이었던 의천義天, 1055~1101 등에 의해 소환되었다. 동시에 문종 대에 위위승동정衛尉丞同正 김위제金謂磾의 건의에 의해 본격적으로 부상되었다. 한성(한양)은 고려 문종 대에 서경(평양)-개경(송악)에 이어 남경(양주)으로 승격되어 신궁을 짓고 이궁離宮을 두었다. 고려 숙종은 남경(양주)에 별궁別宮을 두었다. 이후 한양은 고려 말 삼대 화상 중의 일인이자 조계종의 중흥조인 태고 보우1301~1382에 의해서도 주장되었다.[12] 이처럼 고려 문종이 이궁을 두었고 숙종이 별궁을 두었던 남경 즉 양주의 소환과 천도는 신라의 도선으로부터 고려의 태고에 이르기까지 고승들에 의해 주장되어 왔다. 하지만 수도 개경에서 남경 즉 양주의 권역이었던 한양 천도의 결실을 맺게 한 것은 태조의 왕사인 무학 자초無學自超, 1327~1405였다. 이러한 역사적 맥락 속에서 이루어진 비보사탑설에는 지기와 지덕의 보완뿐만 아니라 인간 삶의 본연과 현실의 문제까지 투영되어 있다. 이 글에서는 이러한 점을 고려하면서 당시 천도를 위해 국가 비보사상을 원용한 불교계의 역할과 한양 비보사찰이 담고 있는 사상적 의미에 대해 살펴보고자 한다.

---

12 태고 보우의 한양 천도 건의는 비보사상보다 고려 말 혼란한 정치적 상황을 타개하기 위한 제언으로 보기도 한다.

II. 국가 비보사상의 불교 경론적 근거 – 현교의 신토불이 교설과 밀교의 제교 포섭

붓다는 인간과 세계를 상호의존의 철학인 연기적 세계관으로 해명하였다. 상호의존의 철학은 인간과 자연, 신체와 국토가 서로 유기적 관계 속에 있음을 밝혀 준다. 붓다는 우리 몸을 구성하는 지대 수대 화대 풍대 등의 네 가지 요소四大의 균형 여부에 따라 병이 생겨난다고 역설한다.

『불설오왕경』에 의하면 "옛날에 국경을 가까이 하고 있는 다섯 왕 가운데 늘 보살행을 닦던 보안왕普安王이 나머지 네 사람을 데리고 붓다 앞에 왔다." 그러자 붓다는 "사람이 세상에서 살아갈 때 언제나 헬 수 없는 뭇 고통이 몸을 자르듯 할 것이다. 지금 거칠게나마 너희들을 위하여 간략히 여덟 가지 고통을 설하겠다"고 한다.

어떤 것이 여덟 가지 고통인가. 태어나는 고통生苦, 늙어가는 고통老苦, 병들어가는 고통病苦, 죽어가는 고통死苦, 은혜로운 이와 헤어지는 고통恩愛別苦, 구하는 바를 얻지 못하는 고통所求不得苦, 미워하는 사람을 만나야 되는 고통怨憎會苦, 근심·슬픔·번거로움의 고통憂悲腦苦, 이것이 여덟 가지 고통이다.[13]

붓다는 네 가지 근본적 고통과 네 가지 지말적 고통을 아우른 여덟 가지로 존재자의 고통을 제시하였다. 이들 존재자의 고통 중에서도 붓다는 특히 '병들어가는 고통'病苦에 이렇게 해명하고 있다.

---

13 『佛說五王經』(『대정장』 제14책, pp.795하~796상).

사람의 몸은 흙과 물과 불과 바람 네 가지 요소가 합하여 이루어진 것이다. … 이 가운데 어느 한 가지 원소가 부족하거나 없어 조화를 잃으면 101가지의 병이 생기고, 네 가지 원소가 모두 없을 때나 조화를 잃을 경우에는 404가지의 병이 동시에 생겨난다.[14]

인간은 개별적 요소인 사대四大와 종합적 요소인 사대소조색법四大所造色法으로 구성된 상호의존적인 존재이다. 이들 네 가지 중 어느 요소 하나가 부족하거나 조화를 잃으면 101가지 병이 생기고, 네 가지 원소가 모두 없어지거나 조화를 잃어버리면 404가지 병이 생겨나게 된다. 이처럼 인간의 몸은 신체의 평형을 유지 조절하는 '항상성'homeostasis을 지니고 있어서 어느 요소가 부족하거나 조화를 잃으면 균형이 깨쳐 이상 증세가 생겨나게 된다.

흙의 요소地大가 고르지 못하면 몸을 움직일 때마다 모두 아프다. 물의 요소水大가 고르지 못하면 몸을 움직일 때마다 부어서 종기月逢腫가 생긴다. 불의 요소火大가 고르지 못하면 몸을 움직일 때마다 찌는 더위蒸熱가 생긴다. 바람의 요소風大가 고르지 못하면 몸을 움직일 때마다 세게 우뚝 솟아擁强 백 마디의 고통스러움이 마치 몸둥이로 매질을 맞은 것 같다. 네 가지 요소의 거취進退에 의해 손과 발을 마음대로 할 수 없고, 기력이 허하고 다하여 앉았다 일어날 때에 반드시 사람이 필요하며, 입이 마르고 입술이 끄스르며, 근육이 끊어지고 코가 갈라지며, 눈은 사물을 보지 못하고, 귀는 소리를 듣지 못하며, 깨끗하지 않은 것이 흘러나와 몸은 그 위에 눕게 되고, 마음은 고뇌를 품으며, 말은 문득 비애스럽고, 부·모·형·제·처·자六親들이 옆에 있으면서 낮과 밤을 간호하

---

14 『佛說五王經』(『대정장』 제14책, p.796중).

고 살펴도 처음처럼 휴식하지 못하여 좋은 반찬과 맛있는 음식이 입에 들어가도 모두 괴로우니 이것이 곧 괴로움이 아니겠는가.[15]

인간은 자신의 몸이 지닌 지수화풍의 네 가지 속성이 균형을 잃어버리면 근원적 고통인 생로병사에 직면하게 된다. 네 가지 요소의 거취進退에 따라 우리 몸은 건강하게도 되고 병을 얻게 되기도 하는 것이다. 이 때문에 불교의 자연 이해는 자연의 핵심 요소인 사대四大에 대한 해석에서 출발해야 보다 구체적일 수 있다.[16]

붓다는 인간의 네 가지 근원적 고통 가운데에서 특히 죽음의 괴로움死苦에 대해 자세히 설명하고 있다. 붓다는 자연의 핵심 요소인 지수화풍 사대의 불균형에서 우리 몸의 소멸이 시작된다고 설명하고 있다.

사람이 죽을 때에는 사백 네 가지 병이 함께 생겨난다. 네 가지 요소가 흩어지려고 할 때 혼과 백이 불안하며, 죽으려고 할 때 칼바람이 형체를 해체하여 아프지 아니한 곳이 없다. 흰 땀이 흘러내리며, 두 손은 허공을 젓고, 집안 안팎과 그 좌우에 있으면서 근심과 슬픔으로 눈물을 흘리며, 통증이 뼈 속을 뚫어 능히 스스로 이길 수 없다. 죽음이 그것을 떠나가면 바람이 떠나서 기운이 끊어지고, 온기(불)가 멸하면 몸이 차게 되며, 바람이 먼저가고 온기(불)가 그 다음이며 (곧이어) 영혼이 떠나간다. 신체는 평평하고 곧아서 회복될 길을 알 수 없으며, 열흘 사이에 몸은 무너지고 피는 흘러 (몸이) 붓고 불룩해지고 문드러지고 냄새가 나서 심히 가까이 할 수가 없다. 그것(주검)을 광야에 버리면 뭇 새가 쪼아 먹고, 살이 다하고 뼈가 마르면 머리뼈가 곳곳에 흩어지니 이것은 곧 괴로

---

15 『佛說五王經』(『대정장』 제14책, p.796중).
16 高榮燮, 앞의 글, 앞의 책, p.30.

움이 아니겠는가?[17]

인간의 몸이 죽을 때는 우리 몸이 지니고 있던 자연적 요소가 서서히 빠져나가게 된다. 먼저 사대가 흩어지려고 할 때 혼과 백이 안정되지 못하고, 죽으려고 할 때는 칼바람이 형체를 해체하여 아프지 않은 곳이 없게 된다. 죽음이 시작되면 바람이 떠나서 기운이 끊어지게 되고, 온기(불)가 멸하면 몸이 차게 된다. 그렇게 하여 우리 몸은 점점 해체되고 흩어지게 된다.

인간의 몸과 자연의 몸이 둘이 아니듯이 불교에서는 신체와 국토를 둘로 보지 않는다. 위진남북조 시대의 학승이었던 승조僧肇는 '천지는 나와 한 뿌리'天地與我同根요 '만물은 나와 한 몸체'萬物與我一切'[18]라고 했다. 이 말은 원오圓悟克勤의 『벽암록』에서도 볼 수 있다. 천인합일天人合一의 다른 표현이기도 한 '천지여아동근'과 '만물여아일체'는 인간과 자연의 상호의존적 관계를 시사해 준다. 이처럼 불교에서는 우리 몸이 지수화풍 사대의 개별적 요소들과 그것들의 결합에 의해 이루어졌듯이 '육신과 국토는 둘이 아니다'身土不二는 가르침을 제시해 왔다.

불교사상사에서 붓다의 몸은 대승 이전 시대에는 역사적 붓다인 변화신(응/화신), 비역사적 붓다인 진리의 육화인 자성신(법신)의 이신설로 대별되어 왔다. 이어 대승 시대에서는 이상적 인간상이자 수행의 결과로서 받는 몸의 존재인 보신의 '보살'을 등장시켰다. 그리하여 역사적 붓다(변화신)와 비역사적 붓다(자성신), 나아가 역사적 붓다와 비역사적 붓다를 아우른 붓다(수용신)의 삼신설을 제시하였다.

붓다의 몸에 대한 담론인 불신론은 응신과 법신의 이신설과 변화신

---

17 『佛說五王經』(『대정장』 제14책, p.796중하).
18 이 말은 『장자』에서도 확인할 수 있다. 『莊子』「내편」 2, 「齊物論」 9. "天地與我竝生, 萬物與我爲一."

자성신 수용신의 삼신설 및 변화신 자성신 자수용신 타수용신의 사신설로 전개되어 왔다. 그리하여 역사의 주체인 정보正報와 역사의 기반인 의보依報가 서로 분리될 수 없는 불이不二의 관계를 이루고 있다. 인간이라는 주체와 깃들어 사는 환경의 불이 관계는 모든 존재자들의 상호의존적 존재방식이다. 이것은 연기적 세계관의 다른 표현이기도 하다. 이러한 현교 즉 현로불교의 사상은 밀교 즉 비밀불교의 사상에도 그대로 계승되고 있다.

밀교는 인도의 반야중관학과 유가유식학의 사상을 계승하여 발전시켰다. 『대일경』과 『금강정경』이 성립된 이후에는 즉신성불卽身成佛을 목표로 하는 출세간의 성취悉地에서부터 목숨을 잇고延命·재난을 없애며息災·만병을 다스리는治病 등 세간의 성취悉地에 이르기까지 폭넓은 사상과 작법이 교설되었다. 이 때문에 밀교는 불교 내의 어떠한 사상이나 교의와도 서로 상통할 수 있는 가능성이 있으며, 역사와 문화를 달리하는 그 어떠한 지역의 민간신앙과도 잘 어울릴 수 있는 소지를 지니고 있다.[19] 이렇게 밀교는 제교 포섭을 통한 법락의 수용이라는 측면을 풍부하게 갖추고 있다.

> 해와 달과 별三光,三精과 천문 지리를 익히고, 육십 네 가지 상六十四相을 배우면, 사람의 복록과 수명祿命, 빈부, 귀천, 안처安處, 밭과 집田宅 …… 을 알게 된다.[20]

대개 비밀불교 즉 밀교는 인간과 우주의 참모습을 지/수/화/풍/공/식地水火風空識 대의 '육대'六大, 體와 대만다라有情/삼매야만다라無情/법만다

---

19 서윤길, 『고려밀교사상사연구』(서울: 불광출판부, 1994), pp.11~12.
20 『修行道地經』 권6, 「學知品」 제25(『대정장』 제15책, p.221). "識於三光天文地理, 學六十四相, 知人祿命貧富貴賤, 安處田宅."

라(有無情의 그림문자)/갈마만다라(有無情의 변천동작)의 '사만'四曼, 相과 신밀(무드라)/구밀(만트라)/의밀(만다라)의 '삼밀'三密, 用의 축으로 설명한다.

밀교는 풍수지리와 같이 인문지리에 지리와 인생의 관계를 자연과학적으로 설명하는 것이 아니라 천문 지리와 음양의 기와 같은 신비력을 수용한다. 그 결과 밀교에서는 해와 달과 별의 삼광과 천문 지리를 익히고 인간의 일상에서 벌어지는 육십사 상을 배울 뿐만 아니라 사람의 복록과 수명, 빈부와 귀천, 안처와 전택까지 알 수 있게 한다.

이러한 밀교사상을 비보사상으로 승화시켜 원용한 선사는 전남 곡성 동리산문을 개설한 혜철의 심인을 전수받은 신라의 도선이다. 그는 중국 강서성에서 '즉심즉불'卽心卽佛의 선풍을 드날린 마조 도일馬祖道一, 709~788의 제자인 서당 지장西堂智藏, 735~814으로부터 남종선의 맥을 전해온 동리산의 개산조 적인 혜철寂忍惠哲, 784~861선사의 선맥을 이었다. 도선은 혜철에게서 '설함 없는 설함'無說之說과 '진리 없는 진리'無法之法의 불도장心印을 전수받은 직계 제자였다.

혜철은 서당 지장을 만나 "은밀하게 심인을 전수받으니 선사는 적수가에서 잃어버렸던 구슬을 찾은 것과 같이 영대(마음)가 태허공이 툭 트인 것처럼 활연해졌다"고 하였다. 그럼에도 불구하고 그는 3년 동안 자지도 않고 자리를 뜨지도 않고 대장경을 열람하여 선과 교의 동등한 가치를 담은 선교의 융합을 모색하였다.

혜철은 무주 관내의 쌍봉난야雙峯蘭若에서 하안거에 들어있을 때에는 주사州司의 간청을 받고 기도하여 비를 내리게 했다. 문성대왕에게는 '국가를 다스리는 긴요한 방책 몇 가지'理國之要若干條를 올려 국가와 조정에 보태고 늘여 도움이 되게補益 하였다. 또 혜철은 동리산 대안사지를 선정하면서 제신諸神사상을 불교에 포섭하고자 하였다.

하늘에 닿은 듯한 봉우리가 그늘을 드리우고 물은 맑게 흐른다. ……

용신龍神이 갖가지 상서로운 조짐을 바치고, 독벌레와 뱀도 그들의 독스러운 형모를 감춘다. 소나무는 울창하고 구름은 짙게 끼어서 여름은 시원하고 겨울은 따뜻하니, 이곳이 나라의 뛰어난 터이다.[21]

비문이 전하는 "용신이 갖가지 상서로운 조짐을 바치고, 독벌레와 뱀도 그들의 독스러운 형모를 감춘다"는 것처럼 신라 당시의 지령地靈 신앙은 불교에 포섭되고 융화되어 선사상으로 승화되었음을 알 수 있다. 혜철은 곡성 동리산의 대안사지가 밀교의 관지상법觀地相法의 내용에 부합하여 삼한의 승지가 될 수 있는 지세의 조건이 잘 갖춰져 있음을 알고 있었다.

혜철의 제자였던 도선은 선사로서 평소에 늘 선리 참구禪理參究에 몰두했으며 "절을 세우고 탑을 세워 얻어진 국가적 이익과 공덕이 선리禪理의 정밀한 깊이精奧에는 미치지 못한다"[22]고 하였다. 이 기록에 근거해 보면 도선의 신앙적 본질은 선법에 있었음을 알 수 있다. 다만 어느 때에 그는 재주가 신통하고 비범한 사람異人을 만나 산천山川 순역順逆의 비보 술법을 활연히 깨치고 곁들여 음양오행술을 연구[23]하였던 것으로 보인다.

밀교 경론에서는 우리가 사는 국토를 우리의 몸에 비유해 아픈 곳에 뜸을 떠서 치유하듯이 '부족한 대지에 기운을 보태고 사탑의 공덕을 두텁게 채운다'는 '비보'裨補의 사상을 제시해 왔다. 밀교에서는 방위를 대단히 중요시하여 불지경계와 보살과 만다라를 각각 방위에 따라 배대하

---

21 「大安寺寂忍禪師碑照輪清靜塔碑」, 『朝鮮金石總覽』 권상(서울: 아세아문화사, 1976), p.118.
22 『朝鮮寺刹史料』 권상, p.202. "建寺立塔利益國家之功, 至於禪學之精奧則概不及焉."
23 「玉龍寺先覺國師證聖慧燈塔碑」, 『朝鮮金石總覽』 권상(서울: 아세아문화사, 1976), p.561.

였다. 밀교의 택지법은 대개 관지상법觀地相法, 관지질법觀地質法 그리고 치지법治地法 등 세 가지로 나눠진다. 이 중에서도 관지상법은 대지의 모양을 관찰하는 법이라는 점에서 주로 택해 왔다.

 수행자는 정성껏 분향하고 성현과 지신께 다음과 같이 아뢰어야 한다. 일체의 부처님과 모든 대보살과 성문과 연각과 다섯 종류의 천天과 견우牽牛 지신地神과 이곳의 영지靈祗 등에게 사뢰옵나이다. 이곳에다 만다라를 건립하여 정진 수행하며 염불독송하려 하오니 제가 하고자 하는 일이 속히 성취되기를 원합니다. 오로지 지신께 원하옵나니 본원本願을 기억하시어 저에게 만다라의 건립을 허락하사 저를 보호하고 도와주소서. 그리하여 천마와 악귀가 모든 장애와 난을 만들더라도 본사 석가모니가 보리수 아래 앉아 모든 마장을 항복시켰던 것 같이 이제 저 또한 그렇게 되게 하여지이다.[24]

 당시에는 세 가지 택지법 중에서도 지형이 갖추고 있는 외적인 조건, 즉 산천국토의 지세地勢, 유형類型, 수목樹木, 유수流水 등등의 지상地相을 관찰하여 길지와 흉지를 판별하는 관지상법이 널리 사용되었다. 도선이 개성을 지나다 왕건의 아버지龍建(후의 王隆)를 만나 일러준 것도 이러한 만다라意密 및 택지법에 입각한 것이었다. 그 택지법에 의하면 본존인 대일여래(중엽팔대)가 자리하는 만다라의 중앙에는 금륜불정이 있고, 그 주위에 마두관음·성관음·천수관음·여의륜관음·십일면관음·준제관음의 여섯 관음보살을 모시고 있다.
 이 택지법은 우주의 대본체인 지수화풍공식의 육대와 육대가 다시 상합한(혹은 육처와) 모습을 구현한 삼십육구三十六區로 집을 지으라는

---

24 唐 慧琳 集述, 『建立曼茶羅及揀擇地法』(『대정장』 제18책, p.927).

뜻을 보여주며 이것은 밀교의 근본교리를 현실상에 구체화시킨 것이다. 여기서 흉지와 길지를 구별함에 있어서 제불 보살과 선신善神의 수호 유무에 기준을 두는 점이나, 흉지를 보충하여 길지로 변이시킴으로써 국리민복을 불러들이게 하고 법륜을 절로 구르게 하여 중생을 제도하려고 했던 근본목적과 방법 등은 공통된 사상이요 원리였다 할 것이다. 도선이 제시한 비보사상도 사상융합의 한 방편으로 내세운 밀교적 법용法用의 실제적 응용應用이었던 것[25]으로 추정된다.

도선은 밀교사상의 법용에 따라서 전체 국토를 하나의 만다라mandala로 보고 위치나 방위 또는 산천의 지세에 따라 알맞은 곳을 택하여 사·탑·불·부도(당간)를 세우고 그곳에서 여러 보살에게 기원함으로써 본지불인 대일여래와 그 밖의 여러 보살의 살핌을 얻고자 하였다.[26] 도선은 밀교의 택지법에 의거해 왕건의 부친(세종)에게 간택을 권한 결과 그 이듬해에 왕건이 태어났다.

당시 도선은 왕릉(용건)에게 택지법 책을 한 권 건네주며 30년 이후에 왕건에게 전해 개성에 도읍할 것과 남경(양주)의 지세에 대해 언급하였다. 그리고 자신이 비정한 곳에 비보사찰을 짓게 하고 다른 곳에는 짓지 못하게 하였다. 그 결과 도선의 비보사상은 제자인 고려 초기의 여철如哲에게 이어졌으며 중기의 의천, 김위제, 영현, 후기의 태고 보우에 의해 남경의 소환이 본격화되었고 이를 계승한 무학 자초無學自超, 1327~1405에 의해 한양 전도와 개성으로부터의 천도가 이루어졌다. 이것은 현교의 신토불이의 교설과 밀교의 제교 포섭의 법용에 의해서 가능했던 것이다. 그리고 비보사탑설은 지기와 지덕의 보완이라는 관점에서 설명되지만, 그 배후에는 경제적, 사회지리적 관점에서의 조망이 전제되어 있다.

---

25 서윤길, 「道詵 裨補思想의 淵源」, 『불교학보』 제31집, 동국대학교 불교문화연구원, 1995, p.190.
26 서윤길, 「도선국사의 생애와 사상」, 『한국불교학』 제1집, 한국불교학회, 1975.

III. 한양 전도와 국가 비보사상의 투영

고려의 수도 개성에서 건국한 조선 태조는 개성을 떠나 새로운 도읍에서 나라를 발전시키고 싶었다. 이 때문에 계룡산, 무악, 양주 즉 좁게는 한양(한성) 등의 후보지 중에서 적지 않은 우여곡절을 겪으면서 첫 국도를 한양으로 전도했다. 그 이전의 한양 소환 관련 역사를 추적해 보면 일찍이 도선의 제자였던 고려 초의 여철이 남경(양주) 북한산 승가사에 주석하였고, 이어 문종이 남경으로 승격된 양주 즉 좁게는 한양에 신궁新宮을 짓고 이궁離宮을 두었다.

의천도 삼각산 승가굴을 방문하였고, 선종 대에는 개경의 구산사 승려 영현이 삼각산 신혈사神穴寺에 주석하였다. 그 뒤 숙종이 남경(양주)을 경영하여 별궁을 두면서 양주 즉 좁게는 한성(한양)은 역사의 전면에 부각되었다. 고려 말에 태고 보우가 남경 천도를 거론한 이래 조선 태조의 요청에 의해 소환되었으며 무학 자초에 의해 다시 추진되었다.

1. 도선과 무학의 비보사상

현교의 '신체와 국토는 하나'라는 신토불이 교설과 지령과 풍수 등의 여러 사상을 통섭하는 밀교의 제교 포섭의 법용에 의해 형성된 비보사상은 도선에 의해 본격화되었다. 그리고 그의 제자 여철로 이어진 뒤 중기의 의천, 김위제, 영현, 고려 말의 태고 보우를 거쳐 무학 자초에게 계승되었고 광해군 때의 고승 성지性智에 의해 다시 계승되었다. 도선 이후 그의 비보사상은 풍수이론과 결합되어 '비보풍수'의 이름으로 널리 원용되었다. 하지만 그 저변에는 신체와 국토가 둘이 아니라는 현교의 신토불이의 교설과 밀교의 제교 포섭의 법용이 깔려 있었다.

이미 고려 후기에 남경인 양주 땅 아사달阿斯達, 阿思達은 불교도 사이에서 주목되었다. 당시 양주는 한양을 통솔하는 매우 넓은 지역이었으며 고려 나옹의 스승인 지공이 나옹에게 '삼산 양수지간에 머무르라'고 한 바로 그 양주 고을이었다. 이 때문에 당시에 '아사달' 신앙은 새롭게 부각하고 있었다.

가을 7월 갑자일에 내시 이백전李白全을 시켜 어의御衣를 남경 임시 대궐에 가져다 두게 하였다. 이때에 어떤 승려가 도참圖讖에 근거하여 말하기를, "부소산扶蘇山에서 갈려 나온 것이 좌부소左扶蘇로서 아사달阿思達이라고 하는 바 이는 옛날 양주楊州 땅입니다. 만일 거기에 궁궐을 짓고 왕이 계신다면 나라의 운명이 8백 년 더 연장될 수 있습니다"라고 하였기 때문에 이런 명령이 있게 된 것이다.[27]

고려 고종 당시 불교도들 사이에는 아사달 신앙이 감돌고 있었다. 그들은 양주 땅인 아사달에 새로운 궁궐을 짓게 되면 나라의 운명을 8백년 더 연장시킬 수 있다고 믿었다. 『고려사』에서는 '승려 보우普愚가 풍수설로 왕에게 "한양에 수도를 옮기면 36국이 조공하러 올 것입니다"라고 하였더니 왕이 그 말에 유혹되어 한양에다 크게 궁궐을 지었다'고 기술하였다.[28]

이중환의 『택리지』에는 태조가 왕조 창업 직후에 무학 자초를 시켜 도읍을 정하도록定都 하였다고 한다. 이에 자초는 삼각산(북한산) 만경대에 올라 (진흥왕순수비에 세워진) 비봉碑峰을 거쳐 백악산 밑에 도착하여

---

27 『高麗史』 권23, 「高宗世家」, 고종 21년(1234), 7월조; 『高麗史節要』 권16, 고종 21년 (1234) 7월조; 『東史綱目』 제19하, 갑오년 고종 21년-몽고 태종 6년(1234).
28 『高麗史』 권106, 「尹諧列傳」, 父 尹澤; 維昌, 「太古行狀」, 『太古和尙語錄』.

궁성의 터를 정하였다.²⁹ 무학이 바로 양주 즉 좁게는 한양을 점쳐 말하기를 "인왕산仁王山을 진산鎭山으로 삼고, 백악白岳과 남산을 청룡과 백호로 삼으시오"라고 하였다. 태조는 크게 기뻐하여 무학을 스승의 예로써 대접하였다.

이에 정도전鄭道傳, 1342~1398이 난색을 보이며 말하기를, "예로부터 '제왕은 (북극성이어서) 모두 남면南面하고 다스렸다'는 말은 들었지만 동향東向하였다는 말은 듣지 못하였습니다"고 하였다. 유교를 정학正學으로 보는 정도전의 입장에서는 제왕을 북극성으로 보고 있었기에 제왕은 모두 남면하고 다스렸다는 원칙을 고수할 수밖에 없었을 것이다. 그에게는 지기와 지덕을 보완하는 의미 이전에 이러한 유교적 세계관을 우선시하였기 때문이다.

이러한 점은 유교가 하지 못하는 비보적 보완의 필요성과 이에 대한 유기적 역할이 불교에 주어졌음을 시사해 주고 있다. 결국 무학은 "내 말을 듣지 아니하면, 2백 년을 지나서 내 말을 생각할 것입니다"고 하였다.³⁰ 차천로의 기록처럼 태조의 물음에 무학은 내사산인 인왕산을 진산으로 하고 백악(북악)을 좌청룡으로, 종남산(목멱산)을 우백호로 한 동향의 도읍과 궁궐 설치를 제안하였다.

이와 달리 정도전은 제왕은 (북극성이어서) 모두 남면하여 다스렸다며 북악을 진산으로 하고 낙타산을 좌청룡으로, 인왕산을 우백호로 한 남면의 도읍과 궁궐 설치를 제안하였다. 결국 정도전의 안이 채택되어 오늘과 같이 남면의 한양 도성이 자리를 잡았다. 그런데 정도전이 주장한 북쪽을 등지고 정남방향으로 향해 앉은 자좌오향子坐午向은 실제 남산을 안산案山으로 할 수 없는 방위이다. 만일 남산을 안산으로 삼으려면

29　李重煥, 『擇里志』 팔도총론-경기.
30　車天輅, 『五山說林草稿』; 『大東野乘』 권5.

경복궁의 정궁과 광화문을 옆으로 좀 비틀어서 해좌사향亥坐巳向 즉 북북서를 등지고 남남동을 바라보는 방향인 '정서북에서 북쪽으로 15도의 방위를 중심으로 한 15도의 각도 안'인 해방亥方과 '남동으로부터 남쪽으로 15도 되는 방위를 중심으로 한 15도의 각도 안'인 사방巳方으로 해야 한다.[31] 이 때문에 경복궁은 실제로 안산이 없는 셈이다. 안산이 없이 곧바로 객산客山인 관악산을 바라보고 있기 때문에 일렁이는 화기火氣로 인해 경복궁 건립 당시에 이미 3차례나 불이 났다. 그때 공사를 중단하거나 좌향을 바꾸어야 했음에도 불구하고 정도전을 비롯한 사대부들은 공사를 고집했고 결국 무학대사의 예견대로 2백 년을 유지하지 못하고 임진왜란이 발발하자 1592년에 화재로 소실되고 말았다. 이후 경복궁은 대원군에 의해 1867년에 복원되기까지 275년 동안 공터로 있었다.[32]

---

31 亥坐와 巳向은 모두 24방위의 하나이다.
32 文光, 「고영섭 교수의 '국가 비보사상과 한양 비보사찰 – 사탑의 비보를 통한 국도의 명당화-'를 읽고」, 논평문, p.2. "태조 李成桂는 경복궁을 짓고 3달 만에 왕좌에서 물러나 함흥으로 떠나게 되었고, 李芳遠은 왕자의 난을 일으켰다. 大院君은 경복궁을 복원하고 천주교도 7천명의 살생을 자행하고 나라를 일제에 넘겨주게 되었다. 풍수학의 기초 지식만 있는 사람이라도 북악산의 갈라진 골 때문에 경복궁에서 골육상쟁이 야기될 것이라는 점을 알고 있었다. 無學大師와 같은 풍수학의 최고 대가를 옆에 두고도 국가의 운명을 어찌하지 못했던 것은 禪修行을 통해 正眼을 갖춘 고승들의 풍수안목을 무시한 과였다. 무학대사의 주장대로 인왕산을 주산으로 하고 북악산을 좌청룡으로 했다면 맏아들 가운데 멋진 국왕들이 줄을 이었을 것이다. 현재처럼 우백호인 인왕산이 강력하고 좌청룡인 낙산이 낮으니 世宗이나 正祖와 같은 현군은 次子로 태어났으며, 병약한 文宗이나 요절한 端宗, 극악한 燕山君과 같은 인물들이 長子로 태어났다. 무학대사는 애초에 잘못된 수도 한양의 건축기획에 도움을 주고자 비보풍수를 활용한 것이다. 이곳 虎壓寺는 안산이 없어 곧장 보이는 관악산의 화기와 호암산의 기세를 누르기 위해 무학대사가 활용한 비보풍수의 전형이다. 따라서 호압사는 조선 비보풍수의 최고 결정판이라고 할 수 있는 성소이다. 승가사나 삼막사는 원래 명당터로 존재하던 사찰이고 수도 한양을 위한 비보로 시작된 사찰이 아니었다. 이러한 힘 있는 명당사찰들을 한양을 수호하도록 보좌하게 만든 것일 뿐 진정한 비보의 결정판으로 지어진 사찰이 바로 호압사인

무학은 신라의 고승 의상義湘, 625~702이 지었다는 『비기』祕記의 주장에 의거하여 그의 주장대로 하지 않고 정씨鄭氏 성을 가진 주장대로 하면 5대를 가지 못해 자리다툼이 있게 되고, 2백년이 못가서 나라가 어지러워 흔들리는 난이 일어날 것[33]이라고 하였다. 만일 무학의 제안처럼 인왕산을 주산으로 하고 좌청룡의 북악(백악)과 우청룡의 남산을 거느린 동향 동면의 궁궐을 지었을 경우에 어떠한 일이 일어났을까?

역설적이지만 그렇게 되었을 경우에 실제처럼 왕권 중심 체제가 아니라 정도전이 꿈꾼 신권 중심 체제를 확보할 수 있었을까? 태조의 아들들이 벌인 왕자의 난과 세종의 아들 수양首陽이 벌인 계유정란癸酉靖亂을 피할 수 있었을까? 그리고 2백 년이 지나서 일본의 침략을 받은 선조가 도성 한양을 버리고 신의주로 몽진을 떠나지 않아도 되었을까? 만일 무학의 주장이 현실화되었을 경우에는 지금처럼 강남이 발달하지 않고 강북의 신설동과 청량리 일대를 중심으로 하는, 보다 균형적인 발전을 하였을 것[34]으로 추정된다.

한편 무학은 인왕산을 주산主山으로 삼지 못한 대신 몇 가지 비보 작업을 통하여 국도를 명당화하려고 하였다. 먼저 그는 인왕산 아래에 옥인동玉印洞 즉 제왕의 옥쇄라는 동명洞名을 부여함으로써 주산으로서 인왕산의 위상을 보완하고자 했다. 이어 낙타산의 낮은 좌청룡을 비보하기 위해 동숭동東崇洞 즉 동쪽을 숭상한다는 이름과 숭인동崇仁洞 즉 인방仁方을 숭상한다는 이름을 부여하였다. 또 남쪽의 관악산을 방어하기 위해 숭례문의 편액을 세로로 세우게 하였다. 결국 신라 말의 도선은 수도 개성을 완전히 기획한 뒤에 남은 부분을 비보하였지만, 도선의 비보사상을 계승한 고려 말의 무학은 정도전에 의해 수도가 문제투성이

것이다."

33 車天輅, 『五山說林草稿』; 『大東野乘』 권5.
34 최창조, 『한국의 풍수사상』(서울: 민음사, 1984), p.226.

로 설정setting된 뒤에 그 잘못을 보충하기 위한 비보를 할 수밖에 없었다. 알다시피 성리학이 전래되기 이전에 살았던 도선과 성리학이 전래되어 성리학자가 주도하는 시기에 살았던 무학의 시대 상황이 서로 달랐으며 그 전개 양상도 상이하게 나타났다.

무학은 처음 수도를 전도하는 과정에서 개성과 양주 즉 좁게는 한양 전도 과정에 참여해 불교사상 중심의 수도를 기획하였다. 그러나 백악산을 주산으로 한 남면의 궁궐 시설을 역설한 정도전의 주장을 태조 이성계가 수용함으로써 주도적인 역할은 정도전 중심으로 이루어졌다. 반면 왕사 무학은 정도전의 백악산을 주산으로 한 남면의 궁궐 시설로 인한 결핍의 부분을 몇 가지 비보 작업을 통해 보완함으로써 국도의 명당화라는 대의를 버리지 않았다. 그 결과 그는 한양의 내사산과 외사산에 비보사찰을 적극적으로 세움으로써 지기의 결함과 지덕의 부족을 보완할 수 있었다.

2. 한양 전도와 비보사상

한양 전도를 하기 전에 풍수지리에 잘 통하는 정당문학 권중화權仲和, 1322~1408와 서운관書雲觀[35]들의 적극적인 권유에 따라 계룡산 공주 일대

---

[35] 〈다음백과〉(2021년 12월 3일 검색). 서운관은 태복감·사천대·사천감·관후서 등으로 불리다가 1308년 고려 충선왕이 즉위하면서 처음 설치되었다. 그후 1356년(공민왕 5) 다시 사천감과 태사국으로 분리되고 통합되기를 반복하다 1372년 병합하여 서운관이란 이름으로 조선시대에 이어졌다. 조선시대에는 고려의 관제를 그대로 이어 서운관으로 부르다가 1466년(세조 12)에 그 이름을 관상감으로 고쳤다. 서운관은 관측 시설로 개성에 첨성대를 두고 있었으며, 일식과 월식, 5행성의 움직임, 혜성과 유성의 출현 등을 관찰하여 상당한 양의 기록을 《고려사》 천문지에 남기고 있다. 《태조실록》에 의하면 이 관청은 주로 천문·재상·역일·추택 등의 일을 맡았다고 한다. 관측 시설로는 경복궁과 북부광화방에 간의대를 두어 많은 천문현상을 관측했으며, 그 기록들이 《실록》에 남아 있다.

를 도읍으로 정하고 신도新都 건설과 공사를 추진하였다. 그런데 이 공사는 하륜河崙, 1348~1416의 강력한 반대 상소에 부딪쳐 중단되었다.

하륜은 "도읍은 모름지기 나라의 중앙에 있어야 하나 계룡산은 땅이 남쪽에 치우쳐 있고, 동서남북이 서로 떨어져 있다. 내가 일찍이 부친을 장사지낼 때 풍수의 여러 책을 조사한 바가 있다. 지금 듣기로 계룡의 땅은, 산은 건乾에서 오고, 수는 손巽으로부터 흘러간다. 이것은 송나라 호순신胡舜申36이 말한 물의 장생長生을 부수는 쇠퇴하는 땅에 해당한다. 그러므로 도읍을 세우기에 적당하지 않다"고 했다.

조선을 개성에서 건국한 태조(이성계)는 고려의 구도舊都 개성을 떠나 새로운 정치를 베풀기 위해서는 국도를 옮겨 새롭게 하고 인심을 개혁할 필요가 있었다. 신라의 귀부歸附를 받은 고려 왕씨는 신라의 국도인 경주에서 즉위하지 않고 조상 때부터 풍수적으로 양호한 개성을 국도로 하여 즉위하였다. 하지만 조선 태조는 자신이 도읍을 정할만한 땅을 보유하고 있지 않았기에 고려 왕씨의 수도인 개성에서 즉위할 수밖에 없었다.

이에 계룡鷄龍의 신도新都 건설을 중지시킨 태조는 하륜에게 고려조 이래의 서운관書雲觀 소장의 풍수비록風水祕錄을 주면서 다시 신도의 땅을 선정하도록 했다. 하륜은 무거운 책임감을 느끼며 풍수서를 정독하고 비판하며 산천을 실제로 답사하면서 천도의 후보지로 지금의 신촌 일대인 무악毋岳, 母岳 남쪽으로 잡았다.

권중화 등과 서운관은 무악을 살펴본 뒤 무악이 풍수적으로 국도로서의 조건이 나쁘지 않으나 무악의 남쪽 땅이 협소하여 도읍으로 천도할 곳이 못된다고 보고하였다. 하지만 하륜은 끝까지 자신의 주장을 굽히지 않고 무악이 명당은 좁을 것 같지만, 송도의 강안전康安殿, 평양의

---

36 地理神法이라는 새로운 중국 풍수를 제안한 풍수가이다.

장락궁長樂宮에 견주면 오히려 넓다고 하였다. 또한 이곳은 전조前朝의 비록祕錄 및 중국에서 행해지는 지리의 법에 모두 합치되기 때문에 신도新都로서 부적당하지 않다고 단언했다. 결국 태조는 한양을 살펴보니 그 형세가 '왕도王都로 손색이 없으며, 배로 물건을 나를 수도 있고 마을의 길도 균등하여 사람의 일도 또 편리하지 않을까' 라고 하여 이곳을 유일한 국도國都 후보지로 작정했다. 이 사실을 옆에 있던 무학無學에게만 밝히자 무학도 "여기는 사방이 높고 수려하여 중앙이 평탄하니 도읍으로 적당하다"고 하였다. "그러나 중론에 따라서 결정하소서"[37]라고 하였다.

태조가 여러 신하들에게 토론을 시키니 이구동성으로 이에 찬성했다. 당시에 반대론과 찬성론과 달리 천도상조론遷都尙早論 즉 시기상조론의 입장을 보였던 하륜만이 지리법상 왕도의 땅이 아니라고 반대했지만 태조는 중의에 따라서 천도할 것을 결정했다.[38] 한양을 비정할 때 주산 즉 조산을 어디로 할지를 두고 무학(인왕산)과 정도전(백악산)과 하륜(무악산)에게 의견을 물었다. 결국 태조는 정도전이 제안한 백악산面岳을 주산으로 하여 주궁인 경복궁터를 잡았다. 이렇게 되어 백악산을 주산主山으로 한 내사산과 내사산을 둘러싼 외사산을 조산祖山[39]으로 비정하였다. 경복궁터가 등을 기대고 서있는 북현무인 백악산(북악산, 342미터)이 주산鎭山으로 정해지자 궁터를 마주보고 있는 남주작인 종남산(목멱산, 262미터)을 안산案山으로 비정했다. 경복궁터를 좌우에서 시위하며 보좌

---

37 『태조실록』 권6, 태조 3년, 8월 13일 경신조.
38 村山智順, 『조선의 풍수』, 최길성(서울: 민음사, 1990), pp.559~566. 그 사이 여러 新都 후보가 상정되었지만 태조의 뜻이 그렇고 중의도 그렇기 때문에 이들 후보지를 태조가 사찰하려던 계획도 중단되어 버렸다. 당시 논의된 후보지는 積城 廣知院의 동쪽, 長湍郡 都羅山下의 臨津縣의 白鶴山들이었다.
39 祖山의 조상은 祖宗山이라고 하며 우리나라의 조종산은 白頭山이다. 한양의 조종산은 북한산이다.

하는 좌청룡은 최근에 다시 복원된 동쪽의 낙타산(125미터)으로, 우백호는 호랑이가 출몰하던 서쪽의 인왕산338미터으로 비정하였다.

태조는 정도전에게 명하여 수도 한양의 제1방어선인 이들 백악산, 목멱산, 타락산, 인왕산의 내사산을 중심으로 한양 도성(약 17킬로미터, 59,500척)을 쌓았다. 내사산을 성벽으로 이어 정동震의 흥인문(흥인지문, 동대문), 정서兌의 돈의문(서대문), 정남離의 숭례문(남대문), 정북坎의 숙청/정문肅淸/靖門(북대문) 사대문과 동북艮의 동소문弘化門40(혜화문), 서남坤의 서소문인 소덕문昭德門, 昭義門, 동남巽의 남소문인 광희문光熙門, 서북乾의 북소문인 창의문彰義門, 紫霞門 사소문을 시설하였다. 도성 안에는 풍수지리상의 배산임수의 배꼽처要穴에 해당하는 내수인 개천開川 즉 청계천과 외수인 임수를 유유히 흘러가는 한강으로 삼았다.

여기에 수도 한양 방어의 제2선인 북악산 북쪽의 외산인 삼각산(북한산, 836미터), 목멱산 남쪽의 외산인 관악산(632미터)을 필두로 낙타산 동쪽의 외산인 용마산(348미터), 오른쪽에 인왕산 서쪽의 외산인 덕양산(124미터, 행주산성)을 외사산(627킬로미터)으로 삼았다. 이처럼 한양 전도는 도선의 비보사상과 이를 계승한 무학의 비보사상에 입각해 이루어졌다. 비록 도성과 궁궐은 정도전의 주장처럼 백악산을 주산으로, 낙타산을 좌청룡으로, 인왕상을 우청룡으로 해 남면으로 시설되었지만, 무학은 한양의 내사산과 외사산에 비보사찰을 세워 국도의 명당화를 시도했다.

신라의 도선과 고려의 여철 이래 조선의 무학과 성지 등에 이르기까지 지기와 지덕의 보완이라는 관점에서 비보사탑설이 수립되고 계승되었다. 하지만 지기와 지덕에는 단순히 '땅의 기운'과 '땅의 행위'만이 아니라 경제적, 사회지리적 관점도 내포되어 있었다. 우선 경제적으로는

---

40 이후에 昌慶宮을 창건하고 정문을 弘化門으로 붙였다.

물산과 물류의 효율적인 보급과 백성들의 긴밀한 사회활동 그리고 여러 계층들의 여론의 소통과 각종 시설들의 지리적인 이동까지 포함되어 있다.

이러한 경제적, 사회적, 인문지리적 관점들이 고려된 결과 비보사탑설은 나라의 위기 상황에서도 백성들은 이들 비보사찰에 의지해 정신적인 공허함을 이겨내고 심리적인 안정감을 얻을 수 있었다. 즉 어디서 살 것인가와 어떻게 살 것인가라는 인간 삶의 본연의 문제와 무엇을 먹을 것인가와 어떻게 벌 것인가와 같은 현실의 문제를 고민할 수 있게 하였다. 그리하여 자신이 살고 있는 공간과 시간에 대한 자족감과 자연과 인간에 대한 자신감을 높일 수 있었다. 이처럼 비보사탑설은 인간 삶의 본연과 현실의 문제와도 연결되어 있었다는 점에서 인문지리적 의미로도 확장될 수 있을 것이다.

IV. 한양 내사산 외사산의 비보사찰

무학은 한양의 전도에 적극적으로 참여했지만 인왕산을 주산으로 하자는 주장을 끝내 고수하지 못하였다. 대신 이를 보완하기 위해 한양을 둘러싼 북악산 인왕산 목멱산, 낙타산의 내사산과 용마산, 덕양산, 관악산, 삼각산의 외사산에 4대 비보사찰을 지정하였다.[41] 외사산의 비보

---

[41] 『奉恩寺本末寺誌』京山의 寺刹 序文. 20세기 초에 편찬된 이 저술에 대한 사료 비판 즉 각각의 시대적 맥락, 각각의 자료적 성격에 대해 문제 삼을 수 있을 것이다. 하지만 『논어』에서 말하는 것처럼 '多聞闕疑' 즉 '많이 들어왔던 것은 의심하지 않는다'와 '無證不信' 즉 '증거가 없는 것은 믿지 않는다'는 사관에 입각해 보면 근래에 편집된 사료라 하더라도 이전의 자료를 집성한 것이라면 편찬 시기가 아니라 작성 시기를 기준으로 삼아서 보아야 할 것이다. 물론 '多聞' 즉 '많이 듣고'서도 '闕疑' 즉 '의심하고 비워둔다'와 '闕殆' 즉 '문제가 될만한 것은 제쳐둔다'는 정신도 잃지는 말

사찰은 한양 동쪽의 청련사, 서쪽의 백련사, 남쪽의 삼막사(혹은 불암사), 북쪽의 승가사 등이다.

1. 인왕산의 비보사찰 – 인왕사·내원당·복세암·금강굴·尼社·나한당

인왕산의 고려 때 이름은 '지봉'岐峰이었으며 한동안 이름이 없이 불렸다. 초기에는 궁궐의 서쪽右白虎에 있는 봉우리이자 산이라는 의미에서 서봉西峯 혹은 서산西山이라고 불렸다. 중종 32년1537에 정부는 명나라 사신 공용경龔用卿을 경회루에 초대하여 연회를 베풀면서 그에게 주산인 백악과 서쪽 인왕산의 이름을 지어줄 것을 요청하였다. 그러자 공용경은 북쪽의 백악을 '공극'拱極, 서쪽의 인왕을 '필운'弼雲이라 하였다. 이것은 '좌필운룡'左弼雲龍에서 따온 것이다.[42]

여기서 '운룡'이란 임금을 상징하고, 임금을 보필할 때 오른쪽에서 한다는 뜻이다. 경복궁의 정전인 근정전勤政殿에서 남쪽을 향해 보면 인왕산이 오른쪽에서 위치하기 때문이다. 결국 필운산은 산이름으로 정착되지 못했지만 '필운동'과 '필운대'라는 지명은 지금도 계속 쓰이고 있다. 이곳에 창사된 인왕사에 대해 성현成俔, 1439~1504은 "한성 도중都中에 좋은 경치가 적기는 하지만 그 중에서 놀만한 곳은 삼청동이 가장 좋고, 인왕동이 다음이며, 쌍계동·백운동·청학동이 또 그 다음이다"[43]고 하였다. 인왕사가 있는 인왕동이 절경이라는 평이다.

대개 지명이나 산 이름이 있고 절 이름이 있는 것으로 본다. 하지만 반면에 절 이름이 있어서 지명과 산 이름이 붙는 경우도 없지 않다. 태조는 재위 6년1397에 '인왕사에 거둥하여 내원당 감주監主인 조생祖生

아야 할 것이다.
42 황인규, 「仁王山寺와 無學大師」, 『한국선학』 제22호, 한국선학회, p.248.
43 成俔, 『慵齋叢話』 권1.

을 보았다'고 하였다. 조생은 무학의 문도로서 나중에 흥천사興天寺 주지를 역임하였다. 세종은 재위 15년1433에 영의정 황희 등에게 명하여 지금의 남산인 목멱산에 올라 산수를 살피게 하였다. 이때에 여기가 '백악이고, 백악에서 반 마장쯤 내려와서 한 산줄기를 이루었으니 이것이 인왕산이고, 인왕산에서 2마장 쯤 내려오다가 남쪽으로 회돌아서 주산에 절을 하고 섰다'[44]고 하는 대목에서 인왕산이 처음으로 등장한다.

광해군 때 고승 성지性智는 '인왕산은 석가釋迦의 미칭美稱으로 산에 예전에 인왕사가 있었으므로 그렇게 이름한 것이었다.'[45] 여기서 인왕仁王은 금강역사金剛力士를 가리킨다. 그런데 산 이름이 금강역사의 뜻을 지닌 '인왕산'이라고 한 것은 주목되는 지점이다. 인왕사는 『봉은사본말사지』에 의하면 한양 정도 직후인 태조 5년 무렵에 창건되었다고 적고 있다. 훗날의 '지리지'에 '인왕산은 백악 서쪽에 있다'[46]고 하였다. 하여튼 궁궐을 둘러싼 내사산 중 하나인 서산의 우백호는 불교식 이름인 인왕산으로 불려졌다.

태조가 한양도성을 쌓을 때 이 선바위禪巖, 立巖를 성안으로 넣느냐 또는 성 밖으로 내놓느냐 하는 문제를 두고 왕사인 무학과 유신儒臣인 정도전鄭道傳 사이에 날카로운 의견대립이 있어 쉽게 결말이 나지 않았다. 그 까닭은 선바위를 성안에 두면 불교가 흥성하지만 그렇지 않으면 반대로 유교가 불교를 누르게 되기 때문이라는 것이다. 많은 논의 끝에 태조는 결국 정도전의 의견을 따라 선바위를 성 밖에 내고 성을 쌓기로 결정하였다. 이때 무학대사가 "이제 중이 선비의 책 보따리나 짊어지고

---

44 『세종실록』 권61, 세종 15년(1433), 9월 9일 경신 조.
45 『광해군일기』 권101, 광해군 8년(1616), 3월 24일 갑오 조.
46 『新增東國輿地勝覽』 권3, 漢城府, 山川 조.

다니게 되었구나" 하고 크게 탄식했다고 한다.[47]

앞서 무학과 정도전은 한양의 주산主山 지정을 둘러싸고 인왕산과 백악산을 놓고 한바탕 논쟁을 벌였다. 이어 이들은 한양 도성의 축성 때에 인왕산 부근의 성곽을 경계를 놓고 다시 팽팽한 의견을 주고받았다. 무학은 인왕산을 주산으로 삼고 노승이 나한에 예배하는 형세를 지닌 중바위인 '인수봉' 밖으로 성을 쌓아야 나라가 평안하고 흥할 것이라 주장하였다. 하지만 정도전은 인수봉 안으로 쌓아야 유교가 흥한다고 주장하였다. 결국 정도전의 주장대로 인수봉 안으로 성을 쌓게 되었다. 이후 무학의 예언대로 승려들은 유교 선비의 책 보따리나 가져가게 되는 신세로 전락하게 되었다는 것이다.

인왕산 서쪽 기슭 인왕사 부근에 있는 두 개의 큰 돌인 선바위는 마치 승려가 장삼을 입고 서 있는 것 같다고 해서 '선'禪자를 따서 그렇게 불렀다고 전한다. 바위는 조선 태조와 왕비의 상이라는 설과 태조와 무학대사의 상이라는 설이 있다. 태조와 무학은 이 바위 아래에서 왕조 창업을 위해 기도를 드렸다고 한다. 또 국사당國師堂은 호국의 신이자 목멱대왕木覓大王으로 불렸던 남산 정상의 목멱신사木覓神祠로 있었다. 하지만 20세기 초반에 일본의 조선총독부에 의해 인왕산으로 옮겨졌다.[48] 인왕산 국사당 안에는 무학대사와 그 스승 나옹화상 그리고 이태조 등의 영정이 모셔져 있다.

---

47 한정섭, 『불교설화대사전』(서울: 이화문화사, 1991), p.426. 사료비판이라는 이름 아래 역사적 사실과 세간의 전승을 엄밀하게 구분하기는 쉽지 않다. 단지 후대에 전해지는 이야기라고 해서 진실이 없는 것이 아니며, 역사적 사실이라 해서 반드시 역사적 진실이라고 확정하기도 어렵다. 역사적 사실 또한 그것을 기록한 역사가의 주관에 의한 선택과 가감이 있기 때문이다.
48 황인규, 『무학대사연구-여말선초 불교계의 혁신과 대응』(서울: 혜안, 1999).

도성 안에 태조가 세운 홍천興天, 홍덕興德, 홍복興福, 지천支天, 인왕사 仁王寺 등과 세조가 세운 복세암福世庵, 원각사圓覺寺 등이 모두 대표적인 비보사찰이었으며, 그밖에 안일安逸, 자수慈壽, 인수仁壽 등의 내원당內願堂이며, 또 성 안의 니사尼寺 10여 개소 중 정업원도 그 대표적인 것이다. 태조는 진호비보사상으로 신불을 다하였다. …49

무학은 한양 전도 과정에 깊이 참여하였을 뿐만 아니라 한양 비보사찰 지정에도 깊숙이 관여하였다. 그는 태조가 세운 홍천사, 홍덕사, 홍복사, 지천사, 인왕사 등의 사찰과 세조가 세운 복세암, 원각사 등의 사찰뿐만 아니라 안일암, 자수원, 인수원, 정업원 등의 왕실 비구니도량을 창건하거나 지정하였다. 이러한 사실이 정사에는 온전히 전해지지 않고 야사와 설화류에서만 찾을 수 있어 안타깝기 그지없다. 하지만 이러한 기록이라도 있기에 나름대로 미루어 짐작하거나 상상해 볼 수 있다.

세종이 내불당內佛堂을 창건하니 『여지승람』에 "내불당은 인왕산에 있다" 하였다. 공경대부와 대간과 유생들이 모두 글을 올려 극력 간하였으며, 판원사 이순몽李順蒙 역시 승정원에 나가서 논란하여 아뢰었다. 전교하기를, "문사文士가 불교를 물리치는 것은 마땅하지만, 재신宰臣들이 어찌 불교의 시비를 알고서 반박하는 것이냐?" 하니, 순몽이 아뢰기를, "사람들이 모두 그르다고 하기 때문에 신도 그르다고 하는 것이고, 사람들이 모두 논란하여 간하기 때문에 신도 논란하여 간하는 것입니다. 온

---

49 『奉恩寺本末寺誌』京山의 寺刹編. 『봉은사지』가 20세기 초에 편찬된 것은 분명하다. 하지만 이 서지가 그 이전의 여러 사료들과 구전 자료들을 취사선택하여 간행했다는 점을 고려하면서 개연성을 인정하면 되지만 사실 그대로 받아들이는 데 무리가 있다는 식으로 배제만 한다면 상고와 중고 및 중세와 근세 역사의 기술의 많은 부분에서 한 걸음도 앞으로 나아갈 수 없을 것으로 판단된다.

나라가 그르다고 하는 것을 전하께서 어찌 홀로 하실 수 있겠습니까?"
하였다.(『용재총화』)⁵⁰

내불당은 세종이 조종을 위하여 인왕산에 창건한 절이다. 태조시대 초반에 내불당은 개성에 있었기에 인왕산에 있는 인왕사가 내불당의 역할을 하다가 그 뒤 태종 9년¹⁴⁰⁹에 창덕궁 문소전 가운데 자리中場에 창건되었다. 그러나 세종 15년¹⁴³⁴에 철거되었다가 세종 30년¹⁴⁴⁹에 다시 창건되어 성종 1년¹⁴⁷⁰까지 존속했다. 도성 내에 내불당의 설치와 폐치가 반복된 것⁵¹은 세조 등 왕과 정희왕후 등 왕비들의 비호를 받았⁵²음을 알 수 있다.

인왕산의 대표적인 암자였던 복세암은 안암사, 정업원 등의 비구니 도량과 함께 세조 때에 비보사찰로서 창건되었다.⁵³

예조에서 도성의 안팎을 순행하여 살피고, 경작을 금지하고 나무를 심는 등의 편의한 조목을 만들어 아뢰었다. … 첫째, 국초에 도읍을 세울 때에 산과 물의 향배를 살펴서 사사寺社를 건립하여 산수의 부족함을 도와서 재변을 진압하고 물리쳤는데, 그 뒤 사찰로서 복세암福世庵, 안암사安巖寺, 정일암淨逸庵, 향실암香室庵, 수정암首頂庵, 망성암望城庵, 은암隱菴, 일출암日出庵, 대고산사大高山寺, 소고산사小高山寺, 입암사立巖寺, 도장동사道藏洞寺, 정업원淨業院과 같은 것이 세워졌다.⁵⁴

---

50 『燃藜室記述』별집, 권13, 政敎典故 僧敎.
51 『성종실록』권10, 성종 2년(1471), 5월 14일 병술 조.
52 황인규, 앞의 글, 앞의 책, p.252.
53 『세조실록』권11, 세조 4년(1458), 3월 13일 임인 조; 成俔, 『慵齋叢話』권1; 『東國輿地勝覽』; 『東國輿地備考』제2편 한성부
54 『성종실록』권7, 성종 1년(1470), 9월 26일 신축 조.

이들 사암 중 복세암은 당시의 왕실의 주요사찰인 원각사와 내원당과 더불어 왕실의 보호를 받았고[55] 특히 왕실녀의 비호를 받았던 절이다.

… 교지를 내렸다. "지금 이후로는 봉선사奉先寺, 회암사檜巖寺, 용문사龍門寺, 정인사正因寺, 수종사水鍾寺, 개경사開慶寺, 상원사上院寺, 낙산사洛山寺, 그리고 정업원淨業院, 복세암福世庵, 연굴암演窟菴 등의 절은 내수사로 하여금 맡아서 검찰하게 하라."…[56]

왕은 예조가 아닌 내수사에서 지시하여 봉선사, 회암사, 용문사, 정인사 등의 사찰들과 함께 복세암을 검찰하게 하여 왕실녀들의 보호를 받게 하였다. 하지만 이러한 보호는 오래 가지 못했다. 복세암은 도성의 서악西岳 꼭대기에 있었고, 그 아래에 있던 인왕사와 금강굴金剛窟 등의 사찰들과 함께 궁궐을 내려다보는 위치에 있다는 이유로 철거하게 하였다.[57]

인왕산 인왕동에 있던 나한당도 '경성 안의 인왕동 나한당은 귀천을 가릴 것 없이 잇달아 왕래하여, 오히려 뒤떨어질세라 다투어 나아가되, 금하고 막는 자가 없다'고 할 정도로 당시에는 신행 활동이 매우 왕성했지만 결국 세종 18년에 철거되었다.[58]

또 세조가 창건하도록 한 인왕동에 있던 니사尼社, 尼舍들도 유생들의 철거 요구가 끊이지 않았다.[59] 그중에서도 '반석방盤石坊의 두 곳은 깊숙

---

55 『세조실록』 권45, 세조 14년(1468), 3월 18일 무인 조; 『예종실록』 권3, 예종 1년(1469), 1월 6일 신유 조; 『성종실록』 권35, 성종 4년(1473), 10월 2일 경신 조; 『성종실록』 권55, 성종 6년(1475), 5월 10일 무오 조; 『성종실록』 권91, 성종 9년(1478), 4월 5일 병신 조.
56 『성종실록』 권173, 성종 15년(1484), 12월 17일 경오조.
57 『연산군일기』 권51, 연산군 9년(1503), 11월 9일 임신조.
58 『세종실록』 권72, 세종 18년(1436), 6월 10일 을사조.
59 황인규, 「인왕산사와 무학대사」, 『한국선학』 제22호, 한국선학회, 2009, p.253.

하고 궁벽하였을 뿐만 아니라 민가에서 멀리 떨어져 있어서 여러 여승이 거처할 만했다. 인왕동의 한 곳 여승의 절은 세조 때에 창건한 이유'로 인해 철거를 면할 수 있었다.[60] 하지만 그 절이 어느 때까지 존속했는지에 대한 기록이 없다. 다만 중종 때 한 승려가 인왕산에 초막을 지었다는 기록[61]은 찾을 수 있다.

2. 관악산/삼성산의 비보사찰 – 관악사·연주암·염불사·관음사·삼막사·사자암

관악산冠岳山, 冠嶽山, 鸛岳山(629미터)은 한양의 주산主山인 백악산에 대응하고 있는 조산朝山이자 한양의 외사산이다. 뿐만 아니라 이 산은 화악(가평), 감악(파주), 운악(포천), 송악(개성)과 함께 경기 5악 중의 하나인 명산이다. 꼭대기가 '갓 모습의 산'처럼 큰 바위기둥을 세워 놓은 모습을 하고 있어 '갓뫼'(간뫼) 또는 '관악'冠岳이라고 불렸다.

관악산은 빼어난 수십 개의 봉우리와 바위들이 많고, 오래 된 나무와 온갖 풍모의 바위가 어울려서 철따라 변하는 모습이 마치 작은 금강산과 같다 하여 '소금강'小金剛 혹은 서쪽에 있는 금강산이라 하여 '서금강'西金剛이라고도 불렸다. 현재 관악산은 수도인 서울시 관악구와 경기도 안양시와 과천시에 걸쳐 있으며 이 산의 주위 가장자리에는 삼성산과 호압산이 있다.

현대에 편찬된 사지여서 그대로 따르기에는 그렇지만『봉은사본말사지』의 서문에는 다음과 같이 적혀 있다.

---

60 『성종실록』 권56, 성종 6년(1475), 6월 12일 기축조;『성종실록』 권57, 성종 6년(1475), 7월 19일 병인조.
61 『중종실록』 권83, 중종 32년(1537), 2월 29일 기사조.

봉은사는 무학이 한양에 불교의 호국적護國的 특색으로, 또는 밀교적 密敎的 만다라에서 사찰을 건립하였다고 이해할 수 있는 것이다. 동東쪽의 청련靑蓮사, 서西쪽의 백련白蓮사, 남南쪽의 삼막三幕사, 북北쪽의 승가僧伽사가 바로 그것이다. 이것이 창사보국創寺輔國, 진사압기鎭邪壓氣 등 밀교적 전형인 것이니, 도선의 비보설도 이와 마찬가지이다. 산천과 국토를 하나의 영적 활동체로 보아 인신의 맥세脈勢를 따라서 침구針灸 등을 응용한 활수단活手段을 쓴다는 것이 고려 이후의 창사 비보의 비결이었던 것이다. 고려 초 도선국사의 비보설이 한 번 나오매 고려 500년의 불교는 순전히 진호기우적鎭護祈祐的이었으며, 조선 초에도 그것은 조금도 변화하지 아니하였다.[62]

위의 '서문'은 무학이 도선의 비보사찰설을 이어 한성에 호국적 특색과 밀교적 만다라로 비보하게 하는 사찰로 지정했다고 하였다. 그가 지정한 한양을 진호하는 네 방위의 4대 사찰은 낙타산의 청련사, 백련산의 백련사, 관악산(삼성산)의 삼막사, 북한산의 승가사이다. 무학은 이들 4대 비보사찰뿐만 아니라 도성 주변의 사찰인 삼각산 일선사, 개운산 개운사와 관악산 일대의 관악산 자운암 등도 비보사찰로 지정하였다.

관악산 관악사(지)는 관악산 연주봉 남쪽에 있는 절이다. 이 절은 신라 의상이 세운 사찰로 관악산을 대표하는 비보사찰이다. 의상이 이 절과 함께 세운 의상대는 태조 이성계가 이 절과 함께 중창했다. 중창 당시 태조의 처남인 강득룡康得龍, 서견徐甄, 남을진南乙珍 등이 이곳에서 송도松都(개성)를 바라보며 고려 왕조를 연모하여 통곡했기 때문에 의상대를 연주대로 바꾸었다고 한다. 무학의 제자인 기화는 연주암으로 출가한 뒤 불성사로 추정되는 의상암과 관악사에 머물렀다.

---

62 『奉恩寺本末寺誌』.

또 태종의 아들인 충녕대군과 효녕대군이 충녕대군(세종)에게 왕위를 물려주려는 태종의 뜻을 알고 유랑길에 올랐다가 이곳에 머물게 되었다. 원래의 암자에서는 왕궁이 바로 보여서 궁궐의 추억과 동경의 정을 끊을 수 없었기에 이 절을 지금의 자리로 옮겨서 중건했다. 그 뒤 사람들이 두 왕자의 심경을 기리면서 이곳을 연주암이라 부르게 되었다고 한다. 성종 때 편찬된 『동국여지승람』에 이 절이 관악사로 기록되어 있는 것으로 미루어 아마도 조선 성종 이후에 연주암으로 바뀐 것으로 짐작된다. 하지만 『신증동국여지승람』까지 관악사란 사찰명이 존속하고 있는 것으로 보아 연주암과 관악사는 별개의 사찰이었다고 보아야 할 것이다.[63]

염불사는 고려 개국 초에 태조 왕건이 관악사 인근의 안흥사에 7층탑을 세우면서 창건한 염불암이다. 태조는 후백제를 정벌하기 위해 남쪽으로 내려가던 중에 산 한 켠에서 오색구름이 영롱히 피어오르는 것을 보고 사람을 보내 살피게 했다. 때마침 도승 능정能正이 좌선삼매에 들어 있었다. 그 뒤 태조는 능정의 법력을 흠모해 인근에 안양사를 창건했다고 한다. 조선 태종 7년1407에 한양의 백호에 해당하는 관악산의 산천 기맥을 누르기 위해 태종의 명으로 몇몇 절을 중창할 때 이 절도 함께 중창되었다.

이후에 여말 선초의 삼화상 중의 하나인 나옹과 그의 문도들이 주석하면서 관악산 불교는 활발하게 전개되었다. 특히 무학 자초는 도선의 비보사탑설을 계승하여 관악산/삼성산의 사자암과 관악산/호압산의 호압사를 창건하였다. 선종계인 백화사百華寺에는 각상인覺上人이 머물렀다.

---

63 황인규, 「관악산의 불교와 관악사(지)」, 『한국불교학』 제69집, 한국불교학회, 2014, p.324.

삼막사는 경기도 안양시 만안구 석수동 삼성산 중턱에 자리해 있다. 한때 관음사觀音寺, 삼막사三邈寺라고 불렸다. 신라의 원효와 의상과 윤필 등 세 사람이 관악산에 들어와 막幕을 치고 수도하다가 그 뒤에 그곳에 절을 짓고 삼막사라 했다고 한다. 이와 같은 사실로 말미암아 산 이름을 삼성산이라고 한다. 그런데 현재 이 삼성산에 삼막사의 후신이라고 주장하는 반월암半月庵이 존재하고 있어 그 진위를 가리기가 쉽지 않다.

현재 삼성산 기슭에 자리한 반월암의 전설에 의하면 이 삼성산에다 원효가 삼막사를, 의상이 이막사를, 윤필이 일막사를 지었는데, 그 뒤 일막사와 이막사는 없어지고 삼막사만 남았다고 한다.[64] 반월암의 전설에 의하면 현재 이 삼성산에 삼막사라는 이름의 또 다른 절이 존재하고 있어 이 절이 과연 삼막사의 후신 혹은 부속 암자였는지 자세하지 않다.

현재의 삼막사는 원효, 의상, 윤필의 입적 이후 폐허가 되었는데 신라 말에 연기 도선烟起道詵, 827~898이 중건하여 관음사로 이름을 바꾸었다. 당시 삼막사는 비보사찰로 지정되었는데, 이와 다른 산내의 관음사도 진성여왕 9년895에 비보사찰로 창건되었다.[65]

고려 태조918~943재위가 비보사찰 중의 하나로 중수하여 사세가 늘어나자 이 절이 중국 소주韶州의 삼막사三邈寺와 몹시 닮았다 하여 삼막사三邈寺라고 했다가 다시 삼막사三幕寺로 표기를 바꾸었다.

이후 나옹 혜근이 이 절에 머무르며 수도했고, 이듬해에 원나라에서 지공 선현指空禪顯이 혜근을 찾아오자 선풍이 크게 일어났다. 이어 왕사인 무학 자초가 이 절에서 국운의 융성을 기원했다. 이러한 인연으로 태종의

---

64 雪巖,「三聖山 三幕寺 事蹟」, p.1771.; 조선총독부 내무부지방국,『朝鮮寺刹史料』상; 李裕元,「三幕」,『林下筆記』권31, 旬一編; 冠岳山人,「冠岳山 佛成寺略誌」, 1937;『奉恩本末寺誌』.
65 『高麗史節要』권1, 2년 3월;『高麗史節要』권1, 태조 23년 12월.

명으로 중건했으며, 이후에도 태종의 명으로 대대적으로 중창하였다.

사자암은 서울시 동작구 상도동 삼성산 국사봉 아래에 자리해 있다. 조선 초에 무학 자초가 창건1396하였다. 그가 태조의 명으로 한양 천도를 도모하기 위해 지세를 살펴보니 만리현(지금의 만리동)이 밖으로 달아나려는 백호의 형상이었다. 이에 한양의 안정을 막기 위해 만리현 맞은편 관악산에 호압사를 지어 백호를 누르는 한편, 사자 형상인 이곳에 절을 지어 사자의 위엄으로 백호의 움직임을 막고자 했다고 한다.

세종대에는 안양사가 중창되어 경기도 주요 관리의 회합 장소가 되었다. 선조 대에는 청허 휴정이 불성사와 성주암 등을 중창하였다. 조선 후기에는 선조의 조모 창빈 이씨의 재궁인 갈궁사葛宮寺(화장사)가 창건되었다. 관악산에 머물렀던 고승으로는 허응 보우虛應普愚, 의근義根, 계은戒誾, 청악淸岳, 축상인竺上人, 성호性湖, 혜묵惠黙, 조현祖玄, 천인天印 등이 확인되고 있다.[66]

이처럼 관악산/삼성산의 비보사찰에는 신라의 원효, 의상, 윤필, 도선을 비롯하여 고려 태조 왕건과 지공 선현과 나옹 혜근과 무학 자초 및 조선 태조와 태종 등과 연결되어 있다. 이들 사암 모두가 외사산의 비보사찰이라는 점에서 고승과 왕들과 연결되어 있으며, 아울러 사탑의 비보작업을 통해 국도의 명당화를 도모한 사찰이었음을 알 수 있다.

3. 관악산/호압산의 비보사찰 – 호압사

호압사는 서울시 금천구 시흥동 삼성산 호암의 동쪽에 자리한 사찰이다. 한때는 호압사虎押寺, 호암사虎巖寺라고도 했다. 무학 자초는 이미

---

[66] 황인규, 「관악산의 불교와 관악사(지)」, 『한국불교학』 제69집, 한국불교학회, 2014, p.308.

1405년에 입적했지만 호압사는 조선 태종의 명으로 창건1407되었다.[67] 당시 삼성산이 호랑이 형국을 하고 있어 과천과 한양에 호환이 많다는 술사의 말을 들은 태종은 외백호인 관악산의 화기를 타고 경복궁을 위협하는 호랑이 기운을 누르기 위해 관악산의 줄기인 삼성산에 호압사를 창사하여 화기의 수승한 기운을 누르게 했다.

금천衿川 동쪽에 산이 솟아 있는데 그 형세가 북으로 달려가 마치 걸어가는 범과 같고, 돌이 높이 솟아 있어 세상에서 이를 호암虎巖이라 부른다. 술가術家가 형국을 살펴보고 바위 북쪽 모퉁이에 절을 세우고는 호압사虎押寺라 이름하였고, 그 북쪽으로 7리를 가면 다리가 있는데 궁교窮橋라 이르고, 또 그 북쪽 10리쯤에 암자가 있어 사자암獅子庵이라 부르니, 이는 그 행동하는 범의 형세를 제압하기 위한 것이라 한다.[68]

윤자의 「호암설」이 잘 알려주고 있듯이 호압사虎壓寺는 이름이 바뀐 적이 없이 호압사虎押寺라 불렀음을 알 수 있다. 호랑이의 기세를 누르기 위한 비보사찰의 전형으로서 자리해 왔음을 알 수 있다. 광화문에도 해치를 시설한 것도 관악산에서 뻗어나간 삼성산/호압산의 기세를 누르기 위해서이다.

현재 광화문 앞 양쪽에 서 있는 2기의 괴이한 석수는 해치獬豸로 불린다. 세간에서는 이를 해태海駄라고 한다. 어느 것이나 빛나는 눈으로 남쪽에 솟아있는 관악산을 보고 있다. 그리고 경기도 시흥군에 솟아 있는 삼성산은 화체火體 모양을 하고 있다. 이 때문에 여기에 직면하고 있는 경복궁이 자주 화재의 재난을 입는다는 술사의 말에 따라 경복궁

---

[67] 권상로, 『한국사찰사전』하(서울: 동국대출판부, 1979; 이화문화출판사, 1994), p.573; 이정 편저, 『한국사찰사전』(서울: 불교시대사, 1996), p.642.
[68] 尹滋, 「虎巖說」, 徐居正, 『東文選』 권98.

을 수리할 때 그 정문 앞에 수수水獸(해태)를 설치하여 이 화재의 재난을 염승厭勝 혹은 압승壓勝하려고 했다. 또 이 관악산의 화기를 제어하기 위해서 남대문을 '숭례문'崇禮門이라고 세로로 써서 걸었다. 숭례문에서 '예'禮라는 글자는 오행에서 화火에 해당하므로 그 거센 불길을 역으로 이기게 하려고 종縱으로 걸었다. 풍수에서는 이렇게 부족한 곳을 음양오행으로써 수승함을 누르는壓勝 방편을 썼다.

이처럼 호압사는 관악산의 줄기인 삼성산에 자리하면서 화기의 수승한 기운을 누르기 위해 창사되었다는 사실을 알 수 있다. 이것은 도선의 비보사상을 계승해온 무학이 불교의 국가 비보를 위해 한양의 외사산에 창사한 비보사찰의 흔적이라고 할 수 있다.

V. 비보사찰裨補寺刹의 창사와 국역진호國域鎭護의 배가

국가 비보사상에 입각한 한양 비보사찰의 창사는 국역진호의 배가로 이어졌다. 당시의 비보사상은 풍수지리와 뒤섞이기도 했다. 하지만 불교의 현교와 밀교 사상에 입각한 비보사상은 도선에게서 비로소 선사상과 결합하여 수행자로서 갖추어야 할 법력과 안목으로 자리하였다.

불교의 비보사상은 풍수지리설의 영향 속에서만 이루어진 것이 아니었다. 오히려 불교적 기원과 원류 속에서 전개되었다고 보아야 할 것이다. 현교의 신체와 국토가 둘이 아니다는 신토불이 교설과 밀교의 지령신앙 등 제교를 포섭하는 이론의 법용으로 확고하게 구축되었다.

무학의 한양 전도 당시의 비보사상이 어떠했는지에 대해서는 자세히 알 수 없다. 다만 조선후기의 사적 기록을 통해서나마 조선 전기의 비보사상에 대해서는 미루어 짐작해 볼 수 있다. 비보사상은 국가 지경의 진호사상으로 접목되고 심화된 것으로 이해할 수 있다.

중국의 땅은 평탄하여 요堯임금 당시 홍수가 재앙이 되거늘, 우임금이 이를 다스려 각각 그 지리의 마땅함을 다르게 하였습니다. 그러니 어찌 흉한 일이나 허물이 있겠습니까? 그러나 우리나라의 경우 그렇지 않아, 뭇 산들은 그 험함을 서로 경쟁하고, 여러 물들은 그 빠름을 경쟁하고, 때로는 마치 용이나 호랑이가 서로 싸우는 듯한 것이 있는가 하면, 때로는 날짐승이니 들짐승이 날아가거나 달아나는 형세가 있는가 하면, 혹은 멀리 지나쳐 제압하기 어려운 것도 있고, 때로는 짧게 끊어져 미치지 못한 것도 있는 등, 이와 같은 모습들을 모두 기술하기가 어렵습니다. 동쪽 고을에 이로우면 서쪽 고을에 해가 되고, 남쪽 읍에 길하면 북쪽 현에 흉할 수 있습니다. 우뚝 솟은 산을 바꿀 수는 없습니다. 분방하게 흐르는 물을 멈추게 할 수도 없습니다. 비유컨대 우리나라 땅은 병이 많은 사람과 같습니다.

그러므로 인물의 태어남은 이러한 산천의 기氣에 감응되는 것인데, 인심과 산천의 형세는 서로 닿지 않을 수 없습니다. 인심이 통일되지 않으므로 구역에 따라 나뉘어져 혹은 아홉 나라로 혹은 세 나라로 분열되어 서로 침략하여 전쟁이 끊이지 않고, 도적이 횡행하여 억제하기 불가능한 것은 스스로 유래한 것입니다. 전하께서는 <u>부처의 도를 약쑥으로 삼아 산천의 병든 땅을 치료하도록 하십시오. 산천에 결함이 있는 곳은 절을 지어 보충하고, 산천이 기세가 지나친 곳은 불상으로 억제하며, 산천의 기운이 달아나는 곳은 탑을 세워 멈추게 하고, 배역하는 산천 기운은 당간을 세워 불러들이고, 해치려 드는 것은 방치하고, 다투려 드는 것은 금하며, 좋은 것은 북돋아 세우고, 길한 것은 선양케 하면, 비로소 천지가 태평하고 부처의 가르침이 저절로 행해질 것입니다.</u>[69]

---

[69] 「白雲山內院寺事迹」, 조선총독부 내무부지방국, 『朝鮮寺刹史料』 권하 (서울: 1911), pp.18~19.

이 글은 조선 후기 1706에 재작성 된 '백운산 내원사의 사적'에 실려 있는 것이지만 도선의 비보 사상이 그 이후에 어떻게 계승되어 왔는지를 시사해 주고 있다. '부처의 도를 약쑥으로 삼아 산천의 병든 땅을 치료하라'는 것은 산천을 인체에 비유하여 비보의 치유법을 제안한 것이다.

여기서 주목되는 것은 '산천에 결함이 있는 곳은 절을 지어 보충하고', '산천이 기세가 지나친 곳은 불상으로 억제하며', '산천의 기운이 달아나는 곳은 탑을 세워 멈추게 하고', '배역하는 산천 기운은 당간을 세워 불러들이라'고 일러주고 있다. 산천의 결처에 '절'을, 지나친 곳에 '불상'을, 달아나는 곳에 '탑'을, 배역하는 산천 기운에 '당간'을 세우라는 비보책을 제시하고 있다.

여기에다 해치려 드는 것은 방치하고, 다투려 드는 것은 금하고, 좋은 것은 북돋아 세우고, 길한 것은 선양하라고 덧붙이고 있다. 그렇게 되면 비로소 천지가 태평하고 부처의 가르침이 저절로 행해질 것이라는 것이다. 그러나 구체적인 방법은 자세히 드러나 있지 않다.

반면 당나라 복응천卜應天이 지은 『설심부』雪心賦에 대해 청나라 말 1909의 맹천기猛虎가 주해한 『설심부변와정해』雪心賦辨訛正解라는 풍수서에는 "산에 험한 모습이 보이면 대나무를 많이 심어 이를 가리고, 때로 혈 앞에 안산이 핍박하면 나무를 심어 보이지 않게 하고, 물이 급하게 흐르는 형세를 보이면 파서 구불구불 흐르게 하거나 연못을 파서 그것으로 물이 흘러 들어 가게하고, 때로는 둔덕을 쌓아 막고, 때로는 안산을 쌓아 막는다면 또한 흉한 것이 길한 것으로 바뀔 수 있다"[70]며 좀더 구체적인 비보풍수법을 제시하고 있다.

이처럼 도선의 비보사상을 이은 무학은 '부족한 대지에 기운을 보태

---

70 김두규, 「'國域 조경'으로서의 비보풍수 연구」, 『한국정원학회지』 Vol.18, No34, 2000, 12, p.42 재인용.

고 두터운 사탑의 공덕을 채운다'는 국가의 '비보'裨補사상에 의거해 한양의 내사산과 외사산 곳곳에 비보 사찰을 창사함으로써 국역진호의 기원을 성취할 수 있었다.[71] 결국 지기地氣가 부족한 곳에다 지기를 북돋아서 명당화하려는 노력은 현교의 신토불이의 교설과 밀교의 제교 포섭 이론의 법용이 만나 비로소 국가 비보사상의 이론이 수립되었고 한양 비보사찰의 창사로 이어졌다.

국가 비보사상은 우리나라 국토 전체를 하나의 완벽한 유기체 또는 만다라曼茶羅로 보고 위치나 방위 및 산천의 지세에 따라 알맞은 곳을 택하여 절·탑·불상·부도(당간)를 세우고 여러 보살들에게 기원함으로써 개인과 국가의 재난을 물리치고자 하는 국역진호설國域鎭護說이다. 이러한 국가 비보사상에 의거해 창사된 한양의 비보사찰은 사탑의 비보를 통한 국도의 명당화에 크게 기여했으며, 나아가 당시의 백성들 또한 나라의 위기 상황에서도 이들 비보사찰에 의지해 정신적이고 심리적인 안정감을 얻었다는 점에서 실질적인 효과를 거두었다고 할 수 있다.

VI. 비보사찰 창건과 수도의 전국 통솔

'부족한 대지에 기운을 보태고 사탑의 공덕을 두텁게 채운다'는 비보裨補사상은 불경의 신토불이 교설에 연원을 두고 있다. 일부 선사들은 신토불이 교설에다 풍수 이론을 원용하였고 이것은 몇몇 고승들에 의해 계승되었다. 그리하여 비보사상은 '육신과 국토가 둘이 아니다'는 신

---

71 조선 전기의 학자인 卞季良이 왕명을 받아 쓴 무학의 비문에는 한양을 비보하기 위해 세운 일련의 비보사찰에 대한 언급이 없다. 아마도 변계량은 왕사의 비문에 이러한 비보사찰의 이름을 나열할 사항은 아니라고 판단했거나 혹은 이들 사찰의 이름들을 알지 못하였을 수 있다.

토불이身土不二 교설과 지령地靈 신앙 등을 통섭하는 밀교 경론의 제교 이론 포섭의 법용으로 활용되어 왔다. 신라의 혜철惠哲은 곡성 동리산의 대안사지大安寺地가 밀교의 관지상법觀地相法의 내용에 부합하고 있으며 삼한의 승지가 될 수 있는 지세의 조건을 잘 갖추고 있다고 보았다.

혜철의 제자였던 도선은 선사로서 평소에 늘 선리 참구禪理參究에 몰두했으며 "절을 세우고 탑을 세워 얻어진 국가적 이익과 공덕이 선리禪理의 정밀한 깊이精奧에는 미치지 못한다"고 하였다. 이처럼 신앙적 본질을 선법에 두었던 도선道詵 선사를 비롯하여 고려의 여철, 의천, 태고, 조선의 무학 등 불교의 고승들은 비보사상에 입각하여 개성과 남경 즉 양주의 권역인 한양으로의 전도와 천도의 기반을 제시하였다. 이들은 국토 전체를 하나의 완벽한 유기체 또는 만다라曼茶羅로 보고 위치나 방위 및 산천의 지세에 따라 알맞은 곳을 택하여 절·탑·불상·부도(당간)를 세우고 여러 보살들에게 기원함으로써 개인과 국가의 재난을 물리치고자 국역진호설國域鎭護說을 시설하였다.

조선은 도선의 비보사상을 계승한 무학의 국가 비보사상에 의해 한양을 수도로 전도하였고 개성에서 한양으로 천도하였다. 하지만 인왕산을 주산으로 동향의 궁궐을 짓고 백악을 좌청룡으로 목멱산을 우백호로 제시한 무학과 달리 백악산을 주산으로 한 남면의 궁궐을 짓고 낙타산을 좌청룡으로 인왕산을 우백호로 주장한 정도전의 기획을 태조 이성계가 수용함으로써 이후 정도전의 기획대로 전개되었다. 그러나 왕사 무학은 정도전의 거부로 인한 결핍의 부분을 몇 가지 비보 작업을 통해 보완함으로써 국도의 명당화라는 대의를 버리지 않았다. 그는 한양의 내사산의 하나인 인왕산에 인수사, 복세암, 금강굴, 니사尼社, 尼舍, 나한당 등과 외사산의 하나인 관악산/삼성산/호압산에 관악사, 연주암, 염불사, 관음사, 삼막사, 호압사, 사자암 등의 비보사찰을 적극적으로 세움으로써 지기의 결함과 지덕의 부족을 보완할 수 있게 하였다.

따라서 현교의 신토불이 교설과 밀교의 제교 포섭 이론의 법용에 의거한 비보사상에 근거해 창사한 이들 사찰들은 수도 한양을 외호할 수 있었다. 당시의 백성들 또한 나라의 위기 상황에서도 이들 비보사찰에 의지해 정신적이고 심리적인 안정감을 얻을 수 있었다. 결국 국도 한양은 국가 비보사상에 의해 창건된 비보사찰들을 통해 명당화 할 수 있었으며 나라의 수도로서 전국을 통솔할 수 있었다.

■ 참고문헌

『佛說五王經』(『대정장』제14책, pp.795하~796상).
『修行道地經』권6, 「學知品」제25(『대정장』제15책, p.221).
『莊子』「내편」2, 「齊物論」9.
唐 慧琳 集述, 『建立曼茶羅及揀擇地法』(『대정장』제18책, p.927).
『高麗史』권23, 「高宗世家」, 고종 21년(1234), 7월조;
『高麗史』권106, 「尹海列傳」, 父 尹澤;
維昌, 「太古行狀」, 『太古和尙語錄』.
『高麗史節要』권16, 고종 21년(1234) 7월조.
『東史綱目』제19하, 갑오년 고종 21년-몽고 태종 6년(1234).
車天輅, 『五山說林草稿』; 『大東野乘』권5.
『태조실록』권6, 태조 3년, 8월 13일 경신조.
『세조실록』권11, 세조 4년(1458), 3월 13일 임인조.
『세조실록』권45, 세조 14년(1468), 3월 18일 부인조.
『세종실록』권61, 세종 15년(1433), 9월 9일 경신조.
成俔, 『慵齋叢話』권1.
尹滋, 「虎巖說」, 徐居正, 『東文選』권98.
『예종실록』권3, 예종 1년(1469), 1월 6일 신유조.
『성종실록』권10, 성종 2년(1471), 5월 14일 병술조.
『성종실록』권35, 성종 4년(1473), 10월 2일 경신조.
『성종실록』권55, 성종 6년(1475), 5월 10일 무오조.
『성종실록』권91, 성종 9년(1478), 4월 5일 병신조.
『성종실록』권173, 성종 15년(1484), 12월 17일 경오조.
『연산군일기』권51, 연산군 9년(1503), 11월 9일 임신조.

『중종실록』 권83, 중종 32년(1537), 2월 29일 기사조.

『東國輿地勝覽』

『東國輿地備考』 제2편 한성부

『新增東國輿地勝覽』 권3, 漢城府, 山川조.

『광해군일기』 권101, 광해군 8년(1616), 3월 24일 갑오조.

『燃藜室記述』 별집, 권13, 政敎典故 僧敎.

조선총독부 내무부지방국, 『朝鮮寺刹史料』 권상, p.202.

「白雲山內院寺事迹」, 조선총독부 내무부지방국, 『朝鮮寺刹史料』 권하(서울: 1911), pp.18~19.

「大安寺寂忍禪師碑照輪淸靜塔碑」, 『朝鮮金石總覽』 권상(서울: 아세아문화사, 1976), p.118.

「玉龍寺先覺國師證聖慧燈塔碑」, 『朝鮮金石總覽』 권상(서울: 아세아문화사, 1976), p.561.

『奉恩寺本末寺誌』京山의 寺刹 序文.

雪巖, 「三聖山 三幕寺 事蹟」, p.1771.

李裕元, 「三幕」, 『林下筆記』 권31, 旬一編.

冠岳山人, 「冠岳山 佛成寺略誌」, 1937.

김영수, 『한국불교사상논고』(익산: 원광대출판부, 1983).

신채호, 『조선상고사』(서울: 비봉출판사, 2006).

질 들뢰즈·펠릭스 가타리, 『철학이란 무엇인가』, 이정임·윤정임(서울: 현대미학사, 1995), pp.125~165.

최창조, 『한국의 풍수사상』(서울: 민음사, 1984), p.226.

村山智順, 『조선의 풍수』, 최길성(서울: 민음사, 1990), pp.559~566.

한정섭, 『불교설화대사전』(서울: 이화문화사, 1991), p.426.

서윤길, 『고려밀교사상사연구』(서울: 불광출판부, 1994), pp.11~12.

황인규, 『무학대사연구-여말선초 불교계의 혁신과 대응』(서울: 혜안, 1999).

서윤길, 「道詵 裨補思想의 淵源」, 『불교학보』 제12호, 동국대학교 불교문화연구원, 1976, p.172.

다께우찌 쇼고오, 「불타관의 변천」, 히라가와 아끼라 외, 『대승불교개설』, 정승석 (서울: 김영사, 1986), p.184.

김두규, 「'國域 조경'으로서의 비보풍수 연구」, 『한국정원학회지』 Vol.18, No34, 2000, 12, p.42 재인용.

황인규, 「인왕산사와 무학대사」, 『한국선학』 제22호, 한국선학회, 2009, p.253.

황인규, 「관악산의 불교와 관악사(지)」, 『한국불교학』 제69집, 한국불교학회, 2014, p.308.

고영섭, 「불교의 자연관」, 『연기와 자비의 생태학』(서울: 연기사, 2001), p.34.

김의숙, 「裨補風水 연구」, 『강원민속학』 제17집, 아시아강원민속학회, 2003.9, pp.105~106.

제5장

실록 편찬 보존과 오대산 사고본의 특징
― 수호사찰守護寺刹의 수직승도守直僧徒와 수호군守護軍 운영 및
구본 교정쇄본校正刷本과 신본 완성본의 공존 ―

I. 인문 유산과 자연 유산
II. 고려와 조선의 실록 편찬과 내외 사고 설치
III. 오대산 사고본의 보존책과 관리법
IV. 오대산 사고본의 구성체와 지형도
V. 오대산 사고본의 특징과 이관 역사
VI. 수호 사찰의 수직승도와 수호군의 실록 보호

I. 인문 유산과 자연 유산

역사는 유적과 유물 및 문헌과 기억에 의해 전승되고 재현된다. 동산인 '유물'과 부동산인 '유적'과 달리 인간은 휘발되는 기억보다 실재하는 기록을 통해 권력을 유지하고 확장하여 왔다. 이 때문에 인간은 유한한 기억보다는 무한한 기록에 더 큰 가치와 의미를 부여해 왔다. 그 결과 문자 기록을 통해 인간사는 의미와 가치를 극대화 할 수 있었다.

고려왕조의 역사를 온전히 담아왔던 『고려실록』[1]에 이어 조선왕조 또한 왕조의 역사를 '국사'國史로서 담아내기 위해 『조선실록』[2] 즉 『조선왕조실록』[3]을 만들어 보관해 왔다. 실록實錄은 당대에 편찬할 수 없다는 원칙이 있었지만 시대에 따라 논란의 여지가 없지 않았다. 참외관參外官들은 사초史草 즉 사관이 기록해둔 사기의 초고가 왜곡되거나 기사사관記事史官에 대한 불이익 등을 염두에 두고 당대 편찬當代 編纂 불가론

---

1 고려시대 실록은 『태조실록』에서 『목종실록』까지 7대 실록이 거란의 침입(1101)의해 소실된 이래 현종 때에 소실된 실록 7대 실록 36권을 다시 편찬하였고 이후 역대 왕의 실록을 계속 편찬하였다. 또 이자겸의 난(1126)으로 『高麗實錄』이 불타자 고종 때에 『명종실록』 2벌을 편찬하였고 이후 고려 역대실록이 편찬될 때마다 실록을 外史庫에 보관하였다. 하지만 충주사고에 보관하던 『고려실록』은 임진왜란 때 모두 불탄 것으로 알려져 있다.

2 배현숙, 『조선실록연구서설』(서울: 태일사, 2002). 저자는 실록연구의 선구자이자 집성자로서 '조선왕조실록'의 명명은 '朝鮮實錄'이어야 한다고 역설한다.

3 배현숙, 「『朝鮮實錄』의 2019년 國寶 追加指定에 대하여」, 『서지학연구』 제81집, 한국서지학연구회, 2020.3, pp.5~31. 조선시대 『태조실록』과 『철종실록』까지 25대 472년간의 기록을 집대성하고 있는 『조선실록』은 1973년에 정족산본(1,181책)은 국보 제151-1호, 『태백산본』(848책)은 국보 제151-2호, 『오대산본』(27책)은 국보 제151-3호, 『散葉本』(21책)은 국보 제151-4호, 최근 고궁박물관이 입수한 『효종실록』 1책은 오대산본이지만 아직 국보로 지정되지 않았다. 『오대산본』은 국보로 지정된 『중종실록』(20책)과 『선조실록』(7책)의 27책 이외에 『성종실록』(9책)과 『중종실록』(30책) 및 『선조실록』(8책) 그리고 『효종실록』(1책)을 포함해 모두 75책으로 집계되고 있다. 『高宗實錄』과 『純宗實錄』도 제작되었지만 이들 두 왕의 실록은 조선총독부의 의견이 반영되었다고 보아 국보와 세계기록유산에는 빠져 있다.

의 근거를 제시했다. 하지만 『태조실록』 편찬을 주도한 하륜河崙 등은 당대인들의 손에 의해 편찬되는 것이라고 주장하였다. 그러자 태종은 예조에게 이 문제에 대해 검토하라고 일렀다. 그 결과 예조에서는 사마천司馬遷이 한 무제의 기록을 『사기』에 포함시킨 일과 당-송-원의 실록편찬 관례를 조사한 뒤 『태조실록』의 편찬이 타당하다는 의견을 제시하였다. 결국 태종은 하륜 등의 주도로 『태조실록』 편찬을 윤허하였다. 이처럼 고려와 조선 왕조에서 실록을 편찬하면 '사관'史館이나 '사고'史庫 또는 '사각'史閣 혹은 '실록각'實錄閣으로 불리는 수장 공간에 주요 전적과 함께 보관하였다.

조선 정부는 처음에 『태조실록』과 『정종실록』과 『태종실록』 3조 실록을 편찬한 뒤 궁궐 안의 춘추관에 보관하였다. 이후 조정은 『세종실록』부터 『명종실록』까지 4부를 편찬한 뒤 중앙의 춘추관과 지방의 충주, 성주, 전주 사고를 세우고 보관하였다. 하지만 임진왜란1592 때에 춘추관 사고를 비롯하여 충주사고와 성주사고가 불타버렸다. 선조는 유일하게 타지 않은 전주 사고본 실록을 춘추관으로 옮겨 이를 기초로 새로 5부를 간행하여 춘추관(병조 건물)[4]과 강화도 마니산(→정족산, 전등사), 강원도 오대산(월정사), 경상도 태백산(각화사), 평안도 묘향산(보현사→전라도 적상산, 안국사)에 보관하였다. 이것은 깊은 산속에 보관하여 전란의 참화를 방지코자 함이었지만 전주 사고의 보존[5]을 통해 얻은 교훈에 의거하여 산중에 자리한 불교사찰의 보호를 의식한 결과였다. 1910년에 대한제국이 일제에 병합된 뒤 4대 사고는 각기 분산 보관되었다. 태백산

---

4 춘추관본은 광해군 때 李适의 난으로 소실되었다.
5 임진왜란 때에 전주본은 인근 내장산의 은봉암(實錄)과 용굴암(御容=眞殿)→비래암(御容=眞殿)으로 옮겨 보존할 수 있었다. 이후 전주본은 다시 해주→강화(강화부 봉선전 서쪽)→강화 마니산→영변(묘향산 보현사 별전)→강화→한양 京中 남별궁으로 옮겼고 副本 실록을 인출해 다시 강화에 보관하였다. 박대길, 「조선시대 사고관리의 변화」, 『국학연구』 제14집, 안동국학진흥원, 2009, pp.531~535 참고.

본과 정족산본은 경성제국대학 도서관을 거쳐 각기 국가기록원 역사기록관(부산)과 서울대 규장각 한국학연구원에 소장되었다. 하지만 6.25전쟁기에 적상산본은 북한의 평양 인민대학습당(→중앙역사박물관)에 옮겨져 보관되어 있다.

오대산 사고본은 1911년에 일부인 356책이 서울로 옮겨졌고, 1913년 11월에 조선총독부 관원 및 평창군 서무주임 히구치, 고용원 조병선 등이 월정사에 와서 오대산 사고의 나머지 432책과 선원보각에 있던 사책 史冊 150짐을 강릉군 주문진으로 운반[6]한 뒤 두 가지 모두를 일본의 동경제대 도서관으로 운반하였다.[7] 오대산 실록은 1923년의 관동대지진으로 소진되어 『중종실록』 20책과 『선조실록』 7책을 합친 27책만이 1930년에 경성제대로 돌아왔다. 나머지 『성종실록』 9책과 『중종실록』 30책 및 『선조실록』 8책을 합친 47책은 해방 이후부터 최근까지 동경대 도서관에 보관되어 있다가 2006년 5월 31일에 일본 동경대의 기증 형식으로 서울대에 환수되어 서울대 규장각 한국학연구원(→ 최근 국립고궁박물관)에 보관되어 있다[8]가 결국 월정사 측이 성보박물관 내 부지와 건물을

---

6 閔漬, 『五臺山史蹟』(월정사 성보박물관 소장); 혜문, 『되찾은 조선의 보물 의궤』(서울: 동국대학교 출판부, 2011), pp.44~46.
7 한국해외전적조사연구회, 『해외전적문화재조사목록』(서울: 계문사, 2001). 이 목록에 근거해 보면 의궤 41종이 본래 오대산 사고에 있었음을 알 수 있다. 당시 오대산 사고에는 실록 이외에 御製·御筆·儀軌 등과 사서와 문집 등 일반 서책도 보관 유지되고 있었으며 이것은 書冊秩이나 儀軌秩의 이름으로 별도로 관리되었다. 그런데 현재 동경대에서 환수된 실록 이외에 오대산 사고에 보관되었던 서책들이 日本의 宮內城 西陵府에 보관되어 있는 것으로 확인되고 있다. 이들에 대한 확인과 還收 작업도 이루어져야 한다. 신병주, 「오대산본 조선왕조실록의 간행과 보관」, 『역사와현실』 제61호, 한국역사연구회, 2006.9, p.61 참조.
8 2011년에는 오대산 사고의 璿源閣에 보관되었던 의궤도 환수되었다. 아울러 선조 29년(1601)에 북경에 들어갔던 역관출신의 使行 이석여(李碩九)가 이듬해 귀국할 때 『황명실록』(461책 2,825권) 즉 『명실록』을 구입해 왔다. 『광종실록』과 『희종실록』이 빠져 있는 것으로 보아 天啓 연간(1621~1627) 이전에 등사된 이 실록은 우여곡절 끝에 조선 왕실이 창덕궁 奉謨堂으로 이전하여 소장하고 있다가 대한제국이 망하면서 갑자기

기부채납하고 정부가 국고를 들여 이를 리모델링하여 개관하였다.[9] 오대산본은 조선왕조실록을 완간하기 직전의 실록 제작 과정을 직접적으로 엿볼 수 있는 임진왜란 이전 실록 중간본의 교정쇄와 임진왜란 이후의 정본이라는 점에서 학술적인 가치가 매우 크다. 그리고 이것은 보존 상태도 좋아서 보존에 따른 방식에 대한 연구자료로서 의미와 가치 또한 적지 않다. 오대산본의 『성종실록』(9책)과 『중종실록』(50책) 및 『선조실록』(15책) 일부는 『조선왕조실록』이 『고려실록』의 편찬방식을 계승하면서도 전란을 계기로 거듭 편찬해 보관해 왔다는 점에서 앞선 왕조의 실록을 전승한다는 것 이상의 의미도 지니고 있다. 이 글에서는 기존 연구 성과들[10]에 대해[11] 종합적으로 정리 검토하면서 왕조실록 편찬과 사고를

사라졌다. 현재 이 『황명실록』도 일본이 반출하여 소장하고 있는지 그 행방을 알아봐야 할 것이다. 서인범, 「『명실록』의 간행·수장과 조선 유입」, 『동국사학』 제57집, 동국사학회, 2014, pp.73~119 참고.

9 〈중앙일보〉 2023년 11월 10일. 11월 12일 국립조선왕조실록박물관을 개관하여 오대산실록은 110년 만에 귀향하였다. 실록박물관 입장료는 무료이고 매주 화요일에 휴관한다.

10 최일성, 「고려 外史庫의 변천과 忠州史庫」, 『사학연구』 제62호, 한국사학회, 2001, pp.91~124; 오항녕, 「실록의 儀禮性에 대한 연구: 慣例와 象徵性의 형성을 중심으로」, 『조선시대사학보』 제26호, 조선시대사학회, 2003, pp.5~38; 박대길, 「조선시대 사고관리의 변화」, 『국학연구』 제14집, 안동국학진흥원, 2009, pp.521~549; 김성희, 「조선 시기 외사고의 변천과 오대산사고」, 『동국사학』 제57집, 동국사학회, 2014, pp.121~146; 강문식, 「조선왕조실록연구의 현황」, 『조선시대사학보』 제74집, 조선시대사학회, 2015.9, pp.215~245.

11 차장섭, 「『오대산사고등록』과 오대산 사고의 운영실태」, 『조선사연구』 제12집, 조선사연구회, 2003, pp.225~235; 조영록, 「오대산사고의 설치와 四溟大師」, 『동국사학』 제42집, 동국사학회, 2006, pp.149~174; 서병패, 「오대산 사고본 『선조실록』 판본 연구」, 『서지학보』 제30호, 한국서지학회, 2006, pp.5~32; 강문식, 「조선후기 오대산사고의 운영」, 『장서각』, 제27호, 서울대학교 규장각 한국학연구원, 2012; 신병주, 「오대산본 조선왕조실록의 간행과 보관」, 『역사와현실』 제61집, 한국역사연구회, 2006.9, pp.175~211; 신병주, 「오대산 史庫本 실록의 특징과 학술적 가치」, 『동국사학』 제57집, 동국사학회, 2014, pp.185~211; 이상찬, 「오대산 사고본 실록의 자료적 가치」, 『한국학연구』 제31집, 서울대학교 규장각 한국학연구원, 2013, pp.497~539; 강문

통한 보존[12] 그리고 오대산의 사고본의 특징에 대해 살펴보고자 한다. 여러 사고본들 중에서 특히 오대산 사고본은 이 산이 지니고 있는 인문 유산과 자연 유산으로서 의미와 가치가 적지 않기 때문이다.

II. 고려와 조선의 실록 편찬과 내외 사고 설치

1. 『고려실록』 편찬과 『조선실록』의 계승

역사를 담은 '실록'에 대해서 한 마디로 정의내리기는 쉽지 않다. 그 개념 그대로만 본다면 '실록'은 '실제의 기록'이자 '사실의 기록'이며 '신사'信史 즉 '믿을 수 있는 역사'[13]라고 할 수 있다. 이 때 역사는 '천하의 시비를 공정히 함'과 '만세의 권계를 남기는 것'으로 이해되었다.

역사는 천하의 시비를 공정하게 하여 만세의 권계勸戒를 남기는 것이다. 위로는 군상君相의 정치에 대한 잘잘못과 아래로는 민속의 풍속에 대한 아름답고 악한 것, 고금의 다스려짐과 어지러움治亂과 국가의 흥함과 패함興敗와 모든 인사人事의 거대와 세소巨細·마침과 시작終始·정치와 미

식, 「조선후기 오대산사고의 守直僧徒 운영」, 『동국사학』 제57집, 동국사학회, 2014, pp.43~71; 염중섭(자현), 「오대산사고의 입지와 사명당」, 『동국사학』 제57집, 동국사학회, 2014, pp.1~42; 서인범, 「『명실록』의 간행·수장과 조선 유입」, 『동국사학』 제57집, 동국사학회, 2014, pp.73~119.

12 배현숙, 앞의 논문, 앞의 책, p.7. p.24. 논자는 "조선실록은 조선 태조로부터 철종까지 25대 472년간의 사적을 편년체로 기록한 역사서이며 조선의 서적 가운데 가장 오래된 역사 서적이면서 방대한 사서이다"며 "정족산본 1,187책, 태백산본 848책, 오대산본 75책, 적상산본 4책, 봉모당본 6책, 낙질과 산엽본 99책, 도합 2,219책이 국보로 지정되었다"고 하였다.

13 劉煦 외, 『舊唐書』 권159, 「韋處厚」, 修德宗實錄五十卷上之. "時稱信史."

세精微·사정과 이유曲折로부터, 멀리로는 하늘과 땅天地·해와 달日月·바람과 천둥風霆·서리와 우박霜雹의 변화, 가까이로는 풀과 나무草木, 새와 짐승鳥獸, 털과 깃毛羽, 비늘과 껍질鱗介의 특수한 것까지, 일에 따라 빠짐없이 써서 뒷날의 믿음과 받듦信奉이 되게 하였으니 ······.¹⁴

당시의 학자들은 역사를 공간적 상하의 측면과 시간적 원근의 측면으로 파악하였다. 즉 위로는 군상君相의 정치에 대한 잘잘못, 아래로는 민속의 풍속에 대한 아름답고 악한 것, 고금의 치란, 국가의 흥패, 세상 일人事의 거세와 종시 및 정미와 곡절로부터, 멀리로는 천지와 일월, 풍정과 상박의 변화, 가까이로는 초목과 조금, 우모와 인개의 특수한 것에 이르기까지 일에 따라 빠짐없이 써서 뒷날의 신봉이 되게 하는 것으로 인식하였다.

역사에 대한 이러한 강한 인식은 '실록'으로 남겨졌다. 사마천司馬遷의 기전체 역사서인 『사기』太史公記에 대한 배인裴駰의 주석에서 비롯된 '실록'이라는 표현을 "그 문장이 곧바르고 그 사건이 단단하여 좋음을 줄이지 않고 추함을 감추지 않는다"¹⁵는 의미로 풀어내고 있다. 또 이것은 실록을 '있는 그대로의 역사', 즉 '직필의 역사'로 이해한 것이라 할 수 있다.

또 중국 당대의 방현령房玄齡이 '감수국사'監修國史의 직함으로서 실록을 편찬한 것이나 송나라와 고려시대에 '감수국사'와 '수국사'修國史라는 관직이 실록편찬의 책임자가 맡는 직책이었다는 점에서 '실록은 곧 국사'라는 인식이 지속되었다. 이처럼 '실록이 곧 국사'라는 인식은 조선시대에서도 지속된 관념이었다.¹⁶ 실록 편찬의 책임자가 맡았던 직제에서

---

14 徐居正,『東文選』第九十卷,「序 送裴仲員修撰曬史七長寺序 規 權近」.
15 裴駰,『史記集解』「序」. "其文直, 其事核, 不虛美, 不隱惡, 故謂之實錄."
16 韓㳓劤,「조선시대 史官과 實錄編纂에 관한 연구」,『震檀學報』제66집, 진단학회,

도 보이는 것처럼 실록은 '국사'國史 즉 한 나라의 역사이자 정사正史라는 의미를 지녀왔기 때문이다.

우리나라 고대의 역사서인 고구려의 『유기』(100권)를 새롭게 편집한 이문진의 『신집』(5권), 백제의 역사서인 고흥의 『서기』, 신라의 역사서인 거칠부의 『국사』 등과 같은 역사서는 현존하지 않지만 해당 왕조시대의 '역사'이자 '국사'였다.[17] 고대의 사국시대에 이어 고려시대 또한 역대 왕의 실록을 집성하여 『고려실록』를 편찬하였다.[18]

1) 춘추관 보관본

그런데 고려 현종 원년1010에 춘추관 보관본은 거란의 침입에 의해 『태조실록』부터 『목종실록』까지의 7대 『고려실록』은 소실되었다. 이 때문에 현종 4년1013에 최항崔沆, 김심언金審言, 주저周佇, 황주량黃周亮 등이 소실된 7대 실록 36권을 다시 편찬하였다.[19] 이후에도 고려 역대 왕의 실록은 계속 편찬되었고 궁내에 있는 사고에 보관하였다. 하지만 인종 4년1126 2월에 이자겸李資謙의 난으로 만월대의 연경궁延慶宮이 전소될 때 사관史館도 소실되면서 『고려실록』은 회진灰塵 되었다.

고려 정부는 거란의 침입과 이자겸의 난으로 사관史館이 소실되자 외방(지방)의 안전한 공간에 새로운 사관 즉 외사고의 필요성을 새롭게 인식하였다.[20] 고종 14년1227 9월에 『명종실록』 2벌을 편찬하여 한 벌은 궁

1988, p.77.
17 이들 고대의 사서들에 기초하여 고려 중기에 정사로서 편찬해낸 『삼국사기』와 고려 후기에 대안 사서로 간행된 『삼국유사』 또한 우리 고대를 알 수 있는 주요 역사서이다.
18 『고려실록』의 압축판은 『고려사』로 이해되며 이것을 다시 압축한 것이 『고려사절요』라고 할 수 있을 것이다. 하지만 이들 역사서는 모두 조선 초에 유자들의 입장에서 편집한 것이라 이전 고려 왕조에 대한 균형적인 인식을 찾아보기는 쉽지 않다.
19 『高麗史』 권4, 현종 4종 9월 27일조.
20 『東國輿地勝覽』 제39권 합천군 佛宇 조. 이것 외에도 『輿地島嶼』의 합천 佛宇條

내 사관에 간직했고, 또 한 벌은 보다 안전한 곳을 찾아 해인사에 보관하였다.[21] 이것이 외사고 시설의 첫 실례가 되었다. 그러면 『고려실록』[22]은 어떠한 구성과 내용으로 편찬되었을까?

〈표 1〉 고려시대 (34대 475년) 실록편찬 시기

번호	실록 이름	편찬시기	책수 (권수)	비고
1	太祖실록	顯宗代		거란의 침입으로 灰塵되어 재편찬
2	惠宗실록			
3	定宗실록			
4	光宗실록			
5	成宗실록			
6	景宗실록			
7	穆宗실록			
8	顯宗실록			
9	德宗실록	仁宗 2년		
10	靖宗실록			
11	文宗실록			
12	順宗실록			
13	宣宗실록			鄭穆
14	獻宗실록			

(표 계속)

에도 나온다. 조선의 중종 25년(1530)에 편찬된 『동국여지승람』에는 해인사는 가야산 서쪽에 있으며, 고려 때 판각한 대장경과 역대실록을 모두 이 절에다 간직하였다고 하였다.

21 『高麗史』 권22, 世家 22, 고종 1년, 고종 14년 9월 조.
22 오항녕, 「實錄의 儀禮性에 대한 연구-象徵性과 編纂慣禮의 형성과정을 중심으로」, 『조선시대사학보』 제26호, 조선시대사학회, 2003.9, p.21을 참조하면서 좀 더 보충하였다.

번호	실록 이름	편찬시기	책수(권수)	비고
15	肅宗實錄			李德羽
16	睿宗實錄	仁宗즉위년		
17	仁宗實錄	毅宗 5년 이전		
18	毅宗實錄	明宗 17년		
19	明宗實錄	高宗 14년	2	궁내 史館과 海印寺 보관
20	神宗實錄	元宗 8년		
21	熙宗實錄			
22	康宗實錄			
23	高宗實錄	忠烈王 3년		
	忠憲王實錄	忠宣王 원년 (1309)		高宗實錄
24	忠敬王實錄	충혜왕 1년 충선왕 3년		元宗實錄
25	忠烈王實錄	忠穆王 2년		
26	忠宣王實錄			
27	忠肅王實錄			
28	忠惠王實錄	禑王 8년?		林堅味 李成林 提調實錄編修
	忠肅王實錄(재)			
	忠惠王實錄(재)			
29	忠穆王實錄			
30	忠定王實錄			
31	恭愍王實錄	禑王 10년경		密直提學 李崇仁 政堂文學 鄭夢周
		恭讓王 3년		李穡 李崇仁
32	禑王實錄			확인 안됨
33	昌王實錄			확인 안됨
34	恭讓王實錄			확인 안됨
	합계			

〈표 1〉의 『고려실록』 목록은 임진왜란 때에 충주사고가 소실되었기에 그 온전한 형태를 알기는 어렵다. 살펴본 것처럼 『고려실록』(태조/혜종/정종/광종/성종/경종/목종 7대)은 거란의 침입에 의해 소실燒失, 灰塵되었다. 현종 대에 이르러 7대의 사적을 종합하여 실록을 다시 편찬하였다. 이후에도 여진과 몽골(원나라) 및 홍건적의 침입 등으로 실록 간행이 쉽지 않았다. 이 때문에 한 번 간행한 실록의 보존에 더욱 더 만전을 기하려 하였다.

2) 해인사 보관본

그런데 해인사에는 이미 고려 예종 때 혜조국사慧照國師 담진曇眞이 전래한 『요본遼本대장경』 3부 가운데 1부를 보관하고 있었다.[23] 『요본대장경』의 해인사 보관 기능과 역할은 훗날 재조대장경 봉안처로 해인사가 정해지는 데에도 일정한 영향을 미쳤을 것으로 생각된다. 당시 고려 정부는 거란의 침입으로 태조 이래 목종까지의 칠대 실록을 소실하고 팔공산 부인사 소장의 초조대장경을 소진하였다. 이렇게 되자 새롭게 판각한 재조 대장경을 왜구의 침략으로부터 보호하기 위해 해인사의 입지조건을 활용해 그곳으로 이운 봉안을 마쳤다.[24]

사찰에는 많은 수의 승려들이 있어 실록을 지키는 별도의 수호병이 없어도 승려들이 임무를 담당할 수 있었다. 특히 수호사찰은 깊은 산속에 있어 산성에 버금하는 요새로 외적의 침입시 방어가 용이하였을 것이다.[25] 물론 고려시대 귀족 승려층은 결코 실록을 지키는 수호병 같

---

23 一然, 『三國遺事』 제3권 「탑상」, '前後所將舍利'. 일연은 "그 1부는 지금 定惠寺에 있다"면서 '해인사에 1부가 있고 許參政 宅에 1부가 있다'고 割註를 덧붙이고 있다.
24 조선시대의 4사고 설치과정에서 해인사를 제외한 것은 대장경의 보존 역할에만 집중하게 한 조치였을 것으로 이해된다.
25 최일성, 앞의 글, 앞의 책, p.121.

은 역할을 하지 않았다. 반면 사고가 설치된 지방 사찰의 일부 승려층은 실록의 보존을 위한 수호의 역할에서 자유로울 수 없었다. 그 결과 출가 승려들이 거주하는 깊은 산속의 사찰과 일부 섬들의 사찰은 사고 보존을 위한 필요조건이자 충분조건이 되었다.

3) 원나라 반출 및 환수 판본

또 원나라의 요청에 의해 충렬왕 12년부터 사관 오양우吳良遇 등이 20여년에 걸쳐 등사한 선대실록(『태조실록』부터 『고종실록』까지)의 부본副本 185책을 같은 왕 33년1307 11월에 원나라에 보냈다. 이 부본은 6년 뒤인 충선왕 4년1311 5월에 고려로 돌아왔다. 이후 이 실록을 어떻게 하였는지에 대한 명확한 기록은 없으나 충주사고에 보관되어 있던 실록이 이것[26]이라고 한다. 해인사에 소장한 『고려실록』은 몽골의 침략과 왜구의 창궐로 여러 곳을 전전하다가 고려 말 공양왕 2년1390에 이르러 충주 개천사開天寺에 보관하면서 충주사고忠州史庫라고 이름을 지어 붙였다.

그런데 실록은 역대 왕의 재위 시절 내지 다음 대에 바로 편찬하지 못하고 그 후대에 편찬된 경우가 있었다. 『덕종실록』이 선후로 보아 먼저 편찬되어야 함에도 불구하고 『예종실록』보다 나중인 인종 2년에 편찬되기도 하였다. 또 『명종실록』은 4대가 지난 고종 14년에야 편찬되었고, 『신종실록』과 『희종실록』 및 『강종실록』은 고종 재위기간(46년)을 지나 원종 때에 편찬되었다. 나아가 『충렬왕실록』과 『충선왕실록』 및 『충숙왕실록』은 복위된 충혜왕 대를 지나 충목왕 대에 한꺼번에 편찬되었다.

특히 원나라에 의해 시호가 충헌왕으로 바뀐 고종은 그 이전 시기의

---

26 申奭鎬, 「편찬사업」, 『한국사론』 제3권, 국사편찬위원회, 1975, p.170.

『고종실록』과 그 이후 시기의 『충헌왕실록』이 따로 있었다. 그리고 충혜왕에서 공양왕까지 7대의 역대실록은 조선시대에 편찬된 것으로 짐작된다. 조선 태조는 원년 10월에 조준趙浚, 정도전鄭道傳, 정총鄭摠, 박의중朴宜中, 윤소종尹紹宗 등에게 전조사前朝史를 편찬하라고 명하였다.[27] 태종 13년에 사헌부에서 전조실록이 편찬되었으니 간행하여 후세 군신의 권계勸戒로 삼도록 하자고 주장했지만 조정에서는 번거롭고 어지러워 삭제할 곳이 있으니 개수한 뒤에 간행하자고 주장하였다.[28] 이로 미루어 보면 고려 말기 7왕의 실록이 이때 편찬된 것을 알 수 있다.

살펴본 것처럼 고려시대의 실록 편찬은 내외의 전란과 국가의 상황에 따라 일정하지 않았다. 조선 정부는 『고려실록』 편찬과 보관의 교훈을 참고삼아 조선시대의 실록 편찬과 보관 방안을 모색해 갔다. 하지만 조선시대 실록도 내외의 전란을 피할 수는 없었다. 위급한 시기를 맞이한 고려 정부는 사고의 안전한 보관을 위해 심산 즉 깊은 산과 도서 곧 크고 작은 섬들에까지 보관하기도 하였다. 조선정부도 마찬가지였다.

2. 심산深山 도서島嶼의 소개疏開와 수호 사찰

실록은 실제의 기록이자 믿을 수 있는 기록이라고 할 수 있다. 국민들은 실록을 나라의 역사 즉 국사의 성격으로 이해하고 있었다. 이 때문에 역대 왕들은 통치의 전범으로서 실록을 귀중한 보물로 인식하고 보존에 만전을 기하게 되었다. 궁궐 내의 보존과 함께 보다 안전한 곳에 외사고를 지어 보존하고자 하였다. 이러한 인식은 동양 역사의 아버지로 평가받는 사마천의 영향에서 비롯된 것으로 이해할 수 있다.

---

27 『태조실록』 권2, 태조 원년 10월 13일조.
28 『태종실록』 권25, 태종 13년 3월 23일조.

일찍이 사마천은 『태사공기』 즉 『사기』 찬술을 마치고 "원본原本은 명산名山에 간직하고, 부본副本은 서울京中에 둔다"고 언급하였다. 그의 이 말은 이후 사적 보관과 관련된 논의에서 수시로 인용되면서 '귀중한 사적은 나누어 간직한다'는 대전제를 만들어 내었다. 이 때문에 분장分藏 즉 나누어 간직한다는 방침은 하나의 전범이 되었다. 고려시대의 외사고 설치는 이러한 전통적이고 상식적인 조치의 일환이었다. 조선 선조 또한 "'반드시 끊어지고 위태로운 곳'擇絕險之地이나 '사람의 자취가 이르지 못하는 곳'人跡不到處을 택하여 뜻밖의 변을 대비하도록 다방면으로 지휘하라"[29]고 하였다.

역대 왕들의 실록을 보관하는 창고는 처음에 '사관'史館 또는 '사고'史庫 혹은 '사각'史閣 내지 '장사각'藏史閣으로 불려지다가 '실록고'實錄庫 또는 '실록각'實錄閣으로 부르게 되었다. 여기에는 실록 이외에도 의례와 주요 서책 등을 함께 보관하였고, '선원보각'璿源寶閣이라는 전각을 지어 왕실의 족보를 보존하였다. 당시의 왕은 왕권 강화를 위한 기반을 확보하고 제반 제도의 정비 노력을 전개하기 위해서 전고典故 즉 전례典例와 고사故事를 풍부하게 제공할 수 있는 기록이 필요하였다. 사고 속의 실록은 바로 이러한 기능을 할 수 있었다. 이 때문에 내사고와 함께 외사고의 기능은 대단히 중요하였다.

고려시대에는 전란을 맞이하여 역대실록을 옮길 때마다 새로운 건물을 지어 보관하지 않고 사찰의 기존 건물들을 이용하여 보관하였다. 고려 고종 14년1227 9월에 『명종실록』 2부가 찬수되자 이 중 1부는 궁궐 내의 사고에 보관하고, 나머지 1부는 해인사에 설치된 외사고海印史庫에 수장하였다[30]는 『고려사』의 기사는 이 사실을 확인시켜 주고 있다.

---

29 『선조실록』 권55, 선조 27년 9월 5일조 기사.
30 『고려사』 권22 「세가」 제22 高宗 14년 9월조 기사.

고종 24년1234에 두 번째로 침입한 몽골군이 경상도까지 쳐들어와 대구 팔공산 부인사符仁寺에 소장했던 『고려대장경』(초조본)과 경주 황룡사와 구층탑을 불태웠다. 고종 41년1254 12월에는 몽골의 장군 차라대車羅大가 경남 합천의 해인사 인근의 단계丹溪에 주둔하였다. 고려 정부는 외적의 침입이 절박한 상태에서 해인사에 보관 중인 역대실록을 그냥 둘 수가 없었다.

해인사에 보관하던 외사고는 고종시기에 창선현彰善縣의 창선도彰/昌善島로 옮겨졌다. 조선 단종 2년1454에 편찬된 『세종실록』 지리지에 의하면 창선도는 "본디 고려 유질부락有疾部落인데 뒤에 창선현으로 고쳐서 진주 임내任內에 붙였고, 고려 충선왕忠宣王 초에는 왕의 혐명嫌名을 피하여 '흥선興善'으로 고쳤다. 그리고 왜적으로 인해 인물이 전망全亡한 까닭에 지금은 직촌直村을 삼았다. 물길水路로 십리이다"[31]고 하였다. 이 기록에 의하면 진주에 소속된 흥선도가 창선도(구암사?)임을 알 수 있고, 충선왕 때 왕의 이름 '장璋'자를 피하여 흥선도라고 고친 것이다.[32]

원종 10년1269 5월 병오일, 경상도 안찰사가 급보하기를, "제주도 사람이 바람을 만나 표류하여 일본에 갔다가 돌아와서 말하기를, '일본은 병선兵船들을 갖추어 장차 우리나라를 침범해 오려고 한다'라고 하였다. 이에 삼별초와 대각반大角班(별초에 속한 군대)을 파견하여 해변을 순찰하며

---

31 『세종실록』권150, 지리지 경상도 진주목 조목. 『新增東國輿地勝覽』, 『慶尙道地理志』, 『慶尙道續撰地理志』, 『東國輿地志』, 『慶尙道邑誌』, 『嶺南邑誌』, 『大東地志』 등에도 같은 내용이 실려 있다.
32 한국정신문화연구원, 『한국민족문화대백과사전』 남해군 조목. 임진왜란 이후 창선도라는 이름을 되찾고 진주목 소속의 말문리(末文里, 지금의 삼천포)에 통합되었다. 이후 1906년 창선도는 창선면으로 승격되어 남해군에 편입되었다. 현재의 행정구역으로 보면 남해군 彰善面 진동리 적양마을 136-3번지에 자리한 望峙山 남록의 龜庵寺址에 해당할 것으로 추정된다.

경비하게 하였다. 또 해변의 각 군과 현에 지시하여 성을 잘 관리하며 양곡을 저축하도록 하였으며 창선현에 간수하였던 국사國史를 진도珍島로 옮겼다.³³

이처럼 원종 10년1269 5월에 창선현 창선도彰善島에 간수하였던 국사國史를 다시 전남 진도珍島로 옮겼다.³⁴ 『고려사』의 기록은 그 이전 어느 시기에 이미 외사고에 보관했던 『고려실록』을 고종 24년에서 고종 41년 사이에 그보다 더 서쪽에 보관하기 위하여 일본과 멀리 떨어진 진도로 옮긴 것이 분명해 보인다.³⁵

진도사고는 『신증동국여지승람』의 진도군 불우조에 나오는 여귀산 죽림사竹林寺와 봉성암鳳城庵 내지 지력산 사나사舍那寺가 유력해 보이지만 확정하기는 어렵다.³⁶ 원종 12년에 삼별초군이 여몽연합군에게 패배하여 잔여 세력이 진도에서 제주도로 옮겨가고 주민 일만 여명이 연합군의 포로로 잡혀가 섬이 황폐화되었다.³⁷ 『진도군지』는 원종 10년에 경상도 창선현에 있던 사고를 진도로 옮겼다가 4년 뒤에 원종 13년에 진암/암궁辰巖/嵓宮으로 옮겨갔다고 보았다. 이 기간은 고려가 몽골과 화친한 뒤 원종이 강화도를 나와 개경으로 돌아온 시점에 해당된다.

그렇다면 『고려실록』은 진도에서 개경으로 돌아와 다시 해인사에 보관한 것으로 추정된다. 앞에서 언급한 것처럼 실록을 해인사에 보관한

---

33 『고려사』 권26, 「세가」 제26, 원종 2; 원종 10년 5월 병오조. 이와 같은 기록은 『新增東國輿地勝覽』, 『東國輿地志』, 『輿地圖書』, 『慶尙道邑誌』에도 실려 있다.
34 『고려사』 권26, 「세가」 제26, 元宗 2; 元宗 10월 5월조.
35 『고려사』 권24, 「세가」 제24, 高宗 3; 高宗 41년 10월 무자조.
36 진도군지편찬위원회, 『진도군지』(진도: 진도군, 1976), pp.85~86. 龍藏寺는 고려시대 군내는 물론 근읍에서 제일 웅장한 사찰이었다. 『고려실록』을 보관했다면 상기의 사찰 중 한 사찰에 보관하지 않았을까 생각된다. 최일성, 앞의 글, 앞의 책, 주13) 참조.
37 『고려사절요』 제19권, 원종 12년 5월조.

것은 혜조 담진慧照曇眞 국사가 가져온 『요본遼本대장경』 3부 중 1부를 안정적으로 소장하고 있는 사실을 의식한 결과로 추정된다. 왜냐하면 원종 때의 비서윤祕書尹 홍간洪侃이 사서를 포쇄曝曬하러 가는 직사관直史館 추옥섬秋玉蟾, 秋適을 전송하는 시에 해인사에 보관중인 '삼한 23대 실록'을 말하고 있기 때문이다. 이렇게 본다면 『고려실록』은 충렬왕 30년 1304 이전 어느 때에 해인사로 다시 돌아와 있었던 것으로 짐작된다.

해인사로 다시 돌아와 보관하던 『고려실록』은 우왕 5년1379 9월에 왜구가 단계, 거창居昌, 야로冶爐 등을 침입하여 노략질하면서 가수현嘉樹縣에 이르렀다. 야로는 해인사에서 불과 15킬로미터 정도의 거리에 있었기에 『고려실록』을 대피시킬 필요가 있었다. 이에 도순문사都巡問使 김광부金光富가 그를 맞아 싸우다가 전사하였다.[38] 이렇게 되자 정부는 우왕 5년1379 9월에 해인사에 비장했던 역대 실록과 경서와 사기史記 및 기타 여러 서적들을 선주善州, 善山의 복우산伏牛山 득익사得益寺로 옮겨 두었다.[39]

우왕 6년1380 8월에 왜구는 다시 침범하여 황간, 어모, 중모, 화령, 공성, 청리 등 현을 방화하고 그 세력이 상주와 선산까지 미치자[40] 정부는 다시 왜구를 피하여 『고려실록』을 보주甫州(예천) 학가산 보문사普門社[41]에 옮겨 보관하였다. 우왕 7년1281 7월에 왜구가 영해寧海 지방에 들어와

---

38 『고려사』 권134, 「列傳」 제47, 辛禑 2; 우왕 5년 9월조 기사.
39 『고려사』 권134, 「열전」 제47, 우왕 2; 우왕 5년 9월조 기사. ; 『新增東國輿地勝覽』 선산도호부, 불우조. '得益寺'; 『문종실록』 권5, 문종 즉위년 12월 13일조. 선산의 鎭山인 伏牛山(509미터) 得益寺는 여말 선초까지 선산에서 가장 컸던 사찰로 추정된다. 조선 문종 즉위년(1450)에 일본 九州의 토호 宗金이 대장경을 요청하자 문종이 선산부 득익사에 간직했던 3,800여권을 주었다는 기록을 통해 당시 이 사찰의 위상을 엿볼 수 있다.
40 『고려사』 권134, 「열전」 제47, 신우 2; 우왕 6년 8월조 기사.
41 예천 鶴駕山(870미터) 보문사는 신라 문무왕 7년(667)에 의상이 초창하고, 고려 명종 15년(1185) 지눌이 중창하였으며, 조선 초에 교종에 소속된 사찰로서 예종 때까지는 사세가 큰 사찰이었으나 성종 이후에는 사격이 약화되었다.

안동安東 지방을 침입해 노략질하니侵寇 경상도 안렴按廉이 보문사에 소장한 사적을 내지로 옮기기를 청하였다. 정부는 사관을 보내어 충주 정토산 개천사開天寺로 실록을 옮기도록 하였다.[42]

우왕 9년1383에 왜구가 단양, 제천, 주주酒州(영월 주천), 평창, 횡천, 영주, 순흥 등지에 침입하여[43] 소백산맥 남북의 내지內地 깊숙이까지 침입하였다. 정부는 『고려실록』을 보관한 충주까지도 위협을 느껴 다시 사적史籍을 죽주竹州 칠현산 칠장사七長寺까지 옮겼다.[44] 공양왕 2년1390 6월에 왜구가 양광도楊廣道에 침입하여 음성, 안성, 죽주(죽산), 괴주(괴산)에 이르렀다.[45] 이에 고려 정부는 죽주 칠장사에 약 7년간 보관했던 『고려실록』을 왜구의 침탈을 피해 그해 12월에 다시 충주 개천사로 옮기게 되었다.[46]

고려 말에 충주의 개천사에 보관하였던 『고려실록』은 조선 초 세종 21년1439에 충주읍성 안으로 옮겨져 있었다. 세종 21년 6월 26일의 사헌부 상소[47]와 『세종실록』 지리지에 사고가 객사 서쪽에 있었다는 기록이 이를 뒷받침하고 있다. 그리고 충주읍성 안에 있던 충주사고는 다시 자리를 옮겨지었다. 이후 충주사고는 임진왜란으로 회진될 때까지 200년간 존속했었다.[48] 조선시대의 외사고는 고려시대 실록의 분산疏開을 교

---

42 『고려사』 권134, 「열전」 제47, 우왕 7년 7월조 기사. 동량면 하천리 하곡마을에 자리한 개천사는 북쪽으로 옥녀봉(780.4미터), 서쪽으로 인등산(666.5미터)와 관모봉(550미터)이 있어 사방이 크고 작은 봉우리로 에워싸여 있다.
43 『고려사』 권135, 「열전」 제48, 우왕 9년 6월조 기사.
44 『고려사』 권135, 「열전」 제48, 우왕 9년 6월조 기사; 『新增東國輿地勝覽』 죽산현 불우조; 『東國輿地志』 죽산현, 사찰조. 칠장사는 북서쪽으로 칠장산(491미터), 남쪽으로 칠현산(516미터)의 산봉우리들이 사방을 에워싼 산 속에 자리하고 있다.
45 『고려사』 권45, 「세가」 제45, 공양왕 2년 6월조 기사.
46 『고려사』 권45, 「세가」 제45, 공양왕 2년 12월조 기사.
47 『세종실록』 권85, 세종 21년 6월 26일조.
48 최일성, 앞의 글, 앞의 책, p.92.

훈 삼아 실록을 분장分藏 즉 나누어 보관하였다. 그 결과 오늘까지 실록을 보존할 수 있었다.[49] 외사고인 오대산 사고본도 마찬가지였다.

Ⅲ. 오대산 사고본의 보존책과 관리법

1. 사고의 이주 변천과 사관史官의 포쇄曝曬

조선 정부는 『고려실록』을 심산과 도서 등으로 여러 차례 분산疏開시키다가 최종적으로 충주 개천사에 보관하였다. 태종은 12년에 사관 김상직金尙直에게 명하여 충주사고에서 서울로 33종의 서책을 수송하게 했다.[50] 세종 때는 『고려사』를 편찬하면서 나머지 충주사고본 실록을 모두 서울로 운반하였다.[51] 아울러 태종공정대왕과 원경왕후元敬王后의 상장의궤喪葬儀軌를 간행하여 충주사고에 간수하게 하였다.[52] 또 예문관藝文館 검열檢閱 김문기金文起를 보내어 새롭게 편찬한 『태조실록』· 『공정실록』· 『태종실록』을 충주사고에 봉안하였다.[53]

이처럼 충주사고의 서적은 서울로 수송되었을 뿐만 아니라 이제는 서

---

49 이처럼 『고려실록』은 편찬 이래 개천사로 돌아오기까지 여러 차례 이관되었다. 정리해 보면 고종 때에 『명종실록』 2부를 간행하여 1부를 궁궐 안에 보관하고 나머지 한 부를 합천 해인사에 보관하였다. 이후 간행된 역대 실록은 외사고인 합천 해인사를 필두로 하여→진주(남해) 창선도 구암사(?)→진도 용장사(?)→개경 진암궁(왕실)→합천 해인사→선주(선산) 득익사→보주(예천) 보문사→충주 개천사→죽산(안성) 칠장사→충주 개천사로 옮겨 보관하였다. 이처럼 고려시대 지방의 외사고는 창선도로 잠시 이관한 적이 있지만 대부분이 일정한 사격을 갖춘 깊은 산의 수호사찰에 보관하였다.
50 『태종실록』 권24, 태종 12년 8월 7일조.
51 『신증동국여지승람』 제14권, 충주목 불우조.
52 『세종실록』 권41, 세종 10년 8월 27일조.
53 『세종실록』 권52, 세종 13년 4월 25일조.

울에서 새롭게 편찬한 실록 및 많은 서적들을 다시 충주사고로 옮겼다. 이 과정을 겪으면서 정부는 길이 험하고 불편한 개천사 사고를 충주읍성 안 객사 서쪽으로 옮겼다. 세종 21년에 사헌부가 상소를 하였다.

> 지금 사고는 충주에만 있는데 여염閭閻과 섞이어 있사오니 실로 염려스럽습니다. 비옵건대 조종祖宗의 실록과 전조前朝의 사적史籍 및 경서經書·제자서諸子書·경제조장서經濟條章書 몇 본을 만들어 각 도 명산에 나누어 간직하고 해마다 돌려가면서 포쇄하여 뜻밖에 일어나는 일不虞에 대비하게 하소서.[54]

그 당시 사고는 충주에만 있었다. 그런데 충주사고는 백성들의 집들 사이閭閻에 섞여 있어 화재의 위험이 걱정된다는 사헌부의 상소가 있은 지 일주일 뒤였다. 세종 21년 7월 3일에 춘추관에서 경상도 성주와 전라도 전주에 사고를 지어서 전적을 간직할 것을 건의하였다.[55] 사헌부 상소에 의해 충주사고 또한 기존의 사고 동남쪽에 다시 실록각을 지어 3조 실록을 보관하였다. 결국 새롭게 편찬된 조선 3조 실록은 궁궐 안의 춘추관과 종래의 충주사고를 확장 개수한 충주사고와 성주사고, 전주사고에 보관되었다.

〈표 2〉는 조선실록의 필사본과 활자본, 경사고와 외사고의 이주변천사를 살펴본 것이다. 조선 정부는 '필사본 3조 실록'과 '활자본 4조 실록'을 간행하면서 보관을 위한 내사고와 외사고의 설치를 본격적으로 논의하였다. 그리하여 종래의 춘추관과 충주사고 외에 성주사고와 전주사고가 신설되었다. 이렇게 되자 세조 때의 대사헌이었던 양성지梁誠之는 상

---

[54] 『세종실록』 권85, 세종 21년 6월 26일조.
[55] 『세종실록』 권85, 세종 21년 7월 3일조.

〈표 2〉 조선실록의 이주 변천사

가. 필사본 3朝 실록 _ 태조실록(15권) _ 정종실록(6권) _ 태종실록 (36권)
나. 활자본 4朝 실록 _ 세종실록(163권) _ 문종실록(13권) _ (노산군일기, 14권)[56] _ 세조실록(49권) _ 예종실록(8권)
다. 內사고 (京사고) _ 춘추관(한양) _ 성종실록(297권) _ 연산군일기 (63권) _ 중종실록 (105권) - 인조실록(2권) _ 명종실록(34권)
라. 임란 이전 外사고 _
　_ 忠州사고
　_ 星州사고
　_ 全州사고→내장산 은봉암→해주→강화 마니산→영변 묘향산 (보현사 별전)
마. 임란 이후 外사고 (全州사고본 기초 저본으로 13朝실록 重印)
　① 춘추관(한양)
　② 오대산 사고 (평창 월정사 속사 史庫寺/靈鑑寺)→일본 유출(1911/1913) 동경대 보관 _ 관동대지진(1923) 소실 일부 현존→경성제대 환수 27책[57] + 서울대 규장각 환수(2006) 47책[58]→국립 고궁박물관
　③ 태백산 사고 (봉화 각화사) →국가기록원 부산지소역사기록관
　④ 마니산 사고[59]→정족산 사고 (1660, 강화 전등사)→서울대 규장각
　⑤ 적상산 사고 (무주 안국사) + 묘향산실록(1663)→북한 평양

소를 올려 사고의 보존에 대한 원칙을 제시하였다.

---

56 『숙종실록』숙종 30년 11월 29일 을축. 세조의 왕위 찬탈에 참여한 신하들 대부분이 편찬했기에 처음에는 『端宗實錄』이 아니라 『魯山君日記』였다. 숙종 30년(1704)에 『端宗實錄』으로 이름이 바뀌었고 이 사실을 기록한 『단종실록부록』 1책이 만들어졌다. 이에 맞추어 단종의 무덤이 '魯山君墓'에서 '莊陵'으로 승격되었다. 오대산 사고 형지안에서 1706년 9월의 『端宗大王實錄附錄奉安及曝曬形止案』(奎9326)부터는 『노산군일기』가 아닌 『단종대왕실록』으로 기재되었다. 또 원래의 5책에다 부록 1책을 더하여 6책이 되었다. 이때에 조선 2조의 『공정대왕실록』도 『정종대왕실록』으로 함께 이름이 바뀌었다.
57 『중종실록』 20책, 『선조실록』 7책 등 27책이다.
58 『성종실록』 9책, 『중종실록』 30책, 『선조실록』 8책 등 47책이다. 또 민간에서 1책이 추가 발견이 되어 모두 75책(27+47+1)이 되었다.
59 마니산 사고의 실록은 병자호란으로 파손되어 현종 1년(1660년)에 정족산 사고로 옮겼다고 전한다. 이것은 효종 4년 11월 사고에 화재가 발생하였고, 이 화재로 인해

전주의 사고를 남원의 지리산으로 옮기고, 성주의 사고를 선산의 금오산에 옮기며, 충주의 사고를 청풍의 월악산에 옮기게 하되, 모두 사찰에 의하게 하여 이에 위전位田을 주고 또 가까운 마을의 민호民戶로 하여금 이를 지키게 한다면……[60]

조선 전기의 양성지는 사고 보존의 주요 과제인 화재의 위험과 전쟁의 위험을 피하기 위해서 상소를 했다. 그의 상소문에 고려시대 때 해인사 사고를 지키는 임무를 띈 수고병守庫兵의 기록이 별도로 나타나지 않는 점으로 미루어 보아 해인사 승려들이 사고 수호병의 역할을 수행했을 가능성이 있으며, 이러한 고려의 제도를 양성지가 이때에 와서 다시 주장했다고 볼 수 있다.[61] 하지만 양성지의 주장은 실현되지 못했다.

중종 33년1538 11월 6일에는 화재로 성주사고가 전소된 일이 있었다.[62] 이에 정부에서는 사관을 파견하여 타다 남은 실록이 있는지를 살피게 하였다. 다시 경차관을 보내어 성주 수령 및 직숙인을 추고[63]토록 하는 한편 성주목사 장세필張世弼을 이광식李光植으로 교체하였다.[64] 사고의 전소 이후 성주사고에 실록을 다시 보관했는지는 확인되지 않고 있다. 관례적으로 본다면 성주사고에도 실록을 복사하여 다시 보관했을 것으로 짐작된다. 춘추관의 실록을 중종 35년 다시 필사하여 봉안하였다.

임진왜란이 일어나자 조선 전기에 설치된 4곳의 사고 중 3곳의 사고

건립한 사각이 鼎足山史庫이다. 이후 작성한 형지안이 『順治十七年庚子十二月初三日實錄移安新設史閣後形止案』이다.
60 최일성, 앞의 글, 앞의 책, p.94.
61 『세조실록』 권40, 세조12년 11월 17일조 대사헌 梁誠之의 상소문. 물론 이 때의 수호병은 고려시대의 귀족 승려층이 아니라 조선시대의 일반 승려층이었다.
62 『중종실록』 권89, 중종 33년 11월 12일조.
63 『중종실록』 권89, 중종 33년 11월 16일조.
64 『중종실록』 권89, 중종 33년 11월 22일조; 『중종실록』 권89, 중종 33년 11월 24일조.

가 왜군의 북상로에 있었다. 춘추관 사고는 한양 도성을 버리고 평양으로 몽진蒙塵을 떠나는 선조와 관료들에 대한 배신감으로 여러 백성들이 경복궁을 비롯한 궁궐과 관서에 불을 지를 때 함께 소실되었다. 반면 충주사고의 실록은 언제 누구에 의해 소실되었는가에 대한 구체적인 기록은 전하지 않는다.

다만 왜군 제1군(부산-대구-상주-조령-충주)의 고니시 유키나가小西行長와 제2군(영천-안동-죽령-충주)의 가토 기요마사加藤淸正 그리고 제3군(창원-성주-추풍령-영동)인 구로다 나가마사黑田長政의 진격로에 가까이 있었던 충주가 점령당한 뒤 그들에 의해 불태워진 것으로 알려져 있다.[65] 성주사고의 실록 역시 왜군에 의해 약탈당하거나 불태워진 것으로 알려져 있다.[66] 하지만 당시의 정황을 분석해 볼 때 우리 스스로 방화했을 가능성도 배제할 수 없다.[67] 반면에 전주사고의 경우는 실록을 지키고자 하는 의지와 그에 따른 조치들, 그리고 위험에 처했을 때 이를 극복하려는 책임자의 노력에 의해 보존될 수 있었다.[68]

결국 임진왜란에 의해 조선 전기의 4사고 중 전주사고를 제외한 나머지 3사고의 실록이 불에 탔다. 정부는 전주사고를 저본으로 하여 실록을 다시 5부를 간행하였다. 이 과정에서 『성종실록』과 『중종실록』 및 『선조실록』의 일부 등 당시까지 간행된 명종까지의 실록 모두 교정쇄가 있었다. 이들 교정쇄본은 버리기가 아까워 오대산 사고에 보관하였다.[69] 그리고 5부 중 1부는 궁궐 안 춘추관에 보관하고 나머지 4부는 강화의 마니산, 봉화의 태백산, 무주의 적상산, 강릉(평창)의 오대산에 사고를 지

---

65 이성무, 『조선왕조실록 어떤 책인가』(서울: 동방미디어, 1999), p.216.
66 배현숙, 앞의 책, p.104; 이성무, 위의 책, p.216.
67 박대길, 앞의 글, 앞의 책, p.530.
68 박대길, 앞의 글, 앞의 책, p.522.
69 이들 교정쇄는 모두 존재했으나 일본으로 반출된 이후 동경대지진으로 불타버렸다.

어 보관하였다. 전기 4사고 중 3사고의 소실에 직면한 조선 정부는 실록의 보존을 위해 만전을 기하고자 하였다.

임진왜란 이후에 설치된 4사고는 해당 지역의 사찰과 직접 연계되고 있다. 지역 사찰과의 관련성은 임란 이전 시대의 춘추관사고, 충주사고, 성주사고, 전주사고의 4사고와는 그 성격이 변별되는 지점이다. 임란 이후 정부는 남한산성, 북한산성의 수축과 그 방호를 승도들에게 부여했으며, 마찬가지로 실록의 보존과 수호 기능을 승도僧徒에게 역役으로 부여했다.[70] 이것은 이전과 달리 승도의 존재를 사실상 인정하겠다는 정책 변화로 볼 수 있을 것이다.[71] 이러한 변화는 결국 17세기 이후에 진행된 불교정책의 변화와도 긴밀한 관계가 있는 것으로 판단된다.

정부는 전국의 사고를 관리하기 위하여 각 사고의 『형지안』形止案과 『경외사고수직절목』京外史庫守直節目을 마련하였다. 그리고 사관을 파견하여 2년 혹은 3년마다 정기적으로 포쇄曝曬를 하게 했으며 사고를 지키는 책임자로서 사고 참봉參奉을 임명하고 수직승도守直僧徒와 수호군守護軍을 편성하여 관리하게 하였다. 오대산 사고의 경우도 마찬가지였다.

2. 사고 참봉參奉의 임명과 책임

사고는 역대 왕들의 실록과 의궤 및 중요 서적을 보관하던 곳이었기에 그 관리에 한 치의 소홀함이 없게 하였다. 사고의 관리는 크게 세 부분으로 나누어 볼 수 있다. 첫째는 사각史閣이라 불리는 건물의 관리이

---

70 한국사지총서편찬위원회, 『전등사본말사지』(서울: 아세아문화사, 1978), p.48. "안으로는 사각(史閣)을 수호하고[入則守護史閣] 밖으로는 여러 사찰을 바로 잡는다[出則釐正諸寺]."
71 『조선왕조실록』은 유교 편향에 입각하여 사서가 지녀야 할 기본 덕목을 무시한 경우가 적지 않다. 무엇보다도 역사의 승자임을 자임하는 성리학자의 불교 관련 기사의 '기록에 대한 왜곡'과 편향에 따른 '고의적인 탈락'이 적지 않아 '세계기록유산으로서 조선왕조실록'이 지니는 일종의 흠결로 지적되고 있다.

고, 둘째는 사각에 보관된 실록 등 서책의 부패를 방지하기 위한 포쇄曝曬 즉 물기나 습기에 젖거나 축축한 것을 그늘에 말리는 것이며, 셋째는 실록의 봉안奉安이라 할 수 있다.

사고 관리의 책임은 해당 지역에 소재하는 도의 관찰사나 목사에게 있었다. 이 때문에 사고 관리에만 전담하는 관원을 별도로 배치하였다. 조선 전기에는 사고 관리를 위해 수호관守護官 5명, 별색別色, 호장戶長, 기관記官, 고직庫直 각 1명으로 전체 9명의 직원을 두고 전담 배치하여 관리의 실무를 맡았다. 이들의 주요 임무는 주로 화재, 누수, 외적의 침입에 대비하는 것이다. 이러한 기준은 조선 후기의 외사고 관리의 형식으로 이어졌다.

외사고 건물의 관리 책임 중 실록, 의궤와 서책을(사각의 2층에는 실록을, 1층에는 의궤와 여러 서책을 보관함) 보관하는 사각史閣은 춘추관에서, 그 이외 왕실의 족보 등 보관하는 선원각璿源閣은 종부시宗簿寺에서 담당하였다. 오대산 사고의 건물인 사각史閣은 선조 39년1606 경에 완성된 것으로 추정된다. 이 해 4월의 『선조실록』 기사 중 "태백산과 오대산과 묘향산 등의 사각 공사가 거의 끝나가고 있다고 들은 듯합니다"[72]라는 내용을 통해 알 수 있다. 숙종대의 『승정원일기』에는 오대산 사고의 소재지가 강릉의 진부면으로 기록되어 있다.[73] 또 영조대의 『승정원일기』에는 오대산 사고의 정확한 위치와 부속 건물의 상황이 잘 묘사되어 있다.

> 오대산 동구洞口에서 30리쯤 들어가면 사각史閣이 있고, 사각에서 20리 떨어진 곳에 월정사月精寺가 있습니다. (사각과 월정사) 사이에는 다른 사찰이 없고, 사각 옆에 사관들이 포쇄하러 갔을 때 머무는 청사廳舍

---

[72] 『선조실록』 권198, 선조 39년 4월 28일 병인조.
[73] 『승정원일기』 440책, 숙종 34년 2월 26일 계묘조.

3~4칸이 있습니다. 또 그 왼쪽에는 영감사靈鑑寺라는 작은 암자 수십 칸이 있는데, 승도 수십 명과 사고 참봉, 그리고 수호군들이 모두 이 암자에 머물면서 사고를 수호합니다.[74]

당시 외사고에 파견되는 춘추관 사관은 예문관의 봉교奉敎 2명, 대교待敎 2명, 검열檢閱 4명 가운데 1~2명을 선정하였다. 그런데 『승정원일기』를 보면 조선 후기에 사관의 정원을 모두 갖춘 경우는 드물었고, 그 결과 외사고에 문제가 발생했을 때 파견할 사관이 없어서 신속한 조치를 취하지 못한 경우들이 종종 발견된다.[75]

오대산 사고는 실록을 비롯한 국가의 주요서적을 보관하는 서고였다. 사고는 월정사와 상원사의 중간쯤 되는 거리에 자리해 있었다. 월정사 중창 불사 때에 이곳에 머물던 사명(유정)대사1520~1610는 때마침 조정에서 복인된 실록의 봉안처를 찾고 있을 때에 이곳이 '삼재불입지지'三災不入之地로 지목될 명당으로 여기고 이곳을 천거했을 것으로 추정된다.

결국 서산休靜대사1520~1604와 사명惟政대사1544~1610에 대한 깊은 신뢰가 있던 선조는 유일하게 남은 전주사고 실록을 묘향산 보현사로 옮기게 하였고 다시 이를 강화 마니산을 거쳐 전등사 옆의 강화사고로 이봉하게 하였으며, 오대산 사고는 월정사 위의 명당인 영감사로 정해졌다.[76] 이후 영감사는 사고를 보관하고 있다고 해서 일명 사고사史庫寺로도 불리었다. 그리하여 사고사 즉 영감사는 오대산 사고의 포쇄시 사관의 직소直所 즉 숙직을 하는 곳으로 사용되었다.

이들 사고 참봉과 수직 승도 및 수호군들은 영감사에 머물며 사고를 관리하였다. 오대산 사고의 수호사찰은 월정사였지만 상당한 거리가 떨

---

74 『승정원일기』 604책, 영조 원년 11월 7일 신축조.
75 강문식, 앞의 글, 앞의 책, p.210.
76 조영록, 앞의 글, 앞의 책, p.172.

어져 있어 영감사가 사고의 실질적인 수호사찰이었다. 이 때문에 정부의 관료들은 영감사가 비록 산사이지만 사고와 관계된 곳이므로 국가의 관청과 다를 바 없으며, 따라서 영감사의 관리를 국가에서 담당해야 된다고 여겼다.[77] 이를 뒷받침하는 『승정원일기』의 오대산 사고 수보와 개수 기사를 살펴보기로 하자.

〈표 3〉 『승정원일기』의 오대산 사고 수보와 개수 기사[78]

기사 일시	기사 내용	비고
1632년(인조 10) 6월 7일	사고에 비가 새는 곳이 있으므로 史官을 보내 포쇄를 실시하고 비 새는 곳은 강원도에서 修治할 것.	형지안(奎9328) - 1632년 8월
1677년(숙종 2) 3월 25일	오대산 사고 修改가 시급한데 파견할 사관이 부족하여 어려움이 있으므로 兼春秋 중에서 마땅한 사람을 사관으로 議薦할 것.	형지안(奎9334) - 1676년 5월
1711년(숙종 37년) 3월 13일	史閣의 서까래를 바치는 道里의 연결 부분이 벌어졌고 기와도 많이 손상되었으므로, 사관을 파견하여 포쇄를 실시한 다음 건물의 손상된 부분을 修改할 것.	형지안(奎9260) - 1711년 4월
1740년 (영조 16) 3월 16일	實錄閣 상하층의 蓋板과 椽木, 椽木監 등에 손상된 곳이 많으므로, 사관을 파견하여 봉심한 후 수개하고 겸하여 포쇄도 실시할 것.	형지안(奎9156) - 1740년 4월
1777년(정조 1) 7월 14일	實錄閣 상하층 4면의 椽木과 衝椽에 목재가 썩어 손상된 곳이 많고, 상층 동북면 衝椽은 특히 심하게 손상되어 떨어질 위험이 있으며, 기둥도 풍우에 손상되어 매우 위태로운 상태이므로 신속히 사관을 파견하여 수개할 것.	형지안(奎9338) - 1777년 8월
1831년(순조 31) 7월 20일	사고 건물의 서까래와 기와에 손상된 곳이 많으므로 이번 曝曬 때에 奉審하고 수개할 것.	형지안(奎9162) - 1831년 8월

77 『승정원일기』 604책, 영조 원년 11월 7일 신축조.
78 강문식, 앞의 글, 앞의 책, p.209 참조.

〈표 3〉은 『승정원일기』에 기록된 오대산 사고의 수보와 개수 사례들을 정리한 것이다. 당시 작성된 『형지안』들은 현재 서울대학교 규장각 한국학연구원에 남아 있다. 사고의 수보와 개수는 모두 중앙 정부의 지시에 따라 이루어졌으며, 사고의 상황을 보고하는 체계는 '강릉부사'→'강원도 관찰사'→'춘추관'을 거쳐 국왕에게 보고되었다. 이처럼 국왕은 강원감사와 강릉부사를 통해 사고의 현황과 상황을 정기적으로 보고 받았다.

만일 사고 건물에 손상이 있으면 사관史官을 파견하여 보수하였다. 그런데 오대산 사고의 가장 큰 문제는 사고 인근 주민들의 화전火田 경작으로 인한 화재의 위험이었다. 이 때문에 정조대에는 효율적인 사고 관리를 위해 사각 건물 외부의 수보修補는 지방관과 사고 참봉이 담당하도록 했다. 그리하여 사고 관리 책임자인 참봉은 강릉지역의 절수지折受地를 혁파하고, 화전 여부를 캐어 살피며摘奸, 사고 주변의 벌목 등을 실시하는 조치를 취하였다.[79]

사고의 서적 관리에서 가장 중요한 일은 포쇄였다. 포쇄는 젖거나 축축한 책을 바람과 햇빛에 말리며 습기와 충해를 제거하는 전통적인 서적 관리 방법이다. 포쇄는 『승정원일기』의 사고 관련 기사 중에서 가장 큰 비중을 차지하고 있다. 포쇄를 하기 위해서는 반드시 정부에서 사관을 파견해 참관 아래 실시해야 했고 이에 따른 관리가 엄중하였다.

오대산 사고를 비롯한 외사고들은 깊은 산 속에 있지만 온돌을 사용할 수 없는 구조였기에 늘 해충과 습기에 노출되어 있었다. 정부는 습기 제거와 적절한 보존 환경 유지를 위해 사관을 정기적으로 파견하여 포쇄를 실시하였다. 당시 외사고의 포쇄 주기는 3년에 1회를 실시하였다. 효종 이후 외사고는 2년 1회를 실시하였다. 정조 말 이후는 다시 3년에 1회를 실시하였다. 오대산 사고본의 경우에는 음력 3~5월과 8~10월 사

---

[79] 강문식, 앞의 글, 앞의 책, p.205.

이에 주로 이루어졌다. 특히 우기를 피해 날씨가 좋은 가을의 맑은 날을 길일吉日로 택해 실시했다.

오대산 사고의 수직업무는 사고 참봉과 수직 승도 및 수호군 등을 차출하여 담당하게 했다. 사고 참봉은 강릉 거주 유생 중에서 2명을 선발하여 교대로 근무하게 했다. 대신 차출된 참봉에게는 신역身役을 면제해 주었다. 이것은 사고 관리에 만전을 기하라는 의미라고 할 수 있다. 그리고 포쇄 때에는 사고 참봉 만이 아니라 수호사찰의 수직승도와 수호군의 관리와 수호를 특별히 요청하였다. 조선 후기 오대산 사고에서 총82회의 포쇄가 실시[80]되었음은 이러한 일련의 과정을 뒷받침해 주고 있다. 「오대산사고포쇄일지」는 사고 보존에 있어 포쇄가 얼마나 중요한 일이었는지를 보여주고 있다.

3. 수직승도의 편성과 수호군의 관리

조선시대 외사고 수호에 대한 규정을 담고 있는 『경외사고수직절목』(선조39년1606[81], 숙종43년1717)에는 사고 수직에 대한 수칙이 제시되어 있

---

[80] 선조 시절인 1607년 4월 24일부터 순종시절인 1909년 10월 25일까지 실시된 오대산 사고 포쇄일지는 이를 뒷받침해 준다. 이 때의 담당자는 전통적인 검열, 봉교, 대교뿐만 아니라 별겸춘추, 기사관, 동지춘추관사, 전행비서원랑, 비서감랑, 궁내부사무관(村上龍佶) 등에 이르기까지 다양해졌다. 강문식, 앞의 글, 앞의 책, pp.215~217.

[81] 강문식, 앞의 글, 앞의 책, p.220 주44)에서 필자는 1911년에 조선총독부에서 편찬한 『朝鮮寺刹資料(下)』(한국문화개발사, 1972)의 「史庫節目」에 실려 있다며 그 서두에 "康熙五十六年丁酉十一月五臺山史庫"라는 기록 때문에 이 절목이 1717년(숙종 43)에 제정된 것으로 오해될 소지가 있다고 지적하고 있다. 그런데 절목의 내용 중 외사고 소재지로 태백산·향산(묘향산)·오대산 등이 거론되고 있어서 이 절목이 적상산 사고 설치 이전에 제정된 것임을 알 수 있다고 본다. 또 같은 항목에 실려 있는 1630년에 예조 關文에는 '丙午年啟下節目'이 등장하는데, 그 내용이 「경외사고수직절목」과 동일하기 때문에 「경외사고수직절목」이 병오년에 제정된 것임을 알 수 있고 이 때문에 적상산사고 설치 이전의 병오년은 1606(선조39)년이라고 주장하고 있다.

다. 이 수직 절목은 숙종 대에 이르러 부분적으로 수정되었다. 수직승도의 사고 건물 관리에는 두 가지 목적이 있었다. 첫째는 사고 건물의 안전 및 손상 유무를 점검하여 소장 서적들의 안전한 보존을 책임지는 것이다. 둘째는 상시적인 순찰을 통해서 사고 내 소장품의 도난을 방지하는 것이다. 이를 위해서는 일정한 인원이 있어야 했다.

> 당초當初의 사목事目에서는 40명을 정원으로 했으며, 본 도(강원도)에서 택하여 정하면 해조該曹(예조)에서 성책成冊에 따라 수직첩문守直帖文을 발급하고 잡역과 신역을 일체 면제해 주도록 했습니다. 또 병인년에 사관의 서계書啓에 따라, 강릉과 양양의 근착根着한 승려를 각각 30명씩 성책해서 [5글자 缺] 정식으로 삼고, 만일 승려 중에 도망했거나 환속했거나 늙었거나 기타 여러 탈이 생겨서 결원이 발생하면 (명부의) 이름 아래 대신 정한 승려를 기록하고 [缺] 이전 문안을 참고해서 대정승代定僧의 첩문을 성출成出하여 두 읍에 내려 보내도록 계하啓下 했습니다.[82]

위의 인용문은 숙종 37년1711 4월에 오대산 사고에 파견되었던 사관 송성명宋成明이 포쇄 임무를 마치고 돌아와서 보고한 내용이다. 앞서 언급된 '당초 사목'은 1606년의 수직 절목으로 추정된다. 병인년은 이전의 절목 시행 상황으로 보아 숙종 12년1686의 것으로 보아야 할 것이다. 여기에 의하면 종래에 40명이던 수직 승도 정원이 강릉과 양양에서 각 30명씩 늘어나 총 60명이 되었다.

또 기존 절목에서 언급하지 않았던 결원 발생 시의 대처방안도 구체적으로 제시하였다. 도망, 환속, 고령 및 기타 문제로 인해 수직 승도에 결원이 생길 경우 곧 임무를 대신할 승려를 차출하여 명부에 올리고 첩

---

[82] 『승정원일기』 462책, 숙종 37년 7월 27일 갑인.

문을 발급하도록 하였다. 이것은 사고 수직 인원을 항상 일정하게 확보하고 유지함으로써 사고 수직이 소홀해지지 않도록 하기 위한 조치였다.[83]

조선 후기 외사고 수직의 실무는 2명의 참봉이었다. 하지만 2명의 참봉만으로는 사고의 수직 업무를 감당하기에는 무리가 있었다. 이 때문에 정부는 사고 인근의 수호 사찰에서 승려들을 차출하여 사고에 소속시키고 참봉을 도와 수직 임무를 수행하도록 하였다. 또 경우에 따라서는 별도의 수호군을 차출하여 참봉 및 수직승도들과 함께 사고 수직을 담당하도록 하였다. 『경외사고수직절목』에 실려 있는 외사고 수직승도에 관한 규정은 다음과 같다. 이것은 4곳의 외사고에 모두 적용되는 규정이라고 할 수 있다.

① 사고 인근에 거주하는 착실한 백성 4호戶를 택해 일체의 신역身役이나 잡역雜役을 면제시켜 오로지 사고만 책임지고 수직守直하되 2명씩 교대로 근무한다.
③ 승군僧軍은 각 사고마다 40명을 정원으로 하여 20명씩 1년간 교대로 근무하게 하며, 그 중의 한 사람을 선택하여 수승首僧을 임명하고 수직守直을 통솔하게 한다. 그리고 수직승守直僧들의 신역身役과 잡역雜役을 면제한다.
③ 본 도에 거주하는 유식有識한 품관品官 중 2명을 엄선하여 신역身役과 호역戶役을 일체 면제한다. 참하량미參下糧米를 제급題給하여 서로 교대로 수직하게 한다.

시기에 따라 「경외사고수직절목」은 조금씩 가감되었다. 이것을 자세히 요약한 규정은 이러하다.[84] 먼저 사고 참봉에 대한 규정은 두 가지로 정

---

83 『승정원일기』 1503책, 정조 6년 2월 4일 신미.
84 조선총독부편, 앞의 책, p.66.

리할 수 있다. 첫째, 사고 참봉은 사고가 있는 도에 거주하는 품관 중에서 학식이 있는 2명을 선발하여 교대로 근무하게 하였다. 둘째, 사고 참봉에게는 신역과 호역을 면제해 주었으며 양미를 지급하여 사고 수직에 전념할 수 있는 기반을 마련해 주었다.[85] 또 수직 승도에 대한 규정은 이렇게 정리해 볼 수 있다.

① 외사고 한 곳마다 수직 승도의 정원을 40명으로 정한다.
② 각 도의 감사가 거주지의 원근이나 신역身役 유무에 상관없이 승려들을 선발하여 해조該曹(예조 해당)에 보고하면, 해조에서 수직첩문守直帖文을 발급한다.
③ 차출된 승려들 중 한 명을 수승首僧으로 임명하여 수직 승도들을 통솔하게 한다.
④ 수직사사守直寺社와 차출 승려의 신역을 면제하며, 지방관들은 수직 승려에게 다른 신역을 부과해서는 안 된다.

오대산 사고의 수직 승도는 강릉과 양양 두 읍에서 승려 40명을 차출하여 1년에 20명씩 교대로 수직하도록 했다. 차출된 승려들에게는 역역驛役과 양역良役 등을 감면해 주었다.[86] 그런데 여기에는 차출된 승려들과 달리 승도들에 대한 요미 지급 규정이 빠져 있다. 이것은 "번승番僧에게는 원래 곡식을 주지 않았다"는 정조 6년1782 6월의 『승정원일기』의 기사와 부합하고 있다.[87] 하지만 순조 대의 『승정원일기』에 태백산 각화

---

85 『승정원일기』 1503책, 정조 6년 2월 4일 신미. 정조대의 기록에 의하면 오대산 사고 참봉에게 1달에 料米 6斗를 지급하고 있는데 이것은 예전 지급액에 견주어 태반이 감소한 것이라고 하였다.
86 조선총독부편, 앞의 책, p.67.
87 『승정원일기』 1503책, 정조 6년 2월 4일 신미.

사 승려에게 오대산 사고의 예에 따라 요미를 지급할 것을 건의한 기사가 있는 것으로 보아[88] 정조대 이후 오대산 사고 수직 승도에 대한 요미 지급 규정이 신설되었음을 알 수 있다.

또 수직승도와 별개로 수호군이 차출되어 수직 업무를 담당하기도 하였다. 1606년에 제정된 위의 『경외사고수직절목』에는 태백산, 묘향산, 오대산 사고는 각각 인근의 백성 중에서 4호를 별도로 택해서 신역을 면제해 주어 사고 수직을 전적으로 책임지게 하고, 아울러 고직庫直의 일도 담당하도록 하며, 2명씩 교대로 근무한다는 내용이 실려 있다.[89] 이어 1629년 1월의 겸순찰兼巡察 관문을 보면, 강화를 비롯한 다른 외사고는 수직 군사가 6명인데 오대산 사고만 4명이어서 수직 업무 수행에 어려움이 있으므로 다른 사고와 마찬가지로 6명으로 증원해야 한다는 내용이 실려 있다.[90] 이들 두 사항을 아울러 보면 『경외사고수직절목』의 '4호'가 바로 수직 군사, 즉 수호군임을 알 수 있다.[91]

사고 설치 초기에 4~6명에 그쳤던 오대산 사고의 수호군은 18세기에 이르러 크게 증가하였다. 영조 1년1725에 오대산 사고의 포쇄를 주관했던 사관 조명택의 보고에 의하면 강릉부에서는 이전부터 오대산 사고에 60명의 수호군을 배정했으며 이들의 잡역을 감면해 주었다.[92] 이 기록을 통해 알 수 있는 것은 영조가 즉위하기 전에 오대산 사고의 수호군은 이미 60명으로 늘어나 있었음을 알 수 있다.[93] 이처럼 18세기에 증가된 수

---

88 『승정원일기』 1995책, 순조 11년 3월 19일 정묘.
89 조선총독부 편, 앞의 책, p.66.
90 조선총독부 편, 앞의 책, p.70.
91 강문식, 앞의 글, 앞의 책, p.229.
92 『승정원일기』 604책, 영조 원년 11월 7일 신축.
93 서울대학교 규장각 편, 『강원도읍지(二)』, 1997, p.227. 1899년 이후에 편찬된 것으로 추정되는 『강릉부지』(규장각소장, 규10960)에도 오대산 사고의 수호군이 60명으로 적혀 있다. 이 읍지에는 사고 수직 인력으로 수호군 60명 이외에 수호승 20명이 따로 명시되어 있다. 수호군 60명은 수호 승도가 포함된 숫자가 아님을 알 수 있다.

호군 60명은 19세기 말까지도 유지되었던 것으로 짐작된다.

    오늘 4월 17일 황해감사가 입시하였을 때에 검열檢閱 홍순대洪淳大가 아뢰기를 "신이 사고의 일로 우러러 전달할 길이 있습니다. 강릉부 오대산 월정사는 곧 사각史閣을 수호하는 큰 사찰입니다. 계사년에 화재를 당하고서 요사寮舍와 당우堂宇가 모두 터만 남고 쑥이 무성하다가, 그 뒤 겨우 몇 칸의 집을 지어 우선 승도들이 거주하였는데, 사각을 수호하는 일이 해이해졌으니 그대로 폐한 채 내버려 둘 수 없습니다. 해당 도의 신하道臣가 방금 비변사에 낱낱이 보고하여 계획을 세워서 중수重修할 방도를 처리해 주기를 요청하였으니, 마땅히 비변사에서 품처稟處할 것 같습니다. 그런데 신이 이번에 봉심奉審하러 갔을 때에 그 황폐한 모습을 목도하고, 일이 소중한 사고에 관계되어 침묵을 지킬 수 없기에, 이에 감히 외람되이 우러러 진달進達합니다"고 하였다. 임금이 이르기를 "묘당廟堂(의정부)에서 품처하게 하는 것이 좋겠다"고 하였다.[94]

    위의 기록은 순조 33년1833에 월정사에 발생한 화재로 소실된 절의 중수를 지원해 줄 것을 청하는 내용이다. 해당 도의 감사道臣가 오대산 사고의 수호 사찰인 월정사가 화재로 사각을 수호하는 일이 해이해졌음을 비변사에게 낱낱이 보고하고 계획을 세워 월정사를 중수할 방도를 처리해 주기를 요청하고 있다. 이에 임금이 의정부에서 오대산 사고의 수호 사찰인 월정사의 중수에 대해 논의稟處하게 하는 것이 좋겠다고 하였다.

    이러한 일련의 조치를 통해 우리는 오대산 사고의 수호에 있어 월정사와 영감사의 위상과 지위를 엿볼 수 있다. 당시 월정사의 주지는 실록

---

[94] 『비변사등록』 권243, 철종 7년 4월 19일조 기사.

수호총섭實錄守護摠攝으로 임명되어 사고 수호의 총책임을 지고 있었고[95], 사찰 승려들의 역할에 대해 당시 조정에서도 온전히 인식하고 있었다는 사실을 알 수 있다.

IV. 오대산 사고본의 구성체와 지형도

1. 구본 성종실록과 중종실록의 교정쇄본

오대산 사고본의 특징은 교정쇄본이라는 데에 있다. 교정쇄본이란 조선 전기의 실록 중 전주 사고본을 제외하고 모두 소실되자 전주본을 저본으로 새롭게 실록을 편찬하면서 만든 것이다. 그러면 현재 서울대 규장각에 소장된 실록 형지안과 실록청 의궤 및 실물 실록을 기초로 오대산본 실록의 구성체와 지형도를 그려보기로 하자. 〈표 4〉는 오대산 사고본의 궤짝별 실록 보관 상황[96]을 정리해 본 것이다.

〈표 4〉 오대산 사고본(27대 519년 중 고종/순종대 제외)의 궤짝별 실록보관 상황

궤짝	봉입 실록 책수 (권수)	궤별 책수 (권수)	실록별 책수 (권수)	비고
1	태조 1-3(1-15), 정종 1(1-16), 태종 1-16(1-36), 세종 1-14(1-47)	34	태조 3, 정종 1, 태종 16	태조-명종실록 책수(권수)기재
2	세종 15-54(48-150)	40		

(표 계속)

---

95 『조선사찰사료』하(서울: 고려서림, 1986), p.69.
96 신병주, 「'오대산본' 『조선왕조실록』의 간행과 보관」, 『역사와 현실』 제61호, 한국역사연구회, 2006, pp.190~192참조.

궤짝	봉입 실록 책수 (권수)	궤별 책수 (권수)	실록별 책수 (권수)	비고
3	세종 55-67(151-163), 문종 1-6(1-13), 단종 1-5(1-14) 부록 1, 세조 1-18(1-49)	43	세종 67, 문종 6, 단종 6, 세조 18	1706년 노산군일기→단종실록 개명, 부록 1책 추가
4	예종 1-3(1-8), 성종 1-27(1-180)	30	예종 3	
5	성종 28-47(181-297), 연산군 1-10(1-39)	30	성종 47	
6	연산군 11-17(40-63), 중종 1-21(1-42)	28	연산군 17	
7	중종 22-47(43-93)	26		
8	중종 48-53(94-105), 인종 1-2(1-2), 명종 1-21(1-34)	29	중종 53, 인종 2, 명종 21	
9	선조 1-15	15		이후 권수 뒤에 干支 표시
10	선조 16-30	15		
11	선조 31-45	15		
12	선조 46-60	15		
13	선조 61-75	15		
14	선조 76-89	14	선조 89	
15	선조수정 1-8	8	선조수정 8	戊戌修正實錄으로 기재
16	인조 1-13	13		
17	인조 14-25	12		
18	인조 26-37	12		
19	인조 38-50	13	인조 50	
20	효종 1-11	11		

(표 계속)

궤짝	봉입 실록 책수 (권수)	궤별 책수 (권수)	실록별 책수 (권수)	비고
21	효종 12-22	11	효종 22	
22	현종 1-12	12		
23	현종 13-22 행장 1	11	현종 23	
24	광해군일기 1-48권	(48)		
25	광해군일기 49-94권	(46)		
26	광해군일기 95-131권	(37)		
27	광해군일기 132-187권	(56) 39		권수 187권 태백산본 64책 (중초본), 정족산본 40책
28	현종개수 1-10	10		
29	현종개수 11-20	10		
30	현종개수 21-28, 행장 1	9	현종개수 29	
31	숙종 1-11	11		
32	숙종 12-18	7		
33	숙종 19-28	10		
34	숙종 29-35中	7		
35	숙종 35下-43	8		
36	숙종 44-52	9		
37	숙종 53-65	13	숙종 65	
38	경종 1-7	7	권별 장수 표시	
39	경종수정 1-5	3(5)	경종수정 3	1책(60장) 2책(58장) 3책(20장) 책별 장수 기재
40	영종 1-14권	12(14)		영조실록 책별 장수 표시

(표 계속)

궤짝	봉입 실록 책수 (권수)	궤별 책수 (권수)	실록별 책수 (권수)	비고
41	영종 15-30권	11(16)		
42	영종 31-46권	11(16)		
43	영종 47-58권	9(12)		
44	영종 59-70권	9(12)		
45	영종 71-88권	10(18)		
46	영종 89-107권	10(19)		
47	영종 108-127권	11(20)	영조 83(127)	
48	정종 1-7	7		정조실록 책별 장수 표시
49	정종 8-15	8		
50	정종 16-23	8		
51	정종 24-31	8		
52	정종 32-39	8		
53	정종 40-47	8		
54	정종 48-54 부록 1 부록속편 1	9	정조 56	
55	순종 1-11	11		순조실록 책별 장수 표시
56	순종 12-23	12		
57	순종 24-34 부록 1 부록속편 1	13	순조 36	
58	헌종 1-8 부록 1	9	헌종 9	권수만 표기
59	철종 1-9 부록 1	9	철종 9	
합[97]계		788		

[97] 조선총독부 편찬 『고종실록』과 『순종실록』은 포함시키지 않는다.

앞의 〈표 4〉가 보여주는 것처럼 오대산 사고는 임진왜란을 마치고 선조 39년1606에 강원도 평창에 설치하였다. 대개 실록을 간행한 뒤에는 교정지를 세초洗草 즉 초고를 없애버리는 것이 관례였다. 당시에는 먹이 짙어서 못쓰게 되었거나 순서가 뒤바뀐 것만 불태웠다. 나머지는 버리기 아까워서 오대산 사고에 보관하였다. 앞의 〈표 4〉는 궤짝에 담겨 있는 임진왜란 이전 왕들 실록의 교정본(구본)과 임진왜란 이후 왕들 실록의 정본(신본)을 총괄한 것이다.

실록 인출청의 낭청郞廳이 영사와 감사와 여러 당상의 뜻으로 아뢰기를, "선왕조의 『실록』을 이제 이미 교정을 끝냈고 고쳐서 보충하는 것도 마무리 지었습니다. 구건舊件은 모두 5백 76권인데, 이번 새로 인출한 것은 4~5권을 합쳐 1책을 하기도 하고, 2~3권을 1책으로 합치기도 했으므로 신건新件은 모두 2백 59권입니다. 따라서 신건과 구건 5건을 통틀어 계산하면 거의 1천 5백여 권이나 됩니다. 선왕의 비사祕史는 사체史體가 지엄한데, 허다한 권질卷帙을 한곳에 합쳐 둔다는 것은 지극히 미안한 일이니, 외방의 사고에 나누어 보관하는 것이 하루가 시급합니다. 그런데 강화의 사각史閣은 작년에 이미 수축했고, 태백산, 오대산, 묘향산 등의 사각도 거의 끝나가고 있다고 들은 듯합니다. 관상감으로 하여금 봉안할 길일을 간택하여 계품啓稟하게 한 뒤에 외방의 경우는 실록청 당상 및 사관을 파견하여 봉안하게 하되 장마가 지기 전에 급히 서둘러 봉안토록 하고, 서울의 경우는 춘추관을 구축할 때까지는 우선 병조에 봉안토록 하는 것이 타당하겠습니다"라고 하였다.[98]

1603년 7월부터 1606년 4월까지 전주사고본 실록 576권을 저본으로

---

[98] 『선조실록』 선조 39년 4월 28일 병인.

하여 『태조실록』에서 『명종실록』까지 13대 실록 804권 259책을 새로 인쇄하였다. 전주사고의 원본과 3부의 복인본, 그리고 교정본 1부를 합하면 총 5부의 실록이 만들어졌다. 전주사고의 원본은 강화의 마니산으로 옮겼고, 복인본 3부는 서울의 춘추관과 영변의 묘향산, 봉화의 태백산에 각기 1부씩 봉안하였다. 오대산에는 교정본 1부를 보관하였다.

실록청이 아뢰기를, "『실록』은 지금 봉심奉審하고 분류하였습니다. 구건舊件은 그대로 강화江華에 보관하고 새로 인출한 3건은 춘추관 및 평안도 묘향산과 경상도 태백산에 나누어 보관하고, 방본傍本 1건은 초본草本인데 지금 보관할 만한 지방 사고가 없으나 그냥 버리기가 아까우니, 강원도 오대산에 보관하는 것이 마땅합니다. 길일을 이미 가렸으니, 당상과 낭청을 속히 나누어 보내 장마 전에 봉안해야 하겠기에 감히 아룁니다"하니, 알았다고 전교하였다.[99]

여기서 오대산 사고에는 '그냥 버리기가 아까운' 초본을 보관하기로 결정하였다는 사실이 주목된다. 임진왜란을 마친 뒤에 경제가 어려운 상황 속에서 방본傍本 즉 초본草本을 버리고 13대 실록 259책(804권)을 다시 제작하려면 드는 종이와 표지 조달이 만만치 않았을 것이다. 하지만 『선조실록』부터는 교정을 완성한 인쇄본 5부를 간행하여 춘추관과 지방의 4대 외사고에 보관하였다. 이 때문에 오대산 사고에는 태조에서 명종까지 이전의 13대 왕의 교정초본과 선조 이후의 최종 완성본 실록이 함께 보관되었다.

그런데 춘추관 사고의 실록은 1624년의 이괄의 난 때 모두 소실하였고, 묘향산 사고의 실록은 1633년 무주에 적상산 사고를 신설하면서 옮

---

[99] 『선조실록』 선조 39년 5월 7일 갑술.

겨왔다. 또 마니산 사고[100]의 실록은 병자호란으로 크게 파손되어 낙장과 낙권이 많이 생기자, 현종 1년1660년에 새로 설치된 정족산 사고로 옮겨졌다. 이와 달리 오대산 사고와 태백산 사고의 실록은 봉안된 뒤에 크게 변동되거나 피해가 없이 그대로 보존되었다. 이 때문에 상대적으로 접근하기 어려운 이들 사고의 실록은 다른 사고에 견주어 보존 상태가 양호한 것으로 평가받고 있다.

오대산 사고에는 구본인 『성종실록』 9책과 『중종실록』 50책 및 『선조실록』 15책의 교정쇄본이 보존되어 있다는 데에 주요한 특징이 있다. 1603~1606년에 실록을 재간행할 때 교정지를 제본한 것이다. 당시 전주 사고본을 저본으로 한 조판, 시험 인쇄, 2회의 교정, 본인쇄本印刷의 과정을 거쳐 재간행된 실록은 태백산, 적상산, 춘추관 등 3사고에 보관하였고 시험 인쇄 후 2회 교정이 이루어진 교정지는 버리지 않고 제본하여 오대산 사고에 보관하였던 것이다. 오대산 사고본은 재간행 실록 259책 중 극히 일부가 남아 있긴 하지만 서지학적으로는 유일본이라고 할 수 있다[101]는 점에서 그 가치와 특징이 있다.

2. 『광해군일기』 정초본의 필사본 보존

〈표 4〉에서 볼 수 있는 것처럼 오대산 사고 실록의 총 책 수는 788책이다. 그런데 이것은 같은 복인본인 태백산 사고 실록의 책수인 847책과 책 수에서 일정한 차이가 있다. 『광해군일기』 중초본 187권 64책은 태백산 사고에만 유일하게 봉안되었다. 반면 오대산 사고에는 이후 숙종 대에 이르러 『광해군일기』의 정초본에 기반한 필사본이 봉안되었다.

---

100 최근 마니산 사고의 존재에 대해 의문을 제기한 연구가 발표된 적이 있다.
101 이상찬, 앞의 글, 앞의 책, p.498.

『광해일기』를 정사正寫한 것 1백 86편을 39책으로 장정하여 2건을 만들었고, 또 중초를 가져다 장정하여 총 64책으로 1건을 만들어 모두 합하여 3건을 만들었습니다. 이미 공역을 끝내고서 1건을 강화로 먼저 보냈습니다. 1건은 마땅히 태백산으로 보내고, 1건은 적상산으로 보내야 하는데, 마침 일이 많은 때를 만났으니, 우선은 춘추관에 보관해 두었다가 가을 추수 뒤에 사관을 보내 나누어 보관하게 하소서"하니, 임금이 따랐다.[102]

『광해군일기』는 인조 대에 중초본을 포함하여 3건으로 만들어졌다. 정본 186권 39책[103]은 강화의 정족산과 무주의 적상산에 보관하고 봉화의 태백산에는 187권 64책의 중초본을 보관하였다. 인조 대에 오대산 사고 봉안이 논의되지 않은 것은 당시 3건만이 제작되어 오대산 사고는 우선 순위에서 밀려났기 때문으로 풀이된다.[104] 그런데『태백산사고형지안』에『광해군일기』는『선조실록』과『인조실록』사이에 기재된 것으로 보아 태백산 사고에는 중초본『광해군일기』가 효종 대에 봉안되었음을 알 수 있다.[105]

숙종 4년 9월 19일의 실록의 "『광해조실록』을 강화부와 오대산과 적상산의 사각에 다시 갈무리 하였다"는 기사와 오대산 사고의『봉안형지안』奎9401을 통해 1678년 9월에 필사된『광해군일기』39권[106]이 오대산 사고에 봉안되었음을 알 수 있다. 인조반정 이후『광해군일기』는 수정되어 정초본을 저본으로 한 중초본이 남아 있기 때문이다.

또『광해군일기』의 경우는 형지안에『현종실록』다음의 궤짝에 수록되어 있었다.『광해군일기』는 왕별 순서가 아닌 봉안 순서에 의해 궤짝

---

102 『인조실록』인조 12년 5월 17일 임인.
103 이 기록과 달리 현재 보관된『광해군일기』는 187권 40책이다. 당시부터 착오가 있었던 것으로 짐작된다.
104 신병주, 앞의 글, 앞의 책, p.196.
105 1661년 9월『태백산포쇄형지안』(奎9220) 참조.
106 현존하는『광해군일기』는 39책에서 1책이 추가되어 40책이다.

에 보관되었던 것이다.[107] 『광해군일기』가 오대산 사고에 봉안된 것은 숙종 대인 1678년 9월이었다. 『광해군일기』는 처음 인조 대에 편찬되었으나 다른 실록들과 달리 중초본을 태백산 사고에 보관하였다. 반면에 오대산 사고에는 『광해군일기』의 정초본이 보관되었다.

3. 구본 교정쇄본과 신본 완성본의 공존

오대산 사고본 실록 788책은 1911년에 서울로 옮겨진 일부(356책)와 함께 1913년에 나머지(432책)와 함께 일본으로 반출되었다. 1923년에 이 실록은 관동대지진으로 대부분이 소실되었다. 1932년에는 남아 있던 27책이 경성제대에 반환되었고, 2006년에는 나머지 47책이 서울대 규장각 한국학연구원에 환수되어 현재 국립고궁박물관에 보관되어 있다. 여기에 민간에서 추가로 발견된 『효종실록』 1책을 합친 75책은 『성종실록』 9책, 『중종실록』 50책, 『선조실록』 15(16)책이다. 단순히 이렇게만 놓고 보면 오대산 사고본의 가치는 여타의 외사고에 견주어 현저히 떨어진다.

이들 중에서 『선조실록』 15(16)책은 정족산 사고본, 태백산 사고본, 적상산 사고본 등 3사고본이 『선조실록』과 내용이 같기 때문에 특별한 가치를 지니고 있다고 할 수 없다. 다만 형식에 있어서 권(책)수의 차이를 지니고 있고 교정쇄로서 구건과 신건이 어떻게 변화되었는가를 엿볼 수 있다는 점에서 자료적 학술적 가치를 지니고 있다고 할 수 있다.

살펴본 것처럼 오대산 사고본에는 구본 교정쇄본과 신본 완성본이 함께 보관되어 있다는 특징이 있다. 전주사고본을 저본으로 하여 다시 복인본 3벌을 만들었지만 당시의 경제적 상황을 고려해 오대산 사고에 보관할 1벌을 더 만들지는 않았다. 대신 전주사고본의 구건에 의지한 교정

---

107 신병주, 앞의 글, 앞의 책, p.196의 주56) 참고.

쇄본을 버리기 아까워 오대산 사고에 보관하였다.

이때의 교정쇄본은 『성종실록』(9책)과 『중종실록』(50책), 『선조실록』(15/16책)으로 알려져 있다. 선행연구는 교정쇄 제자 과정, 교정 대상과 절차, 교정 방법 등을 통해 논구되어 왔다. 거기에서는 형태에 따라 8개의 교정부호를 추출하기도 하였고[108] 14개의 교정부호를 추출하기도 하였다.[109] 이외에도 일부 모호한 몇몇 교정부호를 더 추가할 수 있을 것이다. 하여튼 다른 사고본과 달리 오대산 사고본 실록은 구본의 유일한 교정쇄본을 보관하고 있다는 점과 구본과 신본이 공존하는 실록이라는 점에서 특이점을 찾을 수 있다.

V. 오대산 사고본의 특징과 이관 역사

1. 권(책) 차의 불일치와 편책의 차이 판본

조선시대에는 실록을 간행한 뒤 교정지를 세초洗草하는 것이 상례였다. 특히 실록 간행 과정에서 먹이 짙어서 못쓰게 되었거나 순서가 뒤바뀐 경우에는 불태웠다.[110] 실록 편찬 당시 교정지는 대개 세초를 하였기 때문에 좋은 종이를 쓰지 않았다. 임진왜란 이전 실록 중간본의 교정쇄

---

108 배현숙, 앞의 책, pp.262~263. 저자는 8가지로 교정부호를 추출하였다.
109 이상찬, 앞의 글, 앞의 책, p.513. ①사선 ②8자형 ③글자 사이의 타원 또는 조그만 원 ④글자 위의 원 ⑤수정 지시 ⑥색칠한 원 ⑦활 모양 ⑧덧칠 ⑨빈칸 직선 ⑩ㄱㄴ 모양 ⑪下上 ⑫점 ⑬X 모양 ⑭기타 조합형으로 추출하였다. 이럴 기초로 필자는 전주사고본, 오대산사고본, 태백산사고본 실록을 1) 자형 비교, 2) 극항(極行)의 변화, 3) 자구의 차이 등으로 비교하고 있다.
110 『선조실록』 선조39년(1606) 5월 5일조. 濃墨錯張 六十三卷二張을 1606년 5월 5일에 堂上과 郞廳이 회동하여 불태웠다.

와 임진왜란 이후의 정본으로 구성된 오대산 사고본은 도침을 하지 않은 장지壯紙여서 두께도 얇고 종이의 질도 상당히 떨어지는 것으로 추정된다.

조선 후기 1606년에 재간행된 『태조실록』에서 『명종실록』까지의 외형은 표지는 황색 한지, 내지는 생지, 크기는 43×31cm, 판형은 15행 34자로 되어 있다. 전주사고의 실록에 견주어 이들 사고의 실록은 크기가 작아지고 판형이 달라졌다. 종이 두께도 차이가 있어서 편찬 당시의 전주사고의 실록은 장지壯紙를 사용하였음에 비해 재간행 실록은 장지보다 두께가 얇은 백지白紙를 사용하였다.[111] 이 때문에 오대산 사고본 실록은 788책으로서 제책 과정에서 권(책) 수의 차이가 난 것이다.

오대산 사고 실록의 권(책)수에서 가장 문제가 되는 것은 『선조실록』으로 알려져 있다. 『선조실록』은 정족산 사고본이 221권 125책이며, 태백산 사고본이 221권 116책이다. 하지만 오대산 사고의 형지안에는 봉안 당시부터 계속 89권(책)으로 기재되어 있다. 특히 현존하는 오대산 사고의 실록을 살펴보면 권17에 해당하는 부분의 표제가 권9, 권18~권20에 해당하는 부분의 표제가 권10으로 되어 있기에 권89는 89책을 가리킴이 거의 확실하다.[112]

이것은 사고 별로 책 수가 차이가 나는 것은 인쇄된 실록을 똑같은 형태로 편집하여 책으로 만들지 않고 경우에 따라 2~4권을 합철하여 1책으로 만들었기 때문이다. 특히 『선조실록』은 조선 전기의 실록을 복간한 뒤 제일 처음에 만들었기 때문에 체재의 통일성이 온전히 이루어지지 않은 상태[113]로 제책했기 때문으로 이해된다. 한편 〈표 5〉는 동경제대에서 '출납부비용'을 위해 적은 『이조실록목록』이다.

---

111 이상찬, 앞의 글, 앞의 책, p.503.
112 신병주, 앞의 글, 앞의 책, p.192.
113 신병주, 앞의 글, 앞의 책, p.192.

〈표 5〉李朝實錄目錄 出納部費用

番號	實錄이름	卷數	冊數	板本
1	太祖實錄	15	3	活字版
2	定宗大王實錄	6	1	活字版
3	太宗實錄	36	16	活字版
4	世宗莊獻大王實錄	163	67	活字版
5	文宗恭順大王實錄	13 (內卷十一缺)	5	活字版
6	端宗大王實錄及附錄	15	6	活字版
7	世祖惠莊大王實錄	49	18	活字版
8	睿宗襄悼大王實錄	8	3	活字版
9	成宗大王實錄	297	47	活字版
10	燕山君日記	63	17	活字版
11	中宗大王實錄	105	53	活字版
12	仁宗大王實錄(朝鮮嘉靖二十九年)	2	2	活字版
13	明宗大王實錄	34	21	活字版
14	宣祖昭敬大王實錄	221	88	活字版
15	宣祖昭敬大王修正實錄	40	8	活字版
16	光海君日記	187	39	寫本
17	仁祖大王實錄	50	50	活字版
18	孝宗大王實錄附行狀誌文類	22	22	活字版
19	顯宗大王實錄附行狀	23	23	活字版
20	顯宗大王改修實錄附行狀哀冊等	29	29	活字版
21	肅宗大王實錄每卷附補闕	65	73	活字版
22	景宗大王實錄	15	7	活字版
23	景宗大王修正實錄	5	3	活字版
24	英宗大王實錄	110	83	活字版

(표 계속)

番號	實錄이름	卷數	冊數	板本
25	正宗大王實錄及付祿,附錄續編	56	56	活字版
26	純宗大王實錄及附錄,附錄續編	36	36	活字版
27	憲宗大王實錄及附錄	17	9	活字版
28	哲宗大王實錄及附錄	15	9	活字版
	합계	1696	794	

〈표 5〉에 의하면 표제인 『이조실록목록』 오른편에 붉은 글씨朱書로 '출납부비용'出納部費用이라 쓰고 '주사란'朱絲欄의 판심에 동경제국대학 이라 쓴 괘지에 필사하였다. 거기에는 '조선춘추관봉교편朝鮮春秋館奉教編 총권수 1696, 총책수 794'라고 되어 있다. 아마도 '출납부비용'이라는 붉은 글씨로 쓴 것으로 보아 실록을 관리하기 위한 일련의 비용을 계산하기 위해 작성한 것으로 추정된다.

앞의 〈표 4〉와 비교해 보면 위의 〈표 5〉에는 『문종실록』 1책과 『선조실록』 1책이 빠져 있다. 또 『영조실록』의 127권 수는 다르지만 책 수는 봉안 당시의 83책 수와 일치한다. 따라서 이것은 『평창 오대산 융희 삼년 시월 이십오일 실록 포쇄시형지안』과 대체적으로 일치하고 있으며 1913년에 동경제국대학 부속도서관으로 반출된 책 수로 볼 수 있다.

살펴본 것처럼 오대산 사고본 실록은 교정쇄본과 완성본의 결합체라 할 수 있다. 또 교정쇄본은 당시의 경제적 상황을 고려하여 두께도 얇고 종이의 질도 상당히 떨어지는 장지를 사용하였다. 그 결과 다른 사고본 실록에 견주어 권(책)차의 불일치와 편책의 차이가 나는 판본이 되었다. 오대산 사고본은 교정본을 버리지 않고 보관하고자 설치한 것이었다는 점을 고려해 보면 당연한 결과임을 알 수 있다. 따라서 오대산 사고본은 다른 사고본에서 찾아볼 수 없는 교정쇄본이라는 점과 권(책)의 불일치와 편책의 차이를 지닌 판본이라는 점이 그 특징이라고 할 수 있다.

2. 국내 반출과 일본 환수 역사

오대산 사고본 실록은 모두 788책이었다. 하지만 현재 우리나라에 오대산 사고본 실록은 『성종실록』 9책, 『중종실록』 50책, 『선조실록』 15책 및 민간에서 발견된 추가본 1책을 포함하여 75책만이 남아 있다.

오대산 사고 실록은 1911년경 356책이 서울로 옮겨지고 나머지 432책은 오대산 사고에 그대로 남아 있었다. 1913년 11월에 나머지 오대산 사고 실록은 이미 서울로 옮겨온 실록과 함께 오대산 사고에서 일본으로 반출되었다. 당시 조선총독부 관원 및 평창군 서무주임 히구치, 고용원 조병선 등은 월정사에 와서 오대산 사고의 나머지 실록과 선원보각에 있던 사책史冊 150짐을 강릉군 주문진으로 운반하여 일본의 동경제대 도서관으로 반출하였다.[114]

이후 오대산 사고 실록은 1923년의 관동대지진 때 대부분 소진된 것으로 알려져 있었다. 1932년에는 경성제대에 27책을 반환하였고, 2006년에는 서울대 규장각에 나머지 47책을 반환하여 현재는 경복궁 내의 국립고궁박물관에 소장되어 있다. 당시의 동경제대 도서관 문서기록에 나머지 책들은 모두 소실되어 관련 기록을 자세히 알 수 없다고 적고 있다. 당시의 관련기록으로 유일하게 남아있는 『이조실록목록』 조차 작성 날짜를 알 수 없다.

2006년에 서울대 규장각으로 반환된 47책에는 '동경제국대학도서인' 東京帝國大學圖書印 과 '동경대학도서인' 東京大學圖書印 두 종류의 장서인이 찍혀 있다.[115] 1877년에 개교하여 메이지明治와 다이쇼大正 그리고 쇼와昭和 천왕 시대의 군국주의 영향 아래 '동경제국대학'으로 불리던 시

---

114 白鳥庫吉, 「朝鮮旅行談」, 『東洋時報』 184호, 1914 참조. 이상찬, 앞의 글, 앞의 책, p.499의 주1) 재인용.
115 이상찬, 앞의 글, 앞의 책, p.499의 주3) 참조.

기와 1945년 패전을 통해 '총리체제'의 민주주의 영향 아래 '동경대학'으로 명기한 것이 반출 이후 도쿄대학으로 이관되는 경위를 해명하는 근거가 될 수 있을지 모르겠다.

살펴본 것처럼 영감사의 깊은 정적 속에서 사고 참봉과 수호 사찰의 수직승도와 수호군에 의해 보관되던 오대산 사고본 실록이 일본으로 반출되고 지진으로 소실된 뒤 의궤와 함께 일부만 돌아왔다. 하지만 실록과 의궤는 아직까지 원래의 오대산 사고에 보존되지 못하고 서울대 규장각을 거쳐 경복궁 내의 국립민속박물관에 소장되어 있다. 이 시대에도 사고 관리와 보존 기능을 회복할 수 있다면 오대산 사고본 실록과 의궤의 영감사(사고사)로의 환지본처還地本處를 기대해 본다. 정부의 사고 관리 의지와 월정사 성보박물관의 운영 경험이 만나 본래의 자리로 돌아와 보존되기를 희망해 본다.

VI. 수호 사찰의 수직승도와 수호군의 실록 보호

우리 민족은 실록과 의궤 등을 통해 기록 문화의 가치와 보존 문화의 의미를 드높여 왔다. 전란과 화재의 위험 속에서도 역대 왕의 실록을 기록하고 보존함으로써 문화민족으로서의 자긍심과 자부심을 고취해 왔다. 『고려실록』을 비롯하여 『조선실록』이 전국의 명산과 명당에 보존될 수 있었던 것은 그 안에 수호 사찰이 있었고 수호 사찰에서 생활하는 수직승도와 수호승이 있었기 때문이었다. 고려 고종의 해인사 외사고 설치와 조선 세종과 선조의 외사고 설치에서 알 수 있는 것처럼 외사고로 비정된 해당 사고지에는 수호 사찰이라는 든든한 배경이 있었기 때문에 실록과 의궤 등이 보존될 수 있었다. 오대산 외사고의 설치 또한 마찬가지였다.

임진왜란 이후에 설치된 4사고는 해당 지역의 사찰과 직접 연계되어 있다. 이것은 분명 임란 이전 시대의 춘추관사고, 충주사고, 성주사고, 전주사고의 4사고와는 그 성격이 바뀐 것으로 볼 수 있다. 임란 이후 정부는 남한산성, 북한산성의 수축과 그 방호를 승도들에게 부여하였으며, 마찬가지로 실록의 보존과 수호 기능을 승도에게 역役으로 부여했다. 이것은 이전과 달리 승도의 존재를 사실상 인정하겠다는 정책 변화로 볼 수 있을 것이다. 이러한 변화는 결국 17세기 이후에 진행된 불교 정책의 변화와도 긴밀한 관계가 있는 것으로 이해할 수 있다.

『조선실록』은 유교 편향에 입각하여 사서가 지녀야 할 기본 덕목을 무시한 경우가 적지 않다. 즉 역사의 승자임을 자임하는 성리학자의 불교 관련 '기록에 대한 왜곡'과 편향에 따른 '고의적인 탈락'이 적지 않아 '세계기록유산으로서 조선왕조실록'이 지니는 일종의 흠결로 지적되고 있다. 한편 오대산 사고본은 임진왜란 이전 실록 중간본의 교정쇄와 임진왜란 이후의 정본 실록을 함께 보존하고 있었다는 점, 『광해군일기』의 정초본은 강화 정족산과 무주 적상산에 보존하고, 중초본은 봉화 태백산에 보존한 것과 달리 강릉(평창) 오대산에는 『광해군일기』의 정초본의 필사본을 보존하고 있다는 점, 여타의 사고본과 달리 일본에의 반출과 국내로의 환수를 거쳤다는 점, 일본이 탐낼 정도로 우리나라 기록 문화의 수월성과 존엄성을 동시에 보여주고 있다는 점에서 주목되고 있다.

특히 임진왜란 이전 실록 중간본의 교정쇄는 실록의 성립과정을 엿볼 수 있는 자료적 가치와 전주본의 잘못을 교정할 수 있는 근거가 된다는 점에서 학술적 가치를 지니고 있다. 무엇보다도 오대산 사고본 등의 실록은 수호 사찰의 수직승도와 수호군에 의해 지켜질 수 있었다는 것은 주목해야 할 지점이다.

■ 참고문헌

裴駰,『史記集解』「序」.
劉煦 외,『舊唐書』권159,「韋處厚」.
『고려실록』.
『高麗史』.
『고려사절요』제19권, 원종 12년 5월조.
一然,『三國遺事』제3권「탑상」, '前後所將舍利'.
閔漬,『五臺山史蹟』(월정사 성보박물관 소장).
徐居正,『東文選』第九十卷,「序 送裵仲員修撰曬史七長寺序 規 權近」.
『東國輿地勝覽』제39권 합천군 佛宇 조.
『조선왕조실록』.
『비변사등록』.
『승정원일기』.

조선총독부 편찬,『朝鮮寺刹資料(下)』(조선총독부, 1911; 한국문화개발사, 1972)의「史庫節目」.
한국사지총서편찬위원회,『전등사본말사지』(서울: 아세아문화사, 1978), p.48.
『조선사찰사료』하(서울: 고려서림, 1986), p.69.
서울대학교 규장각 편,『강릉도읍지(二)』, 1997, p.227.
이성무,『조선왕조실록 어떤 책인가』(서울: 동방미디어, 1999), p.216.
한국해외전적조사연구회,『해외전적문화재조사목록』(서울: 계문사, 2001).
배현숙,『조선실록연구서설』(서울: 태일사, 2002).
혜문,『되찾은 조선의 보물 의궤』(서울: 동국대학교 출판부, 2011), pp.44~46.
高榮燮,『한국불교사탐구』(서울: 박문사, 2015), pp.361~363.

申奭鎬, 「편찬사업」, 『한국사론』 제3권, 국사편찬위원회, 1975, p.170.

韓㳓劤, 「조선시대 史官과 實錄編纂에 관한 연구」, 『震檀學報』 제66집, 진단학회, 1988, p.77.

최일성, 「고려 外史庫의 변천과 忠州史庫」, 『사학연구』 제62호, 한국사학회, 2001, pp.91~124.

오항녕, 「실록의 儀禮性에 대한 연구: 慣例와 象徵性의 형성을 중심으로」, 『조선시대사학보』 제26호, 조선시대사학회, 2003, pp.5~38.

박대길, 「조선시대 사고관리의 변화」, 『국학연구』 제14집, 안동국학진흥원, 2009, pp.~549.

김성희, 「조선 시기 외사고의 변천과 오대산사고」, 『동국사학』 제57집, 동국사학회, 2014, pp.121~146.

강문식, 「조선왕조실록연구의 현황」, 『조선시대사학보』 제74집, 조선시대사학회, 2015.9, pp.215~245.

차장섭, 「『오대산사고등록』과 오대산 사고의 운영실태」, 『조선사연구』 제12집, 조선사연구회, 2003, pp.225~235.

조영록, 「오대산사고의 설치와 四溟大師」, 『동국사학』 제42집, 동국사학회, 2006, pp.149~174.

서병패, 「오대산 사고본 『선조실록』 판본 연구」, 『서지학보』 제30호, 한국서지학회, 2006, pp.5~32.

강문식, 「조선후기 오대산사고의 운영」, 『장서각』, 제27호, 서울대학교 규장각 한국학연구원, 2012.

신병주, 「오대산본 조선왕조실록의 간행과 보관」, 『역사와현실』 제61집, 한국역사연구회, 2006.9, pp.175~211.

신병주, 「오대산 史庫本 실록의 특징과 학술적 가치」, 『동국사학』 제57집, 동국사학회, 2014, pp.185~211.

이상찬, 「오대산 사고본 실록의 자료적 가치」, 『한국학연구』 제31집, 서울대학교 규장각 한국학연구원, 2013, pp.497~539.

강문식, 「조선후기 오대산사고의 守直僧徒 운영」, 『동국사학』 제57집, 동국사학

　　　　회, 2014, pp.43~71.
염중섭(자현), 「오대산사고의 입지와 사명당」, 『동국사학』 제57집, 동국사학회,
　　　　2014, pp.1~42.
배현숙, 「『朝鮮實錄』의 2019년 國寶 追加指定에 대하여」, 『서지학연구』 제81집,
　　　　한국서지학연구회, 2020.3.

제4부

조선시대 _ 전기·후기 불교

제1장 _조선 세조의 오대산 상원사 중창重創과 거둥 관련 유적遺迹
제2장 _청한 설잠의 불교사상
제3장 _허응 보우虛應普雨의 불교 중흥
제4장 _청허 휴정의 선심학禪心學
제5장 _종봉 유정鍾峰惟政의 선풍과 송운 유정松雲惟政의 교화

제1장

조선 세조의 오대산 상원사 중창重創과 거둥 관련 유적遺迹

Ⅰ. 오대산 원찰 상원사의 역사성
Ⅱ. 상원사 중창 지원과 거둥 행로
Ⅲ. 상원사의 세조 원찰 확립과 경제 기반 확보
Ⅳ. 세조의 불교 정책과 예종 성종의 지원

I. 오대산 원찰 상원사의 역사성

우리나라 동북방에 자리한 강원도 평창의 오대산五臺山은 오만 진신과 일만의 문수보살이이 상주하는 성소로 알려져 왔다.[1] 신라의 황룡자장黃龍慈藏, 600~667?이 당나라 유학을 마치고 고국으로 옮겨온 석존의 사리 일부를 중대 적멸보궁에 봉안하면서 오대산은 불사리佛舍利를 에워싼 오류성중五類聖衆[2]이 머무르는 성산이 되었다. 이후 신라 신문왕의 태자인 보천寶川과 효명孝明은 동쪽 대의 만월산滿月山, 남쪽 대의 기린산麒麟山, 서쪽 대의 장령산長嶺山, 북쪽 대인 상왕산象王山, 중앙 대의 풍로산風盧/爐山,地爐山의 5만 진신들에게 낱낱이 첨배하였다[3]고 전한다. 그리하여 세존의 사리가 모셔져 있고 오만 진신과 문수文殊보살이 주석하는 오대산은 법기法起보살이 머무르는 금강산과 함께 그 웅장雄과 심원深, 높이高와 넓이大의 우열甲乙을 겨루어 왔다.[4]

신라시대를 지나 잠시 잊혀져 왔던 오대산은 고려시대 말에 이르러 다시 존재감이 부각되었다. 당시 문인들은 "오대산은 천하의 명산이요, 상원사는 큰 사찰이다"[5]고 인식해 왔다. 뒤이어 조선 초 문인들도 오대산에 대해 "문수가 머무른 곳은 온 천하가 다 안다"[6]거나 "보배로운 곳이자 천년의 승지"라고 했다. 나옹 혜근懶翁惠勤의 제자인 영로암英露菴이 중창1376한 상원사(중대 남쪽 진여원)는 오대산의 중심에 자리하였다. 이 절은 1360년 이래 나옹(혜근)과 환암(혼수)이 머무르던 북대(상두암, 미륵암), 나옹의 문도들인 나암 유공懶菴游公과 목암 영공牧菴永公이 중창

---

1 一然, '臺山 五萬眞身', 『三國遺事』 제3권, 「塔像」 제4편.
2 一然, '臺山 月精寺 五類聖衆', 『三國遺事』 제3권, 「塔像」 제4편.
3 一然, '溟州 五臺山 寶叱徒太子 傳記', 『三國遺事』 제3권, 「塔像」 제4편.
4 金守溫, '上院寺重修記', 『拭疣集』 권2, 記類, "其雄深高大, 與楓岳相甲乙."
5 李穡, 「五臺山上院寺僧堂記」, 『牧隱文藁』 권6, 記; 徐居正, 『東文選』 권75, 記.
6 徐居正, 「送根上人歸五臺山」, 『四佳詩集』 권46, 詩類.

1393한 서대(수정암/염불암), 각운 설악覺雲雪嶽이 중창1401한 중대암(사자암), 지선志先이 중창1402 이전한 동대(관음암), 혜명니惠明尼가 중창1490한 남대(영감암)[7] 등의 다섯 암자를 통솔하는 본찰로서 독자적인 위상을 지녀왔다.

조선 정종 1년1399에는 상왕 이성계가 중대 사자암中臺庵을 원찰로 삼았고 암자가 중창이 되자 낙성식에 친히 왕림하였다.[8] 이어 태종은 상원사를 수륙재 도량으로 삼아 재를 설행하였으며,[9] 수륙재는 이 절이 불탄 세종 6년1425까지 지속되었다.[10] 세종은 재위 5년1424에 이르러 전주 경복사景福寺와 원속전元屬田 140결을 상원사로 이속하고 여기에 40결을 더해 주기에 이르렀다. 그 결과 상원사는 늘 100명의 승려가 머무르는 사격을 유지할 수 있었다.[11] 특히 나옹의 법손인 신미信眉, 金守省, 1405?~1480?[12]의 주석과 그의 제자 학열學悅의 권유, 왕비 정희왕후貞熹王后의 발의로 시작된 세조의 상원사 중창, 낙성식 참여 및 예종의 강릉도호부의 입안 지시, 그리고 성종의 강릉도호부 입안 재확인, 성종의 내수사 입안 지시, 나아가 인수대비의 후원 등에 이르는 일련의 중창과 제도적 지원책은 상원사의 사격과 위상을 드높였다. 또 신미의 제자인 학열의 주석과 전대前代에 하사한 전답田畓에 대한 조세租稅의 금지 등 왕실의 지속적 지원은 세조의 원찰로서 상원사의 지위를 더욱 공고히 하였고, 성종의 원찰인 낙산사에 상응하는 위상을 확립할 수 있었다. 하지만

---

7 黃仁圭,「여말 선초 나옹문도의 오대산 중흥불사」,『한국불교학』제36집, 한국불교학회, pp.263~277.
8 權近,「記類-五臺山獅子庵重創記」,『陽村集』권13.
9 『太宗實錄』권2. 태종1년(1401) 10월 2일, 丁巳.
10 『世宗實錄』권30, 세종7년(1425), 12월 19일, 甲申.
11 『世宗實錄』권24, 세종6년(1424), 4월 28일, 癸酉.
12 민족문화추진회,『한국문집총간 해제』1(서울: 민족문화추진회, 1991), p.154.『永山金氏族譜』와『萬姓大同譜』에 의하면 信眉는 본명이 守省이고, 그 다음 둘째인 동생이 守經, 셋째인 동생이 守溫(1409~1481)으로 보는 것이 맞다.

조선 후기 이래 대한시대[1897~남북통일] 초기까지 상원사는 한동안 월정사의 부속 암자로서 사격을 유지해 왔다.

대한시대 중기에 들어 상원사는 한암 중원漢巖重遠, 1876~1951의 주석[13] 이래 강원도 삼본산(건봉사, 유점사, 월정사) 승려수련소[1936~1940]를 운영하면서 그 존재감을 새롭게 부각시켰다. 해방 이후인 1946년에 월정사 주지 지암 종욱智庵鍾郁, 1884~1969은 금강산 마하연사摩訶衍寺의 건물을 본떠 상원사를 중창하면서 사격을 재수립하였다. 그러나 1950년에 6.25 전쟁이 일어나자 1951년에 이르러 상원사가 공비의 소굴이 된다는 이유로 북쪽으로 진군하는 국군에 의해 소각의 위험에 직면하였다. 이 때 한암 중원이 나서서 온몸으로 저지하면서 상원사의 사격을 지킬 수 있었다.[14] 또 오대산은 한암에 의해 지켜진 상원사와 그의 제자 탄허 택성呑虛宅成, 1913~1983과 그의 제자였던 만화 희찬萬化喜燦, 1922~1983이 이어간 월정사를 주축으로 한 오대산 수련원[1956~1958] 및 삼척 영은사 수도원을 통해 문수신앙 기도도량과 동양철학 강학도량을 품은 성산으로서 자리해 왔다.[15] 나아가 오대산은 '무소유' 정신과 '맑고 향기롭게' 운동으로 우리사회에 불교사상을 널리 알린 불일 법정佛日法頂, 1932~2010이 만

---

13 서울 봉은사에 주석하던 漢巖 重遠을 1926년에 상원사로 불러들였던 인물은 智庵 鍾郁이었다.
14 이정 편저, 『한국사찰사전』(서울: 불교시대사, 1996), pp.311~313 참조. 한암은 국군이 상원사를 불태우려 하자 잠시 기다리게 한 뒤 가사를 두르고 나와 법당에 앉아 "당신들이 군인의 본분에 따라 상관의 명령에 복종해야 하듯이 절을 지키는 것은 승려의 본분이다. 나는 법당에 앉아 마지막까지 승려의 본분을 버리지 않겠으니 그냥 불을 질러라"고 말했다. 이에 불을 지르려던 장교는 상관을 명령을 따르기 위한 방편으로 법당 문짝만 떼어서 불을 지른 뒤 돌아갔다. 이 일화를 근거로 전쟁에 장교로 참여했던 소설가 선우휘는 당시의 상황을 형상화하여 「상원사」라는 단편 소설로 남겨 놓았다.
15 高榮燮, 「만화 희찬과 오대산 총림화」, 『한국불교학』 제79집, 한국불교학회, 2016.9; 高榮燮, 『한국불교사궁구(2)』(서울: 씨아이알, 2019), pp.707~757.

년 20여년을 일월암(진부[16])과 수류산방(평창[17])에서 보내며 수행과 집필을 한 곳이기도 하다. 이처럼 오대산은 월정사라는 구심뿐만 아니라 상원사라는 또 하나의 구심을 품어온 산이다. 특히 상원사는 동남중서북 대臺를 거느리는 또 다른 본찰로서 자리해 왔다. 지금까지 세종의 불교정책과 상원사 거둥과 관련한 선행연구에서는 개별 주제와 단편 내용에 대한 논구가 이루어졌다.[18] 하지만 세조의 상원사 중창과 거둥 관련 유적 고찰에 대한 종합적 연구는 아직 미진하다. 이 글에서는 상원사의 오랜 역사와 문화의 지형 중에서 특히 조선 태조에 이어 세조의 거둥을 통해 세조의 원찰이 된 상원사의 중창 과정과 경제적 기반 확보 및 유적遺迹에 대해 종합적으로 살펴보려고 한다.

---

16 日月庵은 강원도 평창군 진부면 감평2리(求昔村)에 있으며 월정삼거리 500미터 전 좌회전하여 5분 거리에 있다. 자동차학원 건너편 이장집 사이에 있다. 여기에는 법정이 옮겨 세운 오층석탑도 있다.

17 水流山房은 강원도 평창군 진부면(도암면, 대관령면?) 동산리의 철책 안에 있으며 진고개에서 강릉방향으로 우회전하여 월정사쪽 방향으로 가다가 개자니골 입구로 들어가야 한다.

18 진성규, 「世祖의 佛事行爲와 그 意味」, 『백산학보』 제78호, 백산학회, 2004, pp.165~193; 박성종·박도식, 「15세기 상원사 立案文書 분석」, 『고문서연구』 제21, 고문서연구학회, 2003, pp.1~23; 이정주, 「세조대 후반기 불교적 상서와 은전」, 『민족문화연구』 제44호, 고려대학교 민족문화연구원, 2002, pp.238~269; 황인규, 「여말선초 나옹문도의 오대산 중흥불사」, 『불교연구』 제36집, 한국불교연구원, 2012; 황인규, 「조선전기 불교계의 삼화상고」, 『한국불교학』 제37집, 한국불교학회, 2003; 김무봉, 「『상원사중창권선문』의 조성 경위에 대한 연구」, 『불교학연구』 제30호, 불교학연구회, 2011.12, pp. 369~416; 염중섭(자현, 정암), 「세조의 상원사 중창과 「상원사중창권선문」에 대한 검토」, 『한국불교학』 제81집, 한국불교학회, 2017.2, pp.247~279; 염중섭(자현, 정암), 「세조의 금강산 상원사 거둥에서의 신이영응 설화에 대한 검토-상원사 중창과 강원도 거둥을 중심으로」, 『불교학연구』 제51호, 불교학연구회, 2017.6, pp.61~90.

II. 상원사 중창 지원과 거둥 행로

1. 고중세 월정사와 상원사의 역사 문화

상원사上院寺는 신라 선덕여왕 14년645에 자장율사慈藏律師가 창건하였다. 그는 귀국한 뒤 태백산 정암사, 영축산 통도사, 설악산 봉정암, 사자산 법흥사와 이곳 상원사 중대에 부처의 진신사리를 봉안하고 잠시 머물렀다. 그 뒤 685년경에 신문왕의 태자인 보천과 효명이 이곳에 들어와 머리를 깎고 살았다. 보천은 중대 남쪽인 상원사터 아래의 푸른 연꽃이 갑자기 땅을 뚫고 올라오자 그곳에 보천암寶川庵이란 암자를 지어 살았고, 효명은 동북쪽으로 6백 여보를 가서 북쪽 대의 남쪽 기슭에 또 한 연꽃이 피어난 곳에 효명암孝明庵이란 암자를 짓고 각기 부지런히 정업을 닦으며 살았다.[19]

이들 두 형제는 다섯 봉우리에 나아가 항상 정성을 다하여 예배하고 염불했으며, 날마다 이른 아침에 골짜기의 물을 길어다 차를 달여 1만 진신의 문수보살에게 공양했다고 한다. 때마침 신라 정신神文王, 政明 神文=淨神대왕의 아우副君가 왕위를 다투다 죽자 나라 사람들이 장군 네 사람을 오대산으로 보내 두 왕자를 서라벌로 데려 가려 하였다. 보천이 울면서 돌아가려 하지 않자 효명만이 서라벌로 돌아가 성덕왕에 추대되었다.

이어 성덕왕 4년705에 보천이 중대 남쪽에 진여원을 개창하자 성덕대왕이 친히 백관을 거느리고 산에 와서 불전과 불당을 지었다. 아울러 문수대성의 형상을 진흙으로 빚어 법당 안에 봉안하고 지식을 갖춘 영변靈卞 등 5명으로 늘 『화엄경』을 독경하도록 하고, 곧 화엄사華嚴社를

---

19 一然, '臺山 五萬眞身', 『三國遺事』 제3권, 「塔像」 제4편.

결성하도록 하였다. 오래도록 그 비용을 공급하기 위해 매년 춘추로 각각 산천에 가까운 주현에서 창고의 곡식 1백 섬과 정유 1섬을 바치도록 규정했다.

보천은 항상 신령한 물을 길어서 먹었더니 만년에는 육신이 공중에 날아 유사강流砂江 밖에 이르러 울진국 장천굴掌天窟에 머물면서 『수구다라니경』隨求陀羅尼經을 외는 것으로 밤낮의 일과를 삼았다. 어느 날 굴신이 나타나 말하였다. "내가 굴의 신이 된 지 2,000년이 되었는데 오늘에야 비로소 『수구다라니경』의 진리를 들었으니 보살계를 청합니다." 계를 받고 난 그 다음 날에 굴의 형체가 없어졌다. 보천이 놀라서 머문 지 20일 만에 다시 오대산 신성굴神聖窟로 돌아와 또 50년을 수도하니, 도리천신忉利天神이 조석으로 설법을 듣고, 정거천淨居天(색계 제4선의 5천) 무리들은 차를 달여 바치며, 40명의 성인은 10자 높이의 허공을 날면서 항시 호위하고, 가지고 있는 석장錫杖이 하루에 세 번씩 소리를 내며 땅을 세 바퀴씩 돌기에, 이것으로 쇠북과 경쇠 소리삼아 시간 맞춰 수업하였다. 문수보살이 간혹 물을 보천의 머리 위에 부어서 성도기별成道記莂을 주기도 하였다.[20]

보천은 오대산 우통수于筒水의 물을 길어 늘 1만 진신의 문수보살에게 공양을 올리며 자신도 마셨다. 하루는 굴신이 찾아와 『수구다라니경』을 듣고 보천에게 보살계를 청하여 받은 뒤에 사라졌다. 이후 굴신이 머물던 장천굴은 성인 원효元曉와 보천이 머문 굴이라 해서 성류굴聖留窟로 불려졌다. 수 천 년간 재래 신앙의 성소였던 굴의 주인이 보천을 만나 불법에 귀의하자 이를 기리기 위해 보천은 원효 성인이 머물렀던 곳

---

20 一然, 臺山 五萬眞身', 『三國遺事』 제3권, 「塔像」 제4편.

이라 하여 성류사聖留寺라 하였다.²¹ 그리고 신라의 화랑과 승려들이 이곳을 수련과 기도의 성지로 여겨 참배가 끊이지 않았다.²²

보천은 원적하는 날 아래와 같은 기록을 남겨서 산중에서 나라를 돕는 일을 행함에 도움이 되게 하였다.

"이 산은 백두산의 큰 줄기라 각 대에 진신이 상주하는 땅이다. ①푸른색은 동대의 북각과 북대의 남록 끝에 있으니 거기는 마땅히 관음방觀音房을 두고 원상 관음圓像觀音과 푸른 바탕에 1만 관음상을 그려 봉안하고, 복전승 5명이 낮에는 『금강경』과 『인왕경』과 『천수주』를 읽고, 밤에는 『관음경』 예참을 외도록 하여 이곳을 원통사圓通社라 부르도록 하라. ②붉은색은 남대의 남쪽에 있으니 지장방地藏房을 두어서 원상 지장圓像地藏과 붉은 바탕에 8대 보살을 우두머리로 한 1만 지장상을 그려 봉안하고 복전승 5명이 낮에는 『지장경』과 『금강반야경』을 읽고, 밤에는 『점찰경』 예참을 외게 하여 이름을 금강사金剛社라 부르도록 하라. ③흰색은

---

21 李穀, 「聖留寺記」, 『東遊記』(1349). 한때 이곳은 '탱천굴'(撑天窟) 혹은 '성류굴'(聖留窟)이라고 했다. 寶川 즉 寶叱徒는 이곳 석회암의 천연동굴 앞에 절을 짓고 진덕여왕(647~654) 때 元曉가 머물며 수도했던 사실을 기려 '성인이 머물렀던 곳'이란 뜻에서 '성류사'라 부르고 수도를 하였다.

22 정민, 「정민의 世說新語(515): 울진 성류굴에서 나온 신라 글자(窟神受法)」, 〈조선일보〉 2019년 4월 17일. 지난 2019년 4월 11일에 경북 울진군 聖留窟에서 신라 때 돌에 새긴[刻石] 銘文 30여개를 발견했다는 뉴스가 텔레비전과 신문에 나왔다. 이들 명문 중 "정원 14년(798) 무인년 8월 25일에 승려 범렴이 다녀가다"[貞元十四年, 戊寅 八月廿五日, 梵廉行]라는 명문은 1222년 전인 신라 원성왕 14년 때 것이다. 그 외 화랑 林郞과 共郞의 이름, 兵府史라는 관직명, 長天 등의 지명도 나왔다. 성류굴에 대해서는 고려 때 李穀이 쓴 『東遊記』(1349)에 나온다. 여기에는 聖留窟 앞에 聖留寺가 있었고 굴은 어둡고 깊어 절의 승려가 횃불로 인도했다고 한다. 무릎을 걷고 사다리를 타고 내려가 좁은 구멍 사이로 기어들어 가면 浮圖같고 佛像 같은 갖은 형상의 종유석이 나온다고 적혀 있다. 이번에 발견된 刻字는 더 훨씬 더 깊이 들어간 지점에서 발견하였다.

서대의 남쪽이니 미타방彌陀房을 두고 원상 무량수圓像無量壽와 흰 바탕에 무량수여래를 우두머리로 한 1만 대세지보살을 그려 봉안하고, 복전승 5명이 낮에는 8권의 법화를 읽고 밤에는 미타불 예참을 외게 하여 이름을 수정사水精社라 하라. ④검은색은 북대의 남쪽이니, 나한당羅漢堂을 두고 원상 석가불圓像釋迦佛과 검은 바탕에 석가여래가 우두머리로 된 5백 나한을 그려 봉안하고, 복전승 5명이 낮에는 『불보은경』과 『열반경』을 읽고 밤에는 『열반경』 예참을 외게 하여 백련사白蓮社라 하라. ⑤누런색은 중대에 있으니 진여원眞如院을 두고 중앙에는 진흙으로 문수文殊 부동不動 불상을 봉안하고, 뒷벽에는 누런 바탕에 비로자나불이 우두머리로 한 36화형化形을 그려 봉안하고, 복전승 5명이 낮에는 『화엄경』과 『육백반야경』을 읽고, 밤에는 문수 예참을 외게 하고 화엄사華嚴社라 하라. 보천암寶川庵은 화장사華藏寺로 개창하고 원상 비로자나삼존과 대장경을 봉안하고, 복전승 5명이 『문장경』門藏經을 읽고, 밤에는 화엄신중華嚴神衆을 외게 하며 매년 백일 동안 화엄회를 하게 하고 이름을 법륜사法輪寺라 하라. 이 화장사를 오대사의 절로 삼아 튼튼히 호지護持하며, 정행복전淨行福田에 명하여 길이 향화香火를 받게 하면 국왕은 천년의 수를 하고 백성들이 안락하고, 문무가 화평하며 백곡이 풍성하리라. 또 하원下院에 문수갑사文殊岬寺를 더 배치하여 모임의 도회소都會所로 만들고, 복전승 7명이 주야로 화엄신중 예참을 행하게 하라. 위의 37명의 재식료와 의복비는 하서부溟州 도내 8주의 세납으로 사사四事의 재원을 충당하여, 대대로 군왕이 잊지 않고 준행하면 다행한 일이겠다."[23]

보천은 이곳을 오대산을 나라를 돕는 신행결사도량으로 만들어 달라고 유언하였다. 그는 오방 즉 동대 - 청색 - 원통사(관음방), 남대 - 홍

---

23 一然, '臺山 五萬眞身', 『三國遺事』 제3권, 「塔像」 제4편.

색-금강사(지장방), 서대-백색-수정사(미타방), 북대-흑색-백련사(나한방), 중대-황색-화엄사(진여원)를 배치하여 오대산을 화엄만다라세계를 펼치도록 하였다. 이를 위해 보천은 자신이 머물던 보천암을 화장사로 개창하고 이 절을 오대사의 절로 삼아 튼튼히 호지하며, 정행복전淨行福田에 명하여 길이 향화香火를 받들게 하라고 하였다. 그렇게 하면 국왕은 천년의 수를 하고 백성들이 안락하고, 문무가 화평하며 백곡이 풍성하리라고 하였다. 또 하원下院에 문수갑사文殊岬寺를 더 배치하여 모임의 도회소都會所로 만들고, 복전승 7명이 주야로 화엄신중 예참을 행하게 하라고 하였다. 그의 유언에 따라 이곳 진여원에 문수보살상을 모시고 낮에는 『반야경』과 『화엄경』을 독송하게 했으며, 밤에는 문수예참을 행하게 했다. 결사의 이름은 '화엄사'華嚴社라 했고, 복전福田 7인을 두었으며, 그 경비는 가까운 주현州縣에서 주었다고 한다.

하지만 고려 말에 이르러 이 절은 극도로 황폐하여 폐사되기에 이르렀다. 고려 말 우왕 2년1376에 나옹 혜근1320~1376의 제자인 영로암英露菴이 오대산을 유람하던 중 이 절을 보고 판서 최백청崔伯淸과 그의 부인 김씨의 시주로 중창에 착수1376하여 이듬해 가을에 낙성을 보았다.[24] 그해 겨울에 선객 33명을 모아 10년 좌선을 시작했으며, 우왕 7년1281에 5주기 기념법회를 열자 승당의 불상이 방광을 하고 향내음을 풍겼다. 중창주 김씨 부인은 이 사실을 직접 보고 더욱 불교를 믿는 마음이 지극해졌고, 토지와 노비를 시주하였다.

조선의 태종은 1401년(태종 1) 봄에 상원사의 사자암(지금의 중대암)을 중건할 것을 권근에게 명하여 불상을 봉안하고 승려들의 거처로 사용할 집과 목욕소를 만들었다. 또 그해 11월에 태종은 사자암에 행차하여 성대한 법요식과 낙성식을 베풀었다. 이 때 태종은 권근에게 명하여 "먼

---

[24] 徐居正, 『東文選』 제75권, 「五臺山上院寺僧堂記」.

저 떠난 이의 명복을 빌고, 후세에까지 그 이로움이 미치게 하여 남과 내가 고르게 부처님의 은혜를 받게 하고자 하니, 경은 기록을 남겨 오래도록 후세에 알게 하라"고 했다. 이처럼 상원사는 조선 세조의 원찰이 되기 이전까지 이미 신라와 고려 시대에도 왕족 및 귀족들과 깊은 인연을 맺고 있었다.

2. 신미의 「상원사중창권선문」上院寺重創勸善文과 세조의 「어첩」御牒 검토

세조는 재위 중반을 넘어서면서부터 유교 일변과 유자 일색의 정책으로 통치하지 않고 불교 수용과 불자 활용의 정책을 펼쳤다. 이를 위해 그는 틈틈이 가까이 있는 유자들로 하여금 불경의 접촉과 이해를 유도하고자 했다. 세조는 대군시절부터 '부처의 도'와 '공자의 도'가 지닌 '소양지차' 즉 하늘과 땅 만큼의 차이를 알고 있었다. 이 때문에 그는 왕실로부터 서민에 이르기까지 유교 일변과 유자 일색으로 진행되는 국가 통치에 문제의식을 가지고 있었을 것으로 짐작된다. 이것을 뒷받침하는 기록을 살펴보기로 하자.

정효상鄭孝常과 어세공魚世恭과 유진兪鎭을 불러『능엄경』을 강하게 하였다. 어세공과 유진에게 명하여 서로 논란하게 하니, 두 사람의 묻고 대답하는 것이 더디었다. 이 때문에 임금이 말하였다. "그대들이 명을 받아 경을 읽으면서 오로지 뜻을 두지 아니하니, 이것은 무슨 마음인가?" 어세공이 잠잠하며 대답하지 아니하자, 유진이 대답하였다. "신은 명을 받은 날이 오래지 않고, 또 일의 번거로움으로 인해 마음을 다하지 못하였습니다." 임금이 말하였다. "명을 받은 날이 오래지 않지만, 내가 이미 명을 내렸는데 어찌하여 읽지도 아니하였는가?" 그가 대답하였다. "신이 과거에 오르지 못하여 과거 일에만 마음을 오로지 하였기 때문에 다른 데에 미칠 겨를이 없었고, 벼슬한 뒤로는 직무에 관계되는 일職事에 여가가 없어서 아무리 읽고 싶어도 읽을 수가 없었습니다." 임금이 명하여 어세공과 유진에게 몽둥이杖 30대를 쳐서 그 사유를 묻게 하였다. 이에 중추부동지사 정식鄭軾과 좌승지 윤필상尹弼商에게 명하여 의금부에 가서 또 몽둥이杖를 쳐서 묻게 하자, 어세공과 유진이 모두 대답하였다. "관청의 사무에 겨를이 없어서 부지런히 읽을 수가 없었습니다. 어찌 다른 뜻이 있겠습니까?" (임금이) 명하여 모두 가두게 하였다.[25]

세조는 12년 윤삼월 무인일에 이어 윤삼월 기묘일에도 불교와 관련된 교지를 전달했다.

> (임금은) 어세공과 유진을 석방하고 좌승지 윤필상으로 하여금 전교하게 하였다. "그대들이 『능엄경』을 받아 읽은 날이 이미 오래 되었고, 내가 그대들에게 명하여 서로 강론하게 하였는데, 그대들이 내 명을 가볍게 여기고 서로 돌아보며 말이 없으니, 그대들이 만일 부처를 좋아하는 것을 잘못이라고 한다면, 마땅히 '임금의 잘못된 마음을 바로잡지 아니할 수 없다'고 하면서, 장차 마음을 다해 극진히 간하여 고쳐 깨닫기를 바라는 것이 진실로 그 직책이다. 그대들은 어찌하여 얼굴로는 복종하고 마음으론 그러지 않는가? 만일 법으로 논하면 죄를 용서할 수 없으나, 이제 모두 용서한다." (임금이) 명하여 어세공과 유진을 파직시켰다.[26]

세조는 이처럼 유자인 대신들에게도 불교 경전을 읽히고자 하였다. 이어 그는 왕권을 강화하기 위해 옛 흥복사지에 원각사를 중건하였다.

---

25 『世祖實錄』 세조 12년, 윤3월, 戊寅.
26 『世祖實錄』 권38, 세조 12년, 윤3월, 己卯.

세조가 존경하던 혜각존자慧覺尊者 신미信眉의 둘째 동생이었던 김수온 金守溫, 1409~1481은 당시 정권의 중심부에 있었다. 그는 불경과 제자백가 및 육경에도 해박하여 세조의 총애를 받았다. 김수온은 세조의 왕권을 공고히 하기 위해 한양의 심장부에 자리한 원각사를 중창하면서「대원 각사비명」을 지었다.

당시 세조는 집무를 보다 몸이 편치 않아 열흘 정도 상원사에 머물러 있었다.[27] 이에 요절한 세자 도원군桃源君의 비인 한씨로부터 왕실 원찰 추천의 부탁을 받은 신미가 상원사의 중창을 제안하였다. 세자비는 이 사실을 정희왕후에게 알렸고 정희왕후는 사자를 보내 신미와 학열에게 왕실에 들게 하였다. 혜각존자 신미는 학열과 함께 정희왕후를 찾아가 상원사 중창을 권선하였다. 이에 왕비가 뜻을 내자 신미가 중창 불사의 중심이 되었고 여기에 필요한 재원을 마련하기 위해 스스로 의발을 출연出捐하면서 모연募緣에 힘썼다.

세자비인 한씨(뒷날 仁粹大妃)의 노력으로 세조도 이 사실을 알게 되자 상원사의 중창 불사에 필요한 물자를 지원하라는 윤명綸命을 내렸다.

승 신미가 강원도 오대산 상원사를 구축하니 승정원承政院에 명하여 경상도 관찰사에게 글을 보내서 정철精鐵 1만 5천근, 중미中米 오백 석을 지급하게 하였다. 또 제용감濟用監에 명하여 면포綿布 2백 필, 정포正布 2백 필을 지급하게 하였고, 내수소內需所에서는 면포 3백 필, 정포 3백 필을 지급하게 하였다.[28]

---

27 金守溫,「上院寺重唱事績」(성화 11년, 성종 6년, 1475). 상원사 중창불사의 단초는 천순 8년(1464) 4월에 세조가 상원사에 열흘 정도 머물 때로 거슬러 올라간다. 세조는 이미 상원사에 와 본 적이 있었다.
28 『世祖實錄』권35, 세조 11년, 2월 20일, 丁酉.

이에 신미는 「상원사중창권선문」을 썼던 것으로 이해된다. 신미가 '권선문'을 작성하자 세조는 '공덕소'功德疏를 내렸다. 이후 신미의 글은 '권선문'이라 하고, 세조의 '공덕소'를 '어첩'御牒이라 하였다. 현존하는 이 두 글은 절첩본節帖本 형태의 두 판본을 통합해 '어첩'御牒이라고 적고 있다. 이 어첩은 언해본[29] 32면(공면 포함)과 한문본 64면(공면 포함)으로 구성되어 있다. 앞에는 신미의 권선문이 있고, 뒤에는 세조의 공덕소인 어첩이 함께 있다.

언해본에는 권두서명五臺山上院寺重創勸善文, 한문 권선문, 쓴 날짜天順 八年 臘月 十八 日, 언해 권선문, 한문 어첩(공덕소), 언해 어첩(공덕소), 세조의 직명 본명 수결 인기, 자성왕비 윤씨 인기, 물목과 수량, 공덕주(여성 시주질 16명) 열기 순서로 되어 있다. 반면 한문본에는 권두서명五臺山上院寺重創勸善文, 한문 권선문, 쓴 날짜天順 八年 臘月 十八日, 신미 실명의 서명, 학열, 학조의 수결 및 행담의 실명 서명, 성민의 실명 서명, 한문 어첩功德疏, 세조의 직명 본명 수결 인기, 물목과 수량, 공덕주(남성 시주질 233명) 열기 순시로 적혀 있다.[30]

이 글은 크게 다섯 부분으로 나누어진다. 첫째, 신미가 1464년 12월 18일에 작성한 '권선문', 둘째, 세조가 상원사 중창과 관련해 찬술한 '공덕소', 셋째, 상원사 중창의 재원과 관련된 국가 차원에서의 후원 규모, 넷째, 내외 명부를 중심으로 하는 여성의 시주질 16명, 다섯째, 함경도와 평안도를 제외한 전국적인 대소신료로 구성된 남성 시주질 233명[31]

---

29 '漢字'는 考古學에서 東夷族이 만든 '殷字'라고 부른다. '은자'는 '甲骨文'을 거쳐 '漢字'로 불리게 되었다. 본디 한자는 舜임금의 司徒 즉 교육부장관이었던 蒼頡 즉 契이 만든 '古韓契'이며, 세종이 창제한 훈민정음은 '新韓契'이라고 할 수 있다. 진태하, 『한자는 우리의 조상인 동이족이 만들었다』(서울: 명문당, 2019).

30 四佛山人, 「五臺山에 留鎭한 御牒에 對하여」; 崔南善, 「影印臺山御牒叙」, 『불교』 제59호, 불교사, 1932, pp.28~30; pp.30~35.

31 염중섭(자현, 정암), 앞의 글, p.264.

이 기술되어 있다. 여기서 주목되는 것은 신미의 권선문이 세조의 공덕소보다 앞서 편집되어 있다는 사실이다.[32] 이것은 신분의 상하 간 순서가 아니라 집필의 시간적 순서에 따라서 편집된 것으로 이해할 수 있다.

 우리 성상께서 천명을 받자와 동녘 나라를 다시 만드시니 많은 백성들이 다 편안하기 그지 없으며 …… (권선문 서두 현대어역)

 …… (왕과 왕비) 두 분이 들으시고 특별히 윤명綸命을 내리셔서 어의御衣 몇 벌을 내리시며 ……"쌀과 포화布貨와 토목 공사에 쓸 것을 주어라"고 하시니, 우리가 특별히 달리 만남을 만들어 조그마한 정성精誠으로 산과 같은 (임금의) 목숨을 돕고자 하였습니다. 다행히 임금의 귀에 들리어 이와 같은 큰 보시布施가 계시니 …… (권선문 현대어역)

 …… 상원사는 더욱 수승한 땅이어서 우리들이 의발을 다 내어 이 절을 다시 지어 복 빌 땅을 삼고자 하였습니다. …… (권선문 현대어역)

 신미의 권선문에 이어 세조의 공덕소 즉 어첩이 이어진다. 여기에서는 일곱 가지 귀중한 보배인 삼보, 부모, 선지식에 대해 거론하고 있다.

 세간에는 일곱 가지 귀중한 것이 있나니 삼보와 부모와 임금과 선지식이니 삼보는 세간을 떠나는 으뜸이 되고, 부모는 낳아주고 길러줌의 으뜸이 되며, 임금은 몸을 보호하는 으뜸이 되며, 선지식은 미혹을 이끄는 으뜸이 되니, 본디 내가 잠저 이래로 혜각존자慧覺尊者를 일찍이 서로 알아

---

[32] 이 글에 대한 선행연구는 김선풍(1985), 김무봉(1996), 안병희(2001), 전영근(2006), 장용남(2007), 김무봉 편역(2010), 김무봉(2011), 한국목간학회 편(2014), 유필재(2015), 염중섭(2017) 등이 있다.

도가 합하고 마음이 조화되어 …… (어첩 서두 현대어역)

또 대사가 학열대사, 학조대사와 함께 나를 위하여 옷을 다 팔아서 신령한 절靈刹을 다시 지으려 함을 들었다. (어첩 언해문 현대어역)

…… 내가 이러므로 대사 등을 위하여 좇아 기뻐하여 조금 쓸 것을 도와서 구경究竟한 정인正因을 만드니, 이른바 '곧은 마음이 곧 보리'直心菩提者也이니라. …… (어첩 현대어역)

이러한 어첩 즉 공덕소를 분석해 보면 강력한 정치를 펼쳤던 세조가 아니라 아들 세자를 잃고 창병을 앓고 있는 유약한 인간 세조의 모습이 겹쳐진다. 더욱이 세조의 명으로 시작된 간경도감의 불사와 같이 어첩에 언해본과 한문본이 나란히 들어있는 곳을 보면 왕족 및 귀족 여성들과 일반 불자들을 위한 배려가 있었던 것으로 이해된다.[33] 어첩은 지식인들을 대상으로 한 한문본뿐만 아니라 왕족 및 귀족 여성들과 일반 불자들을 고려한 것으로 이해할 수 있기 때문이다.

세조가 유교를 정학으로 하는 조선시대에 불전 간행과 불교 사찰의 중건과 중수의 허용과 같은 일련의 시도는 통치자로서의 균형감과 노련함뿐만 아니라 불교에 대한 그의 인식을 보여준다. 그의 정책들을 보면 불교 수용 또는 불자 활용 나아가 왕족 및 귀족과 일반 백성들에게까지

---

33 세종이 訓民正音을 창제하며 머리글[御製]에 "나라의 말쏨이 중국어와 서로 달라[國之語音異乎中國] 한자와는 서로 통하지 아니하므로[與文字不相流通] 이런 까닭에 어린 백성들이 서로 이르고자 할 바 있어도[故愚民所欲言而] 마침내 제 뜻을 쉽게 펴지 못하는 사람들이 많다[終不得伸其情者多矣]. 내 이를 위하여 새로 스물 여덟 글자를 만드노니[予爲此憫然新制二十八字] 사람마다 쉽게 익혀 날로 쓰며 편안케 하고자 할 따름이니라[欲使人人易習便於日用耳]"고 한 애민정신은 아들인 세조에게도 어느 정도 영향을 미친 것이 아닐까.

정보를 공유하고 활용하게 한 왕이라고 할 사례들이 보이기 때문이다. 설령 그것이 불교계의 통치 차원에서 이루어진 것이라 해도 말이다.

3. 김수온의 「상원사중창기」上院寺重創記 검토

상원사는 세조 때에 중창불사가 마무리되었다. 그런데 10여 년이 지난 뒤에 성종은 재위 6년에 신미의 재가 동생인 영산부원군 김수온에게 명하여 「상원사중창사적기」를 작성하게 하였다. 여기에 따르면 상원사 중창은 학열 등이 밤낮을 전력하여 을유년1465 3월에 시작해 이듬해인 병술년에 낙성했다는 사실을 알 수 있다.

신미의 권선문 작성에 이은 세조의 공덕소 즉 어첩 하사는 물자를 보냈던 때인 을유년1465년 2월 20일 무렵이었을 것으로 짐작된다. 상원사 중창 이후 10여 년이 지난 뒤에 김수온은 성종의 명에 의해 「상원사중창기」를 쓰기에 이르렀다.

오대산 중대의 남쪽에 절이 있으니 상원사이다. 두 차례나 근심스러운 화재를 당하였다. 그때마다 책임을 맡은 고승開土이 있어서 형편에 따라 절을 중창했다. 그러나 그 만든 것이 협소하고 비루했다. 이 때문에 승려들이 거처하기에 적합하지 않았다.

천순 건원 8년1464 4월에 우리 세조 혜장대왕惠藏大王이 10일간 병을 앓았다. 태왕대비太王大妃 전하가 근심스럽고 두려워 내관을 혜각존자 신미와 대선사 학열 등에게 보내었다. "궁궐 안팎中外 사찰이 모두 작법作法해 임금을 축수한다지만 명산의 승지에 하나의 가람을 세워 별원別願의 장소로 삼아 국가에서 기청祈請할만한 곳이 있으면 이곳에 나아갈 것입니다. 경 등은 사방을 유력했으니 반드시 그곳의 결欠缺과 실實利을 들어서 알 터입니다." 신미 등이 대답하였다. "오대산은 우리나라 명산으로 중대의 상원사는 지덕地德이 매우 기이하고 승도의 결제 즈음에 반드시 경침警枕의 걸출함이 있는데 불행하게도 공양주의 실화失火[가 있었습니다.] 화주化主의 힘이 작고 급히 힘쓰다取辦 보니 겨우 비바람만 막을 수 있습니다. 만일 옛터를 개축해 그 규모를 넓힌다면 오대산의 명찰로서 충분합니다. 그 빌고 바램祈祝에 있어서 별도의 향香과 비단幣을 내리시어 불사를 지으려고 하신다면 이 사찰처럼 편리한 곳은 없을 것입니다.

태왕대비 전하는 승려들의 말이 타당하다고 여기고는 전지傳旨를 내려 곧 세조에게 아뢰고 승 학열에게 명하여 모든 공사를 주관하게 하였다. (…) 얼마 지나지 않아 세조의 병세가 차도가 있어 점차 평소와 같이 회복되었다. 태왕대비 전하는 매우 놀라고 기뻐하며, 그 오대산의 신령함과 부처님의 교화를 한순간에 묵묵히 감득하였다.

세조께서도 친히 공덕소功德疏를 짓고 널리 보이니 종친들과 벼슬아치들이 임금의 뜻聖旨을 공경히 받들어欽承 가진 물건所有을 내놓았다占出. 인수대비(懿敬世子 즉 德宗의 비인 昭惠王后) 전하도 두 어른의 뜻을 계승하여 뜻을 받들어 조 오백 석을 시주해서 그 부족한 부분을 채워 넣었다. 이에 학열學悅 공이 새벽부터 밤까지 생각하고 몸소 감독과 독려를 더하였다. (공사는) 을유1465에 시작하여 다음해인 병술1466에 마쳤음을 알린다.[34]

「중창기」의 내용과 같이 상원사 중창이 이루어지자 세조는 왕비와 왕세자 및 문무 군료들을 거느리고 상원사 낙성에 참여하기 위해 한양을 떠났다. 세조는 1달 가까운 일정 동안 왕성을 비웠다. 이것은 과거 진秦나라 시황제始皇帝와 신라 진흥왕眞興王의 전국 순행巡幸 이래 종래 왕에게서는 거의 찾아볼 수 없는 사건이었다.

---

34 金守溫,「上院寺重創記」,『拭疣集』권2.

세조의 원찰인 상원사 중창을 위해 임금과 왕비 및 비빈들과 종친들과 벼슬아치들이 동참하였다. 임금의 거둥과 신하들의 동참은 상원사를 왕실의 원찰로서 확고하게 자리매김 시켰다. 그리고 왕실의 상원사 지원책은 세조대에만 머무르지 않았다. 세조의 상원사 중창은 그의 아들인 예종과 성종으로까지 이어져 강릉도호부와 내수사로부터 적극 지원을 받는 계기가 되었다.

4. 세조의 상원사 거둥 행로와 특별시特別試 실시

상원사는 본디 태조(이성계)의 원당이었고 태종(이방원)의 수륙사였다. 이 절은 창사 이래 명산에 위치하였고 지덕이 좋은 명찰로 이름이 나 있었다. 당시에는 나옹의 중창 이래 세조의 신임이 두터웠던 나옹계의 후예인 신미가 주석하고 있었다. 세조 10년1464에 왕이 중병을 얻게 되었다. 이에 왕비 정희왕후貞熹王后는 신미의 상원사 지덕설地德說에 따라 상원사를 세조의 원찰로 삼았다. 그리고 신미의 제자 학열에게 국왕의 치병을 기원하게 하였다. 뜻밖에도 국왕의 병세가 호전되었다.

국왕의 병이 호전되자 세조와 정희왕후는 크게 감동을 받고 상원사를 왕실의 기복도량으로 삼았다. 아울러 세종 7년에 화재를 입은 절을 중창하라는 명을 내렸고 중창의 공역은 신미의 제자인 대선사 학열이 주관하였다.[35] 세조는 혜각 신미와 그 제자인 학열의 권유로 이 절을 중창하였다. 세조는 11년1465에 학열에게 중창의 총감독을 맡기고, 경상감사에게 쌀 오백석을 강릉으로 운반하도록 하고, 제용감濟用監은 비판 1천 필을 내어 중창비용으로 쓰게 하였다.

상원사 낙성이 되자 세조의 병도 점차 나아졌다. 그가 공덕소를 지어

---

[35] 『世宗實錄』 권30, 7년 12월 甲申. 2-707.

반포하자 종친과 벼슬아치宰樞들이 세조의 뜻에 따라 재물을 염출하였다. 인수대비 또한 탱화를 봉안하기 위해 조租 150석을 하사해 보태도록 하였다. 학열은 밤낮으로 기획하고 독려하여 1465년세조 11 3월에 중창했으나 그 이듬해인 1466년에 마무리되었다. 이렇게 되자 세조는 중창 낙성식에 참석하기 위해 도성을 떠났다.

왕세자가 효녕대군 이보李補, 영응대군 이염李琰, 물거윤勿巨尹 이철李徹, 사산군 이호李灝, 영의정 신숙주申叔舟, 상당군 한명회韓明澮, 좌의정 구치관具致寬, 인산군 홍윤성洪允成, 중추부동지사 김수온金守溫, 김국광金國光, 이조판서 한계희韓繼禧, 호조판서 노사신盧思愼 등이 수레를 따라 나섰고 일행은 금강산을 거쳐 오대산에 이르렀다. 왕성을 떠난 세조의 어가 행로와 일정 및 장소는 다음과 같다.

3월 16일: 고성高城 탕정湯井 →
　17일: 철원 경계 →
　18일: 김화 소천리 →
　19일: 금성의 궁천 →
　20일: 금강산 동구 →
　21일: 장안사 → 정양사 → 표훈사 →
　22일: 회양 화천평 →
　23일: 통천 →
　24일: 통천 과야천 →
　25일: 불을지 →
　26일: 고성 탕정 행궁 → 온천 실시 →
　27일~30일 ~ 윤3월 1일 ~ 5일:
　　　11일간: 고성 탕정 행궁 장기 체류 →
　　6일: 유점사 - 탕정 행궁 귀환 →

7일~10일: 고성 탕정 행궁→

　　11일: 간성 명파역→

　　12일: 간성군 토성→

　　13일: 낙산사→

　　14일: 강릉 연곡리→

　　15일: 강릉 구산역→

　　16일: 대산 동구→

　　17일: 상원사 오대산 행궁 귀환(이날 別試 실시)→

　　18일: 문과 18인 및 무과 37인 선출-강릉 거화전→

　　19일: 횡성 실미원→

　　20일: 원주 사기막동→이후 윤3월

　　25일에 서울로 환궁[36]하였다.

　이 해에 세조가 강원도를 순행하였는데 산 아래의 까마귀를 살피는 벌판省烏之原을 정비해 머물렀다. 태왕대비 전하와 왕세자 그리고 호종하는 문무 군료들과 함께 상원사上元寺에 거둥하였다. 이 날이 낙성 개당일이었다.[37]

　여기서 주목되는 것은 세조의 행궁을 차린 성오지원 즉 성오평省烏坪은 예부터 까마귀 즉 태양을 숭배하는 곳이다. 고조선 이래 천신-산신-무속 신앙으로 이어지는 재래신앙은 불교 전래 이전 이 땅의 고유 신앙으로 자리해 오고 있다. 태양을 상징하는 까마귀를 살피는 곳이란 뜻을 지닌 이곳 성오평에서 이루어진 태양 숭배 신앙은 이곳이 고대 사

36　염중섭(자현, 정암), 앞의 글, p.259 참고.
37　金守溫, 위의 글, 위의 책, 권2.

회 이래 전해져 오는 무속신앙의 성소임을 일깨워 준다.

월정사月精寺의 사명 또한 '달의 정기가 모여든 곳'이라는 의미이다. 따라서 해를 상징하는 까마귀를 숭배하는 성오평과 달의 정기가 모여든 월정사는 예로부터 이곳이 고유 신앙의 성소였음을 증명해 주고 있다. 하늘에 태양이 하나이듯이 나라의 태양인 임금의 행궁을 이곳에 차린 것은 합당한 일이었을 것이다.

오대산의 성오평에 시설한 행궁에 이르른 세조는 오대산 상원사 중창을 기념하여 그곳에서 특별시험을 실시하였다. 임금이 행궁에 돌아와서 영의정 신숙주, 이조판서 한계희, 호조판서 노사신에게 명하여 문과 시험 장소試場에 나아가 시험에 간여하게參試 하였다.[38] 그리고 세조의 오대산 거둥에 즈음해서 처러진 특별시에 일 만 명이 모여서 시험을 치렀다고 해서 만과봉萬科峰이라고 이름이 붙여졌다고 한다.

> 순성巡省하는 것은 백성의 질병과 고통疾苦를 알고자 함이다. ①이제 강원도에 와 보니 땅은 넓은 데 인구는 드물다. 어떻게 해야 부유하고 인구가 늘어나게 할 수 있을까? ②군수軍需가 넉넉하지 못하니 어떻게 해야 넉넉히 쌓을 수 있을까? 그 각각을 모두 진술하여 대답하라. 장차 치용지학致用之學을 보고자 한다.[39]

'순성'이란 황제나 임금이 백성을 살피기 위해 도는 것이다. 순성은 순수巡狩 즉 왕이 나라 안팎을 돌며 두루 살피는 일이다. 이를 위해 특별히 시설된 특별시험은 그 의미가 적지 않다. 왕이 몸소 백성을 찾아가서 살피는 순성 즉 순수의 과정에서 치른 시험이기 때문이다. 시험의 시제

---

38 『世祖實錄』 권38, 세조 12년, 윤3월, 戊子.
39 『世祖實錄』 권38, 세조 12년, 윤3월 17일, 戊子.

또한 그러하다. ①어떻게 해야 부유하고 인구가 늘어나게 할 수 있을까? ②어떻게 해야 군수軍需를 넉넉히 쌓을 수 있을까?

이 두 가지 시제試題는 다분히 국가 통치의 일환으로 강원도에 대한 배려와 강원도 출신의 인재들로 하여금 강원도의 문제를 풀게 하도록 배려하고 있다. 이것은 한양으로 진출하기 어려운 강원도 양반들에 대한 배려와 위무를 위한 시제라고 이해할 수 있다. 특별시험을 통해 18일에는 문과 급제자 진지陳祉 등 18인[40]과 무과 급제자 37인이 선발되었다.[41]

세조가 강원도에 내린 특별한 배려이자 선물이었던 특별시험의 실시는 세조의 탁월한 통치자로서의 모습을 보여준다. 특별시험을 통해 선발한 55인은 아울러 상원사 중창 불사를 계기로 자신의 병증을 치유할 수 있었던 것에 대한 적극적인 보답이라고 할 수 있기 때문이다. 세조 당시 중창 낙성된 상원사는 세조 사후에도 인수대비 등 왕실의 후원에 의해 불사가 계속되었다.

상원사 전각을 보면, 불전 동서에 상실上室을 두었는데 학열은 지혜를 짜내어 상실 두 벽을 철거하고 칸막이로 대신하고, 큰 정진이 있을 것 같으면 두 벽을 들어 올려 불전과 통하도록 하여 한 장소가 되도록 하였다. 남쪽 회랑 사이에 5칸 누각을 짓고 종과 운판 도구를 달고 그 아래는 문을 만들어 출입하도록 하였다. 동쪽에 있는 상실의 동쪽에는 나한전을 세우고, 서쪽에 있는 상실의 서쪽에는 청련당을 세웠으며 청련당의 서쪽에는 재궁齋宮이 있다. 그 외 건물로도 주실廚室, 승당僧堂, 선당禪堂, 주고廚庫, 포벽泡湢 등이 있었는데 기둥만 헤아려도 56개나 된다. 강릉에 옛날

---

40 『國朝榜目』 世祖 丙戌.
41 『世祖實錄』 권38, 세조 12년, 윤3월 18일, 己丑.

부터 있어온 봉전菲田[순무 혹은 부추뿌리菲根가 여러 해 쌓여 된 밭] 수 백결을 학열의 요청으로 상원사에 귀속시켜 논으로 만들고 수백 석을 파종播種하여 해마다 수확하면서 상주비용으로 삼았다고 한다. 또 인수대비仁粹大妃(懿敬世子의 비, 세조의 며느리)가 소원을 이루기 위해 원불願佛을 만들면서 조 150석을 시납하고, 한편으로 죽은 어머니의 시식施食 마련을 위해 조租 60석을 시납하였다.[42]

중창 2년째인 1466년에 상원사의 나한전과 청련당靑蓮堂, 재주실齋廚室과 범종각 등이 모두 낙성되자 세조는 신미에게 초대 주지를 맡게 했다. 세조는 쌀 오백 석과 비단 1천 필을 하사하고 의발衣鉢과 좌구坐具와 탕약湯藥 등 수선修禪에 필요한 네 가지四事를 다 갖추고 범패승梵唄僧 52명을 모아 크게 낙성회를 설하였다.[43] 아울러 신미는 상원사 문수동자상에 명주로 만든 세조의 겉적삼과 속점삼 및 『법화경』등 불경을 복장유물로 넣었다.[44]

또 따른 복장물인 세조의 둘째딸 의숙懿淑공주가 세조 12년에 쓴 발원문에는 그의 남편 정현조鄭顯祖가 왕과 왕비, 세자저하를 위해 만수무강을 빌고, 또 자신의 득남을 위해 석가불·약사불·아미타불·문수보살·보현보살·미륵보살·관음보살·지장보살·16나한·제석천 등을 조성하여 문수사에 봉안했다[45]고 했다.

예종은 세조의 뜻을 따르기 위해 1469년(예종 1)에 세조의 원찰로 삼고, 전대에 하사한 전답에 대해 조세하는 것을 금했다. 또 내수사 노비

---

42 金守溫,「上院寺重創記」,『拭疣集』권2.
43 金守溫, 위의 글, 위의 책.
44 월정사 성보박물관,『월정사성보박물관도록』(월정사, 2000), pp.55~67. 해설에 보이는 것처럼 피고름이 심하게 묻어 있는 명주적삼은 피부병을 앓던 세조의 御衣로 추정하고 있다.
45 월정사 성보박물관, 위의 책, p.46.

15구를 하사하고 노비의 잡역과 사전지세寺田地稅 외 상렴常斂과 염분鹽
分의 세금도 왕패王牌를 내려 영원히 면할 수 있게 했다. 이처럼 세조의
상원사 거둥은 오대산의 위상과 지위를 높이고, 이후 오대산이 역사박
물관이 될 수 있게 했으며, 세조의 원찰 확립과 경제 기반을 확보하는
계기를 마련하였다.

III. 상원사의 세조 원찰 확립과 경제 기반 확보

1. 예종대 「상원사 성화 5년 강릉대도호부 입안」 문서 검토

　세조에 의해 중창된 상원사는 예종에 의해 원찰로 삼아졌고 전대에
하사한 전답에 대해 조세가 금지되는 등 경제적 기반을 확립하게 된다.
예종은 강릉도호부를 통해 두 차례의 입안 문서를 내리게 하였다. 입안
은 '개인의 청원에 따라 특정 사안, 즉 토지·노비 등의 매매·양도·소송의
판결, 특전特典의 인정 등을 관청에서 확인하여 그 사실을 입증하기 위
해 발급해 준 공증문서公證文書이다.[46] 강릉도호부에서 상원사에 내려진
입안 문서는 두 차례였다.
　예종의 명에 의해 강릉도호부는 「상원사 성화 5년 강릉대도호부 입
안」[47]을 발급하였다. 그 내용은 상원사에 산산제언蒜山堤堰을 제급題給하
고 제잡역諸雜役과 염분세鹽盆稅를 감면하라는 것이다.

---

[46] 박성원·박도식, 「15세기 상원사 立案文書 분석」, 『古文書硏究』 제21집, 고문서연구
학회, 2000, pp.1~20.
[47] 국립중앙박물관, 『조선시대 고문서』(1997), p.196. 이 입안 문서는 원래 상원사에서 소
장했던 것이지만, 현재는 국립중앙박물관에 수장되어 있다. 크기는 79.4×70.5cm이
고, 사방 7.5cm의 '江陵大都護府使印' 9개가 찍혀 있다. 박성원은 이 문서의 사방이
'7.5'cm가 아니라 '6cm'로 추정하고 있다.

성화 5년(예종 1)[1499] 윤2월 초9일 입안

이 입안은 금번에 올린 상원사의 도사승인 홍지弘智의 소지所志의 내용인즉 "절에 붙인 염분세鹽盆稅와 전지잡역田地雜役을 감제減除하라고 하신 전지傳旨를 상고하여 입안立案을 성급成給할 일"이라는 내용의 소지所志인 바로써, 상고相考하되 지난 2월 24일에 도착한 (강원도관찰)사의 관문關文의 내용인즉, "금번에 도착한 호조의 연문의 내용은 '성화 5년 2월 14일 좌부승지 신 윤계겸尹繼謙이 삼가 받든 전지에 이르되 "강릉부 땅 산산제언蒜山堤堰을 상원사에 제급하되, 동사의 제잡역과 염분세 등을 감제하도록 호조에 하달하라" 하신 일이 있으셔서 임금의 말씀과 같이 행하여 처리할 일'이라는 관문關文이 있으므로 사연辭緣을 상고하여 처리할 일"이라는 관찰사의 관문이 있기에 앞서 산산제언을 전지 내용과 같이 제급하며, 동사 제잡역과 염분세는 아울러 감제하고 (이에) 입안을 행하는 것임.

행강릉대도호부사行江陵大都護府使 '서압'署押　　　　　　　판관判官[48]

강릉대도호부는 학조의 제자인 상원사의 도사승 홍지에게 "강릉부 땅 산산제언蒜山堤堰을 상원사에 제급하되, 같은 절의 제잡역과 염분세 등을 감제하도록 호조에 하달하라"는 관문을 하달하여 조세를 면하게 되었음을 알렸다. 여기서 '산산제언의 제급'이란 달래의 모양으로 만든 발簾의 누름쇠로 강이나 바다의 일부를 가로질러 둑을 쌓아 물을 가두어 두는 구조물을 쌓을 수 있도록 관부의 판결이나 지령을 내려 준 것이다.

---

[48] 박성종·박도식, 앞의 글, pp.6~7 참고.

'제잡역'이란 국가나 공공단체가 지우는 병역과 부역 등의 공역公役 이외의 국민이 부담하는 여러 가지 부역을 가리킨다. 염분세는 소금에 부가되는 세금을 가리킨다. 관문關文이란 조선시대에 상관이 하관에게, 상급 관청이 하급 관청에 보내는 공문서를 가리킨다. 이를 통해 상원사는 예종 대에 이르러 경제적 기반을 제도적으로 확보할 수 있었다.

2. 성종대「상원사 성화 13년 강릉대도호부 입안」문서 검토

성화 5년에 예종에 의해 강릉도호부에서 입안이 내려짐으로써 상원사는 경제적 기반을 확보하였다. 이어 성종에 의해「상원사 성화 13년 강릉대도호부 입안」[49]이 한 차례 더 내려짐으로써 상원사는 거듭 경제적 기반을 다지게 된다. 그 내용은 예종의 원찰인 낙산사와 세조의 원찰인 상원사의 분속分屬과 지계승인持戒僧人에 의해 대를 이어 지니며持 지킬 것守을 전한 것이다.

성화 13년(성종 8년)1477 10월 일 강원도 강릉대도호부 입안

이 입안은 금번에 도착한 (강원도관찰)사 관문의 내용인즉, "예조의 관문 내용을 '본조에서 올린 계啓에 첨부된 강원도 양양 땅 낙산사와 강릉 땅 상원사에 의지依止하고 있는 승僧 신臣 육청六淸 등이 상언한 소지所志의 내용은 〈신臣 승려인 우리들은 지난 무자년(세조 14)1468에 세조대왕께서 낙산사를 예종대왕을 위하여 원찰로 명명하시고, 간경도감의 미포米包로써 공양 보시를 내주셨으며, 사승師僧인 학열學悅로서 영선

---

49 국립중앙박물관,『조선시대 고문서』(1997), p.198. 이 입안 문서는 원래 상원사에서 소장했던 것이지만, 현재는 국립중앙박물관에 수장되어 있다. 크기는 92 × 61.8cm이며, 사방 6cm의 '江陵大都護府使印' 7개가 찍혀 있다.

營繕하는 것을 감독하게 하신 뒤, 예종대왕께서 노비奴婢·전민田民 등을 사급賜給하셨으며, 상원사의 경우에도 세조대왕께서 원찰로 공양 보시를 내주셨으며, 특별히 중창을 명하시고 노비·전지를 시납施納하셨거늘 사승師僧 학열學悅이 전지傳旨를 봉승한지 3~4년에 이르러 수공輸工을 필역畢役하였으며 불기佛器 집용기執用器 잡물雜物에 이르기까지 모두 다 갖추어서 오늘에 이르기까지 머물러 있으면서 수호했는 바, 이 절들은 지계승인持戒僧人으로 하여금 입접지수入接持守하여 너희 삼보三寶를 오래도록 굳건히 할 것이라 한 일이 있는데, 학열學悅이 연로하여 병이 나니, 죽은 뒤에 연줄 있는 세처승인勢處僧人 및 양사승인兩寺僧人들이 전민田民 잡물雜物이 요족饒足할까 생각하여 지음持音 혹은 주지住持를 통틀어 살펴보니 정말로 그러하거늘, 앞서 양사兩寺는 세력에 의지하는 승인僧人 지음持音과 양종兩宗에 속한 승려들뿐만 아니라 산중에서 심행心行하고 있는 승인僧人으로서 교대로 간택하여 대를 이어 지수持守하는 일을 영구히 항식恒式으로 삼도록 명령하여 주실 일이라고 예조와 사헌부에 모두 소지所志를 올리니 처리하여 주실 일)이라고 예조와 사헌부에 모두 소지所志를 올렸던 바, 모두 기각하신 바가 있어 민망하오며 이에 절차를 밟아 선계善啓를 올리니 처리하여 주실 일이라고 상언上言하였거늘, 성화 13년 8월 29일에 계하啓下가 있어서 앞서 낙산사와 상원사 등은 분속分屬 뿐 아니라 상언上言한 내용과 같이 지계승인持戒僧人으로서 대代를 이어 지수持守하는 것이 어떻겠는가 (하셨으며), 성화 13년 9월 26일 좌부승지 신臣 손비장孫比長이 담당하여 아뢴 것을 윤허하신 일이 있어서 수교受敎의 내용과 같이 처리할 것'이라는 예조의 관문이 있으므로 관문의 내용과 같이 처리할 것"이라는 (도관찰사의 관문에 의거하여) 입안하는 것임.

행대도호부사行大都護府使 '서압'署押　　　　　행판관行判官 '서압'署押[50]

낙산사와 강릉 땅 상원사에 의지하고 있는 승 신 육청六淸 등이 예조에 〈학열이 연로하여 병이 나자 죽은 뒤에 연줄 있는 세처승인勢處僧人 및 양사승인兩寺僧人들이 전민田民 잡물雜物이 요족饒足할까 생각하여 지음持音 혹은 주지住持를 통틀어 살펴보니 정말로 그러하거늘, 앞서 양사兩寺는 세력에 의지하는 승인僧人 지음持音과 양종兩宗에 속한 승려들뿐만 아니라 산중에서 심행心行하고 있는 승인僧人으로서 교대로 간택하여 대를 이어 지수持守하는 일을 영구히 항식恒式으로 삼도록 명령하여 주실 일이라고 예조와 사헌부에 모두 소지所志를 올리니 처리하여 주실 일〉을 올렸다.

이에 강릉도호부에서는 낙산사와 상원사 등은 분속分屬 뿐 아니라 상언上言한 내용과 같이 지계승인持戒僧人으로서 대代를 이어 수지受持하는 것이라고 예조의 관문을 재차 확인시켜 주는 문서를 내려 주었다. 예조에서 종래에 시행되던 상원사와 낙산사의 경제적 기반을 거듭 뒷받침해주는 문서라고 할 수 있다. 이를 통해 상원사는 경제적 기반을 재차 안정적으로 확보할 수 있었다.

3. 성종대 「상원사 성화 17년 내수사 입안」 문서 검토

이후 성종은 다시 내수사에 명을 내려 상원사의 경제적 기반을 삼차 확보하게 한다. 「상원사 내수사 입안」[51]의 내용은 상원사가 낙산사보다

50　박성종·박도식, 앞의 글, pp.7~9 참고.
51　국립중앙박물관, 『조선시대 고문서』(1997), p.197. 이 입안 문서는 원래 상원사에서 소장했던 것이지만, 현재는 국립중앙박물관에 수장되어 있다. 크기는 79×120.5cm이고, 사방 7.5cm의 '內需司印' 9개가 찍혀 있다.

세입이 적으니 낙산사에서 거두어들인 포물布物·면화綿花를 상원사에 반분하라는 것이다. 상원사의 경제적 고충을 고려해 이웃 대찰인 낙산사의 포물과 면화를 상원사를 위해 절반으로 나누어 쓰라는 것이다.

상원사에 붙이는 성화 17년(성종 12년)1481 8월 24일 내수사 입안

이 입안은 분용分用에 관한 것임. 성화 17년 8월 16일 상온尙醞 신 김결金潔이 삼가 받든 의지懿旨에 이르되 "강릉 땅 상원사는 세조대왕을 위해, 양양 땅 낙산사는 예종을 위해 중창한 사찰이다. 그리하여 기물器物은 비록 서로 구별되었으나 맡은 일이 같고 일체여서 잠시도 서로 버리지 않았다. 낙산사는 사전賜田과 절수折受한 전답이 모두 의령宜寧·삼가三嘉·청도淸道 등의 고을에 있어, 포물布物·면화綿花를 해마다 팔아서 거승居僧의 경비가 두루 풍족하였으나, 상원사는 절수한 전답이 없고 사전도 많지 않으며 다만 강릉에 있을 뿐인데 (강릉은) 포물·면화가 나지 않는 땅인 까닭에 일반적으로 내원당內願堂에 거주하는 승려가 경비가 부족하므로 내가 심히 민망하다. 낙산사는 매년 거두어들이는 포물·면화를 상원사와 더불어 지금부터 영세토록 반분하여 쓸 일이니 (이 내용을) 내수사에 하달하여라" 하신 바로써 (이에) 입안함.

행전수行典需 '서압'署押   행부전수行副典需 '서압'署押   행전회行典會   행전화行典貨

별좌別坐   '서압'署押   별제別提   전곡典穀   전화行典貨[52]

성종 대에 이르러 상원사의 경제적 기반 확립을 위해 내수사를 통하

---

52 박성종·박도식, 앞의 글, pp.9~10 참고.

여 삼차 재확인시켜 주는 문서가 입안되었다. "낙산사는 사전賜田과 절수折受한 전답이 모두 풍족하였으나, 상원사는 절수한 전답이 없고 사전도 많지 않으며 다만 강릉에 있을 뿐인데 (강릉은) 포물·면화가 나지 않는 땅인 까닭에 일반적으로 내원당內願堂에 거주하는 승려가 경비가 부족하므로 내가 심히 민망하다. 낙산사는 매년 거두어들이는 포물·면화를 상원사와 더불어 지금부터 영세토록 반분하여 쓸 일"이라는 관문을 내수사를 통해 내려서 삼차 확인시켜 주고 있다. 세조로부터 시작된 상원사의 경제적 기반은 예종과 성종 대를 거치면서 낙산사와 반분하라는 제도적 뒷받침까지 이루어지면서 더욱 공고해 질 수 있었다.

4. 상원사의 세조 거둥 관련 유적과 유물

세조의 거둥 이래 상원사에는 많은 자취가 만들어졌다. 특히 다수의 유적과 유물의 형성은 상원사의 의미와 가치를 거듭 환기시켜 왔다. 상원사 동종, 문수보살상, 목각 문수동자상 내 총23점의 복장 유물(보물 제793호), 목각 신중상 일명 동진보살상, 세조 희사 39함의 고려대장경 봉안, 고양이 석상 두 구, 청량선원 내 석가여래좌상, 서대 이운 목각 대세지보살상 등이 대표적인 유물이라고 할 수 있다.

이들 유물 중 특히 성덕왕 24년725에 주조된 안동부 남문루南門樓에 걸려 있던 국내 최고 범종 (국보 제36호)은 상원사가 세조의 원찰이 되면서 상원사로 옮겨졌다.

임금이 보고 명하여 保安縣察訪 김종金鍾을 부르고, 또 환관宦官을 낙산사에 보내어 학열에게 물었다. 학열이 글로써 아뢰었다. "신이 내려올 때에 낙산사 감역승監役僧 양수良邃, 의심義心, 숭덕崇德 등이 신과 더불어 함께 포마를 타고 상원사에 이르러 수륙재를 베풀었습니다. 뒤에 낙산사에 이르러 신이 숭덕 등과 함께 안동安東의 관부官府의 종을 운반하게 하였습니다. 숭덕 등이 원주 신림역新林驛을 떠나 제천堤川을 경유하여 곧 안동에 도달하였습니다.[53]

신라 성덕왕 대에 조성한 동종을 낙산사 감역승이었던 숭덕이 보안현 찰방 김종 등을 불러 안동 관부에 있는 종을 운반하였다. 이 종을 옮겨온 사건을 통해 성덕왕 즉 효명孝明이 오대산에 머물며 수행했던 인연을 환기해 볼 수 있다. 현재 상원사는 이 종을 보호하기 위해 이 종과 같은 형태로 주조한 종을 나란히 종각에 달아두고 있다. 또 오대산 상원사를 상징하는 문수보살상에 대한 이야기는 아래와 같다.

괴질에 시달리던 세조가 월정사를 거쳐 상원사로 가던 중 시종들을 멀리하고 계곡 물에 들어가 목욕을 했다. 이때 동자가 숲속에서 걸어 나오자 세조는 동자에게 시원하게 등을 밀어달라고 부탁했다. 이어 세조는 "그대는 누구에게도 임금의 옥체를 씻어 주었다고 말하지 말라"고 하였다. 동자는 "임금도 어디 가서 문수보살을 만났다 말하지 말라"고 했다. 말을 마친 동자는 홀연히 사라져 버렸고, 세조의 몸에 났던 종기가 씻은 듯이 나왔다. 세조는 감격하여 화공에게 명하여 문수동자의 모습을 그리도록 했으며, 이어 나무로 문수동자상을 조각하도록 하여 상원사에 봉안하였다.[54]

---

53 『睿宗實錄』 권4, 예종 1년(1469), 윤2월 25일, 庚辰.
54 一然 『三國遺事』 권5, 「感通」 제7, '眞身受供'. "신라 효소왕 때 望德寺 落成宴에 왕이 친히 행차하여 공양을 준비하는데 (琵琶嵓에 사는) 한 누추한 비구승이 움츠리고 뜰에서 왕에게 청하였다. "貧道도 이 齋에 참여하고자 합니다." 왕이 비구승에게 끝자리에 앉기를 허락하였다. 재가 끝날 때에 왕이 희롱하는 말로 "어디서 사는가?" 하고 물었다. (……) 왕이 "돌아가는 길에 국왕이 친히 공양하는 재에 갔었다고 말하지 말라"고 말하였다. 비구승이 웃으며 "폐하께서도 또한 다른 사람에게 眞身釋迦

상원사의 오대천에서 문수보살의 화현인 문수동자를 친견한 뒤 병이 낫게 된 세조는 자신이 만난 문수동자와 똑같은 모습의 목각상을 조성하여 상원사 법당에 봉안하였다.

오대산에서 괴질을 고친 세조는 곧 바로 법당으로 올라가 예배를 올리고자 하였다. 그런데 어디선가 고양이 한 마리가 나타나 세조의 옷자락을 물고 계속 잡아당겼다. 이상히 여긴 세조는 병사들을 시켜 법당 안팎을 샅샅이 조사하게 하였다. 뜻밖에도 불탁 밑에 자객이 숨어 있었다. 세조는 자신의 목숨을 구해준 고양이의 은혜에 보답하기 위해 고양이를 위한 밭猫田을 하사하고, 한 쌍의 고양이를 돌로 새겼다. 이후 세조는 서울 근교에도 여러 군데 묘전을 설치하고 고양이를 길렀다. 지금도 이 절에는 법당의 돌계단 옆에 한 쌍의 고양이 석상이 있다.[55]

오대천에서 문수보살의 화현인 문수동자를 만난 이후 세조는 이어 목숨을 구해 주었던 고양이에게 은혜를 갚기 위해 고양이를 위한 밭인 묘전을 하사하고 한 쌍의 고양이를 돌로 새겨 모시게 하였다. 세조는 그 이후에도 서울 근교에 여러 군데 묘전을 설치하고 고양이를 길러 그 은

를 공양했다고 말씀하지 마십시오"라고 말하였다. 그리고는 공중으로 솟아 남쪽으로 갔다. 왕이 놀라고 부끄러워 동쪽 언덕으로 올라가 그가 사라진 쪽을 향하여 예를 올리고 사자를 시켜 찾아가게 했다. 남산 參星谷(혹은 大磧川源이라고도 함)에 이르러 돌 위에 석장과 바리때를 두고 사라졌다고 하였다. 사자가 와서 아뢰자 비파암 아래에 釋迦寺를 창건하고 그의 자취가 사라진 곳에 佛無寺를 세웠다. 석장과 바리때는 두 절에 나누어 두었는데, 이 절은 지금까지 남아 있으나 석장과 바리때는 없어졌다." 이 스토리의 변용으로 보이는 기록이 상원사에 거둥한 세조가 문수보살의 화현인 문수동자를 만난 이야기로 이어지고 있다. 조선총독부, 『조선사찰사료』(조선총독부, 1911); 이능화, 『조선불교통사』 제2책(서울: 신문관, 1918); 『역주 조선불교통사』 1~6책(서울: 동국대출판부, 2012).

55 조선총독부, 『조선사찰사료』(조선총독부, 1911); 이능화, 『조선불교통사』 제2책(서울: 신문관, 1918); 『역주 조선불교통사』 1~6책(서울: 동국대출판부, 2012).

혜를 기리고자 하였다.

이외에도 상원사와 오대암에는 여러 유물들이 산재해 있다. 청량선원 내 석가여래좌상을 비롯하여 목각 신중상 즉 일명 동진보살상, 서대로 이운한 목각 대세지보살상, 세조가 희사한 39함의 고려대장경 봉안, 세조가 관대를 걸었다는 관대걸이, 세조의 상원사 중창 및 상원사 오대산 거둥과 관련해서 치러진 특별시험에 만 명이 모여서 이름 붙여졌다는 만과봉이 있다.

또 근래에 발견된 목각 문수동자상 내의 총23점의 복장 유물(보물 제793호)에 의하면 세조의 외동딸 의숙공주와 남편 하성위 정현조가 세조 12년¹⁴⁴⁷에 오대산 문수사에서 문수보살상 등 8구의 불보살상과 16구의 나한상, 천제석상을 조성하여 봉안하였다고 전하고 있다.[56] 이처럼 많은 역사와 유물과 유적이 산재해 있다면 오대산의 상원사와 오대암 권역은 역사와 문화가 집성된 역사박물관이라고 할 수 있을 것이다.

IV. 세조의 불교 정책과 예종 성종의 지원

조선 세조는 계유정난을 통해 조카인 단종을 폐위한 뒤 왕위에 오른 군주였다. 그는 겉으로는 강력한 왕권을 행사하는 것처럼 보였지만 재위 기간 내내 대의명분과 정통성 문제에 시달렸다. 유학을 정학으로 수립한 왕조였음에도 불구하고 세조는 세종-문종-단종으로 이어지던 대군시절부터 불교의 연기적 세계관에 대한 이해가 있었다.

세조는 재위 중반에 어머니 소헌왕후^{昭憲王后}와 맏아들 의경세자의

---

[56] 「오대산 문수사 문수보살상 조성발원문」, 홍윤식(1984a, p.7); 홍윤식(1984b); 박상국 (1984, pp.81~85) 인용.

죽음 그리고 자신의 창병瘡病과 같은 삶의 근본문제에 부딪치면서 인간적 유약함을 이겨내기 위해 불교에 의지해 나가면서 불교 우호 정책을 펼쳐나갔다. 특히 그는 간경도감 설치를 통한 불전의 간행과 원각사와 상원사 등 불교 사원 중건(중창)의 적극적 지원책을 통해 유교 일변과 유자 일색의 정책에서 벗어나 불교 수용과 불자 활용의 정책을 펼쳤다.

오대산은 월정사라는 구심뿐만 아니라 상원사라는 또 하나의 구심을 품어온 산이다. 특히 상원사는 월정사의 부속 암자로서 존재해 오기보다는 오히려 동남중서북 대臺를 거느리는 또 다른 본찰로서 자리해 왔다. 상원사는 세조의 원찰이 되면서부터 본격적인 사격을 확립할 수 있었다. 나옹의 법손인 신미信眉, 金守省, 1405?~1480?의 주석과 그의 제자 학열學悅의 권유, 왕비 정희왕후貞熹王后의 발의로 이루어진 세조의 상원사 중창, 낙성식 참여 및 예종의 강릉도호부의 입안 지시, 그리고 성종의 강릉도호부 입안 재확인, 성종의 내수사 입안 지시, 나아가 인수대비의 후원 등에 이르는 일련의 중창과 입안을 통한 제도적 지원책은 상원사의 사격과 위상을 드높였다.

특히 신미의 제자인 학열의 주석과 전대前代에 하사한 전답田畓에 대한 조세租稅의 금지 등과 같은 왕실의 지속적 지원은 세조의 원찰로서 상원사의 지위를 더욱 공고히 하였고, 성종의 원찰인 낙산사에 상응하는 위상을 확립할 수 있었다. 이것은 여러 사찰을 중건(중창)한 세조의 불교 수용 정책과 그것을 계승한 예종과 성종의 지원에 의해서 가능할 수 있었다. 따라서 세조의 거둥 이래 상원사에는 많은 유물과 유적이 만들어져서 가히 노천박물관이라고 할 수 있다.

■ 참고문헌

『太宗實錄』
『世宗實錄』
『世祖實錄』
『睿宗實錄』
『成宗實錄』
一然,『三國遺事』
徐居正,『東文選』
金守溫,『拭疣集』
權近,『陽村集』
徐居正,『四佳詩集』
李穀,『稼亭集』
李穡,『牧隱文庫』

『永山金氏族譜』
『萬姓大同譜』

강순애,「순천 송광사 사천왕상의 복장전적고」,『서지학연구』제27집, 서지학회, 2004.
국립중앙박물관,『조선시대 고문서』, 1997.
高榮燮,「한국의 불전 번역과 불서 간행」,『문학 사학 철학』제25호, 대발해동양학한국학연구원 한국불교사연구소, 2012.
高榮燮,「조선후기 승군제도의 불교사적 의미」,『한국사상과문화』제71집, 한국사상문화학회, 2013.

高榮燮, 「만화 희찬과 오대산 총림화」, 『한국불교학』 제79집, 한국불교학회, 2016.
權相老, 『韓國寺刹全書』, 이회문화사, 1976.
김기종, 「간경도감의 언해불전」, 『불교와 한글』, 동국대출판부, 2015.
김두종, 「간경도감의 간행불전목록」, 『한국고인쇄기술사』, 탐구당, 1974.
김무봉, 「『상원사중창권선문』의 조성 경위에 대한 연구」, 『불교학연구』 제30호, 불교학연구회, 2011.
김영배, 「15세기 언해본」, 『국어사자료연구』 월인, 2000, pp.216~256.
민족문화추진회, 『한국문집총간 해제』 1, 민족문화추진회, 1991.
박성원·박도식, 「15세기 상원사 立案文書 분석」, 『古文書硏究』 제21집, 고문서연구학회, 2000.
四佛山人, 「五臺山에 留鎭한 御牒에 對하여」, 『불교』 제59호, 불교사, 1932.
안병희, 「간경도감의 언해본」, 『국어사문헌연구』 신구문화사, 2009.
월정사 성보박물관, 『월정사성보박물관도록』, 월정사, 2000.
염중섭(자현), 「세조의 상원사 중창과 「상원사중창권선문」에 대한 검토」, 『한국불교학』 제81집, 한국불교학회, 2017.2, pp.247~279.
염중섭(자현), 「세조의 금강산 상원사 거둥에서의 신이영응 설화에 대한 검토 - 상원사 중창과 강원도 거둥을 중심으로」, 『불교학연구』 제51호, 불교학연구회, 2017.6, pp.61~90.
이능화, 『조선불교통사』 제2책, 신문관, 1918.
국립중앙박물관, 『조선시대 고문서』(1997), p.198.
이능화, 『역주 조선불교통사』 1~6책, 동국대출판부, 2012.
이정 편저, 『한국사찰사전』, 불교시대사, 1996.
이정주, 「세조대 후반기 불교적 상서와 은전」, 『민족문화연구』 제44호, 고려대학교 민족문화연구원, 2002, pp.238~269.

정민, 「정민의 世說新語(515): 울진 성류굴에서 나온 신라 글자(窟神受法)」, 〈조선일보〉 2019년 4월 17일.
조선총독부 저, 『조선사찰사료』, 1911.

조선총독부 편, 『朝鮮金石總覽』, 아세아문화사, 1976.
진성규, 「世祖의 佛事行爲와 그 意味」, 『백산학보』 제78호, 백산학회, 2004, pp.165~193.
천혜봉, 「조선전기불서판본본고」, 『서지학보』 제5집, 한국서지학회, 1991.
崔南善, 「影印臺山御牒叙」, 『불교』 제59호, 불교사, 1932.
한국사지총서편찬위원회, 『傳燈寺本末史誌』, 아세아문화사, 1978.
황인규, 「조선전기 불교계의 삼화상고」, 『한국불교학』 제37집, 한국불교학회, 2003.
황인규, 「여말선초 나옹문도의 오대산 중흥불사」, 『불교연구』 제36집, 한국불교연구원, 2012.

제2장

청한 설잠의 불교사상
- 교법 인식과 선법 이해 -

Ⅰ. 교법과 선법
Ⅱ. 출사의 길과 출가의 길
Ⅲ. 교법에 대한 인식
Ⅳ. 선법에 대한 이해
Ⅴ. 교법의 사고방식과 선법의 살림살이
Ⅵ. 불자 설잠의 선교 이해

I. 교법과 선법

조선불교는 교단사로는 '산승불교시대' 내지 '산중승단 일색의 불교시대'[1]로 전개되었다. 철학사로는 '교법과 선지 중심의 불교' 즉 '선 중심의 선교 통합'[2]을 지향해 왔다. 이와 달리 사상사로는 국가의 공식적 지원을 받지 않은 '자립불교이자 자생불교'[3]로 자리잡았다. 조선 정부는 고려 이래 시행되어 왔던 불교의 정치 경제적 기능을 축소하고 사후 세계의 종교적 기능만을 인정하였다. 이러한 정책은 조선 전기의 과도기[4]를 거쳐 중기와 후기에까지 일관되었다. 그 결과 정부는 왕실의 내원당과 능침사찰 및 원찰에 대한 지원만을 공식적으로 혹은 비공식적으로 시행해 왔다.[5]

---

1 金煐泰, 『한국불교사』(서울: 경서원, 1997); 金煐泰, 「雪岑 당시의 對佛敎政策과 敎團事情」, 강원대 인문과학연구소 편, 『매월당, 그 문학과 사상』(춘천: 강원대학교 출판부, 1988), pp.7~8. 필자는 "태조 개국으로부터 9대 성종 때까지는 그래도 유명무실하나마 宗名과 僧科가 남아있었기 때문에, 宗名·僧科의 존속시대라 할 수가 있다. 그러므로 실은 禪宗과 敎宗이 없어지고 度僧 및 僧科制가 폐지되어 버린 燕山朝 이후를 山僧佛敎時代라고 불러야 옳을 것이다. 그러나 태종 때부터의 斥佛抑僧策 이래로 승려들은 주로 산중의 寺庵을 찾아 머물렀다. 그래서 태종의 抑佛과 더불어 山僧時代는 시작되었다고 보아도 무방하리라 여겨진다"고 보고 있다.
2 高榮燮, 「청허 휴정의 선교 이해」, 『한국불교사궁구』 2(서울: 씨아이알, 2019), p.200.
3 高榮燮, 『한국불학사: 조선대한시편』(서울: 연기사, 2005), p.30; 高榮燮, 『한국불교사궁구』 2(서울: 씨아이알, 2019), p.100.
4 金煐泰, 앞의 글, 앞의 책, pp.8~9. 자호를 松軒居士라 한 태조는 太古 普愚와 懶翁 惠勤의 비문에 門徒 조목에 들어 있으며, 無學 自初와 神將 神照는 태조의 창업에 도움을 준 사이로 알려져 있다. 태조는 개국 원년(1392)에 무학 자초(1327~1405)를 王師로 삼고 궁중에서 승려 200명에 飯僧하였고, 3년(1394)에는 천태종 승려 祖丘를 王師로 삼았다. 또 演福寺 탑을 중창하고, 興天寺를 창건했으며, 강화도에 있는 대장경판을 서대문 支天寺를 거쳐 해인사로 옮겼다. 건국 초창기에는 재위 7년 동안 대장경 인경 12회, 소재법회 14회, 불사법석 35회, 반승 9회 등 많은 불사를 행하였다. 세종의 중년 이후와 문종-단종-세조대까지는 불교 정책이 비교적 우호적으로 이어졌다.
5 조선 전기는 개국부터 성종까지로 보았으며, 이 전기는 다시 태조에서 세종까지를 초기로, 세조에서 성종까지를 제2기, 연산군 이후 폐불기를 제3기로 나눠볼 수 있다. 고

청한자清寒子 김시습金時習, 1435~1493[6]은 불도유 삼교에 조예가 깊었던 인물이다. 불교와 도교에 조예가 깊은 것에 대해 율곡은 "선禪과 도道 두 교教에 이르러서도 그 대의大意를 찾아내어 병이 되는 근원을 깊이 연구하기를 즐겨 불가禪語로 글을 지어 현미玄微한 것을 밝혀냄으로써 남들이 따를 수 없었고 막히고 걸리는 것이 없었다. 비록 늙은 승老釋, 이름난 승名髡으로 그 학문에 깊은 자라 하더라도 감히 그에게 대항하지 못하였다"고 하였다. 이러한 율곡의 기술은 그를 유자로 보았기에 가능했던 표현이다.

설잠은 세조의 왕위 찬탈을 계기로 사육신과 달리 생육신으로서 살았다. 그는 출가한 뒤 양주 수락사, 춘천 청평사, 내설악 오세암, 철원군 근남면(복계산 초막동), 경주 금오산 용장사, 공주 동학사, 부여 홍산현 무량사 등 출가 전국 사방을 거리낌 없이 돌아다니며 보살행을 하였다. 그의 높은 식견과 학덕은 많은 제자가 드나들게 했으나, 그는 언제나 미친 듯한 태도로 사람을 대하여 대부분의 제자들이 오래 견디지 못하고 떠나갔다 한다. 윤춘년은 그의 제자승으로 도의道義, 학매學梅, 선행善行 등을 언급하고 있다.[7] 1465년부터 1470년 사이에 그는 경주 금오산金鰲山으로 들어가 최초의 한문소설로 평가받는 『금오신화』를 지었으며 한동안 저술 활동에 매진하였다.[8]

려 광종 이래 시작되어 조선 연산조 때 폐지했다 명종 때 복원한 뒤 다시 폐지한 僧科制와 세조시대에 시설한 刊經都監을 11년 동안 운영하며 지원한 例外의 경우가 있다.

6 김시습은 자는 悅卿, 호는 淸寒子, 東峰, 碧山淸隱, 贅世翁, 梅月堂 등으로 여러 번 바꾸어 사용하였다. 이들 아호는 그가 추구했던 理想鄕이나 處世 信條의 단적인 標識를 보여주고 있다. 출가 이후 사용한 법명은 雪岑이다. 살았을 대에 손수 늙고 젊은 두 초상을 그리고 또 스스로 贊을 지어서 절에 두었는데, 贊의 말미 내용[亂]에 말하기를, "너의 형상이 지극히 작고, 너의 언행은 크게 참되니 마땅히 언덕과 구렁에 두어야 할 것이라"고 하였다.

7 尹春年, 「梅月堂先生傳」, 『매월당전집』, p.8상.

8 그의 아호가 된 梅月堂은 아마도 경주 金鰲山의 서재 앞에 자라는 매화와 보름에 경

1481년에 47세가 된 설잠은 조부의 제사를 치르러 나와 환속하였으며 안씨 부인과 재혼[9]하였으나 곧 상처하였다. 그는 1482년에 다시 산중으로 들어가 일정한 거처를 두지 않고 사문으로 살다가 1493년에 부여군 홍산현 무량사無量寺에서 입적하였다. 화장하지 말라는 그의 유언에 따라 그대로 두었는데 3년이 지나도 얼굴 빛이 생시와 같았다고 한다. 그에 대한 당시 유자들의 평가는 일정하지 않다.[10] 그가 유자를 벗어나 불자로 전향했기 때문이겠지만 한편으로는 그를 유자로 묶어두기 위한 평가로 이해할 수도 있다. 중종의 하명에 의해 『매월당집』을 편찬한 이자李耔, 1480~1533의 서문, 박상朴祥, 1474~1530·윤춘년尹春年, 1514~1564이 편집한 문집의 「매월당선생전」, 이산해李山海, 1538~1509의 서문, 그리고 선조의 하명에 의해 율곡 이이栗谷李珥, 1537~1584가 지은 「김시습전」은 그에 대한 대표적인 평가를 담고 있다.

설잠[11]에 대해 이자는 '유가의 행위로서 불가의 길을 걸었고'行儒而迹佛[12], 이산해는 '길이 벼슬길을 버리고 떠나서 돌아오지 아니한 채 인륜의 명분을 밝히는 가르침인 유교名敎를 포기하고長往不返抛棄名敎, 불교 선

주 남산의 하늘에 떠오르는 달의 만남을 의식해 붙인 이름으로 추정된다. 아마도 자신을 매화에 비유하고 단종을 달에 비유하여 붙인 서재 이름이 자신의 아호가 되었던 것으로 짐작된다.

9 尹春年, 「梅月堂先生傳」, 『매월당전집』, p.8상. "머리를 기르고 고기를 먹으며[食肉長髮] 제문을 지어 조상의 제사를 지내고[爲文以祭祖父] 안씨를 맞아 처로 삼았다[遂娶安氏之女爲妻]. 그는 사후 289년 되는 해인 正祖 6년에 吏曹判書에 추서되었고 정조 8년에는 淸簡이라고 賜諡되었다.
10 高榮燮, 「雪岑의 莖草禪: 禪法과 敎法의 응축과 확산」, 『한국불학사』, pp.121~122.
11 洪裕孫, 「祭金悅卿時習文」, 『遺稿』(『한국문집총간』 제12책); 『梅月堂全集』 別集입적 권2 수록. 설잠이 입적했을 때 祭文을 지은 洪裕孫(1452~~1529)은 '그대는 말씀이 보통 사람과 같았지, 결코 괴상한 행동을 하거나 홀로 해괴한 짓을 하지 않았습니다. 그것을 생각하면, 마음속에 쌓인 것을 말하지 않았다 해도 그 깊은 속을 누가 모르겠습니까?'라고 하였다. 홍유손은 그를 인간이 지켜야 할 지극히 당연한 도리를 평범하게 구명했던 인물로 평가하고 있다.
12 李耔, 『梅月堂集』 「序」.

문禪門으로 모습을 탈바꿈하여 병든 듯 미친 듯'幻形禪門如病如狂 세상을 크게 놀라게 하였다'며 '크게 보면 다 그 평정을 얻지 못해서가 아니었던가'而大要皆不得其平者乎[13]라고 평하였다. 이황李滉은 '그는 별종의 한 이인'梅月別是一種異人이며 '얼굴을 숨기고 행동은 괴이한'色隱行怪 무리'였다고 평하였다. 이이李珥는 '유교에 마음을 두면서 불도를 밟고 있다'心儒跡佛며 '대체로 유가의 종지를 잃지 않았다'多不失儒家宗旨[14]고 평하였다.

이처럼 설잠은 한 세기 이후에 거사로 살았던 교산蛟山 허균許筠, 1569~1618과 함께 '시대에 저항하는 2인의 이단자'[15]로 평가받고 있으며 이들 두 사람은 당시 조선 사회를 이해하는 데에 일정한 지남이 되고 있다.[16] 이 때문에 설잠의 정체성을 유자 혹은 도자 또는 불자로 보는 이들이 적지 않다. 하지만 그의 전 생애 59년 동안 가장 긴 역정을 '출세간기 - 불자기(21~47세)와 '입출세간기 - 역유역불기'(47~59세)로서 불자의 삶을 살았다.[17] 그가 '비분강개悲憤慷慨로 세상을 뛰쳐나와 불법에 몸

---

13 李山海,『梅月堂集』「序」.
14 李珥,「金時習傳」.
15 鄭住東,『매월당 김시습연구』(서울: 신아사, 1965), p.13. 저자는 매월당을 인물론과 문학론으로 살피면서 "그 인간성이 너무나 多樣하고, 그의 방랑행적이 너무나 廣範하고, 그의 출입이 너무나 無常하고, 그의 사상이 너무나 無常하고, 그의 사상이 너무나 多岐하기에 그의 인물과 문학의 세계를 경솔히 다룬다는 것은 심히 위험한 일이며, 자칫하면 群盲撫象格로 떨어지기에 쉬운 일임을 깨닫고 愼重과 주저를 거듭하였다"라고 서술하고 있다. 저자는 매월당의 생애를 1) 生長修學期, 2) 放浪隱居徘徊期로 나눈 뒤, 1)절 생장수학기를 ①才名勝勢기, ②就師修學기, ③江陵落鄕기, ④科擧準備 및 入山修學기의 4항으로, 2)절 방랑은거배회기를 ①방랑기(방랑의 동기/ 서울周邊배회기/ 松都關西유람기/ 關東유람기/ 湖南유람기), ②은거기(隱居準備기/ 金鰲山은거기/ 城東은거기), ③배회기(關東배회기/ 湖南로 배회기)로 구분하고 있다. 이 두 사람은 모두 명주 강릉을 본관으로 하고 있다.
16 尤巖 宋時烈(1607~1689)은 '세상을 피하기 위해 불도를 따르고 거짓 미친 척 하였다'고 하였고, 洪直弼(1776~1852)은 「淸節祠」라는 시에서 '우리의 도가 공문(空門, 불교)에 있었으니, 선생은 백세의 스승이시다[吾道空門在, 先生百世之師]라고 하면서 '마음과 자취가 남다르셨던 것이 애처롭구나'[常憐心跡奇]라고 했다.
17 高榮燮, 앞의 글, 앞의 책, p.125. 논자는 그의 생평 59년을 ①세간기 - 儒者期(1~21

을 숨겼다가 끝내는 불법으로 인해 오경悟境에 들고 유희삼매遊戲三昧로써 임운등등任運騰騰하였던 인물'[18]로 평가받는 이유도 이 때문이다. 윤춘년의「매월당선생전」에 의하면 단종 3년乙亥 때인 21세 때에 김시습은 삼각산 중흥사重興寺에서 독서하다가 서울에서 내려온 사람으로부터 "단종이 수양대군에 자리를 물렸다는 소문을 듣고 이어 3일간 문을 꼭 닫고 밖에 나가지 아니하고는 대성통곡하며 그 읽던 책을 모조리 불사르고 거짓 미친 체하며 혼측溷厠에 빠져 달아나 승도緇門에 몸을 맡겼다"고 한다.

「고종본 매월당집 부록 유적수보」에는 "시습이 뒷간에 들어 있다가 손위遜位의 소문을 듣고 놀라서 떨어진" 것처럼 전하고 있다. 이 기록에 의하면 그는 '거짓 미친 척'佯狂하여 뒷간에 빠지는 일을 택함으로써 세간을 떠날 명분을 찾고 방랑의 준비를 하였던 것으로 이해된다. 아마도 전자가 더 정합성이 있는 것으로 추정된다. 김시습은 수양대군 즉 세조가 일으킨 계유정난癸酉靖難 때에 조선조 제6대 임금인 단종에 대한 불사이군不事二君의 충절을 지켜 생육신[19]으로 살아남았다. 그는 21세에 삼각산 중흥사에서 머리를 깎고 구족계를 받아 비구 설잠雪岑이 되었다.[20]

설잠의 불교 관련 주요 저술은『조동오위요해』曹洞五位要解,『십현담요해』十玄談要解,『대화엄일승법계도주』華嚴一乘法界圖註,『화엄석제』華嚴釋題,『연경별찬』蓮經別讚 등이 남아 전해오고 있다. 이들 중 특히『조동오위요

세), ②출세간기 - 佛子期(21~47세), ③입세간기(47~48세) - 非儒非佛期, ④입출세간기 - 亦儒亦佛期(48~59세)의 4기로 나누어 보았다.

18 高橋亨,『이조불교』(서울: 신문관, 1926), p.213.
19 조선전기에 단종을 몰아낸 수양대군 즉 세조의 그릇된 처사에 분개하여 벼슬을 하지 않은 李孟專·趙旅·元昊·金時習·成聃壽·南孝溫 生六臣 6인을 일컫는다. 그의 위패는 강릉시 성산면 보광리 837번지에 자리한 매월당 김시습 사당 淸簡社에 '淸簡公梅月堂金先生'으로 모셔져 있다.
20 설잠은 자신이 그린 자화상에 "머리를 깎은 것은 티끌 세상을 피하려 함이요[削髮避塵世], 수염을 남긴 것은 장부임을 나타냄일세[留髥表丈夫]"라고 적었다.

해』와 『십현담요해』는 그의 선법 이해를 보여주는 저술이고, 『화엄법계도주』와 『화엄석제』는 화엄 인식을 보여주는 저술이다. 그리고 『연경별찬』은 법화 인식을 보여주는 저술이다. 이들 저술들 말미에는 대부분 선지를 담은 게송이나 평창을 덧붙여 자신의 살림살이를 보여주고 있다. 이 글에서는 그의 교법과 선법 관련 저술을 중심으로 교법 인식과 선법 이해에 대해 살펴보고자 한다.

II. 출사의 길과 출가의 길

김시습은 유자와 불자를 넘나들며 독특한 생평을 보냈다. 그는 일찍이 5세 때에 승정원에서 세종을 알현하고 시를 지어 바쳐 '5세 신동'이란 평가를 받아 성은을 입었다. 이후 김시습은 15세에 모친을 여의고 18세에 전국을 유력하다가 남도를 순례하던 중 조계사(송광사) 윗암자社臺 즉 지눌知訥, 1158~1210에 의해 시설된 수선사修禪社에서 법력이 매우 뛰어난 설준雪峻 상인上人을 만나 선에 대해 많은 것을 묻고 공부하였다. 19세 봄에 과거를 통해 출사를 시도했으나 시험에 낙방하였다. 20세에 그는 훈련원도정訓鍊院都正 남효례南孝禮의 딸 남씨 부인과 결혼하였다.

1455년에 김시습은 삼각산 중흥사로 들어가 수양대군의 단종 폐위(왕위 찬탈) 소식을 전해 듣고 지니고 있던 서적을 불사른 뒤 21세에 출가하여 '설잠'雪岑이란 법명을 받았다. 이때 그는 어디에서 출가했으며 은사는 누구였을까? 당시의 법도로 보아도 그의 출가사찰과 은사와 계사는 분명히 있었을 것이다. 현존하는 그의 시편들에서는 '준상인'竣上人, 20수, '민상인'敏上人(3수), '주화상'珠和尙, '심은상인'尋隱上人, '인상인'仁上人, '정상인'正上人, '희상인'熙上人, '승희 도인'昇曦道人, '우상인'牛上人, '열대사'悅大師, '선대사'禪大師 등 여러 상인, 화상, 도인, 대사들에게 써 준贈 시나 운자韻字로 화답한 시편들[21]이 다수 실려 있으나 은사와 계사가 누구인지는 알 수 없다.

다만 설잠은 '준상인竣上人'에 대해서는 각별한 존경의 염念을 보이고 있다. 그리고 그가 '준상인'에게 무려 20여 수의 시를 건네고贈竣上人-20首 있는 점은 주목되고 있다. 아마도 설잠은 어떠한 형태로든 준竣상인과의 교유를 통해 그의 불교관을 형성하였고, 사문으로서 이력 속에 준竣상인이 깊은 영향을 미쳤을 것이라는 사실은 그의 문집 도처에 실린 글 속에서 읽어낼 수 있다.[22]

학계에서는 준竣상인이 누구냐에 대한 이설이 제기되어 있지만 최근에는 '설준'雪竣으로 통용되고 있다. 설잠은 시「준상인竣上人에게 드리다」20수에서 준竣상인에 대해 다음과 같이 적기하고 있다.

준상인竣上人은 선문禪門의 노인老宿이다. 처음에 호남 땅에 숨어 살만한 곳이 있어서 지팡이를 머물러 두기住錫를 몇 해 하다가 도道의 힘이 성취된 뒤에 운수雲水를 돌아다녔다. 홀연히 서울에 들어오니 선비와 부녀자들이 바큇살 모이듯 하여 풍문風聲을 바라만 보고서도 휩쓸려 교화한 것이 그와 같은 이가 없었다. 이에 이름난 재상과 잘 믿는 거사居士들을 통하여 아사雅士를 따를 것을 굳이 청하였다. 때마침 그 소원이 이루어져 다시 호남에 놀러갔는데 용모에 도골이 있었다. 내가 임신년壬申年, 1452 (여름에 상기喪期를 마쳤을 때) (준상인이) 조계사曹溪寺, 松廣寺에 지팡이

---

21 金時習,『매월당시집』권3. 여기에는 그가 증여하거나 화답한 시가 집중적으로 실려 있다. 자연·인사·世情·생사·性理에 이르기까지 인간과 자연의 모든 일들을 다루고 있는 그의 시는『매월당집』23권 중 15권이어서 전체의 약 2/3를 차지하고 있다. 아마도 그는 2만 여수 이상의 시를 지었으나 현재 2,200여 수만이 전하고 있다. 이들 시 중에서도『遊關西錄』(24세),『遊關東錄』(26세),『遊湖南錄』(29세),『遊金鰲錄』(31세~37세)의 四遊錄이 대표적이다.
22 高榮燮, 앞의 글, 앞의 책, p.126.

錫를 멈추고 있었으므로 마침내 함께 윗암자社臺에 있게 되었는데, 과연 들던 소문과 같았다. (준상인)은 도道를 사모하면서도 (세속을) 초탈超脫한 마음이 말하는 표면에 나타나서 매일 선에 들어가는 문을 여쭈어도 낭랑하게 말씀하시는 것이었다. 이에 지난날 찾아 구경한 경치에 따라 두어 수 휘둘러 써서 푸른 봉우리 맑은 시냇물에서 자고 먹는 (내 생활)의 한 멋一味으로 삼고자 붓을 잡아 내달리었다.[23]

이 글에 따르면 설잠이 '도골道骨의 용모를 지닌' 준상인을 처음 만난 것은 임신년1452 여름이었던 추정으로 추정된다. 이 때라면 그가 모친상을 치르고 난 18세의 여름이 된다. 그렇다면 설잠이 아직 유자의 신분으로 그를 만난 것이 된다. 또 설잠이 전국을 유력遊歷하면서 준상인을 처음 만난 곳은 길상산(조계산) 조계사(송광사)의 윗암자社臺에서였던 것을 알 수 있다. 여기서 '윗암자'라면 아마도 지눌에 이해 이루어진 수선사修禪社를 일컫는 것임이 분명하다. 이곳에서 설잠을 '도를 사모하면서도 초탈한 마음을 지닌' 준상인을 만나 많은 감화를 받은 것으로 추정된다. 이후 준상인은 도의 힘을 성취한 뒤에 구름 따라 물 따라 돌아다니며 홀연히 서울에 돌아와 선비와 부녀자들에게 불법을 널리 전하였던 것임을 알 수 있다.

이능화는 『조선불교통사』에서 준상인竣上人을 '화상和尙 홍준弘濬'이라고 비정하면서 '홍준弘濬이 곧 홍준弘俊이며 함허涵虛의 문인門人 됨을 알겠다'[24]고 하였다. 이와 달리 김지견은 "설잠이 준俊, 竣상인上人을 회고하면서 그저 '선문의 노숙인 호남승'이라는 정도로 적고 있는 이상 준상인

---

23 雪岑, 『梅月堂詩集』 권3(『한불전』 제7책, p.396상).
24 李能和, 「姜碩德寄濬和尙書」, 『朝鮮佛敎通史』 권上中(서울: 보련각, 1975), pp.395~396; 得通., 『涵虛堂集』.

을 준화상과 동일인이라고 보는 것은 아무래도 무리일 성싶다"[25]고 하였다. 이와 달리 심경호는 김수온金守溫[26]과 최항崔恒[27]의 문집에 근거하여 전혀 새로운 의견을 내놓고 있다. 심경호는 '준상인'을 이능화가 비정한 함허 득통의 문인 '홍준 화상'이 아니라 뒷날 정인사 주지가 되었던 '설준'雪竣 화상으로 비정하고 있다. 논자 역시 이 의견에 공감하고 있다.[28]

준상인은 바로 18세의 김시습에게 불법을 전한 설준雪竣이다. 설준은 앞에서 말했듯이 사족의 자제로서 안평대군 문하에서 글을 배운 사람이다. 세조 연간에 교종판사教宗判事가 되었고, 예종 원년에는 서울 동쪽 연희방燕喜坊의 흥덕사興德寺에 머물다가, 1473년(성종4)에 고양高陽의 경릉敬陵(덕종의 능, 신도읍 용두리) 동쪽에 있던 정인사正因寺의 주지로 옮겨 간다. 정인사는 1459년(세조5)에 창건되었고, 1471년(성종2)에 인수대비(세조의 아들 덕종의 비인 소혜왕후)의 명으로 중건하기 시작하여 1473년(성종)에 낙성을 보았다. 김수온이 중창기를 지었다. 정인사가 중창될 때, 설준이 주지가 되었다. 이 무렵 김수온과 최항이 시를 지어 주었다.[29]

여기에 의하면 설준은 안평대군 문하에서 글을 배운 사족의 자제였음을 알 수 있다. 이 때문에 출가하기 전부터 그는 이미 유가儒家에 밝았을 것이며, 뒷날 출가하여 수행자로 살고 있는 면모가 젊은 날의 설잠에게 깊은 영향을 끼쳤을 것으로 추정된다. 불교에 대한 억압 정책과 출가를 제한하는 도첩제度牒制의 운용으로 승려 수가 삭감되는 시대에 사

---

25 金知見, 「沙門 雪岑의 華嚴과 禪의 世界」, 강원대 인문학연구소 편, 『梅月堂, 그 문학과 사상』(춘천: 강원대출판부, 1988), p.83.
26 金守溫, 「次河東府院君韻 贈正因寺雪竣長老」, 『拭疣集』 권4.
27 崔恒, 「贈雪竣上人三首」, 『太虛亭集』 권1.
28 高榮燮, 앞의 글, 앞의 책, pp.130~131.
29 沈慶昊, 『김시습평전』(서울: 돌베개, 2003), pp.197~198.

족의 자제였던 설준의 신분은 같은 사족의 후예이자 '오세 신동'이었던 설잠에게는 어떠한 친연성으로 작용하였을 것으로 추정된다.[30]

김시습은 임신년 여름 잠시 머물렀던 조계사(송광사)에서의 첫 만남 이후 출가 사문 설잠이 되어 재회하면서 자신이 지은 시 20여 수를 지어 바친 것으로 보인다. 이 때문에 시의 곳곳에서 보이는 '준상인'에 대한 존경의 마음과 '우리 스승'吾師 내지 '우리 대사'라고 표현한 곳에 이르러서는 그와의 친연성을 더욱더 자세히 보여주고 있다.[31] 더욱이 법명 法名 조차도 '설'雪자 돌림이었다는 것은 불교 집안의 전통으로 볼 때 같은 문중 내지 문도였음을 암시하는 대목이기도 하다.[32]

하지만 심경호는 설잠이 "설준에게서 불교를 배운 것이 틀림없으나, 그에게서 수계受戒를 받은 것 같지는 않다"[33]고 말하고 있다. 이러한 이유에 대해 그는 자세히 언급하고 있지 않아 무어라고 말할 수는 없다. 다만 절 집안의 관례로 보아서나 설준 상인에게 건네준 시에서의 '오사'吾師라는 표현에서 볼 때 설준은 적어도 설잠의 스승 또는 계사 혹은 은

---

30 高榮燮, 앞의 글, 앞의 책, p.131.
31 高榮燮, 앞의 글, 앞의 책, pp.131~132.
32 『成宗實錄』권24, 성종 3년 11월 3일(을미)의 기록에는 雪岑에 대해 부정적으로 기록되어 있다. "정인사 주지 설준은 본래 음탕하고 방종하여 戒行이 없었는데, 근자에는 비구니와 부녀자를 맞아들여 밤낮으로 섞여서 거처하고, 승려에게 문을 지키게 하고는 비록 奴僕이라도 감히 그 하는 바를 엿보지 못하게 하여 종적이 괴상하니, 청컨대 엄중하게 문초하고 통렬하게 징계하소서"라고 하였다. 崇儒抑佛 시대에 유자들에 의해 기술된 그에 대한 역사적 기록을 그대로 수용할 수 있을지 의문이지만, 실록은 이처럼 그에 대해 매몰차게 평가하였고, 성종 10년(1479) 이후에 설준은 還俗되어 회령에 充軍이 되었고, 성종 20년(1489) 무렵에 그의 綿布를 노린 회령 甲士에게 무참히 살해되었다"고 한다. 그런데 성종 초기만 해도 설준은 여러 문인들에게 존경을 받았고, 南孝溫도 그에게 시 「宿正因寺上雪竣和尙」, 『秋江集』권4)를 지어 바치기까지 하였다. 따라서 설잠과 설준과의 인연은 성종 초기까지만 이어졌던 것인지에 대해서는 논자도 자세히 알 수 없다.
33 심경호, 『김시습 평전』(서울: 돌베개, 2004), p.103.

사임에 틀림없다고 논자는 생각한다.³⁴

설잠이 설준에게 바친 20편의 시편들 중 '기 일'其一, '기 오', '기 십구'其十九, '기 이십'其二十의 시편들은 특히 주목된다. '기 일'과 '기 십구'에 보이는 '오사'吾師라는 표현이 설준을 그의 은법사로 확정할 단서로 삼을 수는 없을지 모르나 아마도 설준 상인은 적어도 설잠에게 있어 스승에 준하는 인물이었음³⁵에는 틀림없다고 할 수 있다.

김시습이 출가한 것은 수양의 왕위 찬탈로 인한 단종의 손위遜位와 과거 실패가 어떤 계기가 되었을 것이다. 동시에 설잠의 천성과 기질, 가정환경과 건강 문제 등도 이러한 실마리가 되었을 개연성이 있다. 그는 "내 어려서부터 마음이 질탕跌宕하여 명예와 이익名利을 즐기지 않으며 살아가기 위한 직업生業을 돌보지 아니하고 오직 청빈淸貧으로써 뜻을 지킴을 나의 마음으로 삼고 어릴 때부터 방랑放浪코자 하였다"³⁶고 술회하고 있기 때문이다. 하지만 이러한 자평도 계유정란을 겪으며 궤도를 일탈逸脫해 간 그의 생애에 대한 결과론적인 자평일 뿐 처음부터 출사의 궤도로 나아갈 수 있었다면 또 다른 자평도 할 수 있었을 것이라는 생각을 금할 수 없다.

III. 교법에 대한 인식

설잠은 유교와 도교 관련 저술과는 별도로 『조동오위요해』, 『십현담요

---

34 高榮燮, 앞의 글, 앞의 책, p.132.
35 高榮燮, 앞의 글, 앞의 책, p.136.
36 金時習,「宕遊關西錄後志」,『梅月堂詩集』권11. "余自少跌宕不喜名利, 不顧生業, 惟以淸貧守志爲懷, 素欲放浪山水."

해』, 『대화엄일승법계도주』, 『화엄석제』, 『연경별찬』 등의 불교 저술을 남기고 있다. 그는 이들 저술에서 '청한 비추 설잠 찬'淸寒比蒭雪岑撰(『대화엄일승법계도주』), '청한자 필추 설잠 주'淸寒子苾蒭雪岑註, 『십현담요해』「서」) '청한자 설잠 찬'淸寒子雪岑撰(『연경별찬』)이라고 자신의 이름을 적고 있다. 그는 이 저술들을 지을 당시에 자신의 정체성을 '산승'山僧[37] 설잠, '비구'苾蒭, 比蒭 '설잠'으로 분명히 기술하고 있다.

1. 본분 자리沒巴鼻의 안목과 깨달음 _ 『법화경』 인식

설잠은 『묘법연화경』(7권 27품)의 종승宗乘을 들어 밝힌 뒤에 이 『연경』 7축軸을 요령 있게 요약하고 대의를 기리는 형식으로 『연경별찬』을 펴냈다. 그는 "천태 지자538~597가 수선사修禪寺에 거주할 때 『묘법연화경』을 연구하고, 『법화현의』와 『법화문구』를 저술하여 후세 학사들에게 보여주었으며, 고려 사문 제관(광종)은 『천태사교의』를 지었는데 이 두 분의 학설이 나란히 세상에 전하여 행해지고 있다"고 서문을 시작하고 있다. 그는 천태 지의와 고려 제관에 의거하여 『법화경』과 천태학의 강해를 펴고 있다.

설잠은 "이 경을 강론한 학사들은 특별히 이 경의 종취를 내세워서 '천태'라고 이름하고, '선'에 붙였는데", 이 경을 강론하는 자들이 "다만 교 가운데의 글귀나 글자 수를 향하여 논쟁만을 일삼고 선가를 향하여 생각하고 정하지는 않았다"면서 종래 교가의 논쟁을 비판하고 선가의 선지를 전하려는 취지를 밝히고 있다. 그는 "그래서 다만 백호상의 광명이 동방으로 비치는 것만 알았지, 이것이 광명이 고금에 뻗치고 사무쳐

---

[37] 雪岑, 『蓮經別讚』 「序」(『한불전』 제7책, p.287중하); 『華嚴釋題』(『한불전』 제7책, p.296하). 이외에도 '산승'의 표현은 곳곳에 보인다.

서 전혀 본분의 자리沒巴鼻인 줄은 알지 못했다"[38]고 했다. 설잠이 주목한 것은 바로 '몰파비' 즉 '본분의 자리'라는 선적 지점이다. 그는 "이 경을 열람하면 눈으로 보고 사변할 때에 유연悠然히 선가의 풍취가 있다 하겠다. 이에 짤막한 게송을 지으면서 아울러 이 경의 기적奇蹟을 서술하건대, 아득히 먼 후오백세에 법음을 돕고 화의를 소리쳐 드날리는 자들이 스스로 경사스럽게 다행하게 여길 것이다"[39]며 선가의 풍취로 짤막한 게송[40]을 덧붙이고 있다.

설잠은 또 "아! 법法은 말이나 글자 위에 있는 것이 아니고, 또 말言이란 배꼽이나 목구멍 울림臍響의 속에 있는 것도 아니다. 그러니 바로 곧 말과 법을 둘 다 잊어버려야, 가히 이 『묘법연화경』의 명백한 큰 뜻을 이론한다 하겠다"[41]고 했다. "만일 이 경의 글줄이나 따르고 글자 수나 세어서 문구와 글자 수에 걸리게 되면, 더욱 지견만 늘어날 뿐이고 종안宗眼은 밝히지 못할 것이니, 이는 구경의 법은 아니된다 하겠다"[42]고 하였다. 설잠은 '종안' 즉 '종지를 볼 수 있는 안목'과 '구경' 즉 '극치에 도달한 깨달음'을 밝히고자 한다.

설잠의 이러한 태도가 글귀나 글자가 머금고 있는 시간성과 공간성에 대한 전면적 부정을 의미하는 것은 아니다. 오히려 그 글귀나 글자에 대한 집착에 대한 부정으로 이해할 수 있다.[43] 그래서 설잠은 "말이나 문자라는 것은 본래 돈이 아니다. 그러나 이 보배는 비로자나불毗盧遮那佛

---

38 雪岑, 『蓮經別讚』(『한불전』 제7책, p.287상).
39 雪岑, 『蓮經別讚』(『한불전』 제7책, p.287상).
40 설잠이 각 품에 붙인 게송은 대부분이 함허 득통이 說誼한 『金剛經五家解說誼』에 있는 종경 선사와 야보 선사의 게송들이라는 점이 주목된다. 이외에 『경덕전등록』, 『십현담요해』 그리고 선가 전래 고사, 선사들의 게송을 폭넓게 인용하고 있다.
41 雪岑, 위의 글, 위의 책, p.287상.
42 雪岑, 앞의 글, 앞의 책, p.287상.
43 高榮燮, 앞의 글, 앞의 책, p.52.

의 상자 가운데에 들어 있어서, 쓰기에는 분수分數가 있지만, 취하여 가지려 하면 되지를 않는다. 이는 마치 호로병葫蘆을 만지는 것과 같고, 야광구슬明珠의 희롱하는 것과 같아서 바로 곧 어루만질按擦 수는 없는 것이다."[44]라고 말한다. 이처럼 그는 말이나 문자에 대한 무집착과 부분별의 언어관 내지 의식과 마음의 시공관을 보여주고 있다.[45]

설잠은 『연경별찬』 「서」에서 『십현담요해』를 인용하고 있고, 『연경별찬』의 '호로'葫蘆는 『십현담요해』의 '발'跋에서, 『별찬』의 '명주'明珠는 『요해』의 '주'珠에서 인용하였으며, 『연경별찬』에 인용된 교판이 『십현담요해』와 『화엄법계도주』에서 인용되고 있을 뿐만 아니라 『연경별찬』에 인용된 교판이 오히려 이 둘을 종합한 가장 잘 정돈된 모습을 띄고 있으므로 시기적으로 볼 때 『연경별찬』은 『십현담요해』와 『화엄법계도주』보다도 늦게 이루어진 저술이라 할 수 있다[46]고 했다. 논자 역시 이 주장에 공감하고 있다.

일찍이 천태 지의는 정신과 육체와 같이 제한적이고 대립적인 이항의 한정과 길항을 초월한 무한 절대의 의미를 일승一乘의 묘의妙法라 하였다. 이것은 둘이 아닌 일체의 진리, 즉 우주의 통일적인 진리를 의미하는 것이다. 이 때문에 묘법妙法의 묘妙는 '절'絶이며, '절'은 '묘'의 다른 이름이라고 했다. 그리하여 그는 절대를 상대적인 존재에 대한 존재인 '상대적인 절대'相待妙와 상대적 존재와 절대적 존재와의 상대와 대립에서 한 걸음 더 나아가 초월한 '절대적인 절대'絶待妙로 분류하였다.[47]

설잠 역시 지의의 법화 이해의 지향처럼 상대적인 언어의 세계와 그

---

44 雪岑, 위의 글, 위의 책, p.287상.
45 高榮燮, 앞의 글, 앞의 책, p.52.
46 李起雲, 「雪岑의 法華經觀 연구: 蓮經別讚을 중심으로」, 동국대학교 석사논문, 1991, pp.31~33.
47 智顗, 『法華玄義』 권제2상(『대정장』 제34책, p.696중). "妙爲絶, 絶是妙之異名."

를 넘어선 절대적인 비언어의 세계에 대해 명료하게 인식하고 있었다. 그는 "'항상 행하라'常行는 한 단一段은 이 경의 처음부터 끝까지의 뜻이고, 이 경 일곱 축은 지혜와 원행願行의 설이다. 한 광명一光이 동쪽으로 비춤은 지혜 경계의 온전한 드러냄이고, 네 가지 법四法의 성취는 원행願行의 문이 다 갖춰짐이다. 처음의 삼주三周[48] 설법은 몸체를 밝힌 것이고, 나중의 육행六行 현현은 몸짓을 밝힌 것이다. 허다한 제창은 지혜와 원행 아닌 것이 없으며, 지혜는 깨침을 깨달을 수 있고, 원행은 덕성을 이룰 수 있다. 지혜와 원행 모두 온전해야 그 미묘함을 얻는다"[49]고 총설하고 있다. 이러한 점은 '묘법연화경' 다섯 글자의 풀이에서도 볼 수 있다.

> 이제 간략하게 이 제목을 풀이하면, 참다운 성품眞性은 고요하고 맑아서湛然 말로 표현할 길은 아주 막연하므로 묘妙하다고 한 것이고, 참모습實相은 어느 것에나 분명하게 통하여 나타나므로 법法이라고 한 것이며, 꽃과 열매가 동시同時에 있고 더러운 곳에 있으면서도 항상 깨끗하므로 연蓮이라고 한 것이고, 속이 비었으면서도 매우 참되어서 온갖 행行을 원만하게 갖추었으므로 화華라고 한 것이며, 부처의 지견知見을 열어서 모든 사람들로 하여금 깨달아 들어가게 하였으므로 경經이라고 말한 것이다.[50]

설잠은 '진성'眞性 즉 '참다운 성품'에 입각하여 '묘', '법', '연', '화', '경'을 풀이하고 있다. 이 경전의 제목 풀이에 대한 그의 선적 강해講解는 '묘법'

---

48 『法華經』의 전반부를 本門, 후반부를 迹門으로 나눌 때, 迹門에서 설법한 중심 부분을 法說周, 譬喩說周, 因緣說周 세 가지로 나눠본 것을 가리킨다.
49 雪岑, 『蓮經別讚』(『한불전』 제7책, p.288하). "常行一段, 始終之義也, 七軸蓮經, 智行之說也. ……."
50 雪岑, 『蓮經別讚』(『한불전』 제7책, p.288하).

과 '묘심'에 대한 선적 강론과 해석 방식에서도 나타나고 있다. 이러한 선적 강론과 해석 방식은 그의 불교에 대한 인식과 이해를 보여주고 있다. 설잠은 『묘법연화경』의 성격을 이렇게 규정하고 있다.

> 이 한 부의 『대장경』은 곧 전부가 하나의 큰 일의 인연一大事因緣으로 인하여서, 이 세상에 출현하여 순전히 하나의 불승一佛乘인 그 보배를 열어 보인 것이다. 그래서 〈이 경의〉 게송 가운데에서, "둘二도 없고, 또한 셋三도 없다"라고 하였으니, 이는 곧 교가 하나敎一임을 말한 것이고, "곧바로 방편을 버려라"正直捨方便 하였으니, 이는 곧 행이 하나行一임을 말한 것이며, "다만 보살승만을 위한 것이다" 하였으니, 이는 곧 〈가르치는 대상의〉 사람이 하나人一임을 말한 것이고, "세간의 모양에 항상 머문다" 하였으니, 이는 곧 이치가 하나理一임을 말한 것이다. 그 〈법을 만난〉 때가 한낮日午이었고, 그 맛은 제호醍醐였다.[51]

설잠은 이 경전이 설해진 까닭은 붓다가 중생들에게 깨침의 세계를 열어서開 보이고示 깨달아悟 들어서게入 하려는 일대사 인연 때문임을 분명히 적시하고 있다. 그리고 붓다가 이 세상에 출현하여 순전히 하나의 불승一佛乘인 그 보배를 열어 보인 것이라 역설하고 있다. 이 때문에 게송에서 이승도 없고 삼승도 없는 '교일'敎一, 곧바로 방편을 버리는 '행일'行一, 다만 보살승만을 위한 것인 '인일'人一, 세간의 모양에 항상 머문다는 '리일'理一의 가르침을 갈파해 주고 있다. '교일', '행일', '인일', '리일'의 가르침은 그대로 '개開 – 시示 – 오悟 – 입入'의 차제에 상응해 볼 수 있다.

---

51 雪岑, 『蓮經別讚』(『한불전』 제7책, p.292하).

이렇게 되면 마치 "사자의 굴속에는 전부가 금빛 털金毛이고, 전단의 수풀 아래에는 순전히 진향眞香인 것 같아서, 이 법을 듣고 성을 내는 이나 기뻐하는 이나 치우친 이나 원만한 이나 모두 흰 소의 큰 수레를 얻게 되고, 보는 이나 듣는 이나 또는 따라서 기뻐하는 이든 다 함께 푸른 연꽃의 수기를 받게 되는 것이어서 한 가지 일一事이나 하나의 형상一相도 묘법妙法 아닌 것이 없고, 한 번 찬양一讚하거나 한 번 선양一揚하는 것도 묘심妙心 아닌 것이 없다. 이를 미루어 확충해서 말하면 산하와 대지와 명암과 색공色空은 묘체妙體를 드러낸 것이고, 생사와 열반과 보리와 번뇌는 모두 묘용妙用이니 하나하나가 원만하고 융성하며 하나하나가 두루하고 가득하다. 취할 것도 없고 버릴 것도 없고 모자람도 없고 남음도 없다. 바람이 불고 달이 밝은 것은 등명불燈明佛이 항상 눈앞에 나타난 것이고, 새가 지저귀고 꽃이 무리로 피어 있는 것은 보현보살普賢菩薩이 항상 법계에서 원행願行하는 것이다. 진리에 나아가 마음을 밝히는 것은 붉은 등불燈籠이 두드리고 춤추는 것이고, 거친 데 나아가 미묘함을 나타내는 것은 법당 기둥露柱이 아이를 품는 것이다. 모든 부처가 할 수 있는 일은 다 바쳤다 하겠으며, 중생을 제도하는 통발과 뗏목의 〈구실이〉 크다 하겠다."[52]

설잠은 선사의 풍모로서 산하와 대지와 명암과 색공을 묘체妙體로 파악하고, 생사와 열반과 보리와 번뇌를 묘용妙用으로 이해함으로써 본래부터 하나하나가 모두 원만하고 융성하며 두루하고 가득하다고 갈파한다. 이 때문에 취할 것도 없고 버릴 것도 없고 모자람도 없고 남음도 없다는 것이다. 이렇게 그는 일승의 '묘법'을 '묘심'과 대비시키며 체용론을 원용하여 '묘체'와 '묘용'의 구조로 해명하고 있다.

그리하여 설잠은 적극적인 현실의 긍정에서 본래성과 현실성을 일치

---

[52] 雪岑, 『蓮經別讚』(『한불전』 제7책, p.289상).

시키고 현실성에서 본래성을 찾고 있다.[53] 이처럼 그는 『연경별찬』에서 묘법과 묘심이 묘체와 묘용의 주체임을 보여준다. 여기서 묘법과 묘심 즉 몸체와 몸짓의 관계는 부처와 보살의 관계를 보여준다. 등명불은 항상 눈앞에 나타나며, 보현보살은 항상 법계에서 원행願行하는 것이다. 이처럼 설잠은 법法과 상相의 측면에서 「상불경보살품」을 기리고 있다.

그는 "법法에는 높고 낮음이 없기에 모든 부처의 마음 가운데서 중생들이 때때로 부처를 이루게 되고, 상相에는 나와 남을 초월한 것이므로, 중생들의 몸 안에 모든 부처가 생각 생각이 참을 증득한다[54]"고 보았다. 설잠은 "미묘한 법妙法은 세간을 벗어나지 않기에 중생들의 고뇌가 곧 참된 것이고, 넓은 문普門으로 구원을 바라는 음성에 응하기에 법계의 업의 물결業浪이 모두 원만하게 된다"고 하였다. 또 "큰 서원弘誓은 깊기가 바다와 같아서 오랜 겁을 지내도 사의思議할 수가 없고, 참다운 관眞觀은 넓기가 성품과 같아서 항하사 같이 많은 세계에 널리 나타난다"며 「관세음보살보문품」을 기리고 있다.

이처럼 설잠은 이 경전을 선지로 풀어가고 있다. '별찬' 즉 특별히 게송으로 기린다는 형식이 그렇기도 하겠거니와 그는 여기서 강사를 넘어 선사의 가풍을 분명히 보여주고 있다.

"이 경을 받아 지니는 자는 반드시 본지本智로써 몸체를 삼고 묘행妙行으로써 몸짓을 삼아서 지智와 행行이 둘 다 완전하여야兩全 이에 유통함을 얻어서 부처님의 은혜를 갚게 되는 것이라 하겠다."[55] 선사 설잠의

---

53 한종만, 「雪岑의 十玄談要解와 曹洞禪」, 『매월당 그 문학과 사상』(춘천: 강원대학교, 1988), p.128.
54 雪岑, 『蓮經別讚』(『한불전』 제7책, p.292하). "法無高下, 諸佛心中, 衆生時時成佛, 相離我入, 衆生身內, 諸佛念念證眞."
55 雪岑, 『蓮經別讚』(『한불전』 제7책, p.294하).

살림살이는 가장 만년작으로 보이는 『법화경』을 바라보는 안목에서 잘 드러나고 있다.

"이 경은 자비와 지혜로써 몸체를 세워서 성낸 이나 기뻐하는 이나 편벽된 이나 원만한 이가 다 한 가지로 보배 있는 곳寶所에 들어가게 되고, 비방하여 헐뜯고 꾸짖어 욕하는 자도 모두 수승殊勝한 인연을 맺으며, 잠깐 한 게송만 가지거나 따라서 기뻐하는 이도 모두 원성할 것이다.[56]

설잠은 선사이면서도 강사임을 부정하지 않는다.
그는 선교에 구애 없이 통달함으로써 한편으로는 강사의 모습을 보여주고 있으며, 한편으로는 선사의 모습을 보여주고 있다. 이 때문에 그를 어느 한 살림살이로만 가둘 수는 없다. 그는 선교만이 아니라 불도유 삼교에 대해서도 어느 한 살림살이에 머물지 않는다. 그야말로 설잠의 살림살이를 보여줄 뿐이다. 그 안에는 불도유 삼교와 선지와 교법이 다 들어 있다. 이처럼 설잠은 '본분의 자리沒巴鼻를 본 안목으로 극치에 도달한 깨달음'이라는 그의 법화 인식을 보여주고 있다.

2. 한 글자도 말하지 않은 이전의 소식未吐一字前消息 _ 『화엄경』 인식

설잠의 화엄 관련 저서는 『화엄석제』와 『대화엄일승법계도주』가 대표적이다. 그의 화엄 인식은 『대화엄일승법계도주』에 나타나 있으며 『화엄석제』는 당나라 금주자사 배휴裴休의 글인 『주화엄법계관문』 「서」의 일부이다. 설잠은 신라 의상625~702의 『화엄일승법계도』에 선지로서 주를 달아 자신의 살림살이를 보여주고 있다.

---

56 雪岑, 『蓮經別讚』(『한불전』 제7책, p.295상).

의상이 "원교(법계도)를 말하면서 돈교를 말하여 부처를 나타낸 것"에 대해 설잠은 교망의 갈등을 벗어나고 조사의 현관을 피하려는 것으로 풀이하면서 "말하기를 청하여도 장래에 스스로 말할 것이 없을 듯하다" 고 하였다. 이러한 인식이 설잠의 선적 지향이라고 할 수 있을 것이다.

대저 큰 화엄大華嚴의 화장법계華藏法界라는 것은 허공虛空으로써 몸체로 삼고, 법계法界로써 몸짓을 삼으며, 일체의 곳에 두루한 것遍一切處으로써 부처를 삼고, 연기의 법체緣起法體로써 대중의 모임衆會을 삼아서 원만한 수다라교修多羅敎를 말하였으니 이는 이른바 세계가 말하고刹說, 티끌이 말하고塵說, 부처가 말하고佛說, 보살이 말하고菩薩說, 삼세가 일시에 말한다三世一時說는 것이다.[57]

설잠은 "대화엄의 화장법계는 허공과 법계를 몸체와 몸짓으로 삼고, 변일체처와 연기법체로 부처와 대중모임을 삼아 원만한 경전으로 말하였다"고 전제하고 세계刹, 티끌塵, 부처佛, 보살菩薩, 삼세 일체三世一切가 설한다는 오설로 풀어내고 있다. 그는 우리나라 "의상대사가 처음으로 법계도를 지어, 기세간과 중생세간과 지정각세간의 삼세간三世間과 지옥·아귀·축생·수라·인간·천상의 육범六凡과 성문·연각·보살·불의 사성四聖의 십법계十法界의 다함이 없는 장엄한 뜻을 표현하여서 어리석고 어두운 이들을 깨우쳐 주었다"[58]고 보았다.

설잠은 "내가 한 번 열람하고 책을 쥔 채 탄식하기를, '청정한 법계에 어찌 이와 같이 많은 말이 있으리오. 만일 진실로 이와 같을진대 상사相師가 어찌 미진수의 게품 가운데서 그 추요樞要를 모아 210자로 간추려

---

57 雪岑, 『大華嚴法界圖注』並序(『한불전』제7책, p.301하).
58 雪岑, 『大華嚴法界圖注』(『한불전』제7책, p.301하).

서 일승법계도를 장엄하였겠는가.'하였다. 그러나 의상법사의 『법계도』 1권으로써 관찰하건대 210자를 향하여 그 종지를 구명하면 '법성' 즉 '법의 본성'이라는 것에 지나지 않으며, 그 법성을 구명하면 '수연'隨緣 즉 '인연을 따르는 것'에 지나지 않는다고 보았다. 그러니 "홀연히 눈 밝은 납승衲僧이 나와서 도를 말하고, 현묘한 것을 말하고, 미묘한 것을 말하고, 마음을 말하는 성교性教에 분명한 문장들이 있다 하여도, 어떤 것이 의상법사가 한 글자도 말하지吐 않은 이전의 소식未吐一字前消息이라 하겠는가?" 하고 내가 스스로 대신하여 말하였다[59]며 자신의 살림살이를 선지로 보여주고 있다.

그러나 말이란 마음에서 나온 것이요, 마음이란 말의 근본宗이니, 비유하여 보면 마치 '태화太和의 기운은 본래 형체와 소리가 없는 것이지만 형기刑器를 빌려 격발을 하면 율려律呂가 되는 것' 같아서, 원융한 법도 본래 이름이나 형상名相이 없는 것이지만, 말과 문구를 빌려 연설을 하면 경과 논이 되는 것이다. 그러므로 율려가 아니면 태화를 표상하여 낼 수가 없으며, 경론이 아니면 원융한 법을 천양하여 밝힐 수가 없는 것이다.[60]

이 때문에 설잠은 붓다의 종승宗乘을 참구하는 이들은 교망敎網을 가리켜 갈등葛藤이라 하고, 붓다의 말씀을 연구하는 이들은 단전單傳을 배척해 벽관壁觀이라 하니, 이치理에는 통달했지만 사태事에는 걸리는 이들이 있고, 사태에는 통달했지만 이치에는 어두운 이들이 있어서 드디어 원융하여 둘이 없는 법圓融無二을 전하기 위해 경론이 필요하다고 해

---

59 雪岑, 『大華嚴法界圖注』(『한불전』 제7책, p.303중).
60 雪岑, 『大華嚴法界圖注』(『한불전』 제7책, p.302상).

명하고 있다. 그래서 그는 돈교와 점교, 원교와 별표의 입장을 아우르면서 돈중점, 점중돈, 원중별, 별중원의 도리로 의상의 법성게 30구 각 구절마다 선적 이해를 덧붙이고 있다.

설잠은 제1구인 '법성원융무이상'法性圓融無二相 즉 '법성은 원융하여 두 모습이 없고'에 대해서, 설잠은 "'법'法이란 것은 곧 육근 문의 온갖 만물의 모습森羅萬象으로서 정식 있는 것과 정식이 없는 것들이요, '성'性이란 것은 곧 육근의 문에서 항상 받아쓰면서常常受用 헤아리고 모색하여도 얻지 못하는 소식이다. '원융'圓融이라는 것은 곧 일체의 법인 것이며, 일체의 성품이 곧 일체의 법인 것이니, 지금의 푸른 산과 푸른 물이 곧 본래의 성품이며, 본래의 성품이 지금의 푸른 산과 푸른 물인 것이다. '두 모습이 없다'無二相는 것은 푸른 산이나 푸른 물의 본 성품은 원래 이것이 하나의 더할 수 없는 본바탕이어서, 본래 둘이 아닌 것이다. 다만 세상 사람들이 허망하게 분별을 내어서, 드디어 나와 남을 의식하고, 청정하여 걸림이 없는 가운데 별안간 다르다는 생각을 갖게 된다. 그래서 열 가지의 법계를 날조하여 불타오르듯 작용하는 것이다. 그렇다면 걸리지 않는 소식을 알고자 하는가?"[61] 설잠은 "티끌 같은 세계와 자기나 타인이나 털끝만큼의 간격이 없으며, 십세의 옛날 사람과 현재 사람이 처음부터 끝까지 현재 생각에서 벗어나지 않는다"라고 덧붙이고 있다.

제2구인 '제법부동본래적'諸法不動本來寂 즉 '모든 법은 움직이지 않고 본래부터 고요한 것'에 대해서, 설잠은 "본래 그러한 자리'라고 부르면 벌써 움직인 것이니 필경에 어떠한 것인가. 어리석은 사람 앞에서 꿈을 말하지 말라"고 덧붙이고 있다.

---

61 雪岑, 『大華嚴法界圖注』(『한불전』 제7책, p.303상).

제3구인 '무명무상절일체'無名無相節一切 즉 '이름도 없고 모양도 없어서 일체에 초절하고'에 대해서, 설잠은 "말하고 싶지만 말이 미치지 않으니 숲속에 들어가서 잘 생각해 보라"고 덧붙이고 있다.

제4구인 '증지소지비여경'證智所知非餘境 즉 '증지로써 아는 것이지 다른 경계는 아니다'에 대해서, 설잠은 "잠자코 있다가 이르되, 대장부가 지혜의 칼을 잡았으니 반야의 칼날에 금강의 불꽃이구나. 다만 능히 외도의 마음만을 꺾은 것이 아니라 벌써 천마의 간담을 떨어뜨렸다네. 돌咄, 재차 범하는 것은 용납하지 않으리라"[62]라 덧붙이고 있다.

설잠은 법성게의 "이 네 구절에서 모두 말해 버린 것이니 붉은 분을 바르지 않고도 곧 풍류가 있는 기상이다"고 덧붙이고 있다. 옛사람이 선종의 삼조 승찬대사가 『신심명』의 첫구절에서 '지극한 도는 어려움이 없으니至道無難, 오직 좋다 싫다의 간택만 있을 뿐唯嫌揀擇, 다만 미워하거나 사랑하지 말지니但莫憎愛, 텅 비우면 환히 밝으리니洞然明白'[63]라고 한 네 구절로 이미 모두 말해 버렸으며 그 이하는 모두 이 네 구절에 대한 주석에 불과하다'고 하였듯이, 설잠은 "의상의 『법성게』는 앞의 네 구절에서 이미 하고자 하는 뜻을 다 말해 버렸고 나머지는 화장이며 장엄에 불과하다"고 하였다.

제21구인 '우보익생만허공' 즉 '감로의 보배 비가 중생을 살려 허공에 가득차다'에 대해서 설잠은 "이 한 개의 여의보주가 백 개 천 개의 여의보주를 흘려 내놓듯이, 이 한 개의 해인정광삼매는 백 개 천 개의 해인정광삼매를 흘려 내놓는다. 그러나 이 해인정광삼매는 단지 열 부처의 큰 사람의 경계에서만 홀로 증득하는 것이 아니라 일체 중생이 각각 십불의 대인경계인 해인정광삼매를 가져서 태어나서부터 죽음에 이르기

---

62 永嘉玄覺, 『證道歌』.
63 三祖僧璨, 『信心銘』.

까지, 아침부터 저녁에 이르기까지, 성을 내든, 기뻐하든, 말을 하든, 입을 다물든 낱낱이 하나하나의 해인海印이 있는 것이다. 하나하나의 해인海印이 각기 하나하나마다 중생의 번뇌 바다를 흘려내며, 하나하나의 번뇌 바다가 각각 진여 법성의 바다를 갖추어서 두나도 없고 섞임도 없기 때문에 허공에 가득한 이익을 다만 두 팔八子을 벌리고 두 손으로 주고 또 줄 따름이다."[64]

설잠은 '우보익생만허공'에 대해서 "다만 두 팔을 벌리고 두 손으로 주고 또 줄 따름이다"라고 덧붙인다.

제22구인 '중생수기득이익' 즉 '중생은 근기 따라 이익을 얻는다'에 대해서, 설잠은 "큰 부잣집에는 그릇마다 모두 금이요, 해인정 가운데 는 법과 법이 모두 진리로되 다만 크고 작음과 모나고 둥긂과 물들고 깨끗함이 다를 뿐이니 그 얻은 바 이익이 다른 법은 아니다. 다만 큰 것을 크다고 하고, 작은 것을 작다고 하고, 모난 것을 모났다고 하고, 둥근 것을 둥글다고 하며, 물든 것을 물들었다 하고, 깨끗한 것을 깨끗하다고 말할 뿐이요, 작은 것을 넓혀서 크게 하고, 모난 것을 깎아 둥글게 하며, 물든 것을 고쳐 깨끗하다고 함이 아닌 것이니 알겠는가? 산이 텅 비었으니 바람이 돌에 부딪치고, 누각이 고요하니 달빛이 문에 들어오네."[65]

설잠은 '중생수기득이익'에 대해서 "산이 텅 비었으니 바람이 돌에 부딪히고, 누각이 고요하니 달빛이 문에 들어오네"라고 덧붙인다. 본래의 자리에 있으면 저절로 이익이 생긴다는 것이다.

설잠은 제29구인 '궁좌실제중도상'窮坐實際中道床 즉 '끝내는 실제의 중

---

64 雪岑, 『大華嚴法界圖注』(『한불전』 제7책, p.305하).
65 雪岑, 『大華嚴法界圖注』(『한불전』 제7책, p.306상).

도 상에 앉으니'에 대해서 "깊숙이 법성의 바다에 들어가 더 이상 다다를 데가 아주 없기 때문에 '궁'이라 하고, 요긴한 나루터를 차단하여 범부와 성인에 통하지 않게 하였기 때문에 '앉았다'라 하고, 진도 없고 망도 없어서 유위에 속하지 않기 때문에 '실'이라 하고, 일체의 범부와 성인이 몸담을 데가 없기 때문에 '제'라고 한 것이다. 그리고 어떤 것一物이라고 불러서 건드릴 수 없음을 '중'이라 하고, 삼승과 오성五性이 끊임없이 밟아 감을 '도'라 하고, 궁극에 평상平常하여 안배安排를 쓰지 않음을 '상'이라 고 한 것이다"⁶⁶고 풀고 있다. 설잠은 여기에 "삼천대천세계는 바다 가운데 물거품이요, 일체의 성현들은 번개와 번쩍함과 같도다"고 덧붙이고 있다. 결국 범부와 성인, 삼승과 오성 들의 구분 자체가 모두 공허한 언어에 지나지 않을 뿐 그 어디에도 실체가 없다는 것이다.

설잠은 제30구인 '구래부동명위불'舊來不動名爲佛에 대해 선적으로 풀면서 "본래의 법성에서 30글귀를 거쳐서 도로 법성法性에 이르기까지 다만 하나도 움직이지 않았다. 그래서 예부터 움직이지 않는 것을 부처라 이름한다고 한 것이다. 그러나 원교(법계도)를 말하고 돈교를 말하며 부처를 나타냄은 당두當頭를 범한 것이니, 예부터 움직이지 않는 부처라고 이름할 수가 없다. 이는 다만 교망教網의 갈등葛藤을 벗어나고, 조사祖師의 현관玄關을 피하려는 것이 아니겠는가? 말하기를 청하여도 장래에 스스로 말할 것이 없을 듯하다. 한참 있다가 말하기를, "산 구름과 바다 달의 정서를 다 말하여도說盡山雲海月情, 여전히 알지 못하고 공연히 슬퍼만 하는구나依前不會空惆悵"하였다.⁶⁷

설잠은 법계도의 총수를 "마치 어떤 사람이 침상에서 잠들었을 적에, 꿈 속에서는 30여 개의 역驛을 돌아다녔으나, 꿈을 깬 뒤에는 바야흐로

---

66 雪岑,『大華嚴法界圖注』(『한불전』제7책, p.306중하).
67 雪岑,『大華嚴法界圖注』(『한불전』제7책, pp.306하~307상).

조금도 움직이지 않고 침상에 있음을 아는 것"에 비유하여 '구래부동명위불'을 본래의 자리에서 선해禪解하고 있다. 그가 한참 있다가 말하기를良久云 '산 구름과 바다 달의 정취를 남김없이 다 말하여도, 여전히 알아듣지 못한 채 부질없이 슬퍼만 하는구나'라고 하였다.

범부들은 산 구름과 바다 달의 정취를 알아듣지 못하고 부질없이 슬퍼만 하는 존재들이다. 이들은 바로 눈앞에 부처가 와 있어도 눈 속의 '오래된 비늘'이 떨어지지 않아 볼 수도 없고 들을 수도 없다. 설잠은 법성게의 각 게송 뒤에 '주註'의 형식을 통해 선적 강론과 선적 '평창'評唱을 덧붙여 의상법사가 '한 글자도 말하지 않은 이전의 소식'을 토해냄으로써 우리의 본래 자리를 환기시켜 주고 있다.

설잠은 또 당나라 재상이었던 배휴裵休의 글을 인용하여 『화엄석제』로 편집해 간행하였다.

법계란 일체 중생의 몸과 마음의 본체이다. 본래부터 신령스럽게 밝아 막힌 데가 없으며 광대하여 텅 비고 고요하니 (이것이) 유일한 참 경계일 뿐이다. 모습이 없되 대천세계를 펼쳐 놓고 가장자리가 없되 모든 존재를 머금는다. 마음의 눈 사이에 뚜렷하지만 모습을 취할 수 없고 대상의 안에서 빛을 발하되 이치를 헤아릴 수 없다. 진리를 꿰뚫는 지혜의 눈과 망념을 여의 밝은 지혜가 아니고서는 능히 자기 마음의 이와 같은 신령스러운 자재를 보지 못한다.[68]

이 글의 원 저자는 배휴임에 틀림없으나 설잠이 이 글을 인용한 까닭은 아마도 그의 글에 공감했기 때문으로 이해된다. 법계는 일체 중생의

---

68 雪岑, 『華嚴釋題』(『한불전』 제7책, 조선시대편1, p.295중).

몸과 마음의 본체라는 것은 화엄의 시공관을 보여주는 표현이다. 우리의 마음이 머금고 있는 시간과 우리의 몸체가 점유해 있는 공간은 분리될 수 없다. 설잠은 교망의 갈등과 벽관의 단전을 원용하여 불이의 관점에서 본래의 자리로 나아가는 활로를 제시하고 있다. 그리하여 그는 의상법사가 '한 글자도 말하지 않은 이전의 소식'未吐一字前消息을 토해냄으로써 그의 화엄 인식을 보여주고 있다.

IV. 선법에 대한 이해

1. 갈등을 돌려주려 한 갈등 _『십현담』이해

『십현담』은 당나라의 홍주洪州 봉서산鳳捿山 동안원同安院의 동안 상찰同安常察이 부처와 조사들의 현관玄關 10편을 담아 엮은 것이다. '현관'이란 진리의 안방에 들어가는 관문이다. 역대의 부처와 조사들의 현관 10편을 엮었다고 해서 '십현담'이라고 하였다. 대개 『십현담』은 『화엄경』과 선서에서 따와서 편집한 것이다.

설잠은 "당나라의 동안 상찰선사는 현관 속을 향하여 들어가 현담 10편을 추려내었고, 자비심을 특별히 발휘해 방향을 잃고 헤매는 이들에게 길을 열어 보였으니 이는 중생의 지견을 더하여 줌에 있어서 해롭지 않다"[69]고 했다. 그는 "산승은 거기에다 거듭하여 뱀 그림에 발을 더 붙여 놓았으니畵蛇添足, 이는 갈등의 위에다가 가지와 덩굴枝蔓을 보낸 격이 되었다"며 겸사를 붙이고 있다.

그러면서도 설잠은 "그러나 달을 가리키는 손가락이 아니었다면 어리

---

[69] 雪岑,『十玄談要解』「序」(『한불전』 제7책, p.309하).

석은 아이들은 달을 보지 못하였을 것이고, 토끼를 잡는데 올무蹄가 아니면 참우艨虞는 토끼를 얻을 수 없는 것이니, 이 현담을 이회理會하려면, 반드시 손가락과 올무指蹄로 인하여 달을 보고 토끼를 잡을 수 있을 것이다. 그리고 나서 나의 갈등葛藤은 돌려주어야 할 것이다"[70]라고 하였다. 원효가 『대승기신론소』에서 표현한 것처럼 '언어로써 언어를 버리는'因言遣言의 도리라고 할 만하다. 그는 이 『십현담』에다 '요해' 즉 '요체를 밝힌 간결한 해석'이라고 덧붙였다.

『십현담』은 동안 상찰이 현묘한 뜻을 훤히 밝혀서 즐겨 사람들에게 일러준 선의 입문서이다. 그는 청원 행사靑原行思 – 석두 희천石頭希遷 – 약산 유엄藥山惟儼 – 도오 원지道悟圓智 – 석상 경제石霜慶諸 – 구봉 도건九峰道虔으로 이어지는 제6대 법손이다. 설잠은 서문에서 이렇게 적고 있다.

"대개 은미한 말을 서술하여 사리를 밝혔다." 여기서 "은미한 말이라 한 것은 은밀한 말인데, 이것은 과거의 일천 성현도 전하지 않았던 종지인 것이다." "모름지기 '심인'을 분명하게 본 뒤에 조의를 알게 될 것이고, '조의'를 안 뒤에 현기를 깨닫게 될 것이고, '현기'를 깨달은 뒤에 진이를 가려낼 것이고, '진이'를 가려내면 부처의 가르침을 살필 것이고, 불교演敎를 살피면 문득 환향하게 될 것이고, 환향達本한 뒤에는 모름지기 머물지 않았음을 알게 될 것이다. 그러나 머물지 않았음還源을 알고서도 '전위'를 못하면 이것은 또한 새는 것滲漏이므로 '회귀'한 뒤에는 모름지기 전위할 줄을 알아야 하고, '전위'한 뒤에는 일색의 경지가 비할 데 없을 정도로 시원스럽게 전개될 것이다. 이 일색이 밝아져야 의자에 앉은 그대로 가시덩굴 속으로 거꾸러뜨리더라도 편안하게 다리를 펼 수 있을 것이다. 그렇게 되면 날이 밝은 밤 주렴 밖에서 벗은 몸으로도 임금에게 조회脫體朝君

---

70 雪岑, 『十玄談要解』「序」(『한불전』 제7책, p.309하).

할 수 있을 것이니, 일색이 환하게 되면 곧 심인을 보게 된다. 하나의 현담 속에는 10가지의 문을 각각 갖추어서 모든 것을 무궁하게 한다."[71]

이 때문에 제목을 ①'심인'心印, ②'조의'祖意, ③'현기'玄機, ④'진이'塵異, ⑤'불교'演教, ⑥'환향곡'還鄉曲: 達本, ⑦'파환향곡'破還鄉曲: 還源, ⑧'회귀'廻歸: 轉位, ⑨'전위귀'廻機, ⑩'정위전'正位前: 一色 10편으로 세운 것이다. 설잠은 여기에 청량주淸涼註 와 법안주法眼註 그리고 자신의 '열경주'悅卿註 를 덧붙이고 부록에 조주의 삼문, 즉 문수면목文殊面目, 관음묘창觀音妙唱, 보살묘용菩薩妙用과 십현자 음의十玄字音義 를 추가해 『십현담요해』를 펴냈다.

(1) 심인: ○"함부로 말하는 것은 절대 금한다." 설잠은 '열경주'에서 "달마가 서쪽에서 와서는 문자는 내세우지 않고 오직 심인만은 전하면서, '이것이 바로 사람의 마음이다'라고 가리켜 본성품을 깨달아 부처를 이루게 하였다. 그러니 이 심인은 언어와 문자를 가지고는 형용할 수는 없다, 그러나 사물과 접촉하는 일상 생활이라든가 모든 행동과 대화를 가질 때에 그 문채文彩가 전부 드러나서 마음의 윤곽當處이 분명하기 때문에 '심인이다'라고 한 것이다"고 풀어내고 있다.

그러면서도 ○ "심인을 어느 사람이 감히 전수하겠는가? 전하는 사람이 있다면 이는 착오이다"는 구절에 대해 그는 '열경주'에서 "달마는 심인을 가지고 오지 않았으며, 이조도 심인을 구하러 가지를 않았다. 그러니 준 것이 무엇이며 전한 것이 무엇이겠는가? 필경에는 무엇이라 말하였겠는가? 추울 때에는 불을 향하고 더울 때에는 서늘한 데를 찾느니라"고 하였다. 설잠은 주는 이도 없고 받는 이도 없는 걸림 없는 자유인의

---

[71] 雪岑, 『十玄談要解』(『한불전』 제7책, p.309하).

일상선을 보여주고 있다.

(2) 조의: ○ "부처와 조사의 향상하는 일은 조금도 빈틈이 없어서 바람도 통하지 않는다. 구름 가운데서 새가 다니는 길을 찾고, 물 밑에서 고기가 노니는 자취를 더듬는 것과 같다"는 구절에 대해 설잠은 '열경주'에서 "달마가 멀리 이 나라에 대승의 근거가 있음을 일부러 得得 와서 이 심인을 제창하여 혼미한 길을 개시하였다. 만일 문자 위에서 이를 체득하려 하여도 오히려 잘 되지 않을 것인데, 더구나 문자가 없는 위에서 체득하려 하면 그 거리가 어찌 흰 구름만 아득한 천만리 정도뿐이겠는가? 바로 곧 변소에 가기 전에 터득해야 비로소 얻는다 하겠다"고 풀어 내고 있다.

(3) 현기: ○ "거리낌 없이 녹록하게 구르는 것이다"는 구절에 대해 설잠은 '열경주'에서 "한번 기축機軸을 돌리면 아주 영롱하게 변화하여 티끌의 기연을 완전히 벗어나서 한 지혜에도 집착하지 않고 종으로나 횡으로나 역에서나 순에서나 조금도 막히고 걸림이 없다. 그렇다면 말하여 보라. 어떤 것이 현기인가? 어제는 술에 취하여 사람을 꾸짖더니만 오늘 저녁에는 향을 피우고 예경을 하는구나"라고 풀어내고 있다. 그는 한번 기축을 돌려야만 비로소 걸림없는 자유인이 될 수 있다고 말하고 있다.

(5) 연교: ○ "일부러 한 글귀를 가진 것이지 사사로운 말은 없으며, 황량의 꿈속 사람을 불러 일으키는 것이네."라는 구절에 대해 설잠은 '열경주'에서 "모든 부처의 현기는 티끌과는 다르다. 그래서 한 티끌 속에서도 큰 법륜을 굴리고 한 원음으로 간곡하게 근기에 맞추어 순응하였으니, 마치 봄바람이 땅을 움직임에 천 가지 꽃과 만 가지 나무가 각각

스스로 탐스럽게 되어 있는 것과 같다 하겠다"고 풀어내고 있다.[72]

(7) 전위: ○ "어두움 속에서 한 걸음을 옮겨 가니, 온 땅덩이가 모두 봄을 만났다"는 구절에 대해 설잠은 '열경주'에서 "동산화상이 말하기를, 기연이 지위를 벗어나지 않으면, 독 바다에 떨어지게 된다'고 하였다. 그러나 이러한 소식마저 없애기를 마치 금시조가 하늘을 날라 올라가서 마음대로 날개를 치면서도 떨어지지 않듯이, 비록 공空한 데를 의지하여 유희하지만, 공에 기대지 않고 또한 공에 구애되지도 않는다. 그러기에 회기라 한 것이다"[73]고 풀어내고 있다.

(8) 회기: ○: "의지하고 기대는 데는 완전히 손을 떼고, 다른 무리들 속으로 기틀을 돌린다"는 구절에 대해 설잠은 '열경주'에서 "이미 회기를 할 수 있으면 모름지기 마땅히 전위를 하게 된다. 기틀이라 함은 처음 발동함을 이름한 것인데, 전위에 이르면 참기틀眞機은 이미 발동한 것이어서, 가로 잡고 거꾸로 쓰며, 역과 순과 종과 횡, 그리고 동쪽에서 솟아 나고 서쪽에서 꺼지면 한 번 놓고 한번 거두는데, 크게 쓰임大用이 앞에 나타나서 일정한 궤칙이 없다. 이는 마치 어떤 땅에 쭈그리고 앉은 사자와 같고, 어떤 때에는 금강보검과 같으며, 어떤 때에는 곧 천 가지 차별을 끊어 없애고, 어떤 때에는 물결치는 대로 따라서 가는 것과 같다. 이것이 어떠한 경계인가? 돌!"이라고 풀어내고 있다.[74]

(10) 일색: ○ "흰 말白馬이 갈대꽃蘆花에 들어간다"는 구절에 대해 설

---

72 설잠은 "演敎는 어떤 책에는 '三乘次第'로 되었고, 또 어떤 책에는 佛敎로 되어 있다"고 割註를 달고 있다.
73 설잠은 "轉位는 어떤 책에서는 廻機로 되어 있다"고 割註를 달고 있다.
74 설잠은 "廻機는 어떤 책에는 轉位歸로 되어 있다"고 割註를 달고 있다.

잠은 '열경주'에서 "무어라 이름 지을 수도 없고 어떻게 형용할 수도 없다. 그러니 만일 '드러난 땅에 흰 소'露地白牛라 한다면 그것은 외형적인 겉치레다. 그러니 겉치레가 나기 이전의 것을 찾아 보아야, 바야흐로 '정위전'正位前이라 이름할 것이다"[75]고 풀어내고 있다. ○ "밝은 달빛과 갈대꽃이 같을 수가 없다. 비교하여도 미치지 못하고 닮았으면서도 같지는 않다"는 구절에 대해 설잠은 '열경주'에서 "만일 이러한 경지를 말한다 해도, 해오라기와 흰 눈과 밝은 달과 갈대꽃은 닮은 듯 하면서도 같지 않다"고 풀어내고 있다.

○ "허공 속의 달빛을 잡을 수가 있겠는가? 어찌 아름답지 않다고 하겠는가?"라는 구절에 대해 설잠은 '열경주'에서 "이 무슨 말씀이 그리 잘 못되었는가? ○ 맨 나중의 동그라미는 대아의 신검大阿神鈴을 휘두르는 것과 서로 비슷한 것이다. 그렇다면 말하여 보라. 허공 속의 달빛을 보기에는 분수가 있지만, 움켜잡으려 하면 얻을 수가 없다. 그러니 만일 움켜잡는다면 너는 '창자가 넓고 배짱이 큰 놈'이라고 인정하겠다"고 풀어내고 있다.

2. 요체를 밝혀낸 간결한 풀이 _ 『조동오위』[76] 이해

일찍이 민영규에 의해 『중편조동오위』가 세상에 알려진 이래 그가 이 저서를 '교록'校錄하여 발표한 것은 1989년이다. 그는 이 책을 처음 소개할 때나 교록본을 내면서도 『십현담요해』는 설잠의 미정고未定稿 『조동오

---

[75] 설잠은 "一色은 어떤 책에서는 一色過後로 되어 있고, 어떤 책에는 正位前으로 되어 있다"고 割註를 달고 있다.
[76] 동국대학교 불교문화연구소, 『제4회 李朝前記 佛書展觀目錄』, p.92. 여기에서는 『曹洞五位要解』의 撰者가 보이지 않지만 이 목록의 권말에 '雪岑이 注解를 덧붙인 『십현담』이 合刻되어 있다고 하였다.

위요해』불분권不分卷의 일부분이라고 보아야 할 것이다[77]고 하였다. 하지만 아직까지 그렇게 보아야 할 근거를 확보하지 못하고 있다.

동국대 도서관에 소장되어 있는『조동오위요해』에는 김시습의 주석(요해)이 들어 있지 않고, 국립중앙도서관 소장본[78]에 실린 글도 빠져 있다. 또한 원광대 도서관에 소장된『조동오위군신도서요해』영인본은 국립중앙도서관 소장본을 영인한 것으로 확인되었다.[79] 국립중앙도서관 소장본 표지에 의하면 '조동오위군신도'라는 표제가 붙어 있고, 본문 맨 마지막 면에 '조동오위종'曹洞五位終이라고 적혀 있어 표제를『조동오위』라고 하면 큰 문제가 없을 것이다.

『조동오위』에 처음 실려 있는 글은 북송 때의 승려였던 화엄 도륭華嚴道隆(11세기 중반)이 쓴「조동오위군신도서」이며 설잠은 여기에 '요해' 즉 '요체를 밝힌 간결한 해석'이라는 부분을 덧붙이고 있다. 그리고 두 번째에 실려 있는 북송 때의 선승인 단하 자순丹霞子淳, 1064~1117이 쓴「단하자순선사오위서」에도 설잠은 '요해'를 덧붙이고 있다. 그러니까 설잠의『조동오위요해』는 화엄 도륭과 단하 자순의 조동 오위에 대한 '요해' 2편과 조동종 관련 글들로 된 저작이라고 할 수 있다. 물론 여기에는 설잠을 비롯한 여러 선사들의 '요해'(주석)가 집성되어 있다. 여기에서는 설잠의 '요해'가 붙은 ①과 ②를 대상으로 살펴볼 것이다.

설잠은 당대에 형성된 중국 선종의 5가 7종 중 임제종과 함께 후대까지 지속된 조동종의 오위에 특히 주목했다. 육조 혜능638~713의 문하에

---

[77] 閔泳珪,「金時習의 曹洞五位說」,『대동문화연구』제13집, 성균관대 대동문화연구원, 1979, p.82.

[78] ①曹洞五位君臣圖序要解 ②丹霞子淳禪師五位序 ③曹山五位君臣圖頌幷序·曹洞五位圖 ④慈明總頌 ⑤曹洞宗旨 ⑥功勳五位 ⑦君臣五位 ⑧正偏五位에 대한 明安和尙의 釋과 ⑧汾陽和尙의 頌 ⑨妙喜示衆 ⑩曹山三墮 ⑪洞山大師金針三種滲漏 ⑫洞山唱道三剛要頌 ⑬趙州三門 ⑭諸家五位頌

[79] 최귀묵,『김시습 조동오위요해의 역주 연구』(서울: 소명출판, 2006), p.6, 각주 4).

서 나온 남악 회양과 청원 행사로부터 비롯된 남종선은 육조의 6세 법손인 동산 양개807~869와 그의 제자인 조산 본적840~941이 발전시켜 조동종으로 불렸다. 조산 본적은 선종의 이치와 수행과 실천의 요체를 요령있게 요약한 몇 편의 게송을 지었는데 그것이 조동오위의 근간이 되었다. 그의 조동오위에는 정편正偏, 공훈功勳, 군신君臣, 왕자王子 오위의 네 종류가 있다. 공훈오위, 군신오위, 왕자오위는 정편오위에 기초해 관점을 조금씩 달리하여 구성한 것이다.

위의 네 편의 조동오위 중 가장 핵심은 정편오위이다. 그 모체는 동산이 지은 「동산오위현결」洞山五位顯訣과 오위에 붙인 '축위송'軸位頌이라고 한다. 동산의 명명에 의거한 오위의 명칭은 정위각편正位却偏·편위각정偏位却正·정위중래正位中來·편위중래偏位中來·상겸대래相兼帶來라고 하였다. 그런데 제자 조산이 이를 이어받아 새롭게 정중편正中偏·편중정偏中正·정중래正中來·편중지偏中來·겸중도兼中到라고 정립시켰다. 여기서 네 번째의 '편중지'偏中來는 임제 문하의 6세인 분양 선소가 '겸중지'兼中至로 바꾸었고 그의 제자 석상 초원石霜楚圓, 986~1040에게 이어져 조동종에서는 이 영향 속에서 '겸중지'가 자리를 잡았다.[80]

설잠은 북송 인종(1010~1063, 1022~1063년 재위)의 칙령으로 지은 화엄도륭1042; 1054 선사의 「조동오위군신도서」에 '요해' 즉 '요체를 밝힌 간결한 해석'을 덧붙이면서 자신의 선지를 보여주고 있다.

(1) 대저 귀와 눈耳目이 포태와 난각胎殼에 간직되어 있어도 다섯 음률宮商과 볼 수 없는 것과 볼 수 있는 것玄象이 도리어 베풀어져 있고 정위半夜는 암명暗明이 없지만 오히려 군신君臣과 부자父子도 있도다.

---

80 김호귀, 「曹洞五位의 構造와 傳承」, 『한국선학』 제1호, 한국선학회, 2000.

설잠은 제1위의 '정중편'에 대해 단락 없이 풀이하고 있다. "'최초의 하나 생각이 나지 않은 때'最初一念不生時에는 다만 원융圓融함만이 있을 뿐이니 어찌 명과 암 두 종류의 구별이 있으리오. 비록 그러하나 당체가 맑고 고요한 가운데 제법의 연성이 본래부터 갖추어져 있다"고 풀어내고 있다.

(2) 어둠을 등지면서 어둠을 향하고, 밝음을 버리면서 밝음을 다룬다. 밝음과 어둠이 교치하는 것이 또한 물과 젖 같도다.

설잠은 제2위의 '편중정'에 대해 단락 없이 풀이하고 있다. "밝음과 어둠이 교치交馳하는 것은 무로부터 유로 들어가며 유로부터 무로 들어가는 것이며, 색이 곧 공이요 공이 곧 색이라 회호回互함이 그침이 없는 것이다"고 풀어내고 있다. '또한 물과 젖 같도다'에 대해서는 '유'라고 말하면 '환유'幻有이므로 '무'에 막힘이 없고, '무'라고 말하면 '환무'幻無이므로 '유'에 막힘이 없다고 풀어낸다. 그리하여 "하나이면서 둘이요 둘이면서 하나이므로 밝음과 어둠이 교치하는 것이 또한 물과 젖 같다고 말해도 좋다"며 "이와 같다면 언설로도 이르지 못하며 현묘한 지혜로도 이해하지 못한다. 이 같은 경우에는 어떻게 해야할까? 흰 구름은 잠깐 푸른 산靑嶂에 올 수 있지만, 밝은 달은 푸른 못碧潭에 내려오게 하기 어렵다"고 풀어낸다.

(3) 만일 무공無功의 작용을 드러낸다면 묘함이 체 앞에 있을 것이나, 허현을 빌지 않으니 누가 온전히 알겠는가?

설잠은 제3위의 '겸중지'에 대해 위의 두 단락으로 나누어 풀이하고 있다. "영원한 경계는 모습이 없고 영원한 지혜는 인연함이 없다. 인연함이 없으면서 인연하므로 삼관三關이 아닌 것이 없고, 모습이 없으면서 (모습이) 있으므로 삼제三諦가 완연하다. 부평초 위로 바람이 스치고, 물이 불어나니 큰 배가 뜰 수가 있다. 이것이 곧 '무공의 작용'이다. '묘'는 항상 운전하여 불가사의하다는 말이다. '체앞'體前은 정위 앞正位前이다. 정위의 앞에 항상 운전하여 불가사의한 소식이 저절로 있다는 말이다. 예로부터 얻은 온갖 유위인 복탁·언어·견해를 날로 탕진해 가야 바야흐로 원성圓成한 맛이 있을 것이다. 이와 같다면 누가 그 속을 향하여 갈 마음이 생기겠는가? 바야흐로 이 말을 믿게 될 것이다. 한 가닥 길이 우거져 사람이 이르지 않으니, 황금 궁궐 위에 푸른 이끼가 돋았구나."라고 풀어내고 있다.

(4) 마침내 진흙소泥牛로 하여금 길게 울게 하며 나무말木馬로 하여금 울며 달리게 하니, 작약이 서리를 맞고서도 취색翠色이 있고, 붉은 화로紅爐의 세찬 불꽃에 찬 얼음이 맺혔도다.

설잠은 제4위의 '정중래'에 대해 위의 세 단락을 나누어 풀이하고 있다. "배우는 이는 편정회호처에 두 머리兩頭를 범하지 말아야 한다. 만일 몸을 번드쳐 한 번 돌고자 할진대 모름지기 금강권金剛圈을 밟으며 율극봉栗棘蓬을 삼켜서, 진흙소를 바다 밑바닥에서 타고 나무 말을 불 속에서 채찍질해야 비로소 상응함이 있을 것이다. 이와 같으면 능히 한 터럭 끝에 보왕寶王의 세계를 드러낼 수 있으며, 미세한 티끌 속에서 큰 법륜法輪을 굴릴 수 있는 것이다. 작약은 꽃이 고와서 볼 만한 것이니 대용大用이 왕성함을 표현한다. '서리를 맞는다'라는 말은 제법을 탕진했다는 뜻이다. '취색이 있다'고 한 것은 겁화劫火가 훨훨 타서 털끝마저 다하되, 청산은 백운 가운데 변함이 없다. 홍로는 능히 만물을 녹여버리나니 곧 근본지如理智요, 세찬 불꽃은 지智가 능히 빛을 냄이니 곧 후득지如量智라는 말이다. '찬 얼음이 맺혔다'라고 말한 것은 이지와 양지를 함께 잊으니 일진一眞이 청정하여 아득히 멀리 독립함이다. 그리하여 '천명의 성인千聖 밖 어디에서 손을 놓고서, 길을 돌려 불 속의 소火中牛가 되는구나'라고 풀고 있다.

(5) 이와 같이 현묘할지라도 여전히 진리의 문에 어그러지나니, 이와 사가 모두 밝으나 회도回途의 묘함을 면하기 어려운 것이라. 이리하여 상相을 세움으로써 그 현묘함을 드러낸 것이다. 이런 까닭에 서序를 쓰노라.

설잠은 제5위의 '겸중도'에 대해서도 위의 세 단락으로 나누어 풀이하고 있다. "본체와 작용이 동시에 드러나고, 여리지와 여량지가 함께 융합되니 가히 부자가 서로 보고 군신의 도가 합해진다고 할 수 있다. 그렇지만 아비는 자식이 있다는 것을 알지 못하며 임금은 신하가 있다는 것을 알지 못한다. 등지면서 받들고 받들면서 등진다. 그러므로 현묘한 것이다. 이가 사에 막힘이 없고, 사가 이에 막힘이 없는 곳이 곧 '모두 밝음'雙明이다. 그러나 이가 드러나자 사가 숨으며, 사가 드러나자 이가 숨는다. 도리어 이것이 회도回途의 묘함이다. 여기에 이르러서는 성性도 아니요 상相도 아니며, 설說도 아니요 묵黙도 아니며 또한 사려思慮가 미칠 바도 아니다. 바로 있는 힘을 다해서 입을 열어 정위전正位前의 원상圓相 〇을 하나 제시함으로써 서序를 하는 것이다. 그래서 '이리하여 상을 세움으로써 그 현묘함을 드러낸다'고 말한 것이다. 어떤 것이 정위전의 원상인가? 편정偏正의 양위兩位에 모두 거슬리지 않으니, 당당堂堂해서 끝내 금시今時에 떨어지지 않는다. 이제 이 서序에 의거할 때 제3위는 겸중지兼中至를 논하고 있고 제4위는 정중래正中來를 논하고 있어서 조산曹山의 차례와는 차이가 있다. 그러나 대의大意에는 어그러지지 않으니 순서를 바꾸어 써도 무방하다."

설잠은 화엄 도륭이 제3위 '겸중지'와 제4위의 '정중래'를 바꾸어 논해 조산의 차례와는 차이가 있지만 대의에는 어긋나지 않는다고 회통하고 있다. 이어서 나오는 그의 「단하자순선사오위서요해」의 경우도 앞의 「조동오위군신도서요해」의 기술 방식과 크게 다르지 않다. 여기에서 단하 자순의 오위가 전제되고 이에 대한 설잠의 요해가 덧붙여진다. 그는 이러한 형식을 통해 자신의 선해 즉 선적 강론과 해석을 보여주고 있다.

이처럼 설잠은 '요해' 즉 '요체를 밝힌 간략한 해석'을 통해 화엄 도륭과 단하 자순의 오위에 대한 기본 개념과 근본 취지를 선해로 풀어내고 있다. 이러한 그의 선적 강론과 해석은 그의 정체성을 강사와 선사를 아우르는 상위의 선사로 자리매김시켜 준다. 조선시대 불교의 주요 특징인 '선 중심의 선교 통합'이라는 방향과 상통한다고 할 수 있을 것이다.

V. 교법의 사고방식과 선법의 살림살이

불교사상은 선종의 전래 이래 선지와 교문를 주축으로 해당 시대의 특징을 규정해 왔다. 신라 중대에 북종선이 전래되고 하대에 남종선이 전래되어 여말선초에 구산선문이 확립되면서 한국불교는 선학과 교학 혹은 선법과 교법의 관계를 통해 해당 시대를 조명해 왔다.

고구려와 백제와 가야와 달리 신라는 신라는 통일신라를 열어가면서는 당시 동아시아 불교사상의 주요 흐름들을 공유하면서 발전시켜 나갔다. 통일신라 시대에는 교학과 선학이 길항 속에서 교학을 주로 하고 선학을 종으로 하는 주교종선主教從禪의 성격을 띠었다. 이와 달리 고려 중기는 선학을 주로 하고 교학을 종으로 하는 주선종교主禪從教의 성격을 지녔다.

한편 지눌이 구산선문을 통합하고 선교일원禪敎一元의 기반을 확립한 뒤 종래의 왕실 중심 화엄교학은 위축되고 산문 중심의 선학이 발전하였다. 그 결과 고려 후기는 선학을 주로 하고 교를 종으로 하는 주선종교主禪從敎적 성격을 띠었으며, 조선시대에 들어서면 선禪 중심의 선교통합禪敎統合의 방향으로 전개되었다.

설잠이 살았던 시대는 조선 전기였다. 그는 불교의 주선종교적 성격 속에서 점차 선 중심의 선교통합의 방향으로 나아가는 시대에 살았다. 이 때문에 그의 교학 저술인『연경별찬』과『대화엄일승법계도주』는 이들 저술이 불경을 기반으로 한 교학의 대표적인 경교임에도 불구하고 선적 강론과 선적 해석이 가미되었다.

설잠의 선해에서 주목되는 지점은『법화경』의 핵심을 뽑아내면서도 본분 자리沒巴鼻의 안목과 깨달음에서 풀어내고 있는 점이다. 동시에 그는『화엄경』의 핵심을 30구로 뽑아낸 의상의『화엄일승법계도』를 의상법사가 '한 글자도 말하지 않은 이전의 소식'未吐一字前消息을 전하려는 선사의 입장에서 풀어내고 있는 점이다.

설잠은 유자와 도자, 강사이자 선사라는 지점을 넘어 선사와 강사를 아우르는 상위의 선사의 지위에서 선사 설잠의 가풍을 보여주고 있다. 그를 대강백이라고 부르기보다는 대선사라고 부르는 것이 자연스러운 것은 이들 저술에 담아낸 그의 선지 때문이라고 할 수 있다.

설잠은 그의 선학 저술인『십현담요해』와『조동오위요해』는 곧바로 선지에 입각해 이들 현담과 오위를 풀어내었다. 그는『십현담요해』에서는 '갈등을 돌려주려 한 갈등'을 보이며 현담을 풀어내고 있으며,『조동오위요해』에서는 조동오위의 요체를 밝혀내며 간략한 풀이를 덧붙이고 있다. 그는 언어가 지니고 있는 통발와 그물의 성격을 십분 이해하면서 언어로써 언어를 버리는 방식, 즉 갈등을 통해 갈등을 돌려주려는 방식을 통해 현담과 오위의 진면목을 풀어내고 있다.

그리하여 이들 교서에 나타난 설잠의 사고방식은 선적 강론과 선적 강해로 나타나고 있다. 이들 선서에 나타난 설잠의 살림살이는 선사 설잠의 가풍을 깊게 보여주고 있다는 점에서 그의 선사로서의 정체성을 확인하게 된다. 그는 강사이자 선사의 모습을 보여주었으며 동시에 선사이면서 강사의 모습을 보여주었다. 그의 정체성은 선 중심의 선교 통합이라는 조선조 불교의 성격을 잘 보여주고 있다는 점에서 우리는 선사 설잠의 살림살이와 강사 설잠의 사고방식을 동시에 볼 수 있다.

VI. 불자 설잠의 선교 이해

유자이자 도자였던 매월당 김시습은 그의 생평 중 가장 긴 기간 동안 비구 청한 설잠으로 살았다. 그의 정체성을 유자로 묶어두려는 이들이 여전히 존재하지만 그의 중만년 저술에 보이는 모습은 유자와 도자로서의 모습보다는 불자로서의 모습이 훨씬 강하게 드러나고 있다.

설잠을 유자와 도자보다는 불자로 보게 되는 이유는 그가 21세 출가 이후 가장 긴 기간을 승려로서 살았고 그가 살았던 곳이 주로 사찰이었기 때문이다. 또 그의 글에서 '필추' 혹은 '비추' 또는 '산승'이라고 적고 있는 것처럼 그 스스로가 비구임을 분명히 표방하고 있기 때문이다. 나아가 그의 불교 저술이 강사이자 선사로서의 가풍을 강하게 뿜어내고 있기 때문이다.

설잠은 불교의 교학 저술에서 '본분 자리洨巴鼻의 안목과 깨달음'으로『연경별찬』을 지었고, 의상법사가 '한 글자도 말하지 않은 이전의 소식'未吐一字前消息으로『대화엄일승법계도주』를 펴냈다. 또 그는 불교의 선학 저술에서 '갈등을 돌려주려 한 갈등'의 가풍으로『십현담요해』를 지었고, '요체를 밝혀낸 간략한 풀이'로『조동오위요해』를 펴냈다. 이처럼 설잠은 교학과 선학 저술에서 강사의 사고방식과 선사의 살림살이를 아울러 보여주고 있다. 이것이 바로 그를 유자나 도자이기보다는 불자로 볼 수 있는 이유이며 동시에 강사이자 선사로 볼 수 있는 까닭이다.

설잠은 불도유 삼교를 한 그릇 안에 통섭한 회통론자이며 그 궁극의 밑그릇을 불교에 두었다. 그 결과 그는 강사이자 선사이며 선사이자 강사로서 자신의 정체성을 만들어 갔다. 이 글에서 논제의 주체를 '매월당 김시습'이 아니라 '청한 설잠'이라고 붙인 것과 논문의 제목을 '청한 설잠의 불교사상'이라 하고 부제를 '교법 인식과 선법 이해'로 살펴본 것도 바로 이러한 이유 때문이다. 이제부터 불교계에서는 그를 '청한 설잠'이라고 당당히 부를 수 있어야 한다.

■ 참고문헌

智顗, 『法華玄義』 권제2상(『대정장』 제34책, p.696중).
三祖僧璨, 『信心銘』.
永嘉玄覺, 『證道歌』.
得通己和, 『涵虛堂集』.
金守溫, 「次河東府院君韻 增正因寺雪竣長老」, 『拭疣集』 권4.
尹春年, 「梅月堂先生傳」, 『매월당전집』, p.8상.
洪裕孫, 「祭金悅卿時習文」, 『遺稿』(『한국문집총간』 제12책); 『梅月堂全集』 別集입
     적 권2 수록.
金時習, 「宕遊關西錄後志」, 『梅月堂詩集』 권11.
金時習, 『매월당시집』 권3.
雪岑, 『華嚴釋題』(『한불전』 제7책, 조선시대편1, p.295중).
雪岑, 『蓮經別讚』(『한불전』 제7책, p.288하).
雪岑, 『十玄談要解』 「序」(『한불전』 제7책, p.309하).
雪岑, 『大華嚴法界圖注』(『한불전』 제7책, pp.306하~307상).
崔恒, 「贈雪竣上人三首」, 『太虛亭集』 권1.
李耔, 『梅月堂集』 「序」.
李山海, 『梅月堂集』 「序」.
李珥, 「金時習傳」.

高橋亨, 『이조불교』(서울: 신문관, 1926), p.213.
鄭住東, 『매월당 김시습연구』(서울: 신아사, 1965), p.13.
李能和, 「姜碩德寄濬和尙書」, 『朝鮮佛敎通史』 권上中(서울: 보련각, 1975),
     pp.395~396.

동국대학교 불교문화연구소,『제4회 李朝前記 佛書展觀目錄』, p.92.

金煐泰,『한국불교사』(서울: 경서원, 1997).

강원대학교 인문과학연구소 편,『매월당, 그 문학과 사상』(춘천, 강원대학교 출판부, 1988).

金煐泰,「雪岑 당시의 對佛教政策과 敎團事情」, 강원대 인문과학연구소 편,『매월당, 그 문학과 사상』(춘천: 강원대학교 출판부, 1988), pp.7~8.

한종만,「雪岑의 十玄談要解와 曹洞禪」,『매월당 그 문학과 사상』(춘천: 강원대학교, 1988), p.128.

金知見,「沙門 雪岑의 華嚴과 禪의 世界」, 강원대 인문학연구소 편,『梅月堂, 그 문학과 사상』(춘천: 강원대출판부, 1988), p.83.

이문구,『매월당 김시습』(서울: 문이당, 1992).

강원향토문화연구회,『국역 매월당전집』(강릉: 산책, 2000).

심경호,『김시습 평전』(서울: 돌베개, 2004), p.103.

최귀묵 역저,『김시습 조동오위요해의 역주 연구』(서울: 소명출판, 2006), p.6.

최귀묵,『김시습의 사상과 글쓰기』(서울: 소명출판, 2001; 2003).

고영섭,『한국불학사: 조선·대한시대편』(서울: 연기사, 2005).

선지 역주,『대화엄일승법계도주』(서울: 문현, 2010).

원순 역해,『연꽃법화경을 찬탄하다, 연경별찬』(서울: 법공양, 2017).

무비 강설,『무비스님이 풀어쓴 김시습의 법성게 선해』(서울: 담앤북스, 2018).

高榮燮,「청허 휴정의 선교 이해」,『한국불교사궁구』2(서울: 씨아이알, 2019), p.200.

高榮燮,『한국불학사: 조선대한시편』(서울: 연기사, 2005), p.30.

高榮燮,『한국불교사궁구』2(서울: 씨아이알, 2019), p.100.

閔泳奎,「金時習의 曹洞五位說」,『대동문화연구』제13집, 성균관대 대동문화연구원, 1979, p.82.

李起雲,「雪岑의 法華經觀 연구: 蓮經別讚을 중심으로」, 동국대학교 석사논문, 1991, pp.31~33.

김호귀,「曹洞五位의 構造와 傳承」,『한국선학』제1호, 한국선학회, 2000.

高榮燮,「雪岑의 莖草禪: 禪法과 敎法의 응축과 확산」,『한국불학사』, pp.121~122.

제3장

허응 보우虛應普雨의 불교 중흥
-'일체'一體론과 '일정'一正론의 응축과 확산-

Ⅰ. 불교 중흥의 과제
Ⅱ. 명종 이전 불교 상황
Ⅲ. 선교禪敎 양종兩宗과 승과僧科의 복원
Ⅳ. 선교禪敎와 불유佛儒의 일체론一體論
Ⅴ. 국가불교의 성과와 한계
Ⅵ. 교단 복원과 사상 구축

I. 불교 중흥의 과제

　모든 역사는 승자의 시각에서 기록된다. 해서 승자의 기록은 정사가 된다. 그런데 정사는 매우 일방적이다. 오직 자신의 편에서만 기록할 뿐 다른 편의 시각을 허용하지 않는다. 때문에 정사는 승자의 역사관이 되고 권력이 된다. 나아가 정사의 사관은 담론의 과정을 거쳐 세계관이 된다. 그러므로 특정 정사가 세계관이 되고 나면 다른 세계관을 지닌 주체의 정체성은 굴절되기 마련이다. 우리가 역사를 읽을 때 역사의 '전면'만이 아니라 '후면'과 '측면'과 '맥락'을 함께 읽어야 하는 이유도 이 때문이다. 그렇게 될 때 비로소 역사는 어느 정도 재구할 수 있기 때문이다.

　한국사에서는 조선조의 역사가 특히 그러했다. 조선은 유교를 국시國是로 내세운 나라였다. 해서 조선의 유자들은 유교 이외의 사유에 대해서는 배타적이었다. 특히 불교의 사원경제와 사원세력은 유자들의 주요한 타깃이 되었다. 조선 전기 왕들의 불교정책 역시 고려와의 단절을 의식하면서 이루어졌다. 그 결과 불교정책은 불교의 존재를 부인하는 방식으로 전개되었다. 하여 이러한 방식은 인간에 대한 왜곡된 이해와 세계에 대한 굴절된 시선을 낳았다. 그리고 조선조 사회를 경직되게 만들었다. 성사聖師[1] 허응 보우·1506[2]?~1565는 이러한 배불과 억불 시대의 한복판에서 불교 중흥을 위해 생평을 불살랐다. 중종의 계비이자 명종의 모후

---

[1] 종래 우리 역사에서 공식적으로 '聖師'로 평가된 인물은 '元曉'와 '泗溟' 두 사람뿐이다. 『조선왕조실록』에는 國初부터 비교적 활동하는 승려들을 보고 누구나가 '妖僧'이라고 매도하였다. 그러나 佛子들의 입장에서 보면 그는 '요승'이 이 나라 불교의 교단 중흥을 위해 한 몸을 분연히 버린 殉教의 '聖師'였다. 역사적 평가는 당대에 이루어지는 것이 아니라 후대에 이루어진다. 그의 탄생과 순교의 일이 벌어진 지 500여년이 지난 오늘 우리는 보우를 '聖師'로 부르는 데에 있어 주저함이 없을 것이다.

[2] 보우의 생년에 대해서는 정확히 확정하기 어렵다. 다만 1506년(중종1)에서 1509년(중종3) 사이에 출생하였을 것으로 추정하고 있다. 朴暎基, 허응당 보우 연구」, 동국대학교 대학원 불교학과 박사학위논문, 1998년, 13~18면.

인 문정대비文定大妃의 지원을 받은 보우는 왜곡과 굴절된 인식을 머금고 있는 유자들과 맞섰다.

보우는 불교의 불씨를 살리기 위해 외롭게 저항했다. 그는 극심한 불교탄압에 맞서면서 유교의 세계관을 절대적인 가치로 인정하는 '유교적인 불교'와 왕권에 대한 절대적인 충성을 강조하는 '국가주의적인 불교'를 지향했다. 이러한 그의 태도는 당시 왕권의 절대적 영향을 무시할 수 없었기 때문으로 추측된다. 하여 보우는 선교禪敎 양종과 승과僧科 복원을 시도하면서 불교의 존재감을 확보하였고 도승度僧 실시와 도첩度帖 부여를 통해 승려들의 지위 향상을 도모했다. 사상적으로는 선교일체론 禪敎一體論과 불유일치론佛儒一致論을 넘어선 불유일체론佛儒一體論을 전개하였다.[3] 이러한 일련의 노력으로 한시적이기는 했지만 약 15년 동안 조선 불교는 부흥의 기운을 맞이할 수 있었다. 보우가 복원한 승가를 통해 다음 대를 이어갈 청허 휴정淸虛 休靜[4], 1520~1604과 송운 유정宋雲 惟政, 1544~1610 및 부휴 선수浮休 善修[5], 1543~1615가 발탁되었다.

따라서 문정대비의 내외 지원과 허응 보우의 불교 중흥은 조선 중기를 이해하는 주요한 지남이 된다. 이들 두 사람의 불교 중흥 노력은 유교 일변도의 경직성을 윤활시키고 조선조를 탄력적으로 운영할 수 있는 계기를 마련하였다. 보우는 연산군-중종 이래 훼손된 조선조 불교 회복을 위한 파종의 역할을 하였고 그것은 이후 '자발적'이고 '전국적'인 승병의 활동으로 이어질 수 있었다. 보우시대와 500년을 격한 오늘 우리 사회의 불교 지형 역시 안정적이지 못하다. 우리 민족문화의 7할 이상이

---

3 보우는 『虛應堂集』上下卷, 『懶庵雜著』1권, 『水月道場空華佛事如幻賓主夢中問答』1권, 『勸念要錄』을 남겼다.
4 高榮燮, 「휴정의 禪心學: 禪心과 一物의 응축과 확산」, 『한국선학』 제15호, 한국선학회, 2006. 12.
5 高榮燮, 「한국불교에서 봉인사의 사격: 광해군과 봉인사의 접점과 통로」, 『문학 사학 철학』 제18호, 대발해동양학한국학연구원 한국불교사연구소, 2009년 가을호.

불교문화임에도 불구하고 불교는 지식인들에게 가깝게 다가서지 못하고 있다. 그 결과 출가자 이외 재가 불자들의 '존재감'은 잘 드러나지 않고 있다. 이 글에서는 허응 보우의 불교 중흥 노력에도 불구하고 오늘날 여전히 한국불교와 불자들의 존재감이 미약한 이유가 어디에 있는가를 환기하면서 선행연구[6]의 검토 위에서 허응 보우의 불교 중흥 노력에 대해 살펴보고자 한다.

II. 명종 이전 불교 상황

조선 유자들은 신유학인 성리학을 정학正學으로 삼고 불교에 대해 대대적인 억압정책을 시행하였다. 하지만 고려 이래 불교신행에 대한 '관행적 기풍'과 유학의 '종교적 기능'에는 명확한 한계가 있었기 때문에 불교를 근절할 수는 없었다. 그리고 억불시책 또한 사원세력과 사원경제를 붕괴시키기 위한 전략적 의미가 큰 것도 사실이었다.[7] 고려 이래 11종을 7종으로 구조 조정한 태종에 이어 세종은 7종을 다시 선교 양종으로 통폐합하였다. 이 때문에여 선교 양종과 거기에 딸린 선종과 교종의 사찰

---

[6] 普雨思想硏究會 編, 『虛應堂普雨大師硏究』(제주: 불사리탑, 1993). 이 책에는 김잉석의 「偉人 虛應 普雨大師」, 尹浩眞의 「보우대사의 생애」, 徐尹吉의 「보우대사의 사상」, 金東華의 「보우/허응당집」, 金龍祚의 「허응당 보우의 불교부흥운동」, 釋法藏의 「보우의 佛儒調和論에 대한 연구」, 宋錫球의 「보우대사-조선불교 중흥기초 다진 순교자」, 李鍾益의 「보우대사의 중흥불사-그 顚末과 殉敎-」, 黃浿江의 「보우론」, 朴暎基의 「보우대사의 儒佛사상」, 李鍾燦의 「허응당의 시」, 高橋亨의 「허응당집」과 「허응당 보우대사 殉敎碑文」, 「허응당집 상하 나암잡저」, 「勸念要錄」 등의 부록을 집성하여 싣고 있어 허응 보우 연구에 큰 도움이 되고 있다. 이외에도 선행연구로는 金煐泰의 「보우 순교의 역사성과 그 의의」, 『불교학보』 제30집, 1993과 朴暎基의 「허응당 보우 연구」, 동국대학교 대학원 불교학과 박사학위논문, 1998년, 金基寧의 「허응당 보우의 '一正論'과 그 사상적 의의」, 『한국불교학』, 제42집, 2005 등이 있어 도움을 주고 있다.

[7] 金龍祚, 위의 글, 위의 책, 89면.

은 불교교단의 구심이자 거점이 되었다.

　다행히 세종의 말년과 세조시대에는 불교에 대한 적극적인 후원정책이 있어 어느 정도 고려시대 불교의 모습을 찾아가는 듯 했다. 하지만 성종대에 성리학적 가치를 강조하며 본격적으로 등장한 사림파士林派에 의해 강력한 억불 정책이 시행되면서 불교 지형은 급변하였다. 성종 23년1492에 이르러 도첩제를 전폐하여 일체의 출가를 금지하였고 이것을 『대전속록』大典續錄에 못 박아 법을 어기고 승려가 된 자들의 환속에 힘쓰자 승려 수가 급감하였다. 그의 뒤를 이은 연산군은 앞 시대의 억불 정책을 계승하면서 선교 양종을 폐지하였고, 중종은 재위 2년1507에 승과를 폐지하고 원각사를 헐어서 민가에 분배하였으며 불상으로 군기軍器를 만들었다.

　이렇게 되자 불교와 국가의 공적인 관계는 단절되었고 불교계는 더 이상 자신의 존재감을 표현할 수 없었다. 보우는 이즈음에 태어났다. 그는 15세 무렵 스승을 따라 금강산의 마하연암摩訶衍庵에서 삭발하고 승려가 되었다.[8] 6년간 승려로 수행하면서 그는 대장경 뿐만 아니라 틈틈이 유서儒書를 읽었다.[9] 보우는 시도 잘 지어 그의 시가 실록에 인용되기도 했다.[10] 심지어 유생들이 그를 찾아 학문하러 찾아오기까지 하였다. 그의 빼어난 문장력과 시작詩作은 명경名卿 거공鉅公들과 교유할 정도였다. 그 중에서도 당시 강원감사로서 그를 문정대비에게 추천했으며 뒷날 재상에 오른 정만종鄭萬鍾과는 막역한 사이로 지냈다. 금강산에서 처음 하산할 때의 그의 심경은 다음의 시에 잘 나타나 있다.

8　普雨,「重遊摩訶衍」,『虛應堂集』권상(『韓佛全』제7책, 532중 면). "余志學之歲, 隨師到此庵中, 剃染."
9　普雨,『虛應堂集』권하(『韓佛全』제7책, 548상 면). "余曾看盡大藏經, 今正晴窓坐讀易."
10　『明宗實錄』권11 6년 6월 乙酉 조.

여섯 해를 금강산 정상에 앉아 번뇌 끊으니
말 같은 생각 원숭이 마음도 절로 길들여졌네
비단옷 입고 밤길 걸음이 남들의 비웃음 되겠지만
즐률지팡이를 둘러메고 높은 산을 내려가노라.[11]

보우는 여섯 해의 수행을 마치고 불법을 널리 펴기 위해 즐률지팡이를 둘러메고 금강산에서 내려왔다. 하지만 사찰의 소각[12]과 고승의 투옥 사건[13] 등 불교의 암담한 현실을 목격하고 다시 입산하여 10여 년간 수행에 몰두하였다. 그 뒤 다시 하산할 즈음 금강산에서 수륙고혼을 위한 수륙대재를 시설 거행하였다. 수륙대재란 명망이 있는 고승이 주재하는 것이 통례라는 점을 고려할 때 보우는 이미 상당한 명망을 지니고 있었음을 미루어 짐작해 볼 수 있다.[14] 뿐만 아니라 그는 이미 당시의 승려와 신도들 및 궁중 나인들 사이에서 '생불'生佛로 존경을 받고 있었다.[15]

이즈음 39년 동안 재위1506~1544한 중종을 이은 인종이 병약하여 두 해를 온전히 채우지 못하고 승하하자 어린 명종이 즉위했다. 어린 명종을 대신하여 정사를 맡은 모후 문정대비는 이미 왕후시절에도 중종에게 척승폐불책斥僧廢佛策의 속도를 늦추도록 권유한 적이 있었고 스스로도 왕실 후비들의 유습遺習에 따라 불교를 신봉하였다. 해서 문정대비는

---

11 普雨,「山中道友 聞余厭寂思遊 意欲遮留 以述一絶」,『虛應堂集』 권상(『韓佛全』 제7책, 536중 면).
12 普雨,「戊戌之秋九月旣望 驚聞聖上 以兼三五之德 燒毀諸方佛事 不覺血淚沾巾 憾其獨不蒙至治之澤 泣成數律 以示諸友云」,『虛應堂集』 권상(『韓佛全』 제7책, 536중하 면).
13 普雨,「聞龍門主繼以囚獄」,『虛應堂集』 권상(『韓佛全』 제7책, 536중하 면).
14 『明宗實錄』 권13 7년 8월 戊午 조.
15 『明宗實錄』 권13 7년 5월 戊申 조.

수렴청정을 한 뒤부터 불교 중흥을 위해 준비를 해 왔다. 먼저 선교 양종을 복원시키기 위해서는 교단의 실무를 담당할 유능하고 덕망 있는 승려를 물색하였다.

당시 보우는 금강산에서 내려와 안변 석왕사 부근의 은덕암에서 한 여름을 보냈다. 그 뒤 함흥 서쪽의 백운산 국계암掬溪庵에서 수년간 머물다가 명종 3년1548 9월 경에는 거기를 떠나 호남으로 내려가고 있었다. 도중에 병을 얻은 보우는 양주 천보산 회암사 차안당遮眼堂에서 수개월 동안 누워있었다. 문정대비가 불교 중흥을 위해 유덕한 승려를 찾을 즈음 봉은사 주지 명곡明谷은 노병으로 그 일을 감당하기를 어려워했다. 해서 명곡은 병 자리에서 일어난 그의 손제자인 보우를 추천하였다.[16] 문정대비 역시 노승인 명곡보다는 젊고 유능하다고 알려진 보우를 봉은사 주지에 임명하여 선교 양종의 복원과 승과의 복원 등 교단 실무를 맡기려고 했다. 보우의 글에는 당시의 사정이 아래와 같이 기록되어 있다.

나는 본디 타고난 성품이 게으르고 또 병약하여 바위에 숨어 남의 앞에 나서지를 않겠다고 생각하였는데 이제 금년(명종 3년) 금월(12월) 보름에 대비전의 교지로 봉은사(주지)에 부임하라는 분부를 입었다. 사실은 산승의 본분本分이 아니어서 처음에는 담장을 넘어 몰래 달아날 생각이었고 귀를 물에 씻고자 하였다. 그러나 백 천 가지로 궁리를 하였으나 결정을 내리지 못하고 있었는데 대궐에서 나온 중사中使의 재촉을 감당할 수가 없어서 끝내 거절하지를 못하고 마침내 여기에 이르게 되었다.[17]

---

16 普雨, 『虛應堂集』 권하(『韓佛全』 제7책, 548상 면).
17 普雨, 『虛應堂集』 권하(『韓佛全』 제7책, 548상 면).

병 뒤라 겨우 머리 들을 수 있음을 익혔는데
군왕 명령에 구름 언덕으로 들라 함에 놀라다
담을 넘어 넘보려니 공손치 못한 꾸중 두렵고
귀 씻어 사양함 세상 피한 허물 될까 부끄럽다
사신은 한밤 오경에 부임을 재촉하니
북풍의 잔인한 눈발에 양주 땅을 지나다
석양에 청담 못 물의 얼음을 건너서
선원에 드니 윗 분들게 부끄러움 감내 어려워라.[18]

명곡의 추천을 받을 무렵 보우는 오랜 병 자리에서 일어나 있었다. 위의 글과 시는 산승의 본분의식이 강한 보우의 인물됨을 보여주고 있다. 본디 보우는 봉은사 주지를 받아들이지는 않았던 것으로 추정된다. 하지만 그는 산승으로서의 본분을 지켜야 된다는 것과 교단을 부활시켜야 된다는 것 그리고 승려로서의 책임감과 문정대비의 복원 의지를 놓쳐서는 아니된다는 생각 속에서 갈등하다가 결국 주지직을 수락한 것으로 추측된다.

산승의 본분인 수행자의 길을 우선시하던 그가 봉은사 주지직을 수락한 것은 특히 양종과 승과의 폐지 및 도승과 도첩이 금지된 당시의 불폐지현실을 회피할 수 없었기 때문으로 보인다. 해서 보우 자신은 평소 불폐를 널리 펴야 된다廣布佛法는 생각을 잊은 끝서 없었기에 일 불맡게 되면 제대로 해 보자고 생각하였을 것이다. 이러한 그의 인물됨은 오히려 당시가 자들의 극렬한 반응을 통해서 역추적해 볼 수 있다.

요승 보우는 우리 유도儒道의 좀벌레蟊賊(벼의 줄기와 뿌리를 갉아먹는 벌

---

[18] 普雨,『虛應堂集』권하(『韓佛全』제7책, 548상중 면).

례)입니다. 그는 본디 간사하고 교활한데다 문장과 글씨의 재주를 갖추었으며, 내명內命에 의하여 봉은사의 주지가 되었습니다. 겸양하는 것처럼 보이려고 짐짓 사양하고 겸손함을 지어서 그 주지가 되고는 거짓 고절苦節을 닦고 겉으로 청렴과 근실함을 드러내니, 이는 바로 성가聲價를 높여 총권寵眷을 얻으려 함입니다. …… 엎드려 바라옵건대 전하께서는 요망한 승려의 머리를 베고, 미친 유생狂儒(유생 黃言澄 등이 봉은사 등 능침사찰에 난입하여 사중의 예부터 전해오는 기물을 깨뜨리고 훼손하여 빠뜨리고 잃어버리게 하여 처벌을 받게 된 것을 가리킴)의 죄를 사면해 주옵소서.[19]

『명종실록』에 실린 이 기록은 조신朝臣과 유생儒生들의 거친 상소는 보우의 능력과 성가聲價이 얼마나 널리 알려졌는지를 잘 보여주고 있다. 보우는 불교와 유교 사상에 통효하였을 뿐만 아니라 문장과 글씨가 빼어났다. 그의 문재는 이미 당대의 문장가인 유몽인柳夢寅[20]과 이수광李晬光[21] 등도 인정할 정도였다. 그런 보우가 봉은사 주지로 발탁되자 유자들은 충격을 받았던 것으로 추정된다. 오히려 유자들이 조롱하는 보우의 '겸양'과 '고절' 및 '청렴'과 '근실함' 그리고 '문장'과 '글씨'의 빼어남 등은 오히려 궁중 뿐만 아니라 그를 따르는 많은 이들의 마음을 미혹하게 할 것에 대한 그들의 강한 경계로 나타나고 있다.

당시 불교계는 이미 성종의 도첩제 폐지와 출가 전면 금지로 교단의 존재가 유명무실하였다. 또 연산군의 양종 폐지와 도승의 미실시와 그리고 중종의 『경국대전』 내의 도승과 양종의 법적 근거 삭제로 인해 불교의 불씨는 거의 꺼지는 듯했다. 당시 유자들은 오랜 숙원을 온전히 달성하였다고 장담하고 있었다. 이제 조선은 성리학적 질서만이 존재하는

---

19 『明宗實錄』 제9권, 94후~97전, 4년 9월 丙戌 條.
20 柳夢寅, 『於于野談』 권2, 「多識諸經能詩書屬文」.
21 李晬光, 『芝峯類說』 권18 「禪門: 能文解佛經」.

독존적 분위기로 가득해 가고 있었다.

하지만 그들이 방심하는 사이에 그들이 적대시했던 '아녀자'인 문정대비의 추천에 힘입어 보우가 선종의 대표사찰인 봉은사 주지로 등장하자 유자들은 강력한 비판을 퍼부었다. 그럴수록 보우는 자신의 마음을 다지며 불교 중흥을 발원했을 것으로 보인다.

III. 선교禪教 양종兩宗과 승과僧科의 복원

재위에 오른 어린 명종을 보좌하며 수렴청정을 시작한 문정대비는 불교 중흥을 위한 준비를 착실히 해 나갔다. 명종 3년1548 봉은사 주지로 보우를 발탁한 문정대비는 불교 중흥을 위한 걸음을 내딛었다. 당시의 정치상황을 읽고 있었던 대비는 불교 중흥을 정당한 명분 속에서 추진하려 했던 것으로 보인다. 먼저 문정대비는 명종 5년1550 12월에 선교 양종을 복원하라는 비망기備忘記를 우상 상진尙震에게 내렸다.

양민이 날로 자꾸만 줄어들어서 군졸의 곤란한 형상은 그 심하기가 지금보다 더할 수가 없다. 이는 그 까닭이 다른 데에 있는 것이 아니고, 백성들의 적지 않은 자재들이 군역軍役의 고통을 싫어하고 꺼려서 모두 도망하여 승려가 되므로 그로 인해 승려들은 날로 많아지고 군인의 수는 매일 줄어드니 한심한 지경에 이르렀다. 대체로 승려들 가운데에 이끌어 통솔하는 바가 없기 때문에 잡스러운 승려들을 금지하기가 어렵게 되었다. 조종조祖宗朝의 『경국대전』에 선종과 교종을 세웠던 것은 불교를 숭상하려고 한 일이 아니고 실은 함부로 승려가 되는 길을 막고 금하기 위하여서 였다. 근래에 그 제도를 없애 버렸기 때문에 그러한 폐단을 구제하기가 어렵게 된 것이다. 그래서 봉은사와 봉선사를 선종과 교종의 본사로 삼아 『경국대전』의 대선취재大禪取才, 僧科조條와 도승度僧의 조건에 의거하여 소상히 밝혀서 거행함이 옳을 것이다.²²

다만 나라의 폐단을 구하고자 할 뿐이다. 양종兩宗을 다시 세우려는 이 일은 주상과는 관계가 없다. 모두가 나의 책임이다.²³

당시 조정은 양민이 날로 줄어들어 승려가 되고 군졸의 형편이 날로 줄어들어 매우 곤란한 지경에 이르렀다. 백성들의 자제들은 군역의 고통을 싫어하고 꺼려서 도망하여 승려가 되었다. 그런데 문정대비는 불교의 중흥을 위해 선교 양종을 복원하라고 하지 않았다. 위의 비망기에서처럼 "조종조의 『경국대전』에서 선종과 교종을 세웠던 것은 불교를 숭상하려고 한 일이 아니다"는 전제는 "함부로 승려가 되는 길을 막고 금하기 위해서"였다는 것이다. 이는 곧 섭정대비攝政大妃가 선교 양종을 부활시켜 도승度僧과 승선僧選을 합법적으로 시행토록 하라는 교지의 내용이다.²⁴

불교가 민생에 이익이 있다거나 국가에 해로운 존재가 아니라거나, 또는 그 폐기의 부당성과 신봉의 필요성 등에 관해서는 한 마디의 언급도 없다. 단지 그 때 조정의 골칫거리로 커다란 사회문제가 되어 있었던 백성들이 '군역을 도피하여 승려가 되어'軍役逃避爲僧 승려가 날로 늘어나고 僧徒日繁 군액이 날로 줄어드는軍額日縮 현상을 타개하기 위한 방법으로서 잡승雜僧 통령統領의 가장 요긴한 방법으로 양종이 부활되어야 한다는 통치차원의 당위성만을 그 사유로 내세우고 있을 뿐이다.²⁵ 이처럼

---

22 『明宗實錄』제10권, 5년 12월 甲戌 條.
23 『明宗實錄』제11권, 6년 正月 甲辰 條.
24 金煐泰, 앞의 글, 앞의 책, 6면.
25 金煐泰, 앞의 글, 앞의 책, 6면.

문정대비의 '비망기' 속에는 불교 중흥을 정당한 명분 속에서 추진하려고 했던 문정대비의 지혜가 담겨 있다.

문정대비를 보좌한 인물들은 정만종鄭萬鍾, 윤춘년尹春年, 1514~1567, 상진尙震, 정사룡鄭士龍, 1491~1570, 박한종朴漢宗 및 당대의 세도가 윤원형尹元衡, ?~1565 등 여러 명의 고관들이다. 이들 중 왕실의 용도 및 회계를 관장하는 내수사內需司를 주도한 박한종과 금강산 하산 이전부터 보우와 사이가 각별했던 정만종은 보우와 긴밀했던 사람들이다.

보우가 양종판사가 되어 확보했던 불교중흥 정책은 크게 세 가지로 정리해 볼 수 있다. 첫째는 연산군이 폐지시킨 선교 양종을 복원하여 승과를 실시하고, 둘째는 성종이 폐지시킨 출가와 도첩제를 다시 허용하여 승려의 지위를 향상시키며, 셋째는 퇴락하고 황폐한 전국 사찰을 새롭게 일으켜 불교의 존재감을 확장시키는 것이었다. 명종 당시 보우의 불교 중흥책는 다음과 같이 일지로 정리해 볼 수 있다.

〈표 1〉 명종 시대 불교 일지

재위 년도	서기	주체	직함	교단 재건 사업	비고
명종 3	1548	普雨	奉恩寺住持	文定大妃의 備忘記 교지	12월 甲戌
명종 4	1549	普雨	奉恩寺住持	成均館 儒生 安士俊 上疏	
명종 5	1550	文定大妃	大王大妃	禪教 兩宗 復立 備忘記 내림	12월 15일
명종 6	1551	普雨	判禪宗事 都大禪師 (奉恩寺住持)	任命	6월 25일
		守眞	判敎宗事 都大師 (奉先寺住持)	任命	6월 25일

(표 계속)

재위년도	서기	주체	직함	교단 재건 사업	비고
				謝恩肅拜(광화문 밖) 宗務着手[26] 禪敎 兩宗 복원 誦經시험 度僧실시	7월 11월
명종 7	1552	普雨 守眞	判禪宗事 敎宗判事	僧科 실시(禪宗 21명, 敎宗 12명)	4월
명종 8	1553	普雨 守眞 普雨	判禪宗事 敎宗判事 (奉先寺住持) 敎宗判事	殺人僧 隱匿으로 罷免 兼職?	윤3월
명종 9	1554	普雨 普雨	判禪宗事 敎宗判事	兼職?	
명종 10	1555	普雨 休靜	判禪宗事 敎宗判事	敎宗判事職 辭任, 休靜 계승 敎宗判事職 辭任, 休靜 계승	가을 여름
명종 11	1556	休靜	兩宗兼任判事		
명종 12	1557	休靜	兩宗兼任判事	兩宗兼任判事 辭任, 普雨 復歸	
명종 13	1558	普雨	兩宗兼任判事		
명종 14	1559	普雨	兩宗兼任判事		

(표 계속)

26 『明宗實錄』권11, 6년 6월 임오(25) 조. 兩宗 復立의 命이 내려지자 당시의 朝臣과 儒士 및 識者층 들의 양종 복립 반대 上啓와 抗疏가 300여건(『退耕堂全書』제5책, 569~620면) 또는 446통(李鍾益,「보우대사의 중흥불사: 그 전말과 순교」, 『佛敎學報』제27집, 248면)이 보이고 있다.

재위 년도	서기	주체	직함	교단 재건 사업	비고
명종 15	1560	普雨	兩宗兼任判事		
명종 16	1561	普雨	兩宗兼任判事		
명종 17	1562	普雨	兩宗兼任判事	桐裏山 泰安寺 住持 戒幢의 非違로 都大禪師官敎 追奪 禪宗判事 普雨의 職牒 還給	7월 12월 19일
명종 18	1563	普雨	兩宗兼任判事	檜岩寺 重建 大佛事 着手	
명종 19	1564	普雨	兩宗兼任判事		
명종 20	1565	普雨	兩宗兼任判事	檜岩寺 重建 大佛事 完了 落成式 겸해 明宗 獨子인 順懷王世子 遷度 無遮大會 준비 文定大妃 昇遐 普雨 兩宗判事 削奪 普雨 濟州 귀양 普雨 牧師 邊協에게 杖殺	4월 4월 5일 4월 6일 4월 25일 6월
명종 21	1566			禪敎 兩宗 廢止	4월

〈표 1〉에서 보는 것처럼 명종시대의 불교일지는 매우 급변했다. 명종 6년 6월 25일 보우와 수진은 각기 판선종사 도대선사 봉은사 주지와 판교종사 도선사 봉선사 주지를 임명받았다. 7월 17일 사은숙배謝恩肅拜를 하러 대궐 안으로 들어가려 했던 이들은 "치건緇巾 치복緇服의 흉한 복장을 한 이수지인異數之人을 대궐 안으로 들여 놓아서는 아니 되니 대궐 밖에서 숙배토록 해야 한다"는 유신들의 반대로 왕실에 들어가지 못하

고 광화문 밖에서 사은숙배를 하였다.[27] 사은숙배를 마친 보우와 수진은 각기 봉은사와 봉선사에서 종무에 착수했다.

이 해 11월에 오랜만에 송경誦經시험을 치르고 도승을 거행하였다. 이듬해인 명종 7년 4월에 봉은사와 봉선사에서 각기 승과를 실시하였다. 최초의 합격자는 선종의 21명, 교종의 12명을 포함한 33명에 지나지 않았다. 하지만 폐지 이후 복원된 첫 승과의 합격자들인 만큼 나름대로 의미를 지니고 있었다. 이후에는 매년 도승이 순조롭게 진행되었고 식년式年마다 승과가 행해져 불교의 인재를 배출하였다. 이것은 문정대비의 절대적인 지지 아래 가능할 수 있었다. 하지만 더욱더 중요한 것은 승단 내의 모든 일을 주도하고 감당할 수 있는 주도적 인물인 보우가 있었기에 가능한 일이었다고 할 수 있다.

그런데 명종 8년 3월에 도적질을 하다가 한 집안의 가족 세 명을 죽인 봉선사의 한 승려를 판교종사인 봉선사주지 수진이 그를 숨겨준 일이 있었다. 이 일이 문제가 되어 정원政院과 간원諫院 및 금부禁府 등을 비롯한 여러 조신들이 연일 계청 상소로 수진의 죄를 다스려 중벌에 처하라고 상소하였다. 결국 수진이 현직에서 물러나게 되었고 왕명에 따라 새로운 교종판사의 천거를 선종에 의뢰했으나 여의치 않자 선종판사인 보우에게 일임시킨 것으로 추측된다. 결국 마땅한 적임자가 없어 보우가 겸직하다가 명종 10년1555 여름에 청허 휴정을 교종판사에 임명하였다.[28]

명종 10년 9월 16일 보우는 병을 얻어 판선종사직을 물러났다. 그가 강원도 청평사로 물러나면서 남긴 시 3편이 그의 심경을 잘 드러내

---

27 『明宗實錄』권11, 64면 전 후, 동년 7월 癸卯 조.
28 淸虛, 「自樂歌」, 『淸虛堂集』권6『韓佛全』제7책, 716하 면). 休靜이 명종 7년(1552)에 실시한 제1회 선과합격자로서 교종판사가 된 것이 36세였다는 점을 고려해 볼 때, 교종판사 守眞이 파면된 이후 휴정이 교종판사로 임명되기까지 약 2년 몇 개월(명종8년 3월~명종10년 여름)동안은 아마도 普雨가 교종판사를 겸직하였을 것으로 추정된다.

주고 있다.

> 한강 가에서 선종과 교종을 일으키라는 조칙을 받고
> 온갖 시비 속에서 팔 년이 지났구나
> 이름을 완수하였는데 어찌 인끈이 새삼 부럽겠는가
> 병을 얻어 옛 도량으로 물러가노니.[29]

보우가 한강가의 뚝섬 봉은사에 머물며 종무를 수행하다가 다시 병을 얻어 판선종사직을 휴정에게 물려주고 청평사로 돌아가면서 쓴 시이다. 시에서 그는 문정대비의 부름을 받고 선교 양종을 복원하고 승과를 실시하면서 부딪쳤던 온갖 시비를 돌이켜보며 지난 8년을 회고하고 있다. 판선종사로서의 소임을 나름대로 다 하였으므로 이제 더 이상 인끈(판사직)에 미련이 없음을 드러내고 있다. 이러한 그의 마음은 청평사에서 머물며 쓴 시에도 잘 드러나 있다.

> 청평의 옛 가람에 옮겨와 머무르니
> 팔 년의 소임이 한 바탕 꿈일러라.[30]

> 아, 붉은 인끈 더디게 풀어
> 푸른 산을 늦게 만났구나
> 스스로 삼신산을 가벼이 여겨
> 분주했던 양종의 일 우습구나
> 이미 유자와 석자의 시비 떠났으니

---

[29] 普雨, 「書偈三首以示大衆」, 『虛應堂集』 권하(『韓佛全』 제7책, 557중 면).
[30] 普雨, 「淸平述懷」, 『虛應堂集』 권하(『韓佛全』 제7책, 559중 면).

어찌 옳거니 그르거니 공격받으리.[31]

청평사의 어떤 것이 좋은가
서울이 멀어서 제일 좋도다[32]

　이들 시는 보우의 심성을 잘 보여주고 있다. 본디 문장과 시작이 능한 그였기에 서울의 정치 한복판은 태생적으로 맞지 않는 곳이었다. 하지만 불교의 현실 극복과 문정대비의 명으로 어쩔 수 없이 선종판사 내지 양종판사의 종무를 맡았다. 이들 시에는 산승의 본분을 잃지 않은 수행자로서의 모습과 섬세한 시심을 간직한 시인으로서의 심성이 잘 드러나 있다. 그가 머문 청평사는 고래로 풍광이 빼어날 뿐만 아니라 서울과도 적당한 거리를 두고 있어 보우가 머물기에는 안성마춤이었다. 청평사가 서울의 종무와 멀어서 제일 좋다고 한 보우였지만 그는 그곳에서 오래 머물 수 없었다.

　명종 12년1557 겨울에 양종판사를 맡고 있던 휴정이 돌연 소임을 사임하고 산승의 본연으로 돌아갔다. 척박한 불교계의 현실에서 휴정을 대신할 인재가 없었다. 자신이 시작한 불교 중흥의 소임을 물리칠 수 없어 보우는 다시 봉은사로 돌아와 자신이 휴정에게 넘겼던 양종판사직으로 복직했다. 아마도 그에게는 더 이상 물러설 곳이 없었을 것이다. 해서 불교 중흥과 함께할 것을 다짐하였을 것이다. 그것은 불교와 불교 중흥을 위한 순교의 길이었다.

　명종 17년1562 7월 4일에 운부사雲浮寺 지음持音 경수炅秀가 선왕태봉先王胎峰의 나무를 베어서 쓴 것이 죄가 되어 스스로 목을 매어 죽은 일

31　普雨,「遊淸平寺詩 二十二韻」,『虛應堂集』권하(『韓佛全』제7책, 5558하 면).
32　普雨,「淸平雜咏 17수 중 제12수 중 첫 줄」『虛應堂集』권하(『韓佛全』제7책, 560상 면).

에 대하여 곡성 동리사桐裏寺 지음持音 계당戒幢이 선종판에서 정소呈訴한 사건이 있었다. 이로 인하여 사헌부가 상계上啓하여 선종판사를 수사修司로 하여금 추고推考하여 매우 엄하게 다스리도록 해야한다고 하였다. 옥당玉堂과 성균관 유생들이 상소하고 양사에서 자꾸 상계하자 계당의 무리는 남해도로 귀양을 보내고 보우의 도대선사관교都大禪師官敎를 삭탈하게 하였다.[33]

이 해 12월에 명종은 이조吏曹에 전교하여 선종판사 보우의 직첩을 돌려주게 하였다.[34] 이 같은 삭탈과 환급의 소용돌이 속에서도 보우는 양종의 우두머리로서 소임을 다하였다. 환급 이후 그는 회암사 중건 대불사 공사를 주재하여 명종 20년1565 4월 5일에 낙성식 겸 명종의 독자인 순회順懷왕세자의 죽은 영혼을 천도하기 위한 무차대회를 준비했다. 하지만 문정대비의 병이 위중하자 대궐에서 중사를 보내어 대회를 중지시켰다. 4월 6일 문정대비는 대신에게 '양종 존립과 불교 보호 당부'를 내용으로 한 언문유교諺文遺敎를 내리고 창덕궁에서 훙거하였다.

20일 뒤인 4월 25일 사헌부가 상계하여 부승賦僧 보우를 의금부에서 법률에 의거하여 죄를 결정하기를 청하였다. 사간원에서도 또한 계청하였다. 명종은 오랜만에 답을 내려 윤허하지 않았다. 다만 양종판사의 승직을 삭탈하고 서울 근처의 절에 발을 들여놓지 못하게 하였다.[35] 하지만 조신과 유생들은 그것으로 멈추지 않았다. 보우를 흉악한 요승으로 몰아붙이며 원수처럼 여겼다. 그들은 그를 죽이지 않고는 마음을 놓지 못한다고 생각하였다. 끝내 그들은 보우를 제주도에 귀양을 보내고 제주 목사 변협邊協을 시켜 장살하게 하였다. 죽기 직전 보우가 남긴 임종게는 그의 생애를 압축적으로 담고 있다.

---

33 『明宗實錄』제28권, 27면 후~28면 전, 17년 7월 丙戌 조.
34 『明宗實錄』제28권, 46 후, 17년 12월 己巳 조.
35 『明宗實錄』31권, 29후~30전, 4월 辛卯 조.

허깨비 사람이 허깨비 마을에 와서
　　오십년이 넘도록 미친 장난 쳤구나
　　인간 세상의 영욕을 다 치르고
　　허수아비 몸 벗어나 넓고 푸른 하늘로 오르리.[36]

　연기緣起와 무자성無自性과 공성空性을 기반으로 한 불교사상에서 보면 일체법은 공취空聚일 수밖에 없다. 오온의 임시 화합으로 이루어진 우리의 육신은 인연이 다 하면 흩어지기 마련이다. 잠시 이곳에 와서 살고 있는 우리도 사실은 허깨비이다. 허깨비 사람이 허깨비 마을에 와서 장난치다가 가는 것이다. 하지만 보우가 남긴 불교 중흥의 불씨는 꺼지지 않고 이어졌다. 청허 휴정과 사명 유정 및 부휴 선수 등으로 이어진 전국적이고 자발적인 승병의 활동은 보우가 점화시킨 불교의 생명력에서 비롯된 것이라고 아니할 수 없다.

IV. 선교禪敎와 불유佛儒의 일체론一體論

　동아시아에서 철학과 사상의 통합 혹은 회통의 시도는 불교에서 본격화되었다. 중국의 삼무일종三武一宗의 난과 같이 폐불의 기운이 극심했을 때 불교계는 불-도-유佛道儒의 삼교 회통 혹은 불-도佛道 또는 불-유佛儒의 이교 회통의 노력을 기울였다. 이것은 조선 유자들의 과도한 배타성을 완화시키려는 노력이기도 했지만 불교의 원융한 가르침을 확산시키려는 노력이기도 했다. 허응 보우의 '선교일체론'과 유불일치론을 넘어선 '유불일체론' 역시 자신의 철학을 응축시키고 확산시킨 결과였다.

36　普雨,「臨終偈」,『虛應堂集』권하(『韓佛全』제7책, 559중 면).

허응 보우는 양종판사로서 교단 재건 사업에 전력하면서도 철학과 사상의 입론에 게을리 하지 않았다. 그의 살림살이는 신라 하대와 고려 이래 이 땅의 주류를 이루어온 남종선의 임제종 양기파의 가풍을 이은 것으로 추정된다. 아울러 그는 교학에 대해서도 소홀하지 않았다. 그의 살림살이가 드러난 전적이 많지 않지만 남은 곳에서 확인 할 수 있는 것은 그가 화엄을 중심으로 한 교학과 무념無念을 강조한 돈오선을 지향한다는 점이다.

본디 거울의 티끌을 털어내려는 북종선의 '이념'離念과 본디 털어낼 티끌조차 없다는 남종선의 '무념'無念은 그 나름대로 타당성이 있다. '이념'은 현실의 입각지를 인정하고 있기 때문이며, '무념'은 그러한 입각지를 상정하지 않기 때문이다. 보우는 무념의 근저에 있는 자각 그 자체를 중시하면서 남종선을 체계화한 하택 신회荷澤神會의 입장을 계승하고 있다. 이는 「시참현선객」示參玄禪客에서 '재기처'纔起處와 '미생시'未生時의 대비를 통해 잘 드러나 있다.

> 참현의 고귀함은 무념을 구함에 있는데
> 상념에 다다라 어지러이 날리면 깨달음이 더딜까 두렵네
> 고요고요함으로 일어나는 곳을 돌이켜 관찰하고
> 또렷또렷함으로 일어나지 않은 곳에 돌이켜 들어
> 삿됨을 버리되 삿된 생각을 떠난다고 생각하지 말고
> 올바름으로 돌아가되 올바른 지혜 얻었다고 생각하지 말라
> 두 가지 견해와 세 가지 경계 끊어짐에 다다르면
> 마음을 거울처럼 맡겨 두어 곱고 미움 다 비추리.[37]

---

37 普雨, 「示參玄禪客」, 『虛應堂集』 권하(『韓佛全』 제7책, 571하 면).

보우는 현묘함을 참구함의 고귀함은 무념을 구함에 있다고 본다. 무념은 한 생각을 일으키지 않는 것이다. 그래서 보우는 또렷또렷함惺惺으로 한 생각이 일어나기 전 혹은 이 몸이 세상에 나기 전'未生時의 모습을 돌이켜 들어가고, 고요고요함寂寂으로 잡념이 일어나는 그 자리繼起處를 돌이켜 관찰하라고 역설한다. 그리하여 삿됨을 버리되 삿된 생각을 떠난다고 생각하지 말고, 올바름으로 돌아가되 올바른 지혜를 얻었다고 생각하지 말고 강조한다.

그리하여 보우는 무념을 구하여 본래의 자리를 깨닫고 나면 일체의 사견이 떨어지고 이변二邊 삼제三際에 요달하여 천지와 내가 둘이 아닌 경지에 도달한다고 강조한다. 사실 우리는 이것과 저것이라는 분별의 대상을 만들면서 한 생각을 일으킨다. 그런데 대상이란 선험적으로 존재하는 것이 아니다. 오직 나의 생각이 만드는 것일 뿐이다. 때문에 한 생각이 일어나기 전의 자리不念起와 한 생각이 일어난 자리念起가 선험적으로 존재하는 것이 아니다. 단지 우리의 분별 망상이 그것을 갈라보는 것이다. 그래서 보우는 '미생시'와 '재기처'를 갈라보지 않는다. 이것은 선과 교를 일체화하는 보우의 독특한 관점이다.

> 위대하구나. 화엄의 돈교여. 그 몸체體는 본디 생긴 것이 아니므로 처음과 끝이 없고, 그 몸짓用은 실로 멸하는 것이 아니므로 이뤄짐과 무너짐도 없으니 이것은 모든 교의 근본이 되고 모든 법의 으뜸이 되는 것이다.[38]

> 삼가 생각컨대 『대방광불화엄경』과 천태산의 오백 응진들은 일승 돈교一乘頓教와 사과 성문四果聲聞으로서 현시한 진심眞心은 높은 산을 처음으로 비추는 해와 같고, 비밀히 나타내는 묘력妙力은 깊은 못에 두루 드리

---

38 普雨,「華嚴經後跋」,『懶庵雜著』(『韓佛全』 제7책, 579중 면).

워진 달과 같습니다. 십현문이 원만하고 육신통을 갖추었으니 그 가르친 이치는 헤아릴 수 없고 그 수행한 결과는 알기 어려워 마치 중중의 제망과 같고 역력한 해인과 같습니다. 그러므로 조금이라도 묘한 게송을 들으면 곧 정각을 이루고 잠시라도 참 위의를 우러르면 다 은혜를 입으니 이것은 모든 가르침의 으뜸가는 벼리라 할 수 있고 또한 모든 중생들의 어버이임을 볼 수 있습니다.[39]

보우는 선사이면서도 화엄을 돈교로 보며 『화엄경』을 일승돈교의 묘전이자 뭇 교학의 근본 벼리로 보고 있다. 이것은 『화엄경』을 뭇 경전의 근본이자 만법의 종요로 보는 관점이다. 그는 "선은 모든 붇다의 마음이요/ 교는 모든 붇다의 말씀이네/ 마음과 입은 반드시 어긋나지 않으니/ 선과 교가 어찌 둘인 적 있나"[40]라고 역설한다.

그러면서도 "경은 성불의 바른 길"[41]이라고 했다. 이러한 불교관은 이미 교를 주로 하고 선을 종으로 보았던 主教從禪 중국의 규봉 종밀과 선을 주로 하고 교를 종으로 보았던 主禪從教 보조 지눌으로 상에서도 확인된다. 그런데 보우는 종밀의 '절충'折衷 내지 지눌의 '일원'一元의 차원을 넘어 완성된 사상체계를 마련[42]하였다. 그것을 우리는 선교일체론이라고 부를 수 있다.

얼음은 원래 물이요, 물은 원래 얼음이다. 얼음과 물은 같은 몸의 축축한 성질일 뿐이다. 불법에 여러 갈래가 있지만 모두가 한 스승의 가르침

---

39 普雨,「畵聖五百應眞幀及寫華嚴經點眼法會疏」,『虛應堂集』권하(『韓佛全』제7책, 588하~589상 면).
40 普雨,「聞兩宗大選輩 互起高下之情 將作胡月之隔云 卽賦長篇一偈 以寄焉」,『懶庵雜著』(『韓佛全』제7책, 562하상 면).
41 普雨,「薦父疏」,『懶庵雜著』(『韓佛全』제7책, 589중 면).
42 金容祚, 앞의 글, 앞의 책, 94면.

이요, 일불승일 뿐이다. 봉선사와 봉은사가 왕의 덕화德化에 의해 교종과 선종의 사찰이 된 것이요. 모두가 불법 도량일 뿐이다. 진리에 이르러 예부터 너와 나의 분별이 없었거늘 어찌 종宗을 두고 서로 다툴 수가 있겠는가. 따라서 교는 곧 선이요, 선은 곧 교이다. 선이나 교를 알고자 한다면 진정으로 선교가 둘이 아님을 깨달아야 하고, 이렇게 알아 행하는 최상층인 것이다. 더욱이 불타의 일대시교를 분별하여 선교의 심천을 논하는 것은 망단이 아닐 수 없다.[43]

교는 일선一禪을 온전히 하는 돈교頓教요, 선은 원래 돈교의 일선이니, 선과 교는 원융하고 언어와 침묵이 자재로우면 이로 말미암아 선의 강물과 교의 바다가 서로 사귀어 통하고, 교의 주인教主과 선의 스승禪師이 하나로 화합하여 가문 가문마다 피차彼此 서로 통하고, 마음 마음이 모두 안과 밖內外에 막힘이 없어 서로 부축하고 서로 구제하는 것이 한 세대만이 아니요, 함께 즐겁고 함께 근심하는 자가 대체로 많아진다.[44]

얼음과 물, 일선과 돈교의 불이의 관계처럼 보우는 처음부터 선과 교를 갈라보지 않았다. 붇다의 마음이 선이고 붇다의 말씀이 교라면 붇다의 가르침인 불교에는 둘이 있을 수 없다. 해서 보우는 선교의 화쟁이나 일치점을 찾는데 급급하지 않고 선교가 불이의 일체임을 주장하였다. 선교일체설은 일찍이 찾아볼 수 없는 보우의 독보적인 탁견이라 하겠다.[45] 보우는 조광조를 비롯하여 퇴계와 율곡에 의해 한국 성리학이 공고화되던 시기에 살았다. 때문에 이론적으로 체계화되고 성숙되어가는 성리학을 접하며 그의 생애를 보냈다.

그런데 그는 '요승'妖僧, '괴승'怪僧, '좀벌레'蠹賊, '극사자'極詐者, '간사불

---

43 普雨, 『虛應堂集』 권하(『韓佛全』 제7책, 571하 면).
44 普雨, 「教宗判事錄名篇」, 『虛應堂集』 권하(『韓佛全』 제7책, 550상중 면).
45 金容祚, 앞의 글, 앞의 책, 94면.

측지인奸詐不測之人 등 이루 말로 형언할 수 없는 유자들의 악담을 감수하면서도 물리적인 교단의 복원과 정신적인 사상의 구축에 매진하였다. 그리하여 불교와 유교의 지향이 일치한다는 불유일치론을 넘어 불교와 유교가 '한 몸'이라는 불유일체론을 제창하기에 이르렀다. 그 대표적 산물이 그의 출세작인 「일정론」一正論이다.

'일'一이란 둘도 아니고 셋도 아니지만 진실하여 망녕되지 않는 것으로 '하늘의 이치'이다. 하늘의 이치는 깊고 깊어 조짐이 없으나 만상을 벌려 있어서 갖추지 않은 물건이 없는 것이다. 그러나 그 본체는 '일'일 뿐이어서 본래부터 둘이 되고 셋이 될 수 없다. 그러므로 하나의 기운이 행하면서 봄에는 나고 여름에는 자라나고 가을에는 열매를 맺고 겨울에는 거두어들이고 낮은 밝고 밤은 어두워서 아주 옛날부터 지금에 이르기까지 일찍 한 번도 쉬는 오차가 있지 아니하며, 천하의 크고 작고 높고 낮고 날고 잠기는 동물과 식물, 푸름과 누름, 붉음과 하양, 모남과 둥긂, 길고 짧은 것들이 또 하나에서 생겨나서 일찍이 털끝만치의 차이도 없으니 이것이 하늘이 주신 이치로서 항상하고 하나이어서 성실하여 허망함이 없는 이유라고 하겠다.

'정'正이란 치우침도 없고 삿됨도 없어 순수하여 섞임이 없는 것으로서 곧 '사람의 마음'을 말한 것이다. 그 마음은 고요하여 생각이 없으면서 천지 만물의 이치를 모두 갖추었고, 신령하고 어둡지 않아 천지 만물의 일에 모두 응해 주되 원래 한 생각이나마 사사로운 마음으로 치우치거나 삿된 일이 없는 것이다.

이치라 하고 마음이라 하여, 그 이름과 말은 다르지만 하늘과 사람의 이치나 '일'과 '정'의 뜻은 다르지 않은 것이다. 그러므로 하늘이 곧 사람이요 사람이 곧 하늘이며, '일'이 곧 '정'이요, '정'이 곧 '일'인 것으로서, 사람의 몸은 천지의 몸이요 사람의 마음은 천지의 마음이며 '사람의 기운'

은 곧 천지의 기운이다.[46]

보우는 모든 존재를 '일'一이라고 하여 모든 존재의 본체를 진실하여 망념되지 않는 것으로 설명하고 있다. 여기서 '일'이란 하늘의 이치는 깊고 깊어 조짐이 없으나 만상을 벌려 있어서 갖추지 않음이 없는 것을 말한다. 이것은 하늘이 주신 이치로서 항상 하나이어서 성실하여 허망함이 없다. 또 '정'이란 순수하여 섞임이 없는 인간의 마음이다. 이것은 고요하여 생각이 없으면서 천지 만물의 이치를 갖추었고, 신령하여 어둡지 않아 천지 만물에 응한다.

그러므로 '일은 곧 정'一卽正이고 '심은 곧 천'心卽天이며 '인은 곧 천'人卽天으로서 궁극적으로 우주와 인간은 합일된다. 해서 인간의 마음이 곧 천지의 마음이고 사람의 기운이 곧 천지의 기운이 된다. 이것이 성리학에서 우주 자연질서인 존재의 법칙과 인간의 도덕적 규범이 '리' 안에 합일되어 있다는 천인합일설天人合一說이다. 보우는 우주의 원리인 '일'과 도덕의 원리인 '정', 즉 '일정'의 개념으로 성리학의 천인합일과 이기를 종합하고 인간의 심을 일정으로 개념화하여 불교의 불성을 밝힌 것이다. 이처럼 보우는 성리학의 천인합일 사상을 불교 입장의 논리로 전개시켰다.[47]

이 보우의 일정설에 대해 김잉석은 "천인묘합의 투철관으로서 한국사상사에서는 빼지 못할 철학사상이라고 단언할 수 있다. 당시 유생들이 소위 주자이기설朱子理氣說을 가지고 운운하는 데 관해, 보우 자신의 견해의 일단을 피력한데 불과한 것이나, 그 짧은 문장은 능히 그들의 구차영세苟且零細한 어지쟁론於之爭論을 빙석와해氷釋瓦解시킬 뿐만 아니라 노

---

46 普雨, 『懶庵雜著』(『韓佛全』 제7책, 581상중 면).
47 金容祚, 앞의 글, 앞의 책, 96면.

담老聃을 비롯해서 주자周子·정주程朱에 의한 유학의 온오蘊奧를 투철천 명透徹闡明하고도 남음이 있다 할 것이다"[48]고 했다. 보우 사상의 핵심을 담은 것이 일정론임을 감안할 때 이것은 매우 적절한 평가라 할 수 있을 것이다.

보우는 화엄가이자 선사였다. 화엄사상과 선사상은 한국불교의 주축이기도 하다. 보우사상은 교의 정점으로서 화엄과 선의 정점으로서 돈오선이 만나 그 기저를 이루고 있다. 그는 현상을 진리로 파악하면서 선과 화엄을 통합하여 선교일체론을 전개하였고, 일정설을 통해 성리학과 불교 그리고 도가를 아우르는 논리를 제시하여 불유일체론을 제시하였다. 이것은 그가 불교 중흥이 단지 교단의 혁신으로만 이루어질 수 없음을 잘 알고 있었던 철학자였기 때문에 가능한 일이었다.

보우는 일체론에 의거한 선교일체설와 일정설에 근거한 불유일체론을 통해 자신의 철학을 구축하였다. 이 때문에 그는 단순한 교단 수호자의 역할을 넘어 철학자로서의 입지를 확고히 세웠다. 그가 일정설에서 주장한 '인즉천'人卽天의 인간관 이후 동학의 인내천人乃天 사상으로 더욱 체계화되어 새로운 사유체계로 탄생되었다.

V. 국가불교의 성과와 한계

처음 보우는 열다섯에 은사를 따라 금강산에서 출가하여 산승의 본분을 다하고자 하였다. 하지만 시절 인연이 그렇게만 그를 내버려 두지 않았다. 불교 중흥을 위해 한 몸을 불사르기로 다짐한 그는 유교의 세계관을 절대적인 가치로 인정하는 '유교인 불교'와 왕권에 대한 절대적

---

[48] 金芿石,「偉人 虛應 普雨大師」, 보우사상연구회 편, 앞의 책, 33면.

인 충성을 강조하는 '국가 지향적 불교'를 지향했다. 이러한 보우의 태도는 당시 왕권의 절대적 영향을 무시할 수 없었기 때문으로 추측된다. 이러한 태도는 그의 몇 몇 시편에서도 확인된다.

> 소매 떨치고 스님 따라 나선 게 열 댓 살이었는데
> 선을 닦는 마음으로 다시 속세의 인연 꿈꾼 적 없네
> 다만 하늘이 내려준 충성스런 마음만은 다하기 어려워
> 성상께 축원하는 맑은 향불을 밤낮으로 피워 올리네.[49]

보우는 임금에게 '충성하는 마음'을 '하늘이 내려준 것'으로 인식하기에 이른다. 이것은 국가불교적 상황을 염두에 둔 언표로 보인다. 이러한 보우의 인식은 불교에 우호적이자 적극적 지원을 보이는 정치권력을 신성화시키는 모습이라고 할 수 있다. 동시에 이것은 '유교적 불교'와 '국가 지향적 불교'로 읽을 수 있다.

여기에서 한 걸음 더 나아가 보우는 문정대비를 부처와 동격에 놓기까지 한다. 일찍이 중국 북조와 측천무후 시대 그리고 신라의 진평황 시대에 보이는 진종설眞種說에 따르면 황제와 여래를 동일시했다. 해서 우리는 보우가 높이고 있는 문정대비에게서 다시 '황즉불'皇卽佛, '황즉여래'皇卽如來설의 연장을 보게 된다.

> (문정대비께서는) 솜씨 좋은 사람에게 특별히 명령하시어 왕실 창고에서 좋은 금을 내어다가, 『장수경』, 『약사경』, 『금강경』, 『옥추경』 등 몇 가지 경전을 베껴서 보배로 장식한 상자에 넣고 좋은 날을 받아 낙성식을 가졌다. 그리하여 우리 임금께서는 『금강경』의 '무아'의 큰 지혜로써 『장

---

49 普雨, 「次全藎卿韻」 『虛應堂集』(『韓佛全』 제7책, 536상중 면).

수경』의 죄를 없애는 긴요한 문에 들어가서서 열 두 대장의 보호를 받아, 구천이 내리는 복을 받게 하셨으며, 성모께서 원자를 안아 데려다 주는 감응이 있게 하셨다. 이러니 임금을 축원하고 나아를 지키시려는 우리 대비전하의 지극한 뜻이 어찌 환자를 살리려는 의사의 간절한 마음이나 중생을 구제하려는 부처의 오롯한 서원에 그치겠는가? 여래의 서원으로 대비 전하聖烈의 마음씀을 생각해 보면 서원과 마음씀이 다른 적이 없고, 대비 전하의 활동을 여래의 일과 비교해 보면 활동과 일이 같지 않았던 때가 없었다. 그래서 여래는 곧 대비 전하이시며 대비전하는 곧 현재의 여래이시다. 여래는 곧 과거의 대비전하이시고, 대비전하는 곧 현재의 여래이시다. 예와 지금이 서로 꼭 들어맞으며, 먼 데 일과 가까운 데 일이 서로 비추니, 세계를 보호하시려는 크나큰 서원을 다했다고 말할 수 있다. 아, 나라에 충성하려는 뒷날의 선비들이여! 마땅히 대비전하의 마음으로 자기 마음을 삼는다면 나라를 지키는 일을 아마도 거의 이룰 수 있으리라![50]

국가의 적극적 지원 아래서 이루어진 불교 중흥책은 고려 이래 단절된 것이었다. 문정대비의 적극적인 흥불책을 보우에게 진종설을 의식하며 받아들였던 것으로 보인다. 억불시절에는 상상하지 못한 일들이 문정대비의 지원에 의해 현실화되자 보우는 감격했다. 해서 보우에게 문정대비의 활동과 일은 여래의 활동과 일이기 때문에 '임금을 축원하고 나라를 지키려는 문정대비의 뜻이 곧 여래의 뜻이라고 생각하였다.

그러므로 모든 승려들 역시 임금의 뜻을 따라 임금에게 충성을 다하고 나라를 지키는 일에 헌신해야 하며, 부처의 가르침은 해탈도 중생구제도 아닌 임금에 대한 충성이라는 지극히 세속적이고 유교적인 명령으

---

50 普雨, 「寫經跋」 『懶庵雜著』(『韓佛全』 제7책, 578상중 면).

로 바뀌게 된다. 이렇게 되면 불교가 세속적인 가치를 넘어서는 해탈의 가르침이라는 독자적인 위상을 잃고, 충이라는 세속적 가치 아래 유교에 통합되어 불교적 정체성을 잃어버리는 결과를 가져오게 된다.[51]

자세히 살펴보건대 부처님께서 경전을 말씀하신 뜻은 다만 인간의 본성에 본래부터 갖춰진 것을 말씀하셨을 뿐 인간의 본성에 원래 없는 것을 말씀하신 적이 없다. 대개 '본성에 갖춰진 것'이란 다른 것이 아니라, 임금과 아비의 처지에서는 사랑과 자애로움을 베풀고, 신하와 자식의 처지에서는 충성과 효도를 다하는 것이기 때문이다. 인간이 이 같은 본성을 가지고 있는 것은 마치 거울이 온갖 것을 밝게 비추는 성질을 가진 것과 같아서, 네 가지 도덕적 감정이나 다섯 가지 윤리적 원칙에서 온갖 사물과 사태의 법칙에 이르기까지 없는 것이 없다. 다만 기가 어둡고 욕망이 들끓는 까닭에 그 본성을 흐리고 사그라들이르여 마땅히 해야 할 직분을 수행할 수 없게 되면, 짐승처럼 되는 길이 멀지 않은 것이다. 그래서 큰 깨달음을 얻으신 자애로운 들끓부처님께서 크나큰 자비의 대문을 활짝추는어 중생의 근기에 따라 갖가지 경전을 말씀하다섯니, 이는 마치 세상의 마땅들이 사그의 병에 맞게 약로운쓰는 것과 같다. 그리르여 천하의 사람 사람마물과절로 본성을 힘을 알 이르여, 임금과 어버이에게 충성과 효도를 다할 수 있게 함으로써 뼈끓부모를 봉양하고 죽은 부모를 장사 지내며 그 장례를 신중히 하고 제사를 정성스럽게 지내는 일에 법도대로 하지 않음이 없게 하였다. 또 임금과 어버이에게는 살아서는 자신의 뜻을 봉양 받는 광영을 누리게 하고, 죽어서는 하늘에 다시 태어나는 천도의 은혜를 입게 하였다. 그러므로 그러한 경전의 공덕이란 바다와 같으

---

51 박해당, 「광해군(1775~1641)시대 대표적인 고승들의 국가의식」, 『제2회 광해군 추선 기념 학술세미나: 광해군과 조선시대 중후기 불교계』 자료집, 23~24면.

니, 어떻게 소라껍질로 그 깊고 깊음을 측량할 수 있겠는가?[52]

보우는 불교의 불씨를 살리기 위해 외롭게 저항했다. 그는 극심한 불교탄압에 맞서면서 유교의 세계관을 절대적인 가치로 인정하는 '유교적인 불교'와 왕권에 대한 절대적인 충성을 강조하는 '국가주의적인 불교'를 지향했다. 인간의 본성에 갖추어진 것으로서 사랑과 자애 및 충성과 효도의 전제 위에서 봉양과 장사 및 장례와 제사 등 유교적 의례를 강조하면서 바다와 같은 경전의 공덕을 역설하고 있다.

보우가 이러한 불교를 정립할 수밖에 없었던 이면에는 혹심한 불교탄압의 상황에서 세속권력에 의지하지 않고서는 불교를 더 이상 존립시킬 수 없다는 위기의식이 작용하였을 것으로 보인다. 세속권력의 혹심한 탄압으로 존폐 자체가 위태로운 상황에 놓인 조선불교의 현실은 불교계에 미치는 세속권력의 영향력이 얼마나 절대적인가를 여실히 보여주었다. 이는 결국 세속권력에 의하지 않고서는 불교를 다시 일으킬 수 없다는 현실인식을 보우에게 심어주었으며, 그 결과 불교를 신봉하였던 문정대비의 권력을 배경으로 일시적으로나마 불교를 흥륭시킬 수가 있었다. 그러나 세속권력에 대한 절대적인 의존은 필연적으로 불교를 세속권력 밑에 완전히 예속시켜버리는 결과를 가져오게 되고, 세속권력에 대한 절대적인 충성을 바칠 수밖에 없게 되니, 보우가 정립한 불교는 그 필연적인 결과물이었다고 하겠다.[53]

대저 세상에는 노자와 부처에 빠져 임금과 아버지를 버리고 헛되이 허무를 섬긴다. 그리하여 그 임금과 아버지의 가르침이 큰 근본에서 나온

---

52 普雨, 「薦母印經跋」, 『懶庵雜著』(『韓佛全』 제7책, 580상중 면).
53 박해당, 앞의 글, 앞의 책, 61~62면.

큰 작용임을 알지 못한다. (또) 공자와 맹자를 스승삼으면서 인의를 으뜸으로 삼는 이들은 다만 충서만을 그 진공에서 나온 적멸의 이치가 큰 작용에서 나온 큰 근본임을 알지 못한다. 이 두 경우는 모두 도의 참모습과 작용을 망각하고 있으며, 또 성인이 불변하는 원칙 자체를 말하기도 하고, 그 방편을 말하기도 하면서 서로 뒤를 이어 일어나, 지극히 바르고 지극히 커서 둘로 나눌 수 없는 크나큰 근원을 부지하고 있는 까닭을 알지 못한다.(.....) 본성은 인의를 타고나되 몸은 세속을 떠났으며, 도는 적멸을 따르면서 마음은 충효를 지키는 이는 오직본성사뿐이다. 성사의 속성은 박씨이근원호남의 무주 장수 지역 사람이다. 어려서는 집안의 가르침을 받고 유학의 이치를 두루 배웠으며, 장성해서는 구름의 거처에 올라가 마음으로 조사의 도에 머물렀다. 그리고 푸른 솔과 흰 바위가 있는 냇가에 자유롭게 살면서 달빛 젖은 의자와 바람 우는 창이 있는 방에서 소요하였다. 그래서 임금에 충성하고 어른을 공경하는 큰 작용이 적멸의 도에 의해 도리어 일어나며, 형상을 떠나고 이름도 여읜 큰 근본이 일마다 항상 관통하고 있음을 안다. 이 어찌 헛되이 공만 지키는 바보선사나 인륜도덕을 등지는 미친 승려에 비교할 것이겠는가.[54]

애초부터 보우의 불교 중흥 노력은 불심이 돈독한 문정대비의 절대적인 지원과 신임에 의해 가능하였다. 하지만 국가의 지원 아래 이루어지는 불교 중흥은 일정한 성과를 내왔지만 한계가 있을 수밖에 없었다. 불교의 존재감을 의식하지 못하는 상황에서 문정대비의 후원으로 그 존재감은 이루어졌지만 그것은 어디까지나 국가주의 불교일 수밖에 없었다. 불교가 자생력을 확보하고 스스로 불교 중흥을 도모할 수 있는 상황이 아니었다는 점은 분명하다.

---

54 普雨,「次華法師軸韻幷序」,『虛應堂集』(『韓佛全』제7책, 538하상 면).

그래서 '임금에 충성하고 어른을 공경하는 큰 작용이 적멸의 도에 의해 도리어 일어나며, 형상을 떠나고 이름도 여읜 큰 근본이 일마다 항상 관통하고 있음'을 알 수 있게 된다. 그러므로 '헛되이 공만 지키는 바보선사'나 '인륜도덕을 등지는 미친 승려'가 되어서는 아니됨을 역설하고 있다. 보우의 이러한 노력에도 불구하고 조선불교는 온전히 자립할 수 있는 토대를 마련하지 못하였다. 그 결과 문정대비의 승하와 함께 불교 중흥의 기운이 멈출 수밖에 없었다. 이것은 유교적인 불교 내지 국가주의 불교가 지닌 한계일 수밖에 없었다.

보우의 불교 중흥책의 추진과정에서 방법상 비판받아야 할 점은 그의 비극적인 죽음이 말해 주듯이 지나치게 정치권력에 의존하여 객관적인 상황을 무시하고 성급히 추진한 점이다. 이것은 종교 운동이 정치권력과 제휴로 추진되었을 때에 그 결과가 어떠한지는 오늘을 사는 우리에게 산 교훈이 되기도 한다.[55] 다행히 청허 휴정과 송운 유정 및 부휴 선수의 발탁을 통해 다음 대를 기약할 수 있었던 것은 보우가 할 수 있는 최선이었는지 모른다. 그러나 안타깝게도 문정대비 승하 이후 선교 양종이 폐지되었고 이제 불교의 존재감은 왜란과 호란이라는 전쟁에 의해 표출될 수밖에 없었다.

보우가 회복시킨 불교 교단의 존재감은 결과적으로 팔도선교도총섭과 같은 기구로의 계승과 함께 전국적이고 자발적인 승려들의 거병으로 이어졌다. 싸울 힘이 있는 승병들은 전투에 나아가 왜군들과 직접 싸우거나 후방에서 군량미를 조달하거나 성을 쌓는 등의 노역을 제공하기도 하였다. 싸울 힘이 없는 이들은 국가의 안녕과 전쟁의 승리를 위해 기도하고 축원하는 일을 통해 나라의 위기를 벗어나게 하는데 크게 이바지하였다.

결국 나라가 위기 상황에 직면하였던 현실에서 불교의 존재감을 표현

---

[55] 金容祚, 앞의 글, 앞의 책, 108면.

할 수 있는 길은 승병 활동과 같은 호국의 길밖에 없었을 것이다. 그것은 조선 유자들의 과도한 배타성 아래서 불교가 자신의 존재감을 표현할 수 있는 유일한 길이었을 것이다. 따라서 우리는 국난 극복을 위해서 일어난 승병활동을 통해서 이 땅의 불교가 그 존재감을 이어오고 있다는 사실을 부정할 수 없을 것이다. 그리고 그 단초를 허응 보우가 마련하였다는 점에서 우리는 그가 일으킨 불교중흥의 노력에 대해 거듭 되돌아보지 않으면 아니될 것이다.

VI. 교단 복원과 사상 구축

조선은 유교를 국시國是로 세운 나라였다. 해서 조선의 유자들은 유교 이외의 사유에 대해서는 배타적이었다. 특히 불교의 사원경제와 사원 세력은 유자들의 주요한 타깃이 되었다. 조선 전기의 왕들의 불교시책 역시 고려와의 단절을 의식하면서 이루어졌다. 그 결과 불교 정책은 불교의 존재를 부인하는 방식으로 전개되었다. 하여 이러한 방식은 인간에 대한 왜곡된 이해와 세계에 대한 굴절된 시선을 낳았다. 그리고 조선조 사회를 경직되게 만들었다.

문정대비의 적극적 지원을 받은 보우는 불교의 불씨를 살리기 위해 외롭게 저항했다. 그는 극심한 불교탄압에 맞서면서 유교의 세계관을 절대적인 가치로 인정하는 '유교적인 불교'와 왕권에 대한 절대적인 충성을 강조하는 '국가주의적인 불교'를 지향했다. 이러한 그의 태도는 당시 왕권의 절대적 영향을 무시할 수 없었기 때문으로 추측된다. 하여 보우는 선교禪教 양종과 승과僧科 복원을 시도하면서 불교의 존재감을 확보하였고 도승度僧 실시와 도첩度牒 부여를 통해 승려들의 지위 향상을 도모했다. 사상적으로는 선교일체론禪教一體論과 불유일치론佛儒一致論을 넘어선 불유일체론佛儒一體論을 전개하였다.

보우는 화엄가이자 선사였다. 화엄사상과 선사상 한국불교의 주축이기도 하다. 보우사상은 교의 정점인 화엄과 선의 정점인 돈오선이 그 기저를 이루고 있다. 그는 현상을 진리로 파악하면서 선과 화엄을 통합하여 선교일체론을 전개하였고, 일정설을 통해 불교와 성리학 나아가 도가를 아우르는 논리를 제시하여 불유일체론을 제시하였다. 하여 보우는 일체론에 의거한 선교일체설와 일정설에 근거한 불유일체론을 통해 자신의 철학을 응축히키고 확산시켰다. 이것은 그가 불교 중흥이 단지 교단의 혁신으로만 이루어질 수 없음을 잘 알고 있었던 철학자였기 때문이다. 하여 그는 교단 수호자의 역할을 넘어 철학자로서의 입지를 확고히 세웠다. 그가 일정설에서 주장한 '인즉천'人卽天의 인간관 이후 그것은 동학의 인내천人乃天 사상으로 더욱 체계화되었다. 보우의 헌신적인 교단 복원과 치밀한 사상 구축 노력으로 약 15년 동안 조선불교는 부흥의 기운을 맞이할 수 있었다. 그 기반 위에서 다음 대를 이어갈 청허 휴정淸虛 休靜, 1520~1604과 송운 유정宋雲 惟政, 1544~1610 및 부휴 선수浮休 善修, 1543~1615가 승과에서 급제하였다.

보우가 회복시킨 불교 교단의 존재감이 결과적으로 팔도선교도총섭과 같은 기구로의 계승과 함께 전국적이고 자발적인 승려들의 거병으로 이어졌다. 나라가 위기 상황에 직면하였던 현실에서 불교의 존재감을 표현할 수 있는 길은 승병 활동과 같은 호국의 길밖에 없었을 것이다. 그리고 그것은 조선 유자들의 과도한 배타성 아래서 불교가 자신의 존재감을 표현할 수 있는 유일한 길이었을 것이다. 따라서 우리는 국난 극복을 위해서 일어난 승병 활동을 통해서 이 땅의 불교가 그 존재감을 계승해 왔다는 사실을 부정할 수는 없을 것이다. 그리고 그 단초를 허응 보우가 마련하였다는 점에서 우리는 그가 일으킨 불교 중흥의 노력에 대해 거듭 되돌아보지 않으면 아니될 것이다.

■ 참고문헌

『明宗實錄』31권, 29후~30전, 4월 辛卯 조.
普雨, 虛應堂集』上下卷(『한불전』제7책).
普雨,『懶庵雜著』1권.
普雨,『水月道場空華佛事如幻賓主夢中問答』1권.
普雨,『勸念要錄』1권.
清虛,「自樂歌」,『清虛堂集』권6『韓佛全』제7책, p.716하).
柳夢寅,『於于野談』권2,「多識諸經能詩書屬文」.
李晬光,『芝峯類說』권18「禪門: 能文解佛經」.

李鍾益,「보우대사의 중흥불사: 그 전말과 순교」, 동국대 불교문화연구원,『佛敎學報』제27집, 1988, p.248).
普雨思想研究會 編,『虛應堂普雨大師研究』(제주: 불사리탑, 1993).
김잉석,「偉人 虛應 普雨大師」.
尹浩眞,「보우대사의 생애」.
徐閏吉,「보우대사의 사상」.
金東華,「보우/허응당집」.
金龍祚,「허응당 보우의 불교부흥운동」.
釋法藏,「보우의 佛儒調和論에 대한 연구」.
宋錫球,「보우대사-조선불교 중흥기초 다진 순교자」.
李鍾益,「보우대사의 중흥불사-그 顚末과 殉敎-」.
黃浿江,「보우론」.
朴暎基,「보우대사의 儒佛사상」.
李鍾燦,「허응당의 시」.

高橋亨,「허응당집」과「허응당 보우대사 殉敎碑文」.

金煐泰,「보우 순교의 역사성과 그 의의」,『불교학보』제30집, 1993.

朴暎基,「허응당 보우 연구」, 동국대학교 대학원 불교학과 박사학위논문, 1998년. pp.13~18.

金基寧의「허응당 보우의 '一正論'과 그 사상적 의의」,『한국불교학』, 제42집, 2005.

박해당,「광해군(1775~1641)시대 대표적인 고승들의 국가의식」,『제2회 광해군 추선 기념 학술세미나: 광해군과 조선시대 중후기 불교계』자료집, pp.23~24.

高榮燮,「휴정의 禪心學: 禪心과 一物의 응축과 확산」,『한국선학』제15호, 한국선학회, 2006. 12.

제4장

청허 휴정의 선심학禪心學
- 선심禪心과 일물一物의 응축과 확산 -

Ⅰ. 선심과 일물

Ⅱ. 성리학의 변화와 추이

Ⅲ. 출사 시도와 출가 결행

Ⅳ. 선심과 일물의 지형도

Ⅴ. 선법과 염불의 병진

Ⅵ. 사교입선捨敎入禪 혹은 차교입선借敎入禪의 활로 제시

I. 선심과 일물

조선 중기 불교계는 전기와는 매우 다른 모습으로 변주되기 시작했다. 고려 후기 이래 조선 전기의 다수 지식인들은 점차 불교의 주관적 유심론에서 유교의 객관적 본질론으로 전향해 갔다. 그러나 이들 모두가 자신의 세계관을 하루아침에 급속히 바꾸었다고 볼 수만은 없다. 개국 초기와 가까웠던 전기의 유자들 대부분은 아직까지 '겉으로는 유자이면서도 속으로는 불자였고'陽儒陰佛, '밝으로는 유학을 내세우면서도 안으로는 불학을 갈무리했으며'外儒內佛, '자취는 유자였으나 마음은 불자였다'迹儒心佛고 불교계는 진단하고 있다.[1]

이것은 조선조 불교를 교단사적 관점 위에서 '산중승단의 불교'[2] 시대로 규정해 왔던 종래의 관점과는 변별되는 시각이다. 최근 여러 사료에 기초하여 조선조 연구가 본격화되면서 이러한 논구는 이제 거스를 수 없는 대세를 형성하고 있다. 특히 실록 등의 사료에 나타난 도첩제度牒制 등 몇몇 관련 주제에 대한 분석적 통계는 '양유음불' 혹은 '외유내불' 또는 '적유심불'의 논지를 뒷받침해 주고 있다. 이러한 분석적 통계는 당시의 정치사와 경제사 및 사회사와 문화사 등을 면밀히 검토해 보면 어느 정도 논리적 근거를 확보할 수 있다.

논자는 조선조 불교를 한국불교사에서 거의 유일하게 국가의 공식적 지원을 받지 않았던 '자생불교'시대로 파악하고 있다. 물론 비공식적인 지원이나 개인적 후원은 분명히 엄존했었던 것으로 확인된다. 하지만

---

[1] 高榮燮, 「조선 전기 불자와 유자의 시공관」, 『동양철학』 제21집, 한국동양철학회, 2004.; 拙著, 「조선 전기 불자와 유자의 시공관」, 『한국불학사: 조선·대한시대편』(서울: 연기사, 2005), 30면.
[2] 金煐泰, 『韓國佛敎史槪說』(서울: 경서원, 1984), 172~177면; 金煐泰, 『韓國佛敎史』(서울: 경서원, 1997), 238~241면.

그러한 지원이나 후원도 고려 이래 11종을 7종으로 구조 조정한 태종과 다시 이 7종을 선교 양종으로 통합한 세종 이후부터 승과제僧科制를 폐지한 연산군과 『경국대전』의 도승度僧 조를 삭제한 중종 조에 이르러 불교계를 대표할 수 있는 교단이 존재하지 않았던 현실을 감안하면 그 의미는 반감되고 만다. 대부분의 후원이나 지원이 개인적 차원 혹은 지역적 차원에서 이루어진 것으로 보이기 때문이다.

이 점에서 한국불교 연구는 종래의 교단사적 관점을 벗어나 정치, 경제, 사회, 문화, 과학의 날줄(세로)과 문학, 역사, 철학, 종교, 예술의 씨줄(가로)의 축을 아우르는 사상사적 관점의 접근이 요청된다. 그러할 때 교단사와 교리사로부터 지성사와 사상사 및 생활사와 여성사 등까지 통사 속에 담아낼 수 있다. 그리고 그 위에서 비로소 씨줄과 날줄로 직조된 조선조 불교를 전관할 수 있을 것이다.

청허 휴정淸虛休靜, 1520~1604은 불교적 세계관을 지녀왔던 일부 지식인들이 본격적으로 유교적 세계관으로 전향해 가기 시작한 임란 전후와 호란 이전의 전환기에 살았다. 그는 불도유佛道儒 삼교를 주축으로 하는 한국사상사 속에 뚜렷한 족적을 남긴 인물이다. 따라서 우리는 휴정의 살림살이를 통해 조선 중기 불교 사상계의 주요한 흐름을 파악할 수 있다. 이 글에서는 조선 중기의 대표적 불교사상가로서 휴정이 보여준 삶과 생각을 통해 선심禪心 즉 일물一物로 펼친 그의 살림살이를 살펴보고자 한다.

II. 성리학의 변화와 추이

조선조 개국 이후 성리학계는 점차 새로운 학문적 체계를 세워 나갔다. 성리학계는 '불사이군'不仕二君과 '절의'節義 및 '의리'義理를 기초로 하여 도통론을 입론했다. 여말 선초의 도입 이래 성리학은 불학을 의식하면서 정몽주鄭夢周 – 길재吉再 – 김숙자金叔滋 – 김종직金宗直 – 김굉필金宏弼 – 조광조趙光祖로 이어지는 도통을 세우기 시작했다. 의리를 내세우는 사림士林이 주도한 성리학통은 도통론이 확립되면서 나름대로 깊이를 더해 갔다. 하지만 조광조 이전까지만 해도 성리학 자체가 조선 중기 사상계의 주류를 형성한 것으로 보기는 어렵다.

그러나 중기 이래 이황李滉, 1501~1570 및 이이李珥, 1527~1575 등이 출현하여 성리학의 위상을 공고히 세우게 되자 성리학자들은 경직된 불교 이해에 근거하여 배타 의식을 표출하기 시작했다. 하여 '유교를 숭상하고 불교를 억제하는'崇儒抑佛 흐름이 형성되었다. 성리학은 본원 유학의 기본 발상을 수용하면서도 송대 이래 중소 지주층 사대부들이 지닌 노장과 불교의 극복의지로부터 비롯된 새로운 유학이라 할 수 있다.[3] 때문에 성리학은 송대 지식인들의 광범위한 지지를 얻을 수 있었다.

성리학은 송대의 사대부들이 불교의 영향을 받으면서도 불교의 강점에 상응하는 이론과 불교의 약점을 능가할 이론들을 갖추려고 당·송 이후의 유학자들이 당시의 사장詞章, 훈고訓詁 위주의 유학을 지양하고 본원 유학을 재구성·보완·변질하여 이룬 유학이다.[4] 이러한 성리학적 이념을 세계관으로 채택한 유자들은 불교와 노장 및 양명학을 이단異端으로 규정하고 비판하기 시작했다. 특히 퇴계의 불교 및 양명학 비판은 이들 유자들의 이단 인식의 기반을 형성해 주었다.[5]

---

3 尹絲淳,「성리학의 사회사상: 退溪의 사상을 중심으로」,『조선시대 성리학의 연구』(고려대출판부,1998), 116면.
4 尹絲淳, 위의 글, 116면.
5 퇴계는 소략하기는 하지만 불교 비판과「傳習錄論辨」,「白沙詩教辨」,「白沙詩教傳習錄 初傳 引書其後」,「初醫閭先生集 附 白沙陽明初後 附書期末」과 같은 글로서 왕수인의 1) 親民 2) 至善, 3) 格物致知, 4) 心卽理, 5) 知行合一, 6) 致良知, 7) 事上鍊磨의 인식 및 수양론 이해에 대해 1) 친민설, 2) 지선설, 3) 지행합일설의 세 가지로 요

이러한 비판의 시대에 직면한 조선 중기 불교계는 왜란倭亂, 1592~1598과 호란胡亂, 1636~1637이라는 새로운 상황에 직면하게 되었다. 건국 이래 이백 여 년 동안 전쟁을 경험하지 못한 조선은 과도한 문치로 기울어 대외 인식이 부족했다. 명나라를 상국으로 섬기는 유일한 대외정책은 일본과 새롭게 등장한 청국에 대한 인식을 소홀히 하였다. 급기야는 일본과 청국의 침략으로 인해 전국이 초토화되었다. 다행히 임란 때는 승병들과 의병 및 이순신과 정기룡의 분전으로 전기를 뒤엎을 수 있었다. 결국 왜란과 호란은 숭유억불 혹은 폐불훼석廢佛毀釋으로 표현되는 성리학의 과도한 배타의식이 부분적이나마 전환의 물꼬를 열어준 기제가 되었다.

휴정은 그가 지은 『삼가귀감』 속의 『유가귀감』과 『도가귀감』 속에서 선가로 표현된 불교와 대비하며 삼교의 상동점과 상이점에 대해 언급하고 있다. 이러한 동이의 논의는 그가 펼친 도의 근원으로서 유가의 천의 개념과 상응하여 시도한 삼교일치三敎一致사상의 주요 배경이 된다. 이러한 그의 삼교 일치의 노력은 당시부터 오늘에 이르기까지 불교사상의 외연을 넓혀 왔다는 점에서 그 공로가 크게 인정되고 있다.

따라서 학문 간의 경계가 허물어지고 소통이 요청되는 지금 우리는 휴정과 같은 삼교일치적 노력이 학제 간 연구의 근간이 될 수 있다는 점에서 주목해야 할 것이다.

III. 출사 시도와 출가 결행

휴정은 조선 중종 15년1520 3월 최세창과 김씨 부인 사이에서 태어났

약하고 이에 대해 반박하면서 논변을 이끌어가고 있다. 퇴계의 이러한 노력은 제자들이 이들 사유에 물들까 저어하여 지은 것들이라 할 수 있다.

다. 연산군 때 아버지의 장인이 죄명을 쓰고 유배의 길을 떠난 뒤 아버지도 그 사건에 연루되어 양반 선비에서 관서의 이서吏胥로 몰락하였다. 그 뒤 8년 만에 겨우 죄명을 벗고 사적士籍을 회복하였다.

덕노德老라 불리던 아버지 세창은 기자묘 참봉으로 임명받았으나 이내 거절하였다. 그는 안주安州의 시골 관리鄕吏로서 유유자적하며 술과 풍월로 세월을 보내고 있었다. 지조가 굳세고 호협한 사람이었던 그는 늦게사 얻은 아들의 이름을 '모든 희망을 네게 걸고 너만 믿으며 세상을 살아가겠다'는 뜻에서 '여신'汝信이라 지었다. 이것은 생이 얼마 남지 않은 부모에게 의지할 생각 말고 '너 자신을 믿고 살아라'는 뜻에서였다.

세 살 때 '아기스님'에게 문안을 온 한 노인의 요청으로 '운학'雲鶴으로 이름을 바꾸었다. 노인은 "이 아기의 평생 행동거지行止가 정처 없는 떠돌이 길이니 마치 청산에 오락가락하는 구름과 같고, 이 골짜기에서 저 골짜기로 마음대로 나는 흰 두루미 같을 것이니 신중하시오"라는 말을 남긴 채 사라졌다. 휴정은 자라면서부터 돌을 세워놓고 부처님이라 했고, 모래를 모아 탑을 쌓고 절놀이를 즐겨 했다.

그의 전기를 알 수 있는 행장은 『淸虛集』에 실린 「상완산노부윤서」上完山盧府尹書」와 편양 언기鞭羊彦機, 1581~1644가 지은 「금강산 퇴은 국일도대선사 선교도총섭 사자부종수교 겸 등계보제대사 청허당 행장」金剛山退隱國一都大禪師禪敎都摠攝賜紫扶宗樹敎兼登階普濟大師淸虛堂行狀으로 구분된다. 전자는 그가 50세가 되던 해 당대의 이름 높은 재상 노수신盧守愼, 1515~1590에게 자신의 이력을 허심탄회하게 올린 글이다. 이와 달리 후자는 그의 제자인 언기가 지은 행장이다.

전자는 본인 스스로가 이력을 밝히고 있다는 점에서 매우 주요한 행장이라 할 수 있다 하지만 이것은 50세 이후 그가 살았던 35년간의 행장이 기록되어 있지 않다는 한계가 있다. 후자는 그의 생평 전체를 다루고 있지만 스승에 대한 언기의 외경심 때문에 과장과 생략이 된 점들이 있다는 아쉬움이 있다. 기록에 따르면 휴정의 이력은 안주安州 군수 이사증李思曾과의 만남으로 급진전하게 된다.

> 나이 겨우 아홉 살에 어머니가 홀연히 돌아가셨습니다. 또 (이듬해) 봄이 지나 아버지 또한 돌아가시자 백년의 생계가 하루아침에 무너지고 말았습니다. 하늘과 땅이 아득하여 무덤가에 엎드려 슬퍼하고 또 슬퍼할 뿐이었습니다. 고을 원인 이사증 어른께서 소자小子의 이름을 듣고 그해 동짓달에 소자를 불렀습니다. 그는 눈 덮인 소나무의 숲을 머리 가리키며 저에게 '운韻을 부를 터이니 한 구절을 지을 수 있겠느냐'고 했습니다. 저는 머리를 숙이고 '감히 하지 못하겠습니다'라고 말하였습니다. 원은 처음에 '비낄 사'斜 자의 운을 불렀습니다. 소자는 그 소리를 따라 곧 '향기 어린 높은 누각에 햇빛 처음으로 비꼈는데香凝高閣日初斜'라고 하였습니다. 그는 또 '꽃 화'花자를 불렀습니다. (저는) 역시 소리를 따라 곧 '천리 강산에 눈이 꽃과 같구나'千里江山雪若花라고 하였습니다. 그러자 원은 저의 손을 잡고 등을 어루만지며 '내 자식이로다'고 하셨습니다. 그때 저의 나이는 바로 열 살이었습니다.[6]

휴정은 나이 10살에 사고무친四顧無親의 고아가 되었다. 하지만 그는 빼어난 문재文才로 인해 양아버지를 얻게 되었다. 덕분에 12살에 성균관成均館, 泮宮에 입학한 그는 15세에 과거進士試에 응시했지만 낙방하였다. 그는 울적한 마음을 달래기 위해 호남지방으로 출장을 떠난 스승 박상朴祥을 만나기 위해 동학들과 유람 길을 떠났다.

휴정은 그곳에서 스승을 만나 울분을 털어놓고 다시 공부를 계속할 참이었다. 그들이 호남에 도착했을 때는 이미 박상이 서울로 떠난 뒤였

---

6 休靜,「上完山盧府尹書」,『淸虛集』 권7(『韓佛全』 제7책, 720상 면).

다. 앞길이 막막했던 그들은 이왕 먼 길을 내려왔으니 삼남의 명승고적이나 구경하면서 마음의 상처를 씻어내자는 의견의 일치를 보았다. 지리산 구경으로 발길을 옮겼던 동학들은 조그만 암자에서 숭인崇仁 노숙老宿을 만났다. 생김새가 범상치 않았던 휴정을 본 숭인이 말하였다.

"그대의 기골이 맑고 빼어남을 보니 결정코 보통 사람이 아니로다. 마음을 심공급제心空及第(불교공부)로 돌릴 수만 있다면 마땅히 영원히 세상의 명예와 이익(을 구하려는) 마음을 끊을 수 있을 것이다. 서생의 업으로는 종일토록 마음을 기울이더라도 백 년 동안 얻는 것이 다만 하나의 헛된 이름일 뿐이니 진실로 슬픈 일이로다." 내가 물었다.
"심공급제란 무엇을 일컫는 것입니까?" 노숙이 한동안 눈을 껌뻑이다가 말하였다.
"알겠는가?" 내가 말했다.
"알지 못 하겠습니다" 노숙이 말했다.
"(이는) 말로써 하기 어려우니라."[7]

숭인 노숙은 경장 속에서 『전등록』, 『화엄경』, 『법화경』 등 처음 보는 책들 수십 종을 내어 놓고 자세히 살펴보라고 했다. 일찍이 보지 못했던 불교 서적을 살펴본 휴정은 지금껏 출사出仕를 통해서 부귀영화를 구하기 위해 배웠던 유교 전적들이 얼마나 헛된 것인가를 깨달았다. 하여 그는 부처가 사는 영생永生의 세계를 동경하게 되었다.

갑작스레 변화한 휴정의 심경을 눈치 챈 숭인은 당시의 고승 부용 영관芙蓉靈觀에게 그를 소개했다. 동학들과 헤어진 지 6년 동안 부용 영관 밑에서 행자로 지내면서 참선하는 법과 경전 연구하는 법을 배웠다. 어

---

[7] 休靜, 위의 글, 위의 책, 720중 면.

느 날 홀연히 언어로써는 미치지 못하는 오묘한 경지에 이르러 높은 도리를 깨쳤다.

　　홀연히 소쩍새 소리 듣고 창밖을 내다보니
　　봄빛 찬 저 동산이 내 고향 아닌가.[8]

시인과도 같이 감수성이 예민했던 휴정은 벅차오르는 가슴을 이기지 못하고 며칠 뒤에 다시 이렇게 읊었다.

　　수없는 청산이 구름 속에 솟았네
　　물 길어 오는 길에 홀연히 머리 돌리니[9]

다시 휴정은 억누를 수 없는 기쁨에 가득 차 이튿날 아침 은장도銀刀를 들고 스스로 머리카락을 자르고 말하였다.

　　차라리 일생 동안 바보가 될지언정 문자법사가 되지 않을 것을 맹세하리라.[10]

그 스스로가 '치애한'癡獃漢이 될지언정 '문자법사'文字法師가 되지 않겠다는 맹세는 이후 삼교일치와 선교일치 운동을 벌이면서 그가 보여준 주선종교主禪從敎적 가풍에서도 잘 드러난다. 그러니까 그는 문자로 풀어낸 교학의 이론보다는 온몸으로 나아간 수행의 실제에 더 치중하였다고 할 수 있다.

8　休靜, 앞의 글, 앞의 책, 720하 면. "忽聞杜宇啼牕外, 滿眼春山盡故鄕."
9　休靜, 앞의 글, 앞의 책, 720하 면. "汲水歸來忽回首, 靑山無數白雲中."
10　休靜, 앞의 글, 앞의 책, 720하 면. "寧爲一生癡獃漢, 矢不作文字法師也"

행자생활을 마감한 휴정은 경성 일선敬聖一禪대사를 수계사로, 석희법사釋熙法師와 육공장로六空長老와 원각상좌圓覺上座를 증계사로, 영관대사靈觀大師를 전법사로 하고, 숭인장로崇仁長老를 양육사로 하여 출가의식을 치루었다. 법명은 휴정休靜이었고 당호는 청허淸虛였다. 수계 득도식을 마친 휴정은 도솔산으로 가서 묵嘿대사에게 참학하였다가 대사로부터 인가를 받았고, 다시 두류산 삼철굴에 들어가 세 여름을 지냈다. 다시 대승사에 들어가 두 여름을 보낸 뒤 의신암, 원통암, 원적암, 은신암 등에서 삼년을 보내며 정진하였다.

그 뒤 용성龍城(남원)의 벗을 찾아 별원星村 마을을 지나다가 한낮의 닭 우는 소리를 듣고 두 개의 게송을 읊었다. 이 시는 그의 오도송이라 일컬어졌다.

> 머리 희었어도 마음은 희지 않다고
> 옛 사람은 일찍이 말하였네
> 이제 한번 닭 울음 소리 들으니
> 장부의 큰 일을 다 마쳤네.

> 홀연히 내 것自家底을 알고 나니
> 모두가 다만 이러할 뿐이네
> 만 천의 대장경도
> 본디 빈 종이 한 장 일 뿐.[11]

휴정은 낮닭 우는 소리를 듣고 장부의 일을 다 마쳤다고 선언했다. 동

---

[11] 休靜, 「過鳳城聞午鷄」, 『韓佛全』 제7책, 685상 면). "髮白非心白, 古人曾漏洩. 今聽一聲鷄, 丈夫能事畢. 忽得自家底, 頭頭只此爾. 萬千金寶藏, 元是一空紙."

시에 내 것을 알고 나니 부딪치는 일마다 모두 이러한 소식임을 알게 되었다. 휴정은 곧장 산으로 돌아갔다. 그 뒤 다시 유행길에 나서 관동과 두류산과 관서 지역을 돌며 정진을 계속했다.

연산조 및 중종 때 폐지되었던 승과僧科와 선교禪敎 양종兩宗제가 문정대비의 후원을 받았던 허응 보우虛應普雨에 의해 일시나마 복원(명종 5년)1550이 되었다. 정부는 먼저 선교 양종을 부활시켰고 그 이듬해 11월에는 먼저 승과의 예비시험이라고 할 수 있는 도승度僧시험을 실시하였다. 다시 그 이듬해(명종 7년)1552에는 승과를 치러 선종에서 21명, 교종에서 12명의 합격자를 배출하였다. 휴정은 여기에서 수석으로 합격하였다.

이어 대선大選이 된 휴정은 다음해에 다시 주지住持가 되었고, 36세 봄에는 전법사傳法師가 되었다. 다시 이해 여름에 판교종사判敎宗師, 敎宗判事가 되었고, 가을에는 판선종사判禪宗師, 禪宗判事가 되어 교종판사까지도 겸하였다. 이때 그는 도대선사都大禪師인 최고 법계에 올라 불교교단을 혼자서 이끌게 되었다. 불과 4년 만에 이루어진 파격적인 승진이었다. 이것은 그의 출중한 능력이 정당하게 평가받았던 것이라고 할 수 있다.

하지만 휴정은 이 자리에 오래 있지 않았다. 38세의 겨울(명종 12년)에 휴정은 눈병을 핑계로 모든 승직을 버렸다. 이 시절에 지은 아래의 시는 그의 심경을 잘 보여주고 있다.

> 대저 인생에서는 세월이 귀한데
> 이제야 비로소 지난 시절의 행동을 돌아보네
> 어찌 이 손으로 하늘 통한 바닷물에 대어
> 산승의 판사란 이름 한꺼번에 씻을꼬.[12]

---

12 休靜,「自嘲」,『淸虛集』권3(『韓佛全』제7책, 696상 면)."大抵人生年齒貴, 如今方海昔時行. 何當手注通天海, 一洗山僧判事名."

휴정은 재직시절부터 권력과 명리의 상징처럼 여기고 있는 판사직을 구차스럽게 여겼다. 하여 그는 맡은 지 얼마 되지 않았던 이 직책을 던져 버리고 출가 본분의 길로 되돌아갔다. 먼저 휴정은 금강산으로 향하여 한동안이나마 맡고 있었던 직책으로부터 생겨난 세간의 티끌을 씻어내고자 했다. 머무는 곳마다 그를 찾아오는 학인들을 일깨우며 후진 양성에 매진했다. 한동안 그곳에 머물던 휴정은 다시 지리산을 거쳐 묘향산에 머물며 자신의 공부에 몰입했다. 이때 산승으로서 수행에 정진하던 휴정에게 명종岡陵의 승하 소식이 들려왔다. 그는 시 한 수「哭康陵」를 지었다.

> 나라를 사랑하고 종묘사직을 근심함은
> 산승 또한 한 신하이기 때문이네
> 서울이 어느 곳인가
> 돌아보니 눈물이 수건을 적시네.[13]

이 시에는 산승 휴정의 충군忠君과 애민愛民의 마음이 깊이 투영되어 있다. 70세(선조 22년)가 된 그는 정여립鄭汝立[14] 사건1589에 연루되어 선

---

13 休靜,「哭康陵」,『淸虛集』 권2(『韓佛全』 제7책, 680상 면). "愛國憂宗社, 山僧亦一臣. 長安何處是, 回望淚沾巾."
14 본디 재간이 뛰어났던 정여립은 栗谷의 문하에서 총애를 받고 그의 천거로 조정에 출사하였다. 하지만 율곡이 죽고 東人이 우세해지자 그는 동인 편에 가담하여 동인이 미워하던 스승 율곡을 극력 비난하였다. 동인의 힘으로 弘文館의 正6品官인 修撰에 올랐으나 이같은 심술이 오히려 선조의 노여움을 사게 되었다. 결국 그는 벼슬을 빼앗기고 호남으로 낙향한 뒤 정부에 불만을 가진 무리들과 함께 소일하다가 끝내 역모를 꾸몄다. 그의 무리 속에는 일반 불평분자 뿐만 아니라 군인 출신과 극도의 배척을 받던 승려들도 적지 않게 끼어있었다. 하지만 거사의 음모가 무르익을 무렵 기밀이 탄로 나고 말았다. 이때 安岳郡守 李軸이 음모를 탐지하여 載寧郡守 朴忠侃, 信川郡守 韓應寅 등과 함께 黃海監司 韓準을 통하여 상고했다. 이로 인해 일당이 모조리 잡히고 그 남은 무리까지 모두 색출하게 되었다. 주모자 鄭汝立은 쫓기

조로부터 국문을 받았다. 이 과정은 휴정의 나라와 백성에 대한 지극한 열정의 살림살이가 알려지는 계기가 되었다.

이 시는 휴정과 선조의 인연을 돈독히 하는 계기를 만들어 주었다. 탈속한 경계를 보여준 시 「등향로봉」登香爐峰은 뒷날 역모의 혐의를 받는 빌미가 되었지만 휴정의 충군애민忠君愛民의 마음이 잘 드러나 있다.[15] 선조는 국문을 하면서 휴정의 시집을 살펴보다 그의 비범한 문재와 충군 애민의 열정을 확인하게 되었다.

선조는 친히 그린 대나무 그림御筆墨竹 한 폭을 내려주며 휴정에게

다가 자살하였다. 하지만 역모에 가담한 무리 중에 승려출신이 많았으므로 검거의 불길이 불교계에까지 번졌다. 특히 역모의 거점이 계룡산과 구월산을 중심으로 한 여러 절로 좁혀지면서 불교계는 난처한 입장에 처하였다. 사건이 확대되면서 불교계는 많은 피해를 입었고 포도청에서는 無業이라는 승려를 검거하여 문초했다. 이 때 무업은 休靜의 「登香爐峰」이란 시(만국의 도성들은 개미집과 같고萬國都城如蟻垤,/ 천하의 호걸들은 초파리와 같구나千家豪傑若醯鷄,/ 창밖 가득 밝은 달에 청허한 베개머리一窓明月淸虛枕,/ 끝없는 솔바람 소리 고르지 않네無限松風韻不齊.)를 들어 마치 모반에 가담한 것처럼 진술했다. 아울러 휴정의 제자인 松雲 惟政(1544~1610)도 끌어들여 관련이 있는 것처럼 誣告했다. 역모의 혐의를 받은 휴정은 묘향산에서 검거되어 투옥되었고 유정은 강릉에서 검거되어 투옥되었다.

15 사명의 문집에 나오는 「擒下江陵」은 휴정과 사명의 연루가 무업의 고발이 아니었음을 방증해 주고 있다. "안개와 노을 속에 오랜 세월을 보내어一入霞多歲月?/ 올해가 어느 해인지도 알지를 못하네不知今歲是何年/ 어떤 중이 찾아와 권선문 베껴가기를 원하니僧來請寫勸文去/ 그 누가 인간 세상에 다른 인연 있는지 알았으리誰料人間有異緣"에서처럼 사명은 산속에서 세월 가는 줄 모르고 脫俗의 삶을 사는 사이 한 승려가 와서 월정사의 중창을 위한 권선문을 베껴가겠다고 하기에 허락해 준 일 밖에 없다고 노래하고 있다. 권선문을 베껴간 승려가 옥사에 관련됨으로 인해 자신도 연루의 혐의를 받게 되었음을 한탄하는 시임을 알 수 있다. 오준호, 「四溟惟政硏究」, 동국대학교 대학원 불교학과 박사학위논문, 2000, 42면. 오준호는 無業에 의해 휴정이 고발당했다는 신학상의 견해를 반대하고 있다. 하지만 휴정과 유정이 각기 다른 곳에서 검거되었고 투옥된 사실을 감안한다면 휴정의 고발은 無業에 의해서였고, 유정의 고변은 유정과 불화관계에 있던 義嚴에 의해서였다고 볼 수 있지 않을까 한다. 정여립 모반 사건에 가담한 義嚴(郭震卿, 뒤에 환속하여 同知中樞府事에 오름)이 유정을 고변하면서 스승인 휴정도 고변하였다고 추정할 수도 있겠지만, 無業이 휴정의 시를 빌미로 서산을 무고했다는 기록은 여전히 유효하기 때문이다.

시 짓기를 명했다. 휴정은 선조의 명을 받고 다음과 같은 시 한 수를 읊었다.

> 소상의 한 가지 대나무가
> 임금님의 붓 끝에서 나왔네
> 산승이 향불 사루는 곳에
> 잎사귀마다 가을 소리 틔었고나.[16]

> 잎사귀는 본디 붓 끝에서 나왔지만
> 그 뿌리는 땅속에서 나지 않았네
> 달이 비쳐도 그림자는 볼 수 없고
> 바람 불어도 소리 들리지 않네

휴정은 선조의 화답시에 대해 극도의 찬사를 보냈다. 즉 오죽의 명산지인 소상강변에서 나는 일품의 대나무가 임금님의 붓으로 다시 솟아났으며, 이 그림을 방안에 두어도 서걱서걱 가을바람 소리 들리는 듯 하다고 하였다. 하지만 선조는 휴정의 찬사를 그대로 받아들이지 않고 고단수의 통치자답게 겸사로서 답하였다.

즉 소상강의 오죽이라 높이 평가한 대나무는 한낱 내 붓끝에서 그려진 뿌리도 없는 보잘 것 없는 그림이며, 달이 떠올라도 그림자가 비치지 않고, 바람이 불어도 풍류를 아뢸 줄 모르는 죽은 것이다. 그런데 무얼 그다지 칭송하느냐 라고 화답하고 있다. 가히 그 선사에 그 임금이라 할

---

16 休靜, 「宣祖大王賜御筆墨竹仍製詩 立進一絶」, 『淸虛集』 권3(『韓佛全』 제7책, 701상면). 선조가 내려 준 이 묵죽 한 폭에 "瀟湘一枝竹, 聖主筆頭生. 山僧香熱處, 葉葉帶秋聲"이라고 쓰자 선조는 이에 "葉自毫端出, 根非地面生. 月來無見影, 風動不聞聲'이라고 對句했다.

만한 대면이었다. 친국親鞫과 화답和答의 인연은 뒷날 임란의 인연으로 다시 이어졌다.

나이 오십이 되는 해에 평소 친분이 깊던 부윤 노수신에게 '할아버지와 아버지와 자식의 삼대에 걸친 꿈같이 지나버린 행적의 기록'인 '삼몽록'三夢錄을 보냈다. 답신을 보낸 노수신은 '몽세'夢世란 두 글자의 뜻과 그것을 분별하여 법을 보이라고 했다. 휴정은 답신을 받고 서신을 쓴 뒤에 다음과 같은 시로 마무리 짓고 있다.

주인은 꿈 이야기 길손에게 하고
길손은 꿈 이야기 주인에게 하네
지금 꿈 이야기 하는 두 나그네
또한 꿈 속 사람인 것을.[17]

주인의 꿈과 길손의 꿈 그리고 두 나그네의 꿈으로 인생의 무상을 담은 '삼몽사'三夢詞를 읊은 휴정은 곧바로 금강산의 향로봉으로 올라갔다. 거기서 그는 금강산의 장대한 풍경을 보면서 지난 5~6년간 부질없는 꿈 속에서 보내었던 자신을 부끄러워했다. 휴정은 꿈속을 벗어난 소회를 다시 시 한 수로 적었다.

만국의 도성들은 개미집과 같고
천하의 호걸들은 초파리와 같구나
창밖 가득 밝은 달빛 청허한 베갯머리
끝없는 솔바람 소리 고르지 않네.[18]

---

[17] 休靜,「再答完山盧府尹書」,『淸虛集』권7(『韓佛全』제7책, 721중 면). "主人夢說客, 客夢說主人, 今說二夢客, 亦是夢中人."
[18] 休靜,「登香爐峰」,『淸虛集』권3(『韓佛全』제7책, 701상 면). "萬國都城如蟻垤, 千家豪

웅혼한 탈속의 경계를 읊은 이 시는 휴정으로 하여금 정여립 역모사건에 연루되게 하였다. 승려 무업의 고변告變으로 감옥에 갇히게까지 한 이 시는 권력과 명리를 떠난 자유인 휴정의 소회를 그대로 드러내 주고 있다. 이 시 안에서 그 어떤 역성易姓의 흔적을 찾아볼 수는 없다. 휴정은 금강산에서 다시 시 한 수를 읊었다.

> 지리산은 웅장壯하기는 하나 빼어나지秀 않고
> 금강산은 빼어나기는 하나 웅장하지 않으며
> 구월산은 웅장하지도 않고 빼어나지도 않으며
> 묘향산은 웅장하기도 하고 빼어나기도 하다.

이 시는 휴정이 왜 서산인 묘향산에 주석하였는지를 알려 준다. 그는 이 산의 오랜 주석으로 인해 '서산대사'의 별호를 얻게 되었다. 그의 가풍에는 웅장한 지리산, 빼어난 금강산, 웅장하지도 빼어나지도 않는 구월산보다는 웅장하기도 하고 빼어나기도 한壯而秀 묘향산이 부합되었다. '장이수'는 중도中道의 천명인 '쌍차쌍조'雙遮雙照의 도리나 사구 논리에서 긍정종합인 '역유이역무'亦有而 亦無의 논법을 연상케 한다. 그의 살림살이는 바로 이 대목에서 활발발하게 빛을 발하고 있기 때문이다.

1592년 4월 14일 일본의 갑작스런 침입을 맞이한 조선 정부는 삽시간에 부산과 동래를 내어주었다. 신립申砬이 충주에서 패했다는 소식을 접한 선조는 서울을 버리고 개성과 평양 방면으로 몽진을 떠났다. 북쪽으로 떠난 어가는 마침내 압록강 근처의 의주에 이르게 되었다. 그 사이 청한 명나라 원병은 늦게사 구원병을 보내었다. 전국에서는 의병들이 일어났고 의병장 조헌趙憲이 이끄는 부대가 청허 휴정의 제자인 기허 영규

傑若醯鷄, 一窓明月淸虛枕, 無限松風韻不齊."

騎虛靈圭, ?~1593의 공으로 청주를 탈환했다는 소식을 접했다.

선조는 이미 오래 전에 있었던 휴정과의 인연을 돌이켜 보았다. "그 산인은 지금 어디에 있을까? 그는 나를 잊었을까?" 궁금했던 선조는 사람을 보내어 이미 70이 넘은 백발의 노승인 휴정을 불렀다.

"나라가 큰 난을 만나 위급함이 이를 데 없거늘, 산인은 어찌 홀로 편안하며 이 급한 난을 모른 척 하는고?" 선조의 말에 휴정은 눈물을 흘리며 다짐해 보였다.

"신이 비록 늙고 병든 몸이오나 모든 중들로 하여금 늙고 병들어 싸움터에 나갈 수 없는 이들은 각기 머물고 있는 절에서 무운武運을 빌게 하고, 그 밖의 젊은이는 빠짐없이 신이 이끌어 싸움터에 나가 충성을 다하게 하겠나이다."

노승 휴정의 충성을 장하게 여긴 선조는 그 자리에서 팔도십육종도총섭八道十六宗都摠攝이란 직책을 제수하고 의승군의 창설을 명했다. 휴정은 선조의 부름을 받고 당분간이나마 묘향산의 '고요함을 그치고'休靜 분연히 일어나 '제생'濟生의 길로 나아가기로 다짐했다. 어전을 물러나온 휴정은 곧 전국에 있는 제자들에게 격문檄文을 보내어 국가의 위기를 구하기 위해 총궐기할 것을 호소하였다.

승려들은 오랫동안 사회에서 억눌리고 소외를 당해 왔다. 그들은 지금이야말로 백성 된 도리를 다할 때라고 생각하고 분연히 떨쳐 일어났다. 생사를 뛰어 넘으려는 그들의 수행 정신은 승병으로 결속되어 전국 곳곳에서 물밀듯이 일어났다. 강원도에서 참여했던 유정은 평양성을 향해 싸우며 나아갔고, 중봉 조헌과 함께 청주성을 탈환하였던 기허 영규騎虛靈圭는 다시 금산에서 싸우다 매복에 걸린 조헌의 700 의병을 구하기 위해 싸우다 800 승병과 함께 장렬히 전사했다.

호남에서는 뇌묵 처영雷處黙英이 일어났고, 영남에서는 중관 해안中觀海眼, 1567~?이 의승군을 이끌고 힘써 싸웠다. 노원평 전투에선 유정과 의엄義嚴이 참여하였다. 이어 휴정은 유정과 합류하여 평양성을 탈환하였고, 처영은 권율權慄, 1537~1599을 도와 행주대첩을 이루어내었다. 1593년 10월 선조가 환도할 무렵 휴정은 어가御駕를 호위하고 서울에 이르렀다. 서울로 돌아온 승병들은 전란 뒤의 어수선한 거리를 청소하고 수도 재건에 따른 제반 토목 건축 사업에 주도적인 역할을 맡았다.

이처럼 휴정과 그의 문도들은 불교와 나라가 어려운 시절에 분연히 일어서 사라진 교단을 재정비하고 혼미한 국난을 재극복하는 결정적 역할을 하였다. 그리하여 휴정은 역사 속에 능동적으로 참여하면서 백성들의 마음속에 성사聖師로서 자리 잡았다. 하지만 전란 중에서 파쟁을 멈추지 못했던 유신儒臣들은 5천명의 의승군으로 전공을 크게 세운 휴정을 못내 시기하였다. 평소부터 불교를 배척해온 이들이라 유신들은 휴정의 전승을 그대로 인정하고 싶지 않았다. 그러나 구원병을 이끌고 조선에 온 명나라 장수 이여송李如松은 오히려 "삼가 대화상께 올립니다"라며 휴정에게 송시訟詩 한 수를 보내왔다.

공명과 이욕을 도모하지 않으시고	無意圖功利
오롯한 마음으로 불도만 닦으셨네	專心學道仙
이제 나랏일이 급하단 소식 듣고	今聞王事急
총섭 되어 산고개를 내려 오셨네	摠攝下山巓

수행자가 살생의 길로 나아가서는 아니된다고 불교 경론에서는 힘주어 설하고 있다. 불교 평화관의 핵심 역시 전쟁을 방지하고 평화를 확산하는 것에 겨냥되어 있다. 그렇다면 휴정의 전쟁 참여를 우리는 어떻게 보아야만 하는가. 임란과 호란과 같은 침략전쟁이 일어났을 때 수행자

는 어떻게 해야만 하는가. 전란을 그냥 보고만 있어야 하는가.

깨달음을 얻기 위한 참선과 전승을 위한 기도만으로 전쟁에 임한 생령들을 살려내기는 어려울 것이다. 하여 정법을 지키는 수행자가 다수의 생령들의 재산을 빼앗고 목숨을 빼앗는 마군들을 토벌하는 것은 정당한 행위라 하지 않을 수 없는 것이다. 물론 토벌의 행위는 또 다른 살생의 문제를 야기하기는 하지만 약자의 입장에서는 정당방위가 될 수밖에 없는 것이다.

위의 시에서처럼 우리는 끊임없이 반복되는 윤회의 흐름을 끊기 위해서 누군가가 전쟁에 참여하여 전란을 막아내는 것이 지혜로운 이의 할 일이라고 할 수 있을 것이다. 이 대목에서 우리는 전란을 마무리 짓는 것이 급선무라고 여긴 휴정의 고뇌를 읽어낼 수 있다. 이것은 죽은 혼들을 불러 세우며 고향으로 돌아가기를 바라는 그의 염원에서도 확인된다.[19]

휴정은 곧 늙은 몸으로 계속 도총섭都摠攝의 자리에 있을 수 없다며 제자 유정과 처영에게 군사를 맡기고 묘향산으로 돌아갔다. 선조는 전공을 치하하고 '국일도대선사 선교도총섭 부종수교보제등계존자'國一都大禪師禪敎都摠攝扶宗樹敎普濟登階尊者라는 호를 내렸다. 이후 그는 묘향산에서 입적하기까지 법통 정립과 후진 양성에 매진했다. 결국 그의 문하에서 이루어진 사대문파와 칠대문파의 법통과 법맥으로 미루어 볼 때 '서산종'西山宗[20]이라 부를 만 하였다.

---

19 休靜,「過古戰場」,『淸虛集』권7(『韓佛全』제7책, 720상 면). "변방 성에서 옥 젓대 소리 들리니邊城吹玉笛/ 먼 길 떠난 나그네 슬픔 먼저 나네遠客先悲凉/ 가을 구름 아래 버들가지 꺾고는抑柳秋雲動/ 혼을 불러 고향으로 돌아가세나招魂入故鄕."
20 휴정 스스로 종파를 세운 적은 없지만 '법통의 정립'과 '후진 양성'에 매진한 그의 문하에서 4대문파와 7대문파가 배출됨으로써 사실상 한 종파의 宗祖로 자리매김 될 수 있었다. 하여 그의 문파는 가히 '서산종'이라 할 정도의 법통과 위상을 지님으로써 오늘날의 조계종의 원류가 되었다.

IV. 선심과 일물의 지형도

휴정의 대표작이라고 할 『선가귀감』은 선문의 귀감이 될 만한 구절을 압축하여 단장문斷章文 형식으로 편술한 저술이다. 종래 연구[21]에서는 이 저술을 크게 성격별로 분류하여 1) 직거본분문 直擧本分門, 原理論 2) 불조사체문佛祖師體門, 佛祖論 3) 선교문禪敎門 4) 방법지도문方法指導門 5) 신해문信解門 6) 수증문修證門 7) 실증묘득문實證妙得門 8) 총결문總結門 으로 나누어 왔다. 불교 통일운동의 요체로 평가되는 휴정의 이 저술은 이보다 나중에 이루어지는 『선교석』禪敎釋으로 이어져 보다 선명한 견해와 사상으로 표출되고 있다.

지금 선을 닦는 이는 말하기를 '이것이 우리 스승의 법이다'고 하고, 지금 교를 닦는 이는 말하기를 '이것은 우리 스승의 법이다'고 한다. 한 법 위에서 모두가 옳으니 모두가 그르니 하며 指馬의 다툼을 벌이고 있다. 슬프다! 그 누가 능히 결정할 수 있겠는가? 그러나 선은 부처의 마음이요, 교는 부처의 말씀이다. 교라는 것은 말 있는 곳으로부터 말없는 곳에 이르는 것이다. 선이라는 것은 말 없는 곳에서부터 말 없는 곳에 이르는 것이다.[22]

---

[21] 禹貞相,「禪家龜鑑의 刊行流布考」,『佛敎學報』제14집, 동국대학교 불교문화연구소, 1977, 163면. 우정상 교수는 생존시(1966년 8월 타계)에 『禪家龜鑑』 전체를 1) 原理論, 2) 佛祖論, 3) 禪敎(事體各別)論, 4) 方法論(指導論), 5) 結論의 5장으로 나누었으나, 그의 미발표 원고에서는 조금 더 부가하여 제5장에 信解論, 제6장에 修證論, 제7장에 指導者論의 3장을 더하고 제8장을 결론으로 마무리 하였다. 이를 참고로 하여 신법인은 8과문으로 나누어 새롭게 명명하고 있다. 申法印,『西山大師의 禪家龜鑑 硏究』(김영사,1979), 152~156면.
[22] 休靜,『禪敎訣』(『韓佛全』제7책, 657중 면).

휴정의 선교관은 사교입선捨敎入禪의 가풍인 주선종교主禪從敎를 지향하고 있다. 즉 선을 주로 하고 교를 종으로 하는 선법 위주의 교관이라 할 수 있다. 휴정은 말이 없는 곳에서 말이 없는 곳에 이르는 것이 선禪임에 견주어, 말이 있는 곳에서 말이 없는 곳으로 이르는 것이 교敎라고 했다. 선의 공간이 이루어지는 언어 이전 혹은 언어 너머와 달리 우리의 일상은 모두 언어를 통해 이루어진다. 그리고 그 언어는 해당 담지자의 시간과 공간 속에서 이루어진다. .

때문에 시공 속에서 이루어지는 유언有言과 달리 무언無言은 시공을 초월하게 된다. 휴정의 말에 따르면 무언에서 무언으로 나아가는 선은 시공을 초월하는 것이 되고, 유언에서 무언으로 나아가는 교는 시공 속에서 이루어지면서 시공을 넘어서려고 하는 것이 된다. 하지만 우리가 사는 시간과 공간은 '바로 여기'의 시공 속이다. 해서 이 시공을 떠나 나는 존재할 수 없다는 사실을 깨닫게 된다.

휴정은 선법 우위의 초시간과 초공간의 지향을 통해 시공에서 자유로워지려고 했다. 하여 그는 '오늘 여기'라는 시간과 공간에 구애받지 않는 선법의 시공관을 제시하고 있다. 그럼에도 불구하고 그는 선조의 청을 받아 격문을 돌리고 승병을 일으키기도 하였다. 이러한 점은 그가 살고 있었던 오늘 여기의 조선을 인식하는 그의 시공관이 매우 탄력적인 것이었음을 보여주는 것이다.

휴정에게는 바람 앞의 등불처럼 위태로운 조선의 '여기'와 그가 살고 있는 '오늘'이 무관하게 이루어진 것이 아니었던 것이다. 이 점에서 그의 시공관은 선법의 시공관에 충실한 것이었으면서도 교법의 시공관을 향해 열려있었다는 사실을 알 수 있다. 이는 종래 대부분의 선사들이 보여준 주선종교主禪從敎적 관점에만 경사되지 않았음을 보여주는 증좌이다.

예전에 불교를 배우는 이들은 부처님의 말씀이 아니면 말하지 않았고,

부처님의 행동이 아니면 행하지 않았다. 그러므로 그들이 보배로 여긴 것은 오로지 대장경의 거룩한 글들뿐이었다. 그러나 오늘날 불교를 배우는 이들은 전해 가면서 외는 것이 세속 선비들의 글이요, 청하여 지니는 것이 벼슬아치들의 시뿐이다. …… 뒷날의 도반들이 가지를 헤쳐 가면서 잎을 따는 수고를 겪을까 하여, 글 가운데 가장 요긴하고 간절한 것 수백 마디를 추려서 한 장에 써 놓았다. 글은 간단하지만 뜻은 두루 갖추었다고 할 만하다. 만일 이 글로써 스승을 삼아 끝까지 참구하여 묘한 이치를 깨닫게 된다면, 마디마디에 산 석가여래가 나타나실 것이니 부디 힘써 볼 일이다. 그러나 글자를 떠난 한 마디와 격에서 벗어난 기묘한 보배는 쓰지 않으려는 것도 아니지만, 아직 특별한 기틀을 기다릴 수밖에 없다.[23]

휴정은 『삼가귀감』(상중하권)중 특히 『선가귀감』(하권)의 서두에서 자신의 저술 의도를 분명하게 밝히고 있다. 그는 불제자임에도 불구하고 유가 선비들의 글과 시만을 즐겨 보던 당시 불교계의 현실을 광정하기 위해 이 저술을 엮게 되었음을 밝히고 있다. "뒷날의 도반들이 가지를 헤쳐 가면서 잎을 따는 수고를 겪을까 함"을 저어하여 "가장 요긴하고 간절한 것 수백 마디를 추려서 한 장에 써 놓은" 이 글은 "글은 간단하지만 뜻은 두루 갖추었다"는 자부심이 배어있는 그의 대표작이다.

휴정의 문제의식은 "세속 선비들의 글과 벼슬아치들의 시"만을 모범으로 삼고 읽는 당시 불자들의 공부행태에 대한 비판이라 할 수 있다. 하여 "이 글을 스승 삼아 끝까지 참구하여 묘한 이치를 깨닫기"를 촉구하고 있다. 그런 뒤에 "글자를 떠난 한 마디와 격에서 벗어난 기묘한 보배는 쓰지 않으려는 것도 아니지만, 아주 특별한 기틀을 기다릴 수밖에 없다"는 말로 자신의 선적 지향을 드러내 보이고 있다.

---

23 休靜, 『禪家龜鑑』 「序」(『韓佛全』 제7책, 635중 면).

즉 '글자를 떠난 한 마디'와 '격에서 벗어난 기묘한 보배'는 '아주 특별한 기틀'을 만날 때만 전달될 수 있다는 전제 아래 그는 이러한 방편을 쓰고 있는 것이다. 그는 선의 의취를 말하고 싶어 하지만 아직 시절인연이 도래하지 않은 이들에게는 '글자'와 '격'이라는 방편에 의존할 수밖에 없음을 시인하고 있는 것이다. 이러한 점에서 그가 주장한 교를 버리고 선에 드는 사교입선捨敎入禪은 교를 빌려서 선에 드는 차교입선借敎入禪[24] 혹은 교로 말미암아 선에 드는 유교입선由敎入禪의 다른 표현이라고 할 수 있다.

말없음에서 말없음으로 나아가는 도리를 아는 '아주 특별한 기틀'에게는 언어와 문자가 필요 없는 것이다. 하지만 중하근기를 위해서는 언어와 문자 표현이란 '방편을 빌어'借其方便 전하는 자비가 필요한 것이다. 그러한 자비 혹은 방편에 의해 비로소 말없는 도리를 알 수 있게 하는 것이 선법이 지향하는 세계이다. 여기서 휴정은 '불립문자'不立文字와 '불리문자'不離文字의 긴장과 탄력 위에서 선의 도리를 갈파하고 있다. 그리하여 이 저술의 가르침에 매이지도 말고 이 저술의 가르침에서 떠나지도 말 것을 주문하고 있다.

휴정이 선사임에도 불구하고 몇 권의 저술을 남겼고, 심지어 유가와 도가까지 아울러 선가로 회회시키려 했다는 점은 이런 논지의 근거가 되고 있다. 비록 그가 어려움에 처한 불교 교단의 영속을 위해 유가와 도가의 귀감을 지어 선가의 귀감 앞에 덧붙였다고 하더라도 말이다. 하지만 휴정은 적어도 당대의 지성인으로서 자기 것만 최고라고 주장하는 배타적 관점은 지니지 않았던 것으로 보인다. 그는 타자를 향한 열린 마음과 그것에 입각한 열린 시선을 지니고 있었던 것으로 보인다.

---

24 太古, 『太古和尙語錄』(『韓佛全』 제6책, 680하 면). "只這文字語言, 偏爲中下之機, 借其方便, 而直指心地." 태고 법통을 세운 휴정과 제자들이 모범으로 삼은 태고의 이 언표는 휴정과 그 문도들에게 큰 영향을 주었을 것으로 짐작된다.

휴정이 불교 내에서 보여준 적극적 중생제도는 선종과 교종의 통합뿐 아니라 유교와 도교까지의 회통을 가능하게 하였고 삼교회통사상은 천인합일의 성인을 목적으로 하는 유학이나 열반의 경지에 이르고자 하는 불교나 그 궁극의 경지는 같으며 다만 수행의 길이 다르다는 것을 전제하고 있다. 이러한 차이의 전제는 오히려 당시 학문의 주류를 형성하였던 유학을 향해 불교의 문을 개방시킬 수 있는 교량을 만든 셈이다.[25]

따라서 휴정의 시공관은 의식 내적 존재이자 언어적 존재인 불교의 시간관과 비실체의 실체이자 비연속의 연속인 불교의 공간관에 깊이 삼투되고 있음도 알 수 있다. 그리고 그것은 삼교 일치 내지 선교 일치를 지향하는 시공관이었음을 보여주고 있다.

1. 선심의 구조

휴정의 사상적 화두는 선심이라 할 수 있다. 이것은 원효의 일심, 지눌의 진심, 태고의 자심, 나옹의 무심에 상응하는 마음이다. 원효는 매개항인 화쟁회통和諍會通을 통해 일심의 근원으로 돌아가게 함으로써歸一心源 중생들을 풍요롭고 이익되게 하고자饒益衆生 했다. 지눌은 매개항인 회광반조廻光返照를 통해 자심과 자성의 이문을 진심으로 귀결시킴으로써二門自心 선과 교가 하나의 근원임禪敎一元을 확인시켜 나갔다.

태고는 매개항인 반관참사返觀參思를 통해 곧바로 자심을 가리켜 나감으로써直旨自心 반드시 선지식을 만나 결택을 받도록須參決擇 했다. 나옹은 매개항인 조견면목照見面目을 통해 쓸 것이 없는 마음으로써無心可用 중생들을 이익되게利益衆生 하려고 했다. 이처럼 유수한 사상가들은 사

---

25 김근호, 「서산대사, 그리고 호국불교의 가능성」, 『불교평론』 17, 2003년 겨울, 210면.

상적 화두를 현실 위에 실현시키기 위해 노력했다. 휴정 역시 삼교회통의 매개항을 통해 일물이 곧 선심임을 일깨워줌으로써 一物禪心 널리 생령들을 제도하고자 했다. 휴정의 사상적 역정 역시 이러한 맥락 속에서 이해할 수 있다.

시대	인물	화두(體)	매개항	화두(用)
신라	元曉	歸一心源	和諍會通	饒益衆生
고려	知訥	二門眞心	廻光返照	禪敎一元
고려	太古	直指自心	返觀參思	須參決擇
고려	懶翁	無心可用	照見面目	利益衆生
조선	休靜	一物禪心	三敎會通	普濟生靈

선심은 선을 닦는 마음이자 무심의 다른 표현이다. 무심은 분별이 남아 있는 유심과 달리 분별이 없는 무분별심을 말한다. 이 자리는 주관과 객관, 나와 대상의 이분이 완전히 사라진 본래 자리라 할 수 있다. 때문에 선심은 일물이라고도 표현된다. 일물은 바로 선심의 다른 표현인 것이다.

육조대사가 대중에게 물었다. '나에게 한 물건一物이 있으니, 이름도 없고 모양도 그릴 수 없다. 그대들은 알겠는가?' 신회神會선사가 곧 답하기를 '모든 부처들의 본래 근원이요 신회의 부처 성품입니다'라고 하였으니, 이것이 육조의 서자가 된 까닭이다. 회양선사가 숭산으로부터 와서 뵙자 육조가 묻기를 '무슨 물건物이 이렇게 왔는고?' 할 때에 회양은 어쩔 줄 모르고 쩔쩔매다가 8년 만에야 깨치고 나서 말하기를 '가령 한 물건一物이라고 해도 맞지 않습니다'라고 하였으니, 이것이 육조의 적자가 된 까닭이다.[26]

---

26 休靜,『禪家龜鑑』(『韓佛全』제7책, 634하~635상 면).

선심은 바로 이름도 없고 모양도 그릴 수 없는 일물의 다른 표현이라 할 수 있다. '한 물건이라고 해도 맞지 않는' 일물의 인식 여하에 따라 천양지차로 벌어진다. 이처럼 육조의 적자가 된 연유와 서자가 된 연유는 종이 한 장의 차이처럼 미미하다. 휴정은 바로 혜능의 일물을 주체적으로 소화하여 자기화 하였던 것이다.

> 여기에 한 물건一物이 있으니, 본래부터 밝디 밝고 신령스럽디 신령스러워 일찍이 생하지도 않았고 일찍이 멸하지도 않았으며, 이름 붙일 수도 없고 모양 그릴 수도 없다.[27]

휴정은 일물에 대해 '본래부터 밝디 밝고 신령스럽디 신령스우며', '일찍이 생하지도 않았고 일찍이 멸하지도 않았다'고 말하고 있다. 일물에 이어 나오는 '종본이래'從本以來는 그 끝없고無限, 가없는無際 시간성을 가리킨 것이고, '소소령령'昭昭靈靈은 그 성품의 묘용妙用을 보인 것이며, '부증생 부증멸'과 '명부득 상부득'은 그 공간적空間的 자재自在를 표현한 것이라 볼 수 있을 것이다.[28] 그러니까 『선가귀감』의 서두 첫 문장은 휴정의 선교관 뿐만 아니라 그의 시공관을 고스란히 보여주고 있다. 그리고 부증생과 부증멸은 불교의 무시무종의 시간관을 보여주는 표현이다.

시작도 없고 끝도 없는 무시무종의 시간관은 불교의 시간 인식이 마음의 시간임을 보여주고 있는 것이다. 불교는 일찍부터 우리가 인식하는 시간을 언어적 존재이자 의식 내적 존재이며 마음의 시간이라고 갈파해 왔다. 시작도 없고 끝도 없는 시간관은 내가 마음먹는 순간이 시작이 된다. 그 이전은 과거가 되고 그 이후는 미래가 된다. 따라서 시간을 가르

---

27 休靜, 『禪家龜鑑』(『韓佛全』 제8책, 619상 면). "有一物於此, 從本以來, 昭昭靈靈, 不增生, 不增減, 名不得, 相不得."
28 申法印, 『西山大師의 禪家龜鑑 硏究』(김영사,1989), 177면.

는 과현미는 내 마음 이전에 어떠한 실체로서 존재하는 것이 아니다. 내가 마음을 내는 순간이 곧 현재가 되고 그것을 기준으로 하여 과거와 미래가 설정되는 것이다. 우리가 사물의 탈색脫色과 성장成長과 공간적 이동을 통해 변화하는 시간을 인식하는 것처럼, 공간은 사물의 점유 내지 차지의 확인을 통해 인식되어진다.

'명부득'과 '상부득'은 불교의 공간관 내지 자연관을 보여주고 있다. 이름과 모양은 개념과 형체이지만 이는 공간을 점유함으로써 타자에게 거리낌을 주는 존재의 본래적 속성을 언표하는 것이다. 만일 이름 붙일 수 있고 모양 그릴 수 있다면 이는 시공 속에 얽매이게 되는 것이다. 무엇이 있다는 것을 인정하는 것은 불변(영원)하는 무엇이 있다는 것을 인정하는 것이다. 하지만 모든 존재는 인연에 의해 생겨난 것일 뿐이어서 나라고 할만한 고정된 실체가 없다. 오직 실체가 없는 공空들이 모여空聚 있을 뿐이다. 이 때문에 '이름'을 가진 것은 가명假名으로 가진 것일 뿐이이며, '모양'을 지닌 것은 가유假有로서 지닌 것일 뿐인 것이다.

이렇게 본다면 『선가귀감』의 서두에 나오는 이 구절은 휴정의 시공관을 보여줄 뿐만 아니라 불교의 시공관을 보여주는 것이라 할 수 있다. 휴정은 '종본이래'와 '부증생 부증멸'을 통해 무시무종의 시간관을 보여주고 있으며, '명부득 상부득'을 통해 공간관을 보여주고 있다. 그런데 이들은 모두 주어 내지 주체인 일물을 형용하고 하고 있는 술부 내지는 술어이다. 즉 주부인 일물은 시간적으로는 본래부터 밝디 밝고 신령스럽디 신령스러워 일찍이 생지도 않았고 일찍이 멸하지도 않은 것이다. 그 일물은 공간적으로는 신령스럽디 신령스러워 이름을 얻을 수도 없고 모양을 그릴 수도 없는 것이다.

그러므로 『선가귀감』의 대전제가 되는 '일물'一物론에서 우리는 휴정의 시간 인식과 공간 이해를 엿볼 수 있다. 일물은 우주의 근원 내지 진리 그대로이며, 언어와 분별을 떠난 자리를 일컫는다. 때문에 "이 일구一

句야 말로 우주의 진리를 그대로 토로한 것"[29]이라 할 수 있다. 이 일물은 언어와 분별을 떠나 있는 것이다. 그러나 언어와 문자로 설명하지 않고는 전달될 길이 없는 것이기에 억지로 이름하여 일물이라 한 것이다. 하여 이 일물은 본디 시공을 넘어선 것이나 시공 속으로 끌어들여 설명할 수밖에 없는 것이다.

이 일을 알려거든
반드시 조사의 관문을 참구하라
믿음을 큰 바다와 같이 일으키고
뜻을 우뚝 솟은 산과 같이 세워라

밤낮의 모든 움직임은
힘을 다해 의심덩이를 일으키라
차고 단단해 맛이 없어도
화두만이 홀로 단단하리라

의식이 가라앉고 마음 길 끊어지면
장부의 뼈 차가울 것이다
스스로 들고 스스로 의심할 때
그대가 부딪는 곳이 힘 얻는 곳이리.[30]

호한한 꿈과 이상을 지녔던 휴정은 장부의 뼈가 차가울 때는 스스로

---

29 禹貞相, 앞의 글, 163면.
30 休靜,「示寶大師」,『淸虛集』권1(『韓佛全』제7책, 670중 면). "欲識這箇事, 須參祖師關. 發信大如海, 立志卓如山. 日夜四威儀, 盡力起疑團. 冷淡沒滋味, 話頭獨單單. 識沈心路絶, 丈夫骨應寒. 自擧自疑時, 當人得力處."

화두를 들고 스스로 의심하여야만 힘이 생긴다고 역설하고 있다. 반드시 조사의 관문을 참구하라는 것은 간화수행을 하라는 것이다. 화두를 성성적적하게 들고 힘을 다해 의단을 일으키다가 의식이 가라앉고 마음 길이 끊어지면 장부의 뼈가 차가움을 느끼게 된다. 그러므로 스스로 들고 스스로 의심하며 그대가 부딪치는 바로 그곳이 힘을 얻는 곳이라고 말한다.

> 모래에서 나온 그림자 없는 나무가
> 물 속의 거품에 다 타고 없어졌네
> 가소롭구나 소를 탄 사람아
> 소를 타고서 다시 소를 찾는구나.[31]

이 시는 '모래'砂와 '그림자 없는 나무'無影樹와 '물속의 거품'水中漚과 같은 비실체성을 제시함으로써 우리가 나아가려고 하는 궁극적인 세계는 바로 오늘 여기의 진실한 자기의 확인임을 일깨워 주고 있다. 진실한 자기 확인은 자기와의 치열한 싸움을 통해 장부의 뼈가 차가운 순간에 이르러야만 가능한 것이다. 그리하여 의식이 가라앉고 마음 길이 끊어진 자리에서 부딪는 곳에서 본래면목을 보지 못하고서는 '소를 타고서 다시 소를 찾는' 어리석음을 반복하게 된다고 휴정은 역설한다.

2. 회통會通의 논리

휴정에게 있어서의 회통은 불도유 삼교의 회통이면도 동시에 선법과

---

31 休靜, 『淸虛集』 권1(『韓佛全』 제7책, 684면), "砂來無影樹, 燼盡水中漚, 可笑騎牛者, 騎牛更覓牛."

교법의 회통이라 할 수 있다. 그는 『삼가귀감』을 지어 삼교를 회통하려 했고 『선가귀감』 내에서는 선과 교를 회통하려 했다. 특히 휴정은 불도 유 삼교의 벼리가 되는 '일심'一心과 '도'道와 '심법'心法의 기호를 소통시키기 위해 노력했다. 『삼가귀감』은 바로 이러한 노력의 산물이라 할 수 있다. 비록 그것의 궁극적 지향이 선법과 교섭을 회통하기 위한 것이었다고 해도 당시의 시대적 상황을 감안하면 여전히 삼가의 회통이라는 전제 없이 선교의 회통이 이루어지기 어렵다는 자각이 깔려 있었던 것으로 보인다.

> 나는 삼교의 문도들이 각기 다른 견해에 매이어 기꺼이 모여 함께 하려會同 하지 않음을 자주 보았다. 이제 세 가르침의 문호를 간략히 열어 통하게通 할 따름이다. 아! 삼교에서는 모두 도道를 말하는데 도란 어떤 물건인가? ○一圓相의 의미를 철저히 깨달으면 비로소 알게 될 것이다. 유가니 불교니 도가니 하는 것은 모두 헛된 이름일 뿐임을! [32]

많은 불제자들이 유가의 책들과 시들만을 주로 보는 현실을 감안하면 선사 휴정에게는 불교로의 물꼬가 필요했을 수 있다. 하지만 당시의 시대적 상황을 감안할 때 곧바로 불교로 귀결시키기는 어려웠을 것이다. 그래서 삼교의 회통론 제시 위에서 선가로 길을 열어주었다고도 볼 수 있다. 휴정은 삼교의 문도들이 자기 견해만을 주장하여 함께 하려 하지 않음에 대한 문제의식 위에서 『삼가귀감』을 지었다. 그리고 휴정은 곧 불교의 '일심'과 유교의 '심법'과 도교의 '도'가 서로 회통될 수 있는 것임을 전제하고 있다.

---

[32] 休靜, 『三家龜鑑』(異本)(『韓佛全』 제7책, 634중 면), "余多見三敎之道, 各執異見, 莫肯會同故. 今略開三門戶而通稱之爾. 噫! 三敎通稱曰道, 道是何物? ○ 若究得徹去, 方悟, 儒也釋也道也, 皆虛名耳."

군자는 선한 것들을 널리 취하여 그 자신을 돕는다. 글이 공자의 말씀일 필요도 없고, 약이 편작의 처방일 필요도 없다. 이치에 부합하면 따르고, 병을 낫게 하면 좋은 것이다.[33]

군자는 공자나 노자를 가리지 않고 편작과 화타의 처방을 가리지 않는다. 중요한 것은 그것이 이치에 부합하느냐에 달려있으며 병을 낫게 하느냐에 있는 것이다. 이러한 융통적 이해는 삼교에 대한 종합적 이해와 불교에 대한 깊은 통찰 위에서 가능한 발언으로 보인다. 그가 『삼가귀감』에서 보여주고 있는 기조는 바로 여기에 있는 것이다.

휴정이 유가와 도가를 선가로 귀결시키고자 한 것만은 아니었다. 당시의 불제자들이 외전에 깊이 훈습되어 정작 내전에는 소홀한 현실을 개선시키고자 했던 것이다. 동시에 불교에 대한 유자와 도사들의 부정적 시선을 거두어들이기 위한 것이기도 하였다. 그리하여 외적으로는 삼교를 회통하여 갈등을 최소화 하고 내적으로는 선교의 갈등을 회통하고자 했던 것이다.

휴정은 특히 선법과 교법의 관계를 '사교입선'이란 말로 압축했다. 즉 교를 버리고 선으로 들어가자는 것이다. 그런데 여기서 '사捨'의 함의를 어떻게 해석하느냐가 논변의 관건이 될 수 있다. 과연 교를 버리고 선으로 들어갈 수 있느냐란 반문이 나올 수 있다. 또 교와 선을 분리한 채로 이 논변이 가능한 것인가라고 되물을 수 있다. 선을 하기 위해서는 교가 전제되어야 하고, 교를 하기 위해서는 선적인 노력이 전제 되어야 한다. 이러한 논변은 어떤 것의 선후나 경중에 겨냥된 것이 아니라 선교의 통섭을 위한 철학적 수사학 차원에서 보아야 할 것이다.

---

33 休靜, 『道敎龜鑑』(『韓佛全』 제7책, 618중 면). "君子博取衆善, 以補其身. 書不必孔子之言, 藥不必扁鵲之方. 合義者從, 愈病者良."

불교의 계정혜 삼학은 선정과 지혜의 균형적 인식을 전제한다. 이미 고려 중기의 지눌에 의해 이미 정과 혜의 고른 인식定均慧이 제시된 이후 조선 불교에서는 이것이 하나의 전통이 되어왔다. 세수대야戒에 담긴 물定 속에 떠오른 보름달慧로 비유되는 것처럼 삼학은 차제적인 것이 아니라 동시적이며, 계기적인 것이 아니라 즉각적인 것이다. 때문에 교와 선의 관계에 있어 '사捨'의 의미는 많은 오해를 불러 일으켰다. 여기에는 시대적 맥락이 있는 것인지 아니면 본령이 그렇다는 것인지에 따라 의견을 달리 했다.

종래 이 '사'에 대해서 몇몇 학자들은 '유由' 혹은 '차借[34]'의 의미로 해석하였다. 그러니까 휴정이 말한 '사교입선'은 결국 '교를 말미암아由 선으로 들어간다'거나 '교를 빌려借 선에 들어간다'는 것을 의미하고 있다. 이러한 노력은 선과 교를 대립적으로 파악하지 않으려는 노력에서 비롯된 것이다. 다시 말해서 선과 교를 분절시켜 보지 않고 관계론적으로 파악하려는 것이다. 그는 『선가귀감』 이본에서 이러한 자신의 의도를 분명히 보여주고 있다.

> 교는 붓다의 말씀이다. 교라는 것은 말이 있는 데서부터 말이 없는 데에 이르는 것이다.[35]

> 선은 붓다의 마음이다. 선이란 것은 말이 없는 데서부터 말이 없는 데에 이르는 것이다.

---

34 太古, 『太古和尙語錄』(『韓佛全』 제6책, 680하 면), "只這文字語言, 偏爲中下之機, 借其方便, 而直指心地."; 權奇悰, 「서산대사의 선교관」, 『불교사상사연구』 하권(한국불교연구원, 2003), 240면.

35 休靜, 『禪家龜鑑』(『韓佛全』 제7책, 626상 면). "敎是佛語也. 敎也者, 自有言至於無言者也."

선과 교는 한 생각 속에서 일어난 것으로, 심의식이 미치는 곳, 즉 사량에 속하는 것을 교라 하며, 심의식이 미치지 않는 곳, 즉 참구에 속하는 것을 선이라고 한다.[36]

세존이 일대에 설한 바의 교는 비유하자면 마치 세 가지의 자비 그물을 삼계의 생사 바다에 펼쳐서, 작은 그물로는 가재와 조개(마치 人天 小乘敎와 같음)를 건지고, 중간 그물로는 방어와 준어(마치 緣覺과 中乘敎와 같음)를 건지며, 큰 그물로는 고래와 자라(마치 大乘 圓頓敎와 같음)를 건져 모두 함께 열반의 언덕에 두는 것과 같다. 이는 교의 순서이기도 하다.[37]

휴정은 선과 교를 대립적으로 파악하지 않고 둘의 특성을 갈파해 줌으로써 둘을 차별 없이 온전히 받아들이게 하고 있다. 선은 말이 없는 데無言서부터 말이 없는 데無言에 이르는 것이자 심의식이 미치지 않는 곳이라고 또렷하게 각인시키고 있다. 이와 달리 교는 말이 있는 데有言서부터 말이 없는 데無言로 이르는 것이자 심의식이 미치는 곳이라고 제시하고 있다. 즉 참구에 속하는 것을 선이라 하고, 사량에 속하는 것을 교라 한다. 이러한 명료한 이해를 통해 선과 교를 온전히 바라볼 것을 제안 한다.

휴정이 제시하는 회통의 논리는 불도유 삼교의 진실한 모습과 선교의 온전한 모습 제시를 통해 삼교와 선교에 대한 이해의 균형감각을 제시하는 것이다. 그리하여 일물이 곧 선심임을 일깨워줌으로써 널리 생령들을 제도하고자 한다. 그가 70여세의 노구를 이끌고 왜란에 참전한 것도

---

36 休靜,「三乘學人病」,『心法要抄』(『韓佛全』 제7책, 649상중 면). "禪敎起於一念中, 心意識及處, 卽屬思量者, 敎也, 心意識, 未及處, 卽屬參究者, 禪也."
37 休靜,「禪敎訣」(『韓佛全』 제7책, 657중 면). "世尊一代所說之敎也. 譬如將三種慈悲之網, 張三界生死之海, 以小網摝蝦蜆(如人天小乘敎), 以中網摝魴鱒(如緣覺中乘敎), 俱置於言槃之岸焉, 此敎之序也."

이러한 관점 위에서 파악할 수 있을 것이다.

3. 제생濟生의 실현

휴정은 선사였지만 언제나 생령들의 제도普濟衆生에 대한 생각을 놓지 않았다. 그는 출가사문임에도 불구하고 왜란에 참전한 것도 그러했고 불자들의 귀의의 길을 열어두는 노력에서도 그러했다. 그가 지눌 이래 여타의 선사들에 의해 부정되어온 염불문을 받아들인 것은 생령들의 제도에 대한 열린 시선 때문이었다. 이러한 휴정의 가풍은 역사 속에 강력하게 남긴 의미를 담은 시호 '보제대사'普濟大師에서도 잘 나타나고 있다.

휴정은 삼교회통의 매개항을 통해 일물의 선심을 구현함으로써 보제중생의 길로 나아가려고 했다. 그의 회통의 논리는 불도유 삼교의 회통뿐만 아니라 선교의 회통이었다. 이러한 회통은 당시 성리학의 과도한 배타에 의해 불교와 도교 및 양명학이 이단으로 공격당하는 현실을 목도하고서였다. 그는 출가 전에 출사를 시도하기 위하여 12세에 성균관에 입학하였었다. 비록 과거(진사시)에는 낙방하였지만 유가에 대한 깊은 이해가 있었다.

결국 유자로 출사하지 않고 불자로 출가하였지만 그의 의식 속에는 불도유 삼교가 완전히 다르다고는 생각하지 않았던 것으로 보인다. 그가 『삼가귀감』(3권)을 지어 삼교를 회통하려고 점에서나, 『선가귀감』을 통하여 선가와 교가의 정체성을 규명함으로서 둘 사이의 회통의 길을 모색한 점은 붇다의 전도 선언에서 보이는 것처럼 많은 사람들의 '이익'과 '행복'을 내오기 위함이었다.

많은 사람들의 이익과 행복을 주기 위해서는 깨어있어야만 한다. 그렇지 않으면 어떠한 생령도 구제할 수 없게 된다. 그의 가장 대표적인 시로 널리 알려진 '답설'은 수행자 혹은 눈뜬 이들이 어떻게 살아야 하는가를 잘 보여주고 있다.

> 눈 덮인 들판을 걸어갈 때
> 행여 거칠고 어지럽게 가지 말라
> 오늘 내가 걸은 발자취가
> 필경 뒷사람의 길잡이가 될 것이니[38].

어리석음의 윤회를 벗어난 이들은 지혜의 길로 곧장 가기 마련이다. 그리고 그들은 한시도 자기의 세계에 안주하지 않는다. 그들은 언제나 함부로 길을 걷지 않고 걸음걸음 진리를 밟아간다. 그런 걸음이 뒷날 오는 사람들의 이정표가 되고 길잡이가 되는 것이다. 휴정은 자신의 삶과 생각이 뒷사람의 길잡이가 될 것이라는 것을 분명히 알고 살았다. 해서 그의 걸음은 한 순간도 자신만을 위해서는 살지 않았던 것이다.

하여 눈 뜬 사람으로서의 휴정은 보제생령을 위해 정토를 수용하였던 것이다. 하지만 그의 본령은 역시 일물이 곧 선심임을 일깨워 주는 것이었다. 그가 모색한 회통의 대상 역시 불도유 삼교만이 아니라 선과 교, 전란으로 인해 갈라진 마음과 마음들에까지 이르는 것이었다. 이 점은 그가 『삼가귀감』을 지어 널리 편 것이나 『선가귀감』에서 시종일관 강조하는 일물 선심에서 잘 드러나고 있다.

휴정은 회통의 매개항을 통해 일물 선심을 회통함으로서 보제생령을 실현하려고 했다. 그 실현 방법은 일물 선심으로만 향하지 않았다. 보다 많은 사람들이 참여할 수 있는 정토 염불문을 선법과 함께 닦도록 했던 대목은 휴정사상의 또 하나의 독자적인 지점이다. 그는 입으로 외우는

---

[38] 남한산성에서 발굴된 서산대사 淸虛 休靜의 시비에 나오는 '踏雪'이란 시이다. "踏雪野中去, 不須胡亂行, 今日我行跡, 遂作後人程."

'송'과 마음으로 하는 '념'을 나눠봄으로써 염과 선이 만날 수 있는 길을 열어 젖혔다. 그리하여 선법과 염불의 병진은 일물 선심의 철학 이외의 또 한 갈래의 사유 체계를 확보하였던 것이다.

선사임에도 불구하고 여타의 선사들이 부정했던 염불문을 휴정이 수용했던 점은 휴정 사상의 또 하나의 특징이라 할 수 있다. 선사로서의 휴정이 염불문을 수용한 것은 조선 중기 이후 한국불교의 또 하나의 경향인 선정일치의 흐름을 연 것이었다고 할 수 있다.

휴정은 염불문을 수용하여 이후 '선법'과 '염불'의 만남인 염불선의 통로를 열었다는 점에서, 그리고 보다 많은 생령들을 구제할 수 있는 이론적 기초를 확보했다는 점에서 그의 사유체계는 독자성을 지닌다고 할 수 있다. 따라서 많은 사람들의 이익과 행복을 위하여 선법과 염불의 통로를 연 휴정에게서 우리는 그의 광대한 자비심 위에 자리잡은 휴정의 진정한 살림살이를 읽을 수 있게 된다.

V. 선법과 염불의 병진

휴정은 염불에서 송과 념을 구분함으로써 종래의 소리 염불법을 염불선으로 승화시키고 있다. 그는 염불과 선의 통섭인 염불선의 지향처럼 "염불하는 자가 누구냐"念佛者是誰라는 의미로까지 향하게 함으로써 염불 수행의 길을 한 단계 끌어올리고 있다.

> 염불이란 입으로 하면 송불誦佛이요 마음으로 하면 염불念佛이다. 한갓 외우기만 하고 부르지 않으면 도道에는 이익이 되지 않는다.[39]

---

[39] 休靜, 「念佛門」, 『心法要抄』(『韓佛全』 제7책, 650상 면). "念佛者, 在口曰誦, 在心曰念.

(나무)아미타불의 육자법문은 윤회를 벗어나는 지름길이다. 마음으로는 부처의 경계를 인연함을 새기어 잊지 않아야 하고, 입으로는 부처의 이름을 일컬음을 분명히 하여 어지럽지 않아야 한다. 이렇게 마음과 입이 상응하는 것을 염불이라 한다.[40]

휴정은 외우는 '송'과 부르는 '염'을 구분한 뒤 부르지 않으면 아무런 이익이 없다고 역설한다. 그리하여 마음으로 불경계를 인연함을 잊지 않아야 하고, 입으로는 이름을 일컬어 어지럽지 않아서 마음과 입이 상응하는 것을 염불이라고 하였다. 그는 염불로는 '나무아마타불'의 육자법문이 윤회를 벗어나는 지름길이라고 역설하고 있다. 하지만 여기에서도 입으로만 하는 것이 아니라 반드시 마음과 입이 상응해야만 윤회를 벗어날 수 있음을 역설하고 있다.

이러한 인식은 참선과 염불이 둘이 아님을 보여주는 대목에서 잘 드러나고 있다. 기본적으로 둘이 아니라는 것은 둘을 전제로 한 인식 위에서 가능한 언표가 된다. 휴정이 참선이 곧 염불이라고 하였다고 해서 참선의 격을 떨어뜨리거나 염불의 격을 떨어뜨리지 않는다. 왜냐하면 그는 수행의 분상에서 참선과 염불을 대등하게 파악하고 있기 때문이다. 방편을 벗어나면 모두가 밝디 밝고 고요하디 고요하기 때문이다. 이러한 인식은 어느 염불승에게 기증한 시에서 잘 나타나고 있다.

  참선이 곧 염불이며
  염불이 곧 참선이네

徒頌失念, 於道無益."
40 休靜,「念佛門」,『心法要抄』(『韓佛全』제7책, 650상 면). "阿彌陀佛六字法門, 定出輪廻之捷徑也. 心則緣佛境界, 憶持不忘, 口則稱佛名號, 分明不亂, 如是心口相應, 名曰念佛."

> 본래 마음이 방편을 벗어나면
> 밝디 밝고 고요하디 고요하네[41]

참선과 염불을 같은 것으로 파악하려는 휴정의 태도는 선사에게서는 매우 독특한 지평이라 할 수 있다. 선법의 우위를 강조하는 대다수의 선사들의 살림살이에 의거해서 볼 때 더욱 더 그러한 것이다. 이러한 그의 마음가짐은 자신의 깨달음에만 집중하는 여타의 선사들과 달리 '널리 생령들을 구제하려는' 자비심의 발로에서 나온 것이라고 할 수 있을 것이다.

일물과 선심의 응축과 확산을 통해서 보여준 그의 살림살이는 그가 남긴 마지막의 원적송圓寂頌에도 잘 드러나 있다.

> 팔십 년 전에는 저게畫像 나이더니, 팔십 년 후에는 내가 저로구나.[42]

이 송에는 평생을 철저한 수행자로 살았던 휴정의 살림살이가 잘 드러나 있다. 자신의 초상화와 대면한 그의 간명 직절한 가풍은 아래의 시에 잘 드러나 있다.

> 천 갈래 만 갈래 생각도
> 붉은 화로의 한 점 눈이로다
> 진흙소가 물 위를 걸어가니
> 대지와 허공이 갈라지네[43]

---

41 休靜,「贈念佛僧」,『淸虛集』 권3(『韓佛全』 제7책, 693상 면). "參禪卽念佛, 念佛卽參禪, 本心離方便, 昭昭寂寂然."
42 休靜,「自贊」,『淸虛集』 補遺(『韓佛全』 제7책, 736하 면). "八十年前渠是我, 八十年後我是渠."
43 休靜,「臨終偈」,『淸虛集』 권3(『韓佛全』 제7책, 701하~702상 면). "千計萬思量, 烘爐一點雪. 泥牛水上行, 大地虛空裂."

의식의 덩어리로 존재했던 우리 역시 의식의 해체를 통해 사라져 간다. 천 갈래 만 갈래 생각도 붉은 화로의 한 점 눈에 지나지 않는다. 휴정의 이러한 존재 인식은 철저한 수행의 가풍 위에서 견지되고 일관되어 있다. 원효와 지눌, 태고와 나옹 등이 보여준 사상적 역정에 볼 수 있는 것처럼 일물선심과 삼교회통과 보제생령은 휴정의 생평을 온전히 설명하는 주축이 된다.

그의 앞 시대 사상가들의 사상적 키워드는 일심(원효), 진심(지눌), 자심(태고)이었다. 그리고 뒷시대를 더듬어보면 조심照心(경허), 유심惟心(만해), 돈심頓心(성철)이었다. 이들 사상가들의 사상적 핵어를 잡아당기면 그들이 모색했던 사상적 구조와 개념과 범주가 딸려올 것이다. 이들 기호는 그들의 인식틀을 확보하는 핵심 기호들이 된다. 이들 키워드는 집에 비유하면 개별 서까래들을 맞물고 있는 대들보라고 할 수 있다. 그러므로 유수한 사상가들의 사상적 집채 속에서 이 대들보의 개념을 어떻게 적출해 내느냐가 철학사 연구의 관건이 된다. 휴정에게는 일물 즉 선심이 그 기호였다.

휴정의 사상적 역정을 한국사상사 혹은 한국철학사 속에 자리매김하기 위해서는 이러한 체계화의 노력이 필요하다. 한 사상가의 살림살이의 전모는 사상적 벼리綱와 그물網과 목目과 추錘의 관계 속에서 조망될 때 비로소 역사적 위상에 걸 맞는 평가를 확보할 수 있게 된다. 조선조 불교를 자생불교로 파악하려는 우리의 노력 역시 바로 이 지점에서 비로소 정당하게 자리매김 될 수 있을 것이다.

VI. 사교입선捨敎入禪 혹은 차교입선借敎入禪의 활로 제시

고려 후기 이래 조선 전기의 다수 지식인들은 점차 불교의 주관적 유심론에서 유교의 객관적 본질론으로 전향해 갔다. 그러나 이들 모두가 자신의 세계관을 하루아침에 급속히 바꾸었다고 볼 수만은 없다. 개국 초기와 가까웠던 전기의 유자들 대부분은 아직까지 '겉으로는 유자이면서도 속으로는 불자였고'陽儒陰佛, '밖으로는 유학을 내세우면서도 안으로는 불학을 갈무리했으며'外儒內佛, '자취는 유자였으나 마음은 불자였다'迹儒心佛고 진단할 수 있다.

이것은 교단사적 관점 위에서 '산중 승단의 불교'시대로 규정해 왔던 종래의 관점과는 변별되는 시각이다. 최근 여러 사료에 기초하여 조선조 연구가 본격화되면서 이러한 논구는 이제 거스를 수 없는 대세를 형성하고 있다. 특히 실록 등의 사료에 나타난 도첩제度牒制 등 몇몇 관련 주제에 대한 분석적 통계는 '양유음불' 혹은 '외유내불' 또는 '적유심불'의 논지를 뒷받침해 주고 있다. 이러한 분석적 통계는 당시의 정치사와 경제사 및 사회사와 문화사 등을 면밀히 검토해 보면 어느 정도 논리적 근거를 확보할 수 있다.

논자는 조선조 불교를 한국불교사에서 거의 유일하게 국가의 공식적 지원을 받지 않았던 '자생불교'시대로 파악하고 있다. 물론 비공식적인 지원이나 개인적 후원은 분명히 엄존했었던 것으로 확인된다. 하지만 그러한 지원이나 후원도 고려 이래 11종을 7종으로 구조 조정한 태종과 다시 이 7종을 선교 양종으로 통합한 세종 이후부터 승과제僧科制를 폐지한 연산군과 『경국대전』의 도승度僧조를 삭제한 중종조에 이르러 불교계를 대표할 수 있는 교단이 존재하지 않았던 현실을 감안하면 그 의미는 반감되고 만다. 대부분의 후원이나 지원이 개인적 차원 혹은 지역적 차원에서 이루어진 것으로 보이기 때문이다.

퇴계와 율곡 등에 의해 유교 성리학이 공고해지고 이단에 대한 벽이의 담론이 강고해지는 시대가 되었다. 성리학의 이론이 공고해지는 시대에 본격적인 활동을 했던 청허 휴정淸虛 休靜, 1520~1604은 유자로 출발했으나 불교에 입문하여 모범적인 수행자로서의 삶을 살았다. 그는 교단의 책임자로서 불교계의 위상을 새롭게 건립했으며, 선법을 기초로 한 법통과 법맥을 확고하게 재정립함으로써 한국불교의 정체성을 확립시켰다. 임진왜란 때에는 선조의 교지를 받고 격문을 써서 승병을 일으키게 함으로써 밀리던 전세를 뒤바꾸게 하는 결정적인 역할을 하였다.

휴정은 불도유 '삼교 회통'三教會通이라는 매개항을 통해 '일물一物 혹은 선심禪心의 길'과 '널리 살아있는 이들을 제도하기'普濟生靈 위한 독자적인 사상적인 체계를 세웠다. 휴정에게 있어 선심과 일물은 그의 전 사상을 꿰는 키워드이다. 유정은 이 기호를 통해 자신의 사상적 화두를 풀어나갔다. 그는 또 선사임에도 불구하고 정토淨土 수행을 수용함으로써 여타의 사상가들과 변별되고 있다. 휴정의 선심은 원효元曉의 일심一心과 지눌知訥의 진심眞心에 대응되는 개념이며 일물一物의 다른 표현이다.

그는 선과 교의 회통을 위해 『선가귀감』禪家龜鑑을 지어 사교입선捨教入禪 혹은 차교입선借教入禪의 활로를 제시함으로써 한국불교의 독자성과 특수성을 적출해 내었다. 그것은 선과 교의 병진併進 또는 겸학兼修로 나타났다. 이러한 선교를 진실과 방편의 구도로 위계 지운 휴정의 사유체계는 이후 한국불교의 주요한 흐름으로 자리 잡았다. 따라서 휴정의 선교禪教 이론이 오늘 여기 한국불교의 근간을 이루고 있다는 점에서 그의 선심학은 새롭게 조명되어야 할 것이다.

■ 참고문헌

休靜,『禪家龜鑑』
休靜,『道家龜鑑』
休靜,『儒家龜鑑』
休靜,『心法要抄』
休靜,『禪敎釋』
休靜,『禪敎訣』
休靜,『淸虛集』
休靜,『雲水壇』
休靜,『說禪儀』
禹貞相,『조선전기불교사상연구』(서울: 동국대학교출판부, 1985)
禹貞相,「서산대사의 출가동기」,『東大時報』, 제56~57호
禹貞相,「서산대사의 禪敎觀에 대하여」,『조명기박사화갑기념 불교사학논총』
禹貞相,「이조불교의 호국사상에 대하여」,『백성욱박사화갑기념 불교학논문집』
禹貞相,「禪家龜鑑의 刊行流布考」,『佛敎學報』제14집, 동국대학교 불교문화연구소, 1977.
金煐泰,『서산대사의 생애와 사상』(서울: 박영사, 1975)
金煐泰,『임진왜란의 승장들』(서울: 동국역경원, 1979)
申法印,『서산대사의 선가귀감 연구』(서울: 김영사, 1989)
송일기,「삼가귀감의 서지학적 연구」, 중앙대학교 도서관학과 박사학위논문, 1991.
김근호,「서산대사, 그리고 호국불교의 가능성」,『불교평론』17, 2003년 겨울.
박인석,「서산의 삼교회통사상」,『인물로 보는 한국불교사상』(서울: 예문서원, 2004)
오준호,「사명유정 연구」, 동국대학교 대학원 불교학과 박사학위논문, 2000.

제5장

종봉 유정鍾峰惟政의 선풍과 송운 유정松雲惟政의 교화
- 호국불교의 전통과 사명泗溟* 유정惟政의 의승군 활동-

Ⅰ. 사명 유정의 선풍과 교화
Ⅱ. 호국과 호법 및 고중세의 승군
Ⅲ. 종봉 유정의 출가수행과 선풍
Ⅳ. 송운 유정의 의승군 활동과 교화
Ⅴ. 호국대성 사명 유정의 인식과 평가
Ⅵ. 사명의 살림살이 - '도가 아닌 도'와 '덕이 아닌 덕'

* 본디 '泗溟'이었는데 표충사 성보박물관의 현재 유품에는 '四溟'으로 되어 있다. 사명의 유품은 밀양 표충사, 해남 대둔사, 공주 갑사 등에 남아 있다. 그는 삭발을 하고 염의를 입었지만 행동에 대한 부끄러운 점을 성찰하기 위해 수염을 길렀고 사명 영정에도 수염을 그려져 있다.『율장』에 의하면 승려는 삭발을 하지만 효자는 수염을 기른다고 했다. 출가자로서 부모에 대한 효성을 잊지 않으려는 몸부림으로 이해된다. 사명의 여러 영정들은 사실 묘사가 아니라 백성들의 心想의 형상화로 이해된다. 그는 휴정의 맏상자로서 주류였음에도 불구하고 나라의 부름에 응하느라고 제자들을 키울 틈이 없었다. 그가 살생의 삶조차 감당한 것은 법안의 소유자로서 법력 즉 보살의 힘을 가지고 보살의 삶을 살고자 했기 때문이다.

I. 사명 유정의 선풍과 교화

한국사상사에서 '성사'聖師라고 불리는 인물은 분황 원효芬皇元曉, 617~686와 사명 유정四溟惟政, 1544~1610[1]이 가장 대표적이다. 흔히 '한 방면에서 더할 수 없이 뛰어난 사람'을 일컫는 '성사'에 대응하여 동양에서는 '만인의 사표가 될만한 선생'을 '자'子라고 불러왔다. 학식과 덕행이 높은 대표적인 이들이 노자, 공자, 문자文子, 장자, 열자, 증자, 맹자 주자周廉溪, 정자伊川, 주자朱熹 등이며 이들에 대응하는 한국의 인물은 이자李子, 李滉, 송자宋子, 宋時烈가 꼽히고 있다.

성사는 '한 방면에서 더할 수 없이 뛰어난 사람'이면서 동시에 국가적, 민족적 거사에서 또렷한 성취와 자취를 남긴 사람을 일컫는다. 이런 점에서 사명대사를 '호국대성護國大聖' 즉 '나라를 보호한 큰 성사'라고 일컫는 것은 매우 자연스러운 일이라 할 수 있다. 대개『고승전』의 입전 사례와 같이 고승[2]의 범주 속에서 성사聖師는 범사凡師에 상응하는 표현이다. 성사는 육안과 천안을 넘어 혜안慧眼과 법안法眼과 교화인도化導의 세 가지 힘을 갖춘 이를 가리킨다. 반면 범사는 위의 세 가지 힘을 갖추

---

[1] '泗溟'은 만년에 쓴 당호이다. 이전에는 '鍾峰'을 썼다. 허균은 1586년(선조 19년)에 봉은사에서 중형인 許篈의 안내로 처음 만나 '鍾峰 惟政'으로 소개를 받았다.(『사명집』「序文」) 아마도 종봉은 그가 오래 머물던 상원사 銅鐘이 있는 五臺山을 일컫는 표현이다. 종봉은 일본과의 강화협상 때에는 '松雲'이라는 자호를 썼다. 이 때문에 여기에서는 수행자 '종봉 유정'과 교화자 '송운 유정' 그리고 이 두 측면을 아우른 '사명 유정'을 함께 썼다.

[2] 梁나라 慧皎는 後漢 明帝의 永平 10년(67)에서 梁나라 武帝 天監 18년(519)에 이르기까지 전후 453년간에 걸쳐 몸과 마음을 바쳐 傳教와 弘法에 힘쓴 승려들의 事跡들을 통해 중국 불교의 유전의 전말과 경위를 수록한『고승전』(14권)을 최초로 편찬하였다. 서문인 권14를 제외한 권1에서 권13까지 譯經, 義解, 神異, 習禪, 明律, 亡身, 誦經, 興福, 經師, 唱導의 10과를 세워 正傳 257인, 附傳 2백여 인의 고승의 전기를 수록하였다. 이후 이에 준해서 道宣의『續高僧傳』, 贊寧의『송고승전』을 필두로 하여『元僧傳』,『大明高僧傳』,『大淸高僧傳』 등이 간행되었다.

지 못한 이를 일컫는다.³ '성'聖 즉 '아리야'梵, ārya' 巴, ariya의 의미는 일상적 세속적 가치의 기준에서 '세속'과 상이한 성질을 일컫는다. 대개 종교행사적인 측면에서 말해 보면 일상행사를 중지하는 단식斷食, 안식일安息日 등을 가리킨다.⁴

불교적 전통에서 진신인 '성'聖은 종종 그 화신인 '속'俗으로 현신해 주어진 역할을 마치고 나면 사라진다.『삼국유사』 속의 성聖인 부처와 보살은 속俗인 승려와 거사, 노인과 여인 등으로 나타난다.⁵ 그리하여 붓다와 보살은 승려와 거사, 노인과 여인 등으로의 다양한 현신을 통하여 중생의 고통을 뿌리 뽑아 주었다.『삼국유사』에서 엿볼 수 있는 것처럼 학덕이 높은 고승과 법력이 깊은 성사는 붓다와 보살의 현신으로 이해되었다. 이들은 학식과 덕행으로 성과 속의 경계를 넘나들었다.⁶ 사명 유정 또한 이러한 지혜와 학덕으로 성과 속의 경계를 넘나들었던 인물이었다. 나라가 적의 침입으로부터 위기에 처했을 때 국왕이 이를 감당하지 못하고 몽진蒙塵하면 이 땅의 주인인 백성들이 일어나 지킬 수밖에 없다. 우리 역사에서 의병과 승병이 일어나 나라를 구한 사례는 셀 수 없이 많았다. 수나라와 당나라의 침입에 맞서 관군뿐만 아니라 백성들은 의병과 승병으로서 나라를 구하였다. 고려시대에 거란과 여진 및 몽골과 홍건적이 침입했을 때나 조선시대에 왜와 후금과 청나라가 침입했을 때도 그러했다. 대한시대에 나라를 빼앗기기 전후로 일본의 침탈에 맞서 의병과 승려들이 독립운동을 했던 것도 마찬가지였다.

이 글에서는 호국불교의 전통과 '종봉 유정'의 출가수행과 선풍 및

---

3 天台,『摩訶止觀』권5의 2.
4 불광사전편찬위원회,『불광대사전』제6책(대만: 불광산사, 1988); 慈怡 編著,『불광대사전』제12책(북경: 북경도서관출판사, 2004), pp.5576~5577.
5 高榮燮(d),「삼국유사의 高僧과 聖師 이해」,『한국불교사연구』제13호, 한국불교사학회 한국불교사연구소, 2018.6).
6 高榮燮(d), 앞의 글.

'송운 유정'의 임진왜란1592~1596과 정유재란1597~1599의 의승군 활동과 교화에 대해 살펴볼 것이다. 선풍의 측면에서는 입산과 출가, 참문과 오도, 사법과 법맥에 대해 검토해 볼 것이다. 교화의 측면에서는 출가자로서 나라의 위기를 구하고 전쟁 중에 가토 기요마사와 담판을 한 '송운 유정'의 의승군 활동에 대해 조명해 볼 것이다. 또 전후에 대마도와 일본으로 건너가 새로운 집권자 덕천가강과의 강화협상을 통해 포로인 1천 5백명을 인도해 왔으며, 향후 조선통신사행의 기초를 다진 의승군 활동[7]에 대해 살펴보기로 한다. 그리하여 종봉 유정體과 송운 유정用을 아우른 사명 유정體用의 선풍과 교화를 종합해 볼 것이다.

II. 호국과 호법 및 고중세의 승군

종교적 이상과 정치적 이념이 조화된 이상적 정치를 구현하려는 전륜성왕सम्राटचक्रवर्तिन् 차크라바르틴이 세간을 다스린다면 붓다는 자비의 중도행과 지혜의 연기법으로 출세간을 다스린다. 그런데 출세간을 다스리는 붓다는 세간을 다스리는 전륜성왕보다 상위에 자리해 왔다. 이 때문에 세간을 다스리는 왕은 출세간을 다스리는 붓다의 가르침을 배우고 실천하면서 현실세계의 통치이념으로 원용하였다.

인도의 공작왕조의 아쇼카왕, 쿠샨왕조의 카니시카왕, 굽타왕조의 계일왕과 같은 전륜성왕들은 붓다의 가르침을 통치이념으로 받아들여 '바른 법으로 나라를 다스린다'正法治國는 원칙 아래 '국가를 보호하여'護(佛)國 왔다. 그 결과 인도 서역의 왕들은 정법에 의해 나라를 다스리고

---

7 『임진록』은 '왜왕의 항복을 받고 돌아온 영웅' 사명에 대한 대중적 인식이 반영된 군담소설이다.

교화할 수 있었다.[8] 이러한 정법치국 즉 붓다의 가르침에 의한 통치방식은 '국가보호'의 이론적 근거로 인식되어 왔다.

그러므로 '정법을 역설하는' 불교(교단)와 정법으로 '나라를 다스리는' 국가(왕권)는 일종의 사회계약을 맺은 관계와 같았다. 하지만 불교가 동아시아로 전래된 이후 불교 지형은 변화하였다. 즉 정법正法에 의해 나라를 다스리는 경우에는 호국의 명분이 정당화될 수 있었으나 비법非法에 의하여 나라를 다스리는 경우에는 호국의 명분이 정당화될 수 없었다. 따라서 통치자의 치세가 정법에 의한 것이냐, 혹은 비법에 의한 것이냐에 따라 호국은 달리 해석될 수밖에 없었다.[9] 결국 통치자의 정법 인식과 통치 여부에 따라 국가의 통치 철학은 다를 수밖에 없었다.

한편 『율장』에 의하면 승려가 칼과 몽둥이를 들고 무장 군인이 된다는 것은 정당화될 수 없다. 다만 그가 순간적인 과오로 중죄인이 되는 것을 방지하기 위해 일시적으로 '계를 버리는 방법'인 '사계' 선언을 했다면 문제가 되지 않는다. 그가 비구의 생활을 그만두고 싶어 더 이상 수행할 의지가 없음을 다른 사람 앞에서 고백하는 '사계' 선언을 했다면 그는 이미 승려가 아니기 때문이다.[10] 이것은 수행자의 입장이라고 할 수 있다.

『증일아함경』(제51권), 『장아함경』「유행경」, 『금광명경』 권8, 「정법왕륜품」王法正論品, 「자타카」vol.V 등의 주장을 종합해 보면 '정법의 치국' 위에서 비로소 '국가를 보호'할 근거가 생겨남을 확인할 수 있다. 여기서 정법은 불교의 중도와 연기의 통찰 위에서 이루어지는 자비행과 지혜론,

---

8 高榮燮(a), 「국가불교의 '호법'과 참여불교의 '호국'」, 『불교학보』 제75집, 동국대학교 불교문화연구원, 2013.
9 高榮燮(a), 위의 글.
10 高榮燮(c), 「한국 僧軍의 역사와 사상사적 의미」, 『문학 사학 철학』 제59호, 대발해 동양학한국학연구원 한국불교사연구소, 2019.

즉 상호존중행과 상호의존성이라고 할 수 있다. 그리고 치국은 이러한 정법에 입각한 통치를 가리킨다.

이렇게 보면 정법치국 사상은 통치자인 왕에게 이러한 보살행의 실천을 강하게 요구하고 있다. 국왕은 일체 중생의 도움과 협동에 의해 오늘의 자리가 보장되어 있음을 자각해야만 한다. 그리고 그 자각은 일체 중생의 이익과 안락을 위한 회향과 서원으로 나타나야 한다. 이 때문에 그들이 국왕에게 내는 조세 역시 백성에 대한 봉사의 대가로서 백성이 지불하는 임금인 것이다.[11] 따라서 정법치국 사상의 입장에서 볼 때 왕은 백성에게 봉사하는 것을 본질로 삼을 수밖에 없다.

한국의 고대 사국에 불교가 전래된 이래 승려들로 조직된 군대 즉 승군은 고구려366; 372, 백제384, 가야41; 452, 신라262; 527가 어려움에 봉착했을 어느 시점에 편성했을 것으로 짐작된다. 군사를 일으켜 당나라 군사와 회합하고자 김유신이 먼저 연기然起와 병천兵川 두 사람을 보내 회합할 기일을 물었다. 이에 당나라 소정방蘇定方이 종이에 난새鸞와 송아지犢를 그려 보냈다. 나라 사람들이 그 뜻을 풀지 못하여 사람을 시켜 원효元曉, 613~686 법사에게 물었다. 그러자 법사가 '빨리 병사를 돌리라'速還其兵는 해석[12]을 베품으로써 살생의 위기를 면하게 해 주었다. 이처럼 고승 원효도 삼국의 통일 전쟁에서 일정한 역할을 하였음을 알 수 있다. 또 고구려의 특수부대[13]로 알려진 조의선인皂衣先人이 안시성 전투에 참

---

11 中村 元, 『宗教と社會倫理』(동경: 암파서점, 1969), p.119.
12 一然, '太宗春秋公', 「紀異」, 『三國遺事』. "又欲興師會, 唐兵. 庾信先遣然起兵川等二人問其會期. 唐帥蘇定方紙畫鸞犢二物迴之. 國人未解其意. 使問於元曉法師. 解之曰. 速還其兵. 謂畫犢畫鸞二切也. 於是庾信迴軍. 欲渡浿江. 今日後渡者斬之. 軍士爭先半渡. 句麗兵画像來掠. 殺其未渡者. 翌日信返追向句麗兵. 捕殺數萬級."
13 동아시아에서 正規軍 이외에 特殊部隊 또는 군사조직으로 편제된 것은 당나라의 '살수'(殺手), 고구려의 '조의선인'(皂衣先人, 『三國志』「魏志」東夷傳; 『後漢書』), 혹은 '선인'(先人, 『梁書』), 백제의 '搜射'(『三國史記』), 신라의 '화랑'(花郎, 『三國史記』; 『三國遺事』), 고려의 '별무반'(別武班, 『高麗史』)과 '삼별초'(三別抄, 武臣의 특수부대)라고 할 수

여한 기록이 알려져 있다. 당시 고구려의 기록에서는 확인할 수 없지만 7백여 년이 지난 고려 후기 최영의 진술에서 고구려 당시의 승군에 대한 기록을 『고려사』에서 확인할 수 있다.

 경상, 강릉, 전라 삼도가 왜구로 인하여 생업을 잃고 백성이 많이 굶주려 죽어갔다. 최영이 여러 도에 영을 내려 시여장施與場을 설치하여 자량慈良한 자를 시켜 주관케 하고 관미官米를 내어 싸라기 죽을 만들어 진휼하다가 보리가 익은 후에 그만 두었다. 최영이 전함을 만들고자 하여 여러 도의 군인諸道軍을 내고 또 승도僧徒를 모집하여 승록僧錄을 불러 말하기를 '승려도 또한 침노와 모욕侵侮을 막고자 하느냐' 하였다. 그가 대답하기를 '승려의 편안함은 나라가 근심이 없음으로써이니 나라에 변이 있으면 승려가 어찌 홀로 편안하리요' 하였다. 최영이 말하기를 '내가 옛날 육도도통사六道都統使가 되었을 때에 전함戰艦 팔백여 척을 만들어 바다 도적海寇을 청소하려 하였더니 뜻밖에도 이해李海 등이 선왕을 속여 청하여 그 전함을 나누어 거느렸다가 마침내 패하였다. 손광유孫光裕는 강 어귀의 선함船艦을 거느렸다가 한번 왜적을 만나 불태워 버리기를 거의 다 하였다. 이제는 만들고자 하여도 바야흐로 농사철이라 백성을 사역할 수 없으므로 승도僧徒로써 역사役事하고자 한다. 당나라 태종이 본국高句麗을 쳤을 때 본국이 승군僧軍 3만을 내어 쳐서 깨뜨렸다. 이제 만일 전함을 만들어 도적을 막으면 공이 어찌 적다 하리요 하고 사재령司宰領, 이광보李光甫를 시켜 전함을 만들게 하니 매우 급하게 독촉하여 사람들이 많이 원

있을 것이다. 고구려의 '조의선인'은 '조의'와 '선인'의 합성어로서 '皁衣'는 고구려 3번째 官等이며 검은색 옷을 입은 사람들을 일컫는 '先人'은 '先輩'라는 명칭의 吏讀字라고 할 수 있다. 이들은 머리를 빡빡 깎고 머리에 검은 두건을 쓰고 검은 옷을 입었으며 검은 말까지 타고 다녔다. 이 때문에 이들이 지나다닐 때 검은 바람이 지나가는 것과 흡사하다 하여 '黑風團'이라고도 불렸다고 한다.

망하였다. 그러나 1년이 넘지 않아 거함 130여 척을 만들어 요새지를 나누어 지키니 이로 말미암아 왜적이 점점 멈추었으므로止息 백성들이 도로 기뻐하였다.[14]

고구려가 안시성에서 5천여 명의 병사들로 당 태종의 20만 대군을 물리칠 수 있었던 결정적 요인은 잘 알려져 있지 않다.[15] 그런데 『고려사』 「최영열전」에 실린 최영의 언급에 의하면 당시 군사적으로 열세였던 고구려는 안시성주楊萬春가 병사 5천여 명과 승군 3만과 함께 전투를 벌여 물리쳤다는 사실을 알 수 있다. 여기서 주목되는 것은 안시성 전투에서 병사와 5천여 명과 합세한 승군 3만이 20만 대군과 맞붙어 끝내 승리했다는 것이다.

'바야흐로 농사철이라 백성을 사역할 수 없으므로 승도僧徒로써 역사役事하고자 한다'는 표현을 보면 그 승군들이 '조의선인'皂衣先人 혹은 '선인'先人인지는 확정할 수 없다. 다만 조의선인이 머리를 빡빡 깎고 머리에 검은 두건을 쓰고 검은 옷을 입었으며 검은 말까지 타고 다녔기 때문에 이들이 지나다닐 때 검은 바람이 지나가는 것과 흡사하다 하여 사람들이 '흑풍단'黑風團이라고도 불렀다는 것을 보면 이들은 분명 '승병'僧兵 혹은 '승군'僧軍이라고 볼 수밖에 없다.

『고려사』 「최영열전」에는 최영 또한 분명히 '승군'이라 했으며, 최영이 부른 승록사僧錄司의 승록 또한 '승려의 편안함은 나라가 근심이 없음으로써이니 나라에 변고가 있으면 승려가 어찌 홀로 편안하리요'라고 하였

---

14 동아대학교 고전연구실 편, 『高麗史』 권113, 「崔瑩列傳」 권제26(서울: 태학사, 1982), p.241; p.529. "唐太宗征本國, 本國發僧軍三萬, 擊破之."
15 2018년 가을에 상영된 영화 「안시성」(김광식 감독, 조인성, 남주혁, 박성웅, 배성우, 엄태구, 김설현, 박병은, 오대환, 정은채 출연)에도 검은 무사들이 보이지만 이들이 승병이라는 사실은 반영되어 있지 않다.

다. 그의 말에 의거해 보면 승려 또한 나라의 근심에서 자유로울 수 없으며 나라의 변고로부터 편안할 수 없다는 사실을 환기시키고 있다는 점에서 이들은 승군임이 분명하다고 할 수 있다. 이것은 당시 고구려 승려들의 사회적 역할과 위상을 보여주고 있다.[16]

고구려 이래 승군은 국가불교의 운용 차원에서 본격화된 것으로 이해할 수 있다. 고려는 불교를 국가의 기본시책으로 운용하면서 승군을 조직적으로 활용하였다. 고려의 건국은 훈요십조訓要十條의 첫째 조항을 적극적으로 해석하여 삼보를 존경하고 신앙하라며 임금의 스승인 왕사王師와 나라의 스승인 국사國師를 책봉하여 공식적인 제도로 운용하였다. 이어 도선의 국가비보사상國家裨補思想에 기초하여 지덕地德이 부족한 곳을 보태고裨 더하기補 위하여 사찰을 세웠으며, 왕실의 위패를 모신 진전사원眞殿寺院제 등을 통해 불교를 국가의 기본시책으로 운용하였다.

또 고려 정부는 항마군降魔軍을 조직해 운용하였다. 마군魔軍, mārasainya 즉 '불법을 방해하는 마구니의 군대'를 물리친다는 뜻을 지니고 있다. 마군은 싯다르타의 수행을 방해하는 마왕 파피야스波旬의 딸들로 의인화된 탐냄과 성냄과 어리석음의 삼독심과 같은 존재로 나타나고 있다. 보리수 아래 앉은 싯다르타가 내면의 부동심을 통해 마군을 물리치고 붓다로 탈바꿈한 것처럼 마군은 수행과정에 나타나는 방해꾼이다. 수행자가 수행할 때에 심신에서 생기는 장애를 내마內魔, 외계로부터 생기는 장애를 외마外魔라고 부른다. 이 때문에 불교 교단에서는 불법을 지키기 위한 군인을 항마군降魔軍이라 불렀다. 이후 항마군은 정부의 군대에 소속되어 승군僧軍의 별칭으로 불리기도 했다.[17]

---

16 高榮燮(c),「한국 僧軍의 역사와 사상사적 의미」,『문학 사학 철학』제59호, 대발해동양학한국학연구원 한국불교사연구소, 2019.
17 高榮燮(c), 앞의 글.

부처님의 감응은 밝은 달이 하늘에 있는 것 같아서 멀리 세계를 통하시고, 신의 위력은 마치 태산이 달걀을 누르는 것 같아서 마군魔軍을 굴복시키나이다. … 엎드려 바라건대 팔부八部의 위력을 빌어 삼군三軍의 사기를 도우사, 비린내 나는 적의 무리들을 하찮은 벌 독봉毒을 제거하듯 다 무찌르고, 또한 부역한 국민들로 하여금 못된 적에게 붙었던 마음을 버리고서 돌아와 순종하게 하소서.[18]

고려시대에 처음 등장하는 항마군은 별무반의 구성원으로 편제되었다. 고려 제15대 숙종은 재위 9년 즈음에 윤관의 건의에 따라 여진족을 정벌하기 위해 고려의 군사조직으로 별무반을 설치하였다.

숙종 9년 12월에 윤관尹瓘이 아뢰었다. "별무반을 설치하여 문무 산관 서리들로부터 장사꾼과 노복 및 주, 부, 현에 이르기까지 말을 가진 자는 신기군神騎軍으로 하고 말이 없는 자는 신보神步·도탕跳盪·경궁梗弓·정노精弩·발화군發火軍 등으로 할 것입니다. 연령이 20세 이상으로서 과거에 급제하지 못한 자는 모두 신보군에 배속시키고 양반과 모든 진鎭 부府 군인軍人은 사철 계속 훈련시킬 것입니다. 또한 승도들을 뽑아서 항마군降魔軍을 조직해야 할 것입니다.[19]

고려 숙종 당시에 정규군 이외에 '특별한 군사조직'으로 편재된 별무반別武班은 크게 신기군神騎軍, 신보군神步軍, 항마군降魔軍을 중심으로 도탕跳盪·경궁梗弓·정노精弩·발화군發火軍과 같은 특수병과로 구성되었다. 그리고 별무반은 병과에 따라서는 정규군과 달리 평민이라도 능력만 있

---

18 李奎報,「同前願神衆法席一七日疏」,『東國李相國全集』권41, 釋道疏.
19 『高麗史』권81, 兵志 1 兵制;『高麗史』권96, 列傳 권9, 諸臣 尹瓘.

다면 가리지 않고 받아들였다.

고려 정규군과는 별개의 조직으로 이루어진 별무반은 17만에 달하는 대규모 임시 전투부대였다. 이들은 꾸준한 훈련을 통해 여진족과의 전투를 대비해 왔다. 숙종 시절에 모든 준비를 마친 뒤 예종 2년에 왕은 윤관을 원수, 오원총吳延寵을 부원수로 임명하여 오랜 골칫거리였던 여진 정벌을 단행하였다. 그리하여 별무반은 천리장성 이북지역, 현재의 함경도 지역에 자리 잡고 있던 여진족을 북쪽으로 몰아냈으며 그 자리에 동북 9성을 쌓았다. 하지만 더 이상 침범을 하지 않을테니 동북 9성 지역을 돌려달라는 여진의 요청을 받아들여 고려는 그 지역을 여진에 돌려주었다.

그런데 별무반의 일원인 항마군의 경우에는 '승도'僧徒 즉 '승려무리' 위주로 편성됐다고 알려진 것과 달리 실제로는 사원에 소속되어 경작하던 농민들을 징집하여 구성했다고 전한다. 여기서 승도는 '승려'이기보다는 '승려를 따르는 무리'로 보아야 할 것이며, 이들은 사원에 소속된 이들 농민들까지 포함한 재가자들이었을 것이다. 그렇다면 별무반의 한 부서로 구성된 당시의 항마군은 일부 승려들과 이들을 따르는 재가의 농민들로 구성된 군사조직이었을 것으로 추정된다.[20]

별무반이 해체된 이후에도 항마군은 어느 정도 활동하였던 것으로 보인다. 수원승도는 그 이후에도 존재하여 전란에 동원되고 있기 때문이다. 이를테면 신기군의 경우는 명종 7년1177무렵까지 그 존재가 확인되고 있는 것으로 보아[21] 별무반 해체 이후에도 얼마간 활동하였던 듯하다. 따라서 항마군은 그 후 얼마간 지속했을 가능성이 있으며, 윤관의

---

20 高榮燮(c), 앞의 글.
21 『고려사』 권19, 세가 19, 명종 7년(1177) 6월 辛巳.

별무반 설치 이후 조선 후기에도 벽암 각성碧巖覺性이 병자호란1636 때에 승군 3천 명을 항마군으로 편성한 적이 있다.[22]

승려가 아닌 재가자를 절에 딸린 승도僧徒로 운용하는 수원승도제隨院僧徒制 또한 대표적인 사례 가운데 하나였다. 정부는 국초 이래 수원승도를 전국의 사원에 분속하여 운영하였으며, 외세의 침입 시 대외항쟁에 참여케 하였다.[23] 한편 각 사원에 분속된 수원승도는 외세의 침입시에 파견되었지만 국내 정치에도 파견되었다. 명종 4년1174 1월에 이의방李義方이 난을 일으켰을 때 중광사重光寺, 홍호사弘護寺, 귀법사歸法寺, 홍화사弘化寺 등에 소속된 사찰의 승도 2천여 명[24]을 동원하였다. 또 묘청妙淸의 난을 진압하는데 큰 역할을 한 승도 관선冠宣과 상숭尙崇[25], 명종 6년1176에 공주에서 망이亡伊와 망소이亡所伊가 난을 일으켰을 때 참여한 승도[26], 죽동竹同의 반란을 진압한 승려[27]도 승군이라기보다는 수원승도[28]로 추정된다. 이들이 '승려'이기보다는 '승도' 즉 '승려들을 따르는 무리'였다면 당연히 수원승도로 보아야 할 것이다.

몇몇 기록에 의하면 국가의 정책 아래 시설되어 각 사원에 분속된 수

---

22 申最,「白谷處能碑銘」,『汾厓遺稿』권10, 碑銘; 白谷 處能,「賜報恩闡敎圓照國一都大禪師 行狀」,『白谷集』권2(『한불전』제8책, p.330); 李景奭,「求禮華嚴寺碧巖大師碑」,『朝鮮金石總覽』권하(서울: 아세아문화사, 1976).
23 황인규,「고려시대 국가불교와 대외항쟁」,『한국 호국불교의 재조명』(서울: 대한불교조계종 불교사회연구소, 2012), p.129. 隨院僧徒는 경전을 외우고 계를 지키는 '修行僧'과 '敎化僧'과 달리 대부분 賤民과 같은 낮은 신분으로서 국가의 職役을 피해 출가하였으며, 조선시대의 齋僧 혹은 緣化僧과 같은 부류를 가리킨다. 한편 조선왕조 내내 문제가 되었던 道衆은 居士와 道士와 비교되는 非僧非俗人인 社長과 같은 무리로 추정된다.
24 『高麗史』권128, 열전 41, 반역 2, 李義方.
25 『高麗史』권98, 열전 11, 金富軾.
26 『高麗史』권19, 세가 19, 명종 6년(1176), 3월 乙卯.
27 『高麗史』권20, 세가 20, 명종 12년(1182), 3월 庚寅.
28 황인규, 앞의 글, 앞의 책, p.148.

원승도는 고려 말까지 그 역할을 다 하였던 것으로 추정된다.[29] 고려시대에 수원승도는 외세의 침입 때에 항마군과 같은 정규군대로 편성되었지만 조선시대에는 齋戒를 주재하는 재승齋僧 혹은 연화승緣化僧으로서 그 역할을 하였다. 따라서 승군과 항마군 및 수원승도는 '승려'로 이루어진 군대와 '승려를 따르는 무리들의 군대'로서 불교의 존재감을 드러내 온 주체들이었다. 이들 수행자들로 이루어진 승군과 재가불자들로 이루어진 수원승도는 고대 사국과 고려시대만이 아니라 교단이 폐지되는 조선 전기와 교단의 구심이 해체된 조선 후기까지 또 하나의 불교 역사의 주체들로서 굳건하게 자리 잡아 왔다.[30]

이처럼 승군은 고구려뿐만 아니라 고려와 조선조에서도 편제되었다. 특히 조선 명종 조에 이르러 승군 조직과 노동력 활용이 관례화되면서 승려들의 자격과 활동이 공인되었고 불교 존립의 기반이 되었다. 반면 의승군은 불교와 국가의 관계가 얼마나 밀착될 수 있는지를 잘 보여주는 사례가 되었으며, 승군의 전쟁 참여는 살상을 금지하는 계율을 어긴 명백한 범계 행위였다. 또한 당시에 수행풍토의 약화와 승군 활동 후 환속하는 풍조를 낳았다[31]고 비판받기도 하였다.

한편 전란은 불교의 종교적 효용성을 부각시켰고, 국가적 위기를 구한 충의忠義의 공적으로 인해 불교에 대한 사회적 인식이 바뀌고 위상이 제고되었다. 이에 불교는 고대와 고려 및 조선 전기와 달리 조선 후기

---

29 황인규, 앞의 글, 앞의 책, p.147.
30 高榮燮(c),「한국 僧軍의 역사와 사상사적 의미」,『문학 사학 철학』제59호, 대발해동양학한국학연구원 한국불교사연구소, 2019.
31 김용태(b),「조선 중기 의승군 전통에 대한 재고: 호국불교의 조선적 발현」,『동국사학』제61집, 동국역사문화연구소, 2016.12, pp.87~pp.91 참조. 일본에서는 1930년대의 전시체제에서 일본과 그 국체인 천황을 수호하기 위하여 鎭護國家 담론이 제기되었다. 진호국가 담론은 황도불교, 국가불교의 이름으로 강조되었으며 한국에도 그 영향을 미쳤다.

사회에서 당당히 지분을 확보할 수 있었다.³² 그리하여 승군제도는 불교와 승려의 위상을 높여 불교와 승인僧人들의 사회적 위상을 높여 주었으며, 불교의 대사회적 존재감을 확장시켜 조선후기 이래의 불교 존립의 원동력이 되었다.³³

불교의 대사회적 존재감을 확장시켜 준 승군제도는 정조1786~1800 이후 폐지되었다. 이제 불교 교단 스스로 존재감을 확보해 나가지 않으면 아니 되었다. 19세기 불교계의 지성들은 나름대로 존재감을 피력하였지만 유자들과 달리 역사의 현장으로 적극적으로 나오지 못하였다. 그 과정에서 불교계는 사회적 존재감을 활발발하게 마련하지 못한 채 개화를 맞이하였다.³⁴ 그러면 호국불교의 전통의 역사적 의미를 고려하면서 사명대사의 의승군 활동과 의미에 대해 살펴보기로 하자.

III. 종봉 유정의 출가수행과 선풍

1. 직지사 입산과 중덕 신묵 문하 출가

경상도 밀양에서 풍천豊川 임씨 가문에서 태어난 사명은 본명이 응규

---

32 김용태(a), 「임진왜란 의승군 활동과 그 불교사적 의미」, 『보조사상』 제37집, 보조사상연구원, 2012.2, p.230.
33 고영섭(b), 「조선후기 승군제도의 불교사적 의미」, 『한국사상과문화』 제72집, 한국사상문화학회, 2014.
34 高榮燮(c), 앞의 글. 대한불교조계종 군종교구는 1968년에 대한민국 육군 내에 軍僧制가 편성된 이래 지난 2018년 11월 30일에 군승파송 50주년 군승의 날을 맞아 서울 조계사 대웅전 앞마당에서 기념법회를 봉행하고 『불교군종사, 군승50년사』(서울: 사유수출판사, 2018)를 편찬해 내었다. 軍僧은 과거의 僧軍과는 전혀 다른 방식으로 군대에서 불교의 존재감을 드러내는 조직이지만 한국 僧軍史의 연장에 있다는 점은 인정해야만 할 것이다.

應奎이고, 법명은 유정惟政이며, 자는 이환離幻이고, 사명과 종봉鍾峰은 당호였다. 만년에는 송운松雲이란 자호를 썼다. 그는 태어나면서부터 총명하고 산처럼 우뚝하여 보통 아이와 같지 않았다. 조금 커서는 장난하는 것도 좋아하지 않았다. 다른 아이들과 함께 냇가에서 노닐 때면 모래를 다져서 탑을 만들거나 돌을 세워서 불상을 만들기도 하였으며, 꽃을 꺾고 밤을 주어다가 공양을 하기도 하였다.[35]

어느 날 응규는 그물질하는 어떤 사람이 큰 자라를 잡아가는 것을 보고는 모아 놓은 밤으로 그 값을 치르고서 못 속에 놓아주었다. 이에 다른 아이들이 감복하여 모아 놓은 밤을 모두 대사의 앞에 갖다 놓았다. 그는 매우 균등하게 나누어 주고 자기는 빈손으로 마을로 돌아가니 노인들이 이것을 보고 기이하게 여겼다.[36]

응규는 이미 7세에 조부로부터 역사를 배우면서 "학자의 업은 귀한 것입니까, 천한 것입니까? 만일 귀한 것이라면 학문을 게을리하지 않겠습니다"고 하였다. 조부가 "세간의 일 중에서 학문보다 귀한 것이 없다. 고금의 성현들도 모두 학문을 통해 성취하였으니, 어찌 감히 소홀히 해서 되겠느냐"고 하였다. 이에 사명은 "성현의 마음으로 업을 한다면 귀하겠지만, 이를 어긴다면 천하겠습니다. 그런데 세상에서 배우는 것을 보면, 사람을 해치는 설은 많고, 사람을 좋게 만드는 교훈은 적으니, 어찌 귀하다 할 수 있겠습니까?"[37]라고 하면서 세간의 학문에 대한 회의를 피력하였다.

이후 응규는 15세에 어머니를 잃고, 16세에 아버지를 잃었다. 응규는

---

35 許筠 撰,「有明朝鮮國慈通弘濟尊者四溟松雲大師石藏碑銘幷序」,『조선금석총람』 하권(서울: 아세아문화사, 1976), p.824.
36 許筠 撰,「有明朝鮮國慈通弘濟尊者四溟松雲大師石藏碑銘幷序」,『조선금석총람』 하권(서울: 아세아문화사, 1976), p.824.
37 許筠 撰,「有明朝鮮國慈通弘濟尊者四溟松雲大師石藏碑銘幷序」,『조선금석총람』 하권(서울: 아세아문화사, 1976), p.825.

출가를 결심하고 밀양의 사찰로 출가하지 않고 직지사의 16~17세에 신묵信黙화상을 찾아갔다. 신묵화상이 밀양의 어느 사찰에 잠시 머무를 때 어머니와 그 절에 다녔던 인연이 있었던 것일까? 아니면 신묵화상이 사명의 외가와 인연이 있었던 것일까? 아마도 어머니든 외가든 어떠한 인연이 있었을 것으로 짐작된다. 또 출가 전 스승이었던 황악산 앞의 유촌柳村 황여헌柳村黃汝獻의 인연과도 관련이 있었을 것으로 추정된다.

황희 정승의 오대손이었던 유촌은 은퇴 후 상주尙州 광역시 외곽의 영동 황간(현 김천 직지사 인근)에 송안정送雁亭을 짓고 독서와 후진을 양성하여 여생을 보내고 있었다. 이때 달성達城에 외가를 둔 13세의 응규가 그의 문하로 들어가 글을 배운 것으로 이해된다.

여기서 응규는 『맹자』를 배웠는데 하루는 "세속의 학문은 비천하고 누추한 데다 세상 인연에 얽매여 번거러우니 어찌 무루無漏의 학문을 배우는 것만 하겠는가"라고 하고는 곧바로 황악산 직지사의 신묵화상에게 나아가 머리를 깎았다고 하였다. 출가 이전에 응규는 가끔씩 송안정 가까이 있던 황악산 직지사直指寺[38]를 방문하였을 것으로 짐작된다. 그것이 '무루의 학문'인 불학을 만나는 계기가 되었을 것이다.

직지사는 신라말 경애왕 4년927에 후백제의 견훤甄萱이 왕을 시해하고 금성 도성을 짓밟았다. 이 고려 태조는 원군을 이끌고 팔공산에서 견훤군을 맞아 싸우다 패배하였다. 이때 태조는 능여能如대사의 신력을 크게 입었고 통일을 이룬 뒤에는 능여대사에게 보답하고자 직지사를 대가람으로 만들고 많은 토지를 내렸다. 그 결과 직지사는 흥성하여 큰

---

[38] 「直指寺事蹟記」에 의하면 처음 절을 세울 때에 能如大師가 日影을 측량하는 '圭'와 표준을 잡는 '臬'라는 기구를 쓰지 않고 '곧바로 손가락'[直指]으로 측정해서 터를 열었기 때문에 직지사라는 이름이 붙여졌다고 전한다. 다른 사적기에 의하면 능여대사 이전에 신라 눌지왕 때에 묵호자와 아도화상이 선산 桃李寺를 세울 때 함께 지어진 절이라고 한다. 아마도 절의 사격을 갖춘 것은 신라말 고려초의 능여대사에 의해서였던 것으로 추정된다.

사찰이 되었다.

　이후 조선 왕실은 정종의 태를 이 절의 북쪽 봉우리에 안장하여 이 사찰을 더욱 보호하였다. 또 세조의 신뢰와 공경을 받던 고승 등곡登谷 학조學祖대사가 직지사에 머물며 불법을 널리 홍포하는 보배 사찰로서 깃발을 세우고 종지를 나타내 법도량을 만들었다. 중종 15년1520에는 왕명으로 해인사 대장경 1부를 인쇄 간행하였다.[39] 하지만 성종의 배불책과 연산군의 횡포로 인해 불교는 버려졌고, 중종의 폐불책을 겪는 동안 전국 사찰의 운명과 함께 그 형세가 위축되어 운이 기울게 되었다. 직지사도 예외일 수가 없었다.

　사명의 은사 신묵信黙에 대해서는 자세히 알려진 자료가 없다. 다만 허응 보우虛應普雨가 지은 「시신묵상인」示信黙上人[40]과 「송묵중덕부직지사지허」送黙中德赴直指寺之墟[41]라는 시를 통해 그에 대해 일부나마 알 수 있을 뿐이다. 이 시는 신묵이 명종 때에 수렴청정하였던 문정대비를 도와 사태沙汰당한 불교를 부흥시킨 희대의 걸승 허응당 보우普雨화상과 매우 가까웠던 사이였음을 짐작하게 된다. 그런데 우리는 두 번째의 「송묵중덕부직지사지허」送黙中德赴直指寺之墟의 시제를 통해서 신묵화상이 보우화상의 양종兩宗부활과 승과제 재실시에 따른 교단부흥의 기운이 한창 일어날 때에 황악산 직지사 주지로 부임해 갔다는 사실을 알게 된다. 그리고 직지사의 주지로 부임했을 때의 신묵이 중덕中德[42]의 승(법)계였다는 사실을 알 수 있다. 그러므로 보우화상이 불교부흥사업에 힘쓰고 있

---

39 『中宗實錄』.
40 虛應, 『虛應堂集』상, 24장 右.
41 虛應, 『虛應堂集』상, 16장 左.
42 고려시대 법계에는 중덕이라는 직함은 없었다. 국가고시인 승과에 합격하면 교종은 초급법계인 大選을 주고 大德-大師-重大師-三重大師-首座-僧統으로 승진하였고, 선종은 초급법계인 대선을 주고 대덕-대사-중대사-삼중대사-禪師-大禪師로 승진하였다.

을 때 중덕의 법계를 가졌던 신묵이 직지사의 주지가 되었다는 것을 알수 있다.[43]

신묵이 중덕이었다는 것은 남공철이 쓴 건봉사의 「사명대사기적비」에 '종은사중덕낙발'從恩師中德落髮[44]이라는 구절에서도 알 수 있다. 이 건봉사의 「사명비」에는 그의 은사인 신묵화상의 이름은 없고 다만 은사 중덕이라고만 쓰여 있다. 이 때문에 당시에 신묵을 중덕이라고 불렀다는 것을 알게 된다. 이때 중덕은 대선大選과 동급이 아니면 그보다 상급일 것으로 짐작된다.

교단을 부흥시킨 보우화상은 새로운 승과에 합격한 대선들에게 그동안 황폐화된 사원의 주지로 임명하여 교단의 중흥에 기여하게 하였고, 중덕으로 승진한 신묵에게 황악산 직지사를 맡겼던 것으로 이해된다.[45] 『비문』許筠과 『행적』海眼에 의하면 신묵에게서 '『전등록』傳燈錄을 처음 보았으나 다 익히기도 전에 이미 심오한 뜻을 깨달았다' 혹은 '강론을 한번 듣고는 벌써 그 선지를 깨달았다'고 전하고 있다. 이렇게 승과에 급제했던 신묵의 이력은 입산한 지 불과 1~2년만인 종봉사명이 18세가 되는 해에 승과의 승선과僧禪科에 합격하는 인연으로 이어졌다. 승과에 급제한 종봉(유정)은 이후 당시의 학사 대부와 시인들과 교유하면서 이름과 문장이 널리 알려졌다. 박사암思菴朴淳, 이아계鵝溪李山海, 고제봉霽峰高敬命, 최가운嘉運崔慶昌, 허미숙美淑許篈, 임자순子順林悌, 이익지益之李達과 같은 사람들과 즐겁게 시문을 주고 받으며 사람에 그의 이름이 널리 알려졌고 사람들이 이를 미담으로 여겼다.

---

43 金煐泰, 「사명대사의 생애」, 『불교학보』 제7호, 동국대학교 불교문화연구원, 1975, p.33.
44 南公轍, 「乾鳳寺 四溟大師紀蹟碑文」, 『朝鮮金石總覽』 권하(아세아문화사, 1976), p.1250.
45 金煐泰, 앞의 글, p.34.

언젠가는 하곡荷谷 許篈과 퇴지退之, 韓愈의 시문 중에서 가장 긴 글을 한 번 보고 외우기로 하였다. 그런데 종봉이 착오 없이 암송을 하자 하곡이 바로 손으로 쓴 사본을 종봉에게 내주기도 하였다. 고봉 기대승이 이 소식을 듣고 "이런 것을 믿고서 자족한다면 학문이 분명히 발전하지 않을 것이다. 쓸데없는 일에 허비한다면 애석한 일이다"고 하였다. 종봉이 송구한 심정으로 가르침을 받들고 부지런히 힘쓰며 조금도 게을리 하지 않았다.[46]

그리고 소재穌齋 盧守愼 상공에게서 『논어』 『맹자』 『대학』 『중용』의 사자서四子書를 배우고, 또 이백과 두보의 시를 새웠는데 이로부터 문장이 날로 더욱 빛났다. 그리고 내전의 그 많은 글들을 섭렵하였으므로 방포方袍, 裂裟를 걸치고 축분竺墳, 佛典을 익히려는 자들이 산문에 구름처럼 모여들었다.[47]

종봉은 30세 즈음에 불가의 여러 신망을 받아 선종 사찰인 봉은사 주지를 맡았다. 하지만 이내 주지를 사직하고 묘향산 보현사로 들어가 그곳에 주석하는 서산 휴정의 문하에서 공부를 하게 되었다.

2. 보현사 참문과 옥천산 상동암의 오도

허균은 「비문」에서 종봉(사명)이 32세가 되던 을해년에 묘향사 보현사에 주석하는 서산대사를 찾아 3년간 본격적인 수행공부를 하게 되었다고 했다. 하지만 그가 실제로 서산 문하에서 두문불출 수행을 계속한 것은 아니었다. 종봉(사명)은 중간에 해인사海印寺도 찾고, 평양의 부벽루

---

46 海眼 撰, 「有明朝鮮國 慈通廣濟尊者四溟堂松雲大師行蹟」, 『조선금석총람』 하권(서울: 아세아문화사, 1976), p.830.
47 海眼 撰, 「有明朝鮮國 慈通廣濟尊者四溟堂松雲大師行蹟」, 『조선금석총람』 하권(서울: 아세아문화사, 1976), p.830.

浮碧樓도 찾는 등 여러 지역의 명산대찰을 유력하면서 수행을 계속한 것이었다.[48] 아마도 그는 하안거와 동안거 사이의 '산철'에 명산대찰을 유력하면서 만행을 하였던 것으로 추정된다.

서산은 마음자리心地를 일깨우며 곧바로 본성의 근원性宗을 가르쳐 주었다. 사명은 당장에 크게 깨닫고는 즉시 쓸데없는 언어들을 쓸어버리고 노닥거리는 습관을 끊어버렸다. 그리하여 종전에 시문으로 유희하던 것들을 교묘한 말綺語이라고 참회하고는 한결같이 마음을 편히 가짐安心과 본성을 밝혀 정함定性에 뜻을 두어 3년 동안 고행한 끝에 정법을 모두 증득하였다.[49]

해안의 「행적」에 의하면 종봉(사명)은 청허의 언하言下에 크게 깨닫고는 승당입실升堂入室하여 선등禪燈을 높이 매다는 것에 조력하였다고 하였다. 또 학해壑海(황해)의 물결 속에서 뗏목方之舟之과 배를 띄우고 자맥질과 헤엄을 치면서泳之遊之 꼬박 3년을 보냈다.[50]

이것은 허균의 「비문」과 크게 다르지는 않지만 휴정 문하에서 '언하대오' 했음을 알 수 있다. 언하대오는 간화선의 수행법이다. 스승 청허는 사명에게 전법게를 내렸다.

사문의 뛰어난 안목

---

48 오준호, 「사명유정 연구」, 동국대학교 박사학위논문, 2000, pp.33~34.
49 許筠 撰, 「有明朝鮮國慈通弘濟尊者四溟松雲大師石藏碑銘幷序」, 『조선금석총람』 하권(서울: 아세아문화사, 1976), p.824.
50 海眼 撰, 「有明朝鮮國 慈通廣濟尊者四溟堂松雲大師行蹟」, 『조선금석총람』 하권(서울: 아세아문화사, 1976), p.830.

그 빛이 온 세상을 비추네
우뚝함은 칼을 쥔 왕과 같고
빈 모습은 경대의 거울 같구나
구름 밖의 용을 붙잡으러 가고
허공에서 봉을 잡아오기도 하네
도에 통달하여 살활이 자재로우니
온 천지가 또한 티끌이로다.[51]

청허는 종봉(사명)이 뛰어난 안목으로 온 세상을 비추며, 칼을 쥔 왕과 같은 우뚝함과 경대의 거울 같은 빈 모습을 격찬하고 있다. 그는 구름 밖의 용을 붙잡으러 가고, 허공에서 봉을 잡아오기도 하며, 도에 통달해 살활이 자재로우며, 온 천지가 또한 티끌이라고 보았다. 스승이 제자에게 주는 최고의 전법게傳法偈라고 할 수 있다.

휴정의 제자이자 행주대첩에 참여했던 의승장 뇌묵당 처영處英은 사명의 살림살이에 대해 이렇게 평가하였다.

"늦은 나이에 서산 대사에게서 법을 얻고는, 그동안 왕복하던 길에서 수레의 방향을 돌려 예전의 잘못을 단박에 깨달았으니, 홍색과 청색이 꼭두서니와 쪽보다 진하다茜絳藍靑고 비유하기에 또한 충분하였다. 이로부터 '주머니를 여미어 밖으로 드러내지 않으며'囊括 '밝은 지혜를 덮어 드러나지 않게 하여'襲明 자기를 도리로 제어하였으므로 사람 중에서 이를 아무도 아는 자가 없었다."[52]

---

51 休靜,「贈惟政大師」,『淸虛集』권1(『한불전』제7책, p.672하). "一隻沙門眼, 光明照八垓, 卓如王秉劒, 虛若鏡當臺. 雲外拏龍去, 空中打鳳來, 通方能殺活, 天地亦塵埃."
52 雷默堂 處英,「跋文」,『사명대사집』((『한불전』제8책),

처영은 제자 종봉(사명)이 스승 청허를 능가할 정도였으며, 종봉(사명)이 청허보다 나아 스승의 은혜에 보답하였다고 보았다. 그는 종봉을 '청출어람'이요 '천강남청'이라고 평가하였다. 그러면서 사명 스스로가 '주머니를 여미어 밖으로 드러내지 않으며', '밝은 지혜를 덮어 드러나지 않게 하였기'에 사람 중에서 이것을 아는 사람이 아무도 없었다[53]고 하였다.

허균의 「비문」과 해안의 「행적」 모두에서 종봉이 만년에 썼던 '사명(당)'과 '송운대사'로 쓰고 있다. 그리고 이 아름다운 금강산의 만폭동 보덕사에서 세 번의 하안거를 보냈다고 하지만 이 기록을 온전하게 믿기는 어렵다. 그 3하夏의 기간 중에 사명당이 부석사에 머물렀던 사실이 있기 때문이다. 「부석사안양루중창기」浮石寺安養樓重創記의 찬자를 '사명광한'四溟狂漢이라 하고, 그때를 '경신 추7월 상한'이라고 했기 때문이다. 그가 37세 되는 경진년1580 7월 초에 부석사에 있었다면 보덕사에서는 두 번의 안거밖에 지낼 수 없는 것이다.[54]'

이후 종봉(사명)은 금강산 만폭동에 있는 보덕굴, 진헐대, 향로봉, 동해에 관한 시들을 남기고 있어 이 지역을 유력하였음을 알 수 있다. 계속해서 그는 남쪽으로 팔공산, 청량산, 태백산 등 여러 산들을 유력하였다.

병술년1586 (선조 19) 봄에 옥천산의 상동암에 이르렀다. 어느 날 밤 소나기에 뜰에 피어 있던 꽃들이 모두 떨어졌다. 대사가 홀연히 무상無常의 이치를 깨닫고서 문인들을 불러 말하였다.

---

53 이 대목은 『노자』 27장 "성인은 언제나 타인을 포용하여 잘 돌보기 때문에 버려지는 자가 없고, 물건에 대해서도 그렇게 하기 때문에 버려지는 물건이 없다"고 한 대목과도 상통한다.

54 조영록, 「사명당과 강원지역의 연고 산사」, 강원도 고성군/ 사단법인 사명당기념사업회, 『2003년 9월 문화인물 사명당 기념행사 자료집』(2003.9), p.38.

"어제는 꽃이 피었는데/ 오늘은 빈 가지만 남았다/ 인간 세상이 변화하여 없어지는 것도/ 또한 다시 이와 같다/ 뜬 인생이 하루살이와 같은데/ 세월光陰을 헛되이 보낸다면/ 실로 가련한 일이다/ 그대들은 각기 영성靈性을 갖추고 있는데/ 어찌하여 반조返照하여 일대사를 끝마치려고 하지 않는가/ 여래도 우리의 마음속에 있는 것인데/ 어찌하여 꼭 밖으로 내달려 구하면서/ 세월을 허송하는가."[55] 이것은 무상의 도리를 깊게 체인한 사명의 오도송이었다.

그리고는 그는 즉시 문도를 해산하고 홀로 선실에 들어가서 입을 다물고 가부좌를 틀고 앉아서 혹 열흘이 되어도 나오지 않았다. 그 모습을 엿보면 오뚝하니 움직이지 않는 것이 흡사 진흙으로 빚은 조각과 같았다.[56] 여기서 열흘은 그의 보림 기간으로 이해된다.

경술년1610(광해군 2) 가을에 임금이 염려하여 서울에 와서 치료받게 할 목적으로 관찰사方伯로 하여금 도탑게 이끌어敦諭 상경하도록 하였다. 8월 26일에 사명은 불교도들을 크게 모아 놓고 고하였다.

"사대를 임시 빌은假合 이 몸이/ 이제 본래자리眞源로 돌아가려 한다/ 어찌 번거럽게 왕래하여/ 이 허깨비 같은 몸을 수고롭게 하려는가/ 나는 이제 입멸하여/ 자연의 변화를 따르려 한다."[57] 이것은 사명의 임종게였다. 사명의 의승장 이전에 선사였다. 오랫동안 그는 의승장의 이름 아래 그의 오도와 선지가 가려져 왔다. 하지만 그는 청허로부터 인가를 받은 전법제자였다.

---

55 許筠 撰, 「石藏碑銘幷序」, p.829.
56 許筠 撰, 「石藏碑銘幷序」, p.829.
57 許筠 撰, 「石藏碑銘幷序」, p.829.

3. 청허 휴정의 사법과 법맥

광해군 4년1612에 교산蛟山, 字, 端甫, 1569~1618 허균은 사명(송운)의 문도인 혜구惠球의 부탁을 받아 『청허당집』의 서문을 쓰면서 청허의 법계를 새롭게 정리하였다.

도봉 영소道峰靈炤국사가 중국으로 들어가서 법안法眼 – 영명永明의 법을 전해 받고, 송나라 건륭 연간960~962에 고려로 돌아와 현풍을 크게 떨쳐 말법을 구하였다. …… 국사는 정법안장을 도장 신범道藏神範에게 전하였으며, 청량 도국清涼道國, 용문 천은龍門天隱, 평산 숭신平山崇信, 묘향 회해妙香會瀣, 현감 각조玄鑑覺照, 두류 신수頭流信修 등 6세를 거쳐서 보제 나옹普濟懶翁을 얻게 되었다. 나옹은 중국元에 오래 있으면서 여러 선지식을 널리 찾아보고 크게 이루어 선림의 사표가 되었으며 그 법을 남봉 수능南峰修能에게 전하여 적사嫡嗣로 삼았다. 정심 등계正心登階가 그 뒤를 이으니 곧 벽송 지엄碧松智嚴의 스승이다. 벽송이 부용 영관芙蓉靈觀에게 전하였는데 그 도를 얻은 이 가운데 오직 청허노사清虛老師가 가장 뛰어난 분이었다고 한다.[58]

또 교산은 사명 문도들의 부탁을 받아 「사명송운대사석장비명병서」四溟松雲大師石藏碑銘竝書를 지으며 청허의 법통에 대해 아래와 같이 기술하였다.

목우자牧牛子, 知訥와 강월헌江月軒, 懶翁이 오직 황매黃梅의 종지를 얻어서 우뚝하게 선문의 으뜸이 되었다. 쇠집게鉗와 쇠망치鎚를 한번 떨쳐 만인

---

58 毘耶居士 許端甫, 「清虛堂集序」, 『清虛堂集』(『한국불교전서』 제7책, pp.659하~660상).

을 모두 항복시키고 열반묘심涅槃妙心과 정법안장正法眼藏을 청구의 땅에 은밀히 전했으니 어찌 감탄하지 않겠는가? 보제普濟, 懶翁로부터 다섯 번 전하여 부용 영관芙蓉靈觀에 이르고, 청허 노사淸虛老師가 그 입실제자이다.…… 그 뒤 법을 이은 그 사람이 없지 않았으나 불문에서 사명대사四溟大師를 성대히 추대하여 서산대사西山大師의 전승을 이었다고 하였으니 그렇게 되기를 바라노라.[59]

그리고 교산은 '명'銘에서도 "영명延壽와 강월懶翁에 이르는 법인法印을 후대로 이어 비춘 이는 서산西山이 가장 앞섰다"[60]고 하였다. 교산의 '영명·나옹법통설'에 의하면 청허의 법계는 다음과 같다. 즉 "법안 문익→천태 덕소→영명 연수→도봉 영소(고려 초전)→용문 천은→평산 숭신→묘향 회해→현감 각조→두류 신수→보제 나옹→남봉 수능→등계 정심→벽송 지엄→부용 영관→서산 청허"로 이어진다.

교산의 영명·나옹법통설에 의하면 나옹은 법안선의 후예일 뿐만 아니라 청허 역시도 법안선을 이은 나옹의 후예라는 사실을 알 수 있다. 또 "도봉 영소→용문 천은→평산 숭신→묘향 회해→현감 각조→두류 신수"의 6인은 나옹의 문집이나 주변의 역사 기록에서 볼 수 없는 인물들이다. 더욱이 나옹이 법을 전한 이는 우리가 흔히 알고 있는 환암 혼수와 무학 자초가 아니라 '남봉 수능'[61]이라는 사실이다.

그런데 남봉 수능은 나옹 혜근으로부터 심인을 전해 받은 환암 혼수 1320~1392로 추정된다. 설암 추붕의 「선문염송발」1686에서 기술한 것처럼

---

59 許端甫,「松雲大師石藏碑銘竝書」,『四溟堂大師集』권7(『한불전』제8책, p.75중).
60 許端甫, 위의 글, 위의 책, "永明江月獨圓, 嗣其末照, 西山最先."
61 雪巖 秋鵬,「拈頌說話跋」, 慧諶·覺雲,『禪門拈頌·拈頌說話會本』(『한불전』제5책, p.925상). "我東有直點燈傳曹溪宗賜八字號大師覺雲, 於幻庵修南峰之役, 得七大仙爛柯訣者也."

'남봉지역'南峰之役은 조선 태조가 잠저潛邸 시절에 대장경 원성불사1391 한 것을 가리킨다. 다시 말해서 당시 환암 혼수는 이성계와 함께 충주 청룡사에서 대장경 인간印刊불사를 하였는데 남봉지역은 바로 이곳(남봉)의 인쇄 간행의 일을 의미한다. 그 뒤 환암은 구곡 각운에게 심인을 전하였다. 교산은 구곡 각운을 빠뜨렸지만[62] 남봉 수능을 환암 혼수로 보았던 것으로 짐작되므로 근거 없이 법계를 설정한 것이라고 볼 수는 없다. 교산이 쓴 「송운대사석장비명병서」에 의하면 사명의 법계는 다음과 같다.

영명(연수) … 목우자(지눌) … 강월헌(나옹)→(남봉 수능→등계 정심→벽송 지엄)→부용 영관→청허 휴정→사명 유정

여기서 알 수 있는 것은 영명의 법안선과 목우자(지눌)의 계승 여부 그리고 지눌에서 나옹으로의 상승문제 및 「청허당집서」에서 제시한 강월 나옹과 부용 영관 사이의 '남봉 수능→등계 정심→벽송 지엄'의 상승 관계 여부이다. 물론 여기에는 일정한 비약飛躍과 부회府會가 보인다. '남봉 수능'과 '등계 정심' 사이에 편양의 '임제·태고법통설'에서처럼 '구곡 각운'龜谷 覺雲과 같이 다른 법맥자가 있을 수 없느냐는 것이다. 물론 교산은 그렇게 보지 않았다. 그렇다면 교산은 어째서 이렇게 기록하고 있으며 당시 사명의 문도들은 교산의 이러한 법통 기술에 대해 아무런 문제도 제시하지 않았던 것은 어째서일까?[63]

이에 대해 상현 이능화 역시 "이 집서集緖와 비문碑文에 실린 사법상전

---

62 高翊晋, 「碧松智嚴의 新資料와 法統問題」, 『불교학보』 제22집, 동국대학교 불교문화연구소, 1985, p.211.
63 高榮燮(e), 「부휴 선수계의 선사상과 법통인식」, 『한국불교사연구』 제4호, 한국불교사학회 한국불교사연구소, 2013.12.

嗣法相傳의 자취를 보건데 실로 조리條理가 없다"고 하였다. 상현은 "허단보는 청허를 스승으로 하고 사명을 벗으로 하였는데, 사명이 임종에 그 문인에게 분부하여 허씨의 글을 청하여 『청허집』의 서문으로 삼게 한 것이 하나의 의문"이며, "만일에 그 법통이 이미 사실과는 맞지 않는다면 어째서 혜구惠球(서문을 청한 사명의 제자)가 곧 허씨에게 청하여 바로 잡지 않고, 끝내 문집의 첫머리에 새기게 하여 놓고는 나중에 가서야 해안海眼과 단헌丹獻 등과 서로 고치고자 의논하였던가 하는 것이 둘째의 의문"이라고 하였다. 나아가 "남봉 수능이 위로는 나옹을 잇고 아래로는 벽계(정심 등계)에게 전하였다고 하는 것이 셋째 의문"[64]이라며 강력히 문제 제기를 하였다.

교산은 "영명延壽에서 강월懶翁에 이르는 법인은 후대에 와서 서산이 가장 잘 이어받았다"고 하였다. 그는 '목우와 강월이 황매 종지黃梅宗旨를 독자적으로 얻었다'고 하였고 '목우와 강월의 도맥을 이은 이'를 휴정으로 비정하고 있다. 반면 '명왈'銘曰에서는 '목우의 자리에 영명'을 넣고 있다. 왜 이러한 차이가 생겨났을까? 선교일치禪敎一致를 주장한 법안선의 가풍을 고려한 때문일까? 아니면 고려 법안선을 전해온 도봉 영소를 의식하다가 영명을 넣고 목우를 빠뜨린 것일까? 하여튼 교산의 영명·나옹 법통설은 일정한 비약과 부회가 있지만 당시의 승단적 사정 또는 시대성을 엿볼 수 있게 해준다[65]는 점에서 의미가 적지 않다.

그런데 휴정 입적 당시의 상황을 미루어 보면 영명·나옹법통설에 대해 그의 상대제자(靜觀 一禪, 四溟 惟政 등)와 하대제자(鞭羊 彦機, 逍遙 太能 등) 사이에서도 일치된 의견이 존재하지 않았던 것으로 짐작된다. 휴정이 제시한 벽송 지엄 - 부용 영관/정관 일선의 법통설에서 볼 때 그

---

64 李能和, 『朝鮮佛敎通史』 권상(국민서관, 1918; 보련각, 1975), p.483.
65 金煐泰, 「朝鮮 禪家의 法統說」, 『불교학보』 제22집, 동국대학교 불교문화연구소, 1985, p.15.

의 제자들은 아직까지 계파로서의 자의식은 갖지 않았던 것으로 보인다. 때문에 비교적 이른 시기의 상대 제자들은 교산이 입론한 '영명·나옹법통설'을 지지하였다. 반면 늦은 시기의 하대 제자들은 교산의 '영명·나옹법통설'을 수정하여 편양 언기와 월사月沙 이정구李廷龜 및 계곡 장유張維와 중관 해안中觀海眼이 입론한 '임제·태고법통설'을 지지하였다.[66]

한편 교산蛟山 허균이 제시한 '영명·나옹법통설'에 대한 비판은 편양 언기의 「청허당행장」西山行蹟抄, 1625으로부터 시작되었다. 휴정의 하대 제자였던 편양 언기鞭羊彦機, 1581~1644는 이 행장에서 스승의 종풍과 법통을 '임제·태고법통설'로 새롭게 자리매김하고 있다.

> 임제종풍臨濟宗風이란 그 근본이 있고 원류가 있다. 우리 동방의 태고太古화상이 중국으로 들어가 하무산霞霧山에서 석옥石屋淸珙의 법을 이었다. 그리하여 그 법을 환암幻庵混修에게 전하고, 환암은 구곡龜谷覺雲에게 전하였으며, 구곡은 등계 정심登階正心에게 전하고, 정심은 벽송 지엄碧松智嚴에게 전하였으며, 지엄은 부용 영관芙蓉靈觀에게 전하고, 영관이 서산 등계西山登階에게 전하였으니, 석옥石屋은 임제臨濟의 적손嫡孫이다.[67]

또 편양은 「봉래산운수암종봉영탑기」蓬萊山雲水庵鍾峰影塔記, 1625에서 자신의 임제·태고법통설을 거듭 주장하고 있다.

> 지금 (사명파, 소요파, 정관파, 편양파) 네 문의 자손들은 임제를 잃지 않았기에 근본이 있고 원류가 있다. 우리 동방의 태고太古화상이 중국 하무

---

66 高榮燮(e), 「부휴 선수계의 선사상과 법통인식」, 『한국불교사연구』 제4호, 한국불교사학회 한국불교사연구소, 2013.12.
67 鞭羊 彦機, 「西山行蹟抄」, 『鞭羊堂集』 권2(『한불전』 제8책, p.254중).

산에 들어가 석옥淸珙을 이어 이를 환암幻庵에게 전하고, 환암은 이를 소은小隱에게 전하고, 소은은 이를 정심正心에게 전하고, 정심은 이를 벽송壁松에게 전하고, 벽송은 이를 부용芙蓉에게 전하고, 부용은 이를 등계登階에게 전하고, 등계는 이를 종봉鍾峰, 惟政 塔號에게 전하였다.[68]

편양은 휴정 문하의 4대 문파가 모두 임제의 법통을 이어온 태고법통을 견지해 오고 있음을 역설하고 있다. 월사月沙 이정구李廷龜 역시 편양의 「서산행적초」를 참고하여 아래와 같은 태고법통설을 담은 「서산비」1630를 썼다.

우리 동방의 태고太古화상이 하무산에 들어가 석옥石屋의 법을 이었는데, 이를 환암幻庵에게 전하고, 환암은 구곡龜谷에게 전하고, 구곡은 정심正心에게 전하고, 정심은 지엄智嚴에게 전하고, 지엄은 영관靈觀에게 전하고, 영관은 서산西山에게 전하였다. 이는 실로 임제臨濟의 정맥正脈이니 오직 서산이 그 종宗을 홀로 얻었다獨得.[69]

편양의 「행적초」와 월사의 「서산비」 내용은 대동소이하다. 다만 편양은 환암이 소은에게 전했다 하고, 이정구는 환암이 구곡에게 전했다 하였다. 여기서 소은小隱은 구곡龜谷의 별호이다. 이어 휴정의 법손이었던 중관 해안中觀海眼, 1567~?이 지은 행장1640은 이러하다.

소제자小弟子 해안은 오석령烏石嶺 망주정望洲亭 변두리의 말석末席 아래에 자리한 보잘 것 없는 위인이다. 대사四溟의 입실入室 제자 가운데 혜구

---

68 鞭羊 彦機, 「蓬萊山雲水庵鍾峰影塔記」, 『鞭羊堂集』 권2(『한불전』 제8책, p.253하).
69 李廷龜 撰, 「國一都大禪師西山淸虛堂休靜大師碑」, 『조선금석총람』 하권, p.853).

惠球와 단헌丹獻 등과 팔방八方의 동학同學들과 서로 의논하였으니, 청허西山는 바로 능인釋迦佛의 63대이며 임제臨濟의 25세 직손直孫이다. 영명永明은 곧 법안종法眼宗이요, 목우자牧牛子는 별종別種이며, 강월헌江月軒은 곧 평산處林에서 분파되었다. 본비本碑(許端甫 찬 四溟碑)의 글 가운데에 우리 대사四溟께서 임제로부터 전해 받은 법통의 차례를 빠뜨리고 있어서, 만일에 지혜에 눈 멀고 귀 어두운 자가 오래도록 그대로 전한다면 어찌 이목 있는 이의 놀라움이 아니겠는가. 해안이 비록 변변치는 못하나 사실을 올바르게 적는 붓은 지니고 있다. 그 본비本碑에 관해서 여러 번 청하기 때문에 31년 지난 경진년1640에 삼가 쓴다.[70]

해안은 허단보의 '영명·나옹법통설'의 주장에 구애받지 않고 오히려 선맥의 줄기를 크게 뛰어넘어 휴정이 '능인釋尊의 63대'이며, '임제義玄의 25대 직손'임을 역설하고 있다. 휴정의 문하였던 계곡 장유谿谷張維는 중관 해안의 행장을 참고로 하여 지은 「대흥사 청허비」1641에서 이렇게 적고 있다.

임제 18전傳의 석옥 청공으로부터 고려조의 국사 태고 보우가 법을 얻고, 이를 6전하여 우리 대사에게 이르렀다. …… 그 법을 이은 보진葆眞·언기彦機·쌍흘雙仡·해안海眼 등이 묘향산과 풍악(금강산)에 비석을 세우기 위하여 월사 이상공李相公에게 명문을 이미 받았다. 또 서로 의논하기를 우리 선사의 영골靈骨은 비록 여기에 안장하였으나, 그 자취를 일으키고 법을 얻기는 실로 남쪽이었으며, 천관天冠의 여러 사암과 두륜산頭輪山의 대흥사는 또한 일찍이 머무신 적이 있었던 곳이니, 어찌 기록을 남기지 않을 수 있겠는가. 이에 해안이 행장을 쓰고 쌍흘이 나에게로 글

---

[70] 中觀 海眼 撰, 「四溟堂松雲大師行蹟」, 『四溟堂大師集』 권7(『한불전』 제8책, p.75상중).

을 청하여 왔다.[71]

교산의 영명·나옹법통설에 문제가 없지 않지만 편양, 월사, 장유 등의 '임제태고법통설' 역시 문제가 있다. 선행연구에 의하면 그 문제점으로 1) 서산 자신이 그와 같은 법통에 대하여 언급한 사실을 볼 수 없고, 2) 서산 이전의 글이나 그의 당시 또는 입적 직후의 문류들에서도 태고법통에 관한 글귀를 볼 수 없으며, 3) 현재 태고법통 준거의 가장 오래된 문증이라고 할 수 있는 언기 찬의 「종봉영탑기」와 「서산행장」 이전의 글에 태고법통과는 다른 법계가 명기되어 있다는 점, 4) 서산법계 일색으로 이루어져 왔다고 해도 과언이 아닌 승단의 현행 의식집에 나옹화상을 조사로서 모시고 있으나, 태고화상의 이름은 보이지 않는다는 점[72]을 들고 있다.

그럼에도 불구하고 종래의 법통설로 수용되어 왔던 영명·나옹법통설을 밀어내고 서로 의논相議한 뒤에 최종적으로 임제·태고법통설을 취한 것은 '임제의 정맥'을 겨냥했기 때문이었다. 나옹은 평산의 법을 받았으면서도 지공의 법을 받았을 뿐만 아니라 지공을 더 우선시 했고, 휴정의 하대 제자들은 이러한 나옹의 태도를 '임제의 정맥'으로 받아들이기 어려웠다. 결국 그들은 1) 임제 정맥의 확립을 위해서 뿐만 아니라 2) 대대상승의 선가전통을 살리기 위해서 그리고 3) 공론公論으로서 법계를 정립하였던 것이다.[73]

따라서 교산에 의해 정리된 '영명·나옹법통설'은 서산 문하와 그 법손들에 의해 임제·태고법통설로 그 계보가 정립되어졌으며 결국 그것

---

71 張維 撰, 「海南大興寺淸虛大師碑」, 이능화, 『조선불교통사』 권상(국민서관, 1918; 보련각, 1976), p.469.
72 金煐泰, 앞의 논문, 앞의 책, pp.15~20.
73 金煐泰, 앞의 논문, pp.33~36.

이 종문의 공론이자 역사의 필연성에 이른 것이 되었다. 부휴계 역시 청허계의 법통설을 일단은 적극적으로 수용하였다.[74] 그 결과 사명은 청허계 주류에서 밀려나게 되었다. 하지만 그의 선맥은 이후 영남지역에서 계승되고 있다.

IV. 송운 유정의 의승군 활동과 교화

1. 임란왜란 참여와 정유재란 시 외교담판

1592년 4월 13일에 왜군 20만 명이 조선에 상륙하면서 임진왜란은 시작되었다. 이 전쟁은 일본이 명나라를 칠 테니 '가아도'假我道 즉 '우리에게 길을 빌려달라'는 주장과 이에 조선은 '가도난'假道難 즉 우리는 '길을 빌려주기 어렵다'는 답변으로 시작된 명분도 없는 전쟁이었다.

왜군은 부산진 첨절제사 정발鄭撥이 지키는 부산진성과 동래부사 송상현宋象賢이 지키는 동래성을 일거에 함락시키고 물밀듯이 한양으로 진군하였다. 충주성을 지키는 신립이 왜군의 조총에 무너지면서 20일 만에 한양 도성이 함락되었다. 왜군은 북진을 재촉하여 평안도에 이르러 평양성을 함락하였고 함경도의 깊숙한 곳까지 진출하였다.

임진년 여름에 왜적이 영동에 침입하여 금강산 유점사까지 몰려왔다. 이때 혹자가 말하기를 "우리나라 사람이 길잡이 노릇을 한다"고 하니, 사명은 "왜적이라면 글로 타이르기 어렵겠지만, 그래도 우리나라 사람이 있으면 잘 일러서 깨우칠 수 있겠다"고 여기고 10여 명의 문도를 이끌고

---

74 高榮燮(e), 「부휴 선수계의 선사상과 법통인식」, 『한국불교사연구』 제4호, 한국불교사학회 한국불교사연구소, 2013.12.

곧장 산문으로 들어갔다.

　사명은 문도들에게 이르기를 "여래가 세상에 나온 본뜻은 원래 중생을 구호하기 위해서이다. 이 외적들이 기세가 등등하니 함부로 인명을 해칠가 두렵다. 내가 마땅히 가서 미친 왜적들을 타일러 흉학한 만행凶鋒을 그치게 한다면 자비의 가르침을 저버리지 않을 것이다."고 했다.[75] 그리고는 즉시 석장을 휘날리며 고성高城으로 들어가니 적장 세 사람이 모두 대사를 예우하였다. 대사가 글을 써서 살생하기를 좋아하지 말라고 타이르니 적장 세 사람이 모두 손을 모으고 훈계를 받아들였으며, 사흘 동안이나 대사를 머물게 하여 공양하고는 성 밖으로 나와서 전송하기까지 하였다. 아홉 고을이 죽음을 면할 수 있었던 것은 대사의 공이었다.[76]

　대사가 만난 왜군은 가토 기요마사加藤淸正이 이끄는 제1군단으로 함경도로 향해서 영동에 침입한 군대였다. 사명이 두 번이나 적중에 들어가서 깨우쳐 설득하여, 영동지방의 9군 주민들의 참사를 막을 수 있었던 공덕은 크다. 왜군이 휩쓸고 간 지역의 참상은 목불인견의 참혹함, 바로 그것이었다. 그들은 방화, 살인, 약탈을 일삼았으니 말이다. 근세의 비통한 일을 눈물을 훔치며 간략히 쓰노라. 임진란에 삼경三京을 지키지 못하여 만백성은 어육魚肉이 되었고, 또 정묘년의 침략에 서쪽 변경이 침탈됨에 억조창생이 상해되어 백골이 들판에 널려 있고, 청혈淸血이 시내를 채웠다. 부자가 함께 상을 당함에 누가 장례하고 누가 묻어주며, 부부가 함께 죽었으니 봉제사는 어찌하랴. 오호라! 하늘이여, 사람이여, 운명인가? 운수인가?

75　許筠 撰,「有明朝鮮國慈通弘濟尊者四溟松雲大師石藏碑銘幷序」,『四溟堂大師集』권7(『韓國佛敎全書』제8책, p.76). "如來出世, 元爲救護衆生, 此賊張?, 恐肆殘害, 吾當往諭狂賊, 殺凶鋒, 則庶不負慈悲敎也.",
76　許筠 撰,「石藏碑銘並序」, p.827.

인생의 도탄이 어찌 이러하며, 이처럼 극에 이르랴. 사느냐, 죽느냐, 슬프고 처량한 소리여, 으스름 달밤에 뒤섞여 살육하니 음양의 조화가 두렵다.[77]

허균은 사명이 왜군을 맞아 강원도 고성을 찾아가 말로 타일러 물러나게 한 것에 대해 이렇게 기록하고 있다.

임진년1592(선조 25) 여름에 왜적이 영동에 침입하여 유점사까지 몰려 왔다. 이때 혹자가 말하기를, "우리나라 사람이 길잡이 노릇을 한다"라고 하니, 대사가 말하기를, "왜적이라면 글로 타이르기 어렵겠지만, 그래도 우리나라 사람이 있으면 잘 일러서 깨우칠 수 있겠다."라고 하고는, 10여 명의 문도를 이끌고 곧장 산문으로 들어가니 왜적들이 문도를 모두 결박하였다. 대사가 홀로 중당中堂에 이르니, 왜적의 두목이 대사가 비범한 것을 알고는 손님과 주인賓主의 예로 대하면서 문도를 풀어 주었다. 대사가 글로 써서 문답을 하니 왜적들이 공경하며 심복하고는 깊은 산속을 가리키며 보내 주었다.

대사가 문도에게 말하기를, "여래가 세상에 나오는 것은 원래 중생을 구호하기 위해서이다. 이 왜적들이 기세가 등등하니 함부로 인명을 해칠까 두렵다. 내가 응당 가서 이 미친 왜적들을 타일러 흉한 칼끝凶鋒을 거두도록 할 것이니, 그러면 자비의 가르침을 저버리지 않을 수 있을 것이다"라고 하였다. 그리고는 즉시 지팡이錫杖를 날려 고성으로 들어가니, 적장 세 사람이 모두 대사를 예우하였다. 대사가 글로 문답하며 살생을 좋아하지 말라고 타이르니, 적장 세 사람이 모두 손을 모으고 훈계를 받아들였으며, 3일 동안이나 대사를 머물게 하여 대접을 하고는 성 밖에 나와서 전송하기까지 하였다. 아홉 고을이 죽음을 면할 수 있었던 것은 대개

---

[77] 奇巖堂 法堅(1522~1634)이 임란의 참상에 대하여 눈물로 쓴 글이다.

대사의 공이었다.[78]

　왜적들이 강원도와 함경도 일대까지 진격하면서 이 지역 사찰들은 그들의 점령지가 되어 있었다. 사명은 유점사까지 찾아가 그들을 타일러 아홉 고을이 죽음을 면할 수 있게 하였다. 이후 선조의 명을 받고 서산대사가 전국에 격문을 띄워 승병을 소집하였다. 그러나 이미 노사였던 서산은 사명을 의승도대장으로 삼고 의승을 총괄하는 도총섭을 맡겼다. 이에 사명은 승병 지휘의 실무를 맡아 건봉사를 중심으로 의승을 모아 양성하였다.

　금강산이 비로봉으로부터 두 갈래로 나뉘어서 단발령의 서쪽은 내점 內岾이라 하고 안문雁門의 동쪽은 외점外岾이라 한다. 내점의 표훈사는 서산대사가 가르침을 베풀던 곳이고, 외점의 건봉사는 사명대사가 의승義僧을 모은 곳이다.

　금강산 자락에 있던 건봉사는 사명대사가 임진년에 창의한 곳이었을 뿐만 아니라 통도사에서 약탈된 사리를 일본에서 찾아와 다시 모신 곳이기도 하다. 이 때문에 사명의 생평에 있어서 건봉사는 각별한 곳이라 할 수 있다.

　사명대선사 유정이 일본에 봉사하였다가 치상齒狀 12매를 다시 가져와 건봉사 낙서암樂西庵에 보관하니 사람들이 모두 기뻐하였다. …… 이에 탑을 세우기를 계획하고 …… 절의 서쪽 기슭에 봉양하였다.[79]

78　許筠 撰, 「石藏碑銘並序」, p.830.
79　月峯禪師 雙式 찬, 「釋迦如來齒相立塔碑」.

송운 유정宋雲惟政, 1544~1610은 임진왜란 중에 휴정을 승계하여 도총섭으로 활동한 실질적인 도승장으로 분충서난奮忠紓難의 상징적 존재이다. 평양성 탈환을 비롯하여 의승군 활동과 관련한 그의 다양한 역할은 일일이 기록하기 어려울 정도로 많다. 1593년 3월에는 수도 근교 양주목의 노원평蘆原坪, 1993. 3.25~28과 우관동(우이동) 전투의 공로로 선조로부터 선교양종판사로 제수받았다. 1594년에는 의령에 주둔하면서 각 사찰에 봄보리를 심도록 하고 산성 주위를 개간하여 정유재란이 끝날 때까지 군량미 4,000여석을 비장한 공로로 선조로부터 가선대부동지중추부사嘉善大夫同知中樞府事를 제수받았다. 그의 지휘 아래 수축한 산성은 팔공산성·용기산성·약견산성·이숭산성·부산성·남한산성 등[80]을 헤아릴 수 있다.

유정에게서 승장 추천을 의뢰받은 부휴 선수浮休善修, 1543~1615는 제자 대가 희옥待家熙玉, ?~?을 대신하여 의승 수군 활동을 거친 벽암 각성碧巖覺性, 1574~1659을 보냈다. 이후 휴정과 유정 다음으로 가장 명성이 높았던 벽암 각성은 남한산성을 주로 수호하였다. 그를 따르던 송광사의 자운 윤눌慈雲潤訥, ?~? 등 4형제의 승장이 잘 알려져 있었다. 이들 이외에도 화엄사 화상이었던 홍신弘信과 전라좌수영 의승 수군 조직 당시 석주관에 파견된 전 통정대부 호남총섭 겸 주지인 신해信海 등이 있었다.[81] 이처럼 임진왜란에 참여한 승장으로는 청허 휴정, 송운 유정, 기허 영규, 뇌묵 처영 외에 의엄, 쌍익, 중관 해안, 제월 경헌, 청매 인오, 기암 법견, 소요 태능, 신열 등이 있다.[82] 또 이들 이외에도 송월 응상, 허백 명조, 회은 응

---

80 양은용, 「조선시대 국난과 의승군의 활동」, 『불교사회연구소 호국불교 의승군 세미나 자료집』, 2011년, p.10.
81 「華嚴寺善生設案錄」, 『佛國寺華嚴寺事蹟』부록(고고미술동인회, 1955). 양은용, 앞의 글, p.14 재인용.
82 金煐泰, 『임진왜란의 승장들』(동국대출판부, 1979).

준, 허정 법종, 용담 조관, 월파 태율, 연담 유일 등[83]이 있었다.

당시 임진왜란과 정유재란에 참여했던 의승군은 약 5,000여명에 이르는 것으로 알려져 있다. 그리고 병자호란 당시에는 각성과 명조 등의 승장들이 다시 참여하고 있다. 특히 전란이 이어지면서 승병은 상설조직화 형태를 띄면서 남북한산성의 수호대가 결성되고 의승입번제義僧立番制로 이어지다가 의승방번제義僧防番制로 바뀌었다. 숙종 40년 의승입번제가 결성될 당시 남북한 산성에 배치된 의승의 정원은 각기 350명으로 도합 700명이었다. 정부는 이들 의승군에게 축성築城과 방수防守 등의 임무를 부여하고 있어서 전국 사찰의 부담은 매우 컸다.[84]

영조 3년1756에는 반감 조치를 하면서 남한산성에 356명, 북한산성에 351명으로 도합 707명의 정원으로 늘어났다. 성내에 상주하는 승려들을 정원으로 하고 대신 방번전防番錢을 내는 방식의 방번제防番制를 시행하면서 남북한 산성 합계는 모두 14,354냥이었다.[85] 이러한 과정을 거쳐 불교계는 존재감을 대내외에 과시할 수 있었고 각 지역의 사찰들의 중흥불사를 완수하면서 교계는 임제법통을 확립해 갔고 삼문수업 체계를 정비해 갔다. 그렇다면 이들이 제1계인 불살생계를 뛰어넘으면서越戒까지 의승군으로 분연히 일어선 까닭은 어디에 있을까?[86]

불교계 내부의 혼란에도 불구하고 이처럼 의승군으로 일어선 것은 불자들 스스로 역사 속에 참여하고자 하는 강렬한 의지 때문이었다. 역사 안에서 시대를 주도하는 유자들을 바라보는 방관자가 아니라 그들 스스로 애민과 안민의 마음으로 역사 속으로 들어가 참여하고자 하였다.

---

83 高橋亨,「李朝僧將の詩」,『조선학보』제1호, 조선학회, p.141 이하.
84 高榮燮(a),「국가불교의 '호법'과 참여불교의 '호국'」,『불교학보』제75집, 동국대학교 불교문화연구원, 2013.
85 김갑주,「남북한산성 義僧番錢의 종합적 고찰」,『불교학보』제25집, 동국대학교 불교문화연구언, 1989, 233면 참조.
86 高榮燮(a), 앞의 글.

유교의 이념에 의해 국가를 통치하는 시대 상황에서 불교의 정법에 의한 치국이 이루어질 수 없는 현실이었지만 불자들은 백성들에 대한 사랑과 연민으로 시대의 한복판에 참여하여 주체적인 호국의 지평을 열어젖히려 하였다.[87]

국왕이 주체인 타자화된 국가불교 아래에서 호법을 기대할 수 없는 상황을 넘어 이제는 불자가 주체가 된 자내화된 참여불교 아래에서 호국을 실천하기로 하였다. '근왕勤王'이 제왕을 섬기기王事를 다하고 충성을 다하려는 부역赴役이었던 반면, '월계'越戒는 오직 백성들에 대한 애민과 안민의 일념에서 비롯된 호국護國이었다. 그리하여 왜군으로부터 백성들을 보호하려는 일념으로 의승군들은 자신들의 존재이유인 불살생계를 뛰어넘으며越戒 역사 안에 참여하였고 시대 속에 투신하였다. 이러한 보살행의 극적인 전개가 바로 월계이자 호국이었던 것이다.[88]

갑오년1594(선조 27) 봄에 총병 유정이 대사에게 부산의 왜영으로 들어가서 기요마사淸正을 타이르도록 부탁하였으므로 모두 세 차례 왕복하며 모두 요령있게 처리하였다. 청정이 묻기를, "조선에 보배가 있는가?"라고 하니, 대사가 그 소리에 응하여 대답하기를, "없다. 보배는 일본에 있다."라고 하였다. 청정이 다시 묻기를, "그것이 무슨 말인가?"라고 하자, 대사가 말하기를, "지금 우리나라에서는 당신의 머리를 보배로 여기고 있다. 그러나 그러니 보배는 일본에 있는 것이다."라고 하니, 청정이 놀라면서 탄복하였다.

이 일화는 뒷날 일본에서 '설보화상 설화'로 널리 알려져 사명에 대한

---

87 高榮燮(a), 앞의 글.
88 高榮燮(a), 앞의 글.

일본인들의 존경과 경탄으로 이어지게 되었다. 전후 강화회의 시절에 일본으로 건너온 사명에게서 많은 시와 문을 받고자 했던 것도 '설보화상'으로 알려진 그의 법력과 위엄에 대한 존경심의 표현으로 이해할 수 있다.

2. 전후 강화회의와 도쿠가와의 만남

1593년 6월에 2차 진주성 전투 이후 1597년 2월에 정유재란이 일어나기까지 4년간 휴전 상태에 있었다. 토요토미 히데요시는 전군을 8군으로 나누어 8명의 장수로 하여금 조선 8도를 공격하게 하였다. 20일 만에 한양을 무너뜨린 왜군은 평양성까지 밀고 올라가 성을 함락하였다. 하지만 조선 의병과 승병의 전투 및 명나라 20만 대군의 참전으로 조명 연합군이 평양성을 탈환하고 한양성을 회복하자 일본군은 남쪽으로 후퇴하기 시작했다.

조명 연합군의 공격을 받고 남으로 후퇴한 왜군은 순천에서 울산에 이르는 한반도 남부에 26개의 성을 쌓고 장기전에 돌입하였다. 이 사이 명분이 없는 전쟁에서 히데요시의 눈치를 보느라 일본으로 돌아갈 수도 없고 계속 전쟁도 할 수 없는 어정쩡한 4년이 지났다.

조명 연합군은 전란이 고착화되자 중국 사천의 총병總兵 유정劉綎은 명나라 장수들이 화의를 극력 주장하였다. 그들은 왜군의 정세에 목말라 하며 조선의 도원수에게 왜군에 사신을 보내도록 요청하였다. 조정은 사명을 울산의 서생포 왜성에 있는 제1군의 대장 가토 기요마사의 적정을 정탐하기 위해 적임자로 사명을 추천하여 탐적사로 보내기로 하였다. 그때 임금은 다음과 같이 사명에게 제안하였다.

임금이 대사를 궁중으로 불러들이고는 평생의 일을 자세히 묻고 나서 하교하기를, "옛날에 유병충劉秉忠과 요광효姚廣孝는 모두 산인의 신분으로 남다른 공훈을 세워서 후세에 그 명성을 전하였다. 지금 나라의 형세가 이와 같으니. 그대가 만일 머리를 기르고 세상에 나온다면, 응당 백 리의 땅을 위임할 것이요, 삼군三軍을 통솔하는 명을 내릴 것이다."라고 하니, 대사가 "감히 그럴 수 없다"고 사양하였다. 임금이 무고武庫의 갑옷과 병장기를 대사에게 지급하게 하였다.[89]

사명은 출가했다가 환속해 황제를 도운 유병충과 요광효의 사례를 들어 환속을 거론하는 임금의 제안을 단호히 거부하였다. 그러자 신하들은 스스로 조선의 공식 사절을 맡겠다고 자임하는 신하가 한 명도 없음에도 불구하고 승려에게 정부의 공식 사절을 맡길 수 없다고 반대하였다. 결국 사명은 비공식 사절의 소임을 맡아 갑오1594년 4월과 7월과 12월 세 차례에 걸쳐 서생포 왜성을 방문하고 왜장 가토 기요마사加藤淸正와 외교담판을 벌였다. 흔히 '갑오상소'로 불리는 이 정탐의 내용은 본디 조선의 도원수부와 중국의 도독부에 바치려 작성한 것이다.

이 글들은 결국 비변사로 올라가 조정에 소상하게 보고 되었다. 이 글들은 「갑오사월입청정영중탐정기」甲午四月入淸正營中探情記, 「갑오칠월재입청정진중탐정기」甲午四月再入淸正陣中探情記, 「갑오십이월부입청정진중탐기」

---

[89] 許筠 撰, 「石藏碑銘並序」, p.834. 이 부분은 申維翰 編, 『松雲大師奮忠紓難錄』의 「甲午九月馳進京師上疏言討賊保民事」에도 실려 있다. 劉秉忠은 원나라 초기의 학자 겸 정치가로서 20세의 나이에 승려가 되어 법명을 子聰이라 하였다. 원나라 헌종 6년(1256)에 지금의 내몽고 지역의 吉地를 택해서 開平城 즉 上都를 건설하였다. 세조 원년(1264)에 유지를 받들어 환속한 뒤에 大都 즉 北京城 건설을 주도하였으며, 세조에게 건의하여 국호를 大元으로 확정하였다. 姚廣孝의 원래 이름은 天禧, 또 道衍이라고 하였으며, 字는 斯道였다. 14세에 불문에 들어갔다가 명나라 태조의 넷째 아들인 燕王, 즉 聖祖를 도와 태조의 皇太孫으로 제위에 오른 惠帝를 축출하고 靖難 일등공신에 책봉되었으며, 이 때 광효라는 이름을 하사받았다. 『太祖實錄』과 『永樂大典』을 편찬했으며 그의 문집으로 『逃虛集』이 세상에 전한다. 『明史』 권 145.

甲午十二月復入淸正陣中探情記로서 모두 『분충서난록』에 수록되었다.

명나라와 일본이 추진하는 강화 내용에는 토요토미 히데요시가 요구하는 강화조건이 들어 있었다. 하지만 고니시 유키나가와 사이가 좋지 않은 가토 기요마사는 강화협상에서 배제되어 있었다. 고니시 유키나가와 이시다 미쓰나리石田三成는 강화협상에서 자신들에게 유리한 입장을 만들기 위해 가토 기요마사를 배제시키고 심유경遊擊과 고니시 유키나가小西行長 두 사람 중심으로 밀약을 추진하고 있었다.

그 조목은 첫째, 천자와 결혼하는 것, 둘째, 조선(8도)을 할양하여 (남쪽 4도를) 일본에 소속시키는 것, 셋째, 옛날처럼 교린하는 것, 넷째, (조선의) 왕자 1인을 일본에 들여보내 영주시키는 것[90], 다섯째, 조선의 대신과 대관을 일본에 볼모로 들여보내는 것 등 다섯 가지의 일[91]이었다.[92] 하지만 이들은 이미 전라도와 경상도를 점령해 있으므로 나머지 2개 도만 확보하면 된다는 생각을 가지고 있었다. 이러한 5개 조목 외에도 여섯째, 명나라 사람 하나를 볼모로 보내는 일, 일곱째, 명나라가 일본과 통신할 물건의 2개 조목을 더 보태기도 하였다. 그런데 앞의 5

---

90 선조의 아들이었던 임란 시절에 조선 백성들에 의해 장남인 臨海君과 6남인 順和君이 왜군에 넘겨졌지만 사명이 가토를 만난 뒤 가토가 이들을 돌려보냈다. 그 대신 임해군의 어린 아들과 딸을 일본으로 데려갔다. 당시 5살이었던 임해군의 아들은 일련종으로 출가해 '日蓮'(니쩨엔)이란 고승이 되었고 7살이었던 딸은 구로다 가문 내의 한 장수의 첩이 되었다.

91 泗溟,「甲午四月入淸正營中探情記」, 申維翰 編,『奮忠紓難錄』(『한불전』제8책).

92 申維翰 編,『松雲大師奮忠紓難錄』(『한불전』제8책).『宣廟寶鑑』에는 갑오년 9월(1594년, 선조 27년)에 심유경이 왜나라 差人인 小西飛와 함께 다시 왜영에 들어갔으며, 소서비가 명나라에 들어가 중국 조정에 세 가지 일을 힐문하였다고 하였다. 그 힐문의 내용은 첫째 책봉만 청하고 조공은 청하지 말 것, 둘째 한 사람의 왜인도 부산에 머물지 말 것, 셋째 영원히 조선을 침략하지 말 것 등이었으며, 만일 이 약속대로 하면 바로 책봉해 주겠지만 약속대로 하지 않으면 불가하다고 하니, 소서비가 약속을 준수하겠다고 하면서 하늘을 가리켜 맹세하였다. 이에 왜를 책봉하는 일을 마침내 결정한 뒤에 소서비를 보내도록 명하여 다시 왜영에 들어가서 책봉을 허락한 일을 잘 타이르게 하고, 주둔한 군사를 모조리 철수하게 했다고 하였다.

개 조목 중 특히 둘째의 조선 4도 할양과 넷째의 조선 왕자 1인의 볼모에 대한 조목은 조선의 사신단 내에서 강력한 반대에 부딪쳤다. 일본이 요구하는 영토 할양과 인질 문제 등는 너무나 민감한 사안이었기 때문이다.

이 5조목에다 다시 여섯째, 심유격(유경)의 화의가 이루어지지 않으면 일본이 군대가 명나라를 침입할 것, 일곱째, 문서에 도장을 찍지 않았다고 탓하였는데 이는 받아들일 수 없다'는 2개의 조목을 추가해 명나라를 압박하고 있다. 일본 장군 가등청정과 소서행장의 갈등이 명나라 사신의 교체를 거듭하며 혼란스럽게 진행되고 있었다.

이 때에 함께 강화사로 갔던 조선의 사신 이겸수李謙受[93]가 송운에게 한 마디 말을 청였다. 이에 송운은 「이공이 한마디 말을 청하기에 답하다」라는 시로서 선리禪理를 담아 자신을 심경을 선게로 읊었다.

> 붙잡을 곳 하나 없는 깎아지른 절벽에서
> 목숨 놓고 형체 잊고 한 발 앞으로
> 다시 칼날 위에서 한번 몸을 뒤집어야
> 공겁 이전의 시절을 비로소 알게 되리.[94]

제1구와 제2구는 당나라 경잠慶岑 선사의 "백척간두에서 진일보하라"는 구절과 『벽암록』 제34칙의 '벼랑을 잡고 있는 손을 놓아라'懸崖撒水는 구절을 원용한 것이다.[95] 제4구의 '공겁 이전의 시절'은 천지가 개벽되어

---

93 송운과 함께 일본에 사행을 갔던 사신이다. 그는 울산 출신 의병장으로서 임진란에 공훈을 세웠다. 세종 연간에 수십 차례 대마도와 琉球에 파견되었던 외교관 李藝의 후예이다. 여러 차례 사명당을 안내하여 가등청정과 회담하는 일을 hTek.
94 「酬李公求語」, 『사명대사집』 권5.
95 『碧巖錄百尺竿』 제4책, 제34칙 '懸崖撒水'. "百尺竿頭進一步 十方世界現全身'" 송나라의 야보 도천 선사는 이 칙에 대해 다음과 같이 읊었다. 나뭇가지를 잡고 있는

이 세계가 있기 이전의 공공적적한 절대무한의 경계를 뜻하는 선가의 용어이다. 부모미생이전父母未生以前, 위음왕불이전威音王佛以前, 본래면목 등과 같은 표현이다. 사명은 이러한 마음가짐으로 도쿠가와 이에야스를 만났다.

송운은 일본의 주류 종파인 선종 사찰인 일련종 사찰인 본법사本法寺에 머물렀다. 그가 이곳에 머물게 된 것은 가토 기요마사의 종군 승려인 일진日眞(닛신)의 안내에 의해서였다. 사명은 일본 대표를 여러 차례 만나며 남녀 포로 교환에 대해 논의를 하였다.

3. 포로의 귀환과 해인사 홍제암 입적

1603년(선조 24)에 송운(사명)은 임금의 명을 받고 서울로 왔다가 1604년(선조 37)에 대마도를 거쳐 일본으로 건너갔다. 여러 왜인들은 송운이 '가토 기요마사의 목이 보배'라고 설한 설보화상說寶和尙이라고 신심을 내어 모여들며 가르침을 받고자 하였다. 송운이 일일이 가르쳐서 미혹을 깨우쳐 주니 모두 머리를 땅에 대고 예배하며 부처님이라고 일컬었다.[96]

당시 일본은 도요토미 히데요시가 세상을 떠나고 그의 조카이자 후계자인 도요토미 히데쓰구豊臣秀次가 권력을 잡고 있었다. 하지만 히데요시의 만년에 아들 히데요리豊臣秀利가 태어나자 권력의 향배가 복잡해졌다. 결국 전투를 통해 관동지역을 넘어 실질적인 권력자가 된 도쿠가와 이에야스를 만나서 양국의 생령이 오래도록 도탄에 빠진 정상을 자

것이 기이한 일이 아니다[득수반지미족기, 得樹攀枝未足奇]. 벼랑 끝에서 잡은 손을 놓는 것이 진정한 장부의 결단이라네[현애살수장부아[懸崖撒手丈夫兒]./ 물은 차고 밤은 싸늘한데 고기 찾기 어려우니[수한야냉어난멱, 水寒夜冷魚難覓]/ . 그냥 빈 배에 달빛 싣고 돌아가려 하네[유득공선재월귀, 留得空船載月歸].

96 許筠 撰,「石藏碑銘並序」, p.834.

세히 말하였다.

이에야스도 불교에 귀의한 자였기에 송운의 말을 듣고는 신심을 내어 부처님처럼 공경하였다. 그리하여 협약을 맺고 귀국하게 되었는데 그 기회에 포로로 잡혀간 남녀 1천 5백 명(1391명 확인)을 한꺼번에 데려오면서 스스로 곡식을 마련하여 그들을 먹이며 귀환하였다.

이때 스승 청허는 이미 입적한 뒤였기에 사명은 일본 사행으로 돌아보지 못한 스승의 주석처인 묘향산으로 바로 들어가 그 영탑에 예배하고 보현사에서 복제服制를 마쳤다. 1606년(선조 39) 봄에는 영선군營繕軍을 거느리고 대궐의 정전法宮 공사에 나아갔으며 삼청동(삼강동)에 초막을 지었다. 1607년(선조 40) 가을에 은퇴를 청하고 치악산으로 돌아갔다. 1608년(선조 41)에 선조의 부음을 듣고 서울에 가서 참배하고 울었는데 이로 인해 병을 얻어 매우 괴로워하였다.

1610년(광해군 2)에 임금이 서쪽 변방의 오랑캐의 침임에 대비하게 하려 했으나, 명에 응하지 못한 채 가야산 해인사에 들어가 조리하자 임금이 누차 어약御藥을 하사하였다. 그해 가을에 임금이 염려하여 서울에 와서 치료받게 할 목적으로 관찰사로 하여금 도탑게 인도하여敎諭 상경하도록 하였다. 하지만 그해 11월 20일에 해인사 홍제암에서 임종게를 남기도 입적하였다.

V. 호국대성 사명 유정의 인식과 평가

호국대성 사명 유정에 대해서는 애써 평가절하하는 유자와 평가절상하는 두 가지 평가가 공존한다. 유정에 대한 유자들의 인식은 크게 ①의병을 일으켜 공을 세웠다 ②적진을 왕래하며 적정을 탐지하였다 ③일본에 사신으로 가서 많은 포로를 쇄환하였다 ④많은 성을 쌓고 종묘와 궁궐을 수리하였다면서 그의 대외적인 업적을 중심으로 평가로 나타나고 있다. 또 다른 분류는 ①언변술(외교술) ②정보통 ③승장으로서 전투능력 ④승도를 통솔하는 능력(축성 등 노역의 지휘감독)에 집중해 평가하고 있다.[97]

그 밖의 유자들은 '불교 내에서 좌선자들로부터 유정이 그 교에 순순하지 못하다고 간혹 논란되는' 사실을 상기하면서 그것은 유정이 '우리 유도儒道에 가깝기 때문'이라고 해석하기도 한다.[98] 이 같은 인식과 평가들은 유교주의자들이 유정에게서 기대하는 부분 또는 자신들의 관심 부분에만 시선을 고정시킨 결과이다. 다시 말하면 조선의 사대부나 유신 관리들은 그들이 기대하는 내용 외에 불교의 고승인 유정의 또 다른 역량과 면모에 대해서는 굳이 주목하지 않고 있는 것이라 하겠다.[99]

하지만 당시의 어느 무명 시인은 이러한 시를 지었다. 그는 "조정에 삼정승이 있다고 하지 말라/ 조정의 안위는 한 승려에 달려 있다"라고 갈파하였다. 전란 이후에 아무도 사행使行을 떠나지 않으려는 현실과 조선의 공식 사절도 아니고 일본의 동향을 탐색하는 비공식적 사절인 탐적사로서 가야하는 현실 속에서 말이다. 이 시는 유자들에 의해 억압받는 불교 승려의 신분으로 나라를 위해서 분연히 길을 떠난 '오직 한 사람' 사명의 위대성에 대한 정당한 평가라고 할 수 있다. 그 결과 이 시는 사람들의 입에 널리 오르내렸다고 한다.

한편 당시의 불교계는 다수의 승병들이 전란에 참여하면서 심각한 어려움에 봉착하였다. 병화와 약탈, 사찰의 소진과 토지의 황폐화로 인

---

97 李晋吾, 「四溟堂 惟政의 敵陣往來기 및 三大疏 고찰」, 한국불교학회, 『한국불교학회논문집 II』, pp.98~101 참조.
98 尹鳳朝 『奮忠紓難錄』 「跋」(『한불전』 제8책, p.108하).
99 李逢春, 「유정의 구국활동과 교단내의 평가」, 『불교학보』 제56집, 동국대학교 불교문화연구원, 2010, pp.178~179.

한 사원 재정 기반의 위축은 말할 것도 없었다. 더욱이 승군 활동 자체가 승려의 본분에 어긋날 뿐만 아니라 그로 인해 수행에 전념하지 못하는 현실이 더 큰 문제로 부각되었다.[100] 뿐만 아니라 전공을 세워 직책을 받은 승려들 중 일부는 전란 이후에 환속還俗하는 경우가 적지 않았다.[101]

휴정의 제자인 청매 인오는 "참상慘狀과 간과干戈가 날로 심하고 부역이 해마다 더욱 압박하여 남북으로 갈리고 산중에 희비가 끊어져 통병痛病이 이루 말할 수 없다"고 탄식하였다.[102] 또 정관 일선은 "말법이 쇠하고 세상이 어지러워 백성이 안도하지 못하며 승려 또한 편히 머물지 못한다. 적敵의 잔해와 사람의 노고를 이루 다 말할 수 없는데 더욱 슬픈 것은 승려가 속복을 입고 종군하면서 죽거나 도망치는 것이다. 또 출가의 뜻을 잊고 계율 실천을 폐하며 허명을 바라고 돌아오지 않으니 선풍이 장차 멈출 것이다"[103]라고 하여 당시의 현실을 개탄하였다.[104]

이러한 현실 속에서 동문의 사제인 뇌묵당 처영은 사형인 사명에 대해 이렇게 평가하였다. 그는 『사명대사집』의 발문에서 "대저 대도大道는 도라고 하지 않지만, 이것을 얻으면 사람들이 크게 여기고, 상덕上德은 덕이라고 하지 않지만, 이것을 행하면 사람들이 높게 여긴다. 누가 '도가 아닌 도'不道之道와 '덕이 아닌 덕'不德之德을 알아서 인간 세상에 행할 수

---

100 김용태,「한국불교사의 '호국' 사례 검토와 호국불교 개념의 재고」, 『조계종불교사회연구소세미나 자료집: 호국불교의 재검토』, 2011년, p.51.
101 惟政,「乙未派兵後備邊司啓」, 『奮忠紓難錄』(『한불전』 제8책, 97면). 휴정 문하의 義嚴은 도총섭까지 올랐으나 뒷날 환속하여 벼슬을 제수받았다.
102 靑梅,「悼世」, 『靑梅集』(『한불전』 제8책, p.150).
103 靜觀,「上都大將年兄」, 『靜觀集』(『한불전』 제8책, pp.30~31).
104 고영섭(f),「광해군의 불교인식」, 『제3차 집중세미나자료집: 광해군시대의 재조명』, 한국불교사연구소, 2012. 8.

있겠는가'라며 그가 펼쳐 보인 '커다란 도'와 높다른 덕을 기리고 있다.

"마침 국가의 운세가 막히는 때를 만나 해도의 왜적이 분수를 모르고 날뛰어 남경 개경 서경의 삼경이 함락되니 임금의 수레鑾輿가 서리와 이슬을 맞고 종교와 사직廟社가 바람과 먼지에 휩쓸리게 되었다. 하늘 아래 어느 땅에 있든 간에 임금의 신하 아닌 사람이 없고 보면, 대사도 칼을 집고 종군하여 나라의 은혜에 보답할 것을 생각하였다. 그리하여 왜적을 항거하여 출입하며 스스로 송운松雲이라 일컬으면서, 싸움을 하지 않고 싸우고不戰爲戰, 일을 하지 않고 일을 하며無事爲事, 행군하되 행렬이 없는 듯하고 휘두르되 팔 없는 듯하였으며行無行攘無臂, 쳐부수되 상대가 없는 듯하고 무기를 쥐어도 무기가 없는 듯하였다扔無敵執無兵. 8년 동안의 전쟁에서 흰 칼날이 앞에서 교차했어도 죽음을 보기를 사는 것처럼 여겼으니 실로 부동심不動心의 소유자라고 할 만하였다."[105]

처영은 '싸우지 않고서 싸우고', '일을 하지 않고 일하며', '행군하되 행렬이 없는 듯하여 휘두르되 팔이 없는 듯하고', '쳐부수되 상대가 없는 듯하고 무기를 쥐어도 무기가 없는 듯하였다'고 평가하였다. 그러면서 사명은 '흰 칼날이 앞에서 교차했어도 죽음을 보기를 사는 것처럼 여겼다'고 하면서 그를 진실로 부동심의 소유자라고 할 만하다고 하였다.

여기서 부동심은 보살 10지 중 제8지에 해당하는 부동지에서 일어나는 마음이다. 이는 사명이 8지 보살에 이르렀다고 본 것이라 해도 지나친 말이 아닐 것이다. 그를 '호국대성' 즉 '나라를 보호한 큰 성사'라고 평하는 것도 이 때문이다.

---

105 雷默堂 處英, 「跋文」, 『사명대사집』(『한불전』 제8책, pp.131~132).

… 오직 우리 대사께서는 그 중에서도 빼어나시어 현명하고 지혜로워 더욱 우뚝하시며 인자하고도 정의로우셨습니다. … 나라의 행보가 어그러짐이 많아 비린내와 연기가 사방에서 일어나니 백성이 짓밟히고 으깨어진 어육魚肉과 같이 되는 것을 슬피 여기고 나라가 붉은 땅으로 변하는 것을 가슴 아파하였습니다. 이를 차마 앉아서 볼 수가 없어 가사를 벗고 갚기 어려운 나라의 은혜를 위하여 칼에 의지하니 … 어질음仁으로 사랑을 베푸니 방정한 선비가 한 시대를 구하는 지략과 같고, 의로움義으로 임금에게 충성하니 공신이 사직을 편안하게 한 정성에 부끄럽지 않습니다. …[106]

성사를 육안과 천안을 넘어 혜안과 법안과 교화인도化導의 세 가지 힘을 갖춘 이를 가리킨다는 것은 바로 이 때문이다. 혜안은 연각과 독각의 눈이며, 법안은 보살의 눈이다. 그리고 교화인도는 이러한 지위에 있는 성자들의 이타행을 일컫는다.

허봉은 대사의 시에 대해 감탄하면서 "당나라 구승九僧의 반열에 끼일 수 있겠다"고 하였다. 당나라 구승은 만당 시기에 활동한 9인의 시승을 말한다. 이들이 송나라 초기에도 전래졌기에 시를 잘 지었던 아홉 명의 승려를 총칭한다. 회남淮南의 혜숭惠崇, 검남劍南의 희주希晝, 금화金華의 보섬保暹, 남월南越의 문조文兆, 천태天台의 행조行肇, 여주汝州의 간장簡長, 청성靑城의 유봉維鳳, 강동江東의 우소宇昭, 아미蛾眉의 회고懷古를 가리킨다. 이들의 시를 모아 편집한 『구승시』九僧詩라는 시집도 있

---

[106] 印悟, 「宋雲大師祭文」, 『靑梅集』 권하(『한불전』 제8책, pp.155상~156하). "… 唯我大師, 拔乎其萃, 賢而智也. 卓乎其流, 仁且義焉. … 國步多舛, 腥煙回起, 哀蒼生之魚肉, 愴國家之赤土, 不忍坐視而脫架, 難報國恩而杖劒. … 仁而愛物, 則有同方士濟時之略, 義以忠君, 則無愧功臣, 安社之誠. …"

다.[107] 허봉은 사명의 시를 당나라 아홉 시승들과 대등하다고 평가하고 있다. 이것은 시승으로서 사명에 대한 정당한 평가라고 할 수 있다.

사명의 문도인 혜구惠球가 대사의 문집을 가지고 와서 청하였다. "우리 스승님이 지은 시 몇 천 수가 공의 중씨 댁에 있었는데 병화로 소실되었습니다. 이 문집은 근일에 수집하였는데, 전체와 비교해 태산의 터럭 하나와 같습니다. 우리들이 스승님의 은혜를 갚을 길이 없기에 약간의 시문을 모아서 간행하려고 합니다. 우리 스승님의 문장의 고하와 도의 심천을 알아서 자기가 좋아하는 사람이라고 하여 무턱대고 추켜올리지 않을 분으로는 공만 한 분이 없으니 모쪼록 한마디 말씀으로 빛나게 하여 영원히 썩지 않게 해 준다면 그 은혜를 잊지 않겠습니다."[108] 이에 허균은 "아, 내가 어떻게 차마 대사의 문집에 서문을 쓰겠습니까?"라며 대사의 '시'와 '공'과 '도'에 대해 평가하였다.

> 대사의 시詩는 사림詞林에 영예를 드날렸고, 대사의 공功은 또 국가의 재건에 들어 있고, 대사의 도道는 이미 범인凡人을 뛰어넘어 여래如來의 경지에 들어갔습니다.[109]

허균의 이러한 평가는 시승으로서 사명, 정치가로서 사명, 수행자로서 사명을 평가하는 주요한 잣대가 된다. 사명은 시승과 정치가와 수행자가 삼각형의 각 정점에 자리해 있음을 알 수 있다.[110] 특히 사명의 도를 십신, 십주, 십행, 십회향, 십지의 제8지 부동지, 제9지 선혜지, 제10지

---

107 泗溟 惟政, 『泗溟大師集』(서울: 동국대학교 출판부, 2014), p.50. 주1) 참조.
108 許筠, 「序文」, 『四溟集』(『한불전』 제8집).
109 許筠, 「序文」, 『四溟集』(『한불전』 제8집).
110 대한시대의 용운당 萬海 奉琓(1879~1944) 또한 시인, 혁명가, 수행자가 그려내는 삼각형의 각 정점에 자리하였다.

법운지, 등각, 묘각을 넘어 여래의 경지로 평가하고 있다. 그를 '의승장'으로만 볼 것이 아니라 국가적 민족적 거사를 성취한 '성사'로 평가하는 것도 이러한 맥락에 의해서 이해할 수 있다.

허봉과 허균은 사명과 가까이 지낸 유자였다. 하지만 이들은 사명을 가장 잘 알았던 지음이었다. 허균은 사명의 비문을 지으며 그를 '자비로서 널리 세상을 구한 위인'慈通弘濟尊者이라고 평가하였다. 그의 평가는 이후 호국의 대명사가 되어 조선인과 대한인의 가슴 속에 깊이 새겨져 있다. 안타깝게도 대한시대의 대일항쟁기에 일본 경찰에 의해 파손된 호국대성 사명송운대사비가 지금 해인사 홍제암에 복원되어 있다.

VI. 사명의 살림살이 – '도가 아닌 도'와 '덕이 아닌 덕'

호국대성으로 평가받는 사명 유정은 선사이자 강사였다. 선사로서의 종봉 유정은 청허 휴정이 펼친 선 중심의 선교겸수의 가풍을 계승한 사법제자였다. 동시에 보살로서의 송운 유정은 청허 휴정의 선풍에 입각해 여러 사람들을 교화한 성사였다.

청허의 법맥을 이은 전법제자로서 사명은 자기 일신만을 생각하지 않고 의승군으로서 분연히 일어나 수많은 생령들을 구제하였다. 허균이 그의 시호를 '자비로서 널리 세상을 구한 위인'慈通弘濟尊者이라고 적은 것은 바로 이러한 그의 가풍 때문이었다. 처영은 『사명대사집』의 발문에서 "누가 '도가 아닌 도'不道之道와 '덕이 아닌 덕'不德之德을 알아서 인간 세상에 행할 수 있겠는가"라며 그가 펼쳐 보인 '커다란 도'와 '높다란 덕'을 기리고 있다.

사명 유정에게는 '종봉 유정'이라는 선사의 가풍과 '송운 유정'이라는 보살의 가풍이 어우러져 있다. 그가 선사이자 성사로 평가받는 것은 바로 이러한 살림살이 때문이다. 사명은 자기의 깨침만을 추구하는 선사로 머물지 않고 많은 사람들의 구제를 위하 온몸을 던진 보살의 삶을 보여주었다. 이것은 불자로서의 삶에 대한 투철한 인식에 의해서 가능할 수 있었다.

사명 유정의 삶에서 선사의 가풍과 성사의 가풍을 동시에 볼 때 우리는 비로소 그의 전모를 살펴볼 수 있을 것이다. 그가 보여준 몸체로서의 모습과 몸짓으로의 모습을 함께 볼 때 우리는 비로소 인간 사명 유정의 전체를 볼 수 있을 것이기 때문이다. 특히 우리가 그를 '호국대성'이라고 호명하는 것은 삶의 몸체와 몸짓을 하나의 원 속에 온전히 담아낸 인물이기 때문이다.

■ 참고문헌

天台,『摩訶止觀』권5의 2.
「華嚴寺善生設案錄」,『佛國寺華嚴寺事蹟』부록(고고미술동인회, 1955).
李奎報,「同前願神衆法席一七日疏」,『東國李相國全集』권41, 釋道疏.
一然, '太宗春秋公',「紀異」,『三國遺事』.
『高麗史』권81, 兵志 1 兵制;『高麗史』권96, 列傳 권9, 諸臣 尹瓘.
『高麗史』권128, 열전 41, 반역 2, 李義方.
「酬李公求語」,『사명대사집』권5.

申維翰 編,『松雲大師奮忠紓難錄』(『한불전』제8책).
泗溟,「甲午九月馳進京師上疏言討賊保民事」, 申維翰 編,『松雲大師奮忠紓難錄』.
泗溟,「甲午四月入淸正營中探情記」, 申維翰 編,『奮忠紓難錄』(『한불전』제8책).
惟政,「乙未派兵後備邊司啓」, 申維翰 編,『奮忠紓難錄』(『한불전』제8책, p.97).
靑梅,「悼世」,『靑梅集』(『한불전』제8책, 150면).
靜觀,「上都大將年兄」,『靜觀集』(『한불전』제8책, pp.30~31).
印悟,「宋雲大師祭文」,『靑梅集』권하(『한불전』제8책, pp.155상~156하).
鞭羊 彦機,「蓬萊山雲水庵鍾峰影塔記」,『鞭羊堂集』권2(『한불전』제8책, p.253하).
鞭羊 彦機,「西山行蹟抄」,『鞭羊堂集』권2(『한불전』제8책, p.254중).
中觀 海眼 撰,「四溟堂松雲大師行蹟」,『四溟堂大師集』권7(『한불전』제8책, p.75상중).
許端甫,「松雲大師石藏碑銘竝書」,『四溟堂大師集』권7(『한불전』제8책, p.75중).
許筠,「序文」,『四溟集』(『한불전』제8집).
許筠 撰,「石藏碑銘並序」, p.834.

月峯禪師 雙式 찬,「釋迦如來齒相立塔碑」.

雷默堂 處英,「跋文」,『사명대사집』(『한불전』 제8책, pp.131~132).

毘耶居士 許端甫,「淸虛堂集序」,『淸虛堂集』(『한국불교전서』 제7책, pp.659하~660상).

申晸,「白谷處能碑銘」,『汾厓遺稿』 권10, 碑銘.

白谷 處能,「賜報恩闡敎圓照國一都大禪師 行狀」,『白谷集』 권2(『한불전』 제8책, p.330).

李景奭,「求禮華嚴寺碧巖大師碑」,『朝鮮金石總覽』 권하(서울: 아세아문화사, 1976).

李廷龜 撰,「國一都大禪師西山淸虛堂休靜大師碑」,『조선금석총람』 하권, p.853).

雷默堂 處英,「跋文」,『사명대사집』(『한불전』 제8책, pp.131~132).

尹鳳朝『奮忠紓難錄』「跋」(『한불전』 제8책, p.108하).

張維 撰,「海南大興寺淸虛大師碑」, 이능화,『조선불교통사』 권상(국민서관, 1918; 보련각, 1976), p.469.

海眼 撰,「有明朝鮮國 慈通廣濟尊者四溟堂松雲大師行蹟」,『조선금석총람』 하권(서울: 아세아문화사, 1976), p.830.

동아대학교 고전연구실 편,『高麗史』 권113,「崔瑩列傳」 권제26(서울: 태학사, 1982), p.24.

中村 元,『宗敎と社會倫理』(동경: 암파서점, 1969), p.119.

南公轍,「乾鳳寺 四溟大師紀蹟碑文」,『朝鮮金石總覽』 권하(아세아문화사, 1976), p.1250.

泗溟 惟政,『泗溟大師集』(서울: 동국대학교 출판부, 2014), p.50.

金煐泰,『임진왜란의 승장들』(동국대출판부, 1979).

대한불교조계종 군종교구,『불교군종사, 군승50년사』(서울: 사유수출판사, 2018)

金煐泰,「사명대사의 생애」,『불교학보』 제7호, 동국대학교 불교문화연구원, 1975, p.33.

金煐泰,「朝鮮 禪家의 法統說」,『불교학보』 제22집, 동국대학교 불교문화연구소,

1985, p.15.

김갑주, 「남북한산성 義僧番錢의 종합적 고찰」, 『불교학보』 제25집, 동국대학교 불교문화연구언, 1989, p.233.

오준호, 「사명유정 연구」, 동국대학교 박사학위논문, 2000, pp.33~34.

조영록, 「사명당과 강원지역의 연고 산사」, 강원도 고성군/ 사단법인 사명당기념사업회, 『2003년 9월 문화인물 사명당 기념행사 자료집』(2003.9), p.38.

李逢春, 「유정의 구국활동과 교단내의 평가」, 『불교학보』 제56집, 동국대학교 불교문화연구원, 2010, pp.178~179.

양은용, 「조선시대 국난과 의승군의 활동」, 『불교사회연구소 호국불교 의승군 세미나 자료집』, 2011년, p.10.

李晋吾, 「四溟堂 惟政의 敵陣往來기 및 三大疏 고찰」, 한국불교학회, 『한국불교학회논문집 II』, pp.98~101.

황인규, 「고려시대 국가불교와 대외항쟁」, 『한국 호국불교의 재조명』(서울: 대한불교조계종 불교사회연구소, 2012), p.129.

高榮燮(a), 「국가불교의 '호법'과 참여불교의 '호국'」, 『불교학보』 제75집, 동국대학교 불교문화연구원, 2013.

高榮燮(b), 「조선후기 승군제도의 불교사적 의미」, 『한국사상과문화』 제72집, 한국사상문화학회, 2014.

高榮燮(c), 「한국 僧軍의 역사와 사상사적 의미」, 『문학 사학 철학』 제59호, 대발해동양학한국학연구원 한국불교사연구소, 2019.

高榮燮(d), 「삼국유사의 高僧과 聖師 이해」, 『한국불교사연구』 제13호, 한국불교사학회 한국불교사연구소, 2018.6).

高榮燮(e), 「부휴 선수계의 선사상과 법통인식」, 『한국불교사연구』 제4호, 한국불교사학회 한국불교사연구소, 2013.12.

고영섭(f), 「광해군의 불교인식」, 『제3차 집중세미나자료집: 광해군시대의 재조명』, 한국불교사연구소, 2012. 8.

김용태(a), 「임진왜란 의승군 활동과 그 불교사적 의미」, 『보조사상』 제37집, 보조사상연구원, 2012.2, p.230.

김용태(b), 「조선 중기 의승군 전통에 대한 재고: 호국불교의 조선적 발현」, 『동국사학』 제61집, 동국역사문화연구소, 2016.12, pp.87~pp.91.

불광사전편찬위원회, 『불광대사전』 제6책(대만: 불광산사, 1988); 慈怡 編著, 『불광대사전』 제12책(북경: 북경도서관출판사, 2004), pp.5576~5577.

제5부

대한시대
_ 대한제국기·대일항쟁기·분단 시기 불교

제1장 _경허 성우의 미도선尾塗禪

제2장 _한암 중원의 일발선一鉢禪

제3장 _동고 문성東皐汶星의 교선敎禪 이해

제4장 _청담 순호의 마음 이해와 정화 인식

제5장 _구산 수련九山秀蓮의 살림살이와 사고방식

제1장

경허 성우의 미도선尾塗禪
– 법화法化와 행리行履의 마찰과 윤활 –

Ⅰ. 경허에 대한 두 시선
Ⅱ. 조료照了와 전정專精의 논리 방식
Ⅲ. 피모被毛 대각戴角 예미曳尾의 행화行化
Ⅳ. '조선불교사의 결론'이자 '대한불교사의 서론'

I. 경허에 대한 두 시선

　인도 불교사상사의 요가 명상으로부터 비롯되어 한 걸음 더 나아간 선禪은 수행의 대표명사로 자리잡아 왔다. 중국불교사상사의 후발주자로 출발했던 선禪은 '수행' 내지 '수양'공부의 담론으로 정립되면서 여타의 사상에까지 많은 영향을 주었다. 일반적으로 학자에게 있어서 선禪은 (경우에 따라서) 교敎의 대척점에 있는 것처럼 보인다. 하지만 유수한 선사에게 있어 선禪은 교敎의 대척점에 있는 선이 아니라 이미 교敎를 아우른 일상적 삶이다. 때문에 유수한 선사의 삶 속에는 자신의 일상적 가풍과 살림살이가 다 녹아있는 것이다.
　고려 중기 이래 선법禪法이 교법敎法을 통섭하기 시작하면서 이후 이 땅의 불교는 선적 기반 위에서 전개되어 왔다. 중국불교에 상응하여 얘기해 보면 이때의 선법은 이미 13종 가운데에서 1종 내지 12종의 여러 종파를 통섭한 상위개념으로서 자리한다. 이 때문에 고려 중후기 및 조선시대는 선법과 교법, 이승二乘과 삼승三乘을 온몸 속에서 '곰탕'[1]처럼 육화시킬 수 있는 시공간 속에 자리한다. 그리고 선禪과 교敎를 누가 어떻게 자신의 한 몸둥어리 속에서 일체화시켰느냐의 여부에 따라 유수한 사상가냐 아니냐로 판가름난다.
　고려 중기 이래의 한국 선법에는 원효 이래의 교학과 선학, 혹은 교법과 선법이 융섭되어 있었다. 아울러 지눌의 선교禪敎 일원화의 노력 이후 여말 선초麗末鮮初의 선법은 조선 유학의 과도한 주도 속에서 가냘

---

[1] 고영섭, 『한국불학사』(연기사, 1999), 19면. 논자는 한국불교의 성격을 인도와 중국의 여러 종파를 물리적으로 종합한 '비빔밥'을 넘어서서 그들을 사상의 가마솥에서 치열한 고투를 거쳐 화학적으로 삼투시킨 '곰탕'의 기질을 지닌 것으로 파악한 바 있다. 즉 이 땅의 불교 사유는 다양한 이질적 사유들이 물리적으로 '종합'된 비빔밥 불교가 아니라 그들 사유들이 화학적으로 삼투된 '독창'의 맛을 지닌 '곰탕불교'이며 바로 이것이 인도불교, 중국불교, 일본불교와 변별되는 '한국적'인 것이라고 보는 것이다.

프게나마 지혜의 맥을 이어왔다. 벽계 정심碧溪淨心 – 벽송 지엄碧松智嚴, 1464~1534 – 부용 연관芙蓉靈觀, 1485~1571의 가통家統과 종통宗統 이은 휴정 休靜, 1520~1604과 그 문도들에 의해 서산종西山宗[2]의 형식으로 정립되면서 조일朝日 전쟁 및 조청朝淸 전쟁[3]의 소용돌이 속에서도 조선불교는 이 땅에서의 정체성을 다시 확보하게 된다.

1. 법화法化와 행리行履

휴정 이래 조선 중후기 이후의 선적 가풍을 총섭한 이가 바로 편양 언기鞭羊彦機 계통을 이은 용암 혜언龍岩慧彦과 그의 계통을 이은 만화 보선萬化普善의 선맥과 강맥을 이은 경허 성우鏡虛惺牛, 1846[4]~1912이다. 경

---

[2] 金煐泰,『한국불교사』(경서원, 1997), 281면. 저자는 여기에서 "휴정은 산승불교의 종통을 굳건히 다져서 慧命을 길이 계승하게 하였"으며 "碧松을 初祖로 하고 大慧·高峰을 遠祖로 하는 한 宗派(西山宗이라고도 부를 수 있는 山僧佛敎)의 開宗 완성자라고 할 수 있을 것"이라고 말하고 있다.

[3] 이이화,『한국사이야기』제15책(한길사, 2001), 120면. 저자는 여기에서 종래의 일본과 싸웠던 임진왜란과 청나라와 싸웠던 병자호란을 '朝日戰爭'과 '朝淸戰爭'으로 규정했다. 논자 역시 매우 적절한 규정이라 생각한다.

[4] 金知見,「鏡虛禪師散考」,『禪武學術論集』제5집(선무학술회, 1995), 15~16면.; 一指,『삼수갑산으로 떠난 부처』(민족사, 2001), 17~18면. 그의 生年에 대해서는 그동안 萬海 龍雲의 1849년설, 漢巖 重遠의 1857년설, 西涯 閔泳珪와 莊峰 金知見의 1846년설 등이 제기되었다. 김지견은 한암이 경허의「梵魚寺金剛庵七星閣創建記」(大韓 光武 6년, 1902년 지음)의 "이제 이미 늙어 영고의 성쇠를 다 맛보았으니 백 가지 생각이 찬 재처럼 식어버렸구나"(今已老矣, 閱盡榮枯, 百盧灰冷.『韓佛全』제11책, 610하 면)라는 구절에 근거하여 제시한 1857년설에 대해 "그때 경허당의 나이(年光) 고작 46, 결코 "今已老矣"라고 자탄할 계제가 못된다"며 이의를 제기한다. 그러면서「瑞龍和尙行狀」(大韓 光武 4년, 1900년 지음)의 "이제 내 나이 55세이니"(今年光五十有五.『韓佛全』제11책, 612하 면)라는 구절에 근거하여 역산한 1846년 설을 제시하고 있다. 一指 역시「與法子漢巖」(大韓 光武 7년, 1903년 지음)의 "다만 스스로 절룩거리고 다니면서 마흔 넷 남짓의 세월을 보냈는데"(只自跛跛挈挈, 送過了四十四介光陰.『韓佛全』제11책, 639상 면)라는 구절에 근거하여 "이 44년이란 바로 그가 14세 되는 해(1859) 동학사에서 수업을 시작한 이후의 반평생을 말하므로 한암 중원과 한용운이 명기하고 있는 바와 같이 경허의

허는 특히 용암 혜언龍岩慧彦을 그의 선적禪的 원류源流라고 밝히면서 자신의 살림살이를 피력하고 있다⁵. 따라서 불교의 궁극적 지향인 성불一乘이 아라한 상二乘과 보살상三乘을 한 몸 속에서 삼투시킨 것이라면, 경허가 우리에게 보여준 생평生平은 두 상을 육척 장신의 한 몸뚱어리 속에다 육화시킨 '대백우거'大白牛車의 삶'이요 '곰탕같은 살림살이'이며 '조선불교사의 결론'이자 '대한불교사의 서론'이라 말할 수 있을 것이다.

하지만 조선말 대한 초기에 활동했던 경허⁶에 대한 세평은 비교적 부

출가 연령 9살을 더해 역산해 보면 1846년설이 확실하다"고 말한다.[일지, 『삼수갑산으로 떠난 부처』(민족사, 2001), 16~17면]. 한중광 역시 이 설에 동의하고 있다.[한중광, 『경허: 부처의 거울 중생의 허공』(한길사, 2001), 36~39면]. 위의 두 사람의 견해를 종합해 보면 경허의 생년은 己酉年(1849)과 丁巳年(1857)이 아니라 丙午年(1846)임이 분명해 진다.

5 漢巖 重遠, 「先師鏡虛和尙行狀」(『韓佛全』제11책, 654하 면). 여기서는 "(경허)화상은 淸虛(休靜)로부터 11세손이 되며, 喚惺(志安)으로부터는 7세손이 된다"고 했다. 그런데 덕숭문중과 耕耘 炯埈의 『佛祖源流』(我編 鏡虛惺牛 조, 불기 2520년 간)에서는 용암 혜언-'영월 봉률-만화 보선'-경허 성우로 이어지는 청허로부터 13세 손이고 환성으로부터 9세손이라고 말하고 있다. 이는 종래의 청허 아래 11세손 설에 '永月 奉律과 萬化 普善'의 2대를 추가하고 있다. 이에 대해 김영태는 한암이 지은 "「行狀」에서의 11세 7세설은 鏡虛自說에 근거하여 道統 곧 法統의 淵源을 정리한 代數이므로 이를 옳다고 하지 않을 수가 없다"며 "『행장』에서의 11세 7세설은 嗣法師의 禪脈 중심 법통이며, 덕숭문중의 13세 9세설은 受業師의 講脈까지 포함한 法系라고 하는 것이 옳지 않을까 싶다"고 말한다. 金煐泰, 「鏡虛의 韓國佛敎史의 위치」, 『德崇禪學』제1집, 한국불교선학연구원, 2000, 156~160면.

6 경허의 '첫 이름 東旭'은 일반적인 용례와 다른 것으로 보아야 할 것이다. 1942년 9월에 간행된 『경허집』의 「서문」과 「약보」를 쓴 만해(1879~1944)는 자신의 입적 직전 출판된 이 저술에서 "스님의 성은 송씨이고 법명은 성우인데 첫 이름(初名)은 동욱이었고 호는 경허였으며 여산사람이다"고 기록했다. 그런데 여기에서 '초명'을 단순히 '어릴 때의 이름' 혹은 '처음 부모에 의해 불린 이름'으로만 해석할 수 없다. 경허에 대한 첫 평전을 썼던 시인이자 언론인인 이흥우는 "1972년 11월 어느 날, 서울 사간동 法輪寺에서 만난 卞雪醐(당시 85세)스님에게서 '동욱'은 경허의 최초의 법명이었다는 증언을 들었다"(이흥우, 앞의 책, 16~17면)고 한다. 뿐만 아니라 晦明 日昇 선사의 문집인 『회명문집』에 실린 일본인 삼소 중촌건태랑이 보낸 편지(「三笑中村建太郎來書」)에서 "그 뒤로 조선의 스님들은 비록 臨濟의 宗脈을 전한다고 하였으나 名子 뿐이고 실지로는 선의 뜻을 알지 못하였다고 하겠습니다. 그러나 지금부터 60여년 전에 나타나신 '鏡虛 東旭'선사는 流遠을 뛰어난 분이어서 그 분의 法下에서 傑魁한 스님들이 많

정적이다. 일찍이 상현거사 이능화는 그의 역저 『조선불교통사』(하)에서 "世人의 선류들世之禪流이 다투어 이를 본받아 심지어는 술을 마시고飮酒 고기를 먹음食肉이 깨달음에 구애받지 아니하고不碍菩提 도둑질을 하고行盜 음행을 함行淫이 반야에 방해받지 아니한다無妨般若고 외치고 이를 대승선大乘禪이라 하여 수행이 없는 잘못을 가리고 장식하여 모두가 진흙탕 속에 들어갔으니 대개 이러한 폐풍은 실로 경허로부터 시작되었다實自鏡虛, 始作俑也. 총림에서는 이를 지목하여 마설魔說이라 한다"고 했다. 용성진종1864~1940 역시 경허의 가풍을 두고 한때 '선마'禪魔[7]라고 일갈했다.

이에 비해 경허의 애제자 한암1876~1951은 「선사경허화상행장」先師鏡虛和尙行狀을 쓰면서 "대개 행장이란 그 사실을 기록하는 것이고 허위虛僞로 기록하지 않는 것이다. 화상의 오도悟道와 교화인연은 실로 위에서 말한 바와 같거니와 만약 그 행리行履를 논할 것 같으면 장신 거구에 지기志氣는 과강果强고, 음성은 종소리와 같아 무애변을 갖추었고, 팔풍

이 나왔으니 田水月·申慧月·方漢巖·宋滿空 등의 스님들이 나와서 轉轉하며 크게 발휘하여 남북지방에 禪院들이 숲처럼 우거졌으니 鏡虛禪師야말로 스님들 가운데 巨匠이시며 朝鮮禪의 元祖라고 하여도 무방하겠습니다"[晦明, 『회명문집』, 권태영 편역, 통도사 四溟庵, 1991.; 일지, 앞의 책, 265~265면.]라고 한 곳에서 그를 '鏡虛 東旭'선사로 표현하고 있다. 논자 역시 20년 뒤에 경허의 법명이 '惺牛'로 바꾸기 전까지 사용했던 '東旭'은 출가 전의 이름이 아니라 출가 뒤 처음 받았던 법명으로 추정한다. 출가자에겐 이미 출가 이전의 행장은 무의미한 것이다. 더우기 이 「약보」를 쓴 만해 역시 이미 만년에 접어든 선사의 신분이다. 그 때문에 이미 '선사로서의 경허'의 간략한 연보를 쓰는 만해에게 있어 14세 출가 이전의 兒名의 기록은 무의미하다고 생각했을 것이다. 이런 예는 원효의 初名으로 알려진 '誓幢' 역시 출가 전의 이름이 아니라 '塞部' 혹은 '元曉'라고 쓰기 이전까지 사용했던 출가 뒤의 첫 법명이었던 것으로 추정된다. 왜냐하면 그의 오랜 주석처였고 행장을 담은 「高仙寺誓幢和上碑文」의 '서당'이 출가 전의 이름이라면 출가 사문의 탑비 제목명에 '誓幢和上'이라고 쓰지는 않았을 것이다. 따라서 경허의 '초명' 동욱 역시 변설호 선사와 일본인 중촌건태랑의 편지처럼 '첫 법명' 동욱으로 읽어야 할 것이다.

7 龍城 震鐘, 「龍城法語」, 『龍城大宗師全集』 제1책(용성대종사전집간행위, 1992).

(八風: 衰, 毁, 譽, 稱, 譏, 苦, 樂과 같이 사람의 마음을 흔들어 놓는 여덟 가지 바람)을 대함에 산과 같이 부동不動해서 행할 만 할 때엔 행하고 그쳐야 할 때는 그쳐서 다른 사람의 영향을 받지 않으므로 음식을 자유로이 하고 성색聲色에 구애받지 않아서 호호탕탕 유희하여 사람들의 의심과 비방을 초래하였으니, 이는 광대한 마음으로 불이문不二門을 증득했기 때문이다"면서 "후대의 학인들이 화상의 法化를 배우는 것은 옳으나 화상의 행리行履를 배우는 것은 옳지 않으니 사람들이 믿어서 이해할 수가 없기 때문이다"[8]며 가치 중립적인 시선을 제시해 보이고 있다.

만해 용운奉玩, 1879~1944은 만공으로부터 『경허집』의 교열과 서문을 부탁 받고 "혹은 술집과 시정에서 읊조렸으되 저속하지 않으며 비바람 눈보라 치는 텅 빈 산에서 붓을 잡아도 세간을 벗어난 것만도 아니어서 종횡으로 힘차고 생소하거나 숙달되었거나 걸림없이 문장마다 선이요 구절마다 법이어서 그 법칙이 어떠한 것을 논할 것도 없이 실로 일대의 기이한 글이요 싯구이다"[9]라고 기술하고 있다. 만공 월면1871~1946 역시 "좋을 때와 나쁠 때는 부처와 (사나운) 호랑이보다 더한 이가 바로 경

---

[8] 漢巖 重遠, 「先師鏡虛和尙行狀」, 『韓佛全』 제11책, 656상 면); 한암문도회, 『한암대종사법어록: 漢巖一鉢錄』(민족사,1995), 299면 및 301면. 하지만 한암은 「행장」의 앞부분에서는 "누가 능히 여기에서 대장부의 뜻을 갖추어 자성을 철저히 깨달아 그 제일가는 공덕을 성취하여 큰 지혜 광명의 의취로 저 오백 세 후까지 강대하게 유통하리오. 나의 先師 경허화상이 이런 분이시다"(『韓佛全』 제11책, 653상 면)고 드높이고 있다. 이렇게 볼 때 경허의 「행장」을 정직하게 기술하는 한암의 시선은 스스로 스승에 대한 존경의 念을 깔고 있음을 알 수 있다. 그럼에도 불구하고 경허의 가풍과 행적에 대해 이와같이 기록한 것은 투철한 역사 정신에 입각하여 그 진실을 기록함으로써 후대인의 근기에 따라 이 선사를 이해하는 길을 열어두기 위함(記其事, 以示後人)이라 할 것이다. 여기에서 우리는 경허를 올바로 이해하기 위한 指南을 제시받음과 동시에 "천고에 말없는 학이 될지언정 삼세에 말 잘하는 앵무새는 되지 않겠다"고 한 한암의 家風과 禪機를 엿볼 수 있다.

[9] 韓龍雲, 『鏡虛集』 「序」(『韓佛全』 제11책, 587중 면). "或高唫於酒肆屠市之間, 而不入世間, 或縱筆於空山雨雪之中, 而不出世間, 縱橫淋漓, 生熟自在, 無文不禪, 何句非法, 莫論其軌則之如何, 實一大奇文奇詩也."

허선사"[10]라고 했다.

퇴경 권상로는 그의 『한국선종약사』에서 "현하 전국선원에서 주장자를 짚고 면벽하는 이들은 모두 그 문풍을 승습承襲할 뿐만 아니라 승니僧尼로 하여금 선의 면목을 알게 하고 일반으로 하여금 선법이 있는 줄 알게 된 것은 전혀 선사의 힘이다. 선사에 대한 훼예毁譽가 양극단에 이르러서 '선시善時에 선과어불善過於佛 하고 악시惡時에 악과어호惡過於虎라'는 말을 적평適評이라 하지만 현대의 우리나라 선학禪學을 말하는 데는 선사禪師를 중흥조로 존앙하지 않을 수 없는 바이다"[11]고 평가하고 있다.

더불어 그에 대한 학계와 선계 그리고 문화계의 세평은 '최근의 종교적 천재天才' 혹은 '한국 불교 선지禪旨의 중흥조'中興祖(서경수[12]), '한국의 달마'(진성 원담[13]), '근대 한국 선불교의 한 희한한 고승' 혹은 '한 투철한 마음, 최고의 진리空性의 저편 언덕彼岸을 찾아서 가는 한 가열苛烈한 정신의 절뚝거리는 편력'(이흥우[14]), '조선 근대의 巨人'(김지견[15]), '현대 한국 참선參禪의 중흥조'中興祖이자 '현근대現近代의 우리 불교역사에 하나의 새로운 기원을 이룩한 장본인'(김영태[16], '한국 최근세선을 중흥시킨 대

---

10 滿空 月面,「聞鏡虛法師遷化吟」,『惺牛 鏡虛集』(補遺)(『韓佛全』제11책, 651하 면);『滿空語錄』(약수암, 1976), 85면. "善惡過虎佛, 是鏡虛禪師."
11 退耕 權相老,「韓國禪宗略史」,『백성욱박사 송수기념 불교학논문집』(동국대학교, 1959), 292면.
12 서경수,「경허연구」,『석림』제3집, 1969.11, 14면;『불교철학의 한국적 전개』(불광출판부,1990), 392면 및 397면.
13 眞性 圓潭 역,『경허선사법어: 진흙소의 울음』(홍법원,1993), 5면.
14 李興雨,『경허선사: 공성의 피안길』(민족사, 1996), 11면. 그는 조선일보사 발행『주간조선』에「현대한국고승전: 경허대선사편」(1972)을 25회 연재(1.2~11.16)하며 '근대 한국 선불교의 희한한 고승, 경허 성우의 행적과 연고지에 대한 추적을 시도하였다. 이 책은 이것을 보충과 수정을 더한 것이다.
15 金知見,「鏡虛堂 散考」,『선무학술논집』제5집, 선무학술회, 1995, 12면;『莊峰散稿: 화엄사상과 선』(민족사,2002), 255면.
16 金煐泰,「鏡虛의 韓國佛敎史的 위치」,『德崇禪學』제1집, 한국불교선학연구원, 2000, 139면; 168면.

선장'大禪匠(고익진[17]), '선종이 한창 흥왕하였던 당송唐宋시대 오종가풍五宗家風의 종장반열宗匠班列에 끼어도 오히려 웅휘雄輝하게 빛나실 거룩한 어른'(석명정[18]), '우국憂國의 선승禪僧이며 한국선의 도화선에 불을 당기고 영원한 형벌을 받는 프로메테우스'(일지[19]), '한국 근대선의 첫새벽' 혹은 '한국 현대선의 아버지'(한중광[20]) 등 비교적 긍정적 시선을 얻어가고 있다.

문제는 "화상의 '깨달은 진리'法化를 배우는 것은 옳지만, 화상의 '행한 자취'行履를 배우는 것은 옳지 않다"는 한암의 갈파처럼, 경허 내면 속의 '깨달음'과 '자취'가 실존적 인간인 우리의 삶 속에서 어떻게 마찰되고 윤활되는가를 살펴보는 것이 보다 중요한 것이라 할 수 있다. 즉 어떻게 해야 경허의 '행리를 넘어서서 법화를 보고, 행리를 따르면서도 법화를 따르는 지혜를 확보할 수 있느냐는 것이다. 다시 말해서 경허의 '진리'와 '자취'가 그의 몸뚱어리 속에서 어떻게 마찰되고 윤활되는지를 우리의 온몸으로 적확하게 통찰해 내느냐의 여부에 달려 있다는 것이다.

이 글에서는 우선 '법화'와 '행리'에 대한 선행 연구자들의 평가의 담론들이 적절한가는 미루어 두고 경허의 선이 과연 무엇이며 어떠한 가풍 속에서 전개되고 있는지를 규명해냄으로써 경허선에 대한 정당한 평가를 내오려 한다. 논자는 동학사 강사 시절 『장자』莊子를 천독千讀이나 한 경허의 선사상을 『장자』莊子 「추수」秋水편의 '예미어도중曳尾於塗中'에서 따와 그의 온전한 가풍을 '미도선'尾塗禪[21] 혹은 '예미선'曳尾禪의 관점

---

17 高翊晋, 「경허당 惺牛의 兜率易生論과 그 시대적 의의」, 『한국미륵사상연구』(동대출판부,1987), 408면.
18 釋明正 譯註, 『鏡虛集』후기(통도사 극락선원, 1990), 428면.
19 一指, 『삼수갑산으로 떠난 부처』(민족사, 2001), 9면.
20 韓重光, 『경허: 부처의 거울 중생의 허공』(한길사, 2001), 20면 및 31면.
21 탄허선사는 이흥우시인에게 경허와 한암의 대화를 이렇게 전했다고 한다. "여보게 중원이, 내가 중노릇 하기가 싫어서 『莊子』 千讀을 했네. 중노릇을 안 하면 선비들

에서 규명해 볼 것이다. 그의 생평에는 이 기호가 의미하는 것처럼 노장 사상의 영향이 짙게 보이기 때문이다.

2. 방석과 책상

경허는 그의 「중노릇 하는 법」에서 출가 수행의 분명한 이유를 말하고 있다. "대저 중노릇 하는 것이 어디 적은 일이리요 잘 먹고 잘 입기 위하야 중노릇 하는 것이 아니라 '부처 되어 살고 죽은 것을 면하자'고 하는 것"[22]이라고 역설하고 있다. 부처가 되어 생사 윤회를 면하고자 함은 출가 수행자를 포함한 모든 불제자들의 제1의 화두이다.

그런데 그가 이러한 글을 썼던 이유를 돌이켜 보면 출가 수행의 본분사를 잊고 있는 당시의 교단의 모습을 엿볼 수 있다. 경허는 이에 대한

을 사귀어야 할 텐데, 선비들과 사귀려면 한문을 많이 알아야 한단 말야. 그래서 『장자』를 천 번 읽었어. 그러나 막상 중노릇을 그만두려고 하니 부처님의 말씀을 여일 수가 없게 그려." 이처럼 경허는 언젠가 애제자 한암 중원에게 자신은 동학사 강사 시절에 『莊子』를 千讀이나 했다고 술회하였다 한다. 이흥우, 『경허선사: 공성의 피안길』(민족사,1994), 85면. 그는 또 「법제자 한암에게 주며」(與法子漢巖, 『韓佛全』 제11책, 639상 면)라는 글에서 『장자』 외편 「秋水」(17)편의 "거북이는 차라리 죽어서 뼈를 남긴 채 (점치는데) 소중하게 받들어져 쓰이기보다는 오히려 살아서 진흙 속에서 꼬리를 끌며 다니기를 바란다"는 '曳尾於塗中'이란 말을 인용하며 "나는 천성이 인간 세상에 섞여 살기를 좋아하고 아울러 '꼬리를 진흙 가운데 끌고 다니기를 좋아하는 사람'이다. 다만 스스로 절룩거리며 마흔 네 해의 세월을 보냈는데 우연히 해인정사에서 (重)遠開士를 만나게 되었다"며 자기의 평생을 한 마디로 '曳尾塗中'이라 표현했다. 논자는 여기서 '和光同塵', '被毛戴角', '異類中行'한 경허의 가풍을 한 마디로 '尾塗禪' 혹은 '曳尾禪'으로 규정하고자 한다. '털'을 입고 '뿔'을 이고 '꼬리'를 끄는 경허의 家風과 生平은 '머리'(角)와 '몸체'(毛)보다 더욱 더 낮은 곳에 드리워진 꼬리(尾)가 바로 진흙 속에다 온몸을 던지며 산 깨친 진흙소(泥牛) 惺牛의 삶과 가풍을 가장 잘 드러내기 때문이다. 따라서 논자는 진흙속에서 자신의 온몸을 받치고 서 있는 '뒷다리' 내지 '꼬리'를 형용하는 '尾塗' 혹은 '曳尾'란 기호로 경허의 전신이 투영된 삶을 언표하고자 한다.

22 鏡虛, 『鏡虛集』(韓佛全) 제11책, 597상 면).

준엄한 비판을 통해 참다운 수행 가풍을 세우려 했음을 알 수 있다. 그가 해인사를 무대로 「결동수정혜동생도솔동성불과계사문」結同修定慧同生兜率同成佛果禊社文을 지으면서 수선결사를 주도하고 있음에서도 이 점은 잘 드러나고 있다.

당시의 선법에 대한 경허의 문제의식은 고려 중기의 지눌知訥, 1158~1210과도 일맥 상통하고 있다. 지눌은 그의 「권수정혜결사문」勸修定慧結社文에서 고려 중기 불교 교단의 선교禪敎 갈등을 '치선'癡禪과 '광혜'狂慧라는 기호로 갈파했다. 깨달음을 얻는 데에 아무런 도움이 되지 않는 선종의 '헛된 참선'과 깨달음으로 가는 길에 아무런 도움이 되지 않는 교종의 '마른 지혜'에 입각하여 당시 불교인들은 끊임없이 자신의 견해만 주장하고 있었다.[23] 즉 붓다의 마음인 선禪이 빠져버린 교敎, 狂慧와 붓다의 가르침인 교敎가 빠져버린 선禪, 癡禪의 일방적 주장만이 어지럽게 춤추고 있었다.

이에 대해 지눌은 '헛된 참선'과 '마른 지혜'의 대립으로는 더 이상 깨달음을 얻을 수 없음을 확신하고 '참된 참선'과 '살은 지혜'의 화회를 위해 반조返照의 방식(논리)을 제창했다. 반조의 논리는 자기 본성自性과 자기 마음自心의 두 축을 안으로 돌이켜 봄으로써 참된 마음眞心의 회복을 도모하는 것이다. 즉 진심(혹은 無心)을 안에서 구하고 밖에서 구하지 말며, 나에게서 구하고 남에게서 구하지 않는 것이다. 다시 말해서 자기 본성과 자기 마음을 서로 돌이켜 비춤으로써 그의 궁극적 화두였던 참된 마음을 드러내는 것이었다.

경허 역시 당시 조선 후기 불교 교단의 선법과 교법의 특징을 '눈 먼 방석불교'와 '다리 저는 책상불교'로 규정하고 '눈을 밝히고' '다리를 바

---

23 高榮燮, 「지눌의 眞心 사상: 頓漸(定) 축과 理事(慧) 축의 긴장과 탄력」, 『보조사상』 제15집, 보조사상연구원, 2001, 126면.

로 잡는' 가풍을 제창하였다. 그는 먼저 방석에 앉아 있기만 한 '눈 먼 불교'를 바로잡기 위해 깨달음에 대한 규정을 새롭게 했다. 경허는 깨달음은 "용이 환골換骨함에 그 비늘을 바꾸지 않고, 범부가 개심開心함에 그 얼굴을 바꾸지 않는 것"[24]과 같다고 했다. 즉 용은 비늘을 지닌 채로 환골하고 범부는 얼굴 그대로 개심해야 참다운 깨달음이라고 할 수 있다는 것이다. 다시 말해서 자기마음과 분리된 대상화된 깨달음은 이미 깨달음이 아니라는 뜻이다. 이는 마치 "중생의 세계가 줄어들지 않고 부처의 세계가 늘어나지 않는 것"[25]이라는 일연의 화두와도 같은 것이다. 그러면 어떻게 해야 용이 비늘을 바꾸지 않고 뼈를 바꾸며 범부가 얼굴을 바꾸지 않고 마음을 열 수 있는가. 다시 말해서 어떻게 해야 중생의 세계 그 자리에서 곧바로 중생이 부처가 될 수 있는가.

경허는 '용이 뼈를 바꾸되 그 비늘을 바꾸지 않고,' '범부가 마음을 열되 그 얼굴을 바꾸지 않는' 소식을 통해 깨달음의 경계를 환기시키고 있다. "부처와 조사라고 이름하며 선과 교를 설하지만 어찌 특별한 자리가 있어 분별을 일으키리. 돌 사람이 피리 불고 목마가 졸고 있네"[26]라고 노래 부른다. 그래서 "부처가 되려면 내 몸에 있는 내 마음을 찾아보아야 하는 것"[27]이라고 말한다. 그 때문에 눈 먼 방석불교를 극복하기 위해서 경허는 붇다의 가르침인 교敎를 활구법문活句法門으로 살려내야만 했다. 동시에 다리 저는 책상불교를 이겨내기 위해서 그는 붇다의 마음인 선禪을 활인검活人劍으로 휘둘러내야만 했다.

임란 이후 교학과 선학은 새롭게 정립되는 간看/강講 경문經門, 참선문

---

24 鏡虛, 『鏡虛集』(『韓佛全』 제11책, 600면).
25 閔漬 撰, 「麟角寺普覺國師靜照塔碑」, 『朝鮮金石總攬』 卷下(아세아문화사,1976), 470면. "常以生界不減佛界不增之語參究之, 忽一日豁然有悟, 謂人曰. 今日乃知三界如幻夢, 見大地無纖毫, 是年批授."
26 鏡虛, 「悟道歌」, 『鏡虛集』(韓佛全) 제11책, 629상 면).
27 鏡虛, 「중노릇 하는 법」, 『鏡虛集』(『韓佛全』 제11책, 597상 면).

參禪門, 염불문念佛門의 삼문三門으로 자리잡아 가고 있었다. 강당(방)과 선방(참선당)과 염불방(당)이 별립되면서 전문 수업 혹은 겸수兼修에 열중하였다. 경허 역시 이러한 교학과 선학의 분위기를 두루 익히고 있었기에 자연스럽게 동학사 강원에서 만화 보선의 지도 아래 강학講學을 이수하였다. 그는 약관인 20대 초반에 이미 강사가 되었고 30세 초반에는 수선修禪에 몰입하여 정진하던 중 34세의 겨울에 깨달음을 얻었다.

한암은 경허의 가풍을 이렇게 표현했다. "주장자를 꺾어 문 밖으로 던져 버리고 훌훌 털고 산을 나서서 형편 따라 교화를 베푸심에 상투적인 데서 벗어나고 격식을 두지 않으셨다. 혹은 시중에서 어슬렁거리며 속인들과 섞여 지내시며, 혹은 한가로이 소나무 정자松亭에 누워 초연히 풍월을 읊조리시니 그 초탈한 취지는 사람들이 능히 헤아릴 수 없다.[28]" 한암의 기술처럼 경허는 종래의 선사나 강사들의 상투적인 제접과 담론에서 벗어나 당시의 세상 사람들과 함께 했다.

경허는 그들과 담론하고 거량하면서 조선 유학의 과도한 주도에 밀려 진이 다 빠질대로 빠져있던 당시의 불교를 새롭게 세우려 했다. 『경허집』의 많은 산문들[29]과 운문들은 이러한 경허의 이류중행異類中行에 대한 흔적을 잘 보여주고 있다. 자신과 담론한 인물들에게 몸소 시를 써 주거나 혹은 그들과 만난 이후의 소회所懷를 형상화 해낸 시들에서 특히 경허의 내면을 잘 들여다 볼 수 있다.

---

28 漢巖 重遠,「鏡虛和尙行狀」,『鏡虛集』(『韓佛全』 제11책, 655하~656상 면). "遂拗折柱杖, 擲於門外, 翩然出山, 隨方宣化, 脫畧窠臼, 不存軌則, 或懶遊城市, 混同塵俗, 或閑臥松亭, 嘯傲風月, 其超逸之趣, 人莫能測."
29 경허는「德裕山松溪庵回祿後成造勸善文」,『鏡虛集』(『韓佛全』 제11책, 607하 면)에서 "경우에 따라서 글이란 혹은 흥취에서 혹은 적막할 때 혹은 슬플 때 혹은 무엇을 동경할 때나 그윽하고 한가로움이 맑고도 깊을 때나 우수가 다하여 찌들 때, 그럴 때 짓나니 그 일이 실로 한 두 가지가 아니다"면서 자신의 文章觀을 드러내 보이고 있다.

그는 당시 '다리 저는 책상불교'의 모습을 보이는 강학계와 '눈 먼 방석'의 모습을 보이는 선(학)계를 넘어서서 '반듯한 다리'와 '눈을 활짝 뜬' 불교적 인간상을 제시하려 했던 것이다. 경허가 그의 「오도가」悟道歌에서 "사방을 돌아보아도 사람이 없으니, 의발을 누구에게 전해 받으리, 의발을 누구에게 전해 받으리. 사방을 돌아보아도 사람이 없네"[30]라고 한 것처럼 이는 자신에게 의발을 전해 줄(받을) 이가 없음에 대한 탄식과 더불어 자신으로부터 비롯되는 새로운 경허 가풍을 예견하는 것이라 할 수 있다.

「오도가」 서두의 이러한 담론은 종래 조선 후기의 강학계와 선학계의 풍토가 '눈 먼 방석불교'와 '다리 저는 책상불교'의 틀을 벗어나지 못하고 있음에 대한 준엄한 비판과 반성이라 할 수 있다. 동시에 자신이 전개할 불교는 '반듯한 다리'와 '눈을 활짝 뜬' 독자적인 경허 가풍임을 암시하는 것이라 할 수 있다.

---

30 金浩星, 「結社의 近代的 展開 樣相」, 『普照思想』 제8집, 1995, 142면. 김호성은 漢巖의 「先師鏡虛和尙行狀」에서 "四顧無人 네 구를 첫머리에서 시작하고 끝머리에서도 맺어놓은 것은 이는 師友와 淵源이 이미 끊어져서 印證하여 서로 받을 곳이 없음을 깊이 탄식한 것이다"라고 하고 이를 근거로 "의발을 누구에게 전해받으랴"로 옮기고 있다. 최병헌 역시 "경허가 悟道 이후 고심 끝에 禪의 道統 淵源을 정리하여 밝히고 있음을 보아 그의 悟道를 인가해 줄 스승이 없음을 탄식한 의미로 해석하는 것이 타당하지 않은가 한다"고 하며 김호성의 견해를 따르고 있다(崔柄憲, 「近代 禪宗의 復興과 鏡虛의 修禪結社」, 『德崇禪學』 제1집, 72면). 논자 역시 경허 이래 "水月, 慧月, 枕雲, 滿空, 漢巖 등 그의 高足들이 즐비했던 역사적 사실에 근거해 볼 때 이 구절은 그의 아래로 의발을 전해줄 이가 없음을 고뇌한 것이 아니라 글의 제목인 「悟道歌」인 것처럼 '그의 위로부터 의발을 누구에게 전해 받으리'로 보아야 하며 이것은 '자신에게 의발을 줄 사람이 없음을 탄식하는 것'이자 동시에 '자신의 깨달음이 여타의 종래 선사보다 더 투철함을 드러낸 자신감의 표현'으로 보는 것이 더 적확하다고 생각한다.

Ⅱ. 조료照了와 전정專精의 논리 방식

유수한 학자나 사상가들에게는 그들의 학문적 화두와 더불어 사상적 화두가 있기 마련이다. 그런데 언어를 통해서 자신의 집을 지은 사상가들에게는 이들 화두를 풀어헤쳐 나갈 나름대로의 논리적 매개항이 있다. 특히 불교사상가들에게 있어서는 소승과 대승, 아라한과 보살, 깨달음과 나눔, 채움과 비움 등의 이항을 유기적으로 해소하는 매개항이 있다. 이들 매개항은 붓다의 중도中道를 일깨우기 위해 설정된 두 문을 회통하는 기제가 된다. 경허는 지눌의 '반조'返照에 상응하는 '조료'照了의 기호를 세우고 있다.

경허는 만년에 선가禪家의 종요를 모아 『정법안장』이라 붙이고 서문을 붙였다. 그런데 이 『정법안장』은 훗날 『선문촬요』로 제명이 바뀌어 유포된 이후로 선문의 고전으로 자리잡는다. 그 서문에서 그는 다음과 같이 말하고 있다.

> 마음의 근원을 돌이켜 비추어 (마음의) 공용功用을 오롯이 정밀히 하면 비록 일대 장교四藏를 지나쳐 보지 않았다 하더라도 일대 장교가 여기에 있다.[31]

경허에게 있어 선과 교는 대립하지 않는다. 그는 젊은 시절 동학사 강사를 할 정도로 교학에 대한 이해가 전제되어 있었다. 그 위에서 다시 선의 이해를 추가하고 있는 것이다. 그가 보이는 마음의 근원을 돌이켜 비추어 깨달아 사무치는 '조료'照了나 마음의 공용을 오롯이 정밀히 하

---

31 鏡虛, 「正法眼藏序」, 『鏡虛集』(『韓佛全』 제11책, 600하 면). "返照於心源, 用功專精, 雖不用看過藏敎, 藏敎在焉."

는 '전정'專精의 기호 역시 일대장교의 '간과'看過를 무시하는 맥락에 있지 않다는 것이다.

1. 조료照了의 논리

원효에게는 귀일심원歸一心源과 요익중생饒益衆生을 성취시키는 '화회'和會의 논리가 있고 지눌에게는 이문진심二門眞心과 선교일원禪敎一元을 비추어 보게 하는 '반조'返照의 논리가 있으며, 휴정에게 일물선심一物禪心과 사교입선捨敎入禪을 이루어내는 '회통'會通의 논리가 있는 것처럼, 경허에게도 반조심원返照心源과 이류중행異類中行을 돌이켜 보게하는 '조료'照了의 논리가 있다. '조료'는 말 그대로 '돌이켜 비추어 깨달아 사무침'을 뜻하는 기호이다. 다시 말해서 마음의 근원을 '반조'返照하고 '요달'了達하게 하는 코드이다.

위 인용문의 "마음의 근원을 돌이켜 비추어 (마음의) 공용을 오롯이 정밀히 하면返照於心源, 用功專精, 비록 일대장교를 훑어 보지 않았다 하더라도 대장경이 여기에 있다"雖不用看過藏敎, 藏敎在焉[32]는 말에서 주목되는 두 기호는 '반조'返照와 '전정'專精이다. 경허는 일대장교의 '간과'看過와 변별되는 선법 수행의 길을 '반조'返照와 '전정'專精이라는 코드로 갈파하고 있다. 또 경허는 그의 글 「시법계당」示法界堂에서 "빛을 돌이켜 되비추고 마음의 근원을 비추어 깨달아라" 廻光返照, 照了心源[33]고 하면서 '일일조고'日日照顧[34],

---

32 鏡虛, 『鏡虛集』(『韓佛全』 제11책, 600하 면). "返照於心源, 用功專精, 雖不用看過藏敎, 藏敎在焉."
33 鏡虛, 「示法界堂」, 『鏡虛集』(『韓佛全』 제11책, 595상 면); 鏡虛, 「與藤菴和尙」, 『鏡虛集』(『韓佛典』 제11책, 593중 면).
34 鏡虛, 위의 글, 위의 면.

'조료자성'照了自性35, '조료망상'照了妄想36, '반조불매위정'返照不昧爲正37 등과 같이 '반조'返照 대신 '조료'照了 혹은 '조고'照顧라는 기호를 애용하고 있다.

이처럼 여느 선사들처럼 경허는 위로 향하지 않고 아래로, 밖으로 향하지 않고 안으로, 남에게서 구하지 아니하고 자기에게서 구하기 위해 '조료'照了 하고 '반조'返照하는 논리 방식을 통해 정진했다. 교학자들은 언어를 통해 매개 논리를 원용하지만 워낙은 선사와 마찬가지로 '관조'觀照 혹은 '조료'照了 내지 '반조'返照의 논리 방식을 통해 붇다의 핵심교설인 중도를 드러내 보이고 있다. 이러한 맥락에서 중도 구현을 위해 고투한 유수한 한국불교사상가들의 화두와 매개항을 도표화시켜 보면 아래와 같다.

시대	인물	화 두	매개항	화두
신라	元曉	歸一心源	和諍會通	饒益衆生
고려	知訥	二門眞心	廻光返照	禪敎一元
조선	休靜	一物禪心	三敎會通	捨敎入禪
대한	鏡虛	返照心源	照了專精	異類中行

위의 도표와 같이 경허에게 있어 '반조'返照와 '요달'了達의 통섭인 '조료'照了의 코드는 먼저 높은 곳에서 찾지 않고 낮은 곳에서 찾으며, 남에게서 찾지 않고 나에게서 찾으며, 바깥에서 찾지 않고 안에서 찾게 하는 기제이다. 여기서 '돌이켜 비춘다'返照는 것은 모든 사물을 비추는 거울처럼, 모든 물길을 아우르는 바다처럼 무차별의 시선으로 마음의 근원

---

35 鏡虛, 앞의 글, 위의 면.
36 鏡虛, 앞의 글, 위의 면.
37 鏡虛,「與藤菴和尙」,『鏡虛集』(『韓佛全』제11책, 593중 면).

을 관조하는 것이다. 즉 진심眞心의 몸체인 자기 본성과 진심의 몸짓인 자기 마음을 있는 그대로 비추는 것이다.

또 '요달한다'는 것은 마음의 근원을 또렷또렷惺惺하고 고요고요寂寂하게 돌이켜 비추어返照 깨달아 사무치는了達 것이다. 따라서 照了는 "스스로 '마음의 근원'心源을 비추어 보게 함으로써 깨달음을 얻게 하고 동시에 자신의 존재 이유가 오늘의 성취를 있게 해준 모든 인연들에게 다 나누어주는 것임中行을 사무치게 통찰하는 것"이다.

그러기 위해서는 심원心源의 몸체를 비추어 깨닫게 하는 '조료'照了 뿐만 아니라 심원心源의 몸짓을 보다 구체화하는 '전정'專精의 방식이 요청되는 것이다. 불교의 초기 경전인 『아함경』의 주요 수행법은 '홀로 한 고요한 곳에서 오롯이 정밀히 사유하는'獨一靜處 專精思惟 것이었다.

이때 전정專精은 위빠사나洞察禪 수행의 구체적인 방법이었다. 즉 담마法의 현상에다 호흡의 일어남과 사라짐을, 나아가 사물에 즉한 언어와 사유의 일어남과 사라짐을 대응시켜 또렷하고 정치하게 살피는 것이었다. 따라서 경허에게 있어 전정專精의 방식은 照了를 통해 비춰진 심원心源을 보다 정밀하게 관찰하는 것이었다고 할 수 있다.

2. 전정專精의 방식

경허는 조료照了를 통해 마음의 근원을 살피고 '전정'專精을 통해 그것을 보다 현실 속에서 구체화하고자 했다. '조료'가 보다 근원적인 몸체의 논리라면 '전정'은 그 몸체의 구체적 적용인 몸짓의 방식이다. 몸체와 몸짓이 분리될 수 없는 것처럼 조료와 전정 역시 따로 설명될 수 없다. 몸체가 부처의 길을 구하는 '채움'의 과정이라면, 몸짓은 보살의 길을 향하는 비움의 과정이다. 이를 도시화하면 다음과 같다.

| 照了 | 心源 | 부처 | 返照心源 |
| 專精 | 用功 | 보살 | 異類中行 |

경허에게 있어 조료照了는 마음의 근원을 돌이켜 비춤으로써 깨달음을 얻게 하고 동시에 그의 존재 이유가 중생들 속에서 더불어 나누며 살아가는 것임을 이끌어주는 매개항이다. 전정專精은 마음의 근원의 공용을 오롯하게 살핌으로써 이 이류중행異類中行과 반조심원返照心源의 구도를 구체적인 현실 속에서 이끌어 가는 매개항이다. 반조와 조료의 통섭인 조료와 전정의 매개항은 결국 반조심원과 이류중행을 위한 것이며 그것은 동시에 경허의 근원적 화두를 타파하기 위해 설정된 기제라 할 수 있다.

그러면 경허가 '조료' 혹은 '전정'을 통해 얻고자 했던 궁극적 화두는 무엇인가. 그것은 한 마디로 깨달음이다. 그 깨달음은 '영원히 사는 나라'이자 '불생불멸의 나라'인 '축복받은 곳'壽域에 태어나는 것이다. 그런데 경허가 꿈꾸는 불생불명不生不滅의 나라는 여기서부터 저만치 떨어져 있는 '어디'가 아니라 풍전등화와 같은 위기 속에 자리한 조선말 대한 초기의 이 땅 바로 여기이다.

그가 해인사에서 수선결사를 제창하면서도 여기서부터 십만억 불국토를 지나 설정된 미타 정토를 비정하지 않고 욕계 제4천인 도솔천을 제시한 것은 '바람 앞에 등불'과도 같은 조선말 대한 초기를 살아가는 절망의 백성들에게 희망의 메시지를 제시하기 위한 고뇌의 산물이라고 이해할 수 있다.

경허는 「범어사설선사계의서」梵魚寺設禪社契誼序에서 "이제 수행자들을 보건대 모두가 방편설에 미혹되어 일생을 그르치니 슬프다"면서 "듣고 믿지 않더라도 오히려 부처를 이룰 인연을 맺고 배워서 이루지 못하더라도 오히려 사람과 하늘의 복보다 낫다"며 동참계를 시설해서 함께 최상의 인연을 맺어 불생불멸의 나라壽域에 이르자고 제안한다.

영원히 사는 나라壽域란 무엇인가. 푸른 산은 높이 솟고 푸른 바다는 넓고 넓으며 조각 구름은 떠 있고 솔바람은 소슬하니 어느 것이나 자기의 광명이 아님이 없어서 하늘에 두루 하고 땅에 두루하여 항상 영원한 옛이요 항상 영원한 현재로다. 비록 妙用이 항하강 모래 수와 같으나 그 견고함도 능히 금강과 같으리라.[38]

가장 좋은 인연이란 무엇인가. 경허는 함께 수행에 동참하여 영원히 사는 나라에 태어나기를 기원하는 인연이라고 역설한다. 즉 뜻을 같이 하는 도반들과 함께 금강과도 같은 견고함으로 불생불멸의 나라에 이르기를 다짐하는 것이다. 그것은 조료照了의 논리와 전정專精의 방식을 통해서 마음의 근원을 비추어 깨달아 사무치고 뿔을 이고 털옷을 입고 꼬리를 끌며 중생속으로 들어가 밭을 갈고 짐을 나르며 더불어 나누며 사는 삶인 것이다. 경허가 궁극적으로 모색한 것은 바로 이 조료심원照了心源과 이류중행異類中行이 하나로 삼투되는 삶이었던 것이다. 이것은 곧 당대의 가장 주체적인 선사로서 국망國亡의 아우라를 돌파해가는 몸부림과도 같은 것이었다고 할 수 있다.

III. 피모被毛 대각戴角 예미曳尾의 행화行化

경허의 깨달음은 철저하다. 그의 「오도가」悟道歌 즉 '무상일곡가'無生一

---

38 鏡虛,「梵魚寺設禪社契誼序」,『鏡虛集』(『韓佛全』 제11책, 600중 면).

曲歌, 1881는 무생無生 즉 공성空性에 대한 투철한 인식을 드러내고 있다. 그는 선가의 전법의 상징인 가사와 발우를 전해줄 이를 찾고 있다. 아니 오히려 그에게 가사와 발우를 전해 줄 이가 없음을 탄식하고 있는 것이라 읽어야 할 지 모르겠다.[39] 이 「오도가」는 자신에게 의발을 전해줄 사람이 없음에 대한 탄식과 동시에 여타의 선사들과 변별되는 자신의 독자적 가풍에 대한 자부심이 투영되어 있다.

1. 경허의 살림살이

깨우친 경허에게는 사방을 둘러보아도 눈을 뜬 자가 보이지 않는다. 나라가 누란累卵의 위기에 있어도 나라의 장래를 걱정하는 사람은 보이지 않는다. 교단은 교단대로 자신의 생각만이 옳다고 하고 누구 하나 교단의 부흥을 위해 분연히 일어나 불조佛祖의 혜맥慧脈을 바로 잡으려고 하지 않는다. 이 선언은 당시의 부조리한 현실에 대한 경허의 통렬한 비판이자 자기 학대이다. 이후 그가 보인 자학과 삼수갑산으로 은둔해 보여준 살림살이는 이러한 면모를 잘 보여주고 있다.

> 사방을 돌아보아도 사람이 없어
> 의발을 누구에게 전해 받으리
> 의발을 누구에게 전해 받으리
> 사방을 둘러보아도 사람이 없네[40]

그는 나뭇꾼 아이들에게 "너희들이 만일 이 주장자로 나를 치면, 과

---

39 鏡虛, 「悟道歌」, 『鏡虛集』(『韓佛全』 제11책, 628하~629상 면). "四顧無人, 衣鉢誰傳, 衣鉢誰傳, 四顧無人."
40 鏡虛, 「悟道歌」, 『鏡虛集』(『韓佛全』 제11책, "衣鉢誰傳, 四顧無人, 四顧無人, 衣鉢誰傳."

자 값을 많이 줄 것이라"고 제안하고 머뭇거리며 제대로 치지 못하는 아이들에게 "어찌 나를 치지 않느냐? 만일 나를 친다면 부처님도 치고 조사도 치고, 삼세 제불과 역대 조사와 내지 천하 노화상을 한 방망이로 치게 되리라"[41]고 외친다.

무엇이 그를 치게 하고 또 그는 왜 맞고자 하는가. 아무리 쳐도 그는 굴하지 않는다. 아이들이 몽둥이로 쳐도 그는 맞은 것이 아니다. 경허는 눈 뜬 자로서의 고독과 시나브로 다가오는 국망國亡의 기운을 몸소 느끼면서 이렇게 독백하고 있다.

> 온 세상 다 혼탁함이여
> 나만 홀로 또렷또렷 하구나
> 숲 아래 남은 세월
> 내멋대로 보내리라.[42]

모두들 눈을 뜨고 살지만 사방을 둘러보는 경허의 눈에는 또렷또렷하게 눈 뜬 이가 보이지 않는다. 이 시는 홀로 눈 뜬 자로서의 지독한 고독과 절망이 진하게 배어있다. 남은 세월을 내멋대로 보내고자 하는 경허는 삼수갑산으로 화광동진和光同塵 할 때까지 무애자재한 가풍을 전개하며 온몸으로 살아간다. 결국 그가 지독한 자학의 길을 통해 가고자 했던 것은 자유로운 나라, 외세에 휘둘리지 않는 자유로운 국가가 아니었을까. 그것은 미륵정토彌勒淨土이기도 하고 주체를 확립한 '조선朝鮮' 혹은 '대한大韓'이기도 할 것이다. 선사의 삶이 그렇겠지만 경허는 누구보다도 주체적인 삶을 살고자 했다. 주체가 살아있는 나라, 주인공이 있는

---

41 鏡虛,「於馬亭嶺與樵童問答」,『鏡虛集』(『韓佛全』제11책, 596중 면).
42 鏡虛, 위의 글, 위의 면. "擧世渾然我獨醒, 不如林下度殘年."

나라에서 숨쉬고 싶어했다.

> 홀연히 어떤 사람의 콧구멍 없는 소라는 말을 듣고
> 몰록 삼천대천세계나 나의 집임을 깨달았네
> 유월 연암산 아랫 길에서
> 들사람이 일 없이 태평가를 부르네[43]

스승 만화 보선이 자신의 방에 들어왔을 때도 경허는 누워있었다. '일 없는 사람은 본디 이렇게 하는 것'無事之人, 本來如是[44]이라고 하던 그였다. 아라한은 이미 배워야 할 공부를 다한 사람이기에 무학無學이라고 한다. 일대사인연을 다 해 마쳤기에 더 이상 배울 것이 없는 것이다. 경허 역시 이미 본분사를 다해 마쳤으므로 '일 없는 들사람'了事漢, 野人無事이 된 것이다. 거기에 무엇을 더 하고 뺄 것인가. 깨닫고 난 뒤는 할 일이 없는 것이다. 다만 피모被毛 대각戴角 예미曳尾의 보살행만이 남아있을 뿐이다.

어떤 이는 "영산회상에서 부처님이 꽃을 들어 보이자 백만 대중이 어쩔 줄 몰라 하는데 오직 가섭존자 한 사람만이 알아차리고 빙그레 웃었다. 그러나 말세 중생들은 자기의 그릇이 작은 줄 살피지 못하고 '조사의 뜻을 찾았노라'" 하고 말한다. 이와 같이 삿된 말은 가히 수를 다 셀 수 없다. 이것은 대개 지혜의 눈이 없는데다가 눈 밝은 종장을 참견하지 못하여 멍청한 말을 하고 있으니 괴이한 일도 아니다.… 대개 부처님께서 법을 전하실 때, 모든 제자들이 화현으로 거듭 오셨으니 가섭과 아난 같은 이들의 숫자는 헤아릴 수 없었다. 어찌 가히 도에 참석할 근기가 없었겠는

---

43 鏡虛, 「悟道歌」, 『鏡虛集』, 『韓佛全』 제11책, 629중 면). "忽聞人語無鼻孔, 頓覺三千是我家, 六月燕巖山下路, 野人無事太平歌."
44 漢巖, 「先師鏡虛和尙行狀」, 『鏡虛集』, 『韓佛全』 제11책, 654상 면).

가. 그래도 한 사람에게 전한 것은 부처님이 열반하신 뒤 한 사람을 내세워 一代 敎主를 삼으려 한 것뿐이니 마치 하늘에 해가 둘이 없고 나라에 두 임금이 없는 것과 같을 뿐 득도한 사람이 없다는 이야기는 아니다.[45]

경허는 이 「결사문」에서 모든 인간에게 열려있는 깨달음의 보편성을 강조하고 있다. 즉 붇다의 회상 아래서 깨달은 사람은 가섭만이 아니라는 것이다. 가섭과 아난과 같은 이들의 숫자는 헬 수가 없을 정도로 많았다는 것이다. 다만 하늘에 두 해가 있을 수 없고 나라에 두 임금이 있을 수 없는 것처럼 방편으로 한 사람을 내세워 일대의 교주로 삼은 것일 뿐이라는 것이다. 여기에서 우리는 경허의 열려있는 인간 이해와 세계 인식의 지평을 읽어낼 수 있다.

경허는 누구나가 "빛을 돌이켜 마음의 근원을 비추어 깨달아 사무칠 수가 있다"고 역설한다. 즉 누구나가 가섭과 아난이 될 수 있다는 것이다. 또 석존의 마음을 전해 받은 이는 가섭과 아난만 있는 것이 아니다. 문제는 "자기의 그릇이 작은 줄 살피지 못하고 '조사의 뜻을 찾았노라'고 말하거나", "대개 지혜의 눈이 없는데다가 눈 밝은 종장을 참견하지 못하여 멍청한 말을 하"기 때문이라는 것이다.

그렇다면 우리는 이 구절을 "자기의 그릇을 잘 살펴 눈 밝은 종장을 참견하면" 얼마든지 깨달을 수 있는 길을 열 수 있다고 읽을 수 있다. 그런데 눈 밝은 종장은 어디 있는가. 눈 밝은 종장 역시 지혜의 눈이 있어야만 볼 수 있다. 지혜의 눈은 '照了'의 논리에 의해 마음의 근원을 비추어 깨닫고 '전정'專精의 방식에 의해 마음의 공용을 오롯이 정밀히 해야만 뜰 수 있는 것이다.

---

45 鏡虛, 「結同修定慧同生兜率同成佛果稧社文」, 『鏡虛集』(『韓佛全』 제11책, 601하~602상 면).

그래서 경허는 그의 법명 '성우'惺牛와 같이 여러 산문과 운문들에서 '진흙소' 내지 '깨우친 소'를 즐겨 원용한다. 특히 송宋나라 곽암 사원廓庵師遠선사의 심우도를 원용하여 자기의 가풍 속에서 재해석하고 있다. 논자가 그의 생평의 가풍을 '예미선'曳尾禪 혹은 '미도선'尾塗禪이라 명명하고 논지를 전개해 가는 것도 이와 깊은 관련이 있다. 자유로운 그의 살림살이 속에는 장자의 영향이 짙게 배어있다. '예미'나 '미도'라는 기호 역시 장자莊子의 언어이다. 하지만 여기에서는 장자사상莊子思想과의 관련성은 다른 논고로 미루고 우선 선가禪家 속에서 그의 가풍을 해명하고자 한다.

피모대각被毛戴角의 가풍은 무아無我를 기초로 하는 선사의 보살행을 일컫는다. 때문에 고요한 승원에 앉아 아라한과를 성취하기 위해서 수행하는 것이 궁극의 목표가 아니다. 이류중행異類中行, 피모대각被毛戴角, 화광동진和光同塵 등은 아라한상의 아상我相을 멸하지 않고는 도저히 할 수 없는 이타행이다. 그런데 아라한상을 넘어서 보살상으로 나아가기 위해서는 인식의 전회가 있어야만 한다.

송나라 곽암 사원廓庵 師遠은 진리의 정체를 소로 형상화하여 조직적으로 십우도十牛圖를 만들었다. 불성을 상징하는 소는 우리의 본래면목이요 참된 나이다. 그런데 이 불성은 아직 길들여지지 않은 채 깊은 산속에 숨어있는 야생의 소이다. 이 소를 어디서 찾으며 어떻게 길들여 자유자재로 산을 오르내릴 수 있을 것인가. 심우도는 이것에 대한 물음과 대답을 머금고 있다.

일본에 의해 강제로 제물포항을 연1876년 직후에 경허는 깨달음1878을 얻었다. '참다운 자아'를 깨달은 경허에게도 민족이나 국가는 있었다. 그는 깨달은 이로서의 자유와 자국의 권리를 스스로 행사하는 국권의 자유가 충돌하는 모습 속에서 심한 갈등을 겪었던 것으로 보인다.

물론 경허는 척사위정斥邪衛正과 같은 주체회복 운동을 하지는 않았다. 또 의병운동에 참여하지도 않았다. 하지만 그는 서서히 가라앉아 가는 조선의 침몰을 고뇌하고 있었다. 나라의 장래를 걱정하는 그에게 과연 자유로운 삶은 어떠한 것이었을까. 경허의 걸림없는 살림살이를 생각할 때 무상無相의 피모대각被毛戴角, 남전南泉의 이류중행異類中行, 설봉雪峰의 복로위인服勞爲人 등의 가풍을 생각키우지 않을 수 없다.

경허의 살림살이는 조선 후기 이래의 가풍과는 변별된다. 무상으로부터 비롯된 피모대각행의 가풍은 신라의 도선道詵, 고려의 일연一然[46], 조선의 설잠雪岑으로 갸날프게나마 이어졌음을 알 수 있다. 하지만 설잠 이후 그 가풍은 자취를 감춰버렸다. 때문에 피모대각행, 즉 이류중행의 가풍은 다시 몇백 년 뒤의 경허를 기다려야만 했다.

경허는 설잠 이래 단절된 이류중행 가풍의 복원을 염두에 두고 있었던 것은 아닐까. 그의 가풍은 바로 무상 이래의 남전과 설봉 등의 피모대각被毛戴角의 가풍을 계승하고 있기 때문이다. 그런데 경허의 가풍은 이들의 피모被毛와 대각戴角을 넘어 예인曳引의 가풍으로까지 이어지고

---

46 閔泳珪,「一然重編曹洞五位重印序」,『學林』제6집, 延大史學硏究會;「一然의 重編曹洞五位二卷과 그 日本重刊本」,『사천강단』(우반, 1994); 金知見,「一然의 重編曹洞五位重印序 譯註」,『구산선문: 수미산문과 조동종』(불교영상, 1996), 336~337면. 閔泳珪는 雪岑(金時習)의『重編曹洞五位』'序'의 '경초선'의 구절에 주목하여 一然의 가풍을 마소가 먹는 꼴인 莖草로 표현되는 '莖草禪'이며 이는 南泉의 被毛戴角의 異類中行사상을 더욱 발전시킨 것이라 했다. 이에 대해 金知見은『寶鏡三昧歌』에 근거하여 '莖草'는 '荎草'(치초)의 잘못이며 이는 一草五味의 五味子로서 바로 曹洞五位를 비유한 것이라 했다. 논자는 두 선학들의 주장이 모두 일리가 있다고 생각한다. 문제는 曹洞宗의 黙照禪 가풍과 靜(淨)衆宗의 念佛禪 가풍의 混淆가 고려 후기의 일연에게서 있었는지의 여부에 따라 결론이 날 수 있다고 생각한다. 국사의 신분으로서 엄결한 수행자였던 일연에게 異類中行의 가풍은 어느 정도 거리가 있는 것처럼 보이기도 한다. 하지만『삼국유사』에서 기술하고 있는 자유로운 수행자들의 모습들을 통해 보면 異類中行의 가풍과 무관하다고만 할 수는 없을 것이다. 이 문제에 관해서 논자는 별도의 논문을 준비하고 있다.

있다. 이러한 경허의 가풍을 곽암 사원의 심우도에 상응시켜 크게 머리의 단계, 가슴의 단계, 온몸의 단계로 나누어 보자. 이를 도표화하면 다음과 같다.

머리의 단계	가슴의 단계	온몸의 단계
戴角의 가풍	被毛의 가풍	曳尾의 가풍
尋牛~騎牛歸家	忘牛存人~人牛俱忘	返本還源~入鄽垂手
앎의 단계	함의 단계	삶의 단계

위의 그림은 사원의 심우도를 경허의 가풍 속에서 새롭게 재구성한 것이다. 그러면 수행의 초기 단계인 머리에 뿔을 인 가풍에 대해 살펴보자.

2. 뿔을 인 戴角 가풍

곽암 사원廓 師遠의 십우도十牛圖로 보면 머리에 뿔을 인 가풍戴角은 1단계의 심우尋牛로부터 견적見跡 – 견우見牛 – 득우得牛 – 목우牧牛를 거쳐 제6단계의 기우귀가騎牛歸家의 단계까지에 해당된다.

경허는 『경허집』에서 오언절구로 된 「심우송」과 산문으로 된 「심우송」 두 갈래의 글을 남기고 있다. 산문 「심우송」의 첫 글인 「소를 찾아나서다」尋牛는 곽암 사원의 운문과 매우 흡사하다.

> 본디 잃지 않았거니 어찌 다시 찾을손가. 다만 찾으려 하는 이것이 비로자나불의 스승일세. 산은 파랗고 물은 푸르며, 꾀꼬리 울고 제비 지저귀는 곳곳에 온갖 소식 보이누나 쯧![47]

---

[47] 鏡虛, 「尋牛頌: 尋牛」, 『鏡虛集』(『韓佛全』 제11책, 629중 면).

경허는 언제나 조료照了의 논리로 마음의 근원을 돌이켜 비추어 본다. 그런 뒤에 전정專精의 방식으로 마음의 공용을 구체화한다. 여기에서도 그것은 그대로 적용된다. 우리는 본디 잃은 적이 없는 소를 찾으려고 애쓰고 있다. 하지만 이 시에서처럼 머리에 뿔을 인 소를 찾아나서는 경허의 가풍은 자유롭다. 눈 안에는 청산이 가득하고 마음속은 넉넉하다.

우리는 안이 아닌 바깥에서 혹은 내가 아닌 남에게서 비로자나불의 스승을 찾아나선다. 하지만 경허에게는 이미 산과 물과 꾀꼬리와 제비가 있는 그곳이 바로 비로자나불의 스승 계시는 곳이다. 그래서 산, 물, 꾀고리, 제비 등등이 머물러 있는 그곳에 이미 온갖 소식이 드러나 있다. 그래서 그는 다시 서산 휴정의 게송을 패러디해서 자신의 가풍을 드러내고 있다.

> 가소롭다 소 찾는 이여
> 소를 타고도 소를 찾네
> 해 지는 방초길에
> 이 일이 실로 아득하구나[48]

곽암 사원은 "소를 타고 소를 다시 찾는다"고 그의 십우도에서 말했다. 사원은 소를 찾아가는 먼 길을 '늦매미가 우는 가을'로 비유했다. 하지만 경허는 '해 지는 방초길'로 자리바꿈했다. 서산 휴정은 '그림자 없는 나무'無影樹로 비유하여 제자인 소요 태능에게 이 시를 보인다. 태능은 어렵게 이 시를 전해 받고 크게 깨닫게 된다.

그림자가 없는 나무란 무엇인가. 소를 타고 소를 다시 찾는 것을 말한다. 우리는 손에 잡히고 눈에 보이는 것만을 있는 것이라 착각하며 산

---

48 鏡虛, 「尋牛頌: 尋牛」, 『鏡虛集』(『韓佛全』 제11책, 630중 면).

다. 하지만 범부에게는 손에 잡히지 않고 눈에 보이지 않는 것이 잡히고 보이는 것보다 더 많은 것이다. 손에 잡히지 않고 눈에 보이지 않는 소처럼 말이다. 때문에 "소를 타고 소를 다시 찾는다"는 이 역설은 우리로 하여금 이미 마음 안에 있는 소를 타고 있다는 사실을 자각하게 한다.

내 마음 바깥의 야생의 소와 내 마음 안의 야생의 소는 둘이 아니다. 하지만 대상화에 익숙한 삶을 살아가는 현실적 인간들에게 있어서 소는 언제나 나와 '저만큼' 떨어져 있을 뿐이다. 이 거리를 어떻게 좁히고 없애 가느냐가 수행의 과제다. 손바닥을 마주 치는 것처럼 마음속의 소와 마음 밖의 소를 일치시키기 위해서는 어떠한 인식의 전환이 필요한가.

경허는 산문 「견적」에서 곽암 사원과 달리 자신의 가풍을 또렷이 드러낸다.

> 밝고 미묘한 빛은 만발한 꽃에만 있는 것이 아니네. 잘 익은 노란 유자에도 덜 익은 귤에도 있나니 좋고 좋구나. 발자국이 있으니 미루어 소가 있음이로세. 무심하면 진리에 가까워질지니 좋고 좋구나. 법당 안 향로에도 맑은 가을 들가의 물에도 좋고 좋구나.[49]

경허는 '밝고 미묘한 빛'은 어디에도 다 있다고 말한다. 그 빛은 소의 발자국에도, 법당 안의 향로에도, 가을 들가을의 물에도 있다고 말한다. 그런 뒤 그는 무수한 발자국 속에서 어느 것이 진짜인지 묻는다. 우리는 어찌 해야 소의 진짜 발자국을 쫓아갈 수 있는가.

경허는 다시 산문 「견우」에서 고함부터 지르며 노래한다. "악! 신령스런 빛이 홀로 빛나 하늘과 땅을 덮는다. 턱없는 중생은 정혼과 손발을

---

49 鏡虛,「尋牛頌: 見跡」,『鏡虛集』(『韓佛全』제11책, 629중하 면).

쓸데없이 놀리나니 도깨비 아닌가. 그런데 또 보았다는 것은 무엇을 본 것인가. 악! 또 한 번 악!"[50] 그런데 턱없는 중생은 정혼과 손발을 쓸데없이 놀려 소를 지어낸다. 때문에 경허는 우리가 소를 보았다는 집착을 깨어주고자 한다. 마음의 소는 볼 수 있는 것이 아니기 때문이다.

그러므로 경허는 다시 산문 「득우」에서 소를 붙들기 어려움을 들면서 더욱 정진을 요청한다.

> 소를 얻기는 얻었는데 다음은 어찌 할 것인가. 얻지 못했으면 얻도록 해야 하고. 이미 얻은 것은 놓치지 말아야 한다. 깨달아 얻는 이는 깨달아 얻는 것이고. 놓치는 이는 길이 놓치는 것이다. 다시 한 번 정말로 제대로 얻은 것인가 그렇지 아니한 것인가. 주장자로 탁자를 한번 치며 말하니 한줌 버들가지를 거머쥐지 못하나니 부드러운 바람은 간들간들 옥난간을 건드리네.[51]

마음의 소는 얻기 어렵다. 형상으로 잡히지 않기 때문이다. 하지만 한 번 얻은 소는 놓치면 다시 얻을 수 없게 된다. 이미 멀리 달아나 버려서 뒤쫓아 잡을 수 없다. 때문에 경허는 더욱더 고삐를 꼭 잡기를 촉구한다. 경허는 다시 「견우」와 「득우」 단계를 「소의 전체 모습이 드러난다」露現全體는 제목의 오언시로서 아울러 노래한다. 그런 뒤에 소를 보고 얻은 것을 雪山 동자의 향기로운 소식으로 승화시킨다.

> 드넓고 끝없는 세상의 땅에서
> 달리고 달려 한 구역을 지났네

---

50 鏡虛, 「尋牛頌: 見牛」, 『鏡虛集』(『韓佛全』 제11책, 629하 면).
51 鏡虛, 「尋牛頌: 得牛」, 『鏡虛集』(『韓佛全』 제11책, 629하 면).

일찍이 들었노니 저 설산 속에는
영원한 젖향기가 있다는 것을.[52]

그는 '보고 얻은' 이 두 단계를 『열반경』의 「제행무상게」諸行無常偈로까지 끌어올리고 있다. 즉 「견우」와 「득우」를 진리의 반 게송을 더 듣기 위해 목숨을 던진 爲法忘軀 석존의 전신인 설산 善慧, 護明 동자의 수행으로 승화시키고 있다.

그는 산문 「목우」에서 착한 마음과 악한 마음은 본디 분별이 없으니 마음으로써 마음을 끊을 필요가 없음을 역설한다.

> 착한 마음 악한 마음이 모두 마음이니 닦느니 끊느니 할 것이 없다. 마음이란 독기있는 땅을 지나는 것과 같아 물 한 방울도 묻히지 않을 수가 없네. 탐욕에 빠지는 마음 끊지 않으며 예까지 왔으니 이제 마치 죽은 이의 눈같아 모두가 험로이니 가지도 말고 갈 길도 아니네. 어떻게 해야 할 것인가. 구구는 팔십 일이네. 밑빠진 그릇은 용천 마흔 해를 달려가고, 향림은 마흔 해를 달려 한 경지를 이루었네. 아, 얻기는 쉬워도 지키기는 어려우니, 또 조금 얻은 것으로 만족해선 아니 되네. 반드시 좋은 스승에게 배우고, 도가니와 풀무에 단련을 거듭해야만 비로소 얻을 것이네.[53]

선가의 수행법은 무엇보다도 좋은 스승을 만나서 묻고 배워야 하는 것이다. 스승으로부터 화두를 건네받고 그것을 마음 속에서 혼침과 도거를 넘어 또렷 또렷하고惺惺 고요 고요하게寂寂 들고 그 핵심을 향해 정면돌파를 해야만 한다. 그렇게 해서 얻은 결과를 가지고 다시 스승과 거

---

52 鏡虛, 「尋牛頌: 露現全體」, 『鏡虛集』(『韓佛全』 제11책, 630중 면).
53 鏡虛, 「尋牛頌: 牧牛」, 『鏡虛集』(『韓佛全』 제11책, 629하 면).

량하여 점검받고 인가를 받아야만 비로소 할 일을 다해 마칠 수 있게 된다.

경허는 몇 해를 두고 두고 길들여 보호 임지하는 「조복보임」調伏保任의 경지를 오언시로 노래한다.

> 몇 번이나 풀 나무가 우거졌는가
> 코 꿸 고삐 던져 잡기가 실로 어려웠네
> 다행히 오늘의 일은 이루어졌으니
> 강산은 다 내 손안에 들어있네.[54]

여기까지가 머리에 뿔을 이고 가슴에 털옷을 입고 진흙 속에 꼬리를 끌며 밭을 갈고 짐을 나르며 함께 어우러져서 중생을 제도하는 심우도의 절반 단계이다.

경허는 「심우송」에서 「임운귀가」任運歸家라는 오언시로서 스스로 자연 속의 일부분처럼 자유로이 집으로 돌아가는 노래를 부른다.

> 동과 서에 안팎이 있지 않으니
> 맡겨지는대로 본고향을 향해 가네
> 구멍 없는 한 자루 피리가
> 소리 소리 마음대로 내기 어렵네.[55]

구멍없는 피리無孔笛를 어떻게 불 것인가. 현이 없는 거문고沒絃琴를 어떻게 연주할 것인가. 바닥이 없는 배沒底舡, 沒底船를 어떻게 탈 것인가. 일

---

54 鏡虛, 「尋牛頌: 調伏保任」, 『鏡虛集』(『韓佛全』 제11책, 630중 면).
55 鏡虛, 「尋牛頌: 任運歸家」, 『鏡虛集』(『韓佛全』 제11책, 630중 면).

체의 집착을 떠난 해탈과 상식이나 사량분별을 초월한 깨달음을 어떻게 맛 볼 것인가. 결국 안과 밖, 주관과 객관을 떠나 본고향으로 나아가는 것이 문제가 된다. 즉 주객 분별을 넘어선 반야 지혜의 터득으로만 가능한 일이다.

이처럼 심우도의 첫 단계인 '심우'尋牛부터 여섯 단계인 「기우귀가」騎牛歸家까지는 뿔을 인 가풍으로 볼 수 있다. 즉 경허가 보여준 이류중행異類中行의 가풍을 십우도에 대비해 볼 때 이 단계까지는 '머리'에 달린 뿔처럼 '뿔을 인 가풍'은 수행의 초기단계인 '머리'의 단계이자 앎의 단계이다. 마치 뿔을 이고 밭을 가는 소처럼 말이다. 그렇다면 가슴의 단계는 어떤 가풍으로 상응될 수 있는가.

3. 털을 쓴被毛 가풍

경허는 다시 머리의 단계로 보인 가풍을 넘어서 '가슴'의 단계로 자신의 실림살이를 열어 보인다. 뿔이 머리에 있다면 털은 전신 혹은 가슴에 있다. 피모의 가풍은 짐을 나르는 말의 모습처럼 땀을 흘리는 형상이다. 털옷을 입은 이 단계는 머리의 단계에서 가슴의 단계로 옮겨져 보다 구체화된다.

경허는 사원師遠의 십우도의 일곱 번째 단계인 「망우존인」忘牛存人을 자신의 가풍 속에서 육화하여 산문으로 적고 있다.

잠을 깰지어다. 어찌 이리 어지러운가. 우뚝 일없이 앉아있으니, 봄이 와 풀은 절로 푸르네. 이것은 등창에 쑥뜸질하는 것 같으니, 곧바로 푸른 하늘을 보지 못한다면, 또한 반드시 몽둥이로 얻어맞으리. 어찌 이와 같단 말인가. 비가 와야 할 때에 비가 안 오고, 개야 할 때는 개이지 않네. 이와 같게 된다면, 이는 어떤 마음의 소행인가. 아, 오랫동안 문 밖을 나서

지 않으니, 이는 어떤 경계인가. 저 뒷간도 안 보고 가려는 경계는 무엇인가. 덧없는 인생의 아등바등을 상관하지 않으니, 이는 어떤 경계인가. 두 줄기 눈썹을 아끼지 않고, 그대 위해 드러내리니, 머리를 보이거나 얼굴을 들어봐도 감출 길 없으니, 구름은 푸른 하늘에 있고 물은 병 속에 있네.[56]

비가 와야 할 때에 비가 안 오고, 개야 할 때는 개이지 않는 것처럼 우리의 모든 분별은 잘못된 선택으로부터 비롯된다. 때문에 무엇보다 중요한 것은 분별심에 의한 잘못된 선택을 지혜로운 선택으로 전환시키는 것이라 할 수 있다. 그러면 어떻게 해야 하는가. 지혜를 닦는 수밖에 없다. 지혜를 닦게 되면 더 이상 구할 것이 없다는 사실을 자각하게 된다. 이 단계가 바로 털옷을 입은 가슴의 단계이다.

그래서 경허는 오언시로 「망우존인」을 이렇게 노래한다. 모든 존재는 바람 앞의 등불이나 물거품처럼 실체가 없는데 다시 무슨 진리를 구하며 물거품 같은 소리 앞에 어찌 발을 멈출 것인가 하고 묻는다.

> 바람 앞의 등불이며 물거품인데
> 무슨 진리를 다시 구할 것인가
> 장안 거리에 기대서서 말하노니
> (물거품 같은) 소리 앞에 발을 멈출 것 없네.[57]

경허의 이 시는 더 이상 구해야 할 진리가 없는 경계를 노래하고 있다. 이미 소와 함께 하는 모든 진리를 사람이 주체적으로 거두어들인 단

---

56 鏡虛, 「尋牛頌: 忘牛存人」, 『鏡虛集』(『韓佛全』 제11책, 630상 면).
57 鏡虛, 「尋牛頌: 忘牛存人」, 『鏡虛集』(『韓佛全』 제11책, 630중하 면).

계이다. 모든 것이 내 안에 하나로 자리잡았고 온갖 경계가 내 안에 거두어 간직되었다.

그런 뒤 수행의 최후 목표가 되는 여덟 번째 단계인 「인우구망」人牛俱忘에서 사원師遠의 그림은 동그라미 하나─圓相만을 그렸고 경허는 노래를 불렀다. 「심우송」의 「인우구망」에서 경허는 이렇게 노래한다.

> 적광토에는 아직 이르지 못했는데
> 죽방울만 하나 더 얻었네
> 이 도리가 별스런 데 있지 않아서
> 산은 높고 물은 저절로 흐르네.[58]

여기서는 주관과 객관의 분별을 다 버린 뒤 산은 높고 물은 절로 흐르는 도리를 깨닫는다. 그는 산문의 「인우구망」에서 이렇게 적고 있다. "시리 소로 못다야 지다야 사바하. 버들꽃을 따고, 버들꽃을 따고, 오랫동안 수행해 여기에 이르러서는, 도리어 어둡고 아득하여 오락가락하니, 한 푼의 값어치도 없는 일이네. 알겠는가. 변방에는 장군의 명령이요. 나라 안은 천자의 칙령이로다. 악! 또 한 번 악!"[59]

이 진언은 "좋구나! 세존이 설법할 때의 나뭇잎 지는 소리, 기쁘고 어질고 경사스러운 마음 다 이뤄지이다"를 뜻한다. 경허는 이러한 진언을 통해 무엇을 말하고자 하는가. 오랫동안의 수행조차도 이 단계에서는 이미 다 잊어버렸다. 소를 찾는 나도, 나에 의해 찾아지는 소도 다 사라져버렸다. 여기에 이르러 잘못된 길에 떨어진다면 한 푼의 값어치도 없다고 했다. 이것은 격외의 도리요 초탈의 경계를 보여주는 것이다.

---

58 鏡虛, 「尋牛頌: 人牛俱忘」, 『鏡虛集』(『韓佛全』 제11책, 631하 면).
59 鏡虛, 「尋牛頌: 人牛俱忘」, 『鏡虛集』(『韓佛全』 제11책, 630상 면).

하지만 이것이 수행의 마지막이기는 해도 여기까지 온 목적은 분명해야 한다. 불교의 궁극은 '가슴'에 털옷을 입고 짐을 나르는 것으로 끝나지 않는다. 여기까지는 아직 가슴의 단계이자 함의 단계일 뿐이다. 마지막으로 꼬리까지 끄는 '온몸'의 가풍이 다 이루어져야 '더 이상 할 일이 없는 것'이다.

4. 꼬리를 끄는曳尾 가풍

대승불교의 이상적 인간상인 유마거사는 "이 세상에 어리석음이 남아 있는 한 그리고 존재에 대한 집착이 남아있는 한 제 아픔은 앞으로도 계속될 것"[60]이라고 말한다. 그런 뒤에 그는 "중생들의 아픔이 낫지 않는 한 보살의 아픔도 나을 리가 없으며 중생들의 아픔이 나을 때 보살의 아픔도 낫게 되는 것"이라 말하며 "보살의 아픔은 바로 대자비가 그 원인"이라고 갈파한다.

이와 마찬가지로 심우도尋牛圖는 삶의 단계인 아홉번째와 열번째 단계를 위해 첫 번째부터 여덟 번째의 길을 걸어 온 것이다. 그래서 경허 역시 유마거사의 보살행처럼 아홉번째의 「반본환원」과 「수수입전」을 통해 자신의 '예미선'曳尾禪 혹은 '미도선'尾塗禪의 가풍을 확립하고 있다. 이는 '머리'와 '가슴'을 넘어선 '온몸'의 단계라 할 수 있다.

경허는 「반본환원」과 「입전수수」를 「이류중사」異類中事라는 제목으로 통섭하여 오언시로 노래하고 있다.

  털을 입고도 뿔을 이었으니

---

60 『維摩詰所說經』卷中,「文殊師利問疾品」(『高麗藏』제9책, 987하 면; 『大正藏』제14책, 544중 면).

등 앞에 말이 쓸쓸하다
조사는 이제 몸 밖으로
긴 세월은 시장거리로 달려가네.[61]

시장거리로 달려가는 조사의 몸은 가볍지만 한편으로는 쓸쓸하다. 보살의 길은 외롭고 험난하다. 이 시에서 우리는 고독과 자학의 길을 걸어가는 경허의 모습을 연상해 볼 수 있다.

아울러 「반본환원」과 「수수입전」을 변별하여 산문으로 이렇게 적고 있다. 먼저 「반본환원」을 보자.

> 학의 다리가 비록 길지만 자르려 하면 근심이 되고, 오리의 다리는 짧지만 이으려 하면 걱정이 된다. 발우는 자루가 필요가 없고 조리는 새는 것이 마땅하다. 면주에는 부자요 병주에는 쇠로다. 만물이 저마다 본고장 것이 좋도다. 양식이 풍부하고 땔감 또한 많아서 네 이웃이 풍족하구나. 이것이 호남성 밑에 불을 부는 입술은 뾰쪽하고, 글을 읽는 혀는 날름댐이니 이것이 대우의 가풍이로다. 다시 한 구절 있으니 내일로 미루노라.[62]

이 「반본환원」은 모든 사물이 있어야 할 곳에 있어야 하며, 본분을 지키는 것이 바로 진리임을 보여주는 것이다. 학의 다리는 길어야 하고 오리 다리는 짧아야 제격인 것이다. 주발이나 사발에 자루를 달 수는 없고 조리는 새어야만 쌀을 일 수 있는 것이다. 면주의 특산물은 附子가 최고이고, 병주의 특산물은 쇠가 최고이다. 모두가 있어야 할 본고장에 다 있다. 있어야 할 곳에 있어야 비로소 제일이 되는 것이다.

---

61 鏡虛, 「尋牛頌: 異類中事」, 『鏡虛集』(『韓佛全』 제11책, 630하 면).
62 鏡虛, 「尋牛頌: 返本還源」, 『鏡虛集』(『韓佛全』 제11책, 630상 면).

아홉번째 단계의 "본래 자리로 되돌아오다"는 말 그대로 중생을 구제하기 위해 대신심大信心과 대분심大憤心과 대의심大疑心을 일으키며 출가했던 초심初心의 상태 그 자리로 되돌아오는 것이다. 그래서 여덟 번째 단계의 「인우구망」의 일원상을 진리가 가만히 있는 상태인 '전체즉진'全體卽眞이라고 일컬음과 달리 '반본환원'의 아홉 번째 단계는 '진리의 본체가 작용하는 '전체즉용'全體卽用의 경계라 하는 것이다.

경허는 심우도의 마지막인 열 번째 단계인 「수수입전」을 다음과 같이 적고 있다.

목녀의 꿈과 석인의 노래도 한갓 감각작용의 그림자와 같네. 상이 없는 부처도 용납하지 못하는데 비로자나불의 정수리가 무에 그리 귀하리. 방초 언덕에 놀다가 갈대꽃 숲에서 잠을 자고, 포대를 메고 시장에서 교화하며, 요령을 흔들며 마을에 들어가는 것이 진실로 일을 마친 사람의 경계로다. 전날에 풀 속을 헤치고 소를 찾던 시절과 같은가 다른가. 모름지기 살가죽 밑에 피가 흐르는 것을 본 다음에야 비로소 깨달음을 얻으리니.[63]

「수수입전」은 진리의 능동적인 묘한 작용을 말한다. 이 단계에서는 저자거리에 나아가 손을 드리우고 사람들을 교화하는 것이다. '살가죽 밑에 피가 흐르는 것을 본 다음'에 얻은 깨달음인 「수수입전」의 경계는 바로 「인우구망」과 「반본환원」을 체득한 뒤에 비로소 중생을 교화하는 단계인 것이다.

몰록 깨달음이 비록 부처님과 같으나

---

63 鏡虛, 「尋牛頌: 垂手入廛」, 『鏡虛集』(『韓佛全』 제11책, 630중 면).

숱한 세월동안 익힌 기운은 생생하구나
바람은 고요하나 파도는 오히려 솟구치듯
이치는 드러나도 생각은 오히려 그대로이네.[64]

그는 '돈오頓悟의 고지'에 머무르기보다 '점수漸修의 벌판'에 머무른다. 부처님과 같은 돈오의 고지는 단박에 얻어지는 것이 아니다. 누대로부터 익혀온 습기는 파도처럼 언제 일어날지 모른다. 그는 깨달았지만 부처의 돈오에 머무르지 않고 범부의 점수에서 자맥질하려고 한다. 위의 시는 이미 돈오하는 일은 마쳤으나 아직 점수하는 일은 끝나지 않았음을 보여주는 대목이다.

경허에게 있어 진실로 '일을 마친 사람'은 '방초 언덕에 놀다가 갈대꽃 숲에서 잠을 자고', '포대를 메고 시장에서 교화하며', '요령을 흔들며 마을에 들어가는' 삶을 사는 것이다. 이것이 바로 머리로 아는 앎의 단계와 가슴으로 하는 함의 단계를 넘어서서 온몸으로 사는 삶의 단계인 것이다. 경허의 삶의 궤적과 상응시켜 보면 이 점이 잘 드러난다.

그가 14세에 출가하여 34세에 깨달음을 얻은 이후로 67세까지 보여준 생평은 「심우」로부터 시작해서 「기우귀가」에 이르는 앎의 단계, 「망우존인」과 「인우구망」의 함의 단계, 그리고 「반본환원」과 「수수입전」의 삶의 단계로 드러나고 있다. 그가 삼수갑산으로 들어가 머리를 기르고長髮 유관儒冠을 쓰고 학동들을 가르친 것 역시 「반본환원」과 「수수입전」을 온몸으로 체인하는 구체적 삶이라 할 수 있다.

---

[64] 鏡虛,「震應講伯答頌」,『鏡虛集』(『韓佛全』제11책, 639중 면). "頓悟雖同佛, 多生濕氣生. 風靜波尙湧, 理顯念猶侵." 이 시는 지리산 화엄사에서 당대의 대강사 陳震應 강백이 경허선사에게 훌륭한 안주와 곡차를 올리면서 "스님께선 왜 이런 것을 좋아하십니까?"하고 묻자 즉석에서 행한 답송이라 전해진다. 진성 원담 역,『경허법어』(인물연구소,1981), 328면.

그의 일생을 '미도선'尾塗禪 혹은 '예미선'曳尾禪이라고 명명할 수 있는 것도 바로 이러한 살림살이 때문이다. 장자사상의 영향과 태어날 때의 기질로부터 경허의 가풍이 이루어졌지만, 신라 정중 무상無相으로부터 비롯되어 신라말의 도선道詵, 고려말의 일연一然, 조선 초의 설잠雪岑으로 이어지다 단절된 이류중행의 가풍을 복원하기 위하여 그는 온몸으로 살았던 것이다. 그리고 그것은 깨달음 이후의 붓다가 45년간 보여준 「반본환원」과 「입전수수」의 길과 일치하는 것이기도 하다.

경허는 자신의 역정을 "술을 마실 때도 방광하고 색을 구할 때도 그러한데/ 탐내고 성내는 번뇌를 나귀 해年에 실려 보내니/"[65]라거나 "부처와 중생은 내 알 바 아니니/ 평생을 취한 채 하는 미친 승狂僧이네"[66]라고 노래 부른다. 그는 주색酒色과 방광放光을 둘로 보지 않고, 부처와 중생에도 매이지 않는 살림살이를 보여주었다. 하지만 그는 누구보다도 '주체적인 선사'이자 '눈 뜬 자'였지만 주체를 잃어가고 있는 조선의 현실을 바라보면서 술에 취한 채 그 아픔을 삭이는 한 고독한 인간일 수밖에 없었을 것이다.

한암은 「경허행장」에서 이러한 경허의 가풍을 두고 "몸을 숨기기 위해 저 용렬한 데에 내려, 자신을 중생들에게 던져 주어 다스리시고, 도로써 즐기시니, 기러기와 따오기가 서로 알기 어려운 게 아니라, 기러기와 따오기가 크게 깨달음의 뜻이 아니거니, 어찌 능히 구애되지 않으랴. 이는 다 작은 졸장부들이로다"[67]고 기술하고 있다. 이러한 경허가 보여준 법화와 행리의 마찰과 윤활은 선말한초鮮末韓初의 불교계의 자화상이라고 할 수도 있을 것이다.

그리하여 조료照了의 논리를 통해 마음의 근원을 돌이켜 비추어 깨

---

65 鏡虛,『鏡虛集』(韓佛全) 제11책, 617하 면).
66 鏡虛,『鏡虛集』(韓佛全) 제11책, 618하 면).
67 漢巖,「先師鏡虛和尙行狀」,『鏡虛集』(韓佛全) 제11책, 655하 면).

달아 사무치고, 전정專精의 방식을 통해 마음의 공용을 오롯이 정밀하게 사유하던 경허가 한 단계 더 도약한 경계가 바로 '예미'曳尾 혹은 '미도'尾塗의 살림살이인 것이다. 여기에까지 이르면 경허에게 있어서는 이미 중생이 곧 부처요, 생사가 곧 열반이며, 무명이 곧 반야인 것이다. 그리하여 진흙 속에서 뿔과 털과 꼬리가 하나된 '깨달은 소'惺牛가 되는 것이다. 이것이 바로 경허선의 정체성이라 할 수 있다.

그의 '행리'行履가 당대에 그만큼 충격적인 것도 사실은 조선 초기의 설잠 이래 단절된 이류중행 가풍이 낯설었기 때문이라고 할 수 있다. 따라서 이류중행의 가풍은 십우도의 결론이자 불교 정신으로 돌아가는 과녁이며 궁극적으로는 무아 보살행인 것이다. 경허가 아라한상과 보살상을 육척 장신의 한 몸둥어리 속에서 일치시키는 삶을 살다간 것도 이 때문이다. 우리가 깨달음의 진리인 '법화'와 행한 자취인 '행리'의 마찰과 윤활 속에서 그의 생평을 전관해야하는 이유가 바로 여기에 있다.

IV. '조선불교사의 결론'이자 '대한불교사의 서론'

1. 미도선의 계승

경허의 가풍은 한 마디로 미도선尾塗禪 혹은 예미선曳尾禪이라 명명할 수 있다. 『장자』 「추수」秋水편의 '예미어도중'曳尾於塗中에서 비롯된 이 기호는 경허의 생평을 한 마디로 요약하고 있다. 경허는 「법제자 한암에게 주며」라는 글에서 자신의 역정을 '예미어도중'曳尾於塗中으로 표현하고 있다. 그런데 이 미도尾塗의 가풍은 이미 신라 성덕왕의 셋째 아들이자 중국 사천을 무대로 정중종을 창종하여 새로운 가풍을 드날린 무상無相의 살림살이이기도 하다. 이 가풍은 중국의 마조馬祖를 비롯하여 남전, 백장 등에게로 이어졌으며, 신라의 도선, 고려의 일연, 조선의 설잠으로 계승되다가 단절되었다.

경허는 설잠 이래 단절된 이류중행의 가풍을 자신의 가풍 속에서 새롭게 재해석한다. 그 해석은 동학사 강사 시절 천독千讀이나 했던 『장자』莊子의 영향 속에 자리하고 있다. 그런데 그의 이류중행의 가풍은 앎의 단계와 함의 단계를 거쳐 삶의 단계로 이어지고 있다. '조료'照了와 '전정'專精의 논리 방식에 의해 이루어진 그의 미도행尾塗行은 뿔을 인 머리의 단계와 털옷을 입은 가슴의 단계 그리고 꼬리를 끌며 뭇삶들과 더불어 나누며 사는 온몸의 단계로 나눠볼 수 있다.

경허는 앎과 함을 넘어서서 '그렇게 사는 모습'을 보여주었다. 그가 그러한 모습을 지향해 간 근거는 장자사상의 영향으로부터 비롯된 점도 있지만 보다 근원적인 기반은 참다운 불교정신의 회복에 있었다.

그는 눈 뜬 자로서 고독했고 밀려오는 국망國亡의 분위기에 절망했다. 그 때문에 그의 고독이 불러일으킨 자학의 몸부림을 현상적으로만 보면 '법화'와 '행리'가 마찰되기도 하지만 미도선尾塗禪의 관점에서 보면 오히려 활발발活鱍鱍하게 윤활되는 지평이 더 넓다. 그는 정중 무상으로부터 비롯되어 조선 초기의 설잠으로 이어지다 단절된 미도선의 가풍을 복원하고 계승하였으며 한국선은 그로부터 주체적인 살림살이의 외연을 더 넓히게 되었다.

조선 후기 불교 교단의 눈 먼 책상불교와 다리 저는 방석불교를 넘어서려고 온몸으로 살았던 경허를 조선불교사의 결론이자 대한불교사의 서론이라고 명명할 수 있는 근거도 여기에 있다.

2. 한국선의 독자성

한국불교의 독자성을 세우는 작업은 인도와 중국과 일본과 다른 우리 고유의 모습을 뽑아내는 것으로부터 시작해야 한다. 한국선 역시 마찬가지다. 정중 무상으로부터 비롯된 이류중행의 가풍은 불교의 근본 정신이기도 하다. 그것은 곧 자기만의 깨달음을 추구하는 아라한상과 그 깨달음을 모든 이들과 더불어 나누는 보살상을 한 몸둥어리 속에다 삼투시킨 일불승상으로 표현된다.

한국선에는 아라한상二乘과 보살상三乘을 삼투시킨 일불승一佛乘의 오랜 전통이 있어왔다. 그것이 조선 초기 설잠 이래 단절되어 왔으나 조선 말 대한 초기의 경허에 의해 복원되었다. 미도선尾塗禪 혹은 예미선曳尾禪의 가풍은 간화선 전통에서는 쉽게 찾아볼 수 없는 것이지만 한국불교의 전통 속에서는 그 뿌리가 면면히 이어져 왔다. 경허가 보인 피모被毛대각戴角 예미曳尾의 살림살이는 바로 이러한 가풍의 복원이며 아라한상과 보살상을 삼투시킨 일승의 가풍이요 최상승의 살림살이라 할 수 있다.

경허의 살림살이는 앎의 단계와 함의 단계를 넘어서서 삶의 단계를 우리에게 환기시켜 주고 있다. 불교가 나아갈 바는 불교의 근본정신을 보호保護 임지任持하는 것이다. 붓다는 "연기의 바다는 참으로 깊다. 이 바다엔 감히 함부로 들어오지 못한다"고 역설했다. 온몸으로 살지 않고 머리로만 알게 되면 연기의 바다에서 익사할 수 있기 때문이다. 앎은 삶으로 이어질 때 참다운 앎이라 할 수 있고, 삶은 앎을 기반으로 할 때 더욱 다 지혜로운 삶을 유지할 수 있기 때문이다.

경허의 일생은 앎을 이상으로 하여 삶의 현실로 나아간 것이며, 이것이 바로 미도선尾塗禪 혹은 예미선曳尾禪의 벼리라 할 수 있다. 그의 '법화'法化와 '행리'行履가 마찰하는 것처럼 보이지만 사실은 그의 육척 몸둥어리 속에서 윤활하고 있다. 그 근거는 그의 생평이 '조료'照了와 '전정'專精의 논리 방식에 의해 머리의 단계가 아니라 온몸의 단계에서 일관되게 이루어지고 있음에서 찾을 수 있다.

한국선의 독자성은 아라한상(이승)과 보살상(삼승)을 삼투시킨 '일승 수행자상의 제시'에 있으며, 그것은 곧 '불교 정신의 회복'이라 할 수 있다. 경허는 바로 '자기와의 싸움에서 승리한 새로운 수행자상'과 '그렇게 얻은 그 자기마저 버리는 보살상'이라는 불교정신의 회복을 동시에 보여준 인물이다.

　경허가 조사상禪師像과 보살상菩薩像을 육척 장신의 한 몸둥어리 속에 육화시키며 보여준 '예미'曳尾 혹은 '미도'尾塗 그 자체가 바로 한국선의 독자성이라고 할 수 있다. 그것은 곧 아라한과 보살, 열반과 성불의 대비를 넘어선 일승 보살행이었다. 논자가 '미도선' 내지 '예미선'의 기호로 그의 생평을 탐색했던 이유도 이 때문이다.

　미도선 속에 투영된 경허의 법화와 행리는 현상적으로는 긴장하고 마찰하지만 근원적으로는 두 기호의 탄력과 윤활을 통해 인간 경허의 진면목을 드러내고 있다. 그는 깨달음을 얻은 뒤 '할 일을 다 마쳐 일이 없는 사람'了事漢, 無事之人이 되었다.

　따라서 경허는 지역과 문중과 종파에 대한 걸림없는 자유인이었다. 그가 선말한초鮮末韓初의 전환기에 살면서 '국망의 절망'과 '수행의 고독'을 걸림없는 대자유의 몸짓을 통해 보여준 것도 그가 진정으로 '눈 뜬 자'였기에 가능한 것이었다. 논자가 자유인 경허를 '조선불교사의 결론'이자 '대한불교사의 서론'이라고 평가하는 근거 역시 바로 이 점에서이다.

■ 참고문헌

『維摩詰所說經』卷中,「文殊師利問疾品」(『高麗藏』제9책, 987하 면;『大正藏』제14
　　책, 544중 면).
閔漬 撰,「麟角寺普覺國師靜照塔碑」,『朝鮮金石總攬』卷下(아세아문화사, 1976),
　　470면.
鏡虛,「結同修定慧同生兜率同成佛果稧社文」,『鏡虛集』(『韓佛全』제11책, 601하
　　~602상 면).
鏡虛,「梵魚寺設禪社契誼序」,『鏡虛集』(『韓佛全』제11책, 600중 면).
漢巖,「先師鏡虛和尙行狀」,『鏡虛集』(韓佛全』제11책, 655하 면).
韓龍雲,『鏡虛集』「序」(『韓佛全』제11책, 587중 면).
退耕 權相老,「韓國禪宗略史」,『백성욱박사 송수기념 불교학논문집』(동국대학교,
　　1959), 292면.

滿空 月面,「聞鏡虛法師遷化吟」,『惺牛 鏡虛集』(補遺)(『韓佛全』제11책, 651하 면).
滿空 月面,『滿空語錄』(약수암, 1976), 85면.
釋明正 譯註,『鏡虛集』후기(통도사 극락선원, 1990), 428면.
晦明,『회명문집』, 권태영 편역, 통도사 四溟庵, 1991.
龍城 震鐘,「龍城法語」,『龍城大宗師全集』제1책(용-성대종사전집간행위, 1992).
서경수,『불교철학의 한국적 전개』(불광출판부, 1990), 392면 및 397면.
眞性 圓潭 역,『경허선사법어: 진흙소의 울음』(홍법원, 1993), 5면.
金知見,「一然의 重編曹洞五位重印序 譯註」,『구산선문: 수미산문과 조동종』(불
　　교영상, 1996), 336~337면.
李興雨,『경허선사: 공성의 피안길』(민족사, 1996),˙11면.
金煐泰,『한국불교사』(경서원, 1997), 281면.

고영섭,『한국불학사』(연기사, 1999), 19면.

이이화,『한국사이야기』제15책(한길사, 2001), 120면.

一指,『삼수갑산으로 떠난 부처』(민족사, 2001), 17~18면.

한중광,『경허: 부처의 거울 중생의 허공』(한길사, 2001), 36~39면

서경수,「경허연구」,『석림』제3집, 1969.11, 14면

閔泳珪,「一然重編曹洞五位重印序」,『學林』제6집, 延大史學硏究會, 1970.

閔泳珪,「一然의 重編曹洞五位二卷과 그 日本重刊本」,『사천강단』(우반, 1994).

金煐泰,「鏡虛의 韓國佛敎史的 위치」,『德崇禪學』제1집, 한국불교선학연구원, 2000, 156~160면.

金浩星,「結社의 近代的 展開 樣相」,『普照思想』제8집, 1995, 142면.

高翊晋,「경허당 惺牛의 兜率易生論과 그 시대적 의의」,『한국미륵사상연구』(동대출판부,1987), 408면.

金知見,「鏡虛禪師散考」,『禪武學術論集』제5집(선무학술회, 1995), 15~16면.

高榮燮,「지눌의 眞心 사상: 頓漸(定) 축과 理事(慧) 축의 긴장과 탄력」,『보조사상』제15집, 보조사상연구원, 2001, 126면.

제2장

한암 중원의 일발선—鉢禪*
—흉금胸襟, 장종藏蹤과 파예把拽, 교어巧語의 응축과 확산—

Ⅰ. 일발의 선풍

Ⅱ. 율사와 선사의 살림살이

Ⅲ. 일발선풍의 지형도

Ⅳ. 비법과 묘법 및 침묵과 참여

* 漢巖 重遠(1876~1951)은 鏡虛 惺牛(1846~1912)에게서 본래 '寒巖'이라는 법호를 받았다. 하지만 그는 이름이 너무 차다고 여겨 건네받은 '찰 한'(寒)자를 스스로 고쳐 '한수 한'(漢)자로 썼다. 또 한암은 자신이 평생에 걸쳐 쓴 글을 모아 '一鉢錄'이라고 제목을 붙였다. 인도 근본불교의 律藏 이래 '네 가지 의지해야 할 법'(四依法)인 糞掃衣와 乞食 및 樹下住와 陳棄藥 등과 같은 최소한의 소유물만이 인정되었던 출가수행자의 不所有 혹은 無所有라는 투철한 수행 정신의 상징이 '一鉢'이라고 할 수 있다. 선종사에서 '一鉢'은 수행자의 최소한의 소유와 중국 이래 心印 傳授의 상징, 그리고 禪家의 禪農一致 정신을 보여주는 것이다. 한암은 여타의 고승처럼 독방살이를 하지 않고 평생을 대중방에서 대중들과 함께 생활하였다고 전한다. 이는 한암이 특히 강조한 參禪, 念佛, 看經, 禮式, 伽藍守護의 僧伽五則과 禪院規例에도 잘 나타나 있다. 그는 중국 간화선의 정초자인 大慧 宗杲처럼 '조석禮佛'과 '대중運力' 등을 대중들과 함께 하며 살았다. 하여 '一鉢'은 한암의 살림살이를 가장 잘 드러내는 기호이며 한암의 가풍을 상징하는 사상적 벼리라고 할 수 있다. 그것은 언어의 세계를 넘어선 선법을 상징하는 '자취를 감춘[藏蹤] 천고의 학'과 언어의 세계로 드러낸 교법을 상징하는 '말 잘하는[巧語] 삼춘의 앵무새'와 함께 그가 평생을 보여주던 律師로서의 모습을 보여주는 코드이기도 하다. 일찍이 한암이 1921년 겨울에서 1922년 봄에 이르기까지 금강산 건봉사에서 禪會를 주관했던 상황을 담은 자료가 당시 悅衆 소임을 맡았던 尾友 李磌이 편찬한『漢巖禪師法語』와 한암이 몸소 집성한『一鉢錄』에서도 한암의 一鉢가풍이 확인된다. 하지만『일발록』은 1947년에 제자 吞虛 宅城(1913~1983)이 보겠다고 하여 가져다 놓고 어느 암자에 간 사이에 불의의 화재를 당한 상원사와 함께 불타 버렸다. 그가 입적한 뒤 40여년 만에 鏡峰 靖錫(1892~1982)의 상좌인 明正에 의해『漢巖集』(통도사 극락선원, 1990)이 간행되었다. 한암문도회에서는 이것을 더욱 증광하여『漢巖一鉢錄』으로 집성하였다(민족사, 1995; 수정증보판, 1996). 이후 다시『定本漢巖一鉢錄』上下(민족사, 2010) 2책으로 증보하여 출판하였다. 따라서 논자는 한암의 생평을 드러내는 살림살이를 '一鉢禪'이라는 이름으로 재구성해 보려고 한다. 한암에게 있어 '一鉢'은 다시 '胸襟'(藏蹤)과 '把拽'(巧語)를 통해 역동적으로 살아나는 개념이기 때문이다. 그는 단지 몇몇 글들을 남겼을 뿐이지만 선법과 교법을 둘로 보지 않았으며 선법에 대한 강조 못지않게 교법의 중요성을 역설하고 있다.

I. 일발의 선풍

한암 중원漢巖 重遠, 1876~1951은 조선 말기와 대한 초기1897~ 의 격변기에 출가하여 치열한 수행력을 바탕으로 대한불교의 자존을 지킨 고승으로 평가받고 있다. 그는 서당에 다니던 어린 시절부터 세계의 근원에 대한 문제의식이 투철했던 것으로 알려져 있다. 아직 구체적으로 손에 잡히고 눈에 보이지 않아 애매하고 모호하기는 하였다. 하지만 '근원' 또는 '궁극'에 대한 중원의 문제의식은 쉽게 사라지지 않고 출가하기까지 내면 속에 잠복해 있었던 것으로 보인다.

한암이 출가할 즈음 세계 열강들은 제국의 영향력 확대와 상품의 판매력 확장을 위해 조선의 항구들을 넘나들기 시작하였다. 특히 일본은 강화도 앞바다에서 수심을 조사한다며 접근하였고 조선 정부는 이에 대해 소극적으로 대응하다가 강제로 문호개방을 당하기에 이르렀다. 이 시기 조선 정부는 승려들의 도성출입금령 폐지안에 대해 몇몇 차례 논의를 거치기에 이르렀다. 하지만 갑오경장과 동학혁명 및 갑신정변을 거치고 나서도 아직 실현을 보지 못하고 있었다.

때마침 일본 일련종의 승려 사노 젠레이佐野前勵의 요청을 계기로 도성출입 해금령1895을 반포하였다. 용주사의 석상순釋尙順, 崔就墟 등 일부 승려들은 종교침략의 술책인 줄 모르고 일황의 만수무강과 일본 승려에 대한 감사까지 보임으로써 조선 승려로서의 자존심을 내팽개칠 정도의 추태를 보였다.[1] 이러한 일련의 모습은 그 동안 조선 승려들에게 도성출입금

---

[1] 강석주·박경훈, 『불교근세백년』(서울: 민족사, 2002), pp.17~22. "대조선국 경기 수원 화산 용주사 승 석상순은 삼가 배례하고 치하하나이다. 대일본의 尊師각하. 우리는 지극히 비천하여 서울에 들어가지 못하기를 지금까지 5백년이라 항상 울적하였습니다. 다행히 交隣이 이루어져 대존사 각하께서 이 만리타국에 오시어 널리 자비의 은혜를 베푸시니 본국의 僧徒로 하여금 5백 년래의 억울함을 쾌히 풀게 하셨습니다. 이제부터는 王京을 볼 수 있으니 이는 실로 이 나라의 한 승려로서 감사하고 치하하는

령의 해제가 얼마나 큰 열망이었던가를 보여주는 것이라고 할 수 있다.

희유한 일이지만 한암의 스승 경허 성우鏡虛 惺牛, 1846~1912[2]는 일찍이 일부 조선 승려들의 비굴한 모습과 달리 '나에게는 서원이 있으니 발이 경성의 땅을 밟지 않는 것'[3]이라고 할 정도로 조선불교의 자존을 토해내었다. 젊은 비구 중원은 도성출입 해금 이후 경허에 의해 해인사 등지에서 본격적인 수선결사가 시작1899되는 불교계의 개벽 시기에 처음으로 개오開悟를 얻게 되었다.

이즈음 불교계에 대한 정부의 통제는 급변하기 시작했다. 먼저 정부는 사찰과 승도들을 관리하고자 소흥사紹興寺 터에 원흥사元興寺를 지었다1899. 뒤이어 정부는 대한사찰령을 공포1902.4한 뒤 사사관리세칙寺社管理細則에 의거하여 원흥사에 사사관리서를 두었다1902. 이로 인해 대한불교는 다시 정부의 통제 속으로 편입되어가고 있었다.[4]

바입니다. 이제 성에 들어가면서 감히 소승의 얕은 정성으로나마 배례하나이다." 그는 『조선불교월보』 1호인 1912년 2월 25일자에 기고한 「法類兄弟의게 顚祝홈」에서도 여전히 일본 '天皇陛下의 聖德과 總督閣下의 明政'을 기리고 있다. 이러한 상순 못지 않게 각지의 많은 승려들이 다투어 사노에게 감사하였고, 이를 계기로 사노는 1895년 5월 고종의 聖壽無疆을 빌며 동시에 불교의 中興維新의 대업을 축원하면서 도성출입을 풀어 준 皇恩에 보답한다는 韓日僧侶合同無遮大法會를 열었고, 이 기도회에 화계사, 백련사, 용주사 및 금강산의 승도 3백 여명과 外部, 學部, 農商工部 대신 및 김홍집 총리대신의 대리 등 20여명의 조정 고관이 참석하기에 이르렀다.

2 논자는 경허의 가풍을 '尾塗禪' 혹은 '曳尾禪' 또는 '照心學'이라는 기호로 조명해 본 적이 있다. 졸론, 「경허의 尾塗禪: 法化와 行履의 마찰과 윤활」, 졸저, 『한국불학사: 조선·대한시대편』(서울: 연기사, 2005); 졸고, 「경허의 照心學 : 중세선의 낙조와 근세선의 개안」, 『제1회 조계종 근현대사상 학술세미나－해방이전의 선사상을 중심으로』, 조계종 불학연구소, 2004; 『선문화연구』 제7집, 한국선리연구원, 2009.

3 漢巖, 「先師鏡虛和尙行狀」, 『漢巖一鉢錄』(서울: 민족사, 1996), p.320; 『定本漢巖一鉢錄』上卷(민족사, 2010), p.477. "吾有誓願, 足不踏京城之地." 한암은 '누가 큰 도시로 나아가서 교화하기를 권하면' 경허는 이렇게 대답하였을 정도로 당시의 승려들과 달리 '탁월하고 특출함이 대개 이와 같았다'고 기술하고 있다.

4 高榮燮, 「東大 '全人 교육' 백년과 '佛教 연구' 백년: 치밀한 사고력·활달한 문장력·넘치는 인간미」, 『불교학보』 제45집, 동국대학교 불교문화연구원, 2006. 8.

광무 정부는 원흥사를 대법산大法山 국내수사찰이라 일컫고 전국의 16개 사찰을 중법산中法山 도내수사찰로 삼아 불교계를 관리하였다. 하지만 사사관리서와 대법산제는 2년만에 모두 폐지되었다. 뒤이어 봉원사의 이보담李寶潭과 화계사의 홍월초洪月初 등은 원흥사에다 정토淨土를 종지로 한 불교연구회를 결성하였다. 이들은 원흥사 경내에 명진학교1906를 건립하고 원종圓宗이라는 새로운 종단을 창종1908하였다. 동시에 중앙교육기관으로서 명진학교를 세우고 각 지역 사찰에는 지방교육기관으로서 각종학교를 설치하기 시작하였다.

때마침 원종 종무원 대종정이었던 회광 사선李晦光 師璿, 1862~1933이 일본 조동종의 다케다 한지武田範之와 함께 일본에 건너가 조동종 관장 이시가와石川素童와 함께 연합(합병) 조약을 체결하였다1910.10. 이에 용운 봉완韓龍雲 奉玩, 1879~1944과 진응 혜찬陳震應 慧燦, 1873~1941 등은 격분하여 매종된 원종에 맞서 범어사에서 임제종을 창종(1910.10.5 광주; 1911.1.15 부산)하였다. 북쪽의 원종과 남쪽의 임제종이 서로 정통성을 주장하며 길항하였지만 불교를 교두보로 한 일본의 종교침략을 막아내지는 못하였다. 결국 나라를 잃게 되면서부터 그리고 총독부가 사찰령을 반포1911하면서부터 대한불교계는 주체적인 의결권을 상실하고 말았다.

이후 남쪽의 불교계는 총독부와의 관계 설정에 있어 혼미를 거듭하였고 원종을 기반으로 한 북쪽의 불교계는 서서히 친일의 분위기로 기울어 갔다. 결국 북쪽을 기반으로 하는 원종과 남쪽을 기반으로 하는 임제종은 총독부와의 친소 관계 설정에 있어서 그 입장이 달랐으나 두 종단 모두 총독부 치하에서 사라지고 말았다. 결국 조선총독부 아래에 이름뿐인 30본산 회의소가 설치되기에 이르렀다.

이에 30본산 주지들이 회합하여 다시 30본산에 연합사무소를 두었다1915. 하지만 본사주지가 종래의 공의적인 사원운영을 무시하고 독단으로 운영을 전횡하였다. 그러자 일본 유학승과 젊은 승려들 및 서너 개의 본말사 주지들이 들고 일어나 조선불교 선교 양종 중앙총무원을 각황사(태고사, 조계사)에 설치하였다1922.1 이와 달리 나머지 본말사 주지들 역시 각황사에다 조선불교 선교양종 중앙교무원을 설치하였다1922.5. 이들 두 종단은 약 2년간 대립하다가 조선불교중앙교무원으로 가까스로 통합되었다. 조선 말 대한 초기에 출가를 단행했던 한암 중원이 불교계의 대표적 수행자로 이름이 드러나기 시작한 시기[5] 역시 바로 이때 즈음이었다.

1. '반고씨 이전'과 '참다운 성품'

강원도 화천에서 태어난1876 그는 어릴 때부터 할아버지 밑에서 공부를 하면서부터 총기를 드러내었던 것으로 알려져 있다. 서당에서 중국 역사책인 『사략』史略을 읽다가 '태고에 천황씨天皇氏가 있었다'로 시작되는 첫 구절을 보던 중원이 스승에게 '태고에 천황씨가 있다고 했는데, 그렇다면 천황씨 이전에는 누가 있었습니까?'라고 질문했다 당돌한 질문에 놀란 훈장은 얼른 '천황씨 이전에는 반고씨盤古氏라는 임금이 있었지'

---

[5] 한암에 대한 논구로는 다음의 몇몇 논구를 참고할 수 있다: 김호성, 「한암선사-보조선을 계승한 종문의 선지식」, 『한국불교인물사상사』(서울: 민족사, 1990), pp.462~473; 김호성, 「영원한 구도자, 漢巖스님」, 일타스님 외, 『현대고승인물평전』하(서울: 불교영상, 1994), pp.38~51; 종범, 「한암선사의 선사상」, 『한암사상연구』 제1집(평창: 한암사상연구원, 2006), pp.15~46; 김호성, 「『바가바드기타』와 관련해서 본 한암의 염불참선무이론」, 『한암사상연구』 제1집(평창: 한암사상연구원, 2006), pp.55~148; 김광식, 「방한암과 조계종단」, 『한암사상연구』 제1집(평창: 한암사상연구원, 2006), pp.155~190; 윤창화, 「자료발굴: 한암의 자전전 구도기 『一生敗闕』」, 『불교평론』 통권 17호, 2003, 겨울, pp.294~306; 윤창화, 「자료발굴: 한암의 자전전 구도기 『일생패궐』」, 『한암사상연구』 제1집(평창: 한암사상연구원, 2006), pp.201~270; 박재현, 「구한말 한국 선불교의 간화선에 대한 한 이해: 송경허의 선사상을 중심으로」, 『철학』 제89호, 한국철학회, 2006; 박재현, 「방한암의 禪的 지향점과 역할의식에 관한 연구」, 『철학사상』 제23호, 서울대 철학사상연구소, 2006.

라고 대답했다. 그러자 소년 중원은 '그렇다면 반고씨 이전에는 누가 있었습니까?'라고 집요하게 질문을 던졌다.

'반고씨 이전'과 같은 세계 성립의 최초의 동인動因, moving, arche에 대한 물음은 철학과 종교 분야의 공통된 화두라 할 수 있다. 유학에서는 이것을 '통체일태극'統體一太極이라 하고, 도가에서는 '천하모'天下母라 하며, 불교에서는 '최청정법계'最淸淨法界라 하고, 선리禪理로는 '최후일구자'最後一句字를 뜻한다. 이러한 질문에 대해 서당 훈장은 더 이상의 대답을 해 줄 수가 없었다. 그러자 아홉 살의 중원은 '반고씨 이전에는 누가 있었는가'라는 문제의식을 가지기 시작했다.

여기서 '반고씨 이전'은 근원에 대한 문제의식이라 할 수 있다. 이 세계의 최초 원인은 무엇인가. 그리고 나의 참다운 성품svabhāva, 自性, 眞性은 무엇인가. 이처럼 근본적 물음에 대한 집요한 탐구의 습관은 이후 출가의 가풍 속에까지 깊이 투영되었던 것으로 보인다. 수제자 탄허의 글에 의하면 출가하면서 보인 세 가지 맹세는 한암의 문제의식을 잘 보여주고 있다. 그 중에서도 첫 번째 맹세는 '반고씨 이전'이라는 문제의식과 통하는 것이라고 할 수 있다.

1) 자기 마음의 진성眞性을 찾아보자.
2) 부모의 은혜를 갚자.
3) 극락으로 가자.[6]

여기에서 두 번째의 부모의 은혜를 갚자는 것과 세 번째의 극락으로 가자는 것은 출가수행의 결과라고 할 수 있다. 하지만 첫 번째의 자기 마음의 진성을 찾아보자는 것은 출가수행의 동기라고 할 수 있다. 물론

---

6 吞虛, 「現代佛敎의 巨人」, 『漢巖一鉢錄』(서울: 민족사, 1996), p.451.

처음부터 한암이 '진성'이라는 문제의식을 가지고 출가하였다고 보기는 어려울 것이다. 9살 때의 '반고씨 이전'의 문제의식은 가난한 살림살이 속에서 이내 묻혀버렸던 것으로 보인다.[7] 이것은 중원이 이러한 문제의

---

[7] 일반적으로 한암의 출가년은 그의 제자인 吞虛가 지은 「漢巖大宗師浮屠碑銘幷序」에 근거하여 22세 되던 1897년으로 비정하고 있다. 하지만 강원도 경찰부장 야마시타 진이찌(山下眞一)가 기록한 『조선불교』 제101호(1934. pp.81~85)의 「이케다 경무국장, 방한암 선사를 만나봄」이라는 제목의 글에는 '이케다 경무국장을 수행하면서'라는 부제를 붙이고 두 사람의 대화를 자세히 기록하고 있다. 여기에 따르면, 1934년 6월 9일 조선총독부 경무국장이었던 이케다(池田淸) 국장과 『조선불교』 발행인 나카무라(中村健次郎)가 상원사에 주석하던 한암을 찾아왔다. 이때 이케다가 한암에게 "스님은 이곳에 오신 지 벌써 몇 년이 되십니까?"하자 한암은 "9년이 됩니다. 10여 년 전 경성에 대수해가 있었을 때(1925년의 수해를 가리킴)는 뚝섬 건너편의 봉은사에 있었습니다"라고 하였다. 이케다가 "9년 동안 몇 번 하산했습니까?"라고 하자 한암은 "경주 불국사에 참예한 일, 이가 아파서 그 치료차 경성에 갔던 일 등 전후 2회입니다"라고 하였다. 이케다가 "몇 살 때 승적에 들어가셨습니까?"라고 하자 한암은 "9세 때 금강산 장안사에서 삭발하고 그로부터 해인사·통도사·평북의 묘향산, 다시 통도사·봉은사 등지에서 10년 내외 가량 있다가 이곳에 왔습니다"라고 수행의 기록을 남기고 있다. 또 "응답하는 사이 한암 선사의 얼굴에는 법열의 모습이 빛나고 눈빛이 반짝거리는 가운데에서 자비의 눈물을 참는 것처럼 느껴졌다. 꾸밈이 없고 말이 없는 농촌의 농부와도 같은 풍채에 누구도 넘보기 어려운 데에 감동되어지는 것은 9세 때부터 61세(사실은 59세)의 이날까지 50년이 넘는 오랫동안 수련의 결과가 아니고 무엇이랴"라고 적고 있다. 이 기록에 따르면 한암은 '반고씨 이전에는 누가 있었습니까?'라는 의문을 지닌 9세에 출가한 것이 분명하다. 임혜봉 역시 이 기록에 근거하여 한암의 출가 시기에 대한 재검토의 필요성을 제기하고 있다. 임혜봉, 「한암 중원」, 『종정열전2: 천고에 자취를 감춘 학처럼』(서울: 가람기획, 1999), pp.232~242. 이와 달리 박재현은 탄허의 연보나 비명에 의거하면서도 "'반고씨 이전에는 누가 있었을까?'라는 의문은 분명 난해한 문제지만, 왠지 책상 위에서 구성된 문제의식처럼 보여서, 출가를 단행하기까지 무려 13년을 버텨낼 정도의 중량감이 느껴지는 의심덩어리 같지는 않아 보인다'고 지적하고 있다. 박재현, 「방한암의 禪의 지향점과 역할의식에 관한 연구」, 『철학사상』 제23호, 서울대 철학사상연구소, 2006. pp.307~308.
최근 한암의 조카인 방진성 옹은 한암이 어렸을 적에는 할아버지 밑에서 공부를 하다가 스무 살 무렵에 장가를 가려고 집안끼리 약혼을 하자 한암이 그 여자의 집에 가서 '내가 집안이 어려워서 돈이 없는데 어떻게 생각하느냐'고 의중을 물었더니 그 여자가 단호히 거절을 하여 돈이 없는 세상은 살기 어렵구나 생각하고 금강산 구경갔다가 그만 입산 출가하였다고 증언하고 있다. 한암문도회·김광식, 『그리운 스승 한암스님: 한국불교 25인의 증언록』(평창: 오대산 월정사, 2006),

식을 더 깊게 불살라 곧바로 출가하지 못했던 사실에서 확인된다.

9살의 의문 이후 13년 동안 중원은 일상 속에 살면서 '반고씨 이전'이라는 문제의식은 내면 속에 가라앉아 있었을 뿐 겉으로 드러나지 않았다. 그리고 집안 형편이 어려워 이러한 문제의식을 깊이 있게 성숙시켜 내지 못하였다. 스무 살이 넘어 결혼 문제가 오고 가는 와중에서 '돈이 없는 사람은 살아가기 어렵구나'라는 현실적인 문제의식이 출가를 재촉했던 것으로 보인다. 22살이 되자 중원은 출가를 결심하게 되었고 강원도 내금강 장경봉 아래의 장안사로 가서 금월 행름錦月行凜 노사를 은사로 하여 머리를 깎았다.

아마도 출가 이후 '반고씨 이전'이라는 근원에 대한 문제의식이 다시 솟아나기까지 중원에게는 어느 정도 시간이 필요했던 것으로 보인다. '반고씨 이전'의 문제의식은 중원의 발심으로 환기되었고, 그 와중에서 그의 내면 속에서 오랫동안 숙성되고 발효되어 '참다운 성품'眞性이라는 불교 개념으로 자리 잡은 것으로 보아야 할 것이다. 탄허가 기술한 세

---

pp.356~357. 한암의 또 다른 조카인 방문성 옹 역시 최근 한암의 부친은 초시(初試)에 합격하고서는 늘 서울의 남산에 와서 샌님과 진사들과 놀고 지내며 남 퍼주길 좋아해서 가산을 탕진할 정도로 지냈고, 한암은 성격이 강직하여 불의를 참지 못하였으며 결혼에 대한 말만 왔다 갔다 했다고 증언하고 있다. 한암문도회, 같은 책, p.366. 이들의 증언을 종합해 볼 때 집안이 가난했던 것은 분명한 것 같다. 하지만 "조선인에게는 정신상의 안식처가 없었다. 각지에 잔존하고 있는 書院에는 현대 청년의 마음을 끌만한 활동이 없고, 寺院은 오랫동안 소외 압박에 餘命을 유지하면서 일반 민중의 정신생활과는 멀리 동떨어져 있다"고 당시의 조선의 정신계를 얕잡아보는 편견의 시각과 몇몇 기록상의 오류를 감안해 볼 때 야마시타 진이찌의 기록을 전적으로 믿기는 어렵다. 더욱이 한암 주변에 대해 비교적 자세히 알고 있었을 한암의 직계 조카들의 증언을 감안해 볼 때 시점과 직함 및 전후 사정 등에 대한 몇몇 서술 상의 오류를 보이고 있는 야마시타 진이찌의 기록에 의존하는 것 역시 문제가 있어 보인다. 따라서 논자는 야마시타 진이찌의 기록인 9세 출가설과 증언과 비문의 22세 출가 주장에 대한 기록이 서로 충돌하고 있어 확정하기 쉽지 않지만 한암 조카들의 증언과 제자 탄허의 비문에 의거하여 22세 출가설이 더 정합성을 얻는 주장이라 보고 싶다.

가지 맹세는 처음부터 생겨났던 문제의식이기보다는 출가하면서 서서
히 확립되기 시작했던 것으로 보인다.

2. 천고의 학과 삼춘의 앵무새

출가한 이후 치열하게 수행했던 한암이 맞이했던 오도의 계기는 다
섯 차례[8]가 된다. 한암은 불교의 교리를 좀더 깊게 공부하기 위해 신계
사의 보운강회普雲講會에 나아갔다. 어느 날 우연히 목우자 지눌牧牛子 知
訥, 1158~1201의『수심결』을 읽어가다가 아래의 대목에서 크게 깨달았던
것으로 보인다.

> 만일 자기 마음 밖에 부처가 있고, 자기 성품 밖에 법이 있다고 집착
> 하여 불도를 구하고자 한다면, 헬 수 없는 오랜 세월 동안 몸을 태우고
> 팔을 태우거나燒身煉臂, 뼈를 부수고 골수를 내오거나, 피를 뽑아 경을 베

---

[8] 김호성은 지눌의『수심결』을 보다가 경험한 轉機를 '초견성'(初見性)으로 보고 있으나, 윤창화는 이를 1차로 보지 않고 청암사 수도암에서 경허의『금강경』강의를 계기로 개안한 것으로부터 1차 깨달음으로 셈하고 있다. 이럴 경우 한암은 3차(김호성) 전기 내지 4차(윤창화) 전기를 맞이한 것이 된다. 한암의 전기는 금강산 신계사 보운강회 (보운강원)에서 지눌의『수심결』을 보면서 얻은 1차 깨달음(1899. 7), 성주 수도암에서 경허의『금강경』강의를 들으면서 얻은 2차 깨달음(1899년 하안거 뒤), 통도사 백운암에서 '참선 도중 죽비 치는 소리를 듣고 얻은 3차 깨달음(1901년 하안거 뒤), 범어사에서『전등록』을 보다가 '일물무위'(一物無爲)에서 얻은 4차 깨달음(1902년 하안거 뒤), 맹산 우두암에서 아궁이에 불을 때다가 얻은 5차 깨달음(1912년 봄)의 다섯 차례가 된다. 다만 그가 손수 지은 자서전「一生敗闕」에서 마지막으로 우두암에서 깨달으면서 '수도암에서 깨달은 것과 조금도 다름이 없었다'는 구절을 염두에 둔다면, 그리고 스승 경허의 문하에서 깨달은 것부터 셈하여 본다면 4차 전기로 볼 수 있다. 한암이 간화선을 추구하고 있고 반드시 눈 밝은 선지식에게서 인가를 받아야한다는 간화선의 수행론에 근거해 본다면 4차 전기로 셈하는 것은 설득력이 있어 보인다. 하여튼 그 전기를 4차로 보든 5차로 보든 간에 한암의 開悟處가 모두 禪籍에 있었다는 점이 지눌과 상통하며 그 역시 지눌처럼 頓悟漸修론을 견지했다는 것은 주목되는 대목이다.

끼거나, 하루 한 끼만 먹거나, 내지 일대의 장경을 모조리 읽고 외우거나, 갖가지 고행을 닦는다 하더라도 이는 마치 모래를 쪄서 밥을 지으려는 일과 같아 다만 수고로움을 더할 뿐이다.[9]

한암은 지눌이 모색했던 '자성이 곧 법성'自性是法性이며, '자심이 곧 불심'自心是佛心이라는 이문二門 진심眞心의 구도[10]를 체득하였다. 그는 '자기 마음이 곧 부처이며, 자기 성품이 곧 진리의 성품'임을 체인하였다. 이 구절을 본 한암은 홀연히 몸과 마음이 송연하여 마치 죽음의 시각大限이 박두하는 극한의식을 느꼈던 것으로 알려져 있다. 때마침 그는 장안사의 해은암海恩庵이 하룻밤 사이에 불이나 잿더미가 되었다는 소식을 접하였다. 그 순간 한암은 가없는 무상無常을 뼛속 깊이 몸으로 느꼈다. 이것이 한암의 1차 깨달음의 전기轉機였다.

바로 그 해에 한암은 해인사 퇴설선원에 방부를 드렸다. 이때의 기록은 해인사 퇴설선원 동안거 방함록에 자세히 실려있다. 당시 경허는 조당祖堂으로 올라 있고 한암은 서기書記(1899년 동안거)를 맡았다.[11] 방부 첫해 동안거 중 어느 날 게송 하나를 지었다.

다리 밑 푸른 하늘 머리 위 작은 산은
쾌활한 남아가 여기에 이른다면*(본디 안과 밖과 중간도 없는 것이네)
절름발이도 걸을 수 있고 소경도 볼 수 있으니
북쪽 산은 말 없이 남쪽 산을 대하네.[12]

---

9 知訥, 『修心訣』(『韓佛全』 제4책, 708중 면). "若言心外有佛, 性外有法, 堅執此情, 欲求佛道者, 縱經塵劫, 燒身煉臂, 敲骨出髓, 刺血寫經, 長坐不臥, 一食卯齋, 乃至 轉讀一大藏教, 修種種苦行, 如蒸沙作飯, 只益自勞耳."
10 高榮燮, 『한국불학사: 고려시대편』(서울: 연기사, 2005), pp.226~251.
11 대한불교조계종 교육원 불학연구소, 『근대 선원 방함록』(2006), pp.13~37.
12 呑虛, 「漢巖大宗師浮屠碑銘幷序」, 『漢巖一鉢錄』(서울: 민족사, 1995; 1996, 개정증보판).

경허는 한암의 게송을 보고서 웃으며 말하였다. "'각하청천'脚下靑天과 '북산무어'北山無語 두 구는 옳지만 '쾌활남아'快活男兒와 '파자능행'跛者能行 두 구는 옳지 않다." 그의 게송은 해인사 동안거 첫 방부 때 스승 경허에게 아직 미진하다 반려되었다. 뒷날 한암은 이 구절을 '본디 안과 밖과 중간도 없는 것이네'[13]로 바꾸었다.

아마도 이 구절을 바꿀 즈음 한암은 부자유한 삶에 매여 있는 이들의 경계인 안과 밖, 가장자리와 중간, 주체와 객체 등의 이항을 넘어버렸던 것으로 추정된다. 그는 언어와 분별이 만들어 낸 이항 속의 절름발이, 소경을 넘어 자유롭게 걷는 절름발이와 자유롭게 보는 소경을 만났다. 그리하여 그는 이미 한 경계를 넘어버렸다.

하루는 한암이 여러 대중들과 경허를 모시고 차를 마시게 되었다. 이 자리에서 경허는 고봉 원묘의 『선요』 한 구절을 인용하였다. "어떤 것이 진실로 구하고 진실로 깨닫는 소리인가. 남쪽 산에 구름이 일어나니 북쪽 산에 비가 내린다." 다시 경허는 대중을 향해 물었다. "이것이 무슨 소리냐?" 한암이 대답했다. "창문을 열고 앉으니 담장瓦墻이 (눈)앞에 있습니다."

경허는 다음날 법상에 올라가 대중을 돌아보면서 말하였다. "원선화(한암)의 공부가 개심開心의 경계를 넘었구나. 하지만 비록 그 경지가 이와 같지만 아직도 무엇이 몸체體이고 무엇이 몸짓用인지는 모르는구나."[14] 아직 완벽해 보이지는 않지만 경허는 한암의 경계를 어느 정도 인정하였던 것이다.

"脚下靑天頭上巒, 快活男兒到此間(자서전 「一生敗闕」; 「현대불교의 거인」: 本無內外亦中間), 跛者能行盲者見, 北山無語對南山."

13 吞虛, 「現代佛敎의 巨人」, 앞의 책, p.453. 여기에는 두 번째 구절이 "本無內外亦中間"으로 적혀있다.
14 漢巖, 「一生敗闕」, 윤창화 역, 「한암의 자전적 구도기 '일생패궐'」, 『불교평론』 17호, 2003년 겨울, p.302.

이후 한암은 뜻이 같은 도반 함해含海선사와 남쪽으로 구름처럼 떠돌아다니다 경북 성주(김천) 청암사 수도암修道庵에서 경허鏡虛화상을 다시 만나게 되었다. 그들은 경허를 만나자마자 높은 설법을 청하였다. 경허는 먼저 『금강경』 사구게를 인용하며 법을 설하기 시작하였다.

무릇 모습이 있는 것은
모두 허망한 것이니
만일 모든 모습이 (진실한) 모습 아님을 본다면
곧 여래를 보느니라.[15]

그러자 마치 혜능慧能, 638~712이 그러했듯이 『금강경』 사구게를 들은 한암의 눈빛이 홀연히 열렸다. 한 눈에 우주 전체가 환히 들여다 보였다. 듣는 것과 보는 것 모두가 그 자신이 아님이 없었다.[16] 9살 때의 '반고씨 이전'의 의문이 아침 안개 걷히듯이 풀려버렸다. 이때가 그가 입산한 지 3년째 되는 24세 가을이었다.

청암사에서 하룻밤을 묵고 경허화상을 따라서 합천 해인사로 가는 도중 화상께서 문득 이렇게 물으셨다. "옛 사람東山 良价이 이런 말을 하였네. '사람이 지나 가네. 다리만 흐르고 물은 흐르지 않네.' 이것이 무슨 뜻인지 아는가?" 내가 답하였다. "물은 진眞이요, 다리는 망妄입니다. 망은 흘러도 진은 흐르지 않습니다." 경허 화상께서 말씀하셨다. "이치로 보면 참으로 그와 같지만, 그러나 물은 밤낮으로 흘러도 흐르지 않는 이치가 있고 다리는 밤낮으로 서 있어도 서 있지 않는 이치가 있는 것이네." 내가

---

15 『金剛經』 「如理實見分」 제5, "凡所有相, 皆是虛妄, 若見諸相非相, 卽見如來."
16 吞虛, 「현대 불교의 거인: 방한암」, 『한국의 인간상』 제3책(서울: 신구문화사, 1965), pp.335.

여쭈었다. "일체 만물은 다 시작始과 끝終, 본本과 말末이 있습니다. 그러나 우리의 이 본래 마음은 탁 트여서 시작과 끝, 본과 말이 없습니다. 그 이치가 결국은 어떠한 것입니까?" 경허화상께서 답하셨다. "그것이 바로 원각경계이네. 『(원각)경』에 이르기를 '사유심으로 여래의 원각경계를 헤아리고자 한다면 그것은 마치 반딧불로써 수미산을 태우려고 하는 것과 같아서 끝내는 태울 수가 없다'고 하였네." 내가 또 여쭈었다. "그렇다면 어떻게 해야만 깨달을 수 있습니까?" 화상께서 답하셨다. "화두를 들어서 계속 참구해 가면 끝내는 깨닫게 되는 것이네." 내가 또 여쭈었다. "만약 화두도 진실이 아니라는 것을 알게 될 때엔 어떻게 해야 합니까?" 화상께서 답하셨다. "화두도 진실이 아니라고 알았다면 그것은 잘못된 것이네. 그러므로 그 자리(잘못된 그곳)에서 즉시 '무無'자 화두를 참구하게."[17]

하안거를 마친 경허가 범어사로 떠났고 대중들도 흩어졌으나 한암은 병이 나서 다른 곳으로 갈 수 없었다. 하는 수 없이 한암은 해인사에 머물며 지전知殿(1901년 동안거), 전다煎茶(1902년 하안거)와 채두菜頭(1903년 하안거) 및 열중悅衆(1903년 동안거)의 소임[18]을 맡으며 정진했다. 그곳에 머물며 『전등록』을 보던 어느 날이었다.

마침 약산 화상이 석두화상에게 설한 법어 가운데에서 "한 물건도 작용하지 않는다"一物無爲고 하는 대목에 이르러 몰록 마음길心路이 끊

---

17 漢巖, 「一生敗闕」, 윤창화 역, 「한암의 자전적 구도기 '일생패궐'」, 『불교평론』 17호, 2003년 겨울호, pp.299~300. 여기서 "물은 밤낮으로 흘러도 흐르지 않는 이치가 있고, 다리는 밤낮으로 서 있어도 서 있지 않는 이치가 있는 것이네"라는 경허의 답변은 본디 『禪門拈頌』 1429칙에 있는 '空手'란 공안에 대한 古則이다. 이 『禪門拈頌』에 說話를 붙인 眞覺 慧諶의 『禪門拈頌說話會本』(『韓佛全』 제5책, 907상)에는 이렇게 되어 있다. "부대사 송(傅大師頌): "빈 손으로 호미를 들었고[空手把鋤頭]/ 걸으면서 물소를 탔도다[步行騎水牛]/ 사람이 다리 위를 걷지만[人從橋上過]/ 다리는 흘러가도 물은 멈췄네[橋流水不流]."
18 대한불교조계종 교육원 불학연구소, 『근대 선원 방함록』(2006), pp.13~37.

어지며 물통 밑이 확 빠지는 것 같았다. 네 차례의 전기를 경험할 즈음 1903~1904 경허는 북쪽의 갑산으로 잠적하였고 한암은 다시 그를 만나지 못하였다.

한암은 통도사에서 지내다가 마침 돈이 생겨 병을 치료했지만 고치지 못했다고 「일생패궐」에서 적고 있다. 이 병이 어떤 병인지 알 수 없지만 경허의 동행 제안에 응하지 못했던 것 역시 이 병 때문이 아니었나 추정된다. 이후 6년 가까이를 남쪽에서 지내다가 경술년1910 봄 묘향산의 내원암에서 하안거를 보냈다. 이 해 가을에 다시 금선대로 가서 겨울과 여름 두 철을 지낸 뒤 가을1911에는 맹산 우두암에서 겨울을 지냈다.

이듬해1912 봄이 오자 함께 지내던 도반(사리)이 식량을 구하러 밖으로 나가자 한암은 혼자 부엌에 앉아 아궁이에 불을 붙였다. 홀연히 환해졌는데 그것이 수도암에서 개오할 때와 조금도 다름이 없었다. 한 줄기 활구 소식이 부딪히는 곳마다 분명했다. 한암은 곧 바로 연구聯句의 게송을 읊었다.

> 부엌에서 불붙이다 홀연히 환해지니
> 이로부터 옛길이 인연 따라 맑아지네
> 누군가 내게 서쪽에서 온 뜻 묻는다면
> 바위 밑 우물 소리에 젖는 일 없다 하리.[19]

> 삽살개는 나그네가 수상쩍다 짖어대고
> 산새는 사람을 조롱하듯 울어대네
> 만고에 빛나는 마음의 달빛이

---

[19] 呑虛, 「漢巖大宗師浮屠碑銘幷序」, 앞의 책, p.442. "着火廚中眼忽明, 從玆古路隨緣淸, 若人問我西來意, 庵下泉鳴不濕聲."

하루아침 세상 번뇌 다 쓸어버렸네.[20]

한암은 최후의 깨달음을 얻었으나 이때는 이미 말세여서 불법이 쇠미하여 있었다. 눈 밝은 종사明眼宗師의 인증을 받을 수 없었다. 경허 화상 역시 이미 머리를 기르고 유생의 옷을 입은 박난주朴蘭洲가 되어 갑산과 강계 등지를 오가다가 이 해에 입적1912하였다. 한암은 탄식하지 않을 수 없었다. 하는 수 없이 한암은 전국을 떠돌며 자신의 깨달음을 성숙시켜 갔다.

이 기간은 자신의 깨달음을 실험하는 과정이었고 동시에 많은 선지식들과 법거량하는 기회를 확보할 수 있었다. 이후 그는 전국의 선방을 넘나들며 선풍을 드날렸다. 서울 봉은사의 조실로 있을 즈음 한암은 당시 불교계의 사판을 책임지고 있는 지암智庵 鍾郁, 1884~1969의 방문을 받게 되었다.

당시 월정사는 오대산 나무를 담보로 일본 식산은행에서 10만원을 대출을 받은 적이 있었다. 나무로 수레바퀴를 만들어 판매된 값으로 환산하는 조건으로 빌렸는데 이내 30만원으로 빚이 늘어나자 해결할 수가 없게 되었다. 지암은 도인을 모셔다 놓고 뭔가를 해결해야겠다고 궁리[21]를 하고 한암을 오대산으로 주석처를 옮길 것을 제안했다. 한암은 지암의 제안을 수용하면서 상원사로 거처를 옮겨갔다.

이때 한암이 50세乙丑에 상원사로 가면서 "차라리 천고에 자취를 감춘 학이 될지언정寧爲千古藏蹤鶴, 삼춘에 말을 잘하는 앵무새는 배우지 않겠

---

20 呑虛, 「漢巖大宗師浮屠碑銘幷序」, 앞의 책, p.442. "村尨亂吠常疑客, 山鳥別鳴似嘲人, 萬古光明心上月, 一朝消盡世間風."
21 한암문도회·김광식 편, 『그리운 스승 한암스님』(서울: 민족사, 2006), 천운스님 증언편, p.142.

다不學三春巧語鸚"고 스스로 맹서[22]한 일할은 그의 살림살이를 그대로 드러내주고 있다.[23] 이 구절은 단지 오대산으로 떠나는 자신의 가풍을 합리화하는 문구에서만이 아니라 이후 전개될 그의 가풍을 압축적으로 보여주는 구절이라는 점에서도 그 상징성이 매우 크다고 할 수 있다.

한암의 어록이었던 『일발록』에서처럼 그가 보여준 '일발'의 가풍 속에는 '자취를 감춘'藏蹤 천고학千古鶴과 '말을 잘하는'巧語 삼춘앵三春鸚의 양면성이 투영되어 있다. 그는 스승 경허와 헤어질 때와 오대산으로 들어갈 때를 알았다. 동시에 두 차례의 교정과 종정으로 나아갈 때와 상원사의 소각[24]을 막아낼 수 있는 때를 알았다. 하여 그는 자기의 가슴 속

---

22 呑虛, 「漢巖大宗師浮屠碑銘幷序」, 앞의 책, p.442. "又自誓曰: 寧爲千古藏蹤鶴, 不學三春巧語鸚, 入于五臺山, 二十七年, 不出洞口而終焉, 享年七十六, 法臘五十四也."
23 오대산 상원사에 주석한 이래 초기(12년 내)에 치아 치료를 위해 서울에 한 번 올라왔고, 이어 경주에 한 번 출타한 일 이외에는 27년간 오대산을 떠나지 않았다고 알려져 있다.
24 상원사 법당의 소각 저지 과정에 대해서는 당시 소대장이었던 소설가 선우휘(1922~1986)의 『상원사』라는 소설에 잘 드러나 있다. "해방이 되고 1950년 6·25사변이 났다. 1·4후퇴 때였다. 오대산 내의 모든 승려는 남쪽으로 피난을 떠났다. 그러나 한암만은 시자 두세 명과 함께 상원사에서 한 발짝도 움직이지 않았다. 1·4후퇴 직전 월정사와 상원사를 포함한 오대산 내의 모든 사암과 민가들이 우리 국군의 작전상 소각의 대상이 되었다. 적군이 머무를 수가 있기 때문이었다. 당시의 이야기, 야밤에 대원들을 이끌고 상원사를 찾아온 장교는 절을 소각한다고 알렸다. 한암은 잠깐 기다리라 이르고 방에 들어가 가사와 장삼으로 갈아입고 나와 법당으로 들어가 불상 앞에 정좌하고 난 뒤 합장하며, 장교에게 이제 불을 질러도 좋다고 말하였다. 장교는 놀라면서 '스님 이러시면 어떡합니까?'라고 말하자, 한암은 '나는 부처님의 제자요. 부처님은 이런 경우 이렇게 하라고 말씀하셨소. 당신은 어서 불을 지르시오.'라며 조금도 자세를 흐트러트리지 않았다. 그 장교는 한암의 인격과 거룩한 모습에 압도되고 감동이 되어 한참을 생각하다가 제 나름으로 결단을 내렸다. 그는 부하들에게 명령하여 법당의 문짝만을 떼어내 마당에서 불사르게 하고는 그대로 돌아가 버린 것이다. 이로 인해 상원사는 소실을 면했고, 가장 오래된 동종인 국보36호인 상원사동종도 살아 남을 수 있었던 것이다." 이재창, 「오대산의 맑은 연꽃」, 앞의 책, pp.470~471; 홍신선, 『할: 마음의 문을 여는 한암대종사설법』(서울: Human& Books, 2003), pp.12~13).

에서 우러나오는 '흉금'胸襟의 소식과 물러날 때와 나아갈 때를 정확히 아는 '파예'把拽의 중도 가풍을 보여주었다. 그것은 곧 흉금(/장종)과 파예(/교어)의 응축과 확산을 통해 자신의 일발선풍으로 드러났다.

한암은 다섯 차례의 전기를 통해 깨달음을 숙성시켰다. 그의 내면에서 발효된 깨달음은 온전히 자기 몸을 타고 우러나왔다. 때문에 그가 여러 차례의 전기를 경험하면서 발효시킨 돈오점수頓悟漸修 가풍에는 한암의 치열한 살림살이가 배어있다. 따라서 한암의 가열찬 구도 의지와 이후의 보림에는 그의 진한 일발선풍의 가풍이 새겨져 있다.

종래 선행 연구자들은 한암의 선사상의 요체를 '돈오견성頓悟見性의 선지禪旨'와 '무념정행無念淨行의 선풍禪風'[25] 혹은, '자성미타설에 입각한 염불참선무이론'念佛參禪無二論[26] 또는 '선과 교학 및 기도와 염불까지 아우르려는 종합주의적 태도와 선적 깨침의 사회적, 외형적 범형을 수립에 따른 투철한 역할의식'[27]으로 파악하기도 했다. 논자는 한암의 살림살이가 담긴 『한암일발록』을 통해 그의 가풍을 '흉금'(장종)과 '파예'(교어)의 두 측면으로 응축되고 확산되는 '일발선'풍의 기호로 탐구해 보고자 한다.

II. 율사와 선사의 살림살이

1. 질직質直한 성품과 고명高明한 학문

한암은 선사로서의 이미지 못지 않게 율사와 강사의 이미지도 강하게 가지고 있다. 그는 고전주석학인 경학을 특히 강조하였고, 엄정한 지계

---

25 종범, 앞의 글, p.37.
26 김호성, 앞의 글, p.141.
27 박재현, 앞의 글, pp.307~327.

의 가풍과 치열한 수행의 면모도 아울러 보여주었다. 한암이 특히 강조한 승가오칙僧伽五則과 선원규례禪院規例에 나오는 것처럼 그는 염불 수행과 의례 수지까지도 가벼이 여기지 않았다. 때문에 그의 풍모에는 율사로서의 이미지[28]와 선사로서의 이미지가 강하게 드러나고 있다.

한암의 성품과 학문에 대해서는 스승 경허의 평가에서 잘 드러나고 있다. 경허의 4대 고족에 들면서도 경허 문하의 세 달月인 수월水月, 1855~1928과 혜월慧月, 1861~1937과 만공月面, 1871~1946과 달리 그는 전적典籍, 禪籍에 의지하여 깨닫는 독자적인 가풍을 세워나갔다. 경허에 의해 한암은 '지음'知音이라 인정받았을 정도로 두 사람의 관계는 특별했다. 한암의 전별시餞別詩에는 병 때문에 스승과 함께 떠나지 못하는 안타까움이 배어 있다. 이 전별시는 스승 경허에 대한 한암의 절대적 신뢰와 믿음을 보여주고 있다. 그리고 경허에 못지 않는 한암의 철저한 살림살이가 배어 있다.

나는 천성이 인간 세상에 섞여 살기를 좋아하고, 아울러 꼬리를 진흙 가운데 끌고 다니기를 좋아하는 사람이다. 다만 스스로 절룩거리며 마흔 네 해의 세월을 지내다가 우연히 해인정사海印精舍, 海印寺에서 원개사遠開士,漢巖 重遠를 만났는데 성품과 행동이 꾸밈없이 곧고質直 묻고 배움이 높고 밝았高明다. 일년을 같이 지내는 동안에도 평생에 처음 만난 사람같이 생각되었다. 그러다가 오늘 서로 이별하는 마당을 당하게 되니, 아침 저녁의 연기와 구름과 산과 바다의 멀고 가까움이 진실로 맞고 보내는 회포를 뒤흔들지 않는 것이 없다. 하물며 덧없는 인생은 늙기 쉽고 좋은 인연은 다시 만나기 어려운즉, 이별의 섭섭한 마음이야 더 어떻다고 말할 수

---

[28] 한암문도회·김광식 편, 『그리운 스승 한암스님』(평창: 오대산 월정사, 2006), p.269. 창조스님 증언편, 한암은 대중들과 꼭 같이 수행을 하였고 계행이 청정하였다고 한다. 특히 아침 예불에 절대 빠지는 일이 없었고 공양도 늘 대중공양을 함께 하였으며 모든 행사를 마칠 때까지 꼭 지켜보았다고 한다.

있으랴. 옛날 사람이 말하기를 '서로 알고 지내는 사람은 천하에 가득 차 있지만, 진실로 내 마음을 알고 있는 사람은 과연 몇이나 되랴'고 하지 않았는가. 과연 원개사가 아니면, 내가 누구와 더불어 마음이 통하는 친한 벗知音이 되랴! 그러므로 여기 시 한 수를 지어서 뒷날에 서로 잊지 말자는 부탁을 하노라.

북쪽 바다를 높이 나는 붕새 같은 포부
변변치 않은 데서 몇 해나 묻혔던가
이별은 예사라서 어려운 게 아니지만
뜬 생이 흩어지면 또 볼 기회 있으랴.[29]

경허의 전별시餞別詩를 받아 읽은 한암은 그 자리에서 아래와 같은 시 한 수를 적어 화답한다. 아마도 이 당시 한암은 자신의 몸이 성치 않아서 경허의 제안을 받아들이지 않고 이렇게 화답한 것으로 보인다.[30] 하지만 한암이 때마침 몸이 좋지 않아서 함께 떠날 수 없었다는 사실은 거의 알려지지 않고 있다. 단지 일부에서는 '법화'法化보다 '행리'行履로 널리 알려진 경허의 가풍과 행리보다 '법화'法化로 널리 알려진 한암의 가풍 차이로만 보려는 경향이 있다. 물론 이 부분을 그렇게만 읽어도 크게 문제가 되지는 않는다. 다음의 화답시는 그렇게 읽을 수도 있기 때문이다.

---

29 鏡虛,「與法子漢巖」,『鏡虛集』(『韓佛全』제11책, p.639상). "捲將窮髮垂天翼, 謾向搶揄且幾時, 分離尙矣非難事, 所慮浮生渺後期."
30 한암의 자전적 구도기인 「一生敗闕」에는 '(해인사의 1903년) 하안거를 끝내고 (경허) 화상께서는 범어사로 떠나셨다. 대중들도 모두 흩어졌으나 나는 병이 나서 다른 곳으로 갈 수가 없었다'는 구절과 '갑진년(1904) 통도사에서 지내던 중 마침 돈이 생겨 병을 치료했지만 고치지 못했다'는 구절이 나온다. 아마도 경허가 동행을 요구했을 때 한암은 병중이어서 함께 떠날 수 없었던 것으로 추정된다. 윤창화,「한암의 자전적 구도기 '일생패궐'」, p.302.

서릿 국화 눈 속 매화 겨우 지나갔는데
어찌하여 오랫동안 모실 수가 없는지요
만고에 변치 않는 마음의 달 비치는데
뜬 세상 뒷날을 또 기약하여 무엇하리.[31]

이 화답시를 통해 우리는 한암이 경허의 제안을 거절한 것으로 볼 수도 있다. 동시에 한암의 길과 경허의 길은 달랐다고도 말할 수 있다. 즉 진흙 속에서 꼬리를 끄는 거북처럼 산 경허의 생평과 달리, 이후 한암은 깊은 산에서 자취를 감춘 학처럼 살았기 때문이다. 다시 말해서 사바세계를 뒹굴며 이류중행하는 거북이처럼 머리와 가슴을 넘어 온몸을 던져 산 경허와 달리 한암은 이후 오대산 깊은 산 속으로 자취를 감춘 천고의 학처럼 고고한 자태를 뿜어내었기 때문이다.

하지만 그럼에도 불구하고 한암에게 있어 경허는 이미 '만고에 변치 않는 마음의 달'萬古心上月로서 자리 잡고 있었다. 때문에 경허가 제안한 '뜬세상 뒷날 기약의 아득함'浮生杳後期의 염원을 받아들일 필요를 느끼지 못하였던 것으로 보인다. 경허의 행리에 대한 세간의 평가가 심하다 하더라도 그의 법화法化에 대한 한암의 투철한 믿음은 변치 않았다. 비록 병이 있어 경허를 따라가지는 못했지만 이러한 신뢰가 있었기에 그의 가풍에는 경허와 연속되는 지점과 불연속 되는 지점이 공존하고 있었다고 말할 수 있다.

이러한 대목에서 성품과 행동이 꾸밈없이 곧고 물음과 배움이 높고 밝은 한암의 살림살이가 돋보이고 있는 것이다. 이 점은 경허에게서는 찾아보기 어려운 한암의 독특한 가풍이라 할 수 있다. 따라서 경허

---

31 呑虛, 「漢巖大宗師浮屠碑銘幷序」『漢巖一鉢錄』(서울: 민족사, 1995; 1996, 개정증보판).
"霜菊雪梅纔過了, 如何承侍不多時. 萬古光明心上月, 一朝掃盡世間風."

와 한암의 다른 가풍은 결국 서로를 지음으로 생각하는 근거가 되었고 동시에 동행의 불필요성에 대한 근거가 되었다. 나아가 경허나 그의 삼대 고족(수월, 혜월, 만공 등)과 달리 경학을 강조한 그답게 깨달음의 전기들을 모두 선적禪籍에 의지하였던 점 역시 한암의 독자적 살림살이라고 할 수 있을 것이다.

2. 유장한 선풍과 활달한 교풍

한암의 선풍은 주체적인 선사답게 철저한 정통의식에 기초하고 있다. 그러한 의식 위에서 그의 선풍은 유장하게 전개되고 있다. 또 그의 선풍에 대응하는 교풍 역시 선풍 못지 않게 활달하게 전개되고 있다. 한암의 선풍과 교풍에는 역사와 사회에 대한 뚜렷한 주체의식이 투영되어 있다. 이러한 주체의식은 '해동 선풍의 원류가 왜 도의道義여야 하는가'를 밝히는 데서 잘 드러나고 있다.

신라 도의道義 대사가 선풍을 우러러 보고서 서쪽으로 바다를 건너가 서당 지장西堂 智藏 화상을 배알하시고 법인을 얻어 동토로 돌아오신 것이 전기에 분명하니, 그러면 달마가 중국의 초조가 되신 것 같이 도의가 해동의 초조 됨은 지혜 있는 자가 아니더라도 쉽게 알 수 있는 일이 아닌가. 뿐만 아니라 홍척洪陟·혜철惠哲은 함께 서당에게, 범일梵日은 염관에게, 무염無染은 마곡에게, 철감澈鑒은 남전에게, 현욱玄昱은 장경에게, 법을 얻은 선후는 차이가 없지 않으나 모두가 동일하게 마조 휘하의 선지식에게 심인心印을 얻어 왔으니 다 육조의 5세손이다.[32]

---

32 漢巖, 「海東初祖에 대하여」, 『佛敎』 제70호, 1930.4.; 한암문도회, 『한암일발록』(서울: 민족사, 1996), pp.74~89.

한암은 달마가 중국의 초조가 된 것처럼 도의가 해동의 초조가 됨을 정당하게 입론하고 있다. 중국 선종으로부터 법맥을 받았음은 분명하지만 가풍에 있어서는 그들에게 맞설 수 있는 대등한 의식이 있었음을 밝혀주고 있다. 그래서 '조선불교 조계종의 종명'을 제정1941할 때에도 중국에도 없고 일본에도 없는 독자적인 조계종명을 찾아내도록 지침을 주었던 것이다. 그는 조계종의 연원에 대해서도 다음과 같이 역설하고 있다.

> 도의대사가 육조를 경앙하여 조계종이라 칭할 때에 홍척·혜철 등 모든 대사들도 따라서 한마음으로 경앙한 것은 정한 이치가 아닌가. 또한 『불교』지 58호에 퇴경화상의 조계종에 대한 변론을 살핀 즉 「조사예참문」 중에 '가지산 조사 해외전등 도의국사'迦智山祖師海外傳燈道義國師라 칭한 것과, 「가영」 중에 '조계문선시수개'曹溪門扇是誰開라는 구절과 『삼국유사』에 '조계종가지산하'曹溪宗迦智山下라 칭한 글 등이 유력하게 증명되어 조계종은 도의국사로부터 창립된 것이[을] 조금도 의심할 여지가 없다. 서당이 이미 육조의 4세손인즉 그 문하에 법을 얻은 자가 그 위대하신 조사의 성덕을 어찌 사모하고 경애하지 아니하였으리오. 사모하고 경애하는 절절한 마음에서 조계종이라는 명칭이 자연히 나왔을 것이다.³³

그는 조계종의 연원을 '조계'를 사용한 용례를 들이대며 실증적으로 논증하고 있다. 나아가 보조국사 역시 '나이 겨우 8세에 조계운손 종휘선사曹溪雲孫宗暉禪師에게 귀의하여 삭발하고 구족계를 받았다'는 「비명」을 근거로 "종휘가 이미 조계운손이라 하였은즉 계승연원이 단절되지 아니한 것도 가히 미루어 짐작해야 할 것이다. 이로부터 뒷날 진각·자명 등 16국사가 계속 계승되었기 때문에 도통연원道統淵源의 광명정대함이

---

33 漢巖, 위의 글, 한암문도회, 위의 책, p.77.

서천 28조와 당토 5종唐土五宗과 비교된다 할 것이다"[34]로 역설하고 있다. 이어서 일부에서 주장하고 있는 태고초조설의 부당함을 낱낱이 역설하고 있다.

> 근래 문학상上에 태고 보우太古普愚국사를 해동 초조로 정하는 일이 간혹 나타나니, 이는 스스로 위배됨이 극심하다 하겠다. 태고가 중흥조中興祖라 함은 혹 가할지는 모르나 어떻게 초조가 되겠는가. 태고의 도덕이 광대하고 고명하나 초조라는 '초初'에는 적당하지가 않다. 신라의 모든 국사들이 처음 조문에 들어가서 법을 얻어 동東으로 돌아오신 것이 오늘날 태고가 초조라는 주장 때문에 허황하게 되었으니, 어찌 애석하지 아니하겠는가. 또한 연원계통을 정직하게 가릴 것 같으면 오늘날 우리 형제가 태고 연원이 아님을 단언하는 바이다. 왜 그러냐 하면 구곡 각운龜谷覺雲선사가 조계종 제13국사 각엄覺儼존자의 손제자가 됨은 분명히 이능화 선생이 저술한 『불교통사』에 기재되어 있는데 태고국사의 손제자라는 문구는 고래로부터 전해오는 기록이나 또는 비명에도 도무지 없다고 하였은즉 무엇을 근거로 하여 태고를 구곡의 스승으로 했는지 생각해 볼 일이다.[35]

한암은 도의로부터 비롯된 해동 선맥의 독자성을 또렷하게 주장하고 있다. 그는 "당당한 해동 조계종 제13국사의 손제자인 구곡이 다시 임제종의 후손인 석옥에게 법을 얻어 온 태고의 손제자가 될 필요가 있겠는가. 그러면 뒷사람이 태고 문하에 구곡을 계승한 이유가 무엇인가. 이에 대하여 근거가 적은 사량으로 생각해 보자. 고려가 이미 망하고 이조가

---

34 漢巖, 앞의 글, 한암문도회, 앞의 책, p.78.
35 漢巖, 앞의 글, 한암문도회, 앞의 책, p.79.

처음 세워짐에 고려 때 사람을 숭앙한다면 어떤 일을 막론하고 필연적으로 저해했을 것이다"[36]라고 역설하고 있다.

동시에 "벽계 정심선사가 임제 후손 총통總統 화상에게 법을 얻어 왔음에도 다시 구곡을 멀리 계승遠嗣함은 반드시 이유가 있다. 구곡이 심인을 전하지 못하고 천화하심으로 해동 조계종의 연원이 단절됨을 애석히 여겨 구곡이 제13국사 각엄존자의 손제자였던 까닭에 그를 멀리 계승하여 조계연원을 부활하게 하심은 사실이다"[37]라고 덧붙이고 있다.

이러한 뚜렷한 주체의식은 독자적 가풍을 획득한 선사들에게서 발견할 수 있는 것이다. 한암은 해동의 조계종이 도의 이래 이 땅에서 성취한 동국 선풍의 독자성을 계승해 왔다고 자부하고 있는 것이다. 그리하여 "지금으로부터 도의국사를 초조로 정하고, 그 다음에 범일국사, 그 다음에 보조국사로, 제13국사 각엄존자에 이르러서 졸암 온연·구곡 각운·벽계 정심 등으로 연원을 정하여 다시 해동 조계종을 부활하는 것만이 정당하다"[38]고 주장한다.

그리면서도 "만일 그렇지 아니하고 옛 사람이 이미 오랫동안 시행한 것을 갑자기 개정하기 어렵다 하여 태고국사를 계승한다 하더라도, 초조는 반드시 도의국사로 정하고, 그 다음 동시에 법을 얻어 오신 홍척·혜철·범일 등 여러 국사로, 그 다음에 보조국사로, 내지 16국사로 으뜸을 삼고, 그 다음에 조계종 대선사를 봉한 차서로 태고국사를 계승하여 태고·환암·구곡·벽계·벽송 등으로 계통을 정하여 해동 조계종 연원을 정당하게 드러내어서 억 백 세에 정법이 무궁하도록 유통하기를 바라고 바라는 바이다"[39] 라고 마무리 짓고 있다.

---

36 漢巖, 앞의 글, 한암문도회, 앞의 책, p.79.
37 漢巖, 앞의 글, 한암문도회, 앞의 책, p.80.
38 漢巖, 앞의 글, 한암문도회, 앞의 책, p.81.
39 漢巖, 앞의 글, 한암문도회, 앞의 책, p.81.

'억 백세에 정법이 무궁하도록 유통하기를 바라'는 그의 정통의식과 주체의식은 화두 참구와 견성에 대한 대목에서도 강하게 드러나고 있다. 중봉의 글을 인용한 것이기는 하지만 도심道心 견고堅固와 화두話頭 의심疑心을 하려면 반드시 견성이 필요하고 생철을 씹듯이 철저한 몰입이 필요하다고 한암은 역설하고 있다.

> 도심이 견고하려면 반드시 견성이 필요하며
> 화두를 의심하려면 생철을 씹는 듯해야 한다
> 오래 앉아 정진하되 자리에 눕지 말며
> 불조의 말씀을 살펴보아 늘 절로 부끄러워 하라
> 계체는 청청히 하여 신심을 더럽히지 말고
> 위의는 고요 고요하되 난폭하고자 말지니라
> 작은 소리로 낮게 말하며 소리 내어 웃기를 좋아하지 말라
> 남의 믿음은 못 얻더라도 남의 비방은 받지 말아라
> 늘 빗자루를 들고 법당과 요사의 먼지를 닦으며
> 도 닦음을 게을리 하지 말고 음식을 배불리 먹지 말라.[40]

선에 대한 이러한 투철한 인식은 교에 대한 의식에도 그대로 배어 있다. 한암은 『금강경오가해』를 현토하여 간행하고 그 서문에서 독송을 적극 권장하고 있다.

> 대개 위없는 보리심을 발하여 부사의삼매不思議三昧에 들려고 하는 자는 이 경을 버리고 어찌하리요. 내가 이 때문에 심히 만나기 어려운 뜻

---

40 中峰, "道心堅固, 須要見性, 疑着話頭, 如咬生鐵, 長坐蒲團, 莫脇著席, 看佛祖語, 常自慚愧, 戒體清淨, 莫穢身心, 威儀寂靜, 莫慾暴亂, 小語低聲, 莫好戲笑, 雖無人信, 莫受人謗, 常携笤箒, 掃堂舍塵, 道行無惓, 莫飽飲食."

을 알아서 매번 함께 사는 도반들에게 권하여 수지독송케 하였으나, 경의 뜻이 깊어 통인달사通人達士의 소석疏釋이 아니면 그 심오한 뜻을 깨닫기 어려워 오가해五家解를 함께 독송케 하였더니, 모든 도반들이 나에게 경에 토를 달고 해석하여 읽는 데 편리하도록 청하는지라, 내가 그 성의를 기쁘게 여겨서 스스로 문리에 충실치 못함을 돌아보지 않고 문득 이를 허락하였다.[41]

한암은 매양 도반들에게 경전 읽기를 권하였고 좌선의 여가에는 대중들과 매일 조금씩 강하고 외워講誦 여름과 겨울을 보냈다. 중간重刊은 보산 천일寶山天一 법사의 보시의 계기로 이루어진 것이었지만 이 서문에는 평소 경학에 대한 깊은 관심을 보이며 현토와 강독에 몰입하였던 그의 모습이 잘 나타나 있다.

선의 정통의식에 투철했던 한암은 특히 보조 지눌의 선법에 대한 깊은 관심과 이해가 있었다. 이미 그의 「해동초조에 대하여」에 드러나 있는 것처럼 한암은 보조선풍의 연속에 대한 나름대로의 자의식이 있었던 것으로 보인다. 이러한 면모는 그가 『보조어록』에 현토를 붙여 독자의 편의를 덧붙인 것에서나 찬집 중간 서문에 나온 글에서 배어나고 있다.

보조선사께서 후학을 연민히 여기시어 경책하여 분발시키심이 매우 간절하시기에 그 연민과 경책 그리고 분발의 의지를 뜻이 같은 이들과 생각을 함께 하여 몇 편의 법어를 편찬하는데 스스로의 아는 바 옅음도 잊어버리고 감히 토를 달아 함께 사는 도반에게 주려고 했더니, 혹자가 "서

---

[41] 漢巖, 「金剛般若波羅密經重刊緣起序」, 『漢巖一鉢錄』(서울: 민족사, 1995; 1996, 개정증보판), p.329.

쪽에서 온 은밀한 뜻은 문자에 관계없거늘 요즈음 마음 닦는 학자들로 하여금 말이나 기억하고 구절이나 좇아서 무명無明을 조장시킴이 옳은 일이겠는가?"라고 하였다.

나는 "다만 글과 말에만 집착하고 성실하게 참구參究하지 않는다면 비록 대장경을 모조리 열람하더라도 오히려 도깨비 장난에 지나지 않겠거니와, 만일 본을 갖춘 사람이 말의 낙처落處를 알아 정안正眼이 활연히 열리면 길거리에 흘러다니는 이야기와 재잘거리는 여느 소리라도 훌륭한 법요法要를 설함이 되거늘 하물며 우리 조사께서 바로 끊는 법으로 꾸짖어 경책함일까 보냐"라고 말하였다. 이러한 까닭으로 남이 비방하고 싫어함에도 불구하고 이 일에 주력하여 함께 수선修禪하는 이들로 하여금 수시로 열람하여 깊은 뜻을 체득해서 입도入道의 종안宗眼을 삼게 하려던 차에 보산 천일寶山天一 법사가 널리 배포하기를 원을 세워서 다시 출간할 자금을 모으니 그 공덕이 또한 크도다. 그 사유를 책머리에 간략히 적어서 뒷날의 귀감을 삼게 하노라.[42]

한암의 교에 대한 활달한 인식은 그의 문하에서 공부했던 상좌 및 손상좌들의 증언에서도 확인되고 있다. 한암은 상원사 청량선원에서 이통현 장자의 『화엄경합론』을 북경 출판사에서 주문하게 하였다. 그리고 대중들이 죽 둘러 앉은 사이에서 날마다 탄허가 새기고 의심나는 것이 있으면 한암이 답하는 형식으로 진행되었다. 강론은 오랫동안 지속되었다. 탄허는 "한문의 문리에 합당해야 한다"고 하였고 한암은 "불교는 인도에서 시작되어 중국을 거쳐서 한문으로 번역되었기에 유교와는 다르다"며 불교의 진언이나 다라니의 번역을 금하였고 그 의미와 맥락을 주요시했

---

[42] 漢巖, 「普照禪師語錄纂集重刊序」, 『漢巖一鉢錄』(서울: 민족사, 1995; 1996, 개정증보판), pp.331~332.

던 대목에서 한암과 탄허의 가풍이 확인된다.

그런데 이따금씩 이렇게 선방에서 계속 경을 읽자 수좌들이 일어나 "이게 강당이지 선방이냐"며 비판이 생겨나기 시작했다. 그때마다 한암은 "참선을 하더라도 남을 가르치려면 한문을 알아야 한다"며 무마하였다 한다. 그러면서 여전히 수좌들에게 예식도 가르치고 오전 강의와 오후 참선을 병행하였기에 상원사 출신 승려들은 선방 수좌이지만 어디가도 주지할 자격이 있다고 모두 다 대우를 받았다 하였다.[43] 이러한 분위기는 아래의 증언에서도 확인된다.

> 우리 스님 회상인 오대산 선원은 오직 선만을 할 뿐, 다른 것이 없는 순수한 선 도량이었지만 점심 공양 후 차 마시는 시간은 또한 각별한 가풍이 있었다. …… 차 시간이면 조사어록을 들고 나와 법문을 계속하였다. 나는 이 시간에 정말 많은 것을 배웠다. 오늘에 사집四集이라고 하는 어록들을 그때 우리 스님에게서 모두 배웠으며 사교과四敎科인 『법화경』 『기신론』 『원각경』은 그 뒤에 중대(사지암)에서 스님을 시봉하고 지내면서 배웠던 것이다.[44]

이처럼 한암은 선사로서의 가풍만이 아니라 경학을 강조한 강사로서의 이미지도 가지고 있었다. 선학과 교학을 아우르는 이러한 전통은 이미 지눌 이래 한국불교의 주요한 전통으로 자리해 왔었다. 따라서 한암은 불교의 참다운 모습을 회복하기 위해 지눌이 주도한 정혜결사를 의식하며 한국불교의 새로운 가풍을 확립하려고 했음이 분명하다. 그가 상원사에다 강원도 삼본사 수련소를 세워 수련생들을 적극적으로 지도

---

[43] 한암문도회·김광식 편, 앞의 책, pp.75~76.
[44] 조용명, 앞의 글, 『불광』 1980년 5월호.

한 것에서도 이런 점은 확인된다.

1936년 일제 총독부는 '한국인을 현실에 순응하게 유도하여 일제의 식민통치를 철저히 관철'[45]하려고 불교를 통한 심전개발운동에 박차를 가하였다. 한암은 심전개발운동을 위해 자신을 찾아온 강원도청 담당관 홍종국의 제안을 거절하다가 선발된 승려들의 상원사 내 훈육만을 승낙하였다.[46] 당시 강원도 내 삼본산 수련소의 개설은 '승려안거법회 개최'라는 기획으로 추진되었고 당시 『매일신보』에 자세히 보도되었다.[47]

그 뒤 삼본산 수련소[48]는 월정사 내 정화운동 등 여러 가지 우여곡절 끝에 폐지되었다. 오랫동안 이 수련소가 유지될 수 있었던 것은 한암의 이러한 승려교육에 대한 남다른 열정과 교학에 대한 깊은 이해 및 탄허라는 제자가 있었기에 가능했던 것이었다. 이 기간 내에 드러난 한암의 풍모는 선사이면서 율사였고 강사이면서 의례사였다고 할 수 있다. 따라서 이러한 다면적 풍모가 가능할 수 있었던 근거는 그의 치열한 수행자 정신이라 할 수 있다.

3. 수졸守拙의 살림살이

한암은 계정혜 삼학三學의 체계를 누구보다 철저히 확립시켜온 수행자라 할 수 있다. 계에는 구속의 의미만 있는 것이 아니라 자유의 의미

---

45 津田榮, 「심전개발의 근본적 의의」, 『조선』 제250호, 1936. 3.
46 김광식, 「김탄허의 교육과 그 성격」, 『정토학연구』 제6집, 한국정토학회, p.218.
47 「불교를 중심으로 심전개발에 매진」, 『매일신보』 1936.1.30.
48 정화운동이 일단락되자 탄허에 의해 오대산 수련원으로 개설되었다. 하지만 월정사에서 비구와 취처 승려 사이의 심각한 갈등으로 자진 해체하였다(1957.11·12). 다시 탄허의 제자 喜泰가 주지로 있었던 삼척의 영은사에서 오대산 수련원이 되었다(1959.11). 처음부터 삼본산 수련원은 한암의 관심과 격려 및 탄허의 보조 위에서 유지될 수 있었다.

도 있다. 마찬가지로 의지한다는 것에는 매임만 있는 것이 아니라 벗어남이라는 의미도 있다. 한암은 스승 경허의 행장에서 스승의 행리行履를 법화法化와 대비하여 평가한 대목에서도 그의 살림살이가 유감없이 드러나고 있다.

> 법法에 의지한다는 것은 진정한 묘법妙法에 의지한다는 것이다. 사람에 의지하지 않는다는 것은 율의律儀와 비율의非律儀에 의지하지 않는다는 것이다. 또한 의지한다는 것은 스승으로 모시고 본받는 것이며, 의지하지 않는다는 것은 얻음得과 잃음失, 옳음是과 그름非을 보지 않는 것이니 도를 배우는 사람은 필경에는 법도 능히 버리거늘 하물며 사람의 얻음과 잃음, 옳음과 그름이겠는가.[49]

일찍이 지눌은 "정과 혜 두 글자는 삼학의 약칭이며 갖추어 말하면 계정혜이다"[50]고 했다. 정과 혜에는 이미 몸가짐으로서의 계가 전제되어 있다는 것을 우리는 붓다의 가르침 곳곳에서 확인할 수 있다. 계가 전제되지 않고서는 정과 혜를 나란히 닦을 수 없는 것이다. 한암은 '비법'의 상대로서의 '법'을 넘어선 '묘법'으로 열어감으로써 스승 경허에 대한 세간의 평가에 새로운 활로를 제시하였다. 법도 하물며 버려야 되는 것인데 그 법에 매여 옳고 그름과 얻음과 잃음을 제시할 수 없다는 것이다. 하여 '비법'의 상대로서의 '법'을 넘어선 '묘법'으로 열어가는 대목에서 한암의 살림살이가 극명하게 드러나고 있다.

한암의 생평에서 보조의 생평이 연상되는 것은 매우 자연스럽다. 그러나 그렇다고 해서 한암과 보조가 동일한 살림살이를 가졌다고 단언

---

[49] 漢巖, 「鏡虛和尙行狀」, 『漢巖一鉢錄』(서울: 민족사, 1996), p.321.
[50] 知訥, 『勸修定慧結社文』(『韓佛全』 제4책, p.700하). "定慧二字, 乃三學之分稱, 具云戒定慧."

할 수는 없다. 지눌은 그 나름대로의 역사인식이 있었고 그 위에서 정혜결사를 정초하여 실행하였다. 한암 역시 오대산을 무대로 자신의 가풍을 확산시켰고 삼본사 수련소 및 두 차례의 교정과 종정 소임,[51] 그리고 상원사 소각을 막아내면서 그 나름대로 역사 속에 깊이 참여하였다.

그가 1인 종정과 교정이었을 때 그 자리의 책임자로서 의사표시를 분명히 해왔다.[52] 그는 오대산 입산 이후 대중들과 함께 생활하면서 스승 경허의 평가대로 '질직한 성품' 그대로 살았고 '고명한 학문'의 분위기 속에서 살았다. 이러한 한암의 가풍은 그의 문하에서 영향을 받은 수좌들에게서 '수졸'守拙의 살림살이로 평가되고 있다.

우리 한암 조실스님께서 보조스님을 숭상하긴 하였지만 거기서 보조스님과 좀 다른 것은 당신을 스스로 졸拙하다고 생각하여 수졸守拙을 하셨던 점이다. 보조스님은 선종도 일으키셨고 불교 교단을 위하여 많은 일을 하셨다. 그렇지만 우리 스님은 먼저 자기 힘의 확충을 제일 요건으로 삼았다. 힘이 확충되지 못하였을 때는 힘을 확충하는 데 온 힘을 써야 한다. 결코 지나치거나 넘어가거나 과장하는 것과는 천리만리였다. 성실하

---

51 한암은 1929년 3월 7~8일에 선학원에서 이루어진 조선불교 수좌대회에서 조선불교 선교양종의 교정(金幻應, 徐海曇, 方漢巖, 金擎雲, 朴漢永, 李龍虛, 金東宣 7인), 1935년 선학원에서 이루어진 조선불교 선종의 종정(송만공, 방한암, 신혜월 3인), 1941년 4월 23일에 이루어진 조선불교 조계종의 종정(단독), 1948년 대한불교의 교정(단독)으로 추대되어 교정 두 차례와 종정 두 차례를 역임하였다. 단독으로는 교정 1회와 종정 1회를 역임하였다. 김광식, 「방한암과 조계종단」, 한암사상연구원, 『한암사상연구』 제1집, 2006년, pp.152~190

52 한암문도회·김광식 편, 앞의 책, 천운스님 증언편, p.143. "지암스님이 종단을 운영한 것이 아니라 실제로는 한암스님의 운영법으로 한 것이고, 종단의 방향이 상원사에서 다 나왔다." 보경스님 증언편, 80면. "종정이 되시고 한 달에 한번 총무원에서 두 부장이 한 보따리씩 서류를 갖고 오면 결재를 꼬박꼬박 하셨어요. 밤새 검토하셔서 아주 제쳐 놓은 것도 있고, 수결을 하신 것도 있고, 이것은 수정해 가지고 오라고 하시면 다음 달에 가지고 와서 결재받고 그랬지요."

시고 늘 고인들이 힘을 확충하는 것을 기다려 교화하신 것을 거울로 삼으셨다. 그래서 당신께서는 졸하게 지내는 것이 당신의 분에 맞는다 하였다.[53]

'졸'拙이란 본디 지나치거나 과장하지 않은 질박함을 일컫는다. 그리고 '수졸'守拙은 더 이상의 무엇을 바라지 않고 스스로 처해 있는 분복 分福에 만족함을 말한다. 이러한 질박함은 자연성을 나타냄과 동시에 불교가 역설하는 비실체성의 세계관에 부합하는 것이다. 즉 뭇 인연에 의해 생겨난 모든 존재들의 본래성은 본디 졸拙하고 질박한 것이다. 그러므로 있는 그대로의 모습을 잘 가다듬고 갈무리하는 노력이 바로 힘을 확충하는 과정이라 할 수 있다.

한암은 조석 예불과 사시 불공 및 각종 시식鬱에서부터 대중 운력에 이르기까지 빠짐없이 참여하면서 솔선수범率先垂範하였다. 저술과 출판 및 윤독과 강의를 통하여 후학의 양성에 전력투구하였다. 그에게서 어떤 권위의식 같은 것은 드러나지 않았다. 때문에 권위로부터 벗어난 수졸의 살림살이는 '오대산 호랑이'처럼 대중들의 통솔과 편달에 강력한 힘으로 되살아났다. 따라서 한암은 이러한 수졸의 가풍을 통해 천고의 말없는 학처럼 질박하게 자신의 살림살이를 열어갈 수 있었다. 그리고 그것은 '흉금'(장종)의 침묵과 '파예'(교어)의 참여를 통섭하는 일발선풍의 살림살이로 자리잡았다.

---

53 조용명, 「우리 스님 한암스님」, 『불광』, 불광출판부, 1980년 5월호~1980년 11월호.

III. 일발선풍의 지형도

1. 일발一鉢의 함의

초기 석존 교단의 기본적 생활방침은 사의법四依法 즉 분소의糞掃衣와 걸식乞食 및 수하주樹下住와 진기약陳棄藥 네 가지에 집약되어 있다. 이 사의법은 일반사회로부터 특별한 원조를 받지 못했을 경우에 승단이 자주적으로 선택해야 할 유일한 생활 형태였다. 때문에 재가자들이 지속적으로 많은 기부(물자 등)를 할 수만 있다면 사의를 반드시 고수할 필요는 없었다. 출가자들에게는 단지 수행을 위하여 고요한 생활을 유지할 수만 있으면 되었던 것이다.[54]

사의법의 걸식에서 특히 일발一鉢은 출가자의 정신을 상징적으로 보여주는 기호라 할 수 있다. 일발은 최소한의 소유를 나타내는 기물이면서 걸식이라는 하심下心의 삶의 방식을 뿜어내고 있다. 한암이 자신의 어록 제목을 '일발록'이라 붙인 것은 바로 이러한 삶의 방식을 평생 견지하겠다는 의지의 표현이라 할 수 있다. 초기 율장에서 보이는 것처럼 발우 하나만을 들고 맨발로 탁발을 나아가는 비구 수행자의 절제있는 삶의 방식은 한암의 의식 속에 영원한 출가수행자 상으로 깊이 각인되어 있었음에 틀림없다고 해야 할 것이다.

한암은 출가에서부터 깨달음을 얻는 과정 그리고 그 이후 자신의 살림살이를 한동안 시험해 왔다. 그것은 수행의 팽팽한 긴장의 표상인 '일발'의 정신으로 표출되었다. 이 같은 출가자의 무소유 혹은 최소한의 소유 정신은 그의 생평을 지탱해온 사상적 근거라 할 수 있다. 봉은사 조실로 머물다 지암의 제안을 받아들여 상원사로 들어선 뒤로부터는 이러

---

[54] 사사키 시즈카, 『출가: 세속의 번뇌를 놓다』, 원영(서울: 민족사, 2007), p.158.

한 무소유의 정신은 여러 형태로 변용되었다.

새벽 세 시에 침구에서 일어나 예불을 하고 다섯 시에는 늘 죽으로 아침 공양을 하였다. 열한 시에 점심 공양을 하고 다섯 시에 저녁 공양을 하였다. 그 외에는 운력과 의례 및 강의와 참선 등의 일과를 다하였다. 절 살림이 부족하던 때이기도 했지만 이러한 절도 있는 살림살이는 이후 한암의 주요한 가풍이 되었고 상원사 주석 이래 대중생활을 해 왔던 한암을 따르는 많은 제자들의 삶의 방식이 되었다. 그의 대표적 청규라 할 수 있는 승가오칙僧伽五則은 이러한 과정 속에서 입론된 것이라 할 수 있다.

그리고 이러한 한암의 일발선풍은 「해종초조에 대하여」와 몇몇 잡지에 기고한 선화들 및 선의 본질과 수행방법을 구체적으로 제시하고 있는 「선문답 21조」와 「참선곡」 및 경봉 등과 주고받았던 여러 서간문에서 집중적으로 발견되고 있다. 따라서 그에게서 일발은 그의 가풍 전모를 상징적으로 담고 있는 개념이자 그의 사상의 벼리라 할 수 있다. 이러한 벼리는 물러나는 참여와 나아가는 침묵이라는 역설 혹은 반어의 언어로 전개되고 있다.

2. 물러나는藏蹤 참여

금강산 만일암에 선원이 개설되자 한암은 조실로 추대받았다. 결제 정진 중에 열중悅衆 소임을 맡은 이력李礫의 질문에 응답해 주었던 「선문답 21조」는 한암의 일발선풍의 한 축을 보여주고 있다. 이력은 제1문에서 '참선이 인생과 어떠한 관계가 있습니까?'라는 질문을 던진다. 이에 대해 한암은 달마의 말을 인용하면서 '선이란 곧 중생의 마음'이므로 "무루진여의 본성에 합하여 청정한 마음을 보양하고 바깥을 치달려 구하지 않음"이라고 답하고 있다.

제2문에서 '참선자가 일단대사一段大事의 인연을 밝히고자 한다면 자신의 마음이 부처이자 법이어서 구경究境과 다름이 없음을 믿어 철저하게 의심이 없어야 한다고 역설한다. 동시에 스스로 깨닫고 스스로 닦아서 스스로 불도를 이루는 것이 제일의 요체임을 알아야 한다고 강조한다. 이력은 다시 제3문에서 '이미 초발심의 마음을 지녔다면 어떻게 공부하여야 진실한 참구가 됩니까'라고 묻고 있다. 이에 대해 한암은 "조사들의 맛이 없는 말을 의심하고 또 의심하여 이 화두를 끊임없이 들어 마치 모기가 무쇠소에 앉아 주둥이를 박지 못할 곳에 몸까지 몰입하듯 하여야 한다"고 강조하고 있다.

한암은 나옹의 말을 인용하여 "한 생각이 일어나고 한 생각이 멸하는 것을 생사라 하고, 생사의 즈음에 당하여 힘을 다해 화두를 들면 생사가 곧 다할 것이니 생사가 곧바로 다한 것을 '적'寂이라고 한다며 '공적영지'空寂靈知가 부서짐이 없고 혼잡됨이 없으면 곧바로 이루어진다"고 역설한다. 이력이 제10문에서 "간화看話와 반조返照는 어떠한 차이가 있습니까"라고 묻자 "큰 코끼리가 강을 건넘에 흐르는 물을 가로지르니 토끼와 물이 밑바닥에 닿지 못함을 관계치 말라"고 답하고 있다.

이 문답의 가장 핵심이자 제일 긴 답변을 보여주고 있는 것이 이 제10답이다. 한암은 참선을 하는 도인은 "다만 한 생각이 앞에 나타나 투철하게 관조하여 남음이 없으면 백천법문과 무량한 묘의를 구하지 않고서도 원만하게 얻어서 여실히 보고 여실히 행하며 여실히 써서 생사에 큰 자재를 얻을 수 있을 것이니 오로지 모든 생각이 여기에 있기를 바란다"고 힘주어 답변하고 있다. 그 요체는 활구를 참구하되 반조와 간화를 막론하고 여실히 참구하라는 것이다.

제11문부터 제21문까지는 나옹의 문목을 재인용하여 간명직절한 착어로 답변하고 있다. 이 「선문답 21조」에서 한암의 주조는 '참선'과 '간화'는 상호보완적인 관계에 있는 것이므로 이 둘의 분별이 무의미함을 각별한 마음으로 일깨워 주려 애쓰고 있다. 참선에 대한 한암의 생각은 「참선에 대하여」란 글에서 좀더 구체적으로 드러나고 있다.

> 우리가 평소에 선에 대하여 말하지 않는 것은 선을 알지 못하기 때문이다. …… 이제 말의 허물이 없는 소식을 가지고 한 줄기 도를 통하려 한다. 이 소식은 온전히 일체 중생의 보고, 듣고, 느껴 아는 알음알이가 아니며, 또한 보고, 듣고, 느껴 아는 것을 떠나서 따로 있는 것도 아니다. ……55

한암은 '말의 허물이 없는 소식을 가지고 한 줄기 도를 통하는 것'이 참선의 요체임을 역설하고 있다. 그리고 또 한암은 가장 평범 용이하면서도 간명 직절하게 선의 진면목을 설파한 「일진화」란 글에서는 다음과 같이 말하고 있다.

> 대저 참선이라 하는 것은 군중을 놀라게 하고 대중을 동요시키는 별별 이상한 일이 아니다. 다만 자기의 눈앞의 한 생각現前一念에서 흘러오는 마음을 돌이켜 비추어 그 근원을 명백하게 요달하여 다시 바깥 경계에 끄달리지 않고, 안으로 헐떡이는 생각이 없어 일체 경계를 대함에 움직임이 없음이 태산 반석과 같고 청정하고 광대함은 태허공과 같아서 모든 인연법을 따르되 막힘도 걸림도 없으며 종일 담소하되 담소하지 아니하고, 종일 거래하되 거래하지 아니하여, 상락아정常樂我淨의 무위도無爲道를 미래제未來際가 다하도록 무진장으로 수용하는 것이니, 이것은 억지로 지어서 하는 것이 아니라 사람마다 평등하게 본래 가지고 있는 일이니 누가 들어올 수 있는 분分이 없으리오. 어질고 어리석거나 귀하고 천

---

55 漢巖,「참선에 대하여」,『한암일발록』, pp.115~116.

하거나 늙고 젊거나 남자와 여자거나 다 분分이 있는 것입니다.[56]

이 글에서 '자기의 눈앞의 한 생각現前一念서 흘러나오는 마음을 돌이켜 비추어 그 근원을 명백하게 요달'하여 '일체 경계를 대함에 움직임이 없는 것'이 참선임을 힘주어 설하고 있다. 한암은 이 법어는 1935년 7월 19일 오대산 상원사에 수행납자 백여 대중을 위하여 상단설법한 내용이다. 이 법어는 그 해 8월 3일자『불교시보』에「무설무문無說無聞이 진설진문眞說眞文」이란 제목으로 실렸다.

'따로 설할 법이 없고 따로 들을 법이 없다'는 제목의 뜻처럼 이 법어는 이 제목은 언제나 머물며 법을 설하고常住說法 계신 붓다처럼 끊임없이 정진하라는 불교의 본지를 드러낸 법문이다. 끊임없이 정진하는 공간은 산속에만 있지 않다. 역사 속 어느 곳이든 수행처가 될 수 있는 것이다. 이러한 선지의 면목은 한암이 추구했던 일발선풍의 한 측면이 된다. 따라서 한암은 오대산에 입산하면서 역사 바깥으로 나아간 것이 아니었다. 오히려 역사를 향해 보다 더 강력히 참여하고 발언하기 위해 물러났던 것이라고 할 수 있다. 이것을 우리는 일발선풍의 한 축인 '물러나는 藏蹤 참여'라고 말할 수 있을 것이다.

3. 나아가는巧語 침묵

한암은 의기투합할 수 있는 당대의 도반들과 서신으로 법거량을 하면서 침묵을 통해 역사 속에 참여하고 발언하였다. 그는 드물게 많은 고승들과 서간을 주고받으며 역사에 참여하였고 잡지에 글을 쓰면서 발언하였다. 한암의 서간은 지금까지 고스란히 남아있어 그의 가풍을 보여

---

56 漢巖,「一塵話」,『한암일발록』, pp.94~95.

주고 있다. 잡지 글은 시의성에 맞추어 자기의 주장을 분명히 독자들에게 드러내는 의도적인 양식이라 할 수 있다. 이와 달리 서간문은 자신의 속내를 진솔하게 드러내는 일상적인 양식이라 할 수 있다.

서간문에는 역사 속으로 참여하고 발언하는 사실이 잘 드러나지 않는다. 뒷날 그들 서간문이 공간되기 전까지는 여전히 침묵 속에서 자리하게 된다. 그것은 일대 일의 관계 속에서 이루어지는 서간의 사적인 속성 때문이라고 할 수 있을 것이다. 일찍이 퇴계와 고봉이 사단칠정에 대한 7년간[57]의 논변을 서신을 통해 깊이 있게 논구하였던 적이 있었다. 이러한 교유는 문생들에 의해 널리 공유되고 난 이후 그 의미가 증폭되어 하나의 사상적 논의의 물꼬가 되었다. 이처럼 우리나라 지식사회에서 서간문은 오래 전부터 이미 대표적인 교유 수단이 되어왔다고 할 수 있다.

하지만 사적인 이 형식이 출가자인 한암에게는 오히려 침묵의 형식으로 역사로 나아가는 기제가 되었다고 할 수 있다. 특히 경봉과 주고 받은 많은 서간들 속에는 역사 속으로 나아가는 한암의 침묵이 그대로 반추되고 있다. 사적인 서간문 뿐만 아니라 한암은 간간히 공적인 잡지에 글을 실음으로써 역사 속에 참여하고 발언하였다. 그것은 나아가는 巧語 침묵이기는 했지만 침묵의 무게는 결코 적지 않았다.

경봉 정석鏡峰 靖錫, 1892~1982이 자신의 서신과 오도송을 보내오자 한암은 우러러 찬탄하면서 보림을 위한 일구를 주었다. 한암은 경봉의 오도송 4편에 대해 다음과 같이 답신을 보내고 있다.

---

[57] 최근 퇴계의 일생을 그와 관련된 전 자료의 분석을 통해 일지형식으로 재구한 정석태의 연구에 따르면 퇴계와 고봉간의 사단칠정논변은 8년이 아니라 2년간이었다고 밝혀지고 있다. 정석태, 『퇴계선생연표월일조록』(退溪先生年表月日條錄, 4권), 『조선일보』 2006년 5월 1일자.

이렇게 깨달은 사람의 분상에는 비유하면 커다란 불덩어리와 같아서 무엇이든지 닿기만 하면 타버리니 어찌 한가로운 말과 방편으로 지도할 수 있겠습니까. 그러나 깨달은 뒤의 조심은 깨닫기 전보다 더 중요한 것입니다. 깨닫기 전에는 깨달을 분分이라도 있지만 깨달은 뒤에 만일 수행을 정밀히 하지 않고 게으름을 피우면 여전히 생사에 유랑하여 영영 헤어 나올 기약이 없는 것입니다. 흔히 고인네들이 깨달은 뒤에 자취를 감추고 이름을 숨겨서 물러나 성태聖胎를 오래오래 기르는 것이 바로 이것이니 어쩌다 사람을 대하면 지혜의 칼을 휘둘러서 마군을 항복받으며 어쩌다 사람이 오면 벽을 보고 돌아앉습니다. 그렇게 하기를 삼십 년 사십 년 내지 평생토록 영영 산에서 나오지 않기도 하였으니 예전에 상상上上의 큰 기틀을 지닌 분들도 그렇게 하였거늘 하물며 말엽末葉의 우리들이겠습니까?

대혜大慧화상이 말하기를 간혹 근기가 날카로운 무리들이 많은 힘을 들이지 않고 이 일을 판단하여 마치고는 문득 쉽다는 생각을 해서 닦아 다스리지 않다가 오랜 세월이 지남에 영영 마군에게 포섭된다 하니 이와 같이 뒷날 중생들을 위하여 고구정녕하게 지도하여 삿된 그물에 걸리지 않게 하신 말씀을 일일이 들어서 다 말할 수가 없습니다.[58]

이 서신에는 '깨닫기 전에는 깨달을 분상'이라도 있지만 '깨달은 이후에 게으름을 피우면 생사에 유랑하여 헤어 나올 기약이 없다'는 일구를 내려주는 한암의 애정어린 노파심이 드러나 있다. 한암은 계속하여 대혜 종고와 보조 지눌의 선서를 벗으로 삼을 것을 주문함으로써 이들 선서를 주축으로 하는 자신의 살림살이를 보여주고 있다.

---

[58] 漢巖,「答鏡峰和尙書 二十四」篇,『漢巖一鉢錄』, p.230.

만일 일생의 일을 원만하고 구족하게 하고자 한다면 옛 조사의 방편 어구로써 스승과 벗을 삼아야 합니다. 제일 요긴한 책은 대혜의 『서장』과 보조의 『절요』와 『간화결의』입니다. 이 활구법문을 항상 책상 위에 놓아두고 때때로 점검해서 자기에게 돌리면 일생의 일이 거의 어긋남이 없을 것입니다. …… 만일 한때 깨달음에 만족하여 뒤에 닦음을 거두어 치우면 영가永嘉께서 말한 '활달한 채 공연히 인과를 무시하고 어지러이 방탕하여 재앙을 초래하게 되오니 간절히 세상 천식배들처럼 인과를 무시하여 죄와 복을 배척하는 이가 되지 마소서. 만일 활구를 들어 살피지 않고 문자만 볼 것 같으면 의리에 걸려서 도무지 힘을 얻지 못하며 말과 행동이 서로 어긋나서 증상만인增上慢人을 면치 못하리니 간절히 모름지기 뜻에 두소서.[59]

한암은 자신이 경봉보다 16년의 연상이고 종문의 선배이면서도 늘 '문제'門弟라고 쓸 정도로 경봉에게는 호형호제의 미덕을 베풀었다. 총 24편의 서간에서 한암은 귀종화상과 석공화상의 점수법과 혹자와의 물음에 나타난 돈수법을 융합한 자신의 사상적 편린을 보여주고 있다. 이러한 한암의 살림살이는 '흉금'과 '파예'의 활구에서 확연히 드러나고 있다.

4. 흉금胸襟과 파예把拽의 활구

한암의 일발선풍은 물러나는 참여와 나아가는 침묵의 회통 속에서 이루어지고 있다. 천고 속으로 자취를 감춘 학의 침묵이나 삼춘으로 나아간 앵무새의 참여가 마찰을 넘어 윤활하고 있다. 그는 오대산으로 물

---

[59] 漢巖, 위의 글, 위의 책, p.233.

러가면서도 역사 속에 깊이 참여했으며, 대중 속으로 나아가면서도 침묵을 통해 발언하였다. 이러한 그의 참여와 침묵은 그의 존재감을 더욱 높였으며 한국불교의 자존을 드높이기에 이르렀다.

이러한 한암의 가풍은 경봉의 은사인 성해聖海선사의 영정을 모실 때 영찬을 부탁받아 쓴 '흉금胸襟'이라는 말 속에 잘 드러나고 있다.[60]

> 암두巖頭가 할을 하면서 말하였다: "그대는 듣지 못했는가. 문으로 좇아 들어오는 것은 집안의 보배가 아니니라." 설봉雪峰이 말하였다: "다음 날 큰 교법을 퍼뜨리고자 한다면 일일이 자기의 가슴胸襟에서 나와야 나와 더불어 하늘과 땅을 덮으리라." 설봉이 이 말을 듣고 크게 깨달았다 한다.[61]

여기서 '명월흉금'明月胸襟이란 구절은 경봉의 은사인 성해사숙[62]에 대한 찬에 그치는 것이 아니다. 그가 보여준 평생의 살림살이는 '자기의 가슴'에서 우러나온 활발발한 언어였기 때문이다. 그가 봉은사 조실을 떠나 오대산 상원사로 들어갈 때 "차라리 천고에 자취를 감춘 학이 될지언정, 삼춘에 말 잘하는 앵무새는 배우지 않겠다"고 토해낸 사자후 역시 자신의 가슴에서 나온 활발발한 언어였던 것이다. 때문에 한암에게 있어 '흉금의 활구'는 곧 자신의 살림살이의 정수요 고갱이라 할 수 있다.

가슴에서 우러나오지 않은 이야기는 결코 자신의 보배가 될 수 없는

---

60 釋明正 편, 『火中蓮華消息』(서울: 미진사, 1984), "勤護三寶, 一片赤心, 參尋祖意, 透脫古今, 來也去也, 明月胸襟, 靈鷲山屹, 洛東江深."
61 釋明正 편, 『화중연화소식』(미진사, 1984), pp.37~40.
62 鏡峰의 恩法師인 聖海선사는 한암의 은사인 石潭의 師兄이기에 '師叔'이라 칭한 것이다.

것이다. 남의 보배는 여전히 남의 보배일 뿐이다. 집안의 보배는 결코 문안으로 들어오지 않는다. 그것은 누가 전해주거나 땅에서 주울 수 있는 것이 아니다. 오직 자신이 부딪치고 깨어지면서 터득한 것이 될 때 비로소 자신의 살이 되고 피가 되어 가슴에서 우러나오는 보배가 되는 것이다. 상원사를 소각으로부터 벗어나게 할 수 있었던 지혜 역시 바로 자신의 가슴에서 우러나온 진실의 힘에 기초했기 때문에 나올 수 있었던 것이다. 한암의 '흉금'의 소식은 다시 '파예'의 기호로 증폭된다.

> 석공石鞏화상이 마조馬祖화상에게 참례하여 법을 얻은 뒤 삭발을 하고 시봉할 때였다. 하루는 부엌에서 일을 하다가 문득 하던 일을 잊고 망연히 앉아 있었다. 마조가 물었다: "여기서 무엇을 하고 있는가?" (석공이 말하였다:) "소를 먹이고 있습니다." (마조가 물었다:) "소를 먹이는 일은 어떻게 하는가?" (석공이 말하였다:) "한 번이라도 소가 풀밭에 들어가면 고삐를 끌어당깁니다把拽." (마조가 말하였다:) "네가 소를 잘 먹일 줄 안다." 여기서 '파예' 두 글자를 자세히 알면 오후悟後의 생애를 남에게 물을 필요가 없습니다.

여기서 파예란 '소치는 일'이다. 송나라 곽암 사원廓庵師遠 선사의 「십우도」에 나오는 것처럼 소치는 일에도 도가 있다. 풀밭에 들어간 소는 고삐를 끌어 당겨야 한다. 그것도 고삐를 당길 때와 놓아 줄 때를 잘 아는 것이 중요하다. 그때를 놓치면 이미 어긋나 버리는 것이다. 붓다의 중도中道 역시 거문고 줄을 너무 팽팽히 당겨서도 아니되고 너무 느슨하게 해서도 아니되는 것처럼 말이다.

한암은 스승 경허와 헤어질 때와 오대산에 들어갈 때를 정확히 알았다. 동시에 교정과 종정으로 참여할 때와 상원사를 소각으로부터 구할 수 있는 때를 알았다. 그때를 안 그는 오대산을 살리고 한국불교의 자존을 살렸다. 그것은 오직 그가 '무소유' 혹은 '불소유'라 할 수 있는 '일 발의 선풍'을 생평 내내 견지했기 때문에 가능했던 것이라 할 수 있다. 그것은 곧 나아갈 때와 물러날 때를 정확히 안 지혜로운 그의 걸음걸이에서 이루어질 수 있었던 것이다.

결국 한암의 일발 가풍은 바로 이 자기의 가슴에서 우러나오는 胸襟 언어와 고삐를 정확히 잡아당기는 把捜 언어의 두 축으로 이루어졌다. 그것으로 그는 천고 속으로 '물러나며'藏蹤 참여할 수 있었고, 삼춘으로 '나아가며'巧語 침묵할 수 있었다. 바로 이 침묵과 참여를 아우른 살림살이를 한암의 일발선풍이라 할 수 있다. 따라서 '장종'과 '교어'가 마찰을 넘어 일발一鉢로 윤활되고, '흉금'과 '파예'가 응축을 넘어 일발一鉢로 확산되는 역동적 지점 위에서 한암의 일발선풍이 확립되었다고 할 수 있다.

IV. 비법과 묘법 및 침묵과 참여

1. 법화와 행리의 응축

사형 만공滿空 月面, 1871~1946으로부터 자신의 스승 경허의 행장을 써달라는 부탁을 받은 한암은 세간의 평가에 개의하지 아니하고 '행리'와 '법화'의 잣대를 사용하여 스승 경허를 살려내었다. 한암이 사용한 '행리'와 '법화' 두 잣대는 단지 스승의 행장에만 한정되는 것이 아니라 그 자신의 역사관과 세계관을 보여주는 기호로도 읽어낼 수 있다.

한암은 '비법'의 상대로서의 '법'을 넘어서 '묘법'으로 열어감으로써 법화와 행리의 소통을 장을 마련하였고 그 스스로 그러한 모습대로 살았다. 그의 살림살이는 흉금과 파예의 선풍을 넘어 활발발한 일발의 선풍으로 응축되고 확산되었다. 그리고 그것은 한암 자신의 가슴 속에서 우러나오는 흉금胸襟의 언어와 고삐를 당길 때를 정확히 아는 파예把拽의 언어를 통해 이루어졌다. 그는 스승 경허와 헤어질 때와 봉은사를 떠나 오대산에 입산할 때를 알았다. 동시에 두 차례의 교정과 종정으로 나아갈 때와 상원사의 소각을 막아낼 때를 알았다.

다섯 차례의 깨달음의 전기를 경험하면서 한암의 돈오점수의 가풍은 자연스럽게 확립되었다. 지눌과 대비되는 수줄의 살림살이가 역시 한암의 독자성을 보여주고 있다. 지눌의 정혜결사에 대응되는 삼본산 수련원의 시설이나 대중과 함께한 그의 생활은 그의 일발선풍으로 드러나고 있다.

따라서 참여와 침묵, 흉금과 파예의 두 축이 응축되는 한암의 살림살이는 다시 무소유와 무집착과 무분별에 입각한 일발선풍으로 확산되었다. 그리고 법화와 행리의 수렴은 다시 장종과 교어의 윤활을 통해 일발선풍으로 전개되었다.

2. 장종과 교어의 확산

봉은사 조실로 있던 한암은 지암의 제안을 받고 오대산으로 입산하였다. 이때 그는 "차라리 천고에 자취를 감춘 학이 될지언정 삼촌에 말을 잘하는 앵무새는 배우지 않는다"고 했다. 여기서 자취를 감춘 '장종'과 말 잘하는 '교어'는 그의 만년을 잘 보여주는 기호가 된다. 즉 그는 물러가면서 참여하였고 나아가면서 침묵하였다.

한암은 선사이면서도 경학을 강조하였고 율사이면서 염불을 권장하였다. 그는 어느 한 경계에만 매이지 않았다. 이러한 그의 살림살이는 그가 집성한 '일발록'의 명명에서도 잘 드러나 있다. 한암은 나아가면서도 물러갈 줄 알았고 물러나면서도 나아갈 줄 알았다. 한암은 '일발'의 정신으로 평생을 견지하였기에 나아가는 '침묵'과 물러나는 '참여'를 한 몸둥어리 속에 통섭할 수 있었다.

한암은 역사 속에 참여할 때나 침묵할 때에도 일발의 정신은 한 치도 흔들림이 없었다. 스승 경허와 헤어질 때와 봉은사를 떠나 오대산에 들어올 때, 그리고 두 차례의 종정과 교정을 나아갈 때와 상원사의 소각을 막기 위해 온몸을 던질 때에도 그러하였다. 그는 그때를 알고 있었고 그때에 맞춰 살았다. 그는 시중時中의 도리를 알았고 그 도리에 자신을 맞출 줄 알았다.

한암은 어린 시절 서당에서 훈장에게 '반고씨 이전'이라는 근원에 대한 물음을 던졌었다. 그때 그는 바로 그 지점을 염두에 두었는지는 알 수 없다. 다만 이후 한암의 밝은 안목으로 미루어볼 때 전혀 연속성이 없다고만 단정하기는 어려울 것이다. '반고씨 이전'은 그에게 공안으로 다가와 흉금과 파예의 기호로 다가왔다. 결국 한암은 흉금과 파예의 소식을 알았고 장종과 교어의 마찰을 넘을 줄 알았다. 따라서 '흉금'(장종)과 '파예'(교어)의 두 기호로 표출되는 한암의 선풍은 평생을 무소유 혹은 불소유 정신을 견지하면서 자연스럽게 우러나온 일발의 살림살이라고 할 수 있다.

■ 참고문헌

知訥,『勸修定慧結社文』(『韓佛全』제4책, p.700하).

知訥,『修心訣』(『韓佛全』제4책, p.708중).

漢巖,「普照禪師語錄纂集重刊序」,『漢巖一鉢錄』(서울: 민족사, 1995; 1996, 개정증보판), pp.331~332.

漢巖,「金剛般若波羅密經重刊緣起序」,『漢巖一鉢錄』(서울: 민족사, 1995; 1996, 개정증보판), p.329.

漢巖,「先師鏡虛和尙行狀」,『漢巖一鉢錄』(서울: 민족사, 1996), p.320;『定本漢巖一鉢錄』上卷(민족사, 2010), p.477.

漢巖,「海東初祖에 대하여」,『佛敎』제70호, 1930.4.; 한암문도회,『한암일발록』(서울: 민족사, 1996), pp.74~89.

漢巖,「一塵話」,『한암일발록』, pp.94~95.

漢巖,「참선에 대하여」,『한암일발록』, 1996, pp.115~116.

漢巖,「答鏡峰和尙書 二十四」篇,『漢巖一鉢錄』, 2006, p.230.

吞虛,「현대 불교의 거인: 방한암」,『한국의 인간상』제3책(서울: 신구문화사, 1965), pp.335.

吞虛,「漢巖大宗師浮屠碑銘幷序」,『漢巖一鉢錄』(서울: 민족사, 1996), 앞의 책, p.442.

吞虛,「現代佛敎의 巨人」,『漢巖一鉢錄』(서울: 민족사, 1996), p.451.

김호성,「한암선사-보조선을 계승한 종문의 선지식」,『한국불교인물사상사』(서울: 민족사, 1990), pp.462~473.

김호성,「영원한 구도자, 漢巖스님」, 일타스님 외,『현대고승인물평전』하(서울: 불교영상, 1994), pp.38~51.

임혜봉,「한암 중원」,『종정열전2: 천고에 자취를 감춘 학처럼』(서울: 가람기획, 1999), pp.232~242.
강석주·박경훈,『불교근세백년』(서울: 민족사, 2002), pp.17~22.
이재창,「오대산의 맑은 연꽃」, 앞의 책, pp.470~471; 홍신선,『할: 마음의 문을 여는 한암대종사설법』(서울: Human&Books, 2003), pp.12~13).
高榮燮,『한국불학사: 고려시대편』(서울: 연기사, 2005), pp.226~251.
한암문도회·김광식,『그리운 스승 한암스님: 한국불교 25인의 증언록』(평창: 오대산 월정사, 2006), pp.356~357.
대한불교조계종 교육원 불학연구소,『근대 선원 방함록』(2006), pp.13~37.
사사키 시즈카,『출가: 세속의 번뇌를 놓다』, 원영(서울: 민족사, 2007), p.158.

야마시타 진이찌(山下眞一),「이케다 경무국장, 방한암 선사를 만나봄」,『조선불교』제101호, 1934. pp.81~85.
津田榮,「심전개발의 근본적 의의」,『조선』제250호, 1936. 3.
조용명,「우리 스님 한암스님」,『불광』, 불광출판부, 1980년 5월호~1980년 11월호.
漢巖,「一生敗闕」, 윤창화 역,「한암의 자전적 구도기 '일생패궐'」,『불교평론』17호, 2003년 겨울호, pp.299~300.
서종범,「한암선사의 선사상」,『한암사상연구』제1집(평창: 한암사상연구원, 2006), pp.15~46.
김호성,「『바가바드기타』와 관련해서 본 한암의 염불참선무이론」,『한암사상연구』제1집(평창: 한암사상연구원, 2006), pp.55~148.
김광식,「방한암과 조계종단」,『한암사상연구』제1집(평창: 한암사상연구원, 2006), pp.155~190.
김광식,「김탄허의 교육과 그 성격」,『정토학연구』제6집, 한국정토학회, 2006, p.218.
윤창화,「자료발굴: 한암의 자전전 구도기『一生敗闕』」,『불교평론』통권 17호, 2003, 겨울, pp.294~306.
윤창화,「자료발굴: 한암의 자전전 구도기『일생패궐』」,『한암사상연구』제1집(평

창: 한암사상연구원, 2006), pp.201~270.

고영섭, 「경허의 尾塗禪: 法化와 行履의 마찰과 윤활」, 『한국불학사: 조선·대한시대편』(서울: 연기사, 2005);

고영섭, 「경허의 照心學 : 중세선의 낙조와 근세선의 개안」, 『제1회 조계종 근현대사상 학술세미나-해방이전의 선사상을 중심으로』, 조계종 불학연구소, 2004.

고영섭, 「경허의 조심학」; 『선문화연구』 제7집, 한국선리연구원, 2009.

高榮燮, 「東大 '全人 교육' 백년과 '佛敎 연구' 백년: 치밀한 사고력·활달한 문장력·넘치는 인간미」, 『불교학보』 제45집, 동국대학교 불교문화연구원, 2006. 8.

박재현, 「구한말 한국 선불교의 간화선에 대한 한 이해: 송경허의 선사상을 중심으로」, 『철학』 제89호, 한국철학회, 2006.

박재현, 「방한암의 禪的 지향점과 역할의식에 관한 연구」, 『철학사상』 제23호, 서울대 철학사상연구소, 2006.

「불교를 중심으로 심전개발에 매진」, 〈매일신보〉 1936.1.30.
정석태, 『퇴계선생연표월일조록』(退溪先生年表月日條錄, 4권), 〈조선일보〉 2006년 5월 1일자.

제3장

동고 문성東皐汶星의 교선敎禪 이해

Ⅰ. 교학과 선법
Ⅱ. 문성의 교학 인식
Ⅲ. 문성의 선법 이해
Ⅳ. 계율 수지 철저와 선법 이해의 투철

I. 교학과 선법

한국불교의 지형을 돌이켜보면 적지 않은 불교인들이 역사 속에 편입되지 못한 채 사라져 갔다. 고구려-백제-가야-신라를 아우르는 사국시대와 통일신라 및 대발해와 후삼국을 아우르는 남북국시대 그리고 고려시대는 일부나마 일반사서나 불교사서 속에 기술되었다. 고대 불교인들은 『고승전』[1], 『삼국사기』와 『해동고승전』[2], 『고기』[3], 『삼국유사』 등에 수록되었으며, 중세인들은 『고려사』, 『고려사절요』 및 『고승비문』과 『고려묘지명』 등에 수록되어 역사적 지평을 확보할 수 있었다.

조선시대에는 사대문 안에 승려들의 출입이 금지되었을 정도로 불교의 형세가 몹시 어려웠다. 다행히 왕실의 안녕을 기원하는 원당과 왕릉을 보존하는 능침사찰로서의 기능 그리고 허응 보우의 불교 중흥 노력과 청허 휴정 및 사명 유정 등의 승장과 승병들에 의해 어렵게나마 불교의 존재감은 유지할 수 있었다. 불자들은 나라를 위해 기꺼이 군역을 감당하였고 멸사봉공의 마음으로 임란과 호란 등의 국난을 극복하면서 불교의 대사회적 지위를 확보해 갔다. 이 과정에서 불교의 위상은 일부

---

[1] 고승의 전기를 기록한 최초의 문헌은 梁나라 慧皎가 지은 『高僧傳』(14권)이다. 우리나라 고승전의 효시는 신라 金大問의 『高僧傳』이지만 현존하지 않는다.

[2] 覺訓의 『海東高僧傳』(1215년, 고종 2)은 우리나라 고승들의 전기를 정리 서술한 것으로 현존하는 최고의 고승전이다. 현재는 「유통」 1, 2권만이 남아있다.

[3] 김영경, 「『삼국사기』와 『삼국유사』에 보이는 『古記』에 대하여」, 『력사과학』, 1984, p.29; 김상현, 「『고기』의 사학사적 검토」, 『한국고대사연구』 제74호, 한국고대사학회, 2014.6; 김승호, 「『고기』와 『삼국유사』에 나타난 史話의 동질성과 의미」, 『불교학보』 제67집, 동국대학교 불교문화연구원, 2014.4. 여기서 '古記'는 '옛 기록'이라는 일반명사가 아니라 『古記』라는 이름을 지닌 고유명사로서의 史書로 보고 있다. 고기 앞에 '국명' 혹은 '국명 또는 권역의 역사'를 붙인 서명은 『단군고기』, 『삼한고기』, 『해동고기』, 『계림고기』, 『동국고기』, 『동방고기』, 『동사고기』, 『고구려고기』, 『백제고기』, 『신라고기』, 『가락국고기』, 『본국고기』 등 10여종 이상이나 등장하고 있으며, 『고기』의 내용과 용례 등등으로 볼 때 이 책의 저자는 고려 초기의 익명의 승려로 알려져 있다.

나마 회복이 되었고 불교의 대사회적 역할은 확대되었다. 그 결과 당시의 불교의 사가史家들은 이들의 생평을 『동국승니록』,[4] 『동사열전』[5] 등에 담아냄으로써 불자들의 등불은 꺼지지 않고 이어질 수 있었다.

하지만 전근대와 달리 대한시대1897~남북한 통일에는 승전 형식의 불교사가 기술되지 않았다. 그 결과 출가 불자와 재가 불자의 존재감 확보와 이들에 대한 역사적 평가가 온전히 이루어지지 못해 왔다. 이 때문에 대한시대 이후 고승[6] 혹은 명승[7] 또는 거사[8]와 부인[9]의 전기는 역사 속에 자리를 잡지 못해 정당한 평가의 대상이 되지를 못하고 있다. 그나마 불교학자인 김동화의 『한국역대고승전』[10]과 전기작가인 윤청광의 『고승열전』[11] 그리고 몇몇 평전 작가와 일부 학자들에 의해 논문의 연구 대상이 되었을 뿐이다. 이 글에서 다루려는 동고 문성東皐 汶星, 1897~1997[12] 역시

---

4 『東國僧尼錄』(1권, 필사본)은 조선 중후기에 편찬된 고승전류이다.
5 『東師列傳』은 조선 말엽에 전남 대흥사 고승 梵海 覺岸(1820~1896)이 편술한 고승전류이다.
6 윤청광, 『고승열전』 전25책(언어문화사, 1988; 우리출판사, 1998); 임혜봉, 『친일불교론』 상하(민족사, 1993); 임해봉, 『친일승려 108인』(청년사, 2005).
7 임혜봉, 『종정열전』 1,2(가람기획, 1999; 문화문고, 2010); 정병삼, 『고승열전: 전등의 역사』(가산불교문화연구원, 2014).
8 백봉 김기추 거사, 종달 이희익 거사, 뇌허 김동화 거사, 효성 조명기 거사, 서울 동국제강 대원 장경호 거사(남산 대원정사), 마산 한일합섬 김택수/김한수 거사(부산 마하사), 부산 동명목재 강석진 거사(동명불원), 덕산 이한상 거사, 무애 서돈각 거사, 취현 황산덕 거사, 법운 이종익 거사, 불화 이재병 거사, 불연 이기영 거사, 왕봉 김영태 거사, 병고 고익진 거사, 대천 목정배 거사, 법기 강정진 거사 등등에 대한 조명이 온전히 이루어지지 못했다.
9 육영수 부인, 김미희 부인, 법련화 부인, 길상화 부인, 김옥숙 부인 등등에 대한 조명이 제대로 이루어지지 못했다. 『육영수부인』에 대한 평전은 간행되어 있다.
10 김동화, 『한국역대고승전』(삼성문화문고, 1976). 『뇌허김동화전집』(동국대 불교사회문화연구소, 2004) 제12책에 재수록되었다.
11 윤청광, 『고승열전』(불교방송사, 1988~2000). 이것은 단행본으로 간행되어 불교라디오 방송의 저본이 되었다.
12 汶星은 본명과 법명이 모두 汶星이다. 드물기는 하지만 이러한 경우는 종종 있어 왔다. 그의 호적에는 생년이 2년 늦은 1899년생으로 되어 있다.

마찬가지이다. 그는 대한시대를 가득 채우며 101세까지 살았던 대종사이자 대선사였지만 입적한 지 20년이 되었음에도 불구하고 아직도 그에 대해 온전한 연구가 이루어지지 못하고 있다.

문성은 대한시대의 대일항쟁기1910~1945에는 일본 지배를 극복하기 위해 독립운동을 하였고, 대한민국기1948~남북한통일에는 불교 교단을 재건하기 위한 불교 정화에 헌신하였다. 또 그는 계율의 수지에 철저하였고 선법의 이해에 투철하였다. 만년에 이르러 문성은 하루 한 끼만 먹는 일종식一種食의 '밥 살림'과 식후 차 한 잔茶一盞을 마시는 '차 살림'의 가풍을 보여주었다. 이것은 선종사의 독자적 가풍으로 널리 알려진 운문雲門의 호떡胡餠과 조주趙州의 끽다거喫茶去를 방불케 하는 살림살이였다고 할 수 있다. 이러한 계율 수지와 선법 수행을 통해 그는 당시 어지러웠던 불교계의 정신적 리더로서 독보적 지위와 지도적 위상을 확보하였다. 이 글에서는 대한시대1897~남북한 통일를 살았던 동고당 문성의 교학 인식과 선법 이해를 중심으로 그의 사고방식과 살림살이를 살펴보고자 한다.

II. 문성의 교학 인식

1. 두타수행의 견지

동고 문성1897~1997은 선사이자 강사이며 율사이자 법사였다. 문성은 경북 영천군 북안면 명주동에서 부친 박형일朴亨一 거사와 모친 김해 김씨 사이에서 태어났다. 이후에 그는 경주의 노서동에서 잠시 머물렀다. 불교사에서 이따금씩 있는 일[13]이기는 하지만 문성은 동진 출가한 탓으

---

13 출가 이전의 在家 姓氏를 출가 이후에도 쓴 이는 중국 화엄종의 개조인 杜順, 弘

로 출가 이전의 본명인 '문성'과 출가 이후의 법명인 '문성'이라는 하나의 이름으로 평생을 살았다. 문성은 11세가 되던 해에 갑자기 가세가 기울어서 생활이 매우 어려워졌다. 할 수 없이 부친과 함께 통도사를 참배하러 왔다가 저녁 예불소리를 듣고 홀연히 무상을 느껴 12세에 통도사로 출가하였다.

15세가 되던 1911년 4월에 문성은 경남 고성 옥천사에서 설운 화상에게 출가하여 사미계를 받았다. 이어 그는 당대의 대강백이었던 채서응蔡瑞應 東濠, 1876~1950[14] 선사의 문하에서 비구계를 수지했다. 1917년에 문성은 통도사 강원에서 대교과를 졸업한 뒤 1918년부터 옥천사 선원에서

忍-智訥의 문하였던 唐화상 處寂, 金禪師 혹은 金和尙으로 불렸던 無相, 馬氏 집안의 막내아들이었던 馬祖(道一) 등 몇 사람이 있다. 아마도 전생의 불연을 현생에도 이어가고자 한 강력한 원력으로 이해할 수 있다.

14 이성수, 「근현대 선지식의 天眞面目: 瑞應 東濠」, 『불교신문』 제2429호, 2008년 5월 28일자. 瑞應 東濠는 경남 고성군 개천면 원동리에서 태어나 10대 중반에 출가하였다. 1892년 옥천사 龍溟화상에게 『通史』를 수학하고, 1894년에는 影海화상에게 『古文眞寶』를 배웠고 1895년 12월에는 그에게서 四集科를 수료하였다. 외전과 기초교학을 익힌 그는 이후 霽峰, 映湖(石顚), 錦坡, 震應 등의 대강백 문하에서 『능엄경』, 『화엄경』, 『기신론』, 『반야경』, 『화엄경』 등을 두루 익혔다. 이후 그는 함양 영원사(1902), 순창 구암사(1904), 고성 옥천사(1905), 양산 통도사(1909, 1920), 합천 해인사(1915), 김천 청암사(1916), 동래 범어사(1925), 철원 심원사(1939)의 강원 강주를 지냈다. 그의 상좌로는 汶星과 일본 유학 뒤 경남고 교장으로 정년 퇴임한 李海道가 있다. 그는 漢詩로 지은 300여편의 글을 담은 문집을 남겼다. 대한시대 대일항쟁기 당시의 대한불교의 상황을 생생하게 담은 글로서 「嘆朝鮮佛敎」와 「僧侶團體力」은 조선불교에 대한 그의 애틋한 마음을 담고 있다. 「嘆朝鮮佛敎」: 嗚如之何如之何(오, 어찌하오리까. 어찌하오리까)/ 將來佛法如之何 (장래의 불법을 어찌 하오리까)/ 僧侶七千皆變俗 (조선의 승려 칠천 명이 모두 속인처럼 변했으니), 逈還天理莫奈何 (돌아가는 하늘의 이치를 어찌 막을 수 있으리); 또 승려 단체의 힘은 화합에서 나온다는 「僧侶團體力」은 다음과 같다. "吾家生活一端和(우리 집안 생활은 일단은 화합이니)/ 意見不同萬事差 (의견이 같지 않아 만사가 차이 나면)/ 叢林制度爲公共 (총림의 제도로 공의를 삼아)/ 超提規正不許私 (규정 넘는 사견은 허용하지 않네)/ 海成自體憑多水 (바다는 물들에 의지해 바다를 이루고)/ 蓬直因緣倚衆麻 (쑥대는 삼대에 의지해 인연을 곧게 하네)/ 蜂蠆合團成威力 (벌과 전갈은 합세하여 위력을 이루지만)/ 獨求名利如獨蝸 (홀로 명리를 구하면 외로운 달팽이와 같아지네)".

수행하였다.[15] 1919년에 그는 진주 호국사에서 호은虎隱 율사를 계사로 비구계와 보살계를 수지하였다. 1920년에 문성은 서응 강주를 따라 해인사에 와 머물면서 독립운동을 주도하다가 '하라' 등의 일본 경찰 4인과 심한 충돌[16]을 일으켜 김천 청암사 수도암으로 피신하였다.

이어 그는 당시 통도사 조실이었던 만해 용운奉琓, 1879~1944의 시봉을 1년간 하였다. 손님이 찾아오면 "여보게, 차 좀 내오게"라며 그에게 차를 내오도록 하였다. 이때 만해는 "자네 손을 거친 작설차 맛이 좋다"며 차 심부름을 많이 시켰다. 어느 날 만해의 강연장에서 '육혈포 세 발六穴砲三發이 독서 천권보다 낫다勝於讀書千卷'[17]는 말을 듣고 문성은 크게 감동을 받아 본격적인 독립운동에 참여하기 시작했다.

1920년대에 들어 조선총독부는 종래의 직접 통치 정책을 철회하였다. 대신 좀더 온건한 문화정치로 전환하면서 문화계에 대한 통제를 보다 고도화하였다. 이에 불교계는 여러 가지 현안(교육사업)과 사안(포교사업)을 활성화하여 분위기를 일신하고자 하였다. 그리하여 종래 30본사 주지 중심의 불교계 운영을 보다 민주적으로 운영하자는 개혁적 요구에

---

15 「汶星대종사행장」, 『불교신문』 1997년 7월 22일자.
16 BTN 특집: 「난 아무것도 모르오: 천진도인 문성대종사」, 2009년 7월 20일 방영. 1995년 성도재일에 한 인터뷰를 특집으로 구성해 재방송했다. 문성은 하라 경찰과 "내가 내 나라 독립운동을 위해 싸우는데 네가 무슨 상관이냐?"라며 싸웠다.
17 韓龍雲, 『삼천리』 1933년 9월호; 한용운, 「시베리아 거쳐 서울로」, 『한용운전집』 제1책(서울: 신구문화사, 1980; 불교문화연구원, 2006), p.25; pp.254~255. 만해는 조국이 병합되자 내외의 정세를 살피기 위하여 남북 만주로 漫遊하다가 까막눈이들의 오해로 海蔘葳와 通化縣에서 不意의 橫厄을 당하였지만 평생 그것을 발설하지 않았다. 훗날 "수년 승방(僧房)에 묶여 있어도 결국은 인생이 잘 알려지지도 않고, 또 청춘(靑春)의 뜻을 내리누를 길이 없어 다시 번민을 시작하던 차에 마침 『영환지략』이라는 책을 통하여 비로소 조선 이외에도 넓은 천지가 있는 것을 인식하고 행장을 수습하여 원산을 거쳐서 시베리아에 이르러 몇 해를 덧없는 방랑생활을 하였다"고 뒷날에 '회고(回顧)'하였다. 그는 뜻하지 않은 피격을 당하여 그 뜻을 접고 돌아왔다. 그는 이 때의 피격으로 평생 목덜미를 흔들며 살았다고 한다. 이후 만해는 그 때의 충격이 남달랐던 것으로 짐작되며 이러한 발언도 이와 같은 맥락에서 이해된다.

직면하게 되었다. 이와 맞물려 해인사 주지 회광사선晦光師璿, 1862~1933의 제2차 조일朝日불교 연합책동으로 비롯된 분열된 교계의 의견을 통합하고 30본사를 원천적으로 통제하기 위한 통일기관 설립이 주요한 사안이 되었다.

하지만 불교계의 염원과 달리 총독부는 사찰령을 개정하여 경성에 30본사를 통괄할 수 있는 총본산을 세우고자 하였다. 총독부는 총본산 설치의 기획을 통해 총본산의 관장을 친일파로 세우려는 것이 그들의 복안이었다. 아울러 이들은 불교진흥촉진단체를 만들어 친일파 중 덕망 있는 사람을 회장으로 세워 불교계 내의 친일파 양성을 위한 종교적 사회운동에 관한 대책을 세웠다. 한편 불교계는 조선불교청년회를 창립하여 현안과 사안을 개혁하려고 하였다. 그런데 불교청년회가 개혁을 단행하려면 전면에서 활동해줄 젊은 세력이 필요하였다. 이 과정에서 조선불교유신회가 탄생하였다.[18]

조선불교유신회는 교계의 당면 현안들을 새롭게 개선하고자 1922년 1월에 각황사覺皇寺에서 개최한 30본사 주지 총회에서 발언권을 요구하면서 회의 형식을 조선승려대회로 하자고 제안하였다. 청년 측과 본사 주지 측의 격렬한 논쟁 끝에 몇몇 본사는 30본산연합회에서 탈퇴하겠다고 선언하였다. 이어 속개된 30본사 주지 총회는 명칭을 '주지 총회'로 할 것인가 '조선불교도 총회'로 할 것인가에 대한 찬반 투표 끝에 주지 총회는 조선불교도 총회로 바뀌었다.

하지만 조선불교도 총회는 30본산연합제규가 몇몇 주지들의 전제로 결정되었으므로 사업이 잘 안되었다는 점을 들어 만장일치로 폐지를 선

---

18 김광식, 「李英宰의 생애와 朝鮮佛敎革新論」, 『한국근대불교사연구』(민족사, 1996), p.166; 김광식, 「조선불교청년회의 사적 고찰」, 앞의 책, pp.201~202, p.205; 김순석, 「새로 쓰는 근현대 불교사: ㉒ 조선불교유신회의 사찰령철폐운동」, 『법보신문』 제896호, 2007년 4월 11일자.

언하였다. 이어 불교계 통일기관으로 총무원을 두기로 결정하면서 조선불교도 총회를 발의한 불교유신회는 회원 150여명이 1922년 3월 24일에 각황사에서 총회를 열고 당국에 불교개혁에 대한 건의안을 제출하고 총무원의 기초를 공고히 할 일과 교육과 포교에 힘쓸 일에 대해 결의하였다. 그리고 26일에는 회의를 열어 교헌을 통과시킬 예정에 있었다.

그런데 회의 당일 날에 일본 언론에까지 소개될 정도로 화제가 되었던 명고출송鳴鼓出送 행진 사건이 일어났다. 이 행진에는 유신회에 참석하기 위해 지방에서 올라온 강신창, 김상호, 정맹일 등 회원 100여명이 참가하였다. 이들은 나라 잃은 슬픔은 뒤로 한 채 친일활동에 적극적으로 나서는 친일승들을 그대로 둘 수 없다며 남대문에서 종로 네거리를 지나 동대문까지 행진하는 퍼포먼스를 벌였다.

당시의 젊은 승려들은 당시 불교계의 대표적인 친일승이었던 용주사 주지 강대련姜大蓮日馨, 1875~1942의 등에 작은 북을 매게 하고 '불교계악마강대련명고축출'佛敎界惡魔姜大蓮鳴鼓逐出이라는 깃발을 들고 '북을 치면서 쫓아내는' 사건을 벌이며 이렇게 말하였다.[19]

"어쩔 수 없이 본사 소임을 보고, 일본인들과 관계할 수밖에 없는 상황이 있겠지만, 조선불교를 왜국에 넘기려는 것은 잘못된 일이다. 조선불교를 망치려는 '불교의 악마'가 아니면 그렇게 할 수는 없는 것이다."[20]

이 행진 퍼포먼스가 시작된 지 얼마가 되지 않아 급보를 접한 종로경찰서는 10명의 경찰을 출동시켜 군중을 해산시키고 주모자 5명을 연행하였다. 강신창, 김상호, 정맹일(이상은 징역 6개월), 양무홍(징역 4개월), 박

---

19 김순석, 위의 글 참조.
20 이성수, 「근현대 선지식의 天眞面目: 東皐 汶星」, 『불교신문』 제2475호, 2008년 11월 12일자.

문성[21], 박종진, 기상분, 김지준(이상은 징역 4개월, 집행유예 2년, 복무 50일 형[22]) 등 행진을 주도한 주모자들은 연행되어 징역과 집행유예를 받은 뒤에 출소하였다. 이어 문성은 친일주지를 축출하기 위한 통도사 만세운동에 앞장서다 4개월간 옥고를 겪기도 했다. 이러한 그의 강직함은 이후의 불교 정화시절에도 그대로 나타났다.[23]

1922년에 문성은 서울 휘문고보를 다니며 축구선수를 하였다. 그는 평양에서 열린 숭실고보와의 경기에서 공격의 한 축인 왼쪽 날개left wing를 맡아 맹활약하였다. 문성은 1925년에 휘문고보를 졸업한 뒤 휘문고보의 축구감독이 와세다대학에 '축구특기생'으로 추천을 했으나 거절하였다. 와세다 대학에서도 그가 독립운동과 친일승려 명고축출사건의 주모자라는 사실을 알고 입학을 거부하였다. 문성은 통도사 지방강원에 편입하여 졸업하고 중앙불교전수학교(중앙불교전문학교-혜화전문학교 전신)에 입학하여 졸업하였다. 이후 문성은 29세에 금강산 마하연에서 하안거 정진을 하였다.

이어 묘향산 보현사, 양산 통도사, 합천 해인사, 해남 대흥사 등 남북의 명찰을 돌며 안거를 하였다. 1932년에 문성은 고성 옥천사에서 정진하다가 깨달음의 경지에 이르러 노래를 불렀다.

---

21 당시 가장 나이가 어렸던 문성(주민등록상 22세, 24세)은 이 행진의 주모자였다. 당시 조선총독부 경성지방법원 조선총독부 판사는 白允和였고, 재판기록 서기는 提末彦이었다는 재판기록이 남아 있다.
22 상좌인 수진화상의 증언에 의하면 보훈처 기록에는 '복무 50일 刑'으로 적혀 있다고 한다. 현재는 '복역 60일 刑 이상'을 복무해야 유공자 追敍를 할 수 있다. 그런데 당시 동아일보는 이 사건을 기사화하였지만 총독부의 언론통제 때문인지 몰라도 사진은 싣지 않았다.
23 불교정화(1956~1962)가 끝난 뒤 초대 감찰원장을 맡았을 때도 "소위 출가자라는 사람들이 처자식을 거느려서야 되겠느냐? 중도 아니고 속도 아니고 중노릇하려면 똑똑히 해야지"라면서 대처승들에게 꾸지람을 하면서 언제나 수행자로서의 본분을 역설하였다.

臨發靑山藏香氣　낮은 데로 떠나는 청산은 향기를 감추고
海底老龍含眞珠　바다 밑의 노룡은 진주를 머금었도다
香氣眞珠雖未露　향기와 진주가 아직 드러나지 않았으나
遍覆三千常放光　항상 빛을 놓아 삼천세계를 덮음이로다.

'청산의 향기'를 감추고 '노룡의 진주'를 머금은 그는 1947년 고성 옥천사 백련암에 선원을 열어 6년 결사에 들었다. 도중에 6,25가 일어나 청담, 서옹, 성철 등과 함께 안거하기도 하였다. 문성은 평생을 수행자로서 청빈하게 살았다. 은사 서옹이 해방 이후 "공부하는데 사용하라"며 농토 32마지기를 물려받았다. 하지만 1949년 농지개혁 당시에 아무 미련이 없다며 30마지기에 이르는 농지를 농민들에게 댓가 없이 나눠주었다. 나머지 2마지기는 자신을 시봉한 제자에게 넘겨주었다.

"종단이 반석盤石에 있으려면 출가자들이 율법律法을 잘 지켜야 한다. 대처승들이 결혼했다고 정화를 했는데, 우리가 대처승처럼 살면 안 된다. 중이 결혼해서 처자식을 거느리고 살아서야 되겠는가. 우리가 교단을 정화했는데 대처승처럼 사는 일이 있어서는 안 된다."[24]

1957년에 문성은 조계종 재무부장에 취임한 뒤 1962년에는 정화대책위원으로서 비상종회의원이 되었다. 이어 그는 초대 감찰원장이 되어 종단의 기강을 확립하였다. 한국 차계의 원로였던 금당 최규용의 증언에 의하면 정화 이후 문성은 청담선사로부터 아홉 차례의 조계종 총무원장 소임 취임을 권유받았지만[25] 그는 허락하지 않는 대신 은거를 결행하

---

24 이성수, 앞의 글, 앞의 신문, 제2475호, 2008년 11월 12일자.
25 총무원장 소임 취임을 '일곱 차례' 권유를 받았다는 기록도 있으나 문성을 시봉한 상좌 수진의 증언에 따라 '아홉 차례'로 했다. 수진, 「문성대종사의 삶과 사상 그리

였다. 대신 1965년에 문성은 통합조계종의 초대종회의원이 되었고, 1972년에 그는 감찰원장에 재취임해 종단의 중요활동을 한 뒤 1974년에는 감찰원장을 사임하고 일체의 종단 공식행사에 불참하였다.[26]

성철 조계종 종정이 입적한 1993년 이후 문성은 다시 조계종 원로들이 찾아와 종정 권유를 했지만 그는 돌아보지도 않고 문을 닫아버렸다. 뒷날 종정에 오른 서암은 '이 자리는 문성선사의 자리'라며 사양하다가 취임하였다고 한다. 이처럼 문성은 리理와 사事에서 걸림이 없었고 권력과 명예에도 초연하여 청빈 무욕으로 살았다.

문성이 서울을 떠나 부산에 머무를 때 공부하겠다고 찾아온 수좌들이 매우 많았다. 그는 그많은 수좌들을 따듯하게 받아들였다. 하지만 예불에 참여하지 않으면 불호령을 내렸다.

"예끼, 이 사람, 불제자로서 기본이 안 되었으니 그만 떠나게!"[27]

문성은 수행자로서 예불은 기본이라고 생각하였다. 이 때문에 그는 예불에 빠지면 붓다의 제자가 아니라고 하였다. 일체의 예외가 없었다. 평소에 문성은 대중들과 발우공양을 한 뒤에 자주 소참법문을 하였다. 이때마다 그는 시주의 은혜를 강조하였다.

"시은施恩을 중요하게 생각하라. 시주는 도를 닦는 근원이야. 시은이 없으면 도를 닦지 못하니, 출가자들은 시주의 은혜를 무서워해야 돼. 수행을 해서 도를 구해야 하는데, 그 은혜를 모르면 안 되는 것이야. 승려

고 대회를 여는 이유」, 『제1회 문성대종사를 그리는 학술대회: 동고당 문성 스님의 생애와 사상』, 동명대학교 세계선센터·불교문화콘텐츠학과, 2016년 7월 2일, p.5.
26 「汶星大宗師行狀」, 『불교신문』 1997년 7월 22일자.
27 이성수, 앞의 글, 앞의 신문.

는 계율이 우선이야. 계율을 지키지 못하면 허공에 집을 짓는 것과 똑같아."[28]

이처럼 문성은 승려의 규범인 계율을 잘 지켜야 한다며 계율을 청정하게 지킬 것을 강조하였다. 이것은 출가 시절부터 몸에 익은 그의 두타수행의 표출이었다.[29] 문성은 만년까지 손수 바느질을 하고, 직접 비질을 하였으며, 돋보기 없이도 신문을 읽었다. 그러면서도 늘 새벽 2시 반이면 일어나 세안하고 세족한 뒤 1시간가량 예불을 하면서 자신을 성찰하였다. 40년 동안 일기를 쓰면서 방일하지 않았다.[30] 종단의 감찰원장을 네 차례 역임한 그는 "율법을 준수하고 계율이 청정해야 '깨달음의 집'을 지을 수 있다"면서 "그것이 바탕이 되어야 깨달음이 목전目前에 있다"고 역설하였다.

이후 문성은 부산 연산동 마하사에 주석하면서 자신의 거처를 '은둔실'隱遁室이라 부르고 28년간 수행 정진에만 몰두하였다. 20여 년간 부산 마하사[31] 주지 소임을 보았지만 그를 위해 축적한 사유재산이 하나도 없었다. 문성이 마하사에서 다른 절로 옮길 때에는 통장 하나 없었다.

---

28 이성수, 앞의 글, 앞의 신문.
29 장영우, 「법정 스님 무소유 정신은 선택된 청빈」, 『법보신문』 2011년 7월 11일자. 법정은 "나의 무소유 정신은 바로 스승인 효봉 스님과 문성 스님에 의해서 배양되었다고 봐야 할 것이다"고 하였다. 문성이 해인사에서 총무일을 맡아 볼 때 법정을 비롯한 여러 승려들이 등잔불을 켜고 윷놀이를 하고 있는 것을 보고 "시주의 공양으로 켠 등잔불을 수행자가 윷놀이를 하고 있느냐!"는 경책을 하자 그는 출가의 근본이 무소유 정신에 있음을 깨닫게 되었다고 하였다.
30 그가 40년 동안 쓴 일기는 수진 상좌가 보관하고 있다. 그가 쓴 몇 점의 붓글씨 중 하나인 '眞法界'에는 그의 가풍이 활발발하게 담겨있다. 제1회 동고당 문성 학술대회를 기념해 茶布로 만들어 배포하였다.
31 摩訶寺는 마산의 한일합섬 대표였던 김택수/김한수 거사가 지어 희사한 절이다. 당시 마하사는 범어사 재정의 10배나 될 정도로 풍족해서 기장의 妙觀音寺에 머물던 香谷禪師가 정기적으로 찾아와 시주 지원을 요청하였다.

이후 그는 상좌들의 권유를 받아들여 반여동盤如洞의 관음정사(현 인지사)를 창건하고 주석하였다.

여기서 그는 '오후불식'午後不食을 뜻하는 하루 '밥 한 끼'一種食[32]와 '차 한 잔'一杯茶[33]으로 수행정진하면서 문을 닫아 걸고 나오지 않았다. 하지만 종단은 1978년에 은둔실에서 수행정진 하는 그를 초대원로의원으로 추대하였고, 1994년에는 원로회의 명예원로로 추대하였다. 이것은 보현행자로 알려진 그가 독립운동과 불교정화에 평생을 던졌던 생평에 대한 종단의 올바른 평가와 정당한 대우였다고 할 수 있다. 그것은 출가수행자로서 몸에 익은 두타 수행의 견지에 대한 불교계의 예경이기도 했다.

2. 보현행자의 살림

문성은 고성 옥천사 대강백이었던 은사 서응瑞應의 영향을 받아 늘 『화엄경』「(入不思議解脫境界)보현행원품」을 수지 독송하였다. 서응선사는 1941년 2월 26일부터 10일간 선학원에서 개최한 유교법회의 명칭을 제안한 장본인이다. 1941년에 일본은 대동아전쟁 준비에 열을 올리고 있었다. 불교 교단은 사찰령을 근간으로 한 식민지 불교정책이 이어졌고, 일본불교의 유입으로 생긴 대처식육의 풍조가 만연하였다.

이 때문에 종래의 산중공의제山中公議制와 원융圓隆 살림 등과 같은 전통불교의 좋은 법제良法와 아름다운 제도美制는 자취를 감춘 지 오래였다. 그런데 어느 날 총독부 학무국장 도미나가富永가 춘원 이광수에게

---

32 『大日經疏』(『大正藏』 제39책, p.792중). 여기서는 乞食, 次第乞食, 不作餘食法食(다른 食法을 짓지 않은 음식), 一坐食(한번만 먹는 음식), 一揣食(혹은 節量, 한번 취하는 음식), 不中後飮水를 음식의 여섯 가지로 제시하고 있다.
33 본디 佛食은 1食 3餐으로 된 한 끼의 밥[一種食]을 기본으로 한다. 午後不食을 의미하기도 한다.

이러한 삭막한 불교계 상황을 타개하고자 본분사를 지키고 있는 고승을 초청하는 자리를 마련하자는 제안을 하였다.

"한국불교가 이같이 무질서하고 지리멸렬해서는 안 되겠다. 교단을 잘 맡아서 잘 해나갈 사람이 없겠는가. 지금까지는 교종에 교단을 맡겨왔는데 선종에 그런 인물이 없겠는가. 선종의 고승들을 만나볼 기회가 있었으면 좋겠다."[34]

이에 춘원은 사촌형인 운허耘虛에게 전했고, 운허가 보산寶山에게 전하자 보산은 운허와 함께 학무국장을 만나 그의 본심을 알고자 하였다. 고승법회는 도미나가가 제안한 것이었지만 운허와 보산은 총독부의 뜻과는 관계없이 고승법회를 하자고 제안하였다. 이러한 뜻은 당시의 유교법회 회의록에 잘 나타나 있다.

"일본日本과의 합방合邦이란 것이 이루어진 뒤로 한국의 청정淸淨한 승풍僧風은 자꾸 시들어만 가고 있지만은, 그래도 이 가운데 애써 한국적 전통을 유지하고 있는 고승들이 있으니 이들을 한 자리에 모아보자."[35]

당시 운허는 직지사로 찾아가 청담을 만났고 이어 만공과 영호 및 효봉을 만나 상의하였다. 하지만 당시 선학원과 대립하였던 교무원측 인사와 31본산 주지들이 크게 반대하면서 진행 준비에 어려움이 있었다. 종로경찰서는 운허와 청담을 여러 차례 불러 법회를 열지 말도록 갖은 협박과 회유를 일삼았다. 당시 교무원측도 '고승법회'라는 명칭에 대해 비

---

[34] 강석주·박경훈, 『불교근세백년』(중앙일보사, 1978; 민족사, 2000), p.145.
[35] 대한불교, 「유교법회회의록」, 1941년.

난을 하였다. 또 화계사와 봉선사에서 고승법회를 개최하고자 집회신청
서를 냈지만 무조건 각하를 당했다.
이에 서응선사는 이 법회의 증명법사證明法師로 참여하여 '부처님의
가르침을 되새겨 보자'는 의미에서 법회명칭에 대한 새로운 대안을 제시
하였다.

"이 모임 중에 한두 사람의 고승은 있을 것이므로 고승법회라 해도 무
방할 것이다. 그러나 굳이 비난을 받아가면서 고승법회라 해서 말썽을 일
으킬 필요가 없지 않은가. 우리가 '부처님의 유지를 받들어 행하는 무리'
이므로 그 점을 따서 유교법회遺教法會라 함이 좋겠다."[36]

'붓다의 유지를 받들어 행하는 무리'라는 출가자의 본분사에 대한 의
식이 투철했던 서응의 가풍은 제자인 문성에게 고스란히 계승되었다.
서응은 평소에 늘 108염주를 들고 『화엄경』의 진수가 담겨있는 「보현행
원품」을 즐겨 암송하였다. 그는 이 품을 염송하는 뜻을 다음과 같이 밝
힌 적이 있다.

수행자는 자기 수도를 통해 보현행자로 태어나지 않으면 안 된다. 도를
닦으면 뭐하냐. 보현행자의 십원十願이 불가능하면 소용없다. 조선불교도
보현행자가 나와야 희망이 있다.[37]

---

36 瑞應 東濠, 「유교법회에 대한 해석」, 1941. 당시 유교법회에 모인 회중은 滿空, 映湖
(韓永), 黙潭, 靑潭, 無佛, 寂音, 慈雲, 東山, 曉峰 등 당대의 노장년층 선장 40여명이
었다. 법회는 영호당의 『유교경』 강설을 필두로 하여 만공과 동산이 번갈아 설법하
였다. 이 유교법회는 佛祖 慧命의 계승을 전제로 한 한국불교의 청정교단 수호에 있
었으므로 『범망경』 강의도 진행하였다.
37 이성수, 「근현대 선지식의 天眞面目: 瑞應 東濠」, 『불교신문』 제2429호, 2008년 5월
28일ㅋ.

출가자의 수행은 믿음을 바탕으로 한 보현행자의 모습이어야 한다.[38]

서웅은 강원에서 학인을 지도할 때에도 하루 최소한 4시간은 참선에 집중하며 교선敎禪이 둘이 아님을 몸소 실천하였다. 이러한 그의 가풍[39]은 그의 상좌인 문성에게 그대로 계승되었다. 선사로 알려져 있는 문성이었지만 그 역시 지계持戒에 기반한 한국불교의 두 축인 화엄과 선법의 일치 즉 교선일치敎禪一致 혹은 선교일원禪敎一元의 전통을 계승하고자 하였다. 이것은 화엄과 선법의 통로를 모색한 선학들의 통설 위에서 실천적 화엄행자 즉 보현행자의 살림살이로 나타난 것이다.

문성은 은사의 가풍을 계승하여 「보현행원품」을 화두 삼아 늘 사경하고 독송하며 보현행자의 삶을 살았다. 그는 100세 가까운 노구에도 불구하고 새벽예불과 운력 및 참선수행 등을 게을리 하지 않았다.

"내가 지금 100살이지만 빠짐없이 예불에 참석하고 주력하는 것은 바로 수행이 그러해야 하기 때문입니다. 내가 특별히 무엇을 잘한다는 것이 아니라 일상의 생활을 성심으로 다해야 한다는 것입니다. 스님으로서 마땅히 해야 할 조석예불도 거르면서 무슨 큰 것을 이루겠다는 것인가 하는 생각이지요. 일상의 작은 덕을 아무렇게나 해버리고 어디 고상한 것에서 진리를 찾으려고 하면 안 되는 것입니다."[40]

---

38 천미희 정리, 「큰 스님 수행한담: 남을 속이지 않는 생활이 마음의 연등공양이죠」, 『현대불교』 1997년 5월 14일.
39 瑞應의 자필 문집에는 무상한 삶에 집착하지 말고 정진할 것을 당부하는 빼어난 「無常歌」가 실려 있다. "여보시오 동포들아/ 이내 말씀 들어보소/ 인생이 草露같고 … 어서 바삐 無常을 깨치시고/ 어서 염불 속히 하여/ 사바세계 苦 세상을 헌신 같이 보고/ 구품연대 저 극락을/ 어서 빨리 갑시다/ … 풀 끝에 이슬 보오/ 해 속으면 없어지고/ 춘삼월 저 꽃 보소/ 불우 심일 못다 가서/ 落花되어 떨어지오 … 이 말 하는 이 사람도/ 어제 같이 청년인데/ 오늘 벌써 백발이네."
40 『현대불교』 1997년 5월 14일자.

이를 통해 문성은 젊은 수행자들에게 수행자의 본분이 무엇인지를 몸소 보여 주었다. 이것은 몸에 배인 두타[41] 수행의 표출이었을 뿐만 아니라 수행자들에 대한 각성의 요구이기도 하였다.

문성은 보현보살마하살이 여래의 아름답고 빼어난 공덕을 찬탄하고 나서 모든 보살과 선재동자에게 말하는 「보현행원품」[42]을 지송하면서 발(아뇩다라삼먁삼보리)심하고 서원하였다. 여기에서는 여래의 공덕은 가령 시방에 머무르는 일체 모든 여래가 설할 수도 없고 설할 수도 없는 불국토佛刹의 지극히 작은 수겁을 지내면서 계속하여 연설하더라도 다할 수가 없다. 만일 이러한 공덕문을 성취하고자 하려면 마땅히 열 가지의 넓고 큰 행원廣大行願을 닦아야 할지니 어떤 것이 열 가지인가라고 묻고 있다.

보현보살이 선재동자에게 닦아야 할 열 가지 광대 행원은 ①예불제경 ②칭찬여래 ③광수공양 ④참회업장 ⑤수희공덕 ⑥청정법륜 ⑦청불주세 ⑧상수불학 ⑨항순중생 ⑩보개회향의 원행이다.[43] 이 열 가지 원행은 아래와 같다.[44]

첫 번째의 원행은 모든 붓다들에게 예배하고 공경하는 원이다.
  1. 예경제불원禮敬諸佛願

---

41 『摩訶般若波羅蜜經』 제14권(『大正藏』 제8책, p.320하). 법을 설하는 이는 十二頭陀를 受持해야 한다. 첫째는 아란야를 지을 것[作阿蘭若], 둘째는 늘 걸식을 할 것[常乞食], 셋째는 납의를 입을 것[納衣], 다섯째는 한 곳에 앉아서 먹을 것[一坐食], 여섯째는 정오 이후에 음료수를 마시지 말 것[中後不飮漿], 일곱째는 무덤 사이에 머물 것[塚間住], 여덟째는 나무 아래 머물 것[樹下住], 열째는 늘 앉되 눕지 말 것[常坐不臥], 열한째는 차례차례 걸식할 것[次第乞食], 열두째는 삼의만을 지닐 것이다[但三衣].
42 般若, 『大方廣佛華嚴經』 권제40(『大正藏』 제10책, pp.844중~846중).
43 고려 초기의 화엄가였던 均如는 이 열 가지 법문을 노래로 작시하고 이들을 종합하는 「總結無盡歌」를 덧붙여 11수의 향가로 남기고 있으며, 『균여전』을 지은 赫連挺은 均如가 지은 이 11수의 향가와 이 시들을 번역한 당시 문인 崔行貴의 漢譯詩 11수를 함께 수록하고 있다.
44 光德 譯, 『지송보현행원품』(불광출판사, 1991; 1992).

두 번째의 원행은 모든 붓다들을 칭송하고 찬탄하는 원이다.

   2. 칭찬여래원稱讚如來願

세 번째의 원행은 널리 닦아 공양하는 원이다.

   3. 광수공양원廣修供養願

네 번째의 원행은 업장을 참회하는 원이다

   4. 참회업장원懺悔業障願.

다섯 번째의 원행은 남이 짓는 공덕을 따라 기뻐하는 원이다.

   5. 수희공덕원隨喜功德願

여섯 번째의 원행은 설법해 주기를 청하는 원이다.

   6. 청전법륜원請轉法輪願

일곱 번째의 원행은 모든 여래에게 오래 머물기를 청하는 원이다.

   7. 청불주세원請佛住世願

여덟 번째의 원행은 늘 여래를 따라 배우려는 원이다.

   8. 상수불학원常隨佛學願[45]

아홉 번째의 원행은 항상 중생을 수순하는 원이다.

   9. 항순중생원恒順衆生願

열 번째의 원행은 지은 바 모든 공덕을 널리 회향하는 원이다.

   10. 보개회향원普皆廻向願

이와 같이 열 가지 넓고 큰 행원을 닦은 뒤에 마지막으로 '총결분'總結分으로 마무리 한다. "만일 여러 보살이 이러한 크나큰 원을 따라 거기에 들어가게 되면, 곧 온갖 중생을 성숙시킬 수 있으며 곧 위없는 바른

---

[45] "몸과 목숨으로 보시하여 살갗을 벗고 종이를 삼고 뼈를 쪼개 붓을 삼으며 피를 뽑아 먹물로 삼아 경전을 베껴 써서 수미산처럼 쌓았지만 법을 무겁게 여기므로 자신의 몸과 목숨을 아끼지 않았다." 보살의 광대한 원력이 담긴 이 구절과 같은 표현은 『화엄경』 뿐만 아니라 『대지도론』 등에서도 간략히 나타나고 있다.

깨달음을 따를 수 있으며, 곧 보현보살의 여러 가지 행원의 바다를 채울 수 있다. 그러므로 진리의 길에 옳게 나아가는 이는 이러한 행원의 뜻에 대해 마땅히 알아야 한다"고 덧붙이고 있다. 그런 뒤에 다시 '중송분'重頌分으로 종결짓고 있다.

"시방의 끝이 없는 세계에 계신/ 과거 현재 미래세의 부처님들께/ 깨끗한 몸과 말과 뜻을 기울여/ 남음 없이 두루 다 절하오리라// 보현보살 행원의 위신력으로/ 널리 모든 여래 앞에 몸을 나투고/ 한 몸 다시 티끌 수의 몸을 나투어/ 티끌 수의 부처님께 두루 절하리// …(중략)… 누구든지 이와같은 보현행원을/ 받아 지녀 외우고 연설한다면/ 그 과보는 부처님만 알 수 있나니/ 반드시 큰 깨침을 얻게 되리라// 어떤 사람 보현행원 외우는 선근/ 일부라도 내가 만일 말하게 되면/ 한 생각에 온갖 공덕 원만히 하여/ 중생의 깨끗한 원 모두 이루리// 제가 닦은 보현보살 광대행원의/ 가없는 좋은 복을 회향하오니/ 원컨대 고해 빠진 모든 중생들/ 어서 빨리 극락세계 얻어지이다."[46]

이러한 보현보살의 행원을 문성은 매일 수지 독송하며 발원하고 서원하였다. 이것은 비록 은사 서응에게서 영향받은 것이기는 하였다. 하지만 그에게도 화엄은 보현행원의 실천행으로 다가왔으며 그것은 다시 선법의 가풍으로 접목되었다. 그가 보여준 토설吐說 가풍과 은둔隱遁 가풍은 이러한 보현행자의 살림과 긴밀하게 연결되어 있었다. 그 결과 그는 화엄과 선법의 통로를 모색한 선학들의 통설 위에서 실천적 화엄행자 즉 보현행자의 살림살이를 보여주었다.

---

[46] 『華嚴經』「普賢行願品」重頌分; 法性 演義, 『화엄경 보현행원품』(큰수레, 1992), pp.213~223 참조.

III. 문성의 선법 이해

1. 토설吐舌의 가풍: 새로운 한 맛

문성은 만년에 이르는 약 30년 동안을 은둔실에 머물며 은둔을 하였다. 그는 어떠한 법문을 남기거나 문집을 남기지 않았다. 이 때문에 문성의 가풍이 어떠했는지를 알기는 쉽지 않다. 다만 그가 남긴 유일한 설법으로 알려진 '토설' 법문은 그의 가풍이 어떠했는지를 조금이나마 보여주고 있다. 일찍이 통일신라시대에 충남 보령의 성주산문에 주석하였던 낭혜 무염朗慧無染, 800~888이 '유설토와 무설토' 법문을 역설한 적이 있었다.

여기에서 '설'은 언어를 나타낸다. 유설토 즉 언어가 있는 세계와 무설토 즉 언어가 없는 세계를 일컫는다. 언어의 세계가 끊어진 선의 도리를 전하기는 쉽지 않다. 하지만 언어가 끊어진 세계를 '초 언어'가 아닌 '날 언어'로 그려내는 것이 또한 선의 세계이다. 이 역설이 자리하는 지점에 활발발한 선기가 살아나는 것이다.[47] 즉 '언어를 떠난 사람이 오히려 진실을 이해할 수 있다'無舌人解語[48]는 것처럼 진실은 상식적인 개념이나 사고를 초월한 무심의 작용에 의해 발현되기 때문이다. 무염은 당나라 유학 이후 유설토有舌土 무설토無舌吐론으로 자신의 독자적 담론을 입론하였다.

질문: "유설과 무설의 뜻이 무엇인가?"
앙산이 말하였다: "유설토有舌土는 불토佛土이니 근기에 따라 전하는 문應機門

---

[47] 文星은 일체의 문집이나 법문을 남기지 않았다. 이것도 그만의 독특한 가풍이라고 할 수 있을 것이다. 아래의 吐說 법문은 그가 한 법문으로 유일하게 전해지는 것이다.
[48] 宏智 正覺, 『從容錄』권6. 굉지 정각의 頌古에 萬松 行秀가 評唱을 덧붙인 명나라 만력 35년(1605)년의 중간본 6권이 유통되고 있다.

이요, 무설토無舌土는 선禪이니 곧바로 전하는 문正傳門이다."
질문: "응기문이란 무엇인가?"
대답: "선지식이 눈썹을 치켜세우고揚眉 눈동자를 움직이는 것動目으로 법을 보이는 것은 모두 응기문이요, 따라서 유설이니 항시 어언語言이겠는가? 선근인이 그것이니 이 속에는 사師도 없고 제弟도 없다."
질문: "만일 그렇다면 왜 사자상승師資相承한다 하는가?"
장경懷暉은 일렀다: "허공이 무상으로 몸꼴相을 삼고 무위로 몸짓用을 삼듯이 선을 전하는 자 또한 전함 없이 전함을 삼기無傳爲傳에 전하나 전함이 없다."
질문: "무설토 중에 교화하는 이와 교화받는 이가 없다는 것과 교문敎門의 여래의 깨침의 마음證心 중에 교화하는 이와 교화받는 이를 볼 수 없다는 것과 어떻게 다른가? 교문이 지극한 여래의 깨침의 마음을 해인삼매海印三昧라 부르고, 삼종세간법三種世間法이 인현印現하여 영원히 이해함이 없다 하니, 이것은 곧 삼종세간의 자취가 있는 것이다. 그러나 조대祖代의 법은 등한한 도인의 마음속에 영원히 정예淨穢 두 가지 풀이 나지 않기에 삼종세간의 풀을 황폐케 하지 않고, 출입의 자취 또한 없나니, 이 때문에 다르다고 하는 것이다. 정淨이란 진여와 해탈 등의 법이요, 예穢란 생사와 번뇌 등의 법이다. 때문에 옛사람이 이르기를 행자의 심원은 깊은 물과 같아서 깨끗하고 더러운 풀이 영원히 나지 않는다고 했다.

그리고 불토佛土란 먼저 정혜定慧의 옷을 입고 불구덩이 속에 들어가 이제는 정혜의 옷을 벗어던지고 현지玄地에 서는 것이므로 종적蹤迹이 있다. 조토祖土란 본래 벗어남脫과 벗어나지 않음不脫이 없어서 실 한 오라기 입지 않은 것이기에 불토와 크게 다른 것이다.[49]

---

49 天頙, 위의 글, 위의 책, pp.473하~474상.

무염은 장경 회휘章敬懷暉, 754~815와 앙산仰山慧寂, 803~887(앙산은 借名, 假託?) 등과의 법거량을 통해 유설토와 무설토의 차이를 분명히 터득할 수 있었다. 유설토는 교의 문이고, 무설토는 선의 문이며, 유설토는 근기에 따라 전하는 문應機門이고, 무설토는 곧바로 전하는 문正傳門이다. 유설토론과 무설토론은 당시의 교와 선의 대립을 해소하기 위한 무염의 독자적인 담론으로 추정된다.[50] 임제의 토설 법문을 원용한 문성의 법문 역시 같은 맥락에서 이해할 수 있다. 문성은 황벽 희운黃檗希運의 토설吐說 가풍을 계승한 임제의 살림살이를 원용하여 자신의 가풍으로 재활용하였다.

"큰스님, 후학들에게 교훈이 될만한 법문 한 마디만 해 주십시오."
"나에게 법문을 해 달란 말이요.
나는 법문 할 줄 모르오.
눈으로 보고 귀로 듣는 밖에 무슨 법문이 따로 있단 말이요.
삼라만상 형형색색 그대로 아니오.
해가 뜨고 달이지는 그대로 아니오.
그것 밖에 난 아무 것도 모르오."
"큰 스님 한 구절만이라도 부탁드립니다."
"그것참 꼭 해야 된다면 임제선사의 토설吐舌이나 들려주리다."

임제선사가 어느 날 보화선사와 함께 시주집 재일齋日에 공양 청請을 받고 갔다.
임제선사가 물었다.

---

50 高榮燮, 「신라 중대의 선법 전래와 하대의 나말 려초의 구산선문 형성」, 『신라문화』 제44집, 동국대학교 신라문화연구소, 2014.8.

"한 털구멍에 큰 바다를 삼키고 겨자씨 속에 수미산을 넣는다고 하는데 이것이 신통묘용입니까? 본래 자체가 그런 것입니까?"

바로 보화선사가 밥상을 밟아 넘어뜨렸다.

그때 임제선사가 말하였다.

"너무 거칠지 않습니까?"

보화선사가 말하였다.

"이 속에 무엇을 일러 거칠다 세밀하다 합니까?"

임제선사가 다음날 또다시 보화선사와 함께 시주집 재일에 공양 청을 받고 갔다.

임제선사가 보화선사에게 물었다.

"오늘의 공양이 어제의 공양과 비슷합니까?"

보화선사가 어제와 같이 밥상을 밟아 넘어뜨렸다.

그때 임제선사가 말하였다.

"그 행위가 옳다면 옳은 것이지만 그래도 너무 거칠지 않습니까?"

보화선사가 말하였다.

"이 멍청한 사람아, 불법에 무슨 거칠고 세밀함이 있겠는가?"

그러자 임제선사가 바로 혀를 내밀었다吐舌.

"모든 수행자는 임제선사를 옹호하지도 말고 보화선사를 옹호하지도 마시오.

임제의 질문은 평지의 파도요, 보화의 대답은 푸른 하늘에 벽력입니다.

두 선사에게 속으면 지옥을 면키 어렵소.

다만 자기의 각하脚下를 살펴 누겁의 시은施恩을 갚고 보현행자의 길을 가는 일만 있을 뿐입니다.

임제 토설吐舌!

그래도 새로운 한 맛이 있기는 하오.
何以故   아이고
不識   모르겠다."⁵¹

    문성이 원용한 토설 법문의 주인공인 임제臨濟, ?~867에게 관棺을 빠져 나간 전신全身의 해탈解脫을 보여준 '보화'普化⁵²는 그를 이끌어준 선지식이자 지음이었다. 이 때문에 만일 『임제록』에 보화가 등장하지 않았다면 『임제록』의 매력은 반으로 줄어들었을 것이다. 임제는 인간의 개념적 인식과 전통의 철학적 권위를 두들겨 부수는 고함소리와 몽둥이질 속에서 일생을 보낸 사람이었지만 보화에게는 그런 그림자조차 보이지 않는다. 보화는 임제가 등장시킨 자유인自由人의 전형이며, 보화 쪽에서 보면 임제는 '겨우 한 쪽 눈을 갖춘 마굿간지기 소년'일 뿐이다.⁵³

    『조당집』에서는 보화의 일상을 이렇게 그리고 있다. "보화는 매일 해가 지면 묘지에서 자고 아침이 되면 거리에 나갔다. 방울을 흔들며 그는 외쳤다. '밝은 것明頭이 와도 치고 어두운 것暗頭이 와도 친다.' 임제는 시자를 보내어 묻게 했다. 상좌가 와서 물었다. '밝지도 않고 어둡지도 않은 것은 어떻게 하느냐?' '내일은 대비원에서 공양이 있다.' 상좌의 이야기를 듣고난 임제는 기뻤다. '어떻게 하든지 그를 만나고 싶다.' 얼마 뒤 보화가 임제원에 왔다. 보화가 반찬만 다 먹어 버리자 임제는 말했다. '그대가 먹는 것은 마치 당나귀 같다.' 보화는 물러나더니 두 손을 땅에 짚고 당나귀처럼 '에헤헹' 울었다. 임제는 아무 말도 하지 않았다. 보화

---

51 『운문』 제50호, 운문사, 1996년 7월 1일. 문성이 남긴 유일한 법문으로 알려져 있다.
52 야나기다 세이잔, 『임제록』, 일지 옮김(고려원, 1988; 1990), pp.272~274.
53 야나기다 세이잔, 위의 책, p.273 참고. 보화가 "내일 大悲院에서 재공양이 있느니라"고 하자 시자가 돌아와 임제에게 이같이 알렸다. 임제가 "나는 벌써부터 이 자를 의심했었다"고 하였다. 임제의 마지막 구절에 대해 야나기다 세이잔은 "내가 평소부터 이 자를 보통이 아니라고 생각했다"고 풀고 있다. 같은 책, p.246.

가 말했다. '마굿간지기 소년이여, 너는 외눈밖에 없구나'"[54]

'법문을 할 줄 모른다'는 문성은 눈으로 보고 듣는 삼라만상과 형형색색과 해와 달이 뜨고 지는 바로 그것이 법문이며 나는 그것 밖에 모른다고 역설하였다. 그러면서도 그는 평지의 파도를 일으킨 임제의 질문을 옹호하지도 말고 푸른 하늘에 벽력을 일으킨 보화의 대답을 옹호하지도 말라고 역설한다. 그리고 만일 두 선사에게 속으면 지옥을 면하기 어렵다고 강조한다.

그러면서 문성이 보여준 해답은 '자기의 다리 아래를 살펴' '누겁의 시주 은혜를 갚고' '보현행자의 길을 가는 것'만 남았을 뿐이라고 하였다. 그가 토설한 새로운 맛은 아마도 이 세 마디였을 것이다. 그것은 임제가 토해낸 말의 맛이 아닌 자신이 토해낸 말의 새로운 한 맛이었다. 그리하여 보현행자의 길을 가는 것은 그의 평생의 가풍이 되었다.

2. 은둔隱遁의 가풍

대개 은둔이란 달아나 숨는다는 말이지만 소극적인 회피만을 뜻하는 말은 아니다. 은둔은 오히려 나아가기 위한 잠시 동안의 물러남이라고 할 수 있다. 물러남과 나아감은 같지는 않지만 그렇다고 다르지도 않다. 이를테면 출가란 바른 믿음으로 몸을 맡길 집이 있는 곳信家, 正信에서 집이 없는 곳非家을 향해 집을 나아감出家이다. 하지만 집이 없는 곳으로 나아감은 집을 영영 떠나는 끝이 아니라 제대로 돌아오기 위해 잠시 떠나는 것이다. 은둔 역시 마찬가지이다. 나아가기 위해 잠시 달아나 숨는다는 뜻이다. 문성은 만년을 은둔실에 머물며 수행 정진을 했다. 하지만 그는 결코 진리로 나아가는 길에서 물러나지 않았다.

---

54 야나기다 세이난, 앞의 책, pp.246~247 참조.

어느 날 선방에 다닌다는 한 수좌가 문성을 찾아왔다. 몸은 비쩍 말랐고 얼굴빛이 파리했다. 수좌가 선사에게 인사를 드린 뒤 질문이 오갔다.

"젊은 수좌는 어찌 왔소?"

"큰 스님께 여쭈어 볼 말씀이 있어 왔습니다."

"그래 말해 보시오."

"제가 선방을 다니면서 참선을 하다가 '참선병'參禪病에 걸리고 말았습니다."

"그래요?"

"정진도 잘 되지 않고, 화두를 드는 것도 쉽지 않습니다."

"공부를 하다보면 이런 저런 일이 있을 수 있는 것이지요."

"어찌하면 좋겠습니까?"

"다른 곳을 찾지 말고 바로 그곳에서 해답을 찾으시오."

"…"

"정진을 하다 얻은 병이니, 정진을 하여 고치도록 하시오."[55]

문성은 수좌에게 정진을 하다 얻은 병이니 병이 난 '바로 그곳'에서 해답을 찾으라고 역설하였다. 문성의 말을 듣는 순간에 수좌는 아마도 병을 내려놓았을 것이다. 문성은 수좌에게 병이란 실체가 아님에도 불구하고 자기도 모르게 실체화 하여 병속에 빠져들게 됨을 깊이 경책해 주고 있다.

문성은 은둔 속에서도 찾아오는 이들에게 '중생제불衆生諸佛 일리제등一理諸平' 즉 "깨닫지 못한 중생과 깨달은 제불은 하나의 이치에서 보면 모두 평등하다"는 가르침을 강조하였다.

---

55 이성수, 앞의 글, 앞의 신문.

"출가자나 재가자나 모두 부처님의 제자로서 항상 일념一念으로 간직해야 할 것은 부처를 이루겠다는 원願입니다. 부처님의 가르침은 '중생제불 일리평등'이라는 말 속에 모두 담겨져 있습니다. 사바세계의 깨닫지 못한 중생과 깨달음을 얻은 모든 부처님은 한 이치에서 보면 모두 평등하다는 뜻입니다. 중생이라고 해서 낮고 부처님이라고 해서 높다고 하거나, 깨달았다고 높고 깨닫지 못했으니 낮고 하는 것은 없습니다. 중생과 부처 모든 것은 한 자리에서 평등하다는 것을 일념一念으로 참구해 들어가는 것이 바로 불법을 배워가는 것이고 자신을 밝혀가는 것입니다. 그밖에 이것저것 물어봤자 부처되기 전에는 중생의 탈을 쓰고 있으니 소용없는 말입니다. 중생의 탈을 벗어날 사상을 남에게 전하지도 못하고 마는 것입니다. 그러니 중생과 부처가 한 이치에서 평등하다는 것을 항상 놓치지 말고 참구해 나가야 합니다."[56]

문성은 '불자가 항상 일념으로 간직해야 할 것'은 '부처를 이루겠다는 원'이라고 강조하였다. 그는 붓다의 가르침은 중생과 부처가 한 자리에서 평등하다는 말이며, 이것을 일념으로 참구해 들어가는 것이며, 바로 불법을 배워가는 것이고, 자신을 밝혀가는 것이다고 하였다. 따라서 문성은 중생과 부처 모두가 한 자리에서 평등하다는 것! 바로 이것을 항상 놓치지 말고 참구하라고 역설하였다. 그는 하루 한 끼와 한 잔의 차로 30여년의 운둔생활을 마감하면서 다음과 같은「임종게」를 남겼다. 여기에는 사람들에 대한 문성의 대자비심이 잘 드러나 있다.

釋迦降生昨夜夢 석가가 이 땅에 오신 것은 어젯밤 꿈이요
達磨渡江夢見空 달마가 저 강을 건넌 것은 꿈속의 헛것을 봄이다

---

[56] 천미희 정리, 앞의 글, 앞의 신문.

若人問我眞消息　만일 어떤 이가 나에게 참소식을 묻는다면
金龍銀蛇殺人中　금룡과 은뱀이 사람을 죽이는 중이라 하리라.[57]

「임종게」에서 보이는 것처럼 '어젯밤 꿈'과 '꿈속의 헛것'은 둘이 아니다. 금룡과 은뱀이 사람을 죽이는 소식은 부처와 보살이 중생을 죽여 부처와 보살이 되게 하는 것이다. 어젯밤 꿈과 꿈속의 헛것에 휘둘리는 중생이 죽어야만 비로소 부처와 보살이 된다. 문성은 이러한 참소식을 우리에게 전하고 있다. 이것은 '병이 난 바로 그곳'에서 해답을 찾으라는 말과도 상통한다. 어젯밤 꿈과 꿈속의 헛것에 휘둘리는 중생들은 바로 그곳에서 부처와 보살로 탈바꿈해야 된다는 것이다. 꿈과 헛것에서 벗어나는 순간 우리는 용과 뱀에 물려 죽으며 새로운 부처와 보살로 태어나는 것이다.

문성이 독립운동과 정화불사를 마친 이후 만년에 자신의 방 앞에 '은둔실'隱遁室이란 편액을 걸고 은둔의 가풍을 보여주었던 것도 이러한 대비심에서였다. 수행 정진은 자신의 내면에 존재하는 부처의 성태聖胎를 길러내는 것이다. 대개 '은둔'이라는 함의가 '숨어 달아난다' 혹은 '달아나 숨는다'는 뜻이지만, 수행자에게 있어 성태를 길러내는 '은둔'이란 현실과의 철저한 대결로 읽을 수도 있다. 사람을 만나지 않는다고 해서 은둔이 아니다. 역사에 참여하지 않는다고 해서 은둔이 아니다.

문성이 만년에 들었던 은둔의 가풍은 달아나 숨는 것을 의미하지는 않았다. 오히려 철저한 고독을 통해 자신의 내면을 성찰하면서 현실에 또렷이 다가가는 것이었다. 은둔은 고독한 자기와의 대면이자 투철한 성찰과정이기 때문이다. 문성은 은둔실에서 은둔하면서 성태를 길러내는

---

57 「汶星대종사行狀」,『불교신문』1997년 7월 22일자. 문성은 평생을 병원에 가본 적이 없을 정도로 건장하였다고 한다. 그가 임종 10일 전에 또렷또렷한 정신으로 읊어준 것을 수진 상좌가 받아 적었다고 한다.

수행에 전념했으며 순간순간 자신과의 대면에 전념하였다. 그리하여 그는 중생과 부처 모두가 한 자리에서 평등하다는 것을 정확히 알아 병의 원인을 뿌리 뽑는 '바로 그곳'에 곧바로 들어갈 수 있었다.

IV. 계율 수지 철저와 선법 이해의 투철

동고 문성東皐汶星, 1897~1997은 101세까지 살았던 대종사이자 대선사였다. 그는 대한시대의 대일항쟁기에는 일본 지배를 극복하기 위해 독립운동을 하였고, 대한민국기에는 불교 교단을 재건하기 위한 불교 정화에 헌신하였다. 문성은 계율의 수지에 철저하였고 선법의 이해에 투철하였다. 만년에 이르러 문성은 하루 한 끼만 먹는 일종식一種食의 '밥 살림'과 식후 차 한 잔一杯茶을 마시는 '차 살림'의 가풍을 보여주었다. 하지만 입적한 지 20년이 되었음에도 불구하고 아직도 그에 대해 온전한 연구가 이루어지지 못하고 있다.

문성은 평생을 보현보살의 행원을 사경하고 독송하며 발원하고 서원하였다. 이것은 은사 서응에게서 영향받은 것이었지만 그에게도 화엄은 보현행원의 실천행으로 다가왔으며 다시 선법의 가풍으로 접목되었다. 문성이 보여준 '토설 가풍'과 '은둔 가풍'은 이러한 보현행자의 살림과 긴밀하게 연결되어 있었다. 주로 선사로 알려져 있는 문성이었지만 그 역시 지계持戒에 기반한 한국불교의 두 축인 화엄과 선법의 일치 즉 '교선일치'敎禪一致 혹은 '선교일원'禪敎一元의 전통을 계승하고자 하였다. 그 결과 그는 화엄과 선법의 통로를 모색한 선학들의 통설 위에서 실천적 화엄행자 즉 보현행자의 살림살이를 보여주었다.

문성은 평지의 파도를 일으킨 임제의 질문을 옹호하지도 말고 푸른 하늘에 벽력을 일으킨 보화의 대답을 옹호하지도 말라며 '자기의 다리 아래를 살펴' '누겁의 시주 은혜를 갚고' '보현행자의 길을 가는 것'만 남았을 뿐이라고 하였다. 그가 토설한 '새로운 한 맛'은 아마도 이 세 마디였을 것이다. 이것은 임제가 토해낸 말의 맛이 아닌 자신이 토해낸 말의 새로운 한 맛이었다. 그리하여 '보현행자의 길을 가는 것'은 그의 평생의 가풍이 되었다.

문성이 만년에 들었던 은둔의 가풍은 달아나 숨는 것을 의미하지만은 않았다. 오히려 그에게는 철저한 고독을 통해 자신의 내면을 성찰하면서 현실에 또렷이 다가가는 것이었다. 수행자에게 있어 은둔은 고독한 자기와의 대면이자 투철한 성찰과정이기 때문이다. 문성은 은둔실에서 은둔하면서 성태를 길러내는 수행에 전념했으며 순간순간 자신과의 대면에 전념하였다. 그리하여 그는 중생과 부처 모두가 한 자리에서 평등하다는 것을 정확히 알아 병의 원인을 뿌리 뽑는 '바로 그곳'에 곧바로 들어갈 수 있었다.

■ 참고문헌

1. 원전
『大方廣佛華嚴經』(『대정장』 제10책), pp.1~444.
야나기다 세이잔, 『임제록』, 일지 옮김(서울: 고려원, 1988; 1990), pp.1~338.

2. 저서
강석주·박경훈, 『불교근세백년』(서울: 중앙일보사, 1978; 민족사, 2000), pp.1~270.
김영태, 『한국불교사』(서울: 경서원, 1997; 2005), pp.1~521.
김광식, 『한국근대불교사연구』(서울: 민족사, 1996), pp.1~534.
김광식, 『근현대불교의 재조명』(서울: 민족사, 2000), pp.1~618.
김광식, 『한국현대불교사연구』(서울: 불교시대사, 2006), pp.1~504.
김순석, 『일제시대 조선총독부의 불교정책과 불교계의 대응』(서울: 경인문화사, 2003), pp.1~278.
김순석, 『한국근현대 불교사의 재발견』(서울: 경인문화사, 2014), pp.1~446.
김경집, 『한국근대불교사』(서울: 경서원, 2005), pp.1~383.
고영섭, 『한국불교사연구』(고양: 한국학술정보, 2012), pp.1~490.
고영섭, 『한국불교사탐구』(서울: 박문사, 2015), pp.1~831.

3. 논문
高榮燮, 「신라 중대의 선법 전래와 하대의 나말 려초의 구산선문 형성」, 『신라문화』 제44집, (경주: 동국대학교 신라문화연구소, 2014.8), pp.287~216.
高榮燮, 「동고당 문성의 교학 인식과 선법 이해」, pp.41~62;
수 진, 「문성대종사의 삶과 사상 그리고 대회를 여는 이유」, pp.1~7;
석길암, 「근대와 전통의 갈림길을 넘어선 원력의 방향-문성스님의 독립운동과

정화운동을 중심으로」, pp.9~20;

황정일, 「동고당 문성스님의 계율정신」, pp.25~37;

김영덕, 「동고당 문성의 밥살림과 차살림」, 『제1회 문성대종사를 그리는 학술대회: 동고당 문성 스님의 생애와 사상』(부산:동명대학교 세계선센터·불교문화콘텐츠학과, 2016년 7월 2일), pp.65~80.

4. 기사

동고 문성, 「嘆朝鮮佛敎」.

동고 문성, 「僧侶團體力」.

『운문』 제50호, 운문사, 1996년 7월 1일.

「汶星대종사행장」, 『불교신문』 1997년 7월 22일자.

BTN 특집: 「난 아무것도 모르오: 천진도인 문성대종사」, 2009년 7월 20일 방영.

이성수, 「근현대 선지식의 天眞面目: 瑞應 東濠」, 『불교신문』 제2429호, 2008년 5월 28일.

이성수, 「근현대 선지식의 天眞面目: 東皐 汶星」, 『불교신문』 제2475호, 2008년 11월 12일.

제4장

청담 순호의 마음 이해와 정화 인식
-『청담대종사전서』(전11권)를 중심으로-

Ⅰ. 마음과 정화
Ⅱ.『청담대종사전서』의 구성과 내용
Ⅲ. 마음 이해와 空 사상 신행
Ⅳ. 정화 인식과 호국 참회
Ⅴ. 교단 정화와 중생 교화의 길
Ⅵ. 공 사상의 신행과 호국 참회 사상

I. 마음과 정화

일찍이 붓다는 "마음이 모든 존재의 근본이며, 마음에 따라 행이 이루어진다"[1]고 하였다. 또 "마음은 본래 청정하지만 일시적 번뇌로 더럽혀졌다"[2]고 하였다. 이처럼 우리는 중생의 본성은 부처나 여래의 본성과 같이 평등하지만 현실 속에 사는 인간의 본성은 갖가지 번뇌로 뒤덮여 있기에 "번뇌로 물들어 있는 마음을 해맑고 깨끗하게 정화해야 한다"는 수행 목표를 가지게 된다. 한국불교 교단 정화의 상징으로 널리 알려진 청담 순호[3]靑潭淳浩, 1902~1971는 근현대 불교사의 지킴이이자 주인공이었다. 금년 2021년은 그가 1971년에 입적한 이후 50주기가 되는 해이다.[4]

---

1 『法句經』제1장, 제1구. "心爲法本". 한역본은 "마음이 모든 존재의 근본이다" 즉 "마음에 따라 행이 이루어진다"고 옮겼다. Juan Mascaro, *The Dhammapada*, England Books Ltd, 1973. 후앙 마스카로는 이 구절을 "삶은 이 마음이 만들어 내는 것이니"로 번역하고 있다. 석지현 역, 『법구경: 불멸의 언어』(민족사, 1994; 1997), p.12 참고.
2 Aṅguttara Nikāya I-6, F. L. Woodward 번역, *The Book of the gradual Sayings*(London: Pali Text Society, 1979), p.5. "비구들이여, 이 마음은 밝게 빛나고 있다. 단지 일시적인 번뇌에 더럽혀져 있다."; 『增支部經典』I-10, 11-13). "自性淸淨心, 客塵煩惱染"
3 본명이 '李讚浩'였던 그는 아버지 李化植과 어머니 濟州 高氏 사이에서 5형제 중 장남으로 태어났다. 그는 젊은 시절 금강사 유점사 비로선원에서 滿空 月面선사로부터 견성을 인가받고 '兀然'이란 佛名(道號)을 전해 받았다. 이후 그는 '淳浩'라는 법명을 쓰기 시작했다. 그는 진주농업학교를 휴학한 뒤 다시 자퇴하고 친구인 화가 朴生光의 주선으로 일본으로 가서 교토의 화가 따찌가와 간사이(立川捿雲)의 집에서 4개월간 머물었다. 이때 찬호는 "수도의 길을 가기 위해 불문에 입문하는 데 국경이 따로 있을 리 없지 않는가. 일본도 부처님법을 받들고 우리나라도 부처님법을 받드는 곳이 불교가 있는 곳 아닌가. 하여간 길을 좀 모색해 주게"라고 하였다. 결국 박생광의 주선하고 23세 때에 다찌가와의 소개로 효-고깽(兵庫縣)의 上郡에 있는 쇼운지(松雲寺)로 출가하여 아끼모도 준까(秋元淳稚) 선사 밑에서 2년 3개월간 행자생활을 하다가 일본에서 귀국하였다. 찬호의 아버지는 그가 출가한 지 얼마 안 되어 병환으로 유명을 달리하였다.(제1장 나의 편력, 일본 가서 중되다⑧, p.33) 법호인 '靑潭'은 1954년 도총섭 및 총무원장을 맡아 정화를 주도하면서부터 쓰기 시작했다.
4 청담에 대한 선행 연구는 그의 모교였던 진주산업대학교(현 국립경상대와 통합) 청담사상연구소에서 그의 탄생 100주년을 기념하여 여러 차례 학술회의를 개최하면서

대한시대 불교사에서 청담이 남긴 족적은 넓고 커서 50주기를 계기로 본격적인 연구가 예상되고 있다. 당대의 '국사' 혹은 '정화대장'이라는 별명을 얻은 그는 학자들에게서 '원력보살' 과 '인욕보살'[5] 혹은 '불교중흥의 기수'[6] 또는 '한국불교정화 중흥의 등불'[7]로 평가받으면서 한국불교사에서 확고한 지위와 위상을 남겨 놓았다.

이찬호(순성[8])는 9세 때에 진주 남강변 촉석루 바로 위에 있는 봉련재鳳輦齋 또는 봉부거재鳳扶車齋라는 한문사숙에서 한학을 수학하였다. 한학을 배우던 그는 늦은 17세에 진주제일보통학교(현 중앙초등학교)에 입학하였다. 찬호는 18세에 진주지역 3.1독립만세운동에 참가하다가 체포되어 일주일간 감금되었고 고문까지 당하였다.[9] 그는 20세에 진주제일보

축적되어 왔다. 아울러 대한불교조계종 교육원 불학연구소 불교사연구위원회에서 '정화사상 불교근대화' 등과 관련하여 여러 차례 세미나를 열고 불교사연구총서 5권을 간행하였다. 특히 『불교정화운동의 재조명』(불교사연구총서2)에는 「미군정의 종교정책과 불교계의 분열」(이재헌), 「이승만 정권의 불교정책」(김순석), 「불교정화의 이념과 방법: 청담 순호와 퇴옹 성철의 현실인식과 정화인식」(고영섭), 「'정화운동' 시대의 종조 갈등 문제와 그 역사적 의의」(김상영), 「불교 정화공간과 사회복지」(윤승용), 「불교정화운동과 화동위원회」(김광식), 「근현대 비구니와 불교정화운동」(황인규), 「농지개혁과 사찰농지 변동」(김순미), 「근현대 불교 구술사 성과의 현황과 과제」(이경순) 등 9편의 논문이 실려 있다.

5 오형근, 「청담불교의 핵심, 인욕보살 사상」, 『청담대종사전서 제6책: 가까이서 본 청담 큰스님』(서울: 불교춘추사, 2002), pp.16~23.
6 이종익, 「불교중흥의 기수」, 위의 책, pp.24~33.
7 서경보, 「한국불교정화 중흥의 등불」, 앞의 책, pp.34~37.
8 송월주, 「청담의 구세관과 한국불교의 비구승단재건」, 『전서 10: 정화운동과 한국불교』, p.121. 필자는 청담의 어릴 적 이름을 '순성'으로 적고 있다.
9 박생광, 「얼마 남지 않는 생에 이 한마디를」, 『전서 6』, p.126. "이따위 왜놈들 밑에서 공부를 하느니 입산을 하자. 입산을!'하고 늘 입버릇처럼 하던 찬호의 그 말을 쉽게 털어버릴 수가 없었다." 또 "생광이 자네도 떠나게. 자네는 그림공부를 원하니까, 일본으로 건너가야 하겠지. 암, 그래야지, 나는 진정으로 그러기를 바라고 있네. 다만 어디를 가든 국적 있는 그림, 누가 보아도 옛 정을 느낄 수 있는 그런 그림을 그려 주게" 굳게 잡아쥐고 흔드는 그 손의 압력은 이상하게도 내 코허리를 쩡하게 하였다." 이처럼 찬호는 어릴 때부터 이미 주체의식과 민족의식이 남달랐다.

통학교를 졸업하고 결혼車点伊한 뒤 진주공립농업학교에 입학하여 학우회 회장을 역임하였다. 찬호는 1921년에 진주공립농업학교 시절 금강산 유점사 출신 노승이었던 진주 호국사 박포명朴圃明선사로부터 '마음에 관한 법문'을 듣고 발심하였다. 이듬해에 그는 3일 밤낮을 걸어 해인사에 가서 감무(총무)수좌에게 입사 내력과 출가 동기를 말하였지만 학생 신분과 결혼 이유로 거절을 당하였다. 찬호는 이후 백양사 운문암에 주석하는 백용성白龍城 선사에게 가서 출가를 꾀했지만 그를 만나지 못해 좌절되었다. 그는 26세에 일본에서 돌아와 경남 고성군 개천면 옥천사의 남규영南圭榮 선사를 만나 득도하여 '순호'淳浩라는 법명을 받았다.[10] 이어 찬호는 27세 때에 옥천사 은사의 추천으로 당시 석학으로 널리 알려진 개운사 대원암의 불교전문강원에 입학하여 영호 정호映湖鼎鎬, 석전 박한영, 1870~1948 화상 문하에서 수학하였다. 그는 수학 중에 조선불교학인대회 발기를 위해 전국의 강원을 순방하다가 겨울방학에 진주에서 아내 車点伊와 이혼하였다.

이 해에 순호는 각황사에서 운허雲虛 등과 함께 조선불교학인대회를 개최하고 그해 10월에 조선불교학인연맹을 결성하였다. 그는 28세 때에 제2차 학인대회를 마치고 양주 봉선사에서 영호 율사로부터 구족계를 수지하였다. 이어 그는 29세 때에 개운사 불교전문강원 대교과 화엄현담부를 수료하고 속세를 떠날 뜻이 있어 교를 버리고 북만주 왕청현汪淸縣 나자구羅子溝의 수월水月선사 회상 아래에 가서 서래밀지西來密旨를 물었다. 이후 순호는 덕숭산 수덕사 정혜선원定慧禪院에 입방하여 안거 중에 힘써 공부做工하여 힘을 얻고 만공滿空선사에게 참구하면서 선 수행을

---

10 청담의 제자 허혜정의 글에는 고성 玉泉寺의 圭榮선사에게 득도하고 '淳浩'라는 법명을 받았으며, 개운사 대원암의 불교전문강원에서 영호 정호에게 수학하여 大教科를 마쳤다고 적고 있다. 반면 운허의 사리탑비문과 탄허의 비문에는 고성 옥천사의 映湖 鼎鎬 장로의 법을 이으니 淸虛의 17대 손이요, 白坡의 8대손이라고 적고 있다.

하였다. 30세 때에 순호는 금강산 마하연摩訶衍에서 용맹정진한 뒤 선학원에서 열린 조선불교선종 제1회 수좌대회에 참석하였다. 그는 그해 진주 연화사 신도회 초청으로 법당 낙성법회에 참석하였다.[11] 1934년에 순호는 묘향산 보현사 설영대雪嶺臺에서 3년 안거의 용맹정진 끝에 깨침을 얻었다. 그해에 그는 1934년에 금강산 유점사楡岾寺 비로선원毘盧禪院에서 만공滿空선사로부터 견성을 인가받고 시로 게송[12]을 지어 답하여 '올연兀然'이란 불명을 전해 받았다. 이어 그는 설악산 봉정암에서 효봉曉峰, 동산東山 선사와 3년의 하안거에 참여하였고 고성 문수사에서 10년간 용맹정진을 하며 보림한 뒤 3년간 봉암사에서 안거하였다. 그 해에 순호는 선학원에서 선禪부흥대회를 조직하고 종단기구를 구성하는데 주도적인 역할을 하였다. 37세 때에 그는 모친을 설득하여 직지사 서전암西殿庵에서 삭발출가剃仁尼師를 시켰다. 40세 가을에 순호는 예산 수덕사에서 성철性徹선사를 처음 만나 도반이 되었다. 42세 때에 그는 금강회 독립운동 혐의로 속리산 법주사 복천암에서 연행되어 상주경찰서에 투옥된 뒤 심한 고문 끝에 이질에 걸려 피병사避病舍에 감금된 뒤 상주포교당에서 요양하였다. 순호는 43세 때 문경 사불산 대승사 쌍련선원에서 성철, 자운慈雲 등과 안거한 뒤 44세 때에 해방이 되자 불교종단의 진로

---

11 법회를 마치고 속가 집에 들른 청담은 '집안의 대를 이어달라'는 노모의 간청에 의해 파계해 차녀인 인순(妙嚴尼師)을 얻게 되었고 이후 그는 제방선원을 편력하며 참회의 만행을 하였다.
『전서 3: 잃어버린 나를 찾아』, p.100; 목정배, 「청담의 호국 참회정신」, 『전서 10』, p.165. "그 후 아내가 또 딸을 낳았다는 소식을 들었지. 대를 이을 아들이 아니어서 마음 한구석 섭섭했지만, 이것이 다 부처님의 오묘한 가르침이라고 생각했어 …. 부끄러운 파계였지만 지금은 조금도 후회하지 않고 있네. 그 파계의 순간이 오히려 어렵고도 괴로웠던 정진에 큰 도움이 되었으니까 …"
12 청담 순호, 「悟道頌」. "옛부터 모든 불조는 어리석기 그지 없으니/ 어찌 衒學의 이치를 제대로 깨우쳤겠는가/ 만일 나에게 능한 것이 무엇이냐고 묻는다면/ 길가에 옛 탑이 서쪽으로 기울어졌다고 하리."

와 구성에 대한 영산도靈山圖를 구상하였다. 이것은 이후 불교교단 정화운동의 이념적 지남이 되었다. 45세 때에 그는 봉암사 주지의 요청으로 쌍련선원의 도반들과 함께 봉암사로 거처를 옮기고 47세 때에 봉암사에 합류하여 '백장청규'를 본받아 '공주규약'을 제정하여 용맹정진하면서 봉암사결사가 본격화되었다.

순호는 1954년에 선학원에서 불교교단정화추진위원회가 구성되자 효봉선사의 요청으로 합류하였다. 그해에 그는 선학원에서 열린 제1차 전국비구승대표자대회에서 정화추진위원(15명)으로 선출되어 영산도 구상에 대해 대중들에게 설명하였다. 이어 그해 9월 30일에 제1회 임시종회를 열어 종단집행부의 임원을 선임할 때 도총섭都摠攝 및 초대 총무원장 1954에 임명되어 정화운동의 선봉장이 되었다.[13] 청담은 같은 해 10월 11일에 금오金烏, 적음寂音, 월하月下, 최원허崔圓虛 선사와 함께 경무대에서 이승만 대통령과 면담하면서 정화에 본격적으로 착수하였다. 1956년에는 조계종 종회의장 재임 및 총무원장 재임에 이어 네팔에서 열린 제4차 세계불교도협의회에 한국대표로 참가하고, 이후 태국의 제5차 대회와 캄보디아의 제6차 회의에도 참석하였다. 이후 그는 재단법인 동국학원 이사장1964, 선학원 이사장, 중앙종회의장 재임1966, 통합종단의 제2대 종정1966, 전국신도회 총재, 조계종 총무원장1966, 장로원장1967, 조계종총무원장1970, 세계불교연합장로원장1970에 취임하여 정화운동의 이후의 제반사를 총괄하면서 정화운동의 산 증인이 되었다. 이 글에서는 『청담대종사전서』[14]를 중심으로 그의 불교사상, 포교사상, 정화사상, 불

---

13 이때 '靑潭'이라는 법호를 처음으로 사용하였다. 이승만 대통령은 불교정화를 위한 諭示를 7차에 걸쳐 내렸으며 이후에는 문교부장관 이름으로 이어졌다.
14 이 전서는 청담의 입적 30주년(2002)을 전후하여 청담문도회가 『마음』, 『신심명·선입문』, 『잃어버린 나를 찾아』, 『잠언록』, 『마음의 노래』, 『가까이서 본 청담 큰스님』, 『금강경대강좌 上』, 『금강경대강좌 下』, 『반야심경강설』, 『정화운동과 한국불교』, 『청담대종사의 생애와 사상』의 전11권으로 엮은 것이다.

교현대화 등이 가능했던 원천이자 시원으로서 '청담사상'을 도출해 보려고 한다.『전서』에 의하면 청담사상은 그가 평생동안 집중해온 '마음 이해'와 '정화 인식'의 두 축으로 구성되며 이들 사이의 상호관계를 통해 청담사상을 살펴보고자 한다.

II.『청담대종사전서』의 구성과 내용

『전서』는 크게 '마음 이해'와 '정화 인식'으로 양분된다. 전자는 다시 '공 사상의 신행'으로, 후자는 다시 '호국 참회 사상'으로 확장된다. 마음 이해는 공 사상 신행으로 확장되면서 그의 수행과정에 깊이 투영되어 있다. 그리하여 청담은 수행과 교화를 겸비하면서 이판과 사판에 자재할 수 있었다. 정화 인식은 호국사상과 참회사상으로 확장되면서 그가 교화 과정에서 부딪친 현실인식을 통해 교단 정화와 중생 교화의 길로 이어질 수 있었다. 그것은 식민지 불교의 잔재 척결과 전통불교의 복원 시도와 맞물려 진행되었다.

탄허의 평가처럼 청담은 일생을 "사事에 즉하고 이理에 즉한 걸림 없는 도의 힘"[15]을 발휘하였다. 70년 생평에 걸쳐 이판의 사고방식과 사판의 살림살이를 겸행하였던 그였기에 경전과 선어록을 강론하고 잡지와 언론에 투고한 분량이 적지 않았다. 그는 이판상에서 여러 차례 강론 법회를 통하여 두각을 나타내었고 그 힘으로 사판상에서도 남다른 역할을 하였다.

청담은 어릴 때부터 한학을 공부하고 젊은 시절부터 법문과 집필을

---

15 탄허 택성,「조계종 청담 대종사 비문」,『청담대종사전서 제1책: 마음』(서울: 불교춘추사, 2002), p.331.

병행하여 방대한 분량의 원고를 남길 수 있었다. 그리하여 그가 학술지와 일간지와 주간지 등에 투고한 원고와 법문들과 강론들을 집대성하여 청담문도회와 전서간행위원회가 『청담대종사전서』 11책을 간행할 수 있었다. 간행된 전서의 책수에 따른 제목과 내용 및 특징은 대체적으로 〈표 1〉과 같다.

〈표 1〉 『청담대종사전서』의 내용과 특징

책수	제목	내용	특징	전서명
1	마음	오도송 서송, 서문, 축사, 간행사 제1장 자화상 제2장 마음은 나 제3장 반야의 마음 제4장 금강의 마음 제5장 참인생의 빛 제6장 불교와 인생 제7장 열반의 빛 부록 조계종 청담 대종사 비문[16] 청담 대종사 연보 청담대종사전서 간행위원회	청담의 「오도송」에 이어 고불총림 방장 서옹의 서송, 조계종 원로 석주의 서문, 조계종 총무원장 월주의 축사, 도선사 회주 혜성의 축사에 이어 삼각산 주지 동광의 간행사가 실려 있다.[17]	청담대종사전서

(표 계속)

---

16 吞虛 宅成이 撰하고 固城 玉泉寺에 세워진 「조계종 청담 대종사 비문」이다.
17 이 책의 '일러두기'에는 "『청담대종사전서』(전11권) 중 제1권에서 8권까지는 1970년대 출판된 청담스님의 『현대의 위기와 불교』(1970), 『잃어버린 나』(1971), 『마음의 법문 - 信心銘講義』(1971), 명상시집 『마음의 노래』(1977), 『마음』(1978), 『혼자 걷는 이 길을』(1978), 『禪入門』(1978), 『새마음』(1979), 『금강경강의』(1978), 『반야심경강의』(1988), 『다시 태어나도 이 길을』(1996) 등을 비롯, 각종 매체에 실렸던 스님의 글과 육성법문을 열반 28주기를 맞아 집대성한 것이다. 제9권에서 10권까지는 청담스님의 생애와 사상을 현대적 시각에서 재조명한 글이다"고 밝히고 있다. 또 본 『마음』

책수	제목	내용	특징	전서명
2	신심명 선입문	신심명 제1장 서론 제2장 신신명의 대의 제3장 본문 강의 제4장 맺는 말 선입문 제1장 선사상 제2장 선과 인격 형성 제3장 선으로의 회귀 제4장 선사와 그 배경	도선사 주지 동광의 간행사에 이어 두 책 모두에는 각기 '결집위원 일동'의 이름으로 '이 책을 내면서'라는 서문이 실려 있다.[18]	청담대종사전서
3	잃어버린 나를 찾아	제1장 오늘을 살아가는 길 제2장 불심의 언저리 제3장 선정삼매의 수행 제4장 현대의 위기와 불교 제5장 종교는 사랑의 등불 제6장 정화와 중흥	도선사 주지 동광의 간행사가 있다.[19]	청담대종사전서

(표 계속)

은 『현대의 위기와 불교』(1970), 『잃어버린 나』(1971), 『마음』(1978), 『혼자 걷는 이 길을』(1978), 『새마음』(1979) 등에서 반복된 내용은 삭제하고, 제3권 『잃어버린 나를 찾아』와 함께 두 권으로 정리했다.

18 이 책의 '일러두기'에는 "본 『신심명·선입문』은 1971년, 1978년에 각각 출판된 『마음의 법문-信心銘講義』와 『禪入門』을 합권한 것이다"고 밝히고 있다.

19 이 책의 '일러두기'에는 또 "본 『잃어버린 나를 찾아』는 『현대의 위기와 불교』(1970), 『잃어버린 나를 찾아』(1971), 『마음』(1978), 『혼자 걷는 이 길을』(1978), 『새마음』(1979) 등에서 반복된 내용은 삭제하고, 제1권 『마음』과 함께 두 권으로 정리했다"고 밝히고 있다.

책수	제목	내용	특징	전서명
4	잠언록	제1장 나의 편력 제2장 1928년 조선불교학인대회록 제3장 신문으로 본 청담 선사와 불교정화운동 제4장 한국불교를 살리는 길 제5장 청담 스님의 언론 대담 모음 제6장 잡록 부록 - 운허 찬, 「조계종 청담 대종사 사리탑비」	도선사 주지 동광의 간행사가 있다.[20]	청담대종사전서
5	마음의 노래	제1장 참마음을 깨워 제2장 저 꿈을 보라 제3장 나 아닌 모든 것은 제4장 나를 찾아 내가 산다 제5장 괴로운 바다 건너 부록[21]	도선사 주지 동광의 간행사가 있다.[22]	청담대종사전서

(표 계속)

20 이 책의 '일러두기'에는 "본 『잠언록』은 각종 매체에 실린 청담 스님의 글과 관련 기사를 모은 것이다. 제1장 '나의 편력'은 그 출처를 알 수 없어, ④, ⑤, ⑩, ⑪은 찾지 못한 채 남아 있는 부분만 실었다"고 밝히고 있다. 또 "제2장 '1928년 조선불교학인대회록'은 1928년에 발행된 「조선불교학인대회록」(조선불교학인대회 刊, 대표 이순호)에서 중요한 부분만 발췌했으며 읽기 편하도록 떠어쓰기 이외에는 당시의 문법을 그대로 따랐다"고 밝히고 있다. 또 "제3장 '신문으로 본 청담 선사와 불교정화운동'은 1954년부터 1971년까지의 신문 및 잡지 등에 실린 기사 중 '青潭' 또는 '淳浩'라는 법명이 들어간 기사만을 추려 정리한 것이다. 이중 '불교정화운동 4반세기'는 불교정화운동에 대한 전체적인 이해를 돕기 위해 실었다"고 밝히고 있다.
21 임중빈의 작품평설 「『마음의 노래』의 세계」, 석지현의 弔詩, 이광수의 「님」이 실려있다.
22 이 책의 '일러두기'에는 "본 명상시집 『마음의 노래』는 1977년 청담 스님 열반 7주기

책수	제목	내용	특징	전서명
6	가까이서 본 청담 큰 스님	제1장 사상 제2장 대담 제3장 가까이서 본 청담 큰 스님 1) 청담 70년을 회고하며 2) 불교정화운동의 기수 3) 성불 미루고 모든 중생 건지겠다. 운허가 撰한 「조계 종정 청담대종사 사리탑비」와 탄허 택성이 撰한 「조계종 청담대종사의 비문」[23]	칠보사 조실 석주의 서문, 도선사 주지 혜자의 간행사, 차동광 청담문화재단이사장의 평전 출간 축사가 있다.[24]	청담대종사전서
7	금강경대강좌·上	제1장 금강반야바라밀경 제2장 해제 제3장 금강경대강좌 (제1~제13분)	도선사 주지 선묵 혜자의 간행사가 있다.[25]	청담대종사전서

(표 계속)

를 맞아 간행된 것으로 큰스님 일대의 證道歌 중 흩어져 있던 선시들을 모은 것이다. 대부분 그 당시의 것을 그대로 따랐으며, 별장편의 『『마음의 노래』의 세계」만을 제외하고, 「靑潭法語錄 」과 「靑潭祖師行狀記」·「年譜」는 삭제했다. 대신 석지현의 「청담 노사를 보내며」를 첨가하고, 당시 책 서두에 있었던 이광수의 선시 「님」을 부록편으로 처리했다'고 밝히고 있다.

23 이 3)절의 마지막 부분에 운허가 撰한 「조계종정 청담대종사 사리탑비」와 탄허 택성이 撰한 「조계종 청담대종사의 비문」이 실려 있다.
24 청담문도회가 엮은 이 책은 청담을 만난 여러 사람들의 평가를 담고 있는 글이라고 보아 '청담평전'이라고 붙여 있다.
25 이 책의 '일러두기'에는 "본 『청담대종사전서』 전11권 중 7·8권째인 『금강경대강좌』는 1978년 출판된 금강경대강좌 내용을 전서에 포함시켜 새롭게 편집 재출간한 것이다. 그 내용이 방대하여 上·下권으로 나누어 출간한다.

책수	제목	내용	특징	전서명
8	금강경대강좌·下	제3장 금강경대강좌 (제14~제32분) 부록 조계육조구결서	도선사 주지 선묵 혜자의 간행사가 있다.[26]	청담대종사전서
9	반야심경강설	제1장 반야심경에 들어가며 제2장 총론 제3장 범한 제 경본의 비교 제4장 마하반야바라밀다심경의 제호 해설 제5장 과목의 분단 제6장 경문 강의· 五解文	도선사 주지 선묵 혜자의 간행사가 있다.[27]	청담대종사전서
10	정화운동과 한국불교	서언 – 한국불교정화 운동의 유래 – 청담 이끄는 글 – 청담 스님과 불교정화 운동 – 공종원 제1장 신문으로 본 청담 스님과 불교 정화 제2장 불교정화에 관환 회의록	도선사 주지 혜자의 간행사와 청담문화재단 이사장 동광의 전서 완간 치사가 있다.	청담대종사전서

(표 계속)

---

26 이 책의 '일러두기'에는 "청담스님의 『금강경』 설법은 在世하신 동안 여러 차례 거듭 하셨는데 그 가운데 1955년 전국승려대회 대 근 사칠(四·七)일 동안 연일 설법하신 금강경대법회와 열반하시기 일 년 전 1959년 1970년의 두 해에 걸쳐 매주 토요일에 하신 설법만이 완전 녹음되어 있었으므로 이 두 녹음 설법을 원본으로 하여 스님의 독특한 說話體의 특성을 살려 정리 편찬했다"고 밝히고 있다.

27 이 책의 '일러두기'에는 "본 『청담대종사전서』 전11권 중 9권 째인 『반야심경강설』은 1978년 출판된 『반야심경강설』 내용을 전서에 포함시켜 새롭게 편집 재출간한 것이다"고 밝히고 있다.

책수	제목	내용	특징	전서명
		제3장 논문으로 살펴본 청담 스님의 불교정화 사상 - 청담의 구세관과 한국불교의 비구승단 재건 - 송월주 청담의 호국 참회정신 - 목정배 봉암사결사와 청담 대종사 - 허혜정 청담 스님과 불교정화운동 - 김광식		
11	청담대종사의 생애와 사상	제1장 나의 입산 50년 제2장 그의 위대한 생애 제3장 청담 스님을 가까이 지켜본 사람들 부록 - 청담 스님 관련 자료 목록 연보	도선사 주지 혜자의 간행사와 청담문화재단 이사장 동광의 전서 완간 치사가 있다.	청담대종사전서

『청담대종사전서』 제1권의 『마음』에는 청담이 바라보고 있는 마음의 지형도를 전재하고 있다. 이 책은 제1장 자화상(1편), 제2장 마음은 나(7편), 제3장 반야의 마음(7편), 제4장 금강의 마음(5편), 제5장 참인생의 빛(7편), 제6장 불교와 인생(7편), 제7장 열반의 빛(5편)으로 구성되어 있다. 여기서 자기를 그린 그림인 자화상을 필두로 하여 마음은 나이며 그 마음은 있는 그대로의 지혜인 반야, 더 이상 굴셀 수가 없는 금강이란 말로 수식하고 있다. 그런데 그 마음은 참인생의 빛이며 불교와 인생에 맞물려 있는 열반의 빛으로 파악한 내용을 담고 있다.

『전서』 제2권의 『신심명·선사상』에는 중국 선종의 제3조 승찬대사의 대표작인 『신심명』과 자신의 선사상에 대해 다루고 있다. 이 책의 전반부를 이루고 있는 『신심명』은 제1장 서론(4편), 제2장 『신신명』의 대의(2편), 제3장 본문 강의(38편), 제4장 맺는말(3편)로 구성되어 있다. 이 책의 전반부에서는 선서의 최고봉을 꼽히는 『신심명』에 대한 자신의 안목을 보여주고 있다. 이 책의 후반부를 이루고 있는 '선입문'은 제1장 선사상(5편), 제2장 선과 인격 형성(4편), 제3장 선으로의 회귀(7편), 제4장 선사와 그 배경(7편)으로 이루어져 있다. 각각의 책을 하나로 모아 『신심명』(전37게송)에 대한 자상한 안내와 선법의 전모를 입문의 친절로 전달하고 있다.

『전서』 제3권의 『잃어버린 나를 찾아』는 오늘을 사는 나의 불심과 선정삼매와 현대의 위기와 불교로 구성되어 있다. 제1장 오늘을 살아가는 길(8편), 제2장 불심의 언저리(8편), 제3장 선정삼매의 수행(12편), 제4장 현대의 위기와 불교(13편), 제5장 종교는 사랑의 등불(8편), 제6장 정화와 중흥(7편)으로 이루어져 있다. 이전에 간행한 책들을 재편집한 것으로 종교로서 불교와 현대의 위기에 대응하는 불교 그리고 교단의 정화와 불교의 중흥에 대해 기술하고 있다.

『전서』 제4권의 『잠언록』은 청담의 잠언에 해당하는 부분을 담은 책이다. 제1장 나의 편력(8편), 2장 1928년 조선불교학인대회록(5편), 제3장 신문으로 본 청담 선사와 불교정화운동(6편), 제4장 한국불교를 살리는 길(4편), 제5장 청담 스님의 언론 대담 모음(4편), 제6장 잡록(4편)으로 구성되어 있으며, 부록에 운허가 찬한, 「조계종 청담 대종사 사리탑비」 전문이 실려 있다. 이 책은 각종 매체에 실린 글과 관련 기사를 모은 것이다. 특히 제1장의 나의 편력은 청담의 이력을 알 수 있는 주요한 글이지만 아쉽게도 연재④, 연재⑤, 연재⑩, 연재⑪부분은 찾지 못해 빠져 있다. 특히 제4장은 이청담과 조지훈의 각기 두 차례 논변을 담고 있어 당시 불교계의 현실을 종합적으로 볼 수 있다. 또 제5장에는 「불교 혁명론 - 대한불교조계종을 탈퇴한 스님, 이청담」[28]이란 글이 실려 있어 불교정화와 현대화를 위한 1)도제(승려)교육의 현대화, 2) 역경을 통한 불경의 대중화, 3) 포교사업의 현대화를 구체적 복안으로 하는 '대한불교조계종 유신재건안'에 대해 이해할 수 있다. 결국 그가 제시한 이 삼대사업은 대한불교조계종의 삼대사업으로 이어졌다.

『전서』 제5권 『마음의 노래』는 제1장 참마음을 일깨워(4편), 제2장 저 꿈을 보라(5편), 제3장 나 아닌 모든 것은(5편), 제4장 나를 찾아 내가 산다(1편), 제5장 괴로운 바다 건너(10편)로 구성된 운문 시집이며 말미에 부록으로 작품 평설인 「『마음의 노래』의 세계」(임중빈), 「청담 노사를 보내며」(석지현), 「님」(이광수)이 덧붙여 있다.

『전서』 제6권 『가까이서 본 청담 큰 스님』에는 제1장 사상(3편), 제2장 대담(4편), 제3장 가까이서 본 청담 큰 스님으로 이루어져 있다. 이 제3장에는 1) 청담 70년을 회고하며(12편), 2) 불교정화운동의 기수(5편), 3) 성불 미루고 모든 중생 건지겠다(18편)로 구성되어 있으며, 말미에는 운허가 撰한 「조계종정 청담대종사 사리탑비」와 탄허 택성이 撰한 「조계종 청담대종사의 비문」이 덧붙여 있다. 이 책은 불교학자, 기자, 불교계 출가자 및 재가자, 지식사회의 여러 지식인들이 청담에 대해 쓰거나 대담한 글들을 모은 것이다. 그에 대한 지식사회의 평단을 볼 수 있는 자

---

28 〈한국일보〉, 1969년 8월 17일자. 〈한국일보〉 李榮기자와 가진 인터뷰에서 기자는 "자체의 정화 및 현대화라는 보다 근본적인 문제에 부딪친 불교계는 한동안 파란을 면치 못할 것 같다"고 덧붙이고 있다.

료라고 할 수 있다.

『전서』 제7권의 『금강경대강좌』(상)에는 제1장 금강반야바라밀경(2편), 제2장 해제(1편 17절), 제3장 금강경대강좌(제1~제13분)로 구성되어 있다. 청담의 『금강경』 강좌 전반부를 담은 것이다.

『전서』 제8권 『금강경대강좌』(하)에는 제3장 금강경대강좌(제14~제32분)와 말미에 부록 「조계육조구결서」가 덧붙여 있다. 청담의 『금강경』 강좌 후반부를 담은 것이다.

『전서』 제9권 『반야심경강설』에는 제1장 반야심경에 들어가며(3편), 제2장 총론(4편), 제3장 범한 제 경본의 비교(편), 제4장 마하반야바라밀다심경의 제호해설(3편), 제5장 과목의 분단(5편), 제6장 경문 강의·五解文(2편, 제1편 2절)으로 이루어져 있다.

『전서』 제10권 『정화운동과 한국불교』에는 서언 – 한국불교정화운동의 유래 – 청담,
이끄는 글 – 청담 스님과 불교정화운동 – 공종원에 이어, 제1장 신문으로 본 청담 스님과 불교정화(2편, 제2편 14절), 제2장 불교정화에 관환 회의록(9편), 제3장 논문으로 살펴본 청담 스님의 불교정화 사상(4편)에는 「청담의 구세관과 한국불교의 비구승단 재건」 – 송월주, 「청담의 호국 참회정신」 – 목정배, 「봉암사결사와 청담 대종사」 – 허혜정, 「청담 스님과 불교정화운동」 – 김광식의 글이 실려 있다. 이들 논고는 그의 모교인 진주산업대학교의 청담사상연구소 주관으로 몇 차례 개최한 학술대회의 발표 원고를 모은 것이다.

『전서』 제11권 『청담 대종사의 생애와 사상』에는 제1장 나의 입산 50년(1편), 제2장 그의 위대한 생애(34편), 제3장 청담 스님을 가까이 지켜본 사람들(14편)에 이어 말미에 부록 – 청담 스님 관련 자료 목록과 연보가 덧붙여 있다.

이들 『전서』 11권은 청담의 탄생 100년과 입적 30주기 전후에 맞추어 종래에 간행된 책들과 학술지 및 잡지와 인터뷰 등을 집대성한 것이다. 『전서』를 관통하는 청담의 사상은 '마음'과 '정화'로 귀결된다. 먼저 청담의 마음인식에 대해 살펴본다.

III. 마음 이해와 空 사상 신행

1. 마음 이해 – 몸체

고타마 싯다르타는 생사 윤회를 벗어나 해탈 열반으로 나아가기 위해 출가했다. 바라문의 전변설과 사문들의 적취설을 넘어 붓다는 중도 연기로 모든 존재들의 존재방식을 해명하였다. 이 때문에 붓다의 가르침은 중도 연기의 종교이자 철학으로 표현되며 사성제와 십이연기는 중도 연기의 구체적인 표현이라 할 수 있다. 그러므로 인과에 의한 생로병사의 윤회에서 벗어나려면 마음의 인과를 넘어서야 해탈 열반으로 나아갈 수 있다. 따라서 불교는 생사 윤회에서 벗어나는 마음의 철학이자 마음의 종교라고 할 수 있다.

청담은 어린 시절부터 불교의 마음 이해에 매료되었다. 그가 20세 때에 진주 호국사에 물을 마시러 갔다가 금강산 유점사의 노승 박포명朴圃明 선사로부터 '마음에 관한 법문'을 들었다.

마음이 감관과 의식, 사유를 주재하는 주인이니 마음에서 나를 찾으면 생사를 벗어날 수 있다. (……) 왜 불은 뜨겁고 얼음은 찬 줄 아느냐? 마음이 뜨겁고 차다고 생각하기 때문이다. 뜨겁다, 차다는 생각을 털어버릴 수만 있다면 그것은 저 돌맹이와 같은 것에 지나지 않는다. 이렇듯 우리를 주재하고 있는 것은 몸이 아니라 마음인 것이다.[29]

청담은 이 세상에 태어나서 처음 듣는 말이었다. 선사의 말은 명치를 주먹으로 내지른 숨을 쉴 수 없는 충격이었다. 이후부터 중치가 막히고 집에서도 학교에서도 벙어리, 반편처럼 우두커니 서 있다가 토요일이 오면 호국사로 가서 마음 설법을 들었다. 그러면서 그는 마음을 밝히기 위해 출가해야 한다는 생각을 일으키고 가슴이 조금 시원해졌다.[30] 청담이 평생 마음 이해에 집중한 것도 이때의 발심을 성숙시켜간 결과라고 할 수 있다. 그 해 그는 발심을 하고 이듬해 해인사로 가서 출가를 시도하였다.[31] 그러면 마음이란 무엇인가? 우리 마음을 구성하는 심층마음인 아리야식과 표층의식인 자아의식과 분별의식은 어떻게 구분되는가? 자아의식과 분별의식은 어떻게 심층마음으로 귀결되는가? 이처럼 마음의 지형에 대한 정의와 의미에 대한 물음은 불교의 근본적인 물음이 된다.

이후 청담은 출가자임에도 불구하고 모친의 소원을 들어주기 위해 파계한 것을 깊이 참회하기 위해 금강산 비로선원에서 3년간 피눈물 나는 정진을 거듭하였다.

---

29 송월주, 앞의 글, 앞의 책, p.127.
30 송월주, 앞의 글, 앞의 책, p.127.
31 청담 순호, 「제1장 나의 입산 50년 – 비구와 戒臭가 살아 있어야 한다-」, 『전서 11』, p.16. 훗날 청담은 "포명스님의 다분히 唯識의 도리나 『楞嚴經』의 의리를 설하신 모양인데 나에게는 잊지지 않을 감명이었다"고 하였다.

오늘은 이곳 내일은 저 산, 이렇게 전국 방방곡곡을 누비면서 운수행
각을 한 지도 벌써 십 수년이 지났건만, 내가 그토록 뼈에 사무친 각覺
의 본처는 찾으면 찾을수록 아득하고 쫓으면 쫓을수록 어둡기만 하구나.
지저귀는 철새 따라 이 산 저 산을 누빌 것이 아니라, 어느 조용한 암자
에서 견성대오見性大悟의 소식이 있기 전에는 절대로 나오지 않겠다.[32]

이렇게 치열하게 수행했던 청담은 1934년에 드디어 칠통을 깨뜨리고
깨달음을 얻었다. 만공선사에게 바친 오도게송은 다음과 같다.

> 예부터 모든 불조는 어리석기 그지없으니,
> 어찌 현학의 이치를 제대로 깨우쳤겠는가?
> 만약 나에게 능한 것이 무엇이냐고 묻는다면,
> 길가 옛탑이 서쪽으로 기울어졌다고 하리.[33]

청담은 '불조'佛祖를 '둔치한'鈍癡漢으로, '현학'衒學을 얻지 못하는 이
로 대비시키며 자신의 소능所能과 고탑古塔의 경사로 자신의 살림살이
를 드러내고 있다. 불조의 차별화 시도해 자신의 무차별화를 보여주고
있다. 주객의 분별을 주객의 무분별로 되돌려 주는 것이라고 할 수 있다.
오도게송의 전반부에는 모순의 적기敵機어법이, 후반부에는 지혜의 효
와淆訛어법이 투영되어 있다.

> 전한다 해도 삼십방망이요
> 받는다 해도 삼십방망이니

---

32 청담 순호, 『전서 10: 잃어버린 나를 찾아』, p.100; 목정배, 앞의 글, 앞의 책, p.166.
33 청담 순호, 「悟道頌」. "上來佛祖鈍癡漢, 安得了知衒邊事, 若人間我何所能, 路傍古塔傾西方."

맞는다 해도 삼십방망이를
올연 선자에게 주노라.[34]

만공은 전해도 맞고 받아도 맞으며 맞아도 맞는 반야의 삼십방망이를 청담에게 전하고 있다. 그는 살인검을 활인검으로 바꿔 쓸 줄 아는 청담에게 인가의 게송을 내리는 동시에 '홀로 우뚝한 모양'을 뜻하는 '올연'兀然을 청담의 법명道號으로 건네고 있다. 만공은 청담에게 "전한다 해도 삼십방망이요, 받는다 해도 삼십방망이며 맞는다 해도 삼십방망이인데 이것을 그대에게 주고" 있다. 만공의 인가송은 전법게를 방불케 하고 있다.

청담은 처음 박포명 노사로부터 마음 법문을 들었을 때부터 불교는 마음 사상을 본질로 한다는 사실을 알았다. 이후 그 또는 마음에 대해 깊이 천착하였다. 청담이 『마음』이란 책을 써서 널리 자신의 이름을 알렸듯이 우리 사회에 '마음'이라는 단어는 청담에 의해 널리 알려졌다. 강인한 집념과 대비원력을 겸비한 청담은 평소에도 "내 마음 밖에는 아무것도 없다"[35]고 노상 입버릇처럼 신념을 표현했다.

참으로 인간의 탄생으로부터 묘지로 가는 그날까지의 일대사란 오늘 지금의 '마음'心 바로 이놈인 것이다. 이 마음 그것이 바로 나요, 세계

---

34 만공 월면, 「示兀然禪子」. "傳也三十棒, 受也三十奉, 棒也三十棒, 付與兀然子."
35 법정, 「不在中」, 『전서 6: 가까이서 본 청담 큰 스님』, p.106. 청담은 언젠가 신도들 앞에서 "청정한 신도집에 태어나 來生에도 출가하여 중이 되겠다"고 하였고, 때로는 가까운 侍奉들에게 "니가 내생에는 내 스님이 될지 모르는데 좀 똑똑해 봐"라고 하였다. 그는 금생에 못다 한 불사는 이 다음 생에 가서 이룰 거라고 하였다. 이 때문에 그는 평생을 '교단정화의 길'과 중생교화의 길'만을 걸었다. '두 가지 길이 모두 끝이 없는 길'이다.

는 바로 나의 영상影像이다. 나의 표현이다. 나는 곧 세계다. 나는 인식된 내가 아니라 인식하는 나이다. 웃는 것도 나요, 우는 것도 나다. 이 광대무변한 대우주의 주인공이 바로 나다 하는 자아를 인식하고 자기 성품을 발견함으로써 진실한 의미에서의 탄생의 참된 의의를 찾게 되는 것이다.[36]

청담은 마음이 바로 나이며 나의 일대사란 마음 바로 이놈이라는 사실을 깊이 자각하였다. 탄생의 참된 의의도 광대무변한 대우주의 주인공이 바로 나이며 인식하는 나임을 발견하는 것이 무엇보다도 중요하다고 역설한다. 이처럼 청담에게 있어 마음은 불교의 시작이자 끝이며 나의 시작이자 끝임을 확고하게 보여주고 있다. 그런데 이 마음은 허공과 같이 실체가 없는 공으로 표현되며 '공'은 '있다'와 '없다'를 넘어선 '비어있음'이다. '공'은 '빔'과 '있음'을 아우른 '비어있음의 지혜'를 의미한다. 지혜는 우리의 개념적 분별을 개입시키지 않고 모든 존재자를 있는 그대로 보는 것이다. 청담은 마음은 나라는 주인공이지만 실체가 없는 존재임을 보여주고 있다.

2. 空 사상의 신행-몸짓

청담은 어떤 대학에 설법을 나갔는데 30분 예정 시간을 넘겨 무려 7시간이나 계속 열변을 토하였다. 나중에는 강당에 꽉 찼던 학생들이 모두 나가 버리고 빈 의자들만 덩그렇게 남았는데 그래도 그는 계속 설법을 하였다. 보다 못한 시봉 수좌가 "큰 스님, 이제 한 사람도 안 남았습니다"고 아뢰자 청담은 "눈에 보이지 않는 대중이 네 눈에는 보이지 않느

---

[36] 청담 순호,「제1장 나의 편력: 탄생과 참된 의미」,『전서 4』, p.13.

냐"고 호통을 친 일도 있다. 그는 자기는 쓰러지는 한이 있더라도 불교의 진리를 세상에 널리 펴기 위해 노력하였다. 입적 하루 전인 15일에도 6차례나 신도법회에 나가 설법하였다[37]고 한다. 공 사상에 입각하면 실체가 있는 것처럼 보이는 학생들도 사실을 실체가 없는 학생들일 뿐이다. 청담은 유정중생을 위한 설법만이 아니라 텅빈 강당에 가득한 무정중생을 위해 설법을 했던 것이다.

청담은 평소에 6바라밀행을 좋아하였고 그 가운데서도 인욕바라밀을 수행의 기치로 삼아 이를 적극 실천하였다. 그는 누가 뭐라하든 누가 헐뜯든 간에 인욕이었다. 누가 욕을 하건 누가 혹시 때리더라도 그는 조금도 흔들림 없이 참았다. 이 때문에 그는 '인욕보살'이라는 별명이 붙었다. 정화 불사만 해도 당시 송만암宋曼庵 교정은 '수행승'과 '교화승'으로 양분해서 점진적으로 정화해 가자고 했다. 하지만 그는 선학원에서 제1차 수좌대회를 열고 효봉 대선사와 의논하여 '불법에는 대처승없다'고 대처승 문제를 일거에 해결하자고 하였다. 이 주장은 수좌대회에서 합의되어 청담은 이후 이승만 대통령의 담화(유시)도 있었지만 전국적인 불교계 정화운동을 주도하여 오늘의 조계종을 탄생시키는[38] 주역이 되었다. 이처럼 청담이 결정코 물러서지 않는 아비발치 즉 인욕보살이 될 수 있었던 것은 공 사상의 체화에서 나오는 신행의 힘 때문이었다고 할 수 있다.

---

[37] 황산덕, 「한국불교의 정신적 지주」, 『전서 6』, pp.109~110. 필자는 "결국 高齡에 너무 과로한 것이 임종을 재촉한 것 같다고 보았다. 몇 년 전에도 고혈압으로 쓰러진 일이 있었는데 그 때는 선방의 문을 꼭 닫아걸고 하루에 부처님께 3천 번씩 절을 하면서 정진을 거듭 완쾌된 일이 있었다. 그 뒤에 안정을 권했지만 듣지 않고 총무원 장직까지 맡아 과로로 하다 약 1주일 전에 또 뇌일혈 증상을 일으켜 쓰러지자 한의원에 모시고 가서 치료를 받아 약간 회복되었다. 그런데 이때도 안정을 않고 종단행정과 포교설법에 전념하다 끝내 입적하였다"고 하였다.

[38] 허혜정, 「나의 은사 청담 큰 스님」, 『전서 6』, p.116.

청담은 1954년 8월 24일에 선학원에서 제1차 전국 비구승대회를 효봉, 동산 두 선사와 함께 주도하여 오랜 숙원이었던 불교정화 운동의 깃발을 올렸다. 그는 어떠한 일이 있더라도 우리의 전통불교를 다시 살려 부처님의 바른 법을 계승하고, 부처님 당시의 청정비구제도를 다시 일으켜 전체를 바치는 철저한 구도심으로 불법을 수행하는 도량으로 사찰이 재건되어야 한다는 사명감을 지녔다. 그리하여 청담은 기꺼이 정화불사의 야전사령관이 되었다.[39]

청담은 정화불사를 삼 단계로 설명하였다. 첫째는 청정비구승단에 의한 교단의 정화며, 둘째는 진짜로 수행정진하는 승려의 질적 향상을 위한 승려의 정화며, 셋째는 잘못된 신앙행위로부터 올바른 신앙으로 돌아오는 신도의 정화였다.[40] 이러한 교단 정화, 승려 정화, 신도 정화의 삼 단계는 상호 긴밀한 관계 속에 있어 분리될 수 없었다. 교단 속에는 승려와 신도가 공존해 있기에 이 셋의 정화는 상호 보완될 수밖에 없었다. 공 사상의 체화에서 비롯된 신행의 힘은 그를 원력보살이자 인욕보살이 되게 했다.

종단 위해 자기 몸을 돌아보지 아니했네.
한밤중에 밝은 달은 푸른 못을 비추도다.
한강이 곧바로 가 거꾸로 흐르고

---

39 석주, 「그 때 그 기억」, 『전서 6』, pp.79~83. 청담은 "뭐든 정확한 판단이 내려지면 과단성 있게, 그리고 인내하는 끈질긴 지구력으로 기필코 이루고야 말던 그 저력, 그것도 자신을 위해선 언제나 빈털털이로 웃으시던 분, 남들은 세상 덕에 흰 고무신이며 화학 섬유질 옷감으로 승복을 차렸건만 진짜 먹물옷을 입고 다니시던 그 검소함을 지금도 나는 잊을 길이 없다. 이러한 검소함은 함께 수도하는 이 뿐만 아니라, 각처에 널리 알려져 사실상 적이 있을 수 없었다."
40 석주, 위의 글, 위의 책, p.83. "이러한 정화이념은 날이 갈수록 뿌리를 깊게 내려 1954년 9월 28일의 '제2차 전국 비구승대회'에 이어 1955년 6월 9일의 정화를 위한 '원만성취 기원 단식 투쟁'에 들어갔던 것이다."

삼각산을 거꾸로 타고 겹겹 관문 나가도다."[41]

전 조계종 종정이었던 서옹 상순이 『전서』의 서두에 붙인 게송은 청담의 살림살이를 잘 보여주고 있다. 그는 종단의 일이라면 한 몸을 돌보지 않았다. 불교계의 캄캄한 어둠 속에 떠오른 밝은 달은 '푸른 못'靑潭을 비춤으로서 존재를 확인할 수 있는 것이다. 그리하여 불교의 한강이 거꾸로 흐르고 청담이 주석한 삼각산의 거꾸로 타고 겹겹 관문 나가고 있음을 송축했다. 종단과 밝은 달, 한강과 삼각산은 청담을 만나서 비로소 활기를 되찾을 수 있었다. 청담의 마음사상과 공 사상은 그의 사상을 떠받치는 두 축이었던 것이다.

IV. 정화 인식과 호국 참회

1. 호국 사상 – 몸체

나라를 보호하는 '호국'은 불법을 보호하는 '호법'은 역사적 맥락과 정치적 관점에 따라 다양한 해석이 이어져오고 있다. 국왕이 주체가 되는 국가불교와 달리 불자가 주체가 되는 참여불교는 역사 안으로 참여하고 시대 속으로 동참하는 불교이다. 역사 밖에서 객관적으로 바라보는 진제문眞諦門의 입장에서 이뤄지는 국왕의 호법護法과 달리 역사 안에서 주체적으로 참여하는 속제문俗諦門의 입장에서 이뤄지는 불자의 호국護國은 참여불교의 다른 이름이었다. 그것은 '근왕'勤王만을 위한 것도 아

---

[41] 서옹 상순, 「序頌」. "一向爲宗不顧身, 半夜明月照靑潭, 直得漢江却逆流, 倒騎三角出重關."

니고, 국왕의 명령에 의해 움직이는 것도 아니었다. 오히려 국왕들에 의해 이루어지는 타자화된 국가불교의 '호법'과 달리 불자들에 의해 이루어지는 주체화된 참여불교의 '호국'이었다.[42] 이처럼 국가와 불법의 관계는 상보적이며 상의적이라고 할 수 있다.

청담은 어릴 때부터 민족과 국가에 대한 남다른 생각을 지녔다. 이미 기미독립만세사건을 목도하고 참여하여 고문당했던 그였기에 민족을 국가를 형성하는 근본적이고 포괄적인 개념으로 이해하고 있었다. 그는 「나의 국가관」에서 "민족의 결합이란 비조직적인 생명적 결합이다"고 하였다. 이러한 그의 국가관은 불교의 호국사상과 접목된다. 그의 「명상록」에서 우리는 그의 국가관을 엿볼 수 있다.

> 개인의 길에서는 언제나 정진精進만이 있을 뿐이다. 그런데도 우리는 함께 세상에 태어나 공존共存하고 있다는 인연 때문에 사해동포를 깨우쳐 주지 않으면 안 된다. 아니, 동체대비同體大悲의 시각에서 불교는 차라리 사해동포의 구제에 더 큰 뜻이 있을지도 모른다. 그래도 석가세존도 성불한 다음 우루벨라촌에서 내려왔고, 의상 대사도 또한 구국의 의지로 고국으로 돌아왔다. 오늘 우리는 그분들이 내려왔고 왜 돌아왔을까라는 사실을 깊이 생각해 볼 필요가 있다. 그분들은 누구에게로 돌아왔는가. 그의 모국의 나라로 그의 사랑하는 동포와 형제들의 곁으로 돌아왔다. 우리가 이곳에 태어났다는 사실은 어떤 사실보다도 우선하고 바꿀 수 없는 분별한 사실이 있다면, 그것은 우리는 한국인이다. 빈곤과 질병과 무지와 불결 등 많은 사회악에 시달리는 우리 동포의 구제가 오늘의 한국불교의 역사적 사명이다.[43]

---

42 고영섭, 「국가불교의 '호국'과 참여불교의 '호법」, 『불교학보』 제62집, 동국대 불교문화연구원, 2014, p.100.
43 목정배, 앞의 글, 앞의 책, p.174.

청담은 석존이 성불 이후 우루벨라촌으로 내려옴과 의상이 예정된 유학을 마감하고 당나라의 침공에 대한 첩보를 가지고 돌아옴을 통해 모국의 나라와 사랑하는 동포와 형제의 관계를 환기시키고 있다. 그는 붓다의 하산과 의상의 귀국에서 알 수 있는 것처럼 결국 깨침의 추구上求菩提가 중생의 교화下化衆生에 있음을 일깨워 주고 있다. 일찍부터 청담은 종교와 국가, 교단과 민족에 대해 남다른 관심을 지니고 있었다. 그는 「불교의 국가관」에서 '사회적 정의의 수립'과 '민족정신의 새로운 과제'에 대해 이렇게 언급하고 있다.

> 지난 날 민족정신의 사명이 민족의 정치적 자립이었다고 하면 오늘날에 와서는 사회적 정의를 세우는 것이 민족정신의 새로운 과제가 될 것이다. 왜냐하면 우리는 과거 민족의 독립을 목적으로 하나가 되기 위해서 빈부의 차별이나 귀천의 가림도 하지 않았다. 그런 까닭으로 우리는 물질생활이 서로 고르지 못한 것도 불평 없이 감당해 왔다. 이제 독립이 된 지도 벌써 성년이 훨씬 지났으니 우리는 완전히 하나가 되기 위해서라도 사회정의를 세울 때가 온 것이다. 다시 말하면 민족 각자가 자발적으로 이 나라를 사랑하고 육성하기 위해서는 우리 사이에 차별은 추호도 있을 수 없다. 만일에 사회적 정의가 이 나라에 형성되지 않는다면 우리 민족은 언제나 분열되어 혼란에 빠질 가능성을 가지게 된다. 따라서 국민 각자가 자유로운 권리와 독립된 권리를 가지고 공통된 이념과 보편적인 도덕률의 실현이라는 공동 목표에 의하여 지배되는 조직이 이루어질 때 비로소 참된 자아가 실현되는 것이다.[44]

청담은 우리가 일제로부터 독립된 지 20년의 성년이 지났으니 이제

---

44 목정배, 앞의 글, 앞의 책, pp.176~177.

완전히 하나가 되기 위해 사회정의를 세울 때가 되었다고 역설하고 있다. 또 그는 참된 자아가 실현되기 위해서는 국민 각자의 '자유로운 권리'와 '독립된 권리'를 가지고 '공통된 이념'과 '보편적인 도덕률의 실현'이라는 공동목표에 의해 지배되는 조직의 구성이 요청된다고 역설하고 있다.

이 과정에서 청담은 불교계의 '비구8대원칙'을 세웠다. 그가 세운 비구승의 8가지 원칙에 따르면 ①독신일 것 ②삭발염의削髮染衣할 것 ③비불구자 ④백치가 아닌 자 ⑤살도음망殺盜淫妄을 하지 않는 자 ⑥불주육초不酒肉草 ⑦승려 3인 이상과 단체생활을 하는 자 ⑧25세 이상이어야 한다.

청담이 세운 '비구8대원칙'은 출가자의 기본을 제시한 것이다. 적어도 출가자라면 이 정도의 조건과 자격을 갖추어야 세간에서 존경을 받을 수 있다고 보았다. 그는 당시의 혼란스러운 상황에서 살생, 투도, 사음, 망어를 하지 말고, 술, 고기, 담배를 마시거나 먹거나 피우지를 않는 출가자로서의 최소한의 기준을 제시하였다. 이것은 오계의 수지를 기본으로 하면서 출가자로서의 사표를 확보하기 위한 고육책이었다.

'비구8대원칙'은 비구승과 대처승을 구분하기 이전에 출가자라면 적어도 이 정도는 지켜야 세간의 존중을 받을 수 있는 근거를 세운 것이라고 할 수 있다. 이 원칙을 적용하는 과정에서 특히 대처승의 반발이 컸다. 그리하여 비구승과 대처승의 대립이 깊어지기도 하였다. 하지만 '비구8대원측'은 출가자로서 지녀야할 기본 습의라는 점에서 사회적 공감을 얻을 수 있었다.

청담은 65세가 되는 1966년 12월에 통합종단의 제2대 종정이 되었다. 그 뒤 오래지 않아 "이제 좀 쉬어야겠다"는 말을 남기고 서울 근교의 도선사로 들어가 평생 숙원의 하나였던 '호국참회원' 건립에만 몰두했다. 삼각산 도선사에 호국참회원이란 전각을 짓고 호국사상에 입각하여 설법하고 기도하였다. 호국참회원 불사에는 박대통령의 영부인인 육영사 여사의 적극적 후원이 있었다.

우리가 이 땅에 함께 태어났다는 사실이 어떤 사실보다도 중요한 것이기 때문에 내가 소속하고, 내가 존재해 있는 이 나라와 가정과 그리고 나 스스로를 지킬 수 있는 깨끗한 마음, 즉 참된 마음을 찾아야 한다. (……) 개인이 자아를 완성시키는 일이 더욱 시급할는지 모르지만, 우리가 함께 이 땅에 태어났었기 때문에 그 인연을 생각해서라도 무엇보다도 먼저 자기 동포를 구제하지 않으면 안 된다. (……) 우리 마음 속에 도사리고 있는 옳지 못한 욕심을 버리고 사랑의 마음씨를 길러 그 마음씨를 모두 본받게 하자. (……) 이 사회의 모든 악덕은 오직 자기 한 마음을 깨끗하게 함으로써 제거할 수 있다.[45]

청담은 만년에 호국참회원 불사를 하면서도 늘 대중설법과 청소년설법을 중단하지 않았다. 그는 특히 우리가 이 땅에 함께 태어났다는 사실의 의미에 대해 강조하고 이 나라와 가정과 나 스스로를 지킬 수 있는 '깨끗한 마음' 즉 '참된 마음'에서 찾아야 한다고 역설하였다. 호국과 애민의 근간이 '참된 마음'에 있음을 환기시켜 주었다. 그것은 '자기 한 마음'이자 '호국의 마음'이었다.

하지만 불교계의 사정은 그를 한 시도 쉴 수 없도록 했다. 종단의 실권을 둘러싸고 파벌싸움이 잇따라 번지는가 하면 승려들의 기강은

---

[45] 박생광, 앞의 글, 『전서 10』, p.131.

날로 해이해져 갔다. 이 같은 실정을 보다 못한 청담은 가끔 설법이나 강연을 통해 "한국불교는 절간만 남았고 종지宗旨는 사라진 지 오래다. 모두 대오각성하라"고 애타게 호소했지만 허공의 메아리가 되어버렸다.

결국 그는 더 이상 참을 수 없어 "산승이 '부덕한 소치로 불교정화이념과 제반 불사가 여의부진如意不進하므로 참회심을 감당할 수 없어 마침내 대한불교조계종(비구승단)에서 탈퇴를 해명하는 바입니다"46라고 밝히며 1969년 여름 어느 날 눈물을 머금고 조계종을 탈종하고 말았다.47

청담은 평소 종단을 떠나서는 한시도 살아갈 수 없은 승려였지만 "지옥에 떨어지는 한이 있어도 종단을 살려야겠다"는 비장한 결심으로 스스로 희생의 제물이 되었다. 그러나 그는 5백만 불자들의 간곡한 호소에 못 이겨 탈퇴선언을 취소하고 1970년 7월 17일 10세 고령으로 또 다시 총무원장직을 맡았다. 일부에서는 감투욕심이 많다고 비난하기도 했지만 그는 다만 불교정화에 투철한 사명감과 집념 때문에 이 무거운 명에를 다시 질 수48밖에 없었다. 청담의 높고 깊은 책임감과 사명감은 주체(자신)와 대상(국가, 교단)을 분리하지 않고 보았기에 가능한 것이었다.

2. 참회 사상 - 몸짓

참회懺悔는 자기의 잘못을 깊이 깨닫고 뉘우치는 것이다. 참회에도 이참과 사참의 두 가지 참회, 작법作法·취상取相·무생無生의 세 가지 참회, 삼품三品 참회, 육근六根 참회 등이 있다. 이 중에서도 두 가지 참회인 이

---

46 〈한국일보〉 1969년 8월 17일.
47 혜성, 「청담 70년」, 『전서 10』, pp.95~96.
48 혜성, 위의 글, 위의 책, p.96.

참과 사참이 대표적인 참회이다. 이참은 모든 법의 실상을 관찰하여 참회를 얻는 방법이다. 즉 과거와 현재에 지은 모든 죄업들이 마음에서 일어난 것일 뿐 마음 밖의 것은 하나도 없다는 유식사상과 자심이 본래 공적한 줄을 알면 모든 죄상 또한 공적한 것에 지나지 않는다는 반야사상으로 이루어진 참법이다. 사참은 일을 따라서 분별하여 참회하는 방법이다. 즉 몸으로는 부처에게 예배하고 입으로는 찬탄의 게송을 읊으며, 마음으로는 성스러운 모습을 그리면서 과거와 현재에 지은 죄업을 참회하는 것이다.[49]

청담은 60세에 서울의 우이동 도선사에 주석하면서 신도들에게 업장을 참제懺除하는 방편으로 삼 천 배 내지 만 배의 불전 예경을 실행하게 하였다. 사참에 해당되는 참회라고 할 수 있다. 이러한 참회의 결과 신도들은 대부분 좋은 성과를 거두어 일 만 여 명의 귀의하기도 했다. 결국 그는 67세에 전국 학자의 수련장소로 제공하기 위해 도선사에 호국참회원을 지었다. 호국참회원은 청담이 주석하는 도선사의 상징 도량이 되었다.

청담은 도선사에 호국참회원을 설립한 뒤 찾아오는 사람들에게 역설하였다. "천 배고 만 배고 부처님께 절을 하고 자신의 죄업을 참회하라." 그는 늘 이렇게 가르쳤다. 그것이 곧 구국호국의 길이고, 자신의 길이라고 가르쳤다. 도선사 호국참회원에는 매일 참회객들이 줄을 이었다. 그는 어느 누구와도 벽을 쌓지 않았다. 청담은 이교도들과도 협의하는 마당을 만들었다. 그를 원하는 곳이라는 누구와도 만나고 어떤 곳에도 갔다. 특히 그는 교수의 모임, 대학생이 모임, 군부대에는 다른 모든 일을 미루고 나가 포교에 전력했다.

청담은 "설령, 성불을 한 생 미루는 한이 있더라도 모든 사람을 다 건

---

[49] '참회', 『한국민족문화대백과사전』(2021.10.18. 참조).

져 놓고 부처가 되겠다는 염원만으로 살았다.[50] 이 때문에 그는 원력보살이자 인욕보살로 불렸다. 이 때문에 청담의 호국사상은 참회사상으로 이어지게 되었고 그 근간에는 불교가 있었다. 도선사 대강당을 호국참회원으로 이름을 붙인 것이 그의 이러한 의지에 의해서였다.

 호국참회불교란 신라불교의 통일염원, 고려불교의 호국염원, 조선불교의 구국염원, 현대불교의 평화염원에 입각하여 미신에 근접한 불교가 아닌 실천불교, 관념적 요소가 아닌 생활불교로 불교 재흥을 기필코 꾀하자는 청담 큰스님의 서원으로, 민족동질성을 회복해야 할 우리 민족에게는 무엇보다 우선 되어야 할 사상이었다.[51]

청담은 일제의 식민지 종교정책으로 인해 우리의 전통 불교정신이 사찰에서 말살된 것을 안타까워하였다. 그는 특히 진리를 따라 수행하게 깨달아야 하는 도량의 면모가 사라진 점을 한탄하였다. 이 때문에 일제의 식민지 종교정책이 바라는 대로 기도도량이 대처승의 생활터전이자 생활도구로 전락한 현실만은 후학들을 위해 반드시 바로잡아야 한다는 결연한 의지를 가지고 있었다. 호국참회원은 전적으로 이러한 청담의 확고한 의지에 의해서 가능할 수 있었다. 청담의 호국 사상과 참회 사상은 그의 마음 인식과 공 사상의 신행과 함께 청담사상을 떠받치는 두 축이라고 할 수 있다.

---

50 목정배, 앞의 글, 앞의 책, p.171.
51 차동광, 「청담 큰스님 평전 출간에 부쳐」, 『전서 6』, p.10.

V. 교단 정화와 중생 교화의 길

　청담은 1954년 조계종의 도총섭과 총무원장이 되면서 '불법에 대처 승 없다'는 기치로 정화에 헌신하였다. 그것은 그에게 있어 평생의 과제였던 교단 정화의 길이자 중생 교화의 길이었다. 청담이 말하는 '정화'는 '종교 본연의 근본을 좀먹는 비본질적 요소와 대결하는 싸우는 것'이자 '비본질적 요소의 도전을 받고 계율의 순수를 고수하려는 운동'이다.
　청담의 정화인식은 불교의 세속화가 과도하다는 데에 있다. 이 때문에 그는 불교의 정통성 회복이 무엇보다도 시급함을 느끼고 있었다.[52]

　　지금의 우리 불교는 너무 세속화되어 있으므로 우리 젊은 학인 스님들이 불교의 정통성 회복에 앞장서야 한다.[53]

　그는 자신의 편력을 기술하는 대목에서 「종단과 결별」한 이유를 통해 정화의 정의를 극대화한다.

　　불법은 청정본연을 말하는 것이다. 본래 청정도 두지 않는 것이거늘 하물며 어찌 부정이 있겠는가. 그러나 정화를 말하지 않을 수 없는 부정이 있음을 또한 어찌하랴. 모든 종교사宗敎史는 종교 본연의 근본을 좀먹는 비본질적 요소와 대결하여 싸우는 투쟁의 역사이다. 비본질적 요소는 우선 교단의 토대인 계율에 도전한다. 이 도전을 받고 계율의 순수를 고수하려는 정화운동이 일어난다. 근대 한국불교의 정화운동이란 불교와 불법을 두고 하는 말일 아니라 교단을 구성하고 있는 승단의 정화를

52　고영섭, 앞의 글, 앞의 책, p.131.
53　불교전기문화연구소 편, 『다시 태어나도 이 길을 – 청담 큰스님 평전』(서울: 불교영상, 1996), p.184; 「해동불교의 거봉 청담 큰 스님」, 『전서 6』(서울: 불교연상, 2005), p.57.

말하는 것이다. 청정하여야 할 승가가 본래의 의미를 상실하고 있을 때 마땅히 본사 세존께서 정하신 율법에 따라 대치되는 요소는 제거해야 한다.[54]

불법이 청정본연을 말한다는 대전제 아래 그는 본래 청정도 두지 않는데 어찌 부정이 있겠느냐고 반문한다. 불법은 청정본연하여 청정과 부정의 상대 즉 대대待對조차도 넘어선 자리에 있다는 것이다. 이러한 인식 아래 청담이 착수한 정화는 타율적인 정화론에 입각한 '대자적 타개론'이었다. 이것은 성철性徹의 자율적인 정화론에 입각한 '즉자적 타개론'과 다른 것이었다. 대자對自, für sich는 타자에 대한 부정적 태도에 의해 자기 자신이 일정한 한계를 소유하는 실재로서 독립성을 주장하는 상태를 일컫는다.[55]

이것은 현상에서 독립한 그 스스로의 존재 자체이며 모든 현상적 외관으로부터 독립하여 실재하는 즉자론에 대응하는 것이다. 즉자卽自, an sich는 헤겔의 변증법의 근본 개념으로서 대립이 발전하지 않은 채 잠재해 있는 사물의 발전 단계 중 제1단계를 일컫는 말이다. 이를 달리 말하면 다른 것과 관계를 갖지 않고 그 자체로서 존재하는 일이나 그런 존재를 말한다.[56] 반면 대자는 헤겔의 변증법에서 즉자의 직접 상태로부터 발전한 제2의 단계를 말한다. 이는 바깥과의 끊임없는 관계 속에서 문제를 해결해 나가려는 태도를 말한다. 다시 말해서 다른 것과의 관계에 의하여 자기를 자각하고 자기 자신과 대립하는 것을 말한다.[57]

---

54 청담 순호, 「종단과 결별」, 제1장 나의 편력, 『전서 4: 잠언록』, p.38.
55 고영섭, 「불교정화의 이념과 방법: 청담 순호와 퇴옹 성철의 현실인식과 정화인식」, 『불교정화운동의 재조명』(서울: 조계종출판사, 2008), p.130.
56 고영섭, 위의 글, 위의 책, p.142.
57 고영섭, 앞의 글, 앞의 책, p.130.

청담은 1962년에 종회의장이 되었고 1966년에는 새로 구성된 종회의 의장에 선출되었다. 그는 대처승 측과 뒤섞여 있는 중앙종회가 정화정신에서 일탈하지 않도록 종회에 관심과 걱정을 함께 했다. 청담은 1966년에 효봉 종정이 입적하자 바로 뒤를 이어 통합종단의 제2대 종정이 되었다. 이후 그는 총무원장이 종무행정을 잘못 운영하여 이를 바로 잡고자 1967년 해인사에서 열린 임시 중앙종회에서 총무원장의 사퇴를 종용하였다. 총무원장은 유임을 간청하자 청담 자신이 먼저 종정사퇴서를 종회석상에 제출하고 총무원장의 사퇴를 관철시켰다.[58]

청담은 자신이 추진한 일련의 정화 과정을 「발원」이란 시에 담고 있다.

> 다생다겁 부모형제 이노래를 읽어보소
> 한번읽고 두 번읽고 천번읽고 만번읽어
> 무량죄업 소멸하고 무상대도 성취하여
> 무진장의 이공덕을 온중생에 두로논아
> 우리서로 너나없이 한꺼번에 부처되어
> 삼악도를 없앰으로 사중은혜 다갚으세.[59]

청담은 무량죄업 소멸하고 무량대도를 성취하여 무진장의 이 공덕을 온 중생에 두루 나누어 우리 서로 너나없이 한꺼번에 부처되어 삼악도를 없앰으로 사부대중의 시물로 이루어지는 사중四中의 은혜를 갚자고 발원하고 있다. 그의 발원은 그가 교단 정화와 중생 구제를 위해 온몸을 실어 살았기에 커다란 울림을 주고 있다.

---

58 송월주, 「청담의 구세관과 한국불교의 비구승단재건」, 『전서 10: 정화운동과 한국불교』, p.157.
59 청담, 「발원」, 앞의 책.

내가 부처이니 나만 잘 다스리면 된다. 석가여래를 천만번 믿어봐야 결국 석가여래 믿은 인간이고 중생일 뿐 별 수 없다. 내가 내 마음을 단속해 나아가서 번뇌망상을 자꾸 없애 버리는 것이 자아 완성이다. 그래서 순수한 본래의 자기 마음, 청정한 나를 때달아 놓으면 온 우주가 그대로 안되는 것이 없다. 인간이 자기의 관리권을 어떤 신명에게 위탁하는 한 신의 노예가 되어 천진天眞의 인권을 스스로 행사하지 못하며, 또는 물질의 노예로 제약되어진다.[60]

청담이 세상을 구하여 성취하고자 한 국토는 유심정토로 볼 수 있다. 그는 유심을 극명하게 설명하기 위해 『화엄경』 제1게인 "약인욕료지 삼세일체불 응관법계성 일체유심조"의 끝 글자 '조造'를 떼어 버리면 알기 쉽다고 했다. 그의 발심은 마음에서 시작하고 그의 서원도 마음으로 끝나고 있다. 그러니 그에게는 자나깨나 '오직 마음일 뿐' 인 것이다. 청담은 정화운동의 3대 사업을 ①승려교육의 현대화, ②역경사업의 현대화, ③포교사업의 현대화로 설정하고 나름대로 진력하였다. 하지만 불교 정화는 1954년부터 1966년까지 17년 동안 청담의 뜻대로 이루어지지 못했다고 고백한다. 그는 개탄의 고백서에서 이렇게 참회하고 있다.

정화 후에 16년이라는 세월이 흘러갔음에도 불구하고 이렇다 할 성과를 거두지 못한 것에 대해서는 위로는 부처님과 또한 전 국민 앞에 참회합니다. 그렇다고 해서 그 누구 한 사람도 원망할 수는 없는 것입니다. (……) 마魔가 너무 많아서 16년이라는 긴 세월을 내내 싸움만 하다보니 3대 정화사업은커녕 종단은 빈 깡통이 되고 만 것입니다. 그래서 오늘날 조계종은 당초에 뜻한 조계종이 되지 못한 그 중대한 원인이 있는 것입

---

60 송월주, 앞의 글, 앞의 책, pp.134~135.

니다. 바깥에서는 (일본)놈들 사찰재산을 둘러싸고 분규만 일삼는다고 욕을 하고 있으며 (……) 부처님 도와 주시옵소서. 재가나 출가자들이 힘을 뭉친다 하여도 이 거대한 재건불사야말로 난중의 난사인 것입니다. 게다가 근래에 와서는 분열이 시작되는 것 같습니다. 곳곳에서는 염치없는 난동 사건 발생으로 우리들은 얼굴을 들고 다닐 수도 없습니다.

이러한 사태악화의 증대로 말미암아 불교정화는커녕 역전되어 망화亡化가 증상함을 목격하는 나는 이 망화사태를 조속방지하고 중흥불가의 기초인 3대사업을 추진할 것을 서둘러서, 종비생을 양성하면 그들은 졸업하기 일쑤요, 불교전문강원을 공비로 졸업시켜 놓으면 점바치나 무당절로 나가서 주지육림에 빠져 죽어버린다니 그들은 애써 가르쳐 준 불교는 포교하지 아니하고 불타께서 엄금하신 온갖 미신을 팔면서 불교라고 호칭하며 선량한 국민을 사도邪道로 끌고 가고 있습니다.[61]

청담을 비롯하여 정화운동의 지도자들은 이념적 구현을 위한 교육, 훈련, 조직을 감안하지 않고 피상적인 대처정화 사찰정화 승려정화를 내세워 그 운동을 한 것이다.[62] 통합종단의 결성 이후 정화의 원칙과 기준을 무시하고 '화동위원회'[63]를 인정한 것에서 보듯이 정화운동이 잘 이행될 수가 없었다.

청담은 불교계의 난맥행정과 부정부패를 제거하며, 승려들의 자질 향상을 위한 일단의 계획을 총무원에서 묵살하자 1969년 여름에 눈물을 머금고 조계종을 탈퇴하였다. 당시 5백반 불교도들의 간곡한 호소에 못 이겨 다시 1970년 7월 17일에 다시 총무원장을 맡았다. 그는 불량잡승不良雜僧을 일소하기 위하여 승단의 기강확립, 불법을 바로잡기 위한 호법

---

61 목정배, 「정화일념」, 『전서 10』, pp.158~159.
62 목정배, 위의 글, 위의 책, p.160.
63 김광식, 「불교정화운동과 화동위원회」, 『불교정화운동의 재조명』(불교사연구총서2).

단 구성, 승려들의 재교육을 위한 중앙교육원과 승가대학의 설립, 일반 대중들이 불교에 쉽게 접근할 수 있는 불교성전의 편찬 등을 4대 목적으로 삼았다.[64] 청담이 세웠던 이러한 목적은 많은 우여곡절이 있었지만 이후 조계종에 의해 대부분이 완수되었다.

청담은 평생을 교단 정화의 길과 중생 교화의 길에 나섰다. 평소에 그는 "설사 성불을 한 생 미루는 한이 있더라도 모든 중생을 다 건지겠다"[65]고 발원하였다. 그리고 그는 그렇게 살았다. 청담이 발원한 '교단 정화의 길'은 그가 서원한 '중생 교화의 길'이요, 그가 서원한 '중생 교화의 길'은 곧 그가 발원한 '교단 정화의 길'이었다. 청담이 보여준 마음과 정화의 불이관계는 곧 교단 정화와 중생 교화의 불이 관계로 이어졌다.

VI. 공 사상의 신행과 호국 참회 사상

청담 순호의 탄생 100주년을 맞이하여 『청담대종사전서』(전11권)이 간행되었다. 이 『전서』는 종래에 그가 법회에서 설법하고 학술지와 잡지에 투고한 글과 및 언론과의 대담 등을 집성한 것이다. 청담의 『전서』에 나타난 청담사상은 마음사상과 정화사상의 두 축으로 구성되어 있다. 청담에게 있어 마음사상은 그의 발심처이고 정화사상은 그의 서원처라고 할 수 있다.

청담의 마음 이해와 정화 인식은 상호의존적이다. 그가 펼친 마음 이해는 공 사상 신행으로 구체화되고 정화 인식은 호국 참회 사상과 나아가고 있다. 이 때문에 청담이 발원한 교단 정화와 그가 서원한 중생 구

---

64 목정배, 앞의 글, 앞의 책, p.172.
65 박생광, 앞의 글, 앞의 책, p.132.

제는 상호보완적이라고 할 수 있다. 결국 그의 마음 이해와 정화 인식은 교단 정화의 길과 중생 교화의 길로 이어지고 있다.

살펴본 것처럼 붓다가 설한 "마음이 모든 존재의 근본이며, 마음에 따라 행이 이루어진다"는 가르침은 "인간의 마음은 본래 청정하지만 우연적 요소인 번뇌에 의해 더럽혀졌다"는 교설로 이어졌다. 우리는 중생의 본성은 부처나 여래의 본성과 같이 평등하지만 현실 속에 사는 인간의 본성은 갖가지 번뇌로 뒤덮여 있기에 "번뇌로 물들어 있는 마음을 해맑고 깨끗하게 정화해야 한다"는 수행 목표를 지니게 된다.

청담의 마음사상과 정화사상은 붓다의 가르침과 그대로 접목되고 있다. 마음은 본래 청정하지만 우연적 요소인 번뇌에 의해 더럽혀졌으므로 우리는 번뇌로 물들어 있는 마음을 해맑고 깨끗하게 정화해야 한다. 그러기 위해서 청담은 자신의 한 몸을 던져 일제의 침탈로 비롯된 식민지 불교의 잔재를 척결하고 전통불교의 복원을 시도했으며 대승불교의 중생 교화의 정신을 이어 세계 평화의 길에 일조하였다.

■ 참고문헌

『法句經』제1장, 제1구.
Juan Mascaro, *The Dhammapada*, England Books Ltd, 1973. 석지현 역, 『법구경: 불멸의 언어』(민족사, 1994; 1997), p.12 참고.
Aṅguttara Nikāya I-6, F. L. Woodward 번역, *The Book of the gradual Sayings*(London: Pali Text Society, 1979), p.5.
『增支部經典』 I-10, 11-13).

대한불교조계종 교육원 불학연구소 불교사연구위원회, 『불교정화운동의 재조명』(불교사연구총서2)
이재헌, 「미군정의 종교정책과 불교계의 분열」,
김순석, 「이승만 정권의 불교정책」(김순석),
고영섭, 「불교정화의 이념과 방법: 청담 순호와 퇴옹 성철의 현실인식과 정화인식」,
김상영, 「'정화운동' 시대의 종조 갈등 문제와 그 역사적 의의」,
윤승용, 「불교 정화공간과 사회복지」,
김광식, 「불교정화운동과 화동위원회」,
황인규, 「근현대 비구니와 불교정화운동」,
김순미, 「농지개혁과 사찰농지 변동」,
이경순, 「근현대 불교 구술사 성과의 현황과 과제」.

법정, 「不在中」, 『전서 6: 가까이서 본 청담 큰 스님』, p.106.
황산덕, 「한국불교의 정신적 지주」, 『전서 6』, pp.109~110.
청담 순호, 「제1장 나의 입산 50년 - 비구와 戒昊가 살아 있어야 한다-」, 『전서

11』, p.16.
박생광, 「얼마 남지 않는 생에 이 한마디를」, 『전서 6』, p.126.
탄허 택성, 「조계종 청담 대종사 비문」, 『청담대종사전서 제1책: 마음』(서울: 불교춘추사, 2002), p.331.

서경보, 「한국불교정화 중흥의 등불」, 앞의 책, pp.34~37.
이종익, 「불교중흥의 기수」, 위의 책, pp.24~33.
박생광, 「얼마 남지 않는 생에 이 한마디를」, 『전서 6』, p.126.
혜성, 「청담 70년」, 『전서 10』, pp.95~96.
송월주, 「청담의 구세관과 한국불교의 비구승단재건」, 『전서 10: 정화운동과 한국불교』, p.157.
목정배, 「청담의 호국 참회정신」, 『전서 10』, p.165.
불교전기문화연구소 편, 『다시 태어나도 이 길을 - 청담 큰스님 평전』(서울: 불교영상, 1996), p.184; 「해동불교의 거봉 청담 큰 스님」, 『전서 6』(서울: 불교연상, 2005), p.57.
고영섭, 「국가불교의 '호국'과 참여불교의 '호법'」, 『불교학보』 제62집, 동국대 불교문화연구원, 2014, p.100.

제5장

구산 수련九山秀蓮의 살림살이와 사고방식
- 한국불교사적 지위와 한국불학사적 위상 -

I. 전통불교 복원과 정화불사 주도

II. 구산 수련의 불교사적 지위

III. 구산 수련의 불학사적 위상

IV. 정혜결사의 계승과 국제포교의 선구

I. 전통불교 복원과 정화불사 주도

구산 수련九山秀蓮, 1909~1983[1]은 경술병탄, 일제식민지, 해방공간, 6.25, 불교 교단 정화, 4.19, 10월 유신, 10.26, 5.18 등의 파란만장한 시대를 살았다. 그는 동시대를 살았던 그와 동시대를 살았던 퇴옹 성철退翁性徹, 1912~1993과 탄허 택성呑虛宅成, 1913~1983 및 서옹 상순西翁尙純, 1912~2003 등과 함께 현대 한국사회에서 가장 대표적인 불교 인물이었다. 구산은 금강산金剛山 도인道人으로 알려진 효봉을 만나 1937 수계한 뒤부터 깨달음을 얻을 때까지 용맹 정진한 수좌였다. 오랜 수행 정진을 마친 그는 다시 역사의 전면에 나타나 전통불교의 복원을 위한 정화불사를 주도하였다.

구산은 효봉 학눌曉峰學訥, 1888~1966의 법을 이어 보조 지눌普照知訥, 1158~1210의 정혜결사定慧結社를 현대적으로 계승하였다. 그는 지눌과 효봉의 선을 계승하면서도 자신의 독자적 해석을 가미하였다. 구산은 화엄 등의 교학에도 깊은 이해가 있었지만 지눌처럼 선교일원禪敎一元을 강조하지는 않았다. 그는 지눌과 효봉의 조술자로서 '일물'과 '참나'와 '진

---

[1] 구산의 저술은 많지 않다. 생전에 간행한 것으로는 불일국제선원에서 외국의 승려들을 대상으로 설한 『Nine Mountains』(New York, Weatherhill, Tokyo, 1976; 1995), 이 영문판을 번역한 『석사자』(1980; 1999 개정판; 2007; 2009). 그리고 중국 송나라 때 대전 요통이 쓴 반야심경 주석서인 『大顚和尙注心經』(1983)을 펴냈다. 사후에 출간된 것으로는 구산문도회가 선사의 上堂法語를 엮어 펴낸 『九山禪門』(1994), 隨機說法을 모아 펴낸 『九山禪風』(1997) 그리고 구산선사 법어를 대중적으로 쉽게 풀어낸 『머물며 흘러가며』(밀알, 1994; 2006 증보판), 열반 30주년 추모집 『천진불의 미소』(불일출판사, 2013) 등이 있다. 이 책은 3장(석사자 전편), 4장(석사자 후편)에 『석사자』의 내용을 그대로 담고 있다. 이외에 법정, 「구산스님 그 분은 누구인가」, 『법륜』 180호, 법륜사, 1984; 신영훈, 「구산 큰 스님과 맺은 송광사 중창불사의 인연 - 산사고담(8)」, 『불교와 문화』 2000. 5·6, 대한불교진흥원 등이 있다. 그리고 불교계 신문과 잡지 등에 실린 구산 관련 기사와 내용 및 법문 초록, 게송, 서간문, 여행기, 묵적, 법문, 녹음테이프 등도 그에 대한 연구의 기본 사료가 된다.

성' 등을 통해 삼요三要와 삼학三學을 환기시켰다. 그리하여 구산은 간화선의 전통을 상승하고 정혜쌍수를 실천하였으며 돈오점수의 불교관을 견지하였다. 간화선풍을 계승하고 이를 현재적으로 해석하여 전달한 그의 살림살이와 사고방식은 한국불교의 현대적 기반 형성에 밑걸음이 되었다.

구산은 조계총림 송광사의 초대방장1969~1983을 역임하면서 승보종찰 송광사의 사격寺格을 공고히 하였다. 그는 만년[2]에 총림 강원을 개설하여 불교의 현대화와 생활화 및 국제화와 세계화 과정에 능동적으로 참여하였다. 구산은 대승보살의 실천이념인 육바라밀에다 만행바라밀을 덧붙인 칠바라밀을 제창하여 봉사의 불교를 제시하였다. 나아가 그는 불일국제선원을 개원1973하여 눈푸른 납자들을 받아들임으로써 한국불교의 국제화에 선구적인 노력을 기울였다. 그 결과 한국불교는 그의 외국인 제자들에 의해 영미권에 새로운 인식의 기반을 마련할 수 있었다. 구산은 송광사를 求心으로 하고 서울의 법련사와 광주의 증심사, 미국의 삼보사(가주 카멜)1972와 고려사羅城, 스위스의 불승사(제네바) 등지를 원심遠心으로 삼아 지눌-효봉 이래 한국의 간화선풍과 자신의 선풍을 널리 알렸다. 구산 이전[3]에도 해외 전법이 있기는 했지만 그는 전통의 조계선풍을 기반으로 아시아와 아메리카 및 유럽권으로 한국선풍을

---

2 그의 75년 삶의 역정은 크게 ①구도기(1909~1937) ②수행기(1937~1969), ③교화기(1969~1983)의 3기로 나눠볼 수 있다. 여기서 만년은 1969년에서 1983년까지에 해당되는 교화기를 일컫는다.
3 이미 화계사를 거점으로 미국의 동부 로드 아일랜드 주(프로비던스)에서 한국선과 관음신앙을 결합한 국제 관음선종(觀音禪宗)을 창종한 숭산 행원(崇山行願, 1927~2004)에 의해 해외 포교가 이루어지고 있었다. 대한불교조계종 교육원 편, 『조계종사-근현대편』(조계종출판사, 2005 초판 2쇄) pp.241~242. "숭산은 1966년에 일본에 弘法院을 설치하여 본격적인 해외 포교사업에 나섰다. 또한 1972년에는 미국으로 건너가 홍법원을 세운 뒤에 유럽과 아프리카 등에 이르기까지 한국선을 전하며 5만여 명의 외국인 제자들을 두게 두었다."

확산시켰다.

구산은 새로운 사찰은 전통사찰과 같은 산속이 아니라 도시 속에 머물러야 하며, 한국선은 한국인들의 전유물이 아니라 서양인들도 공유해야 할 인류의 발명품이라고 생각하였다. 이를 공유하기 위해 그는 국내에서는 '상당법어'上堂法語'를 통해 한국선풍을 심화시켰으며, 몸소 외국으로 나아가 '수기설법'隨機說法을 통해 한국선풍을 확산시켰다. 구산은 많은 저작을 남기지 않았지만 그의 『구산선문』1994은 성철의 『본지풍광』1982과 함께 현대의 한국선원에서 상당법어가 어떻게 이어져 왔는지를 잘 보여주고 있다. 그리고 『구산선풍』1997은 외국의 사찰과 대학 등지에서 외국인을 대상으로 설한 수기설법의 모습을 잘 보여주고 있다. 이 글에서는 구산의 생애와 저작들을 진리관(심성론)과 수증론(수양론)으로 살핀 선행 연구[4]를 검토하면서 역사적 지평 위에 펼쳐낸 그의 살림살이가 한국불교사에서 어떠한 지위를 확립하고 있으며, 철학적 기반 위에 구축한 그의 사고방식이 한국불학사에서 어떠한 위상을 확보하고 있는지에 대해 살펴보려고 한다.

---

[4] 구산에 대한 연구로는 다음과 같은 것들이 있다. 박정환, 「지눌과 구산의 선사상 비교 연구」, 서강대 종교학과 석사학위논문, 1999; 김방룡, 「구산 수련의 생애와 사상」, 『보조사상』 21집, 보조사상연구원, 2004.2; 문경순, 「구산 수련의 칠바라밀 고찰」, 『범한철학』 제54집, 범한철학회, 2009년 가을; 문경순, 「구산 수련의 선사상 연구」, 전북대학교 철학과 박사학위논문, 2011; 문경순, 『조계산의 돌사자』(불일출판사, 2012); 김방룡, 「九山 秀蓮의 禪思想 연구: 보조선의 계승과 관련하여」, 『보조사상』 37집, 보조사상연구원, 2012.2; 신규탁, 「九山 禪師의 上堂法語集 『九山禪門』 分析 試論」, 『보조사상』 37집, 보조사상연구원, 2012.2; 한동민, 「1950년대 교단정화운동과 구산 수련의 활동」, 『2011년 국내학술대회 자료집』, 보조사상연구원. 2011. 11; 문경순, 「구산수련의 불교대중화와 한국불교 세계화」, 『2011년 국내학술대회 자료집』, 보조사상연구원, 2011.11.

II. 구산 수련의 불교사적 지위

구산은 전북 남원에서 태어나[5] 어려서 소학교를 졸업하고 한학을 수학하였다. 일제 강점기에 그는 남원에서 명치明治,龍城이발관리髮館을 운영하였다. 구산은 26세1934 때 우연히 병을 얻어 진주에 사는 하처사河處士[6]를 만났다. "몸은 마음의 그림자이며 사람마다 누구나 원만히 갖추어 있는 자성자리는 본래 청정하거늘 어디에 병이 있겠느냐?"는 그의 무상법문無上法門을 들은 뒤 인생무상을 깨달았다. 그 뒤1936 구산은 지리산 영원사靈源寺에서 1백일 간 천수관음千手觀音기도를 들었다. 어느 날 기도 중에 신묘한 몽중법문夢中法門을 들었다. 차츰 병이 낫게 되자 그는 불보살의 가피력을 깨닫고 발심 출가하여 불제자가 되기를 발원하였다.

이듬해1937에 승보종찰 송광사에 금강산 도인인 효봉선사曉峰禪師가 주석하고 있다는 소식을 듣고 찾아가 참배하였다. 그 해 음력 사월 초파일을 맞아 송광사 삼일암三日庵에서 효봉선사를 은사로 사미계를 수지하였다. 그 해 하안거를 송광사 삼일암 선원에서, 동안거를 백양사 운문암雲門庵에서 하였다. 3년 뒤1939 통도사에서 해담 치익海曇致益 화상을

---

5 1919년 음력 12월 17일(1910년 양력 1월 17일)에 晉陽 蘇씨 在衡 거사와 和順 崔씨 姓女 보살 사이에서 6남매 중 3남으로 태어났다. 출가 전 이름은 蘇鮮鎬였다. 법호는 '九山', 법명은 '秀蓮', 별호는 '石獅子'(네거리의 돌사자), 雅號는 '打牛子'(소를 때리는 사람) 혹은 '조계산 돌맹이'이다. 이외의 별명으로는 일생을 지계 청정으로 수행정진하고, 출가 전에 이발업에 종사했기에 붓다의 10대 제자 중에 이발사 출신인 持戒第一 우바리 존자를 상기시켜 얻은 '우바리 존자', 가는 곳마다 대중외호와 가람수호, 도량장엄 불사를 원만히 이룩해서 얻은 '일 수좌', 대한불교조계종 정화불사 당시 500자 혈서로 정화불사의 당위성을 주창한 탄원서를 써서 얻은 '단지비구'(斷指比丘), 자나 깨나 늘 스승에 대한 효순심과 공경심으로 지극하게 시봉했기에 얻은 '효상좌'(孝上佐), 한국불교 최초로 송광사에 불일국제선원을 개설하여 많은 외국 스님들을 교화했기에 얻은 '아홉 산 스님', 오나 가나 항상 心地法門으로 목우가풍을 선양하고 조계선풍을 고취했기에 얻은 '이뭣고 스님' 등이 대표적이다.
6 구산, 『머물며 흘러가며』, p.343 등 일부 기록에는 진주의 '安 處士'로 되어 있다.

계사로 구족계를 수지하고, 통도사 백련암에서 하안거를 하였다. 이어 1942 노사 석두선사石頭禪師와 은사 효봉선사가 출가하고 수행 정진하였던 금강산의 산사들을 참배하였다. 뒤이어 그의 운수행각의 발길은 경북 금릉군 불영산 청암사 수도암修道庵에서 멈추고 그곳에 정각토굴正覺土窟을 짓고서 수행 정진하였다. 7일 동안의 용맹정진 중에 시계 치는 소리를 듣고 문득 게송을 지었다.[7]

그 즈음 효봉선사가 가야한 해인사에 개설1946된 총림의 방장으로 추대되었다. 구산은 그곳으로 가서 가야총림 선원의 도감都監과 원주院主 소임을 번갈아 맡았다. 그는 방장의 시봉과 대중의 외호에 힘쓰면서도 정진의 마음이 간절하였다. 구산은 은사의 허락을 받고 가야산 정상봉 아래에 법왕대法王臺라는 토굴을 짓고 생사를 넘어서는 정진을 하였다. 하지만 한 철이 지나도 그의 공부에 소득이 없었다. 이에 구산은 하산을 결심하고 걸망을 챙겼다. 그 날 밤 그의 꿈에 나타난 산신山神이 나타나 말하였다. '이 곳은 스님의 인연터이니 떠나지 말고 한바탕 더욱 용맹정진 하라'. 또 말하였다. '금생의 복으로는 공부 성취가 어려우니 내생의 복을 당겨 받으라.' 기이한 꿈을 꾼 뒤에 구산은 걸망을 다시 내려놓고 다짐하였다. '정진하다가 죽으면 결국 여러 부처님이 계시는 국토諸佛會土에 태어나 공부하게 될 것이요, 만일 죽지 않으면 마침내 공부를 성취하게 될 것이니, 죽어도 공부성취요 살아도 공부성취가 아니겠는가!' 그리고 필사적인 정진을 하였다.

이렇게 한 철이 지나 드디어 심안心眼이 열렸다. 구산은 「파진경」破塵鏡이란 시를 한 수 지어 효봉선사에게 바쳤다.

---

[7] 구산문도회,『구산선풍』, p.301. "소리 하나로 저 삼천세계를 다 삼키고[一聲吞盡三千界]/ 또렷이 드러낸 저 사나이의 아홉 겹 할이여![獨露這漢九重喝]/ 시계는 소리 마다 장광설이요[時計聲聲長廣舌]/ 쇠나무는 조각마다 청정법신이로다[金木片片淸淨身]."

앞면을 보니 어둑어둑 어둡지만 見面昏昏暗
뒷면을 보니 또렷또렷 밝도다 見背歷歷明
앞면은 본디 뒷면과 나뉠 수 없고 面本不離背
뒷면 또한 앞면과 나뉠 수 없네 背亦不離面
앞면을 보니 앞면이 아니고 見面不是面
뒷면을 보니 또한 뒷면이 아니네 見背亦非背
앞면과 뒷면을 하나로 꿰뚫으니 面背一洞徹
진여는 크고 둥근 거울이네 眞如大圓鏡[8]

구산의 견처見處를 본 효봉 방장은 자상한 점검과 따뜻한 칭찬을 주었다. 그는 효봉의 점검 아래 누더기 옷차림으로 처음 법상에 올라 게송을 읊으며 법문을 하였다1947.

달이 일천 강에 나투니 물결은 달에 비치고 月印千江波印月
하늘은 만물을 안고 나는 하늘을 안았네 天藏萬物我藏天
일체의 명상이 본디 진리를 갖추고 있거늘 一切名相元理足
장엄한 법계를 어찌 진리라 말하리오 莊嚴法界豈言眞[9]

구산은 스승의 점검을 받고 법상에 오른 직후 오래지 않아 6.25가 일어났다. 해인사 가야총림이 해산되자 그는 진주 응석사凝石寺로 이거하여 세 달의 동안거를 보냈다. 이듬해1951 정월 보름에 동안거 해제와 함께 구산은 게송을 지어 부산 동래 金井寺에 주석하고 있는 효봉노사에게 바쳤다.

---

8 구산문도회,『구산선풍』, p.302.
9 구산문도회,『구산선풍』, p.302.

대지의 빛과 모양이 본래 공한데 大地色相本來空
공을 가리키는 손가락에 어찌 망정이 있으리오 以手指空豈有情
마른 나무와 서 있는 바위엔 추위와 더위가 없지만 枯木立岩無寒暑
봄이 오면 꽃이 피고 가을이 오면 열매를 맺으리 春來花發秋成實[10]

효봉노사가 點頭하였다. 그리고 구산에게 佛譜函[11]에 실린 '세존하 제 78세의 전법게'를 내렸다.

한 그루 매화를 얻어 가꾸라 했더니 裁得一株梅
옛 바람에 꽃을 이미 피웠구나 古風花已開
그대는 마땅히 열매를 보았으리니 汝見應結實
내게 그 종자를 가져오너라 還我種子來[12]

이후 구산은 충무의 미륵산 용화사 도솔암에서 안거하였다. 종전이 되던 해1953에 용화사 뒤의 토굴에 주석하는 효봉노사를 모시기 위해 통영의 미륵산의 편백나무 숲 속에 미래사彌來寺를 창건하고 초대 주지에 취임하였다. 이듬해1954에는 미래사 법당을 낙성하고 절의 좌우 청룡백호 양쪽 산자락에 양지와 음지 토굴을 짓고 장로長老 석두 노사와 효봉 노사를 주석하게 하였다.

음력 4월 24일 석두 노사가 입적하자 구산은 다비를 하였다. 때마침 하안거 해제 뒤인 8월 17일에 '불법에 대처승은 없다'는 기치 아래 종단

---

10 구산문도회, 『구산선풍』, p.303.
11 효봉문도회, 『효봉법어집』(불일출판부, 1996). 佛譜函은 曉峰이 세존으로부터 내려오는 禪宗의 族譜를 손수 親筆로 기록한 것이다. 여기에 의하면 효봉은 세존하 78세요, 구산은 세존하 79세가 된다.
12 구산문도회, 「贈九山法子」, 『구산선풍』, p.303.

정화운동이 일어났다. 그는 효봉 노사를 모시고 상경하여 서울 선학원에 머물렀다. 여기서 구산은 여러 비구 도반들과 전국비구승대회를 개최하여 정화불사를 위한 '종단정화위원회'를 결성하는 등 주도적인 역할을 하였다.

1. 정화불사의 주도자

정화불사가 일어나기 이전부터 대한불교의 교단 중심부에서는 수좌 전용 사찰 할애의 문제가 제기되어 있었다. 처음 이 문제를 제기한 이는 해방 공간 동안 혁신단체에 깊이 관여했던 선학원의 이李대의大義, 1901~1978였다. 1952년 봄에 그는 만암 종헌曼庵 宗憲, 1876~1957 교정에게 수좌 전용 수행 사찰을 요구하는 진정서를 제출하였다. 만암 교정은 대처승 측에게 독신승려 전용 수행 사찰을 제공하라는 유시를 내렸다. 이로 인해 1952년 11월에는 통도사에서 열린 정기 교무회의(종회)에서 그 원칙을 정하였고, 1953년 4월 불국사 법규위원회[13]에서 이판 사찰로 18개 사찰을 수좌 측에게 제공하는 방침을 확정하였다.

하지만 대처승 측에서는 만암 교정의 이러한 제의를 형식상 확인하는 데 그치고 실행에 옮길 기미는 보이지 않았다. 비구승측은 기회가 있을 때마다 계획을 실천에 옮기도록 촉구했으나 별다른 반응이 없었다.[14] 이

---

13 강석주, 「정화운동의 회고」, 『선우도량』 제11호, 1997.6, p.245. "만암스님이 불국사에서 회의를 나갈 때 나도 갔는데 그때 독신승들에게 수행사찰 몇 개 만이라도 달라 했지요. 그것이 잘 되었으면 일이 커지지 않았어요. 통도사에서 회의를 했고 만암스님이 그런 말을 해서 선학원에서 수좌대회를 한번 했지요. 그래 가지고 정화운동이 시작되었어요. 그런 와중에 이박사가 유시를 했지요. 유시가 도움이 되었는가는 모르지만 그전부터 정화운동은 태동한 것이지요."
14 강석주·박경훈, 『불교근세백년』(민족사, 2002 개정판), p.206. 이때 제안된 사찰은 동화사(대구), 내원사(양산), 직지사(김천), 보문사(강화), 신륵사(여주) 등 18개였다. 또 정화가 막 시작되던 1954년 5월 20일 즈음에는 종래 주지들이 이에 응하지 않았

에 1954년 5월 20일 이승만 정부는 「대처승은 사찰에서 물러나라, 사찰의 토지를 반환하라」는 제1차 담화를 발표하였다.[15]

지나간 40년 동안에 일인日人들이 저의 소위所謂 신도神道라는 것을 들여와서 저의 황제皇帝를 천신天神처럼 섬기는 제도를 만들어서 신사참배神社參拜를 시킬 적에 선교사宣敎師 얼마는 신사참배神社參拜를 거부拒否해서 한국에서 축출逐出 당當한 사람들도 있었고 피박被迫 당當한 사람들도 몇이 되었으나, 우리 한인교도韓人敎徒들은 신사참배神社參拜를 거부拒否해서 옥중獄中에서 피박被迫 당當한 사람이 수數도 많고 죽은 사람도 여럿이 있었던 것이다. 동시同時에 일인日人들이 저의 소위所謂 불교佛敎라는 것을 한국韓國에 전파傳播해서 우리 불교佛敎에 하지 않는 모든 일을 행行할 적에, 저의 소위所謂 사찰寺刹은 도시都市와 촌락村落에 섞여 있어서 승僧들이 가정家庭을 얻어 속인俗人들과 같이 살며 불도佛道를 행行해서 오던 것인데, 이 불교佛敎도 당초當初에 우리나라에 배워다가 형식形式은 우리를 모범模範하고 생활제도生活制度는 우리와 절대반대絶對反對로 되는 것으로 행行해 오던 것인데, 이것을 한인韓人들에게 시행施行하게 만들어서 한국韓國의 고상高尙한 불도佛道를 다 말살抹殺시켜 놓으려 한 것이다. 그 결과結果로 지금 승도僧徒들이라는 사람들은 승僧인지 속인俗人인지 다 혼돈混沌되고 있으므로 우리나라 불교佛敎라는 것은 거의 다 유명무실有

다. 정화 한 달 뒤 주지들은 비구들을 달래려고 48개 사찰을 제시했다는 설도 있다. 18개 사찰을 안 주려면 범어사와 통도사 2개 사찰, 통도사와 해인사와 송광사 삼보 사찰, 삼보 사찰+용주사와 법주사의 5개 사찰만이라도 달라고 요청했으나 대처들에게 거절당한 비구들은 본격적으로 분노를 표출하기 시작했다. 정화의 캐치프레잊가 된 "불교 승단에 대처승 없다"라는 구호는 이때부터 나오기 시작했던 것으로 보인다.
15 고영섭, 「불교 정화를 어떻게 볼 것인가」, 『문학 사학 철학』 11호, 2007년 겨울, 한국불교사연구소, 2007, pp.151~152; 고영섭, 「불교 정화의 방법과 이념」, 『불교정화운동의 재조명』(조계종출판사, 2008), p.123.

名無實로 되어 있는 것이다."[16]

담화의 내용에 따르면 "대처승은 사찰에서 물러나고 사찰의 토지를 비구승들에게 돌려주라는 것"이었다. 그리고 그 명분은 "승僧들이 가정을 얻어 속인俗人들과 같이 살며 불도를 행해서 오던 것"인데 "지금 승도僧徒들이라는 사람들은 승僧인지 속인俗人인지 다 혼돈되고 있으므로 우리나라 불교라는 것은 거의 다 유명무실有名無實로 되어 있는 것"에서 찾고 있다.

이러한 정화 담화는 내용에 나타난 표면적 이유 외에도 이승만 정권의 정치적이고 종교적인 책략이 없지 않았다. 하지만 불교계는 정부의 강력한 입장에 접했지만 여전히 자체적으로 문제를 해결할 기미를 보이지 못했다. 농지 개혁과 6.25 전쟁으로 당시 불교계의 재정상태는 극도로 피폐하였다. 이 때문에 이판승들의 수행 환경은 황폐화 되었고 사찰 경제 역시 일대 파탄이 일어났다. 더욱이 사판승들은 그들이 지니고 있는 자기 소유 사찰의 유지와 보호에 급급했다. 그 결과 그들 대부분은 이미 수행에 대한 의식이 오래 전에 탈각되어 있었기에 이판승들에게 수행처를 배려할 마음이 없었다.[17]

정화불사의 상황이 이렇게 되자 구산은 이해 8월 2일음력 6월 15일에 손가락을 찢어 오백 자로 된 탄원 혈서를 쓰고 정화불사에 적극 동참하였다. 이 탄원서의 작성을 통해 그는 역사의 전면에 자신의 살림살이를 드러내게 되었다. 이 단지의 탄원서는 비구 대처의 대립을 해소하기 위한 불교 정화 불사의 속도를 배가시켰다.

---

16 한국승단정화사 편찬위원회, 『한국승단정화사』(경주: 대보사, 1996).
17 고영섭, 앞의 글, 앞의 책, pp. 152~153; pp. 123~124.

탄원서歎願書

이대통령하李大統領下 성수무강聖壽無疆 하심을 복축伏祝하나이다.

소승小僧은 국가대계國家大計을 위爲하야 불교정화佛敎淨化하라는 유시諭示를 밧들고 거去 유월六月 십삼일十三日 지도당국指導當局에 시달문示達文에 의依하야 비구대처比丘帶妻 양대표兩代表 오인식五人式 십인대책위十人對策委를 구성構成한 총대위總代委 제삼차회합第三次會合에서 전국승려대회全國僧侶大會을 개최開催하야 종단宗團 운영運營할 종회의원宗會義員을 선출選出한다는 의안議案을 가오可五 기권삼棄權三으로 표결表決 임석관리臨席官吏와 이문교장관李文教長官이 기자회견석상記者會見席上에 합법적合法的이라고 천명闡明하얏슴니다.

그리하야 금월今月 일일一日부터 오일五日까지 대회大會을 개최開催게 되며 운집雲集한 비구승니比丘僧尼 팔백여명八百餘名에 달達하야 최후단계最後段階에 임臨한 차제此際에 지도당국指導當局에서 대회大會를 폐지廢止하라 하니 유시배신諭示背信 왜색보호倭色保護한 문교처사文教處事를 이해理解할 수 업슴니다.

세계적世界的 봉화烽火인 각하閣下의 성업聖業이 수포水泡로 도라가매 무력無力한 비구천이백명比丘千二百名은 압뒤가 끈어젓사옵기 최후最后의 혈서血書로 이 사실을 호소하오니 현명賢明하신 각하閣下게옵서 이점을 명찰明察하시와 전통傳統 비구승比丘僧이 종권宗權을 잡아야사 왜색倭色의 후환後患이 업도록 할 최후最後 한 말삼 분부하야 주시옵기 업드려 바라옵나이다.

단기 사이팔팔년四二八八年, 1955년 팔월八月 이일二日

비구승단比丘僧團 소구산蘇九山 합장合掌

추신追伸
 각하의 유시를 유린하고 친일을 조장하는 장관은 한국 내에 용인할 수 없슴을 재삼 강조하는 바이올시다.[18]

 구산은 피로 쓴 500자 탄원서 당시 불교 교단의 담당자였던 문교부 장관에게 보냈다. 이것은 사실상 이승만 대통령에게 보낸 것이었다. 이 대통령은 1차 담화에 이어 이후 8차에 걸쳐 대통령 담화를 발표하였다.[19] 이승만 정부는 1차 정화 담화를 발표하여 자체 해결을 촉구하였다. 하지만 불교 교단 내의 비구와 대처 양측은 타협하지 않았다. 그러자 이승만 정부의 문교부는 불교정화 과정에 개입하여 사찰정화수습대책위원회를 구성하였다. 그리고 이 위원회에서 승려자격 8대 원칙을 결정하였다. 승려 자격의 8대 원칙은 1) 독신 2) 삭발염의 3) 수도 4) 10세 이상 5) 부주초육不酒草肉 6) 불범사바라이不犯四婆羅夷 불살생不殺生·불투도不偸盜·불사음不邪淫·불망어不妄語 7) 비불구자 8) 3년 이상 승단생활을 해온 자 등이다. 이와 같은 승려 자격 문제는 다시 논쟁을 점화시켰

---

18 법련사 홈페이지 참조. 혈서 원본은 즉시 경무대에 제출하고, 사본은 흑백필름으로 영구 보존키로 하였다. 구산(九山)이 불교정화운동을 주창하면서 혈서(血書)로 쓴 500자 '탄원서의 길이는 5m이고 폭은 33cm이다. 실제 글자수는 546자에 이른다. 제목과 날짜를 제외한 본문은 517자이다. 그는 이 혈서를 조계사 대웅전에서 낭독한 뒤 그만 졸도하였기에 인근 병원으로 이송해 수일간 요양하였다 전한다.
19 고영섭, 「불교 정화를 어떻게 볼 것인가」, 『문학 사학 철학』 11호, 2007년 겨울, 한국불교사연구소, 2007, p.156; 고영섭, 「불교 정화의 방법과 이념」, 『불교정화운동의 재조명』(조계종출판사, 2008), p.128.

고 공권력 개입의 빌미를 주었다.[20]

당시 비구와 대처는 각기 5인씩 10인이 모여 10인 대책위를 구성한 총 대표 제3차 회합에서 전국승려대회를 개최하야 종단을 운영할 종회의원을 선출한다는 의안議案을 가결 5명, 기권 3명으로 표결表決하자 임석관리와 이 문교장관이 기자회견 석상에서 합법적이라고 천명하였다. 그리하여 1955년 8월 1일부터 5일까지 구름처럼 모여든 비구승니 8백여 명에 의해 최후단계에 임하였던 것인데 갑자기 지도당국에서 행사를 폐지한다고 선언하였다. 이에 구산은 혈서로 탄원서를 써서 전국승려대회를 개최하여 전통불교의 비구승이 종권을 잡아야 왜색불교로부터 보호할 수 있으므로 "각하의 유시를 유린하고 친일을 조장하는 장관은 한국 내에 용인할 수 없음을 재삼 강조"하였다.

구산의 혈서 탄원은 비구승의 결집과 여론의 우위를 점하였다. 하지만 대처승측과의 타협에 실패함으로써 정부 개입의 빌미를 주었다. 결국 수행사찰 할애 문제와 종조 시비로 심화된 불교 정화의 흐름은 정화에 대한 근본적인 성찰과 반성을 촉구하게 하였다.[21] 비구-대처의 오랜 분규는 박정희 국가재건회의의 압박과 중재로 결국 통합종단을 출범1962시켰다. 하지만 다시 분규가 계속되면서 대처측은 한국불교태고종단으로 분종1970해 나갔다. 그리하여 전통불교의 비구승이 조계종단의 종권을 잡고 왜색불교로부터 한국불교를 보호할 수 있게 되었다.

구산은 불살생을 제1계로 여기는 수행자임에도 불구하고 종단에 대한 사랑과 불교 정화를 위해 기꺼이 '단지혈서'斷指血書를 감행하여 당시 교단에 신선한 바람을 불러 일으켰다. 구산에 앞서 6월 10일에 대처측이 조계사에 난입하여 많은 승려들을 구타하는 사건이 발생하였다. 이

---

20 고영섭, 앞의 글, 앞의 책, pp.127~128.
21 고영섭, 앞의 글, 앞의 책, p.129.

에 범어사의 김金지효智曉, 1909~1989는 불교 정화를 위해 이차돈의 순교처럼 교단을 위해 누군가는 죽음으로써 이 혼란을 끝내야겠다는 생각으로 조계사 법당에서 할복割腹 자살을 기도[22]하였고, 6비구의 대법원 할복사건이 이어졌다. 이들 할복사건 이후 구산의 단지혈서는 독신승단에 대한 국민들의 기대와 불자들의 희망에 불을 붙였다. 결국 구산 수련의 500자 탄원 혈서는 비구승측의 결속을 강화시켰다. 아울러 전통불교 회복의 큰 촉진제가 되었다.[23] 그 결과 정화불사의 주도자였던 구산은 교단의 외적 정화를 마무리 지을 수 있었다.

이후 구산은 지눌이 지리산 상무주암을 수행도량으로 '갑천하지제일도량'甲天下之第一道場이라 하고, '주천하지제일도량'周天下之第一道場이라고 칭찬했던 전남 광양 백운산白雲山 상백운암上白雲庵 터에 삼 칸 토굴을 짓고 최후 발심하여 정진하였다. 백운산 상백운암은 일찍이 금오 태전金烏 太田, 1896~1968선사가 한 때 수행 정진했던 곳이다. 구산은 그의 권유에 의해 토굴을 짓고 수행을 하였다. 그는 이곳 상백운암에서 오후보림悟後保任한 뒤 오도의 게송을 읊었다.

> 옛날 가야산에 머물 때는 昔在伽倻
> 시방이 끊어져 十方切斷
> 오히려 공견 뿐이었는데 猶有空見

---

22 道光, 「淨化日誌」, 『한국불교승단정화사』(1999), p.408. "평소에도 순교정신이 철저하였지만 이번에 대처속한의 손에 맞아 죽기보다는 차라리 내손으로 할복하여 죽어 버리겠다고 지니고 있던 사촌가량되는 단도로 자기 배를 세 번 이나 찔렀으나 뜻을 이루지 못하고 뱃가죽이 갈려서 창자가 주먹만큼 나왔고 유혈낭자해서 비린내가 근방에 진동하였다."

23 한국불교근대사연구회 편, 『22인의 증언을 통해 본 근현대불교사』(선우도량출판부, 2002), p.226. 道法이 김지효의 할복 당시의 상황에 대해 法龍은 소구산 스님은 손가락을 잘라 血書를 쓰고 김지효 스님은 割腹을 했다 해서 吞虛스님이 '소단지 김할복'이라고 불렀다고 대답하고 있다.

오늘 백운산에는 今日白雲

큰 기틀이 한번 굴러서 大機一轉

공견을 녹여서 물리치는도다 銷却空見

송왈 頌曰

깊이 보현의 터럭 속에 들어가 深入普賢毛孔裡

문수를 붙잡으니 대지가 한가롭네 捉敗文殊大地閑

동짓날에 양생한 소나무가 저절로 푸르니 冬至陽生松自綠

돌사람이 학을 타고 청산을 지나가네 石人駕鶴過靑山[24]

  이미 구산은 효봉에게서 전법게를 받고 인가를 받은 구산이었다. 효봉은 전법게를 주며 "그대는 마땅히 열매를 보았으리니汝見應結實/ 내게 그 종자를 가져오너라還我種子來"고 하였다. 구산은 다시 수행정진에 나아가更加精進 깨달음을 얻고 한없는 선열과 法喜의 充滿 속에 소요하고 자재할 수 있었다. 그의 오도송에는 효봉이 가져오라고 한 그 열매가 드러나 있다. 이제 그에게는 "지눌선사의 정혜결사정신을 계승하여 승보사찰인 조계산 송광사를 재건하라"는 효봉선사의 현전승보現前僧寶 양성 유훈을 계승하기 위하여 제2의 정혜결사를 일으켜야 할 과제가 있었다. 해서 구산은 '단지혈서'를 통해 불교 종단정화의 주도적인 역할을 한 뒤에 정혜결사를 계승하기 위해 제2의 정혜결사운동을 주창하였다.

---

24 구산문도회, 『구산선풍』, p.305.

2. 정혜결사의 계승자

대한불교조계종은 오랜 분규를 매듭짓고 통합종단으로 출범한 뒤 다시 비구승단을 회복하게 되었다. 이제 구산은 종단정화불사인 외적 정화가 어느 정도 마무리 되고 틀이 잡혀 가자 진정한 정화불사인 교단의 내적 정화의 추진에 전력을 기울이고자 했다. 그는 "진정한 정화불사는 모든 종도들이 여법如法하게 수행정진修行精進하여 견성성불見性成佛하고 교화중생敎化衆生하는 것이 최상의 길"이라는 것을 절감[25]하였다. 그리하여 구산은 한국불교의 정체성 확립과 인식틀 확보를 내적 정화로 인식하였다. 그러기 위해서 구산은 우리 고유의 옛 전통과 풍습 및 혼과 얼에 주목하였다.

우리나라 사람들은 어떤가? 고유의 옛 전통과 풍습을 얼마만큼 지키며 그 얼을 본받아 어떻게 생활하고 있는가? 최근 홍수처럼 밀려든 서구사조西歐思潮와 풍물風物에 우리의 혼마저 물들어 버린 것 같지 않은가? 세계 각국 사람들이 한국에 와서 한국문화를 배우려 할 때 과연 우리는 현 시점에서 한국의 문화文化가 이렇다고 내놓을 것이 무엇이 있겠는가? 우리는 반만년 역사와 신라, 고려시대의 찬란한 정신문화를 이어 받아야 한다. 그리고 한국 문화의 우수성과 특수성을 오늘날에 되살려 확고한 민족정신을 일깨우고 나아가서는 세계만방에 한국 민족의 긍지와 얼을 소개하고 또 널리 선양해야 한다. 이것은 서양의 문물文物이 나쁘다는 말이 아니라 우리 전통문화의 바탕 위에 서구의 문화를 받아들여 더욱 빛날 수 있도록 한국화 해야 한다는 말이다. 이것이야말로 우리가 바라는 진정한 현대화며 민주화며 애국애족이 아니겠는가.[26]

---

[25] 구산,『石獅子』(불일출판사, 1980; 1999 개정판; 2007; 2009), p.231.
[26] 구산,「우리 것을 되찾자」,『머물며 흘러가며』, pp.338~339.

구산은 불교 이전에 우리 민족 고유의 옛 전통과 풍습을 지키며 그 혼과 얼을 본받아 생활하는 것에 대한 깊은 자의식이 있었다. 그는 우리나라의 반만년의 역사와 한국문화의 우수성과 특수성을 오늘에 되살리고자 하였다. 그리하여 구산은 한국 민족의 긍지와 얼을 소개하고 널리 선양하기 위해서는 민족정신을 확고하게 일깨우고 이것을 세계만방에 널리 선양해야 함을 강조하고 있다. 또 그는 '우리 전통문화의 바탕 위에 서구의 문화를 받아들여 더욱 빛날 수 있도록 한국화 해야 한다'고 역설하였다. 구산은 그것이 '진정한 현대화며 민주화며 애국애족'이라고 하였다. 이처럼 그는 한국문화의 긍지와 얼이 반만년의 역사와 신라, 고려시대의 찬란한 정신문화이며 이는 불교정신을 그 기반에 두고 있음을 확신하고 있었다.

구산은 원효와 의상, 석굴암과 불국사 등을 직접 거론하지는 않았지만 신라시대의 찬란한 정신문화를 수놓은 그들과 문화들을 자랑스럽게 생각하였다. 그리고 선사였던 그는 고려 중기에 교종과 선종의 갈등을 '광혜'狂慧와 '치선'癡禪의 기호로 갈파하고 선교일원禪教一元의 기치로 이들의 통합을 위해 헌신한 보조 지눌의 정혜결사의 정신에 주목하였다. 지눌의 『권수정혜결사문』은 '치선을 넘어선 선정'과 '광혜를 넘어선 지혜'의 균습均習에서 출발하고 있다. 여기서 '치'癡와 '광'狂의 양 극단을 넘어서는 '균습'은 中道의 다른 표현이었다.

슬프다. 대저 삼계를 여의고자 하면서도 정작 번뇌를 끊는 수행은 하지 않는다. 몸만 남자일 뿐 장부의 뜻은 없다. 위로는 도를 넓히는데 어긋나고, 아래로는 중생을 이롭게 하지 못하며, 가운데로는 네 가지 은혜四恩을 저버렸으니 참으로 부끄럽다. 나는 이것을 길게 탄식해 온 지 오래되었다. 임인년壬寅年, 1182 정월에 개성開城 보제사普濟寺의 담선법회談禪法會에 올라갔다. 하루는 도반 십여 명과 더불어 약속하기를, '이 법회가 끝난 뒤에 마땅히 명리名利를 버리고 산림山林에 은둔하여 함께 결사結社를 하여 항상 선정과 지혜를 고루 익히는데習定均慧 힘쓰며, 예불하고, 경을 읽고轉經, 운력運力을 하는데 이르기까지 각기 소임대로 경영하며, 인연을 따라 심성을 수양하여 평생을 구속없이 지내면서 멀리 달사達士와 진인眞人의 높은 수행을 따른다면 어찌 유쾌하지 않겠는가' 하였다.[27]

지눌은 고려 중기 불교 교단의 병폐를 '치선'과 '광혜'라고 진단하고 이들 병폐의 해소를 위한 새로운 처방을 도반 십여 명에게 제시하였다. 보제사의 담선법회가 끝난 어느 날 그는 '명예와 이익을 버리고 산림에 은둔하여 함께 결사하자'고 권유하였다. 그리고 '선정과 지혜를 고루 닦고', '예불과 전경과 운력을 각기 소임대로 맡아 하며', '인연 따라 심성을 수양하여 평생을 구속 없이 지내면서', '달사와 진인의 높은 수행을 따르자'는 것이었다.

이것은 곧 출가 본연의 정신을 회복하고 상가공동체 생활을 통해 '위로는 도를 넓히고', '아래로는 중생을 이롭게 하자'는 것이었다. 지눌은 그것이 곧 '부모·국왕·중생·삼보에 대한 네 은혜를 갚는 것'이라고 역설하였다. 여기서 그가 강조한 것은 '선정과 지혜를 고루 닦자'는 기치였다. 그래야만 불설佛說의 핵심인 중도中道를 등지고 양극단에 떨어진 '광혜'와 '치선'에서 벗어날 수 있기 때문이었다.

효봉은 평소부터 한국불교의 전통을 바로 세우고 일제하에서 크게 변질된 종단을 정화하여 여법한 수행인을 양성하고자 했다. 해서 그는 가야산 해인사에 한국불교 최초로 설치한 가야총림1946~1950을 통해 제2의 정혜결사를 계승하려 했다. 하지만 효봉은 6.25로 인해 그 뜻을 이루지 못하였다. 효봉을 시봉하며 가야총림을 실질적으로 뒷받침하였던

---

27 지눌,『勸修定慧結社文』,『普照全書』(불일출판사, 1989), p.7.

구산은 당시의 정황을 누구보다도 잘 알고 있었다. 구산은 종단정화불사라는 외적 정화가 어느 정도 마무리되자 이제 "모든 종도들이 여법하게 수행정진修行精進하여 견성성불見性成佛하고 교화중생敎化衆生하는" 내적 정화의 길로 나아가려 하였다. 그것이 곧 지눌의 정혜결사를 계승하여 제2의 정혜결사를 펼치는 것이었다.

지눌은 고려 중기 불교 교단의 선교 갈등을 '한가로이 공을 지키는 어리석은 선'閑守空底癡禪과 '다만 문자만 더듬는 미친 지혜'但尋文底狂慧라고 갈파하였다. 이에 대응하여 구산은 '치선'을 남악 회양이 마조 도일을 일깨워주기 위해서 '벽돌을 갈아 거울을 만드는 것과 같고', '광혜'를 어리석은 이들이 '바다에 들어가 모래를 세는 것과 같다'[28]고 하였다. 이것은 고려 중기 지눌의 문제의식이 대한 중기 구산의 문제의식으로 계승되고 있음을 보여주는 대목이다. 지눌의 문제의식은 구산의 스승 효봉의 문제의식과도 상통하고 있다.

슬프다. 말세에 범박하게 배우는 공부하는 일종의 무리가 다만 구두선口頭禪만 배우고 진실한 이해實理解는 전혀 없어서 몸을 움직여 유를 행하면서도運身行有 입을 열어선 공을 말한다開口談空. 스스로 업력業力에 이끌림所牽을 알지 못하고 다시 남에게는 인과因果과 없다撥無고 가르치면서, 도둑질行盜과 음행行淫이 보리菩提에 장애되지 않고, 술 마시고飮酒 고기 먹음食肉이 반야般若에 방해되지 않는다 하니 이와같은 무리들은 살아서는 부처님의 계율을 어기고 죽어서는 아비지옥에 떨어질 것이다. 거기서 지옥이 업이 소멸된 뒤에는 다시 축생이나 아귀 세계에 떨어져 백천 만겁에 나올 기약이 없을 것이다. 그러므로 우리 대중은 한 찰나에 회광반

---

28 구산, 「三種發心」, 『石獅子』, pp.57~58. "한가로이 공을 지키는 어리석은 선[閑守空底癡禪]은/ 벽돌을 갈아 거울을 만드는 것과 같고/ 다만 문자만 더듬는 미친 지혜[但尋文底狂慧]는/ 바다에 들어가 모래를 세는 것과 같다."

조廻光返照하여 이치에 있어서는 일을 생각하고 일에 있어서는 이치를 밝혀, 다같이 큰 일을 마친 사람了事人이 되어 불조佛祖의 남기신 자취를 이어 받기를 간절히 바라고 바란다.[29]

대한시대[1897~남북한 통일] 초기를 살았던 당시 수행자들에게는 경허鏡虛, 1846~1912 이래의 무애행無碍行에서 비롯된 음주 식육과 같은 막식莫食과 행도 음행과 같은 막행莫行이 대승보살행을 위해서는 피할 수 없는 것으로 정당화되어 있었다. 이에 대해 효봉은 '범박하게 배우는 무리의 구두선'이 아니라 '진실한 이해에 기초한 화두선'이 필요하며 '업력의 이끌림'과 '인과의 지엄함', 그리고 '지계의 엄정함'에 대해서 반어적으로 환기하고 있다.

효봉의 이러한 결사정신은 구산에게로 계승되어 제2의 정혜결사로 확충되고 있다. 그리하여 효봉의 유훈을 이은 구산의 정혜결사는 비구승 중심의 '전통교단의 회복'이라는 외적 정화 뿐만 아니라 '출가정신의 회복'이라는 내적 정화까지 모색하고 있었다. 구산의 정화는 '모든 종도들이 여법하게 수행정진修行精進하여 견성성불見性成佛하고 교화중생敎化衆生하는 것'인 출가정신의 회복이라는 내적 정화와 보조 지눌과 효봉 학눌로 이어져온 전통불교의 계승과 '비구 승단을 회복하는 종단 정화불사'인 외적 정화 모두에 겨냥되어 있었다. 당시 종단에서는 조계총림의 설립위원장에 청담靑潭을 추대하고, 초대방장에는 구산九山을 추대하였다. 구산은 개당설법開堂說法을 시작으로 청풍납승淸風衲僧들을 제접하였다. 그리고 평소의 생각이었던 제2 정혜결사운동과 제2 정화불사를 주창하였다.

---

29 효봉문도회, 「1954년 1월 15일-동안거 해제법어-통영 용화사 토굴」, 『효봉법어집』 (불일출판사, 1975; 1995; 1996), pp.114~116.

구산은 '법당을 세우고建法幢 종지를 세우고立宗旨' 도업을 성취하려면 세 가지 인연이 구족되어야 함을 역설하였다. 그래서 총림의 후원과 신행단체의 외호 인연으로 전국 불일회를 조직하기로 결의하였다. 효봉 노사가 종정으로 머물던 동화사 주지시절부터 인연이 있던 대구 신도들을 중심으로 대구불일회를 결성한 뒤 불일회의 취지에 찬동한 전국의 대도시의 불자들로 하여금 승보종찰 송광사 조계총림 불일회 지회를 결성하여 정혜결사운동을 지속할 수 있도록 하였다.

이러한 물적 기반의 확보를 통해 구산은 송광사를 거점으로 조계총림을 이끌어가면서 인재교육과 도량불사 및 도심포교와 해외전법 등을 통해 승보종찰로서의 사격을 확고하게 세워나갔다. 이후 그는 제8차 중창불사1983~1990를 발원하고 각 분야별로 자문위원회를 구성하였다. 그러나 구산은 그 직후 입적함으로써 중창불사에 착수하지 못하였다. 하지만 그의 유지를 받든 제자들에 의해 제8차 중창불사가 원만하게 마무리되었다. 구산이 이루고자 한 원력은 지눌과 효봉이 못다 이룬 정혜결사의 계승이자 완성이었다.

3. 총림강원의 개설자

깨침을 얻은 붓다에게는 다섯 비구를 비롯하여 점차 제자들이 늘어났다. 이제 유행遊行만으로는 제자들과 함께 하기 어려웠다. 때마침 마가다국 가란타 장자와 빔비사라 왕이 죽림정사를 지어 희사하였다. 뒤이어 사위국 기타 태자와 급고독(수닷타) 장자가 기원정사를 지어 희사하였다. 이들 두 정사의 기증 이후에도 뜻있는 불자들이 지속적으로 희사하여 다섯 정사들이 생겨났다.[30] 붓다와 제자들은 왕사성의 정사들 중

---

30 고영섭, 「조계종 5대 총림의 재검토」, 『보조사상』 제31호, 보조사상연구원, 2009.

평지가람인 죽림정사를 시작으로 정착생활을 시작했다. 나머지 정사들 역시 좌선정사坐禪精舍로서 수행도량으로 탈바꿈 되어갔다.³¹

불교공동체인 상가는 많은 수행자들이 한 곳에 화합하여 머무는 곳 ³²이다. 무리衆를 이룬 수행자들은 점차 수행공동체인 상가僧伽를 형성해 갔다. 수행자들은 이곳에 모여 계율을 지키며 살았다. 때문에 공동생활을 하는 정사는 수행공동체이자 생활공동체가 되었다. 해서 이 공동체는 여러 승려들이 화합하므로 '승'僧이고 큰 나무들처럼 하나로 모여 있어叢 '림'林이라고 했다.³³ 이 같은 생활공동체는 불교 전통에서만이 아니라 다른 종교 전통에서도 나타나고 있다.

불교의 종합수도장인 '총림'은 '빈디야 바나'vindya-vaṇa, 檀林를 번역한 말이다. 이것은 또 '빈다바나'貧陀婆那로 음역되기도 했다. 총림은 출가자 僧와 재가자俗가 화합하여 한 곳에 머무름이 마치 수목이 우거진 숲과 같다 해서 붙여진 이름이다. 나말 여초 이래 총림은 선원을 일컬었다. 여말 선초 이후에 총림은 강원과 염불원까지 아우르는 개념으로서 사용되었다. 조선 후기에 이르러 선원과 강원과 염불원의 삼문수업 체계가 확립되면서 총림의 의미는 더욱 더 구체화되어 갔다. 하지만 일제 식민지를 거치면서 전국의 여러 총림은 해체되고 말았다.

다행히 1940년 초반의 백양사 고불총림과 1946년의 해인사 가야총림으로 다시 복원되었다. 하지만 총림은 6.25로 인해 다시 단절되고 말았다. 1954년의 정화불사와 1962년의 통합종단의 출범 이후 대한불교조

---

31 龍樹, 『大智度論』 권3(『대정장』 제25책, 77하 면). "王舍城有五精舍, 竹園在平地, 餘國無此多精舍."
32 龍樹, 위의 책 권3(『대정장』 제25책, 80상 면). "云何名僧伽?. 僧伽秦言衆. 多比丘一處和合是名僧伽."
33 龍樹, 앞의 책 권3(『대정장』 제25책, 80상 면). "譬如大樹叢聚, 是名爲林, 一一樹不名林, 除一一樹亦無林. 如是一一比丘不名爲僧, 除一一比丘亦無僧, 諸比丘和合故僧名生."

계종은 역경과 교육과 도제양성을 종단의 삼대 목표로 삼았다. 승보종찰 조계산 송광사는 법보종찰 해인총림 해인사에 이어 두 번째로 조계총림으로 승격1969되었다. 불보종찰 영축총림 통도사는 그 이후에 총림으로 승격되었다.

전문강원 조사표에 의하면 1914년에 조계강원 즉 송광사 강원의 명칭이 확인된다. 1918년에 조계강원 은 2회 대교 졸업생을 배출하고 있다.[34] 이후 송광사 강원에 대한 기록은 자세히 나타나 있지 않다 하지만 부휴浮休의 문손이 주도하였던 조선 후기와 식민지시대 그리고 효봉曉峰의 문손이 동거하였던[35] 해방공간 이래 강원은 면면히 이어진 것으로 추정된다. 그러나 6.25를 거치면서 사찰이 대부분 폐허가 되었다. 구산은 은사 효봉의 유지를 받들어 중창불사를 하였다. 그는 선원에 이어 강원의 개설에 적극성을 보였다. 단절된 강원을 복원1983한 그는 총림의 방장이자 선사이면서도 『선문염송』을 강론하였다. 그리하여 강원 즉 승가대학을 통해 세계적인 불교학자를 양성하려고 하였다.

불일 법정1932~2010은 『사미율의』와 일본 동경대 교수 와타나베 쇼오코가 쓴 『불타 석가모니』를 강의하였다. 구산은 범어사의 백운 지흥白雲智興과 해인사의 화담 종진和禪宗眞을 강주로 초청하여 강의를 맡겼다. 이후에는 영호 정호映湖鼎鎬 강백에게 전강을 받은 운성 승희雲惺昇熙 강백이 송광사에 머물면서 11년 동안 많은 졸업생들을 배출하였다. 1992년 이후에는 운성 강백에게 전강을 받은 도원 지운道圓智雲이 강주로 머물면서 후학들을 지도해 오고 있다. 이처럼 승보종찰인 송광사 강원을 복원한 것은 구산에 의해서였다. 선원에 이어 강원을 복원한 그는 일상의 신행생활 속에 칠바라밀을 제시하여 생활불교의 길과 대중불교의 길을 다져나갔다.

---

34 대한불교조계종교육원, 『강원총람』(불학연구소, 1997), p.154.
35 고영섭, 「조계산 송광사의 수행과 문화」, 『보조사상』 제39집, 보조사상연구원, 2013.

4. 칠바라밀의 제창자

대승불교의 이상적 인간상인 보살은 보시, 지계, 인욕, 정진, 선정, 지혜의 육바라밀을 실천이념으로 삼는 존재이다. 보살은 육바라밀을 삶의 방식으로 삼는 발심하는 존재이자 서원하는 존재이다. 구산은 "생사의 강을 건너는 저 언덕이란 마음 깨우침을 가리키며 그 방법은 곧 칠바라밀"[36]이라고 하였다. 그는 보살의 삶의 방식인 육바라밀을 현대인들의 삶의 공간에서 실현시키려 하였다. 그래서 육바라밀을 현대적으로 변용하여 '올바른 길'로서 '칠바라밀 요일七曜日'을 만들고 '일곱 가지로 꿈을 깨는 법'이라는 새로운 해석을 시도하였다.[37]

사람마다 나름대로 나란 멋에 살건만
이 몸은 언젠가 한 줌 재가 아니리
묻노라 주인공아 어느 것이 참나런고.[38]

구산은 '나'라고 하는 정의와 한계와 가치와 의무를 알고 올바른 길을 택하여 환상의 굴레를 벗고 진실한 희망의 길로 나아가는 길이 곧 생활불교의 길이라고 하였다. 칠바라밀은 일곱 요일에 나누어 구체적인 실천행을 담아낸 것이라고 역설하였다. 그는 대승불교의 이상적 인간상인 보

---

36 구산, 앞의 글, 앞의 책, p.180.
37 구산, 「칠바라밀 요일」, 『石獅子』(불일출판사, 1980; 1999 개정판; 2007; 2009), p.201. 편집자 註. 구산은 이 칠바라밀을 조계총림 대중에게 小參法門으로 대중 앞에 한 적이 있었고, 또 아침마다 공양 끝에 그 대문만을 간추려 한 사람이 낭독하면 대중이 듣는 것이 일과였다. 또 서울과 부산, 대구, 광주 등 전국 불일회 정기법회의 자리에서 일반 신도들을 상대로 몇 차례 강조하였다.
38 구산, '머리말' 시, 『석사자』, p.180. 구산은 '끝말' 시에서는 "사자뿔 베고파서 칼을 찾는 저 장부야/ 얼빠진 장승에 누가 찾아 주오리/ 햇빛이 명랑한 낮엔 도깨비 나잖느니"라고 하였다.

살의 삶의 방식을 현대인의 타임 스케쥴인 일주일 단위의 칠바라밀로 제창하여 생활불교와 대중불교의 덕목으로 확산시켜 나갔다.

 산승山僧이 이 법문을 제창提唱하는 까닭은 오늘날 세계 인구 오십억이 자아상실과 함께 고통과 기근·갈등·전쟁의 소용돌이 속에서 헤매는 것을 볼 때 안타까운 마음이 들었습니다. 그런가 하면 우리나라 오천만 민족이 신라, 고려 때의 민족성을 잃고 후진국이니, 미개국이니, 약소민족이라는 부끄러움을 당하면서도 부끄러운 줄 모르고 있는 현실이 가슴 아팠습니다. 그것은 우리가 우리의 올바른 갈 길을 잃고 있기 때문입니다. 우리는 절대로 후진국이나 미개국이 아닙니다. 반만 년 역사와 전통을 가진 당당한 문화민족으로서 신라, 고려 때의 민족성을 되찾자는 것이 이 칠ヒ바라밀을 제창하게 된 동기입니다.[39]

 구산은 밖으로는 자아를 상실하여 고통과 기근 및 갈등과 전쟁의 소용돌이 속에서 헤매는 오십억의 세계인들에 대해 자비의 마음을 일으켰다. 그리고 안으로는 우리 민족과 역사에 대한 자긍심을 표출하였다. 그는 반만 년 역사와 전통을 가진 당당한 문화민족이었던 신라, 고려 때의 민족성을 되찾고자 하였다. 구산은 불교문화에 기반한 신라, 고려 때의 민족성과 문화민족으로서 자긍심을 되찾고자 칠바라밀을 제창하게 되었다고 밝히고 있다.

 칠바라밀을 내가 최초에 생각할 때에 왜 생각했느냐 하면 우리 생활이 언제나 월, 화, 수, 목, 금, 토, 일 이렇게만 살 것이 아니라 우리가 그날 그날 할 것이 있어야 한다는 말입니다. 그래서 우리가 생활하는데 될 수

---

[39] 구산, 앞의 책, pp.180~181.

있으면 신라, 고려 때의 고전古典을 회고回顧해 가면서 남의 말에 팔리지 아니하고 사람은 올바른 인간이 되어서 올바로 살아보자 하는데서 최초에 생각했던 것입니다. 그러면 한국 사람들이 신라, 고려 때에는 세계 어느 나라 못지않게 문명국가요 문화민족이었는데 이조李朝에 이르러 배불정책排佛政策을 쓰는데서 나라는 여지없이 망하고 말았습니다.[40]

구산은 불교적 세계관과 가치관을 지니고 문화민족으로서의 삶을 살았던 신라와 고려시대 사람들의 민족성과 삶의 방식을 우리 사회 전 영역에 환기시키고자 하였다. 그는 신라와 고려 때의 '古典'을 회고해 가면서 '남의 말에 팔리지 아니하고' '올바른 인간으로서 올바로 살아보자'고 하는 데에서 칠바라밀을 처음으로 생각하게 되었음을 밝히고 있다. 그러나 칠바라밀에서 무엇보다도 주목되는 것은 불자들의 일주일 단위로서의 삶이 아니라 '그날 그날 할 것이 있어야 한다'고 강조하는 지점이다.

이를 위해 구산은 매일 매일 이루어지는 대승불교의 보살의 삶의 방식인 육바라밀에다가 봉사바라밀을 더한 칠바라밀을 제창하였다. 그의 '칠바라밀' 즉 '일곱 가지로 꿈을 깨는 법'은 불교적 삶의 방식일 뿐만 아니라 한국인들의 보편적 삶의 방식으로 해석하고 확장한 것이었다. 이것을 정리해 보면 〈표 1〉과 같다.

구산은 7요일 중 요일별 실천내용을 일곱 가지 꿈 깨는 법七波羅密으로서 제시하였다(《표 1》). 그는 월요일의 베푸는 날, 화요일의 올바른 날, 수요일의 참는 날, 목요일의 힘쓰는 날, 금요일의 안정의 날, 토요일의 슬기의 날, 일요일의 봉사의 날로 정해 두고 매일 매일 바라밀행을 실천하게 하였다. 다시 말해서 그는 불자라면 모름지기 이곳의 차안에서 고통

---

40 구산, 「생활불교의 길」, 『머물며 생각하며』(밀알, 2006 증보판), p.60.

〈표 1〉 칠바라밀의 요일별 이름과 실천 내용

조항	요일	칠바라밀 이름	실천내용
1	월요일	보시바라밀: 베푸는 날	오늘은 '베푸는 날' 월요일입니다. 1) 법보시 2) 재보시 3) 무외시
2	화요일	지계바라밀: 올바른 날	오늘은 '올바른 날' 화요일입니다. 1) 불살생 2) 불투도 3) 불사음 4) 불망어 5) 불음주
3	수요일	인욕바라밀: 참는 날	오늘은 '참는 날' 수요일입니다. 1) 다투지 말고 2) 양심을 속이지 말며 3) 시비하지 않아야 한다.
4	목요일	정진바라밀: 힘쓰는 날	오늘은 '힘쓰는 날' 목요일입니다. 1) 眞實 2) 勤實 3) 儉素 4) 忍耐 5) 硏究 6) 讚嘆 7) 勤學
5	금요일	선정바라밀: 안정의 날	오늘은 '안정의 날' 금요일입니다.
6	토요일	지혜바라밀: 슬기의 날	오늘은 '슬기의 날' 토요일입니다.
7	일요일	만행바라밀: 봉사의 날	오늘은 '봉사의 날' 일요일입니다. 1) 慈無量心 2) 悲無量心 3) 喜無量心 4) 捨無量心 1) 布施攝 2) 愛語攝 3) 利行攝 4) 同事攝

이 사라진 저곳의 피안으로 건네주는 행을 실천하며 신행생활을 해 가는 것이 올바른 인생의 길잡이임을 역설하였다. 그리하여 구산은 일곱 가지로 꿈을 깨는 법 즉 칠바라밀을 우리 민족의 보편적 삶의 방식으로서 처음으로 제시하였다. 이것은 일찍이 신라의 원광圓光법사가 사군자士君子와 교유하는 사대부士大夫의 삶의 방식으로서 세속오계世俗五戒[41]

---

[41] 一然, '圓光西學',「義解」,『삼국유사』권4. 원광은 그를 찾아온 추항과 귀산이 사군자들과 교유하기 위해서는 어떠한 삶의 방식이 필요한지를 묻자 "事君以忠, 事親以

를 창안한 이래 '불교적 인간의 삶' 즉 '현대적 인간의 삶'을 새롭게 재구성낸 초유의 것이었다.

당시 구산에게는 국민정신교육원을 시설해서 국민들을 교육해야 한다는 인식이 있었다. 칠바라밀은 이러한 인식 아래 대승불교 보살의 삶의 방식을 현대인의 보편적 삶의 방식으로 재해석하고 확장한 것이었다. 동시에 현대인들이 더불어 살아가기 위해서 반드시 실천해야 할 삶의 형식을 제시한 것이기도 하였다. 그는 "참된 '나'의 정의와 한계와 가치와 의무를 알고 칠바라밀을 하루하루 실천하여 육도만행六度萬行인 보살행을 생활 속에 구현하는 것이 불국정토를 이룩하는 올바른 길"[42]이라고 역설하였다. 이처럼 구산은 칠바라밀 즉 칠요일 사상을 통해 우리 사회 전반에 생활불교의 길과 대중불교의 길을 제시하였다.

5. 국제포교의 선구자

구산은 송광사(삼일암)에서 출가한 뒤 백양사(운문암), 통도사(백련암), 금강산 참배, 수도암(정각토굴), 해인사(법왕대), 응석사(진주), 금정사(부산), 용화사(충무 도솔암), 미래사(통영), 쌍계사(탑전), 상백운암(광양), 동화사(금당선원), 표충사(서래각) 등지에서 수행을 하였다. 이어 다시 송광사(삼일암)로 돌아와 은사 효봉선사의 사리탑과 비를 제막하고 조계총림의 방장으로 자리하였다. 송광사에 둥지를 틀며 그는 조계선풍을 크게 진작하기 시작하였다. 구산이 조계총림의 방장으로 취임 이전에 이미 부휴계浮休系의 법손들에 의해 제7차 중창불사1955~1960는 마무리 되었지만[43] 못내 아쉬움이 남아있어 그가 방장으로 주석하면서도 미진한 불

孝, 交友有信, 臨戰無退, 殺生有擇"의 다섯 조목을 제시하였다.
42 구산, 앞의 글, 앞의 책, p.183.
43 고영섭, 「조계총림 송광사의 수행과 문화」, 『보조사상』 제39집, 보조사상연구원,

사는 조금씩 해 나갔다.

먼저 구산은 서울 불일회 설립을 발기한 김법련화金法蓮華 보살의 시주로 송광사 선원인 수선사修禪寺가 신축되고 낙성식을 거행하였다. 또 6.25 사변으로 인해 폐사가 된 산내암자인 감로움甘露庵을 부산의 진일심화陳一心華 보살의 염원과 신심어린 시주에 의해 중건하였다. 한편 1970년대 당시만 해도 빵으로 식사를 대체하는 외국인에 대한 시비와 배타성이 지속되던 시대였다. 그럼에도 불구하고 구산은 단일사찰로는 처음으로 전국 규모의 조직을 만든 뒤 외국인들에게 송광사를 개방하여 한국선을 국제화시켰다. 그 뿐만 아니라 그는 해외로 나아가 한국선을 적극적으로 알리기 시작하였다. 그가 외국에 나아가 설한 수기설법과 특별법어 및 특별법회와 불상점안 법회 등은 그의 『구산선풍』에 담겨있다.

구산은 미국 가주加州 카멜시 근교에 설립된 한국사원인 삼보사三寶寺 개원식 법회 참석을 필두로 하여 한국선의 세계화를 위해 미국과 스위스 및 덴마크와 대만 등지로 나아갔다. 그리고 그는 미국의 대도시인 LA羅城, 뉴욕, 시카고 등을 순방하고 귀국길에 LA 최초의 사원인 달마사達磨寺 개원법회에 참석하여 설법하였다. 구산은 이들 사찰에서 주로 대중들의 근기에 맞추어 수기설법을 하거나 새롭게 개원한 사찰의 불상점안 법문 및 개원기념 특별법어와 대학교 초청법어를 하였다.

구산은 칠순의 노구에도 불구하고 1980년에는 미국과 대만 등지에서 31차의 법어를 하였다. 1981년에는 그는 나성에서 열반재 법어를 한 차례 한 뒤, 1982년에는 미국과 유럽 등지에서 32차의 법어를 하였다. 귀국할 때 구산은 미국 LA에서 첫 외국인 제자가 된 미국인 현조眩照와 함께 귀국하였다. 현조에 이어 그의 수기설법을 들은 외국인 제자들은 〈표 2〉와 같이 늘어났다.

2013.2.

〈표 2〉 외국인 비구 비구니 제자 일람표

번호	국가	이름	인원
1	미국	眩照, 慧明(Robert Buswell*), 眩星, 智常, 圓頭, 法眼, 一悟, 道圓, 慧圓, 慧光, 慧鐘, 慧剛, 慧覺, 道行, 明智(니), 大悟, 大宇, 不二	18
2	영국	慧圓, 慧日, 法泉*, 智月, 修日(니)	5
3	독일	慧鏡, 法雲, 寶鏡, 慧照	4
4	프랑스	眩達, 慧行(Renaud Neubauer*), 慧眞, 慧門, 靈仙, 性日(尼, Matine Batchelor*)	6
5	덴마크	秋光, 回光, 大慧	3
6	스위스	慧月	1
7	벨기에	慧徹	1
8	룩셈부르크	性眞(尼)	1
9	유고슬라비아	正見	1
10	이탈리아	太利	1
11	카나다	大法, 眞修(尼), 慈光(尼), 性月(尼)	4
12	호주	慧空, 慧眼, 智光(니)	3
13	뉴질랜드	含月(Stacey Krause)	1
14	싱가포르	廣聲, 遠凡	2
15	스리랑카	慧月, 慧天	2
계		* 환속	53

구산은 1973년 하안거 결제 때를 맞아 송광사 내에 불일국제선원을 개원하였다. 그를 이곳을 통해 국내외에서 한국선에 접한 외국인들이 한국선풍을 직접 경험하기 위해 송광사로 몰려들었다. 그 결과 〈표 2〉가

보여주듯이 그의 문하로 출가한 비구 비구니 제자들은 전 세계 15개국 53명에 이르고 있다.[44] 이들 53명 중 구산이 가장 자주 방문하였던 미국의 제자들이 18명에 이르며, 프랑스(6), 영국(5), 독일(4), 캐나다(4), 호주(3), 덴마크(3), 싱가포르(2), 스리랑카(2), 유고슬라비아(1), 스위스(1), 덴마크(1), 룩셈부르크(1), 이탈리아(1), 뉴질랜드(1) 등지에서 온 젊은이들이 출가를 하였다. 이후 조계총림을 기반으로 한 한국선은 구산의 제자들에 의해 서구에 널리 알려지게 되었다. 이것은 오랫동안 구산이 힘써 온 한국선의 국제화 세계화 과정의 일환 속에서 이루어진 것이었다.

이 해1973 말에 김법련화 보살이 별세하면서 그의 사간동 자택이 송광사에 무상 기증되어 조계총림 송광사 서울분원 법련사로 종단에 등록되었다. 구산은 이곳 법련사를 기반으로 도심포교의 전진기지로 삼았다. 이듬해 미국 LA의 김대도행金大道行 보살과 최동수崔東洙 거사의 발원으로 송광사 불일국제선원의 LA분원인 고려사高麗寺를 개원하였다. 이후 그의 외국 사찰 순방에는 영국인 시자 수일修日 비구니, 미국인 현조, 현성眩星 거사 등이 수행하였다. 1982년에는 프랑스 파리에 불일국제선원 불승사를 개설하기 위해 노력하다가 스위스 제네바로 옮겨 개원하였다. 그해 구산은 미국에 가주 카멜시에 대각사를 개원하고 미국인들에게 수계법회와 참선법회를 거행하여 한국선을 널리 선양하였다. 이처럼 한국선의 해외 전법을 위한 구산의 선구적 노력으로 한국은 국제사회에 부상해 가는 위상과 함께 민족의 우수성과 문화의 수월성을 널리 과시할 수 있었다. 그리하여 역사적 지평 위에 펼쳐낸 그의 살림살이는 한국불교사에서 정화불사의 주도자, 정혜결사의 계승자, 총림강원의 개설자, 칠바라밀의 제창자, 국제포교의 선구자로서의 지위를 확립하고 있다.

---

44 『구산선풍』(1997)의 부록에 의하면 외국인 상좌는 13개국 46명이지만, 『효봉법어집』(1996)에 의하면 외국인 상좌는 15개국 53명에 이른다.

III. 구산 수련의 불학사적 위상

1. 상당법어와 수기설법의 재현자

구산의 살림살이에 기초한 사고방식은 전통불교의 선법에 대한 계승과 해석으로 나타나고 있다. 그는 지눌과 효봉의 가풍을 모범으로 삼으면서 여기에 자신의 가풍을 가미하였다. 구산의 살림살이와 사고방식이 담긴 『구산선문』과 『구산선풍』은 전통불교의 계승자로서의 구산의 가풍과 현대불교의 선구자로서의 그의 풍모를 유감없이 보여주고 있다. 그는 조계총림을 개설한 해로부터 입적하는 해까지 마지막 15년 동안 참선 수행자를 대상으로 재현한 상당법어上堂法語의 형식으로 총 208회를 이끌어 내었다. '상당법어'란 선종의 강의방식으로서 대중들을 위하여 주지(혹은 방장)가 법당(승당)에 올라가 자신의 경험을 투영시켜 설하는 설법이다. 중국 唐宋 시대 이래 선종의 보편적인 강의방식이며 이후 동아시아에서 보편적인 형식으로 자리를 잡았다.

구산은 늘 새로운 원고를 준비하여 상당법어를 함으로써 그의 선풍을 『구산선문』으로 집대성할 수 있었다. 여기에는 1969년부터 1983년에 이르는 15년 동안 매년 10회에서 16회에 걸쳐 이루어진 법어를 집약하고 있다. 구산이 참여한 법회는 1) 1월 1일 설날을 맞이하여 법상에 올라 거행한 상당법어 2) 동안거 해제법어 3) 4월 8일 불탄절 법어 4) 4월 보름 하안거 결제법어 5) 4월 말 혹은 5월 1일의 상당법어 6) 5월 보름의 상당법어 7) 5월 말일의 하안거 반살림[45] 법어 8) 6월 보름의 상당법어 9) 6월 말 혹은 7월 1일의 상당법어 10) 7월 보름의 하안거 해제법어

---

[45] '반살림 법어'란 선종의 선원에서 3개월 동안 거행되는 하안거(음력 4월 15일~7월 15일)와 동안거(음력 10월 15~1월 15일)의 반살림에 해당하는 5월말과 12월말에 하는 법어를 말한다. 윤달이 있을 경우에는 한 달 정도 더 늦어진다.

11) 10월 보름의 동안거 결제법어 12) 10월 말 혹은 11월 1일의 상당법어 13) 11월 보름의 상당법어 14) 11월 말일의 동안거 반살림법어 15) 12월 8일의 성도절법어 16) 12월 보름의 상당법어 17) 납월 말일의 상당법어 등이다.

구산은 이들 법회에서 거행한 상당법어 중 '영가천도'와 '탱화 봉안' 및 '불상 점안' 등 특별법회도 겸하여 거행하였다. 그는 특별법회를 위해 따로 사람을 모아 진행하지 않고 상설되고 있는 법회에서 상당법어의 형식을 빌어 진행하였다. 구산은 15년 동안 진행된 법회에 나아가 연 10회 내지 16회의 상당법어를 소화하였다.[46]

구산은 주로 보조 지눌의 법어와 그의 제자인 진각 혜심眞覺慧諶, 1178~1234이 정리한 『선문염송』(30권[47])과 각운覺雲, ?~?이 주해한 『선문염송설화』 10권에 의거하여 상당법어를 하였다. 그런데 『구산선문』을 자세히 살펴보면 그는 상당법어를 하면서 많은 부분을 보조 지눌의 법어에 의거하여 교증敎證하고 있다.[48] 구산은 1969년부터 1978년에 이르기까지는 대체적으로 『선문염송』에 의거하여 전통적인 형식에 의거하여 법어를 하였다.

먼저 법문을 할 주제나 설법할 내용을 들추어내어 '염拈'하거나 혹은

---

46 구산문도회, 『구산선문』, pp.5~11.
47 月雲, 『선문염송집』 1~5(동국역경원, 1972; 1991); 월운, 『선문염송·염송설화』 1~10(동국역경원, 2005) 참고.
48 지눌의 저술을 인용하거나 그와 관련시켜 진행한 상당법어는 1) 1969년 7월 1일 상당법어, 2) 1969년 11월 1일, 수선사를 재건하고, 3) 1970년 4월 15일 하안거 결제법어, 4) 1973년 12월 29일 상당법어, 5) 1974년 4월 30일 상당법어, 6) 1975년 12월 30일 상당법어, 7) 1976년 1월 15일 동안거 해제법어, 8) 1976년 5월 29일 상당법어, 9) 1976년 11월 15일 상당법어, 10) 1977년 5월 29일 하안거 반삼림법어, 11) 1977년 12월 29일 상당법어, 12) 1978년 4월 30일 상당법어, 13) 1979년 1월 15일 동안거 해제법어 등 208회의 법회 중 13번이었다. 그만큼 구산은 지눌의 살림살이와 사고방식에 크게 의존하고 있었다.

거론하여 문제를 제기하여 '거'擧하고 있다. 이어서 여타 선사들의 일화나 이야기를 거론하면서 더불어 그 일화나 이야기에 대한 제 삼자의 견해를 소개하여 다르게 말하는 '별어'別語, 혹은 상대에게 질문을 던지지만 상대가 대답을 못하면 자신이 대신 대답하는 '대어'代語의 형식을 운문체로 노래하여 '송'頌하거나 이를 설명하여 '평창'評唱하였다. 『구산선문』에서 분량이 가장 길면서 이러한 여러 형식을 담고 있는 '1969년 동안거 결제법어'나 '1970년 하안거 반산림법어'는 하나의 정형이 될 것이다.

(1) 법상에 올라 주장자를 들어 세 번 울리고 말씀하셨다. "한 물건一物이 여기에 있는데 ~ 일러 보아라." 拈擧 (2) 잠시 있다가 '할'을 한 번 하신 다음 이르셨다. "한줌의 쇳덩이金彈子로 무쇠낯짝鐵面門을 부수어야만 알게 되리라~ 정신을 똑바로 차려야 하리라." 代語 (3) 게송을 읊으셨다. 偈頌 / (4) 달마선사의 오성론 인용 일화 拈擧 (5) 게송을 읊으셨다. (게송) / (6) 옛 성인들의 일대사와 삼종발심 (7) 게송을 읊으셨다. (게송) 주장자를 세 번 울리고 내려오시다.[49]

(1) 법상에 올라 말씀하셨다. "이 한 물건一物은~ 알겠는가?" 拈擧 (2) 잠시 있다가 '할'을 한번 하신 다음에 이르셨다. "정수리를 열어젖히고~ 하였느니라." 代語 (3) 게송을 읊으셨다. 偈頌 / (4) 방 거사와 마조 선사의 일화 拈擧 (5) 투자 청投子 靑이 이에 송하였다. 偈頌 (6) 석문 이石門 易가 이에 송하였다. 偈頌 (7) 그러나 나는 그렇지 않다吾則不然. 偈頌 / (8) 백장 선사와 마조선사의 일화 拈擧 (9) 불인 청佛印 淸이 이에 송하였다. 偈頌 (10) "대중들은 이를 알겠는가? 내가 대신해서 말하리라." 代語 偈頌 주장

---

[49] 구산문도회, 『구산선문』, pp.42~45.

자를 세 번 울리고 법상에서 내려오시다.[50][51]

구산이 『선문염송』을 원용하여 염거한 이 법어에서 강조하는 메시지는 '한 물건' 즉 일물一物이다. 일물은 '일점영명'一點靈明, '일점공적영지'一點空寂靈智, '일점정진묘명'一點精眞妙明, '참나'眞我 와 '진성'眞性 등과 함께 그의 선 법문 전 영역에서 자주 등장하는 언어이다. 그는 이들 언어를 통해 자신의 가풍이 어디로 향하고 있는지를 암시해 주고 있다. 1979년 이후부터 구산은 『선문염송』의 형식에 구애받지 않고 자유자재로 상당 법어를 베풀고 있다. 이러한 모습은 그의 입적년까지 지속된다. 그 실례는 '1979년 1월 15일 동안거 해제법어'를 통해 살펴볼 수 있다.

(1) 법상에 올라 말씀하셨다. "대중에게 묻노니,~ 한 마디 일러 보아라." 拈擧 (2) 잠시 있다가 '할'을 한번 하고 이르셨다. "만일 이르지 못한다면~ 고목古木에서 연꽃이 피어야만 하리라." (3) 게송을 읊으셨다. (게송) / (4) 보조국사 권수정혜의 십종병 소개 拈擧 (5) 게송을 읊으셨다. (게송) 법상에서 내려오시다.[52]

구산의 '동안거 해제법어'에서 알 수 있는 것처럼 이전의 상당법어에 견주어 그 형식이나 구조가 훨씬 간결해졌다. 물론 그의 물리적인 나이 때문으로 볼 수도 있었겠지만 칠순 이후에 해외 사찰과 대학에서 수기 법문을 한 예를 고려하면 나이 탓으로만 볼 수는 없을 것이다. 오히려 이것은 기존의 선서의 매이지 않고 구산 자신의 보다 원숙한 살림살이

---

50 구산문도회, 『구산선문』, pp.74~78.
51 신규탁, 앞의 글, 앞의 책, p.32. 필자는 이 하안거 반살림 법어를 (1)-(3), (4)-(7), (8)-(10)의 세 단락으로 나누어 형식을 분석하고 있다.
52 구산문도회, 『구산법문』, pp.442~446.

와 자유로운 사고방식에 의해서였다고 해야 할 것이다. 이러한 변화는 '일물'과 '참나'와 '진성'의 각성으로 집약되는 그의 선사상을 이해하는 데에 있어서 매우 주목해야 할 대목이다.

구산의 수기설법을 담아놓은 『구산선풍』은 주로 외국인들을 대상으로 설한 법문들을 모아놓은 것이다. 수기설법이란 중생들의 근기에 따라 여러 곳에서 여러 가지 법을 설하는 법회형식이다. 『구산선풍』은 비교적 불교 문외한들이자 한국불교 문외한들을 대상으로 설한 법문들을 집성해 놓은 것이다. 구산은 미국과 대만 및 유럽과 동남아 등지의 사원과 대학을 순회하며 설법을 함으로써 젊은이들의 가슴에 불심을 점화시켰다. 칠순을 넘긴 노구에도 불구하고 그의 헌신적인 노력에 의해 15개국 53명의 비구 비구니 제자들이 출가하여 그의 외국인 제자가 되었다.

외국인 제자들은 구산의 입적 뒤에도 각 나라의 사원과 각 대학에서 한국불교 즉 한국선을 전하며 동아시아불교 전통에서 한국불교의 보편성과 특수성에 대한 담론들을 만들어 내고 있다. 송광사로 찾아와 구산의 제자로 출가하여 3년 동안 수행한 뒤 미국으로 돌아간 로버트 버스웰慧明은 미국 캘리포니아주립대학UCLA에서 동아시아불교와 한국불교를 가르치며 영미권의 학계에 한국학의 위상을 드높이고 있다.[53] 또 송광사를 찾아와 구산과 인연을 맺었던 토마스 호락 체코 까렐대학교 한국학과 조교수는 『권수정혜결사문』, 『수심결』 등 지눌의 저술 6편을 체코어로 번역 출간하고 있다.[54]

---

[53] 로버트 버스웰, 『파란눈 스님의 한국선 수행기』, 김종명(예문서원, 1999; 2000). pp.36~37. 미국 羅城 캘리포니아대학(UCLA)에서 동아시아불교를 강의하고 있는 로버트 버스웰은 1974년 9월에 한국에 도착한 뒤 송광사로 출가하여 慧明이란 이름으로 3년 동안 수행한 뒤 미국으로 돌아갔다.

[54] 〈법보신문〉 2013년 10월 31일자, 1218호.

2. 지눌과 효봉의 조술자

 구산은 평생을 지눌과 효봉의 가풍을 조술祖述하면서 자신의 살림살이와 사고방식을 확충해 갔다. 때문에 그의 삶과 생각 속에는 지눌과 효봉의 가풍이 깊이 투영되어 있다. 지눌의 정신을 계승하고자 했던 효봉 역시 꿈에 송광사 제16국사 고봉高峰화상으로부터 『수심결』법문을 듣고 '고봉에 밝다'는 뜻으로 효봉曉峰이란 법호를 받았다고 전한다. 그 뒤 효봉은 '평생 지눌을 배운다'는 뜻으로 법명을 학눌學訥이라고 하였다. 이처럼 효봉 역시 평생을 조계선풍인 보조정신으로 목우가풍을 선양했음[55]을 알 수 있다.
 지눌과 구산 사이의 연속에 대한 예증은 구산의 저술 곳곳을 통해서 알 수 있다. 그뿐만 아니라 그의 법문을 통해서 확인할 수 있다. 구산은 지눌이 상무주암에서 깨달음을 얻은 뒤 보림하였던 광양 백운산의 상백운암에서 『보조법어』를 읽고 용맹정진하다가 마침내 오도송을 읊었다.[56] 그만큼 지눌과 구산은 역사의 안팎과 철학의 앞뒤에서 긴밀하게 연결되어 있다. 지눌과 구산의 저술 곳곳에 나오는 '일물' 즉 '진성' 혹은 '참나' 또는 '주인공' 및 '진심' 등이 이 사실을 뒷받침 하고 있다. 이들 용어는 모두 자기 자신의 주인공을 찾아 윤회에서 벗어나 자유로운 해탈의 삶을 되찾으라는 메시지를 머금고 있다.

> 욕계 색계 무색계의 뜨거운 번뇌가 불타는 집과 같거늘 그것을 참으며 그대로 머물러 오랜 고통을 달게 받으려 하는가? 윤회의 세계를 벗어나고자 하거든 부처를 찾는 것과 같은 것은 없다. 만일 부처를 찾고자 한

---

[55] 강건기, 『보조국사의 생애와 사상』(불일출판부, 2011), p.59.
[56] 강건기, 위의 책, p.59.

다면 부처는 곧 마음이니佛卽是心 마음을 어찌 멀리서 찾고자 하는가? 마음은 몸을 떠나지 않지만 몸은 곧 임시적인 것이어서 생겨남이 있고 사라짐이 있다. (그러나) 참다운 마음眞心은 허공과 같아서 끊어지지도 않고 변화하지도 않는다. 그러므로 이르기를 '몸이 죽으면 흩어져서 불로 돌아가고 바람으로 돌아가지만 한 물건一物은 길이 신령스러워長靈 하늘을 덮고蓋天 땅을 덮는다蓋地'고 하였다.[57]

지눌은 삼계의 뜨거운 번뇌를 벗어나려면 부처를 찾는 것이 최선책임을 강조한다. 그는 부처는 곧 마음이며 마음은 몸을 떠나지 않는다고 역설한다. 그런 뒤에 지눌은 참다운 마음眞心 즉 분별없는 마음無心은 허공과 같아서 끊어지지도 변화하지도 않듯이 一物은 길이 신령스러워 하늘을 덮고 땅을 덮는다 언표하고 있다. 여기에서 지눌은 '한 물건' 즉 '진심'의 자각과 개안을 역설하고 있다. 구산은 이 '한 물건'을 '진성' 개념으로 이어가고 있다.

(A) 한 물건一物이 여기에 있는데 색상色相이 생길 때에 따라서 생긴 것이 아니며, 색상이 없어질 때 따라서 없어지는 것이 아니다. 설사 미혹하더라도 줄어들지 않고 깨닫더라도 늘어나지도 않으며, 언제나 우리들의 움직이고 고요한 그 가운데 있으면서도 능히 모든 것을 잘 분별하며 또렷또렷하고 외로이 밝아서 어둡지 않으니歷歷孤明不昧, 여기 모인 대중들은 이것을 밝혀내었는가? 밝혀내었다면 속히 한마디 일러 보아라![58]

구산의 저술에서 한 물건一物에 대한 언급은 예시한 (A)(B)(C)(D)의

---

57 知訥, 『修心訣』, 『보조전서』(불일출판사, 1989), p.31.
58 구산문도회, 『구산선문』, pp.42~45.

인용문들에서 뿐만 아니라 여러 곳에서 확인할 수 있다. 이 일물은 외적인 경계의 의해 생멸生滅하거나 구정垢淨하거나 증감增減하지 않는 또렷또렷하고 외로이 밝은 당체이다.

(B) 여기에 한 물건一物이 있어서 천 겁을 지나더라도 오랜 세월이 아니고 만세에 걸쳐서 언제나 지금이다. 밝디 밝고 신령스럽디 신령스러워昭昭靈靈 모든 이름과 모양에 즉卽하지도 않고 여의지離도 않는다. 진리는 불변不變하고 묘법은 절대絶對이다. 능히 만물을 변화시키되 늘어나지도 않고 줄어들지도 않으며 언제나 스스로 여여如如하여 생기지도 않고 없어지지도 않는다. 만일 이 한 물건을 알게 되면 사람과 하늘의 스승天人師이라 말하며 또한 절대자絶對者라고 부르는 것이니, 눈을 갖춘 대덕大德이 있다면 한마디 일러 보아라. 어떤 것이 이 한 물건인가?[59]

이 일물은 한없이 밝고 한없이 신령스러워 이름과 모양에 즉하지도 않고 여의지도 않는다. 진리가 불변하고 묘법이 절대적인 것처럼 만물을 변화시키되 부증불감하며, 언제나 스스로 여여하여 불생불멸한다. 구산은 이같은 존재가 바로 일물이며 참나이며 진성이며 불성이고 역설한다.

(C) 세상 사람들이 성선性善과 성악性惡을 말하지만 '성'性자를 모르고 단지 자기의 식견을 표현한 것을 뿐이다. '性'자는 즉 우주의 대진리를 호칭한 것이다. 모든 사람에게는 본래부터 나지도 않고 멸하지도 않으며不生不滅 더럽지도 않고 깨끗하지도 않으며不垢不淨 늘어나지도 않고 줄어들지도 않는不增不減 진성眞性이 있다. 그러나 이 진성眞性을 망각하고 오랫동안 육체 본위로 살아왔기 때문에 환경에 사로잡혀 망상을 진성처럼 착각하고

---

[59] 구산문도회, 『구산선풍』, pp.41~45.

있는 것이다.⁶⁰

　구산은 동아시아 불교사상사의 주요한 개념인 불성佛性 즉 진성眞性의 개념을 환기시키고 있다. 진성 즉 불성은 모든 사람이 간직하고 있는 것이다. 그는 진성을 영원히 신령스러운 존재이며 묘용이 많은 존재라고 강조하고 있다. 나아가 구산은 팔만대장경의 일체 묘의가 이 진성眞性 즉 일물一物 한 글귀에 다 들어있다고 역설하고 있다.

　(D) 한 물건이 길이 신령스러움이여 묘용 또한 많도다一物長靈妙用多. 이 한 글귀에 팔만대장경의 일체 묘의가 다 들어 있다. 불법佛法이란 무엇인가. 그것은 깨닫는 것이다. 그것은 깨우치는 법이다. 그렇다면 무엇을 깨우치는 법이란 말인가.
　주장자로 법상을 내리치고 말했다. 이 주장자 소리가 무엇인가를 분명히 깨치는 법이다. 삼세의 모든 부처님과 조사祖師들도 모두 이 주장자 소리에서 나왔도다. 바로 이 주장자 소리를 듣는 그 한 물건이 무엇인가, 이를 깨치는 법이다. 이것을 깨닫는 것이다.⁶¹

　구산은 불법은 깨닫는 것이며 깨우치는 법이라고 강조한다. 깨우침의 대상은 바로 주장자가 내는 소리를 듣는 그 한 물건一物이다. 이 일물 즉 진성眞性은 주장자 소리를 듣는 그 한 물건이자 자신의 佛性을 깨닫는 당체이다. 이들 인용문에서 말하는 진성과 지눌이 말하는 '부처'와 '진심'과 '일물'은 같은 것의 다른 표현이라 할 수 있다. 그래서 그는 이 '한 물건'을 바로 깨닫기 위해서는 '자기 마음을 돌이켜 비춰봄'返照自心과

60　구산,「勸發心文」,『석사자』, p.137.
61　구산,「산하대지가 내 몸이로다」,『머물며 흘러가며』, p.127.

'화두를 들고 참구해야 함'看話參究을 거듭 강조하고 있다.

앞에서 살펴본 것처럼 구산은 자신의 저술 곳곳에서 지눌의 '진심' 즉 '일물' 개념을 계승하여 '진성' 개념으로 이어가고 있다. 아울러 그의 『구산선문』의 상당법어(208회)에서 지눌의 전거를 13군데나 인용하고 있다. 이러한 인용횟수는 여타의 선사나 선어록에서도 찾아보기 어려운 것이다. 따라서 구산은 지눌의 살림살이와 사고방식의 조술자로서 그의 정신과 긴밀하게 연속되고 있다. 동시에 평생 '무자'無字 화두'를 들고 수행하였던 그의 스승인 효봉의 살림살이와 사고방식의 조술자로서 그의 정신과 친밀하게 해후하고 있다고 할 수 있다.

3. 간화선의 상승자

구산은 '이 세상에서 가장 진귀珍貴한 것은 나'自我이며 이 '참나'眞我를 찾기 위해서는 깨달아야 한다고 역설하였다. 이어 그는 깨닫기 위해서는 이러한 사실을 한없이 밝고昭昭 한없이 신령스럽게靈靈 아는 한 물건을 찾아야 한다고 하였다. 그래서 이 몸을 운전하는 '주인공'은 무엇일까? 되물어보면 "'명사를 떼고 나니 마음도 아니요, 깨치지 못했으니 부처도 아니요, 주고받지 못하니 물건도 아니요, 허공이 선악을 알 수 없으니 허공도 아니다'며 이와 같이 네 가지로 부정하고 나면 필경에 그 한 물건은 무엇일까 하는 의심이 일어난다고 하였다. 그래서 '이 뭣고'是甚麼라는 화두인 공안이 성립된다"[62]고 하였다.

그래서 구산은 "화두선은 커다란 의심 아래大疑之下에 반드시 커다란 깨달음이 있으니必有大悟 의심 없는 것이 큰 병이 된다"[63]고 하였다. 이러

---

[62] 구산, 「나의 향방」, 『석사자』, pp.41~42.
[63] 구산, 「나의 향방」, 『석사자』, pp.41~42.

한 의심의 전제 아래 수행하는 것이 화두선 즉 간화선이다. 구산은 대혜 종고大慧宗杲, 1089~1163 이래 본격화된 간화선에 입각하여 자신의 살림살이와 사고방식을 만들어 나갔다. 그는 간화선 수행의 행법인 좌선 시에 드는 화두가 어떤 것이며 화두를 들어야 하는 까닭이 어디에 있는가에 대해 자상하게 제시하고 있다.

좌선을 하고자 면벽관심面壁觀心을 할 때에 화두話頭가 없이 눈을 감고 모든 번뇌를 끊으려고 앉으면 망상이 한없이 일어난다. 망상을 끊으려고 노력하면 할수록 반대로 더욱 치열하게 일어나는 것이 마치 풍랑처럼 더욱 번거로워져 오히려 큰 병이 된다. 화두는 팔만사천 번뇌망상을 제거하는 청룡보검青龍寶劒이며 명약名藥이다. 마음도 부처도 물건도 허공도 아닌 한 물건이 '이 무엇인고?'是甚麽라고 참구하라. 이와같이 생각할 때에 머리에 붙은 불을 끄듯이, 목마른 이가 물을 찾듯이, 어린애가 어머니 젖을 생각하듯이, 늙은 부모가 삼대독자를 생각하듯이, 고양이가 쥐를 잡듯이, 닭이 알을 품듯이 간절하게 생각해야 한다.[64]

화두話頭를 결택決擇하여 공부를 지어갈 때에는 바깥 경계는 적적하고 안 경계는 성성하게 하여 간절히 참구해 나가되 거문고의 줄을 고르듯이 하여 느슨하게도 하지 말고 너무 급하게도 조이지 말며, 호흡을 잘 고르면서 고양이가 쥐를 잡듯이 하여 서로 끊어짐이 없게 해야 한다. 혹 상기上氣가 생기더라도 화두를 놓아 버리지 말고 단전丹田 위에서 화두를 들도록 하며 뜻은 태산처럼 굳게 세우고 마음을 바다와 같이 편안히 하여 부지런히 애쓰도록 하라. 만일 이와 같이 하여 화두가 깨끗하게 익어지면 하는 일에 무심無心하고 마음에는 하는 일이 없게 되며, 화두를 들지

---

64 구산, 「선의 방법」, 『석사자』, pp.46~47.

않아도 저절로 들리게 되고 생각하지 않더라도 저절로 화두를 생각하게 될 것이다.[65]

구산은 화두는 팔만사천 번뇌망상을 제거하는 청룡보검이며 명약이라고 역설하고 있다. 그리고 화두를 들 때는 '머리에 붙은 불을 끄듯이', '목마른 이가 물을 찾듯이', '어린애가 어머니 젖을 생각하듯이', '늙은 부모가 삼대독자를 생각하듯이', '고양이가 쥐를 잡듯이', '닭이 알을 품듯이' 간절해야 함을 강조하고 있다. 또 화두를 들고 참선을 하는 사람이 어떻게 수행을 해야하는가에 대해서도 구체적으로 언급하고 있다.

참선을 하는 사람도 지혜롭게 마음의 당처當處를 반조返照하며 화두를 의심하다가 끝코를 잡을 시기가 도래하면 화두에 중량이 생겨 타성일편打成一片이 되어 놓을래야 놓아지질 않는다. 또 자리에 한번 앉으면 하루가 순간이고 하룻밤 역시 잠깐이다. 그때는 몸이 허공에 뜬 것 같고 지구가 있는지 없는지 모를 지경이며 몸은 허공을 나는 것처럼 가벼워진다. 그런 때는 화두를 생각하려고 노력을 아니하여도 저절로 화두가 성성惺惺하게 들린다. 화두를 버리려고 하여도 버려지지 않고 저절로 성성히 들린다. 공부하는 불자들이여! 불거이자거不擧而自擧 불사이자사不思而自思, 들지 않아도 스스로 들리고, 생각지 않아도 저절로 성성한 시기가 오거든 그 시기를 부디 잃지 말지어다.[66]

구산은 참선을 하는 사람은 당처를 반조하며 화두를 의심하다가 끝코를 잡을 시기가 도래하면 화두에 중량重量이 생겨 타성일편이 들어서

---

65 구산문도회, 『구산선풍』, p.60
66 구산, 「선의 방법」, 『석사자』, pp.47~48.

게 된다고 하였다. 또 그는 한번 자리에 앉으면 하루가 순간이고 하룻밤 역시 잠깐이 될 때 화두가 성성하게 들리게 된다고 역설하였다. 그런 뒤에 구산은 들지 않아도 들리고 생각지 않아도 저절로 성성한 시기가 오거든 그 시기를 반드시 잃지 않아야 한다고 강조하였다. 나아가 그는 비록 이와같이 깨달았더라도 지혜 없는 사람 앞에서는 삼가 말하지 말아야 하며 반드시 이때에 본색종사本色宗師를 만나 보아야만 후회하지 않게 될 것이라고 힘주어 설하였다.[67] 이렇게 간화선 수행을 위해서는 반드시 세 가지 발심三種發心이 전제되어야 함을 역설하고 있다.

구산은 임제 의현의 18대 법손인 고봉 원묘高峰圓妙, 1239~1295는 간화선을 수행함에 있어서 반드시 필요한 세 가지 요체三要로서 (1) 대신근大信根, (2) 대분지大憤志, (3) 대의정大疑情을 제시하였다. 고봉은 "모름지기 알아야 할 것이니, 화두에 대한 의심은 믿음을 몸체로 하고, 깨침은 의심을 몸짓으로 삼는다. 믿음이 충분하면 의심도 충분하며, 의심이 충분하면 깨침도 충분해진다."[68]구산은 "진실되게 도를 구하려면 다음의 세 가지 요건을 갖추어야 한다"[69]며 고봉의 삼요를 (1) 대신대분심大信大憤心 (2) 대용맹심大勇猛心 (3) 대의심大疑心의 독자적인 체계로서 변용하였다. 이것은 간화선을 참구함에 있어서 구산이 제시한 특유의 삼요관이라고 할 수 있다.

첫째, 대신大信 대분심大憤心을 내야 한다. 삼세제불三世諸佛과 역대조사歷代祖師와 시방보살十方菩薩이며 천하선지식天下善知識이 이구동성으로 말

---

67 구산문도회,『구산선풍』, p.56.
68 高峰 原妙,「示信翁居士」,『禪要』(『卍속장』 제122책, p.711중).
69 구산, '1969년 10월 15일 동안거 결제법어',『구산선문』, p.44. 여기에서 구산은 1) 大憤發心, 2) 大勇猛心, 3) 大疑情의 세 가지를 제시하고 있다. 이것은『석사자』의 1) 대신대분심, 2) 대용·맹심, 3) 대의심과 동일하지 않다.

씀하시기를 '일체 중생이 본래불本來佛이라' 하였다. 그러면 자기 자신은 성불成佛하였는가 못하였는가 점검하여 보아라. 만일 부처가 되지 못하였다면 그것은 누구의 허물인고? 어느 누가 못 되게 방해를 하였는가? 또 어느 누가 중생세계에 끌어넣었단 말인가? 그러면 무슨 이유로 못 되었는가? 생각하여 보아라.[70]

구산은 이렇게 '일체 중생이 본래불'이라는 커다란 믿음 아래 '내가 부처가 되지 못한 것은 무슨 이유인가'를 되물어보게 함으로써 대신심과 대분심을 하나의 요체로 통합하여 제시하고 있다. 이것은 고봉이 대신근과 대분지로 나누었던 것을 통합하였다는 점에서 획기적인 발상이라고 할 수 있다.

구산은 어리석은 중생으로서는 고인의 행적을 거울삼아 믿고 난행고행을 해가는 것이 앞길을 열어가는 첩경이자 바른 믿음이며 커다란 분심이라고 파악하고 있다. 그는 이 때문에 신심과 분심이 나뉠 수 없다고 보았다.

둘째, 대용맹심大勇猛心을 내야 한다. 사바세계에서 즐거움을 수용해 보았자 그것은 일시적인 순간의 즐거움이요 완전무결한 참 즐거움眞樂은 아니다. 세간의 즐거움은 재욕, 색욕, 식욕, 명예욕, 수면욕 등 오욕락이다. 이 때를 생각하면 부귀영화나 명예와 권력이나 부모형제나 원친은愍親恩愛가 모두 일장춘몽이 아닐 수 없다. 싯달태자와 같이 왕궁의 부귀를 헌신짝처럼 버리는 것이 바로 대용맹심이다.[71]

---

70 구산, 「삼종발심」, 『석사자』, p.49.
71 구산, 「삼종발심」, 『석사자』, pp.50~53.

구산은 부귀영화나 명예와 권력이나 부모형제나 원친은애怨親恩愛 그리고 세간의 즐거움인 오욕락 등도 모두 일장춘몽에 지나지 않는다고 하였다. 그리하여 그는 오직 싯달태자와 같이 왕궁의 부귀를 헌신짝처럼 버리는 것이 바로 대용맹심이라고 역설하고 있다.

셋째, 대의심大疑心을 일으켜야 한다. 삼세불조三世佛祖와 천하선지식天下善知識이 일체 중생을 제도할 때에 직지인심直旨人心 견성성불見性成佛 하기를 간절히 말씀하셨건만 듣는 자가 스스로 알지 못하고 自心을 깨닫지 못하니 이것은 누구의 허물인가? 이런 까닭에 불조佛祖의 성언誠言인 공안참구公案參究에 있어서 어찌 큰 의심을 내지 않으리오.[72]

구산은 삼세의 불조나 천하 선지식이 간절히 직지인심과 견성성불을 얘기했지만 듣는 자가 스스로 알지 못하고 自心을 깨닫지 못하니 이 때문에 불조佛祖의 성언誠言인 공안참구公案參究에 있어서 큰 의심을 내야만 한다고 강조하고 있다.

모든 불조佛祖가 순리대로 성불成佛 한 이는 한 분도 없다. 모두 다 억지로 성불작조成佛作祖한 것이다. 그렇다면 어리석은 중생으로서는 고인古人의 행적을 거울삼아 믿고 난행고행難行苦行을 해 가는 것이 나의 앞길을 열어가는 첩경이며, 또한 정신淨信이며 大墳心이다.[73]

이처럼 구산은 '참나' 즉 '주인공'을 찾기 위해서 화두선을 강조하였고 간화선 수행의 세 가지 요체를 대신대분심, 대용맹심, 대의심으로 새롭

---

72 구산, 「삼종발심」, 『석사자』, p.54.
73 구산, 「삼종발심」, 『석사자』, p.50.

게 제시함으로써 간화선 상승자로서의 면모를 잘 보여주고 있다.

4. 정혜쌍수의 실천자

혜능 이래 남종선은 선정과 지혜는 둘이 아니라定慧不二의 시각을 견지하였다. 남종선을 수용하였던 지눌과 구산 역시 이러한 관점을 지니고 있다. 지눌은 그의 『권수정혜결사문』에서 정혜결사의 정신인 선정과 지혜의 균습均習을 강조하였다. 그의 정혜쌍수는 원돈신해문圓頓信解門, 성적등지문性寂等持門, 간화경절문看話徑截門의 3문 가운데에서 성적등지문에 소속된다. 성적등지문은 돈오점수의 분상에서 보면 '깨달음 이후의 점수 과정'이라고 할 수 있다. 그런데 지눌은 선정과 지혜를 본체와 작용의 관계로 파악하고 있으며 이 본체와 작용의 불이의 관점을 견지하고 있다.

만일 법法과 뜻義을 말한다면 진리에 들어가는 천 가지 문이 모두 선정과 지혜 아님이 없다. 그 벼리綱要를 취해보면 자성 상의 본체와 작용의 두 가지 뜻이니 앞에서 일컬은 공적영지空寂靈智가 이것이다. 선정은 본체며 지혜는 작용이다. 본체에 나아가는 작용이므로 지혜는 선정을 떠나지 않고, 작용에 나아가는 본체이므로 선정은 지혜를 떠나지 않는다. 선정이 곧 지혜이므로 고요하되 늘 알고寂而常知, 지혜가 곧 선정이므로 알되 늘 고요하다知而常寂.[74]

지눌은 깨달음 이후의 점수 과정인 정혜쌍수에서 북종의 신수가 주장한 수상문정혜隨相門定慧와 남종의 혜능이 주창한 자성문정혜自性門定

---

[74] 지눌, 『修心訣』, 『보조전서』, 보조사상연구원, 1987, p.51.

慧 두 축으로 나누어 자세히 설명하고 있다. 자성(문)정혜는 불변의 측면 즉 무멸無滅의 견지에서 정혜를 바라보는 관점이며, 수상(문)정혜는 변화의 측면 즉 이멸離滅에서 정혜를 바라보는 입장이다. 반면 지눌은 상근기를 위해서는 자성정혜를 닦도록 권유하였고, 중하근기를 위해서는 수상정혜를 닦도록 안내하였다.

어떤 것이 바른 정定인가? 계戒로 인하여 정定이 생겨나고, 정定으로 인하여 혜慧가 피어나는 것이니, 정定은 지혜의 본체本體요, 지혜는 선정의 묘용妙用인 것이다. 비록 이와 같이 점차漸次가 있기는 하지만 지혜 있는 사람의 분상分上에서는 고요한 선정에 있을 때에 지혜는 그 선정 가운데 있는 것이며, 능히 지혜가 있을 때는 선정이 지혜 가운데 있는 것이니 지혜에 즉即하고 선정에 즉即한 이것을 말해서 바른 선정正定이라고 한다.[75]

혜능이 계정혜戒定慧 삼학三學을 내적인 것이자 동시적인 것으로 파악했듯이 남종선을 수용한 지눌과 구산 역시 혜능의 삼학관을 수용하고 있다. 혜능은 "나의 이 법문은 선정과 지혜를 근본으로 삼는다. 결코 선정과 지혜는 다르다고 말하지 말라. 선정과 지혜는 하나이지 둘이 아니다. 선정 자체가 지혜의 본체요, 지혜 자체가 선정의 작용이다. 지혜가 있는 순간 선정은 지혜 속에 있고 선정이 있는 순간 지혜는 선정에 있다"[76]고 하였다. 구산 역시 계戒로 인하여 정定이 생겨나고, 정定으로 인하여 혜慧가 피어나며, 정定은 지혜의 본체本體요, 지혜는 선정의 묘용妙用이라고 하였다. 또 지혜있는 사람이 고요한 선정에 있을 때에 지혜는

---

75 구산문도회, 『구산선풍』, p.51.
76 慧能, 『법보단경』(『대정장』 제48책, p.352하).

그 선정 가운데 있는 것이며, 능히 지혜가 있을 때는 선정이 지혜 가운데 있는 것이니 지혜에 즉即하고 선정에 즉即한다고 하였다. 그리고 이것을 바른 선정正定이라고 한다고 하였다.

이 선정과 지혜의 두 문은 수행의 요체要요, 불조佛祖의 큰 뜻大旨이며, 경론의 공통 주장同詮이니 지금 조사의 가르침祖教에 의하여 다시 한 문이 있어서 그것이 가장 간단하고 중요한 것이니 이른바 무심無心이다. 어찌하여 그런가 하면 마음이 있으면 편하지 못하고 마음이 없으면 저절로 즐겁기 때문이다.[77]

구산은 지눌의 정혜결사를 계승하여 제2의 정혜결사운동을 펼쳤다. 그는 지눌의 정혜를 함께 닦는다는 정신과 마음에 입각한 정혜쌍수를 지향한다는 점에서 상통하고 있다. 하지만 지눌과 구산의 정혜쌍수가 상통하기만 한 것은 아니다. 오히려 상이한 점도 내재해 있다. 바로 이 상이한 점이 구산의 독자성이라 할 수 있을 것이다. 구산은 간화선을 닦는 방법으로써 선정과 지혜를 고르게 닦으려 하였다. 반면 지눌은 간화선을 닦는 방법으로써 정혜쌍수를 전제하지 않았다. 지눌은 간화선에 집중하기보다는 오히려 육조 혜능 이래의 조사돈오선 즉 무심선眞心禪을 강조하였던 것으로 이해된다. 그는 곧 원돈신해문과 성적등지문을 아우르는 간화경절문 즉 무심합도문無心合道門을 제시하고 있다. 간화선은 그의 제자 진각 혜심이 본격적으로 강조하였던 것으로 추정되고 있다.[78]

---

77 지눌, 『법집별행록절요사기』, 『보조전서』, p.122.
78 고영섭, 「대혜 종고와 보조 지눌의 동처와 부동처」, 『中國杭州徑山寺大慧宗杲國際學術大會자료집』 2012년 8월 19~8월 22일 浙江酒店 甘雨廳, 중국 경산사, 2012. 근래에 지눌의 저작을 근거로 그를 간화선자로 규정할 수 없다는 견해가 제기되고

구산은 '1979년 1월 15일 동안거 해제법어'에서 '해제'의 의미를 '만길 벼랑 위에서萬仞崖上 다시 한 걸음을 더 나아가는 것更進一步'이라고 설하며 대중들에게 '비로소 향상일로에 이르른 사람'을 '장부 중의 장부'丈夫中丈夫라고 할 수 있다고 역설하고 있다. 이어서 그는 장부 중의 장부가 되기 위해서 지눌의 '정혜'를 닦기를 권하면서 가려낸 열 가지 병十種病에 대해 이렇게 해명하고 있다.

 첫째, 유와 무의 견해를 내지 말라.
 둘째, 참으로 없다眞無 하는 무無로 헤아리지 말라.
 셋째, 도리를 따져서 알려고 하지 말라.
 넷째, 식정識情을 향하여 헤아리지 말라.
 다섯째, 눈썹을 치켜올리고 눈을 깜빡거릴 줄 아는 바로 이것이라 하여 주저앉지 말라.
 여섯째, 말 재간을 부려서 아는 체 하지 말라.
 일곱째, 일 없는 가운데서 공空을 지키고 있지 말라.
 여덟째, 생각을 들어 일으키는 곳을 향하여 알려고 하지 말라.
 아홉째, 문자文字 가운데서 인증認證하지 말라.
 열째, 미혹함을 가지고 깨닫기를 기다리지 말라.[79]

구산은 '1979년 1월 15일 동안거 해제법어'에서 지눌이 제기한 10종병을 제시하면서 "조사관을 뚫으려고 앉았으면 무얼하나/ 정신차려 또렷하게 의심을 일으켜라/ 의심하여 뜻을 잊고 마음마저 끊긴 곳에/ 한밤중에 밝은 해가 하늘 위로 솟으리라"라는 게송을 덧붙이고 있다. 그는

있다.
[79] 구산문도회, 『구산선문』(불일출판사, 1994), pp.442~446.

간화선자답게 '정신차려 또렷하게 의심을 일으키라'고 독려한 뒤 '의심하여 뜻을 잊고 마음마저 끊긴 곳'에 이르러야만 비로소 '한밤중에 밝은 해가 하늘 위로 솟으리라'라고 하였다. 따라서 구산은 간화선을 닦는 방법으로써 혜능 이래 남종선의 가풍을 이은 지눌의 정혜쌍수 가풍을 원용하여 실천한 수행자였음을 확인할 수 있다.

5. 돈오점수의 지지자

인도 논사와 중국 선사가 티베트의 삼예사에서 깨침悟과 닦음修의 돈점 논쟁을 한 이래 동아시아에서 '돈오'와 '점수' 또는 '돈오점수'와 '돈오돈수'의 논변은 불교의 가장 대표적인 논제가 되어 왔다. 널리 알려진 것처럼 지눌은 깨침과 닦음에 있어서 돈오점수의 체계를 강조하였다. 반면 성철은 돈오돈수의 체계를 역설하였다. 성철은 무시이래의 미세망념微細妄念조차도 한방에 돈단頓斷할 수 있다고 보았다. 때문에 돈오 이후 점수를 인정하는 지눌을 문자법사요 지해종도라며 그의 화엄선적 경사를 비판하였다.

하지만 지눌은 『법집별행록절요병입사기』를 통해 깨침과 닦음에 대해 '돈오돈수'와 '돈오점수' 등 일곱 가지의 체계에 대해 제시한 뒤 깨침 이후의 점수의 필요성과 올바른 점수에 대해 자상하게 밝히고 있다.

> 이어서 점수漸修에 대해 밝히겠다. 비록 법신法身과 진심眞心이 부처와 온전히 같음을 돈오하였지만, 수많은 겁 동안 망녕되이 사대를 '나'我라고 집착해 와서 그 습기 성질이 되어 갑자기 모두 버리기 어렵기 때문에 모름지기 돈오에 의하여 차츰 닦되依悟漸修, 덜고 또 덜어損之又損 더 이상 덜 것이 없는 데乃至無損에 이르면 그것을 성불이라고 하니卽名成佛 마음 밖에서 따로 부처가 되는 것이 아니다. 비록 점차 닦는다고는 하나 앞선 번뇌

는 본래 공한 것이며 심성은 본래 청정한 것임을 이미 깨달았기 때문에 악을 끊음에 있어서도 끊어도 끊임이 없고, 선을 닦음에 있어서도 닦아도 닦음이 없는 것이니 이렇게 해야 참으로 닦고 참으로 끊는 것이다.[80]

지눌은 법신과 진심이 부처와 온전히 같음을 돈오하였더라도 수많은 겁동안 사대의 습기 성질로 인해 갑자기 버리기 어렵기 때문에 돈오에 의해 점차 닦되, 덜어내고 또 덜어내어 더 이상 덜어낼 것이 없는데에 이르러야 비로소 성불이라고 할 수 있다고 보았다. 이러한 입장은 깨달음 이후에도 점수의 과정이 필요함을 인정한 것이라고 할 수 있다. 그렇다면 구산은 어느 입장을 취하였을까?

비록 이와 같으나 옛사람이 이르시되 '돈오하면 비록 부처와 같으나頓悟雖同佛 여러 생에 익힌 버릇이 깊으니多生濕氣深, 바람이 고요해도 물결은 오히려 솟구치듯風靜波尙湧 이치가 드러나도 생각은 오히려 침입한다'理現今猶侵고 하였으니, 또 이르시길 '한 가리움이 눈에 있으면一翳在眼 헛꽃이 어지러이 떨어진다空華亂墮'고 하였으니, 법을 조금 얻은 것으로 만족하지 말기를 바라노라. 옛 사람도 '참되게 수행하는 자는眞實修行者 갈수록 더욱 어렵다去去益難'고 하였거늘 하물며 자기 마음을 밝히지 못한 자는 말해서 무엇하리. 옛 사람의 수행한 자취를 여의지 말고, 큰 깨달음으로 법칙을 삼아 간절하고 부지런히 애쓸 일이다.[81]

위의 인용문에 의하면 구산은 고인의 말을 빌어 지눌의 돈오점수의 체계를 따르고 있으며 그것을 지지하고 있다는 사실을 알 수 있다. 그

---

80 지눌, 『법집별행록절요병입사기』, 『보조전서』, pp.117~118.
81 구산문도회, 『구산선문』, p.47.

는 옛사람의 전거를 빌어 '돈오하면 비록 부처와 같으나 여러 생에 익힌 버릇이 깊어' '바람이 고요해도 물결이 오히려 솟구치듯', '이치가 드러나도 생각은 오히려 침입하듯' 돈오 이후의 점수의 과정을 인정하고 있다. 그리하여 구산은 '옛 사람의 수행의 자취를 여의지 말고', '큰 깨달음으로 법칙을 삼아 간절하고 부지런히 애쓰도록' 독려하고 있다. 그는 지눌과 같이 돈오-점수-체증의 체계를 또렷하게 제시하지는 않지만 대체적으로 그의 수증론을 따르고 있다고 할 수 있다. 이런 점에서 볼 때 구산은 돈오점수 체계의 지지자라고 할 수 있을 것이다. 이처럼 구산은 한국불학사에서 지눌과 효봉의 조술자, 간화선의 계승자, 정혜쌍수의 실천자, 돈오점수의 지지자로서의 위상을 확보하고 있다.

IV. 정혜결사의 계승과 국제포교의 선구

구산 수련은 지눌과 효봉의 선을 계승하면서도 자신의 독자적 해석을 가미하였다. 그는 1954년에 '불법에 대처승은 없다'는 기치 아래 종단정화운동이 일어나자 상경하여 서울 선학원에 머물며 여러 비구 도반들과 전국비구승대회를 개최하여 정화불사를 위한 '종단정화위원회'를 결성하였다. 이후 구산은 '단지혈서' 탄원서 작성을 통해 불교 종단정화의 주도적인 역할을 하였다. 그는 지눌-효봉의 정혜결사를 계승하기 위하여 송광사를 거점으로 제2의 정혜결사운동을 주창하였다. 그리고 구산은 대승불교의 보살행인 육바라밀에다 '만행바라밀'을 추가하여 '봉사의 날'로 새롭게 해석한 칠바라밀을 제창하여 생활불교의 길과 대중불교의 길을 열었다.

나아가 그는 1973년 하안거 결제 이래 송광사 내에 불일국제선원을 개원하여 그의 문하로 출가한 비구 비구니 제자들은 전 세계 15개국 53

명에게 한국선을 전수하였다. 1980년 이후 입적 전까지는 해외로 몸소 나아가 한국선을 널리 선양하였다. 특히 한국선의 해외 전법을 위한 구산의 선구적 노력을 통해 한국은 국제사회에 부상해 가는 위상과 함께 민족의 우수성과 문화의 수월성을 널리 과시하였다. 그리하여 그는 한국불교사에서 정화불사의 주도자, 정혜결사의 계승자, 총림강원의 개설자, 칠바라밀의 제창자, 국제포교의 선구자로서의 지위를 확립하고 있다.

구산은 현대 한국선원에서 상당법어와 수기설법을 재현하였으며 평생 '無字' 화두를 들고 수행하였던 그의 스승인 효봉의 살림살이와 사고방식의 조술자로서 그의 정신과 친밀하게 연속하고 있다. 구산은 '참나'眞我 즉 '주인공'主人公 혹은 '진심'眞心 또는 '진성'眞性을 찾기 위해서 화두선을 강조하였고, 간화선 수행의 세 가지 요체를 '대신대분심'大信大憤心, '대용맹심'大勇猛心', '대의심'大疑心으로 새롭게 제시함으로써 간화선 계승자로서의 면모를 잘 보여주었다. 특히 그는 동아시아 불교사상사의 주요한 개념인 '불성'佛性 즉 '진성'眞性의 개념을 환기시키면서 진성은 영원히 신령스러운 존재이며 묘용妙用이 많은 존재라고 강조하고 있다.

구산은 간화선을 닦는 방법으로써 혜능 이래 남종선의 가풍을 이은 지눌의 정혜쌍수 가풍을 원용하여 실천한 수행자였다. 그는 지눌과 같이 돈오-점수-체증의 체계를 또렷하게 제시하지는 않았지만 대체적으로 그의 수증론을 따르고 있다고 할 수 있다. 그 결과 구산은 깨침과 닦음의 두 축에서 볼 때 돈오점수 체계의 지지자였다고 할 수 있을 것이다. 따라서 불학적 기반 위에 구축한 그의 사고방식은 한국불학사에서 상당법어와 수기설법의 재현자, 지눌과 효봉의 조술자, 간화선법의 계승자, 정혜쌍수의 실천자, 돈오점수의 지지자로서의 위상을 확보하고 있다.

■ 참고문헌

龍樹,『大智度論』권3(『대정장』제25책, p.77하).

慧能,『법보단경』(『대정장』제48책, p.352하).

高峰 原妙,「示信翁居士」,『禪要』(『卍속장』제122책, p.711중).

지눌,『법집별행록절요병입사기』,『보조전서』, pp.117~118.

知訥,『修心訣』,『보조전서』(불일출판사, 1989), p.31.

一然, '圓光西學',「義解」,『삼국유사』권4.

효봉문도회,「1954년 1월 15일-동안거 해제법어-통영 용화사 토굴」,『효봉법어집』(불일출판사, 1975; 1995; 1996), pp.114~116.

효봉문도회,『효봉법어집』(불일출판부, 1996).

대한불교조계종교육원,『강원총람』(불학연구소, 1997), p.154.

道光,「淨化日誌」,『한국불교승단정화사』(1999), p.408.

로버트 버스웰,『파란눈 스님의 한국선 수행기』, 김종명(예문서원, 1999; 2000). pp.36~37.

강석주·박경훈,『불교근세백년』(민족사, 2002 개정판), p.206.

한국불교근대사연구회 편,『22인의 증언을 통해 본 근현대불교사』(선우도량출판부, 2002), p.226.

강건기,『보조국사의 생애와 사상』(불일출판부, 2011), p.59.

月雲,『선문염송집』1~5(동국역경원, 1972; 1991).

月雲,『선문염송·염송설화』1~10(동국역경원, 2005).

구산문도회,『구산선문』(불일출판사, 1994), pp.442~446.

구산문도회,『九山禪風』(1997).

구산,『석사자』(1980; 1999 개정판; 2007; 2009); Nine Mountains』(New York, Weatherhill, Tokyo, 1976; 1995).

구산 수련,『머물며 흘러가며』(밀알, 1994; 2006 증보판).
구산 수련,『천진불의 미소』(불일출판사, 2013).
문경순,『조계산의 돌사자』(불일출판사, 2012).

강석주,「정화운동의 회고」,『선우도량』제11호, 1997.6, p.245.
법정,「구산스님 그 분은 누구인가」,『법륜』제180호, 법륜사, 1984.
신영훈,「구산 큰 스님과 맺은 송광사 중창불사의 인연 - 산사고담(8)」,『불교와 문화』5·6월, 대한불교진흥원, 2000.
박정환,「지눌과 구산의 선사상 비교 연구」, 서강대 종교학과 석사학위논문, 1999.
김방룡,「구산 수련의 생애와 사상」,『보조사상』제21집, 보조사상연구원, 2004. 2.
김방룡,「九山 秀蓮의 禪思想 연구: 보조선의 계승과 관련하여」,『보조사상』제37집, 보조사상연구원, 2012. 2.
신규탁,「九山 禪師의 上堂法語集『九山禪門』分析 試論」,『보조사상』제37집, 보조사상연구원, 2012. 2.
한동민,「1950년대 교단정화운동과 구산 수련의 활동」,『2011년 국내학술대회 자료집』, 보조사상연구원. 2011. 11.
고영섭,「불교 정화를 어떻게 볼 것인가」,『문학 사학 철학』제11호, 2007년 겨울, 한국불교사연구소, 2007, p.156.
고영섭,「불교 정화의 방법과 이념」,『불교정화운동의 재조명』(조계종출판사, 2008), p.128.
고영섭,「조계종 5대 총림의 재검토」,『보조사상』제31호, 보조사상연구원, 2009.
고영섭,「대혜 종고와 보조 지눌의 동처와 부동처」,『中國杭州徑山寺大慧宗杲國際學術大會자료집』2012년 8월 19~8월 22일 浙江酒店 甘雨廳, 중국 경산사, 2012.
고영섭,「조계총림 송광사의 수행과 문화」,『보조사상』제39집, 보조사상연구원, 2013.2.
문경순,「구산 수련의 칠바라밀 고찰」,『범한철학』제54집, 범한철학회, 2009년 가을.

문경순, 「구산 수련의 선사상 연구」, 전북대학교 철학과 박사학위논문, 2011.
문경순, 「구산수련의 불교대중화와 한국불교 세계화」, 『2011년 국내학술대회 자료집』, 보조사상연구원, 2011.11.

: 찾아보기 :

53불 • 69
5천축 • 115
5호16국 • 58, 127
6류 성중 • 69

三山 五岳 • 68
曇嚴寺 • 146
皇龍寺 • 146
省門寺 • 140
芬皇寺 • 146
靈廟寺 • 146

ㄱ

가니색가 • 281
가라국 • 181
가락국기 • 173
가락동 • 96
가섭원迦葉原(하섭원) • 619
가습미라국 • 281
가야불교 • 173, 200
가야연맹 • 196
각승 • 562
각운 설악覺雲雪嶽 • 722
각훈 • 115

각훈覺訓 • 140
간다라 • 131
간화선의 상승자 • 1159
갈마만다라 • 628
강무장 • 103
강선리降仙里 • 66
강안전康安殿 • 638
강원도 삼본산 • 723
강화의 마니산 • 703
개로왕 • 59, 93, 102, 129
개선사 • 470
개소문蓋蘇文 • 81
개자추介子推 • 454
갠지스강 • 179
거덕사 • 198
거등왕 • 189
건안(남경) • 113
검단사 절터 • 125
깃미왕 • 189
게두사 절터 • 125
경국대전 • 814
경덕왕 • 465
경문왕膺廉 • 391
경복사景福寺 • 82
경봉 정석鏡峰 靖錫 • 1029

경선당응대사탑 • 459
경성 일선敬聖一禪 • 853
경외사고수직절목 • 687, 692
경전신앙 • 472
경주 남산 • 478
경주 남산의 불적 • 448
경허 • 947
경허 성우鏡虛惺牛 • 948
경허집 • 951
경허행장 • 984
경흥 • 476
계룡산 • 637
계림잡전 • 144
계세적 세계관 • 251
계세적繼世的 타계관 • 240
계왕 • 117
고구려 • 57
고국양왕 • 76, 107
고국원왕 • 57, 111
고기 • 109
고녕가야 • 619
고대산孤大山 • 81
고도령高道寧 • 143
고려 • 70
고려불교 중흥 • 576

1176

고려사 · 247, 505, 895
고려실록 · 665
고령가야 · 173
고봉 원묘高峰圓妙 · 1162
고승열전 · 1044
고아동벽화고분 · 199
고운 최치원 · 414
고유 신앙 · 61
고유신앙 · 86
고이왕 · 98
고이왕계 · 117
고이해 · 196
고조선 · 73
고흥高興 · 109
골화骨火 · 69
공적영지空寂靈智 · 1165
공주 · 93
공주규약 · 1081
과목산 절터 · 125
곽암 사원 · 972
관불삼매 · 116
관악산冠岳山 · 648
관음신앙 · 459
관정경 · 74
관지상법觀地相法 · 629
관지질법觀地質法 · 630
관혼상제 · 227
괄지 · 493
광개토왕 · 79
광개토왕릉비 · 59
광유光有 · 588
광종廣宗대사 · 337

광주위유성 · 103
광찬반야경 · 276
광해군일기 · 704
교과과목 · 82
교단 복원 · 838
교도감화 · 87
교동도 · 355
교종판사 · 854
교화 · 75
구래부동명위불 · 785
구룡산사九龍山寺 · 338
구봉 도건 · 788
구사학 · 263
구산 수련九山秀蓮 · 1119
구산선문 · 621, 1121
구산토성 · 96
구삼국사 · 106
구순사 · 504
구승시 · 935
구이신久爾辛 · 124
구지 · 238
국가불교 · 831
국가비보사상國家裨補思想 · 896
국사國社 · 79
국사단局司壇 · 199
국사방 · 466
국선도 · 401
국신사 · 489
국제포교의 선구자 · 1146
국중대회 · 84
권상로 · 495

권수정혜결사문 · 1135
권율權慄 · 861
권중화權仲和 · 637
규기 · 272, 309
균여전 · 592
근구수왕 · 95
근초고왕 · 95
근현대 불교사의 지킴이 · 1077
금강경 · 318
금강경오가해 · 1016
금강삼매경 · 321
금강정경 · 627
금곡사 · 74
금관가야 · 173, 200
금관성 파사석탑 · 190
금광사 · 463
금산보개화신 · 569
금성(경주) 남산 · 437
금오 태전 · 1132
금오산 · 434
금오신화 · 762
기起 · 374
기림사祇林寺 · 588
기원사 · 465
기출변 · 182
기허 영규 · 859
길림성 · 421
길장 · 278
길재吉再 · 847
김강로金江露 · 521
김경신金敬信 · 462

김대문・144
김대성金大城・83
김동화・1044
김립지金立之・449
김만송金萬松・521
김보화金宝化・521
김부식・64, 94, 503
김생金生・449
김수온・732
김시습・508, 762
김시습전・763
김심언金審言・671
김알지신화・86
김양도金良圖・74
김용행・142
김원룡・423
김위제金謂磾・622
김유근金逌根・448
김유신・69
김유신전・179
김인문金仁問・457
김정희・448
김제 모악산・489
김조순金祖淳・448
김주원金周元・462
김질・189
김태현金台鉉・243
김한신金韓信・357
김후직金后稷・220
김흔金昕・325
김흠순金欽純・567

ㄴ

나력奈歷・65
나림奈林・69
나암 유공懶菴游公・721
나옹・867
나옹 혜근懶翁惠勤・721
낙산사・746
낙타산・640
낭랑비서・55, 390
난타벽제・116, 154
남간사・452
남규영南圭榮・1079
남만南蠻・114
남방 전래설・200
남방불교・197, 202
남방전래설・202
남산신성・478
남산토성南山土城・433
남제・100
남종선・825
남천저본색・565
남한지・102
남화경・80
납・62
납월・62
낭혜 무염朗慧無染・1061
내불당・646
내사산・641
내세관・214
네팔・185
노수신盧守愼・849
노장사상・111, 407

ㄷ

뇌묵 처영雷處黙英・861
눌지왕・77, 153
능엄경・730
능여대사・903
능현綾峴・182
니련선하・179
닐라발라이・185

단재 신채호・389
담엄・67, 447, 451
담엄사曇嚴寺・66
담연曇延・263
담진曇眞・674
당고승전・152
당나라・65
당은포・354
당항진・322
대가야・85, 196
대교법Mahāpadeśa・368
대구불일회・1139
대당 삼장・273
대당서역기・185
대비바사론・281
대사大祀・65
대성법왕・193
대승복사비문・413
대승광백론석・303
대승광오온론・274
대승기신론소・788
대승장진론・303
대왕사・192

대왕흥륜사 • 192
대일경 • 627
대일여래 • 631
대전속록 • 810
대중불교 • 1146
대진천왕 • 57, 127
대한불교사의서론 • 988
대한사찰령 • 994
대한시대 • 943
대현 • 465
대혜大慧화상 • 1030
대화엄일승법계도주 • 765
대황동경 • 408
대효大孝 • 83
덕기德奇 • 517
덕물도 • 354
도교 • 80
도당산토성都堂山土
　城 • 433
도덕경 • 80
도림 • 93
도반이란 • 536
도봉산 • 94
도선 • 631
도선道詵 • 621
도오 원지道悟圓智 • 788
도의대사 • 1013
도첩제 폐지 • 814
도헌道軒 • 517
독산성 • 196
돈심頓心 • 882
돈오점수 • 1169

동고 문성東皐 汶星 • 1044
동고 문성東皐汶星 • 1070
동국東國 의식 • 390
동국승니록 • 1044
동국여지승람 • 450, 650
동리산문銅裏山門 • 621
동맹東盟 • 63, 84
동명묘 • 59, 120
동문同文의식 • 389
동사강목 • 466
동사열전 • 1044
동산東山 • 1080
동산오위현결 • 794
동옥저 • 62
동이東夷 • 114
동이족 • 197
동인東人의식 • 389
동진 • 76, 99
두순杜順 • 360
두심대사 • 519
두타수행 • 1045
등주 • 355
디그나가Dignaga • 561

ㄹ

라마야나 • 184

ㅁ

마가다국 • 179
마라난타 • 59, 95, 105
마라난타전 • 113
마장면 • 595

마조 도일馬祖道一 • 628
마진성 • 196
마품왕 • 189
마하연암摩訶衍庵 • 810
마한 • 108
막고해 • 111, 196
만공 월면 • 951
만공月面 • 1009
만공滿空 • 1079
만공滿空선사 • 1080
만다라 • 631
만해 용운奉玩 • 951
만해 용운奉院 • 1047
망덕사 • 472, 474
망월동 • 96
매월당 김시습 • 508
맹천기猛虎 • 656
명·구·문 • 281
명당明堂 • 620
명랑 • 463
명랑明朗 • 74
명월흥금 • 1032
명종실록 • 814
모두루비명 • 59
모량리 • 66
모례毛禮 • 77
모례의집 • 158
모록毛祿 • 144
모용평 • 57
모즉지태왕 • 193
목멱산 • 639
목암 영공牧菴永公 • 721

목우자 지눌 • 1000
몽촌토성 • 93, 121
묘도열도 • 100
묘법연화경 • 775
묘청 • 619
묘향산 보현사 • 689
무격 • 53
무경 자수 • 513
무공의 작용 • 796
무교 • 73
무구정광대다라니
　경 • 448
무념정행無念淨行의 선풍
　禪風 • 1008
무당 • 72
무덕武德 • 81
무량사無量寺 • 763
무량의경소 • 264
무명무상절일체 • 783
무불巫佛 교대 • 55
무상無相 • 287
무상유식 • 269
무상일곱가 • 964
무설토 • 1063
무속신앙 • 72
무애가풍 • 548
무여 • 526
무열왕 • 457
무염無染 • 337
무위이작無爲而作 • 396
무위정치 • 81
무위철학 • 408

무이중도 • 320
무자성성無自性性 • 289
무종무파 • 510
무천舞天 • 63
무학 자초無學自超 • 631
무학無學 • 967
묵호자 • 158
묵호자墨胡子 • 77
문두루비법文豆婁秘法 • 74
문무왕 • 67, 443
문성 • 1057
문수文殊보살 • 721
문아 원측 • 263
문아 원측文雅圓測 • 359
문자文字반야 • 286
문정대비 • 510, 812, 817
문정대비文定大妃 • 808
문주왕 • 93
미도선 • 969, 985
미륵(자씨) • 304
미륵산 용화사 도솔
　암 • 1125
미륵신앙 • 240, 463
미륵종 • 279
미리사 • 492
미추왕 • 160
미추왕味鄒王 • 143
미추왕未雛王 • 428
미타신앙 • 463
민영규 • 792
밀교신앙 • 447
밀본密本 • 74

ㅂ

박인량 • 145
박인량수이전 • 428
박포명朴圃明 • 1079
박한종朴漢宗 • 817
박혁거세朴赫居世 • 451
박혁거세신화 • 86
반고씨 이전 • 997
반룡사盤龍寺 • 81
반본환원 • 980
반야바라밀다심경유
　찬 • 272
반야심경찬 • 271
반조심원返照心源 • 963
발지론 • 281
발해 • 619
밝 • 73
방글라데시 • 185
방이동 • 96
배휴 • 786
백갑신병 • 75
백악산面岳 • 639
백용성白龍城 • 1079
백운산내원사의사
　적 • 656
백제본기 • 85, 94, 117
백제불법지시 • 76
백제의 천신신앙 • 64
범망경 • 250
범알타이문화권 • 73
법계 • 786
법계연기 • 362

법공法空 • 163
법사 • 564
법성法性 • 371
법성성기 • 374
법성원융무이상 • 782
법신dharma-kāya • 620
법안 문익法眼文益 • 593
법안선풍 • 612
법온 • 280
법원주림 • 185
법장화상전 • 490, 492, 573
법집별행록절요병입사기 • 1169
법척法惕 • 74
법체항유 • 303
법흥대왕法興大王 • 144
법흥왕 • 63, 67
법흥왕原宗 • 160
법흥왕의 출가 • 80
벽계 정심碧溪淨心 • 948
벽암 각성 • 923
벽암록 • 626
변계소집성遍計所執性 • 290
변한(12국) • 197
별무반 • 897
별해인상別解印相 • 365
보광사普光寺 • 263
보덕화상 • 81
보리류지 • 273
보리사 • 475

보리사의 여엄 • 337
보문사普門社 • 680
보우 • 815
보우사상 • 831
보장왕 • 81
보조 지눌普照知訥 • 1119
보조어록 • 1017
보주태후 • 188
보천 • 726
보현보살 • 1058
본유本有 • 210
봉은사 • 814
봉황산 • 495
부견 • 57, 127
부사의경계경 • 274
부산 연산동 마하사 • 1053
부산浮山 • 85
부석 의상 • 381
부석 의상浮石義湘 • 349
부아악 • 94
부여 • 93
부용 영관 • 851
부주열반 • 320
부휴 선수 • 808
북방불교 • 202
북부여 • 96
북위 • 129
북적北狄 • 114
북종선 • 825
북한산 • 94
분서왕 • 117

분황 원효芬皇元曉 • 349
분황사芬皇寺 • 66
분황지진나 • 561
불교 • 77
불교 유식 • 290
불교 중흥 • 807
불교공동체 • 1140
불교사상 • 798
불교사상의 생사관 • 232
불교의 내세관 • 249
불교의 장례법 • 248
불교의 타계관 • 240
불교적 세계관 • 846, 1144
불교중흥 정책 • 817
불국 정토 • 446
불국기 • 185
불로장생 • 82
불무사 • 474, 475
불법 • 1107
불사의식 • 71
불상응행법 • 280
불선유 • 405
불설반야바라밀다심경찬 • 271
불설오왕경 • 623
불신론 • 620
불유일체론 • 808
불유일치론 • 808
불이중도 • 310
불이不二사상 • 82
불일 법정佛日法頂 • 723
불일국제선원 • 1120

찾아보기 1181

불토佛土 • 1062
비구8대원칙 • 1102
비기 • 636
비류 • 84
비류왕 • 84
비밀불교 • 627
비보 • 620
비보사상 • 658
비보사찰 • 641
비보사탑설 • 631, 641
비보풍수 • 621
비보풍수법 • 656
비색가 • 185
비처왕 • 152
비파암 • 472

사교입선 • 882
사국시대 • 53
사금갑射琴甲 • 78
사노 젠레이 • 993
사람의 마음 • 829
사명 유정 • 510
사명 유정四溟惟政 • 889
사명惟政대사 • 689
사명대사기적비 • 905
사비 • 93
사비백제 • 93
사씨史氏 • 162
사약사 • 100
사언師彦 • 497
사자암 • 652

사제사 • 468
사제사지 • 469
사천미沙川尾 • 66
사천왕사四天王寺 • 66
산동반도 • 100
산신山/地神 • 393
산신각의 전신 • 64
산신교 • 397
산신신앙 • 67
산악신앙 • 69
산해경 • 408
살바다종(설일체유
  부) • 279
살반우 • 62
삼가귀감 • 848
삼각산 • 94
삼계육도 • 233
삼계육도三界六道 • 238
삼계육도관 • 240
삼교 사상 • 411
삼교일치三教一致 • 848
삼교판설 • 366
삼국사기 • 64, 94, 106
삼국유사 • 69, 83, 211,
  496, 535
삼대목 • 392
삼막사 • 651
삼몽사 • 858
삼무성三無性 • 287
삼무성설 • 304
삼무일종三武一宗 • 824
삼보 • 77

삼산 • 85
삼성곡三星谷 • 474
삼성동토성 • 96
삼성론 • 290
삼성산의 비보사찰 • 648
삼성설 • 304
삼세실유 • 303
삼신三神 • 69
삼신설 • 626
삼양동 • 122
삼요관 • 1162
삼재三才 • 395
삼재사상 • 54, 395
삼재사상三才思想 • 87
삼천기 • 143
삼천기三天岐 • 66
삼한조선 • 421
삼한지역 • 65
삼화령三花嶺 • 456
삼화상 • 650
상교像教 • 182
상당법어 • 1121
상대등上大等 • 66
상복제도 • 231
상원사 • 721
상원사上院寺 • 725
상원사중창기 • 736
상장례 • 227, 240
색온 • 280
생사관 • 209
생사윤회 • 209
생의사生義寺 • 455

생활불교 · 1146
샤만 · 73
서기 · 109
서당 지장西堂智藏 · 628
서도관화 · 565
서라벌 · 67
서목徐穆 · 591
서산休靜대사 · 689
서산대사西山大師 · 912
서산종西山宗 · 948
서신일徐神逸 · 591
서신통徐神通 · 591
서옹 상순 · 1099
서운관書雲觀 · 637
서융西戎 · 114
서응瑞應 · 1054
서진 · 58
서청전 · 143
서청전婿請田 · 66
서필徐筆 · 591
서하집 · 560
석가사 · 474
석두 노사 · 1125
석두 희천石頭希遷 · 788
석상 경제石霜慶諸 · 788
석순응전 · 198
석옥 청공 · 917
석촌동 · 93
선가귀감 · 863
선각국사 · 622
선교 양종 · 809, 846
선교 양종을 복원 · 817

선교방편 · 550
선교석 · 863
선교일체론 · 808, 824
선덕왕 · 455
선덕왕德曼 · 74
선도 · 54
선도仙道신앙 · 54
선도산 · 69
선도산신 · 70
선도성모수희불사 · 69
선랑仙郎 · 71
선말 한초 · 521
선문답 21조 · 1025
선문염송발 · 912
선문촬요 · 959
선불仙佛 융화 · 55
선사 · 393
선사경허화상행장 · 950
선심 · 867
선원각璿源閣 · 688
선율善律 · 472
선조 · 689
선학원 · 1126
설무구칭경 · 284
설심부 · 656
설운 화상 · 1046
설잠 · 508, 765, 771
설함 없는 설함 · 628
섬김행위 · 53
섭대승론 · 263
섭대승론석 · 296
섭론학 · 263

성性 · 361
성기사상 · 367, 371, 382
성리학 · 830, 846
성리학통 · 847
성문사 · 58, 128
성사 · 889
성산가야 · 173
성왕 · 93
성왕聖王 · 143
성유식론 · 268
성유식론소 · 264
성종 · 71
성주사고 · 685
성철 · 1052
성철性徹선사 · 1080
성황수 · 583
세계관 · 71
세친 · 283
소도蘇塗 · 65
소서노召西奴 · 84
소수림왕 · 58, 152
소지(비처)왕 · 78, 158
소지왕 · 64, 158
소흥사紹興寺 터 · 994
송(고)승전 · 114
송고승전 · 115
송광사 · 923, 1139
송도 · 638
송서 · 191
송안정送雁亭 · 903
송운 유정 · 808, 891
수기설법 · 1154

수덕사 정혜선원定慧禪院・1079
수륙대재・811
수성도사촌주・104
수신제隧神祭・63
수심결・1000
수월水月선사・1079
수이전・145
수직승도・712
수행자・630
수행체계・53
순도・58
순도順道・140
순도조려・141
순성・741
순응順應・199
순정리론・280, 283
숭인장로崇仁長老・853
승가오칙僧伽五則・1025
승과僧科의 복원・815
승군제도・901
승만경・187
승변・263
승조僧肇・626
승찬대사・783, 1089
시무십여조時務十餘條・392
시베리아 무당・73
식혜識慧・444
식혜곡・444
신궁의 주신・64
신당서・99

신도・95
신라・86
신라불교・421, 424
신라국 의상전・327
신라국황룡사사문 원효전・326
신목화상・903
신문왕・75
신미信眉・722
신복선사・125
신수과분육학승전・331
신심명・783
신앙・53
신앙관념・53
신유림神遊林・66, 143
신인종・463
신증 조위曹偉・605
신증동국여지승람・94
신행・53
신행체계・53
신허信虛・517
실계생총・552
실제사・465
심경호・769
심신이원론心身二元論・217
심인・789
심호沈湖・561
십현담・787
십현담요해・766, 789
쌍봉난야雙峯蘭若・628
쌍어문・188

쌍차쌍조・859

―――――◉―――――

아굴마・156
아니阿尒・112
아도・58
아도我道・139
아도阿道・77, 139
아도기라・140
아도본비・154
아도화상사적비・150
아라가야・195, 200
아류가왕・187
아미타신앙・240
아비달마발지론・283
아신・76
아신왕・76, 79, 106
아요디아・184
아유타・186
아유타국阿踰陀國・175
아육왕・187
아죠타・185
아직기阿直岐・133
안라・195
안샘재 절터・125
안성천・94
안자춘추・181
안흥사・583, 613
안흥사安興寺・69
안흥사지・612
안흥정사・583
앙산仰山慧寂・1063

약사경 • 74
약정사 • 103
양나라 • 77, 155
양명학 • 847
양서 • 124
양성지 • 685
양종 폐지 • 814
양주 봉선사 • 1079
양주 영국사 • 610
양피사 • 470
어산불영 • 179
어세공魚世恭 • 730
언하대오 • 907
언해본 • 733
엄장사 • 143
업설 • 72, 75, 409
업식 • 239
업식業識 • 233
업인業因 • 238
여래성 • 372
여유당전서 • 102
여주 고달원 • 610
여철如哲 • 622
여환삼매 • 115
역사 • 669
연경별찬 • 765, 772
연교 • 790
연기 도선烟起道詵 • 651
연기의 구극 • 499
연등燃燈 • 70
연등회 • 70
연성이기緣性二起 • 362, 500
열 가지 광대 행원 • 1058
열경주 • 792
열반경 • 82, 263
열암곡 • 468
염불 • 879
염불사 • 470
염촉 • 165
염촉멸신 • 166
염화拈花 • 517
영고 • 62
영동 황간 • 903
영명 연수永明延壽 • 329
영명·나옹법통설 • 912
영묘사 • 451
영묘사靈妙寺 • 66
영산전 결연문 • 518
영여대사 • 465
영원사 • 448
영호 정호映湖鼎鎬 • 1079
영혼관 • 217
영흥사 • 163
영흥사永興寺 • 66, 144, 162
예기 • 218
예미선曳尾禪 • 985
예미어도중 • 985
예성강 • 94
오가야 • 197
오관석五觀釋 • 377
오나라 • 195
오대산 동구洞口 • 688
오대산 사고본 • 667, 707
오산吳山 • 85
오성각별五性各別 • 309
오악신군 • 69
오양우吳良遇 • 675
오층 석탑 • 613
오쿠라 슈고칸大倉集古館 • 613
오합사烏合寺 • 337
온조 • 84
온조계 • 109
온조왕 • 94, 132
왕륜사 • 553
왕맹王猛 • 57
왕정곡사 • 457
왕후사 • 190
왕후사王后寺 • 183
외사산 • 641, 648
요본遼本대장경 • 680
욕살 • 104
용궁남 • 143
용맹(용수) • 304
용수 • 380
용암 혜언龍岩慧彦 • 949
용장사 • 463
용주사龍珠寺 • 448
우보익생만허공 • 783
우전于闐 • 277
울진봉평신라비 • 62
웅진 • 93
웅진백제 • 93
웅천 • 94

찾아보기 1185

원각사 • 731, 810
원경왕후元敬王后 • 682
원광 • 250
원랑 대통 • 336
원랑선사 • 336
원력 수행 • 362
원명 징엄圓明澄儼 • 501
원명국사 • 501
원성왕 • 462
원오圓悟克勤 • 626
원위담시전 • 165
원종 • 165
원측 • 263, 309
원표元表 • 155
원화元和 • 453
원효 • 318, 788
원효 사상의 핵심 • 320
원효 철학의 핵어 • 320
원효불기 • 334, 547
월광사 • 198
월광사月光寺 • 198
월광산원랑선사대보선광
  탑비 • 336
월광태자 • 198
월정사月精寺 • 688, 741
위魏나라 • 143
위례성 • 93
위요성 • 103
위진남북조 • 626
유가계 • 250
유가사지론 • 358
유가종 • 465

유관有觀 • 307
유교 • 80
유교 성리학 • 508
유교의 세계관 • 109
유리 • 84
유마경 • 82
유몽인柳夢寅 • 814
유설토 • 1063
유설토와 무설토 • 1061
유세무 • 514
유인궤劉仁軌 • 324
유지인劉至仁 • 349
유진愈鎭 • 730
유촌 • 903
유홍 • 510
유화柳花 • 63
육도 • 238
육백반야경 • 472
육행六行 현현 • 775
윤원형 • 817
윤진 • 507
윤청광 • 1044
윤춘년尹春年 • 817
윤회사상 • 210
율곡 이이栗谷李珥 • 763
융화 • 53, 75
은둔隱遁의 가풍 • 1066
은정월 • 62
은천동銀川洞 • 452
읍루 • 62
응렴 • 392
의보依報 • 627

의상 • 565
의상義湘 • 318, 636
의상의 교판 • 365
의상전교 • 335, 547
의정 • 272
의천義天 • 622
의타기 • 293
의타기성依他起性 • 290
이규보 • 553
이기발 • 512
이능화 • 768
이다꼬 • 73
이류중행異類中行 • 963
이보여李輔予 • 243
이불란사 • 58, 128
이사증李思曾 • 850
이섭대천 • 591
이성산성 • 93, 102, 105
이수광 • 814
이인로 • 553
이자연李子淵 • 243
이정利貞 • 199
이조실록목록 • 708
이중환 • 633
이지백李知白 • 71, 404
이차돈 • 66
이차돈猒髑 • 160
이찬호 • 1078
이천신향교기 • 584
이하곤 • 516
이황李滉 • 764
익재 이제현 • 503

인각 일연 • 535
인간의 평등성 • 209
인격신 • 64
인과설 • 410
인도 전래설 • 184
인왕경 • 276
인왕경소 • 264, 273, 290
인왕산의 비보사찰 • 642
인용사 • 457
인우구망 • 979
일곱 부처 • 180
일념一念 • 452
일물一物 • 846
일발록 • 1007
일발선풍 • 1024
일본서기 • 119, 176, 195
일불승 • 828
일산 • 85
일색 • 791
일생패궐 • 1005
일선군 • 77
일성개성一性皆成 • 309
일심 • 882
일연 • 142, 393, 565
일연一然 • 140
일조日照 • 277
일종식一種食 • 1070
임간록 • 330
임읍왕林邑王 • 107
임제·태고법통설 • 915
임제록 • 1065
임제의 토설 법문 • 1063

임제종풍臨濟宗風 • 915
임제臨濟 • 1065
임진왜란 • 891
입의숭현장 • 567

자력교 • 53
자비왕 • 78
자장 • 721
자장율사慈藏律師 • 725
자좌오향子坐午向 • 634
자추사刺楸寺 • 454
자충慈充 • 73
자화사 절터 • 125
장경 회휘章敬懷暉 • 1063
장송의례葬送儀禮 • 213
장수왕 • 59, 102
장유長遊화상 • 175
장유사 • 183
장의사莊義寺 • 338
장춘랑長春郎 • 220
재세이화在世理化 • 394
적인 혜철寂忍惠哲 • 628
전교 • 564
전교사찰傳教寺刹 • 492
전단문栴檀門 • 196
전불시칠처가람지허 • 65
전생적 생사관 • 251
전위 • 791
전정專精 • 959, 962
전정專精의 방식 • 962
전주사고 • 686

전지왕 • 124
전진前秦 • 127
전체즉용 • 982
전통불교 복원 • 1119
전후소장사리 • 335
점찰경 • 70
점찰법회 • 70
접화군생 • 394
정도의 역설 • 567
정도전鄭道傳 • 634
정만종鄭萬鍾 • 810, 817
정몽주鄭夢周 • 847
정민貞敏 • 612
정법 • 75
정법불교 • 74
정법안장 • 959
정보正報 • 627
정사룡鄭士龍 • 817
정약용 • 102
정유재란 • 891
정족산 사고 • 704
정족산본 • 667
정진 긍양 • 593
정토사상 • 329
정혜결사운동 • 1139
정혜쌍수 • 1165
정화불사 • 1098, 1126
정화불사 주도 • 1119
제관 • 772
제법부동본래적 • 782
제사의례 • 53
제사지 • 64

제신諸神사상 • 628
제운반야提雲般若 • 274
제정일치 • 73
제천사지 • 59
제천신 • 69
조계종 청담 대종사 사리
　탑비 • 1089
조광조 • 847
조동오위 • 792, 794
조동오위요해 • 765
조령로 • 77
조료照了 • 959
조묘祖廟 • 62
조선불교 • 948
조선불교유신회 • 1048
조선불교학인연맹 • 1079
조선실록 • 665
조심照心 • 882
조위인曹魏人 • 143
조의 • 790
조인규趙仁規 • 243
조자앙趙子昻 • 450
조종화 • 522
조탑공덕사상 • 448
조토祖土 • 1062
조행불법 • 76
조헌趙憲 • 859
종경록 • 329
종내절필 • 555
종묘宗廟 • 79
종합불교 • 88
좌지왕 • 189

주교종선主教從禪 • 798
주몽(동명) • 64
주선교종主禪從敎 • 798,
　852
주양 • 94
주자이기설朱子理氣
　說 • 830
주저周佇 • 671
주화엄법계관문 • 779
준상인竣上人 • 767
중관 해안 • 861
중국의 빈장 • 228
중도 연기적 세계관 • 424
중도사상 • 367, 381
중도연기 • 318
중도일심 • 318, 342
중론 • 380
중사中祀 • 65
중앙문화재연구원 • 613
중음 • 239
중종 • 685
중현 • 283
중흥조 • 622
즉신성불卽身成佛 • 627
즉심즉불 • 628
증조 • 181
증지소지비여경 • 783
증험證驗적 깨침 • 317
지기 • 619
지눌 • 867, 1170
지눌知訥 • 766
지덕 • 619

지둔 도림 • 58
지둔 도림支遁道琳 • 128
지론종 북도파 • 263
지모신 • 186
지모신地母神 • 621
지목지사 • 149
지상사 • 363
지신신앙 • 69
지신의례 • 64
지암 종욱智庵鍾郁 • 723
지월록 • 333
지장보살 • 70
지장신앙 • 70
지통 • 351
지혜智惠 비구니 • 69
직지사 • 903
진晋나라 • 101
진秦 • 57
진감선사비문 • 413
진나陳那의 후신後身 • 561
진덕왕 • 82
진동장군 • 107
진리 없는 진리 • 628
진사왕 • 107, 119
진성규 • 423
진성여왕 • 392
진심 • 882
진정법사 • 83
진제眞諦 • 277
진주 응석사凝石寺 • 1124
진주 호국사 • 1047
진주공립농업학교 • 1079

진평왕 · 69, 263
질지왕 · 183
징엄 · 503

차교입선借教入禪 · 882
차차웅次次雄 · 73
찬 얼음이 맺혔다 · 796
창림사 · 447
창림사 터 · 432
창림사무구정탑원
  기 · 448
창림사비 · 449
창림사비발 · 450
채서웅 · 1046
책계왕 · 117
책화責禍라고 · 63
척승폐불책 · 811
천경림 · 65, 143
천관사 · 459
천령군天嶺郡(함양) · 392
천신교 · 394, 395, 397
천왕사 · 103
천은사 · 457
천인합일 · 626
천인합일설天人合一
  說 · 830
천태사교의 · 772
철학사 · 882
청담 순호 · 1077, 1112
청담대종사전서 · 1081,
  1082

청담사상 · 1082
청담의 구세관 · 1091
청동기 · 73
청변 · 293
청암사 수도암修道
  庵 · 1003
청원 행사靑原行思 · 788
청한자淸寒子 김시습金時
  習 · 762
청허 · 910
청허 휴정 · 510
청허 휴정淸虛 休靜 · 808,
  883
청허 휴정淸虛休靜 · 846
초고왕계 · 117
초문사 · 58
초전지 · 121
촉향분예불결사문 · 453
총석인의總釋印意 · 365
최승로 · 461
최연식 · 350
최영열전 · 895
최제안崔齊顔 · 460
최치원 · 55, 198, 389
최항崔沆 · 671
추담秋潭 · 524
추모왕 · 59
춘궁동 · 93
춘봉春峰 · 521
춘천 · 94
춘추관 보관본 · 671
충담 · 456

충주사고 · 682
칠바라밀 · 1143
칠처가람지허 · 451
침류왕 · 59, 95, 122
침묵 · 1029

코살라 · 184

타계관 · 223
타력교 · 53
타밀라주 · 185
타수용신 · 627
탄문坦文 · 338
탄허 택성呑虛宅成 · 1119
태고 보우 · 622
태고법통설 · 916
태백산 정암사 · 725
태사공기 · 677
태원 9년 · 101
태원太元 · 105
태조 왕건 · 70, 553
태종 · 729
태종실록 · 103
태학太學 · 82
태현 · 307
택리지 · 633
택지법 · 630
토론삼한집 · 460
토설吐舌의 가풍 · 1061
토착문화 · 83

찾아보기 1189

토착사상 • 397
토착신앙 • 53
토착화 • 75, 77
토황소격문 • 391
통방학 • 503
통일신라 • 82
퇴경 권상로 • 952
퇴옹 성철退翁性徹 • 1119
퉁구스어 • 73
티베트의 삼예사 • 1169

ㅍ

파사석탑 • 174, 179
파한집 • 553
판교종사判敎宗師 • 854
팔관八關 • 70
팔관회 • 70
팔수부인 • 113, 123
패하 • 94
편양 • 915
편양 언기鞭羊彦機 • 849
평등平等사상 • 82
포함삼교 • 394
표충사表忠祠 • 588
표충서원表忠書院 • 588
표훈 • 377
풍납동 • 96
풍납토성 • 93, 98
풍류도 • 391, 393, 401
풍류도 세계관 • 72, 404
풍수 • 620
풍수비록風水祕錄 • 638

풍월도風月道 • 216
풍월적 세계관 • 216
풍천豐川 임씨 • 901
피리사(염불사) • 470

##

하남시 • 96, 103
하남시 교산동 • 125
하늘의 이치 • 829
하륜 • 638
하륜河崙 • 638
하얼빈 • 196
하택 신회荷澤神會 • 825
학가산 • 680
한국불교 • 88
한국불교 연구 • 846
한국불교의 지형 • 1043
한국불교정화 중흥의 등
불 • 1078
한국사상사 • 846
한국선 • 987
한국선종약사 • 952
한국역대고승전 • 1044
한산성 • 93
한산주 • 95
한성 • 93
한성백제 • 93, 102, 130
한성시대 • 93
한암 • 950
한암 중원漢巖 重遠 • 993
한암의 선풍 • 1012
한암일발록 • 1008

항규恒規 • 70
항마군 • 897
해담 치익海曇致益 • 1122
해동고승전 • 113, 139
해동불법지시 • 76
해부루 • 84
해심밀경소 • 264
해씨계 • 125
해인사 • 199, 680
해인사 보관본 • 674
해인정광삼매 • 783
해충解忠 • 124
해탈사상 • 210
향하관 • 379
허균 • 907
허봉 • 935
허응 보우 • 510, 807
허응 보우虛應普雨 • 854
허적許積 • 188
허황옥 • 184
헌강왕 • 391
헌덕왕 • 325, 452
험독王險城 • 619
현교 • 632
현기 • 790
현로顯露불교 • 621
현묘지도 • 391, 405
현오국사 • 504
현장 • 352
현장玄奘 • 263
혜각존자慧覺尊者 • 732
혜교慧皎 • 150

혜명니惠明尼 • 722
혜장대왕惠藏大王 • 736
혜조국사慧照國師 • 674
혜초 • 115
혜통 • 452
혜통惠通 • 74
호 • 114
호계사 • 182
호국대성護國大聖 • 889
호국신 • 69
호국영령 • 71
호국참회불교 • 1106
호란 • 848
호랑이굴 절터 • 125
호법 보살 • 300
호법護法 • 303
호법종 • 301
호압산의 비보사찰 • 652
호은虎隱율사 • 1047
홍경보 • 102
홍복사弘福寺 • 263

홍익인간 • 397
화독화란 • 557
화성 당은포 • 322
화엄 십찰 귀신사 • 489
화엄경문답 • 380
화엄대전 • 572
화엄사상 • 349, 350, 360, 447
화엄석제 • 765
화엄십찰 • 496
화엄일승법계도 • 349
화엄학 • 504
환씨 • 58
환웅 • 61
황룡사皇龍寺 • 66
황벽 희운黃檗希運 • 1063
황복사皇福寺 • 357
황주량黃周亮 • 671
황천지자 • 59
황화사달기 • 356
회기 • 791

회통 • 872
효녕대군 • 650
효무제 • 106
효봉 학눌曉峰學訥 • 1119
효봉曉峰 • 1080
효봉선사曉峰禪師 • 1122
효선 • 83
효양산 산신령 • 591
효제충신孝悌忠信 • 406
효종랑孝宗郞 • 392
후득지如量智 • 796
후연 • 58
후한서 • 62
훈요십조訓要十條 • 70
휴정사상 • 878
휴정의 선교관 • 864
흑갑신병 • 75
흑룡강성 • 421
흥륜사 • 67, 163, 455
흥법 • 139
희양산문 • 593

동국대학교 저서출판 지원사업 선정도서

이 저서는 2021년도 동국대학교 연구비 지원을 받아 수행된 연구결과물임. (S-2021-G0001-00126)
This work was supported by the Dongguk University Research Fund of 2021. (S-2021-G0001-00126)

한국불교사참구

2025년 4월 24일 초판 1쇄 인쇄
2025년 5월 16일 초판 1쇄 발행

지은이 고영섭
발행인 박기련
발행처 동국대학교출판부

출판등록 제1973-000004호.(1973.6.28)
주소 04626 서울시 중구 퇴계로36길2 신관1층 105호
전화 02-2264-4714
팩스 02-2268-7851
홈페이지 http://dgpress.dongguk.edu
이메일 abook@jeongjincorp.com
디자인 다름
인쇄 네오프린텍

ISBN 978-89-7801-798-5 (93220)
값 40,000원

이 책의 무단 전재나 복제 행위는 저작권법 제98조에 따라 처벌 받게 됩니다.